INFORMATIK-HANDBÜCHER

Herausgegeben
im Auftrag der Gesellschaft für Informatik e. V.

Herausgeberbeirat: R. Gnatz, München; W. Brauer,
München; J. Encarnação, Darmstadt; P. C. Lockemann,
Karlsruhe; J. W. Schmidt, Frankfurt

AF061699

Datenbank-Handbuch

Herausgegeben von
P. C. Lockemann und J. W. Schmidt

Mit Beiträgen von
A. Blaser K. R. Dittrich Th. Härder M. Jarke
H. Lehmann P. C. Lockemann H. C. Mayr G. Müller
A. Reuter J. W. Schmidt

Mit 209 Abbildungen

Springer-Verlag
Berlin Heidelberg New York
London Paris Tokyo

Prof. Dr. Peter C. Lockemann
Universität Karlsruhe
Institut für Informatik II
Postfach 6980
7500 Karlsruhe 1

Prof. Dr. Joachim W. Schmidt
Johann Wolfgang Goethe-Universität
Fachbereich Informatik (20)
Datenbanken und Informationssysteme
Postfach 11 19 32
6000 Frankfurt am Main 11

CIP-Kurztitelaufnahme der Deutschen Bibliothek
Datenbank-Handbuch/hrsg. von P. C. Lockemann u. J. W. Schmidt. Mit Beitr. von A. Blaser ...
– Berlin; Heidelberg; New York; London; Paris; Tokyo: Springer, 1987
(Informatik-Handbücher)

NE: Lockemann, Peter C. [Hrsg.]; Blaser, Albrecht [Mitverf.]

Dieses Werk ist urheberrechtlich geschützt. Die dadurch begründeten Rechte, insbesondere die der Übersetzung, des Nachdrucks, des Vortrags, der Entnahme von Abbildungen und Tabellen, der Funksendung, der Mikroverfilmung oder der Vervielfältigung auf anderen Wegen und der Speicherung in Datenverarbeitungsanlagen, bleiben, bei auch nur auszugsweiser Verwertung, vorbehalten. Eine Vervielfältigung dieses Werkes oder von Teilen dieses Werkes ist auch im Einzelfall nur in den Grenzen der gesetzlichen Bestimmungen des Urheberrechtsgesetzes der Bundesrepublik Deutschland vom 9. September 1965 in der Fassung vom 24. Juni 1985 zulässig. Sie ist grundsätzlich vergütungspflichtig. Zuwiderhandlungen unterliegen den Strafbestimmungen des Urheberrechtsgesetzes.

© Springer-Verlag Berlin Heidelberg 1987
Softcover reprint of the hardcover 1st edition 1987

Die Wiedergabe von Gebrauchsnamen, Handelsnamen, Warenbezeichnungen usw. in diesem Werk berechtigt auch ohne besondere Kennzeichnung nicht zu der Annahme, daß solche Namen im Sinne der Warenzeichen- und Markenschutz-Gesetzgebung als frei zu betrachten wären und daher von jedermann benutzt werden dürften.

Druck: Druckhaus Beltz, Hemsbach/Bergstraße
Bindearbeiten: J. Schäffer OHG, Grünstadt

ISBN-13: 978-3642-95389-7   e-ISBN-13: 978-3-642-95388-0
DOI: 10.1007/ 978-3-642-95388-0

Zum Geleit

Datenbanken und die sie unterstützenden Softwaresysteme gehören zu den wichtigsten Produkten der Informatikindustrie — kaum eine größere Informatikanwendung ist ohne Datenbankunterstützung denkbar. Selbst ganz neuartig erscheinende Entwicklungen der Künstlichen Intelligenz, wie Expertensysteme, natürlichsprachliche Systeme oder Bildverarbeitungssysteme, kommen nicht ohne Datenbanken aus.

Datenbanken mit ihren Transaktionen, Integritätsbedingungen und Zugriffspfaden aber sind komplexere, vielfältiger gestaltbare und leistungsfähigere Softwaresysteme als etwa Dateien oder Programmbibliotheken. Die große Bandbreite und die Unterschiedlichkeit der Wünsche von Anwendern und Nutzern sowie die Vielfalt der Gestaltungsmöglichkeiten machen es immer wieder nötig, spezifisch zugeschnittene Systeme neu zu konstruieren oder anzupassen. Dabei kann man sich allerdings auf Standardbausteine stützen und auch auf bewährte Konzepte und Methoden sowie auf wohlerprobte Verfahren, Techniken und Hilfsmittel.

Der Bereich der Datenbanken ist eine klassische Domäne der Informatik. Sehr viel abgesichertes, in der Praxis geprüftes und mit Anwendungserfahrungen angereichertes Wissen liegt vor, ist aber in seiner vollen Anwendungsbreite zumeist nur wenigen Fachleuten bekannt.

Es ist deshalb ein besonderer Glücksfall, daß es der Gesellschaft für Informatik e.V. (GI) und dem Springer-Verlag gelang, als zweiten Band der Reihe Informatik-Handbücher dieses Datenbank-Handbuch zu publizieren.

Das Handbuch ist über einen längeren Zeitraum hin sorgfältig konzipiert und ausgestaltet worden. Es stellt für den klassischen Kern des Datenbankbereichs den Stand der Wissenschaft und der Technik dar, und zwar in einer Weise, die die unmittelbare Verwendung des Wissens in der Praxis ermöglicht.

Nicht nur dem Praktiker und Anwender, an den es sich vornehmlich richtet, sondern auch dem Hochschullehrer sowie dem Studenten des Hauptstudiums der Informatik wird dieses Buch wertvolle Informationen liefern. Ich bin sicher, daß auch dieses GI-Handbuch für die Informatiker in Industrie und Hochschule gleichermaßen von Nutzen sein wird, und wünsche den Herausgebern und Autoren damit viel Erfolg.

München, im März 1987 *Wilfried Brauer*

Vorwort der Herausgeber

Datenbanksysteme, in den frühen siebziger Jahren noch als Exoten bestaunt oder als Beweis für fortschrittliche Unternehmensführung vorgewiesen, sind heute ein selbstverständliches Hilfsmittel der betrieblichen Organisation und der Verwaltung geworden. Finanzwesen, Fertigungsplanung, Lagerführung, Vertrieb, Handel, Banken, Versicherungen, sie alle sind auf das reibungslose Funktionieren der Verwaltung sehr großer Datenbestände angewiesen. Die Dienstleistungen der öffentlichen Hand bei Altersversorgung, Krankheitsfürsorge, Meldewesen, Verkehrsplanung oder Finanz- und Steuerverwaltung schärfen auch beim einzelnen Bürger das Bewußtsein für die Bedeutung, aber auch für die Gefahren großer Datenbanken. Neue Formen der Kommunikation wie Bildschirmtext bringen den Bürger sogar erstmals unmittelbar mit Datenbanken in Berührung. Kurz, Datenbanken sind genauso wie die Kommunikationsmedien inzwischen ein fester Bestandteil der technischen Umwelt unserer Gesellschaft geworden.

Dies verdanken wir nicht zuletzt einer geradezu stürmischen Entwicklung der Datenbanktechnologie in den letzten zehn Jahren. Begonnen hat sie mit einigen wenigen Datenbanksystemen, die angesichts ihres Umfangs und der seinerzeitigen Rechnertechnologie nur auf Großrechnern betrieben werden konnten. Manche von ihnen – System R des IBM Research Laboratory in San Jose mag als Beispiel dienen – haben im Laufe ihrer experimentellen Entwicklung der Datenbanktechnik die entscheidenden wissenschaftlichen und ingenieurtechnischen Impulse gegeben. Seit Beginn der achtziger Jahre hat das wachsende Wissen über die Datenbanktechnik und das zunehmende Bewußtsein der Anwender für die Einsatzmöglichkeiten von Datenbanken im Verein mit der stürmischen Entwicklung immer leistungsfähigerer Rechner zu einer stetig steigenden Zahl von Produkten auf dem Markt geführt. Diese Entwicklung nimmt ihren Fortgang mit der Dezentralisierung der Rechnerleistung bis hin an den Arbeitsplatz und mit der Entstehung lokaler und Weitverkehrsnetze. Das Spektrum der heute angebotenen Systeme reicht vom Kleinsystem auf einem einfachen Arbeitsplatzrechner bis hin zur Hochleistungsdatenbank für große Datenbestände und Transaktionsraten auf Konfigurationen aus mehreren Großrechnern. Die Integration von Datenbanksystemen in Anwenderpakete macht ihre Leistungen auch dem Sachbearbeiter auf einfache und bequeme Weise zugänglich.

Und noch ist ein Ende des Siegeszuges nicht abzusehen. An vielen Stellen wird gearbeitet, um die neu aufgekommenen Datenhaltungsbedürfnisse in Bereichen wie rechnergestützte Konstruktion und Fertigung (CAD/CAM), rechnerintegrierte

Fertigung (CIM), Robotik, Büroautomatisation, Landvermessung, Bildverarbeitung oder Expertensysteme zu befriedigen. Dabei stellt sich freilich heraus, daß die Technologie, die in den bisherigen, „klassischen" betriebswirtschaftlichen und verwaltungstechnischen Anwendungen so große Dienste leistete, auf diese neuen Bereiche nicht immer einfach zu übertragen ist. Häufig sind die Anforderungen anders – ja, oft sind sie noch nicht einmal exakt bekannt, da manch eine dieser neuen Anwendungen selbst ein Kind der Informatik ist und nicht auf die lange Tradition der klassischen Anwendungen zurückblicken kann.

Grund genug, zu diesem Zeitpunkt einmal Bilanz des bisher Erreichten zu ziehen! Dies war das Motiv der Herausgeber, den Stand der Technik zusammenzutragen, den man heute als konsolidiert ansehen kann. Er stellt die Grundlage dar für die Datenbanksysteme, die die klassischen Anwendungen versorgen und dies in einer Weise tun, die der stetigen Leistungsverbesserung, den Abfragesprachen der 4. Generation, den interaktiven Zugangsmöglichkeiten über intelligente Endgeräte und Arbeitsstationen Rechnung trägt. Dieser Stand der Technik ist zugleich Startpunkt und Meßlatte für die zukünftigen Entwicklungen in den neuen Anwendungsgebieten.

Die bisherige Entwicklung ist von einer überraschend kleinen Zahl von Spezialisten getragen worden. Der zunehmende Umfang an Entwicklungen, Produkten und Anwendungen erfordert eine sehr viel größere Zahl an Fachleuten, die die Datenbanktechnologie beherrschen und die Erstellung ebenso wie den Einsatz von Datenbanksystemen übernehmen können. Unsere Hochschulen sind von der Kapazität her nicht imstande, diesen Bedarf kurzfristig in vollem Umfang zu befriedigen. Fachleute, die auf anderen Gebieten der Informatik tätig sind, sind daher aufgefordert, sich das notwendige Wissen zusätzlich anzueignen. Vor allem ihnen ist das vorliegende Buch gewidmet.

Bilanz zu ziehen heißt, das etablierte, sozusagen „klassische" Wissen zu erfassen und darzustellen. Diesem Ziel tragen die verschiedenen Kapitel Rechnung. Das Buch beginnt mit der Frage, mit welchen grundlegenden Konzepten für die Strukturierung und Manipulation der Datenbasis, also mit welchem „Datenmodell", ein Datenbanksystem dem Anwender gegenübertritt. Kapitel 1 führt dazu in die klassischen Datenmodelle ein. Sie bilden die Kategorien, in die sich jede Datenbanksystem-Schnittstelle mehr oder weniger gut einordnen läßt. Mit der Kenntnis von Kapitel 1 sollten Anwender beurteilen können, inwieweit die Schnittstelle eines angebotenen Datenbanksystems die Anwendungsanforderungen besonders natürlich unterstützt. Damit hat er ein erstes Entscheidungskriterium für die Auswahl unter verschiedenen Datenbanksystemen.

Datenbanksysteme sind kompliziert aufgebaute Softwareprodukte, die eine Vielzahl von Anforderungen zu erfüllen haben. Mit der systematischen Zerlegung dieser Produkte in handhabbare (programmier- und wartbare) Komponenten, mit der Architektur von Datenbanksystemen, befaßt sich Kapitel 2. Die nachfolgenden beiden Kapitel 3 und 4 füllen diesen Architekturrahmen aus und beschreiben das außerordentlich breite Instrumentarium an Algorithmen und Datenstrukturen für die Realisierung der Einzelaufgaben. Das Spektrum erlaubt es heute, nahezu jede Anforderung an Leistungsverhalten und Speicherbedarf abzudecken, sei es für die

Abbildung der logischen Strukturen des Datenmodells auf Speicherstrukturen, für den schnellen Zugriff aufgrund struktureller und assoziativer Kriterien, für die Wahrung der Konsistenz der Datenbasis bei fehlerhafter Bedienung oder bei gleichzeitigem Zugriff seitens vieler Benutzer oder auch für die Sicherung der Daten bei Transaktionsabbrüchen, Systemfehlern oder Datenträgerverlust. Die gegenseitigen Abhängigkeiten unterschiedlicher Realisierungstechniken werden ebenso behandelt wie die Frage, welche Techniken unter welchen Randbedingungen sinnvoll sind.

Kapitel 5 und 6 wenden sich wieder den Nutzern von Datenbanksystemen zu. Selbst ein leistungsfähiges System kann miserables Verhalten zeigen, wenn die Datenbankstruktur falsch bestimmt oder die Speicherstrukturen und Zugriffstechniken unglücklich gewählt wurden. Dies durch eine systematische Vorgehensweise zu vermeiden, ist Sache des Datenbankentwurfs. Er ist Gegenstand von Kapitel 5. Als letztes setzt sich Kapitel 6 mit der alltäglichen Benutzung von Datenbanksystemen auseinander. Der Benutzer verlangt eine möglichst komfortable, seinen Aufgaben und Fähigkeiten angepaßte Sprachschnittstelle. Möglichkeiten hierzu werden in diesem Kapitel diskutiert.

Zielgruppe des Datenbank-Handbuchs ist, wie zuvor angedeutet, vorrangig der in der Praxis stehende Fachmann aus Entwicklung oder Anwendung, der über ein solides Informatikgrundwissen verfügt und sich in ausgewählten Bereichen der Datenbanktechnik kundig machen will. Jedes Kapitel ist so angelegt, daß es in sich abgeschlossen und auch ohne Beschäftigung mit den restlichen Kapiteln verständlich ist. Die Autoren haben sich bemüht, methodisch in die wesentlichen Ziele, Probleme und Aufgaben des abgehandelten Themenbereichs einzuführen, die zentralen Lösungsansätze vorzustellen und im übrigen auf Literatur zu verweisen, aus der weitere Einzelheiten und Lösungen entnommen werden können. Aus diesen Gründen sollte das Buch auch für fortgeschrittene Lehrveranstaltungen des Hauptstudiums Informatik nützlich sein.

Der aufmerksame Leser wird an dieser Stelle vermerken, daß viele wichtige Themen fehlen, auch solche, zu denen bereits ein hinreichend konsolidiertes Wissen vorliegt. Dazu zählen etwa DB/DC-Systeme, Datenbanksysteme auf Mikrorechnern, verteilte Datenbanken. Aber auch über neuere Themen wie Datenbankrechner, deduktive Datenbanken, Entwurfsdatenbanken, ließe sich sicherlich schon einiges sagen. Die Herausgeber haben trotzdem bewußt auf solche Themen verzichtet. Diese hätten sich zum einen angesichts des Umfangs des Buches nur unter Kürzung der vorhandenen Kapitel unterbringen lassen. Zum anderen ist bei den meisten unter ihnen die Entwicklung doch noch sehr im Fluß. Es ist aber unsere Absicht, bei Erfolg dieses Buches die weiteren Themen in einem zweiten Band ausführlich zu behandeln.

Allen Autoren gebührt ein besonderer Dank dafür, daß dieses Buch angesichts ihrer hohen Arbeitsbelastung überhaupt entstehen konnte. Wertvolle Hilfe erfuhren die Autoren auch durch Begutachtung von außen; erwähnt seien insbesondere die Herren Dr. Biller, Prof. Stucky und Prof. Zehnder. Dem Springer-Verlag, insbesondere Frau I. Mayer, Herrn G. Rossbach und Herrn Dr. Wössner sei ganz herzlich gedankt für die Hilfe, die sie dem Vorhaben angedeihen ließen, und die große Geduld, die sie dabei aufbringen mußten. Erstellt wurde das Manuskript – wie könnte es auch anders sein – mit den Mitteln der modernen Textverarbeitung. Und da – wie in einem so jungen Gebiet wie der maschinellen Textverarbeitung wohl unvermeidlich – jede Autorengruppe über ein eigenes, mit den anderen nicht kompatibles Textverarbeitungssystem verfügte, hat allein die Umsetzung der abgelieferten Texte auf TEX viel (in Zukunft hoffentlich überflüssige!) Mühe gekostet. Herrn R. Stauffer und dem Springer-Verlag sei für die Abwicklung der damit verbundenen Arbeiten besonders gedankt. Gedankt sei schließlich der Gesellschaft für Informatik, mit der sich kurzfristig eine Aufnahme in die Reihe der Informatik-Handbücher vereinbaren ließ.

Die Herausgeber wünschen sich, daß sich die Bemühungen aller Beteiligten letztendlich gelohnt haben und das Datenbank-Handbuch viele Freunde gewinnt.

Karlsruhe/Frankfurt, im März 1987

Peter C. Lockemann
Joachim W. Schmidt

Inhaltsverzeichnis

Kapitel 1

Datenbankmodelle

Joachim W. Schmidt

1.1	Grundlagen der Datenmodellierung	4
1.2	Datenmodelle	11
1.3	Datenbankmodelle	17
1.4	Das Relationenmodell	30
1.5	Das Netzwerkmodell	49
1.6	Das Hierarchische Modell	68
1.7	Ausblick	82

Kapitel 2

Architektur von Datenbanksystemen

Peter C. Lockemann und Klaus R. Dittrich

2.1	Anforderungen an ein Datenbanksystem	88
2.2	Entwurfsmethoden	98
2.3	Schnittstellen	109
2.4	Architekturvorschläge	116
2.5	Datenwörterbuch	149

Kapitel 3

Realisierung von operationalen Schnittstellen

Theo Härder

3.1	Ein Schichtenmodell eines datenunabhängigen Datenbanksystems	167
3.2	Externspeicherverwaltung eines Datenbanksystems	177
3.3	Systempufferverwaltung eines Datenbanksystems	183
3.4	Realisierung von Speicherungsstrukturen	216
3.5	Implementierung einer satzorientierten DB-Schnittstelle	285
3.6	Implementierung einer mengenorientierten DB-Schnittstelle	294

Kapitel 4

Maßnahmen zur Wahrung von Sicherheits- und Integritätsbedingungen

Andreas Reuter

4.1	Zugriffskontrolle in Datenbanksystemen	343
4.2	Sicherung der semantischen Integrität in Datenbanken	379
4.3	Das Transaktionskonzept	397
4.4	Aufgaben der Synchronisierungs-Komponente	410
4.5	Methoden zur Implementierung von Datensicherungs- und Recovery-Maßnahmen	441

Kapitel 5

Datenbankentwurf

Heinrich C. Mayr, Klaus R. Dittrich und Peter C. Lockemann

5.1	Ein begleitendes Beispiel	486
5.2	Informationsbedarfsanalyse	489
5.3	Konzeptueller Entwurf	498
5.4	Logischer Entwurf	516
5.5	Definition externer Sichten	533
5.6	Physischer Entwurf	541
5.7	Datenbankreorganisation	552

Kapitel 6

Datenbanksprachen und Datenbankbenutzung

Albrecht Blaser, Matthias Jarke, Hein Lehmann und Günter Müller

6.1	Datenbankbenutzer und ihre Hilfsmittel	563
6.2	Datenbankbeschreibungssprachen	570
6.3	Datenmanipulationssprachen	600

Literatur	637
Index	669
Die Autoren	687

Kapitel 1

Datenbankmodelle

Joachim W. Schmidt

1.1	Grundlagen der Datenmodellierung	4
1.1.1	Daten	4
1.1.2	Objekte und ihre Eigenschaften	5
1.1.3	Objektarten	7
1.2	Datenmodelle	11
1.2.1	Datenstrukturen	12
1.2.2	Integritätsbedingungen auf Daten	13
1.2.3	Operationen auf Daten	14
1.3	Datenbankmodelle	17
1.3.1	Objektmengen	17
1.3.2	Objektidentifikation	21
1.3.3	Objektbeziehungen	24
1.4	Das Relationenmodell	30
1.4.1	Die Strukturen des Relationenmodells	31
1.4.1.1	Relationenelemente und Domänen	32
1.4.1.2	Relationen	34
1.4.2	Die Integritätsbedingungen des Relationenmodells	35
1.4.2.1	Schlüssel und funktionale Abhängigkeiten	35
1.4.2.2	Referentielle Integrität	36
1.4.2.3	Normalisierte Relationen	37
1.4.3	Die Operationen des Relationenmodells	41
1.4.3.1	Die Änderungsoperatoren	41
1.4.3.2	Anfrageoperationen und Anfragesprachen	42
1.5	Das Netzwerkmodell	49
1.5.1	Die Strukturen des Netzwerkmodells	49
1.5.1.1	Rekordstrukturen im Netzwerkmodell	51
1.5.1.2	Mengenstrukturen im Netzwerkmodell	52
1.5.2	Die Integritätsbedingungen des Netzwerkmodells	58
1.5.3	Die Operationen des Netzwerkmodells	59
1.5.3.1	Die Arbeitsumgebung einer Netzwerkdatenbank	60
1.5.3.2	Navigieren und Lesen in Netzwerkdatenbanken	62
1.5.3.3	Ändern von Netzwerkdatenbanken	65
1.6	Das Hierarchische Modell	68
1.6.1	Die Strukturen des Hierarchischen Modells	68
1.6.2	Die Integritätsbedingungen des Hierarchischen Modells	73

2   Datenbankmodelle

1.6.3	Die Operationen des Hierarchischen Modells	74
1.6.3.1	Die Arbeitsumgebung einer Hierarchischen Datenbank	74
1.6.3.2	Lesen in Hierarchischen Datenbanken	75
1.6.3.3	Das Ändern von Hierarchischen Datenbanken	79
1.7	Ausblick	82

Spätestens Ende der 60er Jahre hat sich recht deutlich ein Wandel im Einsatz von Rechnersystemen vollzogen: als Instrumente zur Lösung numerischer Berechnungsaufgaben sind sie zunehmend in den Hintergrund getreten zugunsten einer allgemeineren Verwendung als Systeme zur Repräsentation und Verarbeitung von Information. Als Folge dieser geänderten Nutzung von Computern wurde nach neuen **Konzepten** gesucht, die – umgesetzt in geeignete **Werkzeuge** – einem weiten Benutzerkreis eine effektive und effiziente Lösung dieser neuen Aufgaben ermöglichen sollten.

Für die damals schon „klassische" Aufgabe, das *Programmieren*, das sich auf den Entwurf und die Realisierung von Algorithmen konzentriert, lagen bereits geeignete Konzepte, Werkzeuge und Einsatzmethoden vor: Daten- und Kontrollstrukturen, algorithmische *Programmiersprachen*, strukturiertes Programmieren.

Die neu hinzugekommenen Softwareaufgaben wurden schon früh als *Modellieren* bezeichnet, wohl in Anspielung daran, daß man mit Computersystemen die wesentlichen Strukturen, Abläufe und Bedingungen eines Anwendungsbereiches – etwa eines kommerziellen Unternehmens oder einer Organisation – nachbilden wollte. Die in diesem Kapitel vorgestellten *Datenbankmodelle* sollen solche Modellierungshilfsmittel bereitstellen und es ermöglichen, daß ihr Benutzer die Objekte seiner Anwendung geeignet mittels Daten beschreiben kann. Insbesondere soll er in die Lage versetzt werden, solche Datenobjekte

- durch Strukturen aufzubauen und untereinander in Beziehung zu setzen;
- durch Operationen zu verändern und auszuwerten;
- durch Bedingungen einzuschränken.

Benutzer von Datenbankmodellen sollen dabei von den Einzelheiten der physischen Speicherung und des Datenzugriffs (insbesondere unter erschwerenden Bedingungen wie hohe Effizienzansprüche, Parallelzugriff, Fehlerfall) entlastet werden.

Einschränkend sei an dieser Stelle bereits darauf hingewiesen, daß Datenbankmodelle die oben genannten allgemeinen Modellierungsaufgaben zwar wesentlich, aber doch nur mit Einschränkungen unterstützen können. Zwischen den *Daten* in der Datenbank und der *Information*, die ein Benutzer in einem Informationssystem ablegen oder aus ihm gewinnen möchte, muß im allgemeinen noch ein *Interpretationsprozeß* stehen, der von den hier behandelten Datenbankmodellen nur ansatzweise unterstützt wird und in der Regel durch Programme in algorithmischen Programmiersprachen zu realisieren ist. Auf diese Problematik und Ansätze zu ihrer Lösung werden wir am Ende dieses Kapitels kurz eingehen.

Im Mittelpunkt des vorliegenden Kapitels steht eine vergleichende Darstellung der mittlerweile ebenfalls schon als klassisch zu bezeichnenden drei Datenbankmodelle, Relationen-, Netzwerk- und Hierarchiemodell. Aus einer knappen „modellunabhängigen" Darstellung der Grundlagen der Datenmodellierung heraus werden wir mittels eines durchgängig verwendeten Beispiels diese drei Datenmodelle entwickeln und zueinander in Beziehung setzen. Wir werden uns einer einfachen, abstrakten Notation (Syntax) bedienen und uns auf die wesentlichen Modelleigenschaften konzentrieren. Auf Fragen der Bedeutung (Semantik) der verwendeten Notation werden wir nur intuitive, nichtformale Antworten geben und auf die Literatur verweisen.

4   Datenbankmodelle

Dieses erste, einleitende Kapitel über Datenbankmodelle steht in engem Zusammenhang mit dem Abschlußkapitel über Datenbanksprachen und Datenbankbenutzung. Dort wird die konkrete syntaktische Form der Benutzerschnittstellen typischer kommerzieller Datenbankverwaltungssysteme vorgestellt und ihre Benutzung diskutiert. Bilden demnach das erste und sechste Kapitel den einen Schwerpunkt des Datenbankhandbuchs, so können das zweite bis fünfte Kapitel zum zweiten Schwerpunkt zusammengefaßt werden, in dem die Realisierung der vorgestellten Modelleigenschaften und Benutzerschnittstellen durch modulare, effiziente und sichere Datenbankverwaltungssysteme behandelt wird.

1.1 Grundlagen der Datenmodellierung

Bekanntlich sind die Gegenstände unserer Wahrnehmung beständigen Änderungen unterworfen. Aus diesem Grunde ist der Mensch von jeher bestrebt, seine Wahrnehmungen zu beschreiben und Beschreibungen aufzuzeichnen, sei es nun, um aus der Kenntnis des Vergangenen heraus die Gegenwart besser zu verstehen, sei es, um zukünftige Entwicklungen in Grenzen vorhersagen und beeinflussen zu können.

Je nach Wahrnehmungsgegenstand und Verwendungszweck von Beschreibungen bieten sich unterschiedliche Beschreibungsverfahren an. Erlebnisse und Eindrücke werden etwa in sprachlicher Form als Texte formuliert, Szenen und Abläufe werden als Bilder und Bildfolgen aufgezeichnet. Beobachtungen an Einzelobjekten werden oft in Form von Attributwerten und Wertereihen dargestellt.

Die Speichermedien heutiger Computersysteme sind durchaus in der Lage, alle diese unterschiedlichen Formen von Beschreibungen festzuhalten. Erhebliche Unterschiede bestehen allerdings in der Fähigkeit, die als Ergebnis der verschiedenen Beschreibungsverfahren entstehenden Repräsentationen mit Computerunterstützung zu interpretieren. Diese Fähigkeit ist jedoch vonnöten, sollen solche Beschreibungen automatisch geprüft, ausgewertet und geändert werden. Während automatische Verfahren zur Text- und Bildverarbeitung noch weitgehend Gegenstand der Informatikforschung sind, sind recht leistungsfähige Systeme zur Verwaltung und Verarbeitung von Objektbeschreibungen, die in Form von Werten, also grob gesprochen, als Daten vorliegen, bereits seit geraumer Zeit kommerziell zu haben.

Im vorliegenden Kapitel wollen wir in die Grundlagen der Datenmodellierung einführen [ABRI74, SENK75, FALK76, BUBE77a, LANG80, MYLO80a,b] und daraus Schritt für Schritt die heute geläufigen Datenbankmodelle [CHAM76a, DATE81a, TAYL76, TSIC76, TSIC77, TSIC82, ULLM82] herleiten.

1.1.1 Daten

Im engeren Sinn bedeutet „datum" soviel wie „das Gegebene" – genauer, das aufgrund übereinstimmender Interpretation aller Beteiligter „als gegeben Erachtete".

Als einfache Beispiele können etwa die Farbe grün, das Datum 11. Januar 1978 oder die natürliche Zahl 9 dienen. So wird etwa der Wert dieser Zahl unabhängig von Repräsentationsunterschieden – ob in der Form 'neun', 9, IX, 1001 – im vorliegenden Zusammenhang als etwas für Computer und ihre Benutzer gleichermaßen Gegebenes angesehen.

Mit „Datenmodellierung" oder genauer: „Modellierung durch Daten" bezeichnen wir in unserem Zusammenhang die Erstellung von Beschreibungen direkt oder über einfache Zwischenstufen durch Kombination von Daten aus vorgegebenen Datenmengen. Es wird sich zeigen, daß dieser einfach erscheinende Ansatz eine erhebliche Vielfalt an Beschreibungsmöglichkeiten erlaubt – aber auch seine Grenzen hat [KENT76, KENT78, KENT79].

Ausgehend von Wertemengen, wie etwa den natürlichen und reellen Zahlen, den Zeichenketten und Wahrheitswerten, lassen sich Objektbeschreibungen als Punkte in entsprechend dimensionierten Datenräumen konstruieren. Verändert sich eine Objektbeschreibung im Verlauf des Zeitintervalls (t_i, t_f), so führt dies zu einer Punktfolge – einer Trajektorie – im Datenraum (Bild 1.1).

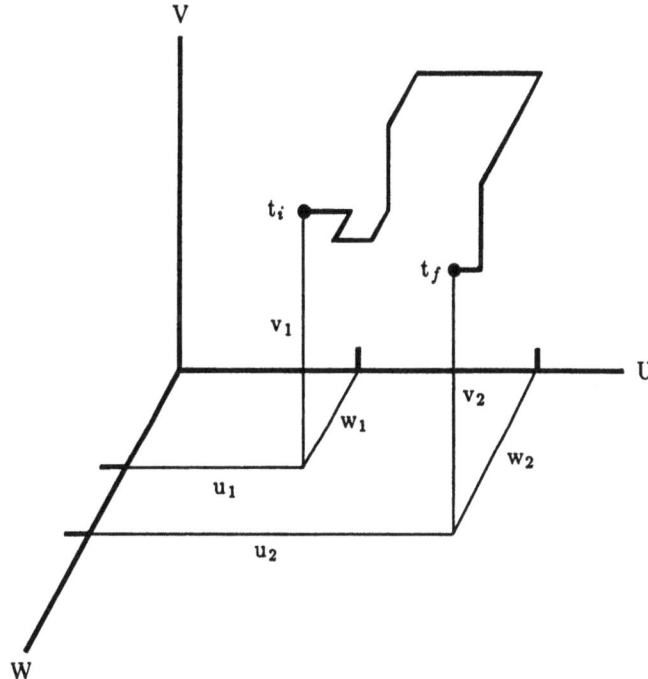

Bild 1.1 Trajektorie in einem Datenraum

1.1.2 Objekte und ihre Eigenschaften

Die Datenmengen, von denen wir bei der Datenmodellierung ausgehen, bestehen ihrerseits aus Repräsentanten oder Bezeichnern von Objekten unserer Wahrnehmung – Zahlen, Zeichenketten, Wahrheitswerte –, über die wir allerdings zwei sehr spezielle Voraussetzungen machen:

6   Datenbankmodelle

1. Die Basisobjekte sind „Objekte ohne Eigenschaften", sie sind als solche quasi *atomar*. Ihre Beschreibung besteht demnach lediglich aus einem Objektbezeichner, der selbstverständlich nicht geändert werden kann. Beispiele sind etwa die Bezeichner 9 oder 'A' für die entsprechende ganze Zahl oder den entsprechenden Buchstaben.
2. Die Mengen der Basisobjekte sind *komplett*, d.h. alle Basisobjekte sind zu Beginn und für die Dauer des Beschreibungsvorganges vorhanden. Beispiele sind wiederum die Mengen der ganzen Zahlen, der Buchstaben, etc.

Datenmodelle sollen, ausgehend von Basisobjekten, die Beschreibung auch solcher Objekte ermöglichen, für die diese beiden obigen Einschränkungen nicht gelten, also von Objekten, die eine Vielzahl von Eigenschaften haben können und die außerdem im Laufe der Zeit neu auftreten, wieder verschwinden und ihre Eigenschaften ändern können.

Im Zuge ihrer Beschreibung durch Daten werden jedem Objekt ein Bezeichner sowie eine Menge von Eigenschaften zugeordnet. So kann beispielsweise der Objektbezeichner kathi für eine Person stehen, auf die die folgende Tatsache zutrifft:

„Das Mädchen Kathi ist im Jahre 1987 neun Jahre alt und heißt mit Vornamen Katharina".

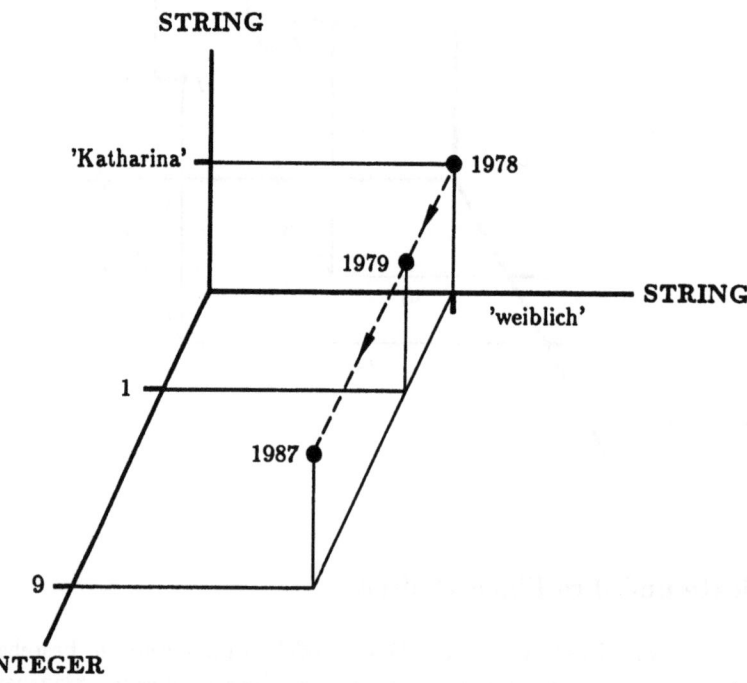

Bild 1.2 Datenraum für die Beschreibung von Personen

Kathi beschreiben wir näher durch die drei Eigenschaften

< kathi : Geschlecht : 'weiblich' : 1987 >
< kathi : Taufname : 'Katharina' : 1987 >
< kathi : Alter   : 9   : 1987 >.

Eine Objekteigenschaft < oi : aij : vijk : tk > [BUBE77b, LANG77a, LANG80] besteht aus der Angabe des Objektbezeichners oi, z.B. kathi, des Objektattributs aij, z.B. Alter oder Geschlecht, eines Attributwertes vijk, z.B. 9 oder 'weiblich' und der Angabe des Zeitpunktes tk, z.B. 1987, für den diese Objekteigenschaft gilt.

Das Ergebnis dieser Form der Objektbeschreibungen durch Eigenschaften können wir als eine Folge von Punkten in einem Datenraum veranschaulichen. Bild 1.2 enthält die Darstellung der Beschreibung der Person Kathi zu verschiedenen Zeitpunkten in Form einer Trajektorie in einem entsprechenden Datenraum.

1.1.3 Objektarten

Die Objekte unserer Wahrnehmung lassen sich oft zwanglos zu Objektarten zusammenfassen. Klassifikationsgrundlage ist die Beobachtung, daß verschiedene Objekte dieselben Attribute besitzen.

Eine Objektart PERSON etwa mag dadurch charakterisiert sein, daß alle ihre Ausprägungen, also die Personen kathi, resi, wolfi etc., die Attribute Geschlecht, Name und Alter besitzen und auch die Werte für jeweils gleiche Attribute von derselben Art sind, also „ganze Zahl", „Zeichenkette" usw.

Eine Definition der Art PERSON, etwa durch die Festlegung:

„Alle Personen haben ein Geschlecht, ein Alter und einen Namen"

repräsentieren wir durch die drei Arteigenschaften

(PERSON : Geschlecht : STRING)
(PERSON : Taufname   : STRING)
(PERSON : Alter   : INTEGER).

Die Arteigenschaft (Ai : aij : Aij) [WONG77] besteht aus der Angabe des Artbezeichners Ai für die zu definierende Art, z.B. PERSON oder FAMILIE, aus einem Attributbezeichner aij, z.B. Alter oder Name und aus einem weiteren Artbezeichner Aij, etwa STRING oder INTEGER für die Art des Attributwertes.

Wo immer Anlaß zu Mißverständnissen bestehen könnte, werden wir die Eigenschaften von Arten als *definierende Eigenschaften* bezeichnen (und stets in runden Klammern notieren). Die Eigenschaften von Ausprägungen nennen wir *tatsächliche Eigenschaften* (und werden sie in spitzen Klammern notieren). Zwischen beiden Sorten von Eigenschaften besteht der fundamentale Zusammenhang, daß jede Ausprägung o einer Art A alle definierenden Eigenschaften der Art für ihre tatsächlichen Eigenschaften erbt [MYLO80b]. Dies bedeutet, daß für alle Zeitpunkte tk die tatsächlichen Objekteigenschaften stets den definierenden Arteigenschaften entsprechen müssen (Vererbungsprinzip).

Ganz allgemein könnten wir auch die Arteigenschaften als zeitabhängig einführen und damit Artdefinitionen zeitlich veränderlich machen. Aufgrund der engen Kopplung zwischen den Arteigenschaften und den tatsächlichen Eigenschaften der entsprechend gearteten Ausprägungen über das Vererbungsprinzip würden Artänderungen jedoch umfängliche Objektänderungen nach sich ziehen. Deshalb wollen wir hier Artdefinitionen als zeitlich konstant ansehen. (Aus diesem Grund lassen wir auch die Zeitangabe bei definierenden Eigenschaften weg und notieren sie als Tripel).

Bisher gehen wir bei der Datenmodellierung von den wenigen Basisarten INTEGER, BOOLEAN, STRING etc. aus. Können wir mit Hilfe definierender Eigenschaften auch neue Basisarten einführen, beispielsweise eine Art ALTERSANGABE, die die Art INTEGER bei der Personendefinition ersetzt? Wir wissen, daß Altersangaben auf Intervalle begrenzt sind durch die Eigenschaften, daß sie 0 als Untergrenze und, sagen wir, 100 als Obergrenze haben. Der naheliegende Ansatz, der Art ALTERSANGABE die definierenden Eigenschaften

(ALTERSANGABE : Untergrenze :   0)
(ALTERSANGABE : Obergrenze : 100)

zuzuordnen, führt nicht zum Ziel, denn definierende Eigenschaften implizieren tatsächliche Eigenschaften der Ausprägungen dieser Art und nicht Eigenschaften der Art selbst. Letztere müssen durch tatsächliche Eigenschaften dieser Art selbst, also in der Form

< ALTERSANGABE : Untergrenze :   0 >
< ALTERSANGABE : Obergrenze : 100 >

eingeführt werden. (Arteigenschaften seien wieder zeitlich konstant vorausgesetzt; tatsächliche Eigenschaften von Arten werden deshalb wieder als Tripel notiert). Dieses Vorgehen führt zwangsläufig dazu, auch Arten wie ALTERSANGABE als Ausprägungen einer allgemeineren Art, einer *Metaart*, anzusehen. In unserem Beispiel wäre dies etwa die Metaart INTERVALL mit den definierenden Eigenschaften

(INTERVALL : Untergrenze : INTEGER)
(INTERVALL : Obergrenze : INTEGER).

Eine mögliche Ausprägung der Metaart INTERVALL ist dann die Art ALTERSANGABE mit den eben genannten tatsächlichen Eigenschaften.

Entsprechend können wir eine Metaart AUFZÄHLUNG definieren durch

(AUFZÄHLUNG : Wert1 : BEZEICHNER)
...
(AUFZÄHLUNG : Wertn : BEZEICHNER).

Die Art GESCHLECHTER kann jetzt durch Aufzählung ihrer tatsächlichen Eigenschaften definiert werden:

< GESCHLECHTER : Wert1 : männlich >
< GESCHLECHTER : Wert2 : weiblich >.

Die Art VORNAMEN können wir nun ebenfalls neu definieren, entweder als Ausprägung der Metaart AUFZÄHLUNG

< VORNAMEN : Wert1 : Anna >
...
< VORNAMEN : Wertn : Zenzi >

oder als Intervall zwischen den Grenzen 'Anna', und 'Zenzi'

< VORNAMEN : Untergrenze : 'Anna' >
< VORNAMEN : Obergrenze : 'Zenzi' >.

Nun, da wir die zuletzt definierten Arten zur Verfügung haben, können wir die Art PERSON spezieller definieren durch

(PERSON : Geschlecht : GESCHLECHTER)
(PERSON : Taufname : VORNAMEN)
(PERSON : Alter : ALTERSANGABE).

Der Name und das Geschlecht einer Person sind nun nicht mehr von derselben Art und damit nicht mehr miteinander vergleichbar. Ebenso wäre ein zusätzliches Attribut, welches die Größe einer Person angibt, nicht mehr mit einer Altersangabe vergleichbar, eine Einschränkung, die bei einer beiden gemeinsamen Definition als ganze Zahl nicht gegeben wäre.

Ausgehend von einer Datenmodellierung mit wenigen vorgegebenen Arten von Basisobjekten, haben wir durch die Möglichkeit, neue Mengen von Basisobjekten mit Hilfe von Metaarten einzuführen, unsere Beschreibungswerkzeuge erheblich verfeinert. Als Basisobjekte erfüllen die neuen Objekte jedoch weiterhin die in Abschnitt 1.1.2 genannten Voraussetzungen: sie sind atomar, also „ohne Eigenschaften" und komplett, also alle stets vorhanden.

Die Beschränkung auf Basisobjekte wollen wir nun aufgeben und neu definierte Arten, also Arten, die weder atomar noch komplett sein müssen, ihrerseits zur Definition weiterer Arten zulassen. Dieser Schritt hat, wie wir sehen werden, weitreichende Konsequenzen für alle Aspekte der Datenmodellierung.

Am Beispiel der Definition einer neuen Art, ANGEHÖREN, die eine Beziehung zwischen Objekten der Arten PERSON und FAMILIE beschreibt, soll dies verdeutlicht werden.

Familien seien dabei unter anderem definiert durch die Eigenschaft

(FAMILIE : Name : NACHNAMEN)

und „die_fabers" sei eine Ausprägung der Art FAMILIE, beschrieben durch ihre tatsächlichen Eigenschaften, z.B.

< die_fabers : Name : 'Faber': 1976 > .

Die Art ANGEHÖREN sei definiert durch

(ANGEHÖREN : Familie : FAMILIE   )
(ANGEHÖREN : Mitglied : PERSON   )
(ANGEHÖREN : Status   : FAMILIENSTATUS).

Ausprägungen der Art ANGEHÖREN seien z.B. die drei Objekte fk, fr, fw mit

< fk : Familie : die_fabers   : 1978 >
< fk : Mitglied : kathi   : 1978 >
< fk : Status   : minderjährig   : 1978 >

< fr : Familie : die_fabers   : 1978 >
< fr : Mitglied : resi   : 1978 >
< fr : Status   : erziehungsberechtigt : 1978 >

< fw : Familie : die_fabers   : 1978 >
< fw : Mitglied : wolfi   : 1978 >
< fw : Status   : erziehungsberechtigt : 1978 >.

Bild 1.3 veranschaulicht die Beziehungen zwischen der Familie die_fabers und der Person kathi durch Punkte in einem Datenraum. Die im Jahr 1978 mit kathis

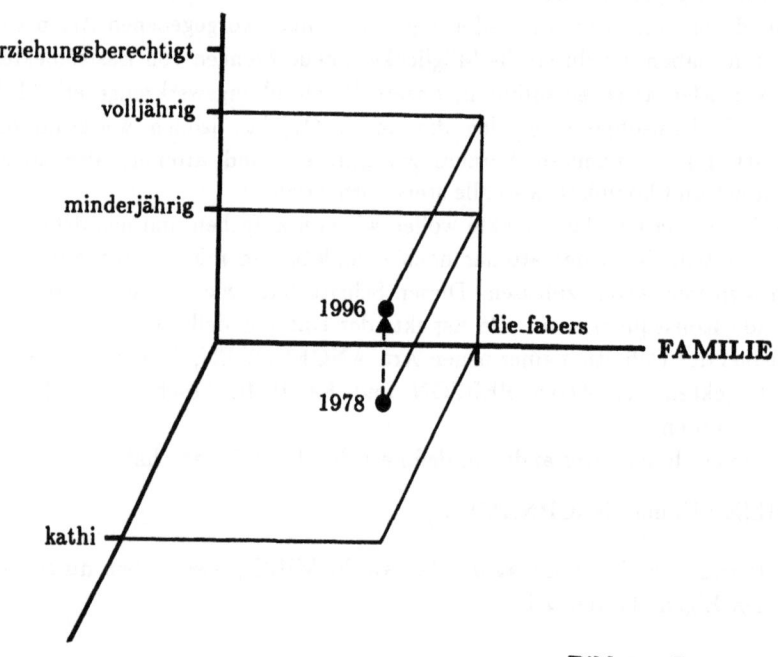

Bild 1.3 Familienverhältnisse

Geburt eingetretenen Verhältnisse und die im Jahr 1996 mit ihrer Volljährigkeit zu erwartenden Übergänge sind als Trajektorie eingezeichnet.

Dieses Beispiel macht auch deutlich, daß wir über die Beziehungen zwischen Personen und Familien oft noch mehr wissen, als wir in der Definition dieser Arten bislang festgelegt haben. Personen können beispielsweise die Eigenschaft besitzen, daß sie stets nur (höchstens) einer Familie angehören. Wir wollen eine solche Eigenschaft als partiell bezeichnen und in der Form

(PERSON : ... : [ANGEHÖREN])

notieren. Diese partielle Eigenschaft bringt zum Ausdruck, daß es zu jeder Ausprägung der Art PERSON eine oder keine Ausprägung der Art ANGEHÖREN gibt.

Fordern wir, daß zu jeder Person genau eine Familie existieren muß, so können wir diese Bedingung durch die Eigenschaft

(PERSON : ... : ANGEHÖREN)

definieren.

Mit Hilfe partieller Eigenschaften können wir auch zum Ausdruck bringen, daß es höchstens eine Person mit einem bestimmten Vornamen gibt

(VORNAMEN : ... : [PERSON]).

Zusammengesetzte Eigenschaften beschreiben den Sachverhalt, daß jeder Kombination von Objekten genau oder, im Falle partieller Eigenschaften, höchstens ein Objekt zugeordnet sein soll, etwa

(PERSON, FAMILIE : ... : [ANGEHÖREN]).

Es wird sich zeigen, daß die bislang eingeführten Beschreibungsmittel ausreichen, um die Leistungen der bekannten Datenbankmodelle Relationenmodell, Netzwerkmodell und Hierarchisches Modell definieren zu können. In den folgenden Abschnitten werden wir diese Modelle systematisch aus unserem bisherigen Ansatz herleiten, sei es durch Begrenzung seiner Mächtigkeit oder durch besondere Repräsentationsentscheidungen.

1.2 Datenmodelle

In diesem und dem nachfolgenden Abschnitt werden wir Schritt für Schritt die oben eingeführten Beschreibungsmittel einschränken. Dies geschieht mit dem Ziel, die Repräsentation und Manipulation von Objektbeschreibungen durch Daten in Computersystemen einfacher und effizienter zu machen. Dabei werden wir nahezu zwangsläufig auf die in der Praxis vertretenen Datenbankmodelle hingeführt.

Die Einschränkungen in diesem Abschnitt bestehen darin, daß wir von dem allgemeinen Ansatz, Objektbeschreibungen als Punkte in Datenräumen darzustellen, übergehen zu der in höheren Programmiersystemen üblichen Definition und Manipulation von Datenobjekten durch Datenstrukturen, Integritätsbedingungen und Operatoren.

1.2.1 Datenstrukturen

Zur Strukturdefinition von Datenobjekten stellen höhere Programmiersysteme eine Reihe von sogenannten Datenstrukturen zur Verfügung [WIRT71]. Der Festlegung einer Art durch ihre definierenden Eigenschaften entspricht die Definition eines Datentypes mit Hilfe einer entsprechenden Datenstruktur, in unserem Zusammenhang der Datenstruktur Verbund oder Rekord.

So korrespondiert beispielsweise die durch ihre Eigenschaften

(PERSON : Geschlecht : GESCHLECHTER)
(PERSON : Taufname : VORNAME   )
(PERSON : Alter   : ALTERSANGABE)

definierte Art PERSON direkt mit der Typdefinition

type PERSON = **record**
        Geschlecht : GESCHLECHTER;
        Taufname   : VORNAME;
        Alter   : ALTERSANGABE;
    end;

An dieser Stelle sei noch einmal auf die Verabredung hingewiesen, definierende Eigenschaften als zeitlich konstant anzusehen (Abschnitt 1.1.3). Erst diese Vereinfachung ermöglicht die Analogie zwischen Artdefinitionen und den aus Programmiersprachen bekannten Typdefinitionen. Die tatsächlichen Eigenschaften von Objekten sollen vorerst noch zeitabhängig bleiben.

Objektbezeichner werden bei der Objektdeklaration eingeführt und dabei an einen Objekttyp gebunden, etwa

object kathi : PERSON;

Die Beschreibung von Objekten durch ihre tatsächlichen Eigenschaften, also

< kathi : Geschlecht : weiblich   : 1987 >
< kathi : Taufname   : 'Katharina' : 1987 >
< kathi : Alter   : 9   : 1987 >,

kann nun kurz durch Zuordnung des einen strukturierten Datenobjektes

< weiblich, 'Katharina', 9 >

und der Zeitangabe zum Objektbezeichner geschehen:

kathi : < weiblich, 'Katharina', 9 > : 1987 .

Gegenüber der „modellfreien" Notation im vorangegangenen Abschnitt müssen wir uns nun aber an die Einschränkung halten, die Feldwerte in derselben Reihenfolge zu notieren, in der die entsprechenden Attribute in der Typdefinition eingeführt worden sind.
Wir gehen weiterhin noch davon aus, daß für ein Objekt gleichzeitig, wenn auch zu unterschiedlichen Zeitpunkten angelegt, mehrere Beschreibungen existieren können, beispielsweise mehrere Beschreibungen für das Mädchen Kathi:

kathi : < weiblich, 'Katharina', 0 > : 1978
kathi : < weiblich, 'Katharina', 1 > : 1979
...
kathi : < weiblich, 'Katharina', 9 > : 1987 .

1.2.2 Integritätsbedingungen auf Daten

Art- bzw. Typdefinitionen legen diejenigen Eigenschaften fest, die alle Ausprägungen eines Typs gemeinsam haben.
Einige einschränkende Eigenschaften können implizit und ohne daß man sich dessen bewußt wird, bereits durch die gewählten Beschreibungsmittel festgelegt sein. Dazu zählt in den bisherigen Beispielen die Eindeutigkeit von Bezeichnern, denn Objekt- bzw. Typbezeichner haben wir für die gesamte Gültigkeitsdauer einer Beschreibung als voneinander verschieden vorausgesetzt. Für Attributnamen wird Eindeutigkeit lediglich innerhalb einer Typdefinition gefordert. Eine weitere Einschränkung kann auch darin bestehen, daß Arten stets zuerst definiert werden müssen, und erst dann zugehörige Objekte deklariert werden können.
Eine andere Klasse von Einschränkungen können wir explizit mit Hilfe der gewählten Beschreibungsmittel definieren. Beispiele sind die Definitionen von partiellen Eigenschaften aus Abschnitt 1.1.3, etwa

(VORNAME : ... : [PERSON]).

Formal ausgedrückt heißt diese Forderung nach Eindeutigkeit der Vornamen, daß zu jedem Zeitpunkt t_k und für jedes Paar von Objekten p_i, p_j der Art PERSON die Gleichheit der Namen die Identität der Objekte impliziert, also:

$$\text{all all} \quad ((p_i.\text{Taufname} : t_k = p_j.\text{Taufname} : t_k) \Rightarrow (p_i : t_k = p_j : t_k)).$$
$$t_k \quad p_i, p_j$$

Die Konstanz von Eigenschaften ist ein weiteres Beispiel einer Integritätsbedingung, die bei der Datenmodellierung oft benötigt wird:

$$\text{all all} \ (p_i.\text{Taufname} : t_j = p_i.\text{Taufname} : t_k).$$
$$t_j, t_k \ p_i$$

Eine weitere Klasse von Integritätsbedingungen macht die Existenz des einen Datenobjektes von der eines anderen abhängig. So muß beispielsweise das Datenobjekt pi, welches eine Person beschreibt, stets bereits existieren, ehe es durch das eine Familienzugehörigkeit beschreibende Datenobjekt aj in eine Beziehung eingebracht werden kann:

all all some (aj.Mitglied : tk = pi : tk).
tk   aj   pi

Bei der Behandlung der einzelnen Datenbankmodelle werden wir später sehen, daß in manchen Modellen Integritätsbedingungen explizit definiert werden müssen, die in anderen Modellen implizit durch die Wahl der Beschreibungsmittel stets erfüllt sind. Das letztgenannte Beispiel der sogenannten referentiellen Integrität ist dafür typisch.

Abschließend wollen wir noch darauf hinweisen, daß die in Abschnitt 1.1.3 behandelten Möglichkeiten, die Mengen der Basistypen neu zu definieren, etwa durch

type GESCHLECHTER = (**männlich, weiblich**);
  VORNAME   = **string**;
  ALTERSANGABE = **0...100**;

auch integritätserhaltende Einschränkungen darstellen. Für Datenbankmodelle werden solche benutzerdefinierten Typen – „domains" – stets gefordert, sind allerdings nur in den wenigsten Fällen verwirklicht. Solche „domains" schränken nicht nur die für ein Attribut zulässige Wertemenge ein, sondern beschränken, wie wir später sehen werden, auch die für Attribute zulässigen Operationen.

1.2.3 Operationen auf Daten

Eine entscheidende Einschränkung, die Datenmodelle gegenüber unserer in Abschnitt 1.1 benutzten „modellfreien" Art der Objektbeschreibung in Kauf nehmen, ist eng mit dem Konzept der Variablen und der dafür definierten Operation der Zuweisung verbunden. Dahinter steckt letzten Endes eine Behandlung des Problems „Zeit" und „zeitliche Entwicklung", die entscheidend von unserem bisherigen Ansatz abweicht. Statt für ein Objekt gleichzeitig mehrere Beschreibungen zuzulassen (die sich auf unterschiedliche Zeitpunkte beziehen), kann für ein Objekt, das mit Hilfe einer *Variablen* repräsentiert wird, jeweils nur eine Beschreibung, ein Wert zur Zeit existieren. Die Zuweisungsoperation ersetzt zum Zeitpunkt ihrer Ausführung den existierenden Wert durch einen neuen.

Für unser Beispiel hat das die Konsequenzen, daß stets nur eine aktuelle Beschreibung, etwa der Person Kathi, existiert:

```
type ...
    PERSON = record ... end;

var  kathi : PERSON;
    ...
    kathi := < weiblich, 'Katharina', 0 > ;   { Zuweisung 1978 }
    ...
    kathi := < ... > ;                        { Zuweisungen 1979 bis 1986 }
    ...
    kathi := <weiblich, 'Katharina', 9> ;     { Zuweisung 1987 }
    ...
```

In algorithmischen Programmiersprachen, mit deren Hilfe man oft Zustände und Zustandsübergänge modelliert und meist nur an Endzuständen (d.h. Berechnungsergebnissen) interessiert ist, mag dieser Variablenbegriff akzeptabel sein. Bei Datenbankmodellen wird eine solche Einschränkung oft als unbefriedigend empfunden. Als Beispiel denke man nur an die Notwendigkeit, Serien von Patientenrekords in Datenbankanwendungen der Medizin zu verwalten. Ein umfassender Überblick über die verschiedenen Ansätze zur Behandlung des Zeitaspektes in informationsverarbeitenden Systemen findet sich in [ANDE82, BOLO82, SNOD85].

Im folgenden wollen wir die Einführung von Bezeichnern für Objekte nicht mehr statisch durch eine Deklaration, etwa

```
var kathi, resi, ... : PERSON;
```

sondern dynamisch durch die Operation

```
create_objects_of_type ( PERSON : { kathi, resi, ...} );
```

vornehmen. Dies gibt uns die Möglichkeit, ein Objekt zusammen mit seinem Bezeichner jederzeit einführen und durch eine entsprechend inverse Operation jederzeit entfernen zu können.

Zusätzlich zu den Änderungsoperatoren – generieren, zuweisen und löschen – wird es in Datenbankmodellen noch eine zweite Klasse von Operatoren geben, die in unserem „modellfreien" Ansatz noch nicht deutlich genug hervorgetreten ist. Es handelt sich um Lese- oder Suchoperatoren, mit deren Hilfe Datenobjekte, die mit vorgegebenen Daten in gewissen Beziehungen stehen, ermittelt werden können. Um sie zu erläutern, wollen wir uns noch einmal das obige Beispiel vergegenwärtigen.

```
type PERSON      = record
                        Geschlecht : ... ;
                        Taufname   : VORNAMEN;
                        Alter      : ... ;
                   end;
```

16 Datenbankmodelle

```
FAMILIE    = record
               Name       : NACHNAMEN;
               Kinderzahl : ... ;
               ...
             end;

ANGEHÖREN = record
               Familie   : FAMILIE;
               Mitglied  : PERSON;
               ...
             end;
```

Für diese drei Arten generieren wir Ausprägungen

   create_objects_of_type (PERSON, {kathi,resi,wolfi});
   create_objects_of_type (FAMILIE, {die_fabers});
   create_objects_of_type (ANGEHÖREN, {fk,fr,fw});

und initialisieren sie durch folgende Zuweisungen:

   kathi := < weiblich , 'Katharina', 9 > ;
   resi := < weiblich , 'Theresia' , 33 > ;
   wolfi := < männlich, 'Wolfgang' , 40 > ;

   die_fabers := < 'Faber', 1, ... > ;

   fk := < die_fabers, kathi, ... > ;
   fr := < die_fabers, resi , ... > ;
   fw := < die_fabers, wolfi, ... > ;

Bei der Erstellung dieser Beschreibung setzen wir stets voraus, daß sie in folgendem Sinne voll interpretierbar ist:

Ausgehend von einem Objektbezeichner können wir in vollem Umfang erstens über das bezeichnete Objekt und damit auch über seinen Wert verfügen und zweitens auf diejenigen Objekte zugreifen, in denen der Objektbezeichner als Wert vorkommt.

Diese Forderungen stellen sicher, daß wir, beispielsweise bei Kenntnis des Bezeichners die_fabers, die Gesamtheit der Daten wiedergewinnen, die wir für diese Familie angelegt haben. Zum ersten sind dies die Eigenschaften der Familie selbst, also das Datenobjekt < 'Faber', 1, ... >, zum zweiten sind es aber auch die Beziehungen, die diese Familie zu anderen Objekten eingegangen ist. Diese sind durch die Datenobjekte fk, fr und fw repräsentiert, in denen der Bezeichner die_fabers als Wert vorkommt. Diese Datenobjekte wiederum führen uns zu den Bezeichnern kathi, resi und wolfi und damit zu den Werten < weiblich, 'Katharina', 9 >,

< weiblich, 'Theresia', 33 > und < männlich, 'Wolfgang', 40 > . Umgekehrt führt uns etwa der Bezeichner kathi über den Bezeichner fk zur Familie die_fabers.

Wie wir im nächsten Abschnitt sehen werden, repräsentieren die verschiedenen Datenbankmodelle Bezeichner unterschiedlich und meist mit eingeschränkten Fähigkeiten. Dies erweist sich als der tiefere Grund für die Unterschiede zwischen den einzelnen Datenbankmodellen, also für die unterschiedlichen Strukturen und Integritätsbedingungen, sowie insbesondere auch für die verschiedenen Operatoren zur Bestimmung von zueinander in Beziehung stehenden Datenobjekten. Allgemein müssen wir jedoch festhalten, daß die vorgenommene Vereinfachung bei der Objektbeschreibung – fest formatierte Rekords statt variabler Mengen von Objekteigenschaften – auch Nachteile mit sich bringt. Insbesondere ist es nicht mehr möglich, Objektbeschreibungen durch Hinzunahme oder Streichen einzelner Objekteigenschaften zu ändern [KENT79] oder Objektbeschreibungen, die sich auf verschiedene Zeitpunkte beziehen, d.h. Versionen [DADA84], zu realisieren.

1.3 Datenbankmodelle

Datenbanken enthalten in der Regel große Mengen logisch verknüpfter Datenobjekte, die von mehreren Benutzern gemeinsam und oft auch gleichzeitig erzeugt, gelesen und verändert werden. Unter diesen Umständen ist zu erwarten, daß die bisherige Behandlung des Problems der Objektidentifikation durch explizit eingeführte Bezeichner nicht mehr adäquat ist. Die Verwaltung großer Mengen solcher Bezeichner, die gleichzeitig von einer Benutzergemeinde angelegt, verwendet und eliminiert werden können, wäre ihrerseits wieder ein Datenbankproblem. In dieser Hinsicht unterscheiden sich Datenbankmodelle und ihre Anwendungen deutlich von Programmiersprachen und deren Verwendung.

Wir werden sehen, daß sich die einzelnen Datenbankmodelle untereinander ganz wesentlich dadurch unterscheiden, wie sie das Problem der Identifikation von Datenobjekten lösen.

1.3.1 Objektmengen

Die Herleitung und Diskussion der verschiedenen Datenbankmodelle in diesem und den nachfolgenden Abschnitten werden wir wieder anhand unseres Beispiels führen, das wir zu diesem Zweck noch etwas erweitern wollen. Zusätzlich zu Familien und Personen, unter denen verwandtschaftliche Beziehungen bestehen können, wollen wir noch eine dritte Art, HAUS, einführen. Zwischen Familien und Häusern können zwei Arten von Beziehungen bestehen: Familien besitzen Häuser und Familien bewohnen Häuser. Dies führt zu einer Reihe von Typdefinitionen, die in Bild 1.4 in Form der Definition eines Datenbankschemas (DBS) zusammengefaßt sind.

Datenbankmodelle

FAMILIEN_UND_HÄUSER_DBS = DM **type**

{ Basistypen: }

    VORNAMEN   = ...;
    NACHNAMEN = ...;
    ORTSNAMEN = ...;
    ...

{ Rekordtypen: }

    FAMILIE   = **record**
                    Familienname : NACHNAME;
                    Kinderzahl   : ...;
                    ...
                end;

    PERSON   = **record**
                    Geschlecht : ...;
                    Taufname   : VORNAME;
                    Alter   : ...;
                end;

    HAUS   = **record**
                    Standort   : ORTSNAME;
                    Land   : ...;
                    ...
                end;

    ANGEHÖREN = **record**
                    Familie   : FAMILIE;
                    Mitglied   : PERSON;
                    ...
                end;

    BEWOHNEN = **record**
                    Bewohner   : FAMILIE;
                    Haus   : HAUS;
                    Stockwerk : ...;
                end;

    BESITZEN   = **record**
                    Besitzer   : FAMILIE;
                    Haus   : HAUS;
                    Kaufdatum : ...;
                end;

Bild 1.4 (Fortsetzung auf nächster Seite)

{ Mengentypen: }

FAMILIEN	= set of FAMILIE;
PERSONEN	= set of PERSON;
HÄUSER	= set of HAUS;
VERWANDTSCHAFTSVERHÄLTNISSE	= set of ANGEHÖREN;
WOHNVERHÄLTNISSE	= set of BEWOHNEN;
BESITZVERHÄLTNISSE	= set of BESITZEN;

end DM type;

Bild 1.4 Typen von Objekten und von Objektmengen

Wir wollen nun Objektmengen anlegen, in die wir die Ausprägungen der Objektarten einsetzen können. Die Objektmengen Personen, Familien, Häuser etc. werden wir auch als die Extensionen einer Art bezeichnen.

var Familien	:	FAMILIEN;
Personen	:	PERSONEN;
Häuser	:	HÄUSER;
Verwandtschaftsverhältnisse	:	VERWANDTSCHAFTSVERHÄLTNISSE;
Wohnverhältnisse	:	WOHNVERHÄLTNISSE;
Besitzverhältnisse	:	BESITZVERHÄLTNISSE;
...		

Mit den nachfolgenden Anweisungen erzeugen wir Ausprägungen der definierten Objektarten, initialisieren sie entsprechend und setzen sie in die deklarierten Objektmengen ein.

create_objects_of_type (FAMILIE, {die_fabers, the_sprats});
die_fabers := < 'Faber', 1, ... > ;
the_sprats := < 'Sprat', 0, ... > ;
insert_object_into_set (Familien, {die_fabers, the_sprats});

create_objects_of_type (PERSON, {kathi, lawry, mary, resi, wolfi});
kathi := < weiblich, 'Katharina', 9 > ;
lawry := < ... > ;
...
insert_objects_into_set (Personen, {kathi, lawry, mary, resi, wolfi});

create_objects_of_type (HAUS, {ferienhaus, landhaus, stadthaus});
ferienhaus := < 'Zeilberg', A, ... > ;
landhaus := < ... > ;
...
insert_objects_into_set (Häuser, {ferienhaus, landhaus, stadthaus});

```
create_objects_of_type ( BESITZEN, {bff, bsl} );
bff := < die_fabers, ferienhaus, 1977 > ;
bsl := < ... > ;
...
insert_objects_into_set ( Besitzverhältnisse, {bff, bsl} );
```

Bild 1.5 enthält in tabellarischer Darstellung die Extensionen aller in unserem Beispiel definierten Datenobjekte.

Familien:
    { die_fabers : < 'Faber', 1,   ... > ,
      the_sprats : < 'Sprat', 0,   ... > }

Personen:
    { kathi : < weiblich, , 'Katharina', 9 > ,
      lawry : < männlich, 'Lawrence' , 32 > ,
      mary : < weiblich , 'Mary'   , 31 > ,
      resi : < weiblich , 'Theresia' , 33 > ,
      wolfi : < männlich , 'Wolfgang' , 40 > }

Häuser:
    { ferienhaus : < 'Zeilberg' , A   , ... > ,
      landhaus   : < 'Kenton'   , USA , ... > ,
      stadthaus : < 'Hamburg' , D   , ... > }

Verwandtschaftsverhältnisse:
    { vfk : < die_fabers , kathi , ... > ,
      vfr : < die_fabers , resi , ... > ,
      vfw : < die_fabers , wolfi , ... > ,
      vsl : < the_sprats , lawry , ... > ,
      vsm : < the_sprats , mary , ... > }

Wohnverhältnisse:
    { wsl : < the_sprats , landhaus   , Erdgeschoß   , ... > ,
      wsf : < the_sprats , ferienhaus , Erster_Stock , ... > ,
      wff : < die_fabers , ferienhaus , Erdgeschoß   , ... > ,
      wfs : < die_fabers , stadthaus , Erster_Stock , ... > }

Besitzverhältnisse:
    { bff : < die_fabers , ferienhaus , 1977 , ... > ,
      bsl : < the_sprats , landhaus   , 1979 , ... > }

Bild 1.5 Familien, Personen, Häuser und ihre Beziehungen

Im nächsten Abschnitt werden wir den Zugriff auf Objekte nicht nur durch ihre Bezeichner, sondern auch über ihre Mitgliedschaft in ihrer Extension ermöglichen.

1.3.2 Objektidentifikation

Bislang setzen wir voraus, daß jedes Datenobjekt einen bei seiner Generierung durch den Benutzer festgelegten eindeutigen Bezeichner besitzt. Bezeichner spielen eine zentrale Rolle bei der Objektdefinition und -interpretation und müssen von allen Benutzern eines Datenobjektes gekannt werden. Diese Voraussetzung trifft für die lokalen Datenobjekte (Variable, Konstante) eines Programmes im allgemeinen zu, ist jedoch für die zahlreichen und von mehreren Benutzern definierten und verwendeten Objekte in einer Datenbank in der Regel nicht realistisch. Andererseits müssen Objekte stets identifizierbar sein, insbesondere dann, wenn sie zur Definition von Eigenschaften weiterer Objekte, wie etwa der Wohn-, Besitz- und Verwandtschaftsverhältnisse in unserer Beispieldatenbank, verwendet werden sollen.

Datenbankmodelle kennen zwei unterschiedliche Verfahren der Objektidentifikation, die nun statt der von uns bisher benutzten Objektbezeichner verwendet werden sollen. Wir wollen sie als *assoziative* und *referentielle Selektoren* bezeichnen.

Assoziative Selektoren bestehen in dem Wert eines oder mehrerer ausgezeichneter Objektattribute, der die Bedingung erfüllt, daß er nicht häufiger als einmal unter allen Ausprägungen in der Objektextension auftritt, das Objekt also (eindeutig) identifiziert.

Ein Beispiel ist der für die Objekte der Art PERSON definierte Attributwert des Typs VORNAMEN, denn für ihn soll ja gemäß unseres Beispiels die partielle Eigenschaft (vgl. Abschnitt 1.1.3)

(VORNAMEN, ... , [PERSON])

gelten. Zu jedem Vornamen soll es demnach in unserem Beispiel höchstens eine Person geben, die ihn trägt.

Assoziative Selektoren kommen mit ihren Eigenschaften den bislang verwendeten Objektbezeichnern insofern nahe, als auch sie es ermöglichen sollen, alle diejenigen Objekte, zu deren Definition sie ihrerseits als Werte verwendet worden sind, quasi assoziativ zu identifizieren. Der Übergang von Bezeichnern zu assoziativen Selektoren ändert daher unser Beispiel scheinbar nur wenig.

Bild 1.6 enthält Teile der Beispieldaten aus Bild 1.5. Die Definition der Objektmengen Familien, Personen und Verwandtschaftsverhältnisse entspricht der in Abschnitt 1.3.1:

```
var Familien                      : set of FAMILIE;
    Personen                      : set of PERSON;
    Verwandtschaftsverhältnisse   : set of ANGEHÖREN;
```

Diejenigen Attributwerte, welche als assoziative Selektoren dienen, also innerhalb ihrer Extensionen eindeutig sein müssen, sind in Bild 1.6 jeweils unterstrichen.

Familien:

{ < 'Faber', 1, ... >,
  < 'Sprat', 0, ... > }

Personen:

{ < weiblich , 'Katharina', 9 >,
  < männlich, 'Lawrence', 32 >,
  < weiblich , 'Mary'   , 31 >,
  < weiblich , 'Theresia' , 33 >,
  < männlich, 'Wolfgang' , 40 > }

Verwandtschaftsverhältnisse:

{ < 'Faber', 'Katharina', ... >,
  < 'Faber', 'Theresia' , ... >,
  < 'Faber', 'Wolfgang' , ... >,
  < 'Sprat', 'Lawrence' , ... >,
  < 'Sprat', 'Mary'   , ... > }

Bild 1.6 Assoziativ identifizierte Datenobjekte

Die assoziativen Selektoren in Bild 1.6 setzen die Gültigkeit folgender partieller Eigenschaften voraus:

(VORNAME : ... : [PERSON]   )
(NACHNAME : ... : [FAMILIE]   )
(PERSON   : ... : [ANGEHÖREN]).

Diese einschränkenden Eigenschaften sind in der bisherigen Definition der Arten PERSON, FAMILIE etc. noch nicht gemacht. Später, bei der Behandlung des Relationenmodells, werden wir etwa die Eindeutigkeit unter den Nachnamen der beschriebenen Familien noch als zusätzliche Integritätsbedingungen (Schlüssel) fordern. Weiterhin darf nicht vergessen werden, daß bei der Verwendung assoziativer Selektoren das Auftreten etwa des Attributwertes 'Faber' in den Verwandtschaftsverhältnissen nicht nur die Bedeutung einer Zeichenkette hat, sondern auch die Existenz einer Familie mit dem Nachnamen 'Faber' voraussetzt. Auch diese Forderung wird uns im Relationenmodell zu weiteren Integritätsbedingungen führen.

Assoziative Selektoren bilden, wie wir in Abschnitt 1.4 sehen werden, die Grundlage des Relationenmodells [CODD70, CHAM76a]. Die erwähnten Eindeutigkeits- und Beziehungskriterien werden dort durch spezielle Klassen logischer Prädikate (Integritätsbedingungen) garantiert.

Referentielle Selektoren werden dagegen als weniger mächtig vorausgesetzt als assoziative, insbesondere besitzen sie nicht die Eigenschaft, auch diejenigen Objekte, in denen sie als Wert verwendet werden, zu identifizieren. Ein referentieller Selektor, etwa reff für die Familie Faber, identifiziert lediglich dasjenige Objekt, für das er definiert worden ist, also das Datenobjekt < 'Faber', 1, ... > . Wird der referentielle Selektor reff dagegen als Wert verwendet, etwa um die Verwandtschaftsverhältnisse zwischen den Fabers und den Personen Kathi, Resi und Wolfi zu modellieren, so wird nicht vorausgesetzt, daß, ausgehend vom Selektor reff, auch die Identifikation der drei ihn als Wert enthaltenden Datenobjekte innerhalb der Objektmenge Verwandtschaftsverhältnisse möglich ist.

Nun wollen wir jedoch auch im Falle referentieller Identifikation Daten in gleicher Weise interpretieren können, wie in unserer modellfreien Darstellung mit Hilfe von Objektbezeichnern, wollen also keine Information verlieren. Wir müssen deshalb auch bei Verwendung referentieller Selektoren in der Lage sein, bei Kenntnis eines Selektors nicht nur das von ihm identifizierte Objekt, sondern auch alle diejenigen Objekte, unter deren Eigenschaften dieser Selektor als Wert vorkommt, bestimmen zu können. Zu diesem Zweck müssen wir die referentiellen Selektoren aller dieser Objekte explizit zusammen mit dem Ausgangsobjekt speichern. Bild 1.7 gibt einen Ausschnitt der Beispieldaten aus Bild 1.5 unter Verwendung referentieller Selektoren wieder.

Familien:
   { reff : < 'Faber', 1, ... > : { reffk, refft, reffw } ,
     refs : < 'Sprat', 0, ... > : { refsl, refsm}   }

Personen:
   { refk : < weiblich , 'Katharina' , ... >: { reffk } ,
     refl : < männlich , 'Lawrence' , ... >: { refsl } ,
     refm : < weiblich , 'Mary'   , ... >: { refsm } ,
     reft : < weiblich , 'Theresia' , ... >: { refft } ,
     refw : < männlich , 'Wolfgang' , ... >: { reffw } }

Verwandtschaftsverhältnisse:
   { reffk : < reff , refk , ... > ,
     refft : < reff , reft , ... > ,
     reffw : < reff , refw , ... > ,
     refsl : < refs , refl , ... > ,
     refsm : < refs , refm , ... > }

Bild 1.7 Referentiell identifizierte Datenobjekte

Referentielle Selektoren kommen dem Konzept einer Referenz oder Adresse in den heute gebräuchlichen Speichersystemen von Rechenanlagen nahe. Es ist daher nicht verwunderlich, daß die älteren Datenbankmodelle, Netzwerkmodell [CODA71, TAYL76] und Hierarchisches Modell [IBM75a, TSIC76], von dieser Art der Objektidentifikation ausgehen.

Bild 1.8 gibt einen Teil der Daten von Bild 1.7 wieder und veranschaulicht referentielle Selektoren durch die für Adreßverweise übliche Zeigerdarstellung.

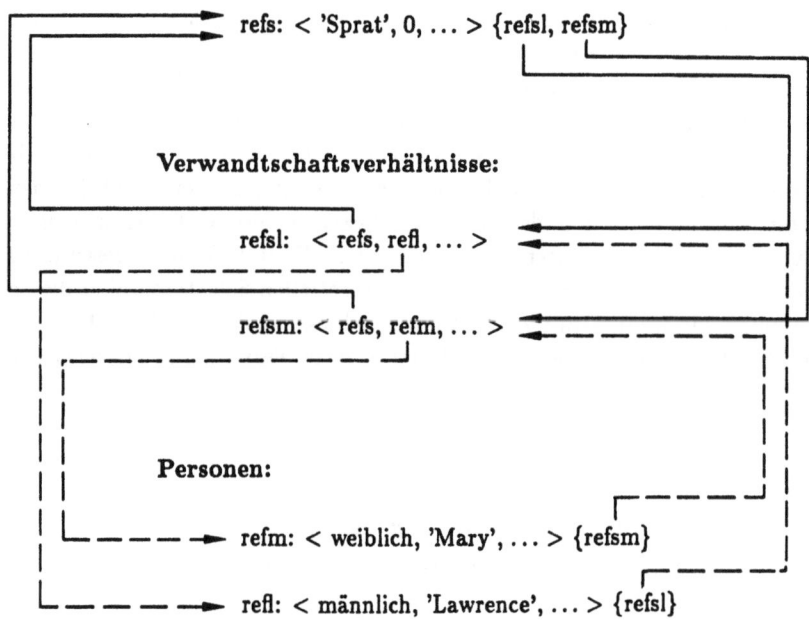

Bild 1.8 Zeigerdarstellung für referentielle Selektoren

1.3.3 Objektbeziehungen

Da Beziehungen zwischen Datenobjekten für die Datenmodellierung von großer Bedeutung sind und in den verschiedenen Datenbankmodellen unterschiedlich gehandhabt werden, wollen wir die wichtigsten Arten von Beziehungen noch einmal kurz erläutern. Dabei bedienen wir uns wieder der „modellfreien" Notation aus Abschnitt 1.1, insbesondere des Konzeptes der partiellen Eigenschaften.

Seien X und Y zwei Arten, etwa FAMILIE und HAUS, und sei XY eine Art, die X und Y in Beziehung setzt durch ihre Eigenschaften:

(XY : ... : X) und
(XY : ... : Y).

Beispiele für eine solche Beziehung kennen wir in Form der Arten BESITZEN und BEWOHNEN: eine Familie kann n Häuser bewohnen bzw. besitzen und, umgekehrt, kann ein Haus von m Familien bewohnt werden bzw. ihnen gehören.

Die durch Objekte der Art XY hergestellten allgemeinen n:m-Beziehungen zwischen den Objekten der Arten X und Y können wir nun auf unterschiedliche Weise einschränken. Nehmen wir zusätzlich zu den beiden genannten Eigenschaften noch die partielle Eigenschaft

(X, Y : ... : [XY])

hinzu, so heißt das, daß zu jedem Paar von Objekten der Art X und der Art Y höchstens ein Objekt der Art XY existieren darf. Mittels der Extension von XY darf demnach je ein Objekt der Art X und der Art Y nicht mehr als einmal miteinander in Beziehung gesetzt werden. Für die Beziehung BESITZEN bedeutet die partielle Eigenschaft

(HAUS, FAMILIE : ... : [BESITZEN])

die natürlich erscheinende Einschränkung, daß eine Familie ein Haus nur einmal besitzen kann.

Wird stattdessen die partielle Eigenschaft

(Y : ... : [XY])

gefordert, so entspricht dies einer 0/1:n-Beziehung zwischen den Objekten der Art X und der Art Y: die Extension von XY, deren Elemente ja Ausprägungen der Arten X und Y miteinander assoziieren, darf pro Y-Objekt höchstens ein Element enthalten, es also mit höchstens einem X-Objekt (0/1) assoziieren. Ein X-Objekt dagegen darf mit beliebig vielen Y-Objekten (n) in Beziehung gesetzt werden. Die partielle Eigenschaft

(PERSON : ... : [ANGEHÖREN])

zusammen mit den Eigenschaften

(ANGEHÖREN : ... : PERSON) und
(ANGEHÖREN : ... : FAMILIE)

ist ein Beispiel für eine solche 0/1:n-Beziehung zwischen Familien und Personen.

Die Verschärfung dieser Eigenschaft zu

(PERSON : ... : ANGEHÖREN)

führt zu einer 1:n-Beziehung, denn sie ordnet jedem Objekt der Art PERSON genau ein Objekt der Art ANGEHÖREN zu, das dann seinerseits die zugehörige Familie bezeichnet. Mehrere Personen (n) können damit über verschiedene Ausprägungen der Beziehung ANGEHÖREN derselben einen Familie (1) zugeordnet werden. Es ist jedoch umgekehrt nicht möglich, daß mehrere Ausprägungen von ANGEHÖREN eine Ausprägung von PERSON mit mehreren Familien assoziieren.

Abschließend wollen wir noch einmal zum Thema des vorherigen Abschnittes, nämlich der Repräsentation von Bezeichnern, zurückkehren und eine zweite Möglichkeit diskutieren, mit der wir Objektbezeichner eliminieren können. Solche Bezeichner werden oft dazu benutzt, ein Datenobjekt nur einmal durch alle seine tatsächlichen Eigenschaften zu definieren und es dann in weiteren Objektdefinitionen, insbesondere in Objektbeziehungen, beliebig oft allein durch Verwendung seines Bezeichners zu benutzen.

Man gibt diesen Vorteil bei der *Substitution* von Objektbezeichnern durch die Gesamtheit der tatsächlichen Eigenschaften der bezeichneten Objekte zwar auf und erhält mitunter eine redundante Form der Objektbeschreibung, andererseits kann man so aber Objektbezeichner wieder eliminieren.

Es gibt allerdings Standardfälle, in denen man solche Substitutionen wohl stets vornehmen wird, insbesondere bei den zuletzt diskutierten 1:n-Beziehungen. Wir erhalten keinerlei Redundanz, wenn wir beispielsweise bei der Definition der Art ANGEHÖREN deren eine Eigenschaft

(ANGEHÖREN : Angehöriger : PERSON)

neu definieren, indem wir die Art PERSON durch die Gesamtheit der sie definierenden Eigenschaften ersetzen. Anläßlich einer solchen Umstrukturierung unserer Arten sollten wir jedoch die neu entstehenden Arten auch neu bezeichnen, hier etwa als ANGEHÖRIGER mit den Eigenschaften

(ANGEHÖRIGER : Familie   : FAMILIE   )
(ANGEHÖRIGER : Geschlecht : GESCHLECHTER)
(ANGEHÖRIGER : Taufname   : VORNAME   )
(ANGEHÖRIGER : Alter   : ALTERSANGABE).

Bild 1.9 entspricht wieder einem Ausschnitt aus Bild 1.5, ist jedoch durch Substitution der Personenbeschreibung umstrukturiert. Zudem werden assoziative Selektoren verwendet. Es sei jedoch noch einmal darauf hingewiesen, daß die der Bild 1.9 zugrunde liegende Datendefinition eine 1:n-Beziehung zwischen Familien und Personen voraussetzt. Diese Voraussetzung erlaubt es nicht mehr, Personen unabhängig von Familien zu beschreiben, eine Einschränkung, die in Bild 1.5 noch nicht gilt. Außerdem haben wir in Bild 1.9 statt der partiellen Eigenschaft

(VORNAME : ... : [PERSON])

die schwächere Eigenschaft

(VORNAME, NACHNAME : ... : [ANGEHÖRIGER])

vorausgesetzt. Eindeutigkeit von Taufnamen wird also nur noch für die Angehörigen derselben Familie gefordert.

```
type NACHNAMEN    = ...;
     VORNAMEN     = ...;
     ...

     FAMILIE      = record
                      Name        : NACHNAMEN;
                      Kinderzahl  : ... ;
                      ...
                   end ;

     ANGEHÖRIGER  = record
                      Familienname : NACHNAMEN;
                      Geschlecht   : ...;
                      Taufname     : VORNAMEN;
                      Alter        : ...;
                   end ;

     FAMILIEN     = set of FAMILIE;
     ANGEHÖRIGE   = set of ANGEHÖRIGER;

var  Familien     : FAMILIEN;

     Angehörige   : ANGEHÖRIGE;
```

Familien:

{ < 'Faber' , 1, ... > ,
  < 'Sprat' , 0, ... >   }

Angehörige:

{ < 'Faber', weiblich , 'Katharina' , 9 > ,
  < 'Faber', weiblich , 'Theresia' , 33 > ,
  < 'Faber', männlich , 'Wolfgang' , 40 > ,
  < 'Sprat', männlich , 'Lawrence' , 32 > ,
  < 'Sprat', weiblich , 'Mary'   , 31 >   }

Bild 1.9 Substitution in 1:n-Beziehungen unter Verwendung assoziativer Selektoren

Entsprechend enthält Bild 1.10 die Extension unserer Beispieldaten für Familien und ihre Angehörigen unter Verwendung referentieller Selektoren.

Nehmen wir Redundanz in Kauf, so können wir natürlich auch in n:m-Beziehungen substituieren. Dies wollen wir am Beispiel der Beziehung BEWOHNEN diskutieren, die Objekte der Arten HAUS und FAMILIE verbindet.

Familien:

{ reff : < 'Faber', 1, ... > : { reffk, refft, reffw} ,
  refs : < 'Sprat', 0, ... > : { refsl, refsm}   }

Angehörige:

{ reffk : < reff, < weiblich, 'Katharina', 9 > > ,
  refft : < reff, < weiblich, 'Theresia', 33 > > ,
  reffw : < reff, < männlich, 'Wolfgang', 40 > > ,
  refsl : < refs, < männlich, 'Lawrence', 32 > > ,
  refsm : < refs, < weiblich, 'Mary',   31 > > }

Bild 1.10 Substitution in 1:n-Beziehungen unter Verwendung referentieller Selektoren

Substituieren wir in

(BEWOHNEN : Bewohner : FAMILIE)
(BEWOHNEN : Haus   : HAUS   )
(BEWOHNEN : Stockwerk : ...   )

die Objekte der Art HAUS und bezeichnen die dabei entstehende neue Art als WOHNUNG, so erhalten wir

(WOHNUNG : Bewohner : FAMILIE)
(WOHNUNG : Wohnort   : ...   )
(WOHNUNG : Land   : ...   )
(WOHNUNG : Stockwerk : ...   ).

Die Daten in Bild 1.11 entsprechen wieder einem Ausschnitt aus Bild 1.5, sind jedoch durch Substitution der Beschreibung der Häuser entsprechend umstrukturiert und verwenden zudem assoziative Selektoren. Durch diese Substitution ist die n:m-Beziehung zwischen Objekten der Arten FAMILIE und HAUS in eine 1:n-Beziehung zwischen Objekten der Art FAMILIE und WOHNUNG überführt worden. Sie erlaubt es beispielsweise nicht, Wohnungen unabhängig von den sie bewohnenden Familien zu beschreiben oder mehreren Familien dieselbe Wohnung zuzuordnen.

Substitutionen in n:m-Beziehungen unter Verwendung referentieller Selektoren werden in Abschnitt 1.6 im Rahmen des hierarchischen Modells ausführlicher behandelt. Bild 1.12 beschreibt wie Bild 1.11 Familien und ihre Wohnungen, jedoch unter Verwendung referentieller Selektoren.

Die Daten in den Bildern 1.11 und 1.12 zeigen am Beispiel des mehrfach bewohnten Ferienhauses in Zeilberg, daß sie redundant sind, eine Eigenschaft, welche insbesondere bei der Änderung von Daten Konsistenzprobleme mit sich

type NACHNAMEN = ...;
   ...

   FAMILIE   = **record**
                    Name   : NACHNAMEN;
                    Kinderzahl : ...;
                    ...
               end;

   WOHNUNG   : **record**
                    Bewohner : NACHNAMEN;
                    Wohnort : ...;
                    Land   : ...;
                    ...
               end ;

   FAMILIEN   = **set of** FAMILIE;
   WOHNUNGEN = **set of** WOHNUNG;

var Familien   : FAMILIEN;
     Wohnungen : WOHNUNGEN;

Familien:
  { < 'Faber', 1, ... >,
    < 'Sprat', 0, ... > }

Wohnungen:
  { < 'Faber', 'Hamburg', D   , ... >,
    < 'Faber', 'Zeilberg', A   , ... >,
    < 'Sprat', 'Kenton' , USA , ... >,
    < 'Sprat', 'Zeilberg', A   , ... > }

Bild 1.11 Substitution in n:m-Beziehungen unter Verwendung assoziativer Selektoren

Familien:
  { reff : < 'Faber', 1, ... > : {reffh, reffz} ,
    refs : < 'Sprat', 0, ... > : {refsk, refsz} } .

Wohnungen:
  { reffh : < reff , < 'Hamburg', D   , ... > >,
    reffz : < reff , < 'Zeilberg' , A   , ... > >,
    refsk : < refs , < 'Kenton' , USA , ... > >,
    refsz : < refs , < 'Zeilberg' , A   , ... > > } .

Bild 1.12 Substitution in n:m-Beziehungen unter Verwendung referentieller Selektoren

bringt. So muß beispielsweise jede Änderung an der Beschreibung des Hauses in Zeilberg an allen Objekten, in denen diese Beschreibung substituiert worden ist, in gleicher Weise erfolgen. Ein weiterer Nachteil dieser Darstellung wird deutlich, wenn etwa die Familie Sprat aus der Datenbank entfernt wird; in diesem Fall geht damit auch die Beschreibung des Hauses in Kenton verloren. Dies ist eine unmittelbare Folgerung der Tatsache, daß in 1:n-Beziehungen den n abhängigen Objekten stets genau ein übergeordnetes Objekt zugeordnet sein muß.

Zusammenfassend möchten wir festhalten, daß wir in diesem Abschnitt für die Repräsentation von Objektbezeichnern zwei Vorgehensweisen mit jeweils zwei Alternativen behandelt haben. Objektbezeichner können wir durch assoziative oder referentielle Selektoren repräsentieren. Anderseits können wir Objektbezeichner auch durch Substitution eliminieren und zwar in 1:n- und letztlich auch in n:m-Beziehungen.

Die sich durch Kombination dieser Möglichkeiten ergebenden Verfahren bilden die Grundlage der heute in der Praxis vorherrschenden Datenbankmodelle [FRY76, KERS76]. Tabelle 1 stellt die Alternativen der Datenidentifikation und Datensubstitution und – im Vorgriff auf die folgenden Abschnitte – deren Zusammenhang mit den klassischen Datenbankmodellen dar.

Tabelle 1.1 Datenbankmodelle und ihre Repräsentationsgrundlage

	SUBSTITUTION	
	in 1:n Beziehungen	in n:m Beziehungen
assoziativ	Relationen (normalisiert)	Relationen (nicht normalisiert)
SELEKTION		
referentiell	Netzwerke	Hierarchien

1.4 Das Relationenmodell

Die Datenbankliteratur enthält zahlreiche, sich erheblich unterscheidende Definitionen des Relationalen Datenbankmodells (RDM) [BROD82]. Diese Vielfalt wird verständlich, wenn man sich die Unterschiede zwischen den Begriffen „Datenbankmodell", „Datenbankmodelldefinition" und „Datenbankverwaltungssystem" klarmacht. Für das Relationenmodell [CODD70] können diese Begriffe folgendermaßen eingeführt werden:

- Das *Relationenmodell* (RDM) ist eine Ansammlung von elementaren Konzepten, die dem relationalen Ansatz zur Datenstrukturierung, zur Integritätsdefinition sowie zur Manipulation und Auswertung zugrunde liegen.
- *Eine Definition des Relationenmodells* beinhaltet eine Notation (Syntax) zur Beschreibung der Konzepte des RDM und eine eindeutige Festlegung der Bedeutung (Semantik) dieser Notation.
- *Relationale Datenbankverwaltungssysteme* sind Softwaresysteme, die Schnittstellen mit der Funktionalität einer RDM-Definition zur Verfügung stellen. Die Sprachen an diesen Schnittstellen sind in ihrer Syntax und Semantik auf die Bedürfnisse der Benutzer zugeschnitten.

Das RDM wird demnach erst durch eine RDM-Definition präzisiert, wobei sich einzelne RDM-Definitionen erheblich unterscheiden können. Solche Unterschiede bestehen beispielsweise in der verwendeten Terminologie (z.B. Zeile oder n-Tupel oder Rekord), in der Notation (algebraisch oder prädikatenlogisch oder umgangssprachlich), in Detailliertheitsgrad und Umfang, in den Grundstrukturen (Mengen oder Tabellen oder Prädikate) oder in der Sicht der Datenbankoperatoren (Relationenkalkül oder Algebra oder Funktionen).

Alle RDM-Definitionen haben jedoch eines gemeinsam:
Sie beziehen sich auf ein Datenbankmodell, welches im Kern die folgenden Eigenschaften besitzt [CODD83]:

1. Die gesamte Information in einer relationalen Datenbank wird einheitlich durch Werte repräsentiert, die in Form von Tabellen dargestellt werden können.
2. Der Benutzer sieht keine Verweisstrukturen zwischen diesen Tabellen.
3. Es sind zumindest die Operationen zur Selektion und Projektion sowie zur Verbindung („join") von Tabelleneinträgen definiert - in beliebiger, dem Verwendungszweck entsprechender Syntax. Keiner der Operatoren ist jedoch auf Kontrollstrukturen wie Iteration und Rekursion angewiesen oder ist durch vordefinierte Zugriffsstrukturen beschränkt.

Codd bezeichnet Datenbanksysteme, deren Funktionalität auf diese drei Konzepte beschränkt ist, als *minimal relational*. Datenbanksysteme sind demnach nur dann *voll relational*, wenn sie darüber hinaus bestimmte Klassen von Integritätsbedingungen (vgl. Abschnitt 1.4.2) automatisch kontrollieren und zusätzliche Operatoren (vgl. Abschnitt 1.4.3) zur Verfügung stellen.

Ausgehend von den eingangs diskutierten Grundlagen der Datenmodellierung und den im vorigen Kapitel erörterten Alternativen der Datenidentifikation und -substitution, werden wir in diesem Kapitel die Kerneigenschaften des RDM, d.h. seine Strukturen, Integritätsbedingungen und Operatoren herleiten.

1.4.1 Die Strukturen des Relationenmodells

Wie jedes Datenbankmodell so stellt auch das RDM zwei Grundstrukturen zur Verfügung: eine erste zur Strukturierung einzelner Objekte (Individuen), eine zweite zur Repräsentation der Gesamtheit aller aktuellen Ausprägungen einer Objektart (Extensionen).

Die Objektarten oder Relationenelemente werden durch eine feste Anzahl von Eigenschaften im Sinne von Abschnitt 1.1.2 definiert. Sie haben somit die Struktur von Rekords, von n-Tupeln oder von Zeilen in Tabellen.

Die Gesamtheit der aktuellen Ausprägungen einer Objektart, d.h. ihre Extension im Sinne von Abschnitt 1.3.1, wird durch eine Mengenstruktur mit variabler Kardinalität – hier Relation oder Tabelle genannt – repräsentiert.

1.4.1.1 Relationenelemente und Domänen

In unserer „modellfreien" Notation werden die einfachsten Arten von Datenobjekten durch Eigenschaften definiert, die lediglich die als atomar vorausgesetzten Basisobjekte als Wert zulassen.

Ein Beispiel aus Abschnitt 1.2.1 ist die Art PERSON, die mit Hilfe der Basisarten GESCHLECHTER, VORNAMEN, ALTERSANGABE durch die Eigenschaften

(PERSON : Geschlecht : GESCHLECHTER)
(PERSON : Taufname : VORNAMEN   )
(PERSON : Alter   : ALTERSANGABE)

definiert ist, also die Struktur eines „flachen" Rekords besitzt:

```
type PERSON = record
              Geschlecht : GESCHLECHTER;
              Taufname   : VORNAME;
              Alter      : ALTERSANGABE;
          end;
```

Strukturell sind die Objektarten des RDM durch folgende Festlegung bestimmt:

1. Die Basisarten (*Domänen*) können (in Grenzen) vom Modellbenutzer definiert werden, und
2. alle Datenobjekte sind von dieser einfachen, d.h. „flachen" Struktur mit Attributwerten aus den Basisarten.

Die erste Forderung sollte es ermöglichen, daß zwei Arten, etwa

```
type VORNAME  = string (10);
     NACHNAME = string (10);
```

auch dann als unterschiedlich angesehen werden, wenn sie, wie in diesem Fall, über demselben Basistyp, **string** (10), definiert sind.

Die Diskussion in Abschnitt 1.1.3 hat bereits gezeigt, wie das Domänenkonzept auch dazu benutzt werden kann, die Eigenschaften von Datenobjekten feiner zu modellieren. Beispiele sind die Verwendung von Definitionen wie

```
type GESCHLECHTER = ( männlich, weiblich );
     ALTERSANGABE = ( 0...100 );
```

also von Aufzählungen und Intervallen anstelle der generischen Typen **string** und **integer**.

Eine umfangreichere Feldstudie [SCHM83a] hat allerdings ergeben, daß das Domänenkonzept auch heute von zahlreichen relationalen Datenbanksystemen noch nicht realisiert ist.

Dagegen wird die zweite der obigen Forderungen, die auf „flache" Datenobjekte bzw. unstrukturierte, atomare Attributwerte hinausläuft, von der Mehrzahl der relationalen Systeme erfüllt. Sollte eine Datenbankanwendung strukturierte Attributwerte nahelegen, etwa bei der Art PERSON die Verwendung eines aus Jahr und Monat zusammengesetzten Alters

type ALTERSANGABE = **record**
        Alter_Jahre : (0...100);
        Alter_Monate : (0... 11);
    end;

so wird dies bereits beim Datenbankentwurf umgangen:

type PERSON = **record**
        Geschlecht   : ...;
        Taufname   : ...;
        Alter_Jahre : ...;
        Alter_Monate : ...;
        ...
    end;

In unserem „modellfreien" Ansatz werden Beziehungen zwischen k Objektarten durch eine weitere Objektart realisiert, die in jedem ihrer k Attribute einen assoziativen Selektor eines der in Beziehung gesetzten k Datenobjekte aufnehmen kann.

Beispiele für den Fall k = 2 sind die in Abschnitt 1.3.3 diskutierten Beziehungen ANGEHÖREN, BEWOHNEN und BESITZEN. Von der Objektart ANGEHÖREN, durch die eine Ausprägung der Art PERSON mit einer Ausprägung der Art FAMILIE in Beziehung gesetzt werden kann, braucht man demnach n Ausprägungen, um die gewünschte 1:n-Beziehung zwischen Familie und Personen zu beschreiben. Diese Ausprägungen sind ebenfalls „flach"-strukturiert und bestehen in unserem Beispiel (k = 2, n = 3) aus drei Ausprägungen zu je zwei assoziativen Selektoren, einer für eine Familie, einer für eine Person:

    < 'Faber', 'Katharina' >
    < 'Faber', 'Theresia' >
    < 'Faber', 'Wolfgang' >.

Auch die in Abschnitt 1.3.3 diskutierten Substitutionen können wiederum auf „flache" Strukturen zurückgeführt werden. Beispiele kennen wir bereits aus den Bildern 1.9 und 1.10.

34 Datenbankmodelle

Die strenge Forderung des RDM nach atomaren Feldwerten bzw. „flach"-strukturierten Datenobjekten ist nicht unumstritten. Als Erweiterung des RDM werden Rekord-, Array- und Mengenstrukturen für Attributtypen [SCHE83] diskutiert. Schon ein eingeschränktes Mengenkonzept (mit begrenzter und „kleiner" Kardinalität) wäre modelltechnisch interessant und wohl auch implementationstechnisch zu meistern. Damit ließe sich beispielsweise die Beziehung zwischen einer Familie und ihren Angehörigen durch ein einziges, folgendermaßen strukturiertes Datenobjekt repräsentieren:

< 'Faber', { 'Katharina', 'Theresia', 'Wolfgang' } > .

1.4.1.2 Relationen

Relationen sind Mengen von Elementen identischer Struktur. Die in Abschnitt 1.4.1.1 diskutierte „flache" Struktur legt es nahe, Relationenelemente in Form von Zeilen und Relationen als Tabellen darzustellen.

Bild 1.13 skizziert die Definition der Domänen, Relationenelemente und Relationen für das Beispiel der Familien und ihrer Angehörigen in der Notation von Pascal/R [SCHM77, SCHM80].

```
type NACHNAMEN            = ...;              { Defi-
     GESCHLECHTER         = ...;                nition
     ALTERSANGABE         = ...;                der Do-
     VORNAMEN             = ...;                mänen }

     FAMILIE              = record             { Defi-
                            ...                  nition
                            end;                 der Re-
     ANGEHÖRIGER          = record              latio-
                            ...                  nenele-
                            end;                 mente }

     FAMILIENRELATION     = relation of        { Defi-
                            FAMILIE;             nition
     ANGEHÖRIGENRELATION  = relation of         der Re-
                            ANGEHÖRIGER;         lationen }

var  Familien             : FAMILIENRELATION;
     Angehörige           : ANGEHÖRIGENRELATION;
```

Bild 1.13 Relationen als Mengen

Die Mengenstruktur von Relationen schließt bereits die Existenz von Elementen gleichen Wertes, also von Duplikaten, aus. Als Ergebnis der Diskussion aus Abschnitt 1.3.2 über die Verwendung assoziativer Selektoren im Relationenmodell erwarten wir jedoch eine Verschärfung dieser Bedingung: da Relationenelemente bereits durch den Wert einzelner ihrer Attribute eindeutig identifizierbar sein sollen, muß durch zusätzliche Integritätskriterien ausgeschlossen werden, daß es innerhalb einer Relation mehr als ein Element mit denselben Werten in diesen ausgezeichneten Attributen gibt. Die Diskussion der Integritätskriterien im Relationenmodell wird im folgenden Abschnitt weitergeführt.

1.4.2 Die Integritätsbedingungen des Relationenmodells

Im Relationenmodell werden Datenobjekte assoziativ, d.h. durch Attributwerte identifiziert. Diese Voraussetzung stellt erhebliche Ansprüche an die Konsistenz der Daten in einer relationalen Datenbank.

1.4.2.1 Schlüssel und funktionale Abhängigkeiten

Relationenelemente werden nur dann eindeutig durch die Werte in ausgezeichneten Attributen identifiziert, wenn stets sichergestellt ist, daß in einer Relation eine bestimmte Wertekombination in diesen Attributen nicht häufiger als einmal vorkommt [CODD71b, CODD72a].

In Abschnitt 1.4.1.2 haben wir Relationen jedoch lediglich als Mengen eingeführt, die dieser zusätzlichen Integritätsbedingung noch nicht unterworfen sind. Es fehlt noch eine Möglichkeit, mit der wir diese, ihrem Wert nach eindeutigen Attribute, d.h. den Schlüssel, angeben können. Formal ausgedrückt bedeutet die Definition eines Schlüssels, bestehend aus einer Liste von Attributen, $< ..., k_i, ... >$, daß nur diejenigen Werte einer Relation, rel, legal sind, die folgende Bedingung erfüllen:

all r, s in rel $((< ..., r.k_i, ... > = < ..., s.k_i, ... >) \Rightarrow (r = s))$.

Aus der Wertgleichheit, $r = s$, eines Paares von Relationenelementen r, s folgt mit Hilfe der Mengeneigenschaft von rel, daß es sich bei r und s um dasselbe Element handeln muß.

Man sagt auch, daß durch die Schlüsselattribute, $< .., k_i, ... >$, die restlichen Attribute einer Relation *funktional bestimmt* sind, bzw., daß die Nicht-Schlüsselattribute vom Schlüssel *funktional abhängig* sind. Innerhalb einer Relation, rel, ist ein Attribut, a_j, (oder auch eine Attributkombination) genau dann von einem Attribut, a_i, (oder einer Attributkombination) funktional abhängig, wenn zu jedem Zeitpunkt das Prädikat

all r, s in rel $((r.a_i = s.a_i) \Rightarrow (r.a_j = s.a_j))$

wahr ist. Das Konzept der funktionalen Abhängigkeit wird in der Literatur ausführlich diskutiert [ARMS74, BEER77, FAGI77a].

Bild 1.14 ergänzt Bild 1.13 und definiert den Schlüssel für den Typ FAMILIENRELATION durch das Schlüsselattribut < Name > und für den Typ ANGEHÖRIGENRELATION durch die Attributkombination < Taufname, Familienname >.

```
type NACHNAMEN            = ...;
     VORNAMEN             = ...;
     ...

     FAMILIE              = record
                              Name: NACHNAMEN;
                              ...
                            end ;

     ANGEHÖRIGER          = record
                              Taufname: VORNAMEN;
                              Familienname: NACHNAMEN;
                              ...
                            end ;

     FAMILIENRELATION     = relation Name of FAMILIE;

     ANGEHÖRIGENRELATION  = relation Taufname, Familienname of
                              ANGEHÖRIGER;

var  Familien             : FAMILIENRELATION;
     Angehörige           : ANGEHÖRIGENRELATION;
```

Bild 1.14 Definition von Relationen mit Schlüsseln

1.4.2.2 Referentielle Integrität

Die Mehrzahl der relationalen Datenbanksysteme erlaubt heute die Definition und automatische Überwachung von Schlüsselbedingungen. Die Verwendung assoziativer Selektoren im Relationenmodell wirft jedoch noch ein anderes Konsistenzproblem auf, zu dessen Lösung eine weitere Klasse von Integritätsbedingungen erforderlich ist. Die Entstehung dieses Problems können wir im Rahmen der eingangs diskutierten Grundlagen der Datenmodellierung genau lokalisieren.

Im Rahmen der „modellfreien" Diskussion in Abschnitt 1.1 haben wir bei der Definition von Datenobjekten zwei Fälle unterschieden. Im einfachen Fall werden zur Objektdefinition lediglich Basisobjekte verwendet, also Datenobjekte, deren Arten atomar (d.h. ohne Eigenschaften) und komplett sind (d.h. eine vorgegebene Extension besitzen). Die Arten FAMILIE und HAUS mit Ausprägungen wie

die_fabers : < 'Faber', 1, ... >
ferienhaus : < 'Zeilberg', A, ... >

sind dafür ein Beispiel. Ein Beispiel für den zweiten Fall ist die Art BEWOHNEN mit der Ausprägung

wff : < die_fabers, ferienhaus > .

Diese Definition der Ausprägung wff ist nur legal, wenn und solange die darin verwendeten und durch die_fabers und ferienhaus identifizierten Ausprägungen definiert sind. Dieser Sachverhalt wird verschleiert, wenn wir, wie im Relationenmodell üblich, die Bezeichner, die_fabers und ferienhaus, durch Basisobjekte, assoziative Selektoren, also hier durch die Zeichenketten 'Faber' und 'Zeilberg' ersetzen:

wff : < 'Faber', 'Zeilberg' > .

Für sich genommen, bezeichnet 'Faber' lediglich die Zeichenkette, bestehend aus den fünf Buchstaben F, a, b, e, r, während die_fabers das Datenobjekt < 'Faber', 1, ... > identifiziert. Die Buchstabenkette 'Faber' enthält ihre Bedeutung als assoziativer Selektor nur dadurch, daß die Ausprägung < 'Faber', 1, ... > der Art FAMILIE existiert. Das Auftreten der Zeichenkette 'Faber' in Ausprägungen der Art FAMILIE und BEWOHNEN hat also eine völlig unterschiedliche Bedeutung. Entsprechendes gilt für die Zeichenkette 'Zeilberg'.

Die Voraussetzung der Existenz bestimmter Datenobjekte zur korrekten Interpretation der in anderen Datenobjekten enthaltenen Identifikatoren nennt Codd „referentielle Integrität" [CODD79, DATE81b]. Die Rolle des Schlüssels der referierten Relation für die referierende Relation wird auch als „Fremdschlüssel" (foreign key) bezeichnet. In unserem Beispiel (Bild 1.14) spielt der Schlüssel der Relation Familien die Rolle des Fremdschlüssels für die Relation Angehörige. Unsere Beispieldatenbank wird „referentiell integer", wenn wir die Definition ihres Schemas ergänzen um die Zusicherung:

all a in Angehörige some f in Familien (a.Familienname = f.Name).

Von diesen, die referentielle Integrität definierenden Zusicherungen müssen wir voraussetzen, daß sie stets erfüllt sind.

Heute besitzt kaum ein relationales Datenbanksystem die Fähigkeit, die zur referentiellen Integrität nötigen Bedingungen zu überwachen. Nach der Definition von Codd gibt es deshalb bislang kaum *voll relationale* Systeme.

1.4.2.3 Normalisierte Relationen

Abschließend sollen noch kurz einige weitere, für relationale Datenbanken typische Integritätsprobleme erwähnt werden. Sie haben ihren Ursprung in der Realisierung von Objektbeziehungen durch Relationen.

Die Relation Angehörige ist beispielsweise dadurch entstanden, daß wir in der 1:n-Beziehung ANGEHÖREN (vgl. Abschnitt 1.3.3) die Selektoren von Personen durch deren Ausprägungen substituiert haben. Die neue Relation hat als Schlüssel das Attribut Taufname, von dem die restlichen Attribute funktional abhängen. Weitere funktionale Abhängigkeiten gibt es nicht. Es entspricht einer Änderung unseres Beispiels, wenn wir, wie in Bild 1.9 bereits geschehen, die funktionale Abhängigkeit des Familiennamens vom Taufnamen aufgeben und die Attributskombination < Taufname, Familienname > zum Schlüssel erklären:

Angehörige:

{ < 'Faber', weiblich , 'Katharina', 9 >,
  < 'Faber', weiblich , 'Theresia' , 33 >,
  < 'Faber', männlich, 'Wolfgang' , 40 >,
  < 'Sprat', männlich, 'Lawrence' , 32 >,
  < 'Sprat', weiblich , 'Mary'   , 31 >   }.

Relationen, deren sämtliche Nicht-Schlüsselattribute funktional vom Schlüssel abhängen und weitere funktionale Abhängigkeiten nicht besitzen, nennt man *normalisiert* [CODD71b, CODD72a, BERN76, BEER78, DELO78, FAGI79a]. Normalisierte Relationen haben insbesondere den Vorteil, daß mit dem Schlüsselkriterium nur eine einzige Integritätsbedingung zu überwachen ist, eine Anforderung, die sich allerdings oft schon als aufwendig genug erweist.

Relationen, die durch Substitution in n:m-Beziehungen entstehen, sind zwangsläufig nicht im obigen Sinne normalisiert. Zusätzlich zu den Schlüsselbedingungen in der n:m-Beziehung werden durch die Schlüsselbedingung der in sie eingesetzten Relation weitere funktionale Abhängigkeiten eingeführt.

Die Datenmengen in Bild 1.11 sind aus der n:m-Beziehung BEWOHNEN hervorgegangen, indem wir die Selektoren der von Familien bewohnten Häuser durch die entsprechenden Ausprägungen der Art HAUS ersetzen. Die sich so ergebende Art WOHNUNG bzw. die Menge Wohnungen ist redundant, denn sie enthält die Beschreibung eines Hauses in der Regel mehrfach, einmal für jede in ihm wohnende Familie:

Wohnungen:

{ < 'Faber', 'Zeilberg' , A   , ... >,
  < 'Faber', 'Hamburg' , D   , ... >,
  < 'Sprat', 'Zeilberg' , A   , ... >,
  < 'Sprat', 'Kenton' , USA, ... >   }.

Die Attributkombination < Bewohner, Ort > wäre Schlüssel einer entsprechenden Relation, zusätzlich gelten jedoch noch weitere funktionale Abhängigkeiten, etwa die des Attributes Land vom Attribut Ort allein. Setzen wir neue Elemente in eine solche nicht normalisierte Relation ein, so müssen wir durch einen zusätzlichen Prüfaufwand sicherstellen, daß diese funktionalen Abhängigkeiten bewahrt bleiben. Es ist ein Ziel der „klassischen" Entwurfsmethode für relationale Datenbanken, solche zusätzlichen Abhängigkeiten zu vermeiden und nur normalisierte Relationen zu definieren.

Abschließend sind in Bild 1.15 die Struktur- und Integritätsdefinitionen unseres Beispiels in Pascal/R-Notation noch einmal zusammengefaßt. Die Gesamtheit dieser Definitionen nennt man auch das Schema dieser relationalen Datenbank, die zu seiner Definition benötigten Sprachelemente bezeichnet man oft auch als Datendefinitionssprache.

```
{ RDM - Datenbankschema: }
    FAMILIEN_UND_HÄUSER_RDBS = RDM schema

{ Basistypen oder Domänen: }
    VORNAMEN       = ...;
    NACHNAMEN      = ...;
    GESCHLECHTER   = ( männlich, weiblich );
    ALTERSANGABE   = 0..100;
    EINIGE         = 0..15;
    KENNZEICHEN    = ( A, ... , D, ... , USA, ... );
    ...

{ Rekordtypen: }
    FAMILIE        = record
                        Name        : NACHNAMEN;
                        Kinderzahl  : EINIGE;
                        ...
                     end;

    ANGEHÖRIGER    = record
                        Familienname : NACHNAMEN;
                        Geschlecht   : GESCHLECHTER;
                        Taufname     : VORNAMEN;
                        Alter        : ALTERSANGABE;
                     end;

    HAUS           = record
                        Standort    : ORTSANGABE;
                        Land        : KENNZEICHEN;
                        ...
                     end;

    BEWOHNEN       = record
                        Bewohner    : NACHNAMEN;
                        Wohnort     : ORTSANGABE;
                        Stockwerk   : ...;
                     end;
```

Bild 1.15 (Fortsetzung s. nächste Seite)

```
BESITZEN        = record
                    Besitzer    : NACHNAMEN;
                    Standort    : ORTSANGABE;
                    Kaufdatum   : ...;
                  end;
```

{ RDM Datenbanktyp: }

```
FAMILIEN_UND_HÄUSER_RDB =

  database
  Familien            : relation Name of FAMILIE;
  Angehörige          : relation Taufname,Familienname
                          of ANGEHÖRIGER;
  Häuser              : relation Standort of HAUS;
  Wohnverhältnisse    : relation Bewohner,Wohnort
                          of BEWOHNEN;
  Besitzverhältnisse  : relation Besitzer,Standort
                          of BESITZEN;
  end;

end RDM schema;
```

Bild 1.15 Beispiel eines Schemas im Relationenmodell

Wie man sieht, können in einem Pascal/R-Datenbankschema die zur Erhaltung der referentiellen Integrität notwendigen Bedingungen nicht definiert werden. Die Kontrolle der entsprechenden Prädikate ist den Benutzerprogrammen überlassen.

Bild 1.16 zeigt in der üblichen Tabellenform das Beispiel einer Extension einer relationalen Datenbank, die nach dem Schema aus Bild 1.15 definiert ist.

Familien:

{ < 'Faber', 1, ... > ,
   < 'Sprat', 0, ... > }

Angehörige:

{ < 'Faber', weiblich , 'Katharina', 9 > ,
   < 'Faber', weiblich , 'Theresia' , 33 > ,
   < 'Faber', männlich, 'Wolfgang' , 40 > ,
   < 'Sprat', männlich, 'Lawrence' , 32 > ,
   < 'Sprat', weiblich , 'Mary'   , 31 >   }

Bild 1.16 (Fortsetzung s. nächste Seite)

Häuser:

{ < 'Kenton' , USA, ... >,
  < 'Zeilberg' , A   , ... >,
  < 'Hamburg', D   , ... > }

Wohnverhältnisse:

{ < 'Sprat', 'Kenton' , Erdgeschoß   >,
  < 'Sprat', 'Zeilberg', Erster_Stock >,
  < 'Faber', 'Zeilberg', Erdgeschoß   >,
  < 'Faber', 'Hamburg' , Erster_Stock > }

Besitzverhältnisse:

{ < 'Faber', 'Zeilberg', 1977 >,
  < 'Sprat', 'Kenton' , 1979 > }

Bild 1.16 Zustand der Relationalen Beispieldatenbank

1.4.3 Die Operationen des Relationenmodells

Datenbankoperatoren lassen sich in zwei allgemeine Klassen unterteilen. Zum einen benötigen wir Operatoren, mit deren Hilfe wir der Datenbank die Abläufe in der zu beschreibenden Objektwelt mitteilen, den Datenbankinhalt also verändern können. Zum anderen möchten wir die Datenbank aber auch dazu verwenden, etwas über die aktuellen Eigenschaften – den Zustand – der beschriebenen Objekte zu erfahren. Dazu müssen wir ausgewählte Teile der Datenbank lesen können.

1.4.3.1 Die Änderungsoperatoren

Die elementaren Operatoren zur Datenbankänderung müssen, unabhängig vom speziellen Datenmodell, die folgenden drei Aufgaben lösen können:

- Erzeugen neuer Ausprägungen einer Art,
- Entfernen von Ausprägungen und
- Ändern von Ausprägungen.

Für die folgenden Beispiele bedienen wir uns wieder der Pascal/R-Notation. Das Erzeugen eines neuen Relationenelementes schließt im allgemeinen die Initialisierung seiner Attributwerte ein. Die Anweisung

Familien :+ { < 'Fuchs', 6, ... > } ;

erzeugt zum Beispiel ein neues Element in der Relation Familien und initialisiert es mit den Werten 'Fuchs', 6, etc. Die Anweisung

Angehörige :- { < 'Sprat', weiblich, 31, 'Mary' > } ;

ändert die Relation Angehörige in der Weise, daß nach ihrer Ausführung ein Element mit dem Wert < 'Sprat', weiblich, 31, 'Mary' > nicht mehr existiert.

Nun kann man eine Relation natürlich auch dadurch verändern, daß man ein Element aus ihr entfernt und es anschließend mit geändertem Wert wieder einsetzt. Die meisten relationalen Systeme stellen dafür einen Operator zur Verfügung, der solche Änderungen als eine einzige Operation ausführt:

Angehörige :& { < 'Faber', weiblich, 10, 'Katharina' > } ;

Durch diese Operation wird der Wert des Relationenelementes, das durch den Schlüsselwert 'Katharina' identifiziert ist, durch den neuen Wert < 'Faber', weiblich, 10, 'Katharina' > ersetzt. Bei dieser Definition des Änderungsoperators sind die Werte von Schlüsselfeldern jedoch nicht änderbar. Diese Einschränkung erscheint aufgrund der Bedeutung von Schlüsselfeldwerten als assoziative Selektoren von Relationenelementen auch sinnvoll.

Datenbankänderungen sind jedoch nur insoweit legal, als sie nicht die auf der Datenbank definierten Integritätsbedingungen verletzen. Einsetzoperationen, die die Eindeutigkeit von Schlüsselwerten verletzen, muß das Datenbanksystem ebenso zurückweisen wie Änderungsoperationen, deren Resultate nicht der Attributdefinition durch die verwendeten Domänen entsprechen.

Oft können Datenbankänderungen nicht durch eine einzelne Anweisung ausgedrückt werden, sondern erfordern Sequenzen von Anweisungen; dies ist stets dann der Fall, wenn eine Datenbankänderung sich auf mehr als eine Relation erstreckt. Das Streichen einer Familie beispielsweise impliziert das Streichen aller ihrer Angehörigen. Im allgemeinen können die konsistenzerhaltenden Änderungsoperationen auf einer Datenbank aus recht allgemeinen Anweisungsfolgen bestehen. Da im Verlauf ihrer Ausführung inkonsistente Zwischenzustände durchlaufen werden können, muß gefordert werden, daß während der Ausführung solcher Aktionsfolgen (Transaktionen) die Datenbank Dritten nicht zugänglich ist und daß Transaktionen entweder zuende ausgeführt oder, im Fehlerfall, vollständig zurückgesetzt werden. Ein solches Transaktionskonzept bildet die Grundlage für eine korrekte Ausführung von Datenbankoperationen und die dazu notwendigen Maßnahmen zur Fehlerbehandlung und zur Parallelabwicklung.

1.4.3.2 Anfrageoperationen und Anfragesprachen

Anfrageoperationen sollen dazu dienen, Datenobjekte auszuwählen mit dem Ziel, ihre Werte aus der Datenbank wiederzugewinnen. Eine Anfrage formuliert demnach in erster Linie eine Aufgabe der *Datenselektion* und nicht, wie die in einer Programmiersprache formulierbaren Ausdrücke, eine Vorschrift zur Datenberechnung. Da jegliche Information in einer relationalen Datenbank durch Werte repräsentiert wird, erwarten wir im Relationenmodell nur solche Anfrageoperationen, die Datenobjekte aufgrund ihrer Werte selektieren.

In vielen Fällen ist man nicht an einem Datenobjekt als Ganzes interessiert, sondern nur an bestimmten seiner Eigenschaften. Wir erwarten also außerdem noch Operatoren zur *Datenprojektion*.

Am Beispiel der Diskussion zur Normalisierung von Relationen haben wir gesehen, daß es oft mehrere Möglichkeiten gibt, die zu beschreibenden Eigenschaften der Objektwelt auf unterschiedliche Relationen zu verteilen. Es ist demnach zu erwarten, daß der Benutzer einer Datenbank mitunter Relationenwerte durch Zusammenfassen von Attributen aus verschiedenen Relationen neu strukturieren möchte. Dazu benötigt er Operatoren zur *Datenkombination*.

Die drei Arten von Operatoren zur Selektion, Projektion und Kombination haben eine wichtige Eigenschaft gemeinsam: sie erzeugen, angewandt auf Relationen, stets relationenwertige Ergebnisse. Diese Eigenschaft ermöglicht die erneute Anwendung von Operatoren auf Operationsergebnisse und erlaubt so die Formulierung beliebig komplexer zusammengesetzter Ausdrücke. Diese Kombinierbarkeit rechtfertigt es, eine Menge von Anfrageoperatoren und ihre Operanden als Anfragesprache zu bezeichnen.

Datenselektion

In Abschnitt 1.2.3 haben wir an Objektbezeichner zwei Forderungen gestellt, damit Objektbeschreibungen auch voll interpretiert werden können: ausgehend von einem Objektbezeichner sollen nicht nur das bezeichnete Datenobjekt, sondern auch alle Datenobjekte, in denen der Objektbezeichner als Wert vorkommt, aus der Datenbank wiedergewonnen werden können.

Das RDM bietet dazu Selektionsverfahren an, die, bei Vorgabe von Attributwerten, alle Elemente einer anzugebenden Relation auswählen, die in den entsprechenden Attributen die vorgelegten Werte haben. In Pascal/R-Notation ergibt die Anfrage

{ **each f in** Familien: f.Name = 'Faber' }

als Wert die einelementige Relation

{ < 'Faber', 1, ... > }

Von Anfragen, die von einem Schlüsselwert ausgehen, wissen wir, daß sie Ergebnisse mit höchstens einem Element erbringen können. Da die Ergebnismengen aber auch leer sein können, wie etwa im Fall

{ **each f in** Familien: f.Name = 'Niemand' } ,

ziehen wir es vor, das Ergebnis als Menge und nicht als Mengenelement anzusehen.

Die Menge aller Elemente in der Relation Angehörige, in denen der Familienbezeichner 'Faber' vorkommt, also

{ < 'Faber', weiblich , 'Katharina', 9 >,
  < 'Faber', weiblich , 'Theresia' , 33 >,
  < 'Faber', männlich, 'Wolfgang' , 40 >}

wird beispielsweise durch die Anfrage

{ **each** a **in** Angehörige: a.Familienname = 'Faber' }

wiedergegeben.

Relationen mit zusammengesetzten Schlüsseln, etwa die Relation Wohnverhältnisse mit ihrem Schlüssel < Bewohner, Wohnort > verlangen auch zusammengesetzte Selektionsbedingungen:

{ **each** w **in** Wohnverhältnisse:
 (w.Bewohner = 'Sprat') **and** (w.Wohnort = 'Kenton') }.

Die Bezeichner f, a und w, die wir zur Formulierung der Selektionsbedingungen in unseren Beispielanfragen benötigen, werden als logische Variable oder Tupelvariable bezeichnet. In manchen Anfragesprachen wird auf ihre Verwendung verzichtet (vgl. Kapitel 6), zumindest in Fällen, in denen dadurch keine Mehrdeutigkeiten entstehen.

Unsere wenigen Beispiele zeigen bereits, daß wir auch Selektionsbedingungen benötigen, die sich auf Nicht-Schlüsselattribute beziehen und die mehrere Terme, die gemeinsam erfüllt sein müssen, enthalten. Das RDM geht bezüglich der Leistungsfähigkeit seiner Selektionsverfahren sogar noch ein erhebliches Stück weiter: es läßt in Selektionsbedingungen alle Attribute einer Relation zu, es erlaubt alle Vergleichsoperatoren (=, $\neq$, >, <, >=, <=) und es gestattet zudem die logische Konjunktion (**and** -Operator) und Disjunktion (**or** -Operator) von Termen. Es können also (mindestens) die Ausdrücke der sogenannten „Aussagenlogik" als Selektionsbedingungen verwendet werden (vgl. Bild 1.17).

Anfrage: { **each** a **in** Angehörige:
 ((a.Geschlecht = weiblich) **and** (a.Alter < 30)) **or**
 ((a.Geschlecht = männlich) **and** (a.Alter < 40)) }

Ergebnis: { < 'Faber', weiblich , 'Katharina', 9 >,
 < 'Sprat', männlich, 'Lawrence' , 32 > }

Bild 1.17 Beispielanfrage im Relationenmodell (Datenselektion)

Datenprojektion

Häufig wird nicht nach allen Eigenschaften eines Objektes gefragt. Eine Anfragesprache sollte deshalb die Projektion von Datenobjekten auf ausgewählte Attribute erlauben, natürlich in Verbindung mit der oben diskutierten Möglichkeit zur Datenselektion. Ist man beispielsweise nur an den Namen der gemäß Bild 1.17 ausgewählten Angehörigen interessiert, so erhält man sie durch die Anfrage in Bild 1.18:

Anfrage:

{ < a.Taufname, a.Familienname > **of each a in** Angehörige:
    ((a.Geschlecht = weiblich) **and** (a.Alter < 30)) **or**
    ((a.Geschlecht = männlich) **and** (a.Alter < 40))   }

Ergebnis:

{ < 'Katharina', 'Faber' > ,
  < 'Lawrence' , 'Sprat' > }

Bild 1.18 Beispielanfrage im Relationenmodell (Datenprojektion und -selektion)

Die Projektionsliste zu Beginn dieser Anfrage kann beliebige Komponenten der logischen Variable a enthalten.

Datenkombination

Anfrageergebnisse, die durch Selektion oder Projektion entstehen, sind naturgemäß stets Teil einer einzigen Relation, die lediglich vertikal beziehungsweise horizontal eingeschränkt worden ist. Das RDM kennt neben diesen unären Operatoren auch noch solche, die auf mehr als einer Relation arbeiten. Außer den üblichen Mengenoperatoren (Vereinigung, Differenz etc.) sind dies insbesondere Operationen, die als Ergebnis diejenige Teilmenge des Cartesischen Produktes von Relationen ergeben, bei denen die Werte ausgewählter Attribute der einzelnen Relationen ein bestimmtes Selektionskriterium erfüllen.

Im einfachsten Falle wird dies durch den sogenannten Verbindungsoperator („join") geleistet, der zwei Relationen kombiniert und dann denjenigen Teil auswählt, der in zwei Attributen – je eines aus beiden Relationen – gleiche Werte hat („equi-join").

Anfrage:

{ **each h in** Häuser, **each w in** Wohnverhältnisse:
    h.Standort = w.Wohnort }

Ergebnis:

{ < 'Hamburg', D   , ... , 'Faber', 'Hamburg', ... > ,
  < 'Kenton' , USA, ... , 'Sprat', 'Kenton' , ... > ,
  < 'Zeilberg', A   , ... , 'Faber', 'Zeilberg', ... > ,
  < 'Zeilberg', A   , ... , 'Sprat', 'Zeilberg', ... >   }

Bild 1.19 Beispiel einer Verbindungsoperation (Datenkombination durch „equi-join")

Verbindungsoperationen kann man ebenfalls verallgemeinern. Zum einen möchte man eine der beiden wertgleichen Spalten (vgl. die Ortsangabe in Bild 1.19) eliminieren; dies kann entweder explizit durch die oben eingeführte Projektionsoperation geschehen oder durch Definition eines speziellen Verbindungsoperators, der implizit eine der wertgleichen Spalten „wegprojiziert" („natural-join"). Zum anderen kann man die Verbindungsoperation wieder in Richtung auf andere Vergleichsoperatoren (=, ≠, >, <, >=, <=) generalisieren („theta-joins"). Beide Verallgemeinerungsschritte werden in relationalen Anfragesprachen vollzogen.

Relationale Anfragesprachen enthalten die Grundoperationen zur Datenselektion, -projektion und -kombination in recht unterschiedlicher Aufteilung und Form. Neben den beiden Grundformen „Relationenalgebra" und „Relationenkalkül" existieren dabei zahlreiche Mischformen [CODD70, CHAM74, BOYC75, CHAM76b, TODD76, DENN77].

Relationenalgebra

Im Rahmen der Relationenalgebra [CODD70, TODD76] werden die obigen Möglichkeiten zur Datenbankanfrage in Form von unären Operatoren (Selektion; Projektion) und binären Operatoren (Vereinigung, Differenz, Durchschnitt; Verbindungsoperatoren; Division) angeboten. Da die Anwendung dieser Operatoren auf Relationen wiederum Relationen erzeugen, lassen sich geschachtelte Ausdrücke, und damit beliebig komplexe Anfragen formulieren.

Bild 1.20 zeigt in Algebranotation die Anfrage, welche die Namen der in Österreich wohnenden Familien ergibt, schränkt die Anfrage aus Bild 1.19 also auf Häuser in Österreich ein und projiziert das Ergebnis auf das Attribut Bewohner.

Anfrage:

project
    join Wohnverhältnisse,
        select Häuser
            by Land = A ·
    over Wohnort = Standort
on Bewohner

Ergebnis:

{ < 'Faber' > ,
  < 'Sprat' > }

Bild 1.20 Beispielanfrage im Stile der Relationenalgebra

Relationenkalkül

Dem Relationenkalkül [CODD71a, HELD75, ZLOO75, SCHM77] liegt die Feststellung zugrunde, daß Relationen in Anfragen in zwei unterschiedlichen Rollen vorkommen. In der einen Rolle werden sie tatsächlich selektiert und tragen direkt zum Wert des Anfrageergebnisses bei. In der anderen Rolle dienen sie lediglich zur Formulierung der Selektionsbedingung, wodurch sie natürlich indirekt ebenfalls das Anfrageergebnis beeinflussen.

Die bisher insbesondere in der Relationenalgebra verwendeten Selektionskriterien enthalten als Operanden außer Konstanten nur Attribute der zu selektierenden Relation. Diese Klasse von Ausdrücken wollen wir nun mit dem Ziel verallgemeinern, Selektionsprädikate noch von weiteren Relationen abhängig zu machen. Im Sinne der mathematischen Logik wollen wir also von aussagenlogischen Selektionsprädikaten zu Prädikaten erster Ordnung übergehen. Wir wollen diesen Schritt nicht allgemein und formal durchführen, sondern ihn lediglich an Hand eines Beispiels verdeutlichen.

Im Beispiel Bild 1.21 möchten wir im wesentlichen die Relation Wohnverhältnisse mit Hilfe eines Kriteriums einschränken, welches von der Relation Häuser abhängt, nämlich von der Tatsache, daß eines der bewohnten Häuser in Österreich steht. Dazu haben wir die beiden Relationen durch ein Produkt miteinander verbunden – unnötigerweise, wie man sieht, denn nach der abschließenden Projektion bleiben nur Daten aus der Relation Wohnverhältnisse übrig. Hätten wir noch die Identifikatoren für jedes der Datenobjekte in der Relation Häuser zur Verfügung, nämlich die Bezeichner ferienhaus, landhaus, stadthaus (vgl. Bild 1.5), so könnten wir in obigem Beispiel die Teilanfrage - den „join" - durch folgenden Ausdruck ersetzen:

{ **each w in** Wohnverhältnisse:
  ((w.Wohnort = ferienhaus.Standort) **and** (ferienhaus.Land = A)) **or**
  ((w.Wohnort = landhaus.Standort) **and** (landhaus.Land = A)) **or**
  ((w.Wohnort = stadthaus.Standort) **and** (stadthaus.Land = A))   }.

Ein Element w aus der Relation Wohnverhältnisse ist also bereits dann qualifiziert, wenn es für irgendeines der Elemente, etwa h, aus der Relation Häuser das Kriterium (^{9} Wohnort = h.Standort) **and** (h.Land = A) erfüllt. Für das Ergebnis der Anfrage ist es irrelevant, durch welches h die Bedingung erfüllt wird, solange ein solches Element h nur in der Relation Häuser existiert.

Die obige Anfrage schreiben wir unter Verwendung der an die Relation Häuser (existentiell) gebundenen Variablen h kurz:

{ **each w in** Wohnverhältnisse: **some h in** Häuser
  ((w.Wohnort = h.Standort) **and** (h.Land = A)) }.

Durch Einführung des Existenzquantors, **some**, und der über ihn an eine Relation gebundenen Tupelvariablen, hier h, haben wir es erreicht, daß Selektionskriterien auch von Relationen abhängig sein können.

Das Beispiel in Bild 1.21 entspricht dem aus Bild 1.19, nur verwendet es die Notation des Relationenkalküls statt die der Relationenalgebra.

Anfrage: { < w.Bewohner > **of each** w **in** Wohnverhältnisse:
   some h **in** Häuser
   ((w.Wohnort = h.Standort) **and** (h.Land = A)) }

Ergebnis: { < 'Faber' >,
   < 'Sprat' > }

Bild 1.21 Beispielanfrage im Stile des Relationenkalküls

Zusätzlich zum Existenzquantor wollen wir noch den universellen Quantor, **all**, einführen. Wollen wir beispielsweise die Relation Wohnverhältnisse durch das Kriterium einschränken, daß alle bewohnten Häuser in Österreich liegen müssen, so wird das durch die folgende Anfrage erreicht:

{ **each** w **in** Wohnverhältnisse:
   ((w.Wohnort = ferienhaus.Standort) $\Rightarrow$ (ferienhaus.Land = A)) **and**
   ((w.Wohnort = landhaus.Standort) $\Rightarrow$ (landhaus.Land = A)) **and**
   ((w.Wohnort = stadthaus.Standort) $\Rightarrow$ (stadthaus.Land = A))   }.

(Die Implikation, p $\Rightarrow$ q, verknüpft zwei logische Ausdrücke p, q mit demselben Ergebnis wie der Ausdruck **not** p **or** q, liest sich in der Form „wenn p, dann q" jedoch besser).

Ein Element w aus der Relation Wohnverhältnisse ist also genau dann qualifiziert, wenn es das Kriterium (w.Wohnort = h.Standort) $\Rightarrow$ (h.Land = A) für alle Elemente h aus der Relation Häuser, d.h. ferienhaus, landhaus und stadthaus (vgl. Bild 1.5), erfüllt.

Unter Verwendung des Allquantors und der über ihn an die Relation Häuser (universell) gebundenen Tupelvariablen h, können wir verkürzt schreiben:

{ **each** w **in** Wohnverhältnisse: **all** h **in** Häuser
   ((w.Wohnort = h.Standort) $\Rightarrow$ (h.Land = A)) }.

Es läßt sich zeigen, daß die Klassen der Anfragen, die im Relationenkalkül bzw. in der Relationenalgebra formuliert werden können, gleich mächtig sind [CODD72b, KLUG81]. Anfragesprachen, die in ihren Ausdrucksmöglichkeiten denjenigen des Relationenkalküls und der Relationenalgebra entsprechen, bezeichnet man als relational vollständig [CODD72b]. Eine Bevorzugung der einen Anfragesprache vor der anderen hat demnach rein pragmatische Gründe, hängt also davon ab, welche Notation ein Benutzer bei der Formulierung seiner Anfrage bevorzugt.

1.5 Das Netzwerkmodell

Die erste Definition des Netzwerkdatenmodells (NDM) wurde etwa zeitgleich mit den ersten Arbeiten über das Relationenmodell vorgelegt [CODA71]. Die Umstände der Entstehung der NDM-Definition prägen entscheidend die Natur dieses Datenbankmodells.

Die Definition des NDM ist im Rahmen einer Gruppenaktivität entstanden, und ist nicht, wie das RDM, im wesentlichen Ergebnis eines Einzelnen. In die NDM-Definition fanden zahlreiche Einzelvorschläge Eingang, deren Integration nicht immer als gelungen bezeichnet werden kann. Als Folgen sind an der NDM-Definition im Laufe der Zeit zahlreiche wesentliche Änderungen unternommen worden [CODA73, CODA77, CODA78a,b].

Im Sinne unserer Unterscheidung eingangs des Abschnitts 1.4 zwischen Datenmodell und spezieller Modelldefinition wurde für das NDM eine gründliche Diskussion der wesentlichen Modelleigenschaften (etwa über seinen Grad an Datenunabhängigkeit, über alternative Anfragesprachen und deren Leistungsfähigkeit, etc.) nie geführt. Die Geschichte des NDM begann mit der Vorlage einer ganz speziellen Modelldefinition. Viele neuere Beiträge zum NDM können als Versuch angesehen werden, diese Versäumnisse wettzumachen.

Syntaktisch ist die NDM-Definition aufgrund ihrer Erstellung durch die „Data Base Task Group" (DBTG) des CODASYL Systems Committees stark von COBOL beeinflußt. Der „wortreiche" Stil dieser Sprache mit seinen vielen Schlüsselwörtern, Klauseln und Phrasen hat die bei der NDM-Definition vorherrschende Tendenz, möglichst viele Einzelanforderungen zu befriedigen, sicher noch unterstützt.

Im folgenden werden wir wie beim RDM eine einfache funktionale Syntax verwenden; außerdem werden wir uns wieder auf Kerneigenschaften des Modells beschränken.

1.5.1 Die Strukturen des Netzwerkmodells

Die Eigenschaften des NDM sind entscheidend dadurch geprägt, daß Datenobjekte referentiell identifiziert werden und daß referentielle Selektoren weniger mächtig sind als assoziative [DATE74, BUBE76]. Dies wird im Rahmen unseres Beispiels bereits durch den Vergleich der Bilder 1.6 und 1.7 deutlich. Bei Verwendung eines assoziativen Selektors, etwa des Namens 'Faber', wird vorausgesetzt, daß mit seiner Hilfe nicht nur das Datenobjekt

$\quad$ < 'Faber', 1, ... >

identifiziert werden kann, sondern daß auch die Datenobjekte

$\quad$ < 'Faber', 'Katharina', ... >
$\quad$ < 'Faber', 'Theresia' , ... >
$\quad$ < 'Faber', 'Wolfgang' , ... >,

in denen der assoziative Selektor 'Faber' als Attributwert vorkommt, aus der Menge der Verwandtschaftsverhältnisse ausgewählt werden können. Dagegen muß bei der Verwendung referentieller Selektoren (vgl. Bild 1.7) zusammen mit jedem Datenobjekt der Art FAMILIE, etwa dem durch reff identifizierten Rekord für die Familie 'Faber', explizit die Menge {reffk, refft, reffw} derjenigen Selektoren gespeichert werden, die sich auf die Datenobjekte mit reff als Attributwert beziehen.

Bild 1.7 zeigt die Objektmengen Familien und Personen sowie den speziellen Fall einer 1:n - Beziehung zwischen ihnen, realisiert durch die Objektmenge Verwandtschaftsverhältnisse. Bild 1.10 enthält dieselben Daten nach Substitution jedes referentiellen Selektors für die identifizierte Person, etwa refk, durch das identifizierte Datenobjekt < weiblich, 'Katharina', 9 > . Mit jedem Datenobjekt in der Menge Familie ist also eine Menge von Selektoren assoziiert, die sich auf Datenobjekte in der Menge Angehörige beziehen. Diese Selektormengen sind disjunkt und überdecken die Menge der Angehörigen. Mit je einer Familie ist also eine Menge von n Angehörigen assoziiert, umgekehrt mit jedem Angehörigen genau eine Familie.

Es liegt nun nahe, diese enge Assoziation dadurch besonders zu betonen, daß man jeweils das eine Datenobjekt, hier der Art FAMILIE, mit den n zugeordneten Datenobjekten, hier der Art ANGEHÖRIGE, logisch zusammenfaßt. Bild 1.22 zeigt anhand unseres Beispiels die für das NDM typische Datenpartitionierung, bei der jede Teilmenge der Menge Angehörige zusammen mit dem einen, ihr zugeordneten Element der Menge Familie, als eine logische Einheit angegeben wird.

Die Familie Faber und ihre Angehörigen:
[reff: < 'Faber', 1, ... > , { reffk, refft, reffw}]

    reffk : < reff , < weiblich , 'Katharina' , 9 > >
    refft : < reff , < weiblich , 'Theresia' , 33 > >
    reffw : < reff , < männlich, 'Wolfgang' , 40 > >

Die Familie Sprat und ihre Angehörigen:
[refs: < 'Sprat', 0, ... > , { refsl, refsm}]

    refsm : < refs , < weiblich , 'Mary' , 31 > >
    refsl : < refs , < männlich, 'Lawrence', 32 > >

Bild 1.22 Beziehungen im Netzwerkmodell

Bild 1.22 läßt die beiden Grundstrukturen des NDM deutlich erkennen: eine erste, die zur Strukturierung einzelner Objektarten dient, eine zweite, die es ermöglicht, jeweils einem Datenobjekt der einen Art eine variable Anzahl von Datenobjekten einer anderen Art zuzuordnen. Diese Strukturen und die auf ihnen noch zu definierenden Operationen erlauben es, die Existenz der – für das NDM so wesentlichen – referentiellen Selektoren (fast) vollständig vor dem Benutzer zu verbergen. Die Daten unserer 1:n-Beziehung aus Bild 1.22 erscheinen damit nach außen in der Form

[< 'Faber' , 1 , ... > {< weiblich , 'Katharina' , 9 >,
                        < weiblich , 'Theresia' , 33 >,
                        < männlich , 'Wolfgang' , 40 > }]
[< 'Sprat' , 0 , ... > {< weiblich , 'Mary'   , 31 >,
                        < männlich , 'Lawrence' , 32 > }],

also als zwei Ausprägungen eines NDM-Mengentyps, der je eine Ausprägung der Art FAMILIE mit einer Menge von Ausprägungen der Art PERSON assoziiert. Für n:m-Beziehungen (vergleiche Beispiel Bild 1.23) ist eine entsprechende zeigerfreie Darstellung naturgemäß nicht möglich, sie würde ein mehrfaches Hinschreiben derselben Rekordausprägung (Kopiersemantik statt Referenzsemantik) bedingen und damit einen grundlegenden Aspekt des NDM- Ansatzes verwischen.

1.5.1.1 Rekordstrukturen im Netzwerkmodell

Aufgrund der Tatsache, daß das NDM im Rahmen von CODASYL entwickelt worden ist, sind seine Strukturen zur Objektbeschreibung praktisch mit denen der ebenfalls von CODASYL definierten Programmiersprache COBOL identisch. Im Gegensatz zu Relationenelementen, deren Definition auf „flache" Rekords beschränkt ist, können im Netzwerkmodell Attribute von Rekords ihrerseits wieder strukturiert oder Wiederholungsgruppen im Sinne von COBOL sein. Als elementare Attributtypen stellt das NDM lediglich die Typen REAL, INTEGER, CHAR(...) etc. zur Verfügung und erlaubt nicht die Definition von Domänen im Sinne des Relationenmodells (vgl. Abschnitt 1.4.1.1).
  Im NDM entspricht die Definition der Rekordtypen FAMILIE und AN-GEHÖRIGER den folgenden Typdefinitionen:

{ Rekordtypen: }

FAMILIE =   record
                    Name   : **char**(10);
                    Kinderzahl : **integer**;
                  end ;

ANGEHÖRIGER = **record**
                    Geschlecht : **char**(9);
                    Alter   : **integer**;
                    Taufname   : **char**(10);
                  end ;

1.5.1.2 Mengenstrukturen im Netzwerkmodell

Im Grunde wird auch im NDM die Gesamtheit der aktuellen Ausprägungen der verschiedenen Objektarten in mengenähnlichen Strukturen gehalten. Am Beispiel von Bild 1.22 wird jedoch der entscheidende Unterschied zum RDM deutlich: die Ausprägungen eines Typs, etwa der Art ANGEHÖRIGER, werden im NDM nicht wie im RDM in einer einzigen Mengenausprägung zusammengefaßt, sondern werden je nach ihrer Beziehung zu einer der Ausprägungen der Art FAMILIE auf einzelnen Mengenausprägungen verteilt. Jede einzelne dieser Mengen von Angehörigenrekords wird überdies mit dem einen zugeordneten Familienrekord in einer Konstruktion vereinigt, die in der CODASYL DBTG-Terminologie unglücklicherweise wieder als Menge bezeichnet wird. Im folgenden wollen wir diese Konstruktionen, die einer Rekordausprägung des einen Typs – dem Eigner (owner) – eine Menge von Rekordausprägungen eines zweiten – den Mitgliedern (member) – zuordnet, als NDM-Mengen bezeichnen.

Die aktuelle Anzahl der NDM-Mengenausprägungen einer Art ist also gleich der Anzahl der Ausprägungen ihrer Eigner; im Beispiel Bild 1.22 sind es zwei Ausprägungen entsprechend der beiden Familien Faber und Sprat. Beide Mengenausprägungen sind von demselben Typ, FAMILIENANGEHÖRIGE, mit einem Rekord des Typs FAMILIE als Eigner und einer Menge von Rekords des Typs ANGEHÖRIGER als Mitglieder:

{ NDM-Mengentyp: }

    FAMILIENANGEHÖRIGE = NDM set
                     owner   : FAMILIE;
                     members : set of ANGEHÖRIGER;

Ein NDM-Datenbankschema besteht im Grunde aus solchen Rekord- und NDM-Mengendefinitionen, wobei die Rolle eines Rekordtyps bei der NDM-Mengendefinition im wesentlichen nur dadurch eingeschränkt ist, daß er nicht Eigner- und zugleich Mitgliedstyp desselben NDM-Mengentyps sein kann. Ein NDM-Schema kann überaus komplexe Strukturen definieren; insbesondere sind Strukturen zulässig, in denen ein und dieselbe Rekordausprägung in Mengenausprägungen unterschiedlichen Typs auftreten kann. Dieselbe Rekordausprägung kann beispielsweise in zwei solcher Mengenausprägungen Mitglied sein, sie kann für beide Eigner sein, sie kann aber auch bezüglich der einen als Eigner, bezüglich der anderen als Mitglied auftreten. Als Ergebnis können sehr komplexe Baum- und Netzstrukturen entstehen. Anhand unseres Beispiels können wir einige typische Fälle diskutieren.

In Abschnitt 1.3 charakterisieren wir das NDM dadurch, daß es zum einen zur Objektidentifikation referentielle Selektoren verwendet, zum anderen lediglich in Objektbeziehungen der Art 1:n die n Objektselektoren durch die n identifizierten Objekte ersetzt. Der Übergang zwischen den Bildern 1.7, 1.10 und 1.22 macht das für das NDM am Beispiel der 1:n-Beziehung Verwandtschaftsverhältnisse deutlich.

Am Beispiel der Wohnverhältnisse, die zwischen Familien und Häusern bestehen, wollen wir nun die Darstellung von n:m-Beziehungen im NDM diskutieren. Bild 1.23 enthält wieder unsere Beispieldaten gemäß Bild 1.5. Die vier von den einzelnen Familien bewohnten Hausanteile sind jeweils durch eine explizite Eigenschaft, die Angabe des Stockwerks, beschrieben. Die Attribute für die in jedem Hausanteil zusätzlich aufgeführten referentiellen Selektoren, je einer für die in dem Hausanteil wohnende Familie und einer für das Haus, in dem der Anteil liegt, werden später in der NDM-Schemadefinition (Bild 1.26) nicht explizit aufgeführt sein, da das NDM diese Selektoren nur implizit über geeignete Operatoren zugänglich macht. Hätten wir in unserer Datenbank auf die Angabe des Stockwerks verzichtet, so hätten wir Rekordtypen ohne explizite Attribute erhalten. Dieser Sachverhalt verdeutlicht noch einmal die Bedeutung gewisser Rekords für die Modellierung von n:m-Beziehungen im NDM.

Familien und ihr Wohnsitz:

{ reff : < 'Faber', 1, ... > { ... } { reffh, reffz } { ... } ,
  refs : < 'Sprat', 0, ... > { ... } { refsk, refsz } { ... } }

Anteile von Häusern und ihre Bewohner:

{ refsk : < refs, refk, < Erdgeschoß > > ,
  refsz : < refs, refz, < Erster_Stock > > ,
  reffz : < reff, refz, < Erdgeschoß > > ,
  reffh : < reff, refh, < Erster_Stock > > }

Häuser und ihre Belegung:

{ refk : < 'Kenton' , USA, ... > { refsk } { ... },
  refz : < 'Zeilberg', A , ... > { reffz, refsz } { ... },
  refh : < 'Hamburg', D , ... > { reffh } { ... }   }

Bild 1.23 n:m-Beziehungen mit referentiellen Selektoren

Bild 1.24 zeigt einen Teil der Beispieldaten in zweidimensionaler Darstellung durch Zeigermengen. Dargestellt sind insgesamt fünf NDM-Mengenausprägungen, zwei mit Eignern vom Typ FAMILIE, drei mit Eignern vom Typ HAUS; die Mitglieder in den fünf Mengenausprägungen sind alle vom Typ ANTEIL. Bild 1.25 enthält dieselben Daten, dargestellt als Zeigerkette. Damit ist es möglich, zusätzlich eine Ordnung zwischen den Elementen einer NDM-Menge zu definieren.

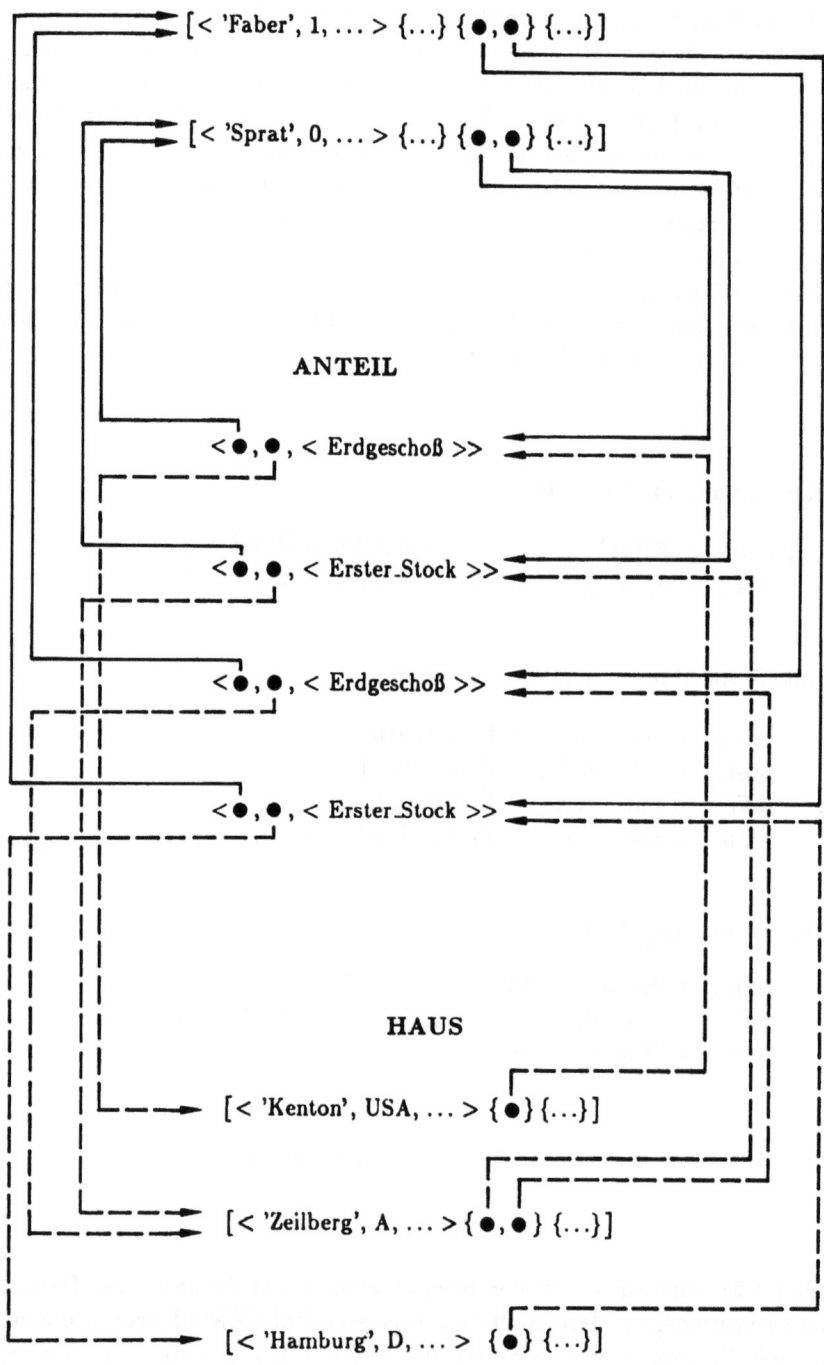

Bild 1.24 n:m-Beziehungen zwischen Familien und Häusern im Netzwerkmodell (Darstellung durch Zeigermengen)

Das Netzwerkmodell 55

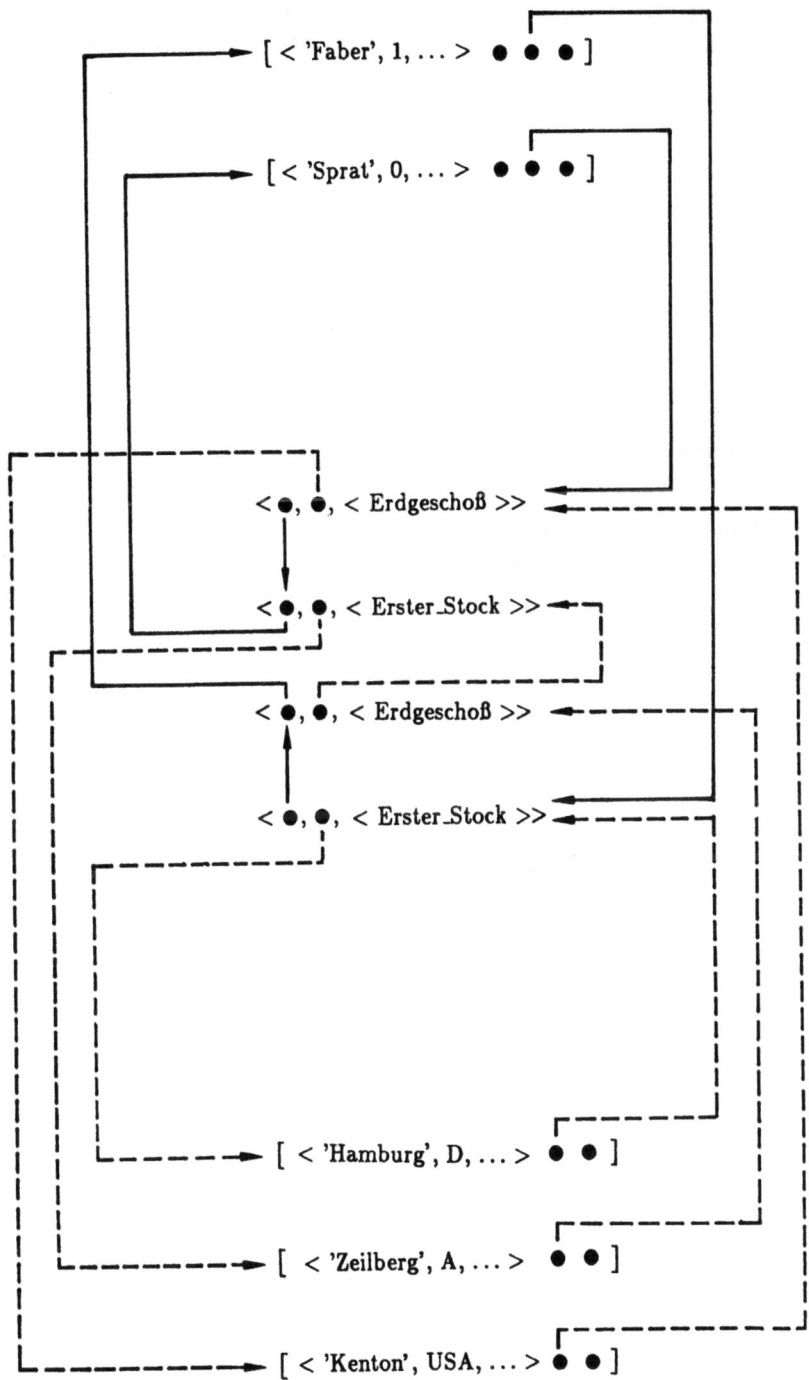

Bild 1.25 n:m-Beziehungen zwischen Familien und Häusern im Netzwerkmodell (Darstellung durch Zeigerketten)

56 Datenbankmodelle

Bild 1.26 enthält die Definition des NDM-Schemas für unsere Beispieldatenbank, reduziert auf die Attribute und Beziehungen der Datenobjekte. Man vergleiche das NDM-Schema mit dem RDM-Schema aus Bild 1.15; die entsprechend geänderten oder neu eingefügten Bezeichner versuchen die Rolle der NDM-Mengentypen zu verdeutlichen.

{ NDM-Datenbankschema: }

    FAMILIEN_UND_HÄUSER_NDBS = NDM **schema**

{ Rekordtypen: }

    FAMILIE   = **record**
                       Name   : ... ;
                       Kinderzahl : ... ;
                       ...
                end;

    ANGEHÖRIGER = **record**
                       Geschlecht : ... ;
                       Taufname   : ... ;
                       Alter   : ... ;
                end;

    HAUS   = **record**
                       Standort : ... ;
                       Land   : ... ;
                       ...
                end;

    ANTEIL   = **record**
                       Stockwerk : ... ;
                end;

    KAUF   = **record**
                       Kaufdatum : ... ;
                end;

Bild 1.26 (Fortsetzung nächste Seite)

{ NDM-Mengentypen: }

    FAMILIENANGEHÖRIGE = NDM set
                             owner   : FAMILIE;
                             members : set of ANGEHÖRIGER;

    FAMILIENWOHNSITZ   = NDM set
                             owner   : FAMILIE;
                             members : set of ANTEIL;

    FAMILIENBESITZ   = NDM set
                             owner   : FAMILIE;
                             members : set of KAUF;

    HAUSBELEGUNG   = NDM set
                             owner   : HAUS;
                             members : set of ANTEIL;

    HAUSBESITZ   = NDM set
                             owner   : HAUS;
                             members : set of KAUF;

end NDM schema;

Bild 1.26 Beispiel eines Schemas im Netzwerkmodell

Füllen wir die Daten aus unserem Beispiel, Bild 1.5, in eine NDM-Datenbank mit dem Schema aus Bild 1.26, so ergeben sich die folgenden Mengenausprägungen:

- zwei Mengen vom Typ FAMILIENANGEHÖRIGE mit den Familien Faber und Sprat als Eigner und drei bzw. zwei Angehörigen als Mitglieder;
- zwei Mengen vom Typ FAMILIENWOHNSITZ, ebenfalls mit den Familien Faber und Sprat als Eigner und jeweils zwei Anteilen als Mitglieder;
- zwei Mengen vom Typ FAMILIENBESITZ, noch einmal mit den Familien Faber und Sprat als Eigner und jeweils einem Rekord vom Typ KAUF als Mitglied;
- drei Mengen vom Typ HAUSBELEGUNG mit den Häusern in Zeilberg, Kenton und Hamburg als Eigner und zwei, einem und noch einmal einem Anteil als Mitglied;
- drei Mengen vom Typ HAUSBESITZ, ebenfalls mit den Häusern in Zeilberg, Kenton und Hamburg als Eigner; die beiden erstgenannten haben jeweils einen Rekord vom Typ KAUF als Mitglied; beim dritten Eigner ist die Mitgliedsmenge leer; damit wird zum Ausdruck gebracht, daß über die Besitzverhältnisse des Hauses in Hamburg nichts bekannt ist.

Man beachte, daß es Rekordausprägungen vom Typ ANTEIL gibt, die sowohl in einer Menge vom Typ HAUSBELEGUNG als auch in einer Menge vom Typ FAMILIENWOHNSITZ Mitglied sind; dadurch wird im NDM die n:m-Beziehung zwischen Familien und Häusern entsprechend der aktuellen Wohnverhältnisse realisiert. Auch Mengen vom Typ FAMILIENBESITZ und HAUSBESITZ haben Rekords vom Typ KAUF gemeinsam, entsprechend der aktuellen Besitzverhältnisse.

In Abschnitt 1.5.3 werden wir einige der Operationen diskutieren, mit deren Hilfe man NDM-Strukturen aufbauen, verändern und auswerten kann. Im Grunde sieht man den NDM-Strukturen die Grundoperationen, mit denen man sie bearbeiten kann, bereits an: zum einen wird es notwendig sein, einzelne Mengenausprägungen und in ihnen einzelne Rekordausprägungen identifizieren zu können. Dazu werden Operatoren bereitgestellt, mit denen man die Menge elementweise durchlaufen kann; weiterhin wird man die Mitgliedschaft von Rekordausprägungen in mehr als einer Menge unterschiedlichen Typs nutzen wollen, um von einer Mengenausprägung zur anderen zu gelangen. Das NDM stellt für dieses Navigieren durch Netzstrukturen zusätzlich eine Arbeitsumgebung zur Verfügung, die wir zusammen mit den Grundoperationen in Abschnitt 1.5.3 diskutieren werden. Vorher werden in Abschnitt 1.5.2 noch einige der im NDM formulierbaren Integritätsbedingungen vorgestellt.

1.5.2 Die Integritätsbedingungen des Netzwerkmodells

Die Strukturen des NDM unterstützen die Kontrolle der referentiellen Integrität sowie der Ordnung nach Attributwerten und der Eindeutigkeit von Attributwerten innerhalb von Mengenausprägungen.

Referentielle Integrität kann im NDM aufgrund der Definition der NDM-Mengen grundsätzlich nicht verletzt werden, denn der Eigner einer solchen Menge muß stets existieren, ehe überhaupt Mitglieder eingetragen werden können. So können Angehörige beispielsweise nur in eine Ausprägung des Typs FAMILIEN-ANGEHÖRIGE eingetragen werden, nachdem diese zusammen mit ihrem Eigner angelegt worden ist; somit ist eine Menge von Angehörigen stets mit genau einer Familie assoziiert. Durch die Definition der NDM-Menge wird also bereits eine Integritätsbedingung garantiert, die etwa im RDM durch ein zusätzliches Prädikat (vgl. Abschnitt 1.4.2.2) kontrolliert werden muß.

Genauso wie im RDM ist es im NDM möglich, Attribute der Mengenelemente auszuzeichnen und damit festzulegen, daß sie innerhalb einer Mengenausprägung eindeutige Werte besitzen müssen.

Bislang haben wir die Gesamtheit der Mitglieder einer NDM-Mengenausprägung als Mengen im mathematischen Sinn, also als eine ungeordnete Struktur betrachtet. In der Praxis werden NDM-Mengen jedoch im allgemeinen als Zeigerketten (vgl. Bild 1.25) implementiert, und der Datenbankbenutzer hat die Möglichkeit, auf die Reihenfolge der Listenelemente Einfluß zu nehmen. Bild 1.27 definiert einen NDM-Mengentyp FAMILIENANGEHÖRIGE und zeigt eine entsprechende Mengenausprägung.

{ NDM-Mengentyp: }

FAMILIENANGEHÖRIGE = NDM set
                        owner   : FAMILIE;
                        members : set of ANGEHÖRIGER;
                        integrity : unique Taufname;
                                       ascending Alter;

{ NDM-Mengenausprägung: }

[reff : < 'Faber', 1, ... > : reffk]

reffk : < weiblich , 'Katharina' , 9 > : refft ,
refft : < weiblich , 'Theresia' , 33 > : reffw ,
reffw : < männlich, 'Wolfgang' , 40 > : reff .

Bild 1.27 NDM-Menge mit Integritätsbedingung

Einsetz- und Änderungsoperationen auf Ausprägungen des Mengentyps FAMILIENANGEHÖRIGE haben als Seiteneffekt die Konsequenz, daß die Werte des Attributs Taufname stets eindeutig bleiben und daß Angehörige nach aufsteigendem Alter sortiert eingetragen werden.

1.5.3 Die Operationen des Netzwerkmodells

Die für das NDM typische Organisation von Daten in Form von Netzen aus Eignern und mit ihnen assoziierten Mitgliedermengen legt bereits die zur Interpretation dieser Netzstrukturen notwendigen Operationen fest. Zum ersten müssen sie die Identifikation von Mengen- und Elementausprägungen ermöglichen, zum zweiten müssen sie es gestatten, die identifizierten Ausprägungen zu lesen und zu verändern. Die Operationen des Netzwerkmodells und ihre Verwendung entsprechen grob der folgenden Anordnung:

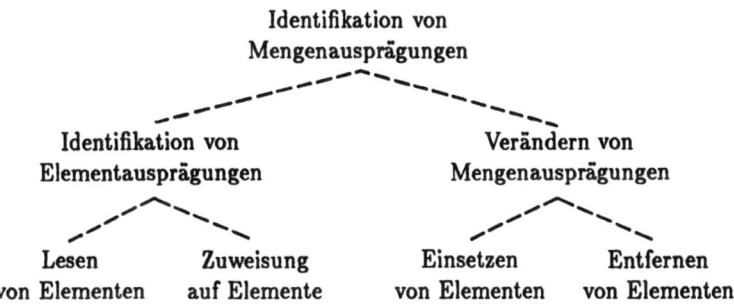

Die Operanden für die NDM-Operationen werden in einer besonderen Arbeitsumgebung, die vom NDM-Datenbanksystem für jedes Programm, welches mit einer NDM-Datenbank arbeitet, angelegt wird, verwaltet und über Seiteneffekte von den Lese- und Änderungsoperationen genutzt.

1.5.3.1 Die Arbeitsumgebung einer Netzwerkdatenbank

Jedes Programm teilt mit der Netzwerkdatenbank, mit der es arbeitet, eine Arbeitsumgebung, über die jegliche Kommunikation zwischen Programm und Datenbank erfolgt. Für den Datenaustausch steht ein Bereich (user working area) mit je einer Ausprägung für jeden im Datenbankschema definierten Rekordtyp zur Verfügung.

Für unsere Netzwerkdatenbank FAMILIEN_UND_HÄUSER werden also in ihrer Arbeitsumgebung automatisch eine Reihe solcher Kommunikationsrekords angelegt:

```
var Familie      : FAMILIE;
    Angehöriger  : ANGEHÖRIGER;
    Haus         : HAUS;
    ...            ...
```

Die gängigen DBTG-Systeme folgen dabei der unschönen Konvention, die Bezeichner für die Rekord*typen* aus dem Schema auch als Bezeichner für die entsprechenden Rekord*ausprägungen* in der Arbeitsumgebung (Kommunikationsrekords) zu verwenden, also FAMILIE statt Familie usw.

Weiterhin enthält die Arbeitsumgebung eine Reihe von Aktualitätsanzeigern (currency indicators), die den beim Navigieren durch eine Netzwerkdatenbank gerade erreichten Zustand anzeigen. Der wichtigste dieser Aktualitätsanzeiger zeigt auf den vom Programm zuletzt zugegriffenen Datenbankrekord (current of run unit) beliebigen Typs:

```
var Current_of_Program : REFERENCE_to ANY;
```

Aktualitätsanzeiger sind im Grunde Variable mit referentiellen Selektoren als Werte; sie werden durch eine spezielle Klasse von Operatoren, mit deren Hilfe man durchs Netz navigieren kann, gesetzt (find-Operatoren) und von anderen Operatoren zur Operandenbeschaffung genutzt. Die Diskussion dieser Operatoren erfolgt in Abschnitt 1.5.3.2.

Das Navigieren in Netzwerkdatenbanken wird durch eine Reihe weiterer Aktualitätsanzeiger erleichtert: So gibt es zusätzlich jeweils eine aktuelle Ausprägung pro Rekordtyp, ausgezeichnet durch die Aktualitätsanzeiger

```
var Current_of_FAMILIE       : REFERENCE_to FAMILIE;
    Current_of_ANGEHÖRIGER   : REFERENCE_to ANGEHÖRIGER;
    Current_of_HAUS          : REFERENCE_to HAUS;
    ...
```

Legen wir die Beispieldaten aus Bild 1.23 zugrunde, so verweist etwa

Current_of_FAMILIE = reff

auf die Rekordausprägung < 'Faber', 1, ... > vom Typ FAMILIE.
Weiterhin gibt es jeweils eine aktuelle Ausprägung pro Mengentyp; diese wird durch Verweis auf ihren Eigner oder eines ihrer Mitglieder ausgezeichnet:

var Current_of_FAMILIENANGEHÖRIGE :
    REFERENCE_to (FAMILIE, ANGEHÖRIGER);
Current_of_FAMILIENWOHNSITZ :
    REFERENCE_to (FAMILIE, ANTEIL);
...

Die Mengenausprägung vom Typ FAMILIENWOHNSITZ mit dem Eigner < 'Faber', 1, ... > vom Typ FAMILIE wird also zum einen durch Verweis auf den Eigner ausgezeichnet:

Current_of_FAMILIENWOHNSITZ = reff;

dieselbe Mengenausprägung kann aber zum anderen auch durch

Current_of_FAMILIENWOHNSITZ = reffz oder
Current_of_FAMILIENWOHNSITZ = reffh,

also durch Verweis auf eine ihrer beiden Mitglieder vom Typ ANTEIL identifiziert werden. Durch den Aktualitätsanzeiger für einen Mengentyp wird also gleichzeitig eine Mengenausprägung und eine Elementausprägung innerhalb dieser Menge bestimmt.

Die Arbeitsumgebung enthält schließlich noch Statusinformation, durch die das Datenbankverwaltungssystem über Erfolg und Mißerfolg einzelner Datenbankoperationen berichten kann. Die Boolesche Variable Found_FAMILIE erhält den Wert TRUE, wenn eine vorangegangene find-Anweisung, die nach einem Rekord vom Typ FAMILIE gesucht hat, erfolgreich war.

In Bild 1.28 ist die (vereinfachte) Arbeitsumgebung unserer Netzwerkdatenbank FAMILIEN_UND_HÄUSER noch einmal zusammengestellt.

{ Kommunikationsrekords: }

   var Familie   : FAMILIE;
        Angehöriger : ANGEHÖRIGER;
        Haus   : HAUS;
        Anteil   : ANTEIL;
        Kauf   : KAUF;

{ Aktualitätsanzeiger: }

   var Current_of_Program   : REFERENCE_to ANY;
        Current_of_FAMILIE   : REFERENCE_to FAMILIE;
        Current_of_ANGEHÖRIGER   : REFERENCE_to ANGEHÖRIGER;
        Current_of_HAUS   : REFERENCE_to HAUS;
        Current_of_ANTEIL   : REFERENCE_to ANTEIL;
        Current_of_KAUF   : REFERENCE_to KAUF;
        Current_of_FAMILIENANGEHÖRIGE : REFERENCE_to (FAMILIE, ANGEHÖRIGER);
        Current_of_FAMILIENWOHNSITZ   : REFERENCE_to (FAMILIE, ANTEIL);
        Current_of_FAMILIENBESITZ   : REFERENCE_to (FAMILIE, KAUF);
        Current_of_HAUSBELEGUNG   : REFERENCE_to (HAUS, ANTEIL);
        Current_of_HAUSBESITZ   : REFERENCE_to (HAUS, KAUF);

{ Statusanzeiger: }

   var Found_FAMILIE, Found_ANGEHÖRIGER, ... : BOOLEAN;

Bild 1.28 Beispiel einer Arbeitsumgebung für eine Netzwerkdatenbank

1.5.3.2 Navigieren und Lesen in Netzwerkdatenbanken

Die bei weitem wichtigste Operation im NDM besteht darin, einen Datenbankrekord zu „aktualisieren", d.h. ihn dadurch auszuzeichnen, daß einer oder mehrere der Aktualitätsanzeiger auf ihn verweisen. Zu diesem Zweck steht eine Reihe von find-Operatoren zur Verfügung, die, mit Rekord- oder Mengentypen unterschiedlich parametrisiert, stets eine Rekordausprägung zur aktuellen des Programms machen, und zusätzlich dieselbe Rekordausprägung und die sie enthaltende Mengenausprägung zur aktuellen der entsprechenden Rekord- oder Mengentypen werden lassen. Der aktuelle Rekord für das Programm wird zumeist in einem unmittelbar auf die find-Operation folgenden Programmschritt durch eine get-Operation in den Kommunikationsrekord seines Typs kopiert und dann vom Programm weiter verarbeitet; mit Hilfe der anderen Aktualitätsanzeiger werden insbesondere Zwischenzustände bei der Programmabarbeitung, etwa der Stand einer Iteration über die Mitglieder einer Menge, festgehalten.

Die find-Operationen lassen sich in drei Klassen unterteilen:
Die find-Operationen der ersten Klasse,

   find_record_in_set_of_type (< set_type > , ...),

machen ein durch die weiteren Parameter näher bestimmtes Mitglied der aktuellen Ausprägung des angegebenen Mengentyps zum aktuellen Rekord des Programms; zusätzlich wird dieselbe Rekordausprägung auch zur aktuellen aller weiteren, sie eventuell enthaltenden Mengentypen und zur aktuellen ihres Rekordtyps.
Die zweite Klasse,

find_record_of_type (< rec_type > , ...),

macht eine Ausprägung des angegebenen Rekordtyps zum aktuellen des Programms und aktualisiert die sie enthaltenden Mengen; auch hier wird die zu aktualisierende Rekordausprägung durch zusätzliche Parameter näher beschrieben.
Die dritte Klasse,

find_current_in_set_or_of_type (< set_type > bzw. < rec_type >),

bewirkt lediglich, daß eine bereits „gefundene" Rekordausprägung – die aktuelle des angegebenen Rekordtyps bzw. Mengentyps – auch zum aktuellen Rekord des Programms wird. In ihrer allgemeinsten Form aktualisieren die find-Operatoren dieser Klasse jede Rekordausprägung, deren Selektor in der Programmumgebung bereits bekannt ist.

Die beiden ersten Klassen von find-Operatoren wollen wir durch einige Beispiele näher erläutern.

Die find-Operatoren der ersten Klasse aktualisieren eine Rekordausprägung aufgrund ihrer Mengenzugehörigkeit, ihrer Position innerhalb einer Menge und eventuell noch mit Hilfe weiterer einschränkender Rekordeigenschaften:

find_record_in_set_of_type (<set_type>, <position>, <restriction>).

Positionsangaben der ersten Klasse können sein:

- Eigner einer Menge (owner)
- absolute oder relative Position in einer Menge (first, last; next, prior)
- Positionsangabe mit gleichzeitiger Forderung weiterer Rekordeigenschaften (first_with, next_with, etc.).

Die Angabe solcher zusätzlicher Rekordeigenschaften besteht im Prinzip aus einer Aussage, welche die Attributwerte des gesuchten Rekords einschränkt; diese Aussage wird mittels eines dritten Parameters spezifiziert.

Die find-Operatoren der zweiten Klasse aktualisieren eine Rekordausprägung aufgrund ihres Typs; die weitere Parametrisierung der zweiten Klasse entspricht weitgehend der der ersten:

find_record_of_type (<rec_type>, <position>, <restriction>).

Für die zweite Klasse bedeutet die Angabe der „Position", daß entweder

- ein beliebiger Rekord (any_with) mit der angegebenen Restriktion oder
- ein weiterer Rekord (another_with) mit derselben Restriktion aktualisiert wird.

64 Datenbankmodelle

Die mittels des dritten Parameters angegebene Restriktion schränkt die gesuchte Rekordausprägung wieder zusätzlich ein.

Das Lesen eines Rekords aus einer Netzwerkdatenbank besteht aus zwei Schritten:

- zuerst wird die gewünschte Rekordausprägung mit einer find-Anweisung zur aktuellen für das lesende Programm gemacht;
- anschließend wird dieser aktuelle Rekord mit Hilfe eines get-Operators in den seinem Typ entsprechenden Kommunikationsrekord der Arbeitsumgebung kopiert.

Das Programmbeispiel in Bild 1.29 soll das Zusammenspiel zwischen Arbeitsumgebung sowie find- und get-Anweisungen erläutern. Das Programm gibt die Namen aller weiblichen Bewohner des Hauses in Zeilberg aus. Es setzt die Wohn- und Familienverhältnisse unserer Netzwerkdatenbank FAMILIEN_UND_HÄUSER (vgl. Schemadefinition, Bild 1.26, und Daten, Bilder 1.22 und 1.23) und die Eindeutigkeit der Standorte von Häusern voraus.

```
find_record_of_type (HAUS, any_with, Standort = 'Zeilberg');
if Found_HAUS
   then find_record_in_set_of_type (HAUSBELEGUNG, first);
        while Found_ANTEIL do
           find_record_in_set_of_type (FAMILIENWOHNSITZ, owner);
           if Found_FAMILIE
              then find_record_in_set_of_type (FAMILIENANGEHÖRIGE,
                         first_with, Geschlecht = 'weiblich');
                   while Found_ANGEHÖRIGER do
                      get_record_of_type (ANGEHÖRIGER);
                      print (Angehöriger.Taufname);
                      find_record_in_set_of_type (FAMILIENANGEHÖRIGE,
                            next_with, Geschlecht = 'weiblich');
                   end while
           end if;
           find_record_in_set_of_type (HAUSBELEGUNG, next);
        end while
   else print ('Es gibt kein Haus in Zeilberg');
end if;
```

Bild 1.29 Datenselektion im Netzwerkmodell

Das Programmbeispiel Bild 1.29 enthält eine find-Anweisung der zweiten Klasse und fünf unterschiedlich parametrisierte find-Anweisungen der ersten Klasse. Die erste Anweisung versucht eine Rekordausprägung vom Typ HAUS mit dem Wert Zeilberg im Attribut Standort zu lokalisieren. Schlägt dieser Versuch fehl, so wird dies durch eine entsprechende Ausgabe mit Hilfe der äußeren if-then-else - Anweisung angezeigt. Andernfalls wird in der äußeren Schleife die zum Haus in Zeilberg gehörige Menge vom Typ HAUSBELEGUNG sequentiell abgearbeitet und zu jedem Mengenelement der Eigner in der Menge vom Typ FAMILIENWOHNSITZ, d.h. die zugehörige Familie gesucht. Der Erfolg dieser Suche wird durch die innere bedingte Anweisung kontrolliert. Bei positivem Ausgang werden in der inneren Schleife durch find_record_in_set_of_type-Anweisungen der Reihe nach die weiblichen Familienangehörigen zu aktuellen Rekords des Programms gemacht. Die zentrale get-Anweisung, deren Parameter ANGEHÖRIGER wieder optional ist, kopiert den jeweils aktuellen Datenbankrekord in den Kommunikationsrekord Angehöriger. Dieser wird verarbeitet, indem seine Komponente Taufname ausgedruckt wird. Mit unseren Beispieldaten (vgl. Bilder 1.22 und 1.23) erhalten wir damit als Programmergebnis die Liste

'Katharina', 'Theresia', 'Mary'.

1.5.3.3 Ändern von Netzwerkdatenbanken

Der aktuelle Rekord für das Programm kann mit Hilfe einer modify-Anweisung geändert werden, durch die ihm der seinem Typ entsprechende Kommunikationsrekord zugewiesen wird. Wollen wir beispielsweise das Alter von Katharina erhöhen, so erreichen wir das durch die Anweisungsfolge

```
find_record_of_type (ANGEHÖRIGER, any_with, Taufname = 'Katharina');
if Found_ANGEHÖRIGER
   then get_record_of_type (ANGEHÖRIGER);
       with Angehöriger do
         Alter := Alter + 1;
       end with;
       modify_record_of_type (ANGEHÖRIGER);
   else print ('Es gibt keine Person mit Namen Katharina')
end if;
```

Der Parameter des modify-Operators ist wiederum optional; läßt man ihn weg, weist eine modify-Anweisung auf den aktuellen Rekord für das Programm den Kommunikationsrekord des entsprechenden Typs zu (was im obigen Beispiel denselben Effekt hätte).

Änderungen von Mengenausprägungen erfolgen im wesentlichen durch Entfernen und Einfügen von Mengenelementen. Das NDM stellt dazu eine Reihe unterschiedlich mächtiger Operatoren zur Verfügung.

Im einfachsten Fall kettet die Anweisung

```
disconnect_from_set_of_type ( < set_type > )
```

den aktuellen Rekord des Programms aus derjenigen Ausprägung des angegebenen Mengentyps aus, in der er Mitglied ist (wie oben erwähnt, kann eine Rekordausprägung nur Mitglied einer Mengenausprägung eines bestimmten Typs sein). Der ausgekettete Rekord bleibt der aktuelle Rekord des Programms und als solcher Bestandteil der Datenbank; da er jedoch nicht mehr Mitglied der Menge des angesprochenen Typs ist, hat der entsprechende Aktualitätsanzeiger einen undefinierten Wert ('nil').

Umgekehrt kettet die Anweisung

connect_into_set_of_type (< set_type >)

den aktuellen Rekord des Programms in die aktuelle Ausprägung des angegebenen Mengentyps ein, vorausgesetzt, deren Mitglieder sind vom entsprechenden Typ (und der Rekord ist nicht bereits Mitglied einer Mengenausprägung dieses Typs).

Eine Kombination beider Anweisungen wird durch

reconnect_into_set_of_type (< set_type >)

erreicht: der aktuelle Rekord des Programms wird aus der Menge des angegebenen Typs ausgekettet und in die aktuelle Menge dieses Typs wieder eingekettet. Man beachte, daß die beiden betroffenen Mengenausprägungen sehr wohl verschieden sein können (sonst wäre die Operation auch wirkungslos).

Bei der bisherigen Diskussion der Änderungsoperationen sind wir davon ausgegangen, daß der in eine Menge einzusetzende Rekord als aktueller des Programms bereits Bestandteil der Datenbank ist. Wie erreicht man es jedoch, einen Rekord neu in die Datenbank einzutragen? Im NDM steht dafür ein store-Operator zur Verfügung. In seiner einfachsten Bedeutung legt die Anweisung

store_record_of_type (< rec_type >)

eine neue Ausprägung des angegebenen Typs in der Datenbank an, macht sie zur aktuellen des Programms und initialisiert sie mit dem Wert des Kommunikationsrekords für diesen Typ. Nachfolgende connect-Anweisungen können dann dafür sorgen, daß dieser neue Rekord in ausgewählte Mengenausprägungen eingetragen wird. Das Beispiel in Bild 1.30 soll dies verdeutlichen; es realisiert den Sachverhalt, daß die Familie Faber ihre Wohnung in Hamburg im Jahr 1981 gekauft hat.

Familie.Name := 'Faber';
Haus.Standort := 'Hamburg';
find_record_of_type (FAMILIE, any_with, Name = Familie.Name);
find_record_of_type (HAUS, any_with, Standort = Haus.Standort);
Kauf := < 1981 > ;
store_record_of_type (KAUF);
connect_into_set_of_type (FAMILIENBESITZ);
connect_into_set_of_type (HAUSBESITZ);

Bild 1.30 Einsetzoperationen im Netzwerkmodell

Die zum Eintragen neuer Elemente notwendige Auswahl von Mengenausprägungen kann nun im NDM weitgehend automatisiert werden. Dies geschieht durch eine Erweiterung der Definition der NDM-Mengentypen um das Konzept der automatischen Aktualisierung von Mengenausprägungen (set_selection_by) im Zusammenhang mit der Festlegung des Einsetzverhaltens (insertion_is). Die obige Diskussion der Bedeutung insbesondere der store- und connect-Anweisung entspräche einer Definition von

    set_selection_by : application program;
    insertion_is   : manual;

In diesem Fall muß das Anwendungsprogramm explizit die gewünschten Mengenausprägungen durch geeignete find-Anweisungen aktualisieren und Rekordausprägungen durch connect-Anweisungen einketten (vgl. Beispiel Bild 1.30).

Erweitern wir die Definition des Mengentyps FAMILIENBESITZ wie in Bild 1.31 angegeben (und die des Mengentyps HAUSBESITZ entsprechend), d.h. definieren wir automatische Mengenaktualisierung über den – dem Wert nach als eindeutig vorausgesetzten – Familiennamen des Mengeneigners und fordern wir automatisches Einsetzverhalten, so reduziert sich das Programm aus Bild 1.30 auf die folgende Anweisungsfolge:

    Familie.Name := 'Faber';
    Haus.Standort := 'Hamburg';
    Kauf   := < 1981 > ;
    store_record_of_type (KAUF);

Das Datenbanksystem aktualisiert von sich aus die entsprechenden Mengenausprägungen über die Identifizierung ihrer Eigner (analog zu den beiden find-Anweisungen in Bild 1.30); anschließend kettet es automatisch die neu angelegten Ausprägung vom Typ KAUF in die aktualisierten Mengenausprägungen ein, (analog zu den beiden connect-Anweisungen in Bild 1.30).

    type FAMILIENBESITZ = NDM set
                        owner   : FAMILIE;
                        members   : set of KAUF;
                        integrity   : ...;
                        set_selection_by : Familie.Name;
                        insertion_is   : automatic;
                        retention_is   : ...;

Bild 1.31 Erweiterte Mengendefinition im Netzwerkmodell

Bild 1.31 verweist schließlich noch auf eine weitere Klausel in der Mengentypdefinition (retention_is), die festlegt, welchen Einschränkungen das Ausketten (disconnect, reconnect) oder gar das in Netzen mitunter sehr folgenreiche endgültige Entfernen eines Mengenelements (mit dem hier nicht behandelten erase-Operator) unterliegt.

Abschließend sei angemerkt, daß das NDM weitere Möglichkeiten der automatischen Mengenselektion kennt und daß die Wechselwirkung zwischen diesem Teil der Mengentypdefinition, der Arbeitsumgebung und der Wirkung der einzelnen Operatoren nicht unerheblich zur Komplexität dieses Datenmodells beiträgt.

1.6 Das Hierarchische Modell

Während also – im Sinne der Unterscheidung zu Beginn von Abschnitt 1.4 – das Relationenmodell in [CODD70] zuerst als ein Satz von Konzepten zur Datenmodellierung vorgelegt worden ist, begannen die Initiatoren des Netzwerkmodells gleich mit der Entwicklung einer mehr oder minder exakten Modelldefinition [CODA71]. Im Gegensatz dazu wurde das hierarchische Datenmodell (HDM) von Anfang an als Datenbankverwaltungssystem, als fertiges Softwareprodukt also [IBM75a, MCGE76], auf den Markt gebracht. Bis heute ist dieses System auch die einzige weiter verbreitete Realisierung des hierarchischen Ansatzes geblieben [DATE81a, TSIC82].

Auch beim HDM werden wir uns wieder auf Kerneigenschaften beschränken und für unsere Beispiele eine vereinfachte funktionale Syntax verwenden.

1.6.1 Die Strukturen des Hierarchischen Modells

Aus unserer „modellfreien" Darstellung in Abschnitt 1.1 ergeben sich die Strukturen des HDM zwangsläufig durch die beiden folgenden Maßnahmen:

– Beschränkung auf referentielle Selektoren, und
– Überführung von n:m-Beziehungen in 1:n-Beziehungen durch Substitution .

Für Datenobjekte, die lediglich in 1:n-Beziehungen zueinander stehen, bringt dieses Vorgehen praktisch nichts neues gegenüber dem NDM. Bild 1.10 und die NDM-Daten in Bild 1.22 können auch im HDM als adäquate Darstellung der 1:n-Beziehung zwischen Familien und ihren Angehörigen interpretiert werden. Das HDM ist nun entscheidend dadurch charakterisiert, daß es durch Substitution auch n:m-Beziehungen zwischen Datenobjekten auf entsprechend redundante 1:n-Beziehungen zurückführt und diese als Mengen von Bäumen – als Wald – repräsentiert. Diese Strukturen und die auf ihnen noch zu definierenden Operatoren erlauben es wiederum, die Existenz der referentiellen Selektoren (fast) vollständig vor dem Benutzer zu verbergen. Die Daten unseres Beispiels der Familien und ihrer Angehörigen erscheinen damit im HDM (in enger Analogie zum NDM, vgl. Bild 1.22) in der Form von zwei Bäumen:

$$\{< \text{'Faber'}, 1, \ldots > : \{< \text{weiblich} , \text{'Katharina'}, 9 >,$$
$$< \text{weiblich} , \text{'Theresia'} , 33 >,$$
$$< \text{männlich}, \text{'Wolfgang'} , 40 > \},$$
$$< \text{'Sprat'}, 0, \ldots > : \{< \text{männlich}, \text{'Lawrence'}, 32 >,$$
$$< \text{weiblich} , \text{'Mary'} \quad , 32 > \}\}.$$

Die speziellen Bäume dieses Beispiels haben lediglich zwei Knotenebenen: Jeder Wurzelknoten vom Typ FAMILIE ist mit einer Menge von Blattknoten vom Typ ANGEHÖRIGE assoziiert.

Die obige Menge von Bäumen können wir interpretieren als eine Ausprägung des Typs

    set of tree
       root   : FAMILIE;
       nodes : set of ANGEHÖRIGE;

Im allgemeinen ist die Anzahl der Ebenen in solchen HDM-Bäumen beliebig; auch können, wie unser folgendes Beispiel zeigt, die Knoten einer Ebene von mehr als einem Typ sein.

Als nächstes wollen wir das Problem angehen, die n:m-Beziehungen unseres Beispiels mittels Substitution auf 1:n-Beziehungen, dargestellt durch solche HDM-Baumstrukturen, abzubilden. Dabei fällt auf, daß es im allgemeinen mehrere Alternativen für die dazu notwendigen Umstrukturierungen gibt. In der Beziehung der Art BEWOHNEN aus Bild 1.4, die Ausprägungen der Arten FAMILIE und HAUS miteinander assoziiert, müssen wir uns beispielsweise entscheiden, ob wir die Bezeichner der Ausprägungen der Art HAUS oder die der Art FAMILIE durch die jeweils identifizierten Ausprägungen ersetzen wollen. Bezeichnen wir die durch die erstgenannte Substitution neu entstehende Art als WOHNUNG, und das Ergebnis der entsprechenden Substitution in der Beziehung BESITZEN als BESITZ, so erhalten wir in Form der FAMILIEN_HDB die in Bild 1.31 angegebene Version unseres Beispiels. Hierarchiedatenbanken erfüllen üblicherweise die Einschränkung, daß ihre Knotentypen untereinander verschieden sind. Damit soll von vorneherein deutlich gemacht werden, daß die Extensionen der Knotenausprägungen disjunkt sein müssen, d.h. Zyklen zwischen Datenobjekten nicht repräsentiert werden können.

Die Datenobjekte einer gemäß dem Schema FAMILIEN_HDB definierten Datenbank sind also eine Menge von Baumausprägungen mit Wurzelknoten vom Typ FAMILIE. Jede Wurzel hat drei Knotenmengen als Blätter: je eine Menge mit Elementen vom Typ ANGEHÖRIGER, WOHNUNG und BESITZ. Die Art WOHNUNG beispielsweise ist aus der Art BEWOHNEN (vgl. Bild 1.4) dadurch entstanden, daß das eine Attribut Haus vom Typ HAUS durch die Attribute Ort, Land, etc., also durch die Gesamtheit der Attribute, die den Typ HAUS definieren, ersetzt worden ist. Das Attribut Familie vom Typ FAMILIE wird in der hierarchischen FAMILIEN_HDB dagegen durch Selektoren repräsentiert, die auf den zu einer Wohnung gehörenden Wurzelknoten vom Typ FAMILIE verweisen.

Die FAMILIEN_HDB ist insofern redundant, als sie die Eigenschaften von Häusern mehrfach enthält: das Haus in Zeilberg beispielsweise ist enthalten als Wohnung beider Familien, Faber und Sprat, und außerdem ist es noch im Besitz der Familie Faber. Die für die Knotentypen gewählte Namensgebung soll allerdings bereits deutlich machen, daß Häuser als unabhängige Objekte nicht mehr existieren; ihre Attribute werden lediglich in unterschiedlichen Rollen zur Beschreibung von Wohn- und Besitzverhältnissen verwendet. Als Folge kann ein

{ HDM-Datenbankschema: }

    FAMILIEN_HDBS = HDM schema

{ Rekordtypen: }

    FAMILIE   = record
                          Name   : ...;
                          Kinderzahl : ...;
                          ...
                      end;

    ANGEHÖRIGER = record
                          Geschlecht : ...;
                          Alter   : ...;
                          Taufname   : ...;
                      end;

    WOHNUNG   = record
                          Ort   : ...;
                          Land   : ...;
                          Stockwerk : ...;
                      end;

    BESITZ   = record
                          Ort   : ...;
                          Land   : ...;
                          Kaufdatum : ...;
                      end;

{ HDM-Baumtyp: }

    FAMILIEN_HDB = set of tree
                      root   : FAMILIE;
                      nodes : set of ANGEHÖRIGER;
                      nodes : set of WOHNUNG;
                      nodes : set of BESITZ;

end HDM schema;

Bild 1.32 Beispiel eines Schemas im Hierarchiemodell (FAMILIEN_HDBS)

{ HDM-Datenbankschema: }

    HÄUSER_HDBS = HDM schema

{ Rekordtypen: }

    HAUS   = **record**
                                  Ort   : ...;
                                  Land   : ...;
                               end;

    WOHNGEMEINSCHAFT = **record**
                                  Name   : ...;
                                  Kinderzahl : ...;
                                  Stockwerk : ...;
                               end;

    BEWOHNER   = **record**
                                  Geschlecht : ...;
                                  Alter   : ...;
                                  Taufname   : ...;
                               end;

    BESITZGEMEINSCHAFT = **record**
                                  Name   : ...;
                                  Kinderzahl : ...;
                                  Kaufdatum : ...;
                               end;

    BESITZER   = **record**
                                  Geschlecht : ...;
                                  Alter   : ...;
                                  Taufname   : ...;
                               end;

{ HDM-Baumtyp: }

    HÄUSER_HDB   = **set of tree**
                                root   : HAUS;
                                nodes : **set of tree**
                                        root   : WOHNGEMEINSCHAFT;
                                        nodes : **set of** BEWOHNER;
                                nodes : **set of tree**
                                        root   : BESITZGEMEINSCHAFT;
                                        nodes : **set of** BESITZER;

end HDM schema;

Bild 1.33 Beispiel eines Schemas im Hierarchiemodell (HÄUSER_HDBS)

72 Datenbankmodelle

Haus nur noch implizit beschrieben werden, indem es sich im Besitz einer Familie befindet oder von ihr bewohnt wird.

Eine zweite Version unseres Beispiels erhalten wir, wenn wir die Objekte der Art HAUS als unabhängig beibehalten, also in die Beziehungen BEWOHNEN und BESITZEN aus Bild 1.4 die Attribute der Art FAMILIE einführen. Diese Alternative führt zur HÄUSER_HDB aus Bild 1.33. Das Substitutionsergebnis bezeichnen wir entsprechend mit WOHNGEMEINSCHAFT und BESITZGEMEINSCHAFT; damit bringen wir zum Ausdruck, daß es jeweils eine Gruppe von Personen ist, die als Bewohner beziehungsweise als Besitzer auftritt. Die Mitglieder dieser Gruppe, die vordem als Angehörige der entsprechenden Familie modelliert waren, treten nun als Blätter zu Wohn- beziehungsweise Besitzgemeinschaften auf.

Als Folge dieser Substitution können Familien und ihre Angehörigen nur noch implizit durch ihre Rolle als Bewohner oder Besitzer von Häusern beschrieben werden. Die Ausprägung einer HÄUSER_HDB in Bild 1.34 verdeutlicht diesen

```
{ <'Hamburg', D , ... > :
            { < 'Faber', 1, Erster_Stock > :
                        { < weiblich , 'Katharina',  9 >,
                          < weiblich , 'Theresia'  , 33 >,
                          < männlich, 'Wolfgang' , 40 > } },
            { },
  <'Kenton', USA, ... > :
            { < 'Sprat', 0, Erdgeschoß > :
                        { < weiblich , 'Mary'     , 31 >,
                          < männlich, 'Lawrence' , 32 > } },
            { < 'Sprat', 0, 1979 > :
                        { < weiblich , 'Mary'     , 31 >,
                          < männlich, 'Lawrence' , 32 > } },
  < 'Zeilberg', A , ... > :
            { < 'Faber', 1, Erdgeschoß > :
                        { < weiblich , 'Katharina',  9 >,
                          < weiblich , 'Theresia'  , 33 >,
                          < männlich, 'Wolfgang' , 40 > },
              < 'Sprat', 0, Erster_Stock > :
                        { < weiblich , 'Mary'     , 31 >,
                          < männlich, 'Lawrence' , 32 > } },
            { < 'Faber', 1, 1977 > :
                        { < weiblich , 'Katharina',  9 >,
                          < weiblich , 'Theresia'  , 33 >,
                          < männlich, 'Wolfgang' , 40 > } },
```

Bild 1.34 Beispieldaten der hierarchischen Datenbank HÄUSER_HDB

Sachverhalt; sie zeigt außerdem den hohen Grad an Redundanz in dieser Datenbank.

Physisch werden die Baumstrukturen aus Bild 1.34 oft wieder mit Hilfe von Zeigern dargestellt. Aus den Knotenmengen werden dadurch Listen, die wiederum die Definition einer Ordnung über ihre Elemente gestatten und zudem die Performanz gewisser Zugriffs- und Änderungsoperationen verbessern.

Die Entscheidung für das Schema FAMILIEN_HDB beziehungsweise für HÄUSER_HDB legt also fest, ob die Ausprägungen der Art FAMILIE oder HAUS unabhängig beziehungsweise abhängig (entsprechend ihrer Anordnung in Wurzelnähe bzw. -ferne) repräsentiert werden. Wir werden sehen, daß die Entscheidung für eine bestimmte Hierarchie auch Konsequenzen für Integritätsbedingungen, Operationen und Performanz hat; ursprünglich symmetrische Probleme, wie etwa die Modellierung der Beziehungen zwischen Familien und Häusern führen in jeder der beiden hierarchischen Datenbanken zu unsymmetrischen Lösungen.

1.6.2 Die Integritätsbedingungen des Hierarchischen Modells

Die Strukturen des HDM unterstützen die referentielle Integrität innerhalb einer Datenbank sowie die Ordnung nach und die Eindeutigkeit von Attributwerten innerhalb von Knotenmengen.

Wie im NDM so kann auch im HDM die referentielle Integrität im folgenden Sinne nicht verletzt werden: das Wurzelelement eines (Teil-) Baumes – der Elternknoten – muß stets existieren, ehe einer seiner abhängigen Knoten – ein Kindknoten – überhaupt in die Datenbank eingetragen werden kann. Umgekehrt impliziert das Streichen eines Elternknotens das Streichen des gesamten (Teil-) Baumes abhängiger Kinderknoten. Will man jedoch die Existenz eines Knotens von der eines Kindes abhängig machen, etwa nur Familien zulassen, die auch eine Wohnung haben, so kann man diese Art referentieller Integrität im Hierarchiemodell nicht direkt zum Ausdruck bringen.

Die Ordnungs- und Eindeutigkeitsbedingungen auf den Daten in Bild 1.34 entsprechen dem folgenden Ausschnitt eines HDM-Schemas, das gegenüber Bild 1.33 um entsprechende Integritätsdefinitionen erweitert ist:

```
...
set of tree
   root      : HAUS;
   integrity : unique Ort;
               ascending Ort;
   nodes     : set of tree
                  root      : WOHNGEMEINSCHAFT;
                  integrity : unique Name;
                              ascending Name;
                  nodes     : set of BEWOHNER;
                              integrity : unique Taufname;
                                          ascending Alter;
...
```

1.6.3 Die Operationen des Hierarchischen Modells

Die Operatoren des HDM ähneln in vieler Hinsicht denen des NDM; die wesentlichen Unterschiede resultieren aus den strukturellen Einschränkungen einer Datenbank von einem Netz auf eine Menge von Bäumen. Die Baumstrukturen des HDM assoziieren eine Knotenausprägung (und die Menge seiner „Geschwisterknoten") lediglich mit einer Wurzelausprägung („Elternknoten"), während ja in einem NDM-Netz eine Mitgliedsausprägung mit mehreren Eignern unterschiedlichen Typs verbunden sein kann und diese Eignerausprägungen noch von einem Mitglied einer Menge zum andern wechseln. Diese Tatsache beschränkt die Möglichkeiten zur Navigation in HDM-Bäumen gegenüber denen in NDM-Netzen. Ähnlich wie im NDM setzt auch das Arbeiten mit HDM-Datenbanken eine Arbeitsumgebung voraus, durch die ein Programm und seine Datenbank explizit wie implizit miteinander kommunizieren.

1.6.3.1 Die Arbeitsumgebung einer Hierarchischen Datenbank

Ein Programm und seine hierarchische Datenbank sind durch eine gemeinsame Arbeitsumgebung verbunden, über die Daten ausgetauscht werden und Zustandsinformation zugreifbar ist. Genau wie im NDM sind in der Arbeitsumgebung insbesondere Kommunikationsrekords und Aktualitätsanzeiger angelegt. Im einzelnen sind es je eine Rekord*ausprägung* für jeden im Datenbankschema definierten Rekord*typ*. Weiterhin gibt es je einen Aktualitätsanzeiger pro Rekordtyp sowie einen für das Programm, der auf die zuletzt vom Programm zugegriffene Ausprägung beliebigen Typs verweist. Schließlich stehen noch Statusfelder zur Verfügung, welche über den Erfolg einer Datenbankoperation Auskunft geben. Bild 1.35 zeigt die Arbeitsumgebung der HÄUSER_HDB aus Bild 1.33.

```
{ Kommunikationsrekords: }
    var Haus                  : HAUS;
        Wohngemeinschaft      : WOHNGEMEINSCHAFT;
        Bewohner              : BEWOHNER;
        Besitzgemeinschaft    : BESITZGEMEINSCHAFT;
        Besitzer              : BESITZER;
{ Aktualitätsanzeiger: }
    var Current_of_Program              : REFERENCE_to ANY;
        Current_of_HAUS                 : REFERENCE_to HAUS;
        Current_of_WOHNGEMEINSCHAFT     : REFERENCE_to WOHNGEMEINSCHAFT;
        Current_of_BEWOHNER             : REFERENCE_to BEWOHNER;
        Current_of_BESITZGEMEINSCHAFT   : REFERENCE_to BESITZGEMEINSCHAFT;
        Current_of_BESITZER             : REFERENCE_to BESITZER;
{ Statusanzeiger: }
    var Found_HAUS, Found_WOHNGEMEINSCHAFT, ... : Boolean;
```

Bild 1.35 Arbeitsumgebung der HÄUSER_HDB

Beim Vergleich mit der Arbeitsumgebung einer Netzwerkdatenbank (Bild 1.28) fällt auf, daß es Aktualitätsanzeiger für die jeweiligen Mengen, in denen eine Rekordausprägung Mitglied ist, für HDM-Datenbanken nicht gibt. Dies ist auch nicht notwendig, da die aktuelle Ausprägung einer HDM-Knotenmenge stets durch die aktuelle Ausprägung ihres Knotentyps gegeben ist. Ein NDM-Mengentyp dagegen ist durch zwei Rekordtypen, Eigner- und Mitgliedtyp definiert, und deren aktuelle Ausprägungen gehören im allgemeinen zwei verschiedenen Mengenausprägungen an.

1.6.3.2 Lesen in Hierarchischen Datenbanken

Da das Navigieren in Hierarchien einfacher ist als in Netzen, entfällt im HDM die Klasse der Suchoperatoren (find-Anweisungen). Bei den Leseoperationen (get-Anweisungen) bietet das HDM jedoch zwei Klassen: solche für eine noch näher zu bestimmende Rekordausprägung eines gegebenen Typs und solche, die den gesuchten Rekord noch dadurch weiter einschränken, daß er Knoten eines aktuellen Teilbaumes sein muß.

Die Operatoren der ersten Klasse,

get_record_of_type(<rectype>,<position>, <restriction>)

kopieren diejenige Ausprägung des genannten Rekordtyps, die sich in der angegebenen Position befindet und gegebenenfalls eine weitere Einschränkung erfüllen muß, in den entsprechenden Kommunikationsrekord. Die Positionsangabe kann, ähnlich wie im Netzwerkmodell, gegeben sein durch

- eine absolute oder relative Position (first, next),
- eine Positionsangabe verbunden mit der Forderung weiterer Rekordeigenschaften (first_with, next_with).

Solche zusätzlichen Eigenschaften werden durch Prädikate über Attributwerten festgelegt und mittels eines dritten Parameters übergeben.

So liefert beispielsweise die Anweisung

get_record_of_type (HAUS, first)

unter der Annahme der Beispieldaten aus Bild 1.34 als Ergebnis den Wert < ‚Hamburg‘, D, ... > im Kommunikationsrekord Haus. Eine nachfolgende Anweisung

get_record_of_type (HAUS, next)

wertet zusätzlich den Aktualitätsanzeiger für Rekords vom Typ HAUS aus, der voraussetzungsgemäß auf das Haus in Hamburg verweist, und ergibt somit < ‚Kenton‘, USA, ... > als Resultat. Wollen wir das gesuchte Haus näher einschränken, etwa durch seine Lage in Österreich, so führt

get_record_of_type (HAUS, next_with, Land = A)

zum gewünschten Ergebnis.

Die Auswahl von Rekordausprägungen in Hierarchien kann noch durch das spezielle Prädikat root_of_type(...) unterstützt werden, welches Knoten durch Eigenschaften von (Groß-) Elternknoten weiter einschränkt. Das Beispiel

>get_record_of_type (WOHNGEMEINSCHAFT, first_with,
>   root_of_type (HAUS, first_with, Land = USA))

wählt im Prinzip zuerst aus allen Knotenmengen mit Elementen vom Typ WOHNGEMEINSCHAFT das jeweils erste Element aus – verwirft also dessen „Geschwister" – und läßt dann von den qualifizierten Knoten nur denjenigen übrig, dessen Elternknoten vom Typ HAUS der Erstgenannte in den USA ist. Damit scheiden von den Beispieldaten aus Bild 1.34 alle „Cousins" aus bis auf unser Ergebnis < 'Sprat', 0, Erdgeschoß > . Das Prädikat root_of_type (...) läßt sich auch mit anderen Prädikaten kombinieren. So führt das folgende Beispiel zur erstgenannten weiblichen Person, die in der erstgenannten Wohngemeinschaft im Erdgeschoß wohnt, wobei die Wohngemeinschaft allerdings die Bedingung erfüllen muß, daß sie sich im erstgenannten Haus des Ortes Zeilberg befindet:

>get_record_of_type
>   (BEWOHNER, first_with, Geschlecht = weiblich **and**
>   root_of_type
>   (WOHNGEMEINSCHAFT, first_with,
>   Stockwerk = Erdgeschoß **and**
>   root_of_type
>   (HAUS, first_with, Ort = 'Zeilberg'))).

Als Ergebnis erhalten wir die Rekordausprägung < weiblich, 'Katharina', 9 > und zwar in ihrem zweiten Auftreten in der Datenbank (als Bewohnerin des Hauses in Zeilberg und nicht desjenigen in Hamburg).

Als Seiteneffekt von get-Operationen werden nicht nur der Aktualitätsanzeiger der gelesenen Rekordausprägung, sondern auch alle Aktualitätsanzeiger der Typen seiner (Groß-(Groß-(...))) Eltern bis hinauf zur Wurzel der gesamten Datenbank auf den neuesten Stand gebracht.

Die zweite Klasse von get-Operatoren nutzt die eben genannte Tatsache, daß eine aktualisierte Rekordausprägung zugleich eine Hierarchie von Teilbäumen auszeichnet; außer auf den untersten Ebenen der Blätter ist ja jeder Knoten zugleich auch Wurzel eines (Teil-) Baumes.

Die obige Anweisung

>get_record_of_type (WOHNGEMEINSCHAFT, first_with,
>   root_of_type (HAUS, first_with, Land = USA))

liest also nicht nur den Rekord < 'Sprat', 0, Erdgeschoß > , sondern aktualisiert durch den „current_of_WOHNGEMEINSCHAFT" auch den Teilbaum

>{ < 'Sprat', 0, Erdgeschoß > : { < weiblich, 'Mary', 31 >,
>   < männlich, 'Lawrence', 32 >} }

Die Anweisungen der zweiten Klasse sind von der Form

get_record_in_tree (< rectype >, < position >, < restriction >);

In ihrer Bedeutung entsprechen sie denen der ersten, nur beschränken sie sich bei der Suche nach einer Rekordausprägung der angegebenen Qualifikation auf denjenigen Teilbaum, der durch die vorangegangene Anweisung der ersten Klasse, get_record_of_type, aktualisiert worden ist.

Das Programmbeispiel in Bild 1.36 druckt unter Voraussetzung der HÄUSER_HDB aus Bild 1.34 wiederum eine Liste der weiblichen Bewohner des Hauses in Zeilberg. Die erste Anweisung lokalisiert gegebenenfalls den Teilbaum mit dem Haus in Zeilberg als Wurzel (und kopiert überflüssigerweise diese Wurzel in den Arbeitsbereich). Die nachfolgende get-Anweisung und die zentrale Schleife kopieren diejenigen Knoten dieses Baumes, die vom Typ BEWOHNER und weiblichen Geschlechts sind (die „Enkelinnen" der Wurzelknoten), der Reihe nach in den Kommunikationsrekord Bewohner. Dessen Komponente Taufname wird bei jedem Schleifendurchlauf ausgedruckt mit der Liste 'Katharina', 'Theresia', 'Mary' als Ergebnis.

```
get_record_of_type (HAUS, first_with, Ort = 'Zeilberg');
if Found_HAUS
   then get_record_in_tree (BEWOHNER, first_with,
                            Geschlecht = weiblich );
        while Found_BEWOHNER do
          print (Bewohner.Taufname);
          get_record_in_tree (BEWOHNER, next_with,
                              Geschlecht = weiblich );
        end while
   else print ('Es gibt kein Haus in Zeilberg');
end if;
```

Bild 1.36 Datenselektion im hierarchischen Datenbankmodell

Vergleichen wir das Programm Bild 1.36 für die hierarchische Datenbank mit dem aus Bild 1.29 für die Netzwerkdatenbank, so ist die Vereinfachung im Fall der Hierarchie im wesentlichen auf zwei Gründe zurückzuführen:

- die Substitution der Familien in der Beziehung für die Wohnverhältnisse hat die drei Iterationsstufen aus dem Netzwerkbeispiel von Bild 1.29 um eine verringert (dieser Vorteil wird jedoch durch die Erhöhung der Redundanz in der hierarchischen Datenbank erkauft);
- die hierarchische Operation, get_record_in_tree, erlaubt es, über die Knoten jedes Typs innerhalb eines aktuellen Teilbaums zu iterieren. Ist der durch eine get_record_in_tree-Anweisung spezifizierte Knotentyp (z.B. BEWOHNER) nicht unmittelbar unterhalb des Wurzeltyps (z.B. HAUS) angeordnet (vergl. Programmbeispiel in Bild 1.36), so kann sich die get_record_in_tree-Anweisung auf Knoten in verschiedenen Knotenmengen beziehen: im obigen Beispiel

wird die Ebene zwischen den Knoten vom Typ HAUS und denen vom Typ
BEWOHNER - also die der Knoten vom Typ WOHNGEMEINSCHAFT -
übersprungen und es wird mit einer einzigen Schleife über Bewohner des Hauses
in Zeilberg, die unterschiedlichen Wohngemeinschaften angehören (den Fabers
und den Sprats), iteriert.

Die Überführung unserer Beispieldaten in eine Hierarchie bringt eine Asymmetrie
mit sich, die wir im Relationen- und im Netzwerkmodell nicht kennen. In diesen
beiden Modellen werden etwa der Zugriff auf die Beschreibung von Häusern, die
von einer Familie bewohnt werden, und umgekehrt, auf die Beschreibungen von
Familien in einem Haus, durch symmetrische Operationsfolgen, in denen lediglich
die entsprechenden Bezeichner vertauscht sind, realisiert. Im hierarchischen Modell
müssen wir uns jedoch bereits beim Datenbankentwurf entscheiden, ob wir
beispielsweise den Zugriff zu den Familien in einem Haus oder den zu den Häusern
einer Familie begünstigen wollen. Im Rahmen der HÄUSER_HDB, in der wir
uns für die erste Alternative entschieden haben, sollen die folgenden beiden
Programmbeispiele die Unterschiede in der Zugriffslogik verdeutlichen.

Gehen wir in der HÄUSER_HDB von dem Haus in Zeilberg aus und suchen die
Namen der in ihm wohnenden Familien, so haben wir einen Teilbaum und in ihm
eine Folge von Blättern zu selektieren:

```
get_record_of_type (HAUS, first_with, Ort = 'Zeilberg');
if Found_HAUS
    then get_record_in_tree (WOHNGEMEINSCHAFT, first);
        while Found_WOHNGEMEINSCHAFT do
            print (Wohngemeinschaft.Name);
            get_record_in_tree (WOHNGEMEINSCHAFT, next);
        end while
end if ;
```

Wollen wir in der HÄUSER_HDB umgekehrt von einer Familie, beispielsweise den
Fabers, wissen, wo sie überall ihren Wohnsitz hat, so kann die Entscheidung über
einen Knoten vom Typ HAUS erst fallen, wenn geprüft worden ist, ob unter den
Knoten seines Teilbaums eine Wohngemeinschaft mit Namen Faber existiert:

```
get_record_of_type (HAUS, first);
while Found_HAUS do
    get_record_in_tree (WOHNGEMEINSCHAFT, first_with, Name = 'Faber')
    if Found_WOHNGEMEINSCHAFT
        then print (Haus.Ort)
    end if;
    get_record_of_type (HAUS, next);
end while;
```

Schätzen wir die mittlere Zahl der Datenbankzugriffe der beiden Programme ab,
so erhalten wir im ersten Fall die Summe aus der mittleren Anzahl der Zugriffe,
die zur Identifikation des gewünschten Hauses benötigt werden, und der mittleren

Anzahl der Wohngemeinschaften pro Haus. Im zweiten Fall dagegen erhalten wir das Produkt aus der Anzahl der Häuser und der mittleren Anzahl der Zugriffe bis zur Identifikation der Wohngemeinschaft mit dem gewünschten Namen. Im allgemeinen wird das zweite Programm mehr Zugriffe benötigen als das erste; wir haben also auch in dieser Hinsicht eine Asymmetrie.

Gehen wir dagegen von der FAMILIEN_HDB in Bild 1.32 aus, so erhalten wir die Wohnorte einer Familie durch ein Programm, welches wieder dem ersten entspricht:

```
get_record_of_type (FAMILIE, first_with, Name = 'Faber');
if Found_FAMILIE
   then get_record_in_tree (WOHNUNG, first);
        while Found_WOHNUNG do
           print (Wohnung.Ort);
           get_record_in_tree (WOHNUNG, next);
        end while;
end if;
```

Hierarchische Datenbanksysteme, bei denen Performanzüberlegungen eine große Rolle spielen, stellen deshalb die Möglichkeit zur Verfügung, unterschiedliche Hierarchien über denselben Datenbeständen zu definieren. In dem eingangs erwähnten hierarchischen Datenbanksystem IMS von IBM können beispielsweise die beiden „logischen" Datenbanken, FAMILIEN_HDB aus Bild 1.32 und HÄUSER_HDB aus Bild 1.33 über derselben „physischen" Datenbank gleichzeitig existieren. Somit können wir unsere beiden symmetrischen Beispielanfragen nach Orts- und Familiennamen durch die in Logik und Performanz ähnlichen Programme, das erste und das letzte der drei letztgenannten Beispiele, lösen.

1.6.3.3 Das Ändern von Hierarchischen Datenbanken

Hierarchische Datenbanken können geändert werden, indem Knoten neu eingesetzt, ersetzt oder, mitsamt der Teilbäume, deren Wurzel sie sind, entfernt werden.

Einsetzoperationen setzen die Identifikation des Teilbaums voraus, in dem die neue Knotenausprägung des gewünschten Typs angelegt werden soll. Der neue Knoten wird mit den aktuellen Werten des Kommunikationsrekords seines Typs initialisiert und unter Beachtung der für ihn definierten Integritätsbedingung in die ausgewählte Knotenmenge eingetragen.

Als Beispiel wollen wir in die HÄUSER_HDB den Sachverhalt eintragen, daß die Familie Faber das Haus in Hamburg im Jahr 1982 gekauft hat:

```
Besitzgemeinschaft := < 'Faber', 1, 1982 >
insert_record_of_type (BESITZGEMEINSCHAFT, first_with,
                       root_of_type (HAUS, first_with, Ort = 'Hamburg'));
```

Unterdrückt man alle Parameter der insert-Operation bis auf denjenigen, der den Typ des einzusetzenden Knotens angibt, so wird der neue Rekord unter dem gerade aktuellen seines Elterntyps angelegt.

Die Operationen zum Streichen und Ersetzen erfolgen in zwei Schritten: in einem ersten Schritt wird der gewünschte Knoten mit Hilfe einer get-Anweisung identifiziert, die jedoch zusätzlich angibt, daß der Knoten noch als Operand für eine zweite Operation „herhalten" soll. Die Operationen

get_and_hold_record_of_type (...) und
get_and_hold_record_in_tree (...)

haben dieselben Parameter und ansonsten auch dieselbe Bedeutung wie die entsprechenden get-Operationen.

Die Operationen des zweiten Schritts,

delete_record_of_type (< rectype >) oder
modify_record_of_type (< rectype >),

beziehen sich auf die durch die letzte get_and_hold-Anweisung identifizierte Knotenausprägung und könnten daher auf jeglichen Parameter verzichten. Aus Gründen der Sicherheit und Lesbarkeit eines Programms sind explizit parametrisierte Änderungsoperationen jedoch wiederum vorzuziehen.

Im Fall einer Änderungsoperation wird der neue Wert aus dem vorher zu initialisierenden Kommunikationsrekord des entsprechenden Typs bezogen.

Wollen wir beispielsweise das Kaufdatum im obigen neu eingetragenen Knoten, der die Besitzverhältnisse des Hauses in Hamburg betrifft, erhöhen, so wird dies durch die folgende Anweisungssequenz erreicht:

get_and_hold_record_of_type (BESITZGEMEINSCHAFT, first_with,
                        root_of_type (HAUS, first_with,
                                  Ort='Hamburg'));

if Found_HAUS
   then with Besitzgemeinschaft **do**
       Kaufdatum := Kaufdatum + 1
      end with;
      modify_record_of_type (BESITZGEMEINSCHAFT);
end if;

Abschließend wollen wir im Zusammenhang mit Datenbankänderungen noch einmal auf die zentrale Problematik hierarchischer Datenbanken – die zur Repräsentation von n:m-Beziehungen notwendige Redundanz – eingehen. Die Tatsache, daß dieselbe Person mehrere Häuser bewohnen und auch besitzen kann, führt in der HÄUSER_HDB, Bild 1.34, beispielsweise dazu, daß mehr als eine, die Person Katharina beschreibende Rekordausprägung in der Datenbank enthalten ist. Wollen wir wieder das Alter von Katharina erhöhen, so müssen wir, um die Datenbank konsistent zu halten, über alle Blätter der Datenbank – solche vom Typ BEWOHNER und BESITZER – iterieren:

```
get_record_of_type (BEWOHNER, first_with,
              Taufname = 'Katharina' and root_of_type (HAUS, first));
while Found_BEWOHNER do
  with Bewohner do
  Alter: = Alter + 1;
  end with;
  modify_record_of_type (BEWOHNER);
  get_record_of_type (BEWOHNER, next_with,
              Taufname = 'Katharina');
end while;
get_record_of_type (BESITZER, first_with,
              Taufname = 'Katharina' and root_of_type (HAUS, first));
while Found_BESITZER do
  with Besitzer do
  Alter: = Alter + 1;
  end with;
  modify_record_of_type (BESITZER);
  get_record_of_type (BESITZER, next_with,
              Taufname = 'Katharina');
end while;
```

Bild 1.37 Änderungsoperationen im hierarchischen Datenbankmodell

Der Vergleich mit den entsprechenden Änderungsprogrammen für die Netzwerkdatenbank und für die relationale Datenbank zu Beginn in Abschnitt 1.5.3.3 zeigt, daß statt einer einzigen Änderungsanweisung bezüglich der einen Rekordausprägung für Katharina zwei Schleifen notwendig geworden sind, um die Daten über Katharina in allen Wohn- und Besitzgemeinschaften, in denen sie auftritt, konsistent zu ändern.

Vergleichen wir abschließend unsere Programmversionen in den drei behandelten Datenbankmodellen RDM, NDM und HDM, so fällt als ein wesentlicher Unterschied die Tatsache auf, daß das RDM eine Verarbeitung ganzer Mengen erlaubt, während NDM und HDM eine elementweise Vorgehensweise erfordern. Dieser Unterschied liegt, wie wir gesehen haben, darin begründet, daß im RDM alle Information (einschließlich der Beziehungen zwischen Datenelementen) mit Hilfe von Attributwerten (assoziative Selektoren) repräsentiert wird, während NDM und HDM zusätzlich das Konzept der Verweise auf Datenelemente (referentielle Selektoren) verwenden. Deswegen können im RDM Teilmengen einheitlich und verhältnismäßig einfach mit Hilfe von Prädikaten, die von den Teilmengenelementen zu erfüllen sind, beschrieben werden, während im NDM und HDM Teilmengen elementweise durch Verfolgen von Verweisketten aufgebaut werden müssen und dazu Schleifen, Bedingungen und Zuweisungen benötigen.

Zwar existieren auch Vorschläge für Erweiterungen des Netzwerkmodells [MANO82, RIES83] und des Hierarchischen Modells [FEHD74], doch hat der relationale Ansatz die bei weitem wichtigere Rolle bei der Weiterentwicklung von Datenbankmodellen hin zu leistungsfähigeren Modellen zur Informationsrepräsentation gespielt [SCHM75, HAMM75, CHEN76, SMIT77, GALL78, CODD79, BORK80, MYLO80a,b, KOWA84, JARK84a, REIT84].

Architekturvorschläge für Datenbanksysteme, in denen Datenbanken in unterschiedlichen Modellen koexistieren können, sind im ANSI/X3/SPARC - Rahmen gemacht worden [TSIC78].

1.7 Ausblick

Datenbankmodelle unterstützen also einen ziemlich genau eingrenzbaren Teilbereich von Modellierungsaufgaben. Diese Grenzen weiter hinauszuschieben oder zumindest durchlässiger zu machen, ist Gegenstand neuerer Forschungs- und Entwicklungsarbeiten. Erkennbar sind zumindest zwei Ansätze.

Eine Richtung befaßt sich mit der Entwicklung sogenannter Datenbankprogrammiersprachen, die beispielsweise Relationen oder verwandte Konzepte zur Modellierung von Klassen von Datenobjekten in moderne Programmiersprachen integrieren (z.B. Ada [SMIT83], Modula-2 [MALL84], Pascal [SCHM77]) und die Abstraktionsprinzipien dieser Sprachen (Typen, Funktionen, Iteratoren, Module, aber auch Transaktionen etc. [SCHM83b]) auf die Datenbankprogrammierung ausdehnen.

Die zweite Entwicklungsrichtung zielt auf eine Verallgemeinerung von Datenmodellen hin und verwendet dabei Ansätze aus den kognitiven Wissenschaften und Ergebnisse aus der künstlichen Intelligenz. Diese Arbeiten werden zusammengefaßt unter den Bezeichnungen „Semantische Datenmodelle" (vergl. [SMIT77, ALBA83] und die Übersicht von [BROD84b]) und „Konzeptuelle Modellierung" (vergl. [BORG82a, MYLO85] und weitere Arbeiten in [BROD84a]). In ihrer allgemeinsten Form fallen diese Ansätze in den Bereich der „Wissensrepräsentation" (vergl. Übersichtsartikel von [BARR81, MYLO84, BORG85b]).

Besondere Beachtung finden in diesem Zusammenhang auch prädikatenlogische Modellierungsansätze. Kowalski und andere [KOWA84, ZANI84] schlagen PROLOG als Grundlage für verallgemeinerte Fakten- und Regelbanken vor, andere Autoren [STON83a, JARK85c] erweitern dafür das relationale Datenbankmodell. Reiter [REIT84] rekonstruiert den relationalen Ansatz modell- und beweistheoretisch und liefert außerdem eine semantisch saubere Grundlage für Modellerweiterungen.

Abschließend sei noch auf eine Reihe von Entwicklungsprojekten hingewiesen, in denen die gesamte Softwareentwicklung für datenintensive Anwendungen im Zusammenhang gesehen wird [BORG85a, JARK85d]. Zu diesem Zweck werden integrierte, wissensbasierte Arbeitsumgebungen vorgeschlagen, in denen mehrere Sprachen für die unterschiedlichen Aufgaben bei der Softwareentwicklung – von der Spezifikation von Anforderungen über den Systementwurf bis hin zur Datenbankprogrammierung – zum Einsatz kommen.

Herrn Volker Beecken, Herrn Ralph-Dieter Marzusch und insbesondere Frau Ingrid Wetzel möchte ich für die Hilfe bei der Texterstellung und -durchsicht dieses Kapitels danken.

Literatur

[ABRI74], [ALBA83], [ANDE82], [ARMS74], [BARR81], [BEER77], [BEER78], [BERN76], [BOLO82], [BORG82a], [BORG85a], [BORG85b], [BORK80], [BOYC75], [BROD82], [BROD84a], [BROD84b], [BUBE76], [BUBE77a], [BUBE77b], [CHAM74], [CHAM76a], [CHAM76b], [CHEN76], [CODA71], [CODA73], [CODA77], [CODA78a], [CODA78b], [CODD70], [CODD71a], [CODD71b], [CODD72a], [CODD72b], [CODD79], [CODD83], [DADA84], [DATE74], [DATE81a], [DATE81b], [DELO78], [DENN77], [FAGI77a], [FAGI79a], [FALK76], [FEHD74], [FRY76], [GALL78], [HAMM75], [HELD75], [IBM75a], [JARK84a], [JARK85c], [JARK85d], [KENT76], [KENT78], [KENT79], [KERS76], [KLUG81], [KOWA84], [LANG77a], [LANG80], [MALL84], [MANO82], [MCGE76], [MYLO80a], [MYLO80b], [MYLO80a], [MYLO80b], [MYLO84], [MYLO85], [REIT84], [RIES83], [SCHE83], [SCHM75], [SCHM77], [SCHM80], [SCHM83a], [SCHM83b], [SENK75], [SMIT77], [SMIT83], [SNOD85], [STON83a], [TAYL76], [TODD76], [TSIC76], [TSIC77], [TSIC78], [TSIC82], [ULLM82], [WIRT71], [WONG77], [ZANI84], [ZLOO75].

Kapitel 2

Architektur von Datenbanksystemen

Peter C. Lockemann und Klaus R. Dittrich

2.1	Anforderungen an ein Datenbanksystem	88
2.1.1	Aufgabenkomplexe	89
2.1.2	Grobarchitektur	93
2.1.3	Bedarfs- und Verfügbarkeitszeiten	95
2.2	Entwurfsmethoden	98
2.2.1	Entwurfsziele und -grundsätze	98
2.2.2	Modulklassen	100
2.2.3	Hierarchische Zerlegung	102
2.2.4	Systemschichtung	105
2.2.5	Objektorientierte Zerlegung	108
2.2.6	Zusammenhänge der Entwurfsmethoden	108
2.3	Schnittstellen	109
2.3.1	Schnittstellenspezifikation	109
2.3.2	Formlose Semantikbeschreibung	111
2.3.3	Beschreibung durch ein Zustandsmodell	112
2.3.4	Algebraische Beschreibung	114
2.3.5	Einfluß von Sprachen	116
2.4	Architekturvorschläge	116
2.4.1	Stellenwert der Vorschläge	116
2.4.2	„Strawman"-Architektur	117
2.4.2.1	Zielsetzung	117
2.4.2.2	Vorgehensweise	118
2.4.2.3	Subkomponentenstruktur	118
2.4.2.4	Komponentenstruktur	129
2.4.3	Fünf-Schichten-Architektur	135
2.4.3.1	Zielsetzung	135
2.4.3.2	Schichtenarchitektur	136
2.4.3.3	Schichtenreduktion und Komponentenzuordnung	140
2.4.4	ANSI/SPARC-Architektur	141
2.4.4.1	Zielsetzung	141
2.4.4.2	Systemebenen	142
2.4.4.3	Systemaktivitäten	144
2.4.4.4	Schnittstellen	146
2.5	Datenwörterbuch	149
2.5.1	Meta- und Steuerdaten	149

2.5.2	Erweitertes Aufgabenspektrum	152
2.5.3	Einsatzgebiete	153
2.5.4	Struktur der Metadatenbasis	154
2.5.5	Benutzung	156
2.5.6	Realisierungsgesichtspunkte	158

Datenbanksysteme sind außerordentlich komplexe Gebilde. Ihre Erstellung und Pflege verschlingt große Summen und bindet zahlreiche Ressourcen. Als zentraler Bestandteil rechnergestützter Informationssysteme in Wirtschaft, Verwaltung, Dienstleistungsunternehmen und technisch-wissenschaftlichen Einrichtungen – kurzum: als wesentlicher Teil der Infrastruktur der modernen Gesellschaft – müssen sie hohen Ansprüchen an Zuverlässigkeit, Leistungsfähigkeit und Benutzerfreundlichkeit genügen. Diesen Ansprüchen mit wirtschaftlich vertretbarem Aufwand gerecht zu werden, stellt auch heute noch – etwa zwei Jahrzehnte nach dem Aufkommen der ersten Datenbanksysteme – eine Herausforderung an den Konstrukteur dar. Und wie bei jedem Investitionsgut entscheiden schon die frühen Phasen des Planens und Entwerfens darüber, ob das Produkt die gewünschte Leistungsfähigkeit aufbringt und wirtschaftlich zu ver- und betreiben ist. Diesen Phasen und deren Ergebnis ist das vorliegende Kapitel gewidmet.

Planen und Entwerfen haben zum einen die funktionale Beschreibung des zu entwickelnden Produktes aus dem Blickwinkel des Anwenders zum Gegenstand (Systemdefinition), zum anderen die Bestimmung der einzelnen Bausteine, die durch ihre funktionalen Eigenschaften und ihr Zusammenwirken die Systemdefinition erfüllen (Systemarchitektur). Der Duden gibt für „Architektur" u.a. folgende Begriffsbestimmung: kunstgerechter Aufbau und künstlerische Gestaltung von Bauwerken. Weitet man diesen Begriff auf die Software von Rechensystemen und hier speziell auf Datenbanksysteme aus, so wird man das Adjektiv „kunstgerecht" durch die folgenden Eigenschaften charakterisieren:

- Die Bausteine müssen so gewählt sein, daß eine arbeitsteilige Produkterstellung unterstützt wird.
- Jeder Baustein muß für sich allein weitgehend auf seine Funktionstüchtigkeit geprüft werden können.
- Fehlerhafte oder leistungsarme Bausteine müssen sich leicht gegen neue austauschen lassen.
- Anpassungen an eine veränderte Systemdefinition oder Übertragung auf neue Geräte- und Betriebssystemumgebungen sollen sich durch Austausch oder Hinzufügen einiger weniger Bausteine bewerkstelligen lassen.
- Wo immer möglich, sollen sich Standardbausteine einsetzen lassen.
- Bausteinfunktionen und Zusammenwirken der Bausteine sollen so konzipiert sein, daß Leistungsvorhersagen möglich sind.
- Die Bausteine sollen so gewählt werden, daß sich Produktfamilien bilden lassen, derart daß jedes Produkt nur die geforderten Eigenschaften und nicht darüberhinaus noch weitere besitzt.

Diese Grundsätze sind wohlbekannt und gelten für alle Softwareprodukte, nicht nur für Datenbanksysteme. Sie lassen sich aber nach dem heutigen Stand des Wissens für Datenbanksysteme keineswegs uneingeschränkt erfüllen; Konflikte und Kompromisse lassen sich nicht umgehen.

Ziel des vorliegenden Kapitels kann es unter diesen Umständen nicht sein, eine allgemein akzeptierte und damit verbindliche „Datenbankarchitektur" in Form einer Menge von Bausteinen und eines Satzes von Regeln zur Kommunikation zwischen ihnen vorzuschlagen. Eine solche existiert auch nirgendwo. Es kann also über-

Architektur von Datenbanksystemen

haupt nur darum gehen, einen Entwurfsprozeß vorzustellen, der methodisch von einem gegebenen Anforderungsprofil zu einer den vorher genannten Grundsätzen gehorchenden Architektur führt. Da es sich um den Entwurf eines sehr umfangreichen Softwarepakets handelt, wird man dazu auf Methoden des Software Engineering für das sog. „Programmieren im Großen" zurückgreifen. Die Abschnitte 2.2 und 2.3 stellen – nach einem kurzen Abriß der Anforderungen an ein Datenbanksystem in Abschnitt 2.1 – einige solche Methoden zusammen, die sich bei der Entwicklung von Datenbanksystemen bewährt haben. Dabei konzentriert sich Abschnitt 2.2 auf das Problem der Zerlegung in Bausteine, während sich Abschnitt 2.3 mit der Frage der Kommunikation zwischen den Bausteinen – manifest in den Schnittstellen der Bausteine – befaßt. Abschnitt 2.4 illustriert das Ergebnis der Anwendung dieser Methoden an drei Architekturvorschlägen, die sich alle durch einen hinreichend großen Detaillierungsgrad auszeichnen. Vor Übernahme der Vorschläge oder Teile hieraus sollte der Leser allerdings beachten, daß die Vorschläge recht unterschiedliche Ziele verfolgen. Wie die dort vorgesehenen Funktionen realisiert werden können, ist nicht Gegenstand von Kapitel 2; der Leser sei dazu auf die Kapitel 3 und 4 verwiesen.

Die Funktionen eines Datenbanksystems an der Benutzerschnittstelle werden wesentlich vom Datenbankschema bestimmt. Dies wird in modernen Systemen nicht mehr unbedingt in das Datenbanksystem integriert, sondern in einem eigenen Datenhaltungssystem, dem Datenwörterbuch, geführt. Wir widmen aus diesem Grund diesem Thema ein eigenes Unterkapitel (Abschnitt 2.5).

Eine Bemerkung zur Terminologie scheint angebracht. Wir unterscheiden nicht zwischen *Datenbank* und *Datenbasis* (DB); beides meint eine Menge von in einem bestimmten Kontext als zusammengehörig betrachteter Daten, die auch als Ganzes verwaltet werden sollen. Die Software zu ihrer Verwaltung heißt *Datenbankverwaltungssystem* (database management system, DBMS). DBMS und DB bilden zusammen ein *Datenbanksystem* (DBS). Selbstverständlich kann dasselbe DBMS (in einer oder mehreren Kopien) mehrere Datenbanken verwalten und damit mehrere DBS bilden. Wo Zweifel ausgeschlossen sind, werden wir trotzdem wie allgemein üblich den Begriff DBS synonym zu DBMS verwenden.

2.1 Anforderungen an ein Datenbanksystem

Die Gesamtaufgabe eines Datenbanksystems besteht darin, Daten entgegenzunehmen, zu speichern, zu verwalten und auf Anforderung hin bereitzustellen. Zusätzlich muß der Benutzer bei der Verwendung dieser Möglichkeiten in vielfältiger Form und unterschiedlich komfortablen Ausbaustufen unterstützt werden. Je nach Standpunkt eines Benutzers kommen weitere Gesichtspunkte hinzu, wobei hier nur zwischen zwei Benutzerrollen unterschieden werden soll:

1. Der „übliche" Endbenutzer (Sachbearbeiter) möchte, weitgehend unabhängig und vor allem unbeeinflußt von anderen Benutzern, die ihm gestellten Aufgaben mit Hilfe des Datenbanksystems lösen. Hierzu erwartet er eine Schnittstelle, an

der die für ihn relevanten Daten in einer Form zur Verfügung stehen, die seiner Denkweise angepaßt ist. Dieselbe Sichtweise gilt auch für den Programmierer, der für den Endbenutzer Software produziert.
2. Der Betreiber eines Datenbanksystems bzw. stellvertretend für ihn der Systempfleger (Datenbankadministrator etc.) ist daran interessiert, den verschiedenen Benutzern mit ihren verschiedenen Aufgabenstellungen die jeweils benötigten Systemleistungen so zur Verfügung zu stellen, daß diese wie unter (a) genannt auch gleichzeitig arbeiten können. Dabei sollen Daten über den gleichen Sachverhalt selbst bei unterschiedlichen Sichtweisen möglichst nur ein einziges Mal geführt werden.

Aus diesen Anforderungen resultieren eine Reihe abgrenzbarer Gruppen von Teilaufgaben, die wir in diesem Abschnitt erläutern. Davon ausgehend kann eine erste grobe Architektur für ein Datenbanksystem angegeben werden. Außerdem ist zu überlegen, wie die unterschiedlichen Zeitpunkte, zu denen einzelne Aufgaben erledigt werden müssen, bei der weiteren Gestaltung des Systems berücksichtigt werden können.

2.1.1 Aufgabenkomplexe

Der Systementwurf hat die Systemarchitektur zum Ziel. Seinen Ausgangspunkt bildet die Systemdefinition, die in einer präzisen, widerspruchsfreien und eindeutigen Form vorliegen muß. Welche Methoden sich hierfür anbieten, wird später noch zu klären sein. In jedem Fall muß die Systemdefinition aufgrund der zu lösenden Gesamtaufgabe zu folgenden sechs Aufgabenkomplexen Aussagen machen:

1. Datenmanipulation

Zum Umgang mit den in einer Datenbank gespeicherten Daten muß das Datenbanksystem eine Reihe von Zugriffsoperatoren realisieren. Unabhängig von der Detailgestaltung und Bezeichnung benötigt man

- Möglichkeiten zum Einfügen neuer Daten (INSERT-Operator),
- Möglichkeiten zum Löschen vorhandener Daten (DELETE-Operator),
- Möglichkeiten zum Ändern vorhandener Daten (UPDATE-Operator),
- Möglichkeiten zum Auffinden vorhandener Daten nach den unterschiedlichsten Kriterien (RETRIEVE-Operator).

Je nach gewünschter Vielfalt wird man für jede der vier Zugriffsformen einen oder mehrere Operatoren anbieten. In eine geeignete sprachliche Form gekleidet, machen sie zusammen die *Datenmanipulationssprache* (DML) des Datenbanksystems aus.

Als wichtigste Parameter treten bei diesen Operatoren die beiden folgenden auf:

1. Die betroffenen Daten selbst oder Teile davon (z.B. Schlüsselwerte). Normalerweise handelt es sich dabei nicht um elementare, unstrukturierte Werte wie ganze Zahlen, Texte etc., sondern um komplex strukturierte Gebilde (Datensätze, Records, Tupel), die auf die verschiedenste Weise aus elementaren oder selbst weiter strukturierten Daten zusammengesetzt sind.

2. Angaben über den Ort, wo im „Informationsskelett" der Datenbank das betroffene „Datenfleisch" zu suchen/unterzubringen ist (z.B. Relation; CODASYL-Set, oft auch Sammlung genannt; Position in einer Hierarchie).

Für eine sinnvolle Verwendung des Datenbanksystems ist es in beiden Fällen erforderlich, daß die Typen der Parameter durch die Spezifikation der Operatoren nicht bereits starr festgelegt werden. Zugriffsoperatoren müssen damit sogenannte *generische Operatoren* [GRIE77] sein: sie lassen die Parametrisierung mit Datenobjekten zu, für deren Typ seitens der Operatorschnittstelle nur einige Annahmen gemacht werden, aber keine vollständige Fixierung erfolgt. Aktuelle Parameter können daher einer ganzen Klasse von Typen entstammen. Beispielsweise wird häufig nur verlangt, daß ein Parameter von einem *record*-Typ sein muß, die konkrete Zusammensetzung aus Feldern bleibt jedoch für die Operatordefinition offen; die Programmlogik ist unabhängig von der jeweils aktuellen Ausprägung.

2. Strukturdefinition

Ähnlich wie die Variablen in höheren Programmiersprachen vor ihrer Verwendung hinsichtlich Name und Typ deklariert werden müssen, bedarf die Datenbasis (sozusagen die einzige Variable für ein DBMS) vor ihrer Einrichtung der Festlegung ihrer Struktur. Die dabei getroffenen Vereinbarungen definieren das Informationsgerüst (*Datenbankschema*), in das mit Hilfe der DML-Operatoren anschließend Daten eingefügt werden können. Häufig stellt sogar der Platz selbst, an dem sich Daten in diesem Informationsgerüst befinden, bereits einen Teil der repräsentierten Information dar.

Da bei ein und demselben Datenbankverwaltungssystem für verschiedene Einsätze, d.h. für verschiedene von ihm verwaltete Datenbasen, auch verschiedene Schemata benötigt werden, muß es hierfür eine Definitionsmöglichkeit geben. Datenbankverwaltungssysteme bieten zu diesem Zweck eine sogenannte *Datendefinitionssprache* (DDL) an. Sie enthält eine Reihe von Konstrukten, aus denen das gewünschte Informationsgerüst aufgebaut werden kann. DML und DDL eines Datenbanksystems sind natürlich aufeinander abgestimmt: die DML-Operatoren erlauben gerade den Umgang mit den durch die DDL definierbaren Strukturen. Beide zusammen, DDL und DML, legen das *Datenmodell* des Datenbanksystems fest. Je nach Datenmodell können mittels der DDL Domänen und Relationen (eigentlich exakter: Relationentypen) (Relationenmodell), Satz- und Settypen (Netzwerkmodell) usw. definiert werden.

Als Systemanalytiker wird man den Standpunkt einnehmen, ein Schema nicht so sehr als Vereinbarung von Datentypen anzusehen, sondern als einen Satz von Gesetzmäßigkeiten, denen eine Datenbasis gehorchen muß, wenn sie die Umweltverhältnisse adäquat widerspiegeln soll. Soweit die gemäß der DDL konstruierten Datentypen hierfür nicht ausreichen, müssen ergänzende Regeln – die Konsistenzbedingungen – angegeben werden können. In diesem Fall definieren erst beide zusammen, Datentypen und Konsistenzbedingungen, die Semantik der DML vollständig. Zum Aufgabenkomplex Strukturdefinition gehört daher die Entgegennahme, Verwaltung und Bereitstellung des Schemas einschließlich der Konsistenzbedingungen.

Sofern die Datenbasis die Daten mehrerer Anwendungen integriert, muß jedem Anwendungsbereich eine eigene Sicht auf den für ihn relevanten Teil der Datenbasis geboten werden können. Daher zählen zu diesem Aufgabenkomplex auch Entgegennahme, Verwaltung und Bereitstellung verschiedener *Benutzersichten*, die je nach Datenmodell *Subschemata* oder *Views* genannt werden.

Darüberhinaus kann man mit den einzelnen Bestandteilen des Schemas noch weitere Informationen zu deren Inhalt und Verarbeitbarkeit verbinden, die zwar nicht in die Semantik der DML eingehen, wohl aber von einem Benutzer für Auskunftszwecke eingesehen werden können.

3. Unverletzlichkeit der Datenbasis

Eine Datenbasis stellt für eine Institution eine hochwertige, oft unersetzliche Investition dar, vor deren Verlust sie geschützt werden muß. Gefahren drohen von vielen Seiten: Feuer, Wasser, Gerätefehler können die Datenträger physisch zerstören, magnetische Felder und Alterungserscheinungen den Inhalt magnetischer Datenträger auslöschen; Programm- und Eingabefehler oder -abbrüche können noch benötigte Daten beseitigen oder inkorrekte Daten hinterlassen; und Konflikte bei gleichzeitigem schreibenden Zugriff mehrerer Benutzer können zu einer Datenbasis führen, die die Realität nicht mehr widerspiegelt.

Der erste der beschriebenen Aufgabenkomplexe, der vor der physischen Zerstörung der Datenbasis schützen soll, wird unter dem Begriff *Datenbasissicherung* (engl: recovery) zusammengefaßt und sorgt dafür, daß während des laufenden Betriebs so viel an Information redundant und physisch getrennt von der Originalinformation abgelegt wird, daß im Störungsfall die Rekonstruktion der Datenbasis möglich ist.

Die beiden anderen Aufgabenkomplexe fallen in den Bereich der *Transaktionsverwaltung*. Als Transaktion gilt hierbei eine Folge von DML-Anweisungen, die eine Arbeitseinheit in der Benutzerumwelt widerspiegelt. Für eine Transaktion gilt deshalb insbesondere, daß sie, von einem konsistenten Zustand der Datenbasis ausgehend, bei ihrem Abschluß wieder einen konsistenten Zustand hinterläßt, daß während ihrer Ausführung die Konsistenz jedoch verletzt sein kann und immer damit zu rechnen ist, daß der Benutzer oder ggf. auch eine Fehlerbedingung die Transaktion abbricht. Zur Wahrung der Unverletzlichkeit muß die Transaktionsverwaltung daher für jede Transaktion folgende Eigenschaften sicherstellen:

1. Atomarität: Die Transaktion hat nur als Einheit eine Wirkung nach außen. Bis zu ihrem erfolgreichen Abschluß hinterläßt sie überhaupt keine Wirkung, nach ihrem erfolgreichen Abschluß ist ihre Wirkung allgemein sichtbar.
2. Konsistenz: Garantiert die Transaktion für sich allein die Konsistenz der Datenbasis, so garantiert die Transaktionsverwaltung die Konsistenz für eine Menge derartiger Transaktionen.
3. Persistenz: Die Wirkung einer erfolgreich abgeschlossenen Transaktion geht nicht mehr verloren, es sei denn sie wird durch eine weitere Transaktion ausdrücklich widerrufen.

Schließlich müssen die Datenbank-Operatoren vor mißbräuchlicher Benutzung geschützt werden. Der Aufgabenkomplex *Datenschutz* prüft für jede Operation, sei es zur Einsichtnahme, sei es zur Aktualisierung der Datenbasis oder der zugrundeliegenden Datendefinition, ob ihr Gebrauch durch den Benutzer im Rahmen von den Betreibern des Datenbanksystems festgelegter Regelungen zulässig ist.

4. Organisation des Mehrbenutzerbetriebs

Ein Datenbanksystem muß seine funktionalen Leistungen dem einzelnen Benutzer unabhängig davon erbringen, ob und wieviele andere Benutzer das System zum gleichen oder einem anderen Zeitpunkt benutzen. Bei Einbenutzerdatenbanksystemen, wie sie für Arbeitsplatzrechner zunehmend an Bedeutung gewinnen, ist dies automatisch erfüllt. Für die gängigen Mehrbenutzerdatenbanksysteme sind jedoch besondere Maßnahmen erforderlich, da es zu Konflikten um die Ressourcen des Systems (Prozessor, Speicher) oder beim Zugriff auf die Datenbasis kommen kann. Gerade im letzteren Fall kann es ohne solche Maßnahmen zur Präsentation inkonsistenter Datenbasiszustände beim lesenden Benutzer oder zur Verletzung der Datenbasiskonsistenz bei mehreren schreibenden Benutzern kommen.

Der erstgenannte Konfliktbereich ist Gegenstand einer sog. DC-(data communication-) Komponente. Sie kann entweder Bestandteil des Datenbanksystems sein (dann spricht man auch von einem *DB/DC-System*), aber auch als eigenständiges System vorliegen, dem dann auch Aufgaben außerhalb des DBS obliegen.

Dem zweitgenannten Konfliktbereich wird mit den Mitteln der Zugriffssynchronisation begegnet, die im Grunde genommen die Atomarität der Transaktion sicherstellt. Dieser Konfliktbereich ist daher heute Gegenstand der Transaktionsverwaltung.

5. Leistungssteuerung

Die Umgebung des Datenbanksystems hegt gewisse Erwartungen an seine Leistungsfähigkeit, die etwa die Größe der Datenbasis, die Antwortzeiten für bestimmte Transaktionstypen unter einer gegebenen Systemlast, die Zahl gleichzeitig bedienbarer Benutzer, die Ausfallsicherheit des Systems, die Zeit zur Wiederherstellung einer zerstörten Datenbasis, die räumliche Verteilung der Benutzer und Daten u.a.m. betreffen. Nicht alle derartigen Erwartungen lassen sich gleichzeitig gleichermaßen gut erfüllen. Zum Komplex der Leistungssteuerung gehört es, Möglichkeiten zur Verfügung zu stellen, mit denen von Fall zu Fall die Erfüllung von Leistungsanforderungen gesteuert werden kann. Hierunter zählt etwa das Anlegen von Zugriffspfaden, um die Anwortzeiten für Transaktionen zu senken, die Auswahl unter verschiedenen Datensicherungsstrategien, die Verteilung der Daten auf verschiedene Datenträger, Speichergeräte und -örtlichkeiten, die Auswahl unter verschiedenen Speicherverwaltungsstrategien, die Ein- und Ausgabe großvolumiger Datenmengen (Massendaten) oder die Reorganisation der Datenbasis bei Leistungsabfall. Angaben zu den meisten der aufgezählten Punkte können vom Systemverwalter über eine besondere Schnittstelle dem System mitgeteilt werden; sie werden dort im *Speicherschema* festgehalten. Auch für Massendatenein-/-ausgabe sowie Reorganisation müssen entsprechende Operatoren zur Verfügung gestellt werden.

6. Realisierung der Benutzerschnittstellen

In der Umgebung eines Datenbanksystems lassen sich verschiedene Benutzertypen unterscheiden, die sich in ihren Benutzungsgewohnheiten und/oder in dem von ihnen genutzten Funktionsspektrum unterscheiden. Die Schnittstellen haben diesen Unterschieden Rechnung zu tragen; häufig wird man für jeden Benutzertyp eine eigene Benutzersprache fordern.

Die Menge der Benutzertypen läßt sich, wie eingangs erwähnt, grob in Sachbearbeiter und Systempfleger untergliedern. In der Gruppe der Sachbearbeiter wird man noch zwischen gelegentlichen und häufigen Benutzern unterscheiden. Häufige Benutzer sind erfahren, schöpfen alle Fähigkeiten des Systems aus und werden durch Schnittstellen für gelegentliche Benutzer gelangweilt oder am Ausschöpfen aller Fähigkeiten des Systems gehindert. Gelegentliche Benutzer brauchen umgekehrt mehr Führung durch das System, nutzen dabei aber die Fähigkeiten nur unvollständig aus.

Zu den Systempflegern zählen zum einen solche, die vorwiegend systemanalytisch tätig sind (Datenbankadministratoren). Zu ihren Aufgaben zählt die Vorgabe der Schemata, die erstmalige Einrichtung der Datenbasis und die Leistungssteuerung; hierzu benötigen sie ein ausgefeiltes Berichtswesen, das sie jederzeit über Gebrauch und Zustand der Datenbasis informiert. Weiterhin fallen unter die Systempfleger die Datenbankoperateure für Routineaufgaben wie Massendatenein-/-ausgabe, Anfahren und Herabfahren des Systems sowie laufende Überwachung auf Störungen und Mißbrauch.

Zum Aufgabenkomplex Benutzerschnittstellen zählen schließlich noch die Schnittstellen für die Kommunikation zwischen Datenbanksystem und Anwenderprogramm. Es handelt sich dabei um Programmierschnittstellen (häufig als CALL-Schnittstellen bezeichnet), deren detaillierte Ausprägung sehr stark von der Betriebssystemumgebung abhängt. Beispielsweise erfolgt bei der sog. linked-in-Verwendung (Zusammenbinden von DBMS und Anwenderprogramm) die Kommunikation über Unterprogrammaufrufe. Werden beide hingegen als getrennte Prozesse gefahren, so sind die Mechanismen der Prozeßkommunikation einzusetzen. Die CALL-Schnittstelle ist im übrigen nicht der einzige Systemteil, der durch diese Art der Verwendung des Datenbanksystems beeinflußt wird; für die Transaktionsverwaltung gilt Ähnliches.

2.1.2 Grobarchitektur

Nachdem wir das Aufgabenspektrum eines Datenbanksystems zusammengestellt haben, sind wir nunmehr in der Lage, eine erste Unterteilung des Gesamtsystems in Subsysteme vorzunehmen. Dabei ist zunächst zu bedenken, daß oftmals Datenbanksysteme gleichzeitig und gleichrangig neben anderen Programmsystemen wie Editoren, Übersetzern, betriebswirtschaftlichen Standardpaketen u.dergl. betrieben werden, daß sie gleichzeitig mit einer Vielzahl häufig geographisch weit verstreuter Endbenutzer verkehren müssen, die einfache Transaktionen wie Auskünfte, Buchungen, Bestellungen abwickeln, daß sie daneben aber auch kompliziertere Anwenderprogramme zur Datenauswertung unterstützen sollen, die überwiegend im Stapelbetrieb ablaufen. In jüngster Zeit kommen weitere anspruchsvolle interaktive Anwendungen im Entwurfsbereich (CAD) hinzu, deren Transaktionen sich von den vorgenannten einfachen durch ihre lange Dauer und ihr hohes Datenvolumen unterscheiden.

Zu den reinen Datenbankaufgaben, wie sie zuvor geschildert wurden, treten also noch als weitere Aufgaben eine Systemsteuerung zur Koordinierung der verschiedenen Aufträge innerhalb des Datenbanksystems und mit dem restlichen Rechensystem sowie eine Datenkommunikation zum Nachrichtenaustausch mit den Außenstellen hinzu. Die Bestandteile eines solchen allgemeinen Datenbank/ Datenkommunikations (DB/DC)-Systems illustriert Bild 2.1 (in Anlehnung an [CARD79]).

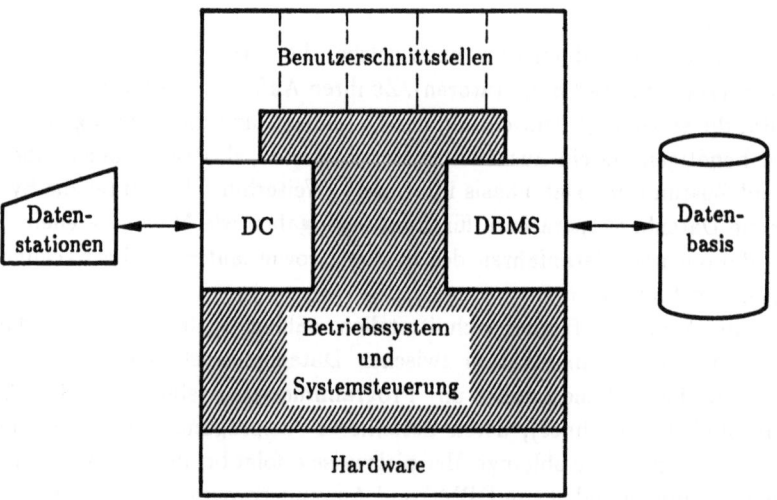

Bild 2.1 Komponenten eines DB/DC-Systems

Die Aufgabe des bereits früher erwähnten Datenkommunikationssystems besteht genauer darin, dem Anwenderprogramm und dem Datenbanksystem gegenüber eine Schnittstelle anzubieten, die die Eigenheiten der Datenstationen und die technischen Eigenschaften der Datenübertragungswege verdeckt, den Nachrichtenaustausch zwischen einer Vielzahl von Datenstationen auf der einen Seite und den Anwender- und Datenbankprogrammen auf der anderen Seite abwickelt sowie die Nachrichten in Abhängigkeit von Priorität, Betriebsmittelverfügbarkeit und Schutzregelungen an die Empfänger weiterleitet. Die Systemsteuerung koordiniert die Aktivitäten von Datenkommunikations- und Datenbanksystem, die sich gegenseitig sehr stark beeinflussen, wie an anderer Stelle (Kapitel 3) näher gezeigt wird. Mit Hilfe geeigneter Benutzerschnittstellen können (z.B. für Teilhaberbetrieb) Datenkommunikations-, Datenbank- und Steuerfunktionen in einheitlicher Form vereinigt dem Anwenderprogrammierer oder Dialogbenutzer dargeboten werden.

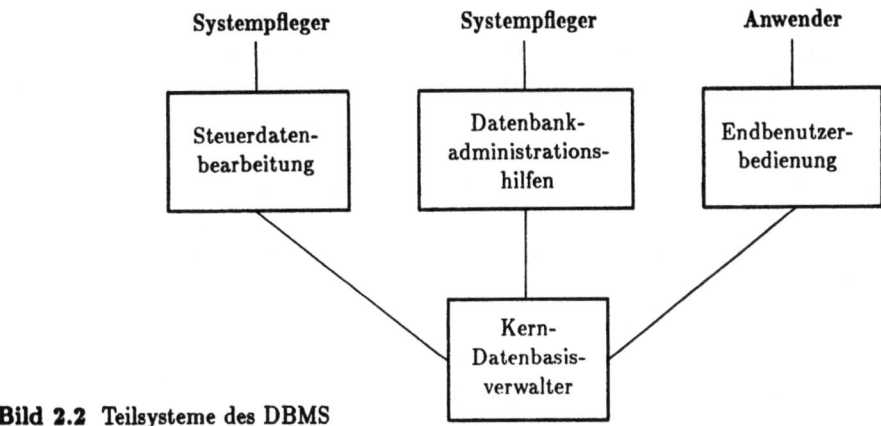

Bild 2.2 Teilsysteme des DBMS

Das Datenbankverwaltungssystem selbst zerfällt wieder in eine Reihe von Teilsystemen (Bild 2.2):

- Steuerdatenbearbeitung, z.B. Verwaltung des Schemas, von Subschemata, Konsistenzbedingungen, Speicherschemata, Zugriffsrechten. Dieses Teilsystem hat demnach überwiegend mit der Strukturdefinition zu tun, daneben auch mit der Leistungssteuerung.
- Datenbankadministrationshilfen. Hierzu zählen vor allem Werkzeuge für den Schemaentwurf sowie die Massendatenbehandlung. Die Hilfen dienen in erster Linie der Strukturdefinition.
- Endbenutzerbedienung. Vorrangig fallen hierunter die Sprachprozessoren und Editoren sowie das Berichtswesen. Das Teilsystem deckt überwiegend Aufgaben aus dem Komplex Realisierung von Benutzerschnittstellen ab.
- Kern-Datenbasisverwalter. Er führt den eigentlichen Zugriff auf die Datenbasis durch und ist für die meisten Aspekte der Datenmanipulation, der Organisation des Mehrbenutzerbetriebs, der Unverletzlichkeit der Datenbasis und der Leistungssteuerung verantwortlich. Die anderen drei Teilsysteme bedienen sich seiner Funktionen. Insbesondere können sämtliche Steuerdaten unter Verwendung der Kern-Zugriffsroutinen verwaltet werden. Andererseits können Steuerdatenbearbeitung und Datenbankadministrationshilfen aus dem DBMS heraus in ein Datenwörterbuch verlagert werden; diese Möglichkeit wird in Abschnitt 2.5 ausführlicher diskutiert.

2.1.3 Bedarfs- und Verfügbarkeitszeiten

Ein Datenbankverwaltungssystem muß keineswegs ein monolithisches Ganzes sein, das zu jedem Zeitpunkt sämtliche Aufgaben zu erfüllen vermag. Vielmehr können es Leistungsgesichtspunkte (Antwortzeiten, Speicherplatzbedarf) oder begrenzte Ressourcen (Rechner der unteren Leistungsklasse, Mikrorechnersysteme) nahelegen, gewisse Funktionen nur zu gewissen Zeiten anzubieten. Häufig kommt diesem Wunsch auch die Anwendungsumgebung entgegen, die aus organisatorischen

Gründen nicht alle Aufgaben zu jedem Zeitpunkt anfordert. Man denke etwa an einen reinen Auskunftsbetrieb während der Tagesstunden und ein Aktualisieren der Datenbasis während des Nachtbetriebs. Ähnlich könnte man für wohlverstandene und erprobte Routineaufgaben verlangen, daß ein Schema genau einmal – bei der Einrichtung des Datenbanksystems – vereinbart und dann über die Lebensdauer des Systems nicht mehr verändert wird. In einem solchen Fall wird man zwei verschiedene Versionen des Datenbankverwaltungssystems einsetzen: Eine „Initialversion", die vor allem die Steuerdatenbearbeitung enthält, und eine „Produktionsversion", die ohne dieses Teilsystem auskommt. Ähnliche Überlegungen lassen sich für viele andere Aufgabenbereiche anstellen. Dementsprechend wird man im Allgemeinfall eine ganze Reihe von Programmpaketen vorfinden, die erst gemeinsam eine Einheit „Datenbankverwaltungssystem" bilden.

Wir wollen unter der *Bedarfszeit* einer Datenbankkomponente denjenigen Zeitraum verstehen, während dem die Komponente zur Durchführung von Aufgaben zur Verfügung stehen, also ablauffähig sein muß. Die *Verfügbarkeitszeit* einer Datenbankkomponente ist hingegen der Zeitraum, während dessen die Komponente tatsächlich ablauffähig ist.

Eine Vorschrift zur Realisierung von Datenbankkomponenten lautet somit, daß ihre Verfügbarkeitszeit die Bedarfszeit einschließen muß. Als Triviallösung könnte man alle Datenbankkomponenten während der gesamten Verwendungszeit des Datenbanksystems verfügbar halten. Da dies aus den geschilderten Gründen nicht immer möglich ist, muß die Wahl der Zeitpunkte für Verfügbarmachen und Freigeben jeder Komponente genau überlegt werden. Folgende Gesichtspunkte sind dabei zu beachten:

- Sind die Anforderungszeitpunkte für den Ablauf der Komponente stets im voraus bekannt?
- Kann man sich leisten, bei Ablaufanforderung die Komponente erst zur Verfügung zu stellen (Leistungsanforderungen, z.B. im Hinblick auf Antwortzeiten)?
- Welche Zeiträume liegen zwischen den einzelnen Bedarfszeiten (lohnt sich also der Laufzeitaufwand für zwischenzeitliches Freigeben)?
- Kann man Bedarfszeiten herabsetzen, um entsprechend die Verfügbarkeitszeiten zu vermindern?

Die Entscheidung über die Wahl der Verfügbarkeitszeiten hängt also wesentlich von der beabsichtigten Nutzung der verschiedenen Datenbanksystemfunktionen, also vom Benutzungsprofil ab. Ein Beispiel soll erläutern, wie man vorgehen kann (nach [CHAM81a]). In SYSTEM R sind dynamische Schemaänderungen jederzeit zugelassen, so daß das Schema unmittelbar bis zum Ausführungszeitpunkt einer Standardtransaktion (das ist eine Transaktion, die vordefiniert und häufig wiederholt wird) oder eines Anwenderprogramms noch modifiziert werden kann. Daher sollte die Übersetzung der Transaktion oder der Teile des Programmes, die mit Zugriffen oder Manipulation der Datenbasis zu tun haben, durch den DML-Übersetzer erst zum Ausführungszeitpunkt erfolgen. Ähnliche Überlegungen gelten, wenn zwar das Schema stets unverändert bleibt, aber Zugriffspfade und Speicherorganisation dynamisch eingerichtet und angepaßt werden können. Bedenkt man nun aber, daß Schemaänderungen oder physische Optimierungen vergleichsweise selten sind, so ist eine vollständige Vorübersetzung wirtschaftlicher; dazu wird jede DML-Anweisung im Programm durch einen Aufruf an ein zugehöriges vorübersetztes Unterprogramm (Zugriffsmodul) ersetzt. Durch Führen entsprechender Querreferenzen (welcher Zugriffsmodul macht von welchem Schemateil Gebrauch?) kann man bei Schemaänderung leicht ermitteln, welche Zugriffsmoduln ungültig geworden sind. Erst wenn eine Transaktion oder ein Anwenderprogramm ein derartiges ungültiges Unterprogramm aufruft, wird es unter Berücksichtigung des neuen Schemas automatisch neu übersetzt.

Die Charakterisierung der Komponenten eines DBMS hinsichtlich ihrer Bedarfs- und Verfügbarkeitszeiten legt folgende begriffliche Unterscheidungen nahe: Eine *Standardkomponente* eines DBMS ist eine Komponente, deren Bedarfszeit sich mit der für die DML-Operatoren überlappt. Eine *Dienstleistungskomponente* ist jede andere Komponente der DBMS. Ein *System für den Normalbetrieb* besteht aus allen Komponenten, deren Verfügbarkeitszeit sich mit der der Standardkomponenten deckt. Ein *Dienstsystem* (utility) enthält Dienstleistungskomponenten, deren Verfügbarkeitszeit nicht mit der des Systems für den Normalbetrieb übereinstimmt. Im Idealfall der Identität von Bedarfs- und Verfügbarkeitszeit enthält das System für den Normalbetrieb ausschließlich Standardkomponenten.

Es ist also sinnvoll, an den Anfang der Architekturüberlegungen die Aufteilung der Komponenten nach Standard- und Dienstleistungsverwendung vorzunehmen. Die Aufteilung kann von einem System zum anderen differieren. Beispielsweise kann in einem System, das die Schemadefinition dem Datenbankadministrator vorbehält, diese über ein Dienstsystem abgewickelt werden, während sie bei interaktiver Schemadefinition durch den Benutzer, wie dies etwa bei SQL möglich ist [DATE81a], Bestandteil des Systems für den Normalbetrieb ist.

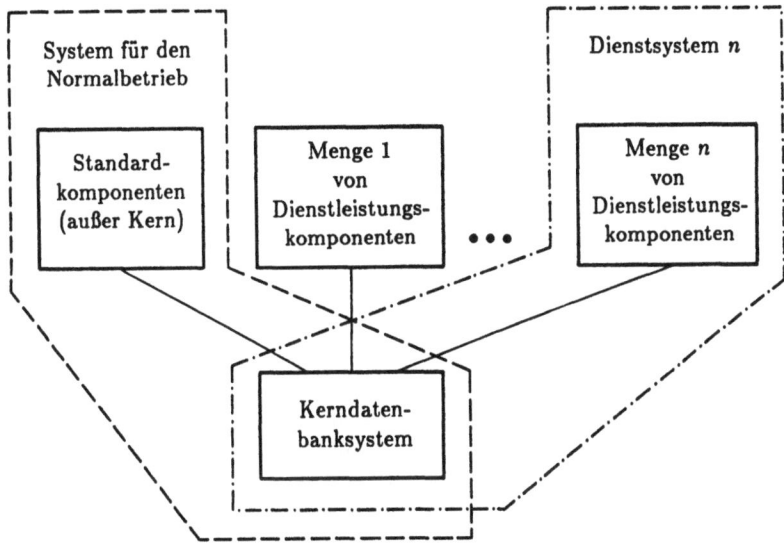

Bild 2.3 System für den Normalbetrieb und Dienstsysteme

Die Datenbankkomponenten, die dem System für den Normalbetrieb und allen Dienstsystemen gemeinsam sind, bilden das *Kerndatenbanksystem*.

Zeitliche Gesichtspunkte führen also zu einer etwas andersartigen Grobarchitektur (Bild 2.3) als die Betrachtung der Aufgabenverteilung allein. So wird man beispielsweise Funktionen des Kerndatenbasisverwalters aus Bild 2.2 im Kerndatenbanksystem, im System für den Normalbetrieb und sogar in Dienstsystemen (etwa für die Massendatenein-/-ausgabe) wiederfinden. Über Dienstsysteme wird typischerweise ein Großteil der Steuerdatenbearbeitung und der Datenbankadministrationshilfen abgewickelt.

2.2 Entwurfsmethoden

2.2.1 Entwurfsziele und -grundsätze

Aufgabe des Entwurfs ist es, die Bausteine zu ermitteln, die die Architektur eines Datenbanksystems ausmachen, und ihr Zusammenwirken so zu regeln, daß die Systemdefinition erfüllt wird. Diese Aufgabe ist ganz allgemein ein Problem der Softwarekonstruktionstechnik, so daß wir uns auf die dort empfohlenen Entwurfsmethoden abstützen können. Man geht beim Entwurf dabei grundsätzlich so vor, daß die Gesamtaufgabe schrittweise in eine Reihe einfacher und überschaubarer Einzelaufgaben zerlegt wird, die sich jeweils von einem Programmbaustein beschränkter Größe erledigen lassen. Indem man die Zusammenarbeit zwischen den Bausteinen zur Erfüllung der Gesamtaufgabe untersucht, kann man Aussagen zur Brauchbarkeit und Qualität der Zerlegung machen und ggf. Korrekturen anbringen.

Der Entwurfsprozeß ist ein konstruktiver und schöpferischer Vorgang, der es zuläßt, daß für dieselbe Systemdefinition zahlreiche unterschiedliche Architekturen entstehen können. Das gilt auch für den Datenbankbereich, für den sich bisher keine Standardarchitektur hat durchsetzen können, die über die grobe Strukturierung aus Abschnitt 2.1.2 und 2.1.3 hinausgeht (einige in größerem Kreis bekannt gewordene Vorschläge behandelt Abschnitt 2.4). Gegenstand des vorliegenden Abschnittes kann es deshalb nur sein, kurz auf einige unterschiedliche Vorgehensweisen einzugehen und die Eigenschaften, die von Programmbausteinen (im folgenden *Moduln* genannt) gefordert werden, zu skizzieren.

Ross, Goodenough und Irvine [ROSS75] nennen folgende Entwurfsgrundsätze:

1. Abstraktion

Hinter diesem Grundsatz verbirgt sich die Forderung, sich bei jedem Entwurfsschritt auf das Wesentliche zu konzentrieren und als unwesentlich erachtete Details zu ignorieren. Bei jedem Entwurfsschritt muß also entschieden werden, was man als wesentlich ansehen will. Abstraktion ist einmal bei der Zerlegung erforderlich, da man offensichtlich nur schrittweise detailliert und auch am Ende der Zerlegung noch gewisse Details außer acht gelassen hat. Abstraktion spielt ebenso bei der

Überprüfung und Korrektur der Zerlegung eine Rolle, da man durch Weglassen gewisser Details Gemeinsamkeiten aufdeckt und so zu andersartigen Zusammenfassungen kommen kann.

2. Lokalisierung

Darunter ist der Versuch zu verstehen, zusammengehörige Dinge auch physisch zusammenzufassen. Ein Beispiel hierfür ist die Zusammenfassung eng verzahnter Prozeduren in einem Modul, so daß eine übermäßige, meist weniger effiziente Kommunikation zwischen verschiedenen Moduln unterbunden wird. Ein anderes Beispiel findet sich in der Zusammenfassung gleichzeitig benötigter Daten in einem physisch kompakt gespeicherten Satz, wodurch die Zahl der E/A-Operationen verringert wird. Das Prinzip der Lokalisierung spielt vor allem bei der Überprüfung einer Zerlegungsstruktur eine wichtige Rolle.

3. Verdecken

Ziel des Verdeckens (engl. information hiding) ist es, bewußt gewisse Details innerhalb des Systems unsichtbar zu machen. Ein typisches Beispiel ist das Verdecken von Teilen des Dateisteuerblockes gegenüber Anwendungsprogrammen durch die Dateiverwaltung. Man kann sich vorstellen, daß in einem Entwurfsprozeß durch Abstraktion die Dateiverwaltungsoperatoren zur Satzbearbeitung bestimmt und durch Lokalisierung alle diese Operationen in einem Modul zusammengefaßt wurden. Nach dem Grundsatz des Verdeckens würde man dann feststellen, daß der Dateisteuerblock außerhalb des Moduls nicht benötigt wird und infolgedessen gegenüber anderen Moduln zu verdecken ist. Mit dem Grundsatz des Verdeckens wird insbesondere die Unabhängigkeit der Modulfunktionen von ihrer Implementierung sichergestellt.

4. Vollständigkeit

Dieses Prinzip soll sicherstellen, daß die Funktionen auf einem bestimmten Abstraktionsniveau vollständig beschrieben sind und nichts Wichtiges weggelassen wurde. Typische Unterlassungssünden sind etwa fehlende Angaben darüber, wie in gewissen Ausnahmesituationen zu verfahren ist, oder ob und wie ein Anfangszustand definiert ist.

5. Verifizierbarkeit

Jeder Entwurf muß daraufhin überprüfbar sein, ob er die ursprüngliche Aufgabenstellung erfüllt, und zwar muß dies auch schon gelten, wenn die Moduln selbst noch nicht implementiert worden sind. Der Grundsatz der Verifizierbarkeit verlangt, daß sich die Modularchitektur für die Überprüfung des Entwurfes und ebenso für das spätere Testen auf Funktionsgerechtheit gut eignet.

Die ersten drei Grundsätze sind konstruktiver Art und keineswegs unabhängig voneinander, wie das Beispiel unter 3. zeigt. Ziel ihrer Anwendung ist die *Modularität* eines Softwaresystems. Darunter versteht man die nichtzufällige Unterteilung eines Programmsystems in Moduln, die so beschaffen sein sollen, daß sie so unabhängig wie nur immer möglich voneinander sind. Diese Unabhängigkeit wird erreicht, indem jeder Modul bei der Beschreibung seiner Wirkung keinerlei über die Schnittstelle hinausgehenden Annahmen über die anderen Moduln macht, so daß das Zusammenwirken mehrerer Moduln ausschließlich durch Kommunikation über ihre Schnittstellen erfolgt.

Die letzten beiden Grundsätze haben nicht die Modularität als solche zum Ziel, sondern die Analysierbarkeit eines nach den oben genannten Grundsätzen entworfenen Systems.

Die Grundsätze lassen sich nur durchsetzen, wenn sprachliche Mittel zur Verfügung stehen, die die Anwendung der Grundsätze nahelegen, in denen sich also die dieserart erzielten Entwürfe auf natürliche Weise ausdrücken lassen. Ein Beschreibungsmittel muß Rückschlüsse darauf zulassen, wie der Grundsatz des Lokalisierens und des Verdeckens sinnvoll anzuwenden ist, und es muß Prüfung auf Vollständigkeit unterstützen. Andererseits darf es nur solche Konzepte auszudrücken erlauben, die dem gewählten Abstraktionsniveau entsprechen, es muß Widersprüche verhindern helfen und darf die Implementierung nicht präjudizieren. Idealerweise sollte ein Beschreibungsmittel nicht nur diese Forderungen erfüllen, sondern auch auf allen Abstraktionsebenen des Entwurfs gleichermaßen einsetzbar sein (Grundsatz der Uniformität).

2.2.2 Modulklassen

Die Anwendung der Grundsätze aus Abschnitt 2.2.1 läßt durchaus noch erhebliche Spielräume bei der Modularisierung zu. Eine weitere Systematisierung des Modulbegriffs ist daher nützlich. Zunächst folgern Goos und Kastens [GOOS78] aus diesen Grundsätzen,

- daß Moduln Schnittstellen besitzen sollen, über die so wenige Größen als irgend möglich transportiert werden,
- daß sie zusammengehörige Funktionen auch gemeinsam einschließen,
- daß die Festlegung der Modulfunktionen und damit auch die Überprüfung der Modulimplementierung auf deren Erfüllung mit einem Minimum an Annahmen über seine Umgebung erfolgen kann,
- daß die Modulgröße überschaubar ist, und
- daß ein Modul getrennt übersetzbar sein soll.

Goos und Kastens geben des weiteren eine Reihe von Modulkategorien an, von denen uns hier die folgenden interessieren:

1. Moduln mit einer einzigen Funktion und mit nur einem äußerlich erkennbaren Zustand.
   Die meisten mathematischen Funktionen und numerischen Algorithmen fallen in diese Kategorie.
2. Moduln mit einer einzigen Funktion und mehreren äußerlich erkennbaren Zuständen.
   In derartigen Moduln ist das Ergebnis abhängig von früheren Aufrufen. Sie müssen zu diesem Zweck über ein internes Gedächtnis verfügen, das nach

dem Grundsatz des Verdeckens an der Schnittstelle unsichtbar bleiben soll („Moduldaten"). Klassisches Beispiel für einen Modul aus dieser Kategorie sind Zufallszahlengeneratoren.

3. Moduln mit einer Menge von Funktionen, die ein gemeinsames Datenobjekt manipulieren; die Moduln verfügen zwangsläufig über mehrere äußerlich erkennbare Zustände („Datenabstraktionen").

Hier wirken die Grundsätze der Abstraktion, der Lokalisierung und des Verdeckens zusammen, da nicht nur mehrere zusammengehörige Funktionen vereinigt werden, sondern das gemeinsame Objekt einschließlich seiner Struktur auch nach außen verdeckt wird. Zugänglich ist diese Struktur ausschließlich über die Operatoren an der Schnittstelle. Beispiele hierfür sind einmalig auftretende Datenobjekte wie das Datenbasisschema oder einmalige Zugriffspfade wie Kataloge. Auch ein Datenbankverwaltungssystem kann aus Benutzersicht dieser Kategorie zugeordnet werden, sofern es nur mit einer Datenbank umzugehen vermag.

4. Moduln mit einer Menge von Funktionen, die eine Menge von Objekten in gleicher Weise manipulieren („Abstrakte Datentypen").

Auch hier wirken Abstraktion und Lokalisierung als Entwurfsgrundsätze zusammen. Moduln dieser Kategorie finden sich in zweierlei Verwendungsformen:

(a) Der Modul dient als Muster, aus dem potentiell beliebig viele Exemplare erzeugt werden können, die dann jeweils einem Modul der Kategorie 3. entsprechen („Typmodul"). Alle Exemplare verfügen demzufolge über die gleiche Schnittstelle und gleich strukturierte Daten sowie über ihre eigenen Objekte.

(b) Der Modul selbst realisiert die Objektmenge. Das zu manipulierende einzelne Datenobjekt muß bei allen Operatoraufrufen genannt werden, außerdem sind als Bestandteil des Moduls Operatoren zum Erzeugen und Vernichten der einzelnen Objekte erforderlich (es sei denn, eine feste Objektzahl wird gewünscht) .

Beispiele sind mehrfach auftretende gleichartige Datenobjekte wie etwa mehrere Dateien nach derselben Zugriffsmethode oder mehrere B-Bäume als Zugriffspfade für verschiedene Attribute oder Relationen, wobei angesichts der Programmgrößen die Variante (b) dominiert.

Die Unterscheidung in die verschiedenen Modulkategorien ist zunächst unter Entwurfsgesichtspunkten von Interesse. Im Allgemeinfall werden nämlich die Bausteine des Gesamtsystems unterschiedlichen Kategorien angehören. Für die Implementierung stehen – je nach Implementierungssprache – keineswegs immer alle Kategorien zur Verfügung. Der Entwurf macht dann klar, an welchen Stellen und unter welchen Folgen „Notlösungen" gefunden werden müssen. Steht andererseits für die Implementierung ein Konzept zur Verfügung, mit dem Moduln der Kategorie 4 realisiert werden können, so sind mit diesem auf einheitliche Weise auch die anderen Modulkategorien erfaßt; sie stellen die folgenden Spezialfälle dar:

Kategorie 1: genau eine Funktion / keine Moduldaten

         2: genau eine Funktion / Moduldaten

         3: es wird genau ein Exemplar erzeugt

Ein geeignetes Konzept zur Realisierung von Moduln, angeboten durch die Realisierungssprache oder durch das Betriebssystem, stellt demzufolge für den Entwickler von Datenbanksystemen ein wichtiges Handwerkszeug dar. Ist es nicht vorhanden, müssen die entworfenen Moduln mittels Programmen und Dateien üblicher Bauart implementiert werden. Die Einhaltung der Moduleigenschaften erfordert dann die Einhaltung fester Programmierrichtlinien (und ist damit weit schwächer als die Überwachung durch Sprach- oder Betriebssystem).

Für gegenwärtig auf dem Markt befindliche Datenbanksysteme trifft die letzte Bemerkung voll und ganz zu; sie sind zudem nur sehr wenig modularisiert. Fortschritte in der Softwaretechnologie einschließlich der Abkehr von der Verwendung niederer Programmiersprachen lassen für zukünftige Datenbanksysteme eine bessere Produktqualität erwarten.

Erwähnt sei schließlich, daß die in Abschnitt 2.1.1 eingeführten generischen Operatoren nicht unmittelbar durch die vier Modulkategorien erfaßt werden, da die Typen der Parameter (zumindest in Grenzen) noch offen sind. Man kann jedoch parametrisierte Moduln einführen, die sich genauso kategorisieren lassen und aus denen bei Ersatz der Typparameter durch Typen die entsprechenden Moduln entstehen (ein einfaches Beispiel findet sich in Abschnitt 2.3.1).

2.2.3 Hierarchische Zerlegung

Der Prozeß der hierarchischen Zerlegung stellt den Grundsatz der Abstraktion zur unmittelbaren Bestimmung der Modulstruktur in den Vordergrund. Man geht von der Funktionsbeschreibung des Gesamtsystems aus und versucht, das System in eine begrenzte Zahl von Teilsystemen zu zerlegen, die gemeinsam wieder die ursprüngliche Funktionsbeschreibung erfüllen. Für jedes der so erhaltenen Teilsysteme wiederholt man den Vorgang erneut. Dies setzt sich so lange fort, bis man Teilsysteme erhält, denen man nur noch einen Algorithmus zuordnen kann oder will.

Ergebnis dieses Prozesses ist eine Hierarchie von Knoten. Wesentlich ist, daß die Hierarchie auf einer einzigen Relation beruht, z.B. „ruft auf" oder „hat als Bestandteil" (eine Liste denkbarer Relationen findet sich bei [PARN74]). Je nach der Art der Relation erfahren auch die Knoten eine unterschiedliche Deutung. Handelt es sich um eine Aufrufhierarchie, so stellt jeder Knoten einen Modul dar, der einen Teil der Aufgabe durch ein mit ihm verbundenes Programm, den Rest durch Aufruf von Funktionen anderer Moduln erledigt. Bei einer Bestandteilshierarchie hingegen bilden zunächst nur die Blätter der Hierarchie die Moduln. Die Zwischenknoten brauchen physisch im System überhaupt nicht zu existieren (sie sind dann nur Zwischenschritte im Entwurf), können aber auch Moduln bilden, die nach oben nur einen Teil der Funktionen ihrer darunterliegenden Moduln sichtbar machen. Im Gegensatz zur Aufrufhierarchie sind aus der Bestandteilshierarchie die Aufrufabhängigkeiten nicht ohne weiteres ersichtlich.

Für den ersten Entwurfsdurchgang empfiehlt es sich, eine Bestandteilshierarchie zu entwickeln. Ein Rahmen für die Zerlegung wird in [STEV74] als STS-Zerlegung („source/transformation/sink") angegeben. Er beruht darauf, den Datenfluß durch das Gesamtsystem zu untersuchen und die dabei auftretenden Transformationen zu identifizieren [BALZ82]. Im einzelnen läuft eine Zerlegung in folgenden Schritten ab:

1. Auflisten der Hauptarbeitsschritte,
2. Feststellen der Eingabe- und Ausgabedatenströme,
3. Wahl des Haupteingabe- und des Hauptausgabedatenstroms; beide bestimmen gemeinsam den Datenfluß für die weitere Untersuchung,
4. Anordnen der Hauptarbeitsschritte in der durch den Datenfluß bestimmten Reihenfolge,
5. Identifizieren derjenigen Stelle in der Folge, an der der Eingabedatenstrom zum letzten Mal als Einheit gesehen werden kann, ebenso derjenigen Stelle, an der der Ausgabedatenstrom zum ersten Mal als Einheit anzusehen ist,
6. Benutzen dieser Stellen als Teilungspunkte, die das Gesamtsystem in die drei Bestandteile Quelle, Transformation und Senke zerfallen,
7. Für jeden dieser drei Bestandteile wird das Verfahren wiederholt usw.; dabei können auch die in Schritt 3 ausgeklammerten Datenströme Verwendung finden.

Die Vorgehensweise soll an einem einfachen Beispiel illustriert werden (in Anlehnung an [MYER78]), dem Grobentwurf der Anfragebearbeitungskomponente eines Datenbanksystems.

1. Eine erste Überlegung führe auf folgende Hauptarbeitsschritte:
   - Eingabe einer Benutzeranfrage in einer interaktiven Anfragesprache
   - Umformung der Anfrage in die vom Kerndatenbasisverwalter geforderte Form
   - Abarbeitung der Anfrage
   - Zusammenstellen der Ergebnisse zu Ausgabeeinheiten
   - Anzeige der Ergebnisse
2. Eingabedatenströme sind
   - Benutzeranfragen
   - Benutzerrechte
   - Datenbasisschema
   - Datenbasis

   Ausgabedatenströme sind
   - Ergebnisanzeige
   - Anfrageprotokolle
3. Das System wird aktiviert durch die Benutzeranfragen, daher wollen wir diese als Haupteingabedatenstrom ansehen. Aufgabe des Systems ist die Anzeige der Ergebnisse, nicht die irgendwelcher Protokollstatistiken, so daß die Ergebnisanzeige den Hauptausgabedatenstrom bildet.
4. Demzufolge lassen sich die Hauptarbeitsschritte in die Reihenfolge nach Bild 2.4 bringen.
5. Wie schon der Bezeichnung der Hauptarbeitsschritte unschwer zu entnehmen ist, tritt der Eingabestrom erkennbar und ganzheitlich zum letzten Mal an der Stelle C und der Ausgabestrom zum ersten Mal an der Stelle D zutage.

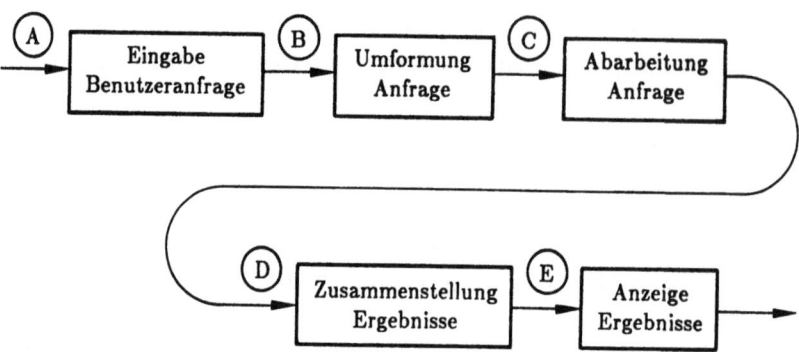

Bild 2.4 Zerlegung der Auftragsbearbeitung

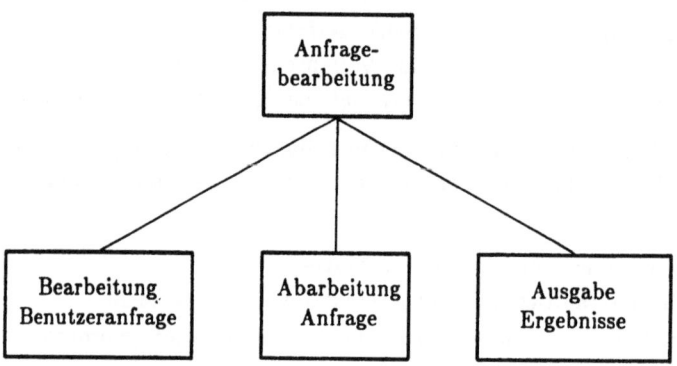

Bild 2.5 Ergebnis der Zerlegung aus Bild 2.4

6. Diese beiden Stellen bestimmen daher die Auftrennung des Gesamtsystems: die ersten beiden Arbeitsschritte bilden ein neues Teilsystem „Bearbeitung Benutzeranfrage" (Quelle), die letzten beiden ein Teilsystem „Ausgabe Ergebnisse" (Senke), während der mittlere Schritt für sich ein Teilsystem bildet (Transformation). Bild 2.5 gibt dieses Ergebnis wieder.

Bevor man als nächstes die so gewonnenen Teilsysteme weiter zerlegt, sollten deren Schnittstellen genau festgelegt werden (siehe Abschnitt 2.3). Weiterhin kann man Vereinbarungen darüber treffen, wie die Menge der Nachfolger zu einem Knoten zu interpretieren ist. So soll etwa eine Darstellung wie die in Bild 2.5 besagen, daß die Komponenten in der gezeigten Folge von links nach rechts zu durchlaufen sind. Andere Ablaufmöglichkeiten wie z.B. Wiederholung oder Fallunterscheidung sollten sich ebenfalls ausdrücken lassen (siehe hierzu [YOUR79], wo noch eine Reihe weiterer Techniken zur Zerlegung zu finden sind).

Ein auf diese Weise gewonnener Entwurf kann nun nach weiteren der in Abschnitt 2.2.1 genannten Grundsätze beurteilt werden. Je nach dem Gewicht, das man einzelnen dieser Grundsätze zubilligt, wird man diesen Entwurf abändern, beispielsweise indem man nach Lokalitäts- und Verdeckungsgesichtspunkten bestimmte Endknoten zu neuen Zwischenknoten zusammenfaßt und diese dann wieder zerlegt. Schließlich läßt sich aus dieser Hierarchie auch eine Aufrufhierarchie ableiten.

2.2.4 Systemschichtung

Die Systemschichtung zielt nicht unmittelbar auf die Modulstruktur, sondern wendet den Grundsatz der Abstraktion als Vorstufe zur Lokalisierung und zum Verdecken an. Zentraler Begriff ist der der *abstrakten Maschine*, die eine Menge von Ressourcen (Daten, Operatoren) als ihre Schnittstelle anbietet.

Für den Entwurf sind zwei derartige Maschinen und damit Schnittstellen vorgegeben: das zu entwerfende Gesamtsystem und die „Basismaschine", auf der das System letztendlich zu realisieren ist. Diese beiden Maschinen liefern den Rahmen, innerhalb dessen sich der Entwurf abspielt. Die Basismaschine kann ein realer Rechner mit seinen Maschinenoperatoren sein. Üblich ist es allerdings, daß man sich bei der Realisierung der Betriebssystemfunktionen (einschl. Dateiverwaltung) sowie niederer oder höherer Systemprogrammiersprachen bedient, so daß auch die Basismaschine schon abstrakten Charakter besitzt.

Geht man nun davon aus, daß die unmittelbare Realisierung der Gesamtsystemschnittstelle mittels der Basismaschine zu kompliziert ist, um in einem Schritt ausgeführt zu werden, so besteht die Entwurfsaufgabe darin, eine Reihe von Zwischenschnittstellen einzuführen, die ihrerseits abstrakte Maschinen darstellen. Die Realisierung besteht dann darin, jede abstrakte Maschine auf die unmittelbar darunterliegende abzubilden und auf diese Weise die gesamte Realisierung in eine Folge von mehreren überschaubaren Realisierungsschritten zu zerlegen. Die Abbildung einer Maschine auf eine andere kann dann beispielsweise wieder nach dem in Abschnitt 2.2.3 beschriebenen Verfahren entworfen werden, wobei die Beschreibung der abstrakten Maschine bereits Hinweise für Lokalisierung und Verdecken gibt. Bild 2.6 illustriert die Vorgehensweise. Ein klassisches Beispiel für eine Zwischenschnittstelle ist der blockorientierte Zugriff in einer satzorientierten Dateiverwaltung.

Neben der Untergliederung des Entwurfs- und Realisierungsprozesses spielen bei der Schichtung noch eine Reihe weiterer Gesichtspunkte eine Rolle.

- *Anpassungsfähigkeit.* Schnittstellen, die neuen Anforderungen genügen müssen, lassen sich rascher einrichten, wenn man auf bereits realisierte Zwischenschnittstellen oberhalb der Basismaschine zurückgreifen kann. Diese Überlegung ist keineswegs neu – sie stand schon Pate bei der Einführung der Dateiverwaltung oder der Datenbanksysteme selbst. Sie gilt aber genauso für die Architektur von Datenbanksystemen: es ist nicht einzusehen, warum es nicht möglich sein soll, für ein relationales, ein Netzwerk- und ein Information-Retrieval-System eine gemeinsame Basis zu entwickeln.

- *Übertragbarkeit.* Soll ein Datenbanksystem von einer Anlage zu einer anderen portiert werden, so muß lediglich der Teil neu realisiert werden, der unterhalb der tiefsten Zwischenschnittstelle liegt, in der der Wechsel nicht mehr aufscheint.

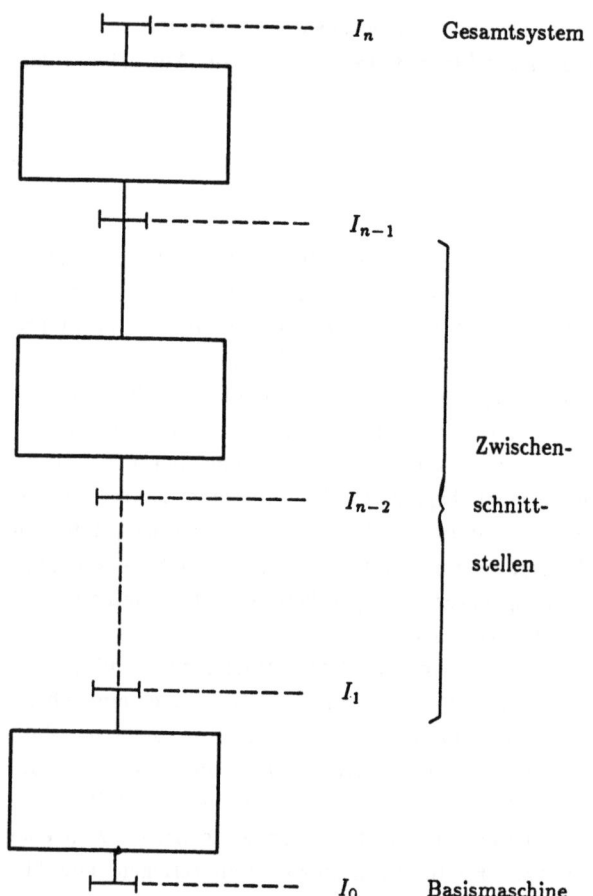

Bild 2.6 Hierarchie abstrakter Maschinen

So trivial dieses Ziel erscheinen mag: Die geringe Übertragbarkeit sehr vieler Datenbanksysteme deutet daraufhin, daß es nicht leicht zu erreichen ist.

- *Unterschiedlicher Spezialisierungsgrad.* Systemprogrammierer benötigen andere Datenverwaltungsschnittstellen als Anwendungsprogrammierer und diese wieder andere als Sachbearbeiter in Fachabteilungen. Auch hier ist es ein Gebot der Wirtschaftlichkeit, für die Realisierung höherer Schnittstellen auf tiefere zurückzugreifen, die als solche ebenfalls benötigt und realisiert werden.

Aus diesen Gesichtspunkten folgt, daß nicht alle Zwischenschnittstellen erst im Rahmen des Entwurfs – sozusagen im „freien Raum" – entstehen können. Vielmehr werden sie häufig durch Benutzeranforderungen von außen vorgegeben, oder sie entstehen aus Überlegungen heraus, welche zukünftigen Änderungen und Ergänzungen man erwartet und wie man ihren Einfluß auf das System begrenzen kann. Darüber hinausgehende „kochrezeptartige" Verfahren zur Erstellung von Zwischenschnittstellen existieren leider nicht.

Was aber ist nun eine abstrakte Maschine, durch welche Eigenschaften zeichnet sie sich aus? Da der Begriff der Maschine auf alle Stufen der Hierarchie einschließlich der untersten, der der realen Maschine, passen muß, liegen als Bestandteile nahe

- eine Menge von Datentypen, d.i. eine Menge von Objektmengen und darauf definierten Operatoren,
- Funktionen zur Ablaufkontrolle, z.B. Sequenz, Verzweigung, Wiederholung, Prozedurkonzept.

Beides zusammen bildet die Ressourcen, die die Maschine zur Verfügung stellt.

Damit Anpassungsfähigkeit, Übertragbarkeit, unterschiedliche Spezialisierung sowie Entkopplung von Gebrauch und Realisierung erreicht werden können, muß eine Folge von Schnittstellen gewissen Forderungen genügen [GOOS75]:

Seien $I_0, I_1, ..., I_n$ Schnittstellen mit I_0 als der untersten und I_n als der höchsten Schnittstelle.

1. Ressourcen, die I_i zur Verfügung stellt, bilden eine vollständige Grundlage für die Realisierung von I_{i+1}, d.h. zur Realisierung von I_{i+1} darf nicht auf Eigenschaften von I_j, $j < i$, zurückgegriffen werden.
2. Ressourcen dürfen unverändert von I_i nach I_{i+1} übernommen werden, vorausgesetzt, daß sie nicht zur Realisierung einer neuen Ressource auf I_{i+1} beitragen.

Eine offensichtliche Folgerung ist, daß man die Korrektheit der Lösung eines Problems dadurch beweist, daß man die Korrektheit der Implementierung von I_0 und zusätzlich die Korrektheit der Implementierung jedes I_{i+1} auf I_i beweist.

Die Beweisidee für einen Schritt von Schnittstelle I_i (als korrekt implementiert vorausgesetzt) nach I_{i+1} ist grob die folgende [YEH77]. Seien S_i und S_{i+1} die Menge der Zustände, die die Maschinen mit den Schnittstellen I_i und I_{i+1} einnehmen können. Da I_{i+1} durch I_i realisiert wird, muß jeder Zustand aus S_{i+1} auf (mindestens) einen Zustand aus S_i zurückgeführt werden können („Maschine i befindet sich im Zustand x, wenn sich Maschine i+1 im Zustand y befindet"). Umgekehrt darf es zu einem Zustand $s_i \in S_i$ aber höchstens einen Zustand $s_{i+1} \in S_{i+1}$ geben. Es darf also auf Ebene i+1 nicht mehrere Interpretationen ein und desselben Zustandes s_i geben, aber es ist durchaus denkbar, daß es im Laufe der Abarbeitung einer Operation auf Ebene i+1 zu einem Zustand s_i auf Ebene i kommt, für den es beispielsweise aus Konsistenzgründen gar keine „legale" Entsprechung in S_{i+1} geben kann. Dementsprechend gibt es eine partielle Zustandsabbildung $\Phi_i : S_i \rightarrow S_{i+1}$, die gerade durch die Realisierung der betrachteten Schicht (genaugenommen deren lesende Operatoren) gegeben ist.

Sei nun $\{ f_{i+1}^1, f_{i+1}^2, ..., f_{i+1}^k \}$ die Menge aller auf Datentypen von I_{i+1} erklärten, zustandsändernden Operatoren. Seien $P_i^1, P_i^2, ..., P_i^k$, die Programme, die unter Verwendung der Ressourcen von I_i die Operatoren f_{i+1}^j implementieren. Dann muß die Schicht das kommutative Diagramm in Bild 2.7 erfüllen ($s_i, s_i' \in S_i$, $s_{i+1}, s_{i+1}' \in S_{i+1}$).

Nachzuweisen ist also: Sei die Datenbank im Zustand s_i. Aus der Sicht der Schnittstelle i+1 entspricht dem ein Datenbankzustand $s_{i+1} = \Phi_i(s_i)$, der durch die Operation $f_{i+1}^j(s_{i+1})$ in den neuen Zustand $s_{i+1}' = f_{i+1}^j(\Phi_i(s_i))$ überführt wird. Realisierung der Schnittstelle bedeutet, daß tatsächlich das f_{i+1}^j entsprechende

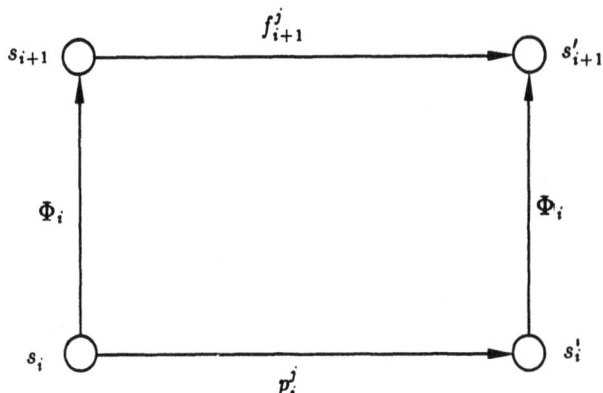

Bild 2.7 Kommutatives Diagramm für den Korrektheitsbeweis

Programm P_i^j auf s_i angewandt wird, das den neuen Zustand s_i' wirkt, der an der Schnittstelle i+1 als $s_{i+1}' = \Phi_i(s_i')$ sichtbar wird. Korrekte Implementierung liegt also vor, wenn

$$f_{i+1}^j(\Phi_i(s_i)) = \Phi_i(P_i^j(s_i))$$

Die Erfüllung der Korrektheitsforderung ist nicht trivial (siehe hierzu die umfangreiche Literatur zum sog. View Update-Problem [BANC81]).

Wir bezeichnen im folgenden eine Schnittstelle I_i ($0 \leq i \leq n$) als eine *Ebene* der Systemarchitektur und die Menge der P_i^j zusammen mit Φ_i, die die Realisierung von I_{i+1} mit den Mitteln von I_i besorgen, als eine *Schicht*.

2.2.5 Objektorientierte Zerlegung

Die objektorientierte Zerlegung (so benannt nach Baroody und de Witt [BARO81]) ist die anspruchsvollste aller Entwurfsmethoden, weil sie Abstraktion, Lokalisierung und Verdecken unmittelbar zu verbinden sucht. Ihr Ziel ist es, Moduln zu erhalten, die weitgehend Datenabstraktionen oder abstrakte Datentypen sind. Das gesamte System soll also ausschließlich aus Moduln der Kategorien 3 oder 4 bestehen. Ausgangspunkt sind daher grundsätzlich die Datentypen einer gegebenen Schnittstelle.

Die objektorientierte Zerlegung ist bisher nicht über einfache Versuche hinausgekommen, so daß es bis heute keine Entwurfstechnik gibt, die unmittelbar auf Moduln der angegebenen Kategorien führt. Die Vorteile der objektorientierten Zerlegung werden jedoch eindrucksvoll an einem Beispiel von Parnas aufgezeigt [PARN72b]. Insgesamt sollte man gerade bei Datenbanksystemen, bei denen ja auf allen Ebenen des Entwurfs die Verwaltung irgendwelcher Datenobjekte im Vordergrund steht, eine besondere Eignung der objektorientierten Zerlegung erwarten.

2.2.6 Zusammenhänge der Entwurfsmethoden

Jede Entwurfsmethode dient letztlich dazu, dem Entwerfer ein zielgerichtetes, planvolles Arbeiten zu ermöglichen. Da sich die einzelnen Entwurfsbausteine auch im fertigen Produkt widerspiegeln, erhält dieses eine Übersicht, Verständlichkeit und Wartungsfreundlichkeit fördernde Struktur. Insofern widersprechen sich die einzelnen vorgestellten Methoden nicht, sie können durchaus nebeneinander verwendet werden. *Eine* empfehlenswerte Vorgehensweise lautet wie folgt:

1. Systemschichtung,
2. Hierarchische Zerlegung der Abbildung zwischen den Schichten,
3. Überarbeitung dieser einzelnen Zerlegungsstrukturen auf Lokalisieren und Verdecken hin.

Die Modularisierung findet hierbei innerhalb der Schichten statt; schichtübergreifende Moduln werden vermieden.

Schließlich ist weiterhin die in Abschnitt 2.1 erhaltene Grobarchitektur zu berücksichtigen: die genannten Schritte können etwa für jedes Dienstsystem und das System für den Normalbetrieb unabhängig angewendet werden, wobei jeweils das Kerndatenbanksystem als gegebene untere Schnittstelle vorausgesetzt wird.

2.3 Schnittstellen

2.3.1 Schnittstellenspezifikation

Jedes Ergebnis eines Entwurfsschrittes – Zwischenknoten oder Modul bei der hierarchischen Zerlegung, Schicht bei der Systemschichtung – muß in seinem funktionalen Verhalten genau beschrieben sein. Mit „funktionalem Verhalten" ist dabei die unmittelbar oder mittelbar nach außen sichtbare Reaktion auf Eingaben gemeint. Nur auf diese Weise läßt sich die Zerlegung überhaupt steuern, und nur auf diese Weise kann man die Korrektheit eines Entwurfes definieren und überprüfen. Diese Aussage trifft natürlich insbesondere auf das Gesamtsystem selbst zu, d.h. auf die ursprüngliche Systemdefinition bestehend aus dem Datenmodell und allen Dienstleistungsfunktionen.

Jedes System, jeder Systemteil und speziell jeder Modul kann unter zwei Blickwinkeln betrachtet werden. Der erste ist der des Modulbenutzers, der sich für die Interna des Moduls nicht interessiert und völlig zufrieden ist, ihn als „schwarzen Kasten" anzusehen, vorausgesetzt er führt alle verlangten Tätigkeiten in einer vorher bestimmten Weise aus. Der zweite ist der des Modulkonstrukteurs, der dafür zu sorgen hat, daß der Modul das funktionale Verhalten unabhängig von seiner Nutzung auch realisiert, und der dazu das Innere des Kastens konzipiert oder überprüft („gläserner Kasten"). In beiden Fällen ist natürlich das funktionale Verhalten dasselbe; wir gehen deshalb im folgenden davon aus, daß auch in beiden Fällen dasselbe Beschreibungsverfahren Anwendung findet.

Die Beschreibung des funktionalen Verhaltens muß zwei Aspekten Rechnung tragen: auf der einen Seite der äußeren Form, in der Nachrichten (Daten und Aufträge) zwischen dem Modul und seiner Umwelt ausgetauscht werden (Syntaxbeschreibung), und auf der anderen Seite der Bedeutung, die den Daten zugeordnet wird, und den Auswirkungen, die die Ausführung der Aufträge hat (Semantikbeschreibung). Äußere Form und Bedeutung aller Nachrichten insgesamt bilden die „Schnittstelle" des Moduls zu seiner Umwelt. Die Beschreibung einer Schnittstelle als Vorgabe für Realisierung und Verwendung eines Moduls nennen wir „Schnittstellenspezifikation".

Nach Parnas [PARN72a] soll eine Schnittstellenspezifikation die folgenden vier Eigenschaften aufweisen:

1. Sie muß dem Modulbenutzer alle Informationen vermitteln, die er zum Gebrauch des Moduls benötigt, und nur diese.
2. Sie muß dem Konstrukteur alle Informationen bieten, die er für die Realisierung des Moduls benötigt, und nur diese; sie soll also insbesondere nichts über die den Modul benutzende Umgebung aussagen und keine bestimmte Implementierung präjudizieren.
3. Sie sollte hinreichend formal sein, um sie mechanisch auf Widerspruchsfreiheit, Vollständigkeit und evtl. weitere Eigenschaften überprüfen zu können.
4. Sie sollte sich einer Notation und Terminologie bedienen, die aus dem Erfahrungsbereich des Modulbenutzers und/oder Modulkonstrukteurs stammt, damit sie von diesem Personenkreis leicht gehandhabt und verstanden werden kann.

Die ersten beiden Forderungen sind die Grundlage aller heutigen Methoden für die Schnittstellenspezifikation. Forderungen 3. und 4. stehen hingegen in einem gewissen Widerspruch zueinander, und die verschiedenen Methoden unterscheiden sich deutlich hinsichtlich der Betonung dieser beiden Forderungen.

Die Syntaxbeschreibung wirft naturgemäß wenig Probleme auf. Sie sollte im wesentlichen folgende Angaben machen (vgl. [BALZ82, LISK80]):

1. Name des Moduls
2. Modulkategorie
3. Liste der „exportierten" (von außen aufrufbaren) Operatoren (Name, formale Parameter und deren Typen) einschl. Liste der Ausnahmezustände.
4. Liste der exportierten Typvereinbarungen (insbesondere Name, unter dem der durch den Modul verkörperte abstrakte Datentyp angesprochen werden kann).
5. Liste der „importierten" (vom Modul benötigten, weil aufgerufenen) Operatoren.

Beispielsweise könnte die Syntaxbeschreibung für die Manipulation von Member-Exemplaren eines bestimmten CODASYL-Set-Types folgendes Aussehen haben (stark vereinfacht):

```
module optional_manual_set_s1;
category is abstrakter_datentyp;
defines   % Export %
  type optional_manual_set_s1 is private;
    % Realisierung verdeckt %
  proc insert (s: optional_manual_set_s1; r: member_record_typ_r1)
    returns none
    modifies s
    signals schluessel_bereits_vorhanden;
```

```
    proc remove (s: optional_manual_set_s1; k: schluessel)
      returns none
      modifies s
      signals schluessel_nicht_vorhanden;
    proc fetch (s: optional_manual_set_s1; k: schluessel)
      returns member_record_typ_r1
      signals schluessel_nicht_vorhanden;
  applies from member_record_typ_r1 % Import %
    proc give_key;
  end optional_manual_set_s1;
```

Bei Datenbanksystemen ist es allerdings üblich, die Exemplare nicht nur eines Settyps, sondern aller Settypen durch denselben Satz von Operatoren zu manipulieren (generische Operatoren, siehe Abschnitt 2.1.1). Infolgedessen bleibt bei derartigen Moduln der Typ der Parameter noch (zumindest teilweise) offen, und man spricht von einem „parametrisierten Datentyp" oder auch von einem „Typgenerator" als Modulkategorie. Die Syntaxbeschreibung wird dann um eine Liste (Schlüsselwort *generic*) von Typvariablen erweitert. Im vorhergehenden Beispiel:

```
  module optional_manual_set;
  category is parametrisierter_abstrakter_datentyp;
  generic optional_manual_set, member_record_typ;
```

Die wesentlichen Schwierigkeiten bei der Schnittstellenspezifikation rühren jedoch von der Semantikbeschreibung her. Umgangssprachlichen (oder allgemeiner: formlosen) Beschreibungen mangelt es an Präzision, so daß sie sich auch nicht auf formale Kriterien wie Vollständigkeit und Widerspruchsfreiheit prüfen lassen. Formale Beschreibungen werden hingegen schon bei verhältnismäßig einfachen Sachverhalten wie etwa der sequentiellen Abarbeitung einer Datei kompliziert und unübersichtlich und eignen sich deshalb bisher nicht für den Datenbankbereich. Wir werden daher in den nachfolgenden Abschnitten nur so weit auf sie eingehen, daß die wesentlichen Ideen verständlich werden. Es bleibt dann zu überlegen, wie weit man diese Ideen in eine umgangssprachliche Beschreibung einbringen kann.

2.3.2 Formlose Semantikbeschreibung

Bei umgangssprachlichen Beschreibungen hängt es vom Geschick des Entwerfers ab, sie so abzufassen, daß der vorgesehene Leserkreis sämtliche einschlägigen Informationen entnehmen kann. Bessere Verständlichkeit und Anschaulichkeit läßt sich oft durch Verwendung von Tabellen oder Graphiken erreichen. Von der Form her wird jeder exportierte Operator um eine **effect**-Klausel ergänzt, z.B.

proc fetch (s: optional_manual_set_s1; k: schluessel)
returns member_record_typ_1
signals schluessel_nicht_vorhanden
effect Hat als Funktionswert den Satz r vom Typ
member_record_typ_r1 mit give_key(r) = k.
Falls kein solches r gefunden wird, wird
schluessel_nicht_vorhanden angezeigt.

Die Einfachheit des Beispiels sollte nicht darüber hinwegtäuschen, daß selbst formlose Semantikbeschreibungen im Datenbankbereich sehr komplex werden können. Man betrachte hierzu etwa das Netzwerkmodell [CODA71, CODA73, TSIC78]. Allerdings rührt dessen Komplexität noch von einer weiteren Eigenart her. Man muß nämlich gegen Eigenschaft 2. aus Abschn. 2.3.1 verstoßen, wenn man Record-, Set- und Area-Typen über getrennte Schnittstellen erfassen will. Dies liegt u.a. an den manual/automatic- und optional/fixed/mandatory-Optionen: das Einfügen eines Satzes in oder Entfernen aus einer Area kann sich auf mehrere Sets auswirken. Das Resultat eines solchen Auftrags muß demzufolge durch eine Menge von Operationen aus unterschiedlichen Moduln beschrieben werden. Zur Spezifikation muß man deshalb zusätzliche Konzepte wie Trigger [ASTR76] oder Transaktionen (Kapitel 4) einführen.

Eigenschaft 2. hat weiterhin zur Konsequenz, daß keine globalen Variablen (z.B. globale Statusinformationen), die außerhalb des Moduls liegen, abgefragt oder verändert werden können, es sei denn sie werden explizit als Parameter übergeben. Befolgt man Eigenschaft 2., so läßt sich beispielsweise der (bei CODASYL DBTG implizierte) Einfluß durch oder die Beeinflussung von Currency-Indikatoren nicht erfassen.

Das Netzwerkmodell legt also offensichtlich einer Lokalisierung nach Abschnitt 2.2.1 und damit einer objektorientierten Zerlegung erhebliche Hindernisse in den Weg. Die im Beispiel Abschnitt 2.3.1 angedeutete Aufgliederung in unterschiedliche Moduln je nach Optionen trägt diesem Gesichtspunkt insoweit Rechnung, als sie die unterschiedliche Semantik der Set-Operationen in Abhängigkeit von den Optionen berücksichtigt.

2.3.3 Beschreibung durch ein Zustandsmodell

Wenn alle Operatoren eines Moduls in einem logischen Zusammenhang stehen (und nur dann sollten sie demselben Modul angehören), kann die Wirkung gewisser Operationen auch nur durch die Wirkung zuvor stattgefundener Operationen erklärt werden. Beispielsweise setzt der Leser eines Satzes in einem Set voraus, daß dieser Satz zuvor eingefügt wurde. Formale Semantikbeschreibungen beruhen auf einer Erfassung dieser Zusammenhänge.

Einen in seinen Grundzügen auch heute noch gültigen Überblick über formale Schnittstellenbeschreibungen geben Liskov und Zilles in [LISK75]. Von den dort genannten wollen wir zunächst auf die Beschreibung durch ein Zustandsmodell eingehen, die auf Parnas [PARN72a] zurückgeht. Die Grundidee besteht darin, die Operatoren eines Moduls in zwei Gruppen einzuteilen,

- V-Operatoren (value returning), die Werte zurückliefern, aber keine Wirkung hinterlassen,
- O-Operatoren (operate), die den Modulzustand (bei Datenabstraktionen) oder ein Datenobjekt (bei abstrakten Datentypen) verändern, aber keine Werte zurückliefern.

Operatoren, die in beide Gruppen fallen, werden OV-Operatoren genannt.

Beschrieben werden im wesentlichen die Auswirkungen einer O-Operation auf das Ergebnis einer V-Operation. Damit wird automatisch die kleinste Menge an Zuständen festgelegt, die nach außen unterscheidbar bleiben sollen, sowie die Menge der Übergänge zwischen diesen Zuständen als Folge von O-Operationen.

Im einzelnen werden zu jedem Operator zusätzlich folgende Angaben gemacht:

- Bei V-Operatoren der Initialisierungswert, der Ergebnis ist, solange noch keine O-Operation aufgerufen wurde.
- Bei O-Operatoren: Wirkung auf den Modulzustand oder das Datenobjekt.
- Bei allen Operatoren: Fehlerbedingung und -behandlung. Zustände werden immer als Ergebnis von V-Funktionen dargestellt. Muß bei O-Operatoren zwischen altem und neuem Zustand unterschieden werden, so wird der alte Zustand durch Hochkommas eingeschlossen.

Es kann vorkommen, daß man V-Operatoren einführen muß, um die Wirkung der O-Operatoren zu beschreiben, ohne daß man diese V-Operatoren auch an der Benutzerschnittstelle sichtbar machen (zur Verfügung stellen) will. Derartige V-Operatoren kennzeichnet man explizit als "verdeckt" (hidden).

Beispiel: Wirkung der Operatoren aus Abschnitt 2.3.1

```
proc insert (s: optional_manual_set_s1; r: member_record_typ_r1)
    returns none   % O-Operator %
    modifies s
    signals schluessel_bereits_vorhanden
    effect if 'inkey'(s, give_key(r)) = true
            then error call "schlüssel_bereits_vorhanden"
            else (inkey(s, give_key(r)) = true;
                  fetch(s, give_key(r)) = r);

proc remove (s: optional_manual_set_s1; k: schluessel)
    returns none   % O-Operator %
    modifies s
    signals schluessel_nicht_vorhanden
    effect if not 'inkey'(s,k)
            then error call "schluessel_nicht_vorhanden"
            else inkey(s,k) = false;
```

proc fetch (s: optional_manual_set_s1; k: schluessel)
  returns member_record_typ_r1 % V-Operator %
  signals schluessel_nicht_vorhanden
  effect if not inkey(s,k)
    then error call "schluessel_nicht_vorhanden";

hidden proc inkey (s: optional_manual_set_s1; k: schluessel)
  returns bool % verdeckter V-Operator %
  effect initial value false;

⋮

Man beachte, daß unter **proc** fetch und **proc** inkey nur die Ausnahmesituationen als **effect** beschrieben sind. Die Wirkung dieser beiden Operatoren ist ansonsten als Zustandsinformation unter **proc** insert und **proc** remove festgehalten.

Die in Abschnitt 2.3.2 am Beispiel des Netzwerkmodells geschilderten Abhängigkeiten treten bei einer formalen Beschreibung besonders deutlich zutage (man versuche die Beschreibung für den automatic-Fall!). Das Lokalisierungsprinzip erforderte, einen Operator demjenigen Modul zuzuschlagen, dessen Zustand oder Objekte er inspiziert oder manipuliert. Letztendlich gäbe es deshalb im Netzwerkmodell nur einen einzigen Modul, der die gesamte Menge an Operatoren umfaßt. Da dies kaum der Übersichtlichkeit förderlich ist, empfehlen sich auch bei formalen Beschreibungen die oben genannten ad hoc-Abhilfen mit Triggern und Transaktionen.

2.3.4 Algebraische Beschreibung

Die algebraische Beschreibungsmethode gehört zu den in der Literatur am ausführlichsten behandelten Spezifikationsmethoden. Sie basiert darauf, die Zusammenhänge zwischen den Operationen durch ein System algebraischer Gleichungen zu beschreiben, die als Äquivalenzen zwischen verschiedenen Operationsfolgen zu deuten sind. Umgekehrt gelten alle Operationsfolgen, zwischen denen keine Äquivalenz bewiesen werden kann, als verschieden. Abwandlungen der algebraischen Methode fassen die Gleichungen als Ersetzungsregeln auf (die beiden Seiten einer Gleichung sind nicht mehr austauschbar, sondern nur mehr die rechte Seite kann die linke ersetzen).

Wir stützen uns bei unserer Darstellung auf Guttag [GUTT80] ab, der die Semantikbeschreibung unterteilt in das Gleichungssystem und die Beschränkungen; die letzteren decken die Ausnahmesituationen ab. Da die Wirkungen aller Operatoren geschlossen in einem einzigen Gleichungssystem zusammengefaßt sind, folgt die (einzige) **effect**-Klausel erst auf die letzte Syntaxbeschreibung.

Für das Folgende gilt:

- Die Variablen innerhalb der Gleichung sind formale Variable, nicht Variablen im programmiertechnischen Sinn.

- Jeder denkbare Set läßt sich durch eine Folge von insert-Operationen beschreiben, mit Ausnahme des „leeren" (Member-losen) Set. Zu dessen Erzeugung ist ein eigener Operator (z.B. newset; hier könnte dann auch das Owner-Exemplar spezifiziert werden) erforderlich; stattdessen kann man aber auch ein spezielles Konstantensymbol (genauer: je Set-Exemplar ein eigenes), z.B. s0, vorgeben.
- Die if-Klausel beschreibt zwei sich gegenseitig ausschließende Gleichungen.
- Um die Ausnahmesituation zu erfassen, sind zwei verdeckte Operatoren erforderlich:

hidden proc isnew (s: optional_manual_set_s1)
returns bool;

hidden proc inkey (s: optional_manual_set_s1; k: schluessel)
returns bool;

Semantikbeschreibung:

effect
remove(insert(s,r),k) =
    if give_key(r) = k
    then s
    else insert(remove(s,k),r).
fetch(insert(s,r),k) =
    if give_key(r) = k
    then r
    else fetch(s,k).
isnew(s0) = true.
isnew(insert(s,r)) = false.
inkey(s0,k) = false.
inkey(insert(s,r),k) =
    if give_key(r) = k
    then true
    else inkey(s,k).

restrictions
    isnew(s) $\Rightarrow$ **error**(remove(s,k),"schluessel_nicht_vorhanden")
    isnew(s) $\Rightarrow$ **error**(fetch(s,k),"schluessel_nicht_vorhanden")
    inkey(s,give_key(r)) $\Rightarrow$ **error**(insert (s,r), "schluessel_bereits_vorhanden")

Am Rande sei vermerkt, daß man mit der Konstruktion

pre (remove(s,k)) = **not** isnew(s)

als Vorbedingung remove als nicht total definieren könnte, statt remove mit einem Fehlerausgang zu belegen.

Zu den Schwierigkeiten formaler Beschreibungen zählt u.a. deren Validierung, d.h. die Möglichkeit, sich davon zu überzeugen, daß die Beschreibung die beabsichtigte Wirkung auch tatsächlich widerspiegelt. Damit in engem Zusammenhang steht die Verständlichkeit der Beschreibung für Außenstehende.

2.3.5 Einfluß von Sprachen

Bei der Spezifikation der Schnittstellen der Moduln oder Schichten bleibt zunächst die Frage nach der Realisierung noch völlig offen. Dies bedeutet insbesondere, daß zunächst keine Annahmen darüber gemacht werden, in welche Sprachumgebung der Modul eingebettet wird. Allgemein läßt sich aber feststellen, daß Moduln, die unmittelbar die Schnittstelle I_n einer Schichtenarchitektur bedienen, sich am Kenntnisstand und Verhalten interaktiver Benutzer auf Sachbearbeiterebene orientieren müssen. Diese Schnittstellen werden daher den Charakter interaktiver Abfragesprachen haben [DATE81a]. Darunterliegende Schnittstellen richten sich hingegen nach der gewählten Implementierungssprache. Schnittstellen nahe I_n wenden sich häufig an den Anwendungsprogrammierer, daher kann man dort die Verwendung höherer Programmiersprachen wie COBOL, PL1, aber auch FORTRAN oder PASCAL erwarten. Die weiter unten liegenden Schnittstellen machen umgekehrt von Betriebssystemfunktionen und Adressiermechanismen Gebrauch, so daß sie niedrigere Programmiersprachen wie Assembler oder C nutzen müssen. Es kommen jedoch auch höhere Sprachen wie ADA infrage, die in gewissen Konstrukten die Verwendung elementarer Mechanismen zulassen.

Es würde dem Grundsatz einer durchgängigen, einheitlichen Beschreibungsform widersprechen, wenn bei jedem Modul von vornherein seine Sprachumgebung berücksichtigt würde – soweit sie zum Entwurfszeitpunkt überhaupt schon bekannt ist. Während des Entwurfs sollte also eine neutrale Beschreibungsform wie etwa die in diesem Kapitel verwendete Verwendung finden. Erst in einem zweiten Durchgang kann man zu jeder neutralen Schnittstellenbeschreibung noch eine weitere hinzufügen, die sich im Syntaxteil der Mittel derjenigen Sprache bedient, in die die Modulschnittstelle eingebettet werden soll.

Hier sei noch ein Wort zu den formalen Semantikbeschreibungen angebracht. So schwer es ist, sie derzeit in der Praxis durchzusetzen, zwingen sie doch zu einer außerordentlichen Präzisierung und Disziplinierung während der Entwurfsphase. Es ist sehr wohl zu überlegen, ob man nicht während dieser Phase den Preis und den Aufwand (eine formale Beschreibung des gesamten Netzwerkmodells würde sicherlich ein Buch füllen) für die Formalisierung zahlt, zum Abschluß der Phase dann aber die formalen Semantikbeschreibungen in formlose umsetzt, die leichter verstanden werden.

2.4 Architekturvorschläge

2.4.1 Stellenwert der Vorschläge

Die Abschnitte 2.2 und 2.3 beschäftigten sich mit dem Konstruktionsprozeß für Datenbanksysteme, genauer: mit dessen Grundsätzen und mit einigen Methoden zu ihrer Durchsetzung. Klar geworden sein dürfte, daß dem Entwerfer ein erheblicher Spielraum verbleibt und dieselbe Anforderungsdefinition von verschiedenen Entwerfern durch recht unterschiedliche Architekturen erfüllt werden kann. Es kann daher nicht Aufgabe des vorliegenden Kapitels sein, eine allgemeinverbindliche Datenbankarchitektur vorzuschlagen. Genausowenig sinnvoll ist es allerdings, den Leser mit einer Unzahl von Architekturen zu verwirren, die irgendwann einmal im Rahmen der Entwicklung eines kommerziellen Produkts oder eines experimentellen Systems aufgekommen sind.

Vielmehr werden wir uns im folgenden auf einige Vorschläge abstützen, die im Zuge von Versuchen entstanden sind, vorhandene Systeme auf einheitliche Weise zu beschreiben und zu vergleichen, gewisse Problemkreise zu strukturieren oder Ergebnisse größerer Vorhaben zu verallgemeinern. Die Vorschläge können also einen gewissen Allgemeinheitsgrad beanspruchen, die Unterschiede rühren von den unterschiedlichen Blickwinkeln her, unter denen die Frage der Datenbankarchitektur betrachtet wurde. Ihr Wert liegt darin, daß sie dem Entwerfer, der ohne Vorbilder arbeiten muß, einen gewissen Rahmen für seinen Entwurf liefern können.

2.4.2 „Strawman"-Architektur

2.4.2.1 Zielsetzung

Die folgende Architektur geht auf eine Studie der Computer Corporation of America im Auftrag des US National Bureau of Standards zurück [SMIT81, CCA82]. Ziel der Studie war es u.a.,

- Standards für die Schnittstelle zu den Endbenutzern und den Anwenderprogrammen zu schaffen – eine klassische Aufgabe der Standardisierung;
- gewisse interne Schnittstellen für die Kommunikation zwischen Teilsystemen – und damit auch den Aufgabenbereich dieser Teilsysteme – festzulegen. Die Realisierung der Teilsysteme als eigenständige Produkte könnte dann dem freien Wettbewerb überlassen werden. Ein konkretes Datenbanksystem erhielte man durch „Zusammenstecken" geeigneter, kommerziell verfügbarer Produkte.

Eine wesentliche Frage ist die nach dem Abstraktionsgrad der so standardisierten Schnittstellen. Zum einen können in die Schnittstelle die Eigenheiten des gewählten Datenmodells hineinspielen, zum anderen hat auch das gewählte Wirtssystem (Rechner, Betriebssystem) einen Einfluß. Umgekehrt ist natürlich der Standardisierungseffekt gering, wenn für jedes Datenmodell oder sogar für jede Wirtsmaschine die Architektur ein anderes Aussehen hat.

Die Schnittstellen wurden daher auf drei Abstraktionsebenen betrachtet. Die oberste abstrahiert von Datenmodell und der Wirtsmaschine, d.h. sie macht die Vorgaben, die von den Teilsystemen unabhängig von Datenmodell und Wirtssystem zu erfüllen sind; damit ist bereits auch die gleichartige Zusammensetzung von Datenbanksystemen aus bestimmten Teilsystemen festgelegt. Die nächstniedrigere Abstraktionsebene bezieht die Datenmodelle ein, d.h. zu einem der zuvor definierten Teilsysteme gibt es eine Reihe datenmodellspezifischer Ausprägungen. Auf der untersten Ebene wird schließlich – falls erforderlich – die Wirtsmaschine mit berücksichtigt. Wir werden – unseren Absichten gemäß – im weiteren Verlauf den Standpunkt höchster Abstraktion einnehmen.

2.4.2.2 Vorgehensweise

Da nicht – wie in Abschnitt 2.2 vorausgesetzt – eine Anforderungsdefinition für ein konkretes Datenbanksystem vorlag, konnte für die Studie nicht die Vorgehensweise aus Abschnitt 2.2 gewählt werden. Vielmehr wurden eine große Zahl von Lehrbüchern und Fachveröffentlichungen gesichtet und aus ihnen insgesamt 79 unterscheidbare „Subkomponenten" ermittelt (der Begriff „Subkomponente" soll dabei andeuten, daß sich daraus nicht notwendig ein eigenständiges Produkt herleitet, sondern u.U. nur ein Teil eines solchen Produkts). Darüberhinaus wurde bestimmt, zwischen welchen Subkomponenten Schnittstellen bestehen und welche Information über sie ausgetauscht wird. Da es sich bei dieser Subkomponentenstruktur um eine praktisch lückenlose Aufzählung aller in einem Datenbanksystem anfallenden Aufgaben handelt, werden wir sie in Abschnitt 2.4.2.3 weitgehend wiedergeben.

Diese Subkomponentenstruktur wurde in einem weiteren Schritt nach gewissen Regeln auf eine Struktur aus 38 „Komponenten" (im Sinne von Teilsystem oder eigenständigem Produkt) reduziert. Die Regeln sollen hier nicht weiter interessieren; jedenfalls wurde im wesentlichen jede Schnittstelle der Subkomponentenstruktur daraufhin untersucht, ob ihre Beibehaltung irgendwelche Vorteile brächte. Abschnitt 2.4.2.4 stellt die Komponentenstruktur als den eigentlichen Architekturvorschlag vor.

2.4.2.3 Subkomponentenstruktur

Der Subkomponentenstruktur in den erwähnten Berichten kann man mangelnde Systematik vorwerfen, da in manchen Fällen mehrere Funktionen zu einer Subkomponente zusammengefaßt, in anderen Fällen aber vergleichbare Funktionen auf individuelle Subkomponenten aufgeteilt werden. Der besseren Lesbarkeit wegen werden wir daher im folgenden eine etwas andere Strukturierung wählen, die sich aber bei den Schnittstellen streng an die Vorlage hält. Aus Platzgründen wird außerdem eine gegenüber Abschnitt 2.3 stark vereinfachte Schnittstellenbeschreibung gegeben.

1. Manipulation des Schemas im Quellformat

    1. **proc** create;
       input Schemabeschreibung (in der DDL);
       effect Einbringen eines Schemas: Autorisieren (über 2.1); Validieren der Beschreibung, Übersetzen in Objektformat; Übergabe an 2.1 zur Speicherung.

    2. **proc** retrieve;
       input Auftrag zum Lesen des Schemas oder Teilen hiervon;
       effect Autorisieren (über 2.2); Wiederbeschaffen eines Schemas: Überprüfen und Übersetzen der Anfrage; Übergabe an 2.2 zur Bearbeitung.

3. **proc** update;
   input Änderungsanweisung; Beschreibung eines Teils des Schemas (in der DDL);
   effect Aktualisieren eines Schemas: Autorisieren (über 2.3); Validieren der Beschreibung; Prüfen auf Konfliktfreiheit mit existierendem Schema (über 2.2); Übersetzen in Objektformat; Übergabe an 2.3 zur Bearbeitung.

2. Verwaltung des Schemas in systeminterner (übersetzter) Form („Objektformat")

   1. **proc** create;
      input Schemabeschreibung (in internem Format);
      effect (Einbringen des Schemas: Autorisieren (über 19.1/2); Umsetzen des Schemas auf log. Datenstruktur und Abspeichern (über 17.1).
   2. **proc** retrieve;
      input Anfrage;
      effect Wiederbeschaffen des Schemas: Autorisieren (über 19.1/2); Lesen des Schemas (über 17.2) und Rekonstruktion des Schemas aus log. Datenstruktur.
   3. **proc** update;
      input Änderungsauftrag
      effect Aktualisieren des Schemas: Autorisieren (über 19.1/2); Aktualisieren des Schemas (über 17.3).

3. Manipulation eines Subschemas in Quellformat

   1. **proc** create;
      input Subschemabeschreibung und Subschemaabbildung;
      effect Einbringen eines Subschemas: Autorisieren (über 4.1); Validieren der Beschreibung; Prüfen auf Konfliktfreiheit mit existierendem Schema (über 2.2); Übersetzen in Objektformat (über 18.1); Übergabe an 4.1 zur Speicherung.
   2. **proc** retrieve;
      input Auftrag zum Lesen des Subschemas;
      effect Wiederbeschaffen eines Subschemas: Autorisieren (über 4.2); Überprüfen und Übersetzen der Anfrage; Übergabe an 4.2 zur Bearbeitung.
   3. **proc** update;
      input Änderungsanweisung; Beschreibung eines Teils des Subschemas;
      effect Aktualisieren eines Subschemas: Autorisieren (über 4.3); Validieren der Beschreibung; Prüfen auf Konfliktfreiheit mit Schema (über 2.2) und Subschema (über 4.2); Übersetzen in Objektformat; Übergabe an 4.3 zur Bearbeitung.

4. Verwaltung eines Subschemas im Objektformat

   1. **proc** create;
   2. **proc** retrieve;
   3. **proc** update;

   input und **effect** ähnlich 2.

5. Manipulation von Zugriffsrechten im Quellformat

    1. **proc** create;
       input Beschreibung der Zugriffsrechte;
       effect Einbringen von Zugriffsrechten: Autorisieren (über 6.1); Validieren der Beschreibung; Übersetzen in Objektformat; Übergabe an 6.1 zur Speicherung.

    2. **proc** retrieve;
       input Auftrag zum Lesen;
       effect Wiederbeschaffen von Zugriffsrechten: Autorisieren (über 6.2); Übersetzen der Anfrage; Übergabe an 6.2 zur Bearbeitung.

    3. **proc** update
       input Änderungsanweisung; Beschreibung von Teilen von Zugriffsrechten;
       effect Aktualisieren von Zugriffsrechten: Autorisieren (über 6.3); Prüfen auf Konfliktfreiheit mit bestehenden Zugriffsrechten (über 6.2); Übersetzen in Objektformat; Übergabe an 6.3 zur Bearbeitung

6. Verwaltung von Zugriffsrechten im Objektformat

    1. **proc** create;

    2. **proc** retrieve;

    3. **proc** update;

    input und **effect** ähnlich 2.

7. Manipulation von Konsistenzbedingungen im Quellformat

    1. **proc** create;
       input Beschreibung der Konsistenzbedingungen;
       effect Einbringen von Konsistenzbedingungen: Autorisieren (über 8.1); Validieren der Beschreibung; Übersetzen in Objektformat; Übergabe an 8.1 zur Speicherung.

    2. **proc** retrieve;
       input Auftrag zum Lesen;
       effect Wiederbeschaffen von Konsistenzbedingungen: Autorisieren (über 8.2); Übersetzen der Anfrage; Übergabe an 8.2 zur Bearbeitung.

    3. **proc** update;
       input Änderungsanweisung; Beschreibung von Teilen von Integritätsbedingungen;
       effect Aktualisieren von Konsistenzbedingungen: Autorisieren (über 8.3); Prüfen auf Konfliktfreiheit mit bestehenden Konsistenzbedingungen (über 8.2); Übersetzen in Objektformat; Übergabe an 8.3 zur Bearbeitung.

8. Verwaltung der Konsistenzbedingungen im Objektformat

    1. **proc** create;

    2. **proc** retrieve;

    3. **proc** update;

    input und **effect** ähnlich 2.

9. Manipulation des Speicherschemas im Quellformat

   1. **proc** create;
      input Beschreibung des Speicherschemas (in der SSL);
      effect Einbringen des Speicherschemas: Autorisieren (über 10.1); Validieren der Beschreibung; Prüfen auf Konfliktfreiheit mit existierendem Schema (über 2.2); Einrichten der Speicherstrukturen; Übersetzen in Objektformat; Übergabe an 10.1 zur Bearbeitung.

   2. **proc** retrieve;
      input Auftrag zum Lesen;
      effect Wiederbeschaffen des Speicherschemas: Autorisieren (über 10.2); Übersetzen der Anfrage; Übergabe an 10.2 zur Bearbeitung.

   3. **proc** update;
      input Änderungsanweisung; Beschreibung eines Teils des Speicherschemas;
      effect Aktualisieren des Speicherschemas: Autorisieren (über 10.3); Validieren der Beschreibung; Prüfen auf Konfliktfreiheit mit existierendem Schema (über 2.2) und Speicherschema (über 10.2); Übersetzen in Objektformat; Übergabe an 10.3 zur Bearbeitung.

10. Verwaltung des Speicherschemas im Objektformat

    1. **proc** create;
    2. **proc** retrieve;
    3. **proc** update;

    input und **effect** ähnlich 2.

11. Manipulation der Speichergerätezuordnung (device media control) im Quellformat

    1. **proc** create;
       input Gerätebeschreibung; Zuordnung zwischen Speicherstrukturen und Geräten;
       effect Einbringen der Zuordnung: Autorisieren (über 12.1); Validieren der Beschreibung; Prüfen auf Konfliktfreiheit mit Speicherschema (über 10.2); Übersetzen in Objektformat; Übergabe an 12.1 zur Speicherung.

    2. **proc** retrieve;
       input Auftrag zum Lesen;
       effect Wiederbeschaffen der Speichergerätezuordnung: Autorisieren (über 12.2); Übersetzen der Anfrage; Übergabe an 12.2 zur Bearbeitung.

    3. **proc** update;
       input Änderungsanweisung; Beschreibung eines Teils der Zuordnung;
       effect Aktualisieren der Zuordnung: Autorisieren (über 12.3); Validieren der Beschreibung; Prüfen auf Konfliktfreiheit mit existierendem Speicherschema (über 10.2) und Speichergerätezuordnung (über 12.2); Übersetzen in Objektformat; Übergabe an 12.3 zur Bearbeitung.

12. Verwaltung der Speichergerätezuordnung im Objektformat

    1. **proc** create;
    2. **proc** retrieve;
    3. **proc** update;

    input und **effect** ähnlich 2.

13. Manipulation der Daten zur Leistungsüberwachungssteuerung (log. Ebene) im Quellformat

    1. **proc** create;
       input Angabe der Datenbasisobjekte auf Schema/Subschema-Ebene, über die Statistiken zu sammeln sind;
       effect Einbringen der Steuerdaten: Autorisieren (über 14.1); Validieren der Angaben; Prüfen auf Konfliktfreiheit mit Schema (über 2.2); Vorbereiten der Überwachungsprogramme; Übersetzen in Objektformat; Übergabe an 14.1 zur Bearbeitung.

    2. **proc** retrieve;
       input Auftrag zum Lesen;
       effect Wiederbeschaffen der Steuerdaten: Autorisieren (über 14.2); Übersetzen der Anfrage; Übergabe an 14.2 zur Bearbeitung.

    3. **proc** update;
       input Änderungsanweisung; Teilangaben;
       effect Aktualisieren der Steuerdaten: Autorisieren (über 14.3); Validieren der Angaben; Prüfen auf Konfliktfreiheit mit Schema (über 2.2) und existierenden Angaben (über 14.2); Übersetzen in Objektformat; Übergabe an 14.3 zur Bearbeitung.

14. Verwaltung der Daten zur Leistungsüberwachungssteuerung (log. Ebene) im Objektformat

    1. **input** create;
    2. **input** retrieve;
    3. **input** update;

    input und **effect** ähnlich 2.

15. Manipulation der Daten zur Leistungsüberwachungssteuerung (phys. Ebene) im Quellformat

    1. **proc** create;
       input Angabe der Datenbasisobjekte auf Speicherschema-Ebene, über die Statistiken zu sammeln sind.
       effect Einbringen der Steuerdaten: ähnlich 13.1.

    2. **proc** retrieve;
       input Auftrag zum Lesen;
       effect Wiederbeschaffen der Steuerdaten: ähnlich 13.2.

3. **proc** update;
input Änderungsanweisung, Teilangaben;
effect Aktualisieren der Steuerdaten: ähnlich 13.3.

16. Verwaltung der Daten zur Leistungsüberwachungssteuerung (phys. Ebene) im Objektformat

   1. **proc** create;
   2. **proc** retrieve;
   3. **proc** update;

   input und effect ähnlich 2.

17. Zugriffsbearbeitung (log. Ebene)

   1. **proc** create;
   input Auftrag zum Einrichten log. Datenstrukturen (z.B. Relationen, Sets)
   effect Autorisieren (über 19.1 und 19.2); Interpretation des Auftrags anhand des Schemas; Umsetzen in Aufträge zum phys. Zugriff anhand des Speicherschemas; phys. Zugriff (über 36.1); Protokollierung (über 40.1).

   2. **proc** retrieve;
   input Anfrage (systeminternes, übersetztes Format);
   effect Autorisieren (über 19.1 und 19.2); Interpretation des Auftrags anhand des Schemas; Anstoßen Leistungsüberwachung (über 22.1); Zugriffssynchronisation (über 21.1); Umsetzen in Aufträge zum phys. Zugriff anhand des Speicherschemas; physische Zugriffe (über 36.2), ggf. nach Anfrageoptimierung (über 26.1); Protokollierung (über 40.1).

   3. **proc** update;
   input Auftrag zum Speichern, Löschen oder Modifizieren von logischen oder Systemdaten;
   effect Autorisieren (über 19.1 und 19.2); Interpretation des Auftrags anhand des Schemas, ggf. Konsistenzkontrolle (über 20.1); Anstoßen Leistungsüberwachung (über 22.1); Zugriffssynchronisation (über 21.1); Umsetzen in Aufträge zum phys. Zugriff anhand des Speicherschemas; phys. Zugriffe (über 36.3); bei Systemdaten: Datenbasisreorganisation (über 23.1); Protokollierung (über 40.1).

18. Auftragsübersetzer

   1. **proc** translate;
   input Anfrage oder Fortschreibungsauftrag auf Subschemaebene;
   effect Beschaffen der Subschemaabbildung (über 4.2); Übersetzung der Anfrage oder Anforderung auf die Schemaebene.

19. Zugriffsüberwachung

   1. **proc** user_authentication;
   input Benutzeridentifikation;
   effect Authentisierung des Benutzers.

2. **proc** access-validation;
   input Benutzeranforderung;
   effect Beschaffen der Zugriffsrechte (über 6.2); Prüfen auf Autorisierung.

20. Konsistenzüberwachung
    1. **proc** validate;
       input Fortschreibungsauftrag;
       effect Beschaffen der Konsistenzbedingungen (über 8.2); Prüfen aller statischen Bedingungen; Erzeugen von Laufzeitprüfungen (evtl. Modifikation des Auftrags); Übergabe an 17.1 oder 17.3 zur Bearbeitung.

21. Logische Zugriffssynchronisation
    1. **proc** synchronize;
       input Anfrage oder Fortschreibungsauftrag;
       effect Prüfen auf Durchführbarkeit; ggf. Einreihen in Warteschlange.

22. Leistungsüberwachung (log. Ebene)
    1. **proc** monitor;
       input Anfrage oder Fortschreibungsauftrag;
       effect Beschaffen der Steuerdaten (über 14.2); Anstoßen der erforderlichen Monitorprogramme; Sammeln und Abspeichern der Statistikdaten (über 17.3).

23. Umstrukturierung
    1. **proc** restructure;
       input Auftrag zur Fortschreibung von Systemdaten;
       effect Beschaffen von Schema (über 2.2) oder Subschema (über 4.2) und von Speicherschema (über 10.2); Reorganisation der betroffenen Teile der Datenbasis (über 42.1); Änderungen in den Zugriffspfaden vermerken (über 17.3).

24. Bearbeitung interaktiver Aufträge
    1. **proc** retrieve;
       input Anfrage in der DML;
       effect Lexikalische und syntaktische Analyse; Übersetzen in interne Form (über 18.1); Weitergabe je nach Inhalt an Zugriffsbearbeitung (über 17.2), Textsuche (über 34.1); Ausgabe der Ergebnisdaten.
    2. **proc** update;
       input Fortschreibungsauftrag (in der DML);
       effect Lexikalische und syntaktische Analyse; Übersetzen in interne Form (über 18.1); Weitergabe je nach Inhalt an Strukturgenerator (über 25.1), Zugriffsbearbeitung (über 17.3), Texteditor (über 29.1) oder Dateneditor (über 30.1).

25. Strukturgenerator
    1. **proc** create;
       input Auftrag zum dynamischen Einrichten einer neuen Struktur;

Architekturvorschläge 125

   effect Extrahieren der notwendigen Angaben aus dem Auftrag; Weitergabe je nach Inhalt an 1.1, 3.1 oder 7.1 zur Bearbeitung.

26. Optimierer (log. Ebene)

   1. **proc** optimize;
      input Anfrage;
      effect Bestimmen der optimalen Zugriffsstrategie auf der Basis von Statistiken und der existierenden Zugriffspfade.

27. Wirtssprachen/DML-Prozessor

   1. **proc** process;
      input Wirtssprachenprogramm mit eingestreuten DML-Anweisungen;
      effect Übersetzen (unter Verwendung von 18.1); Ausführen mit Weitergabe je nach Inhalt an 17.2, 17.3, 25.1, 29.1, 30.1 oder 33.1 oder Abspeichern über 34.3; Ausgabe der Ergebnisdaten.

28. Wirtssprachen/DML-Präprozessor

   1. **proc** preprocess;
      input Wirtssprachenprogramm mit eingestreuten DML-Anweisungen;
      effect Vorübersetzen in Wirtssprachenprogramm; Übersetzen (unter Verwendung von 18.1); Ausführen mit Weitergabe je nach Inhalt an 17.2, 17.3, 25.1, 29.1, 30.1 oder 34.1 oder Abspeichern über 35.3; Ausgabe der Ergebnisdaten.

29. Texteditor

   1. **proc** edit;
      input Kommandos zum Editieren von Quelltext für Schemas, interaktiver Aufträge oder Programe;
      effect Übliches Text-Editieren.

30. Dateneditor

   1. **proc** edit;
      input Kommando zum Editieren von Inhalten von Datensätzen;
      effect Übliches Daten-Editieren.

31. Teleprozessor

   1. **proc** in;
      input Nachricht vom Betriebssystem;
      effect Weiterreichen an die einschlägige Subkomponente (diese muß über eine Endbenutzerschnittstelle verfügen).

   2. **proc** out;
      input Nachricht von der interaktiven Auftragsbearbeitung, einem Programm oder der Datenwörterbuchbehandlung;
      effect Weiterreichen an das Betriebssystem zur Behandlung.

32. Berichtsgenerator

1. **proc** generate;
   input Anforderung von der interaktiven Auftragsbearbeitung oder einem Programm; Daten; Format; Ausgabemedium;
   effect Bericht über die Daten in der erbetenen Form.

33. Echtzeiteingabe

1. **proc** store;
   input Daten von speziellen Maßeinrichtungen;
   effect Puffern; Speichern über 17.3.

34. Textsuche

1. **proc** search;
   input Textdaten; Suchausdruck;
   effect Suche nach Textteilen, die den Suchausdruck erfüllen (benötigt bei Datenbasen mit hohem Anteil an Textdaten).

35. Programmbibliothek

1. **proc** load;
   input Benutzerauftrag;
   effect Zuladen der Bibliothek.

2. **proc** call;
   input Auftrag zum Ausführen eines Programmes;
   effect Parameterversorgung; Ausführen des Programms; Rückkehr zum Aufrufer mit den Ergebnisdaten.

3. **proc** store;
   input Übersetztes Programm;
   effect Speichern in der Programmbibliothek.

36. Zugriffsbearbeitung (phys. Ebene)

1. **proc** create;
   input Auftrag zum Einrichten phys. Datenstrukturen;
   effect Beschaffen des Speicherschemas (über 10.2); Umsetzen des Auftrags in eine Reihe von Unteraufträgen; Dateizugriffe (über 47.1); ggf. Vorformatierung von Datenträgern (über 43.1); Protokollierung (über 39.1).

2. **proc** retrieve;
   input Anfrage;
   effect Beschaffen des Speicherschemas; Umsetzen in Unteraufträge; Anstoßen der Leistungsüberwachung (über 38.1); Zugriffssynchronisation (über 47.1); Dateizugriffe (über 47.2), ggf. nach Anfrageoptimierung (über 41.1); Protokollierung (über 39.1).

3. **proc** update;
   input Auftrag zum Speichern, Löschen oder Modifizieren physischer Datenobjekte;

effect Beschaffen des Speicherschemas; Umsetzen in Unteraufträge; Anstoßen der Leistungsüberwachung (über 38.1); Zugriffssynchronisation (über 37.1); Dateizugriffe (über 47.3); Protokollierung (über 39.1).

37. Physische Zugriffssynchronisation

    1. **proc** synchronize;
       input Anfrage oder Fortschreibungsauftrag;
       effect Prüfen auf Durchführbarkeit, ggf. Einreihen in Warteschlange.

38. Leistungsüberwachung (phys. Ebene)

    1. **proc** monitor;
       input Anfrage oder Fortschreibungsauftrag;
       effect Beschaffen der Steuerdaten (über 16.2); Anstoßen der erforderlichen Monitorprogramme; Sammeln und Abspeichern der Statistikdaten (über 17.3).

39. Protokollierung (phys. Ebene)

    1. **proc** log;
       input Operation auf phys. Daten;
       effect Vermerken der Operation im Journal.

    2. **proc** restore;
       input Auftrag zur Wiederherstellung der Datenbasis;
       effect Herstellen des Wiederaufsetzpunktes (über 46.1); Aktualisieren anhand des Journals mit phys. Zugriffen (über 36.1, 36.2, 36.3) und unter Berücksichtigung des Zustandes der Transaktionen.

40. Protokollierung (log. Ebene)

    1. **proc** log;
       input Operation auf log. Daten;
       effect Vermerken der Operation, ihres Verursachers, Zeit im Journal.

    2. **proc** retrieve;
       input Anfrage nach der Nutzung von Datenobjekten;
       effect Auskunft über Benutzung der angegebenen Datenobjekte.

41. Optimierer (phys. Ebene)

    1. **proc** optimize;
       input Anfrage;
       effect Bestimmen der optimalen Zugriffsstrategie auf Dateien, insbesondere im Hinblick auf Pufferverwaltung, ggf. unter Heranziehen der Leistungsstatistiken.

42. Datenbasisreorganisation

    1. **proc** reorganize;
       input Änderungen an Speicherstrukturen;
       effect
       (*if* Änderung existierender Speicherstruktur
       then DUMP (über 45.1)/RESTORE (über 46.1)

else Löschen oder Erzeugen einer Speicherstruktur, im letzteren Fall auf der Basis vorhandener Daten (36.1, 36.2, 36.3).

43. Datenträger-Vorformatierung

   1. **proc** precondition;
   input Auftrag;
   effect Formatierung.

44. Massenein-/ausgabe

   1. **proc** load;
   input Eingabedaten auf Datei;
   effect Beschaffen des Schemas (über 2.2); Beschaffen der Formatbeschreibung für die Datei; Speichern der Daten über 17.3.

   2. **proc** unload;
   input Angabe der logischen Datenobjekte;
   effect Ausgabe auf Datei.

45. Datenbasisabzug

   1. **proc** dump;
   input Angabe des abzuziehenden Teils;
   effect Speicherabzug.

46. Datenbasiswiederherstellung

   1. **proc** restore;
   input Datenträger; Datenbasisteil;
   effect Beschaffen des Speicherschemas (über 10.2); Lesen des Speicherabzuges und Abspeichern gemäß Speicherschema (über 36.3).

47. Dateiverarbeitung

   1. **proc** create;
   input Auftrag zum Einrichten von Dateien;
   effect Beschaffen der Speichergerätezuordnung (über 12.2); Aufbereiten der Dateiparameter; Einrichten der Dateiparameter; Einrichten der Dateien (über Betriebssystem).

   2. **proc** retrieve;
   input Anfrage;
   effect Beschaffen der Speichergerätezuordnung beim Eröffnen (über 12.2); Dateizugriff (über Betriebssystem).

   3. **proc** update;
   input Fortschreibungsauftrag;
   effect Beschaffen der Speichergerätezuordnung beim Eröffnen (über 12.2); Dateizugriff (über Betriebssystem).

48. Dateiabzug

   1. **proc** dump;
   input Angabe der abzuziehenden Dateien;
   effect Dateiabzug.

2. **proc** restore;
      input Datenträger; Datei;
      effect Kopieren der Datenträgerdaten nach Datei (über 47.3).

49. Datenwörterbuch (vgl. Abschnitt 2.5)

   1. **proc** create;
      input Wörterbuchobjekt;
      effect Einbringen unmittelbar über log. Zugriff (über 17.1) oder mittelbar über Schemaprozessoren (über 1.1, 3.1, 7.1).

   2. **proc** retrieve;
      input Anfrage;
      effect Lesen unmittelbar über log. Zugriff (über 17.2) oder mittelbar über Schemaprozessoren (über 1.2, 3.2, 7.2).

   3. **proc** update;
      input Fortschreibungsauftrag;
      effect Verändern unmittelbar über log. Zugriff (über 17.3) oder mittelbar über Schemaprozessoren (über 1.3, 3.3, 7.3).

50. Testdaten-Generator

   1. **proc** generate;
      input Anforderung von Testdaten für logische Strukturen;
      effect Beschaffen von Schema, Subschema und Konsistenzbedingungen (über 2.2, 4.2 und 8.2); Erzeugen von Testdaten auf Datenträger außerhalb Datenbasis; Einbringen über Masseneingabe (über 44.1).

51. Datenkonversion

   1. **proc** translate;
      input Quell- und Zielschema; Quelldaten; Abbildung;
      effect Lesen der Quelldaten; Konversion; Erzeugen der neuen Daten auf Datenträger außerhalb Datenbasis; Einbringen über Masseneingabe (über 44.1).

2.4.2.4 Komponentenstruktur

Gegen die Subkomponentenstruktur des vorigen Kapitels mag der Leser einwenden, daß Funktionen getrennt werden, die sich aus Implementierungsgründen nicht immer trennen lassen (siehe Kapitel 3 und 4), oder daß bestimmte Aufgabenkomplexe wie die Transaktionsverwaltung überhaupt nicht explizit erscheinen. Auch zu den Aufruffolgen, wie sie implizit in den Semantikbeschreibungen stecken, kann man sich zahlreiche Varianten vorstellen. Der Wert der Aufzählung liegt also nicht so sehr in der Subkomponentenstruktur als solcher, sondern vielmehr in der wenn auch nicht lückenlosen Erfassung der in einem Datenbanksystem anfallenden Aufgaben und der Methodik für die Herleitung einer Architektur hieraus.

Diese Methodik basiert auf Regeln zur Zusammenfassung von Subkomponenten, die sich an den Schnittstellen orientieren. Damit wird schon deutlich, daß Varianten der Subkomponentenstruktur aus Abschnitt 2.4.2.3 auch auf etwas voneinander abweichende Komponentenstrukturen führen können. Die nachfolgende Komponentenstruktur sollte in ihrer Aussagekraft daher nicht überbewertet werden.

Die bei der Zusammenfassung entstandenen Komponenten (30 der im Orginalbericht erwähnten 38) sind unten in sechs verschiedene Gruppen klassifiziert. Zu jeder Komponente sind ihre Bezeichnung, die in sie eingegangenen Subkomponenten und die noch nach außen sichtbaren Subkomponentenschnittstellen aufgeführt.

Gruppe 1: Steuerdatenbearbeitung (Bild 2.8)

1. Schemabearbeitung
   Subkomponenten: 1, 2
   Schnittstellen: 1.1, 1.2, 1.3, 2.2

2. Subschemabearbeitung
   Subkomponenten: 3, 4
   Schnittstellen: 3.1, 3.2, 3.3, 4.2

3. Bearbeitung von Zugriffsrechten
   Subkomponenten: 5, 6
   Schnittstellen: 5.1, 5.2, 5.3, 6.2

4. Bearbeitung von Konsistenzbedingungen
   Subkomponenten: 7, 8
   Schnittstellen: 7.1, 7.2, 7.3, 8.2

5. Speicherschemabearbeitung
   Subkomponenten: 9, 10
   Schnittstellen: 9.1, 9.2, 9.3, 10.2

6. Bearbeitung der Speichergerätezuordnung
   Subkomponenten: 11, 12
   Schnittstellen: 11.1, 11.2, 11.3, 12.2

7. Bearbeitung der Leistungsüberwachungssteuerung (log. Ebene)
   Subkomponenten: 13, 14
   Schnittstellen: 13.1, 13.2, 13.3, 14.2

8. Bearbeitung der Leistungsüberwachungssteuerung (phys. Ebene)
   Subkomponenten: 15, 16
   Schnittstellen: 15.1, 15.2, 15.3, 16.2

Gruppe 2: Datenbasiszugriff (Bild 2.9)

9. Log. Datenbasiszugriff
   Subkomponenten: 17, 18, 19, 20, 21, 22, 23, 26, 40
   Schnittstellen: 17.1, 17.2, 17.3, 40.2

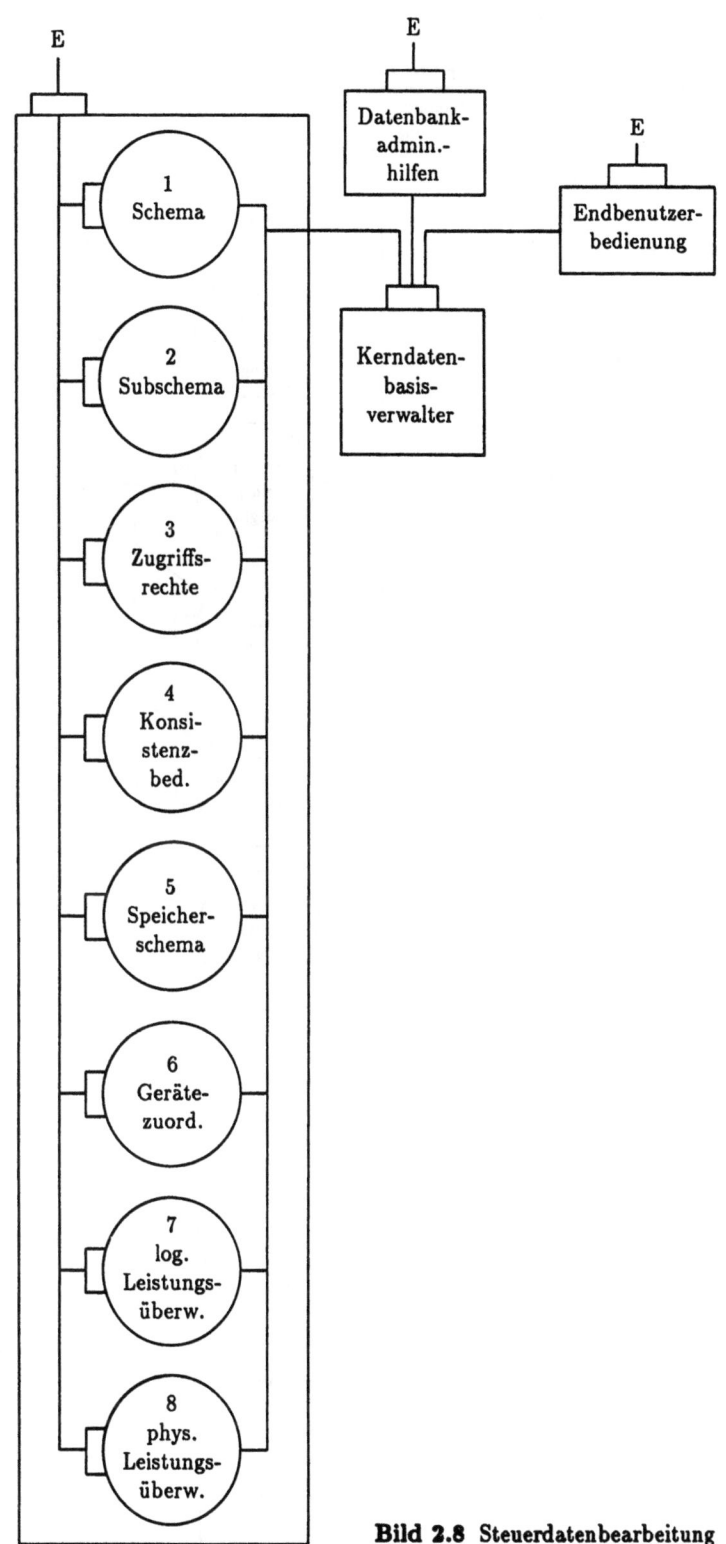

Bild 2.8 Steuerdatenbearbeitung

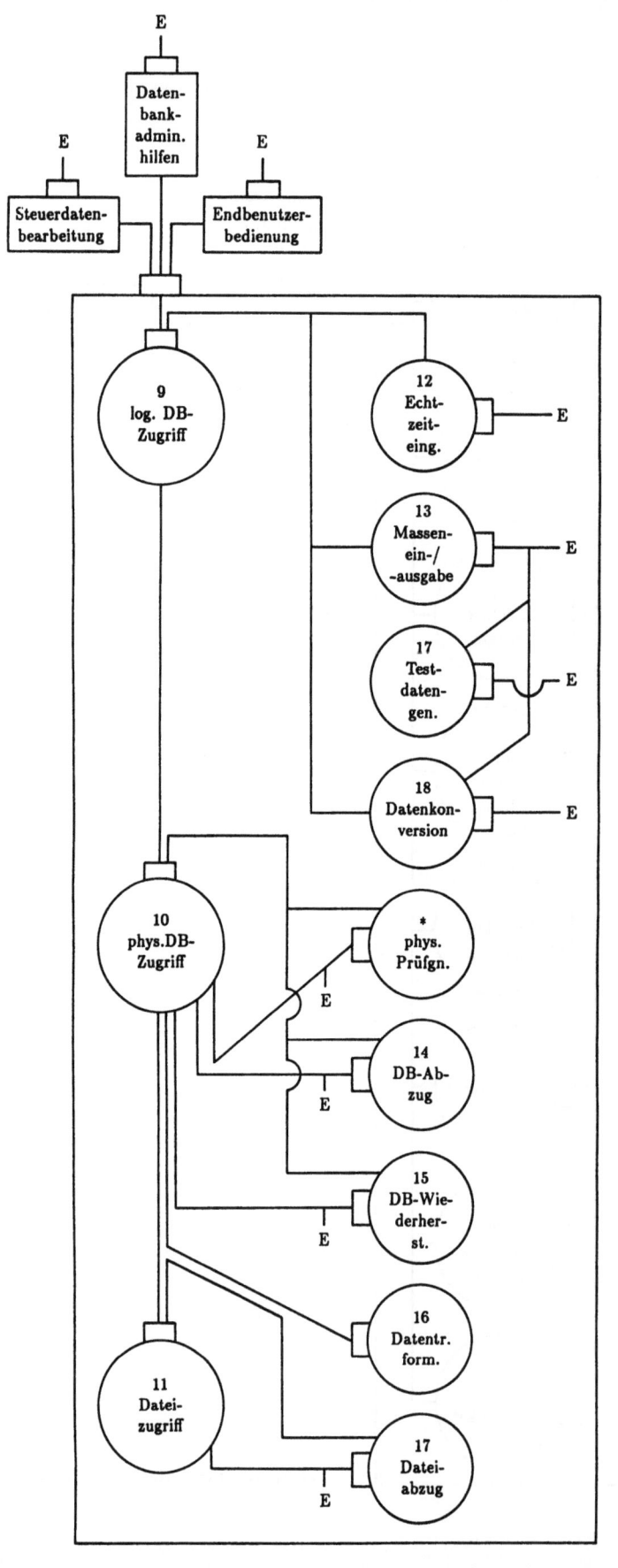

Bild 2.9 Datenbasiszugriff und Massendatenbehandlung (Kerndatenbasisverwalter)

10. Phys. Datenbasiszugriff
    Subkomponenten: 36, 37, 38, 39, 41, 42,
    Schnittstellen: 36.1, 36.2, 36.3, 39.2, 42.1

11. Dateizugriff
    Subkomponenten: 47
    Schnittstellen: 47.1, 47.2, 47.3

Gruppe 3: Massendatenbehandlung (Bild 2.9)

12. Echtzeiteingabe
    Subkomponente: 33
    Schnittstelle: 33.1

13. Massenein-/ausgabe
    Subkomponente: 44
    Schnittstellen: 44.1, 44.2

14. Datenbasisabzug
    Subkomponente: 45
    Schnittstelle: 45.1

15. Datenbasiswiederherstellung
    Subkomponente: 46
    Schnittstelle: 46.1

16. Dateiabzug
    Subkomponente: 48
    Schnittstellen: 48.1, 48.2

17. Testdaten-Generator
    Subkomponente: 50
    Schnittstelle: 50.1

18. Datenkonversion
    Subkomponente: 51
    Schnittstelle: 51.1

19. Datenträger-Vorformatierung
    Subkomponente: 43
    Schnittstellen: 43.1

Gruppe 4: Endbenutzerbedienung (Bild 2.10)

20. Auftragsbearbeitung
    Subkomponenten: 24, 25
    Schnittstellen: 24.1, 24.2

134 Architektur von Datenbanksystemen

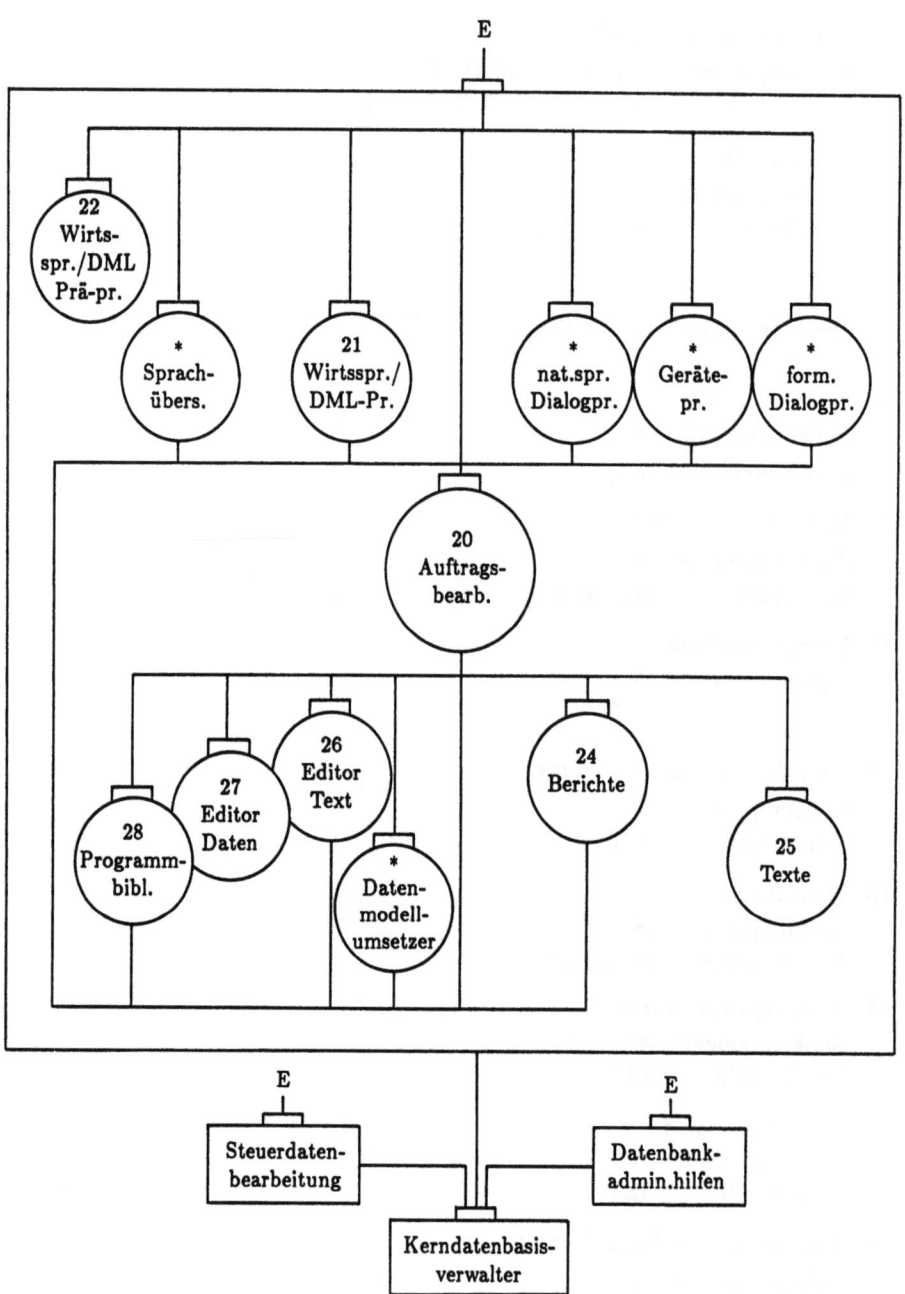

Bild 2.10 Endbenutzerbedienung und -hilfen

21. Wirtssprachen/DML-Prozessor
    Subkomponente: 27
    Schnittstelle: 27.1

22. Wirtssprachen/DML-Präprozessor
    Subkomponente: 28
    Schnittstelle: 28.1

23. Teleprozessor
    Subkomponente: 31
    Schnittstellen: 31.1, 31.2

24. Berichtsgenerator
    Subkomponente: 32
    Schnittstellen: 32.1

25. Textsuche
    Subkomponente: 34
    Schnittstelle: 34.1

Gruppe 5: Endbenutzerhilfen (Bild 2.10)

26. Texteditor
    Subkomponente: 29
    Schnittstelle: 29.1

27. Dateneditor
    Subkomponente: 30
    Schnittstelle: 30.1

28. Programmbibliothek
    Subkomponente: 35
    Schnittstellen: 35.1, 35.2, 35.3

Gruppe 6: Datenbankadministrationshilfen

29. Datenwörterbuch
    Subkomponente: 49
    Schnittstellen: 49.1, 49.2, 49.3

2.4.3 Fünf-Schichten-Architektur

2.4.3.1 Zielsetzung

Die älteste Architektur eines Datenbanksystems nach dem Grundsatz der Systemschichtung stammt von Senko (DIAM [SENK73]) und wurde vor allem unter dem

Aspekt der Datenunabhängigkeit konzipiert. Eine Weiterentwicklung dieser Architektur, die u.a. auch durch die Arbeiten an System R [ASTR76, CHAM81a, DATE81a] beeinflußt wurde, fünf Schichten vorsieht. Sie ist an anderer Stelle dieses Buches (Kapitel 3) ausführlich beschrieben, soll aber wegen ihrer Bedeutung kurz skizziert werden.

Eine Schichtenarchitektur besteht nach Abschnitt 2.2.3 aus einer Folge von Systemebenen (Schnittstellen) $I_0, ..., I_n$. Jede dieser Schnittstellen repräsentiert die Oberfläche einer abstrakten (oder im Falle von I_0 möglicherweise auch konkreten) Maschine $M_0, ..., M_n$. Jede abstrakte Maschine M_{i+1} wird mit den Mitteln der darunterliegenden Maschine M_i (genauer: unter Benutzung von I_i) realisiert). Die Realisierung besteht dabei nach Bild 2.7 darin, die Schicht mit Zustandsabbildung Φ_i und Programmen P_i^j zu entwerfen und zu implementieren. Statt, wie in Abschnitt 2.4.2 angenommen, die Systemebenen I_1 bis I_{n-1} frei festzulegen (oder festlegen zu müssen!), kann man sich an der vorliegenden Schichtung orientieren und die Entwurfsarbeiten auf die Realisierung der Schichten konzentrieren. Dazu wird nachfolgend auf die Funktion der einzelnen Schnittstellen und die Aufgaben der Schichten eingegangen. Einige Konsequenzen für das Leistungsverhalten eines Datenbanksystems runden den vorliegenden Abschnitt ab.

2.4.3.2 Schichtenarchitektur

Die Fünf-Schichten-Architektur ist in Bild 2.11 wiedergegeben. Die Abbildung schließt beide Blickwinkel, den der Schnittstellen und den der Schichten ein. Wir werden im folgenden beide Blickwinkel anlegen und einige der Entscheidungen für die gewählte Schichtung begründen.

Die Einführung mehrerer Schnittstellen wird durch eine Reihe von Forderungen beeinflußt (Abschnitt 2.2.3): Anpassungsfähigkeit, Übertragbarkeit, unterschiedlicher Spezialisierungsgrad. Weitere Randbedingung ist die früher erwähnte Untergliederung des Entwurfsprozesses. Die sechs Ebenen in Bild 2.11 hängen mit diesen Forderungen in unterschiedlicher Weise zusammen. Wenn wir die Architektur von außen, also von der Benutzeroberfläche, nach innen zur realen Maschine hin verfolgen, treffen wir der Reihe nach auf die folgenden Schnittstellen:

1. Mengenorientierte Schnittstelle (I_5)

Hierbei handelt es sich um eine Schnittstelle, die in die Klasse der Hochsprachen fällt. Das sind nicht-prozedurale Schnittstellen, in denen man das zu lösende Problem, nicht aber den Lösungsweg beschreibt. Wie Wasserman [WASS82] andeutet, lassen sich moderne Datenbankabfragesprachen wie QUEL, ALPHA, SQL, QBE [DATE81a] als Prototypen derartiger Hochsprachen auffassen. Charakteristisch für Anfragen in solchen Sprachen ist, daß das Datenbanksystem stets Mengen von Datenobjekten liefert, die die Problemstellung erfüllen. Sprachen, die in diese Klasse fallen, basieren heute fast ausnahmslos auf dem Relationenmodell. Daher sind die Datenobjekte auf dieser Ebene typischerweise Relationen und Sichten.

Ganz ohne Prozeduralität kommt man auf dieser Ebene allerdings nicht aus. Zum einen ist die unmittelbare Verarbeitung ganzer Mengen mit heutigen

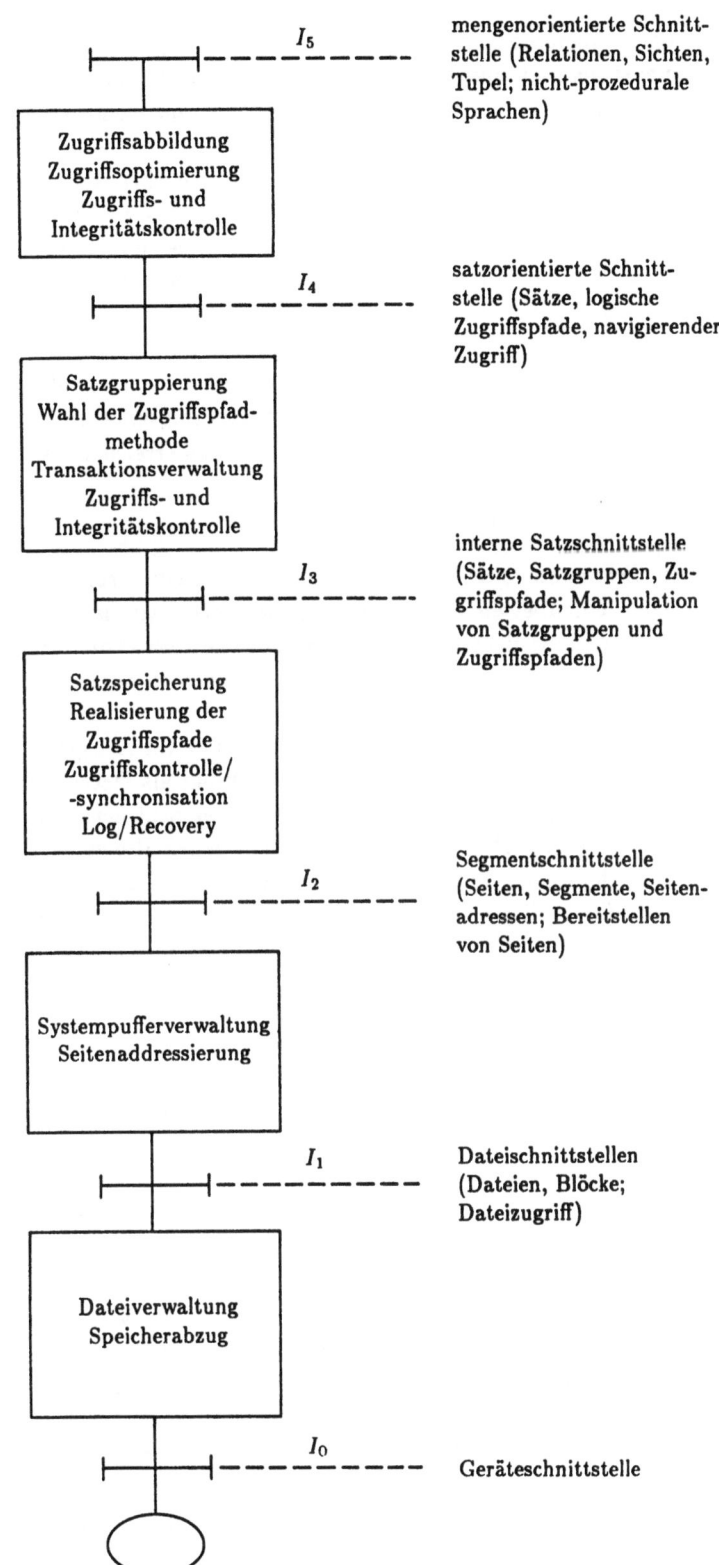

Bild 2.11
Fünf-Schichten-
Architektur

Programmiersprachen kaum möglich. Anwendungsprogramme müssen deshalb die Tupel sequentiell aus der Ergebnismenge herausgreifen, wozu spezielle zusätzliche Mechanismen bei der Einbettung einer solchen mengenorientierten Schnittstelle in eine höhere Programmiersprache zur Verfügung gestellt werden (vergleiche etwa Extended SQL für System R [DATE81a]). Umgekehrt stellt sich bei Änderung der Datenbasis häufig das Problem, daß erst nach Ablauf ganzer Anweisungsfolgen ein korrekter Datenbasiszustand erreicht wird; eine derartige Anweisungsfolge muß dann als atomare Prozedur, d.h. als Transaktion, gekennzeichnet werden können.

Mengenorientierte Schnittstellen zeichnen sich durch hohe Übertragbarkeit aus. Vom Spezialisierungsgrad her wenden sie sich an Sachbearbeiter sowie an Anwendungsprogrammierer, die keine tiefergehenden Kenntnisse über Datenbanksysteme besitzen und die zwar eine gewisse Leistungsfähigkeit vom System erwarten, aber sich nicht darum kümmern wollen, wie diese zu erreichen ist.

2. Satzorientierte Schnittstelle (I_4)

Diese Schnittstelle orientiert sich an prozeduralen Programmiersprachen, in die sie stets einzubetten ist. Zugriff auf die Datenbasis ist grundsätzlich nur satzweise, so daß die Bearbeitung einer Satzmenge stets prozedural zu beschreiben ist. Allerdings lassen die meisten Sprachen auf dieser Ebene auch Anfragen zu, die auf Satzmengen führen; die Weiterverarbeitung dieser Mengen ist aber vergleichsweise umständlich (siehe z.B. das fehleranfällige Currency-Konzept des Netzwerkmodells). Bevorzugte Satzmengen werden direkt als Datenbankstrukturen spezifiziert, z.B. als Sets im Netzwerkmodell oder Segmenthierarchien im hierarchischen Modell. Vereinheitlicht werden diese verschiedenen Mengenkonzepte unter dem Begriff des „logischen Zugriffspfades". Die satzweise Bearbeitung von Mengen besteht deshalb darin, diesen Zugriffspfaden zu folgen oder auch bei einem Satz, der in mehreren Zugriffspfaden liegt, von einem Pfad auf einen anderen überzuwechseln. Diese Art der Mengenverarbeitung wird häufig als „Navigieren durch die Datenbasis" bezeichnet.

Satzorientierte Schnittstellen wenden sich an programmierende Benutzer. Die Benutzerschnittstellen nahezu aller nichtrelationalen Datenbanksysteme sind auf dieser Ebene anzusiedeln. Da mit der Einrichtung von Zugriffspfaden festgelegt wird, welche Anfragen besonders effizient beantwortet werden, kommt der Planung des Schemas auf dieser Ebene besondere Bedeutung zu; die Ebene ist also auch bedeutsam für den Datenbankadministrator. Werden relationale Schnittstellen mit Hilfe satz- und zugriffspfadorientierter Schnittstellen realisiert [ZANI79a, ZANI79b, MERC79], so läßt sich deren Effizienz steuern, indem gewisse Anfragearten durch die Einrichtung von Zugriffspfaden auf der satzorientierten Schnittstelle unterstützt werden [ASTR76, CHAM81a]. Vom Spezialisierungsgrad her wendet sich diese Schnittstelle also vor allem an Personen, die Kenntnisse der Anwendung mit einer groben Kenntnis der Datenbanktechnologie verbinden. Die Realisierung relationaler Schnittstellen mit Hilfe satzorientierter Schnittstellen unterstützt auch die Forderung nach Anpassungsfähigkeit. Da satzorientierte Schnittstellen noch völlig von Realisierungstechniken abstrahieren, erfüllen sie weiterhin die Forderung nach Übertragbarkeit.

3. Interne Satzschnittstelle (I_3)

Diese Schnittstelle unterscheidet sich von der vorhergehenden dadurch, daß sie den Bezug zu den Datenmodellen verloren hat und ausschließlich die Anordnung der Sätze oder sogar der Satzfelder sowie den Zugriff hierauf unter Effizienzgründen betrachtet:

- Gruppierung der Sätze zu disjunkten Einheiten, etwa entsprechend Areas im Netzwerkmodell, Relationen im Relationenmodell, und ähnlich Gruppierung von Satzfeldern zu Sätzen, z.B. Übernahme der Gruppierung von I_4, aber auch Verteilung der Felder eines I_4-Satzes auf zwei oder mehr I_3-Sätze oder Zusammenfassung der Felder zweier I_4-Sätze in einem I_3-Satz.
- Anlegen von Zugriffspfaden unter Angabe der zu verwendenden Methode (z.B. Adreßketten, Zeigerlisten, Bitlisten, Hashverfahren, B-Bäume, Digitalbäume). Die Wahl einer bestimmten Methode hängt dabei von Kriterien wie Zugriffs- und Änderungshäufigkeit ab. Über die Implementierung der Zugriffspfade sollten hingegen noch keine Angaben gemacht werden, eine in der Praxis nicht immer erfüllte Forderung.

Die interne Schnittstelle ist offensichtlich von kritischer Bedeutung, da einerseits immer noch von den Merkmalen der Geräte und des Betriebssystems abstrahiert wird und somit noch weitgehend Übertragbarkeit vorliegt (vorausgesetzt allerdings, daß alle angebbaren Zugriffspfadmethoden implementierbar sind), andererseits aber das Leistungsverhalten des Datenbanksystems entscheidend beeinflußt wird. Mehr noch als bei der satzorientierten Schnittstelle muß es möglich sein, bei Leistungsabfall Neugruppierungen vorzunehmen oder Zugriffspfadmethoden auszuwechseln. Die interne Satzschnittstelle sollte deshalb dem Datenbankadministrator vorbehalten bleiben.

4. Segmentschnittstelle (I_2)

Zweck dieser Schnittstelle ist es, einen virtuellen, homogenen und linearen Speicher für die Realisierung anzubieten. Homogen und linear ist im Sinne einer Unterteilung in Adressierungseinheiten fester Größe (sog. Seiten) zu verstehen. Der Seitenorganisation wird häufig noch eine Segmentstruktur überlagert (Segment als eine Art virtuelle Datei), die zur benachbarten Speicherung verschiedener Daten, für Synchronisation, Wiederanlaufvorkehrungen usw. ausgenutzt wird (Garantie der Unverletzlichkeit). Virtuell besagt, daß benötigte Seiten mit hinreichender Wahrscheinlichkeit ohne lange Wartezeit zur Verfügung stehen, ohne daß sich der Benutzer der Schnittstelle um den Seitentransport von und zu den Speichergeräten oder um Strategien zum Seitenaustausch zu kümmern hat.

5. Dateischnittstelle (I_1)

Als vorwiegend geräteorientierte Speichereinheiten stehen Blöcke und Dateien zur Verfügung, auf die Seiten und Segmente abgebildet werden. Die Dateischnittstelle muß dabei eine Reihe von Forderungen im Hinblick auf schnellen blockorientierten

Direktzugriff auf der Basis dateispezifischer logischer Blockadressen und auf ausreichende Steuerbarkeit der Speicherplatzverwaltung und -zuordnung erfüllen. Wünschenswert ist es sicherlich, daß man sich auf das Betriebssystem und damit das Dateiverwaltungssystem des Wirtsrechners abstützen und somit die Geräteschnittstelle völlig verdecken kann. Wo Dateiverwaltungssysteme jedoch die gestellten Forderungen nicht in ausreichendem Maß anbieten, sollte man eine eigenständige Realisierung der Schnittstelle ins Auge fassen.

6. *Geräteschnittstelle (I_0)*

Die Schnittstelle ist durch die verwendete Hardware vorgegeben und ist nur im Falle der gerade genannten Realisierung zu berücksichtigen.

Mit dieser Festlegung der Schnittstellen lassen sich nunmehr auch Aussagen darüber machen, welche Aufgaben die einzelnen Schichten zu übernehmen haben. Grundsätzlich gilt, daß die Aufgaben einer Schicht mit derjenigen Information zu tun haben, die beim Übergang von einer Ebene zur nächsttieferen verlorengeht. Dementsprechend kann man grob folgende Zuordnung erwarten.

1. *Schicht zwischen I_5 und I_4*
   Abbildung des mengenorientierten Zugriffes auf eine Folge von Satzzugriffen; Optimierung dieser Folge bezüglich der auf I_4 definierten Zugriffspfade; Zugriffs- und Konsistenzkontrolle für alle satz- oder tupelübergreifenden Bedingungen.

2. *Schicht zwischen I_4 und I_3*
   Satzgruppierung; Zuordnung von Zugriffspfadmethoden zu den logischen Zugriffspfaden; Zugriffs- und Konsistenzkontrolle für satzinterne Bedingungen.

3. *Schicht zwischen I_3 und I_2*
   Speicherung von Sätzen in Seiten und Segmenten; Realisierung der Zugriffspfade; Zugriffssynchronisation auf Satzbasis; Datenbasisabzug/-wiederherstellung; Zugriffskontrolle auf Satz- und Satzgruppenbasis; Verschlüsselung auf Satzbasis.

4. *Schicht zwischen I_2 und I_1*
   Systempufferverwaltung zur Realisierung des virtuellen, homogenen und linearen Adreßraumes; Realisierung der Seitenadressierung.

5. *Schicht zwischen I_1 und I_0*
   Dateiverwaltung und Dateizugriff; Speicherabzug auf Dateibasis; inhaltsunabhängige Verschlüsselung.

Die Verwaltung von Transaktionen umfaßt 1. und 2. und ist dort parallel zu den übrigen Aufgaben anzusiedeln.

2.4.3.3 Schichtenreduktion und Komponentenzuordnung

Die Fünf-Schichten-Architektur ist als grober Anhaltspunkt zu verstehen, man wird sie von Fall zu Fall abändern. Beispielsweise fällt die mengenorientierte Schnittstelle und damit die oberste Schicht bei Datenbanksystemen nach dem

Netzwerkmodell oder nach dem hierarchischen Modell weg, es sei denn, man bietet zusätzlich mengenorientierte interaktive Abfragesprachen an. Bei Vorliegen eines geeigneten Dateiverwaltungssystems kann ebenso die Schnittstelle I_0 und die unterste Schicht entfallen, oder genauer, diese sind nicht Bestandteil des Datenbanksystems, sondern der Betriebsumgebung.

Erfahrungsgemäß ist es effizienter, bei der Abarbeitung eines Auftrages mehrere Schichten in einem Schritt als nacheinander in entsprechend vielen Schritten zu durchlaufen – ein insbesondere für Klein- und Arbeitsplatzrechner wichtiger Gesichtspunkt. Die Fünf-Schichten-Architektur sollte deshalb zunächst nur als Rahmen für einen Entwurf dienen. Im Anschluß daran ist zu prüfen, ob die Zwischenschnittstellen sämtlich von außen zugänglich sein müssen. Ist dies nicht der Fall, so kann man die nicht zugänglichen wegfallen und die entsprechenden Schichten zusammenfallen lassen. Einige Beispiele finden sich in Kapitel 3. Der Vorteil, während des Entwurfs die neue, gröbere Schicht unterteilt zu haben, liegt dann immer noch in einer überschaubaren Modularisierung der Schicht. Übrigens gilt auch umgekehrt, daß sehr umfangreiche Schichten im Rahmen der Fünf Schichten-Architektur in mehrere Schichten weiter unterteilt werden sollten.

Der Leser mag sich an dieser Stelle fragen, wie die Komponenten oder Subkomponenten der Strawman-Architektur den Schichten der Fünf-Schichten-Architektur zuzuordnen sind. Beim Versuch, diese Zuordnung vorzunehmen, wird deutlich, daß sich die Komponenten teilweise über mehrere Schichten erstrecken und deshalb – solange diese Schichten getrennt bleiben – in mehrere Komponenten zu unterteilen sind. Einige Beispiele sollen dies illustrieren.

Die Information für die Steuerdatenbearbeitung bezieht sich auf mehrere Schnittstellen, die Steuerdatenbearbeitung fällt deshalb auch mehreren Schichten zu. Die Bearbeitung von Schema, Subschema und Konsistenzbedingungen gehört in die oberste Schicht, d.h. je nach System in die Schicht unterhalb I_5 oder I_4 (siehe hierzu aber Abschnitt 2.4.4). Die Bearbeitung von Zugriffsrechten ist ebenfalls Sache der obersten Schicht, Verschlüsselungen werden jedoch von tieferen Schichten abgedeckt. Die Speicherschemazuordnung geht mit den Objekten von I_3 um, bei mengenorientierten Schnittstellen auch mit denen von I_4. Die Leistungsüberwachung kann sich auf sämtliche Schnittstellen I_5 bis I_2 beziehen.

2.4.4 ANSI/SPARC-Architektur

2.4.4.1 Zielsetzung

Datenbanksysteme haben in Unternehmen oder öffentlichen Einrichtungen unter anderem die Aufgabe, durch zentrale Verwaltung der Daten sowohl die Kommunikation zwischen den verschiedenen Abteilungen und Gruppen zu fördern als auch ganz allgemein die Wirtschaftlichkeit der Datenverwaltung und -nutzung zu verbessern. Mit jeder Einführung eines Datenbanksystems geht demzufolge eine *Integration* der bisher nur getrennt zugänglichen Datenbestände einher. Andererseits soll aber weiterhin gelten, daß die einzelnen Benutzergruppen nur den Teil der Datenbasis zu sehen bekommen, den sie benötigen, nutzen dürfen oder nutzen wollen.

Als Gegenstück zur Integration müssen Datenbanksysteme also benutzerspezifische *Sichten* auf Teile der Datenbasis ermöglichen.

Die beiden zuvor behandelten Architekturvorschläge setzen sich mit diesen beiden Gesichtspunkten nicht explizit auseinander. Im folgenden Vorschlag spielen sie dagegen eine zentrale Rolle. Ausgedrückt in der Fünf-Schichten-Architektur beschränkt sich dieser Vorschlag auf die Betrachtung der Folgerungen für die obersten drei Schnittstellen. Im Rahmen dieser Schnittstellen versucht er, gleichermaßen den Forderungen nach Anpassungsfähigkeit (durch Bereitstellung unterschiedlicher Sichten), Übertragbarkeit (durch Definition aller Sichten auf einer realisierungsunabhängig formulierten integrierten Datenbasis) und unterschiedlichen Spezialisierungsgrad (durch eine Schichtenarchitektur) zu erfüllen.

Der Vorschlag ist das Ergebnis einer mehrjährigen Studie der ANSI/X3/SPARC Study Group on Database Management Systems (ANSI steht für American National Standards Institute). Aufgabe der Gruppe war es festzustellen, ob und ggf. für welche Bereiche innerhalb der Datenbanktechnologie eine Normung infrage kommt, und Empfehlungen für das zukünftige Vorgehen in diesen Bereichen auszusprechen. Wie im Fall der Strawman-Architektur nahm die Gruppe den Standpunkt ein, daß nur Schnittstellen Gegenstand einer Normung sein dürfen. Dementsprechend versucht auch dieser Vorschlag nur die Bausteine in ihren nach außen sichtbaren Funktionen festzulegen und das Zusammenspiel zwischen den Bausteinen über die Schnittstellen zu regeln.

2.4.4.2 Systemebenen

Der ANSI/SPARC-Architekturvorschlag hat Datenunabhängigkeit als sein zentrales Ziel [TSIC78]. *Datenunabhängigkeit* ist die Eigenschaft eines Datenbanksystems, Benutzer vor irgendwelchen nachteiligen Auswirkungen im Zuge von Änderungen in der Systemumgebung zu schützen. Der Begriff Datenunabhängigkeit schließt dabei sowohl Anpassungsfähigkeit als auch Übertragbarkeit ein: neue Anwendungen und neue Benutzersichten sollen keinen Einfluß auf existierende Anwendungen und Sichten ausüben, und neue Geräte, verbesserte Speichertechnologien, veränderte Zugriffspfade sollen sich in den Anwendungen nur durch Leistungsverbesserung, nicht durch Funktionsveränderung bemerkbar machen.

Die Grobarchitektur Bild 2.12 soll diese beiden Ziele erfüllen. Zwischen Anwender- und Realisierungsebene wird eine Zwischenebene gezogen, die zum einen die Anwendungen von allen Änderungen hinsichtlich anderer Anwendungen und der Realisierung abschirmt, also eine realisierungsunabhängige Sicht der Datenbasis liefert. Die Schicht zwischen Zwischenebene und Realisierungsebene hat für die Realisierungsunabhängigkeit zu sorgen. Der damit verbundene Aufwand legt es nahe, nur eine einzige Schicht und damit auch nur eine einzige Zwischenschnittstelle vorzusehen.

Zum zweiten trägt diese Zwischenebene dafür Sorge, daß sich die Datenbankanwendungen nur in kontrollierter Weise beeinflussen. So ist es sicherlich nicht wünschenswert, daß die Lagerbuchhaltung zur Kenntnis nehmen muß, daß das Bestellwesen das Schema für den Lieferantensatz um Angaben zur Kreditbereit-

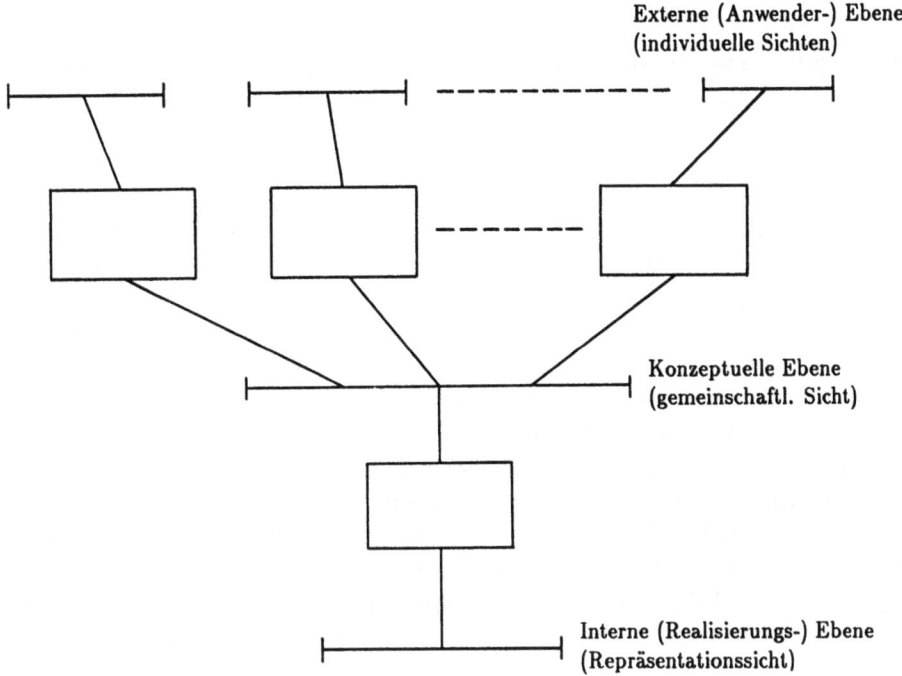

Bild 2.12 ANSI/SPARC-Grobarchitektur

schaft ergänzt hat, während die Ergänzung um Angaben zur abzunehmenden Mindeststückzahl sie sehr wohl interessieren mag. Kontrolle über die gegenseitige Einflußnahme erfordert einen neutralen Bezugspunkt, nämlich eine einzige anwendungsorientierte Schnittstelle.

Dementsprechend sieht die ANSI/SPARC-Architektur drei Ebenen vor: eine mittlere *konzeptuelle* Ebene, die alle Anwendersichten zu einer Art gemeinschaftlicher Sicht vereinigt und zugleich alle Realisierungsaspekte von ihr fernhält, eine *interne* Ebene, die es gestattet, unter Kenntnis von Anwendungsprofilen und verfügbarer Hard- und Grundsoftware die leistungsfähigsten Speicherungs- und Zugriffsmethoden zu wählen (ähnlich den Ebenen I_4 und I_3 aus Abschnitt 2.4.3.2), und eine *externe* Ebene mit beliebig vielen individuellen Anwendersichten. Schichten zwischen den drei Ebenen besorgen die gegenseitige Zuordnung der Objekte und Operationen auf diesen Ebenen.

Die ANSI/SPARC-Architektur läßt sich auch systemanalytisch begründen. Die Datenbasis einer Organisation modelliert einen bestimmten Ausschnitt der realen Welt (engl.: enterprise). Dieses Modell bildet für alle Datenbankoperationen in der Organisation die gemeinschaftliche, verbindliche Basis; sie wird auf der konzeptuellen Ebene angesiedelt. Jede individuelle Anwendung wählt aus diesem gemeinschaftlichen Modell den für sie relevanten Ausschnitt. Eine gegenseitige Einflußnahme ist nur über diejenigen Teile des Modells möglich, die ihnen gemeinsam sind. Auf der anderen Seite muß für das gemeinschaftliche Modell eine interne, rechnerverarbeitbare Repräsentation gefunden werden; dies geschieht auf der internen Ebene.

2.4.4.3 Systemaktivitäten

Die ANSI/SPARC-Studie geht von gewissen Vorstellungen über die Benutzung des Systems aus, die die Wahl der Schnittstellen begründen. Auf diese Vorstellungen soll deshalb kurz eingegangen werden.

Der Typ der Datenbasis aus konzeptueller Sicht wird durch das *konzeptuelle Schema* beschrieben. Es enthält die Typen aller Gegenstände, Merkmale und Beziehungen, die die interessierende Umwelt ausmachen. Es wird davon ausgegangen, daß das konzeptuelle Schema eine stabile Basis sowohl für die externe Ebene als die interne Ebene bildet. Es stellt sozusagen den „ruhenden Pol" dar, der die Datenunabhängigkeit garantieren soll. Diese Annahme ist durchaus gerechtfertigt, wenn man davon ausgeht, daß sich die ein Unternehmen interessierende Umwelt nur sehr langsam in ihrer Struktur verändert. Als Folge hiervon kann man auch davon ausgehen, daß das konzeptuelle Schema, nachdem es einmal vor Einrichten der Datenbasis erstellt wurde, selten oder nie modifiziert wird.

Das konzeptuelle Schema fällt in den Verantwortungsbereich des sogenannten *Unternehmensadministrators*. Er spielt im wesentlichen die Rolle eines Systemanalytikers, der den Informationsbedarf und Informationsfluß in der Organisation untersucht. Er bestimmt daraus die zu speichernde Information (Objekte und Beziehungen zwischen ihnen), die Konsistenzbedingungen und Zugriffsrechte; er stellt fest, welche Informationen zu welchem Zeitpunkt verfügbar sein müssen und wie schwer ihr Verlust wiegen würde. Dies kann u.a. dadurch geschehen, daß er eine Reihe potentieller Anwendungen analysiert. Ergebnis ist eine schematische Beschreibung des Umweltmodells und der Manipulationen, die am Umweltmodell vorgenommen werden sollen. In einem weiteren Schritt setzt er die schematische Beschreibung in ein konzeptuelles Schema um, das dem für die konzeptuelle Ebene vorgesehenen Datenmodell gehorcht. Einzelheiten zu diesem Prozeß finden sich in Kapitel 5 dieses Handbuches.

Das konzeptuelle Schema in der vom Unternehmensadministrator erstellten Form wird von einem konzeptuellen Schemaprozessor in eine für die weitere Verwendung geeignete Form umgesetzt; dabei wird es auf seine syntaktische Korrektheit und auf Konsistenz geprüft.

Das *interne Schema* beschreibt dasselbe Umweltmodell mit Begriffen der Geräte- und Softwaretechnik. Je nach verfügbarer Technik und der Entwicklung neuer Techniken können zu einem konzeptuellen Schema unterschiedliche interne Schemas existieren. Zu jedem Zeitpunkt existiert in einem Datenbanksystem jedoch nur ein einziges internes Schema, das sich dann im Lauf der Zeit ändern kann. Das Erstellen des internen Schemas ist Sache des *Datenbankadministrators*. Um unter den verfügbaren Techniken (z.B. Speichergeräte, Zugriffspfadmethoden) wählen zu können, muß er das Nutzungsprofil der verschiedenen Anwendungen, die erwartete Systembelastung, das Datenvolumen und die geforderten Antwortzeiten kennen.

Da in der internen Datenbasis die Umweltsemantik der konzeptuellen Datenbasis nicht mehr erkennbar ist, muß die Abbildung von konzeptueller auf interne Ebene sicherstellen, daß die Wirkung der konzeptuellen Operatoren korrekt realisiert ist. Dem Datenbankadministrator, in dessen Aufgabenbereich auch die

Spezifikation der Abbildung fällt, sind entsprechende Regeln an die Hand zu geben, beispielsweise in Form einer Abbildungssprache. Zu den Bestandteilen der Abbildung gehören u.a. Namenskorrespondenzen, Typkonvertierungen und Umformatierungen, Partitionierungen und Zusammenfassungen, Umsortieren, Verschlüsselungen, Anlegen von Zugriffspfaden, prozedurale Lösung von Konsistenzbedingungen, Zugriffsregelungen. Änderungen des internen Schemas haben bei gleichbleibendem konzeptuellen Schema Änderungen der Abbildung zur Folge, m.a.W. die Anpaßbarkeit der Abbildung zwischen konzeptueller und interner Ebene sichert die geforderte Datenunabhängigkeit.

Internes Schema und Abbildung sind ebenfalls einem speziellen Schemaprozessor zu übergeben, der sie auf syntaktische Korrektheit sowie Konsistenz untereinander und mit dem konzeptuellen Schema überprüft und in systeminternes Format umsetzt.

Jeder individuellen Datenbasissicht einer Benutzergruppe auf der externen Ebene entspricht ein *externes Schema*. Ein sogenannter *Anwendungsadministrator* legt in Zusammenarbeit mit dem Unternehmensadministrator fest, welcher Ausschnitt aus dem Umweltmodell und damit welche Teile des konzeptuellen Schemas einer bestimmten Anwendung zugänglich sein sollen und in welcher Form (z.B. sind verschiedenartige Zusammenfassungen denkbar). Die externe Ebene kann sich desselben Datenmodells wie die konzeptuelle Ebene bedienen, doch ist dies zumindest im Grundsatz nicht erforderlich (z.B. sollte relationale Sicht einer Netzwerkdatenbasis möglich sein [ZANI79b, MERC79]). Anwenderprogramme haben grundsätzlich Zugang zur Datenbasis nur über ein externes Schema; dasselbe externe Schema kann von einer beliebigen Zahl von Anwenderprogrammen genutzt werden, sofern diese mit demselben Umweltausschnitt zu tun haben.

Zu den Aufgaben des Anwendungsadministrators gehört weiterhin die Spezifikation der Abbildung zwischen externer und konzeptueller Ebene; hierfür gilt das oben Gesagte sinngemäß. Muß das externe Schema an veränderte Anforderungen einer Anwendung angepaßt werden, so ist nur diese Abbildung abzuändern; das konzeptuelle Schema bleibt dasselbe. Änderungen der Anwendung haben deshalb höchstens Auswirkung auf solche anderen Anwendungen, deren Sicht sich mit der der geänderten Anwendung überlappt. Darüberhinaus kann sich das Leistungsverhalten des Systems ändern, da das interne Schema Leistungsgesichtspunkte aus der Anwendung berücksichtigt.

Externe Schemata und Abbildungen zwischen externer und konzeptueller Ebene werden wieder speziellen Schemaverarbeitungskomponenten übergeben.

Entsprechend dem in Abschnitt 2.4.3.3 Gesagten kann man die konzeptuelle Ebene im realen System entfallen lassen, sie dient dann nur als Entwurfshilfsmittel. Alle Abbildungen sind damit unmittelbar zwischen externer und interner Ebene erklärt. Damit die Vorteile des ANSI/SPARC-Vorschlags erhalten bleiben, müssen die Abbildungen zweigeteilt sein: Anpassungen an neue Techniken oder an neue Anwenderbedürfnisse dürfen jeweils nur wohldefinierte Teile der Abbildung betreffen.

In der ANSI/SPARC-Architektur spielt ein *Datenwörterbuch* eine besondere Rolle. Das Datenwörterbuch läßt sich als Meta-Datenbasis auffassen. Es enthält alle Informationen über die Datenbasis, als da sind Schemata, Abbildungen, Benutzungsstatistiken, Zugriffsrechte, Benutzerangaben, Auskunftstexte, Abrechnungsinformation. Die Schemaprozessoren liefern demzufolge ihre Ergebnisse an das Datenwörterbuch ab. Genaueres zum Thema Datenwörterbuch folgt in Abschnitt 2.5.

2.4.4.4 Schnittstellen

Aus der Betrachtung der Systemaktivitäten lassen sich eine Reihe von Benutzerrollen und Verarbeitungsfunktionen sowie Schnittstellen zwischen ihnen herleiten. Bild 2.13 (Orginal aus dem engl. Bericht) zeigt das Ergebnis der Überlegungen der Studiengruppe. Der schraffierte Bereich handelt dabei das Speichersubsystem ab und sei hier nicht weiter betrachtet. Rollen und Funktionen sind in der Abbildung benannt und bedürfen keiner weiteren Erläuterung. Da die Schnittstellen Gegenstand der Normung sein sollten, soll auf diese etwas näher eingegangen werden (Numerierung entsprechend Bild 2.13).

1. *Konzeptuelles Schema im Quellformat*
   Das Schema wird vom Unternehmensadministrator (Enterprise Administrator) bereitgestellt und schließt neben Gegenstands- und Beziehungstypen Konsistenzbedingungen, Zugriffsregelungen, Angaben zur Wiederherstellung und zu möglichen Operatoren und Transaktionen ein. Der konzeptuelle Schemaprozessor prüft auf syntaktische Korrektheit und Konsistenz. Über die Schnittstelle erfolgt auch die Wartung des Schemas.

2. *Konzeptuelles Schema im Objektformat*
   In diesem Format steht das Schema über das Datenwörterbuch den restlichen Komponenten des Datenbanksystems zur Verfügung.

3. *Konzeptuelles Schema im Wiedergabeformat*
   Diese Schnittstelle liefert das Schema (oder ausgewählte Teile hieraus je nach Recht oder Notwendigkeit der Einsichtnahme) in lesbarer Form an den Datenbankadministrator (Database Administrator), Anwendungsadministrator (Application Administrator) oder anderes Personal.

4. *Externes Schema im Quellformat*
   Das Schema stammt vom Anwendungsadministrator und schließt Angaben ähnlich denen im konzeptuellen Schema ein. Weiterhin wird über diese Schnittstelle die Abbildung zwischen externem und konzeptuellem Schema überreicht. Der externe Schemaprozessor überprüft Schema und Abbildung auf syntaktische Korrektheit, Konsistenz und Verträglichkeit mit dem konzeptuellen Schema.

5. *Externes Schema in Objektformat*
   In diesem Format steht das Schema über das Datenwörterbuch den restlichen Komponenten des Datenbanksystems zur Verfügung.

6. *Externes Schema im Wirtssprachenformat*
   Über diese Schnittstelle macht ein Formatierer das externe Schema in einer Form verfügbar, die seine Einbettung in ein Anwenderprogramm zuläßt. Im allgemeinen wird für jede Programmiersprache ein eigener Formatierer benötigt.

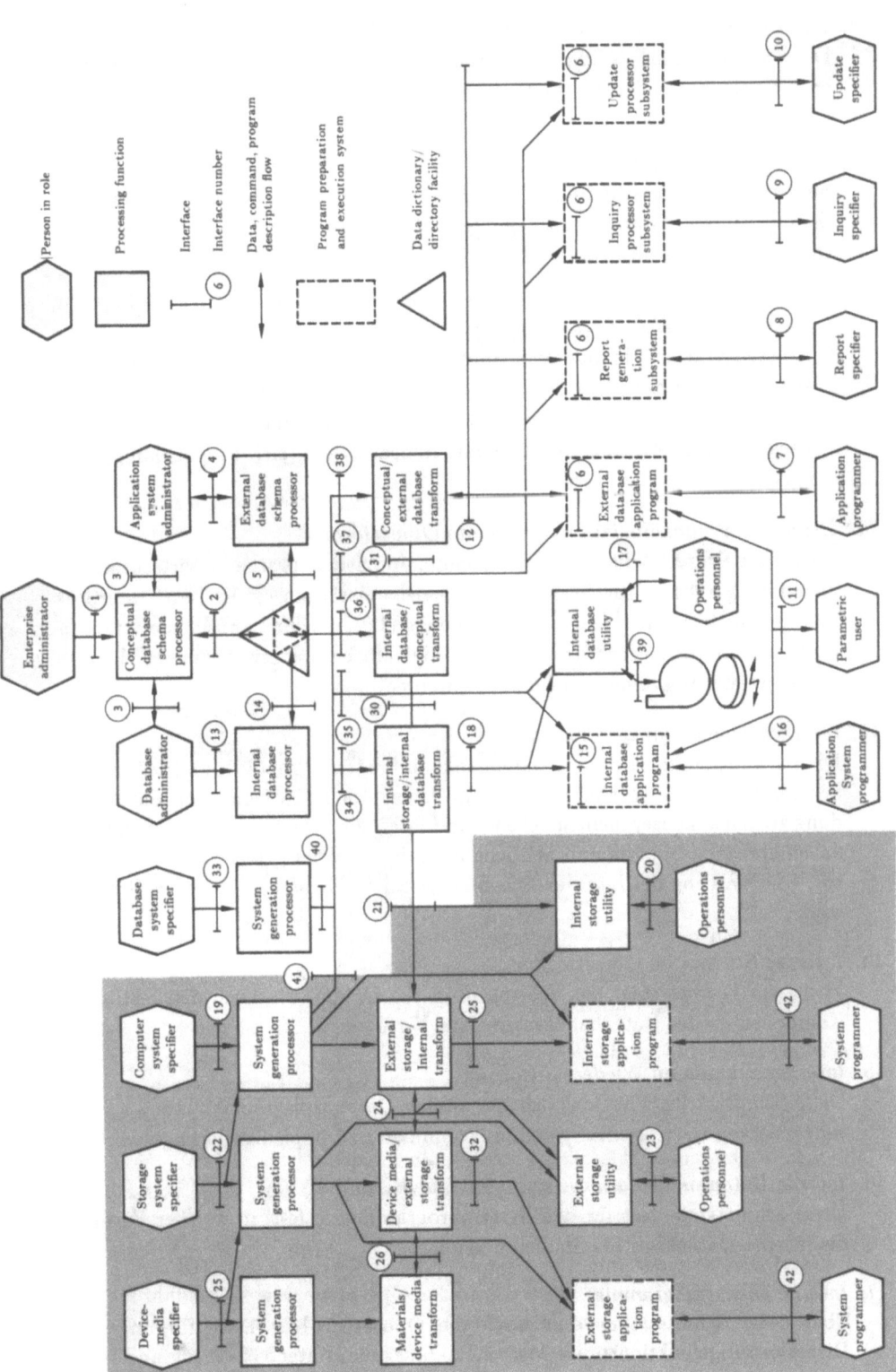

Bild 2.13 ANSI/SPARC-Funktionen, -Schnittstellen und Benutzerrollen. (Mit freundlicher Genehmigung der Herausgeber entnommen aus [TSIC78])

7. *Externe Datenmanipulationssprache im Quellformat*
   Diese Schnittstelle legt für den Anwendungsprogrammierer fest, in welcher Form er in einem Anwenderprogramm die externe Datenbasis manipulieren kann.

8.–11.
   Im Bereich der Endbenutzersprachen wird man in den nächsten Jahren mit besonders großen Fortschritten rechnen können – man denke nur an Formularsprachen, graphische Abfragesprachen oder natürlichsprachlichen Datenbasiszugriff. Die vier Schnittstellen sind deshalb eher als Schnittstellenklassen aufzufassen.
   - Berichtsgenerierung für Massendatenausgabe, für die die drucktechnische Aufbereitung eine große Rolle spielt.
   - Abfragesprachen für spontane, komplexe Zusammenhänge aufzeigende Anfragen mit geringvolumiger Datenausgabe (z.B. zur Entscheidungsfindung).
   - Datenerfassung mit laufender Kontrolle auf Plausibilität.
   - Parametrische Aufträge für Standardtransaktionen (z.B. Flugbuchung, Warenverkauf).

12. *Externe Datenmanipulationssprache im Objektformat*
    Über diese Schnittstelle steht die Datenmanipulationssprache in wirtssprachenunabhängiger Form zur Verfügung. Beispielsweise kann es sich um Unterprogrammaufrufe handeln (sog. CALL-Schnittstelle), die zur Laufzeit auszuführen sind, oder um eine Menge von Moduln, die vom Übersetzer in den Objektcode des Anwenderprogramms eingebunden werden.

13. *Internes Schema im Quellformat*
    Diese Schnittstelle wird vom Datenbankadministrator genutzt, der das interne Schema mit Angaben ähnlich denen im konzeptuellen Schema und die Abbildung zwischen konzeptuellem Schema und internem Schema eingibt. Der interne Schemaprozessor übernimmt ähnliche Aufgaben wie der externe Schemaprozessor. Die Wartung des internen Schemas geschieht ebenfalls über diese Schnittstelle.

14. *Internes Schema im Objektformat*
    In diesem Format steht das Schema über das Datenwörterbuch den restlichen Komponenten des Datenbanksystems zur Verfügung.

15. *Internes Schema im Wiedergabeformat*
    Diese Schnittstelle liefert das Schema an den Datenbankadministrator zu Wartungszwecken sowie an die Systemprogrammierer zu Implementierungszwecken.

16. *Interne Datenmanipulationssprache im Quellformat*
    Diese Schnittstelle legt für den Systemprogrammierer fest, in welcher Form er die interne Datenbasis manipulieren kann.

17. *Interne Dienstprogramme*
    Über diese Schnittstelle veranlassen die Operateure die Durchführung von Dienstleistungsfunktionen wie Massenein-/ausgabe, Datenbasisabzug und -wiederherstellung, Datenkonversion.

18. *Interne Datenmanipulationssprache im privilegierten Format*
    Diese Schnittstelle steht speziell Systemprogrammen für die Manipulation der internen Datenbasis zur Verfügung. Sie bietet im allgemeinen nicht dieselben Sicherheiten wie Schnittstelle 12, führt die Funktionen aber schneller aus.

30. *Interne Datenmanipulationssprache im Objektformat*
    Im Gegensatz zu Schnittstelle 18 rühren Aufträge über diese Schnittstelle mittelbar von der externen Datenmanipulationssprache her und sind durch eine Abbildung auf die konzeptuelle Ebene hervorgegangen.

31. *Konzeptuelle Datenmanipulationssprache im Objektformat*
    Diese Sprache steht im allgemeinen nicht zur Verwendung von außen zur Verfügung, sondern wird von den Umsetzern von der externen zur konzeptuellen Ebene genutzt. Sie kann die Form von Unterprogrammaufrufen oder einzubettendem Code annehmen.

33. *Datenbanksystem-Spezifikationssprache im Quellformat*
    Der Hersteller des Systems legt über diese Schnittstelle fest, welche Ressourcen das System dem Datenbankadministrator zur Verfügung stellen kann, z.B. unter welchen Zugriffspfadmethoden er wählen kann.

34.–38.
    Datenwörterbuchschnittstellen
    Über diese Schnittstellen stellt das Datenwörterbuch die Schemata und Abbildungen zur Verfügung.

39. *Datenaustauschschnittstelle*
    Mit Hilfe dieser Schnittstelle kann die Datenbasis oder Teile hieraus auf oder von einem Datenträger für Zwecke des Datenaustausches kopiert werden.

40. *Datenbanksystem-Spezifikationsschnittstelle im Objektformat*
    Übernimmt die Angaben von Schnittstelle 33 nach der Übersetzung.

2.5 Datenwörterbuch

2.5.1 Meta- und Steuerdaten

Kennzeichnend für eine Schichtenarchitektur wie die aus Abschnitt 2.4.3 ist es, daß mit jedem Schritt von einer Schnittstelle zur darunterliegenden ein Teil der Anwendersemantik verlorengeht. Am anwendernahen Ende der Architektur ist es heute üblich, durch systematischen Datenbankentwurf die Eigenschaften der für die Datenbasis zu modellierenden Miniwelt zu erfassen und möglichst viele von ihnen in Form eines Schemas, von Sichten, Konsistenzbedingungen oder Zugriffsrechten dem Datenbanksystem gegenüber zu beschreiben. Vom Datenbanksystem wird erwartet, daß es durch geeignete Ausführung der Zugriffs- und Änderungsoperationen für die Einhaltung dieser Eigenschaften sorgt. Betrachtet man andererseits das untere Ende der Architektur, so kennt die Dateischnittstelle nichts anderes mehr als Bytefolgen, die in Form physischer Speicherblöcke organisiert sind.

Wo ist die Semantik der Anwendung geblieben? Sie kann nicht verlorengegangen sein, da nach Voraussetzung jede Anforderung an die Datenbank diese Semantik berücksichtigt. Was also an Semantik nicht von einer Schnittstelle an die nächsttiefere überreicht wird, muß seinerseits in der dazwischenliegenden Schicht gehalten werden. Jede Schicht enthält also selbst eine lokale Datenbasis, die der anwendungsgerechten Steuerung der Datenbankoperationen dient. Da diese Daten vor allem also der Interpretation der zu speichernden Umweltdaten (*Benutzerdaten*) dienen, werden sie häufig als *Metadaten* bezeichnet.

Einige Beispiele für die Fünf-Schichten-Architektur aus Abschnitt 2.4.3 mögen dies erläutern (Einzelheiten siehe Kapitel 3).

1. *Schicht zwischen I_5 und I_4*
   Benötigt werden alle Angaben über Definition, Struktur und Benutzungsvorschriften der Daten wie Namen und zulässige Wertebereiche, etwa in Form relationaler Schemata und Sichten. Von den Konsistenzbedingungen sind hier all diejenigen von Interesse, die mehrere Tupel umfassen (z.B. Schlüssel, Kardinalität von Relationen, Spaltensummen) oder sogar über Relationen hinausgreifen (z.B. Referenzintegrität). Um relationale Anfragen optimieren zu können, müssen Informationen über die angelegten Zugriffspfade sowie statistische Aussagen über Relationsgrößen oder Schlüsselverteilungen vorliegen. Zugriffsrechte sind vorzuhalten, sofern sie sich auf relationale Konzepte abstützen.

2. *Schicht zwischen I_4 und I_3*
   Ist I_4 Benutzerschnittstelle (etwa für das Netzwerkmodell), so werden auch hier Schema und Subschemata für die Interpretation der Operationen benötigt. In jedem Fall müssen die angelegten Zugriffspfade bekannt sein. Angaben über Speicherung und Codierung der Attributwerte wie Adreß- und Längenangaben sowie Feldtypen sind zu führen, die Zerlegung oder Zusammenfassung der logischen Sätze in interne Sätze ist anzugeben. Satzinterne Konsistenzbedingungen werden hier berücksichtigt. Zugriffsrechte, die sich auf Sätze und Satztypen beziehen, gehören ebenfalls hierher.

3. *Schicht zwischen I_3 und I_2*
   In diese Schicht fällt vor allem das, was man gerne als Katalogdaten bezeichnet: Zuordnung von Relationen oder Satztypen sowie Zugriffspfaden zu Segmenten, Charakterisierung durch Segmenttypen, Angaben zur Speicherplatzverwaltung (z.B. zugewiesener und ausgenutzter Speicherplatz, Steuerleisten je nach Einbringstrategie, Satzlängenangaben).

Diese Metadaten (sie schließen offensichtlich noch Steuerdaten ein) können selbst beträchtlichen Umfang annehmen und vielfältig strukturiert sein (ein konkretes Beispiel findet sich in [LOCK78]). Die Idee des Datenwörterbuches ist es, diese Daten nicht in den einzelnen Schichten zu belassen, sondern ihrerseits wieder in einer Datenbasis, der sog. *Meta-Datenbasis*, zusammenzufassen (Bild

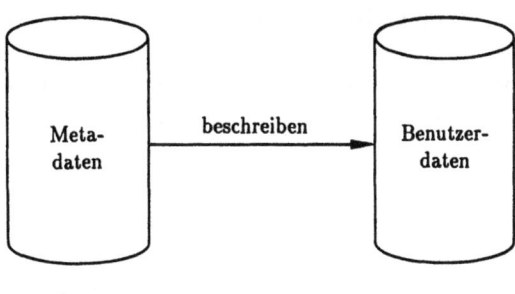

Bild 2.14 Beziehung zwischen Benutzer- und Metadaten

2.14) und durch ein Datenbanksystem (dem DD/D-System, engl. Data Dictionary/Directory-System für Datenwörterbuch) zentral verwalten zu lassen. Damit erreicht man auch für die Metadatenbasis alle der bei Datenbanksystemen üblichen Vorteile: anwendungsgerechte Datenstrukturierung, Konsistenz- und Integritätssicherung (dies auch bei Mehrbenutzerzugriff), Unverletzlichkeit der Daten.

Auch der Effekt der Datenintegration ist nicht zu unterschätzen: auf dasselbe Schema kann von mehreren Schichten aus zugegriffen werden, ohne es mehrfach führen zu müssen; Steuerungsaufgaben können von einer Schicht in eine andere verlagert werden, ohne daß die zugehörigen Steuerdaten verschoben werden müssen. Da aus Gründen der Optimierung, insbesondere bei Verwendung von Vorübersetzern, das Schema und die Angaben über Zugriffspfade auch von Anwendungsprogrammen benötigt werden, kann auf diese Weise auch diesen die benötigte Information einfach zugänglich gemacht werden.

Ein kurzer Blick auf die Strawman-Architektur zeigt, daß das, was dort unter den Begriff Steuerdatenbearbeitung fiel (Abschnitt 2.4.2.4), ganz offensichtlich ebenfalls ausschließlich mit Daten des Datenwörterbuches zu tun hat. Ähnliches gilt für das Datenwörterbuch der ANSI/SPARC-Architektur.

Zur Definition und Verwaltung der Metadatenbasis sind Operatoren

- zum Einfügen der Beschreibungsinformation eines Objektes (Definition),
- zum Ändern bestimmter Beschreibungsmerkmale eines Objektes,
- zum Löschen der Beschreibungsinformation eines Objektes und damit des Objektes selbst,
- zum selektiven Lesen der Beschreibung eines Objektes

erforderlich. Die Benutzung der drei erstgenannten Operatoren ist dem Datenbankadministrator vorbehalten, unter gewissen Umständen auch speziellen Programmen wie Subschemaübersetzern, Cluster-Algorithmen und Optimierern. Das selektive Lesen muß darüberhinaus Endbenutzern, Systemanalytikern, Anwendungsprogrammierern, Anwendungsprogrammen und den die verschiedenen Schichten bildenden Programmen offenstehen.

2.5.2 Erweitertes Aufgabenspektrum

Wenn, wie zuletzt geschehen, die Metadatenbasis nicht mehr ausschließlich dem Datenbankadministrator zur Definition und den Schichten zur Interpretation vorbehalten ist, sondern auch Anwendungsprogrammierern oder Systemanalytikern offensteht, ist es nur noch ein kleiner Schritt zur Erweiterung des Anwenderkreises auf DV-Organisatoren, Unternehmensplaner oder das Management. Genau diesen Standpunkt nahm die früheste und bekannteste Untersuchung zum Thema Datenwörterbuch durch eine Arbeitsgruppe der British Computer Society (BCS) ein, die ihre Ergebnisse im Jahre 1977 veröffentlichte [BCS77]. Nach dieser Studie fallen drei Aufgabenkomplexe in die Zuständigkeit des Datenwörterbuches:

- *Unternehmenssteuerung*
  Daten stellen ein wesentliches Betriebsmittel eines Unternehmens dar. Die Unternehmensführung sollte wie für alle anderen Ressourcen des Unternehmens auch hierüber volle Kontrolle ausüben können. Dazu gehören ein Überblick über die Daten und ihre Nutzung, Aussagen zur Wirtschaftlichkeit der Führung und Nutzung der Daten, Abschätzen der Folgewirkung von Änderungen, Sicherstellen, daß sich Änderungen in der Unternehmenspolitik in den Daten widerspiegeln, Festlegen der Verfügungsgewalt, Abschätzen der Risiken bei Verlust oder Mißbrauch, Durchsetzen von Richtlinien zur Nutzung der Daten.

- *Kommunikationsbasis*
  Sämtliche Personen, die mit dem Entwurf der Datenbasis, ihrer Einrichtung, Verwaltung oder Anwendung zu tun haben, können sich über den laufenden Stand, die Struktur der Daten, frühere Entscheidungen, zukünftige Planungen, Normen und gegenseitige Abhängigkeiten informieren. Ebenso wichtig ist, daß Programme bei ihrer Ausführung auf die aktuellsten Informationen über die Datenbasis zugreifen können.

- *Entwicklungsumgebung*
  Der Entwicklungsprozeß für Datenbanken und deren Anwendung hat von der Vorgehensweise her viel Ähnlichkeit mit der Software-Entwicklung und erfordert deshalb genauso wie diese spezielle Entwicklungsumgebungen. Eine solche Umgebung muß Hilfsmittel für die verschiedenen Entwicklungsstufen geben, angefangen von der Problemanalyse über den Datenbankentwurf, die Bestimmung der verschiedenen Schemata und ihrer Abbildungen, die Anwendungsprogrammierung, den Systemtest bis hin zum laufenden Betrieb. Sie muß die Zusammenhänge zwischen den Ergebnissen der verschiedenen Stufen verfolgen, die Dokumentation verwalten und die Ergebnisse nach den unterschiedlichsten Kriterien herausgreifen.

Im Vergleich hierzu hebt Abschnitt 2.5.1 im wesentlichen auf die Rolle als Kommunikationsbasis, zum geringen Teil auch als Entwicklungsumgebung ab. Die weitergehende Sicht der BCS-Studie legt nahe, die Bindung zwischen Datenbanksystem und Datenwörterbuch lockerer zu sehen: das Datenbanksystem ist einer von vielen Benutzern des Datenwörterbuchs.

Datenwörterbücher sind selbst Datenverwaltungssysteme; ihre Realisierung wirft Probleme auf, die den in den Abschnitten 2.1 bis 2.4 besprochenen ähnlich sind und deren Behandlung wenig Neues bringen würde. Wichtiger erscheint es, sich mit ihrem Einsatz auseinanderzusetzen; dies geschieht in den nachfolgenden Abschnitten. Neben der BCS-Studie stützt sich ihr Inhalt wesentlich auf eine abgeschlossene, sehr ausführliche Behandlung aller Aspekte von Datenwörterbüchern in [LEON82] und [ALLE82] und eine neuere Übersicht [KINZ83] ab.

2.5.3 Einsatzgebiete

Aus den drei vorgenannten Aufgabenkomplexen lassen sich eine Reihe abgrenzbarer Einsatzgebiete ableiten, die in nachfolgender Übersicht zusammengestellt sind.

Dokumentation: Das Datenwörterbuchsystem dient als projektbegleitendes Steuerungs- und Dokumentationssystem. Alle Änderungen in der Dokumentation werden nur an einer Stelle, dem Datenwörterbuch definiert, um Aktualität und Konsistenz der Beschreibungen zu sichern.

Datendefinition: Sämtliche Schemata (semantisch, extern, konzeptionell, physisch) und Sichten werden im Datenwörterbuch, und nur dort, angelegt.

Datenbankentwurf: Der Datenbankentwurf läßt sich heute durch zahlreiche Hilfsmittel unterstützen. Hierzu zählen textuelle und graphische Editoren, Generierungsfunktionen zur Herleitung logischer aus semantischen Datenbankschemata sowie Prüfprogramme zum Ver- und Abgleich semantischer mit logischen Schemata oder von Schemata mit Sichten. Kennt man das Transaktionsprofil und die Zugriffshäufigkeiten, läßt sich auch der physische Schemaentwurf mit Werkzeugunterstützung durchführen.

Datenauswertung: Um die Qualität des Systembetriebs beurteilen, Leistungsengpässe identifizieren, Bedarfsprognosen aufstellen und ganz allgemein die Wirtschaftlichkeit eines Datenbanksystems einschätzen sowie (etwa durch Simulation) neue Maßnahmen auf ihre Wirksamkeit hin abschätzen zu können, werden statistische Informationen wie Zugriffshäufigkeit, Satzanzahl, Attributwerteverteilungen gesammelt und erfragt.

Schemagenerierung für Anwenderprogramme: Weitgehend automatisieren läßt sich heute die Umsetzung von Schemata in diverse Wirtssprachen mit dem Ziel, in diesen Sprachen geschriebene Anwendungsprogramme mit einem geforderten Schema zu versorgen.

Testhilfe: Aufgrund der Datenbeschreibung werden Testdaten für neue Anwendungsprogramme generiert.

Querverweise: Soll ein Schema geändert werden, so muß bekannt sein, welche weiteren Schemata, Sichten oder Konsistenzbedingungen auf dieses Schema bezugnehmen und welche Transaktionen und Anwendungsprogramme hiervon direkt oder indirekt Gebrauch machen. Nur so lassen sich Auswirkungen der Änderung überblicken und kontrollieren.

154   Architektur von Datenbanksystemen

Zugriffskontrolle: Die Einhaltung der vom Datenbankadministrator vergebenen Zugriffsrechte ist zu überwachen.

Revision und Kontrolle: Die zunehmende Komplexität der Anwendersysteme erfordert eine Verbesserung der Kontroll- und Revisionsmöglichkeiten. Unter der Kontrolle versteht man dabei Prüfungen über die Zulässigkeit von Operationen vor, während oder nach ihrer Durchführung in einer Transaktion; bei der Revision dagegen liegt eine retrospektive Prüfung vor. Beispiele für Kontrollen sind etwa Prüfung auf Datenkonsistenz oder Prüfung auf ordnungsgemäße Buchführung.

Leistungsanalyse: Hier liegt ein Sonderfall der Datenauswertung vor, die das Sammeln von Leistungsdaten und ein ausgefeiltes Instrumentarium zu deren Analyse und für Verbesserungsvorschläge betreffen.

Die Nutznießer eines Datenwörterbuches können damit – außer dem Datenbanksystem selbst – die folgenden Gruppen sein ([ALLE82]):

- *Datenbankadministratoren*
  (zur Verwaltung der Datenbank: Durchsetzung von Standards; Überwachung/Restrukturierung der Datenbank etc.)
- *Datenbanksystemanwender*
  (z.B. Systemanalytiker, Anwendungsprogrammierer: zur Information über existierende/in Entwicklung befindliche Anwenderprogramme etc. und damit zur Reduktion des Programmieraufwandes)
- *Betriebspersonal*
  (Information über Aufträge an das Datenbanksystem)
- *DV-Management*
  (Übersichtsberichte über Datennutzung etc.)
- *Endbenutzer*
  (erhalten Beschreibungen ihrer Sichten auf das Datenbanksystem)
- *Revisoren*
  (Berichte zur Überwachung der vorschriftsmäßigen Verwendung des Datenbanksystems).

2.5.4 Struktur der Metadatenbasis

Die Struktur der Metadatenbasis hat sich letztlich nach Benutzungscharakteristika zu richten. Als Ausgangspunkt könnte man also das Aufgabenspektrum (Abschnitt 2.5.2) oder die Einsatzgebiete (Abschnitt 2.5.3) wählen. Eine besonders übersichtliche Gliederung erhält man, wenn man davon ausgeht, daß eine Datenbasis wie jedes Produkt ingenieurmäßigen Schaffens einen Lebenszyklus durchläuft. Bild 2.15 illustriert dies für den klassischen Lebenszyklus mit Systemplanung, Anforderungsanalyse und -spezifikation, Entwurf und Implementierung, Tests, Betrieb und Wartung. Alle diese Phasen können, wie die gerade geschilderten Einsatzbereiche zeigen, durch ein Datenwörterbuch unterstützt werden. Einsatzgebiete während der ersten zwei Phasen und zum Teil auch noch während der Entwurfs-

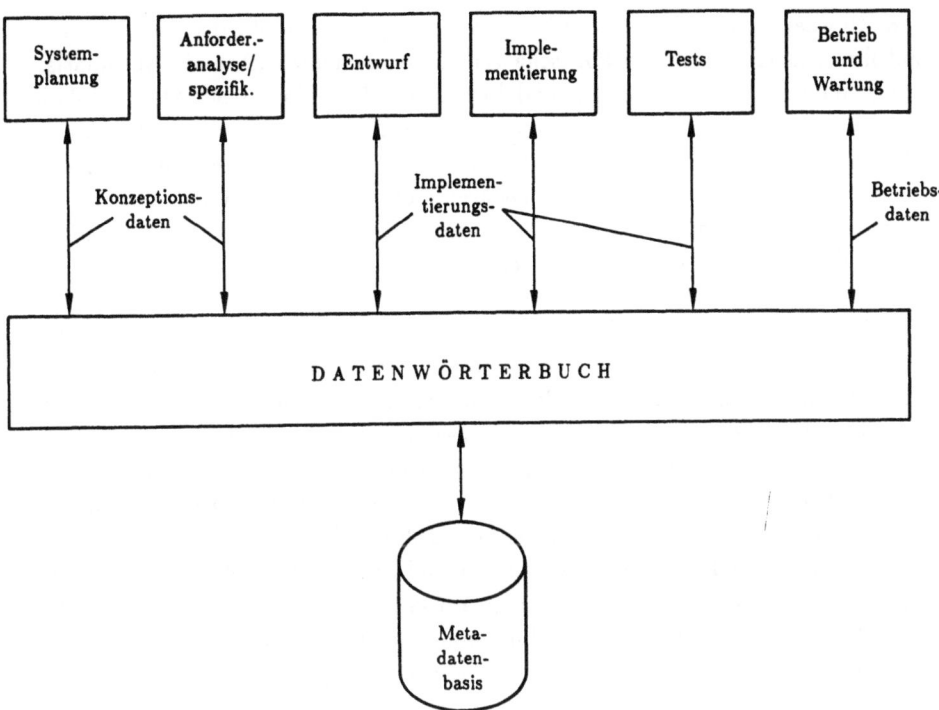

Bild 2.15 Datenwörterbuch und der Lebenszyklus einer Datenbasis

phase sind Datenbankentwurf, Datendefinition und Querverweise. Hauptsächliche Einsatzgebiete in der Implementierungs- und Testphase sind Schemagenerierung, Testhilfe und Datenauswertung. Betrieb und Wartung haben als Einsatzgebiete Datenauswertung, Leistungsanalyse, Zugriffskontrolle sowie Revision und Kontrolle. Die Dokumentation begleitet alle Phasen.

Entsprechend lassen sich die Daten der Metadatenbasis grob in drei Gruppen einteilen: Konzeptionsdaten für die ersten zwei Phasen, Implementierungsdaten aus den nächsten drei Phasen und Betriebsdaten.

Die Konzeptionsdaten umfassen alle Informationen, die im Laufe der Bedarfs- und Anforderungsanalyse des Unternehmens anfallen. Sie sind demnach völlig unabhängig von jeglicher Implementierung, insbesondere auch von der Verwendung eines bestimmten Datenbanksystems. Ergebnis ist auf Seiten der Datenanalyse ein semantisches Modell der Umwelt (Kapitel 5), d.i. ein Modell, das die interessierenden Gegenstände, Beziehungen und Gesetzmäßigkeiten der Umwelt wiedergibt, ohne Bezug auf die Möglichkeiten oder auch nur die Notwendigkeit ihrer Speicherung zu nehmen. In ähnlicher Weise werden auch Modelle für die in der Umwelt ablaufenden Vorgänge erstellt. Man erhält also eine Liste von interessierenden Gegenständen (Entities), die auf sie ausgeübten Funktionen, die Ereignisse, die durch Funktionen ausgelöst werden und/oder Funktionen auslösen, und die Zusammenhänge zwischen Gegenständen, Funktionen und Ereignissen (siehe hierzu etwa [TSIC82]). Diese Daten dienen dazu, verschiedene Anwendungen auf ihre Überlappung hin zu überprüfen, Änderungen innerhalb des Unternehmens auf ihre Auswirkungen hin abzuschätzen, Entscheidungen über die Automatisierung von Funktionen zu treffen und hieraus die Datenbasisschemata zu entwickeln. Für die Unternehmensführung muß überprüfbar sein, daß die letztgenannten Entscheidungen den Unternehmensbedürfnissen entsprechen; die Mitnutzung bereits vorhandener Systeme oder Datenbasen muß sich feststellen und Aussagen zur Wirtschaftlichkeit müssen sich machen lassen. Die Auswirkungen bei Erweiterung vorhandener Datenbasen müssen erkennbar sein.

Zu den Implementierungsdaten zählen u.a. die Schemata, die Abbildungen zwischen ihnen, Datenflußdiagramme, Transaktionsbeschreibungen, Testdaten, Leistungsbeschreibungen und Simulationsparameter für Leistungsvorhersagen, Schnittstellenbeschreibungen von Programmen, Programmquell- und -objektcode, Zugriffsrechte, Verzeichnisse und Querverweise der Implementierungsdaten, Dokumentation der Entwurfs- und Implementierungsentscheidungen, Angaben zum Zeit- und Kostenaufwand in den Implementierungsphasen. Damit will man die Erstellung oder Veränderung von Schemata und ihre Validierung anhand des semantischen Umweltmodells sowie die Erstellung und Prüfung der Anwenderprogramme unterstützen, Schemata und Programme auf gegenseitige Verträglichkeit untersuchen, Übersichten über die Verwendung von Namen verschaffen und Namenskonflikte aufdecken, das Fehlen von Vereinbarungen aufzeigen, Querverweise zwischen Schemata, Programmen und Dokumenten führen, die Untersuchung von Implementierungsalternativen auf ihre Leistungsfähigkeit stützen (z.B. durch Simulation), Verstöße gegen Normen und Richtlinien anzeigen, Transaktionen auf ihre Konsistenzerhaltung überprüfen, die Folgen von Änderungen an Schemata oder Programmen abschätzen, Zugriffsrechte verwalten, über verschiedene Programm- und Datenbasisversionen Buch führen und Schemata in wirtssprachengerechter Form für die Einbettung in Anwenderprogramme zur Verfügung stellen.

An Betriebsdaten fallen vor allem Daten aus laufenden Leistungsmessungen, Benutzungsstatistiken, Werteverteilungen, Fehlerstatistiken, Wartungsberichte, Angaben zur Datenbasisorganisation und -wiederherstellung, Datenvolumen, Speicherplatzbelegung u.dergl. an. Weiterhin gehören hierher alle Angaben, die den Verkehr mit dem Betriebssystem und den Operateuren unterstützen und die physische Speicherung steuern. Insbesondere wird man diese Daten zur Optimierung der Speicherungsstrukturen nutzen, sei es als Hilfe für den Datenbankadministrator oder als Eingabe für heuristische Algorithmen.

2.5.5 Benutzung

Von seiner organisatorischen Einbettung her kann man zwischen einem aktiven und einem passiven Datenwörterbuch unterscheiden. Ein aktives Datenwörterbuch läßt sich als zentrale Kontrollinstanz begreifen; Benutzer (einschl. Programme) der Metadaten beziehen diese ausschließlich über das Wörterbuch. Insbesondere kann ein aktives Datenwörterbuch die Konsistenz der Metadatenbasis überwachen. Ein passives Datenwörterbuch ist hingegen nicht viel mehr als eine zentrale Dokumentation; Benutzer können die Metadaten auch von anderer Seite beziehen. Falls sich beispielsweise ein Datenbanksystem das Schema vom Datenwörterbuch besorgen muß, ist das Datenwörterbuch aktiv bezüglich des Datenbanksystems. Führt das Datenbanksystem jedoch das Schema selbst und teilt dem Datenwörterbuch nur den neuesten Stand mit, so ist das Datenwörterbuch passiv.

Von einem Datenwörterbuch werden folgende Benutzerfunktionen erwartet:

- eine Datendefinitionssprache zur Vereinbarung des Schemas für die Metadatenbasis (Metaschema),
- eine Datenmanipulationssprache zur Erzeugung und Fortschreibung der Metadatenbasis,
- flexible Berichtsgeneratoren,
- Abfragesprachen für spontane Auskünfte über Metadaten,
- Bereitstellung von Regeln zur Datenvalidierung in Anwenderprogrammen,
- Sprache zur Festlegung von Zugriffsrechten,
- Aufruf von Prüffunktionen für Wertebereiche, Werteverteilungen, statistische Auswertungen (Mittelwerte, Standardabweichungen, Summenbildung), Stichproben auf Daten,
- Aufruf von Sortierfunktionen,
- Aufruf von Entwicklungswerkzeugen wie Generierungshilfen, Testhilfen, Simulatoren.

Diese Funktionen müssen in eine interaktive Benutzeroberfläche eingearbeitet werden: Für den Zugang durch ein Datenbanksystem ist daneben eine prozedurale Programmierschnittstelle vorzusehen.

Besondere Aufmerksamkeit ist dem Berichtswesen zu widmen. Typische Berichte sind nach [CARD79] etwa die folgenden:

1. Liste aller in den Schemata der Unternehmensdatenbasis vorkommenden Namen (gegliedert nach Schemata, und innerhalb dieser nach Dateien, Relationen, Satztypen, Settypen u.dergl.),
2. Liste aller Feldvereinbarungen,
3. Liste von Zugriffsrechten,
4. Liste aller Satztypen oder Feldnamen und der sie verwendenden Anwenderprogramme,
5. Liste aller Anwenderprogramme, die ein Anwendersystem ausmachen,
6. Liste aller Anwenderprogramme und der von ihnen angesprochenen Teile des Schemas,
7. Liste aller Berichtsmuster und der von ihnen angesprochenen Teile des Schemas,
8. Liste aller Benutzer zusammen mit den den von ihnen erzeugten oder empfangenen Berichten,
9. Übersicht über die Ausnutzung der Betriebsmittel und Daten, aufgeschlüsselt nach Benutzergruppen und -zeiten,
10. Aufstellung von Fehlerquellen, Fehlerverursachern, Eindringensversuchen,
11. Übersicht über Transaktionsdauern und -häufigkeiten, Wartezeiten, Benutzeranschaltzeiten.

2.5.6 Realisierungsgesichtspunkte

Auch ein Datenwörterbuch ist im Grunde nicht viel mehr als ein Datenbanksystem, ergänzt allerdings um weitere Strukturierungsmittel und eine Reihe von Auswertungsfunktionen, die auf seine Rollen zugeschnitten sind. Sieht man die Rolle des Datenwörterbuches nur im Sinne der ANSI/SPARC-Architektur, so liegt es nahe, das Datenwörterbuch zu einem integrierten Bestandteil des Datenbanksystems zu

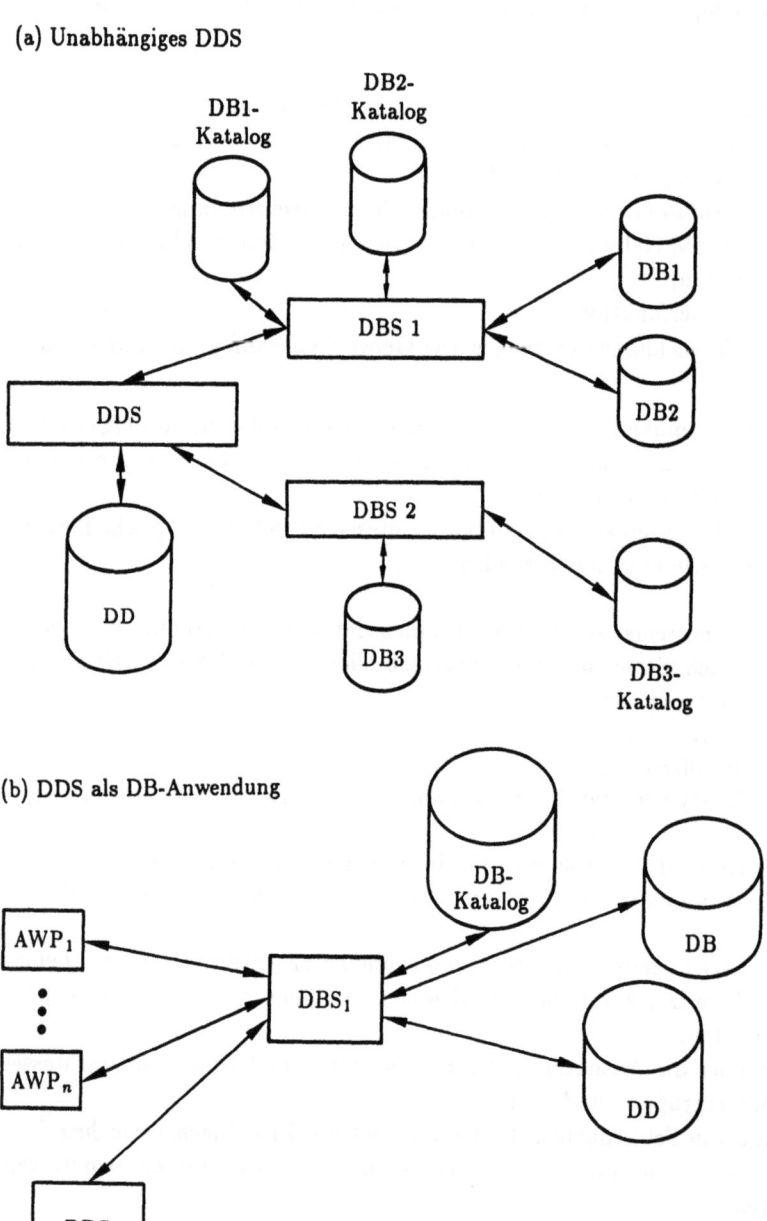

Bild 2.16 Kopplung zwischen DBS und DDS

(c) Integriertes DDS

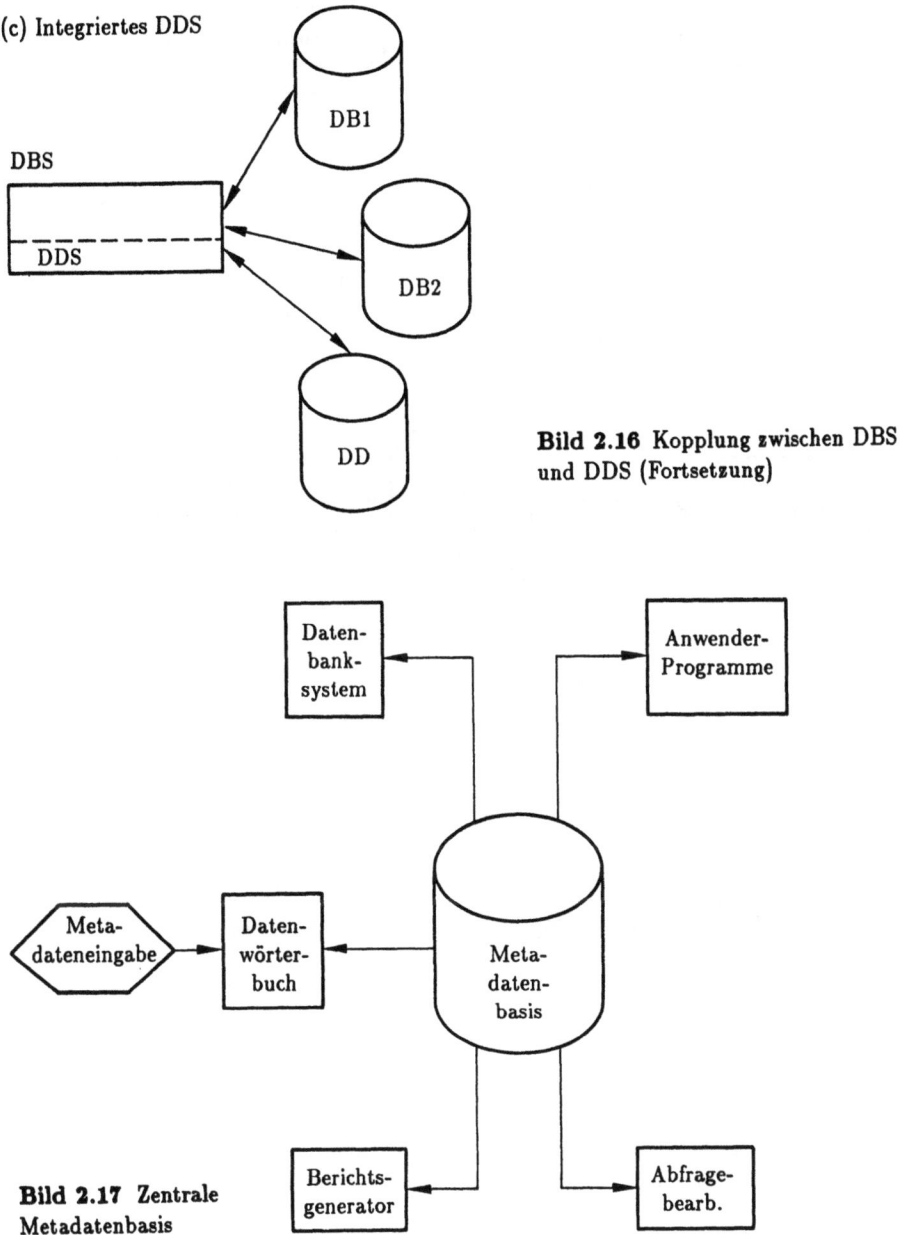

Bild 2.16 Kopplung zwischen DBS und DDS (Fortsetzung)

Bild 2.17 Zentrale Metadatenbasis

machen, dessen Metadaten es aufnimmt. Alle Metadatenverwaltungsaufgaben werden dann über tieferliegende Ebenen des Datenbanksystems und damit mit hoher Effizienz abgewickelt (Bild 2.16c). Sieht man die Rolle des Datenwörterbuches, wie hier geschehen, jedoch allgemeiner, so sollte es sich unabhängig von dem Datenbanksystem betreiben lassen, dessen Einrichtung und Betrieb es begleitet. Dabei kann es sich um ein völlig selbständiges System handeln (Bild 2.16a). Es kann sich jedoch auch bei der Datenspeicherung der Funktionen des nutzenden Datenbanksy-

160 Architektur von Datenbanksystemen

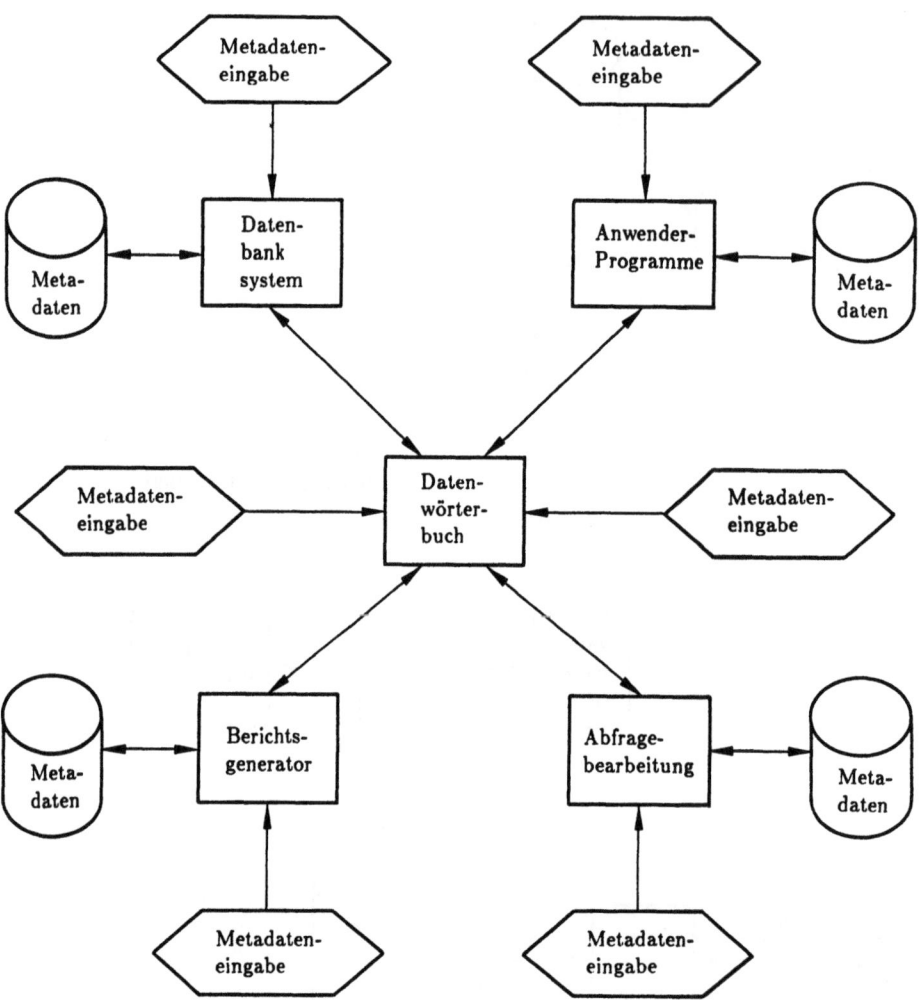

Bild 2.18 Logisch verteilte Metadatenbasis

stems über dessen Anwenderschnittstelle bedienen; dabei wird die Metadatenbasis als eigenständig angesehen, für die man ein eigenes Schema vereinbaren muß (Bild 2.16b).

Für die letzten beiden Fälle läßt sich nach [LEON82] grundsätzlich zwischen zwei Organisationsformen wählen. Der zentrale Ansatz (Bild 2.17) führt die Metadatenbasis zentral mit dem Wörterbuch, alle Eingaben von Metadaten erfolgen unmittelbar am Wörterbuch. Bild 2.18 zeigt demgegenüber einen „logisch verteilten" Ansatz, bei dem einzelne Wörterbuchbenutzer ihre eigenen Metadatenbasen führen, diese für andere Benutzer jedoch über das Wörterbuch zugänglich machen. Wie bei allen verteilten Lösungen hat die erhöhte Flexibilität, z.B. bzgl. Erweiterbarkeit, ihren Preis in besonderen Maßnahmen zur Wahrung der Konsistenz der Metadatenbasis.

Literatur

[ALLE82], [ASTR76], [BALZ82], [BANC81], [BARO81], [BCS77], [CARD79], [CCA82], [CHAM81a], [CODA71], [CODA73], [DATE81a], [GOOS75], [GOOS78], [GRIE77], [GUTT80], [KINZ83], [LEON82], [LISK75], [LISK80], [LOCK78], [MERC79], [MYER78], [PARN72a], [PARN72b], [PARN74], [ROSS75], [SENK73], [SMIT81], [STEV74], [TSIC78], [TSIC82], [WASS82], [YEH77], [YOUR79], [ZANI79a], [ZANI79b].

Kapitel 3

Realisierung von operationalen Schnittstellen

Theo Härder

3.1	Ein Schichtenmodell eines datenunabhängigen Datenbanksystems	167
3.1.1	Aufbau des Schichtenmodells	167
3.1.2	Drei Programmierschnittstellen	171
3.1.3	Spezielle Architekturvorschläge	173
3.2	Externspeicherverwaltung eines Datenbanksystems	177
3.2.1	Aufgaben der Externspeicherverwaltung	177
3.2.2	Realisierung eines Datei-Konzeptes	178
3.2.3	Blockadressierung auf externen Speichern	179
3.2.4	Kontrolle des Datentransports	181
3.3	Systempufferverwaltung eines Datenbanksystems	183
3.3.1	Aufgaben der Systempufferverwaltung	183
3.3.2	Segment-Konzept mit sichtbaren Seitengrenzen	184
3.3.3	Realisierung von Seitenzuordnungsstrukturen	185
3.3.3.1	Direkte Seitenadressierung	186
3.3.3.2	Indirekte Seitenadressierung	187
3.3.4	Indirekte Einbringstrategien für Änderungen	188
3.3.4.1	Twin Slot-Verfahren	188
3.3.4.2	Schattenspeicher-Konzept	189
3.3.4.3	Bewertung des Schattenspeicher-Konzeptes	191
3.3.4.4	Zusatzdatei-Konzept	192
3.3.5	Verwaltung des Systempuffers	193
3.3.5.1	Allgemeine Arbeitsweise	194
3 3.5.2	Auffinden einer Seite	196
3 3.5.3	Speicherzuteilung im Systempuffer	198
3.3.5 4	Ersetzungsstrategien für Seiten	205
3.3.5.5	Probleme bei der Verwaltung des Systempuffers	212
3.4	Realisierung von Speicherungsstrukturen	216
3.4.1	Freispeicherverwaltung und Satzadressierung	216
3.4.2	Abbildung von Datensätzen in Seiten	221
3.4.3	Bereitstellung von physischen Zugriffspfaden	224
3.4.4	Zugriffspfade für Primärschlüssel	226
3.4.4.1	Sequentielle Speicherungsstrukturen	226
3.4.4.2	Baumstrukturierte Speicherungsstrukturen	228
3.4.4.3	Gestreute Speicherungsstrukturen	242
3.4.4.4	Zusammenfassende Bewertung der betrachteten Zugriffspfade	252

3.4.5	Zugriffspfade für Satzmengen	254
3.4.5.1	Verknüpfungsstrukturen für Satzmengen	257
3.4.5.2	Zugriffspfade für Sekundärschlüssel	257
3.4.5.3	Hierarchische Zugriffspfade	277
3.4.6	Eine verallgemeinerte Zugriffspfadstruktur	282
3.5	Implementierung einer satzorientierten DB-Schnittstelle	285
3.5.1	Objekte und Operatoren einer satzorientierten DB-Schnittstelle	286
3.5.2	Aufgaben und Funktionen des Datenwörterbuchs	287
3.5.3	Abbildung der externen Sätze	289
3.5.4	Currency-Konzepte zur satzweisen Navigation	290
3.5.5	Ein Sortier-Operator zur Unterstützung komplexer DB-Operationen	292
3.6	Implementierung einer mengenorientierten DB-Schnittstelle	294
3.6.1	Allgemeine Aufgaben der Übersetzung	295
3.6.2	Formen der Einbettung	298
3.6.3	Einbettung einer mengenorientierten DB-Schnittstelle	303
3.6.4	Komplexität der Übersetzung	304
3.6.5	Analyse von Anweisungen	310
3.6.6	Optimierung von mengenorientierten Anforderungen	310
3.6.6.1	Algebraische Optimierung	311
3.6.6.2	Nicht-algebraische Optimierung	312
3.6.6.3	Entwurf eines Optimizers	313
3.6.7	Codegenerierung für mengenorientierte Anforderungen	321
3.6.8	Ausführung von DB-Anforderungen	329
3.6.8.1	Ausführung von vorübersetzten Zugriffsroutinen	329
3.6.8.2	Behandlung von ad hoc-Anfragen	330

In diesem und im nachfolgenden Kapitel soll die Implementierung eines DBS mit der dabei zu wählenden Vorgehensweise, den bereitzustellenden Funktionen sowie den verfügbaren Algorithmen und Datenstrukturen genauer besprochen werden. Unsere Aufgabe ist es zu zeigen, welche Techniken und Methoden eingesetzt werden, um die in Kapitel 1 beschriebenen Datenbankmodelle zu realisieren, die durch ihre Datenstrukturen, Operationen und Integritätsbedingungen typische Benutzerschnittstellen heutiger Datenbanksysteme verkörpern. Die Darstellung der Datenbankmodelle wurde auf die „klassischen" Ansätze, die vorwiegend für „kommerzielle" Anwendungen aus dem administrativ-betriebswirtschaftlichen Bereich entworfen wurden, beschränkt, weil Erfahrung und Wissen über neuere Datenmodellentwicklungen noch zu ungesichert und vage sind. Aus ähnlichen Gründen konzentrieren wir uns auch bei den Überlegungen zur Realisierung von operationalen Schnittstellen auf Techniken und Verfahren, wie sie zur Verwaltung und Handhabung von Objekten solcher Anwendungen benötigt werden. Für nichtkommerzielle Anwendungsbereiche – sogenannte Non-Standard-Anwendungen – wie CAD, CAM, Büroautomatisierung usw. liegen im Moment eher Anforderungskataloge als fundierte Aussagen und Architekturvorschläge zum Entwurf von angepaßten DBS vor. Deshalb ist es zu früh, hier über Implementierungskonzepte zu berichten, die bestenfalls in Prototyp-Systemen erprobt wurden. Der interessierte Leser wird deshalb an die entsprechende Fachliteratur verwiesen [DADA86, DEPP85, HÄRD85a, KATZ85].

Die generelle Vorgehensweise beim Entwurf großer Software-Systeme und insbesondere die Anwendung von Prinzipien des Software Engineering wurden in Kapitel 2 diskutiert. Dabei wurden die wünschenswerten Systemeigenschaften noch in einem recht allgemeinen Rahmen vorgestellt. Jetzt müssen wesentlich detaillierter die Bedingungen und Aspekte beleuchtet werden, die für die konkreten Systemeigenschaften wie Modularität, Anpaßbarkeit, Erweiterbarkeit und Portabilität verantwortlich sind. Ist das Ziel der Systemimplementierung durch Datenbankmodell und externe Benutzerschnittstellen auch vorgegeben, so sind beim Entwurf jedoch einige wichtige Nebenbedingungen einzuhalten. Damit ein DBS für den praktischen Einsatz akzeptiert wird, muß es die angebotenen Operationen ausreichend effizient ausführen können. Dazu hat es einen Vorrat an geeigneten Zugriffspfadstrukturen und spezielle, darauf zugeschnittene Verfahren der Anfrageoptimierung bereitzuhalten. Neben dem Leistungsaspekt gilt ein hoher Grad an Datenunabhängigkeit als wichtigste Nebenbedingung des Systementwurfs. Datenunabhängigkeit soll einerseits eine möglichst große Isolation von Anwendungsprogramm und DBS gewährleisten und andererseits auch innerhalb des DBS eine möglichst starke Kapselung der einzelnen Komponenten bewerkstelligen.

Datenunabhängigkeit muß durch eine geeignete DBS-Architektur unterstützt werden. Da beim Einsatz von DBS bei der Vielfalt kommerzieller Anwendungen eine große Variationsbreite und Änderungswahrscheinlichkeit in der Darstellung und Menge der gespeicherten Daten, in der Häufigkeit und Art der Zugriffe sowie in der Verwendung von Speicherungsstrukturen und Gerätetypen zu erwarten ist, muß beim Systementwurf Vorsorge dafür getroffen werden. Erweiterbarkeit und Anpaßbarkeit sind beispielsweise nur zu erreichen, wenn die Auswirkungen von später einzubringenden Änderungen und Ergänzungen im DBMS-Code lokal begrenzt werden können. Diese Forderungen lassen sich am besten durch eine DBS-Architektur realisieren, die sich durch mehrere hierarchisch angeordnete Systemschichten auszeichnet. Deshalb verwenden wir hier als methodischen Ansatz ein hierarchisches Schichtenmodell zur Beschreibung des Systemaufbaus. Durch die einzelnen Abbildungen (Schichten) werden die wesentlichen Abstraktionsschritte von der Externspeicherebene bis zur Benutzerschnittstelle charakterisiert, die das DBS dynamisch vorzunehmen hat, um aus einem auf der Magnetplatte gespeicherten Bitstring die abstrakten Objekte an der Benutzerschnittstelle abzuleiten.

Eine wesentliche Aufgabe von DBS ist die zentralisierte Kontrolle über die operationalen Daten eines Unternehmens. Sie kann am einfachsten durch ein zentralisiertes DBS wahrgenommen werden. Solche DBS sind heutzutage die Regel, und wir beschreiben hier ihre Realisierungsaspekte. „Zentralisierte Kontrolle" aus der Sicht eines Anwendungsprogramms läßt sich jedoch auch mit verteilten DBS erreichen, wenn ihm alle Aspekte der Verteilung verborgen werden. Verteilte DBS, die oft wegen der besseren Unterstützung ortsverteilter Organisationen gefordert werden, benötigen jedoch keine grundsätzlich neuen Implementierungskonzepte. Jeder Knoten in einem solchen System verfügt über alle Funktionen eines zentralisierten DBS. Selbst in DB-Maschinen lassen sich diese Implementierungskonzepte finden, unabhängig davon, was durch spezialisierte Hardware nachgebildet wird und was nicht. Somit besitzen die hier beschriebenen Konzepte und Techniken einen großen Grad an Allgemeingültigkeit.

Die zentralisierte Kontrolle der Datenintegrität ist eine weitere wichtige Aufgabe von DBS. Die Realisierungsmöglichkeiten der hierzu notwendigen Funktionen zur Durchführung des kontrollierten Mehrbenutzerbetriebs, zur Prüfung von Integritäts- und Zugriffsbedingungen sowie zur Bereitstellung von Recovery-Maßnahmen werden in Kapitel 4 dargestellt. Auch dabei wird, falls erforderlich, auf das Schichtenmodell Bezug genommen.

Nach einer genaueren Betrachtung des Schichtenmodells für ein datenunabhängiges DBS in Abschnitt 3.1 werden für die einzelnen Schichten „von unten nach oben" die Konzepte und Methoden zu ihrer Realisierung beschrieben. Dazu zählen die Externspeicher- und Systempufferverwaltung mit der Darstellung von Datei- und Segment-Konzepten, Adressierungsverfahren, Einbring- und Ersetzungsstrategien von Seiten in Abschnitt 3.2 und 3.3. Eine Vielfalt von Speicherungsstrukturen und Zugriffspfaden für einzelne Sätze und für Satzmengen wird in Abschnitt 3.4 mit Hilfe eines einheitlichen Schemas eingeführt und auf ihre Tauglichkeit beim DBS-Einsatz hin bewertet. Zur Abstraktion von physischen Sätzen und Zugriffspfaden wird eine satzorientierte DB-Schnittstelle, die Navigation längs logischer Zugriffspfade und Referenz logischer Sätze erlaubt, implementiert. Ihre Aufgaben und Konzepte sind in Abschnitt 3.5 beschrieben. Aufbauend auf der satzorientierten DB-Schnittstelle, die bei DBS nach dem Netzwerk- oder Hierarchiemodell als „externe" Benutzerschnittstelle dient, wird in Abschnitt 3.6 die Realisierung einer mengenorientierten DB-Schnittstelle, wie sie nach dem Relationenmodell gefordert wird, betrachtet. Dabei spielen vor allem Fragen der Übersetzung oder Interpretation von mengenorientierten Anfragen und insbesondere ihre Optimierung eine zentrale Rolle.

3.1 Ein Schichtenmodell eines datenunabhängigen Datenbanksystems

Wie bei jedem großen Softwaresystem setzt die Implementierung eines DBS einen hierarchischen Systementwurf in mehreren möglichst voneinander unabhängigen Entwurfsebenen voraus. Jede Ebene ist durch eine virtuelle Maschine [PARN75] zu realisieren, die einige Aspekte der darunterliegenden Maschine verbirgt oder von ihnen abstrahiert. Jede virtuelle Maschine besitzt die Funktion einer wohl definierten Schnittstelle mit einer spezifizierten Menge von Objekten und Operatoren und dient gleichzeitig als Basismaschine zur Implementierung der Systemprogramme und -komponenten, die die nächsthöhere virtuelle Maschine verkörpern.

3.1.1 Aufbau des Schichtenmodells

Als allgemeiner Beschreibungsrahmen für eine hierarchische Systemstruktur läßt sich ein mehrstufiges Schichtenmodell heranziehen. Es begünstigt eine saubere Strukturierung; eine gute Schichtenbildung zu finden, ist jedoch nicht trivial. Der Entwurf geeigneter Schnittstellen ist wesentlich sowohl für die Einfachheit der Implementierung und die Gewährleistung wichtiger Systemeigenschaften als auch für das spätere Laufzeitverhalten des Systems. Dabei müssen drei wichtige Kriterien erfüllt werden:
- „günstige" Zerlegung des DBS in „nicht beliebig viele" Schichten
- optimale Bedienung der darüberliegenden Schicht mit ihren Aufgaben
- implementierungsunabhängige und möglichst allgemeine Beschreibung der Funktionen jeder Schnittstelle (Ebene).

Für die Zerlegung und für die Wahl der Objekte/Operatoren läßt sich kein Algorithmus angeben. Deshalb muß sich der Entwurf des Schichtenmodells in der Regel auf „Erfahrung" abstützen. Das Zusammenspiel der einzelnen Schichten wird durch ihre Schnittstellen festgelegt. Dabei müssen die Operatoren und Datenstrukturen einer Schnittstelle auf die Anforderungen der nächsthöheren Schicht zugeschnitten sein, um die zu realisierenden Funktionen auf effiziente Weise unterstützen zu können und um nicht Performance-Schwächen schon zur Entwurfszeit festzulegen.

Wir ziehen ein Schichtenmodell zur Implementierung eines datenunabhängigen DBS [HÄRD83a] heran, dessen fünf Schichten in Bild 3.1a illustriert sind. Die Schnittstellen werden darin jeweils durch einige typische Objekte und Operatoren charakterisiert. Im statischen Modell sind für jede Abbildungsschicht neben den Objekten (Adressierungseinheiten) an ihrer unteren und oberen Schnittstelle die wichtigsten Hilfsstrukturen und Beschreibungsdaten, die zu ihrer Realisierung herangezogen werden, angegeben. Das Geheimnisprinzip verlangt, daß diese Strukturen an den jeweiligen Schnittstellen nicht sichtbar sind. So lassen sich Änderungen von Implementierungstechniken und (bis zu einem gewissen Grad) ihre Ergänzungen oder Erweiterungen „nach außen" verbergen. Es ist somit Voraus-

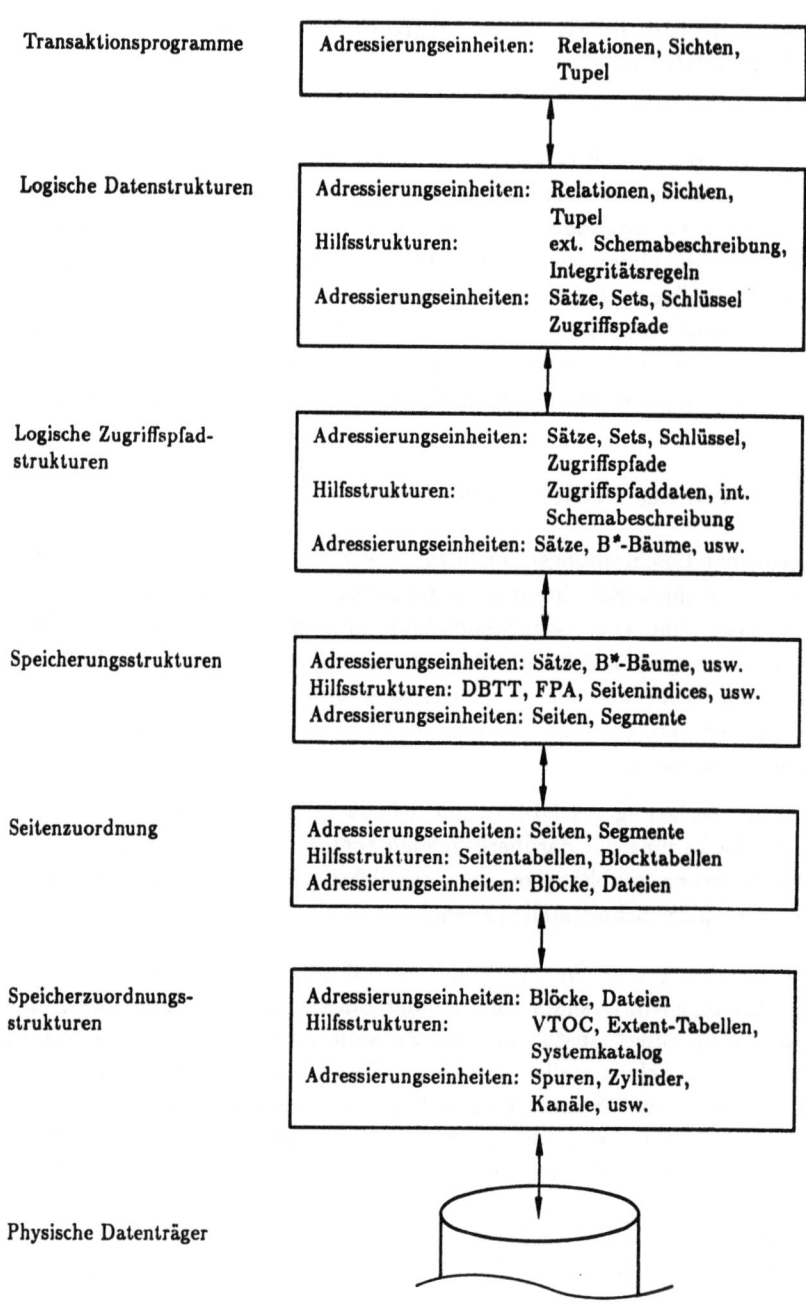

Bild 3.1a Schichtenmodell zur Implementierung eines datenunabhängigen Datenbanksystems. Statisches Modell des Datenbanksystems

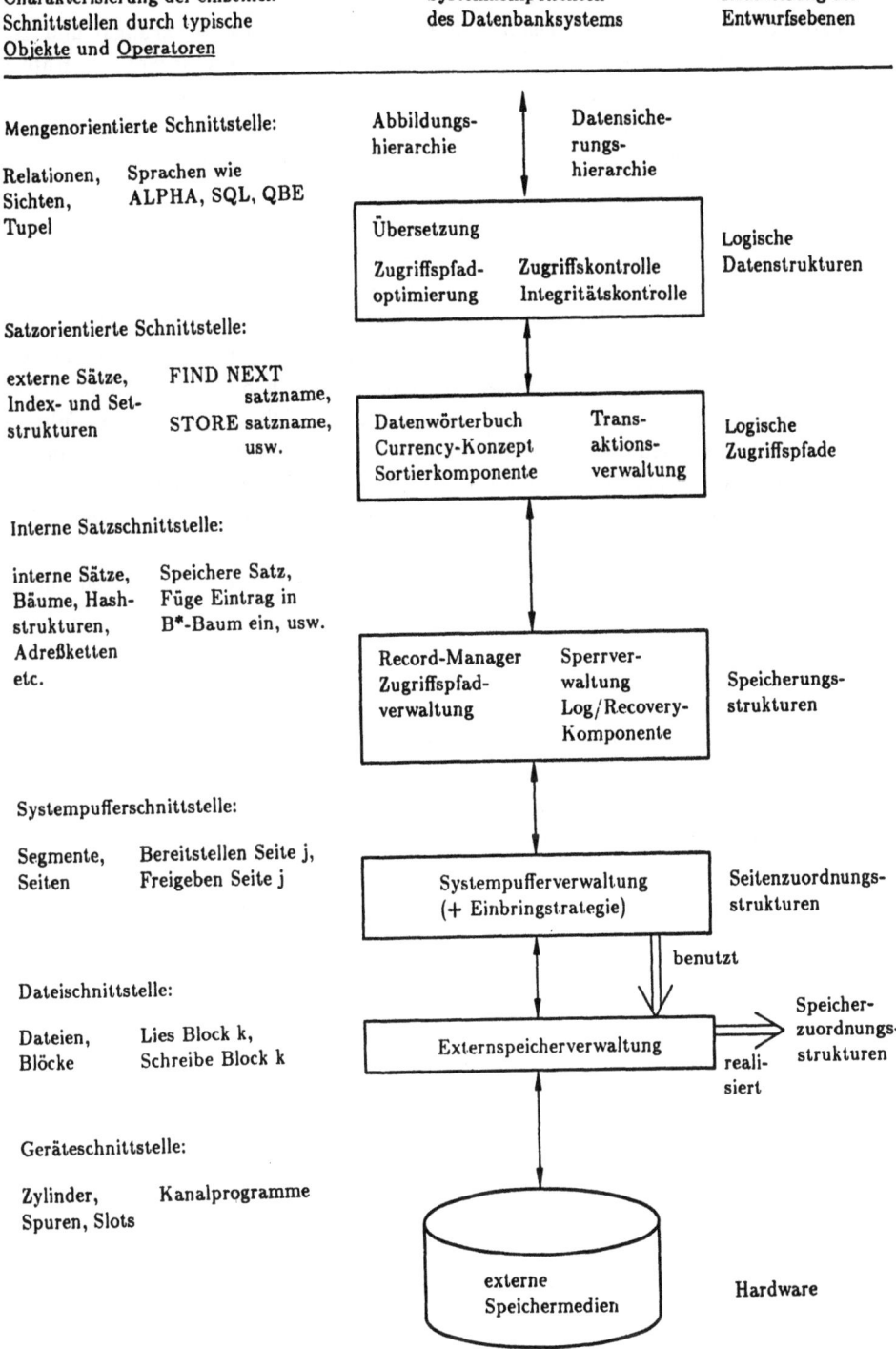

Bild 3.1b Schichtenmodell zur Implementierung eines datenunabhängigen Datenbanksystems. Komponentenzuordnung

setzung für die geforderte Anpaßbarkeit und Erweiterbarkeit des DBS. In Bild 3.1b wird für die Abbildungshierarchie und für die Datensicherungs- und Recoveryhierarchie, deren Aufgaben, Funktionen und Lösungskonzepte in Kapitel 4 beschrieben werden, skizziert, welche Systemkomponenten den einzelnen Systemebenen zugeordnet werden. Während die Systematik der Schichtenbildung sich an den Notwendigkeiten einer geeigneten Objektabbildung orientiert und dadurch in ihrer vorliegenden Form festgelegt ist, ergeben sich für die Einordnung der Datensicherungs- und Recoveryfunktionen eine Reihe von Freiheitsgraden. Zugriffs- und Integritätskontrolle sind jeweils an die an der externen Benutzerschnittstelle (Programmierschnittstelle) sichtbaren Objekte und Operationen gebunden; deshalb sind die zugehörigen Maßnahmen in der entsprechenden Abbildungsschicht zur realisieren. Auch die Transaktionsverwaltung ist einer Schicht zuzuordnen, in der die Zusammengehörigkeit von externen Operationsfolgen eines Benutzers noch erkannt und kontrolliert werden kann. Wie in Kapitel 4 ausführlich gezeigt wird, können die Sperrverfahren und die Log-/Recoveryfunktionen in verschiedenen Abbildungsschichten mit unterschiedlicher Effizienz angesiedelt werden. In Bild 3.1b wurde die Schicht gewählt, die für ihre Implementierung die größte Wirksamkeit verspricht.

Jede Systemebene *realisiert* die entsprechenden Strukturen der zugeordneten Entwurfsebene. Die an ihrer Schnittstelle zur nächsthöheren Schicht verfügbaren Primitive werden von den direkt übergeordneten Komponenten wiederum zur Realisierung ihrer spezifischen Strukturen und Funktionen *benutzt*.

Die Geräteschnittstelle ist durch die verwendete Hardware vorgegeben. Durch die Abbildungsschicht der Speicherzuordnungsstrukturen wird eine Dateischnittstelle erzeugt, auf der von Gerätecharakteristika wie Speichertyp, Zylinder- und Spuranzahl, Spurlänge etc. abstrahiert werden kann. Diese explizite Abbildung erzielt eine Trennung von Block und Slot sowie von Datei und Speichermedium.

Die nächste Abbildungsschicht – die Ebene der sogenannten Seitenzuordnungsstukturen – stellt Segmente mit sichtbaren Seitengrenzen als lineare Adreßräume im Systempuffer zur Verfügung. Dadurch erfolgt eine konzeptionelle Trennung von Segment und Datei sowie Seite und Block. Als Folge davon lassen sich transparent für höhere Systemschichten verschiedenartige Einbringstrategien für geänderte Seiten einführen, die vor allem die Maßnahmen für die Wiederherstellung der Datenbank im Fehlerfall vorteilhaft unterstützen.

Die interne Satzschnittstelle wird durch eine Systemschicht, in der die Speicherungsstrukturen wie interne Sätze und physische Zugriffspfade auf Seiten von Segmenten abgebildet werden, implementiert. Der Zweck dieser Schnittstelle ist die Trennung von Sätzen, Einträgen in Zugriffspfaden etc. und Seiten sowie ihrer Zuordnung zu Segmenten. Sie erlaubt eine Abstraktion von Implementierungsdetails von Sätzen und Zugriffspfaden.

Die Ebene der logischen Zugriffspfade stellt eine satzorientierte Schnittstelle zur Verfügung, die eine Bezugnahme auf externe Sätze und Funktionen von Zugriffspfaden gestattet. Sie verbirgt die gewählten Implementierungskonzepte für Sätze und Zugriffspfade und erzielt damit eine Unabhängigkeit von den Speicherungsstrukturen. Ihre Funktionsmächtigkeit entspricht der eines zugriffspfadbezogenen Datenmodells.

Als oberste Schicht der Abbildungshierarchie wird durch die Ebene der logischen Datenstrukturen eine mengenorientierte Schnittstelle (Zugriffspfadunabhängiges Datenmodell) realisiert, die Zugriffsmöglichkeiten in deskriptiven Sprachen bietet. Der Benutzer kommt auf ihr ohne Navigieren auf logischen Zugriffspfaden aus. Neben der Zugriffspfadunabhängigkeit läßt sich auf dieser Schicht mit Hilfe des Sicht-Konzeptes [CHAM76b, CHAM80] ein gewisser Grad an Datenstrukturunabhängigkeit erreichen.

3.1.2 Drei Programmierschnittstellen

Unser allgemeines Beschreibungsmodell kann dazu herangezogen werden, die typischen Programmierschnittstellen, die von herkömmlichen Datenbanksystemen angeboten werden, zu charakterisieren. Sie entsprechen den obersten drei Schnittstellen des in Bild 3.1 dargestellten Schichtenmodells. Die zugehörigen DB-Sprachen lassen sich wie folgt klassifizieren:

mengenorientierte DB-Schnittstelle: nicht-prozedural (deskriptiv)
satzorientierte DB-Schnittstelle: navigierend
interne Satzschnittstelle: zugriffsmethodenorientiert

Auf einer mengenorientierten DB-Schnittstelle ist nur zu spezifizieren, was gefunden werden soll, aber nicht, wie der Suchprozeß ablaufen soll. Das Aufsuchen der qualifizierten Satzmenge geschieht durch eine DB-Anforderung (DML-Anweisung), ihre Bereitstellung muß in herkömmlichen Programmiersprachen als Wirtssprachen satzweise erfolgen. Auf einer satzorientierten DB-Schnittstelle sind für das Aufsuchen jedes qualifizierten Satzes eine oder mehrere DML-Anweisungen erforderlich. Verknüpfungen von Datenobjekten verschiedenen Typs (Owner-Member [CODA78b]) werden zumindest teilweise durch die DB-Sprache unterstützt. Bei zugriffsmethodenorientierten Sprachen dagegen sind in der Regel keine Sprachelemente zur Unterstützung der Navigation vorgesehen. Dafür bieten sie oft Zugriffs- und Manipulationsmöglichkeiten auf den Speicherungsstrukturen und erlauben beispielsweise benutzerkontrollierte Strategieentscheidungen bei Such-

Tabelle 3.1 Vergleich der DB-Sprachebenen

	Mengen-orientiert	Navigierend	Zugriffsmethoden-orientiert
Sprachebene	Hoch	Mittel	Niedrig
# der DB-Anforderungen	1	1 (oder mehrere) pro aufgesuchten Satz	1 (oder mehrere) pro aufgesuchten Satz
Aufgefundene Sätze	Satzmenge	1 Satz	1 Satz
Daten-verknüpfung	In der DB-Sprache	Teils in der DB-Sprache, teils in der Wirtssprache	In der Wirtssprache

vorgängen. Zum Aufsuchen eines qualifizierten Satzes sind ein oder mehrere DML-Anweisungen notwendig; die Verknüpfung von Sätzen gleichen oder verschiedenen Typs ist vollständig mit Hilfe der Wirtssprache zu bewerkstelligen.

Die wichtigsten Eigenschaften der drei unterschiedlich mächtigen Programmierschnittstellen sind in übersichtlicher Form in Tabelle 3.1 dargestellt. Die Ursache dafür, daß derart verschiedenartige Programmierschnittstellen angeboten werden, ist vorwiegend in der historischen Entwicklung der Datenbanksysteme zu suchen. Im Laufe ihrer Weiterentwicklung wurden neue Abbildungsschichten zur Erhöhung der Datenunabhängigkeit, der stärkeren Benutzerorientierung und der Realisierung komplexerer Funktionen eingeführt. Vor allem aus Performance-Gründen werden die Programmierschnittstellen auch heute noch unterstützt.

In Bild 3.2 sind die verschiedenen Programmierschnittstellen aus unserem allgemeinen Beschreibungsmodell abgeleitet und die zugehörigen Schichtenmodelle zum Vergleich gegenübergestellt. Ein zugriffspfadunabhängiges Datenmodell – etwa das Relationenmodell – kommt dabei den oben genannten Forderungen am nächsten. Seine Mengenorientierung durch den Einsatz von nicht-prozeduralen Sprachen impliziert die alleinige Verantwortung des Datenbanksystems für die Performance, da keine Bindung der deskriptiven Anforderungen an bestimmte Zugriffspfade vorliegt. Dazu ist eine Übersetzung der Anforderungen sowie eine Auswahl und Optimierung der Zugriffspfade bei der Frageauswertung erforderlich. Dieser Vorgehensweise wird eine inhärente Ineffizienz nachgesagt, obwohl für die Zugriffspfadoptimierung bereits vielversprechende Lösungsmöglichkeiten aufgezeigt wurden [ASTR76]. Durch die Beschränkung auf ein zugriffspfadbezogenes Datenmodell – etwa einem hierarchischen [IBMb] oder netzwerkartigen Datenmodell [CODA78b] –

mengenorientierte DB-Schnittstelle			
satzorientierte DB-Schnittstelle	Zugriffspfadunabhäng. Datenmodell		
interne Satzschnittstelle	Zugriffspfadbezogenes Datenmodell	Zugriffspfadbezogenes Datenmodell	
Systempuffer-Schnittstelle	Satz-/ Zugriffspfad-verwaltung	Satz-/ Zugriffspfad-verwaltung	Satz-/ Zugriffspfad-verwaltung
Datei-Schnittstelle	Systempuffer-verwaltung	Systempuffer-verwaltung	Systempuffer-verwaltung
Geräte-Schnittstelle	Externspeicher-verwaltung	Externspeicher-verwaltung	Externspeicher-verwaltung
	Architektur relationaler Datenbanksysteme	Architektur hierarchischer und netzwerkartiger Datenbanksysteme	Architektur von Datenbanksystemen mit zugriffsmethodenorientierter Programmierschnittstelle

Bild 3.2 Vergleich der Schichtenmodelle

werden diese Aufgaben dem Benutzer aufgebürdet. Er erhält dadurch eine stärkere Kontrolle über den Aufsuchprozeß und damit eine nicht unerhebliche Verantwortung für die Leistungsfähigkeit seines Anwendungsprogrammes. Eine Erhöhung der Performance wird weiterhin erkauft

- durch eine beträchtliche Reduktion der Funktionsmächtigkeit und des Benutzerkomforts
- durch eine stärkere Bindung der logischen Datenstrukturen in der Benutzersicht an die physisch vorhandenen Datenobjekte
- und damit durch eine Verringerung der Datenunabhängigkeit.

Bei einer zugriffsmethodenorientierten Sprachschnittstelle als externer Benutzerschnittstelle sind die verfügbaren Funktionen noch weiter eingeschränkt. Es kommt noch stärker auf die Kenntnisse des Programmierers über die internen Strukturen an, da er durch die Geschicklichkeit seiner Programmierung in erheblichem Maße die Wirksamkeit seines Anwendungsprogrammes bestimmt. Alle Argumente, die für das zugriffspfadbezogene Datenmodell zutreffen, gelten noch verstärkt für diese Schnittstelle.

Durch das Weglassen von Abbildungsschichten im allgemeinen Beschreibungsmodell in Bild 3.1 fallen eine Reihe von Funktionen weg. Bei der Realisierung von Datenbanksystemen mit niedrigeren Sprachschnittstellen (nach Bild 3.2) werden diese Funktionen entweder nicht gebraucht (Zugriffspfadoptimierung etc.) oder müssen „nach unten" verlagert werden. Das trifft vor allem für die Funktionen der Datensicherungshierarchie zu.

Die Einordnung der zugriffsmethodenorientierten Schnittstelle als allgemeine DB-Schnittstelle ist in praktischen Fällen recht kritisch zu überprüfen. Falls durch das darunterliegende System die Datenbestände in separaten Dateien gespeichert, isoliert kontrolliert und keine satztypübergreifenden Integritätskontrollen durchgeführt werden und außerdem noch auf ein Transaktionskonzept verzichtet wird, sollte man nicht mehr von einem Datenbanksystem, sondern von einem Datenverwaltungssystem sprechen; diese strenge Begriffsbildung wird jedoch leider in der DV-Praxis nicht beherzigt.

3.1.3 Spezielle Architekturvorschläge

Die drei Programmierschnittstellen haben alle ihre Stärken und Schwächen in bestimmten Anwendungen. Es kann von Vorteil sein, für ein Datenbanksystem mehrere Programmierschnittstellen vorzusehen, um es dem Benutzer zu überlassen, die am besten geeignete Schnittstelle für seine Anwendung auszuwählen. Wiederum ausgehend vom allgemeinen Beschreibungsmodell in Bild 3.1 sollen eine Reihe von konkreten Architekturvorschlägen untersucht werden, die neben der mengenorientierten DB-Schnittstelle ggf. noch weitere Programierschnittstellen anbieten [ROWE81].

Die strikte Aufteilung des Modells in fünf Abbildungsschichten mit definierten operationalen Schnittstellen wurde in erster Linie aus didaktischen Überlegungen eingeführt. In konkreten Systemen kommt man gewöhnlich vor allem aus Performance-Gründen mit einer geringeren Anzahl von strikt separierten, hierarchisch angeordneten Schichten aus.

Als erste Architektur sei die von System R [ASTR76, BLAS80] skizziert. In diesem Datenbanksystem sind die Aufgaben der Ebenen der

- Speicher- und Seitenzuordnungsstrukturen im Speichersystem
- Speicherungsstrukturen und logischen Zugriffspfade im Zugriffssystem
- logischen Datenstrukturen im Datensystem

zusammengefaßt [HÄRD78a]. Dieses Architekturmodell ist in Bild 3.3a skizziert. Das Datensystem unterstützt das Relationenmodell mit der Sprache SQL [CHAM76b]. Es kann als ein mächtiger Sprachprozessor verstanden werden, der die Übersetzung und Zugriffspfadoptimierung von SQL-Anweisungen in die Übersetzungsphase zu verschieben erlaubt [LORI79a]. Die Mächtigkeit der Schnittstelle des Zugriffssystems läßt sich grob mit der Programmierschnittstelle herkömmlicher Datenbanksysteme nach dem hierarchischen oder netzwerkartigen Modell vergleichen. Sie erzwingt jedoch den Bezug auf interne Namen und ist als interne Programmierschnittstelle nur speziellen Benutzern (QBE [ZLOO77]) verfügbar. Die Schnittstelle des Speichersystems entspricht von ihren Funktionen her der einer blockorientierten Zugriffsmethode, wenn die zusätzlichen Optionen der Systempufferverwaltung außer Acht gelassen werden.

Für die folgende Diskussion ist die Realisierung der unteren Abbildungsschichten unerheblich. Sie sollen deshalb nicht weiter betrachtet werden.

Falls nur die mengenorienterte Schnittstelle zu unterstützen ist, besteht keine Notwendigkeit, die satzorientierte Schnittstelle explizit zu realisieren. Die beiden obersten Abbildungsschichten können zusammgefaßt werden. Dabei werden ggf. einige Funktionen an die darunterliegende Schicht abgegeben, um damit die interne Satzschnittstelle anzureichern. Dieser Ansatz (Bild 3.3b) wurde bei IN-GRES gewählt [STON76]. Bei dieser Architektur werden die mengenorientierten Anweisungen direkt auf die physischen Objekte und Operationen abgebildet. Dieser Vorgang läßt sich zur Optimierung der Laufzeit in einer vorgeschalteten Übersetzungsphase durchführen.

Die ersten beiden Vorschläge unterscheiden sich bei dieser abstrakten Betrachtungsweise nur durch die Mächtigkeit der Schnittstelle, auf der die mengenorientierte Abbildung realisiert wird. Die nächsten beiden Architekturvorschläge unterstützen neben der mengenorientierten auch eine navigierende Programmierschnittstelle. Das Konzept in Bild 3.3c kennzeichnet eine typische additive Systemerweiterung. Das Grundsystem besitzt eine navigierende Schnittstelle (z.B. nach dem CODASYL-Vorschlag), auf die ein Sprachprozessor aufgepflanzt wird, der Programme in einer mengenorientierten in solche in einer navigierenden Sprache übersetzt. Beispiele für diese Vorgehensweise sind die Systeme UDS [UDS] von Siemens und DMS-1100 von UNIVAC [UNIV], die ihre zugehörigen Query-Sprachen auf diese Weise integrieren.

Ein solches Verfahren verhindert eine gezielte Optimierung, da die mengenorientierten Anforderungen zunächst durch Folgen von satzorientierten Anweisungen der navigierenden Sprache ausgedrückt werden müssen. Durch dieses „Zerhacken" gehen wichtige Kontextinformationen über zukünftige Anforderungen verloren,

Ein Schichtenmodell eines datenunabhängigen Datenbanksystems

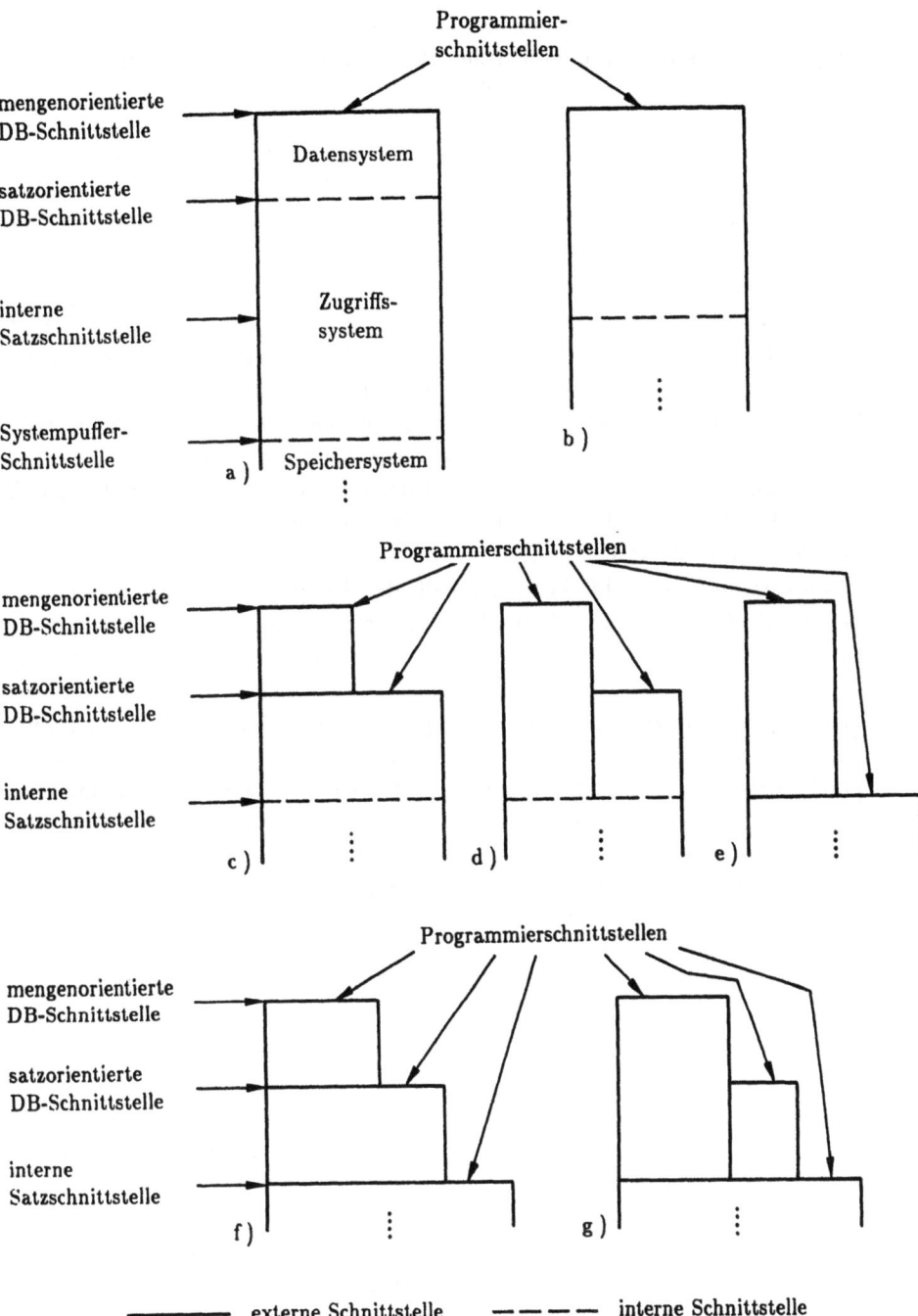

Bild 3.3 Architekturvorschläge mit ggf. mehreren Programmierschnittstellen

die dem DBS zur Optimierung der Verarbeitung – etwa bei der Wahl einer geeigneten Suchstrategie oder bei der Bereitstellung und Ersetzung von Seiten im Systempuffer – fehlen [HÄRD80].

Durch die Architektur nach Bild 3.3d wird die in diesen Systemen übliche geringe Performance der mengenorientierten Schnittstelle zu vermeiden versucht, indem durch ihre direkte Übersetzung und spezielle Optimierung auf eine interne Satzschnittstelle der Reibungsverlust der doppelten Übersetzung umgangen wird. Dieser Effizienzgewinn wird durch einen höheren Erstellungs- und Wartungsaufwand erkauft. Als Beispiel für diese Architektur kann ADABAS [ADAB] herangezogen werden. Die Sprache NATURAL realisiert die mengenorientierte Schnittstelle, während die Navigation über eine CALL-Schnittstelle abgewickelt wird.

Ein weiterer Architekturvorschlag mit zwei Programmierschnittstellen ist in Bild 3.3e gezeigt. Mengenorientierte und zugriffsmethodenorientierte Schnittstelle werden unterstützt, wobei Programme in einer mengenorientierten Sprache direkt in Programme übersetzt werden, die auf der internen Satzschnittstelle ablaufen können. Ein konkretes Beispiel für diese Architektur ist das Datenbanksystem ENSCRIBE von TANDEM [TAND].

Zwei verschiedene Architekturen, die alle drei Programmierschnittstellen anbieten, sind denkbar. In Bild 3.3f wird der einfachste Ansatz gezeigt, bei dem jede Schnittstelle jeweils auf der darunterliegenden realisiert wird. Die Notwendigkeit der Mehrfachübersetzung eines Programms läßt zumindest für die mengenorientierte Programmierschnittstelle eine geringe Leistungsfähigkeit erwarten. Die offensichtliche Verbesserung dieses Vorschlags ist in Bild 3.3g veranschaulicht. Spezielle Sprachprozessoren bilden die Programme der entsprechenden Benutzungsebene direkt auf die interne Satzschnittstelle ab. Für den ersten der beiden Architekturvorschläge ist uns kein Realisierungsbeispiel bekannt, während für den zweiten wiederum ADABAS (mit speziellen Einsatzoptionen) dienen kann. Die CALL-Schnittstelle von ADABAS läßt sich so erweitern, daß ein direkter Bezug auf die interne Satzschnittstelle (auf interne Daten- und Befehlsformate, ISN-Listen etc.) zulässig ist.

Diese Diskussion sollte die Möglichkeiten der Ableitung konkreter Architekturen von Datenbanksystemen aus dem allgemeinen Beschreibungsmodell aufzeigen. Es sind sicher noch andere „exotische" Architekturen denkbar – beispielsweise die Realisierung einer navigierenden auf einer mengenorientierten Schnittstelle. Solche Ansätze sind jedoch extrem ineffizient und schwerfällig; derartige Versuche wurden schnell wieder aufgegeben – beispielsweise der Plan, auf der mengenorientierten Schnittstelle von System R die navigierende Sprache DL/I von IMS zu simulieren [ASTR76].

Architekturen mit einer einstufigen Übersetzung der mengenorientierten Sprache sind aus Performance-Gründen in jedem Fall vorzuziehen. Falls weitere Programmierschnittstellen unterstützt werden, ist bei solchen Ansätzen der erhöhte Aufwand für Implementierung und Wartung zu berücksichtigen. Ein weitergehender Vergleich der einzelnen Architekturen hat in detaillierter Weise ihre Eignung hinsichtlich

- einer Erweiterung auf ein verteiltes Datenbanksystem (Verteilung von Daten und Funktionen)
- des Einsatzes von Datenbankmaschinen oder spezieller Hardware zur Unterstützung wichtiger Funktionen
- einer Standardisierung von DB-Schnittstellen
- der Reduktion der Komplexität des Gesamtsystems

zu berücksichtigen [ROWE81]. Die Diskussion dieser Anforderungen würde jedoch den vorgegebenen Rahmen dieser Ausführungen sprengen.

3.2 Externspeicherverwaltung eines Datenbanksystems

Die physischen Datenobjekte eines Datenbanksystems werden auf nicht-flüchtigen Speichern aufbewahrt. Solche externen Speichermedien wie Magnetplatte, Magnettrommel und Magnetband besitzen eine Vielzahl unterschiedlichster Geräteeigenschaften wie Speicherkapazität, Zugriffsgeschwindigkeit, Schreib-/Lesetechnik etc., die zudem noch stark von der technologischen Entwicklung abhängig sind. Zur Verarbeitung müssen die physischen Datenobjekte vom externen Speichermedium in den Hauptspeicher des Rechnersystems gebracht werden. Wegen der Flüchtigkeit dieses Speichertyps sind die Daten nach ihrer Änderung wieder auf den externen Speicher zurückzuschreiben.

Die dabei anfallenden Aufgaben werden durch das Speichersystem eines DBS gelöst. In unserer Modellvorstellung setzt sich das Speichersystem aus zwei hierarchisch angeordneten Komponenten – Externspeicher- und Systempufferverwaltung – zusammen. Die Hauptaufgabe der Externspeicherverwaltung ist die Isolierung aller höheren Systemebenen von den Gerätecharakteristika, die wegen der erwähnten Technologieabhängigkeit der externen Speichermedien besonderes Gewicht gewinnt. Die Systempufferverwaltung soll im Hauptspeicher (durch den sogenannten Systempuffer) eine Schnittstelle für das Zugriffssystem bereitstellen, die Unabhängigkeit von den Speicherzuordnungsstrukturen wie aktuelle Zuordnung von Blöcken zu Dateien, relative Lage der Blöcke zueinander etc. garantiert. Idealerweise sollte diese Schnittstelle für die zugreifenden Systemmoduln (Programme des Zugriffssystems) einen potentiell unendlichen linearen Adreßraum darstellen, der eine direkte Adressierung der einzelnen Datenobjekte erlaubt.

3.2.1 Aufgaben der Externspeicherverwaltung

Die Externspeicherverwaltung hat im einzelnen folgende Aufgaben zu erfüllen:
- die Verwaltung des physischen Speichers auf externen Speichermedien
- das Verbergen von Geräteeigenschaften
- die Abbildung von physischen Blöcken auf externe Speicher (Zylinder, Spuren, vorformatierte Slots), ggf. Einsatz von Spiegelplatten
- die Kontrolle des Datentransports vom und zum Systempuffer, ggf. Durchführung von Maßnahmen zur Blockchiffrierung

- ggf. die Bereitstellung eines stabilen Speichers [LAMP79, PAUL84]
- ggf. die Realisierung einer mehrstufigen Speicherhierarchie (data staging).

Prinzipiell läßt sich der gesamte physische Speicherbereich einer Datenbank als eine Einheit realisieren und verwalten. Aus einer Reihe von praktischen Gründen ist es jedoch günstig, eine große Datenbank schon auf der Speicherebene in disjunkte Teilbereiche zu zerlegen. Eine solche Aufteilung wird oft als File- oder Datei-Konzept bezeichnet. Dateien als Einheiten der Externspeicherverwaltung bieten für den Aufbau einer Datenbank folgende Vorteile [SCHE74, LORI77]:

- Es ist eine selektive Aktivierung von Dateien für die DB-Verarbeitung möglich. Nur tatsächlich benötigte Dateien müssen unter direktem Zugriff gehalten werden, während die übrigen Dateien der Datenbank in Archivspeichern bleiben können. Bei einer unzureichenden Anzahl von Speicheranschlüssen (Plattenlaufwerke), was bei sehr großen Datenbanken die Regel ist, läßt sich dieses on-/offline Problem nur über ein flexibles Dateikonzept lösen.
- Durch dynamische Definition von Dateien kann die Datenbank modular wachsen. Für Dateien, die nur temporär benötigt werden, läßt sich anschließend der Speicherplatz wieder freigeben.
- Die Zugriffsanforderungen spezieller Anwendungen können durch Zuordnung von Dateien auf unterschiedlich schnelle Speichermedien unterstützt werden.
- Zur Adressierung der Objekte innerhalb einer Datei sind kürzere Adreßlängen ausreichend.

3.2.2 Realisierung eines Datei-Konzeptes

Die durch die Externspeicherverwaltung zu realisierende Datei-Schnittstelle entspricht der Schnittstelle für Standard-Zugriffsmethoden, die zum DVS eines Betriebssystems gehören. Dateien mit direkter Adressierung sind für die Implementierung dieser Schnittstelle von besonderem Interesse, da sie im Gegensatz zu sequentiellen, indexsequentiellen oder wahlfreien Organisationsformen die nötigen Freiheitsgrade für die Einführung beliebiger Seitenzuordnungs- oder Speicherungsstrukturen auf höheren Systemebenen bieten.

Obwohl im Prinzip für die physischen Blöcke der Datei variable Längen denkbar sind, sollten konstante und gleichförmige Blocklängen aus folgenden Gründen vorgezogen werden: Sie gestatten neben der einfachen Adressierung die flexible Ausnutzung aller verfügbaren Slots ohne Fragmentierungsprobleme, vereinfachen die Pufferverwaltung und bieten eine saubere Schnittstelle für Geräteunabhängigkeit [LORI77]. Jede Datei D_j besteht also vorteilhafterweise aus Blöcken B_{ji} ($1 \leq i \leq d_j$) mit fester Länge L_j. Wird der Dateizugriff unter Kontrolle des Betriebssystems durchgeführt, so ist oft die Wahl der Blockgröße wegen der Vorformatierung der Speichermedien nicht mehr frei. Bei völliger Wahlfreiheit ist eine physische Blockgröße zwischen 1 und 4 K Bytes empfehlenswert [SCHE74].

Neben Operationen zum Erzeugen/Zerstören und Öffnen/Schließen von Dateien werden noch Zugriffsprimitive zum Lesen/Schreiben eines Blockes zur Verfügung gestellt. Diese Datei-Schnittstelle ist im Prinzip ein vereinfachtes Modell von Basiszugriffsmethoden in herkömmlichen Betriebssystemen wie BDAM (basic direct access method) im OS [IBMa] oder PAM (primitive access method) im BS2000 [SIEM]. Wegen dieser Übereinstimmung wird zur Reduzierung des Aufwandes und zur Erhöhung der Portabilität bei der Implementierung eines DBS oft eine geeignete Basiszugriffsmethode des eingesetzten Betriebssystems übernommen, so daß beim Übergang zu einem anderen Betriebssystem idealerweise nur die entsprechenden Zugriffsprimitive anzupassen sind.

Die Speicherzuordnungsstrukturen eines DBS – als eine Menge von Dateien mit direkter Blockadressierung durch die Speicherverwaltung zur Verfügung gestellt – dienen somit als physische Behälter zur Abbildung von Strukturen auf höheren Systemschichten. Dabei kann von geräteabhängigen Begriffen wie Magnetplattentyp, Anzahl der Zylinder und Spuren pro Zylinder, Spurkapazität, Adressierungstechnik etc. abstrahiert werden, da die Externspeicherverwaltung diese Eigenschaften zu verbergen hat. Zur Realisierung der Speicherzuordnungsstrukturen müssen noch eine Reihe von Hilfsstrukturen wie Einheiten-Inhaltsverzeichnisse (in der Systemliteratur oft als „volume table of contents" (VTOC) bezeichnet), Überlauftabellen etc. als geräteabhängige Organisationshilfen herangezogen werden, um die aktuelle Zuordnung von Dateien zu Magnetplattenbereichen zu verwalten. Für eine ausführliche Diskussion der dabei eingesetzten Techniken verweisen wir auf die einschlägigen System-Handbücher [IBM, SIEM].

3.2.3 Blockadressierung auf externen Speichern

Die für die Flexibilität des Datei-Konzeptes wichtigste Entscheidung ist bei der Wahl der Adressierungstechnik zu treffen. Wegen seiner Einfachheit wird üblicherweise ein Verfahren gewählt, das aus der Blocknummer die Berechnung der zugehörigen Speicherstelle auf der Magnetplatte gestattet. Das einfachste Berechnungsschema setzt die statische Zuordnung der Datei zu einem zusammenhängenden Speicherbereich – beispielsweise eine Anzahl von benachbarten Zylindern einer Magnetplatte – voraus. Bei fortlaufender Abspeicherung der physischen Blöcke nach aufsteigenden Blocknummern läßt sich wegen der einheitlichen Blockgröße die relative Adresse eines Blockes zum Dateianfang leicht berechnen. Durch die physische Nachbarschaft aller Blöcke wird besonders die sequentielle Dateiverarbeitung begünstigt. Diesen geringgewichtigen Vorteilen stehen eine Reihe schwerwiegender Nachteile des statischen Zuordnungsschemas gegenüber. Es impliziert die Reservierung des gesamten Speicherbereiches einer Datei bei ihrer Definition und läßt kein dynamisches Wachstum zu. Der Überlauf einer Datei erzwingt eine Neudefinition mit explizitem Umladen aller Blöcke. Außerdem fördert es bei dynamischer Erzeugung und Zerstörung von Dateien unterschiedlicher Größe die Fragmentierung der Bereiche auf den externen Speichermedien [LORI77].

Aus den genannten Gründen ist für Dateien eine Verbesserung ihrer Eigenschaften hinsichtlich der dynamischen Speicherbelegung anzustreben. Da auch beim statischen Zuordnungsschema eine explizite Verwaltung des freien und belegten Speicherplatzes auf den externen Speichermedien durchgeführt werden muß, bedeutet es nur geringen Zusatzaufwand, um eine Datei über mehrere Speicherbereiche (Extents) verteilen zu können. Auf diese Weise gelingt es, Speicherplatz für eine Datei bei ihrer Erzeugung oder Erweiterung nach den Anforderungen der Verarbeitung zuzuordnen. Dabei wird versucht, jede Speicheranforderung nach Möglichkeit durch einen Extent als zusammenhängenden Speicherbereich zu befriedigen, so daß die Bereiche einer Datei nicht übermäßig stark verstreut werden. Diese Zuordnungstechnik erlaubt es, einzelne Bereiche einer Datei auf verschiedenen Speichermedien unterschiedlichen Typs unterzubringen. Aus Gründen der Online-Verfügbarkeit sollte die Zuordnung von Bereichen einer Datei zu externen Speichermedien in einfacher Weise durch den Datenbankadministrator einzustellen sein. Kontrolliert und verwaltet wird die Verteilung einer Datei über eine sogenannte Bereichstabelle, in der für jeden Bereich Attribute wie Speichermedium, Typ, Adresse, Anzahl der Blöcke etc. vermerkt sind. Mit Hilfe dieser Tabelle läßt sich die Adreßberechnung für einen Block leicht durchführen [HÄRD78a].

Gewöhnlich wird zwischen physischen Blöcken einer Datei und Slots als Rahmen, die sie aufnehmen, nicht mehr unterschieden, da die Blöcke in aufsteigender Reihenfolge den Slots einer Spur hintereinander zugeordnet werden. Die relative Blockreihenfolge der Datei stimmt mit der relativen Slotreihenfolge des physischen Speichers, den sie belegt, überein. Bei der physischen Adreßberechnung werden sie als identisch aufgefaßt. Diese „gedankenlose" Zuordnung führt bei zyklischen Speichermedien dazu, daß sequentielle Lese- und Schreibvorgänge in der Datei zu unnötigen Leistungsverlusten führen. Die für Bearbeitung der Kanalunterbrechung und Auswahl der nächsten E/A-Anforderung anfallende Zeit gestattet nicht mehr die Übertragung des nachfolgenden Blocks im selben Zyklus, so daß bis zu seiner Ein-/Ausgabe fast die gesamte Umdrehungszeit abgewartet werden muß.

Ohne andere Arten der Verarbeitung in irgendeiner Form zeitaufwendiger zu machen, läßt sich die sequentielle Verarbeitung wesentlich beschleunigen, wenn die Blockreihenfolge innerhalb einer Spur nicht mehr strikt aufeinanderfolgend, sondern so versetzt gewählt wird, daß in einer Umdrehung mehr als ein Block übertragen werden kann. Bei einer Spurkapazität von m Slots läßt sich folgende Abbildung der m logisch aufeinanderfolgenden Blöcke vorteilhaft anwenden. Der erste Block wird dem ersten Slot SN_1 nach dem Indexpunkt zugewiesen (SN_1 = 1). Die Slotnummer SN_i zur Aufnahme des iten Blockes ($2 \leq i \leq m$) errechnet sich durch

$$SN_i = (SN_{i-1} + I - 1) \bmod (m) + 1,$$

wobei der Parameter I ein Versetzungsmaß darstellt und eine natürliche Zahl im Bereich $2 \leq I \leq m - 1$ sein muß. Durch I kann die Blockabbildung der Verarbeitungsgeschwindigkeit des Rechners angepaßt werden. Allerdings ist als notwendige und hinreichende Bedingung, damit alle Slots belegt werden, zu berücksichtigen, daß I und m relativ prim zueinander sind. Andernfalls sind zusätzliche Abbildungsregeln vorzusehen [TAFV74]. Für m = 8 und I = 3 ist diese Abbildung für eine Spur im Bild 3.4 veranschaulicht. Mit Hilfe dieser versetzten Anordnung lassen sich alle 8 Blöcke der Spur in 3 Umdrehungen verarbeiten, während bei der aufeinanderfolgenden Anordnung 9 Umdrehungen erforderlich sind. Im normalen Datenbankbetrieb läßt sich diese Beschleunigungsmöglichkeit (im Beispiel um den Faktor 3) vor allem bei der Log-Datei oder bei Datensammelsystemen (Meßdaten,

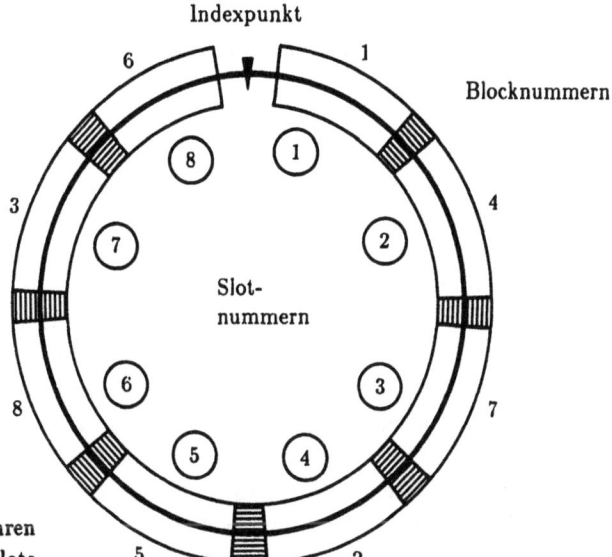

Bild 3.4 Versetzungsverfahren
bei der Blockabbildung in Slots

zentrale Datenerfassung) ausnutzen, da dabei tpyischerweise sequentiell zu schreibende Datenblöcke mit hoher Frequenz anfallen. Zeitgewinne ergeben sich aber auch bei Lade- und Reorganisationsläufen sowie bei der Erstellung von Backup-Kopien der Datenbank.

Für die Zwecke der Speicherverwaltung ist die direkte Blockzuordnung über Bereichstabellen ein flexibles und wirksames, aber trotzdem billiges Implementierungsschema, das den Anforderungen dynamischer Speicherzuweisung gerecht wird. Verfahren der indirekten Blockadressierung [LORI77] sind dagegen für diese Aufgaben allein zu teuer. Techniken der indirekten Adressierung werden bei Seitenzuordnung von Segmenten auf der nächsthöheren Abbildungsschicht diskutiert, wobei durch diese Techniken zusätzlich Aufgaben der Recovery unterstützt werden sollen.

3.2.4 Kontrolle des Datentransports

Typischerweise wird bei Datenbanksystemen eine zweistufige Speicherhierarchie „Hauptspeicher – externer Speicher" eingesetzt. Physische Blöcke sind die Transporteinheiten für Daten vom und zum Hauptspeicher. Im Sinne der Benutzt-Hierarchie ist die Externspeicherverwaltung für die Durchführung und Überwachung aller Datentransporte zuständig. Bei einer Leseanforderung für einen Block bestimmt sie dessen tatsächliche Adresse auf dem externen Speicher und veranlaßt dessen Übertragung mit Hilfe von Kanalprogrammen zu einer spezifizierten Adresse des Systempuffers im Hauptspeicher. In analoger Weise wickelt sie einen Schreibvorgang ab. Dabei kontrolliert sie die möglichen Fehlerbedingungen und meldet den Erfolg der E/A-Operation an die Pufferverwaltung.

Der Schutz der Daten vor unberechtigtem Zugriff auf den physischen Speichermedien (offline-Kopieren) kann bei der Durchführung des Datentransportes durch Einsatz kryptographischer Methoden zur Blockchiffrierung erhöht werden [RYSK80]. In der Speicherverwaltung läßt sich ein zentrales Schutzkonzept mit begrenztem Aufwand und vollkommen transparent für höhere Systemschichten realisieren. Wenn jeweils eine optionale dateibezogene Zuordnung von Chiffrierschlüsseln erfolgt, ergibt sich eine einfache Möglichkeit, den Aufwand für das Chiffrieren/Dechiffrieren der Blöcke der Schutzwürdigkeit der Datei anzupassen.

Bei der unterstellten zweistufigen Speicherhierarchie dauert ein E/A-Vorgang im Vergleich zum Hauptspeicherzugriff unverhältnismäßig lange. Bei den heute eingesetzten Speichertechnologien (MOS/VLSI, Magnetplatten) macht die berühmte Zugriffslücke etwa den Faktor $10^4 - 10^5$ aus, so daß durch Einsparung von Externspeicherzugriffen sehr hohe Performance-Gewinne zu erzielen sind. Eine Möglichkeit der Optimierung durch spezielle Ersetzungsalgorithmen wird bei den Aufgaben der Systempufferverwaltung diskutiert. Eine davon unabhängige Optimierungsmöglichkeit liegt in der Einführung einer mehrstufigen Speicherhierarchie verschiedenartiger Zwischenspeicher mit unterschiedlicher Zugriffszeit und Zugriffsbreite. Es wird die generelle Eigenschaft von Speichern ausgenutzt, daß mit sinkender Zugriffszeit auch die Zugriffsbreite (Transporteinheit) schrumpft. Diese Speicher werden zwischen Hauptspeicher und Externspeicher (oder gar Archivspeicher) so angeordnet, daß die Zugriffslücke mit geringeren Abstufungen überdeckt wird [HSIA77]. Eine Datenanforderung veranlaßt von der Hierarchiestufe aus, auf der sie befriedigt werden kann, jeweils die Übertragung der charakteristischen Transporteinheit, die das angeforderte Datenobjekt enthält, zur nächsthöheren Hierarchiestufe. Dieser Vorgang wiederholt sich so lange, bis das angeforderte Datenobjekt den Systempuffer im Hauptspeicher erreicht hat (read through [LAMP79]). Ein geändertes Datum, das zurückzuschreiben ist, durchläuft die Speicherhierarchie in anderer Richtung und erzwingt die Übertragung von jeweils größer werdenden Transporteinheiten (store behind). Im laufenden Betrieb der Datenbank sind also die Datenobjekte entsprechend ihrer Zugriffshäufigkeiten redundant in der Speicherhierarchie abgelegt. Besonders bei hoher Lokalität der Zugriffe ergeben sich so Verbesserungen des globalen Zugriffszeitverhaltens.

Die am besten geeignete Komponente zur Implementierung einer mehrstufigen Speicherhierarchie ist die Externspeicherverwaltung. In diesem Fall könnte sogar die Datei-Schnittstelle beibehalten werden, wodurch gleichzeitig gewährleistet wäre, daß die Komplexitäten einer mehrstufigen Abbildung den höheren Systemschichten verborgen bleiben. Auf die speziellen Probleme ihrer Realisierung wird hier nicht näher eingegangen. Es soll nur erwähnt werden, daß bei flüchtigen Zwischenspeichern wegen des Schreibzwanges bei der Ausgabe von Log-Informationen Komplikationen mit diesem Konzept auftreten. Für spezielle Anforderungen in DBS müßte deshalb ein „Kanal" bereitgestellt werden, der einen Durchgriff bis zu einem nicht-flüchtigen Speicher ohne Verzögerung erlaubt.

3.3 Systempufferverwaltung eines Datenbanksystems

3.3.1 Aufgaben der Systempufferverwaltung

Die Systempufferverwaltung hat für die in der Benutzt-Hierarchie höheren Systemkomponenten zur Verarbeitung der Objekte der Datenbank einen linearen logischen Adreßraum zur Verfügung zu stellen, der, wie bereits erwähnt, potentiell unendlich groß sein sollte. Sie stellt die zum Lesen oder Ändern benötigten Datenobjekte nach Anforderung in einem begrenzten Systempuffer im Hauptspeicher bereit; dort ist die direkte Manipulation der betreffenden Datenobjekte mit den Zugriffsprimitiven des Rechensystems möglich. Falls ein angefordertes Datenobjekt nicht schon im Puffer steht, muß sie, sofern Speichermangel herrscht, durch Ersetzung freien Speicherplatz schaffen. Wurde das zu ersetzende Datenobjekt verändert, muß bei der Externspeicherverwaltung sein Rückschreiben in die Datenbank veranlaßt werden, bevor das angeforderte Datenobjekt eingelesen werden kann.

Prinzipiell ist ebenso wie bei der Speicherzuordnung die Realisierung der gesamten Datenbank an der Systempuffer-Schnittstelle als eine Einheit denkbar. Jedoch gehen dann die Vorteile des Datei-Konzeptes verloren. Das Datei-Konzept impliziert sinnvollerweise eine Aufteilung des logischen Adreßraumes der Datenbank. Seine direkte Übernahme zur Realisierung der Systempuffer-Schnittstelle wurde in vielen herkömmlichen Datenbanksystemen [SESA, ADAB] praktiziert. Als Folge davon war keine strikte Separierung der Aufgaben von Externspeicher- und Systempufferverwaltung im Speichersystem möglich. Wie in unserem Modell dargestellt, ist es vorteilhaft, auf der Ebene der Speicherzuordnungsstrukturen eine zusätzliche Abbildungsschicht zur Realisierung der sogenannten Seitenzuordnungsstrukturen als Systempuffer-Schnittstelle vorzusehen. Dadurch wird eine explizite Trennung der an dieser Schnittstelle sichtbaren Speichereinheiten von der Datei erreicht. Diese Einheiten der Speicherzuordnung werden gewöhnlich als Segmente oder Areas bezeichnet [ASTR76, CODA78b].

Die Einführung des sogenannten Segment-Konzeptes bietet folgende Vorteile:

- Es erlaubt die selektive Einführung zusätzlicher Attribute [HÄRD78a], um durch verschiedene Segmenttypen die Anforderungen der Verarbeitung wirksam zu unterstützen.
- Bei geeigneter Abbildung der Segmente auf/in Dateien bleiben alle Vorzüge des Datei-Konzeptes erhalten.
- Während bei Übernahme der Datei-Schnitttstelle nur direktes Einbringen von geänderten Datenobjekten (update in place) möglich ist, können durch die zusätzliche Abbildung indirekte Einbringstrategien zur Unterstützung von Recovery-Funktionen herangezogen werden.
- Segmente können als Einheiten des Sperrens, der Wiederherstellung bei Gerätefehlern und der Zugriffskontrolle dienen; in diesen Fällen gestatten sie besonders einfache und effiziente Implementierungskonzepte.

Aus der bisherigen Diskussion ergeben sich für die Systempufferverwaltung folgende Aufgaben:

- die wirksame Abbildung von Segmenten verschiedenen Typs auf Dateien mit direkter Blockadressierung
- ggf. die Realisierung von indirekten Einbringstrategien
- das Bereitstellen und Freigeben von Datenobjekten im Systempuffer
- die Vorbereitung von Lese-/Schreibanforderungen an die Speicherverwaltung
- die Optimierung der Ersetzungsstrategien.

3.3.2 Segment-Konzept mit sichtbaren Seitengrenzen

Es ist für die Wirksamkeit des DBS von großer Wichtigkeit, daß die Systempufferverwaltung ein differenziertes Angebot an Segmenttypen für die Benutzer auf der Ebene der Speicherungsstrukturen zur Verfügung stellt. Jeder Segmenttyp sollte durch seine Ausstattung mit Funktionen und Overhead bestimmte Verarbeitungsanforderungen besonders gut und kostengünstig unterstützen. So werden beispielsweise folgende Segmenttypen benötigt:

- öffentliche Segmente für die Speicherung von Datensätzen und Zugriffspfaden, die konkurrierenden Zugriff erlauben und automatische Recovery in beliebigen Fehlerfällen garantieren
- private Segmente des Systems zur Speicherung von Log-Information oder zur Sammlung von Leistungs- oder Abrechnungsdaten
- Segmente, die als temporäre Arbeitsspeicher für spezielle Anwendungen (z.B. Sortieren) dienen.

Durch Ausstattung mit Kombinationen von Attributen wie öffentlich/privat, permanent/temporär, exklusiv/gemeinsam benutzbar, Recovery durch System/Benutzer, Öffnen/Schließen durch System/Benutzer sind eine Vielzahl von verschiedenen Segmenttypen denkbar. Zwischen einem möglichst breiten und den speziellen Verarbeitungsanforderungen angepaßten Angebot an Segmenttypen und der mit ihrer Anzahl steigenden Komplexität der Implementierung gilt es beim Entwurf einen Kompromiß zu finden, der nur möglichst vielseitig verwendbare Segmenttypen zuläßt. Im System R werden beispielsweise 5 verschiedene Segmenttypen angeboten [ASTR76, HÄRD78a].

Bevor die Möglichkeiten der Abbildung von Segmenten auf Dateien diskutiert werden, ist die Frage zu klären, in welcher Weise die in den Segmenten gespeicherten Datenobjekte (Sätze, Einträge) von den Benutzern der Systempuffer-Schnittstelle referenziert werden sollen. Die Anforderung eines Satzes R könnte mit Hilfe seiner relativen Byteadresse innerhalb eines Segmentes ohne Rücksicht auf die aktuellen Transporteinheiten durchgeführt werden. Die Pufferverwaltung veranlaßt seine Bereitstellung durch Übertragung aller betroffenen Blöcke und ihre physisch benachbarte Anordnung im Systempuffer. Wie in Bild 3.5a skizziert, bekommt der Benutzer die aktuelle Pufferadresse und die Länge des Satzes zurückgemeldet. Der bereitgestellte Satz muß seine Position im Puffer behalten, bis der Benutzer ihn explizit freigibt. Dieses Schema der direkten Satzadressierung setzt die Möglichkeit der Überlappung von Blockgrenzen durch Datensätze (spanned record facility) voraus und erzwingt komplexe Abbildungsvorschriften.

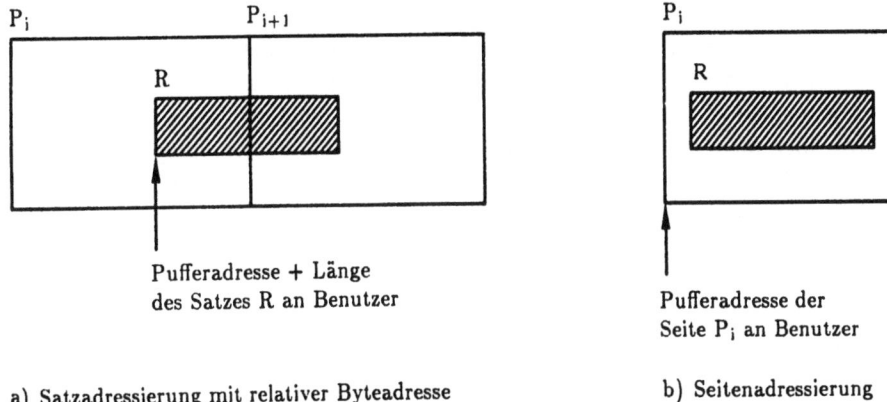

a) Satzadressierung mit relativer Byteadresse   b) Seitenadressierung

Bild 3.5 Bereitstellen und Freigabe von Datenobjekten im Systempuffer

Durch den Zwang zur benachbarten Anordnung der betroffenen Blöcke im Puffer ergeben sich erhebliche Ersetzungsprobleme und Störungen optimaler Ersetzungsalgorithmen. Je nach Wahl der Implementierungskonzepte resultieren auch für die Sperr- und Log-Komponente gravierende Rückwirkungen, die zu komplexeren Sperrprotokollen und aufwendigeren Rückschreibverfahren führen. Letztlich erzeugt eine solche satzorientierte Schnittstelle hohe Performance-Verluste. Aus diesen Gründen sollte sich die Systempuffer-Schnittstelle an den Transporteinheiten des Speichersystems orientieren. Ein Segment S wird deshalb in Seiten P_i fester Länge L zerlegt, wobei L der Blocklänge der zugehörigen Datei entspricht. Für den Benutzer auf der Ebene der Speicherungsstrukturen stellen Segmente lineare logische Adreßräume mit sichtbaren Seitengrenzen dar, so daß er seine Datensätze unter Beachtung der Seitengrenzen organisieren kann. Von der Schnittstelle werden seitenüberspannende Sätze nicht unterstützt. Wie in Bild 3.5b gezeigt, orientieren sich Bereitstellung und Freigabe von Datenobjekten an Seiten. Damit ergibt sich auf der Ebene der Seitenzuordnungsstrukturen eine recht einfache Schnittstelle:

Die Datenbank besteht aus einer Menge von Segmenten S_k ($1 \leq k \leq n$) definierter Größe. Jedes Segment S_k läßt sich als ein zusammenhängender Ausschnitt aus einem virtuellen linearen Adreßraum auffassen; es besteht aus einer geordneten Menge von Seiten P_{ki} ($1 \leq i \leq s_k$) fester Länge L_k. Im wesentlichen sind nur Operationen

- zum Definieren/Freigeben und Öffnen/Schließen von Segmenten
- zum Bereitstellen für Lesen/Schreiben und Freigeben von Seiten

verfügbar. Hinzu kommen ggf. noch spezielle Operationen für Zwecke der Synchronisation und der Recovery.

3.3.3 Realisierung von Seitenzuordnungsstrukturen

Für eine einfache Realisierung der Seitenzuordnungsstrukturen, d.h. der Abbildung der Segmente auf/in Dateien, ist das Prinzip der funktionalen Zuordnung eines

Segmentes S_k zu einer Datei D_j von großer Bedeutung. Dabei können m Segmente in einer Datei gespeichert werden. Die Verteilung eines Segmentes über mehrere Dateien, d.h. die Verletzung des Funktionalitätsprinzips beim Entwurf, zieht ähnlich wie die Aufteilung einer Satzmenge über mehrere Segmente oder eines Satzes über mehrere Seiten Rückwirkungen auf viele Systemkomponenten nach sich und führt zu einer beträchtlichen Steigerung der Komplexität der DBS-Implementierung.

Wegen der geforderten Übereinstimmung von Seiten- und Blockgröße ($L_k = L_j$) gibt es bei der Abbildung von Seiten auf Blöcke keine Fragmentierungsprobleme. Die Seitenzuordnung hat dann die Aufgabe, jeder Seite $P_{ki} \epsilon S_k$ genau einen Block $B_{jl} \epsilon D_j$ zuzuordnen derart, daß zu jedem Zeitpunkt gewährleistet ist, daß B_{jl} den aktuellen Inhalt von P_{ki} enthält. Für diese Abbildungsfunktion sollen verschiedene Realisierungsmöglichkeiten diskutiert werden. Soweit möglich, beziehen wir uns zur Vermeidung einer doppelten Indizierung jeweils auf ein Segment S und eine Datei D.

3.3.3.1 Direkte Seitenadressierung

Die sogenannte direkte Seitenadressierung setzt eine implizite Zuordnung zwischen Seiten eines Segmentes S und Blöcken einer Datei D voraus. Dabei wird die Seite P_i mit $1 \le i \le s$ im Block B_j ($1 \le j \le d$) gespeichert, so daß $j = K - 1 + i$ und $d \ge K - 1 + s$ gilt: K bezeichnet die Nummer des ersten für S reservierten Blocks. In vielen herkömmlichen DBS findet sich dieses Verfahren (UDS); in der Regel wird es dabei auf die 1:1 Zuordnung beschränkt, d.h., es gilt $K = 1$ und $s = d$. Im allgemeinen ist eine dynamische Erweiterbarkeit von Segmenten − eine geeignete Datei-Implementierung vorausgesetzt − nur bei dieser 1:1-Zuordnung möglich.

Das Schema der direkten Seitenadressierung ist in Bild 3.6 dargestellt. Die direkte Seitenadressierung bedingt die Reservierung des zugeordneten Dateispeichers zum Zeitpunkt der Segmenterzeugung, so daß auch für jede leere Seite ein Block belegt wird. Bei Segmenten, die langsam wachsende Datenbestände aufnehmen sollen, führt die feste Blockzuordnung zu einer geringen Speicherausnutzung. Als Ausweg bietet sich ähnlich wie bei der Blockadressierung eine bereichsweise feste Zuordnung unter Kontrolle einer zusätzlichen Tabelle an.

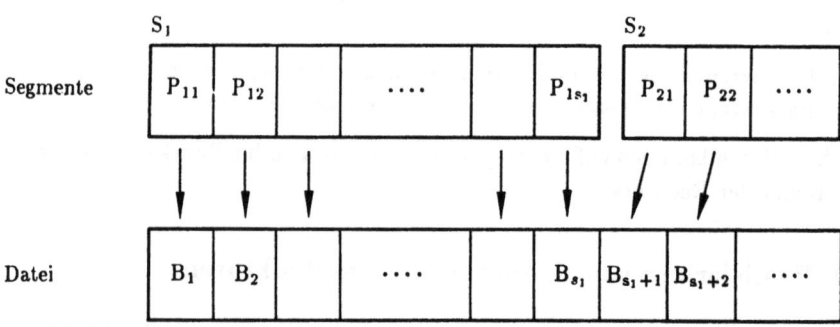

Bild 3.6 Direkte Seitenadressierung

3.3.3.2 Indirekte Seitenadressierung

Eine indirekte Seitenadressierung gewährleistet ein Maximum an Flexibilität bei der Blockzuordnung und läßt ihre dynamische Änderung zu. Zur Seitenzuordnung werden zwei Hilfsstrukturen benötigt:

- für jedes Segment S_k eine Seitentabelle V_k, die für jede Seite einen Eintrag (4 Bytes) mit der aktuellen Blockzuordnung besitzt.
- für jede Datei D_j eine Bittabelle M_j, die für jeden Block angibt, ob er momentan die Abbildung einer Seite enthält oder nicht.

Über den Eintrag V(i) wird der Seite P_i explizit ein Block zugewiesen. Leere Seiten erhalten lediglich einen speziellen Eintrag in der Seitentabelle (Nulleintrag). Die Bittabelle M dient zur Freispeicherverwaltung von D. Über sie läßt sich die dynamische Seitenzuordnung in einfacher Weise abwickeln. Dabei gilt folgende Vereinbarung:

M(j) = 1 : Block B_j ist belegt
M(j) = 0 : Block B_j ist frei

Das Schema der indirekten Seitenzuordnung ist in Bild 3.7 skizziert. Dieses Abbildungskonzept eröffnet die Möglichkeit zur besseren Speicherausnutzung. Die Datei muß jeweils mindestens so groß sein wie die Summe der belegten Seiten aller zugeordneten Segmente. Ihre Erweiterbarkeit sowie die Wachstumsfähigkeit der Segmente bleibt abhängig von der gewählten Datei-Implementierung. Die konkrete Realisierung dieses Konzeptes führt auf eine Reihe von Detailproblemen, für deren eingehende Diskussion auf die Literatur [LORI77, HÄRD78a] verwiesen wird. Beispielsweise ist es bei großen Segmenten und Dateien notwendig, sowohl die Sei-

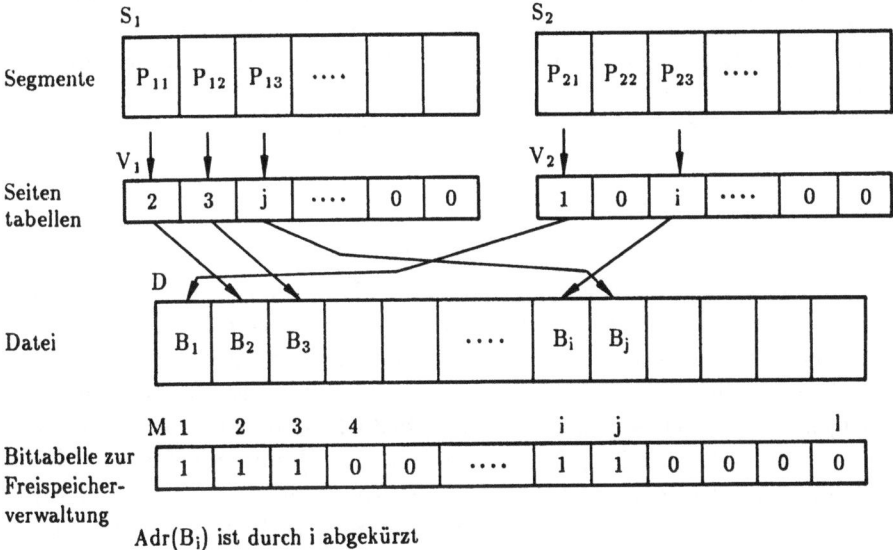

Bild 3.7 Indirekte Seitenadressierung

tentabellen V als auch die Bittabellen M wegen ihrer Größe in Transporteinheiten (Blöcke) zu zerlegen, selektiv in den Hauptspeicher zu übertragen und in einem separaten Puffer zu verwalten.

Das Bereitstellen einer Seite P_{ki} (logischer Seitenzugriff), die nicht im Systempuffer gefunden wird, kann bei diesem Seitenzuordnungskonzept auf zwei physische Blockzugriffe (und zwei erzwungene Auslagerungen) führen, da ggf. erst die Seitentabelle V_k geholt werden muß, um die aktuelle Blockadresse $j = V_k(i)$ aufzufinden. Deshalb bringt dieses Verfahren erhöhte Zugriffskosten mit sich, die im Normalfall durch den Vorteil besserer Speicherausnutzung allein nicht zu rechtfertigen sind.

3.3.4 Indirekte Einbringstrategien für Änderungen

Ohne weitere Voraussetzungen verlangen die bisher diskutierten Seitenzuordnungsverfahren, daß eine Seite nach jeder Änderung in ihren einmal zugeordneten Block zurückgeschrieben wird (update in place). Um im Fehlerfall innerhalb einer Transaktion (atomares Transaktionskonzept [GRAY78]) den alten Zustand der Seite wiederherstellen zu können, müssen bei diesen direkten Einbringstrategien durch die Recovery-Komponente genügend redundante Log-Informationen (Before-Images, UNDO-Information) gesammelt werden, die jeweils vor dem Ausschreiben der Seite auf einem sicheren Speicherplatz stehen müssen (WAL-Protokoll, write ahead log). Aus Gründen des beträchtlichen Schreibaufwands für die Log-Daten ist es oft vorteilhaft, das Einbringen einer geänderten Seite so durchzuführen, daß ihr alter Zustand bis zum Transaktionsende verfügbar bleibt. In diesem Fall kann prinzipiell auf das Sammeln von UNDO-Informationen verzichtet werden. Die folgenden Vorschläge modifizieren die diskutierten Seitenzuordnungsverfahren derart, daß durch das indirekte Einbringen geänderter Seiten eine erhebliche Unterstützung der Recovery-Verfahren erzielt wird. Dabei sollte der durch die Indirektion bedingte Mehraufwand in den konkreten Einsatzfällen durch verminderten Aufwand für Recovery-Zwecke und Effizienzgewinn durch ggf. höhere Parallelität von Lesern und Schreibern [BAYE80] bei weitem aufgewogen werden.

3.3.4.1 Twin Slot-Verfahren

Das Twin Slot-Verfahren kann als Modifikation der direkten Seitenadressierung interpretiert werden. Es ist für den Einsatz auf Magnetplatten als Externspeicher zugeschnitten, verursacht im normalen Betrieb sehr geringe Kosten für Recovery-Maßnahmen, kompensiert diesen Vorteil jedoch bis zu einem gewissen Grade durch doppelten Speicherplatzaufwand [REUT80a]. Es werden jeweils zwei aufeinanderfolgende Blöcke einer Datei D für eine Seite P_i reserviert, so daß die Seite P_i den Blöcken B_j und B_{j-1} (mit $j = K - 1 + 2 \cdot i$) zugeordnet werden kann. Im Wechsel werden dann Änderungen einer Seite so in die beiden zugehörigen Blöcke zurückgeschrieben, daß der Zustand der Seite zu Beginn der Transaktion als Before-Image erhalten bleibt. Die beiden Blöcke einer Seite P_i enthalten also die beiden jüngsten, auf Transaktionen bezogenen Änderungszustände P'_i und P''_i.

Durch eine zusätzliche Kennung in der Seite (Transaktionskennung) muß es der Systempufferverwaltung möglich sein, diese beiden Zustände zu unterscheiden. Bei einer Seitenanforderung müssen beide Zustände (Blöcke) gelesen werden. Der jüngere Zustand wird im Puffer als aktuelle Seite bereitgestellt. Der Block mit dem älteren Zustand nimmt im Falle einer Änderung die Seite beim Rückschreiben auf, so daß wiederum die beiden jüngsten Zusände (P_i'' und P_i''') verfügbar sind. Um den Aufwand beim Lesen einer Seite minimal zu halten, muß gewährleistet sein, daß die zu einer Seite gehörigen Blöcke auch in physisch benachbarten Slots einer Spur liegen und durch eine physische Leseoperation (gekettetes Kanalprogramm) übertragen werden können. Auf diese Forderung weist auch der Name des Verfahrens, das in Bild 3.8 skizziert ist, hin. Unter der Voraussetzung von Seitensperren läßt sich mit dem Twin Slot-Verfahren ohne explizite Führung von Log-Daten ein transaktionsorientiertes Recovery-Konzept implementieren. Die recht komplexen Einzelheiten seiner Fehlerbehandlung werden in [REUT80a] betrachtet.

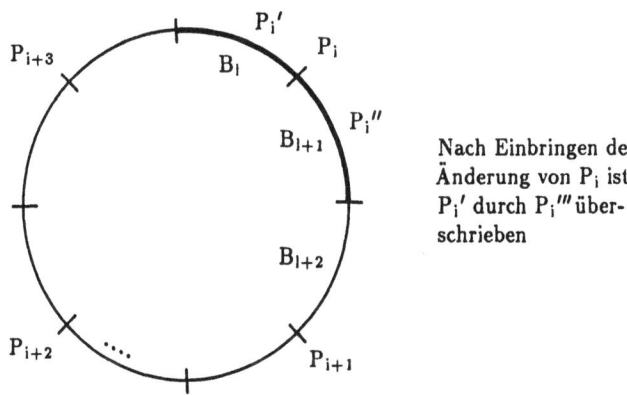

Nach Einbringen der Änderung von P_i ist P_i' durch P_i''' überschrieben

Bild 3.8 Zuordnung von Seiten zu Blöcken in einer Spur beim Twin Slot-Verfahren

3.3.4.2 Schattenspeicher-Konzept

Die Erweiterung der direkten Seitenadressierung zur Unterstützung einer indirekten Einbringstrategie führt auf das sogenannte Schattenspeicherkonzept [LORI77]. Die grundlegende Idee dieses Konzeptes sieht vor, den Inhalt aller Seiten eines Segmentes als sogenannte Schattenseiten während eines Sicherungsintervalls – durch zwei Sicherungspunkte (checkpoints) gekennzeichnet – in einem konsistenten Zustand unverändert zu halten. Durch Erzeugung eines Sicherungspunktes werden alle Datenstrukturen, die zur Darstellung eines Segmentes gehören – alle belegten Seiten, die Seitentabelle V und die Bitliste M –, quasi als konsistente Momentaufnahme des Segmentes auf einem nicht-flüchtigen Externspeicher „eingefroren". Alle Änderungen während des Sicherungsintervalls müssen mit Hilfe von Kopien V' und M' von V und M durchgeführt werden. Geänderte Seiten werden nicht in ihre ursprünglichen, sondern in freie Blöcke zurückgeschrieben. Die Erzeugung

190 Realisierung von operationalen Schnittstellen

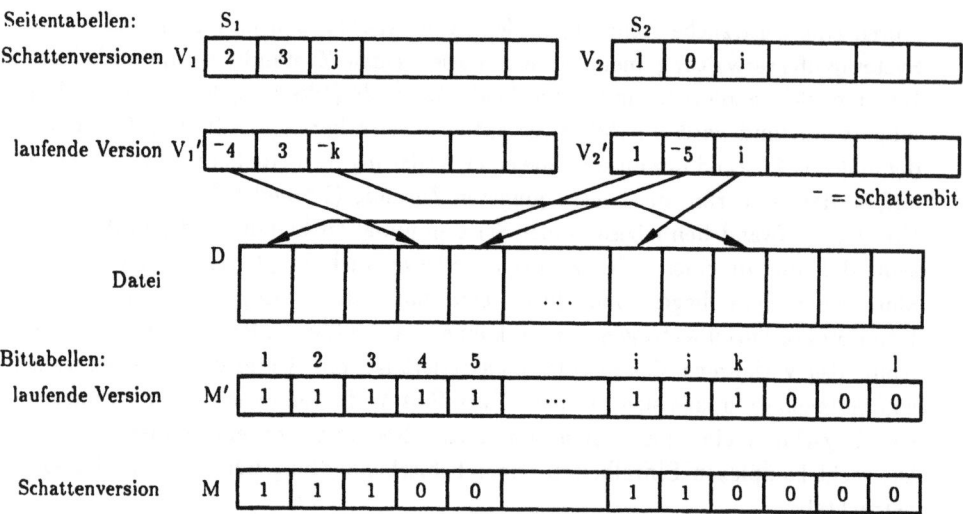

Bild 3.9 Darstellung des Schattenspeicher-Konzeptes: Die Segmente S_1 und S_2 befinden sich in Bearbeitung

des nächsten Sicherungspunktes, die atomar zu erfolgen hat, schreibt die Tabellen V' und M' und alle zu diesem Zustand gehörigen geänderten Seiten zurück und gibt die Blöcke frei, deren Seiteninhalte während des letzten Sicherungsintervalls verändert wurden (Freigabe der Schattenseiten, für die eine jüngere Version existiert). Zu Beginn des nächsten Sicherungsintervalls ist der aktuelle Inhalt von V' und M' wieder nach V und M zu kopieren, bevor Änderungen zugelassen werden. Tritt während des Sicherungsintervalls ein Fehler auf, kann unmittelbar mit dem durch V und M repräsentierten konsistenten Zustand des Segmentes (Version zum Zeitpunkt des letzten erfolgreichen Sicherungspunktes) weitergearbeitet werden. Ohne auf die technischen Details allzu genau einzugehen, ist in Bild 3.9 das Prinzip des Schattenspeicher-Konzeptes skizziert. Seine ausführliche Diskussion findet sich in [LORI77, HÄRD78a]. In Bild 3.9 wurden zur Darstellung des Einbringverfahrens mehrere Seitenänderungen in den Segmenten S_1 und S_2 angenommen. Sie sind durch sogenannte Schattenbits in den Seitentabellen gekennzeichnet. Die Schattenbits dienen bei der Sicherungspunkterzeugung zur Freigabe der Schattenseiten. Dadurch, daß für jede geänderte Seite während des laufenden Sicherungsintervalls zwei Blöcke belegt sind, muß eine hinreichend große Blockreserve in der Datei D vorgesehen werden. Wie aus der schematischen Darstellung zu ersehen ist, bekommt eine Seite nach jeder Änderung einen neuen, möglicherweise „weit entfernten" Block zugeordnet. Als Folge lassen sich für Segmente keine physischen Clusterbildungen erhalten.

Zusätzliche Komplexität ist für dieses Konzept einzuführen, wenn bei Abbildung von mehreren Segmenten auf eine Datei selektive Sicherungspunkte für einzelne Segmente (beispielsweise S_1 in Bild 3.9) erzeugt werden sollen.

Die beim Schattenspeicher-Konzept erzeugten Sicherungspunkte sind segmentorientiert und richten sich nicht nach Transaktionsgrenzen aus. Im Fehlerfall wird konzeptbedingt eine segmentorienterte Recovery durchgeführt. Zur Unterstützung einer transaktionsorientierten Recovery sind zusätzliche Log-Daten zu sammeln [HÄRD83b]. Die genauen Zusammenhänge werden bei den Aufgaben der Log- und Recovery-Komponente diskutiert.

Eine Weiterentwicklung dieses Schemas zum sogenannten transaktionsorientierten Schattenspeicher-Konzept (TOSP) wurde in [HÄRD79a] vorgeschlagen. Die Änderungen jeder Transaktion werden in einem separaten Sicherungsintervall zusammengefaßt. Dabei werden am Ende jeder Transaktion die Hilfsstrukturen V und M selektiv umgeschaltet und die geänderten Datenseiten atomar eingebracht. Für die Zwecke der transaktionsorientierten Recovery sind bei diesem Konzept keinerlei Log-Daten erforderlich. Den gleichen Vorteil erreicht man beim ursprünglichen Schattenspeicher-Konzept, wenn für „private" Segmente im Einbenutzerbetrieb jeweils zum Transaktionsende ein Sicherungspunkt erzeugt wird.

3.3.4.3 Bewertung des Schattenspeicher-Konzeptes

Bei der Beurteilung und dem Aufwandsvergleich von direkten und indirekten Einbringstrategien muß vor allem die unmittelbare Unterstützung von Recovery-Maßnahmen berücksichtigt werden, die den eigentlichen Wert indirekter Einbringstrategien verkörpert. Wegen des doppelten Speicherplatzbedarfs läßt sich das Twin Slot-Verfahren nur in Sonderfällen einsetzen, während das Schattenspeicher-Konzept sich für ein breites Spektrum von Einsatzfällen eignet. Insbesondere hat es folgende Vorteile:

- Es vermeidet das WAL-Protokoll und läßt flexiblere Schreibprotokolle für Log-Daten zu.
- Das Rücksetzen auf einen konsistenten Zustand im letzten Sicherungspunkt ist sehr billig, da es in das Verfahren eingebaut ist.
- Da nach einem Systemausfall beim Wiederanlauf mindestens eine speicherkonsistente Datenbank [HÄRD83b] vorliegt, kann das platzsparende logische Übergangslogging angewendet werden.
- Bei einem katastrophalen Fehler, bei dem die Log-Daten zerstört wurden, ist die Wahrscheinlichkeit, mit Hilfe der Schattenspeicher einen „brauchbaren" Zustand der Datenbank (auf dem das DBS weiterarbeiten kann) zu rekonstruieren, sehr viel größer als bei direkt modifizierten, aber zum Zeitpunkt des Fehlers undefinierten Datenbankseiten.

In einem Erfahrungsbericht über System R wird in [CHAM81a] ausgeführt, daß der Schattenspeicher-Mechanismus einige Eigenschaften besitzt, die sich nachteiliger auswirken, als bei seinem Entwurf erwartet wurde:

- Seine dynamische Blockzuordnung steht im Konflikt mit der Clusterbildung von logisch zusammengehörigen Seiten auf Externspeichern zur Minimierung der Zugriffszeit. Zwar bleibt die Clustereigenschaft von Sätzen innerhalb einer Seite erhalten, aber die zusammengehörigen Seiten werden weit verstreut. Als Folge steigen bei der sequentiellen Verarbeitung die Zugriffsbewegungszeiten.
- Bei großen Datenbanken werden die Hilfsstrukturen (Seitentabellen V und Bittabellen M) so speicherplatzaufwendig, daß sie nicht mehr in den Hauptspeicher

passen. Sie müssen in Blöcke zerlegt werden, die durch einen eigenen Ersetzungsalgorithmus in einem speziellen Puffer zu verwalten sind. Diese Notwendigkeit führt zu einer Erhöhung der E/A-Vorgänge und einer Steigerung der Systemkomplexität.
- Die periodischen Sicherungspunkte erzwingen das Ausschreiben aller geänderten Seiten und der Hilfsstrukturen aus den Puffern und bereiten das nächste Sicherungsintervall vor. Dabei ist ein beträchtlicher Anteil an CPU-Zeit und E/A-Aktivität aufzuwenden, so daß der interaktive DB-Betrieb für mehrere Sekunden ruht. Als Folge davon treten ungewöhnlich lange Antwortzeiten auf.
- Für die Doppelt-Belegung von geänderten Seiten zwischen zwei Sicherungspunkten muß zusätzlicher Speicherplatz aufgewendet werden. Diese Speicherkapazität begrenzt die Länge von Sicherungsintervallen.

Zur Vermeidung einiger dieser Nachteile wurde in [REUT80b] ein hardwaregestützter Schattenspeicheralgorithmus vorgeschlagen. Ganz allgemein jedoch deuten die bei der Auswertung von System R gemachten Beobachtungen darauf hin, daß vor allem bei großen Datenbanken ein Speichersystem auf der Basis des Schattenspeicher-Verfahrens weniger leistungsfähig ist als eine direkte Einbringstrategie unter Anwendung des WAL-Prinzips. Zwar werden beide Konzepte als gangbare Lösungen, auf denen ein Recovery-System aufsetzen kann, gewürdigt, doch wird in [GRAY81a] unterstrichen, daß die Stärken des Schattenspeicher-Konzeptes bei kleinen Datenbanken ($\leq$ 10MB) liegen, während bei solchen mit mehr als 100 MB auf jeden Fall direktes Einbringen günstiger ist.

3.3.4.4 Zusatzdatei-Konzept

Die indirekte Einbringstrategie mit Hilfe des Zusatzdatei-Konzeptes sieht vor, daß jede geänderte Seite erst in eine spezielle Zusatzdatei (differential file [SEVE76a]) geschrieben wird, bevor sie zu bestimmten Zeitpunkten (Sicherungspunkten) entgültig in die Datenbank übernommen wird. Dieses Prinzip ist analog zu einer Fehlerliste bei Büchern, in der erst einmal eine Reihe von Änderungen gesammelt werden, bevor sie auf einmal bei einer Neuauflage berücksichtigt werden.

Beim Einbringvorgang müssen die Seiten zuerst in der Zusatzdatei stehen, bevor sie in die Datenbank zurückgeschrieben werden können. Das bedeutet in der Regel einen sehr hohen E/A-Aufwand zum Sicherungspunkt. Falls eine geänderte Seite nicht mehr im Systempuffer steht, ist sie erneut einzulesen, nur um sie in die Datenbank auszuschreiben (copy in place).

Das Zusatzdatei-Konzept bietet den Vorteil, daß die Datenbank bei einem Systemfehler selbst in einem konsistenten Zustand bleibt, was die Recovery-Maßnahmen vereinfacht. Ein Systemfehler während der Übernahme geänderter Seiten erzwingt lediglich eine Wiederholung des Kopiervorgangs. Als weiteren konzeptbedingten Vorteil lassen sich die Inhalte der Zusatzdatei in einfacher Weise für inkrementelle Dumps zur Erzeugung von Backup-Kopien ausnutzen.

Bei einer globalen Zusatzdatei für die Änderungen aller Transaktionen ist die Wahl des Sicherungspunktes ein freier Parameter. Beispielsweise kann ein Sicherungspunkt periodisch oder nach einer bestimmten Anzahl von Änderungen erzeugt werden. Da alle Änderungen sofort nach ihrer Freigabe allen Transaktionen zugänglich sein müssen, ist der Aufsuchvorgang so zu erweitern, daß in jedem Fall die jüngste Version einer Seite gefunden wird. In [SEVE76a] und [HÄRD78a] werden verschiedene Zugriffsstrategien für diese Aufgabe vorgeschlagen. Ein erfolgversprechender Lösungsansatz sieht einen auf einer Bitliste und einem Hash-Verfahren basierenden Filter-Algorithmus [BLOO70] vor, der mit geringem Aufwand an Speicherplatz und CPU-Zeit die Zugriffe der Zusatzdatei steuern kann. Wegen der Unschärfe des Hash-Verfahrens durch das Auftreten von Doppelbelegungen in der Bitliste liefert er beim Test für eine Seitenanforderung die Aussagen

- Seite ist in der Datenbank
- Seite ist vielleicht in der Zusatzdatei.

Bei einer „Vielleicht"-Antwort ist in der Zusatzdatei zu suchen. Fehlversuche, die bei einer geeigneten Wahl der Verfahrensparameter nicht allzu häufig vorkommen sollten, machen einen zweiten Zugriff auf die Datenbank erforderlich [AGHI82].

Das transaktionsorientierte Zusatzdatei-Konzept ordnet jeder Transaktion eine Zusatzdatei zu, die bei Transaktionsende (EOT) zur Wiederverwendung frei gemacht wird. Als Teil der EOT-Behandlung werden die geänderten Seiten jeder Transaktion separat übernommen (transaktionsorientierte Sicherungspunkte), was wegen der erforderlichen E/A-Vorgänge enorme EOT-Zeiten verursachen kann. Dieses Verfahren erfordert die Verwendung von Seitensperren, da die Änderungen jeder Transaktion isoliert eingebracht werden müssen. Wegen seiner konzeptionellen Einfachheit läßt es sich mit geringem Aufwand implementieren. Das Aufsuchen von geänderten Seiten in der Zusatzdatei ist nur durch die ändernde Transaktion zulässig (exklusive Sperrprotokolle); in diesem Fall läßt sich ein einfaches Auffinden über Sperrtabellen bewerkstelligen. Eine transaktionsorientierte Recovery ist sehr schnell und kommt ohne explizites Logging aus.

3.3.5 Verwaltung des Systempuffers

In einem Datenbanksystem werden die Lese- und Schreibvorgänge aller parallelen Transaktionen über einen Systempuffer abgewickelt. Er besteht aus N im Hauptspeicher angeordneten Pufferrahmen, in denen zu jedem Zeitpunkt bis zu N Datenbankseiten temporär zwischengespeichert sein können. Da alle parallelen Transaktionen um die verfügbaren Pufferrahmen konkurrieren, sind bei der Verwaltung des Systempuffers zur optimalen Abwicklung der Anforderungen eine Reihe von Kontroll- und Zuteilungsaufgaben zu erfüllen. Ähnlich wie in Mehrbenutzer-Rechnersystemen können diese Aufgaben eingeteilt werden in

- Scheduling zur Auswahl und Aktivierung der Transaktionslast
- Speicherverwaltung zur Zuteilung von Pufferrahmen sowie zur Suche und Ersetzung von Seiten
- Lastkontrolle zur Anpassung der Anzahl n der aktiven Transaktionen an das momentane Optimum, das vom jeweiligen Betriebszustand abhängt.

Diese Dispatching-Aufgaben [DENN80b] werden in DBS von verschiedenen Komponenten übernommen. Transaktionsbezogene Aktivierungs- und Überwachungs-

194 Realisierung von operationalen Schnittstellen

aufgaben müssen in höheren Systemebenen (in denen das Objekt „Transaktion" noch bekannt ist) abgewickelt werden. Deshalb werden Scheduling-Funktionen zur Prioritätssteuerung und zur Berücksichtigung von vorgebbaren Charakteristika der Transaktionslast (Bevorzugung kurzer Transaktionen, Vorgabe des Leser/ Schreiber-Verhältnisses) sowie Funktionen zur Lastkontrolle wie beispielsweise zur Verhinderung von unerwünschten Betriebszuständen (Thrashing) durch die Transaktionsverwaltung realisiert; sie sollen hier nicht weiter vertieft werden. Die unmittelbar bei der Speicherverwaltung des Systempuffers anfallenden Aufgaben sind jedoch entsprechend der gewählten Systematik an dieser Stelle zu beschreiben.

Wegen der bereits zitierten „Zugriffslücke" zwischen Hauptspeicher und Externspeicher sind für die Leistungsfähigkeit des gesamten DBS die Verfügbarkeit eines hinreichend großen Systempuffers sowie seine Verwaltung und Wartung durch geeignete Such- und Ersetzungsalgorithmen von entscheidender Bedeutung. Die erforderliche Größe des Systempuffers hängt in hohem Maße von der Art und dem Grad der Parallelität der beabsichtigten Anwendungen ab. Sie läßt sich als Parameter zur Ladezeit des DBS festlegen; in existierenden Systemen schwankt seine Größe etwa zwischen 20 K und 12 M Bytes. Im allgemeinen Fall ist der zur Verfügung stehende Systempuffer sehr viel kleiner als die Datenbank, so daß er immer nur einen Bruchteil der Datenbankseiten aufnehmen kann. Um ein befriedigendes Laufzeitverhalten zu gewährleisten, muß die Systempufferverwaltung auf eine möglichst große Reduktion der physischen E/A-Vorgänge abzielen, d.h., sie muß versuchen, häufig benutzte Datenbankseiten im Systempuffer zu halten.

3.3.5.1 Allgemeine Arbeitsweise

Die Komponenten höherer Systemschichten, die im Sinne der Benutzt-Hierarchie Anforderungen an die Systempufferverwaltung stellen, beziehen sich auf seitenstrukturierte Segmente als Adreßräume. Sie sind sich der Seitengrenzen bewußt, ermitteln, um auf ihre benötigten Objekte zugreifen zu können, beispielsweise über Katalog- oder Zugriffspfaddaten die entsprechenden Seitennummern und fordern die zugehörigen Seiten explizit an. Dabei ist zu spezifizieren, ob die Seite nur gelesen oder auch geändert werden soll. Im Falle einer Änderungsanforderung bekommt die Seite in ihren Verwaltungsdaten (Puffer-Kontrollblock) durch die Pufferverwaltung einen sogenannten Änderungsvermerk. Die Seite wird in einem Rahmen im Systempuffer bereitgestellt und ihre Pufferadresse der rufenden Systemkomponente übergeben. Implizit wird eine sogenannte FIX-Operation mit einem entsprechenden Vermerk im Puffer-Kontrollblock durchgeführt, um zu gewährleisten, daß die Seite für die Dauer der Bearbeitung (Fix-Phase) im zugewiesenen Pufferrahmen bleibt und Operationen durch direkte Adressierung im Hautspeicher ausgeführt werden können. Nach Beendigung der Bearbeitung wird die Seite explizit durch die anfordernde Systemkomponente freigegeben (UNFIX-Operation); von diesem Zeitpunkt an kann sie wieder zur Ersetzung ausgewählt werden.

Eine solche Seitenanforderung wird als logische Seitenreferenz bezeichnet. Bei der aktuellen Bereitstellung durch die Pufferverwaltung können die beiden folgenden Fälle unterschieden werden:

- Die benötigte Seite ist bereits im Puffer vorhanden. Es ist nur ein sehr geringer CPU-Aufwand (~100 Instruktionen) erforderlich, um
  - sie zu lokalisieren
  - die FIX-Operation durchzuführen
  - Wartungsoperationen in den Puffer-Kontrollblöcken abzuwickeln
  - ihre Pufferadresse an die rufende Systemkomponente zu übergeben.
- Die benötigte Seite ist nicht im Puffer. In diesem Fall führt die logische Seitenreferenz auch zu einer physischen Seitenreferenz. Nach einer erfolglosen Suche im Puffer muß sie durch eine physische E/A-Operation über die Speicherverwaltung vom Externspeicher geholt werden. Da in der Regel kein Rahmen für die neue Seite im Systempuffer frei ist, muß der Pufferverwalter vorher eine im Puffer befindliche Seite zum Ersetzen auswählen. Besitzt diese Seite einen Änderungsvermerk, muß sie auf den Externspeicher zurückgeschrieben werden, bevor die neue Seite gelesen und bereitgestellt werden kann. Es sind also ggf. zwei physische E/A-Vorgänge erforderlich. Dabei fällt für jede physische E/A-Operation ein beträchtlicher CPU-Aufwand (~2500 Instruktionen) und ein durch den Externspeichertyp vorgegebener Zugriffszeitaufwand (~25-50 ms) an.

Die zeitliche Folge der logischen Seitenanforderungen aller parallelen Transaktionen (innerhalb eines bestimmten Zeitabschnitts) bezeichnet man als logische Seitenreferenzstrings. Sie beschreiben das aktuelle Zugriffsverhalten des Datenbanksystems, das stark von der Art der Anforderungen und der Parallelität der aktiven Transaktionen (Transaktionsmix) geprägt wird. Außerdem haben auch die Speicherungs- und Zugriffspfadstrukturen der Datenbank einen wesentlichen Einfluß auf das logische Referenzverhalten [EFFE84b]. Beispielsweise werden sehr viele DB-Zugriffe über wenige ausgezeichnete Seiten wie Adreßumsetztabellen, Freispeichertabellen, Seiten (Wurzel) in B*-Bäumen etc. abgewickelt, so daß diese Seitenreferenzen einen erheblichen Anteil der insgesamt benötigten Anforderungen ausmachen und einen gewissen Grad an Lokalität aufweisen. Da die Art der Zugriffe durch die Transaktionen und die dafür benutzten Zugriffspfade wesentlich die Charakteristika der logischen Seitenreferenzstrings bestimmen, ergibt sich eine Abhängigkeit dieser Charakteristika sowohl von dem durch das DBS unterstützten Datenmodell als auch von seiner konkreten Implementierung (Zugriffspfade und Speicherungsstrukturen).

Nicht jede logische Seitenreferenz führt zu einer physischen Seitenreferenz, aber jeder physischen geht eine logische voraus. Im Gegensatz zu logischen Seitenreferenzstrings werden physische Seitenreferenzstrings – neben der vorgegebenen Größe des Systempuffers – durch die Wahl der Seitenersetzungsstrategie in erheblichem Maße beeinflußt. Ein logischer Seitenreferenzstring kann bei unterschiedlichen Ersetzungsstrategien ganz unterschiedliche physische Referenzstrings zur Folge haben. Wegen der hohen Kosten physischer Seitenreferenzen ist die Optimierung der Seitenersetzungsstrategie im Systempuffer von entscheidender Bedeutung. Ihr Ziel ist die Minimierung der Anzahl physischer Zugriffe für charakteristische logische Seitenreferenzstrings des DBS. Da ihre Eigenschaften stark vom konkreten DBS abhängen, ist die Optimierung der Ersetzung notwendigerweise zugeschnitten auf das vorgegebene System; sie muß detaillierte Kenntnisse über die Charakteristika (Lokalität etc.) der logischen Referenzstrings berücksichtigen. Deshalb können hier nur in systematischer Weise die möglichen Lösungswege und einige allgemeine Grundsätze zur Optimierung der Systempufferverwaltung skizziert werden. Wir unterscheiden dabei die Funktionen Suchen einer Seite, Zuteilung von Speicher (Rahmen) und Ersetzung einer Seite.

3.3.5.2 Auffinden einer Seite

Bei jeder logischen Seitenreferenz hat der Pufferverwalter zunächst festzustellen, ob die angeforderte Seite sich bereits im Systempuffer befindet. Da ein solches Ereignis extrem häufig auftritt, muß eine sehr effiziente Suchstrategie eingesetzt werden. Die dabei möglichen Suchverfahren lassen sich gemäß Bild 3.10 klassifizieren [EFFE84a]. Die direkte Suche erstreckt sich auf alle Rahmen des Puffers. In sequentieller Reihenfolge ist jeweils die Verwaltungsinformation einer Seite – im sogenannten Seitenkopf zu überprüfen, ob eine vorhandene mit der angeforderten Seite übereinstimmt. Da keine Einschränkungen über die Zuordnung von Seiten zu Rahmen eingeführt werden, sind im Erfolgsfall durchschnittlich die Hälfte, bei Mißerfolg alle Rahmen zu durchsuchen. Dieser Aufwand ist vor allem bei großen Puffern nicht zu unterschätzen. Bei Anordnung des Systempuffers in einem virtuellen Adreßraum kann diese Suchstrategie eine Reihe von Fehlseitenbedingungen hervorrufen, da bei der Suche eine große Anzahl weit auseinander liegender Speicherbereiche berührt wird. Dieser verborgene Zusatzaufwand für Paging, der den eigentlichen Suchaufwand um Größenordnungen übersteigt, stellt das entscheidende Argument dar, zumindest in virtuellen Systemumgebungen eine verbesserte Suchstrategie (mit hoher Lokalität) zu verwenden.

Wird die Verwaltungsinformation des Puffers getrennt von den Seiten abgespeichert, so sind vielfältige Techniken zu ihrer effizienten Darstellung denkbar. Eine Zuordnungstabelle, die für jede Seite der Datenbank anzeigt, ob und wo sich die Seite im Puffer befindet, läßt sich sicher nur bei sehr kleinen Datenbanken anwenden, da D Einträge (D = DB-Größe in Seiten) verwaltet werden müssen.

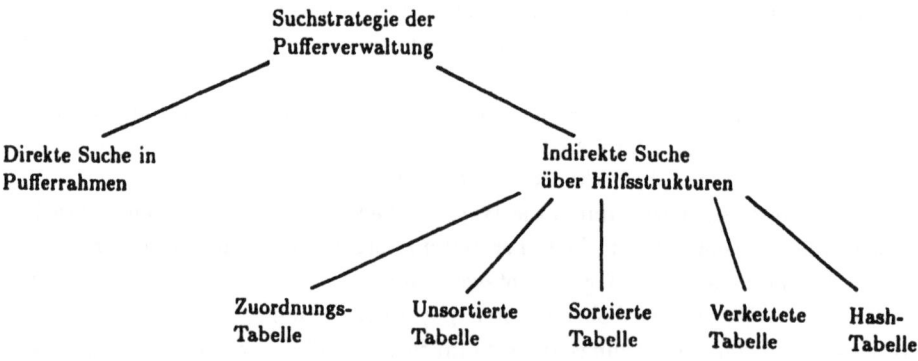

Bild 3.10 Klassifikation von Suchstrategien für die Pufferverwaltung

Alle anderen Tabellen benötigen nur N Einträge für einen Puffer der Größe N (unabhängig von D). Sortierte und unsortierte Tabellen erfordern im Durchschnitt N/2 sequentielle Zugriffe bei einer erfolgreichen Suche. Die sortierte Tabelle reduziert die Anzahl der Zugriffe von N auf N/2 bei einer erfolglosen Suche und erlaubt den Einsatz von binären Suchverfahren; sie erfordert jedoch einen wesentlich höheren Wartungsaufwand. Die Einführung eines Index für die sortierte Tabelle oder ihre Implementierung mit Hilfe eines balancierten Binärbaumes verkürzen die Suche in jedem Fall auf $\log_2 N$ Zugriffe; diese Maßnahmen erhöhen jedoch die Wartungskosten beträchtlich. Falls eine bestimmte Reihenfolge dargestellt werden soll, hat eine Tabelle mit geketteten Einträgen zwei Vorteile gegenüber einer kompakten (sortierten) Tabelle:

- der Änderungsdienst ist weniger aufwendig, da keine Einträge verschoben werden müssen,
- die Kettungsfolge kann dazu benutzt werden, zusätzliche Information darzustellen, beispielsweise eine LRU-Reihenfolge als Ersetzungsinformation für eine LRU-Strategie. Bei hoher Lokalität im Referenzverhalten ergibt sich dadurch auch eine beträchtliche Verbesserung des mittleren Zugriffsaufwandes.

Mit Hilfe von Hash-Verfahren lassen sich Strategien mit sehr geringem Suchaufwand implementieren. Dabei werden alle Seitennummern über eine Hash-Funktion einem Eintrag einer Hash-Tabelle, der Seitennummer (P_i) und Pufferadresse (PA_i) der Seite enthält, zugeordnet. Die Ein-/Auslagerung einer Seite impliziert das Ein-/Austragen eines entsprechenden Verweises in der zugehörigen Hash-Klasse. Die Einträge aller Synonyme werden verkettet, so daß nach erfolglosem Durchsuchen in der Überlaufkette feststeht, daß sich die gesuchte Seite nicht im Puffer befindet. Die Anzahl der Überläufer kann über die Größe der Hash-Tabelle kontrolliert werden. Bei geeigneter Dimensionierung der Hash-Tabelle läßt sich die Anzahl der bei einer logischen Seitenreferenz zu durchsuchenden Einträge im Mittel auf $1 < n < 1.2$ begrenzen. Dieses Verfahren ist schematisch in Bild 3.11 skizziert.

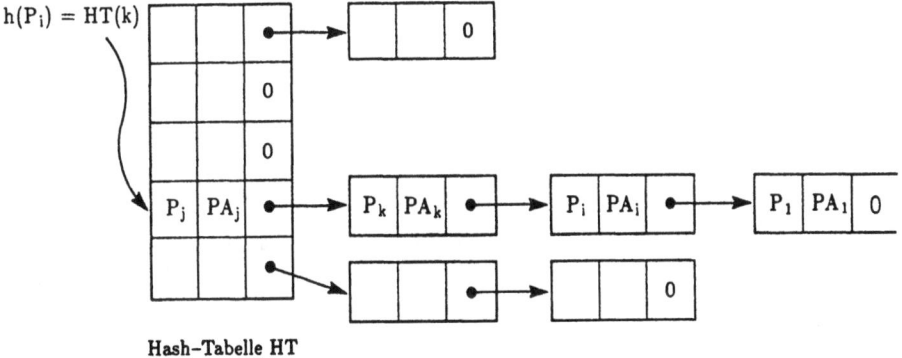

Bild 3.11 Hash-Verfahren zur Abbildung von Seiten in Pufferrahmen

3.3.5.3 Speicherzuteilung im Systempuffer

Die Speicherzuteilungsstrategie hat für jede aktive Transaktion eine Menge von Rahmen zur Aufnahme residenter Seiten zu bestimmen. Sie hat dazu einen Pool von freien bzw. wieder freigegebenen Rahmen zur Verfügung. Das Problem der Speicherzuteilung kann in erster Näherung mit der Zuteilung von Rahmen in Betriebssystemen mit virtueller Adressierung verglichen werden. Es geht in beiden Fällen um die Verwaltung einer beschränkten Anzahl von Rahmen für den Seitenzugriff mehrerer Benutzer, wobei die Anzahl der E/A-Vorgänge minimiert werden soll, ohne daß die Kosten für einen Benutzer eine vorgegebene Schranke überschreiten. Deshalb können auch die grundsätzlichen Überlegungen aus dem Betriebssystembereich bei der Optimierung der Speicherzuteilung herangezogen werden. Zusätzlich sind jedoch eine Reihe von wesentlichen Unterschieden zu berücksichtigen.

Charakterisierung der Seitenreferenzen

Folgende Eigenschaften der logischen Seitenreferenzen sind in DBS zu beobachten:

a) Da die Datenbankseiten gemeinsam benutzt werden, kann ein Zugriff auf dieselbe Seite im Puffer durch mehrere Benutzer erfolgen.

b) Die Lokalität von Datenbankzugriffen kommt in der Regel nicht durch das Zugriffsverhalten eines Benutzers, sondern durch die gemeinsame Benutzung bestimmter Seiten durch alle Benutzer zustande. Die Zugriffe einzelner Benutzer sind weitgehend sequentiell (inter-transaction locality, intra-transaction sequentiality [RODR76]).

c) Es läßt sich eine Vorhersage der Zugriffswahrscheinlichkeit auf Grund der Zugriffspfad- und Speicherungsstrukturen des DBS machen, da die Zugriffe auf die Datenseiten an die vorhandenen Zugriffspfade gebunden sind. Bestimmte Seiten mit Verwaltungsdaten und Zugriffspfadinformationen haben daher eine wesentlich höhere Wiederbenutzungswahrscheinlichkeit als normale Datenseiten.

Das Referenzverhalten von Datenbankseiten soll beispielhaft anhand einiger Graphiken gezeigt werden. Für die Speicherzuteilung und Seitenersetzung interessieren vor allem die Lokalitätseigenschaften der Referenzstrings, die sich durch LRU-Stacktiefen-Verteilungen besonders anschaulich charakterisieren lassen, weil sie unmittelbar die Wahrscheinlichkeit für das Auffinden einer Seite in einer bestimmten Stacktiefe angeben [SPIR72]. In Bild 3.12 sind zwei Beispiele für solche LRU-Stacktiefen-Verteilungen angegeben, die aus Seitenreferenzstrings einer realen Anwendung auf einem CODASYL-Datenbanksystem mit einem recht komplexen DB-Schema (20 Recordtypen, 20 Settypen) gewonnen wurden. Fall a (MIX40) stellt eine änderungsintensive Last mit relativ hoher Lokalität dar, während Fall b (MIX50) einen Transaktionsmix mit vielen langen, sequentiellen Lesetransaktionen und nur einem geringen Anteil an Änderungstransaktionen zeigt. In beiden Fällen war die maximale Parallelität auf 8 Transaktionen beschränkt [EFFE84a].

Abweichend von Messungen des Referenzverhaltens von Programmen [SPIR72] findet man in DBS die größte Referenzwahrscheinlichkeit nicht in Stacktiefe 1, da in

Systempufferverwaltung eines Datenbanksystems 199

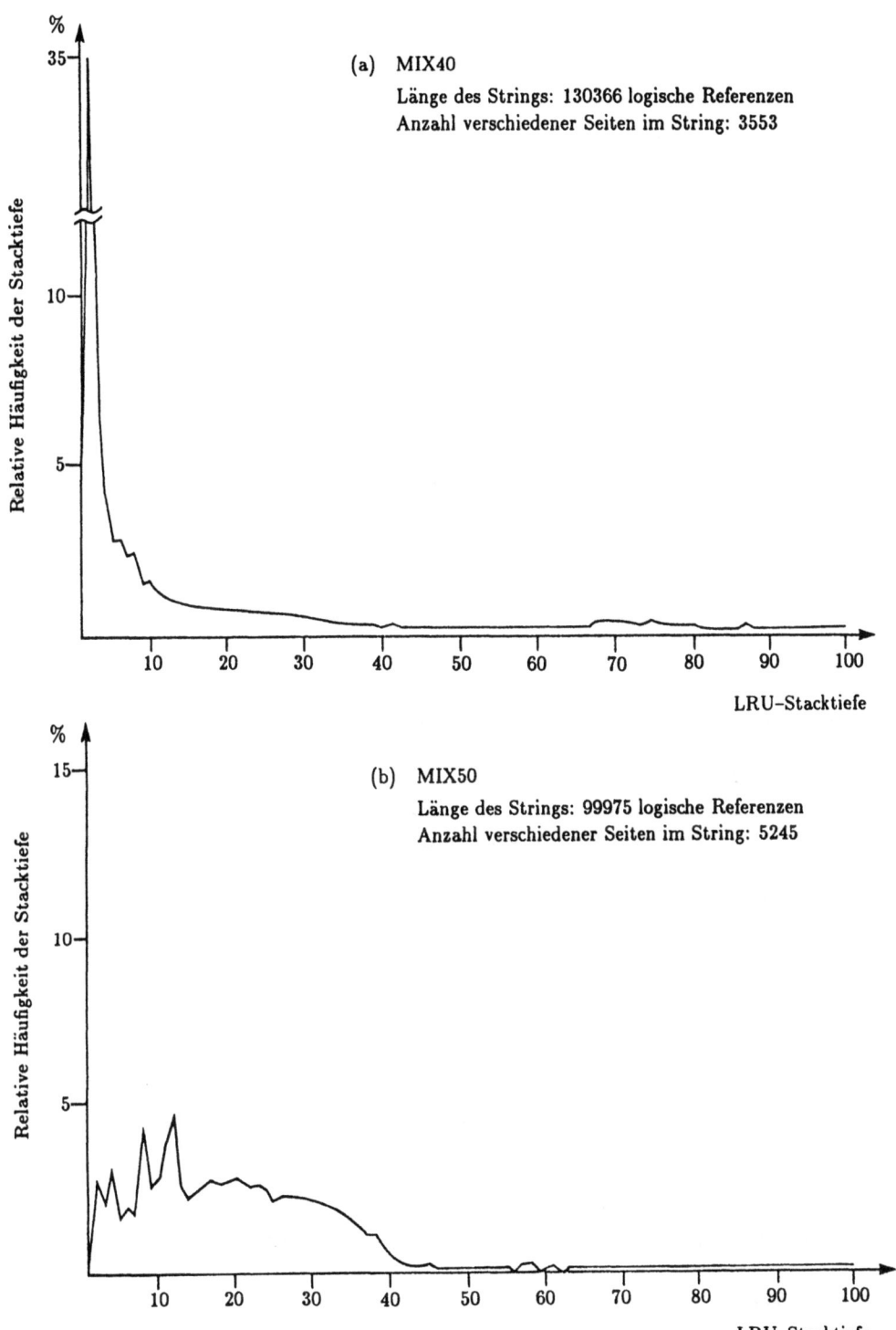

Bild 3.12 LRU-Stacktiefen-Verteilungen von zwei verschiedenen Referenzstrings

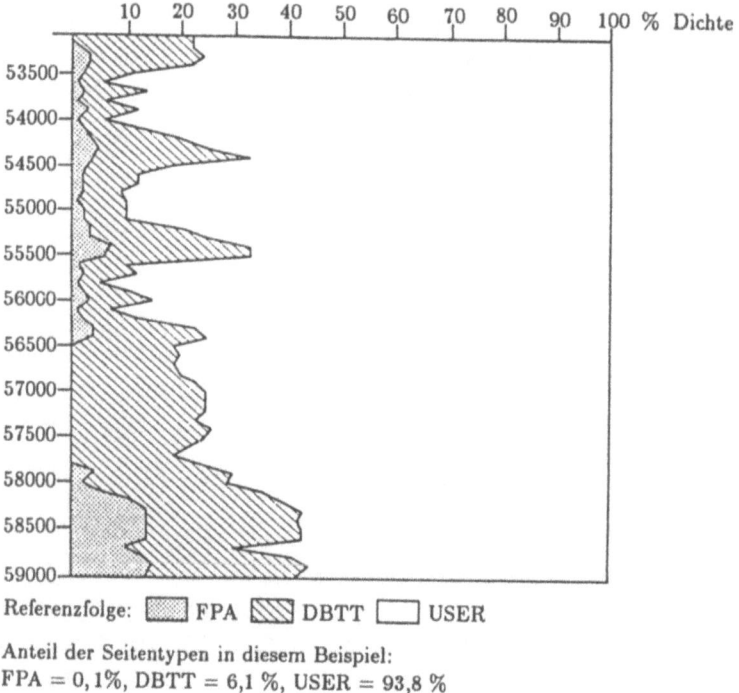

Bild 3.13 Ausschnitt aus einer Referenzdichte-Kurve (MIX40)

den meisten Fällen DB-Seiten in dieser Stackposition ohnehin einen Fix-Vermerk haben. Auf Grund von Wartezuständen durch Sperren und anderen Ursachen ergeben sich auch erhöhte Wiederbenutzungswahrscheinlichkeiten in größeren Stacktiefen (Fall b). Diese Gründe führen dazu, daß LRU-Stacktiefen-Verteilungen von DBS im Gegensatz zu solchen von Programmen unter virtuellen Betriebssystemen nicht stetig fallend sind, d.h., sie rufen eine signifikante Änderung des Referenzverhaltens hervor.

Eine andere Eigenschaft des Referenzverhaltens soll durch Bild 3.13 veranschaulicht werden. Durch eine sogenannte Referenzdichte-Kurve kann relative Häufigkeit und zeitlicher Verlauf von Referenzen auf Seiten bestimmten Typs dargestellt werden. In der gewählten Graphik wird zwischen Seiten zur Freispeicherverwaltung (FPA), Adreßumsetzung (DBTT) und zur Datenspeicherung (USER) unterschieden. Es fällt auf, daß der vergleichsweise sehr geringe Anteil an FPA- und DBTT-Seiten einen enormen Anteil an Seitenreferenzen auf sich vereinigt und daß dieser Anteil im zeitlichen Verlauf starken Schwankungen unterliegt.

Klassifikation von Speicherzuteilungsstrategien

Bei der Zuteilung des Hauptspeichers durch Betriebssysteme mit virtueller Adressierung werden gewöhnlich lokale und globale Strategien unterschieden. Lokale Strategien ordnen jedem Prozeß für seine benötigten Seiten eine Menge reservierter Hauptspeicherrahmen zu und verwalten diese, ohne das Verhalten paralleler Prozesse einzubeziehen. Falls derartige Strategien bei der Systempufferverwaltung eingesetzt werden sollen, ist eine spezielle Verwaltungsvorschrift für gemeinsam benutzte Seiten vorzusehen, da parallele DB-Transaktionen in höherem Maße auf gemeinsame Seiten zugreifen als Prozesse unter Betriebssystemen (Eigenschaft a). Lokale Strategien können weiter unterteilt werden in solche, die in Abhängigkeit vom aktuellen Bedarf eines Prozesses dynamisch eine Speicherzuteilung vornehmen, und solche, bei denen für die Dauer des Prozesses der einmal zugeteilte Speicherplatz konstant bleibt. Statische Zuteilungsstrategien sehen im einfachsten Fall eine gleichförmige Aufteilung des verfügbaren Hauptspeichers vor; durch prozeßspezifische Anmeldung oder Abschätzung des zu erwartenden Bedarfs lassen sie sich auf eine angepaßte Speicherzuteilung hin erweitern. Globale Strategien teilen die verfügbaren Hauptspeicherrahmen auf alle aktiven Prozesse unter Einbeziehung ihres gesamten Referenzverhaltens auf. Zuteilungs- und Ersetzungsentscheidungen orientieren sich nicht am Verhalten eines einzelnen Prozesses. Dadurch lassen sich die Charakteristika der speziellen Zugriffseigenschaften a und b wirksam einbeziehen. In DBS sind weitere Speicherzuteilungsstrategien denkbar, die eine bessere Anpassung an die Zugriffseigenschaften b und c versprechen. Durch Einführung von Partitionen können Teile des Systempuffers für bestimmte Seitentypen wie Datenseiten, Zugriffspfadseiten, Systemseiten etc. reserviert werden. Bei statischer Zuordnung – durch Parameter für die Dauer einer Arbeitsperiode des DBS beim Laden einstellbar – ist eine Aufteilung in gleichförmige Bereiche wenig effizient. Durch entsprechende Gewichtung lassen sich Zugriffshäufigkeiten und Lokalitätsverhalten bei verschiedenen Seitentypen durch angepaßte Bereiche direkt berücksichtigen. Bei einer dynamischen Zuordnung variieren die Partitionsgrößen in Abhängigkeit vom aktuellen Bedarf an Seiten des entsprechenden Typs. Diese seitentyporientierten Strategien beziehen ihre Zuteilungs- und Ersetzungsentscheidung jeweils auf die betreffende Partition; in diesem Sinne könnten sie auch als globale Verfahren bezeichnet werden. Diese Klassifikation der Speicherzuteilungsstrategien läßt sich durch die in Bild 3.14 dargestellte Skizze anschaulich zusammenfassen.

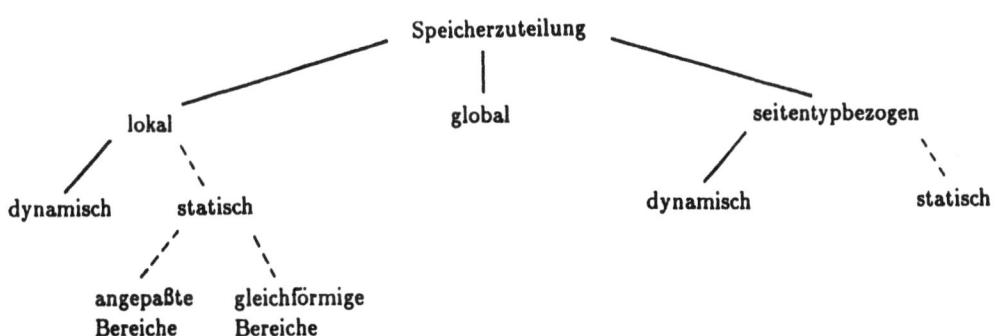

Bild 3.14 Klassifikation der Speicherzuteilungsstrategien bei der Systempufferverwaltung

Insbesondere bei den lokalen Strategien mit der Vergabe von statischen Bereichen gestaltet sich die Aktivierung von Transaktionen sehr einfach. Sobald die erforderliche Menge von Rahmen frei ist, kann eine neue Transaktion gestartet werden. Es handelt sich dabei also um eine Art Preclaiming-Strategie. Eine dynamische Lastkontrolle ist wegen der statischen Betriebsmittelzuteilung weder erforderlich noch möglich. Die Zuteilung fester Partitionen und die daraus resultierende statische Lastkontrolle erweisen sich als sehr ineffizient bei stark wechselnden Lastsituationen, da keine transaktionsübergreifende Anpassung möglich ist. Besonders bei Dialog-Transaktionen mit langen und unbestimmten Wartezeiten für Ein-/Ausgabe ergibt sich offensichtlich eine sehr schlechte Speicherausnutzung. Aus diesen Gründen finden sie in unserer Diskussion keine weitere Berücksichtigung.

Ähnliche Argumente der inflexiblen Lastanpassung gelten bei festen Partitionen auch für die seitentypbezogenen Strategien. Obwohl sie in verschiedenen DBS (z.B. in SESAM) angewendet werden, sind sie als wenig geeignete Strategien einzustufen. Wir verzichten deshalb auf ihre nähere Betrachtung.

Die verbleibenden Strategien gelten als erfolgversprechend für eine optimale Speicherausnutzung und sollen deshalb – auch in ihrem Zusammenwirken mit Seitenersetzungsstrategien – näher untersucht werden; sie sind in Bild 3.14 durch die gewählte Linierung hervorgehoben. Was die Speicherzuteilung betrifft, so stellt nur die Ermittlung der dynamischen Partitionen bei einer lokalen oder seitentypbezogenen Strategie ein Problem dar. Eine solche Strategie soll in der Lage sein, die Partitionsgröße jeder Transaktion/jedes Seitentyps entsprechend des tatsächlichen Pufferbedarfs dynamisch wachsen und schrumpfen zu lassen. Eine lokale Strategie berücksichtigt nur das aktuelle Referenzverhalten der betreffenden Transaktion. Nach dem Prinzip „jeder Transaktion nach ihrem Bedarf" werden in einer Partition „freiwillig" Rahmen abgegeben, wenn eine Transaktion in einem bestimmten Zeitabschnitt mit weniger Seiten effizient arbeiten kann. Andererseits werden bei zusätzlichem Bedarf freie Rahmen zugeordnet. Bei globalen Strategien steht der gesamte Systempuffer allen aktiven Transaktionen gemeinsam zur Verfügung, ohne daß eine Abschätzung des Pufferbedarfs einer Transaktion in Abhängigkeit von ihrem aktuellen Referenzverhalten in irgendeiner Weise berücksichtigt wird. Einer Transaktion sind zwar zu jedem Zeitpunkt eine variierende Anzahl von Pufferrahmen zugeordnet, doch hängt die Zuteilung nicht allein von ihrem Referenzverhalten, sondern vor allem von dem der parallel ablaufenden Transaktionen ab. Analoges gilt entsprechend für seitentypbezogene Strategien. Bei einer globalen Strategie wird die Zuteilung von Rahmen für einmal aktivierte Transaktionen allein der gewählten Ersetzungsstrategie überlassen.

Alle drei Klassen von Strategien erfordern eine enge Kopplung mit den Scheduling- und Lastkontroll-Funktionen, um die jeweils günstige Anzahl und Zusammensetzung von Transaktionen zu bestimmen und sowohl Unter- als auch Überlastsituationen zu vermeiden.

Bestimmung von variablen Partitionen

Das bekannteste dynamische Speicherzuteilungsverfahren ist die Working-Set-Strategie nach P.J. Denning [DENN68a], die in zahlreichen Betriebssystemen eingesetzt wird. Sie basiert auf dem sogenannten Working-Set-Modell, mit dessen Hilfe Lokalität im Referenzverhalten von Programmen/Transaktionen beschrieben werden kann. Der Working-Set W einer Transaktion ist danach folgendermaßen definiert: $W(t, \tau)$ ist die Menge der Seiten, die von der betrachteten Transaktion innerhalb ihrer letzten τ Referenzen, bezogen auf den Zeitpunkt t, angesprochen worden sind. τ heißt Fenstergröße; $w(t, \tau) = | W(t, \tau) |$ heißt Working-Set-Größe. Als Beispiel möge der in Bild 3.15 aufgezeichnete Referenzstring dienen. Die mittlere Working-Set-Größe $w(\tau)$ einer Transaktion T kann als Maß für die Lokalität ihres Referenzverhaltens herangezogen werden. Je kleiner $w(\tau)$ für T bei festem τ ist, desto häufiger referenzierte T erst kürzlich benötigte Seiten erneut, desto höher war also die Lokalität ihres Referenzverhaltens.

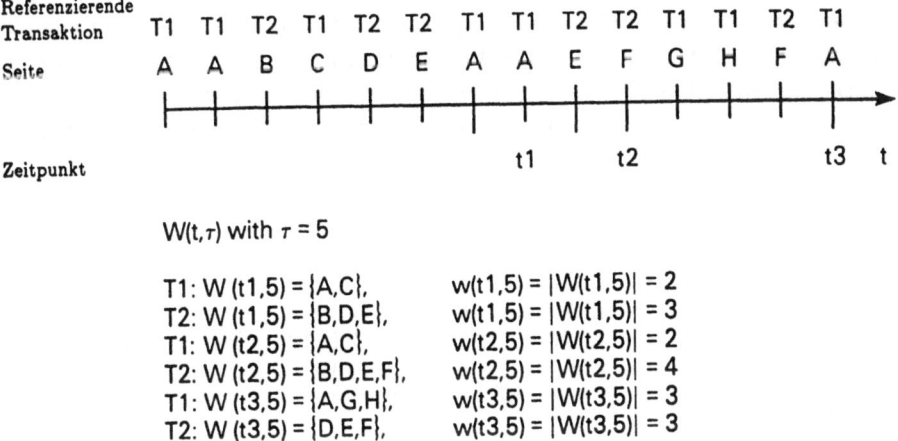

Bild 3.15 Beispiele für Working-Sets

Die WS-Strategie versucht, einer Transaktion T ihren Working-Set zur Verfügung zu halten. Dabei wird angenommen, daß der Working-Set durch geeignete Wahl von τ gerade so groß ist, daß T eine effiziente Bearbeitung ihrer Seiten durchführen kann und daß zum Working-Set von T zum Zeitpunkt t mit großer Wahrscheinlichkeit gerade die Seiten gehören, die auch zum Zeitpunkt (t + Δ t) benötigt werden. In einer Phase hoher Lokalität verkleinert sich der Working-Set von T bei konstanter Fenstergröße τ. Die WS-Strategie beläßt die aus dem Working-Set herausfallenden Seiten nicht der Transaktion T, damit T ggf. noch effizienter ablaufen kann, sondern gibt die Seiten/Pufferrahmen für die erneute Zuteilung frei. Die WS-Strategie strebt eine optimale Speicherzuteilung für alle um den vorgegebenen Speicherplatz konkurrierenden Transaktionen an. Durch transaktionsbezogene Wahl des Parameters τ läßt sich die WS-Strategie weiter verfeinern, so daß zusätzlich eine globale Prioritätssteuerung erzielt werden kann. Sie trifft jeweils die Entscheidung, welche Seiten zu einem bestimmten Zeitpunkt „ersetzbar" und welche „nicht ersetzbar" sind. Sie hält jedoch keine Kriterien zur optimalen Ersetzung von Seiten bereit, da sie nur die Lokalität der Transaktionen innerhalb ihrer Fenstergrößen τ berücksichtigt. Es ist für die WS-Strategie völlig irrelevant, ob eine Seite seit $\tau+1$ oder $\tau+n$ (n > 1) Referenzen nicht mehr angesprochen wurde. Deshalb muß sie (wie jede andere Speicherzuteilungsstrategie) durch ein Seitenersetzungsverfahren ergänzt werden, das die aktuelle Auswahl einer Seite aus der Menge der ersetzbaren Seiten vornimmt. Dazu können alle im nachfolgenden Abschnitt beschriebenen Strategien herangezogen werden.

Die WS-Strategie setzt voraus, daß bei Auftreten einer Fehlseitenbedingung der aktuelle Working-Set der Transaktionen ermittelt werden kann, d.h., es muß feststellbar sein, welche Pufferseiten einer Transaktion innerhalb der letzten τ Referenzen angesprochen wurden. Bei der Implementierung kann diese Anforderung beispielsweise durch transaktionsbezogene Referenzzähler TRZ(T) und seitenbezogene Referenzanzeiger LRZ(T,i) (letzter Referenzzeitpunkt) befriedigt werden. Bei einer logischen Referenz der Seite i durch T wird zunächst TRZ(T) inkrementiert, bevor er nach LRZ(T,i) abgespeichert wird. Ersetzbar sind von allen T zugeordneten Seiten solche, die TRZ(T) − LRZ(T,i) $\geq \tau$ erfüllen. Für den in Bild 3.15 skizzierten Seitenreferenzstring ist dieses Verfahren in Bild 3.16 schematisch dargestellt. Falls gemeinsam benutzte Seiten in mehreren Working-Sets gleichzeitig vorkommen, sind zusätzliche Maßnahmen erforderlich.

Zustand zum Zeitpunkt t_3:   TRZ(T1): 8   TRZ(T2): 6
                               LRZ(T1,A): 8 LRZ(T2,B): 1
                               LRZ(T1,C): 3 LRZ(T2,D): 2   Bei τ = 5 sind die Seiten
                               LRZ(T1,G): 6 LRZ(T2,E): 4   C und B ersetzbar
                               LRZ(T1,H): 7 LRZ(T2,F): 6

Bild 3.16 Zustandsdarstellung bei der WS-Strategie

Eine weitere dynamische Zuteilungsstrategie, die der WS-Strategie sehr verwandt ist, hat als sogenannte Page-Fault-Frequency-Strategie (PFF) weit verbreiteten Einsatz gefunden. Ihre Grundidee ist es, das Intervall zwischen zwei Fehlseitenbedingungen einer Transaktion (oder ihre aktuelle Fehlseitenrate F_{akt}) zur Working-Set-Bestimmung zu verwenden. Durch Vorgabe einer Soll-Fehlseitenrate F kann entschieden werden, ob eine Transaktion zusätzliche Pufferrahmen bekommt (F_{akt} > F) oder einige Seiten abgeben muß (F_{akt} < F). Durch dieses Entscheidungskriterium zur Speicherzuteilung werden variable Partitionen erzeugt. Für die Einzelheiten dieser Strategie und ihrer Implementierung sowie ihrer Beurteilung wird auf die Literatur verwiesen [CHU76, DENN80b].

Obwohl diese dynamischen Zuteilungsstrategien für Transaktionen (Prozesse) entwickelt wurden, gelten für die seitentypbezogene Speicherzuteilung die anlogen Überlegungen. Deshalb können beide Strategien sowohl für die lokale als auch für die seitentypbezogene Speicherzuteilung mit dynamischen Partitionen eingesetzt werden.

3.3.5.4 Ersetzungsstrategien für Seiten

Falls eine logische Seitenreferenz im Systempuffer nicht befriedigt werden kann, muß eine Seite zur Ersetzung ausgewählt werden. Auch diese Problemstellung läßt sich näherungsweise mit der der Seitenersetzung in Betriebssystemen vergleichen. Es sind jedoch einige wichtige Unterschiede zu berücksichtigen. Im virtuellen Speicher eines Betriebssystems ist prinzipiell jede Seite zu jedem Zeitpunkt ersetzbar, da bei jeder Adressierung eine Adreßumsetzung von der Hardware vorgenommen wird. Im Gegensatz dazu sind im Systempuffer wegen der Garantie der Adressierbarkeit Seiten mit Fix-Vermerk von der Ersetzung ausgenommen. Die feste Zuordnung einer Seite zu einem Rahmen während ihrer Fix-Phase wird als eine Seitenreferenz gezählt, obwohl die referenzierende Systemkomponente im allgemeinen n Adressierungen (Maschineninstruktionen) auf dieser Seite ausführt. In Betriebssystemen dagegen wird jede der n Adressierungen als Seitenreferenz gewertet, was ggf. einen erheblichen Einfluß auf die Ersetzungsentscheidung hat. Der Fix-Mechanismus impliziert weiterhin, daß im Systempuffer ausschließlich Rahmen/Seiten fester Länge vorzusehen sind. Da Seiten während ihrer Fix-Phase nicht verschoben werden dürfen, würden bei variablen Seitengrößen erhebliche Fragmentierungsprobleme auftreten. Bei einer einheitlichen Seitengröße läßt sich dagegen der Austausch einer Seite und die Zuordnung der neuen Seite zum freigemachten Rahmen sehr schnell abwickeln.

Der Wirkungsradius der Ersetzungsstrategie ist durch die gewählte Speicherzuteilungsstrategie vorgegeben; er wird jeweils durch Seiten mit Fix-Vermerk zusätzlich eingeengt. Die Ersetzung kann erfolgen

- bei globaler Speicherzuteilung im gesamten Systempuffer
- bei seitentypbezogener und lokaler Speicherzuteilung mit statischen Bereichen in der betreffenden Partition, der die auslösende logische Seitenreferenz zuzuordnen ist
- bei dynamischer Speicherzuteilung in der Menge der ersetzbaren Seiten, also solchen, die momentan zu keinem Working-Set einer Transaktion/eines Seitentyps gehören.

Ersetzungsstrategien lassen sich einteilen in Demand-Paging-Verfahren, die bei Auftreten einer Fehlseitenbedingung genau eine Seite im Puffer durch die angeforderte Seite ersetzen, und in Prepaging-Verfahren, die bei einem Ersetzungsvorgang mehrere Seiten im Puffer austauschen und neben der angeforderten Seite noch weitere Seiten einlesen. Dabei werden meist physisch benachbarte Seiten vom Externspeicher geholt, um das im Vergleich zu m wahlfreien Zugriffen wesentlich günstigere Zugriffszeitverhalten von m sequentiellen Ein-/Ausgabevorgängen bei herkömmlichen Externspeichern (Magnetplatten) auszunutzen. Die Tauglichkeit von Prepaging-Verfahren hängt allein von einer ausgeprägten Sequentialität im Referenzverhalten ab, da im voraus eingelesene, aber nicht referenzierte Seiten nur unnötigen Leseaufwand verursachen und vielleicht Seiten verdrängen, die noch einmal gebraucht werden. In DBS mit hierarchischen Datenstrukturen und darauf zugeschnittenen Speicherungsstrukturen (IMS) kann bei bestimmten Anwendungen ein solches physisch sequentielles Referenzverhalten auftreten, so daß sie ggf.

zur Optimierung von Ersetzungsvorgängen eingesetzt werden können. Wegen ihrer geringen Einsatzbreite verzichten wir auf ihre ausführliche Diskussion und verweisen auf die Literatur [SMIT78, RODR76].

Es sollen nun ausschließlich Demand-Paging-Strategien systematisch klassifiziert und auf ihre Tauglichkeit bei der Systempufferverwaltung hin untersucht werden. Ihr Ziel ist die Minimierung der Fehlseitenrate bei einer vorgegebenen Puffergröße N. Oft wird eine Unterscheidung zwischen realisierbaren und nicht realisierbaren Strategien getroffen. Eine realisierbare Strategie kann bei ihrer Ersetzungsentscheidung keine Kenntnisse über das zukünftige Referenzverhalten heranziehen. Strategien, die das künftige Referenzverhalten ausnutzen, heißen nicht realisierbar. Sie sind zwar nur von theoretischem Interesse, doch gestatten sie die Ableitung einer unteren Schranke für die Fehlseitenrate, die für die Güte und Beurteilung weiterer Optimierungsmaßnahmen von realisierbaren Strategien von großer Wichtigkeit ist. Mit Hilfe des Algorithmus OPT (Belady Optimal [BELA66]), der jeweils diejenige Seite im Puffer ersetzt, deren zeitlicher Abstand bis zur nächsten Referenz maximal ist, und einem Seitenreferenzstring kann sozusagen im Nachhinein die zugehörige untere Schranke der Fehlseitenrate ermittelt werden. Die obere Grenze für die Fehlseitenrate sollte durch die (realisierbare) Strategie RANDOM erreicht werden, falls keine gravierenden Entwurfsfehler bei einer Ersetzungsstrategie aufgetreten sind. Sie nutzt überhaupt keine Kenntnisse des Referenzverhaltens aus und unterstellt, daß alle Seiten im Puffer denselben Erwartungswert für ihre Wiederbenutzung haben. Eingegrenzt durch OPT und RANDOM ergibt sich qualitativ der in Bild 3.17 dargestellte Bereich für die Fehlseitenrate von realisierbaren Strategien in Abhängigkeit von der Puffergröße. Man könnte erwarten, daß sich bei

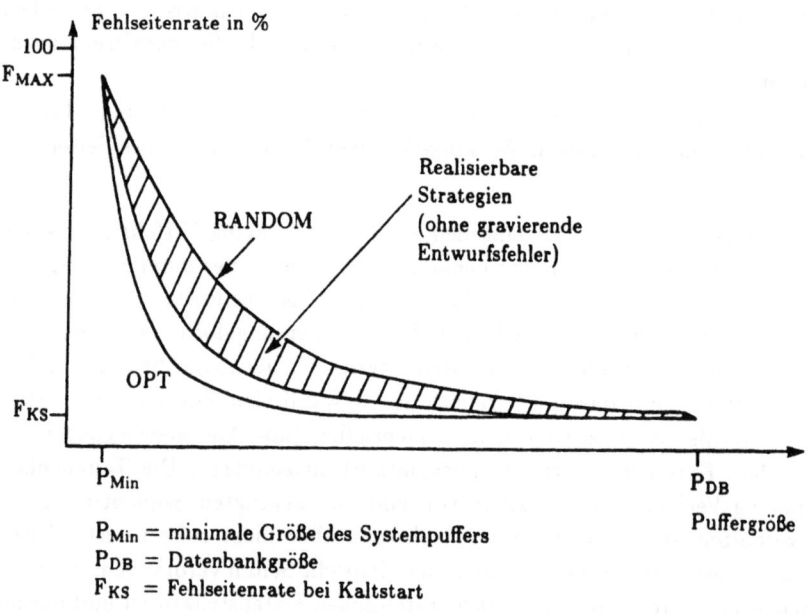

P_{Min} = minimale Größe des Systempuffers
P_{DB} = Datenbankgröße
F_{KS} = Fehlseitenrate bei Kaltstart

Bild 3.17 Eingrenzung der realisierbaren Strategien durch RANDOM und

RANDOM eine lineare Abhängigkeit der Fehlseitenrate F von der Puffergröße P ergibt ($F = 1 - P(1 - F_{KS})/D$). Wegen der Lokalität des Referenzverhaltens tritt jedoch auch bei RANDOM kein linearer Zusammenhang zwischen Fehlseitenrate und Puffergröße auf.

Realisierbare Strategien, die ein besseres Verhalten als RANDOM aufweisen sollten, ersetzen diejenige Seite im Puffer, deren Erwartungswert für ihre Wiederbenutzung minimal ist. Sie müssen dazu Kenntnisse des bisherigen Referenzverhaltens ausnutzen, um auf das zukünftige Verhalten zu extrapolieren. Dabei wird im allgemeinen wegen der in Referenzstrings beobachteten Lokalität davon ausgegangen, daß das jüngste Referenzverhalten ein guter Indikator für die nähere Zukunft ist. Als Bestimmungskriterien dafür und damit als Vorhersagekriterien für das zukünftige Referenzverhalten eignen sich vor allem das Alter und die Referenzen einer Seite im Puffer. Da die meisten Strategien ein oder beide Kriterien bei ihrer Ersetzungsentscheidung heranziehen, lassen sie sich vorteilhaft zu ihrer Klassifikation benutzen. Dabei ist es nützlich zu unterscheiden,

- ob das Alter seit der Einlagerung, seit dem letzten Referenzzeitpunkt oder überhaupt nicht, und
- ob alle Referenzen, die letzte Referenz oder keine

bei der Auswahlentscheidung einer Strategie zum Tragen kommen. Durch Plausibilitätsüberlegungen kann von vornherein festgestellt werden, daß bei Lokalität die ausschließliche Berücksichtigung eines der Kriterien keine optimale Ersetzungsstrategie garantiert.

Die Strategie FIFO (First-In, First-Out) ersetzt diejenige Seite, die am längsten im Puffer ist. Unabhängig von der Referenzhäufigkeit entscheidet allein das Alter einer Seite seit der Einlagerung. FIFO eignet sich deshalb nur bei strikt sequentiellem Zugriffsverhalten. In Bild 3.18b ist ihre Wirkungsweise veranschaulicht. Bei kreisförmiger Anordnung der Seiten verweist ein Zeiger jeweils auf die älteste Seite im Puffer. Bei Auftreten einer Fehlseitenbedingung wird diese Seite ersetzt und der Zeiger auf die nächste Seite fortgeschaltet.

Die Strategie LFU (Least Frequently Used) konzentriert sich ausschließlich auf das zweite Ersetzungskriterium. Sie ersetzt diejenige Seite im Puffer mit der geringsten Referenzhäufigkeit. Dazu müssen die Häufigkeiten der Seitenreferenzen explizit aufgezeichnet werden. Wie in Bild 3.18c gezeigt, wird für jede Seite im Puffer ein Referenzzähler eingeführt, der bei der Seiteneinlagerung mit 1 initialisiert und bei jeder weiteren Seitenreferenz um 1 erhöht wird. Bei einer Ersetzungsanforderung wird die Seite mit dem kleinsten Wert im Referenzzähler ausgewählt; eine Pattsituation ist durch eine Sekundärstrategie aufzulösen. Das Alter einer Seite spielt bei einer solchen strikten LFU-Realisierung überhaupt keine Rolle, sondern ausschließlich die Häufigkeit ihrer Wiederbenutzung, so daß Seiten, die einmal kurzzeitig außerordentlich häufig referenziert wurden, praktisch nicht mehr zu verdrängen sind, selbst wenn sie später nie mehr angefordert werden. Aus diesem Grund verbietet sich die Implementierung von LFU. Durch zusätzliche Maßnahmen, beipielsweise periodisches Herabsetzen der Referenzzähler (Altern), erhöht sich seine Tauglichkeit; es verliert jedoch seine ursprünglichen Charakteristika (siehe LRD).

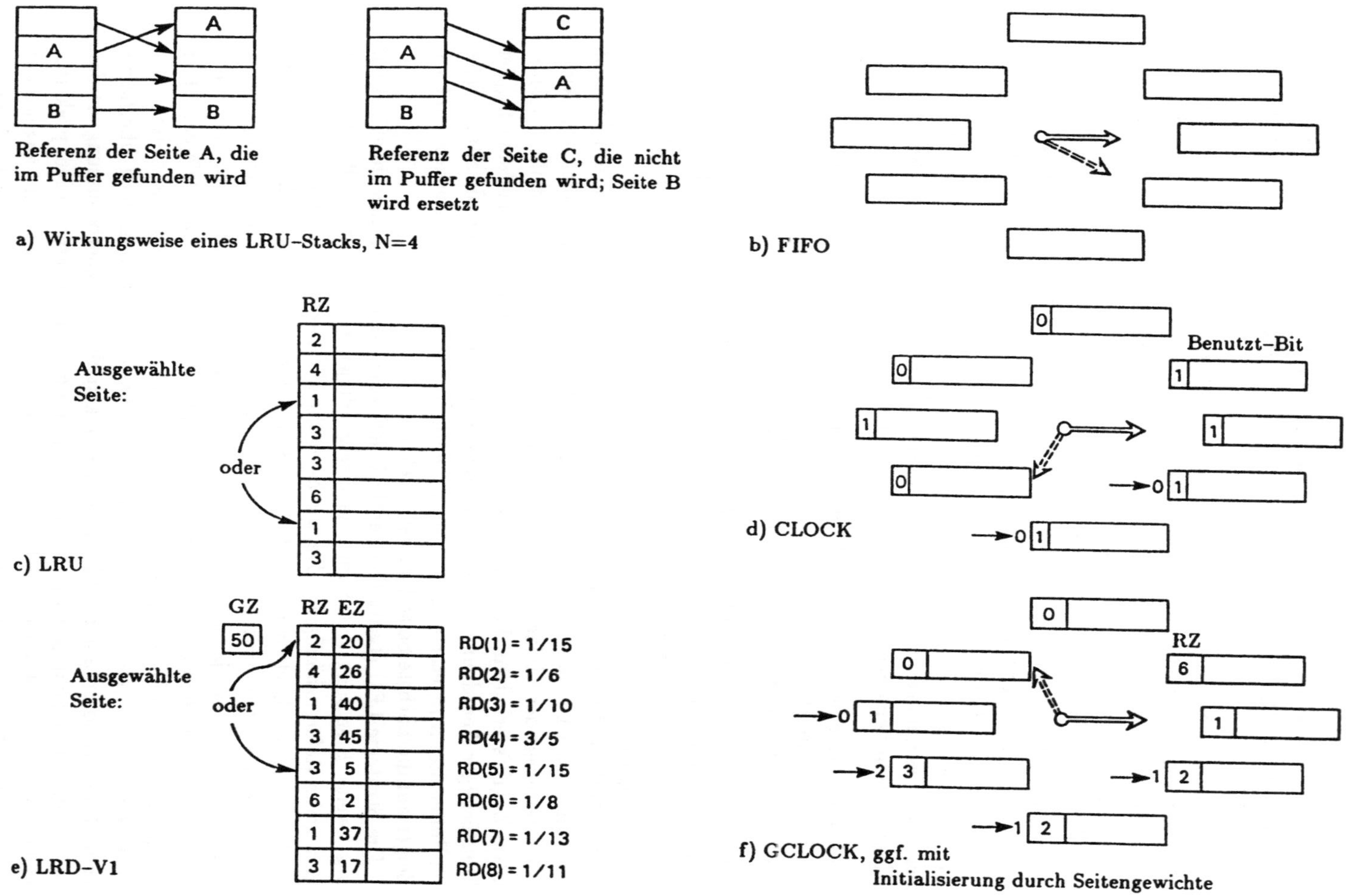

Bild 3.18 Seitenersetzungsalgorithmen - Prinzipdarstellung

Alle weiteren Strategien, die eingeführt werden sollen, berücksichtigen sowohl Alter als auch Referenzen. Am weitesten verbreitet ist die Strategie LRU (Least Recently Used), die diejenige Seite im Puffer ersetzt, die am längsten nicht mehr angesprochen wurde. Wie in Bild 3.18a gezeigt, werden alle residenten Seiten mit Hilfe eines sogenannten LRU-Stacks verwaltet. Eine Seite kommt bei jeder Referenz in die oberste Position des Stack. Bei einer erforderlichen Seitenersetzung wird die Seite in der untersten Position des Stack ausgelagert. Die Ersetzungsentscheidung wird also allein durch das Alter seit der letzten Benutzung und damit auch durch die letzte Referenz bestimmt. Wegen des Fix-Mechanismus kann LRU in DBS in zwei Varianten implementiert werden. Je nachdem, wie das „Used" interpretiert und im LRU-Stack berücksichtigt wird, ergibt sich nach [EFFE84a]

- Least Recently Referenced   oder
- Least Recently Unfixed.

Der Variante, die sich auf den UNFIX-Zeitpunkt bezieht, ist der Vorzug zu geben, da in DBS Fix-Phasen beobachtet wurden, die über Tausende von Referenzen andauerten [EFFE84a]. Deshalb garantiert nur sie die strikte Einhaltung der Grundidee, die am längsten nicht mehr benutzte Seite zu ersetzen. LRU hat sich sowohl in zahlreichen Betriebssystemen als auch bei der Systempufferverwaltung von DBS (z.B. in System R) bewährt.

Der CLOCK-Algorithmus versucht, LRU-Verhalten mit Hilfe einer einfacheren Implementierung zu erreichen. Er kann sehr anschaulich durch Bild 3.18d als Modifikation einer FIFO-Implementierung erklärt werden. Jede Seite besitzt ein Benutzt-Bit, das bei jeder Seitenreferenz auf 1 gesetzt wird. Bei einer Fehlseitenbedingung wird eine zyklische Suche über die Seiten mit Hilfe eines Auswahlzeigers gestartet, wobei das Benutzt-Bit jeder Seite überprüft wird. Falls es auf 1 steht, wird es auf 0 gesetzt, und der Auswahlzeiger wandert zur nächsten Seite. Die erste Seite, deren Benutzt-Bit auf 0 steht, wird zur Ersetzung ausgewählt. Bei dieser Implementierungsform überlebt jede Seite mindestens zwei Zeigerumläufe. Als Variante zur schnelleren Verdrängung von Seiten, die lediglich einmal referenziert werden, bietet sich an, das Benutzt-Bit bei Erstreferenz mit 0 zu initialisieren und nur bei jeder weiteren Referenz auf 1 zu setzen. Der Name CLOCK wird durch die graphische Darstellung in Bild 3.18d verständlich. Eine andere Bezeichnung dieses Algorithmus ist SECOND CHANCE, da eine Seite im Puffer überlebt, falls sie während eines Auswahlzeigerumlaufs erneut referenziert wird. CLOCK wurde nicht als Konzept, sondern direkt als Implementierungsform einer Ersetzungsstrategie entwickelt; deshalb lassen sich seine Ersetzungskriterien nur annähernd mit Alter seit dem letzten Referenzzeitpunkt und letzte Referenz (wie LRU) klassifizieren. In den erzielten Fehlseitenraten stimmt CLOCK oft sehr gut mit LRU überein [SHER76].

Im Gegensatz zu Ersetzungsverfahren in Betriebssystemen, die oft durch Hardware-Einrichtungen direkt unterstützt werden, müssen solche in DBS in allen Einzelheiten softwaretechnisch realisiert werden. Diese Notwendigkeit bietet jedoch größere Freiheitsgrade bei der Wahl und Verknüpfung von Ersetzungskriterien. Im folgenden werden solche komplexeren, in DBS einsetzbaren Ersetzungsstrategien diskutiert.

Durch Kombination der Grundidee von LFU und der Implementierungsform von CLOCK entsteht der GCLOCK-Algorithmus (Generalized CLOCK [SMIT78]) in seiner Grundversion. Das Benutzt-Bit wird ersetzt durch einen Referenzzähler (RZ). Bei einer Fehlseitenbedingung wird eine zyklische Suche mit schrittweisem Herabsetzen der Referenzzähler begonnen, bis der erste Referenzzähler mit dem Wert 0 gefunden wird (Bild 3.18f). Durch diese Vorgehensweise ergibt sich eine wesentliche Verbesserung zur reinen LFU-Strategie. Trotzdem tendiert GCLOCK dazu, häufig die jüngsten Seiten zu ersetzen, unabhängig von ihrer Art und ihrer tatsächlichen Wiederbenutzungswahrscheinlichkeit. Zur Verbesserung dieses unerwünschten Verhaltens besitzt GCLOCK eine Reihe von Freiheitsgraden:

- die Initialisierung des Zählers bei Erstreferenz
- die Inkrementierung des Zählers bei jeder weiteren Referenz
- die Möglichkeit, seitentyp- oder seitenspezifische Maßnahmen zu treffen.

Durch Vergabe von Seitengewichten für die einzelnen Seitentypen T_i (E_i bei Erstreferenz und W_i bei wiederholter Referenz) läßt sich Wissen über die Zugriffspfade des Datenbanksystems und ihre Benutzung in das Ersetzungsverfahren einbringen. Beispielsweise könnten Seiten mit Adreßtabellen, Freispeicherinformation oder Indexstrukturen die Seitengewichte 3,2 und 1 für die Erstreferenz bekommen, während Datenseiten, für die eine Wiederbenutzung mit extrem niedriger Wahrscheinlichkeit unterstellt wird, mit dem Gewicht 0 initialisiert werden. Für die weiteren Referenzen könnten als entsprechende Gewichte 2,1,1 und 1 gewählt werden.

Mit der Idee der seitentypspezifischen Gewichte für Erstreferenz und wiederholte Referenz lassen sich folgende Varianten von GCLOCK angeben, die am Beispiel der Erhöhung des Referenzzählers RZ(j) von Seite S_j vom Typ T_i charakterisiert werden:

V1: - bei Erstreferenz : $RZ(j) = E_i$
 - bei jeder weiteren Referenz : $RZ(j) = RZ(j)+W_i$
V2: - bei Erstreferenz : $RZ(j) = E_i$
 - bei jeder weiteren Referenz : $RZ(j) = W_i$

Wenn für $E_i = 1$ und $W_i = 1$ (für alle i) gewählt werden, geht V2 über in CLOCK, während V1 die Grundversion von GCLOCK darstellt. Insbesondere in V2 ist $W_i \geq E_i$ sinnvoll.

In einer konkreten Implementierung kann GCLOCK durch Erhöhung des Aufwandes weiter verfeinert werden. Durch Protokollierung der Ersetzungshäufigkeiten von „wichtigen" Seiten kann prinzipiell eine dynamische seitenbezogene Gewichtung (DGCLOCK) vorgenommen werden. Um zu hohe Referenzzählerinhalte, die bei Wechsel der Lastcharakteristik viele Seiten unnötig lange im Puffer belassen, zu vermeiden, müssen zusätzliche Maßnahmen wie Vorgabe von Schwellwerten oder periodisches Herabsetzen der Referenzzähler vorgesehen werden.

GCLOCK stellt eine Klasse von Verfahren dar, in der die einzelnen Varianten durch geeignete Wahl der Parameter auf spezielle Anwendungen hin optimiert werden können. Seine Klassifikation ist vor allem wegen der Parametervielfalt und der Implementierungsdetails schwierig und notwendigerweise unscharf.

Bei den bisher diskutierten Verfahren (außer FIFO) wirkte sich das Alter einer Seite höchstens indirekt (über den letzten Referenzzeitpunkt) aus. Es erscheint erfolgsversprechend, Alter und Referenzhäufigkeit direkt in Beziehung zu bringen und als Referenzdichte bei der Ersetzungsentscheidung unmittelbar zu berücksichtigen. Diese Idee läßt sich durch folgenden Algorithmus (in der Grundversion) realisieren:

Ein globaler Zähler (GZ) enthält zu jedem Zeitpunkt die Anzahl aller logischen Referenzen. Für jede Seite wird die Nummer ihrer Erstreferenz gespeichert (EZ), die ihrem Einlagerungszeitpunkt entspricht. Außerdem wird in einem Referenzzähler (RZ) die Häufigkeit ihrer Benutzung festgehalten. Somit kann zu jedem Zeitpunkt die Zeitspanne, in der die Referenzen einer Seite gesammelt wurden, und damit ihre mittlere Referenzdichte (RD) bestimmt werden. Die mittlere Referenzdichte einer Seite S_i ergibt sich dabei zu

$$RD(j) = RZ(j)/(GZ-EZ(j)) \text{ mit } GZ - EZ(j) \geq 1.$$

Bei einer Fehlseitenbedingung wird die Seite mit der kleinsten mittleren Referenzdichte ausgewählt; auch hier sind Patt-Situationen durch eine Sekundärstrategie zu entscheiden. Wir wollen Verfahren dieser Art LRD (Least Reference Density) nennen und das in Bild 3.18e skizzierte LRD-V1.

Bei LRD-V1 unterstellt das Berechnungsverfahren für die Auswahlentscheidung, daß alle Referenzen gleichmäßig seit dem Einlagerungszeitpunkt angefallen sind. Referenzen, die kurzzeitig nach dem Einlagerungszeitpunkt gehäuft auftreten, halten eine Seite ggf. noch ungerechtfertigt lange im Puffer, da die aktuelle Verteilung der Referenzen nicht bekannt ist.

Das Ziel, das Gewicht früherer Referenzen, besonders wenn sie gehäuft aufgetreten sind, bei der Auswahlentscheidung umso deutlicher zu reduzieren, je älter sie sind, läßt sich ohne allzu großen Aufwand durch folgende LRD-Variante (LRD-V2) erreichen. Nach jeweils festen Referenzintervallen geeigneter Größe, die sich über den globalen Referenzzähler GZ feststellen lassen, werden die einzelnen Referenzzähler durch Subtraktion einer Konstanten bzw. Rücksetzen auf einen konstanten Wert oder durch Division herabgesetzt, so daß eine Art periodisches Altern eintritt. Durch diese Vorgehensweise bestimmen die Referenzen im aktuellen Intervall die Referenzdichte in stärkerem Maße als die in früheren Intervallen.

Wie bei jedem Verfahren, das explizit Referenzhäufigkeiten zählt, lassen sich auch hier als Modifikation Seitengewichte bei der Initialisierung und/oder Wiederbenutzung einsetzen, um beispielsweise Zugriffspfadseiten am Anfang oder auf Dauer höhere Überlebenschancen zu geben.

In der Tabelle 3.2 sind die diskutierten Ersetzungsstrategien noch einmal übersichtlich dargestellt und nach der Art der Berücksichtigung von Alter und Referenzen klassifiziert. Die für die Seitenersetzung im Systempuffer in Frage kommenden Verfahren sind herausgehoben. Umfangreiche vergleichende Untersuchungen dieser verschiedenen Verfahren mit Hilfe von realen Seitenreferenzstrings finden sich in [EFFE84a]. Dabei wurden auch die verschiedenen als aussichtsreich cha-

Tabelle 3.2 Klassifikation der Ersetzungsstrategien

Berücksichtigung bei Auswahlentscheidung		Alter		
		nicht	seit letzter Referenz	seit Einlagerung
	Keine	RANDOM		FIFO
Referenzen	Letzte Referenz		LRU CLOCK GCLOCK-V2	
Referenzen	Alle Referenzen	LFU	GCLOCK-V1 DGCLOCK	LRD-V1
			LRD-V2	LRD-V2

rakterisierten Zuteilungsstrategien berücksichtigt. Die globale Speicherzuteilung erwies sich als einfachste Implementierung auch am robustesten. Bei lokaler und seitentypbezogener Speicherzuteilung waren Implementierung und Anwendung der Ersetzungsalgorithmen wegen der starken Abhängigkeiten vom Referenzverhalten sehr komplex und schwierig, ohne deutliche Verbesserungen garantieren zu können.

Es erscheint möglich, in DBS mit mengenorientierter Programmierschnittstelle noch weitere Verbesserungen zu erzielen, wenn die Kontextinformationen der mengenorientierten Anweisungen direkt bei der Systempufferverwaltung berücksichtigt werden [HÄRD80]. In diesem Fall müßten verschiedene Ersetzungsstrategien ggf. transaktionsbezogen eingesetzt werden, um die Seitenersetzung gewissermaßen anweisungsabhängig steuern zu können. Bei einem erkannten sequentiellen Suchvorgang wären dann auch Prepaging-Verfahren vorteilhaft.

Alle Verfahren müssen bei der konkreten Implementierung an die Besonderheiten der Systempuffer-Schnittstelle angepaßt werden, da beispielsweise Seiten, die sich in einer Fix-Phase befinden, nicht zur Ersetzung ausgewählt werden können. Aus Kostengründen empfiehlt es sich auch, geänderte Seiten anders zu behandeln als solche ohne Änderungsvermerk, da der Ersetzungsaufwand bei nur gelesenen Seiten wesentlich geringer ist.

3.3.5.5 Probleme bei der Verwaltung des Systempuffers

Systempufferverwaltung in einer virtuellen Betriebssystemumgebung

Durch die Art der Einbettung des DBS in eine Betriebssystemumgebung, in der es gewöhnlich als normales Anwendungsprogramm behandelt wird, können sich gravierende Auswirkungen auf die Systempufferverwaltung ergeben. Wenn es in einer virtuellen Umgebung abläuft, unterliegen sowohl der Programm-Code als auch der Systempuffer der Seitenersetzung des Betriebssystems, wenn sie nicht durch besondere Maßnahmen resident im Hauptspeicher gehalten werden können. Diese Situation ist für den Systempuffer in Bild 3.19a anschaulich dargestellt. Für die Datenbank, bestehend aus D Seiten, steht in einem virtuellen Adreßraum ein

Systempufferverwaltung eines Datenbanksystems

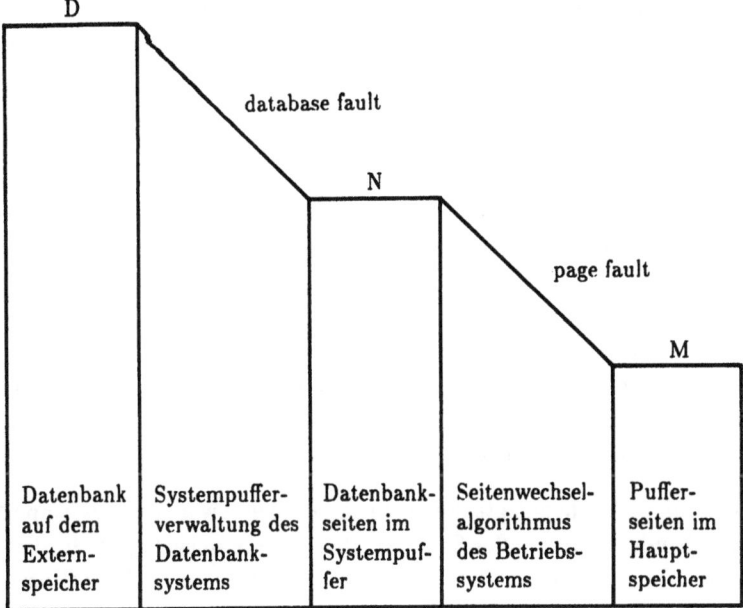

a) logische Zuordnung

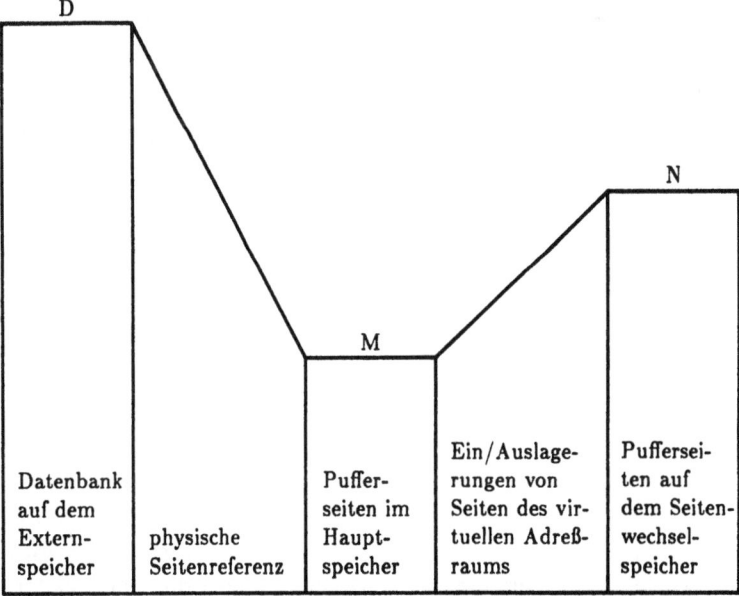

b) Hardware-Realisierung

Bild 3.19 Einbettung des Systempuffers in eine virtuelle Betriebssystemumgebung

Systempuffer von N Seiten zur Verfügung. Für diese Pufferseiten sind im Mittel M Hauptspeicherrahmen verfügbar; ihre Abbildung geschieht durch den Seitenersetzungsalgorithmus des Betriebssystems. Die Verwaltung der Seiten im Systempuffer erfolgt auf Grund des Referenzverhaltens (Seitenanforderungen) der Transaktionslast. Die Seitenersetzung im Hauptspeicher läuft davon unabhängig durch einen Algorithmus des Betriebssystems ab, der Referenzen von Maschinenbefehlen auf Seiten als Entscheidungsgrundlage heranzieht. Die Hardware-Realisierung dieser Einbettung ist in Bild 3.19b skizziert. Gewöhnlich läßt sich eine Seitenersetzung zwischen Hauptspeicher und virtuellem Speicher durch Zuweisung eines schnelleren Speichertyps oder durch Optimierung der Katalog- und Zylinderanordnungen (bei Magnetplatten) mit geringerem Zeitaufwand durchführen als eine Seitenersetzung zwischen Hauptspeicher und Datenbank.

Wird eine Seite, die sich nicht im Hauptspeicher befindet, benötigt, tritt eine Fehlseitenbedingung auf. Die möglichen Fehlseitenbedingungen lassen sich folgendermaßen klassifizieren [SHER76]:

a) *Page Fault*: Die benötigte Seite befindet sich zwar im Systempuffer, die entsprechende Systempuffer-Seite ist aber gerade ausgelagert. In diesem Fall hat das Betriebssystem die referenzierte Seite vom Seitenwechselspeicher einzulesen. Ein Page Fault kann sowohl bei Anordnung einer Seite (logische Referenz) als auch während der Fix-Phase einer Seite auftreten.

b) *Database Fault*: Die benötigte Seite wird nicht im Systempuffer aufgefunden. Die zu ersetzende Pufferseite befindet sich jedoch im Hauptspeicher, so daß sie freigegeben und ggf. zurückgeschrieben und die angeforderte Seite von der Datenbank eingelesen werden kann.

c) *Double Page Fault*: Die benötigte Seite wird nicht im Systempuffer aufgefunden, und die zur Ersetzung ausgewählte Seite befindet sich nicht im Hauptspeicher. In diesem Fall muß zunächst die zu ersetzende Seite durch das Betriebssystem bereitgestellt werden, bevor ihre Freigabe und das Einlesen der angeforderten Seite erfolgen kann.

Werden auf einem Rechner mit Hilfe eines Hypervisors mehrere Betriebssysteme parallel bereitgestellt, wobei jedes Betriebssystem nur über virtuelle Betriebsmittel (Hauptspeicherseiten, E/A-Geräte etc.) verfügen kann, so können bei einer derartigen Einbettung des DBS bei der Systempuffer-Verwaltung auch sogenannte Triple Page Faults auftreten [HÄRD79b].

Die Häufigkeit des Auftretens von Page Faults, Database Faults und Double Page Faults bestimmt in entscheidendem Maße, ob die Systempufferverwaltung zu einem Engpaß des gesamten Systems wird. Bei einem durch die Transaktionslast vorgegebenen logischen Seitenreferenzverhalten hängen die Häufigkeiten der verschiedenen Fehlseitenbedingungen von folgenden wesentlichen Einflußgrößen ab:

- der Größe N des (virtuellen) Systempuffers und der mittleren Anzahl M der verfügbaren Hauptspeicher-Rahmen
- der Ersetzungsstrategie der Systempufferverwaltung des DBS
- der Ersetzungsstrategie der Hauptspeicherverwaltung des Betriebssystems.

Das Zusammenwirken dieser Komponenten ist sehr komplex, so daß die Optimierung der Pufferverwaltung in einer virtuellen Umgebung weitere Probleme aufwirft. Untersuchungen zu ihrer Lösung wurden bisher zu folgenden Fragestellungen publiziert:

- Messungen und Modellbildung von Seitenreferenzstrings von Datenbanksystemen [TUEL76, RODR76, EAST75]
- Auswahl einer optimalen Kombination von bekannten Ersetzungsstrategien für Systempuffer- und Hauptspeicher-Verwaltung [SHER76, BRIC77, FERN78, LANG77b]
- Auswahl der optimalen Größe des Systempuffers für bestimmte Ersetzungsstrategien, Datenbank- und Hauptspeicher-Größen [SHER76, BRIC77].

Verhalten der Systempufferverwaltung bei Überlast

Besonders bei kleinem Systempuffer drohen bei Überlast weitere Gefahren. Da für jede Transaktion zu einem Zeitpunkt mehrere Seiten in der Fix-Phase gehalten werden können, ist es möglich, daß eine Verknappung an Pufferrahmen – ein sogenannter Betriebsmittel-Deadlock – bei der Pufferverwaltung auftritt, d.h., es wird eine zusätzliche Seite angefordert, obwohl momentan alle Seiten mit einem Fix-Vermerk belegt sind und deshalb nicht ersetzt werden können. Eine Lösung dieses Problems besteht darin, die in Bearbeitung befindliche DB-Anweisung einer Transaktion zurückzusetzen und dadurch ihre Seiten frei zu machen.

Mit steigender Anzahl paralleler Transaktionen nimmt bei vorgegebener Puffergröße die Anzahl der verfügbaren Rahmen pro Transaktion ab. Dadurch wächst die relative Häufigkeit von logischen Seitenanforderungen, die zu physischen E/A-Vorgängen führen. Obwohl die Kosten für jeden E/A-Vorgang gleich bleiben, erhöht sich der gesamte Overhead durch die wachsende relative Häufigkeit der Seitenersetzung. Es kann dabei der besonders gravierende Fall des Thrashing (Seitenflattern) eintreten [DENN68b], bei dem durch Verringerung der verfügbaren Seiten pro Transaktion die Häufigkeit der erforderlichen Seitenersetzungen überproportional ansteigt, so daß das System fast keine nützliche Arbeit mehr verrichtet. Zur Begegnung dieser Thrashing-Gefahr werden in der Literatur [FERR76] eine Reihe von Maßnahmen vorgeschlagen. Die Thrashing-Gefahr bei hoher Parallelität läßt sich verringern durch

- Optimierung der Ersetzungsstrategie
- Verringerung der Kosten für eine Seitenersetzung
- Optimierung des Referenzverhaltens von Programmen (Restructuring).

Diese Maßnahmen dienen dazu, den System-Overhead zu reduzieren und dadurch die maximale Anzahl paralleler Transaktionen zu erhöhen, die das System ohne Thrashing-Gefahr bearbeiten kann. Sie gewährleisten jedoch nicht, daß bei weiterer Erhöhung der Parallelität nicht doch das Phänomen des Thrashing auftritt. Thrashing kann deshalb nur durch dynamische Beschränkung der Parallelität sicher verhindert werden. Das setzt voraus, daß Transaktions- und Systempufferverwaltung derart zusammenarbeiten müssen, daß bei Puffermangel keine neuen Transaktionsanforderungen zugelassen werden (memory management and process scheduling must be closely related activities [DENN68a]). Zur Kontrolle der Pufferbelegung und der maximal zulässigen Parallelität läßt sich ein sogenannter Working-Set-Dispatcher [RODR73] einsetzen. Er hat folgende Aufgaben zu erfüllen:

- Es ist der aktuelle Working-Set einer Transaktion zur Vorhersage für die nächste Ausführungsphase zu ermitteln.
- Eine neue Transaktionsanforderung ist nur zuzulassen, wenn ihr Working-Set kleiner als die Anzahl der ungenutzten Pufferrahmen ist.
- Tritt eine Fehlseitenbedingung auf, so wird dafür gesorgt, daß die zu ersetzende Pufferseite nicht aus dem Working-Set einer aktiven Transaktion stammt.

Ein solches Konzept der Zusammenarbeit von Transaktions- und Systempufferverwaltung gewährleistet einen reibungslosen Betrieb des Datenbanksystems ohne Thrashing-Gefahr.

3.4 Realisierung von Speicherungsstrukturen

Die nächsthöhere Abbildungsschicht hat an ihrer Schnittstelle die Speicherungsstrukturen für die verschiedenen Objekte des DBS zur Verfügung zu stellen. Als zugehörige Operatoren sind Anweisungen der Art „Speichere Ausprägung vom Satztyp X" oder „Aktualisiere B*-Baum mit Eintrag Y" anzubieten. Die zur Realisierung der Speicherungsstrukturen anfallenden Aufgaben lassen sich gewöhnlich gut separieren und so verschiedenen Komponenten dieser Abbildungsschicht zuordnen:

- der Record-Manager ist verantwortlich für Abbildung und Kontrolle der physischen Datensätze
- die Zugriffspfadverwaltung übernimmt Implementierung und Aktualisierung von spezifizierten Zugriffspfaden.

Für diese Systemkomponenten sind die bereits eingeführten Segmente und Seiten mit den entsprechenden Operatoren primitive Objekte. Die Moduln dieser Komponenten beziehen sich auf Segmente mit sichtbaren Seitengrenzen, die seitenweise auf Anforderung im Systempuffer bereitgestellt und freigegeben werden. Alle Objekte in den Seiten werden durch die Moduln dieser Schicht gespeichert und verwaltet.

3.4.1 Freispeicherverwaltung und Satzadressierung

Bevor wir die Speicherungsstrukturen und die zugehörigen Implementierungstechniken im einzelnen diskutieren, sollen die zu ihrer Abbildung wichtigsten Hilfsfunktionen und -strukturen kurz dargestellt werden. Beim Einspeichern eines neuen Satzes oder Eintrags in einen Zugriffspfad ist zunächst genügend freier Speicherplatz aufzufinden. Außerdem muß der neu gespeicherte Satz über alle für den entsprechenden Satztyp definierten Zugriffspfade erreichbar sein; d.h., es ist eine Verknüpfung von Zugriffspfad und Satz mit Hilfe einer hinreichend flexiblen Adressierungstechnik vorzusehen.

Durch die Freispeicherverwaltung sollen einerseits auf eine entsprechende Speicheranforderung hin eine Seite des Segmentes mit genügend freiem Speicherplatz und andererseits die freien Bereiche innerhalb einer Seite lokalisiert werden. Dazu wird auf Segmentebene eine Freispeichertabelle F verwaltet, die im allgemeinen selbst wiederum mehrere Seiten des Segmentes belegt. In F ist für jede Seite P_i des Segmentes ein Eintrag f_i der Länge L_f reserviert.

Bei einer Seitenlänge L_S und bei L_{SK} belegten Bytes für den Seitenkopf, der beschreibende Informationen über die Seite bereithält, können pro Seite

$$k = \lfloor (L_S - L_{SK})/L_f \rfloor$$

Einträge f_i gespeichert werden, so daß für ein Segment mit s Seiten

$$n = \lceil s/k \rceil$$

Seiten für die Tabelle F belegt sind. Durch Konvention wird F oft den ersten n Seiten des Segmentes zugeordnet. Zur Unterstützung des dynamischen Wachstums eines Segmentes ist eine äquidistante Verteilung der durch F belegten Seiten auf die Seiten $i * k + 1$ (mit $i = 0, 1, 2 ...$) des Segmentes besser geeignet. k läßt sich dabei als Einheit des Zuwachses heranziehen.

Zur exakten Freispeicherverwaltung wird gewöhnlich für jede Seite ein Eintrag von 2 Bytes Länge reserviert. Der Inhalt des i-ten Eintrags f_i von F beschreibt als Binärzahl die momentan verfügbaren freien Bytes der Seite P_i. Da mit jeder Belegung zusätzlichen Speichers in der Seite bei der exakten Freispeicherverwaltung auch der zugehörige Eintrag in f zu ändern ist, kann es vorteilhaft sein, zu einer unscharfen Freispeicherverwaltung überzugehen, zumal die Tabelle F dadurch kompakter wird und E/A-Vorgänge einspart. Für jeden Eintrag f_i wird nur noch 1 Bytes reserviert. Sein binärer Inhalt drückt den verfügbaren Speicherplatz in Vielfachen von $\lceil L_s/256 \rceil$ aus. Bei einer Seitengröße von 4KB wird also f_i in Einheiten von 16 Bytes verwaltet. Dadurch ergeben sich bei kleinen Änderungen in P_i keine Folgeänderungen in F.

Bei der indirekten Seitenadressierung liegt es nahe, die Freispeicherinformation eines Segmentes an die Seitentabelle V anzubinden (Bild 3.20). Aus Gründen des Schreibaufwandes ist diese Lösung vorzuziehen, da mit jeder Seitenänderung P_i auch V(i) zu ändern ist und somit die Änderung von f_i keine Folgekosten erzeugt. Allerdings impliziert dieser Optimierungsvorschlag die Erhöhung der Komplexität der Systempuffer-Schnittstelle, da hierbei auch die Seitentabellen sichtbar sein müssen, um zur Freispeicherinformation zugreifen zu können.

Zur Verwaltung des freien Speichers innerhalb einer Seite ist gewöhnlich im Seitenkopf die genaue Anzahl verfügbarer Bytes sowie der Beginn des freien Bereiches vermerkt. Falls der freie Bereich zusammenhängend verwaltet wird, sind diese Angaben ausreichend. Andernfalls müssen die einzelnen freien Bereiche miteinander verkettet werden. Ihre Belegung kann nach der first-fit- oder best-fit-Strategie erfolgen.

i	j		...	k	...	$i = Adr(B_i)$
f_1	f_2			f_i		

Bild 3.20 Seitentabelle mit Freispeicherinformation

In allen für einen Satz definierten Zugriffspfaden werden Verweise auf den Satz gespeichert, die sein wirksames Auffinden gewährleisten. Für die Implementierung dieser Verweise ist eine Adressierungstechnik zu entwickeln, die

- einen schnellen, möglichst direkten Zugriff auf den Satz bietet
- hinreichend stabil gegen Verschiebungen des Satzes ist, damit seine „geringfügige" Verschiebung keine Lawine an Folgeänderungen in den Zugriffspfaden auslöst
- zu häufiges Reorganisieren vermeidet.

Auch bei der Satzadressierung sind direkte und indirekte Adressierungstechniken zu unterscheiden. Die direkte Adressierung mit Hilfe der relativen Byteadresse (gerechnet vom Segmentanfang) unterstützt zwar den schnellen Zugriff, ist aber nur tragbar, wenn ein Satz immer (bis zur Reorganisation) die einmal zugewiesene Position behält. Sie findet ihren Einsatz bei speziellen Zugriffsmethoden; in einem DBS scheidet sie wegen ihrer Inflexibilität bei Satzverschiebungen aus.

Für den allgemeinen Fall ist bei der Satzadressierung eine Form der Indirektion vorzusehen, die Verschiebungen innerhalb einer Seite ohne Rückwirkungen zuläßt, aber nach Möglichkeit keine weiteren Zugriffskosten einführt. Das sogenannte TID-Konzept (tuple identifier [ASTR76]) weist jedem Satz ein TID, bestehend aus Seitennummer und Index zu einer seiteninternen Tabelle, zu. Die relative Position des Satzes innerhalb der Seite findet sich in dem durch den Index beschriebenen Tabelleneintrag. Auf diese Weise können Sätze durch Wachstums- und Schrumpfungsprozesse bedingt innerhalb der Seite verschoben werden, ohne daß das TID als extern sichtbare Adresse zu ändern ist. Wenn ein Satz aus seiner Hausseite aus Gründen zu starken Anwachsens oder einer Neuaufteilung des Speicherplatzes ausgelagert werden muß, kann sein TID durch eine Überlauftechnik stabil gehalten werden. In der Hausseite wird anstelle des Satzes ein „Stellvertreter-TID" gespeichert, das in der Art eines normalen TID auf den Satz in der neu zugewiesenen Seite zeigt.

In Bild 3.21 ist die Wirkungsweise des TID-Konzeptes skizziert. Durch die Regel, daß ein Überlaufsatz nicht weiter „überlaufen" darf, wird die Überlaufkette auf die Länge 1 beschränkt. Falls ein Überlaufsatz seine zugewiesene Seite wieder verlassen muß, wird zunächst versucht, ihn wieder in seiner Hausseite unterzubringen. Falls nicht genügend Speicherplatz frei ist, erfolgt der neue Überlauf wieder von der Hausseite aus. Jeder Satz ist mit maximal zwei Seitenzugriffen aufzufinden. Bei angenommenen 10% Überlaufsätzen und Gleichverteilung der Satzanforderungen ergibt sich ein Zugriffsfaktor von 1.1. Bei wesentlicher Verschlechterung des Zugriffsfaktors ist eine Reorganisation angebracht. Das günstige Überlaufverhalten

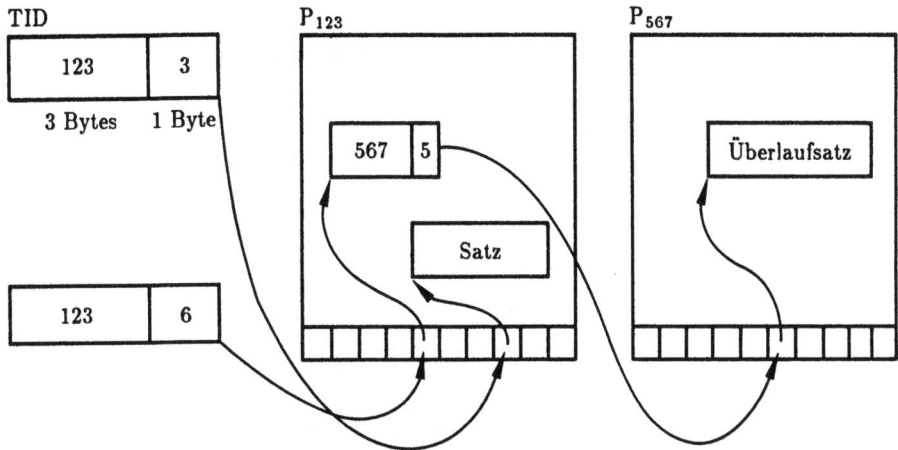

Bild 3.21 Darstellung des TID-Konzeptes

beugt jedoch gegen allzu häufige Reorganisationen vor. Werden die Seiten, in denen sich die Sätze befinden, gesplittet (z.B. beim B*-Baum), ist das TID-Konzept praktisch nicht brauchbar, weil bei jedem Split-Vorgang eine Menge von TID's ungültig werden.

Bei der zweiten Methode zur indirekten Satzadressierung wird die Indirektion explizit über eine Zuordnungstabelle hergestellt. Für jeden Satztyp wird eine solche Tabelle, die auf benachbarten Seiten zusammenhängend anzuordnen ist, verwaltet, in der jede Satzausprägung bei ihrer Speicherung automatisch eine laufende Nummer, die Satzfolgenummer, und damit einen Eintrag zugewiesen bekommt. Die Nummer des Eintrags ist eine logische Satzadresse; die physische Satzadresse, die im Eintrag gespeichert wird, kann völlig unabhängig von ihr verändert werden. Deshalb gibt es bei diesem Konzept auch keine Überlaufprobleme. Eine beliebige Neuzuweisung der physischen Satzadresse berührt die nach außen sichtbare Satzfolgenummer nicht. Verlängert um ein Satztypkennzeichen ergibt jede Satzfolgenummer einen strikt identifizierenden Datenbankschlüssel (data base key). Die physische Satzadresse kann, da auch hierbei die relative Byteadressierung untauglich ist, entweder durch einen Zeiger auf die Seite (PP = page pointer) und einer Indextabelle in der Seite oder ggf. durch einen TID-Mechanismus [HÄRD78a] implementiert werden.

Mit Hilfe dieses Konzeptes läßt sich die Forderung des CODASYL-Vorschlages [CODA78b], den „data base key" eines Satzes unverändert über seine gesamte Lebensdauer zu halten, auf einfache Weise realisieren, da die einmal zugewiesenen Datenbankschlüssel jede Reorganisation der Sätze in den Seiten überdauern. Der zusätzliche Freiheitsgrad dieses Konzeptes wird jedoch teuer erkauft:

- Ausgehend vom Datenbankschlüssel sind zum Auffinden eines Satzes zwei Seitenzugriffe (Zugriffsfaktor 2) erforderlich, die in Abhängigkeit von der Systempufferbelegung – direkte Blockadressierung unterstellt – zwischen 0 und 4 E/A-Vorgänge hervorrufen können.

220 Realisierung von operationalen Schnittstellen

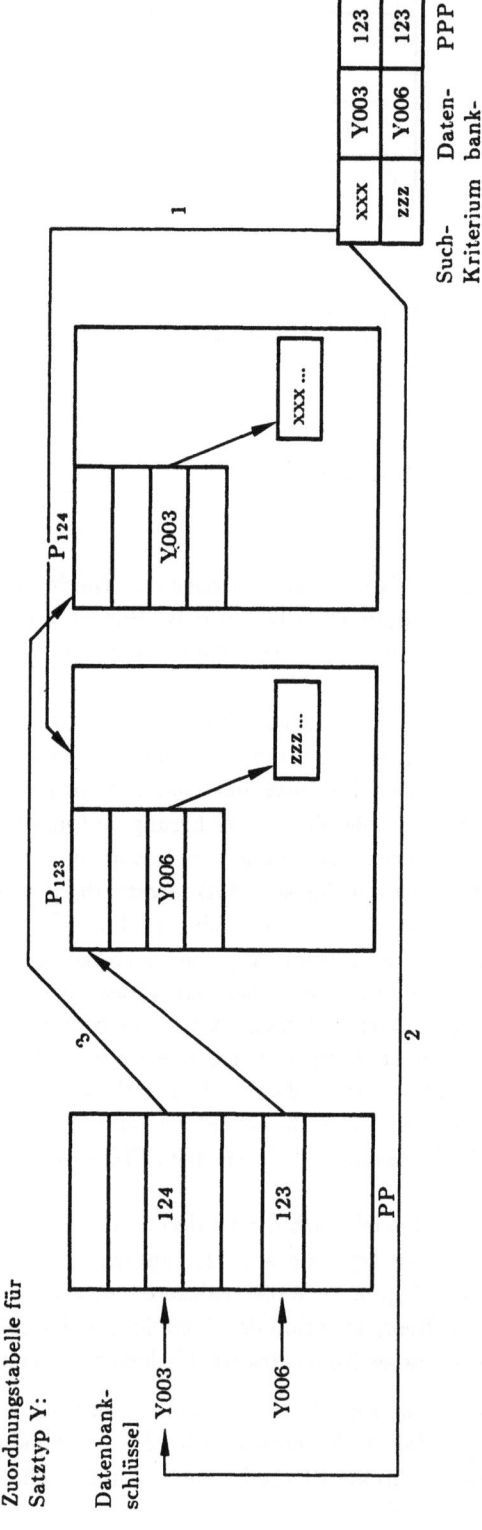

Bild 3.22 Wirkungsweise des PP-PPP-Konzeptes bei der indirekten Adressierung über eine Zuordnungstabelle

- Es ergeben sich durch dieses Konzept vielfältige Folgewirkungen, die in den Synchronisations- und Recovery-Komponenten berücksichtigt werden müssen. Für jeden Satzzugriff sind Satz (Seite) und zugehöriger Tabelleneintrag zu sperren. Das erfordert spezielle Sperrprotokolle und unterschiedliche Sperrgranulate, da die üblicherweise benutzten Seitensperren auf der Zuordnungstabelle nicht zu tolerieren sind. Ebenso sind unterschiedliche Log-Granulate vorzusehen.

Um gegenüber dem TID-Konzept einigermaßen konkurrenzfähig zu sein, muß versucht werden, eine Verbesserung des Zugriffsfaktors 2 zu erreichen. Dies gelingt durch eine spezielle Pointerimplementierung in den Zugriffspfaden durch das sogenannte PPP-Konzept (probable page pointer), führt aber auf einen hohen Zusatzbedarf an Speicherplatz. Die Pointer-Implementierung sieht vor, daß neben dem Datenbankschlüssel die wahrscheinliche physische Satzadresse (PPP) gespeichert ist. Nach dem Einspeichern eines Satzes gilt PP=PPP; durch Satzauslagerungen kann jedoch diese Übereinstimmung verloren gehen (PP≠PPP), da die Modifikation aller PPP's zu nicht vertretbarem Aufwand führen würde. Die Wirkungsweise dieses Konzeptes ist in Bild 3.22 veranschaulicht. Der Zugriff wird wie folgt durchgeführt:

- Zunächst wird über den PPP versucht, den Datensatz (mit bekanntem Datenbankschlüssel) zu finden. Im Erfolgsfall (im Beispiel für Y006) ist nur ein Seitenzugriff erforderlich.
- Wird der Datensatz über den „kurzen Weg" nicht gefunden (PP≠PPP), so ist mit Hilfe des Datenbankschlüssels der „lange Weg" über die Zuordnungstabelle anzutreten, die auf jeden Fall die aktuelle physische Seitenadresse des Satzes enthält (im Beispiel für Y003). In diesem Fall werden 3 Seitenzugriffe durchgeführt.

Unterstellt man wieder 10% ausgelagerte Sätze, so erhält man bei einer Gleichverteilung der Satzanforderungen einen Zugriffsfaktor von 1.2. Trotz des höheren Speicheraufwandes sind bei diesem Adressierungskonzept Reorganisationen in kürzeren Abständen erforderlich, um die Vergleichbarkeit mit dem TID-Konzept zu erhalten.

Durch eine symbolische Adressierung des Satzes erreicht man eine totale Entkopplung von seiner physischen Position. Alle externen Satzreferenzen werden an ein eindeutiges inhaltliches Kriterium (Primärschlüssel) gebunden. In diesem Fall muß nur der Zugriffspfad für den Primärschlüssel direkt zum gespeicherten Satz führen; dabei ist jedoch ggf. ein höherer Zeitaufwand in Kauf zu nehmen als bei einer Zeigeradressierung (siehe Abschnitt 3.4.4).

3.4.2 Abbildung von Datensätzen in Seiten

Der Record-Manager hat die physische Abspeicherung von Datensätzen in Seiten vorzunehmen und die zugehörigen Operationen wie Lesen, Einfügen, Modifizieren oder Löschen eines Satzes bereitzustellen. Bei Aufsuchoperationen wird er durch die Zugriffspfad-Komponente unterstützt. Bei der Abbildung von Datensätzen sollte wiederum aus Gründen der hierarchischen Objektstrukturierung und der wesentlichen Vereinfachung der Systemimplementierung das Funktionalitätsprinzip gewahrt werden. Segmentübergreifende Satztypen und seitenüberlappende Sätze bedingen vor allem hohen Zusatzaufwand bei allen Funktionen der Integritätsüberwachung. So sollten n Satztypen pro Segment definiert und mit allen Ausprägungen gespeichert werden können. Ein Satz sollte jeweils ganz in einer Seite abgelegt sein, was seine Länge auf $L_r \leq L_S - L_{SK}$ beschränkt. Im allgemeinen sind mehrere Sätze verschiedenen Typs – durch ein spezielles Kennzeichen markiert – einer Seite zugeordnet.

Jeder Satztyp besitzt eine Formatbeschreibung, die im Systemkatalog verwaltet wird. Sie setzt sich aus den Beschreibungen der Felder, aus denen der Satz aufgebaut ist, zusammen. Eine Feldbeschreibung besteht aus einer Liste seiner Eigenschaften wie

- Name (meist wird zwischen einem internen Feldnamen und einem externen Attributnamen unterschieden)
- Charakteristik (fest, variabel, multipel)
- Länge (Anzahl Bytes)
- Typ (alpha-numerisch, numerisch, gepackt, binär etc.)
- besondere Methoden bei der Speicherung (Blank- oder Nullenunterdrückung, Zeichenverdichtung, kryptographische Verschlüsselung)
- ggf. Symbol für den undefinierten Wert (falls nicht als System- oder Segmentkonstante global definiert).

Die Formatbeschreibung steuert alle Operationen auf den Sätzen des entsprechenden Satztyps. Ähnlich wie der Einsatz von Maßnahmen zur Blockchiffrierung auf Dateiebene lassen sich auf der Ebene der Speicherungsstrukturen satz- oder feldbezogene Chiffriermethoden [RYSK80] einführen. Die Möglichkeiten und Konsequenzen der Chiffrierung von indexierten Dateien, die wahlfreie Aufsuch- und Änderungsoperationen zulassen, werden in [BAYE77] untersucht. Insbesondere werden dabei spezielle Lösungsvorschläge zur Chiffrierung von Mehrwegbäumen entwickelt. Durch solche Maßnahmen wird in dieser Systemschicht zwar ein höheres Selektionsvermögen erreicht, der benötigte Aufwand ist aber ungleich höher anzusetzen.

Die einfachste Form der Abspeicherung als bloße Konkatenation von Feldwerten fester Länge führt auf Sätze fester Länge. Dabei können die Werte einzelner Felder durchaus in einer Codierung (KL anstelle von Kaiserslautern) fester Länge vorliegen [SCHL83]. Variabel lange Felder und undefinierte Feldwerte müssen in der im Katalog angegebenen (Maximal-)Länge gespeichert werden. Interne Verwaltung und Übergabe an das Anwendungsprogramm läßt sich bei dieser Speicherungsform besonders einfach vollziehen.

Vor allem aus Gründen der Speicherökonomie ist die Speicherung von Sätzen variabler Länge vorzuziehen. Da die Längenangabe für Felder variabler Länge nicht im Katalog entnommen werden kann, ist sie jedem gespeicherten Satz als Strukturinformation mitzugeben. Techniken, die spezielle Trennzeichen oder Präfix-Zeiger für die Satzdarstellung verwenden, besitzen nur geringe Flexibilität [HÄRD78a]. Durch Einbettung der Längenangabe (L) für jedes Feld variabler Länge (V) und Übernahme der Werte fester Länge (F) ergibt sich eine günstigere

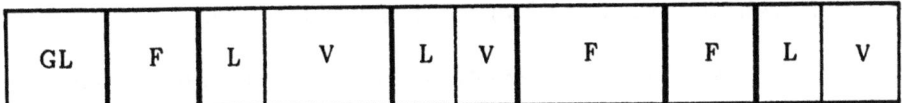

Bild 3.23 Satzdarstellung mit festen und variablen Feldern

Speicherungsform. Mit der Gesamtlänge (GL) als Präfix können undefinierte Werte am Satzende implizit dargestellt und deshalb weggelassen werden. Das läßt sich vorteilhaft für die dynamische Neudefinition von Feldern ausnutzen, da damit keinerlei Modifikation der gespeicherten Sätze verbunden ist und das Auffüllen der neuen Feldwerte späteren Aktualisierungsoperationen auf den einzelnen Sätzen überlassen bleibt (Bild 3.23).

Durch Einführung spezieller Wiederholungskennzeichen und der entsprechenden Spezifikation im Satzformat läßt sich diese Speicherungsform verallgemeinern zur Darstellung von multiplen Feldern, Wiederholungsgruppen und hierarchisch aufgebauten Datensätzen [BATO85].

Die bisher eingeführten Speicherungsformen setzen gleiche Reihenfolge der Felder in allen Sätzen voraus. Durch Mitführen des Feldnamens (in einer internen Form) läßt sich dieser Zwang prinzipiell umgehen [SESA]. Beispielsweise können undefinierte Werte einfach weggelassen werden [BABA77]. Jedoch kann dieser gewonnene Freiheitsgrad im allgemeinen nicht so ausgenutzt werden, daß der Mehraufwand an Speicherplatz ausgeglichen wird.

Sätze lassen sich prinzipiell – als Variation der diskutierten Speicherungsformen – in mehreren durch Zeiger verketteten Partitionen speichern. Wichtige Anwendungen dieser Technik ergeben sich bei sehr langen Sätzen (Hierarchische Sätze [IBMb]), beim Einsatz verschieden schneller Speichermedien oder zur Unterstützung der Clusterbildung, wobei die Partitionsbildung nach Zugriffshäufigkeiten und gemeinsamer Verarbeitung der Felder durch die Benutzer vorzunehmen ist. In der Literatur wird diese Zerlegung von Sätzen bei ihrer Speicherung als sogenanntes Segmentierungsproblem behandelt. Mathematische Modellbildungen zu seiner Lösung finden sich in [MARC77, SCHL83, MARC81, MARC84, NAVA85].

Die zur Verfügung stehenden Optionen des Satzformats bestimmen in hohem Maße den Speicherplatzbedarf. Während feste Satzlängen ggf. nur Feldcodierungen und -chiffrierungen fester Länge ermöglichen, lassen sich bei variablen Satzlängen beliebige Verfahren der Zeichenverdichtung und Kryptographie anwenden. Der dabei anfallende Konversionsaufwand ist im allgemeinen zu vernachlässigen, wie konkrete Meßversuche ergeben haben [STAP80]. Für den praktischen Einsatz sind die zur Komprimierung der Feldwerte bereitgestellten Methoden besonders wichtig. Durch Messungen wurde nachgewiesen, daß sich durch solche Techniken bei der physischen Abspeicherung von Sätzen im Mittel 50% des Speicherplatzes einsparen läßt [ADAB].

3.4.3 Bereitstellung von physischen Zugriffspfaden

Zusammen mit der Festlegung ihrer internen Speicherungsform sind für die Sätze verschiedene Möglichkeiten einzurichten, um sie auf der Ebene der Speicherungsstrukturen möglichst effizient auffinden zu können. Es sind Hilfsstrukturen bereitzustellen, um bei der Anforderung eines Satzes oder einer Menge zusammengehöriger Sätze die sequentielle Suche in allen Seiten des Segmentes zu vermeiden. Diese Zugriffshilfen haben ganz allgemein die recht anschauliche Bezeichnung „Zugriffspfade".

Grundsätzlich ist es möglich, die Zugriffspfadstrukturen in die Speicherungsstrukturen der Sätze einzubetten — etwa durch ihre physische Nachbarschaft oder durch Zeigerverkettung — oder sie vollkommen separat zu speichern und durch eine geeignete Adressierungstechnik auf die zugehörigen Sätze zu verweisen. Bei ihrer separaten Speicherung kann die Verteilung und Zuordnung der Sätze beliebig sein, während im Falle ihrer Einbettung die physische Position der Sätze durch die Charakteristika des betreffenden Zugriffspfades bestimmt und nicht mehr frei wählbar ist. Es gibt in solchen Fällen eine enge Kopplung zwischen den Aufgaben des Record-Managers und der Zugriffspfadverwaltung. In der praktischen Implementierung wird deshalb die Verwaltung und Wartung von Zugriffspfaden, die einen direkten Einfluß auf die Speicherung der Sätze ausüben — etwa bei einer physisch sequentiellen Organisation oder bei Hash-Verfahren zur gestreuten Speicherung —, vollständig durch den Record-Manager übernommen werden. Wir wollen jedoch in unseren Betrachtungen alle wichtigen Methoden nach einem Klassifizierungsschema darstellen und ihre Realisierung und Wartung einer Systemkomponente zuordnen.

Die Zugriffspfadverwaltung eines DBS hat also vor allem alle Aufsuchoperationen in den Speicherungsstrukturen wirksam zu unterstützen. Während auf der Ebene der logischen Zugriffspfade nur ihre abstrakten Funktionen wie

- Unterstützung der sequentiellen (sortierten) Verarbeitung
- direkter Zugriff auf einen Satz bei gegebenem Schlüssel

festgelegt sind, muß auf dieser Ebene die physische Implementierung der Zugriffspfade auf einem linearen Adreßraum erfolgen. Dabei ist bei den Entwurfs- und Implementierungsüberlegungen explizit seine Seitenstruktur zu berücksichtigen, da die Minimierung der Anzahl der Seitenzugriffe wegen ihrer hohen Zugriffskosten bei allen Aufsuchvorgängen die dominierende Rolle spielt. Um in einer konkreten DB-Installation für die verschiedenartigen Zugriffsanforderungen geeignete Zugriffspfade definieren und bereitstellen zu können, ist ein breites Spektrum an Zugriffspfadtypen vorzusehen [SCHK78].

Für die Implementierung von Zugriffspfaden sind vor allem folgende Entwurfsentscheidungen zu treffen [FAGI79b]:

- Spezifikation der externen Struktur zwischen den Seiten: Sie ist in geeigneter Weise festzulegen, damit die Pfadlänge zu allen Sätzen auch bei hohem Änderungsdienst ausgewogen und bei unterschiedlichen Größenordnungen N der Satzmenge möglichst konstant bleibt. Die Anzahl der Seitenzugriffe als

Pfadlänge zu einem Satz sollte auf O(1) oder O($\log_k N$) (k > 100) beschränkt sein.
- Spezifikation der internen Seitenstruktur: Der interne Aufbau bestimmt Belegung und Art des Suchens in der Seite. Von entscheidender Bedeutung ist die Kontrolle des Belegungsfaktors β mit $0 < \beta_{min} \leq \beta \leq 1$. β_{min} soll eine Platzverschwendung durch Unterbelegung vermeiden. Ggf. ist zusätzlich ein $\beta_{min} < \beta_o < 1$ als Ladefaktor zu spezifizieren, damit nach dem Laden ein gewisses Wachstum ohne unerwünschte Ereignisse wie Kollision und Überlauf möglich ist.
- Algorithmen zur Wartung und zum Zugriff: Sie haben bei beliebigem Änderungsdienst die Einhaltung der Beschränkungen des Belegungsfaktors innerhalb einer Seite und die Ausgewogenheit der Struktur zwischen den Seiten zu garantieren. Nach Möglichkeit sollen dabei statische Organisationsschemata, die in gewissen Zeitabständen globale Reorganisationen erfordern, vermieden werden. Vielmehr sind dynamische Restrukturierungen anzustreben, die beispielsweise ein Mischen unterbelegter oder ein Splitten überbelegter Seiten vorsehen. Dabei sollten bei den Modifikationsoperationen jeweils möglichst wenige Seiten betroffen sein. Neben der Optimierung des direkten Zugriffs ist für die Tauglichkeit einer Zugriffspfadstruktur weiterhin von Bedeutung, ob und wie gut sie die sequentielle Verarbeitung aller Sätze eines Satztyps oder den navigierenden (relativen) Zugriff in einer Menge zusammengehöriger Sätze unterstützt.

Die für den Einsatz in einem Datenbanksystem wichtigsten Zugriffspfadstrukturen sollen in knapper Weise eingeführt und mit ihren wesentlichsten Eigenschaften diskutiert werden. Dabei ist es nützlich, drei Klassen von Zugriffspfaden zu unterscheiden:

- Zugriffspfade für Primärschlüssel, die bei gegebenem eindeutigen Schlüssel auf den zugehörigen Satz führen; für ihren praktischen Einsatz ist es oft wichtig, ob sie zusätzlich das Auffinden aller Sätze in Sortierreihenfolge des Primärschlüssels gestatten.
- Zugriffspfade für Sekundärschlüssel, mit denen alle Sätze eines Satztyps mit gleichen Attributwerten für ein oder mehrere Attribute ausgewählt werden können.
- hierarchische Zugriffspfade, die relativ zu einem Satz eines Satztyps (Owner) die nach einer definierten Beziehung zugehörigen Sätze des gleichen oder eines anderen Satztyps (Member) typischerweise durch navigierenden Zugriff aufzusuchen erlauben.

Sätze eines Satztyps sind im allgemeinen über verschiedene Zugriffspfade gleichen oder verschiedenen Typs erreichbar. Sie können zwar nach den entsprechenden Charakteristika aller Zugriffspfade logisch geordnet sein, ihre physische Anordnung kann aber höchstens durch einen Zugriffspfad kontrolliert werden, da Speicherredundanz in den Sätzen nur in Sonderfällen vorteilhaft ist. Aus Performance-Gründen ist bei der physischen Abspeicherung der Sätze nicht ihre totale Regellosigkeit, sondern ihre Anordnung nach einem ausgewählten Zugriffspfad-Kriterium anzustreben, so daß logisch zusammengehörige Sätze auch physisch zusammen abgelegt werden [YU85]. Diese sogenannte Clusterbildung hilft bei der Verarbeitung der Sätze in ihrer „Vorzugsreihenfolge" viele physische E/A-Vorgänge einsparen. Bei 20 - 40 Sätzen pro Seite ist nur für 2.5-5% der logischen Zugriffe ein physischer Zugriff erforderlich, während bei Zugriffspfaden ohne Clusterbildung in der Regel jede Satzanforderung einen physischen E/A-Vorgang provoziert.

Die Möglichkeit der Clusterbildung sollte eine Option für alle Zugriffspfadtypen sein. Die Auswahl des konkreten Zugriffspfads in einer DB-Installation hat nach der wichtigsten Anwendung zu erfolgen [SEVE77]. Folgende Kriterien können für die Clusterbildung ausgewählt werden [HÄRD78a]:

- sortierte Folge aller Sätze nach einem Primärschlüssel
- sortierte Folge aller Sätze nach dem Sekundärschlüssel
- benachbarte Speicherung zusammengehöriger Owner- und Member-Sätze
- zeitliche Ankunftsfolge der Sätze.

Ihre physische Anordnung kann sich dabei auf

- einzelne Seiten
- mehrere benachbarte Seiten, die – ein geeignetes Seitenzuordnungskonzept vorausgesetzt – zusammen in einer Spur oder einem Zylinder der Magnetplatte (physische Cluster) gespeichert werden,
- ein oder mehrere Segmente zur getrennten oder gemeinsamen Zuordnung verschiedener Satztypen (beispielsweise Owner- und Member-Satztyp)

beziehen.

3.4.4 Zugriffspfade für Primärschlüssel

Zugriffspfade, die mit einem eindeutigen Schlüssel als Suchargument das Auffinden des zugehörigen Satzes gestatten, lassen sich nach der Art des eingesetzten Suchverfahrens durch das in Bild 3.24 dargestellte Schema klassifizieren [WEDE76]. Die entsprechenden Speicherungsstrukturen – im eingebetteten Fall für Sätze, bei separater Speicherung der Hilfsdaten für Zeiger – gliedern sich in sequentielle, baumstrukturierte und gestreute Organisationsformen auf. Für die verschiedenen Zugriffsverfahren existieren teilweise sehr viele Vorschläge für unterschiedliche Speicherungsstrukturen, deren Eignung im Hinblick auf ihren Datenbankeinsatz überprüft werden soll. Die wichtigsten Klassen von Speicherungsstrukturen sind in Bild 3.24 den Zugriffsverfahren gegenübergestellt.

3.4.4.1 Sequentielle Speicherungsstrukturen

Alle sequentiellen Organisationsformen sind zugeschnitten auf die fortlaufende Verarbeitung aller Sätze eines Satztyps und besitzen im allgemeinen große Nachteile beim wahlfreien Zugriff und beim Änderungsdienst.

Listenstrukturen

Bei Listenstrukturen – oft auch als SAM-Organisation (sequential access method) bezeichnet – sind die Sätze physisch benachbart in Seiten abgelegt. Dabei

Realisierung von Speicherungsstrukturen   227

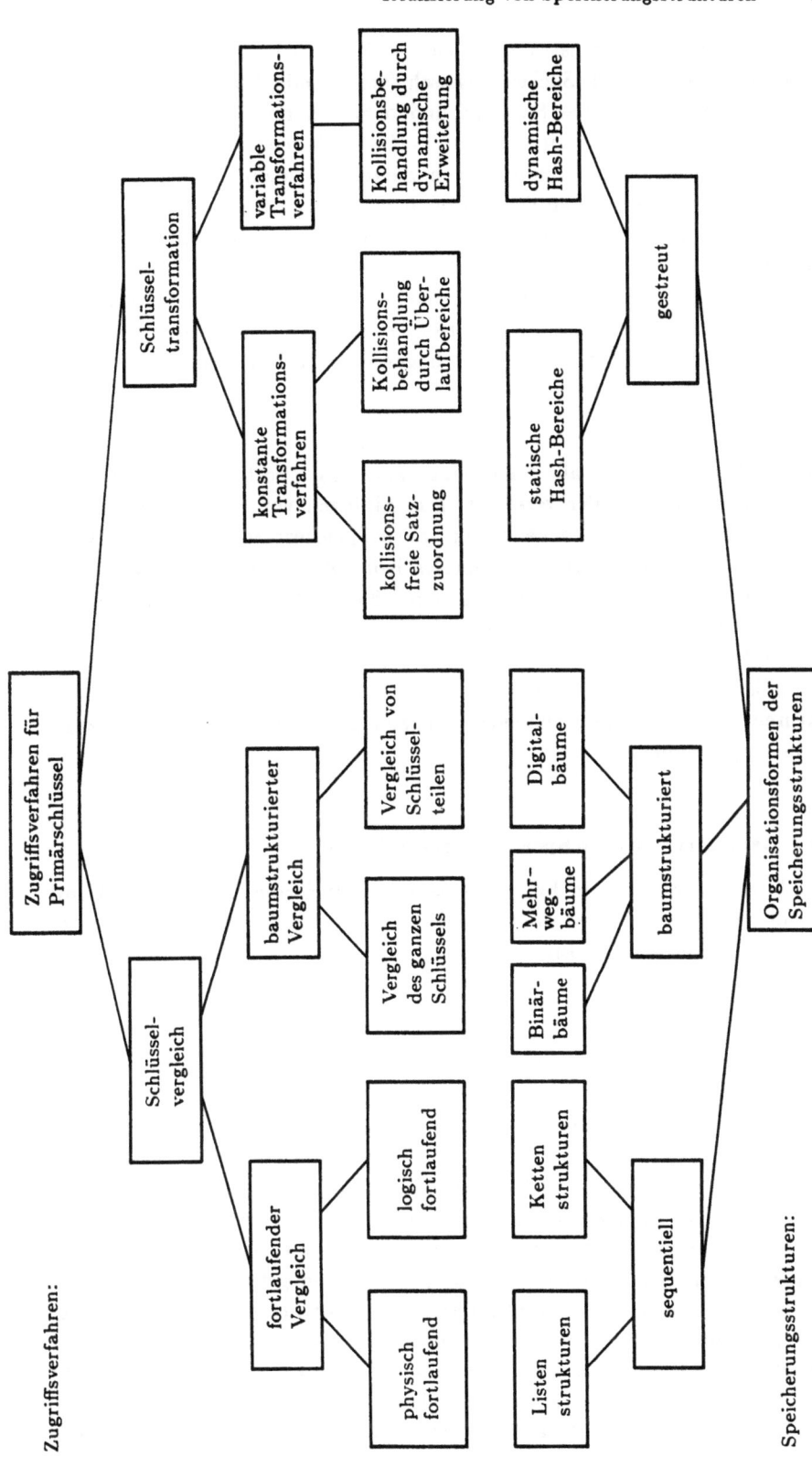

Bild 3.24 Klassifizierung der Verfahren für Primärschlüsselzugriff

können die Sätze der Listenstruktur nach dem Primärschlüssel sortiert oder völlig ungeordnet sein, da beim Suchen physisch fortlaufende Vergleiche durchgeführt werden. Bei N Sätzen eines Satztyps und b Sätzen pro Seite ergeben sich im Mittel für das Aufsuchen eines Satzes $N/(2*b)$ Seitenzugriffe. Im Falle einer Sortierordnung bleibt das Einfügen von Sätzen nur dann auf ein erträgliches Maß beschränkt, wenn Seiten durch Kettungstechniken beliebig zugeordnet und Split-Verfahren angewendet werden können. Lediglich im Sonderfall der sortierten Listenstruktur mit fortlaufend zugeordneten Seiten läßt sich das binäre Suchen als ein baumstrukturiertes Vergleichsverfahren mit $O(\log_2(N/b))$ Seitenzugriffen einsetzen. Das Einfügen eines Satzes erfordert dann jedoch im Durchschnitt das Verschieben von $N/2$ Sätzen oder Änderungen in $N/(2*b)$ Seiten.

Kettenstrukturen

In Kettenstrukturen sind alle Sätze eines Satztyps – sortiert oder ungeordnet – durch Zeiger miteinander verkettet. Das Einfügen von Sätzen wird dadurch erleichtert, daß sie auf einen beliebigen freien Speicherplatz gespeichert werden können. Da durch die Struktur keinerlei Kontrolle über eine Clusterbildung ausgeübt wird, erfordert das Aufsuchen eines Satzes durch logisch fortlaufenden Vergleich im Mittel $N/2$ Seitenzugriffe.

Bei den typischen Größenordnungen von N ergibt sich ganz abgesehen von den Wartungskosten ein so hoher Zugriffsaufwand für die sequentiellen Speicherungsstrukturen, daß sie in einer Datenbankumgebung für den Primärschlüsselzugriff nicht in Frage kommen.

3.4.4.2 Baumstrukturierte Speicherungsstrukturen

In der Literatur wurden ein Fülle von baumstrukturierten Organisationsformen vorgeschlagen [KNUT73, NIEV74, BAER77, CULI81, LOOM83]. Die weitaus meisten Konzepte betreffen Binärbäume.

Binärbäume

Von ihren strukturellen Eigenschaften her sind Binärbäume nur für Anwendungen gedacht, die vollständig im Hauptspeicher ablaufen, da in ihren Zuordnungsregeln und Suchalgorithmen Seitengrenzen keine Berücksichtigung finden. Binärbäume lassen sich danach klassifizieren, ob die Zugriffswahrscheinlichkeiten zu ihren Elementen bei der Konstruktion und Wartung der Struktur (gewichtete Binärbäume [KNUT71, MEHL75]) eine Rolle spielen oder ob für alle Elemente die gleiche Zugriffswahrscheinlichkeit angesetzt wird (nicht-gewichtete Binärbäume). Bei den nicht-gewichteten Binärbäumen muß vor allem eine in gewissen Schranken ausgewogene Höhe des Baumes garantiert werden, damit im worst case seine Degenerierung zu einer linearen Liste vermieden wird. Die bekanntesten Vertreter sind höhenbalancierte Bäume wie der AVL-Baum und seine Erweiterungen [BAYE72b, KARL76, OTTM76, OTTM79] und gewichtsbalancierte Bäume wie der BB[α]-Baum [NIEV73] und der WB-Baum [BAER75]. Solange sich diese Konzepte nicht mit geeigneten Regeln der Seitenzuordnung verknüpfen lassen, haben sie für die Implementierung von Zugriffspfaden in DBS keine Bedeutung. Wir verzichten deshalb auf ihre detaillierte Betrachtung.

Die für den DB-Einsatz relevanten baumstrukturierten Organisationsformen sind für Seitenstrukturen konzipiert und unterstützen sowohl den wahlfreien Schlüsselzugriff als auch die sortierte Verarbeitung aller Sätze. Vom Kostenaspekt her gesehen bieten sie einen ausgewogenen Kompromiß für beide Verarbeitungsprimitive. Da sie auch ein günstiges Verhalten bei Änderungsoperationen aufweisen, lassen sie sich in einem breiten Anwendungsspektrum einsetzen. Schon frühzeitig wurden bei der Verwaltung großer Datenmengen baumstrukturierte Organisationsformen eingesetzt. Sie basierten im wesentlichen auf der Speicherung der Sätze in Sortierreihenfolge in physisch sequentiellen Blockstrukturen, für die mehrstufige Indextabellen – mit Adresse und höchstem Schlüssel im Block – zur Beschleunigung des wahlfreien Zugriffs konstruiert wurden (ISAM-Zugriffsmethode). Durch ihre statische Organisation und die enge Bindung der Blockstrukturen an die Charakteristika des Externspeichers brachte der Änderungsdienst gravierende Probleme mit sich. Sie wurden durch verschiedenartige Überlauftechniken gelöst mit der Konsequenz, periodische Reorganisationsläufe durchführen zu müssen. Die Einführung flexibler Adressierungstechniken, der prinzipiellen Separierung von Block und Seite, sowie der Möglichkeit der freien Zuordnung von Seiten zur Zugriffspfadstruktur gestatten es, dieses Konzept durch die Idee der dynamischen Restrukturierung auf Seitenbasis zu ergänzen. Die daraus resultierenden Strukturen werden als Mehrwegbäume in der Form von B-Bäumen [BAYE72a] und B*-Bäumen [WEDE74a] bezeichnet. Sie haben sich als die Standard-Zugriffspfadstrukturen in DBS schlechthin herauskristallisiert [COME79]. In gewisser Hinsicht kann die Zugriffsmethode ISAM als ihr Vorläufer angesehen werden.

Mehrwegbäume als B-Bäume

Definition: Ein B-Baum vom Typ (k, h) ist ein Baum mit folgenden drei Eigenschaften:

i) Jeder Weg von der Wurzel zum Blatt hat die gleiche Länge h.
ii) Jeder Knoten (außer Wurzel und Blättern) hat mindestens k + 1 Söhne. Die Wurzel ist ein Blatt oder hat mindestens 2 Söhne.
iii) Jeder Knoten hat höchstens 2k + 1 Söhne.

Z_0	S_1	D_1	Z_1	S_2	D_2	Z_2	...	S_l	D_l	Z_l	freier Platz

(S_i, D_i, Z_i) = Eintrag, S_i = Schlüssel,
D_i = Daten des Satzes oder Verweis auf den Satz,
Z_i = Zeiger zu einer Sohnseite

Bild 3.25 Format einer Seite des B-Baumes

Es ist naheliegend, einen Knoten auf eine Seite als externe Zugriffs- und Transporteinheit abzubilden (Bild 3.25), d.h. alle Informationen, die ein Knoten trägt, in einer Seite zu speichern (gewöhnlich wird „Seite" als Synonym für „Knoten" aufgefaßt). Dadurch beschreibt die Höhe des Baumes h beim wahlfreien Zugriff unmittelbar die Anzahl der Seitenzugriffe als relevantes Maß für die Zugriffskosten.

Alle Einträge in der Seite haben eine feste Länge und sind nach aufsteigenden Schlüsselwerten geordnet. Wegen der festen Seitengröße läßt sich nun der in der Definition enthaltene Parameter k leicht berechnen. Es sei n die maximal mögliche Anzahl der Einträge im Seitenformat; dann ergibt sich wegen Bedingung iii) der Parameter k zu k = n/2. Die drei Bedingungen der Definition lassen sich nun auch folgendermaßen formulieren:

iii) Eine Seite darf höchstens voll belegt sein.
ii) Jede Seite (außer der Wurzel) muß mindestens halb voll sein.
i) Der Baum ist vollständig balanciert.

Für die Zeiger Z_i (i = 0, 1, ... l) jeder Seite gilt:

- Z_0 weist auf einen Teilbaum mit Schlüsseln kleiner als S_1.
- Z_i (i = 1, 2, ..., l-1) weist auf einen Teilbaum, dessen Schlüssel zwischen S_i und S_{i+1} liegen.
- Z_l weist auf einen Teilbaum mit Schlüsseln größer als S_l.
- In den Blattknoten sind die Zeiger nicht definiert.

Durch diese Regeln ist gewährleistet, daß alle Schlüssel (und damit Sätze) der Baumstruktur sortiert aufgesucht werden können.

Es läßt sich leicht zeigen, daß die Höhe h eines B-Baumes der N Datenelemente enthält, begrenzt ist durch

$$\log_{2k+1}(N+1) \leq h \leq 1 + \log_{k+1}\left(\tfrac{N+1}{2}\right) \text{ für } N \geq 1.$$

Zur Darstellung der Zugriffspfadstrukturen wollen wir uns auf ein einheitliches Beispiel beziehen. Wir nehmen dazu an, daß ein Zugriffspfad zu Sätzen des Satztyps ABT (Abteilung) über den Primärschlüssel ANR (Abteilungsnummer) anzulegen ist. Die Werte von ANR seien aus { K01, K02,...., K99 } . Als Beispiel ist in Bild 3.26 ein B-Baum vom Typ (2,3) dargestellt. Jede Seite ist irgendeine frei wählbare Seite des Segmentes. Das Zeichen • soll darstellen, daß entweder der zum Schlüssel gehörige Satz oder ein Zeiger zum Satz im Eintrag gespeichert sein können. Ein wichtiges Entwurfsziel für Mehrwegbäume ist es, einen möglichst hohen Verzweigungsgrad (fan-out) - durch die maximale Anzahl der Söhne einer Seite (2k+1) charakterisiert - zu erzielen, um ihre Höhe so niedrig wie möglich zu halten. Ein typisches Zahlenbeispiel soll den Einfluß der Speicherung der Sätze darauf deutlich machen.

Bei einer Seitengröße von 4K Bytes, Zeiger- und Schlüssellängen von 4 Bytes und einer Satzlänge (Datenteil) von 92 Bytes ergibt sich

- bei Einbettung der Sätze ein Verzweigungsgrad von 40
- bei separater Speicherung der Sätze ein Verzweigungsgrad von über 330.

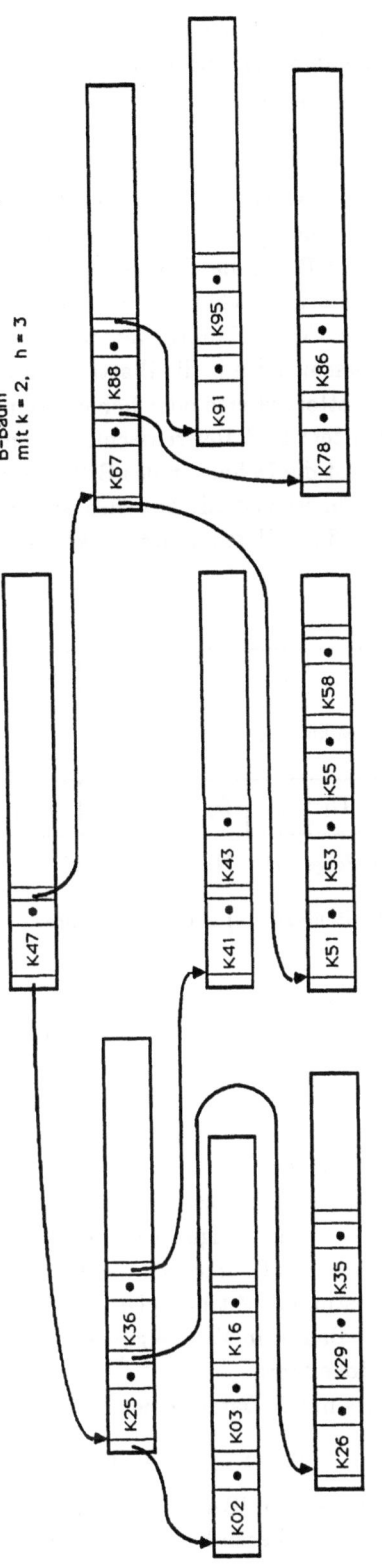

Bild 3.26 B-Baumstruktur als Zugriffspfad für den Primärschlüssel ANR

232 Realisierung von operationalen Schnittstellen

Die Modifikationsoperationen auf dieser Struktur diskutieren wir zusammen mit weiteren Optimierungsmaßnahmen, nachdem wir den B*-Baum als Weiterentwicklung des B-Baumes skizziert haben.

Mehrwegbäume als B*-Bäume

Durch B*-Bäume gelingt es „scheinbar" unter Einführung von Redundanz im Schlüsselbereich, den Verzweigungsgrad von Mehrwegbäumen noch weiter zu erhöhen. Im Gegensatz zum B-Baum, bei dem in allen Einträgen die Informationen D_i zusammen mit den zugehörigen Schlüsseln S_i über den ganzen Baum verteilt gespeichert sind (knotenorientierter Baum), werden beim B*-Baum die informationstragenden Einträge ausschließlich in die Blattknoten verlagert. Solche Bäume bezeichnet man auch als blattorientierte oder hohle Bäume. Die Schlüssel in den inneren Knoten (Nicht-Blätter) sind Referenzschlüssel und haben ausschließlich Wegweiser-Funktion. Dazu ist die Definition des B-Baumes leicht zu modifizieren: Bedingung i) bleibt erhalten. ii) und iii) beziehen sich nur auf innere Knoten. Zusätzlich wird gefordert, daß ein Blatt mindestens k* und höchstens 2k* Einträge besitzt.

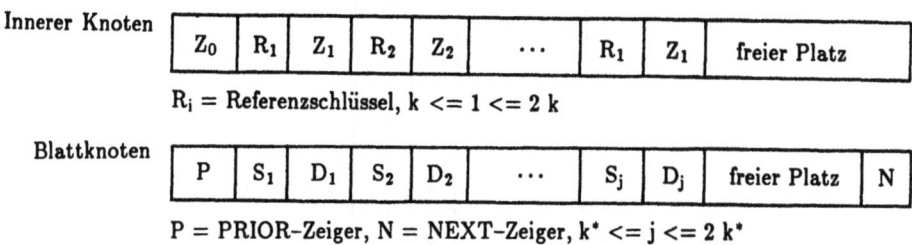

Bild 3.27 Knotenformate (Seitenformate) eines B*-Baumes

Es ergeben sich somit zwei verschiedene Knotenformate für einen B*-Baum vom Typ (k, k*, h) (Bild 3.27). Die Bedingungen $k \leq l \leq 2k$ und $k^* \leq j \leq 2k^*$ sollen wiederum bedeuten, daß die Seiten mindestens zur Hälfte gefüllt sind. Die Zeiger PRIOR und NEXT dienen der Zweiweg-Verkettung aller Blattseiten.

Da alle Schlüssel sortiert in den Blattseiten gespeichert sind, läßt sich dadurch eine schnelle fortlaufende Verarbeitung aller Sätze in auf- oder absteigender Sortierfolge erreichen. Falls die Referenzschlüssel R_i aus dem Schlüsselbereich S_i gewählt werden [BAYE77], sind einige Schlüssel doppelt gespeichert. Diese „Redundanz" erhöht die Breite des Baumes, da das Format des internen Knotens seinen Verzweigungsgrad bestimmt. Mit den gleichen Zahlenwerten wie beim B-Baum ergibt sich für den B*-Baum ein Verzweigungsgrad über 500, was im Mittel zu einer Reduktion seiner Höhe führt.

Die Höhe eines B*-Baumes mit N Datenelementen ist begrenzt durch

$$1 + \log_{2k+1}\left(\frac{N}{2k^*}\right) \leq h \leq 2 + \log_{k+1}\left(\frac{N}{2k^*}\right) \text{ für } h \geq 2.$$

Untersuchungen dazu finden sich in [BAYE72a] und [HELD78]. Typische Werte für h als Anzahl der Seitenzugriffe liegen bei 3-4 für N zwischen 10^5 und 10^7.

Realisierung von Speicherungsstrukturen   233

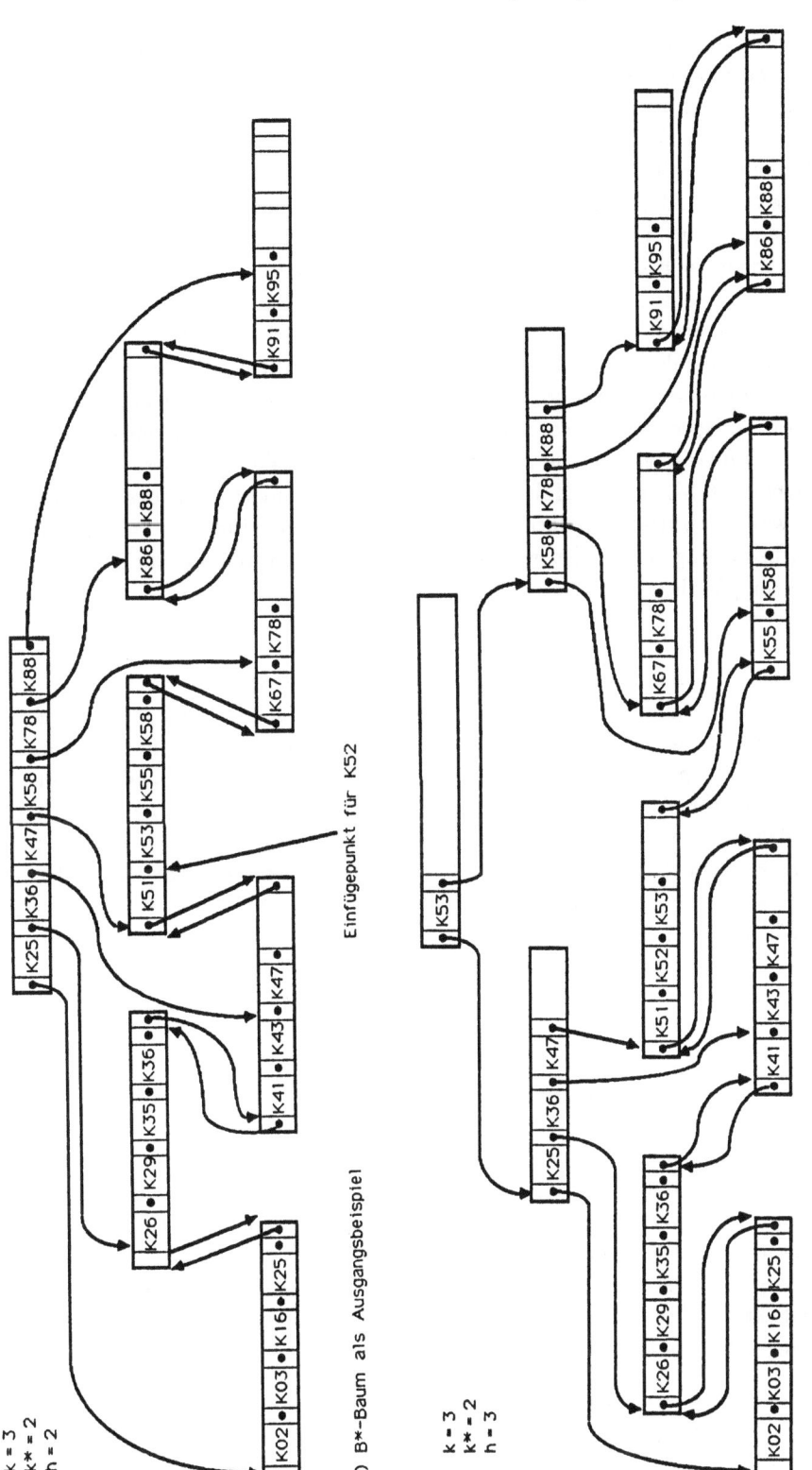

Bild 3.28 B*-Baum vom Typ (3,2,3)

Als Beispiel ist in Bild 3.28 a ein B*-Baum vom Typ (3,2,2) dargestellt. Bei der Implementierung hat man die Wahl, den Referenzschlüsselvergleich entweder auf { $\leq$, > } oder auf { <, $\geq$ } durchzuführen. Die Suche im B- und B*-Baum ist selbsterklärend. Auch Einfüge- und Löschoperationen sind einfach, solange die Restriktionen bezüglich der Belegung nicht verletzt sind. Bei Unter- oder Überlauf einer Seite werden Algorithmen zur dynamischen Restrukturierung eingesetzt. Ihre Wirkungsweise wird anhand von Bild 3.28 b erklärt. Das Einfügen eines Satzes mit dem Schlüssel K52 in den in Bild 3.28 a dargestellten B*-Baum trifft auf eine volle Seite, so daß ein Split-Vorgang bei dieser Seite zu erfolgen hat. Durch die Freispeicherverwaltung muß eine unbelegte Seite angefordert werden. Es wird eine Neuaufteilung der 2k*+1 Sätze auf beide Seiten durchgeführt derart, daß die Unterlaufbedingung nicht verletzt ist. Durch das Hinzukommen einer neuen Seite muß in der entsprechenden Vaterseite ein Referenzschlüsselverweis eingetragen werden, was im Beispiel wiederum einen Split-Vorgang auslöst. Auf diese Weise ist im Beispiel ein B*-Baum der Höhe h = 3 entstanden. Ein nachfolgendes Löschen von K55 würde den B*-Baum durch Mischen unterbelegter Seiten, das, solange die Unterlaufbedingung verletzt ist, rekursiv zu erfolgen hat, wiederum auf die Höhe h = 2 schrumpfen lassen.

Belegung der Seiten in Mehrwegbäumen

Diese Regeln zur Wartung garantieren für jede Seite (mit Ausnahme der Wurzel) eine Belegung von mindestens 50% . Beim sortiert sequentiellen Laden der Sätze wird dieser worst case erreicht, wenn nicht spezielle Maßnahmen getroffen werden. Oft wird deshalb in praktischen Implementierungen eine Sonderbehandlung für die Aufteilung von Randseiten vorgesehen. Theoretische Untersuchungen haben gezeigt, daß bei zufälligen Einfügungen und Löschungen mit einer Belegung von etwa 69% (ln 2 [NAKA78, KÜSP83]) gerechnet werden kann. Da in der Praxis oft auf die Behandlung des Unterlaufs von Seiten verzichtet wird, ist in solchen Fällen bei der einfachen Split-Technik (m = 1) die tatsächliche Belegung schlechter. Eine höhere Belegung kann durch eine Verallgemeinerung der Split-Technik garantiert werden. Wenn die Zuordnung einer neuen Seite erst erfolgt, wenn m um den Einfügepunkt gruppierte Seiten voll sind, kann immer eine Belegung von $\beta \geq m/(m+1)$ mit einem Erwartungswert von $m * \ln((m+1)/m)$ [KÜSP83] erzielt werden. In der Struktur in Bild 3.28 a wäre bei m = 3 das Einfügen der Sätze K52, K54 und K56 ohne Split-Vorgang alleine durch Verschiebung der Sätze auf die beiden benachbarten Seiten möglich gewesen. Erst das Einfügen von K57 hätte die Zuordnung einer neuen Seite zusammen mit der lokalen Neuverteilung der Sätze ausgelöst. Eine möglichst hohe Belegung der Blattseiten wirkt sich günstig auf den direkten Zugriff und auf die sequentielle Verarbeitung aus. Praktische Untersuchungen [NEFF79] haben jedoch gezeigt, daß der Split-Faktor auf $m \leq 3$ begrenzt sein sollte, da sonst die Einfügekosten durch die erzwungenen Verschiebungen stark überproportional ansteigen.

Reduktion der Höhe von Mehrwegbäumen

Die Höhe eines Mehrwegbaumes ist der dominierende Faktor für seine Zugriffszeit. Eine gewisse Reduktion der Höhe läßt sich durch eine geeignete Wahl des Split-

Faktors m erreichen. Der weiteren Optimierung liegt folgender Gedankengang zugrunde:

- Durch Verbreiterung des Mehrwegbaumes läßt sich seine Höhe reduzieren.
- Durch Erhöhung der Anzahl der Zeiger in den inneren Knoten wird der Baum verbreitert.
- Die Anzahl der Zeiger in den inneren Knoten kann durch Verkürzung der Schlüssellänge erhöht werden.

Unter Beibehaltung der Definition von B- und B*-Baum mit vorgegebenem Parameter k (feste Länge der Einträge) läßt sich nur eine gleichförmige Verkürzung der Schlüssel bei gewissen Feldtypen (CHAR, DEC etc.) durch Zeichenkomprimierung vorschlagen. In praktischen Implementierungen ist es vorteilhaft, die gleichlangen Einträge des Konzeptes aufzugeben und variable Längen zu erlauben. Der Unterlauf einer Seite kann auch ohne Parameter k über die tatsächliche Speicherbelegung kontrolliert werden. Eine Präfix-Komprimierung [WAGN73] als einfachste Technik erlaubt die Regenerierung des Schlüssel innerhalb einer Seite und ist deshalb für B- und B*-Baum einsetzbar. B*-Bäume lassen wirksamere Komprimierungsverfahren zu, da ein Referenzschlüssel nur Wegweiserfunktion hat. Ein in der Praxis bewährtes Verfahren (VSAM) ist die Präfix-Suffix-Komprimierung (front und rear compression [WAGN73]). Die Schlüssel in einer Seite werden fortlaufend komprimiert derart, daß nur der Teil des Schlüssels

- vom Zeichen, in dem er sich vom Vorgänger (V) unterscheidet,
- bis zum Zeichen, in dem er sich vom Nachfolger (N) unterscheidet,

zu übernehmen ist. Es werden nur die Anzahl der Zeichen F ($=$ V$-$1) des Schlüssels, die mit dem Vorgänger übereinstimmen, und die Länge L ($=$ MAX(N$-$V+1,0)) des komprimierten Schlüssels mit der dazugehörigen Zeichenfolge gespeichert. Der Aufsuchalgorithmus in der Seite kann mit dieser Datenstruktur und einem Kellermechanismus zwar nicht den ganzen Schlüssel, aber doch den Teil des Schlüssels bis zur Eindeutigkeitslänge leicht rekonstruieren. Theoretische Untersuchungen [NEVA79] und praktische Erfahrungen (VSAM) haben gezeigt, daß die durchschnittlichen komprimierten Schlüssellängen 1,3 - 1,8 Bytes ausmachen. Dazu kommen noch 2 Bytes Verwaltungsaufwand pro Eintrag. Ein eindrucksvolles Beispiel für die Wirksamkeit dieser Komprimierungstechnik ist in Bild 3.29 dargestellt.

Wegen der ausschließlichen Wegweiser-Funktion der Referenzschlüssel ist es nicht nötig, die Optimierungsmaßnahmen auf die Schlüssel zu stützen, die in den Blattknoten tatsächlich vorkommen. Es genügt jeweils, in jedem inneren Knoten der Referenzschlüsel R_i so zu konstruieren, daß er die Menge der Referenzschlüssel und Schlüssel seines linken Teilbaumes $R(Z_{i-1})$ von der seines rechten Teilbaumes $R(Z_i)$ zu trennen erlaubt. Ein anschauliches Beispiel dafür übernehmen wir aus [BAYE77]. Die daraus resultierenden Bäume werden dort als einfache Präfix-B-Bäume bezeichnet. Nach dem Split-Vorgang bei einer Seite sei die in Bild 3.30 gezeigte Schlüsselbelegung entstanden.

Beim Split-Vorgang ist ein Referenzschlüssel

R_i mit $x < R_i \leq y$ für alle $x \in R(Z_{i-1})$ und alle $y \in R(Z_i)$

Schlüssel (unkomprimiert)	V	N	F	L	Wert
CITY OF NEW ORLEANS ... GUTHERIE, ARLO	1	6	0	6	CITY_O
CITY TO CITY ... RAFFERTTY, GERRY	6	2	5	0	
CLOSET CHRONICLES ... KANSAS	2	2	1	1	L
COCAINE ... CALE, J.J	2	3	1	2	OC
COLD AS ICE ... FOREIGNER	3	6	2	4	LD_A
COLD WIND TO WALHALLA ... JETHRO TULL	6	4	5	0	
COLORADO ... STILLS, STEPHEN	4	5	3	2	OR
COLOURS ... DONOVAN	5	3	4	0	
COME INSIDE ... COMMODORES	3	13	2	11	ME_INSIDE_-
COME INSIDE OF MY GUITAR ... BELLAMY BROTHERS	13	6	12	0	
COME ON OVER ... BEE GEES	6	6	5	1	O
COME TOGETHER ... BEATLES	6	4	5	0	
COMING INTO LOS ANGELES ... CUTHRIE, ARLO	4	4	3	1	I
COMMOTION ... CCR	4	4	3	1	M
COMPARED TO WHAT ? ... FLACK ROBERTA	4	3	3	0	
CONCLUSION ... ELP	3	4	2	2	NC
CONFUSION ... PROCOL HARUM	4	1	3	0	

Bild 3.29 Anwendungsbeispiel für die Präfix-Suffix-Komprimierung [BRUN80]

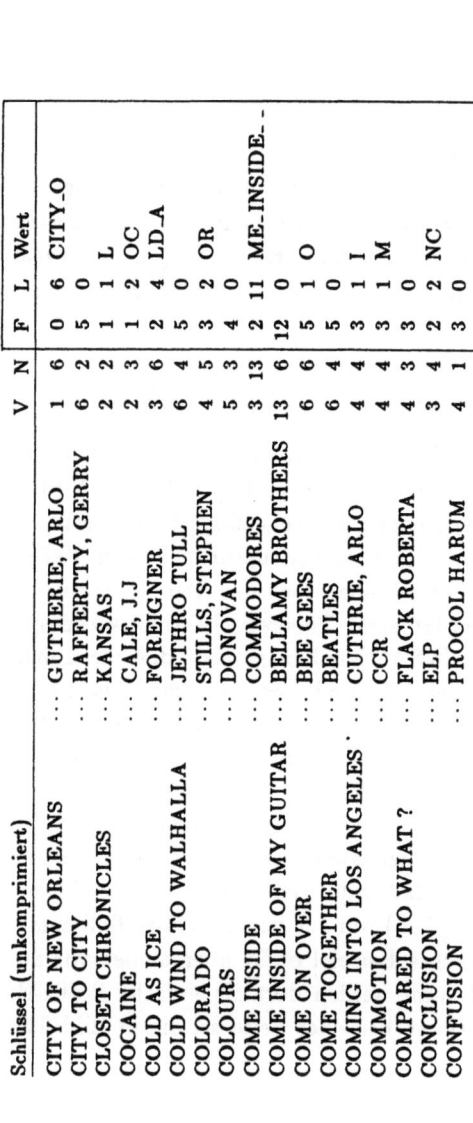

$$x \in R(Z_{i-1}) \qquad y \in R(Z_i) \qquad x < R_i \leq y$$

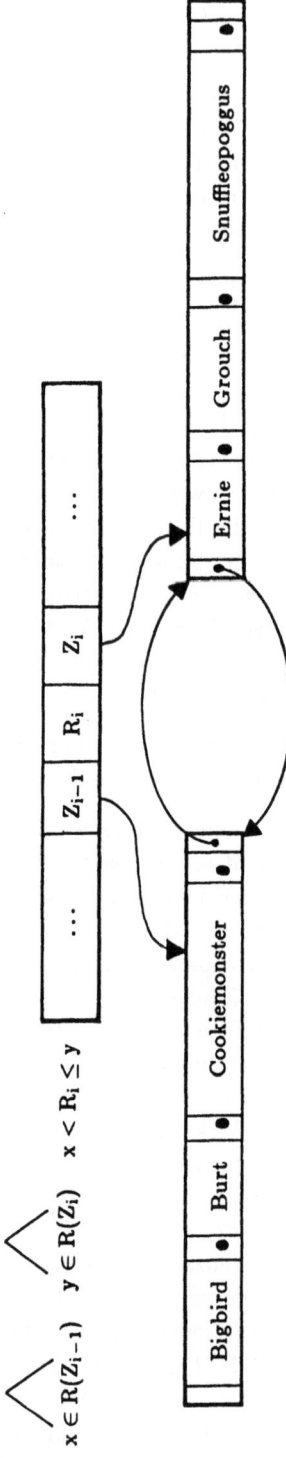

Bild 3.30 Schlüsselbelegung in einem Präfix=B-Baum

zu ermitteln und in den Vaterknoten zu transportieren. Für R_i kann im Beispiel irgendein String s mit der Eigenschaft

Cookiemonster $< s \leq$ Ernie

als Separator konstruiert werden. Aus Optimierungsgründen wird man immer einen der kürzesten Separatoren – also D oder E – wählen.

Bei starren Split-Regeln, die eine gleichmäßige Seitenaufteilung verlangen, bleibt dieses Verfahren in vielen Fällen fast wirkungslos, wenn nämlich die Schlüsselmengen sehr dicht liegen und die Konstruktion langer Separatoren erzwingen (Systemprogramm $< s \leq$ Systemprogrammierer). Da sich bei variabel langen Einträgen in der Seite ihre gleichförmige Neuverteilung ohnehin nicht gewährleisten läßt, ist es naheliegend, dieses Verfahren durch Split-Intervalle weiterzuentwickeln. Bei jedem Split-Vorgang wird ein Split-Intervall um die Mitte der Seite festgelegt. Die Neuaufteilung der Einträge im Rahmen des Split-Intervalls erfolgt so, daß ein möglichst kurzer Separator konstruiert werden kann.

Dieses Verfahren läßt sich durch Parameter für die Größe der Split-Intervalle für Blätter und Nicht-Blätter steuern und separat optimieren [BAYE77]. Die Vergrößerung der Split-Intervalle tendiert zwar einerseits durch die zu erzielende Verkürzung der Einträge zur Verringerung der Baumhöhe, erzeugt aber andererseits durch einen geringeren Belegungsgrad in jeweils einer der am Split-Vorgang beteiligten Seiten mehr Seiten als nötig und damit mehr Einträge in den inneren Knoten. Zur Erhöhung des Belegungsfaktors können deshalb bei der Neuaufteilung – ähnlich wie bei der Verallgemeinerung des Split-Vorgangs – auch bei variablen Eintragslängen benachbarte Seiten einbezogen werden. Die grundsätzlichen Strategien dazu werden in [MCCR77] diskutiert.

Eine letzte Stufe der Optimierung zur Verdichtung der Referenzschlüssel läßt sich durch die sogenannten Präfix-B-Bäume erreichen. In [BAYE77] wird vorgeschlagen, analog zur Front-Kompression die Präfixe der Separatoren und Schlüssel in der Seite oder gar im gesamten Baum nur einmal zu speichern.

Suche in der Seite eines Mehrwegbaumes

Neben den Kosten für Seitenzugriffe muß beim Mehrwegbaum der Suchaufwand innerhalb der Seiten als sekundäres Maß berücksichtigt werden. Ein Suchverfahren erfordert eine Folge von Vergleichsoperationen im Hauptspeicher, die bei bis zu 500 Schlüssel-Verweis-Paaren pro Seite durchaus ins Gewicht fallen können. Eine Optimierung der internen Suchstrategie erscheint deshalb durchaus gerechtfertigt. Folgende Suchstrategien lassen sich einsetzen.

Systematische Suche: Die Seite wird eintragsweise sequentiell durchlaufen. Bei jedem Schritt wird der betreffende Schlüssel mit dem Suchkriterium verglichen. Unabhängig von einer möglichen Sortierreihenfolge muß im Mittel die Hälfte der Einträge aufgesucht werden. Bei m Einträgen sind m/2 Vergleichsschritte erforderlich.

Sprungsuche: Die geordnete Folge von m Einträgen wird in n Intervalle eingeteilt. In einer ersten Suchphase werden die Einträge jedes Intervalls mit den höchsten Schlüsseln überprüft, um das Intervall mit dem gesuchten Schlüssel zu lokalisie-

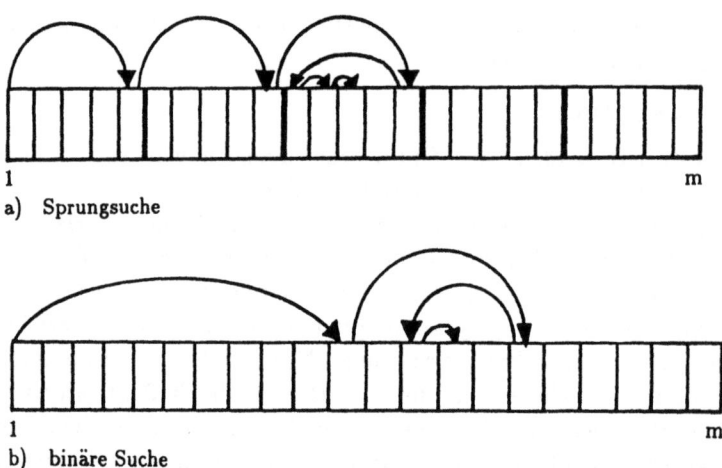

Bild 3.31 Suche in einer Seite

ren. Anschließend erfolgt eine systematische Suche im ausgewählten Intervall (Bild 3.31a) Bei dieser Suchstrategie fallen durchschnittlich $n/2 + m/(2*n)$ Vergleichsschritte an. Für $n = \sqrt{m}$ erzielt man bei dieser Strategie ein Optimum [SHNE78a], weshalb sie oft auch als Quadratwurzel-Suche bezeichnet wird.

Binäre Suche: Die binäre Suche setzt wiederum eine geordnete Folge der Einträge voraus. Bei jedem Suchschritt wird durch Vergleich des mittleren Eintrags entweder der gesuchte Schlüssel gefunden oder der in Frage kommende Bereich halbiert (Bild 3.31b). Eine ideale Halbierung läßt sich bei $m = 2^n-1$ ($n > 0$) erreichen. Die Anzahl der im Mittel benötigten Vergleichsschritte beträgt angenähert $\log_2 m - 1$.

Während eine systematische Suche auf Einträgen fester und variabler Länge sowie bei ihrer Komprimierung ausgeführt werden kann, setzen Sprungsuche und binäre Suche Einträge fester Länge voraus. Sie sind lediglich im Falle einer Seitenstrukturierung durch eine zusätzliche Indextabelle ggf. indirekt einsetzbar [MARU77, STRO77]. Die Verwendung eines zusätzlichen Index in der Seite ist jedoch kritisch, weil dadurch der für Einträge nutzbare Speicherplatz verkleinert wird.

Digitalbäume

Der Hauptunterschied zu den bisher betrachteten Bäumen liegt bei der Klasse der Digitalbäume darin, daß beim Aufsuchvorgang die Vergleiche in ihren inneren Knoten nicht nach dem ganzen Schlüssel, sondern jeweils nach aufeinanderfolgenden Teilen des Schlüssels erfolgen, so daß von einem bestimmten inneren Knoten aus nur noch Schlüssel mit gleichem Präfix erreicht werden. Dazu wird die Ziffern- und Zeichendarstellung des Schlüssels ausgenutzt, indem er als Folge von alphabetischen Zeichen, Ziffern, Bits oder Gruppen dieser Elemente aufgefaßt wird. Bei der Konstruktion des Digitalbaumes wird ein Schlüssel der Länge l in l/k Teile zerlegt. Die einzelnen Schlüsselteile ergeben nacheinander einen Weg im Baum,

Realisierung von Speicherungsstrukturen 239

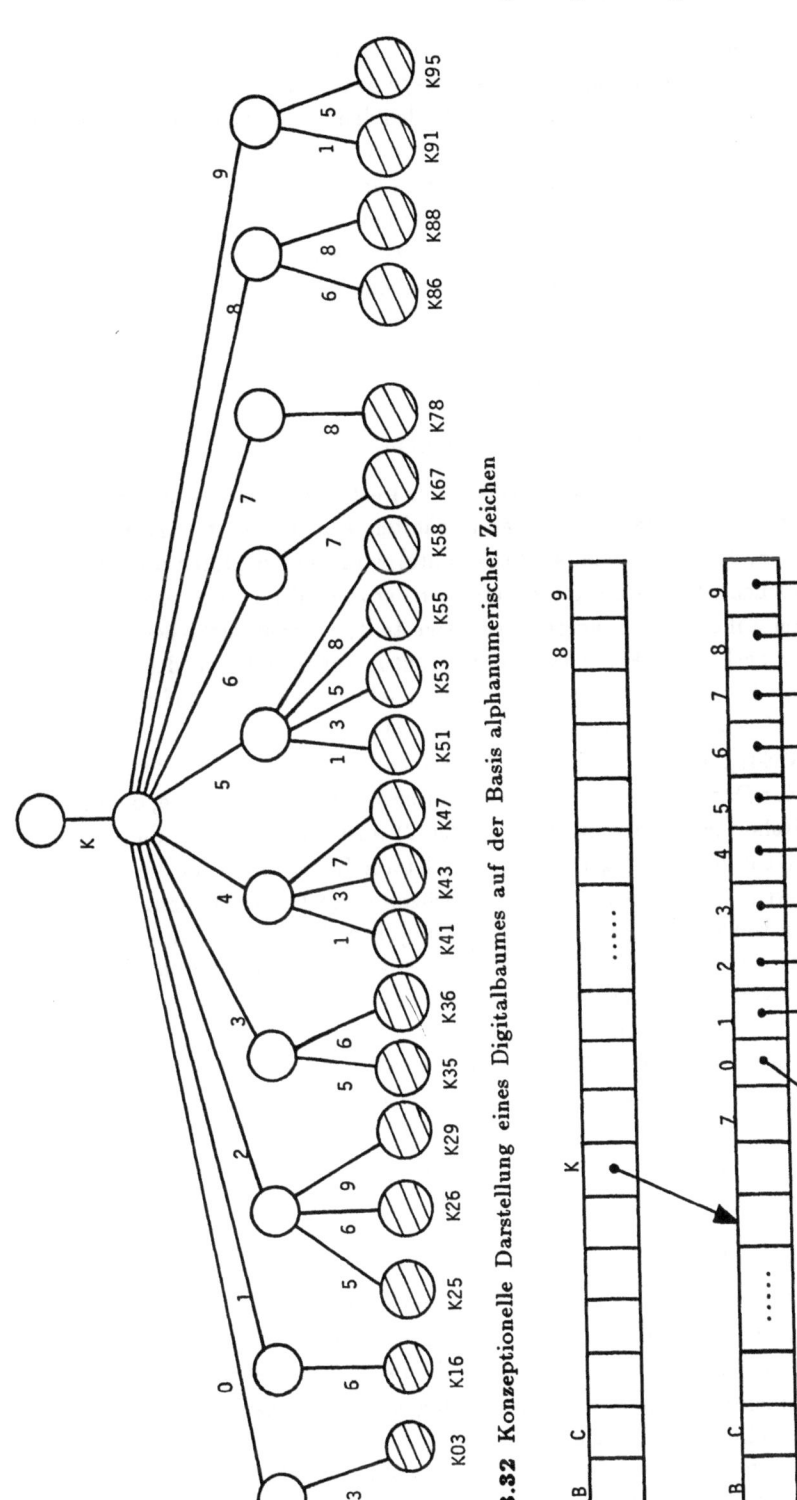

Bild 3.32 Konzeptionelle Darstellung eines Digitalbaumes auf der Basis alphanumerischer Zeichen

Bild 3.33 TRIE-Struktur für einen Spezialfall

dessen i-te Kante mit dem i-ten Teil des Schlüssels markiert ist. Die Menge der für alle Schlüssel zu speichernden Wege bestimmen den Baum, wobei alle Markierungen der von einem Knoten abgehenden Kanten paarweise verschieden sind. Die Gestalt des Digitalbaumes hängt von der darzustellenden Schlüsselmenge ab; er besitzt kein explizites Balancierungskriterium. Wenn die Schlüssel als Folge von alphanumerischen Zeichen aufgefaßt werden, ergibt sich mit k = 1 für unsere Beispielanwendung die in Bild 3.32 skizzierte konzeptionelle Baumdarstellung. Durch Einführung eines speziellen Trennzeichens im verwendeten Alphabet ist es möglich, Schlüssel, die Präfix eines anderen Schlüssels sind, im Baum zu speichern.

Für allgemeine Ziffer- und Zeichendarstellungen lassen sich folgende Realisierungen von Digitalbäumen unterscheiden.

M-ärer TRIE (von reTRIEval nach E. Fredkin [FRED61])

Die Knoten in der Baumstruktur werden als m-stellige Vektoren fester Länge angelegt, wobei m die Mächtigkeit des gewählten Alphabets ist (z.B. m = 36 bei { A, B, ..., 8, 9 }). Ein Schlüsselteil (Kante) wird implizit durch die Vektorposition ausgedrückt. Besetzte Kanten werden in der zugehörigen Vektorposition durch einen Zeiger auf den Nachfolgerknoten dargestellt, während nicht-besetzte Kanten Null-Zeiger enthalten. Wenn die Baumstruktur zur Abbildung der Schlüssel in voller Länge benutzt wird, ist das Verfahren sehr speicherplatzaufwendig, da vor allem in tieferen Baumebenen nur wenige Vektorpositionen pro Knoten besetzt sind [COME81]. In dieser Variante besitzt es deshalb für die Praxis keine Bedeutung. Zur Darstellung von Indexstrukturen für Schlüssel-Präfixe, die mit einer geringen Höhe (typischerweise h = 1 oder 2) auskommen, findet die Grundidee dieser Struktur Anwendung (STAIRS). In letzter Zeit wurden für die „entartete" TRIE-Struktur (h = 1) neue Einsatzmöglichkeiten im Zusammenhang mit dem erweiterbaren Hashing vorgeschlagen [FAGI79b]. Eine TRIE-Struktur der Höhe h = 2 für die Zwei-Zeichen-Präfixe der Schlüsselmenge unseres Anwendungsbeispiels ist in Bild 3.33 veranschaulicht. Eine Variation mit variablen Knotenformaten wurde in [SUSS63] vorgeschlagen.

Bei Beschränkung des Alphabets auf zwei Zeichen (m = 2) ergeben sich bitorientierte Digitalbäume aufgrund der Zeichendarstellung zur Basis 2. Sie haben in jedem inneren Knoten maximal zwei Nachfolger, da als Werte für ein Schlüsselteil immer nur 0 und 1 auftreten können. In diesem Sinne sind es auch Binärbäume.

PATRICIA-Baum

(Practical Algorithm To Retrieve Information Coded In Alphanumeric [MORR68]) Die Grundidee des PATRICIA-Baumes liegt in der Anwendung des wirksamen bitorientierten Vergleiches zur Wegauswahl in den inneren Knoten bei gleichzeitiger Vermeidung von Einwegverzweigungen. Die Schlüssel stehen jeweils am Ende ihres Suchpfades in den Blattknoten. In den inneren Knoten wird jeweils die Anzahl der Bits vermerkt, die beim Test zur Wegauswahl zu überspringen sind. Durch diese Maßnahme werden Einwegverzweigungen ausgeschlossen. Außerdem ist dadurch gewährleistet, daß jeder Schlüssel mit einem minimalen Aufwand an

Realisierung von Speicherungsstrukturen 241

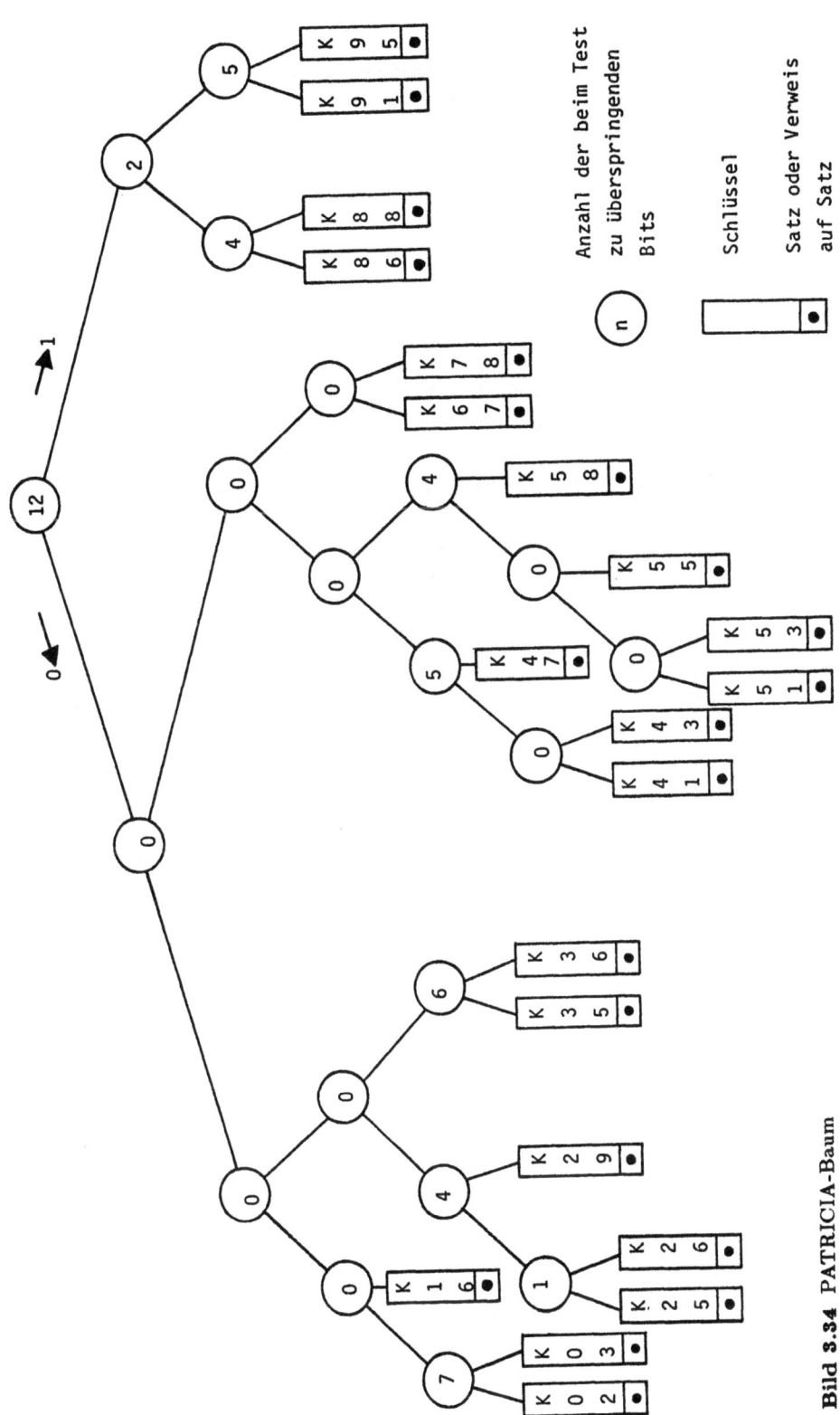

Bild 3.34 PATRICIA-Baum

Bitvergleichen aufgefunden wird. In Bild 3.34 ist ein PATRICIA-Baum für die Schlüsselmenge unseres Anwendungsbeispiels schematisch aufgezeichnet. Dabei wurde für die Schlüssel-Codierung der EBCDIC-Code verwendet. Wie das Beispiel zeigt, stellt die Baumstruktur nur eine Testanleitung für Suchschlüssel dar (z.B. für K58 ≡ X'110100101111010111111000': Teste zuerst das 13. Bit, dann das 14., 15., 16. und 21. Bit). Erfolg oder Mißerfolg der Suche können auch bei einem völlig fremden Suchschlüssel erst in den Blattknoten festgestellt werden.

Binärer Radix-Baum

Der binäre Radix-Baum läßt sich als eine Modifikation des PATRICIA-Baumes derart auffassen, daß eine erfolglose Suche möglichst frühzeitig abgebrochen werden kann. Variabel lange Schlüsselteile werden neben der Anzahl der beim Test zu überspringenden Bits in den inneren Knoten gespeichert, sobald sie sich als Präfixe für die Schlüssel des zugehörigen Teilbaumes abspalten lassen. Das analoge Beispiel ist als binärer Radix-Baum in Bild 3.35 gezeichnet. Die Suche wird durch eine Folge von Bitvergleichen und nur einem vollen Schlüsselvergleich abgewickelt. Während beim PATRICIA-Baum der Schlüsselvergleich am Ende des Suchpfades stattfindet, erfolgt er beim binären Radix-Baum stückweise. Mit Hilfe komplexerer Knotenformate erzielt man durch das Extrahieren der Präfixe für die Schlüssel eine Art Front-Kompression, die zusätzlich erfolglose Suchvorgänge abzukürzen gestattet. Für die Einzelheiten der Such- und Wartungsoperationen beim PATRICIA- und binären Radix-Baum verweisen wir auf die Literatur [MORR68, HOWA78]. Der binäre Radix-Baum gewann in jüngster Zeit erheblich an Bedeutung, da er zur Implementierung eines allgemeinen Indexmechanismus im System /38 herangezogen wurde. Dabei wurde das Problem seiner Abbildung auf Seiten und der Ausgewogenheit der Seitenstruktur gelöst [HOWA78]. Er wird als ernsthafte Alternative zum B*-Baum zur Implementierung einer Indexstruktur betrachtet.

3.4.4.3 Gestreute Speicherungsstrukturen

Aufsuch- und Speicherungsoperationen auf gestreuten Speicherungsstrukturen werden unter der Kontrolle von sogenannten Schlüsseltransformations- oder Hash-Verfahren durchgeführt. Der Grundgedanke dieser Verfahren ist die direkte Berechnung der Speicheradresse eines Satzes aus seinem Schlüssel, ohne (im Idealfall) auf weitere Hilfsstrukturen zurückgreifen zu müssen.

Es sei S die Menge aller möglichen Schlüsselwerte eines Satztyps (Schlüsselraum) und N = { 1, 2,...., n } das Intervall der natürlichen Zahlen von 1 bis n. Eine Hash-Funktion h : S → N ordnet dann jedem möglichen Schlüssel s ϵ S des Satztyps eine natürliche Zahl aus N zu. Von besonderem Interesse sind hier aus der Vielzahl der vorgeschlagenen Verfahren [MAUR75] die Hash-Verfahren auf Seitenbasis. Dabei wird N als Menge von relativen Seitennummern interpretiert, so daß die berechnete Nummer einer Seite eines zusammenhängenden Segmentbereichs leicht zugeordnet werden kann.

Realisierung von Speicherungsstrukturen 243

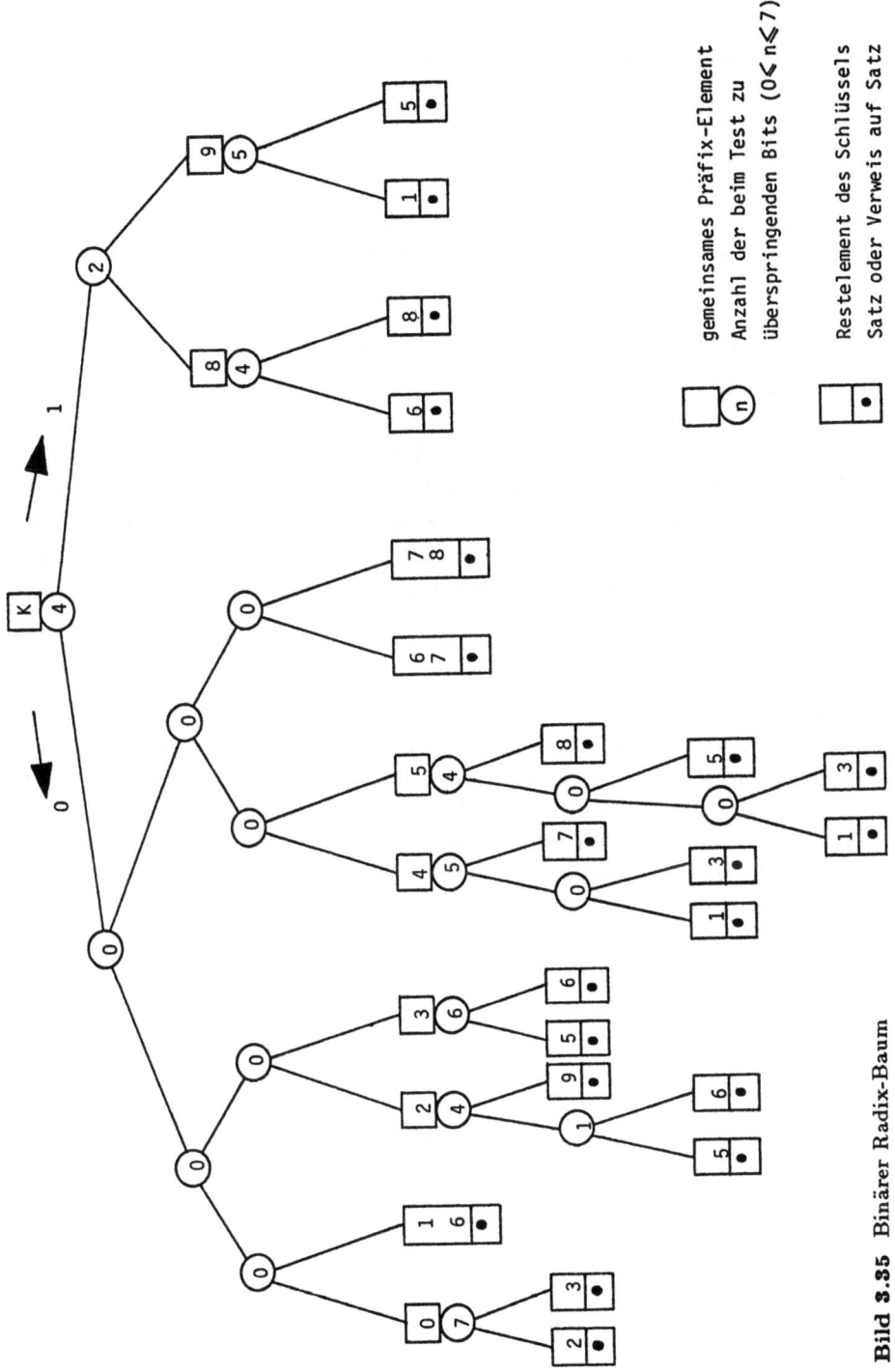

Bild 3.35 Binärer Radix-Baum

Statische Hash-Bereiche mit kollisionsfreier Satzzuordnung

Unter Voraussetzung einer geeigneten „dichten" Schlüsselmenge S kann für h eine injektive Funktion gewählt werden. Solche günstigen Anwendungsfälle ergeben sich beispielsweise bei einer Vergabe von laufenden Nummern als Primärschlüssel (bei Rechnungen, Buchungen, Dokumenten etc.). Die daraus resultierende kollisionsfreie Satzzuordnung ist im Hinblick auf Zugriffszeit und Änderungsdienst schlechthin ideal, da für jeden möglichen Schlüssel (Satz) Speicherplatz reserviert ist und somit jede Operation mit einem Seitenzugriff abzuwickeln ist (self indexing disk file [WATE75]).

Statische Hash-Bereiche mit Kollisionsbehandlung

Da im allgemeinen Fall die Menge der zu einem Zeitpunkt benutzten Schlüssel K wesentlich kleiner als S ist ($K \subset S$) und starke Ungleichverteilungen im Schlüsselraum aufweist, ist eine kollisionsfreie Satzzuordnung mit Hilfe einer Hash-Funktion nicht möglich oder mit extremer Platzverschwendung verbunden. Von der Hash-Funktion h wird in solchen Fällen verlangt, die vorhandene Schlüsselmenge K auf einen begrenzten, statisch zugeordneten Speicherraum D ($\#S \gg \#D$) mit möglichst guter Gleichverteilung abzubilden. h wird deshalb nicht injektiv sein, so daß Synonyme derart, daß

$$k, k' \in K: h(k) = h(k')$$

gilt, auftreten können. Bei der Seitenstruktur des Speicherraumes wird die Seite als Adressierungseinheit aufgefaßt und dient als sogenanntes Bucket zur Aufnahme mehrerer Schlüssel, so daß eine Reihe von Synonymen pro Seite ohne Kollision auftreten können. Durch diese Bucketbildung wird die Anzahl der Kollisionen entscheidend vermindert. In der Literatur werden verschiedene Klassen von Hash-Verfahren, die eine gute Ausnutzung des Speicherraumes D und eine gleichförmige Bucketbelegung garantieren sollen, vorgeschlagen [MAUR75].

Divisionsrestverfahren (Restklassenbildung). Die Bitdarstellung des Schlüssels k wird als ganze Zahl interpretiert. Durch die Hash-Funktion $h(k) = k \mod q$ wird eine ganzzahlige Division ausgeführt, wobei $q \leq n$ gilt, damit der Rest eine zulässige relative Adresse liefert. Die Wahl von q bestimmt wesentlich die Gleichverteilung und Speicherausnutzung. Gewöhnlich wird empfohlen, q als Primzahl $\leq n$ zu wählen.

Neben der Primzahlbedingung ist für die Wahl von q folgende Forderung wichtig:

$$q \neq a \cdot B^n \pm c \text{ mit } a, c = \text{kleine ganze Zahl}$$
$$\text{und } B = \text{Zahlensystem des Rechners.}$$

Der Divisor q soll nicht benachbart zu einer Potenz der Zahlensystems liegen (z.B. bei einer Zweier-Potenz $q = 127$), da sonst

$$(A + a \cdot B^n) \mod q \approx a \mod q$$

ist, d.h., bei gleichen Endziffern wiederholt sich fast die gleiche Menge von Adressen in verschiedenen Zahlenbereichen.

Faltung. Der Schlüssel k wird in einzelne Bestandteile zerlegt, die als beliebige Partitionen oder überlappende Einheiten gewählt oder durch Verschiebeoperationen erzeugt werden können. Anschließend werden sie additiv, multiplikativ oder durch Boolesche Operationen verknüpft. Das Ergebnis wird als Binärzahl interpretiert; es muß in geeigneter Weise an den verfügbaren Adreßraum angepaßt werden.

Multiplikationsverfahren Der Schlüssel k wird mit sich selbst oder mit einer Konstante c multipliziert:

$h(k) = k^2$ oder $h(k) = c \cdot k$.

Zur Anpassung an eine zulässige relative Adresse n werden jeweils t Bitpositionen aus dem Ergebnis ausgeblendet. n bzw. t sind durch $n = 2^t$ festgelegt. Oft werden aus Gründen der Gleichverteilung die mittleren t Bits gewählt (mid-square method).

Tabellentransformation. Der Schlüssel k wird in der Regel byteweise mit Hilfe einer Tabelle mit „zufälligen" Zeichenkombinationen umgesetzt, um Regelmäßigkeiten in der Schlüsselfolge zu „zerstören". Dabei wird jeweils aus dem Schlüsselwert k der Einstiegspunkt in die Tabelle berechnet. Davon ausgehend adressieren die Schlüsselteile die Tabellenelemente, die sie ersetzen. Aus dem Ergebnis muß wiederum eine gültige Speicheradresse des Hashbereiches gewonnen werden.

Basistransformation. Der Schlüssel k wird als Ziffernfolge einer anderen Basis p dargestellt ($k_{10} \rightarrow k'_p$). Zur Bestimmung einer zulässigen relativen Adresse können wiederum Faltung oder Divisionsrestverfahren angewendet werden; beispielsweise $h(k'_p) = k'_p \bmod q^a$. Dabei sind p und q relativ prim zueinander, a ist eine ganze Zahl, so daß $q^a \approx n$ gilt.

Codierungsmethode. Der Schlüssel k mit m Bits Länge wird aufgefaßt als ein Polynom k(x) vom Grad m-1, wobei die n Bits die Koeffizienten dieses Polynoms darstellen. k(x) wird durch ein Polynom g(x) vom Grad t geteilt. Der verbleibende Rest – ein Polynom vom Grad t-1 – wird als Hashadresse mit t Stellen interpretiert. Ist ein Hash-Bereich von $n = 2^t$ Speicherplätzen verfügbar, so ist keine Adreßanpassung erforderlich.

Diese Methode wurde aus der algebraischen Codierungstheorie entwickelt; durch Anhängen der t Bits an die vorgegebenen m Bits lassen sich fehlerkorrigierende Codes erzeugen. Entscheidend für die Güte dieser Codierungsmethode ist dabei jedoch – genauso wie bei ihrem Einsatz beim Hashing – die Wahl eines geeigneten Divisorpolynoms g(x).

Zufallsmethode. Zur Erzeugung der Hash-Adressen wird ein (Pseudo-) Zufallszahlengenerator verwendet. Der Schlüssel k dient dabei jeweils als Saat für eine Zufallszahl, aus der die Hausadresse – ggf. unter Anpassung an den verfügbaren Hash-Bereich – gewonnen wird. Falls zur Kollisionsbehandlung das Generieren weiterer Adressen erforderlich ist, kann bei dieser Methode einfach die Folge der Zufallszahlen genommen werden.

Ziffernanalyse. Diese Methode setzt voraus, daß die Menge k der zu speichernden Schlüssel bekannt ist. Für jede der m Stellen der Schlüssel k_i wird die Verteilung der Werte in K ermittelt. Die Stellen mit der größten Verteilungsschiefe werden bei der Adressierung nicht berücksichtigt. Auf diese Weise können die t Stellen herausgefunden werden, die die beste Gleichverteilung im vorgegebenen Hashbereich garantieren.

Die Ziffernanalyse hängt als einziges Verfahren von der spezifischen Schlüsselmenge ab. Sie ist sehr aufwendig, gewährleistet aber gute Gleichverteilungseigenschaften. In DBS läßt sie sich jedoch nicht als allgemeine Methode verwenden, da in praktischen Einzelfällen die genaue Kenntnis der Schlüsselmenge K nicht vorausgesetzt werden kann. Die anderen Verfahren sind prinzipiell anwendbar.

Besonders wenn über die konkrete Schlüsselverteilung wenig bekannt ist, wird das Divisionsrestverfahren empfohlen [LUM71]. Auch theoretische Untersuchungen [GHOS75] weisen auf die Überlegenheit dieses Verfahrens hin, wenn geeignete Parameter gewählt werden (vor allem q als Primzahl). In der Praxis wird dieses Verfahren oft kombiniert mit Faltungsmethoden [UDS], um seine Gleichverteilungseigenschaft zu erhöhen. Was die genaue Diskussion und kritische Beurteilung der anderen Verfahren angeht, verweisen wir auf die Literatur [LUM71, MAUR75].

Übersteigt die Anzahl der Synome das Fassungsvermögen eines Buckets, so muß eine Kollisionsauflösung (Überlaufbehandlung) durchgeführt werden. Prinzipiell läßt sich die Auflösung im Hash-Bereich oder in einem separaten Überlaufbereich durchführen. Als Techniken können wiederum Hash-Verfahren (lineare oder quadratische Suchmethode [MAUR75]) oder Kettungsmethoden herangezogen werden. Dabei ergeben sich Probleme bei Löschvorgängen, die durch eine dynamische Reorganisation oder durch Einfügen von Löschvermerken mit späterer statischer Reorganisation behandelt werden können. In DBS eignen sich separate Überlaufbereiche – durch Verkettung zusätzlicher Seiten – besonders gut. Während bei eingebetteten Überläufern bei hohem Belegungsfaktor ($\beta > 0.9$) die Anzahl der Zugriffe stark ansteigt, bleibt bei separatem Überlaufbereich der Zugriffsfaktor auch bei einer größeren Zahl von Überläufern sehr stabil (Zugriffsfaktor 1.1 - 1.4). Allerdings bleibt durch die dynamische Zuordnung neuer Seiten der Belegungsfaktor kleiner.

Für unsere Beispielanwendung zeigen wir in Bild 3.36 eine gestreute Speicherungsstruktur auf Seitenbasis mit separatem Überlaufbereich. Als Hash-Verfahren wurde dabei eine Kombination aus Faltung und Divisionsrestverfahren gewählt. Die Schlüssel werden zeichenweise durch die EXOR-Operation verknüpft. Die resultierende Binärzahl wird mod q ($= n = 5$) genommen. Der Bucketfaktor sei 4.

Wegen der Vielfalt seiner Parameter und der starken Abhängigkeit seiner Wirksamkeit von der Schlüsselverteilung gibt es kein allgemeingültiges Hash-Verfahren. Durch sorgfältige Wahl der Parameter im Einzelfall wie Hash-Algorithmus, Überlaufbehandlung, Bucket- und Belegungsfaktor, ggf. Ladereihenfolge bei gewichteten Zugriffshäufigkeiten [SEVE76b] lassen sich gestreute Speicherungsstrukturen erzeugen, die trotz der statischen Speicherzuweisung des Hash-Bereiches in einer großen Anwendungsbreite relativ unempfindlich sind und deren Zugriffsfaktor nahe bei 1 liegt. Wegen seiner ausschließlichen Unterstützung des direkten Zugriffs und wegen der Schwierigkeit, ein Standard-Verfahren zu implementieren, wird in vielen existierenden DBS (SESAM, System R etc.) kein Hash-Verfahren bereit-

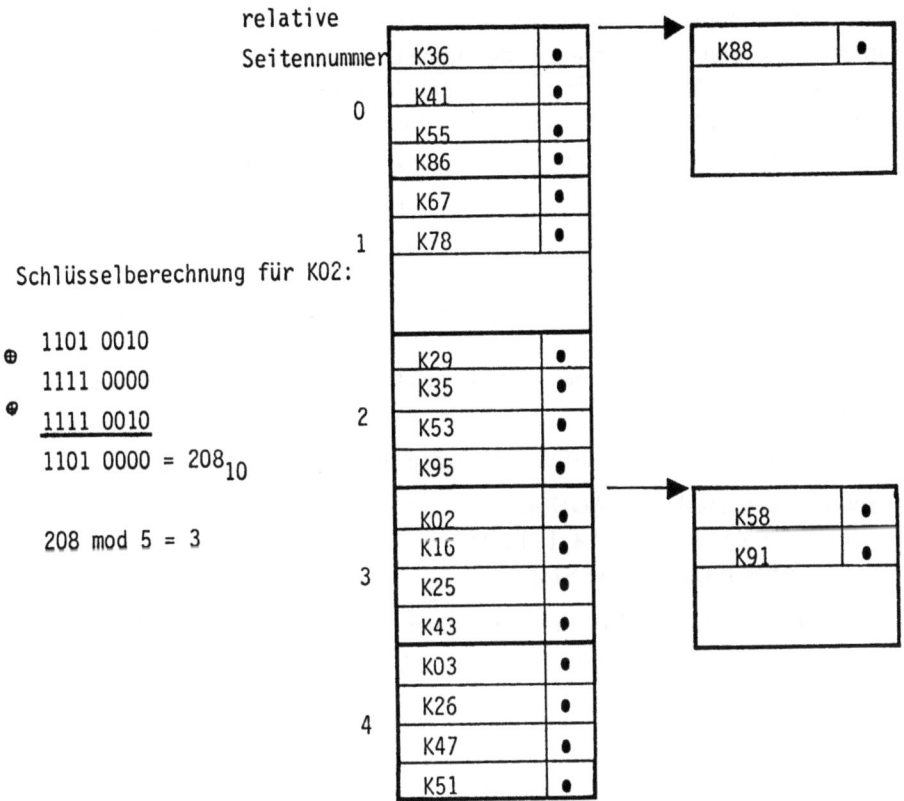

Bild 3.36 Gestreute Speicherungsstruktur mit seitenweiser Zuordnung der Überlaufbereiche

vielen existierenden DBS (SESAM, System R etc.) kein Hash-Verfahren bereitgestellt. Mehrwegbäume mit einem Zugriffsfaktor von 3 - 4 werden wegen ihrer zusätzlichen Unterstützung der sortierten sequentiellen Verarbeitung als einzige Standard-Zugriffspfadstruktur als ausreichend angesehen. Zeitkritische Anwendungen erfordern jedoch zwingend gestreute Speicherungsstrukturen [CHAM81a], so daß sie als weitere Zugriffspfadstruktur mit Standardcharakter angeboten werden sollten.

Dynamische Hash-Bereiche

Die Notwendigkeit der statischen Zuweisung des Hash-Bereiches bringt bei stark wachsenden Datenbeständen gravierende Nachteile mit sich. Um ein zu schnelles Überlaufen zu vermeiden, muß er von Anfang an genügend groß dimensioniert werden, so daß zunächst eine schlechte Speicherausnutzung erzielt wird. Wenn das geplante Fassungsvermögen des Hash-Bereichs überschritten wird, findet zunehmend eine Verdrängung der neuen Schlüssel in die Überlaufbereiche statt, so daß der Zugriffsfaktor stetig anwächst. Die sich verschlechternden Zugriffszeiten erzwingen auf Dauer eine Reorganisation derart, daß ein größerer Hash-Bereich anzulegen und alle Schlüssel durch vollständiges Rehashing neu zu laden sind.

In DBS ist dieser Zwang zur statischen Reorganisation mit völliger Neuverteilung der Adressen nicht nur wegen des immens hohen Zeitbedarfs, der eine längere Betriebsunterbrechung erfordert, sondern auch wegen der vielen Adreßverweise aus anderen Zugriffspfaden, die eine isolierte Reorganisation meist verhindern, sehr störend. Wünschenswert ist der Einsatz eines dynamischen Hash-Verfahrens, das

- ein Anwachsen und Schrumpfen des Hash-Bereiches erlaubt
- Überlauftechniken und damit statische Reorganisationen mit vollständigem Rehashing vermeidet
- eine hohe Belegung des Speicherplatzes unabhängig vom Wachstum der Schlüsselmenge garantiert
- für das Auffinden eines Satzes mit gegebenem Schlüssel nicht mehr als 2 Seitenzugriffe benötigt.

Zur Lösung dieser Problemstellung wurden drei verschiedene Ansätze,

- erweiterbares Hashing [FAGI79b]
- virtuelles Hashing [LITW78, LITW80]
- dynamisches Hashing [LARS78]

genannt, vorgeschlagen. Wir diskutieren hier das erweiterbare Hashing, das am einfachsten zu implementieren ist und in Bezug auf Speicherplatznutzung und

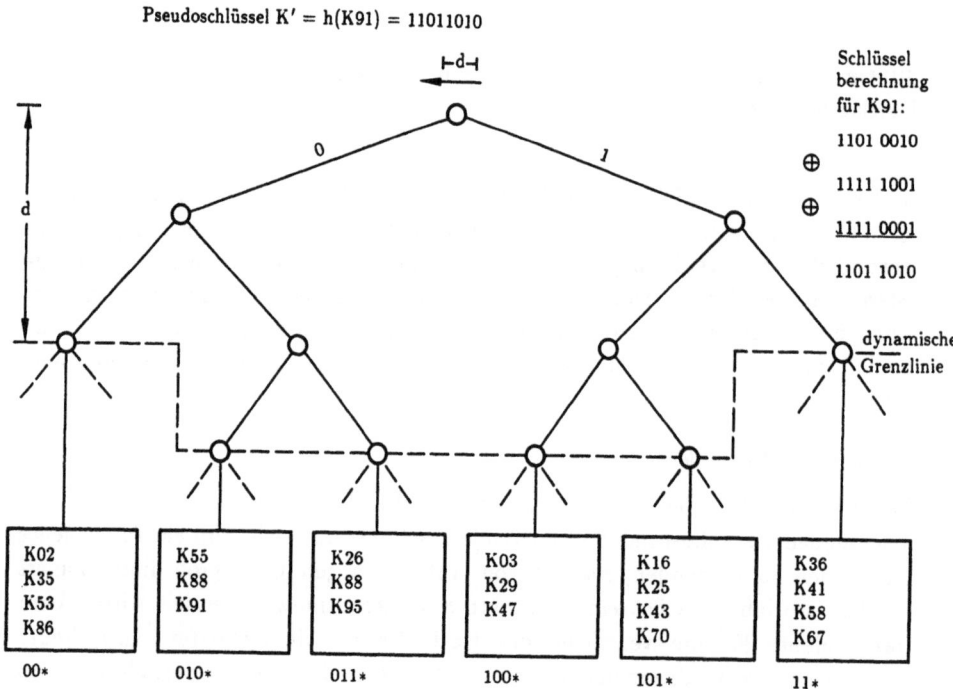

Bild 3.37 Prinzipielle Abbildung der Pseudoschlüssel auf einen Digitalbaum

Stabilität gegen schiefe Schlüsselverteilungen am wirksamsten zu sein verspricht. In diesem Verfahren sind Split-Techniken zur Konstruktion eines erweiterbaren Hash-Bereichs mit dem Konzept des Digitalbaumes (Radix-Baum) zu seiner Adressierung vorteilhaft zusammengefaßt. Da Digitalbäume keinen Mechanismus zur Balancierung ihrer Höhe besitzen, muß die Ausgewogenheit „von außen" durch Gleichverteilung der Schlüssel aufgezwungen werden. Diese Forderung läßt sich dadurch erfüllen, daß nicht die ungleichverteilten Schlüssel k ϵ K direkt, sondern ihre durch h(k) erzeugten Adressen k' (Pseudoschlüssel), für die h eine bessere Gleichverteilungseigenschaft garantieren sollte, auf den Digitalbaum abgebildet werden. Das Prinzip dieser Adressierung ist in Bild 3.37 anhand unserer vorgegebenen Schlüsselmenge skizziert. Als Hash-Funktion zur Erzeugung der Pseudoschlüssel wurde eine Faltung der drei Schlüsselzeichen mit EXOR-Verknüpfung gewählt. Die Bitfolge des Pseudoschlüssels k' wird spiegelbildlich interpretiert, so daß die letzten d Bits von k' zur Adressierung des Digitalbaumes ausgewählt werden. Eine Anzahl d' von Bits aus h(k) wird so ausgewählt, daß alle Schlüssel des durch sie bestimmten Teilbaumes in einer Seite Platz finden. d' variiert in Abhängigkeit von der Schlüsselverteilung (lokale Tiefe), so daß sich im allgemeinen eine dynamische Grenzlinie ergibt. Wählt man das maximale d des Digitalbaums (globale Tiefe) als Größe eines Schlüsselteils von h(k), so kann man diesen Digitalbaum auch als TRIE mit einem Verzweigungsgrad von 2^d der Höhe 1 realisieren. Er entspricht einer Tabelle (Directory) mit 2^d Einträgen.

In Bild 3.38a ist die Wirkungsweise des erweiterbaren Hashing an unserem Anwendungsbeispiel gezeigt. Die gewählte Hash-Funktion wurde beibehalten. Der Bucketfaktor einer Seite sei 4. Alle Schlüssel, deren Pseudoschlüssel in den ausgewählten d Bits übereinstimmen, werden über denselben TRIE-Eintrag erreicht. Die Seiten enthalten eine Anzeige ihrer lokalen Tiefe d'. Stimmen d und d' überein, so sind in der Seite nur Schlüssel gespeichert, deren Pseudoschlüssel die gleiche Bitfolge in den ausgewählten d Positionen besitzt. Falls d' < d ist, enthält die Seite alle Schlüssel mit einer Übereinstimmung der Pseudoschlüssel in der Länge d', d.h., es verweisen mehrere TRIE-Einträge auf die Seite. Ein drohender Seitenüberlauf kann in diesem Fall durch einen einfachen Split-Vorgang abgewendet werden. Falls d = d' für eine volle Seite gilt, ist der Einfügevorgang schwieriger. Es hat ein Split-Vorgang und als Konsequenz, um die Adressierung der neuen Seite zu ermöglichen, eine Verdopplung der TRIE-Struktur durch Erhöhung der globalen Tiefe um 1 zu erfolgen. Diese Modifikation des TRIE läßt sich bei Präfix-Adressierung (101* → 1010*, 1011*) durch Verdopplung der einzelnen Einträge und Neuadressierung der durch den Split-Vorgang betroffenen Seite (mit lokaler Neuverteilung der Schlüssel) durchführen. Falls eine Suffix-Adressierung gewählt wird (*101 → *0101, *1101), entspricht das Verdoppeln der TRIE-Struktur dem Anhängen seiner vollständigen Kopie mit der Modifikation eines Eintrages.

Im Bild 3.38b ist die Wirkungsweise von strukturverändernden Operationen nach einem einfachen Split-Vorgang durch K20 und nach der Erhöhung der globalen Tiefe auf d = 4 mit dem auslösenden Split-Vorgang durch K69 dargestellt.

Beim erweiterbaren Hashing ist die Idee des index-sequentiellen mit der des direkten Zugriffs kombiniert. In seiner Zugriffsgeschwindigkeit liegt es zwischen

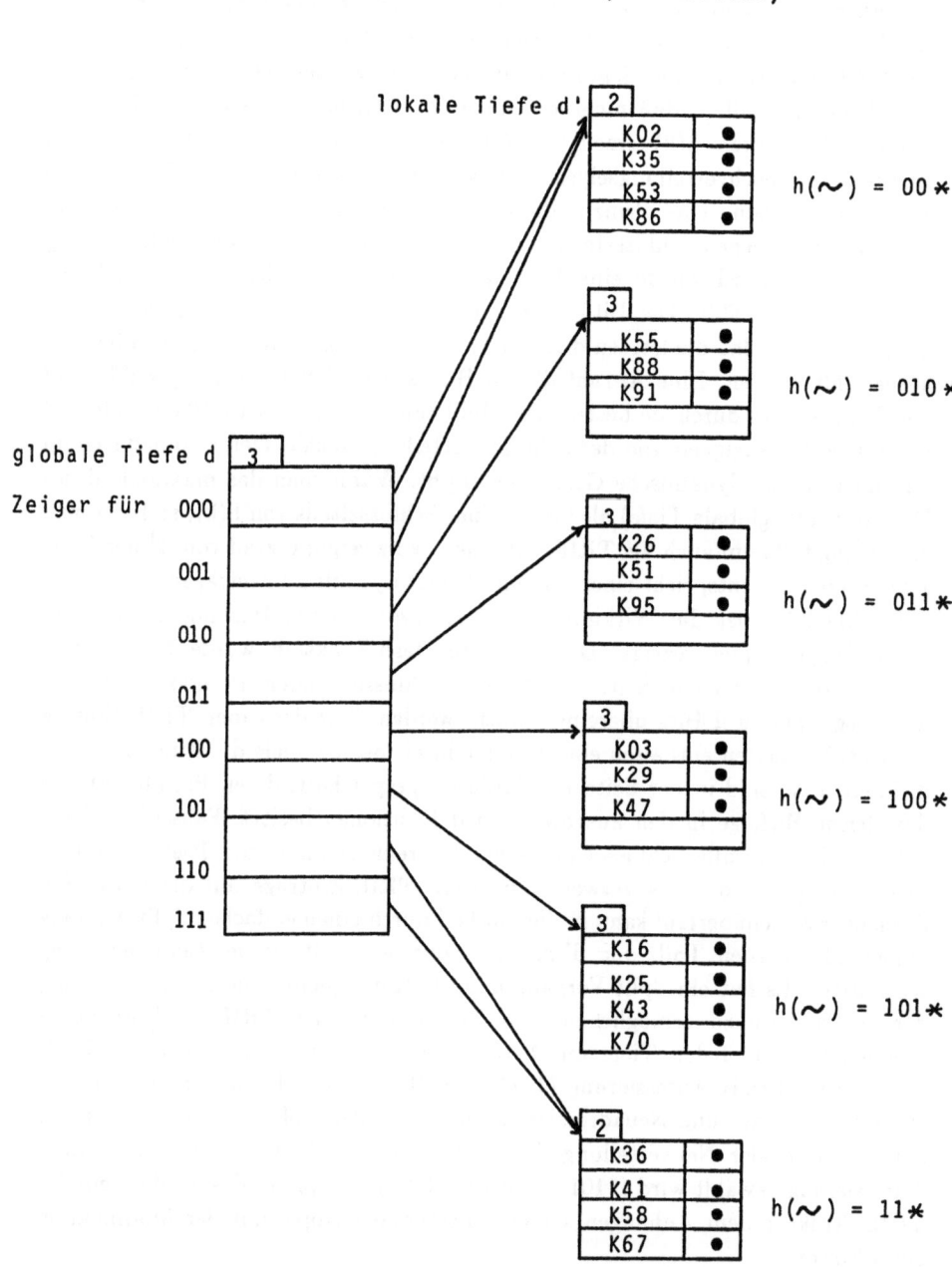

Bild 3.38a Gestreute Speicherungsstruktur beim erweiterbaren Hashing. Darstellung des Anwendungsbeispiels

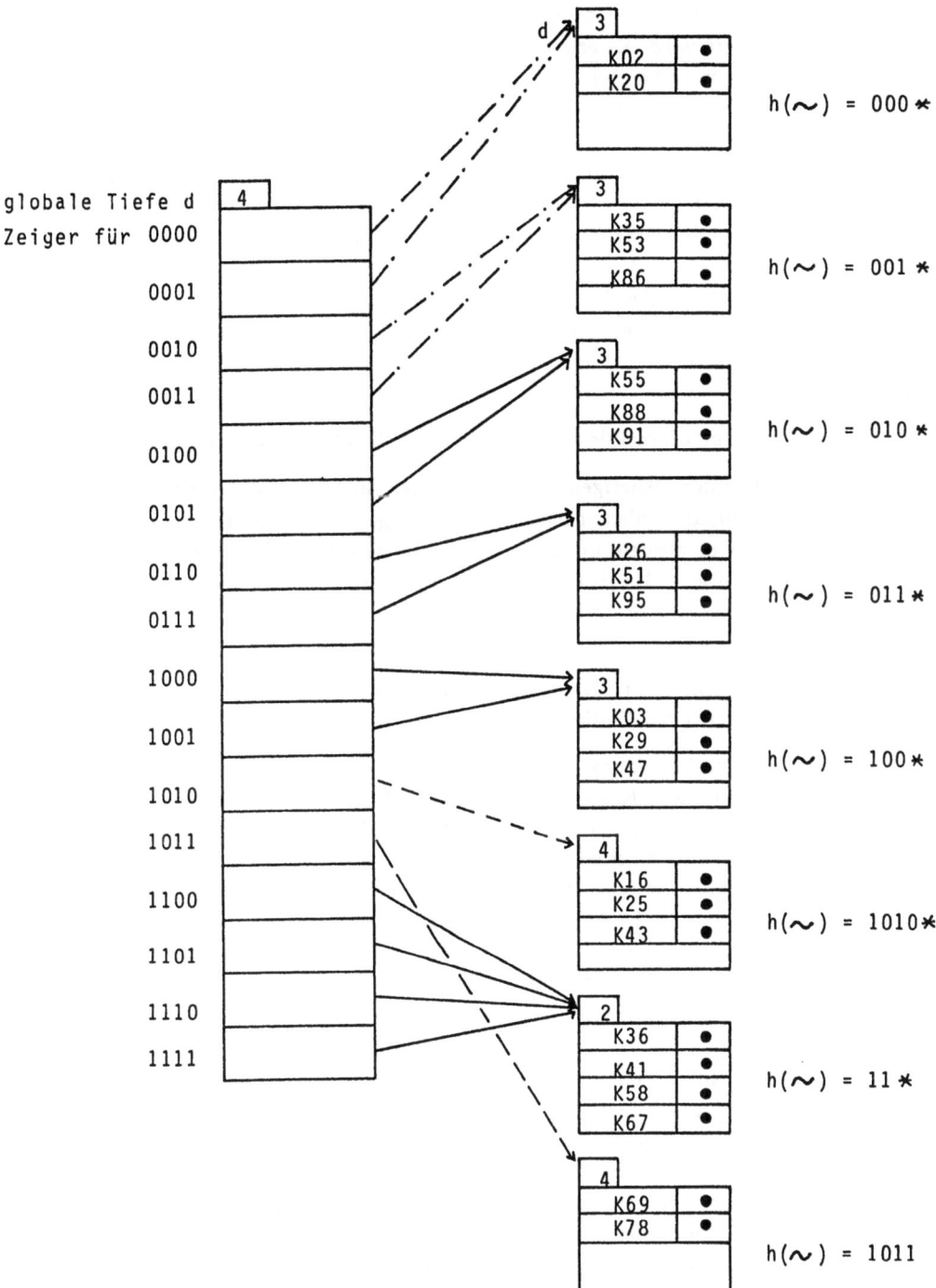

Bild 3.38b Gestreute Speicherungsstruktur beim erweiterbaren Hashing. Modifizierte Struktur nach zwei Split-Vorgängen:
- Normales Splitting bei Einfügen von K20
- Verdoppelung der TRIE-Struktur bei Einfügen von K69

konventionellen Hash-Verfahren und Mehrwegbäumen, da immer ein Zugriffsfaktor von 2 garantiert wird. Es erhöht durch seine dynamische Speicherzuweisung die Einsatzbreite von gestreuten Speicherungsstrukturen. Da es die Schlüsselsortierung nicht bewahrt, bleibt es vom Funktionsumfang her gesehen den Mehrwegbäumen unterlegen. Ebenso wie beim virtuellen Hashing [LITW78], dessen Grundgedanke auf die dynamische Änderung der Hash-Funktion abzielt, und beim dynamischen Hashing [LARS78], dessen Grundkonzept eine ähnliche Verknüpfung von Hash-Funktionen und Indexstruktur vorsieht, steht seine durch Implementierung und Einsatz nachgewiesene Bewährung in der Praxis noch aus. Viele Vorschläge in der Literatur [SCHO81, RAMA84, LARS85, VEKL85], die auf eine Variation oder Modifikation dieser Konzepte abzielen, verdeutlichen die „Attraktivität" dieses Forschungsthemas.

3.4.4.4 Zusammenfassende Bewertung der betrachteten Zugriffspfade

Die Ergebnisse der bisherigen Diskussion über Zugriffspfade für Primärschlüssel sollen noch einmal in übersichtlicher Form dargestellt und durch ein grobes Kostenmaß bewertet werden, um die Auswahl der relevanten Implementierungstechniken zu erleichtern. Als Bewertungskriterien werden die drei wichtigsten Verarbeitungsprimitive in einer Zugriffspfadstruktur

- direkter Zugriff auf einen Satz bei gegebenem Schlüssel
- sequentielle (sortierte) Verarbeitung aller Sätze
- Änderungsdienst bei Einfügen oder Löschen eines Satzes

herangezogen. In Anlehnung an [NIEV74] entwickeln wir für diese Verarbeitungsprimitive eine einfache Kostenabschätzung als Funktion der Größe N des Datenbestandes, wobei nur die zu erwartende Anzahl der Seitenzugriffe berücksichtigt wird. Als Daumenmaß geben wir zusätzlich die Anzahl der Seitenzugriffe bei einem Datenbestand von $N = 10^6$ an, wie sie typischerweise in praktischen Anwendungsfällen bei den üblichen Parametergrößen für Seitenlänge, Verzweigungsgrad des B*-Baumes etc. zu erwarten sind. Durch bestimmte Optimierungsmaßnahmen wie Lokalität im Systempuffer etc. können diese Kosten im Einzelfall drastisch gesenkt werden. Die Zusammenstellung der Kostenabschätzung in Tabelle 3.3 soll qualitativ zeigen, in welcher Weise die verschiedenen Verarbeitungsprimitive von der gewählten Speicherungsstruktur und dem Parameter N abhängen. Die Notation O bedeutet „proportional zu" oder „in der Ordnung von". Sie zeigt nur das generelle Anwachsen der Kosten an und verbirgt im Einzelfall konstante Faktoren, deren Größe für die praktische Einsatztauglichkeit einer Struktur von entscheidender Bedeutung sein kann. O(N) bedeutet also, daß die Kosten für das entsprechende Verarbeitungsprimitiv linear durch N bestimmt werden, während durch K (konstant) ausgedrückt werden soll, daß der Aufwand unabhängig von N und vergleichsweise gering ist.

In Tabelle 3.3 wird unterstellt, daß bei der Funktion „direkter Zugriff" ein zufälliger Schlüssel bereitzustellen ist. Bei sequentiellen Speicherungsstrukturen bedeutet dies im Mittel N/2 Schlüsselvergleiche. Listen erzwingen die physisch benachbarte Speicherung zusammengehöriger Sätze, Ketten jedoch nicht. Deshalb

Tabelle 3.3 Vergleich der wichtigsten Zugriffsverfahren

Zugriffsverfahren	Speicherungsstruktur	Direkter Zugriff	Sequentielle Verarbeitung	Änderungsdienst (Aufsuchen und Ändern)
fortlaufender Schlüsselvergleich	Listenstruktur	$O(N) \approx 5 \cdot 10^4$	$O(N) \approx 10^5$	$O(N) + K \approx 5 \cdot 10^4$
	Kettenstruktur	$O(N) \approx 5 \cdot 10^5$	$O(N) \approx 10^6$	$O(N) + K \approx 5 \cdot 10^5$
Baumstrukturierter Schlüsselvergleich	Balancierte Binärbäume	$O(\log_2 N) \approx 20$	$O(N) \approx 10^6$*	$O(\log_2 N) + K \approx 22 - 24$
	Mehrwegbäume	$O(\log_k N) \approx 4 - 5$	$O(N) \approx 10^6$*	$O(\log_k N) + K \approx 6 - 7$
	Digitalbäume	$O(\log_2 N) \approx 20$***	$O(N) \approx 10^6$*	$O(\log_2 N) + K \approx 22 - 24$***
Konstante Schlüsseltransformationsverfahren	Statischer Hash-Bereich			
	- mit kollisionsfreier Satzzuordnung	$K(=1) = 1$	$O(N) \approx 10^5$	$K(=1) + K(=1) = 2$
	- Mit Kollisionsbehandlung	$K(>1) \approx 1.1 - 1.4$	$O(N\log_2 N)$**	$K(>1) + K(>1) \approx 2.2 - 2.5$
Variable Schlüsseltransformationsverfahren	Dynamischer Hash-Bereich	$K(=2) = 2$	$O(N\log_2 N)$**	$K(=2) + K(>2) = 3.1 - 3.2$

* Bei Clusterbildung Faktor 10-20 geringer
** Physisch sequentielles Lesen, Sortieren und sequentielles Verarbeiten der gesamten Sätze
*** Beim binären Radix-Baum mit ausgewogener Seitenstruktur 5 - 6 bzw. 6 - 8 Seitenzugriffe für direkten Zugriff und Änderungsdienst

wird bei der Listenstruktur eine Speicherung von 10 Sätzen pro Seite angenommen. Beim Änderungsdienst wird ebenso unterstellt, daß die Einfügeposition oder der zu löschende Satz erst durch N/2 Schlüsselvergleiche zu ermitteln ist. Diese Annahme trifft für den Änderungsdienst in sortierten und ungeordneten Listen und Ketten zu. Lediglich beim Einfügen in ungeordnete Listen oder Ketten fällt dieser Aufwand nicht an. Das Einfügen in eine Liste soll durch ein wahlfreies Zuordnen neuer Seiten mit einer Split-Technik unterstützt werden, so daß der Verschiebeaufwand bei Seitenüberlauf lokal begrenzt bleibt.

Bei Binärbäumen wird zwar eine Gewichts- oder Höhenbalancierung, aber keine Zuordnung von benachbarten Knoten oder Teilbäumen zu Seiten unterstellt. Digitalbäume erzielen beim direkten Zugriff ebenso wie Binärbäume das ungünstige Zugriffsverhalten $O(\log_2 N)$. Verbesserungen sind nur beim binären Radix-Baum bekannt [HOWA78]. Durch Clusterbildung der Datensätze in Sortierreihenfolge kann der Aufwand für die sequentielle Verarbeitung in Baumstrukturen ($O(N)$) typischerweise um den Faktor 10-20 verbessert werden. Beim Änderungsdienst in Baumstrukturen wird neben dem Aufsuchvorgang das Zurückschreiben einer Datenseite und einer Baumseite berücksichtigt. Zusätzliche Split-Kosten haben zumindest bei Mehrwegbäumen nur geringfügigen Einfluß.

Bei den Schlüsseltransformationsverfahren kann beim direkten Zugriff mit einem konstanten Aufwand gerechnet werden. Falls die Datensätze indirekt über eine Hashtabelle erreicht werden, kommt ein weiterer Zugriff dazu. Theoretisch können zwar Verfahren mit Kollisionsbehandlung nach $O(N)$ entarten, in praktischen Fällen läßt sich dieser pathologische Fall jedoch durch geeignete Parameterwahl oder durch Reorganisation verhindern. Bei der sequentiellen Verarbeitung in Hash-Bereichen mit kollisionsfreier Satzzuordnung wird unterstellt, daß eine relativ dichte Schlüsselbelegung (10 Sätze pro Seite) vorliegt und das Transformationsverfahren die Sortierordnung der Schlüssel nicht zerstört. In den anderen Fällen impliziert die sequentielle Verarbeitung physisch sequentielles Lesen und Sortieren des gesamten Datenbestandes und anschließendes Verarbeiten der sortierten Sätze. Beim Änderungsdienst werden neben dem Aufsuchen der Seite ihr Zurückschreiben und ggf. geringfügige Kosten für Überlaufbehandlung beim Einfügen, Reorganisation in einer Überlaufkette beim Löschen oder Split-Vorgang mit lokalem Rehashing berücksichtigt.

Der Vergleich der Bewertungen in Tabelle 3.3 zeigt deutlich, daß in DBS zur ausschließlichen Unterstützung des schnellen direkten Zugriffs vor allem Schlüsseltransformationsverfahren geeignet sind. Wegen ihrer ausgewogenen Kosten für alle Verarbeitungsprimitive haben sich Mehrwegbäume als Standardstruktur durchgesetzt. Bestimmte Digitalbäume, die in der Literatur als allgemeine Indexstruktur für DBS empfohlen werden [HOWA78], sind nur konkurrenzfähig, wenn ihre ausgewogene Seitenabbildung gelingt.

3.4.5 Zugriffspfade für Satzmengen

Während bei den Zugriffspfaden für Primärschlüssel jede Suche auf höchstens einen Satz führt, haben Zugriffspfade für Sekundärschlüssel – kurz sekundäre

Zugriffspfade genannt – und hierarchische Zugriffspfade jeweils n Sätze so zu verknüpfen, daß sie als Ergebnis eines Suchvorganges bereitgestellt werden können.

Ein sekundärer Zugriffspfad unterstützt das Aufsuchen von Sätzen eines Satztyps aufgrund von Attributwerten, um Suchfragen wie beispielsweise „Finde alle Angestellten aus Abteilung K02 und Wohnort Kaiserslautern" effizient auswerten zu können. Ein Zugriff startet typischerweise ebenso wie für einen Primärschlüsselzugriff „von außen" und versucht auf einmal alle Sätze, die das Suchargument erfüllen, bereitzustellen. Die Reihenfolge der Bereitstellung ist dabei unerheblich. Oft sind die sekundären Zugriffspfade nur auf einzelne Attribute zugeschnitten, so daß bei Fragen mit mehreren Suchkriterien verschiedene Zugriffspfade nebeneinander verfolgt werden müssen. Die jeweils qualifizierten Sätze sollten dabei in einer Form bereitgestellt werden, daß algebraische Mengenoperationen zur Ableitung der Treffermenge der Frage auf wirksame Weise durchzuführen sind.

Hierarchische Zugriffspfade sollen vor allem den satzweisen Zugriff auf Sätze verschiedenen Typs, die in einer funktionalen Beziehung inhaltlicher oder manueller, d.h. vom Programmierer bestimmten Art zueinander stehen. Auf der Anwendungsebene stellt eine Set- oder Linkstruktur eine logische Beziehung zwischen jeweils einem Owner-Satz und n Member-Sätzen pro Ausprägung dar [CODA78b, ASTR76]. Sie erlaubt eine Reihe von Operationen auf logischen Zugriffspfaden zwischen Member-Sätzen und zwischen Owner/Member-Sätzen. Dabei verläuft die satzweise Verarbeitung typischerweise „navigierend" vom Owner/Member aus zu einem Member (FIND FIRST/NEXT/PRIOR/LAST MEMBER) oder vom Member aus zum Owner (FIND OWNER). Eine wichtige Eigenschaft einer Setstruktur wird durch ihr Reihenfolge-Attribut eingeführt, wodurch den Member-Sätzen eine durch ein Ordnungskriterium bestimmte Reihenfolge aufgeprägt werden kann. Durch hierarchische Zugriffspfade sollen die logischen Zugriffspfade einer Setstruktur realisiert werden. Folgende Satz-Reihenfolgen, die sich für eine Setstruktur spezifizieren lassen, müssen deshalb bei Einfüge- und Aufsuchoperationen gewährleistet werden können:

- als Sortierung (ggf. mit Indexierung) nach Werten eines spezifizierten Sortierattributes in aufsteigender/absteigender Reihenfolge
- als absolute Position in der momentanen Folge der Member-Sätze (FIRST/LAST)
- als relative Position in der momentanen Folge der Member-Sätze (NEXT/PRIOR)
- als system-bestimmte Reihenfolge (IMMATERIAL).

In Bild 3.39 sind Anwendungsbeispiele dafür skizziert, welche logischen Beziehungen durch sekundäre und hierarchische Zugriffspfade realisiert werden sollen. Dabei wurde angenommen, daß ein Satztyp Angestellter (PERS) mit den Attributen Personalnummer (PNR), Abteilungsnummer (ANR), Wohnort (W-ORT) und Gehalt (GEHALT) und ein Satztyp Abteilung (ABT) mit den Attributen Abteilungsnummer (ANR), Managername (MNAME) und Abteilungsort (A-ORT) in einer inhaltlichen funktionalen Beziehung (über ANR) zueinander stehen.

Da es sich in beiden Fällen um die Darstellung einer Beziehung für eine Satzmenge handelt, ist das Spektrum der verfügbaren Implementierungstechniken

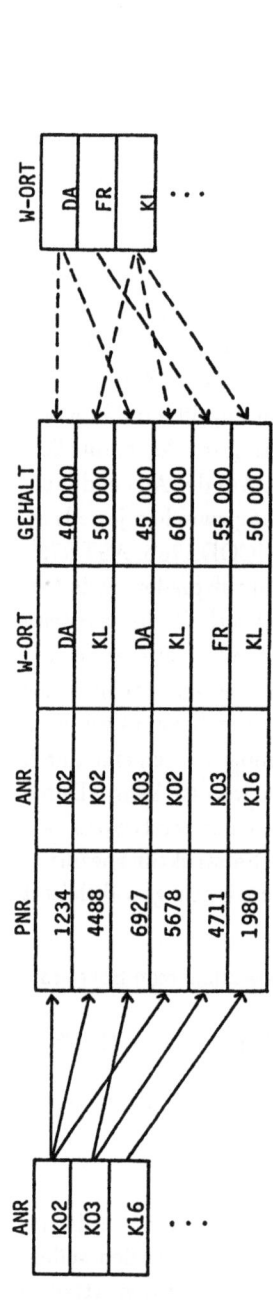

a) Verknüpfungen, die durch Zugriffspfade für Sekundärschlüssel zu realisieren sind

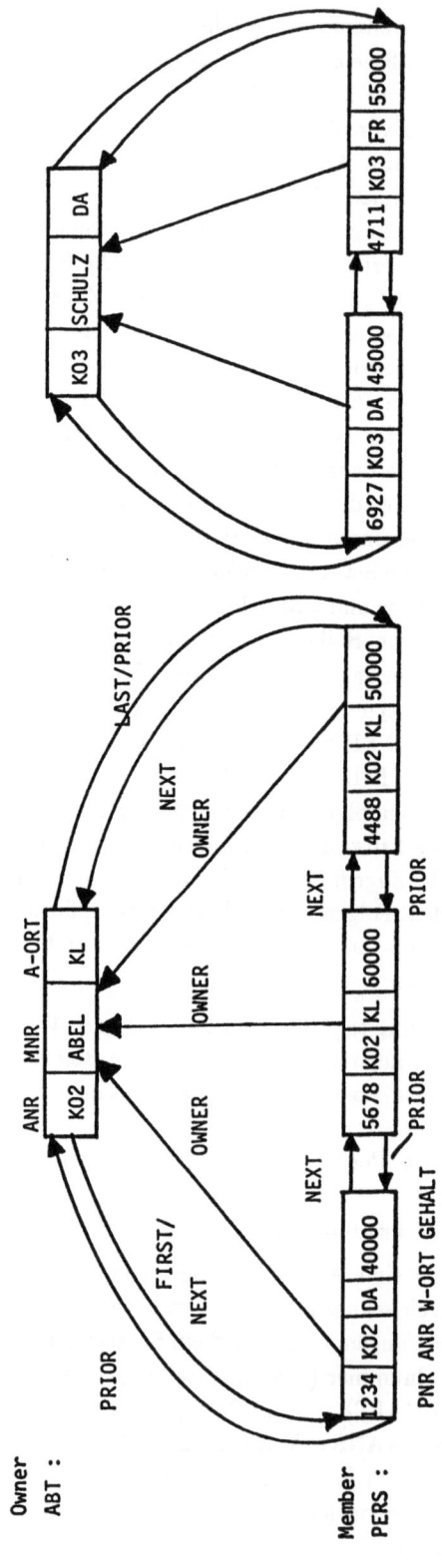

b) Verknüpfungen in Satzstrukturen, die durch hierarchische Zugriffspfade zu realisieren sind

Bild 3.39 Konzeptionelle Verknüpfungen in Satzmengen

gleich. Ihre aktuelle Auswahl für die verschiedenen Zugriffspfadtypen wird durch ihr Vermögen,

- die charakteristischen Suchoperationen zu begünstigen (FIND ALL RECORDS vs. FIND NEXT/PRIOR/FIRST/LAST/MEMBER, FIND OWNER)
- das geforderte Ordnungskriterium einzuhalten (IMMATERIAL vs. SORTED/ SORTED INDEXED/FIRST/LAST/NEXT/PRIOR)
- und ggf. durch die Größenordnung der Satzmenge bestimmt.

Bei diesen Zugriffspfaden unterscheiden wir den Einstiegsmechanismus und die Verknüpfungsstruktur. Bei sekundären Zugriffspfaden wird der Einstieg satztypbezogen „von außen" organisiert, während er bei hierarchischen Zugriffspfaden ausprägungsbezogen vom Owner aus geschieht. Als Einstiegshilfe in die Verknüpfungsstruktur sind bei sekundären Zugriffspfaden deshalb alle bisher eingeführten Verfahren für Primärschlüsselzugriff einsetzbar (Der Verweis zum Satz wird ersetzt durch die Ankeradresse der Verknüpfungsstruktur). Bei hierarchischen Zugriffspfaden erfolgt der Einstieg typischerweise über einen Zeiger vom Owner aus (oder über einen anderen Zugriffspfad). Falls für die zu verknüpfende Satzmenge eine Sortierordnung (SORTED INDEXED) aufrecht zu erhalten ist, läßt sich die Verknüpfungsstruktur in geeigneter Weise durch einen überlagerten Mehrwegbaum verwalten.

3.4.5.1 Verknüpfungsstrukturen für Satzmengen

Einbettung und Auslagerung der Hilfsdaten für die Verknüpfungsstruktur führen auf zwei prinzipielle Möglichkeiten ihrer Reduzierung. Da die Elemente der Verknüpfungsstruktur physisch benachbart oder durch Zeiger verkettet organisiert werden können, ergeben sich vier Strukturkonzepte (Bild 3.40).

3.4.5.2 Zugriffspfade für Sekundärschlüssel

Obwohl prinzipiell möglich, ist Methode 1 - auch Listentechnik genannt - als Implementierungstechnik für sekundäre Zugriffspfade nicht gebräuchlich. Da in der Regel Zugriffspfade für mehrere Sekundärschlüssel eines Satztyps anzulegen sind, würde ein hoher Grad an Speicherredundanz eingeführt werden. Ggf. wäre es denkbar, für den „wichtigsten" Sekundärschlüssel eine solche Listenstruktur vorzusehen, weil dann das Aufsuchen der zusammengehörigen Sätze wegen ihrer physischen Nachbarschaft besonders schnell erfolgen kann.

Methode 2 - auch als Kettungstechnik (Chain) bekannt - vermeidet zwar die Speicherredundanz bei Mehrfachketten (Multichain) für verschiedene Sekundärschlüssel, impliziert aber bei der Frageauswertung schwerwiegende Nachteile. Da die Sätze in einer Kette nur satzweise nacheinander aufgesucht werden können, lassen sich die Freiheitsgrade einer deskriptiven Sprache bei der Anfrageauswertung nicht ausnutzen. Die vom Konzept her gegebene Möglichkeit des parallelen und in der Reihenfolge optimierten Zugriffs [WEDE76] ausschließlich auf die Treffermenge einer Anfrage wird verhindert. Die bei der Auswertung von Fragen mit mehreren Suchkriterien erforderlichen mengenalgebraischen Operationen lassen sich nur sehr umständlich realisieren. Bei disjunktiven Verknüpfungen

258 Realisierung von operationalen Schnittstellen

Eingebettete Hilfsdaten:

1. Physische Nachbarschaft der Sätze

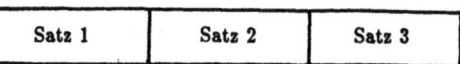

2. Verkettung der Sätze

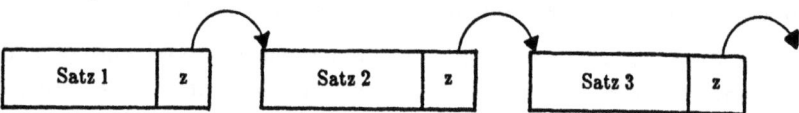

Ausgelagerte Hilfsdaten:

3. Physische Nachbarschaft der Zeiger

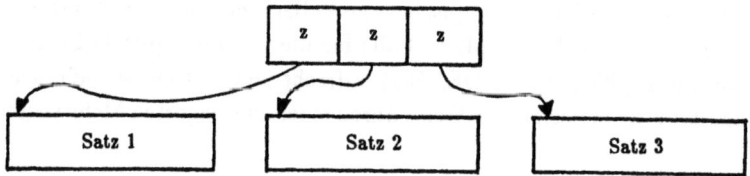

4. Verkettung der Zeiger

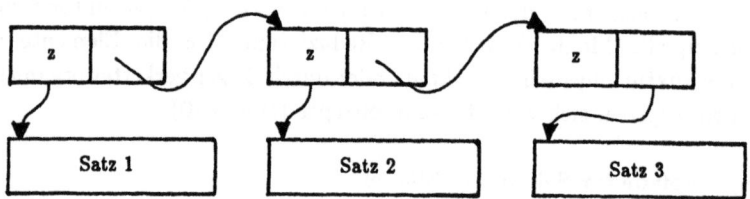

Bild 3.40 Konzepte zur Verknüpfung von Satzmengen

(ODER) sind alle betroffenen Ketten zu verfolgen, während bei konjunktiven Verknüpfungen (UND) die kürzeste Kette zu bestimmen und auszuwerten ist. Im allgemeinen Fall müssen dabei auch Sätze, die sich nicht für die Frage qualifizieren, aufgesucht werden. Aus diesen Gründen findet die Kettungstechnik in der Praxis für sekundäre Zugriffspfade kaum Anwendung.

Methode 3 – auch Invertierungstechnik genannt – ist zugeschnitten auf die Auswertung von Fragen mit mehreren Suchkriterien. Durch die separate Speicherung der Satzverweise lassen sich mengenalgebraische Operationen sehr effizient und ausschließlich auf den Hilfsdaten ausführen. Beliebige Verfahren der Zugriffsoptimierung auf die Treffermenge durch Parallelität und Reihenfolge sind einsetzbar. Aus diesen Gründen verkörpert sie die Standardstruktur für sekundäre Zugriffspfade. Ihre wichtigsten Implementierungstechniken werden weiter unten genauer eingeführt.

Methode 4 weist zwar die höchsten Freiheitsgrade auf, die aber in den typischen Anwendungen nicht ausgenutzt werden. Neben den höchsten Speicherkosten erfordert sie auch die höchsten Zugriffskosten, so daß sich ihr Einsatz auch aus ökonomischen Gründen verbietet.

Implementierungsformen der Invertierung

Die konkrete Implementierung der Invertierung der Sätze eines Satztyps für ein Attribut richtet sich nach den Schemata in Bild 3.41. Zur Invertierung werden eine Indexstruktur zur sortierten Speicherung aller Werte des Attributs (Sekundärschlüssel) und Zeigerlisten benötigt. Die zu einem Sekundärschlüsselwert gehörende Zeigerliste verweist auf alle Sätze, die diesen Schlüssel als Attributwert besitzen. Die aktuelle Länge einer Zeigerliste ist in einem speziellen Längenfeld vermerkt; dies ist vor allem für die Frageauswertung sehr hilfreich. Variabel lange Zeigerlisten, die in die Indexstruktur eingebettet sind, erzwingen in der Regel komplizierte Split- und Überlaufmechanismen. Die separate Speicherung der Zeigerlisten führt deshalb oft auf eine einfachere Implementierung mit billigeren Wartungsoperationen.

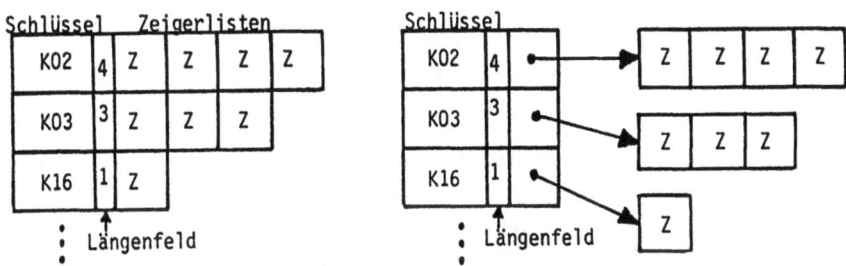

Bild 3.41 Eingebettete oder separat gespeicherte Zeigerlisten bei der Invertierung

Die Standardoperationen zum Aufsuchen und Modifizieren in der sortierten Indexstruktur betreffen immer genau einen oder zwei Schlüssel und die dazugehörigen Zeigerlisten und sind zumindest auf der konzeptionellen Ebene selbsterklärend. Verknüpfungs- und Auswertungsoperationen mit Hilfe von Indexstrukturen, wie sie beispielsweise für Bereichsfragen oder für Anfragen mit mehreren Suchbedingungen anfallen, erfordern zu ihrer Optimierung wegen der variablen Listenlängen und verschiedener inhaltlicher Kriterien wie Qualifikationswahrscheinlichkeit etc. heuristische Verfahren – z.B. die jeweils kürzesten Listen zuerst verknüpfen – zur Durchführung der mengenalgebraischen Operationen. Diese heuristischen Verfahren werden gewöhnlich durch Strategieentscheidungen auf einer höheren Systemebene festgelegt. Auswertungsstrategien zur Realisierung solcher allgemeiner Suchfragen ziehen komplexe Operationsfolgen mit Sortier- und Mischvorgängen für die Zeigerlisten und bei beschränktem Speicherplatz eine Vielzahl von E/A-Operationen nach sich, so daß sie ein großes Optimierungspotential darstellen. Sie sollen jedoch an dieser Stelle nicht vertieft werden.

Bei beiden Techniken der Invertierung werden als Einstiegshilfe zu den Schlüsseln der Indexstruktur und zu ihrer dynamischen Reorganisation bei Aktualisierungsoperationen in der Regel Mehrwegbäume verwendet, obwohl auch andere Verfahren denkbar sind (siehe Abschnitt 3.4.4).

Zur Unterstützung spezieller Bedürfnisse der praktischen Anwendungen kann es vorteilhaft sein, die Indexstrukturen in zweifacher Hinsicht zu erweitern. Die erste Erweiterungsmöglichkeit betrifft den Schlüsselteil. Dabei sind folgende verschiedenartige Variationen möglich:

- *Mehrattribut-Index*: Um einen zugeschnittenen Zugriffspfad für eine Attributgruppe bereitzustellen, lassen sich im Index Schlüssel, die durch Konkatenation der Werte mehrerer Attribute gebildet werden, speichern. Die zugehörigen Zeigerlisten verweisen jeweils auf die Sätze, die genau die betreffende Wertekombination für die Attributgruppe als Inhalt haben; das Auswahlvermögen eines Mehrattribut-Index entspricht also dem der $\wedge$-Verknüpfungen aller entsprechenden einfachen Indexstrukturen. Durch eine geeignete Codierungstechnik lassen sich alle Werte variabler Länge eines zusammengesetzten Schlüssels als ein Zeichenstring speichern und vergleichen, wobei eine vorgegebene Sortierreihenfolge eingehalten wird. Dabei kann eine auf-/absteigende Sortierfolge für jedes einzelne der beteiligten Attribute separat festgelegt werden [BLAS77a]. Ein Mehrattribut-Index erhöht die Selektionsschärfe eines Zugriffspfades; umgekehrt kann durch Verkürzung der Sekundärschlüssel eine entsprechende Verminderung erzielt werden.

- *Generischer Index*: Im Schlüsselteil der Indexstruktur werden für ein Attribut nur noch die Schlüsselpräfixe bis zu einer vorgegebenen Länge gespeichert, so daß eine Zeigerliste auf Sätze verweist, in denen für das betreffende Attribut mehrere Werte (mit demselben Präfix) auftreten können. Ein solcher generischer Index würde beispielsweise bei dem Wert SCHMI für das Attribut NAME auf Sätze mit SCHMID, SCHMIED, SCHMIDT, SCHMITT, SCHMIDHUBER... verweisen.

- *Gesamtindex*: Die Zusammenfassung aller invertierten Attribute einer Datei in einer gemeinsamen Indexstruktur läßt sich auf einfache Weise dadurch erreichen, daß jeder Schlüsselwert mit dem zugehörigen Attribut als Präfix konkateniert abgespeichert wird. In praktischen Fällen wird das Attribut durch ein Kennzeichen von einem Byte Länge verschlüsselt. Durch die Einhaltung einer Sortierreihenfolge ergibt sich für jede Attributinvertierung ein disjunkter Bereich in der Indexstruktur. Ein solcher Gesamtindex (Superindex) kann durch die Reduktion der verschiedenen Strukturen und ihre einheitliche Behandlung gewisse Vorteile bei der Implementierung mit sich bringen; vor allem ist jedoch beim aktuellen Zugriffsverhalten durch die höhere Lokalität der verschiedenen Indexoperationen eine deutliche Verbesserung zu erwarten.

Die zweite Erweiterungsmöglichkeit der Indexstrukturen betrifft die zulässigen Suchoptionen. Bisher wurde immer unterstellt, daß bei Aufsuchoperationen durch Vergleich mit dem Suchschlüssel genau ein Eintrag im Index auszuwählen war (exakte Suche), über den dann die qualifizierten Sätze bereitgestellt wurden. Durch Einführung neuer Suchoptionen läßt sich die Flexibilität und Einsatzbreite eines Index beträchtlich verbessern. Mit Hilfe der Spezifikation eines Suchschlüssels und seiner Vergleichslänge kann im Index eine Startposition für komplexere Suchoperationen festgelegt werden. Zusätzlich zur exakten Suche sind folgende Optionen vorteilhaft einzusetzen:

- *Approximative Suche*: Die Startposition im Index ergibt sich durch den Schlüssel, der größer/gleich oder strikt größer als der Suchschlüssel (bezogen auf die Vergleichslänge) ist. Durch sequentielle Lesevorgänge werden von der Startposition aus alle folgenden Sätze (bis EOF) in der Indexreihenfolge bereitgestellt.

- *Bereichssuche*: Die Festlegung der Startposition im Index geschieht wie bei der approximativen Suche. Durch explizite Spezifikation eines zweiten Suchschlüssels als Abbruchkriterium (Stopposition) läßt sich die Bereitstellung der Sätze auf den Bereich einschränken, dessen Schlüsselwerte kleiner/gleich oder strikt kleiner als der zweite Suchschlüssel sind.

- *Generische Suche*: Es wird im Index auf den ersten Eintrag positioniert, dessen Schlüsselwert mit dem Suchschlüssel in der Vergleichslänge (generischer Schlüssel) übereinstimmt. Durch nachfolgende sequentielle Lesevorgänge werden alle Sätze, die durch den generischen Schlüssel qualifiziert werden (exakter Präfix-Vergleich), bereitgestellt.

- *Maskensuche*: Mit Hilfe dieser Suchoption kann nach Schlüsselwerten gesucht werden, für die nur Teile ihres Inhalts genau bekannt sind. Dazu wird für den Suchschlüssel eine Maske aufgebaut, die neben den bekannten Teilen Stellvertreter-Symbole enthält. Um eine hinreichende Flexibilität des Verfahrens zu gewährleisten, ist es vorteilhaft, zum Aufbau der Maske zwei spezielle Symbole – beispielsweise % oder # – zur Spezifikation von unbekannten Schlüsselteilen mit folgender Interpretation vorzusehen:
    % bedeutet „null oder mehr beliebiges Zeichen"
    # bedeutet „genau ein beliebiges Zeichen"
  Die beiden Symbole % und # dürfen in der Maske beliebig oft auftreten. In Abhängigkeit von der aktuellen Maske des Suchschlüssels ist ein geeigneter Indexbereich – ggf. der gesamte Index – für die Auswertung auszuwählen. Ein Schlüssel qualifiziert sich, wenn er mit der Maske nach einer erlaubten Substitution der speziellen Symbole % und # übereinstimmt. Beispielsweise würden sich bei Einsatz der Maske %M#IER% die Schlüsselwerte MAIER, MEIER etc. aber auch SCHLAUMEIER, AMBIERBRUNNEN etc. qualifizieren; die zugehörigen Sätze lassen sich über die entsprechenden Indexeinträge direkt aufsuchen.

- *Phonetische Suche*: Diese Suchoption dient dazu, bei nur ungenau bekannten Suchschlüsseln – etwa durch orthographisch falsche bzw. unvollständige Darstellung oder durch klangliche Nachbildung ungenau übermittelter Namen entstanden – alle Sätze mit klanglich ähnlichen Sekundärschlüsseln aufzufinden. Durch ein Phonetisierungsverfahren wird beispielsweise der phonetische Gehalt des Suchschlüssels ermittelt und numerisch verschlüsselt. Über den Index können alle Schlüssel, deren phonetischer Gehalt dem des Suchschlüssels möglichst ähnlich ist, herausgefunden werden. Die betreffenden Schlüssel erlauben das direkte Aufsuchen der in Frage kommenden Sätze. Beispielsweise könnten mit Hilfe der phonetischen Suchoption für MAIER(?) neben den Sätzen mit MAYER, MEYER, MEIER, MAYR etc. auch Sätze mit BAIER, BAYER, GEIER etc. bereitgestellt werden. Es hängt jedoch von der Mächtigkeit des Phonetisierungsverfahrens und den Schwellwerteinstellungen für die zulässigen Abweichungen bei Ähnlichkeit ab, welche Sätze in welcher Übereinstimmungsgüte tatsächlich gefunden werden.

Diese verschiedenen Suchoptionen stellen Erweiterungen der Standardaufsuchoperationen für Sekundärschlüssel dar, die sich durch eine Indexstruktur wirkungsvoll unterstützen lassen. Mit entsprechender Modifikation lassen sie sich auch ggf. als Zusatzoptionen für baumstrukturierte Primärschlüssel-Zugriffspfade vorsehen. Sie sind jedoch nicht prinzipiell an irgendwelche Zugriffspfade gebunden, da sie – allerdings wenig effizient – auch durch erschöpfende Suche im gesamten Datenbestand ausgeführt werden könnten.

Indextabellen

Sind in den variabel langen Zeigerlisten Adreß- oder Schlüsselverweise gespeichert, so spricht man von Indextabellen (invertierte Listen etc.). Folgende Implementierungsmöglichkeiten ergeben sich für Zeiger(Z in Bild 3.41, siehe auch 3.4.1):

- *RBA*: relative Byteadresse des Satzes vom Beginn des Segmentes gerechnet. Dieses Konzept ist wegen seiner Sensitivität gegenüber Satzverschiebungen nur für statische Datenbestände geeignet.

- *PP*: direkter Zeiger zur Seite (Page). Das Suchen in der Seite hat sequentiell oder über eine zusätzliche Indextabelle in der Seite zu erfolgen. Das Konzept bietet keine Isolation von Verschiebungen über Seitengrenzen hinweg und ist deshalb in vielen Fällen ungeeignet.

- *DBK/PPP*: Jeder Zeiger wird durch DBK und PPP (probable page pointer), der jedoch nicht aktualisiert wird, implementiert. Durch diese Verdopplung des Speicherplatzbedarfs ist im Erfolgsfall nur ein Seitenzugriff (bei Mißerfolg drei Seitenzugriffe) nötig.

- *TID*: Tuple Identifier. Wegen seiner Stabilität gegenüber Verschiebungen und einem Zugriffsfaktor von $\approx$ 1 eignet sich dieses Konzept für ein breites Anwendungsspektrum.

- *Primärschlüssel*: Dieses Verfahren setzt kurze Primärschlüssel voraus. Alle Sekundärschlüsselzugriffe werden an den Zugriffspfad des Primärschlüssels gebunden (z.B. Hash-Verfahren). Da Primärschlüssel nicht geändert werden, treten keine durch Satzverschiebungen bedingte Aktualisierungsprobleme in den Zeigerlisten auf.

Je nach Wahl des Konzeptes und Länge der Satzadresse sind typischerweise 3-4 Bytes pro Verweis zu veranschlagen.

Mengenalgebraische Operationen erfordern eine Sortierung der Satzadressen in den Zeigerlisten. Eine Optimierung des Speicherplatzbedarfs läßt sich durch Methoden der Zeigerkompression erzielen [WAGN73]. Wenn die Adressenliste hinreichend dicht ist, ist es wegen der Sortierung sehr wahrscheinlich, daß aufeinanderfolgende Adressen gleiche Präfixe besitzen.

Bitlisten

Eine Beschleunigung der mengenalgebraischen Operationen läßt sich durch Implementierung der Verweislisten mit Hilfe von Bitlisten erzielen. Der Grundgedanke besteht darin, die Bitpositionen einer linearen Bitfolge eindeutig den Sätzen zuzuordnen. Dieses läßt sich immer durch eine sogenannte Zuordnungstabelle erreichen; in Sonderfällen kann die Zuordnung auch algorithmisch erfolgen – beispielsweise durch die Berechnung der Satznummer oder -adresse aus der Bitposition. Für jeden Sekundärschlüsselwert wird eine Bitliste angelegt, in der die Positionen markiert sind (1-Bit), deren zugeordneter Satz den Wert des Sekundärschlüssels besitzt. Die einfachste Form der Implementierung erhält man durch die Bitmatrix fester Länge (Bit-Pattern-Matrix), bei der die Zeilen den Sekundärschlüsselwerten und die Spalten den Sätzen entsprechen. Der Speicherplatzbedarf für diese Technik ist im allgemeinen sehr hoch, da Bitpositionen jeweils für alle Sätze vorgesehen werden müssen. Der Zwang, auch die Nicht-Anwesenheit eines Wertes darzustellen, führt oft zu langen Nullfolgen in einer Bitliste. Lediglich bei niedriger Selektivität der Schlüsselwerte ist die Bitliste dicht besetzt, so daß sich als Speicherplatzbedarf pro Markierung (Verweis) günstige Werte ergeben. In diesen Fällen ist jedoch eine Invertierung von geringem Wert, da meist ein sequentielles Aufsuchen aller Sätze einen kleineren Zugriffsaufwand verursacht [WEDE76].

In vielen Anwendungsfällen besitzen invertierte Attribute eine relativ hohe Selektivität, d.h., eine Bitliste ist dünn besetzt, so daß sich wirksame Komprimierungstechniken einsetzen lassen. Der Speicherplatzersparnis und der damit verbundenen reduzierten Übertragungszeit der Verweisliste vom/zum externen Speicher stehen zusätzliche Kosten für die Komprimierung bei ihrem Aufbau und bei ihrer Aktualisierung sowie für die Dekomprimierung vor der Durchführung einer mengenalgebraischen Operation gegenüber. In der Literatur gibt es eine Fülle von Vorschlägen und Untersuchungen zur Reduzierung der Redundanz bei der Darstellung von Bitfolgen. Die entwickelten Komprimierungstechniken besitzen neben ihrer Anwendung zur Bitlistenkomprimierung für die Abbildung von Zugriffspfaden eine große Bedeutung in vielen Gebieten der Informatik; beispielsweise lassen sie sich in der graphischen Datenverarbeitung zur Darstellung von dünn besetzten Matrizen, Bildinhalten, Landkarten in geographischen Datenbanken etc. wirkungsvoll einsetzen.

Die Vielfalt der vorgeschlagenen Verfahren kann hier nicht näher betrachtet werden. Um das Verfahrensspektrum zu verdeutlichen und um die Einordnung einzelner Algorithmen zu erleichtern, geben wir lediglich ein Klassifikationsschema an:

1. Bitfolgen-Komprimierung (run length compression [BAHL74])
   - Komprimierung von Eins- und Nullfolgen durch eine oder mehrere Codiereinheiten (Binärzahl) fester Länge
   - Komprimierung von Nullfolgen durch eine oder mehrere Codiereinheiten fester oder variabler Länge mit impliziter Darstellung von Einsen
   - Nullfolgen-Komprimierung durch spezielle Codes (Golomb [TEUH78])

2. Mehr-Modus-Komprimierung [WEDE76]
   - Darstellung der Bitliste durch Nullfolgen und unkomprimierten Bitmustern (zwei Modi)
   - Einsatz von vier Modi zur Komprimierung von Null- und Einsfolgen sowie der Übernahme von Bitmustern

3. Block-Komprimierung (block compression [JAKO78a])
   - Anwendung von Huffman-Codes
   - Hierarchische Blockkomprimierung mit Hilfe eines Directory.

Die Frage nach dem besten Komprimierungsverfahren ist schwierig zu beantworten, weil die Verteilungscharakteristika der Markierungen die Ergebnisse stark beeinflussen. Vergleiche in der Literatur [JAKO78b, WEDE76], die kombinatorische Methoden, deterministische Modelle oder Simulation heranziehen, kommen zu keinen einheitlichen Empfehlungen.

Neben Speicherplatzargumenten ist für die Verfahrensauswahl zwischen Methoden der Bitlisten-Komprimierung oder Indextabellen der Aufwand beim Änderungsdienst, die Dichte der Markierungen und die wirksame Durchführung von mengenalgebraischen Operationen entscheidend. Zur Verbesserung des Änderungsverhaltens von Bitlisten wurde der Einsatz von Zuordnungstabellen zur Satzadressierung [WEDE76] oder von separaten Änderungsbereichen mit periodischer Reorganisation als sogenannte hybride Indexierung [JAKO79] vorgeschlagen. Da die invertierten Attribute unterschiedliche Selektivität aufweisen, wird in [JAKO78b] als Daumenregel für die Auswahl der Speicherungsstruktur folgende Vorgehensweise empfohlen. Es sollten bei einer Verweis- oder Markierungswahrscheinlichkeit pro Attributwert von

- 20 – 50% feste Bitmatrizen
- 1 – 20% komprimierte Bitlisten
- < 1% Indextabellen

verwendet werden. Die genauen Grenzen hängen von der Komprimierungstechnik und von der gewählten Adreßlänge ab. Selbst bei Verwendung von Indextabellen wird die aktuelle Auswertung einer Suchfrage mit mehreren Suchkriterien oft über eine dynamische Konstruktion von temporären Bitlisten abgewickelt (ADABAS, SESAM), da dadurch mengenalgebraische Operationen offenbar wesentlich effizienter ausgeführt werden können.

Erweiterungen der Invertierungsverfahren

Referenzstring-Methode

Die sogenannte Referenzstring-Methode [SCHE78] läßt sich einsetzen zur partiellen Inversion einzelner Attribute oder mehrerer Attribute als neuer Mehrattribut-Index, um beliebige Teile des Satzinhalts zur Invertierung heranziehen zu können. Im Gegensatz zur herkömmlichen Invertierung werden nicht der vollständige Attributwert oder die gesamte Konkatenation von Werten verschiedener Attribute, sondern einzelne geeignete Teilstrings dieser Werte als Index benutzt. Die zentrale Idee dieser Methode ist folgende:

Die Menge aller Sätze, die beispielsweise den String „INFORMATIK" enthalten, sind enthalten in der Menge der Sätze, die irgendwo die beiden Strings „INFORM" & „MATIK" enthalten, und diese wiederum in der Menge mit „INF" & „FORM" & „ORMA" & „TIK". Es sind natürlich wesentlich mehr Zerlegungen in solche Referenzstrings möglich. Durch geeignete Wahl solcher Referenzstrings ist eine Adaption des Index an die Häufigkeitsverteilung von Attributwerten und an die Benutzungswahrscheinlichkeiten der Daten möglich (z.B. „80-20"-Regel).

Die Referenzstrings haben nur den Zweck, auf die Sätze zu verweisen, in denen sie vorkommen. Für jeden ausgewählten Referenzstring wird eine invertierte Liste angelegt, die in irgendeiner der eingeführten Techniken implementiert sein kann. Die Frageauswertung geschieht so, daß die Suchkriterien in ähnliche Strings zerlegt werden, die dann die invertierten Listen bestimmen, die über die spezifizierten Operatoren verknüpft werden. Dadurch, daß die einzelnen Referenzstrings eines Suchkriteriums jeweils auf eine Obermenge der tatsächlich gesuchten Sätze verweisen, wird im allgemeinen auf eine Reihe von Sätzen zugegriffen, die gar nicht gesucht werden. Die Vorteile dieser Methode liegen neben ihrer Adaptionsfähigkeit an die Charakteristika der Daten und ihrer Benutzung vor allem in der Unterstützung der Suche mit partiell spezifizierten Attributwerten oder phonetischen Mustern als Suchkriterien und in der Ähnlichkeitssuche von Zeichenfolgen.

Intervall-Index

Die Invertierung von Wert-Intervallen variabler Breite erlaubt ebenso eine flexible Anpassung an Benutzungsanforderungen und Werteverteilungen. Bei dieser Methode wird ein Index-Eintrag für ein Intervall von Werten (nach einer vorgegebenen Kollationsfolge) spezifiziert, so daß die dazugehörige invertierte Liste auf alle Sätze verweist, deren Attributwerte für das indexierte Attribut in das entsprechende Intervall fallen. Ein Intervall-Index hat folgende neue und wünschenswerte Eigenschaften [SCHE80b]:

- Er bietet einen Kompromiß zwischen überhaupt keinem Index und einem konventionellen Index mit individuellen Attributwerten. Es ist eine Variation der Intervallbreite und eine selektive Festlegung der Intervalle, welche invertiert werden sollen, möglich. Damit lassen sich die Performance-Anforderungen in Abhängigkeit von Aufsuch- und Änderungshäufigkeiten einfacher und wirksamer kontrollieren. Der konventionelle Index kann als Spezialfall mit einer Intervallbreite von Null interpretiert werden.

- Die einmal festgelegten Intervalle sind von Änderungen in den Sätzen (z.B. durch neu auftretende Attributwerte) nicht betroffen. Bei separater Speicherung der Verweislisten bleibt die Indexstruktur stabil. Falls Änderungen von Attributwerten in den Sätzen in das gleiche Intervall fallen, bleibt sogar die zugehörige Verweisliste unberührt.
- Wegen ihrer Stabilität und ihres geringeren Umfangs können die separierten Indexeinträge im Data-Dictionary gehalten werden, so daß sie ständig schnell verfügbar sind. Durch Kennzeichnung der Intervalle mit durchschnittlichen Selektivitätsziffern läßt sich ihre Benutzung bei der Frageauswertung weiter optimieren.
- Falls Bereichfragen einem invertierten Intervall entsprechen, werden sie durch den Intervall-Index direkt unterstützt.

Nachteilig wirken sich beim Intervall-Index folgende Eigenschaften aus:

- Er ist prinzipiell ein „unscharfer" Index. Wenn gezielt nach einem Wert gesucht wird, ist im allgemeinen auf Sätze zuzugreifen, die sich nicht qualifizieren. Die Unschärfe nimmt mit der Größe der Intervalle zu und pflanzt sich bei mengenalgebraischen Operationen fort.
- Die Sortierordnung, die ein herkömmlicher Index auf der Basis einer geeigneten Baumstruktur bietet, bleibt nur „angenähert" erhalten. Eine Sortierordnung unterstützt Ordnungsklauseln in Anfragen oder die Durchführung von Verbundoperationen sehr wirkungsvoll. Falls sich die Intervalle nicht überlappen, können die zugehörigen Sätze bei derartigen Anforderungen separat sortiert werden.
- Eine Neuanpassung der Intervalle auf Grund wechselnder Benutzungs- und Ausprägungsstatistiken erfordert eine statische Reorganisation.

Untersuchungen zur Optimierung von Index-Intervallen von Feldern mit Texten und mit numerischen Werten sind in [KROP79] und [SCHE80b] zu finden.

Transponierte Dateien

Die Idee der Indexierung von Sätzen, die ein direktes Zugreifen auf die qualifizierten Sätze erlaubt, wird beim Ansatz der „Transponierten Dateien" in analoger Weise zum direkten (und möglichst ausschließlichen) Aufsuchen der angeforderten Attributwerte in Sätzen angewendet. Dabei wird eine Datei in eine Sammlung von nicht-sequentiellen Dateien – auch Unterdateien genannt – zerlegt [BATO79]. Jede Unterdatei entspricht einer Projektion der Datei (ohne Duplikateliminierung); sie enthält für alle Sätze der Datei die spezifizierten Attribute mit der Folge, daß der Inhalt eines einzelnen Satzes über alle Unterdateien verteilt ist. Das Entwurfsziel bei Transponierten Dateien ist ihre Zerlegung derart, daß bei einer Frageauswertung die Übertragung nicht-benötigter Attribute vermieden wird. Falls eine Frage durch Zugriff auf eine einzige Unterdatei beantwortet werden kann, ist der Aufsuchvorgang wegen der höheren Clusterbildung besonders schnell. Wenn sich die Auswertung jedoch über mehrere Unterdateien erstreckt, wird der Suchvorgang unerträglich lang. Der Vorschlag, für alle Anfragen zugeschnittene Unterdateien bereitzustellen, führt auf einen extremen Grad an Speicherredundanz. Außer für sehr spezielle Anwendungen mit statischem Anfrageprofil dürfte dieses Konzept in der DB-Praxis unbrauchbar sein.

Mischformen der Invertierung

Aus der Literatur sind noch eine Reihe von Implementierungstechniken für sekundäre Zugriffspfade bekannt, in denen verschiedene hybride Verknüpfungsprinzipien wie Invertierung und Kettung auftreten [CARD79]. Damit möchte man einerseits zu lange Verweislisten vermeiden, andererseits aber auch die Länge von Ketten einschränken.

Diese Implementierungstechniken möchten die Vorteile beider Verfahren vereinen. Der generelle Nachteil solcher Mischformen ist jedoch, daß Wartungs- und Aufsuchalgorithmen für beide Grundstrukturen bereitgestellt werden müssen, was auf eine zusätzliche Steigerung der Komplexität des DBS hinausläuft.

Invertierungstechniken für das Mehrattribut-Retrieval

Die Beschreibung und Analyse der Invertierungstechniken nehmen in der Literatur einen breiten Raum ein. Viele Vorschläge zielen allerdings unter Vernachlässigung von für DBS sehr wichtigen Aspekten wie Einsatzbreite, Stabilität bei Änderungen und Werteverteilungen sowie Redundanz in den Speicherungsstrukturen auf die spezielle Optimierung des sogenannten Mehrattribut-Retrievals ab.

Ein Ansatz ist die Einführung eines vollständigen Systems von kombinierten Indexstrukturen [LUM70], dessen Ziel es ist, für jede aus Konjunktionen von Suchkriterien ($A_i = a_i \wedge A_j = a_k$ ...) bestehende Frage eine zugeschnittene Liste von Zielverweisen bereitzuhalten, um „teure" mengenalgebraische Operationen auf einzelnen Zeigerlisten zu vermeiden. Trotz einer in [SHNE77] vorgeschlagenen Optimierung führen diese Verfahren bei Invertierung aller Attribute auf einen ungeheuren Grad an Speicherredundanz [MULL71].

In [VALL76] wird eine Erweiterung des Einsatzes von Bitlisten für das Mehrattribut-Retrieval vorgeschlagen. Dabei wird eine verdichtete Bitmatrix eingeführt, die solche Untermatrizen der originalen Bitmatrix durch ein gesetztes Bit kennzeichnet, die Markierungen besitzen. Auf diese Weise läßt sich in der invertierten Darstellung direkt erkennen, ob ein Bereich von Attributwerten in einer Gruppe von benachbarten Sätzen vorkommt. Falls nur die verdichtete Bitmatrix gespeichert wird, erhält man beim Aufsuchen eine gewisse Unschärfe.

Andere Formen der Organisation der Speicherungsstrukturen ergeben sich, wenn die Sätze eines Satztyps so in Partitionen eingeteilt werden, daß jeweils eine Partition der Treffermenge einer Mehrattribut-Anfrage entspricht. Durch eine geeignete Zuordnung der Partitionen zu Seiten soll bei diesen Schemata die Anzahl der Seitenzugriffe bei einer Frageauswertung minimiert werden [LIOU77].

Dieselbe Idee der Partitionierung von Satzmengen in logisch zusammengehörige Gruppen und ihre Zuordnung zu Seiten wird in [ROTH74] mit Hilfe eines Mehrschlüssel-Hashings (multiple key hashing) angegangen. Bei diesem Vorschlag werden für die Sekundärschlüssel S_i Hash-Funktionen h_i derart gewählt, daß möglichst gleichförmige Cluster entstehen.

Die bisher diskutierten Verfahren für das Mehrattribut-Retrieval sind hauptsächlich für weitgehend statische Dateien entworfen worden, bei denen Änderungsvorgänge entweder überhaupt nicht vorkommen oder nur eine untergeordnete Rolle spielen. Die Behandlung von Einfügungen durch konventionelle Überlauftechniken ist für DBS weniger gut geeignet, da sie eine periodische Reorganisation der Dateien erzwingen, falls die durch die graduelle Entartung der Speicherungsstrukturen entstehenden Leistungsverluste nicht toleriert werden können. Aus diesen Gründen werden solche Verfahren bisher in der Praxis nicht (oder nur in geringem Maße) eingesetzt. Mehrattribut-Retrieval wird deshalb in der Regel mit Hilfe der eingeführten Invertierungstechniken für einzelne Attribute oder Attributgruppen unter Einsatz von mengentheoretischen Operationen auf Zeigerlisten simuliert. Die Unterscheidung nach Primär- und Sekundärschlüsselattributen weist bei diesen Techniken auch auf eine unterschiedliche Behandlung bei der Auswahl von Speicherungsstrukturen hin.

Grid File-Konzept

Da das Mehrattribut-Retrieval eine typische Operation in DBS ist, soll versucht werden, einen erfolgversprechenden Lösungsvorschlag, der die erforderlichen dynamischen Eigenschaften aufweist, etwas ausführlicher zu betrachten. Das sogenannte Grid File-Konzept [NIEV84] ist unter Gleichbehandlung aller Attribute direkt auf das Mehrattribut-Retrieval zugeschnitten. Es verspricht auch für hochgradig dynamische Dateien eine ständige Balancierung der Speicherungsstrukturen mit ausgezeichneten Zugriffseigenschaften. Bei diesem Verfahren werden Verweis- und Split-Techniken eingesetzt, wie sie in ähnlicher Form bereits beim erweiterbaren Hashing eingeführt wurden. Jedoch erweist sich die Realisierung und dynamische Balancierung von mehrdimensionalen Strukturen als wesentlich schwieriger und komplexer als im eindimensionalen Fall. Ihre ausführliche Behandlung würde hier zu weit führen. Wir skizzieren deshalb nur die prinzipiellen Ideen in enger Anlehnung an [NIEV84].

Gegeben sei ein Satztyp oder eine Relation $R(A_1, ..., A_k)$ mit Sätzen, deren Attributwerte a_i aus den Wertebereichen $W(A_i)$ kommen – beispielsweise PERS(*PNR*, PNAME, ANR, GEB-JAHR, ORT). Mehrattribut-Retrieval bedeutet in diesem Fall, daß neben den bereits diskutierten Zugriffsarten wie Primär- und Sekundärschlüsselzugriff (über jeweils ein Attribut) folgende Anforderungen direkt unterstütz werden:

- Alle Attribute eines Satzes sind in einer Frage spezifiziert (exact match query, point query).
- Es sind einige Attribute spezifiziert,
  z.B. ANR ="K55" ∧ GEB-JAHR = "1945" ∧ ORT = "KL" (partially specified query)
- Es ist ein Wertintervall für ein Attribut angegeben,
  z.B. GEB-JAHR ≥ "1940" ∧ GEB-JAHR ≤ "1950" (range or interval query).

Andere Formen des Mehrattribut-Retrievals, wie sie beim Information Retrieval vorkommen, werden hier nicht betrachtet.

Ein Wertintervall r_i für ein Attribut A_i läßt sich wie folgt ausdrücken: $u_i \leq a_i \leq o_i$, wobei u_i die untere und o_i die obere Grenze der Attributwerte $a_i \in W(A_i)$ darstellen. Die Punktspezifikation $u_i = o_i$ und die "don't care"-Spezifikation $u_i =$ kleinster Wert in $W(A_i)$, $o_i =$ größter Wert in $W(A_i)$ ergeben sich so als spezielle Fälle einer Intervallspezifikation. Als allgemeine Form der Frageformulierung kann dann $(r_1, ... r_k)$ gewählt werden (general range query); r_i ist ein Wertintervall für das Attribut A_i, das auf $W(A_i)$ definiert ist, Wenn wir „don't care"-Spezifikationen durch Blanks abkürzen, lassen sich die beiden Fragebeispiele auf folgende Weise formulieren:

- (, , ANR="K55", GEB-JAHR = "1945", ORT = "KL")
- (, , , "1940" $\leq$ GEB-JAHR $\leq$ "1950",)

Zur Erklärung der Zugriffsstruktur beginnen wir mit folgendem Denkmodell: Alle Sätze von R können durch eine k-dimensionale Bitmatrix – als Darstellung des Satzraumes – repräsentiert werden, in der für jeden möglichen Satz, d.h. für jede mögliche Kombination von Werten der k Attribute, ein Bit reserviert ist. Die Größe der Bitmatrix ist das Produkt der Kardinalitäten der Wertebereiche der Attribute; ihre direkte Darstellung würde in praktischen Anwendungen jedes realisierbare Maß an Speicherplatz überschreiten. In Bild 3.42 ist eine dreidimensionale Bitmatrix skizziert.

Für die Operation FIND $(r_1, ... r_k)$ kann die Adresse des (ersten) Satzes berechnet werden; damit ist ein direkter Zugriff möglich. Durch eine Einfüge- bzw. Löschoperation für einen Satz wird genau ein Bit der Matrix auf 1 bzw. 0 gesetzt; die Modifikationsoperation eines existierenden Satzes läßt sich durch eine Löschoperation mit nachfolgender Einfügeoperation erklären. Für die NEXT-Operation ist die entsprechende Dimension zu spezifizieren; es wird ein impliziter Scan durchgeführt, bis die nächste 1 in dieser Dimension gefunden ist.

Die Bitmatrix ist im allgemeinen nur sehr dünn besetzt, da auch alle nicht existierenden Sätze dargestellt werden. Die herkömmlichen Komprimierungstechniken für Bitstrings oder für dünn besetzte Matrizen lassen sich jedoch nicht anwenden,

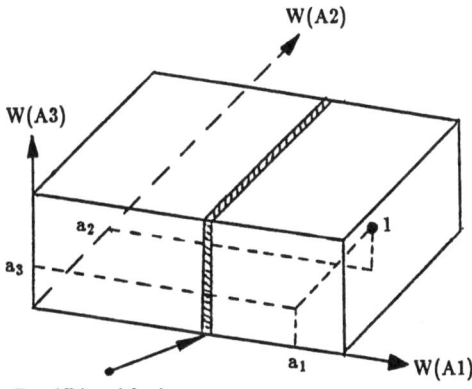

Zugriffsbereich einer partiell spezifizierten Frage

Bild 3.42 Eine dreidimensionale Bitmatrix: Die 1 zeigt an, daß der Satz (a_1, a_2, a_3) definiert ist.

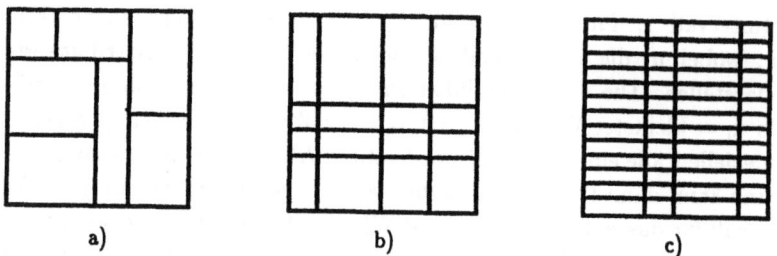

Bild 3.43a–c Verschiedene Zerlegungen des Suchraumes

wenn die oben erklärten Operationen effizient ablaufen sollen. In [NIEV84] wird deshalb vorgeschlagen, die komprimierte Bitmatrix durch dynamische Partitionen über den Wertebereichen aller Attribute zu approximieren. Die dabei entstehende Datenstruktur ist symmetrisch, d.h., sie behandelt jedes Attribut in gleicher Weise, und sie paßt sich automatisch an die zu speichernden Werteverteilungen an, so daß sich eine gleichförmige Speicherplatzbelegung und Zugriffszeit für alle Sätze erzielen läßt, selbst wenn die Werteverteilungen der Attribute in den zu speichernden Sätzen hochgradig schief sind. Ähnlich wie beim erweiterbaren Hashing soll ein Zugriffsfaktor von 2 erreicht werden (two disk access principle), d.h., für eine vollständig spezifizierte Anfrage soll der qualifizierte Satz mit höchstens zwei Externspeicher-Zugriffen – zum Directory und zur Datenseite – aufgefunden werden.

Beim Grid File-Konzept wird der Suchraum in sogenannte Grid-Partitionen zerlegt, wobei alle Dimensionen symmetrisch behandelt werden. Im Gegensatz zu mehrdimensionalen Suchbäumen [BENT75] oder mehrdimensionaler Clusterbildung [LIOU77], bei denen die in Bild 3.43a skizzierte Divide and Conquer-Technik rekursiv angewendet wird, sieht das Grid File-Konzept die in Bild 3.43b gezeigte Technik zur Zerlegung des Suchraumes vor. Jede Bereichsgrenze teilt den gesamten Suchraum in zwei Partitionen, wobei die Größe der Partition durch die Werteverteilungen bestimmt wird. Im Vergleich dazu ist in Bild 3.43c die Zerlegungstechnik der invertierten Listen mit ihrer asymmetrischen Behandlung von Primärschlüssel und Sekundärschlüsseln gezeigt. Die Werte des Primärschlüssels bestimmen die Bereichsgrenzen, d.h., es wird eine Clusterbildung nach dem Primärschlüssel vorgenommen. Das führt dazu, daß die Daten im Hinblick auf einen Sekundärschlüsselwert willkürlich partitioniert werden. Im Extremfall erhält man einen Sekundärschlüsselwert pro Bereich.

Zur genaueren Darstellung einer Grid File-Struktur für den dreidimensionalen Fall führen wir folgende Notation ein. Die Verallgemeinerung auf den k-dimensionalen Fall läßt sich leicht bewerkstelligen.

Im Satzraum $R = X \times Y \times Z$ ergibt sich eine Grid-Partition $P = U \times V \times W$ durch Einteilung der einzelnen Achsen in Intervalle und der sich daraus ergebenden Aufteilung des Satzraumes in sogenannte Grid-Blöcke (Bild 3.44)

Um die Grid-Partitionen entsprechend der sich durch Lösch- und Einfügeoperationen ändernden Verteilungen der Datensätze anpassen zu können, werden

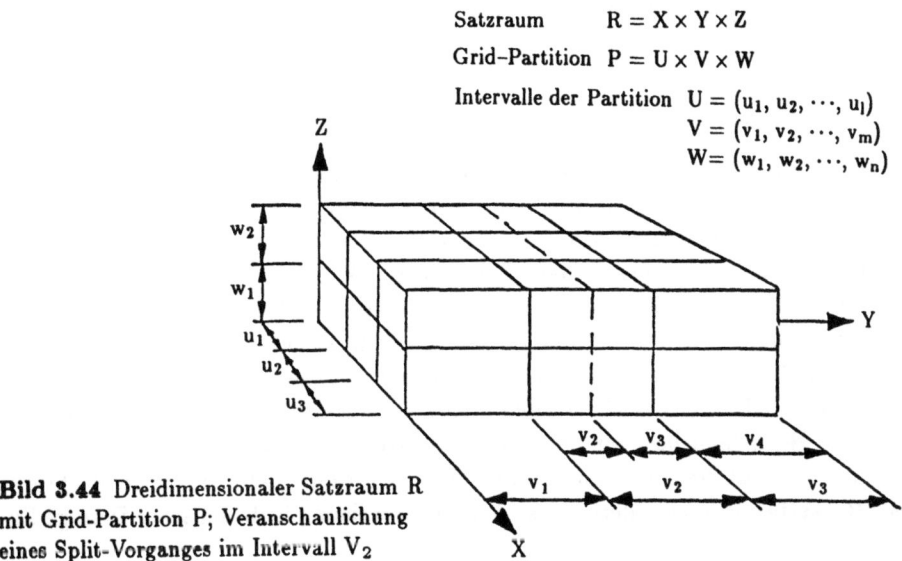

Bild 3.44 Dreidimensionaler Satzraum R mit Grid-Partition P; Veranschaulichung eines Split-Vorganges im Intervall V_2

Operationen zum Splitten eines Intervalles und zum Mischen zweier benachbarter Intervalle eingeführt.

Die Grid-Partition P wird jeweils durch Änderung einer Dimension modifiziert. In Bild 3.44 wird als Beispiel das Splitten des Intervalles v_2 gezeigt. Dabei sind geeignete Konventionen zur Umbenennung der Intervalle einzuführen.

Nach dieser abstrakten Beschreibung des Satzraumes R, der in dynamisch anpaßbare Grid-Partitionen unterteilt wurde, soll nun eine mögliche Implementierung, die die geforderten Eigenschaften für Such- und Änderungsoperationen garantiert, skizziert werden. Die Grid File-Struktur besteht aus einer Menge von Seiten (Buckets) zur Speicherung von Datensätzen und aus einer Katalogstruktur (Directory) zur Verwaltung dieser Seiten. Jede Seite kann bis zu c Sätze speichern; die Binnenstruktur einer Seite zur Speicherung und zum Aufsuchen der Sätze spielt für die weiteren Überlegungen keine Rolle, weil sie keinen Einfluß auf die Zugriffszeit (physische E/A) ausübt. Das sogenannte Grid-Directory ist die zentrale Datenstruktur eines Grid-Files. Seine Aufgabe ist die Definition und Wartung der dynamischen Beziehungen zwischen den Grid-Blöcken des abstrakten Satzraumes und den gespeicherten Sätzen in den Buckets. Beim Entwurf einer solchen Datenstruktur müssen folgende Restriktionen im Hinblick auf Zugriffszeit, Wartungs- und Speicherungskosten eingehalten werden, um die oben aufgestellten Anforderungen zu erfüllen und eine effiziente Verwaltung des Grid-Files zu gewährleisten:

- Unabhängig von Werteverteilungen, Operationshäufigkeiten und Anzahl der gespeicherten Sätze ist das Prinzip der zwei Plattenzugriffe zu garantieren.
- Split- und Mischoperationen von Grid-Blöcken ziehen nur Änderungsoperationen in zwei Buckets nach sich.
- Die durchschnittliche Bucketbelegung darf nicht beliebig klein werden. Sie muß eine „vernünftige" untere Grenze einhalten.

In (NIEV84) werden für das Grid-Directory folgende Funktionen und Strukturen vorgeschlagen.

Legale Zuweisung von Grid-Blöcken zu Buckets

Das Prinzip der zwei Plattenzugriffe impliziert, daß alle Sätze, die zu einem Grid-Block gehören, in einem Bucket gespeichert sein müssen. Eine 1:1-Beziehung zwischen Grid-Block und Bucket würde bei schiefen Werteverteilungen zu beliebig kleinen Bucketbelegungen führen. Ein Grid-Block, der momentan keinen existierenden Satz repräsentiert, würde die Zuordnung eines leeren Buckets erzwingen. Deshalb muß es möglich sein, n Grid-Blöcke einem Bucket zuzuweisen. Die Menge der Grid-Blöcke, die einem Bucket B zugeordnet ist, heißt der Bereich von B. Die Form solcher Bucketbereiche beeinflußt gewisse Such- und Änderungsoperationen. Um die Bereichssuche – eine wichtige Operation beim Mehrattribut-Retrieval – effizient zu gestalten, werden beim Grid File-Konzept k-dimensionale Rechtecke als Bucketbereiche gefordert. Diese Art der Zuweisung heißt schachtelförmige Zuweisung (box-shaped).

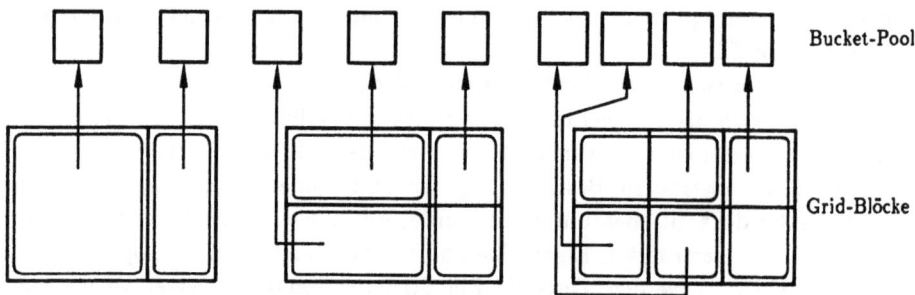

Bild 3.45 Schachtelförmige Zuweisung von Gridblöcken zu Buckets

In Bild 3.45 ist die Technik der schachtelförmigen Zuweisung von Grid-Blöcken und Buckets für den zweidimensionalen Fall dargestellt, wobei die Dynamik der Zuordnung durch einige Split-Vorgänge verdeutlicht wurde. Jeder Grid-Block zeigt auf ein Bucket. Unter Einhaltung der schachtelförmigen Zuordnungsregel können mehrere Grid-Blöcke – wenn ihre momentane Belegung es erlaubt – auf dasselbe Bucket verweisen. Die Bucketbereiche sind paarweise disjunkt und bilden zusammen den gesamten Suchraum.

Entwurf der Directory-Struktur

Wie bereits ausgeführt, hat das Grid-Directory die dynamische Beziehung zwischen den Grid-Blöcken des Satzraumes und den Buckets mit den gespeicherten Sätzen darzustellen und zu verwalten. Ohne auf Implementierungsdetails einzugehen, wurde in [NIEV84] folgende, aus zwei Komponenten bestehende Directory-Struktur vorgeschlagen:

- eine dynamische k-dimensionale Matrix G (Grid-Matrix), deren Elemente (Einträge) in einer 1:1-Beziehung zu den Grid-Blöcken der Partitionen stehen.
- k eindimensionale Vektoren, die jeweils eine Partitionierung eines Wertebereichs definieren.

Auf dem k-dimensionalen Grid-Directory sind folgende Operationen definiert:
- direkter Zugriff zu einem Eintrag von G
- relativer Zugriff (auf/ab) in jede der möglichen Dimensionen ausgehend von der momentanen Position (NEXTABOVE, NEXTBELOW)
- Mischen zweier benachbarter Einträge einer Dimension mit Umbenennung der betroffenen Einträge (für jede der möglichen Dimensionen)
- Split eines Eintrags einer Dimension mit Umbenennung der betroffenen Einträge (für jede der möglichen Dimensionen).

Bei den Änderungsoperationen auf dem Grid-Directory müssen gewisse Integritätsbedingungen eingehalten werden, die sich aus der Forderung der schachtelförmigen Zuweisung der Grid-Blöcke (Bucketbereich) zu Buckets ergeben.

Satzzugriff mit Hilfe des Grid-Directory

Die Directory-Struktur und ihre Wirkungsweise soll für den zweidimensionalen Fall an einem Beispiel gezeigt werden. Es wird dabei angenommen, daß die k eindimensionalen Vektoren im Hauptspeicher gehalten werden können, während die Grid-Matrix G wegen ihrer Größe auf einen Externspeicher ausgelagert ist und auf Anforderung seitenweise in den Hauptspeicher geholt werden muß. Im Beispiel wird unterstellt, daß sich für den zweidimensionalen Satzraum mit ANR und ORT folgende Partitionsbildung ergeben habe:

U=(K00, K17, K39, K52, K89, K99)
V=(AA, DA, FR, MU, ZZ)

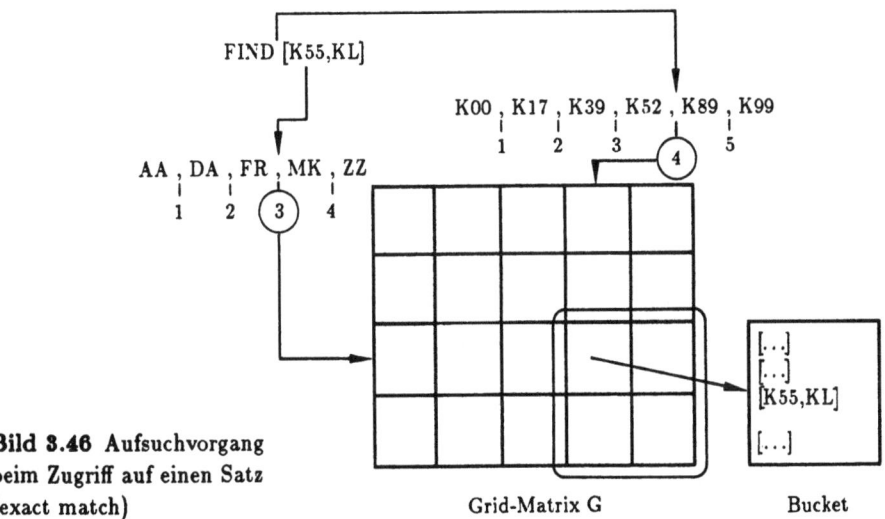

Bild 3.46 Aufsuchvorgang beim Zugriff auf einen Satz (exact match)

Grid-Matrix G   Bucket

Eine Anforderung FIND [K55, KL] wird in der in Bild 3.46 skizzierten Weise ausgeführt (exact match). Der Wert K55 wird in den Intervall-Index 4 für U und der Wert KL in den Intervall-Index 3 für V transformiert. Mit Hilfe dieser Indizes kann der gesuchte Eintrag in G, bzw. die entsprechende Seite bestimmt werden. Nach Einlesen der Seite wird im gesuchten Eintrag der Grid-Matrix G ein Verweis auf das Bucket gefunden, das den gesuchten Satz enthält. Auf diese Weise läßt sich das Prinzip der zwei Plattenzugriffe stets einhalten. Bereichsfragen und partiell spezifizierte Fragen können in ähnlicher Weise bearbeitet werden.

Das dynamische Verhalten des Grid-Files

Das dynamische Verhalten eines Grid-Files läßt sich am leichtesten anhand eines Beispiels durch eine Folge von Einfügungen (I) und Löschungen (D) erklären. Der zweidimensionale Fall läßt sich graphisch besonders gut veranschaulichen. Anstelle der Darstellung des Grid-Directory mit Einträgen, die auf das zugehörige Bucket verweisen und die in 1:1-Beziehung zu den Grid-Blöcken stehen, wählen wir die direkte Darstellung der Gridblöcke mit den entsprechenden Bucket-Pointern. Auf diese Weise lassen sich die Freiheitsgrade bei der Wahl der Partitionsgrenzen besonders einfach verdeutlichen.

Im in Bild 3.47 dargestellten Beispiel ist die Bucketkapazität c=3. Nach drei Einfügungen ist das anfangs leere Bucket A voll. Die vierte Einfügung erzwingt ein Splitten des Satzraumes und die Zuweisung eines neuen Buckets B. Die Wahl der Partitionsgrenze (K60) wird durch Überprüfung der Werte von A derart vorgenommen, daß ein vorgegebenes Split-Kriterium (z.B. möglichst gute Gleichverteilung der Werte) erfüllt ist. Die im Beispiel gezeigte Split-Strategie (alternierende Richtungen) wurde willkürlich gewählt; in einer aktuellen Implementierung können andere Techniken eingesetzt werden. Der zweite Split zeigt, daß bei der Verfeinerung der Grid-Partition Bucketbereiche nicht betroffener Buckets (z.B. B) neu aufgeteilt werden; das bedeutet jedoch nicht, daß das zugehörige Bucket geteilt werden muß. Im Beispiel weisen zwei Pointer – einer aus einem leeren Grid-Block – auf B.

Die Einfügung I (K56,DA) erzwingt ein Splitten des Buckets A und seine Neuaufteilung in A und D. Dieser Vorgang zeigt deutlich, daß das Splitten eine lokale Operation ist (und aus Performance-Gründen bleiben muß); sonst wäre eine Neuverteilung auf die bereits vorhandenen drei Buckets denkbar.

Strukturoperationen im Grid-Directory sind im allgemeinen sehr komplex. Das sei kurz durch die nachfolgenden Löschoperationen D(K75,MÜ) und D(K55,KL) angedeutet. Obwohl jetzt B nur noch einen Satz und C zwei Sätze enthalten, ist kein Mischen möglich, weil die Bedingung eines schachtelförmigen Bucketbereiches verletzt werden würde. Auch globale Mischvorgänge A mit C und B mit D sind nicht zugelassen, da durch einen Mischvorgang nur zwei Buckets betroffen sein sollen.

Um die Grid File-Struktur besser verwalten (und die potentiellen Mischpartner besser erkennen) zu können, ist die Menge der zugeordneten Buckets und die Menge zugehöriger Bucketbereiche in Form eines mehrdimensionalen Zwillings-Systems (oder Buddy-Systems) organisiert. Jedes Bucket und jeder Bereich haben

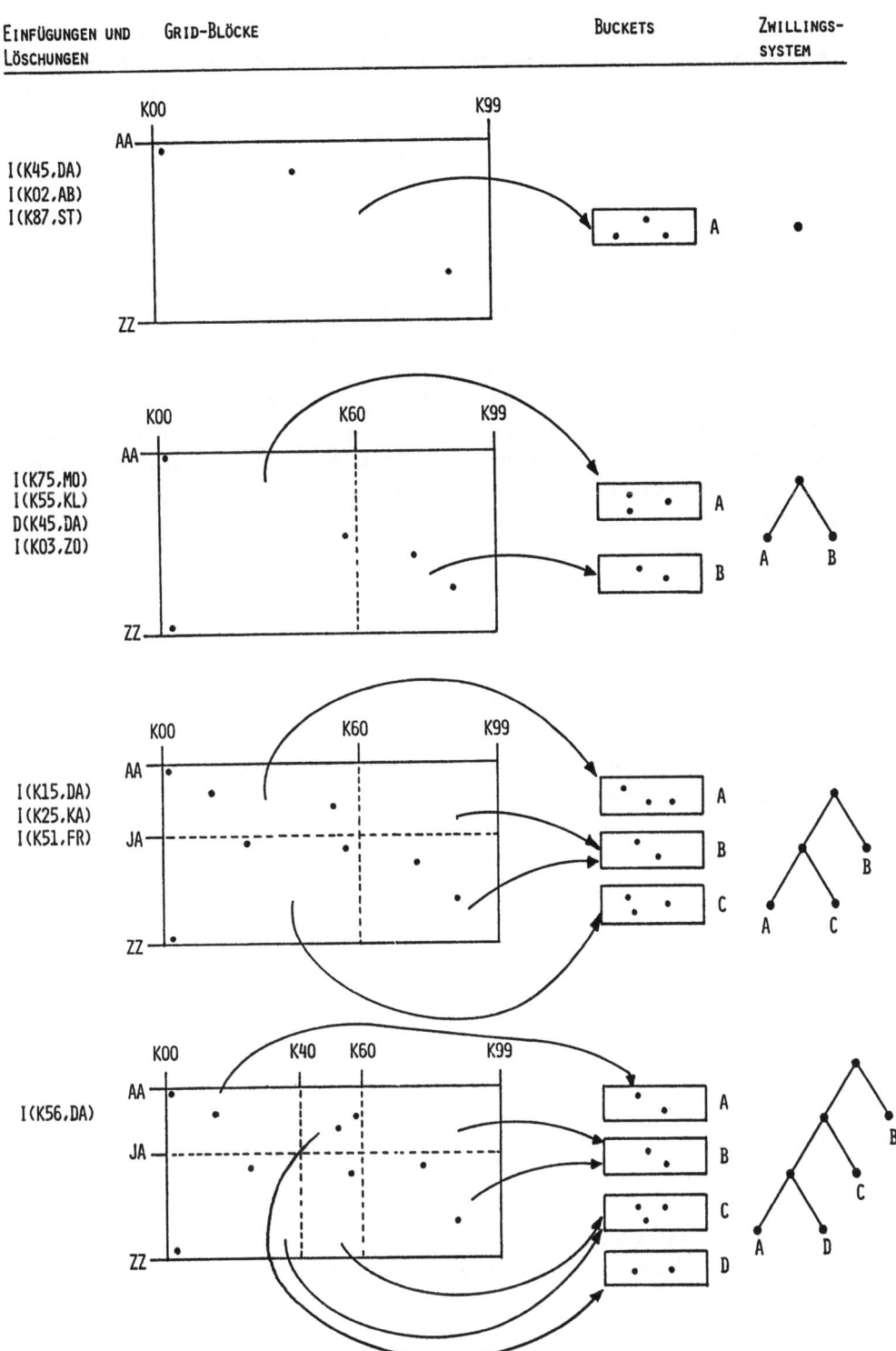

Bild 3.47 Dynamisches Verhalten eines Grid-Files

einen eindeutigen potentiellen Zwilling, mit dem sie gemischt werden können. Ein Zwillingspaar wird erzeugt, wenn ein Bucket und sein Bereich geteilt wird; es verschwindet wieder, wenn beide Zwillinge gemischt werden. Das zum Beispiel gehörige Zwillingssystem ist in Bild 3.47 gezeigt. Es können also nur A mit D und dann das neu entstandene A mit C gemischt werden, wenn es die Speicherplatzbelegung zuläßt.

Wie die bisherige Diskussion gezeigt hat, ist das Grid File-Konzept sehr komplex, obwohl es auf einer relativ abstrakten Ebene eingeführt wurde. Zu seiner aktuellen Implementierung sind noch eine Reihe von detaillierten Fragen zu klären - beispielsweise die Wahl einer geeigneten Split-Strategie oder die Implementierungstechnik für das Grid-Directory. Diese Fragen können ebenso wie die Frage nach der durchschnittlichen Belegung der Buckets und dem Verhältnis des Speicherplatzbedarfs für Buckets und Directory nur durch Pilot-Implementierungen und empirische Untersuchungen mit realen Datenbeständen beantwortet werden. Bis zu seiner praktischen Anwendbarkeit muß das Grid File-Konzept deshalb noch durch weitere Forschungsarbeiten vorangetrieben und weiterentwickelt werden.

Weitere Varianten des Mehrattribut-Retrieval

Weitere Varianten des Mehrattribut-Retrieval-Problems werden in der Literatur mit einer Fülle von Lösungsvorschlägen unter den Bezeichnungen

- Quadranten-Bäume (quad trees [FINK74])
- Mehrdimensionale binäre Suchbäume oder k-d Bäume [BENT75]
- Mehrdimensionale B-Bäume [KRIE84]
- Quintary-Bäume (quintary trees [LEE80])
- Kombinatorische Datei-Organisations-Schemata [GHOS77]
- Partial Match Retrieval [KNUT73, RIVE76, BURK76]

diskutiert. Dabei wird das Problem meist ausschließlich unter speziellen Retrieval-Gesichtspunkten auf einer sehr abstrakten Ebene behandelt. Da eine detaillierte Darstellung den Rahmen unserer Ausführungen sprengen würde, verweisen wir auf die einschlägigen Veröffentlichungen zu diesen Forschungsansätzen.

In DBS ist die Anzahl der Suchkriterien einer Anfrage, die ggf. durch Verfahren des Mehrattribut-Retrieval zu unterstützen wären, typischerweise auf < 10 beschränkt. Beim Information Retrieval (Document Retrieval) kann die Anzahl der Suchkriterien in einer ganz anderen Größenordnung liegen (< 1000). Während beim Information Retrieval oft statische Strukturen und Anwendungen vorausgesetzt werden, ist beim DBS-Einsatz mit einer dynamischen Umgebung zu rechnen. Bevor solche Verfahren des Mehrattribut-Retrievals eingesetzt werden können, sind für ein breites Spektrum von Anforderungen für sie befriedigende Lösungen zu finden:

- angemessene Ausnutzung des Speicherplatzes für Sätze und Einträge im Index bei unterschiedlichsten Werteverteilungen der invertierten Attribute
- Beschränkung der Speicherredundanz auf ein erträgliches Maß

- Ausgewogenheit der Zugriffspfade beim dynamischen Änderungsdienst durch einfache und wirksame Wartungsalgorithmen
- schnelle Zugriffszeiten für voll und teilweise spezifizierte Anfragen (Problem der Präzision der bereitgestellten Satzmenge)
- Adaptionsvermögen der Invertierungsstruktur an eine wechselnde Anfragelast, da die Struktur hochgradig auf erwartete Anfragen zugeschnitten ist
- Berücksichtigung von Auswirkungen der eingesetzten Synchronisations- und Logging-Konzepte.

3.4.5.3 Hierarchische Zugriffspfade

Die prinzipiellen Verknüpfungsstrategien für Satzmengen sollen nun auf ihre Eignung für die Implementierung von hierarchischen Zugriffspfaden (Set- oder Linkstrukturen) hin untersucht werden. Dabei sind Optionen zur Einführung zusätzlicher Zeiger, um die vorgegebenen Primitive zum Navigieren wirksam unterstützen zu können, zu berücksichtigen. Um den Zugriff zum Owner effizient durchzuführen, ist in jedem Member-Satz für alle seine Set-Zugehörigkeiten jeweils ein Owner-Zeiger gespeichert. Wenn die Setstrukturen informationstragend sind – es besteht kein inhaltlicher Zusammenhang zwischen Owner- und Member-Satztypen [CODD74a] –, ist dieser Zeiger für den Member-Owner-Zugriff unbedingt nötig, falls durch die gewählte Implementierungstechnik nur die Verknüpfung Owner-Member realisiert wird. Bei nicht-informationstragenden Setstrukturen ist eine inhaltliche Verknüpfung über Gleichheit von Attributwerten (ANR in ABT (Primärschlüssel) – ANR in PERS (Fremdschlüssel)) garantiert, so daß prinzipiell auf die Einführung dieses Zeigers verzichtet werden könnte. Während bei sekundären Zugriffspfaden als Implementierungstechnik nur auf der Invertierung basierende Methoden empfohlen werden konnten, ergibt sich hier bei drei in der Praxis üblichen Methoden eine größere Vielfalt [UDS, BATO85].

Die Listentechnik als Methode 1 (SET MODE IS LIST) verlangt die Speicherung aller Member einer Setausprägung in der spezifizierten Setreihenfolge in physischer Nachbarschaft innerhalb einer Seite und, soweit notwendig, in durch Zeiger verknüpfte Seiten. Dadurch wird eine Clusterbildung für die Member-Sätze einer Setausprägung erzwungen, so daß durch diese Methode vor allem die fortlaufende Verarbeitung optimiert wird. Diese Art der Speicherplatzkontrolle impliziert, daß ein Satztyp nur in einem Settyp mit LIST-Modus als Member sein kann und daß hinsichtlich seiner Setmitgliedschaft Beschränkungen einzuführen sind (MANDATORY AUTOMATIC [CODA78b]). NEXT- und PRIOR-Zeiger lassen sich durch die Struktureigenschaften der Liste implizit darstellen. Beim Owner-Satz sind als Einstiegshilfen die Zeiger FIRST und ggf. LAST zur Seite des ersten/letzten Satzes gespeichert. In Bild 3.48a ist eine Listenstruktur für eine Setausprägung skizziert.

Die Kettungstechnik als Methode 2 (SET MODE IS CHAIN) realisiert eine sehr direkte und einfache Übertragung der konzeptionellen Verknüpfungen in einer Setstruktur. Viele Systeme bieten sie als einzige Methode an (TOTAL, DMS1100 etc.). Durch eingebettete NEXT-Zeiger werden Owner und Member-Sätze einer Setausprägung entsprechend der spezifizierten Setreihenfolge verbunden. Da die

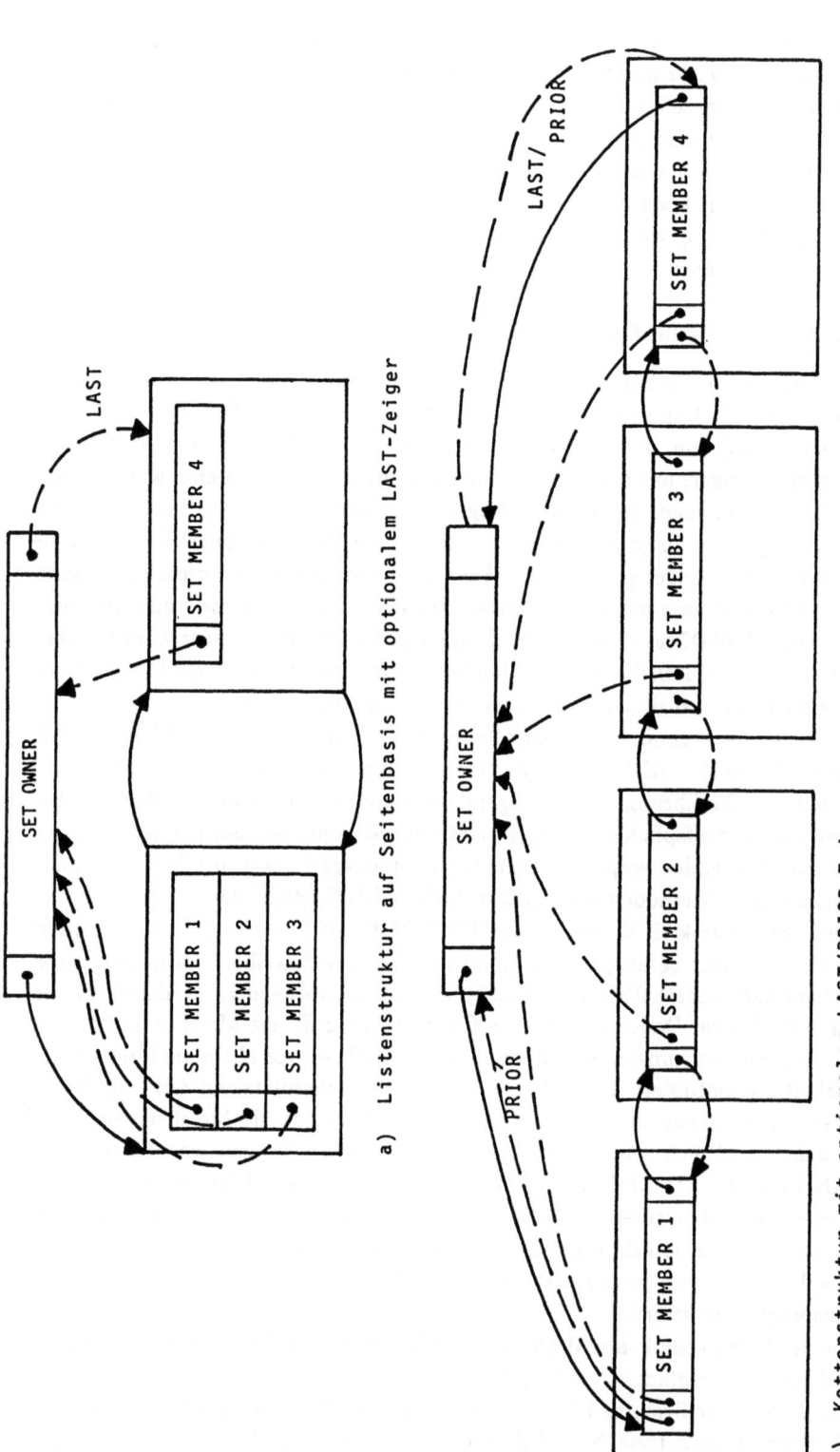

a) Listenstruktur auf Seitenbasis mit optionalem LAST-Zeiger

b) Kettenstruktur mit optionalen LAST/PRIOR-Zeigern

Bild 3.48 Implementierungstechniken für hierarchische Zugriffspfade

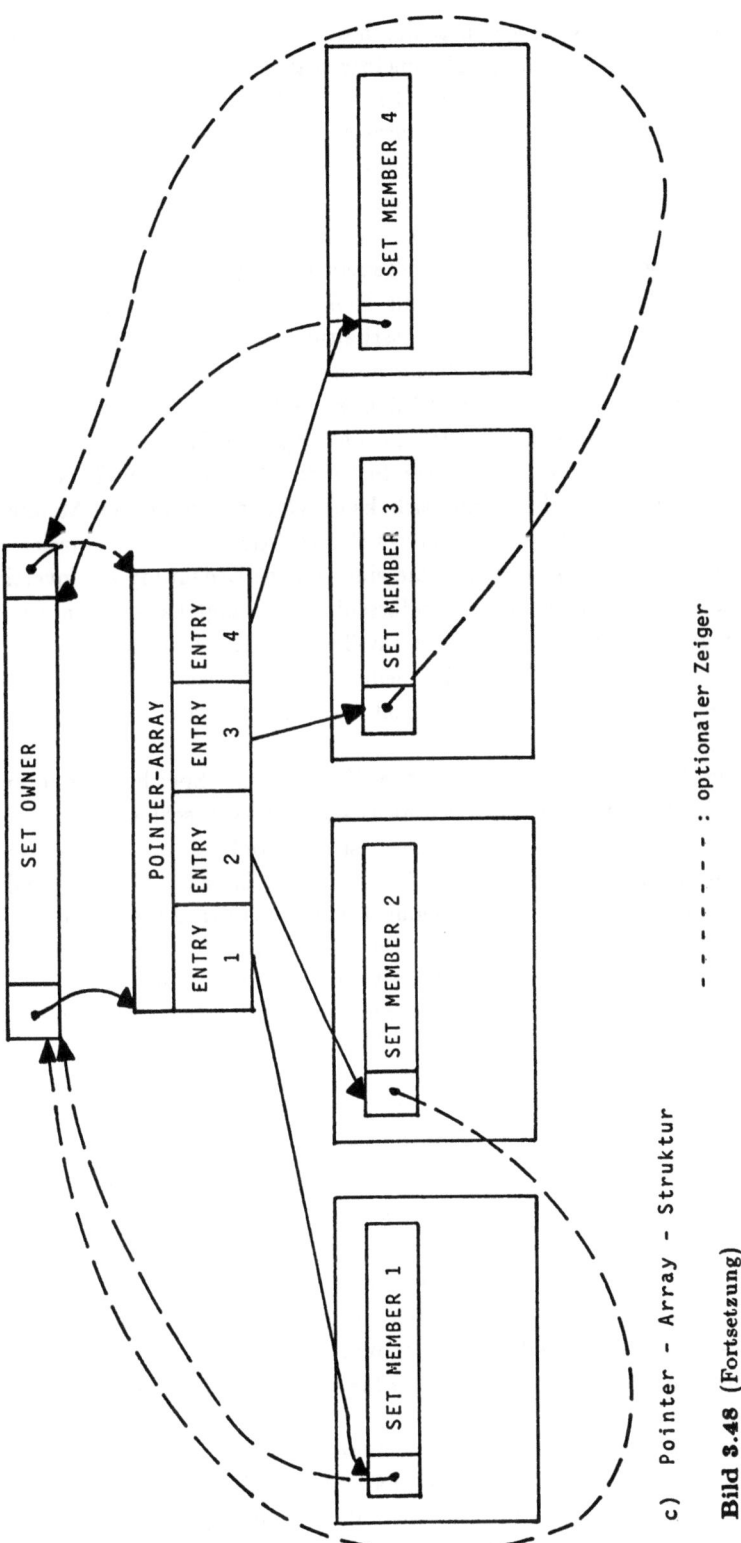

c) Pointer - Array - Struktur

- - - - - - : optionaler Zeiger

Bild 3.48 (Fortsetzung)

Seitenzuordnung der Member-Sätze durch die Struktureigenschaften nicht explizit kontrolliert wird, läßt sich im allgemeinen Fall keine Clusterbildung erreichen. Durch eine zusätzliche Option (LINKED TO PRIOR) ist es möglich, die LAST/PRIOR-Beziehungen durch Zeiger darzustellen. In Bild 3.48b ist eine analoge Kettenstruktur mit allen möglichen Zeigern veranschaulicht.

Die Invertierungstechnik, als Methode 3 auf Setstrukturen angewendet, wird oft als Pointer-Array-Technik bezeichnet (MODE IS POINTER-ARRAY). Sie führt auf die Speicherung einer Zeiger-Tabelle pro Setausprägung. Die Reihenfolge der Zeiger in der Tabelle definiert die Reihenfolge der Member-Sätze der Setausprägung. Zur einfacheren Aufrechterhaltung einer Sortierreihenfolge können die Tabelleneinträge neben dem Zeiger noch den Sortierschlüssel des zugehörigen Sets besitzen. NEXT- und PRIOR-Zeiger sind wiederum implizit durch die Tabellenstruktur ausgedrückt. FIRST- und ggf. LAST-Zeiger verweisen vom Owner-Satz aus auf die erste/letzte Seite der Pointer-Array-Tabelle. Ebenso wie bei der Kettungstechnik läßt sich keine Clusterbildung der Member-Sätze garantieren. In Bild 3.48c ist die analoge Pointer-Array-Struktur skizziert.

Bitlisten in komprimierter Form, die eine gewisse Bedeutung als Invertierungstechnik bei Zugriffspfaden für Sekundärschlüssel erlangt haben, können als spezielle Implementierung der Pointer-Array-Technik aufgefaßt werden. Ihr Einsatz ist in der Praxis denkbar [BACH74], jedoch nicht gebräuchlich, da sie auf mengenalgebraische Operationen, aber nicht auf die Primitive zum Navigieren hin optimiert sind.

Methode 4 kann wegen ihrer hohen Zugriff- und Speicherkosten auch für hierarchische Zugriffspfade ohne weitere Diskussion ausgeschlossen werden.

Besonders bei großen Setausprägungen ist es vorteilhaft, im Fall der SORTED-Reihenfolge auch noch eine INDEXED-Option zu haben. SORTED INDEXED gestattet dann neben dem sortiert sequentiellen auch den direkten Zugriff zu den Member-Sätzen einer Setausprägung. Bei Listen- und Pointer-Array-Strukturen läßt sich diese Option durch ihre Erweiterung mit Hilfe eines Index in der Art (der inneren Knoten) eines B*-Baumes erreichen. Bei sortierten Kettenstrukturen erzwingt eine INDEXED-Option ihre Überlagerung durch einen zusätzlichen Mehrwegbaum. In konkreten Systemen gibt es noch eine Reihe weiterer Optionen wie ATTACHED/DETACHED TO OWNER, die die physische Zuordnung von Owner/Liste oder Owner/Pointer-Array regeln [UDS, CODA78b].

Es ist sehr schwierig, die drei eingeführten Implementierungstechniken wegen der Vielfalt der Operationen, der unterschiedlichen Reihenfolgen und der möglichen extremen Spannbreite der Größenordnung in der Anzahl der Member-Sätze in allgemeiner Weise zu bewerten und ihre Tauglichkeit für den DB-Einsatz zu beurteilen. Die folgenden Hinweise, die durch eine systematische Fallstudie [EFFE80b] und zahlreiche experimentelle Untersuchungen [EFFE80a] gewonnen wurden, sollen die Auswahl einer konkreten Struktur für eine vorgegebene Anwendung erleichtern helfen.

Die Listenstruktur ist wegen ihrer Beschränkungen auf einen Settyp pro Member-Satztyp und der Setmitgliedschaft MANDATORY AUTOMATIC nicht allgemein einsetzbar. Ihre Clustereigenschaft optimiert gewöhnlich einen Settyp auf Kosten anderer Setstrukturen. Sie besitzt die folgenden allgemeinen Eigenschaften:

- Das Aufsuchen in Set-Reihenfolge ist sehr schnell, da sie auf diese Operation hin zugeschnitten ist.
- Sequentielle Einfügeoperationen in Setreihenfolge lassen sich wegen der Einsparungen bei der Log- und DB-Ein-/Ausgabe sehr wirksam durchführen.
- Zufällige Änderungsoperationen sind aufwendiger als beim Pointer-Array. Bei Seitenüberlauf müssen sie in jedem Fall durch eine Art Split-Technik unterstützt werden.
- Zufälliges Aufsuchen kann so schnell sein wie beim Pointer-Array, wenn ein zusätzlicher Index gewartet wird (SORTED INDEXED).
- Besonders für sehr kleine Setausprägungen, die vollständig in die Seite des Owners passen, lassen sich wegen der Clustereigenschaft bei der Liste im allgemeinen bessere Ergebnisse erzielen als beim Pointer-Array und bei der Kette.

Wegen der beschränkten Einsatzfähigkeit der Liste ist jedoch oft die Auswahlentscheidung zwischen Pointer-Array und Kette zu treffen. Die Kettenstruktur bietet eine Reihe von Vorteilen, wenn die zu verknüpfenden Sätze Member in mehr als einem Settyp sind. Das gilt vor allem für kleine Setausprägungen (< 10 Member-Sätze) und für Anwendungen, die bei der Verarbeitung der Member-Sätze einen häufigen Wechsel des Settyps erfordern (z.B. Stücklistenverarbeitung). Die Kettenstruktur besitzt folgende wesentlichen Charakteristika:

- Der sequentielle Zugriff zu den Member-Sätzen (ohne Clustereigenschaft) ist geringfügig schneller als bei Pointer-Array.
- Das Zugriffsverhalten ist sehr sensitiv gegenüber Setreihenfolge und Wachstum der Setausprägung.
- Änderungsoperationen können in Abhängigkeit von der Setgröße, Setreihenfolge, fehlender Clusterbildung und verborgener Log-Kosten sehr schwierig und teuer sein.
- Die Option LINKED TO PRIOR mit Ausnahme von sehr speziellen Fällen ist unerläßlich.
- Der Member-Satz sollte Member in verschiedenen Setstrukturen sein; sonst ist die Listenstruktur vorzuziehen.
- Da alle Zeiger im Member-Satz gespeichert sind, kostet der Wechsel von einem Settyp zu einem anderen keine zusätzlichen Seitenzugriffe und ist deshalb sehr schnell.

Das Verhalten einer Pointer-Array-Struktur ist sehr stabil und hängt nur geringfügig von speziellen Seteigenschaften ab. Sie ist eine „durchschnittlich gute" Struktur und sollte vor allem gewählt werden, wenn die genaue Setgröße und die Häufigkeit der einzelnen Operationen nicht bekannt sind. Sie zeichnet sich hauptsächlich durch folgende Eigenschaften aus:

- Das Zugriffszeitverhalten hängt nur minimal vom Wachstum der Setausprägung ab.

- Sie ist nicht sensitiv gegenüber der Setreihenfolge.
- Bei großen Setausprägungen sind zufällige Änderungen schneller als bei Listen- und Kettenstrukturen.
- Zufälliges Aufsuchen ist schneller als in Kettenstrukturen, da keine sequentielle Suche notwendig ist.
- Sequentielle Aufsuchoperationen erfordern das Festhalten von wenigstens zwei Seiten im Systempuffer. Damit ist sie anfälliger gegenüber Pufferersetzungen als Listen- oder Kettenstrukturen.

3.4.6 Eine verallgemeinerte Zugriffspfadstruktur

Zugriffspfade für Primär- und Sekundärschlüssel gewähren den direkten (absoluten) Satzzugriff auf Grund von Schlüsselwerten. Hierarchische Zugriffspfade unterstützen den relativen Zugriff auf Sätze verschiedenen Typs, die nach einer definierten Strukturbeziehung zusammengehören. Diese Strukturbeziehung wird oft (z.B. beim Relationenmodell) durch Satzinhalte als Gleichheit von Attributwerten repräsentiert.

B*-Bäume stellen geeignete Implementierungsformen von primären und sekundären Zugriffspfaden dar (z.B. für ANR von ABT und ANR von PERS). Weiterhin ist es eine zentrale Beobachtung, daß die zulässige Wertemengen für die Attribute in Owner- und Member-Satztyp, die die hierarchische Strukturbeziehung herstellen, identisch sind (z.B. ANR von ABT und PERS). Deshalb lassen sich in solchen Fällen mehrere Zugriffspfade verschiedenen Typs in einer B*-Baumstruktur in vorteilhafter Weise vereinen [HÄRD78b]. Dabei bleibt das Format der inneren Baumknoten erhalten. Es hat nur eine Modifikation der Einträge in den Blättern zu erfolgen derart, daß in ihnen die Verweis-Informationen vom primären und sekundären Zugriffspfade enthalten ist. Pro Eintrag sind zwei variabel lange Zeigerlisten mit den dazugehörigen Längeninformationen einzuführen (Bild 3.49a). Die daraus resultierende kombinierte Zugriffspfadstruktur verkörpert

- einen Zugriffspfad für den Primärschlüssel (z.B. ANR von ABT)
- einen Zugriffspfad für einen Sekundärschlüssel (z.B. ANR von PERS)
- einen hierarchischen Zugriffspfad (z.B. ANR von ABT - ANR von PERS),

wobei der hierarchische Zugriffspfad sich implizit durch die Anordnung der Zeigerlisten und „umsonst" ergibt.

Dieses Konzept läßt sich zur verallgemeinerten Zugriffspfadstruktur in der folgenden Weise erweitern:

Alle n Indexstrukturen für Attribute A_i, die auf demselben Wertebereich W definiert sind, werden mit Hilfe eines einzigen B*-Baumes realisiert. Dazu ist das Format der Einträge in den Blattknoten so zu modifizieren, daß n variabel lange Verweislisten für einen Schlüsselwert gespeichert werden können. Um sehr lange Einträge darstellen zu können, wird eine Kettungsmöglichkeit für Überlaufseiten vorgesehen (Bild 3.49b).

Als gespeicherte Schlüsselwerte werden die Werte des gemeinsamen Wertebereichs W gewählt. Soweit es sich durch geeignete Konversionsregeln unterstützen

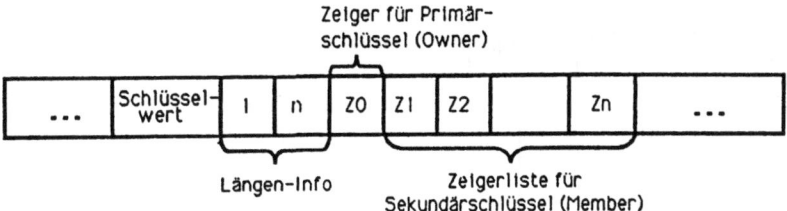

a) zwei variabel lange Zeigerlisten

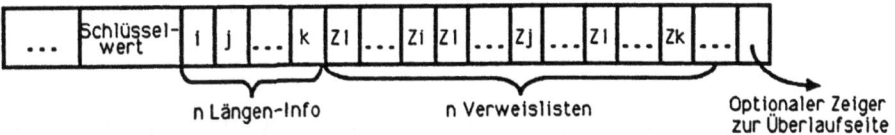

b) n variabel lange Zeigerlisten

Bild 3.49 Seitenformate für die Blätter von B*-Bäumen

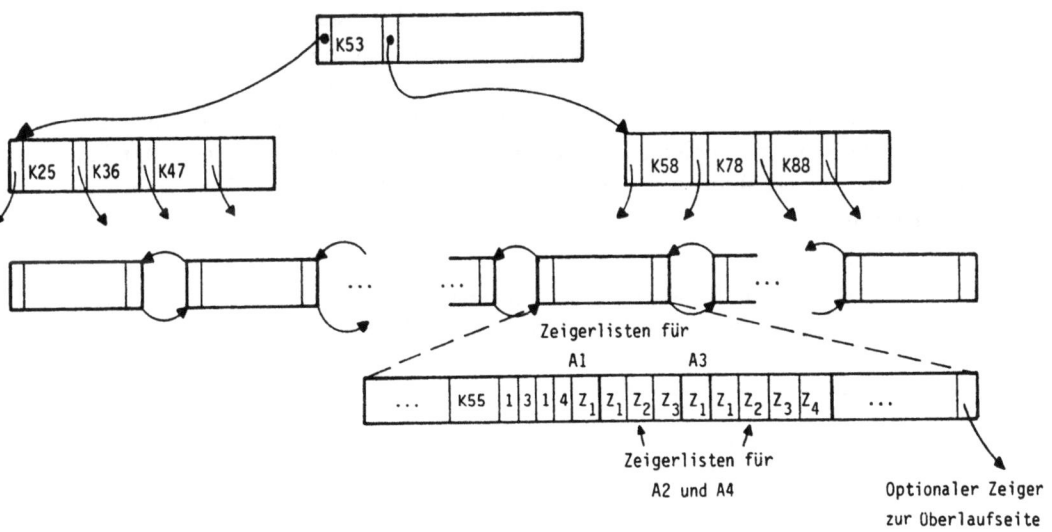

Bild 3.50 Verallgemeinerte Zugriffspfadstruktur für 4 Attribute auf einem gemeinsamen Wertebereich

läßt, können die Werte der (vergleichbaren) Attribute selbst unterschiedliche Einheiten (g, kg, t etc.) derselben oder eines anderen Einheitstyps (Gewicht, Länge, Zeit etc.) aufweisen.

Als Beispiel ist eine verallgemeinerte Zugriffspfadstruktur für 4 verschiedene Indexstrukturen schematisch in Bild 3.50 dargestellt. Jeder Eintrag enthält 4 Zeigerlisten, die sich auf vergleichbare Attribute A_i in verschiedenen Satztypen beziehen. Die erste und dritte Zeigerliste jedes Eintrags sei für ein Primärschlüsselattribut spezifiziert, so daß die entsprechenden Längen auf maximal 1 beschränkt sind.

284 Realisierung von operationalen Schnittstellen

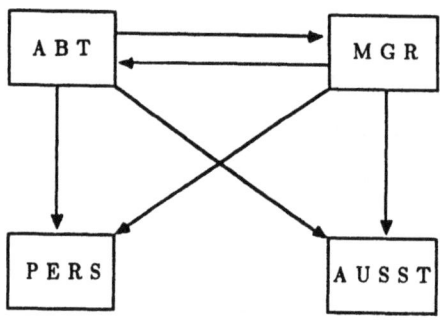

Bild 3.51 Schemanausschnitt zur Darstellung der hierarchischen Zugriffspfade

Die Attribute A1 und A2 seien ANR von ABT und ANR von PERS. Es sei unterstellt, daß in der Datenbank noch ein Satztyp MGR (Manager) mit ANR als Schlüsselkandidat und ein Satztyp AUSST (Ausstattung) mit ANR als Sekundärschlüssel vorhanden seien. A3 kann dann als ANR von MGR und A4 als ANR von AUSST interpretiert werden (Der Einfachheit halber wurden gleiche Attributnamen gewählt). Diese verallgemeinerte Zugriffspfadstruktur enthält neben den 4 Indexstrukturen als Zugriffspfade für Primärschlüssel (A1, A3) und Sekundärschlüssel (A2, A4) implizit 6 hierarchische Zugriffspfade, da im Falle der 1:1-Beziehung die hierarchische Struktur in beiden Richtungen gilt (Bild 3.51).

Folgende mögliche Index- und Setstrukturen, die durch eine verallgemeinerte Zugriffspfadstruktur implementiert werden können, ergeben sich bei n Attributen, wobei m Attribute ($m \leq n$) Schlüsselkandidaten in ihren Satztypen sind [HARD78b]:

- n Indexstrukturen, da jedes Attribut invertiert wird
- $m * (n-1)$ Setstrukturen werden dabei zusätzlich implizit dargestellt.

Die verallgemeinerte Zugriffspfadstruktur weist folgende Charakteristika auf:

- Die Höhe des B*-Baumes ist im allgemeinen wegen seines hohen Verzweigungsgrades nur geringfügig größer als bei der einfachen Indexstruktur, obwohl in den Blättern wesentlich mehr Zugriffspfadinformationen untergebracht sind. Der direkte Zugriff wird gemessen an der mittleren Anzahl der Seitenzugriffe nur unwesentlich langsamer. Durch Ausnutzung der höheren Lokalität der Seitenreferenzen im Systempuffer kann sich sogar eine Verbesserung ergeben.
- Da alle Schlüssel im B*-Baum nur einmal gespeichert werden müssen, resultiert daraus eine beachtliche Einsparung an Speicherplatz.
- Der sequentielle Zugriff zu allen Sätzen über einen Index wird langsamer, da eine größere Anzahl von Blattknoten aufzusuchen ist. Gemessen an der gesamten Anzahl der Seitenzugriffe (Index + Sätze) ist dieser Anstieg jedoch minimal.
- Sie unterstützt in natürlicher Weise die Verbundoperation. Ihre Erweiterung auf einen n-Wege-Verbund ist denkbar.
- Sie bietet große Vorteile bei der Auswertung bestimmter statistischer Fragen und bei der Überprüfung und Einhaltung von semantischen Integritätsbedingungen.

3.5 Implementierung einer satzorientierten DB-Schnittstelle

Die Objekte der bisher realisierten Satzschnittstelle sind physische Objekte in dem Sinne, daß sie direkt in den spezifizierten Formaten in den DB-Seiten gespeichert sind. Alle Objekte höherer DB-Schnittstellen stellen Abstraktionen dieser physischen Objekte dar; sie sind logische Objekte in dem Sinne, daß sie selbst keine direkte physische Repräsentation besitzen, sondern jeweils nur zum aktuellen Referenzzeitpunkt „existieren", d.h. aus den physischen Objekten der internen Satzschnittstelle abgeleitet bzw. auf sie abgebildet werden.

Der an der satzorientierten DB-Schnittstelle erzielte Grad an Abstraktion ist in herkömmlichen DBS nicht besonders hoch; die Systemschicht, deren Funktionen jetzt genauer beschrieben werden sollen, besitzt also im allgemeinen nur eine geringe Abbildungsmächtigkeit. Sie hat auf der Basis der bisher eingeführten Speicherungsstrukturen eine satzorientierte Schnittstelle zu realisieren, die ein Navigieren auf logischen Zugriffspfaden erlaubt. Ohne Einzelheiten der Darstellung der internen Sätze und physischen Zugriffspfade zu kennen, ist mit Hilfe von geeigneten Operationen satzweises Einfügen, Löschen und Modifizieren von externen Sätzen möglich. Das Auffinden von Sätzen geschieht mit Bezug auf definierte logische Zugriffspfade über Schlüsselwerte oder auf Grund ihrer Position längs eines logischen Zugriffspfades.

Der zu realisierende Schnittstellentyp wird in hierarchischen und netzwerkartigen Systemen als satzorientierte DB-Benutzerschnittstelle explizit angeboten. Beispiele dafür sind die marktüblichen Systeme ADABAS, IMS, UDS etc. Objekte und Operatoren werden dabei durch symbolische Namen charakterisiert. In relationalen Systemen wird der gleiche Schnittstellentyp durch eine zusätzliche Abbildungsschicht vor den DB-Benutzern verborgen. Sie wird als satzorientierte Schnittstelle intern realisiert, die aus Effizienzgründen mit numerischen Namen für Objekte und Operatoren auskommt. Im System R wird diese Schnittstelle zwischen Zugriffssystem und Datensystem angeboten; sie ist vollständig und unabhängig in dem Sinne, daß das Zugriffssystem als Basissystem (virtuelle Maschine) für anders geartete mengenorientierte Datenbanksysteme (QBE, Graphik-Systeme) verwendet werden kann.

Folgende Aufgaben sind durch die zu diskutierende Abbildungsschicht zu lösen:

- Bereitstellung von vollständigen Beschreibungsinformationen der vorhandenen Datenobjekte und von Datenwörterbuch-Funktionen
- Abbildung der externen Sätze und logischen Zugriffspfade auf die internen Sätze und physischen Zugriffspfade
- Bereitstellung von Möglichkeiten der Navigation durch Positionsmarkierungen (Currency-Konzept)
- ggf. Funktionen zur Umordnung von Sätzen nach vorgegebener Reihenfolge durch eine Sortier-Komponente, die sich vor allem zur dynamischen Unterstützung höherer Operationen vorteilhaft einsetzen läßt.

3.5.1 Objekte und Operatoren einer satzorientierten DB-Schnittstelle

Zur genaueren Charakterisierung der satzorientierten DB-Schnittstelle führen wir ihre typischen Objekte und Operatoren ein, soweit sie in einem breiten Spektrum von DBS vorkommen. Dabei werden die herkömmlichen Bezeichnungen der relationalen und der CODASYL Terminologie angegeben:

- *Segment (Area)*: Segmente sind sichtbare Einheiten der Speicherzuordnung und nehmen jeweils n Satztypen auf. Ihre Kontrolle an der satzorientierten Schnittstelle dient vor allem der Erhöhung der Performance und der Clusterbildung (z.B. für Owner- und Member-Satztyp).

  Satztyp (Relation). Ein Satztyp dient zur Darstellung eines Entity-Typs und ist damit Träger der eigentlichen Informationen der Miniwelt. Er besteht aus einer homogenen Sammlung von null oder mehr Sätzen im externen Format, die aus n Attributen aufgebaut sind. Für diese Sätze wird eine eindeutige Beschreibung der Adressierung innerhalb eines Segmentes gewährleistet.

- *Satz (Tupel)*: Ein Satz ist eine Zusammenfassung von n Attributen, die jeweils einen Attributwert aufnehmen. Jedes Attribut kann einen unterschiedlichen Datentyp besitzen und von fester oder variabler Länge sein. Attribute können durch eindeutige Namen innerhalb eines Satzes bezeichnet werden. Die Charakteristika der Attribute des externen Satzes brauchen nicht mit denen der sie aufnehmenden Felder des internen Satzes übereinzustimmen, solange ihre Abbildung durch geeignete Konversionsregeln möglich ist.

- *Index (Search Key)*: Ein Index unterstützt den schnellen direkten Zugriff über Primär- und Sekundärschlüssel auf alle Sätze eines Satztyps. Falls zusätzlich noch die logisch fortlaufende Verarbeitung aller Sätze möglich ist, heißt ein solcher Zugriffspfadtyp auch Image [ASTR76] oder System-Set [CODA78b]. Die wichtigste Option für die logische Reihenfolge ist die Sortierung nach Werten in einem oder mehreren Attributen. Es können dabei Attribute eines Satztyps in beliebiger Reihenfolge und mit zusätzlicher Spezifikation nach auf-/absteigenden Werten gewählt werden. Pro Satztyp können null oder mehr Indexstrukturen definiert werden.

  Set (Link): Eine Setstruktur ist ein hierarchischer Zugriffspfad, der den navigierenden Zugriff zwischen zusammengehörigen Sätzen zweier Satztypen unterstützt. Ein Satztyp kann in null oder mehr Settypen als Owner oder Member definiert sein. Die Position eines Member-Satzes in einer Setstruktur kann entweder auf Grund von Werten oder beim Einfügen durch den Benutzer festgelegt werden.

Zu diesen Objekten gehören geeignete Operatoren zu ihrer Definition, Kontrolle und Manipulation. Eine genaue Beschreibung dieser Operatoren ist sehr aufwendig [CODA78b, UDS]. Wir begnügen uns deshalb mit ihrer allgemeinen Klassifikation, ohne auf ihre Vielfalt an Parametern und Optionen in einem konkreten System einzugehen [HÄRD78a].

Zur allgemeinen Speicherverwaltung sind Operatoren auf Segmenten bereitzustellen, die folgende Aufgaben erfüllen:

- Öffnen und Schließen von Segmenten zur Kennzeichnung von Verarbeitungsabschnitten (OPEN/CLOSE)
- Erwerb und Freigabe von Segmenten (ACQUIRE/RELEASE)
- Sichern und Zurücksetzen von Segmenten (SAVE/RESTORE).

Zur satzweisen Verarbeitung werden Operatoren auf externen Sätzen und logischen Zugriffspfaden benötigt. Folgender Funktionsumfang ist dabei zu berücksichtigen:

- Direktes Auffinden von Sätzen auf Grund von Attributwerten (FIND RECORD USING...)
- Positionales Auffinden von Sätzen auf Grund ihrer Zugehörigkeit zu einem Zugriffspfad (FIND NEXT RECORD WITHIN...)
- Hinzufügen eines Satzes zu den Ausprägungen eines Satztyps (INSERT)
- Löschen eines Satzes (DELETE)
- Aktualisieren von Attributwerten eines Satzes (UPDATE).

Die Modifikationsoperationen für Sätze eines Satztyps schließen gewöhnlich alle Folgeoperationen auf den definierten Zugriffspfaden für Primär- und Sekundärschlüssel ein, so daß keine explizite Benutzerinteraktion dafür notwendig wird. Für benutzerkontrollierte Zugriffspfade (MANUAL [CODA78b]), in denen Position und Zugehörigkeit eines Satzes nicht ausschließlich durch seine Attributwerte bestimmt werden, sind zusätzliche Operatoren zum

- Einbringen eines Satzes in eine durch den Benutzer festgelegte Position des Zugriffspfades (CONNECT)
- Aufheben dieser Verknüpfung (DISCONNECT)

erforderlich, um benutzerbestimmte Reihenfolgen der Sätze aufbauen zu können. Typischerweise werden diese Operatoren für hierarchische Zugriffspfade vorgesehen.

Weiterhin sind Funktionen bereitzustellen, die der Erhaltung der Integrität der Datenbank im Fehlerfall und im Mehrbenutzerbetrieb dienen. Die wesentlichsten Funktionen für diese Aufgaben sind solche zur Definition von „atomaren" Transaktionen als Einheiten korrekter Zustandsübergänge und physischer Wiederherstellung der Datenbank (BEGIN/END/RESTORE TRANSACTION) und zur Anforderung und Freigabe von Sperren auf Dateneinheiten unterschiedlicher Granularität (LOCK, UNLOCK). Die genauen Anforderungen an diese Funktionen und ihre Implikationen für ihre Implementierung werden in Kapitel 4 diskutiert.

3.5.2 Aufgaben und Funktionen des Datenwörterbuchs

Um die Objekte der Datenbank definieren und beschreiben zu können, muß eine Möglichkeit vorhanden sein, ihre Beschreibungs- oder Metainformation speichern zu können (siehe auch Kapitel 2). Eine vollständige Beschreibung der vorhandenen Objekte der Datenbank erfolgt im sogenannten Datenwörterbuch (Data Dictionary

[ALLE82]). Der Mindestumfang dieser Beschreibung umfaßt alle Informationen des externen und des internen DB-Schemas; sie ist gewöhnlich in einer maschinennahen Darstellung abgelegt. Zu diesen Schemainformationen gehören

- einerseits alle Angaben über Definition, Struktur und Benutzungsvorschriften der Daten wie Namen und zulässige Wertebereiche, logische Beziehungen, Integritäts- und Zugriffsregeln etc. und
- andererseits alle Angaben über Speicherung, Codierung und Auffinden der Daten wie Adreß- und Längenangaben, Feldtypen, Zugriffspfade und physische Plazierung in der Datenbank etc.

Die Definition und Kontrolle dieser Beschreibungsinformation gehört zu den Aufgaben des Datenbankadministrators. Aus der Schemainformation werden die sogenannten Subschemata gewöhnlich mit Hilfe eines speziellen DDL-Übersetzers abgeleitet und in einer internen Darstellung den Benutzerprogrammen zur Verfügung gestellt. Da durch die Subschemata-Sicht des Anwenderprogramms eine Isolierung und Benutzerorientierung der Datenobjekte erreicht wird, muß bei einer aktuellen Benutzeranforderung die Beschreibung der Datenobjekte durch die Schemainformation vervollständigt werden, bevor sie bearbeitet werden kann. Anschließend hat eine Bindung dieser logischen Benutzeranforderung an die physisch vorhandenen Strukturen mit Hilfe der Verwaltungs- und Speicherungsinformationen des internen Schemas zu erfolgen. Aus Gründen der Optimierung und der Verschiebung des Bindezeitpunktes für logische Datenstrukturen ist oft eine direkte Zugriffsmöglichkeit auf die Schemainformation vom Anwenderprogramm aus vorteilhaft.

Die Schnittstelle zur Schemainformation ist also so auszulegen, daß sie in einfacher Weise vom Datenbankadministrator und von den Anwendungsprogrammen benutzt werden kann. Es erweist sich als günstig, zur Darstellung der Beschreibungsinformation vorhandene Objekttypen zu verwenden, damit die gleichen oder geringfügig modifizierten Zugriffsprimitive eingesetzt werden können. Im System R werden sogenannte Kontrollrelationen zur Darstellung der Schemainformation benutzt, die sich mit in die DB-Sprache (SQL) integrierten Operatoren handhaben lassen [ASTR76].

Zur Definition und Verwaltung der Beschreibungsinformation sind Operatoren

- zum Einfügen der Beschreibungsinformation eines Objektes (Definition)
- zum selektiven Lesen der Beschreibung eines Objektes
- zum Ändern bestimmter Beschreibungsmerkmale eines Objektes
- zum Löschen der Beschreibungsinformation eines Objektes und damit des Objektes selbst

erforderlich [HÄRD78a].

Der Umfang der Schemainformation ist beträchtlich, da alle Details der Definition und Speicherung der Objekte erfaßt werden müssen. Deshalb ist sie oft sehr unübersichtlich aufgebaut. Eine Charakterisierung der Beschreibungsinformation anhand eines konkreten Beispiels findet sich in [LOCK78].

Unter dem Namen Data Dictionary werden in der Literatur oft zusätzliche Funktionen zur Kontrolle und Benutzung der Datenbank subsummiert [UHRO73].

Es wird darunter eine Erweiterung der beschriebenen Basisfunktionen verstanden derart, daß

- Informationen über Herkunft, aktuelle Benutzung und Änderung der Daten
- Namen und Charakteristika von Anwendungsprogrammen mit Angaben, auf welche Daten sie zugreifen und in welcher Beziehung sie zueinander stehen,

gesammelt werden. Durch spezielle Funktionen (Dienstprogramme) zur Auswertung des Wörterbuchs lassen sich dann zusätzlich zur Generierung von Datenbeschreibungen (Subschemata) Unterlagen

- zur Dokumentation in einer einheitlichen und zeitgerechten Beschreibung der Daten
- zur Analyse der vorhandenen Datenobjekte, um Redundanzen oder Inkonsistenzen aufzudecken
- zur Unterstützung des Entwurfs und der Entwicklung neuer Anwendungen
- zur Information über die Gültigkeit und Verfügbarkeit der Daten
- zur Analyse der Auswirkungen von Änderungen der Datendefinitionen und der Anwendungsprogramme (z.B. durch Cross-Reference-Listen)
- zur Optimierung der Speicherungsstrukturen auf Grund von Benutzungshäufigkeiten und Werteverteilungen als Hilfe für den Datenbankadministrator oder als Eingabe für heuristische Algorithmen

gewinnen. In der Literatur [ALLE82] wird darauf hingewiesen, daß sich das Data Dictionary durch Einbringen aller Informationen über Dateien und Programmsysteme zur zentralen Kontrollinstanz über alle gespeicherten Daten eines Unternehmens ausbauen läßt. Als integriertes Teilsystem kann es dann zur Koordinierung und Befriedigung der Informationsbedürfnisse aller Benutzerklassen (Fachabteilung, Programmierung, Systemanalyse, Datenbankverwaltung, Datenschutzbeauftragter, Management) herangezogen werden.

3.5.3 Abbildung der externen Sätze

An der satzorientierten Schnittstelle sind nur Operationen auf Sätzen im externen Format und Zugriffsanforderungen wie direktes oder sortiert sequentielles Aufsuchen auf logischen Zugriffspfaden möglich. Da von der physischen Darstellung der internen Sätze und Zugriffspfade abstrahiert wird, ist eine explizite Umsetzung und Bindung der Anforderungen an die Charakteristika der Speicherungsstrukturen erforderlich.

Die Freiheitsgrade, die sich durch die Trennung von externem und internem Format der Datenobjekte ergeben, lassen sich zur Erfüllung der Aufgaben des Subschema-Konzeptes wie

- Anpassung der Datentypen des DBS an die Datentypen der Wirtssprache
- selektive Auswahl von Attributen eines Satztyps aus Gründen der Isolation
- Permutation und Auswahl der Attribute eines Satzes zur Erhöhung der Benutzerorientierung und zur Reduktion nicht benötigter Komplexität
- Abbildung eines externen Satzes auf interne Sätze eines oder mehrerer Satztypen

und zur Abstimmung von Performance-Anforderungen wie

- Aufteilung und Zuordnung der Felder eines internen Satzes auf Speicherbereiche nach Zugriffshäufigkeiten
- redundante Speicherung von internen Sätzen beispielsweise nach verschiedenen Sortierkriterien
- Verdichtung von Feldern und Sätzen durch Komprimierungsmethoden oder Tabellenersetzungen

in wirksamer Weise ausnutzen.

Durch Ergänzung mit der im Datenwörterbuch gespeicherten Beschreibungsinformation lassen sich die externen auf die internen Sätze abbilden. Dabei ist ggf. eine Typkonversion der Attributwerte vorzunehmen. Beim Einfügen von unvollständig spezifizierten Sätzen ist ein Auffüllen des internen Satzes mit undefinierten Feldern erforderlich. Im Falle von Modifikationsoperationen sind zusätzlich Folgeoperationen in den betroffenen physischen Zugriffspfaden auszulösen, um die Konsistenz der Speicherungsstrukturen zu wahren.

Eine wichtige Forderung von praktischer Bedeutung ist bei dieser Abbildung die Möglichkeit der dynamischen Erweiterung eines Satztyps um zusätzliche Attribute. Falls ein geeignetes internes Darstellungsformat gewählt wird (siehe Abschnitt 3.4.2), kann durch eine Modifikation im Datenwörterbuch ein Attribut an einen Satztyp (mit zunächst undefinierten Werten in allen Sätzen) angehängt werden, ohne daß die gespeicherten Ausprägungen betroffen sind. Das konkrete Auffüllen mit Werten bleibt dann nachfolgenden Aktualisierungsoperationen vorbehalten.

3.5.4 Currency-Konzepte zur satzweisen Navigation

Aufgabe eines Currency-Konzeptes ist das Bereitstellen und Warten von transaktionsbezogenen Verarbeitungspositionen, um auf ausgewählte Sätze zugreifen und relativ zu ihnen Navigationsoperationen veranlassen zu können. Sogenannte Currency-Indikatoren [CODA78b] haben den Zweck, eine „Erinnerungsmöglichkeit" an einen vorher aufgesuchten Satz für eine Transaktion zu bieten. Falls der Satz Element einer geordneten Menge von Sätzen ist, spezifiziert ein Currency-Indikator zugleich eine Position innerhalb dieser Menge und kann deshalb als Cursor für diese Menge verwendet werden [ENGE76].

Der DBTG-Vorschlag sieht ein implizites Currency-Konzept vor. Für folgende Objekttypen des Subschemas wartet das DBS Currency-Indikatoren für jede Transaktion, die jeweils auf den zuletzt aufgesuchten Satz des betreffenden Objekttyps zeigen:

- für jede Area   (Current of Area)
- für jeden Satztyp (Current of Record Type)
- für jeden Settyp   (Current of Set Type)

Zusätzlich wird ein Currency-Indikator verwaltet, der als Current of Run-Unit immer auf den zuletzt aufgesuchten Satz verweist. Durch Ausführung einer DB-Anweisung, die sich auf einen Satz bezieht, sind in der Regel mehrere Currency-

Indikatoren betroffen (Current of Area, Record Type, Set-Type, Run-Unit), so daß sich implizit und ohne Kontrolle durch die Transaktion die zugehörigen Currency-Indikatoren ändern und auf eine neue Position verweisen. Durch eine spezielle Retaining-Klausel ist ein selektives Beibehalten der alten Positionen und damit eine gewisse indirekte Kontrolle durch die Transaktion möglich. Allerdings steigt damit die Komplexität und Fehleranfälligkeit dieses ohnehin schwer zu verstehenden Konzeptes. Besonders schwierig ist bei diesem impliziten Currency-Konzept die Wartung von Verarbeitungspositionen bei Modifikationsoperationen, weil beispielsweise durch das Löschen eines Satzes n Currency-Indikatoren betroffen sein können. Für solche Fälle sind eine Reihe von Regeln einzuführen, um definierte Folgeoperationen gewährleisten zu können. Beispielsweise soll bei einem ERASE oder DISCONNECT eines Satzes aus einem Set auch die nachfolgende Operation auf diesem Set das beabsichtigte Ergebnis bringen. Bei einer MODIFY-Anweisung, die das Verschieben des Satzes in eine andere Setausprägung erzwingt, wird nicht die Position in der ursprünglichen Satzmenge gewartet. Die Regeln zur Beschreibung der Änderungssemantik werden dadurch noch komplexer.

Das implizite Currency-Konzept sieht vor, daß für die spezifizierten Objekttypen jeweils genau ein Currency-Indikator verwaltet wird, selbst wenn durch die Transaktion mehrere Currency-Indikatoren vorteilhaft eingesetzt werden könnten. Aus diesen Gründen ist ein explizites Currency-Konzept – in [ENGE76] auch Cursor-Konzept genannt – vorzuziehen. Es besitzt folgende Eigenschaften:

- Currency-Indikatoren werden durch das Programm (Transaktion) definiert, verhalten sich wie normale Programmvariable, und werden unter expliziter Kontrolle der Transaktion verändert.
- Es ist entsprechend den Anforderungen einer Transaktion die Definition und Wartung von mehreren Positionen auf der gleichen Satzmenge möglich.
- Das Problem der Wartung von Positionen in einer geordneten Menge von Sätzen ist auch für Modifikationsoperationen in allgemeiner Weise gelöst.

Ein solches Konzept ist unter der Bezeichnung Scan-Technik im System R implementiert [ASTR76]. Ein Scan wird durch das Transaktionsprogramm explizit erzeugt und aufgegeben (OPEN/CLOSE SCAN). Er spezifiziert eine Menge von Sätzen, die durch ihn in vorgegebener Zugriffsreihenfolge (NEXT TUPLE) aufgesucht und satzweise bereitgestellt werden können. Folgende Scan-Typen lassen sich einrichten:

- Relationen-Scan zum Aufsuchen aller Sätze eines Satztyps (Relation) innerhalb eines Segmentes in der durch das System bestimmten physischen Reihenfolge.
- Index-Scan zum Aufsuchen von Sätzen in einer wertabhängigen Sortierreihenfolge nach einer Indexstruktur.
- Link-Scan zum Aufsuchen von Sätzen in einer benutzerkontrollierten Einfügereihenfolge in einem Link (Set).

Die Anreicherung eines Scans mit expliziten Start-, Stop- und Suchbedingungen und Suchreihenfolge zur selektiven Auswahl (vorwärts/rückwärts) von Sätzen ist für die Leistungsfähigkeit dieses Konzeptes entscheidend [GRAY78, HÄRD78a]. Durch das DBS werden intern die Scans einer Transaktion durch sogenannte Scan-

Kontrollblöcke verwaltet, wobei Angaben über Typ, Status, momentane Position etc. der Scans zu warten sind. Je nachdem, wohin ein Scan in der geordneten Satzmenge momentan zeigt, werden für ihn folgende Zustände unterschieden [GRAY78]:

- vor den ersten Satz   (TOP)
- auf einen Satz   (ON)
- in eine Lücke zwischen zwei Sätze (BETWEEN)
- hinter den letzten Satz   (BOT)
- in eine leere Menge   (NULL).

Durch geeignete Übergangsregeln für die Scan-Zustände bei Aufsuch- und Modifikationsoperationen und beim Auftreten von Fehlern läßt sich in übersichtlicher Weise eine Scan-Semantik definieren, die eindeutige Verarbeitungsfolgen gewährleistet.

3.5.5 Ein Sortier-Operator zur Unterstützung komplexer DB-Operationen

In DBS, die für externe Benutzer nur eine satzorientierte Schnittstelle mit benutzerkontrollierten Navigationsmöglichkeiten anbieten, sind gewöhnlich keine Operationen vorgesehen, die auf eine dynamisch vorgebbare und von den Speicherungsstrukturen und Zugriffspfaden abweichende Reihenfolge der Sätze Bezug nehmen können. Erforderliche Sortierungen der Sätze zur Ausgabe oder zur Optimierung von Verknüpfungs- und Auswertungsoperationen bleiben Aufgabe des Anwendungsprogramms. In DBS mit einer mengenorientierten Schnittstelle und deskriptiven Sprachen besitzt der Benutzer keine Möglichkeiten, sich direkt auf intern vorhandene Satzreihenfolgen zu beziehen. Er hat die Freiheit, zur Optimierung seiner Verarbeitung dynamisch beliebige Sortierfolgen zu spezifizieren. Andererseits ist die Auswertung und Optimierung aller Benutzeranforderungen vollständig an das DBS delegiert. Bei komplexen Operationen auf Satzmengen kann dabei die interne Umordnung der Sätze unter Ausnutzung der zum Zugriffszeitpunkt vorhandenen Zugriffspfade sehr vorteilhaft sein, so daß einer effizienten Sortierkomponente für die Leistungsfähigkeit eines solchen DBS eine zentrale Bedeutung zukommt. Bei folgenden Anforderungen läßt sich ein Sortier-Operator in günstiger Weise einsetzen [HÄRD77]:

- explizite Umordnung der Sätze auf Grund vorgegebener Sortierschlüssel
- Umordnung mit Durchführung einer Selektionsoperation
- Erzeugung von Partitionen durch Zerlegung einer Satzmenge in disjunkte Gruppen
- Selektion, Projektion und Eliminierung von Duplikaten in einer Satzmenge
- Unterstützung von Mengen- und Verbundoperationen
- Verarbeitung von Sichten
- Umordnung von Zeigern zur Optimierung der Auswertung oder Zugriffsreihenfolge

- Dynamische Erzeugung von Indexstrukturen („bottom-up"-Aufbau von B*-Bäumen)
- Erzeugung einer Clusterbildung beim Laden und während der Reorganisation.

Entwurfsüberlegungen für einen Sortier-Operator

Das Sortieren ist im allgemeinen eine sehr ein-/ausgabeintensive, mengenorientierte Operation, die beispielsweise zur physischen Umordnung aller Sätze eines Satztyps mehrere interne Sortier- und externe Mischvorgänge für alle Sätze erzwingt. Eine Implementierung der Sortier-Komponente oberhalb der satzorientierten Schnittstelle unter Benutzung ihrer verfügbaren Objekte und Operatoren ist zwar naheliegend (es entspräche ihrer richtigen Einordnung ins Schichtenmodell), aus Performance-Gründen ist eine solche Realisierung jedoch nicht zu empfehlen. Ausschließlich satzorientierte Lese- und Schreibbefehle stellen auf dieser Ebene eine völlig untaugliche Unterstützung für das Umordnen von Satzmengen dar und erzwingen für jeden Satz ein mehrmaliges Überqueren der allgemeinen und daher teuren satzorientierten Schnittstelle. Die Sortier-Komponente sollte einerseits möglichst nahe an der physischen Ein/Ausgabe angeordnet sein, muß aber andererseits über der Schicht zur Realisierung der internen Sätze und Zugriffspfade liegen, um eine Code-Duplikation zu vermeiden und um deren Operationen zur Auswahl der Sätze und zur Erzeugung des Sort-Objektes benutzen zu können.

Es ist weiterhin zu entscheiden, ob eine spezielle E/A-Schnittstelle mit eigenem Puffer für die Sortier-Komponente einzurichten ist oder ob die normale Schnittstelle über den Systempuffer zu benutzen ist. Die Abwicklung der Sortiervorgänge über den Systempuffer hat im wesentlichen folgende Vorteile:

- Es reduziert die Komplexität des DBS und erhöht seine Portabilität.
- Es erlaubt die Benutzung der vorhandenen Objekte (Segmente, Seiten) und der zugehörigen Operatoren.

Durch die Systempufferbenutzung ergeben sich im Hinblick auf die Effizienz einige Einschränkungen:

- Typischerweise ist keine Kontrolle über die physische Clusterbildung auf den Externspeichern möglich.
- Eine für Sortieroperationen unnötig flexible Seitenzuordnung (z.B. Schattenspeicher-Konzept) führt auf hohe E/A-Kosten.
- Ersetzungsstrategie (z.B. LRU) und gemeinsame Benutzung des Systempuffers durch parallele Transaktionen beschränken die Optimierungsmöglichkeiten bei Sortier- und Mischvorgängen.

Da die Sortierung eine teure Operation ist, sollte die Menge der zu sortierenden Sätze auf die tatsächlich benötigte beschränkt werden. Die Spezifikation der Sort-Eingabe ist deshalb mit flexiblen Optionen zur Restriktion der Eingabe-Menge auszustatten. Weiterhin sollte das Aufsuchen dieser Sätze über interne Scan-Operationen mit wirksamen Suchargumenten über die physisch vorhandenen Zugriffspfade des Systems möglich sein. Als Ausgabe der Sortierung ist vorteilhafterweise ein statisches Objekt zu erzeugen, das anschließend mit den satzorientierten Operationen weiter verarbeitet werden kann. Ein temporäres Ausgabe-Objekt, bei dem satzweise die sortierten Sätze an die rufende Komponente weitergereicht werden, erlaubt keine wiederholte Benutzung des sortierten Objektes. Ein mehrfaches geschachteltes Aufrufen der Sortier-Komponente zur Unterstützung einer höheren Operation (z.B. Verbund) könnte dann zur Verstopfung des Systempuffers führen (Problem des Fixings).

Die Semantik des statischen Ausgabe-Objektes bei der Sortierung entspricht einer Kopie der ausgewählten Sätze zum Ausführungszeitpunkt (kein „dynamisches Fenster"). Da seine Benutzung vorwiegend sequentieller Natur ist, ist eine kompakte physische Speicherung der sortierten Sätze vorteilhaft, beispielsweise als Listenstruktur in einem Segment, wodurch eine minimale Anzahl von physischen E/A-Vorgängen bei der Verarbeitung der sortierten Sätze gewährleistet ist. Wegen der speziellen Verarbeitungsanforderungen genügen eine spezielle Einfügeoperation (am Ende der Liste) und eine flexible sequentielle Aufsuchoperation (mit Suchargumenten). Die Spezifikation der Ausgabe sollte eine selektive Übernahme der Attribute des Eingabe-Satztyps enthalten, damit nicht unnötiger Ballast die Ein-/Ausgabe aufbläht. Für spezielle Anwendungen ist die Aufnahme der Satzadresse in das Ausgabe-Objekt wichtig, um sortierte Schlüssel/Zeiger-Listen ableiten zu können. Der Sortierschlüssel sollte sich aus mehreren Attributen mit der selektiven Möglichkeit, auf- und absteigende Reihenfolge zu spezifizieren, zusammensetzen lassen. Für bestimmte Mengen- und Relationenoperationen, zu deren Unterstützung die Sortierung als primitiver Operator herangezogen wird, sowie für Aufgaben der Integritätsüberprüfung sind Optionen zur Duplikateliminierung oder -bestimmung sehr hilfreich; sie verursachen während der Sortierung keinen Zusatzaufwand.

Eine ausführliche Diskussion der verschiedenen Entwurfs- und Implementierungsaspekte der Sortier-Komponente eines DBS finden sich in [HÄRD77]. Dabei wird auch auf die Sortier- und Mischtechniken eingegangen, die sich bei vorgegebenen Randbedingungen wie begrenzter Pufferbereich, variable Satz- und Schlüssellängen etc. vorteilhaft einsetzen lassen.

3.6 Implementierung einer mengenorientierten DB-Schnittstelle

Nach unserem allgemeinen Beschreibungsmodell für ein datenunabhängiges DBS nach Bild 3.1 hat die oberste Abbildungsschicht aufsetzend auf einer satzorientierten Schnittstelle eine mengenorientierte DB-Schnittstelle zu realisieren. Ein Beispiel dafür ist eine Schnittstelle nach dem Relationenmodell, an der dem Benutzer nur noch Relationen, Sichten (auf Relationen und Sichten) und Tupeln als Objekte zugänglich sind und deskriptive Sprachen wie Relationenalgebra, Relationenkalkül (ALPHA), SQL oder QBE (Query by Example) sowohl zum mengenorientierten Aufsuchen als auch zur mengenorientierten Modifikation zur Verfügung stehen.

Gemäß unserer Modellvorstellung ist die Aufgabe dieser Abbildungsschicht die Überführung der mengenorientierten Anforderungen in Folgen von Aufrufen der

Primitive, die durch die darunterliegende satzorientierte Schnittstelle angeboten werden, die Auswahl optimaler Zugriffspfade und die Auflösung und Bindung der externen an interne Objektnamen. Da auch auf der satzorientierten Schnittstelle logische Objekte, die Abstraktionen der physischen Objekte der internen Satzschnittstelle darstellen, existieren, wird bei dieser Vorgehensweise ein weiterer Abbildungsvorgang erforderlich. In einem konkreten System wird man deshalb aus Effizienzgründen die mengenorientierten Anforderungen direkt in auf der internen Satzschnittstelle ablauffähige Operationsfolgen überführen, um die Reibungsverluste einer zusätzlichen Abbildung zu vermeiden. Wie in Abschnitt 3.1.3 diskutiert, sollte dieses Verfahren auch dann gewählt werden, wenn mehrere Programmierschnittstellen unterstützt werden, so daß ggf. in einem Datenbanksystem für die einzelnen Sprachschnittstellen jeweils getrennte Verfahren zur Abbildung auf die interne Satzschnittstelle verfügbar sein sollten.

Für die Ausführung dieser Abbildungen sind grundsätzlich zwei verschiedene Zeitpunkte denkbar:

- Die DB-Anforderungen können zur Übersetzungszeit des Anwendungsprogrammes (AP), in das sie eingebettet sind, durch einen Compiler übersetzt werden. In diesem Fall läßt sich die oberste Abbildungsschicht als Bestandteil des Compilers begreifen, der für eine DB-Anforderung ein spezielles Programm als ausführbaren Code mit Operationen der internen Satzschnittstelle erzeugt.
- Die DB-Anforderungen werden erst zum Zugriffszeitpunkt in ihrer externen Form an das DBS übergeben. Die oberste Abbildungsschicht fungiert in diesem Fall als Interpreter, d.h. als ein allgemeingültiges Programm zur direkten Kontrolle und Ausführung von DB-Anforderungen. Falls ad hoc-Anforderungen bedient werden sollen, ist gewöhnlich diese Vorgehensweise erforderlich.

Da die Übersetzung von DB-Anforderungen und die Bindung der dem Benutzer (AP) bekannten externen Namen an die nur dem DBS bekannten internen Namen sowohl bei einer satzorientierten als auch bei einer mengenorientierten Programmierschnittstelle erforderlich sind, wollen wir die dabei anfallenden Aufgaben und die gemeinsamen Konzepte zusammen diskutieren, bevor wir auf spezielle Probleme der mengenorientierten Schnittstelle eingehen. Satzorientierte Schnittstellen rechtfertigen wegen der Einfachheit der Übersetzungsaufgabe im allgemeinen nicht die Einführung einer eigenen Abbildungsschicht. Die zur Übersetzung/Interpretation notwendigen Systemkomponenten sind entweder in die Systemschicht, die die externe Satzschnittstelle realisiert, integriert oder die erforderlichen Aufgaben werden von einem (erweiterten) Compiler der Wirtssprache wahrgenommen.

3.6.1 Allgemeine Aufgaben der Übersetzung

DB-Sprachen können als selbständige Sprachen für ad hoc-Anfragen vom Terminal aus oder als in eine bestimmte Wirtssprache wie COBOL, PL/I oder FORTRAN eingebettete Sprachen mit der Möglichkeit der Weiterverarbeitung der Ergebnisse eingesetzt werden. Auch im Falle von selbständigen Sprachen ist eine gewisse

Einbettung der DB-Anweisungen in ein Terminal-Kontrollprogramm notwendig, das die Kontrolle, Aufbereitung und Ausgabe der Ergebnisse durchführt. Die DB-Anweisungen dienen zusammen mit den für sie definierten Datenstrukturen als Schnittstelle zwischen DBS und Benutzerprogramm. Für eine DB-Anweisung A sind grundsätzlich zwei Formen der Einbettung möglich:

- direkt als Zeichenstring A
- durch expliziten Aufruf CALL DBMS ('A').

Für die Übersetzung und Ausführung einer DB-Anweisung A sind folgende Verarbeitungsschritte nötig [HÄRD78a]:

1. *Parsing und Namensauflösung*: Im ersten Übersetzungsschritt wird der Zeichenstring A analysiert und in zusammengehörige Bestandteile zerlegt, so daß eine Prüfung auf korrekte Syntax erfolgen kann. Weiterhin wird für die Anweisung eine interne Baumstruktur aufgebaut, die als Bezugsstruktur für die folgenden Übersetzungsschritte dient. Die vom Benutzer übergebenen externen Namen für Datenstrukturen und Operatoren werden mit Hilfe von Systemkatalogen (Data Dictionary) in interne, systembezogene Namen übergeführt. Dabei ist oft eine Konversion der übergebenen Daten vom externen in ein internes Format erforderlich.

2. *Zugriffskontrolle*: Die Zugriffsrechte eines Benutzers sind an die extern sichtbaren Datenobjekte, auf die er sich bezieht, gebunden (Relationen, Sichten). Deshalb hat eine Überprüfung der Zugriffsberechtigung für die durch die Anweisung A angeforderten Aktionen zu erfolgen, bevor die externen Datenobjekte und Operatoren durch Strukturen und Primitive tieferer Systemschichten ersetzt werden. Falls sich die Zulässigkeit der Anforderung zu diesem frühen Zeitpunkt der Übersetzung nicht entscheiden läßt - beispielsweise bei wertabhängigen Sicherheitsbedingungen -, müssen geeignete Laufzeitaktionen generiert werden, die die korrekte Überprüfung der Zugriffsberechtigung zum Zugriffszeitpunkt gewährleisten.

3. *Integritätskontrolle*: Integritätsbedingungen semantischer Art sind genau wie Zugriffsrechte auf externen Datenobjekten und Operatoren definiert und müssen deshalb vor ihrer weiteren Zerlegung kontrolliert werden. Einfache Integritätskontrollen, die Format, Typ, Konversion und Zulässigkeit von Attributwerten betreffen, können zum Übersetzungszeitpunkt ausgeführt werden. Für komplexere Bedingungen, die erst beim aktuellen Zugriff auf die Daten überprüfbar sind, müssen entsprechende Laufzeitaktionen und Trigger [ESWA75] vorbereitet werden.

4. *Zugriffspfadoptimierung*: Ein für die Leistungsfähigkeit des gesamten DBS entscheidender Schritt des Übersetzungsvorgangs ist die Zugriffspfadoptimierung. Aus der Menge der zum Übersetzungszeitpunkt vorhandenen Zugriffspfade und den verschiedenen Möglichkeiten und Reihenfolgen ihrer Benutzung ist die kostengünstigste Zugriffsstrategie zu bestimmen, um die angeforderte Datenmenge aufzufinden und dem Benutzer bereitzustellen [JARK84b]. Als Kostenmaß kann der Optimierungsalgorithmus entweder nur die Anzahl der erforderlichen E/A-

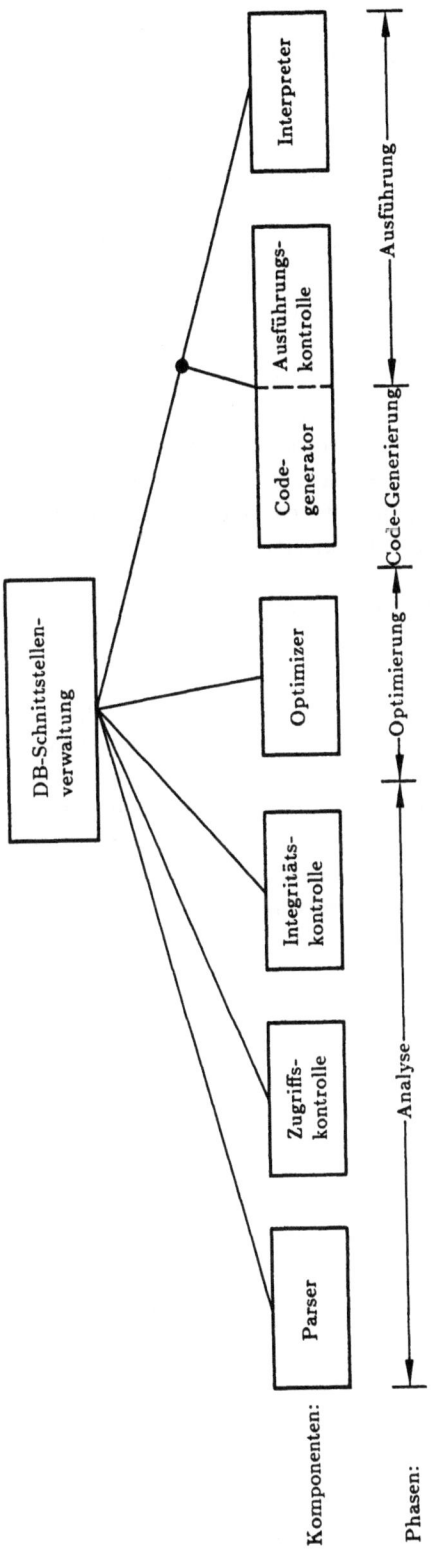

Bild 3.52 Funktionen zur Übersetzung und Ausführung einer DB-Anweisung

Vorgänge – System ist I/O-bound – oder eine gewichtete Kombination aus CPU-Zeitbedarf und E/A-Bedarf – System ist CPU-bound – heranziehen [SELI79].

5. *Codegenerierung/direkte Ausführung oder interpretative Ausführung*: In den vorangegangenen Übersetzungsphasen wurde schrittweise über verschiedene interne Transformationen eine optimierte Baumstruktur für die Anweisung A aufgebaut, die nun als Ausgangspunkt der Codegenerierung oder der interpretativen Ausführung für die Anweisung A dient. Im Falle der Codegenerierung wird ein Modul mit Zugriffsoperationen der internen Satzschnittstelle als ein zum Zugriffszeitpunkt direkt ausführbarer Programm-Code erzeugt und in einer Modulbibliothek abgelegt, während bei der interpretativen Ausführung ein sogenannter Interpreter bei jedem Zugriff dynamisch ihre Kontrolle übernimmt. Zum Aufsuchen und Bereitstellung der Daten müssen über interne Kontrolltabellen Zugriffsanforderungen vorbereitet und aktuelle Parameter für die Zugriffsoperationen eingesetzt werden. Bevor die erhaltenen Daten an das rufende Benutzerprogramm übergeben werden, sind sie entsprechend der Benutzeranforderung und der externen Datenstrukturen zu formatieren und zu konvertieren.

In Bild 3.52 sind die einzelnen Verarbeitungsschritte des Übersetzungs- und Ausführungsvorgangs zusammenfassend dargestellt und Systemkomponenten zugeordnet.

Bei der Interpretationstechnik werden die Verarbeitungsschritte 1–5 beim aktuellen DBS-Aufruf mit Hilfe eines allgemeingültigen Umsetzprogramms ausgeführt. Sie hat den Vorteil, daß durch die Ausnutzung des spätest möglichen Bindezeitpunktes ein hoher Grad an Datenunabhängigkeit erzielt wird, da Änderungen in den Daten- und Zugriffspfadstrukturen bis zum aktuellen Zugriffszeitpunkt berücksichtigt werden können. Die Interpretation ist jedoch eine sehr teure Ausführungstechnik. Erfahrungswerte besagen, daß die Pfadlänge der auszuführenden Instruktionen bei der Interpretation einer Anweisung um den Faktor 10–20 länger ist als bei einer vorübersetzten Anweisung [LORI79a]. Dieser enorme Mehraufwand kommt vor allem durch die Zugriffe auf die Systemkataloge etc. zustande. Durch die Notwendigkeit, alle 5 Übersetzungsschritte bei jedem DBS-Aufruf – sei es bei Aufrufen in einer Programmschleife oder bei wiederholter Ausführung des Anwendungsprogramms – erneut durchlaufen zu müssen, fallen bei der Interpretationstechnik pro Aufruf die höheren Kosten an, während bei der Übersetzungstechnik dieser Aufwand einmalig zu leisten ist. Deshalb ist es für die Effizienz der DB-Zugriffe von großer Wichtigkeit, die Verarbeitungsschritte einer DB-Anweisung zum Übersetzungszeitpunkt auszuführen. Durch diese frühzeitige Bindung an vorhandene Daten- und Zugriffspfadstrukturen ist ggf. bei Änderung dieser Strukturen eine Wiederholung der Übersetzung erforderlich.

3.6.2 Formen der Einbettung

Einführend wurden zunächst grob zwei Formen der Einbettung unterschieden, die im folgenden stärker differenziert werden sollen. Die Form der direkten Einbettung der DB-Anweisung A wird oft als benutzerfreundlichere und natürlichere Spracheinbettung bezeichnet, da syntaktisch keine Unterscheidung zwischen Programm- und DB-Anweisungen zu machen ist. Sie hat jedoch im Gegensatz zur CALL-Einbettung Rückwirkungen auf den Übersetzungsvorgang des Anwendungsprogramms (AP). Gewöhnlich ist der Wirtssprachen-Compiler C so zu erweitern (nach C'), daß im Rahmen der Übersetzung des AP die DB-Anweisungen A in geeigneter Weise behandelt werden können. Eine alternative Möglichkeit bietet der Einsatz eines Pre-Compilers PC, der die DB-Anweisung A so umformt, daß AP anschließend mit dem Standardcompiler C der Wirtssprache übersetzt werden können [LORI79a]. In beiden Fällen sind folgende Möglichkeiten denkbar:

- A wird in eine interne Darstellungsform übersetzt, die eine direkte Ausführung der Anforderung zur Laufzeit gestattet, d.h., die Bindung von A an DB-interne Namen und Zugriffspfade erfolgt zum Übersetzungszeitpunkt.
- A wird lediglich als aktueller Parameter eines (internen) CALL-Aufrufs abgelegt, so daß seine volle Interpretation/Übersetzung zur Laufzeit erforderlich wird, d.h., A wird erst zum Laufzeitpunkt gebunden.

Bei der CALL-Schnittstelle ist keine Modifikation des Wirtssprachen-Compilers C oder der Einsatz eines Pre-Compilers PC notwendig. A bleibt als aktueller Parameter bis zur Laufzeit in seiner externen Form erhalten. Interpretation/Übersetzung und Bindung finden erst zum aktuellen Zugriffzeitpunkt statt. Bei geeigneter Darstellung von A kann bis zum Zugriffszeitpunkt eine Modifikation der Anforderung vorgenommen werden, d.h., A kann neu aufgebaut werden.

Zur Klassifikation der DB-Schnittstelle kann neben der Art der Integration der Operatoren in die Wirtssprache die Art der datenbankseitigen Datenstrukturen im AP herangezogen werden. Dabei können folgende beiden Fälle unterschieden werden:

- Die Datenstrukturen, auf die das AP zugreift, sind als sogenanntes Subschema (oder Sicht) explizit im AP deklariert. Zusätzlich zu den Programmvariablen besitzt das AP einen statisch zugeordneten Bereich für die Datenstrukturen der DB (UWA = User Working Area), die im AP symbolisch angesprochen werden können.
- Im AP ist kein Speicherplatz für datenbankseitige Datenstrukturen reserviert. Alle Anforderungen werden explizit an normale Programmvariable übergeben.

Daraus resultiert das in Tabelle 3.4 dargestellte Klassifikationsschema. Auch für die Datenstrukturen gibt es je nach Integrationskonzept unterschiedliche Bindezeitpunkte. Falls Datenstrukturen in Form eines Subschemas im AP deklariert sind, werden sie zur Übersetzungszeit gebunden, d.h., nachfolgende Änderungen von Namen, Zuordnungen etc. im DB-Schema können nicht mehr berücksichtigt werden; sie führen zu Laufzeitfehlern. Bei Übergabe der Datenstrukturen an Programmvariable dagegen findet eine Laufzeitbindung statt.

Als Beispiel für die erste Form der Einbettung kann der CODASYL-Sprachvorschlag [CODA78b] für eine DDL/DML herangezogen werden. Den Datenstrukturen des Subschemas ist im AP ein statischer Bereich (UWA) zugeordnet; sie können im AP symbolisch referenziert werden. Der Sprachvorschlag für die DML erfordert eine direkte Einbettung. Beispiele für die Art der Opera-

Tabelle 3.4 Klassifikationsschema für die Einbettung der DB-Sprache in eine Wirtssprache

		Operatoren in Wirtssprache integriert	
		Ja	Nein
Datenstrukturen im AP deklariert	Ja	direkte Einbettung, Übergabe in statisch zugeordneten Datenstrukturen	CALL-Technik, Übergabe in statisch zugeordneten Datenstrukturen
	Nein	direkte Einbettung, Übergabe an Programm-Variable	CALL-Technik, Übergabe an Programm-Variable/Pufferbereiche

toren finden sich in Abschnitt 3.6.4. Da die Operatoren im Programmtext voll zu spezifizieren sind und zur Laufzeit keine Variation erlauben, wird gewöhnlich zur Übersetzungszeit des AP gebunden; eine Verschiebung des Bindezeitpunktes bietet keine Vorteile. Wegen der frühzeitigen Bindung der Datenstrukturen muß bei Änderungen des DB-Schemas ohnehin (mindestens) die Übersetzung wiederholt werden. Diese Technik der Einbettung wird im System UDS angewendet. Im übersetzten AP ist jede DML-Anweisung durch einen sogenannten Basic Interface Block (BIB) repräsentiert, der interne Namen etc. aufweist und – soweit notwendig – Suchstrategien festlegt. Diese stärkste Form der Bindung verspricht prinzipiell die höchste Effizienz.

Die zweite Form der Einbettung findet sich in CODASYL-Systemen mit der sogenannten CALL-DML. Die Subschemata-Datenstrukturen werden zur Übersetzungszeit des AP gebunden. Die Operatoren sind so aufgebaut, daß sie im AP nur auf Parameterbereiche verweisen, die zur Laufzeit mit aktuellen Werten gefüllt sind. So können Art der Operationen, Such- oder Modifikationswunsch, spezielle Aufsuchoptionen, etc. etwa in Abhängigkeit von der Dateneingabe oder von vorausgehenden DB-Zugriffen generiert werden. Diese Vorgehensweise wird oft durch zusätzliche Funktionen unterstützt, die einen Zugriff auf die Beschreibungsinformationen des Subschemas gestatten. Als Konsequenz erzwingt dieses Verfahren eine Übersetzung und Bindung der DB-Anforderungen zur Laufzeit. Die Syntax der CALL-DML von UDS diene als Aufrufbeispiel:

CALL "DML" USING FUNKTIONSNAME, FUNKTIONSWAHL,
　　　　　　　　ZUSATZWAHL, BENUTZERINFORMATION...

Die Verschiebung der operatorseitigen Bindung bis zur Laufzeit wird durch erhebliche Effizienzverluste beim Zugriff erkauft; trotzdem wird wegen der frühzeitigen Bindung der Datenstrukturen keine größere Datenunabhängigkeit erzielt.

Die direkte Einbettung der Operationen in die Wirtssprache kombiniert mit der expliziten Übergabe der Datenstrukturen an Programmvariable stellt eine dritte Möglichkeit dar. Hierbei werden die Operatoren beim Schreiben des Quellcodes festgelegt und bei der Übersetzung des AP gebunden. Durch eine flexible Abbildung der dabei referenzierten externen Namen der DB-seitigen Datenstrukturen kann ihre Bindung bis zum Laufzeitpunkt verschoben werden. Auch diese Lösung stellt prinzipiell einen unbefriedigenden Kompromiß zwischen Bindung/Datenunabhängigkeit und Effizienz beim aktuellen Zugriff dar. Ein Beispiel für diese Schnittstellentechnik ist die Sprache SQL von System R (siehe SQL-Anweisung in Abschnitt 3.6.3). Dort hat man jedoch als entscheidenden Fortschritt durch einen Übersetzungstrick den Komfort und die Datenunabhängigkeit einer Laufzeitbindung mit der Effizienz einer Compilezeitbindung verknüpft. Aus der Sicht des Benutzers wird der Übersetzungs-/Bindungsvorgang der Operatoren gewissermaßen zur Laufzeit hin verschoben; zum Zugriffszeitpunkt liegt für jede DB-Anforderung ein ablauffähiges Programm vor, so daß keine Übersetzungskosten mehr anfallen. Ein Compiler (Pre-Compiler) erzeugt zum Übersetzungszeitpunkt für alle DB-Anforderungen Lademodule, in denen auch die ursprünglichen DB-Anweisungen und die zugehörigen Kontextinformationen erhalten bleiben. Sie werden in speziellen Bibliotheken vom DBS verwaltet, so daß bei Änderungen des DB-Schemas eine automatische Wiederholung der Übersetzung der betroffenen DB-seitigen Anforderungen unabhängig vom AP möglich ist [HARD78a].

Die letzte zu diskutierende Form der Einbettung weist in jeder Hinsicht die größten Freiheitsgrade auf. Sowohl Operationen als auch Datenstrukturen sind zur Laufzeit in Parameterbereichen zu spezifizieren; sie erzwingen daher die spätest mögliche Bindung. Durch Zugriff auf die Beschreibungsinformationen des DB-Schemas kann sich das Programm beim Aufbau der DB-Anforderungen auf die aktuellen Strukturinformationen beziehen und dadurch gewisse Probleme der Datenabhängigkeit umgehen. Die Interpretation zum Zugriffszeitpunkt führt jedoch eine inhärente Ineffizienz ein. Viele herkömmliche Systeme (ADABAS, SESAM) benutzen bevorzugt diese Schnittstellentechnik. Ein Aufruf des DBS besitzt in ADABAS beispielsweise folgende Form:

CALL ADABAS (CONTROL_ BLOCK, FOBU, REBU,
     SEBU, VABU, ISNBU)

Es werden also ein Kontrollblock und fünf Pufferbereiche (Formatpuffer, Satzpuffer, Suchpuffer, Wertepuffer, ISN-Puffer) übergeben.

Um die Interpretationskosten zu beschränken, sehen diese Systeme teilweise sehr niedere Schnittstellen vor und bürden einen Teil des Übersetzungsaufwandes dem Programmierer auf. Er hat in einem sogenannten Verständigungsbereich komplexe Tabellen aufzubauen, in denen alle notwendigen Parameter wie Op-Code, Namen der angeforderten Daten, Datentypen etc. in einer internen Form zu beschreiben sind. Dieser Zwang zur Darstellung interner Details hilft den Analyse- und Interpretationsaufwand senken; in diesem Fall wird eine erträgliche Performance über eine „unzumutbare" Schnittstelle erkauft.

Eine andere Möglichkeit zur Reduktion des Interpretationsaufwandes bei wiederholter Ausführung von Anweisungen in Schleifen bietet der direkte Bezug auf interne Anweisungs- und Datenformate. Die normale Schnittstelle kennt symbolische Operations- und Namensreferenzen. Durch spezielle Optionen kann dem System mitgeteilt werden, daß Formate und Parameter von bereits ausgeführten Opera-

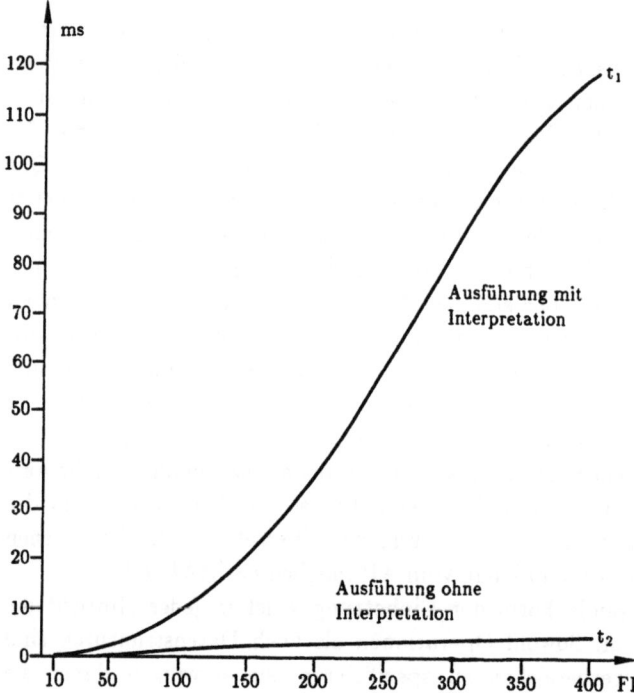

Bild 3.53 Ausführungszeiten einer Leseanweisung mit und ohne Interpretation der Feldformate

tionen, die noch in einer internen Form vorliegen, wiederbenutzt werden sollen; auf diese Weise läßt sich durch expliziten Benutzerhinweis Interpretationsaufwand einsparen. Meßversuche haben in eindrucksvoller Weise gezeigt [STAP80], in welcher Größenordnung die Zeitgewinne liegen, wenn Interpretation vermieden werden kann. In Bild 3.53 sind die Kosten zum Lesen eines Satzes, der sich bereits im Systempuffer befindet (keine physische E/A), als Funktion der Formatpufferlänge (Anzahl der Felder)

- mit Interpretation der externen Formate
- bei direktem Bezug auf die internen Formate

aufgetragen. Es handelt sich dabei um einen kontrollierten Meßversuch an einer ADABAS-linked-in-Version auf einer 2.5 MIPS-Anlage.

Zusammenfassend sind in Tabelle 3.5 die Bindezeitpunkte für Anweisungen und Datenstrukturen bei den verschiedenen Formen der Einbettung in eine Wirtssprache dargestellt.

Tabelle 3.5 Bindezeitpunkte für Datenstrukturen/Operatoren

		Operatoren in Wirtssprache integriert	
		Ja	Nein
Datenstrukturen im AP deklariert	Ja	C/C	C/L
	Nein	L/C	L/L

C = Compilezeitbindung, L = Laufzeitbindung

3.6.3 Einbettung einer mengenorientierten DB-Schnittstelle

Die verschiedenen Formen der Einbettung von DB-Anweisungen lassen sich prinzipiell bei satzorientierten und mengenorientierten Schnittstellen anwenden. Da in herkömmlichen Programmiersprachen als Wirtssprachen ohnehin nur satzorientierte Verarbeitung möglich ist, werden gewöhnlich mengenorientierte Anweisungen aufgelöst in

- eine Anweisung zur Spezifikation der gesuchten Tupelmenge (Qualifikationsoperator) und
- eine Anweisung zur sukzessiven Bereitstellung der qualifizierten Tupel (Abholoperator) unter Einbeziehung eines Cursors [CHAM76b, HARD78a].

Als einfaches Beispiel B1 diene folgende Anweisung in SQL, die sich auf die früher eingeführte Relation PERS bezieht. Es sollen alle Angestellten mit Personalnummer, Name und Monatsgehalt aufgesucht werden, deren Provision höher als ihr Gehalt ist und die einen bestimmten Beruf (W) ausüben.

```
B1: SELECT PNR, PNAME, GEHALT/12
    FROM PERS
    WHERE BERUF = W
    AND PROV > GEHALT
```

Diese Anweisung wird ersetzt durch die Spezifikationsanweisung

```
LET C1 BE SELECT PNR, PNAME, GEHALT/12
    INTO X, Y, Z
    FROM PERS
    WHERE BERUF = W
    AND PROV > GEHALT,
```

die den Cursor C1 zur Kontrolle der durch die Anweisung qualifizierten Tupelmenge definiert, und durch den Abholoperator

```
FETCH C1,
```

der in einer Schleife aufgerufen werden kann. Eingerahmt wird der Abholoperator durch den Aktivierungsoperator

```
OPEN C1,
```

durch den die Programmvariable W mit ihrem aktuellen Wert (z.B. 'PROGRAMMIERER') zur Auswertung der Anweisung gebunden wird, und durch den Deaktivierungsoperator

```
CLOSE C1.
```

Die Übergabe der Werte der qualifizierten Tupel erfolgt über die Programmvariablen X, Y und Z. Die Programmvariablen W, X, Y und Z sind im rufenden

Programm als in der Wirtssprache zulässige Datentypen deklariert. Um den Einsatz eines Pre-Compilers zu erleichtern, sind alle DB-seitigen Anweisungen und die davon betroffenen Variablen speziell zu markieren. Bei PL/I - SQL-Programmen unter System R wurde das $-Zeichen gewählt. Durch den Pre-Compiler werden die Spezifikationsanweisungen $LET C BE... lediglich durch Kommentare ersetzt, da es sich um Deklarationen für ihn handelt. Die anderen DB-seitigen Anweisungen werden ersetzt durch Gruppen von Anweisungen der Wirtssprache, z.B. $OPEN und $FETCH durch

```
DECLARE T(3) POINTER;
T(1) = ADDR(W);
CALL XRDI (ZM1,2,OPENCALL, ADDR(T));
T(1) = ADDR(X);
T(2) = ADDR(Y);
T(3) = ADDR(Z);
CALL XRDI (ZM1,2, FETCHCALL, ADDR(T));
```

XRDI ist der Name des Laufzeitsystems von System R, das die Ausführung der Zugriffsanforderungen überwacht. Das erste Argument enthält den Namen des Zugriffsmoduls für die DB-Anweisungen des Programms; das zweite Argument legt den Abschnitt (Section) im Zugriffsmodul fest, der zur Ausführung der betreffenden Anweisung benötigt wird. In den folgenden Argumenten stehen der Aufruftyp und eine Adresse, über die die Adresse der Ein-/Ausgabevariablen indirekt übergeben werden. Der Status-Code einer ausgeführten Anweisung wird dem Anwendungsproramm in einer Variablen SYR_CODE mitgeteilt. Ein solchermaßen vorbearbeitetes PL/I-Programm kann anschließend durch einen Standard-Compiler übersetzt werden (siehe Abschnitt 3.6.2).

3.6.4 Komplexität der Übersetzung

Die einzelnen Übersetzungsschritte müssen sowohl bei satz- als auch bei mengenorientierten Schnittstellen ausgeführt werden. Die Komplexität der dabei anfallenden Aufgaben ist jedoch sehr unterschiedlich. Die besonderen Probleme bei der Übersetzung einer mengenorientierten DB-Sprache sollen deshalb zur Verdeutlichung skizziert werden. Dazu erweitern und modifizieren wir unser Beispiel B1 zu einer wirklich komplexen Anfrage B2, die einige der in SQL erlaubten Sprachkonstrukte umfassen soll, um die Auswahlmächtigkeit dieser Sprache zu zeigen:

```
B2:
      ⎧ SELECT   P.PNR, P.NAME, A.ANAME
   T1 ⎨ FROM     PERS P, ABT A
      ⎩ WHERE    P.ANR = A.ANR

      ⎧ AND P.GEHALT <  (SELECT MAX (PROV)
   T2 ⎨                  FROM PERS)
      ⎩

      ⎧ AND P.GEHALT >  (SELECT AVG (PROV)
   T3 ⎨                  FROM PERS
      ⎩                  WHERE ANR = P.ANR)
```

Der für das Parsing erforderliche Aufwand wird durch die Mächtigkeit und die Freiheitsgrade der Sprache bestimmt. In der obigen Frage müssen beispielsweise Verbundoperationen, unabhängige und korrelierte Teilfragen erkannt werden. Die allgemeinen Lösungsverfahren zum Zerlegen von Anweisungen sollen hier nicht diskutiert werden; dazu wird auf die einschlägige Literatur verwiesen. Zur Charakterisierung der prinzipiellen Vorgehensweise sollen im folgenden Abschnitt einige Beispiele angegeben werden.

Verfahren der Zugriff- und Integritätskontrolle werden in Kapitel 4 bei den Maßnahmen zur Datensicherung behandelt, so daß auf die Darstellung ihrer Problematik hier verzichtet werden kann.

Die Auswahl und Optimierung von Zugriffspfaden ist beim Übersetzungsvorgang die für die Leistungsfähigkeit des DBS entscheidendste Aufgabe. Bei satzorientierten Schnittstellen wird der Benutzer in den meisten Fällen gezwungen, die Verantwortung für die Zugriffspfadauswahl selbst zu übernehmen; die Art und Reihenfolge der Zugriffe wird durch die benutzerkontrollierte Navigation bestimmt. Typische Beispiele dafür sind die FIND-Operatoren des CODASYL-Konzeptes [CODA78b]:

- FIND ANY PERS bezieht sich auf die (vorausgesetzte) LOCATION MODE IS CALC-Klausel des Satztyps PERS
- FIND NEXT PERS WITHIN BESCHÄFTIGT SET bezieht sich auf eine relative Position (Currency) in einer Setstruktur
- FIND OWNER WITHIN BESCHÄFTIGT SET stellt den OWNER-Satz der 'current' Set-Ausprägung zur Verfügung.

Durch den direkten Bezug auf Verarbeitungspositionen oder bestimmte Zugriffspfade ist in diesen Beispielen keinerlei Optimierung durch das DBS möglich. Als Ausnahme fallen lediglich bei der allgemeinen Suchfrage, durch die im Prinzip die Satzorientierung der Schnittstelle verletzt wird, gewisse Aufgaben der Optimierung an. Ein Beispiel dafür ist:

FIND PERS RECORD USING GEHALT, BERUF,

wobei die Attribute in geeigneter Weise zu initialisieren sind, oder äquivalent

FIND PERS RECORD WHERE GEHALT = '50000'
                     AND BERUF = 'PROGRAMMIERER'.

Die Mächtigkeit der Qualifikationsprädikate sind auf Ausdrücke des Aussagekalküls beschränkt; sie beziehen sich immer nur auf einen Satztyp und sind satzweise zu entscheiden. Dadurch lassen sich die Aufgaben der Optimierung beschränken; sie haben vor allem die Auswahl vorhandener Indexstrukturen, die Reihenfolge ihrer Benutzung und die Strategie der Auswertung zu berücksichtigen. In verschiedenen DBS werden die systembezogenen Anforderungen zur Zugriffsoptimierung dadurch reduziert, daß die Anwendung der allgemeinen Suchfrage an das Vorhandensein von passenden Indexstrukturen [ADAB] gekoppelt und dadurch eine Art benutzerkontrollierte Optimierung eingeführt wird.

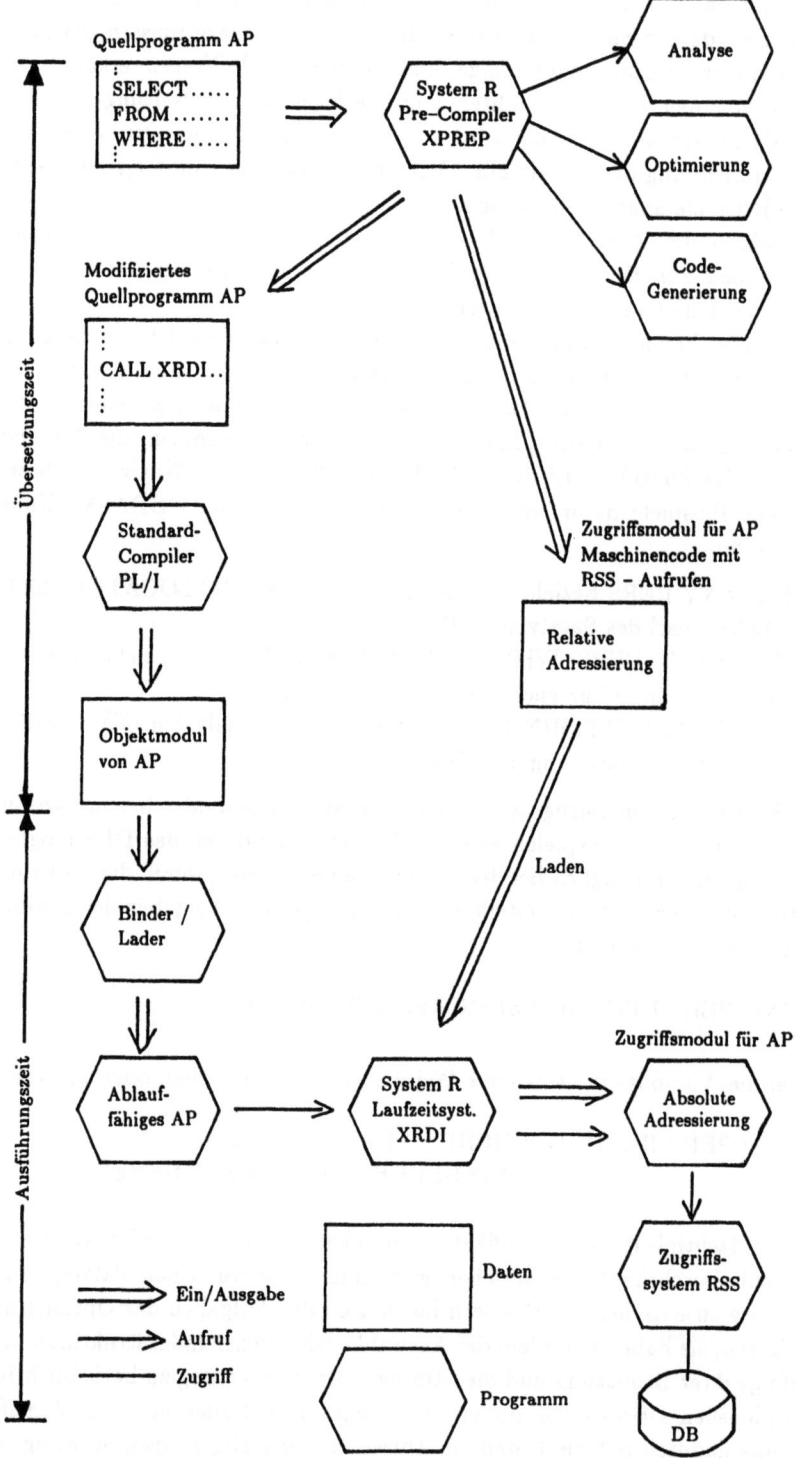

Bild 3.54 Übersetzung und Ausführung von DB-Anweisungen im System R

Bei mengenorientierten Sprachen wie SQL spielt die Zugriffspfadoptimierung jedoch die zentrale Rolle; sie besitzt eine hohe Komplexität, da die Auswahlmächtigkeit

- am Prädikatenkalkül erster Ordnung orientiert ist
- nicht auf einen Satztyp beschränkt ist (siehe SQL-Beispiel)
- unabhängige oder korrelierte Teilfragen zur Bestimmung von Suchargumenten in beliebiger Schachtelungstiefe zuläßt
- zusätzlich den Einsatz von Built-in Funktionen auf Partitionen der Satzmenge gestattet

und die Ausgabespezifikation

- den Aufbau von Tupeln aus Attributen verschiedener Relationen erlaubt (siehe SQL-Beispiel)
- beliebige wertabhängige Ausgabereihenfolgen der qualifizierten Tupeln ermöglicht.

Die Schwierigkeit dieser Aufgabe wird dadurch gesteigert, daß

- auch die Manipulationsoperationen mengenorientiert sind
- Operationen auf Sichten von Relationen möglich sind
- vielfältige Optionen der Datenkontrolle zu berücksichtigen sind.

Verschiedene Verfahren und Prinzipien der Optimierung werden im nachfolgenden Abschnitt 3.6.6 diskutiert.

Die fünfte Phase des Übersetzungsvorganges ist bei satzorientierten Sprachen wegen der 1:1-Zuordnung sehr einfach, da im Prinzip nur die Anforderung in einer internen Form – mit internen Namen, ausgewähltem Zugriffspfad und Verarbeitungsprimitiv (an der internen Satzschnittstelle) – zu erzeugen und eine geeignete Rückgabebehandlung des Ergebnisses vorzubereiten ist. Bei mengenorientierten Sprachen dagegen ergibt sich eine hohe Komplexität dadurch, daß zur Auswahl und Auswertung der qualifizierten Satzmenge ein ablauffähiges Programm zu generieren bzw. eine interpretative Ausführung und Kontrolle zu bewerkstelligen ist. Die Probleme der Code-Generierung werden in Abschnitt 3.6.7 skizziert.

Ziel der Übersetzung ist die Erstellung eines Zugriffsmoduls für die DB-seitigen Anforderungen eines Programms, der die Operatoren der internen Satzschnittstelle aufrufen und die übergebenen aktuellen Werte sowie die zurückgelieferten Ergebnisse in der vorhergesehenen Weise verarbeiten kann, d.h., der direkt auf der internen Satzschnittstelle ablauffähig ist.

Bei der Beschreibung des Übersetzungsvorgangs orientieren wir uns stark an den in System R eingesetzten Techniken. Die dort durchgeführten Arbeiten besitzen Grundlagencharakter für diese Problemstellung; sie sind die einzigen dieser Art, über die in der Literatur bisher publiziert worden ist [LORI79a, SELI79, CHAM81a]. Die dabei eingeschlagene Vorgehensweise ist in Bild 3.54 grob als Übersicht skizziert. Ein Pre-Compiler (XPREP) als Komponente von System R erzeugt ein modifiziertes Quellprogramm AP, das mit einem Standard-Compiler übersetzt werden kann, und einen dazugehörigen Zugriffsmodul, der alle DB-seitigen Anforderungen abwickeln kann. Der Zugriffsmodul wird in der System R-Datenbank gespeichert. Bei Ausführung von AP wird er vom Laufzeitsystem

308 Realisierung von operationalen Schnittstellen

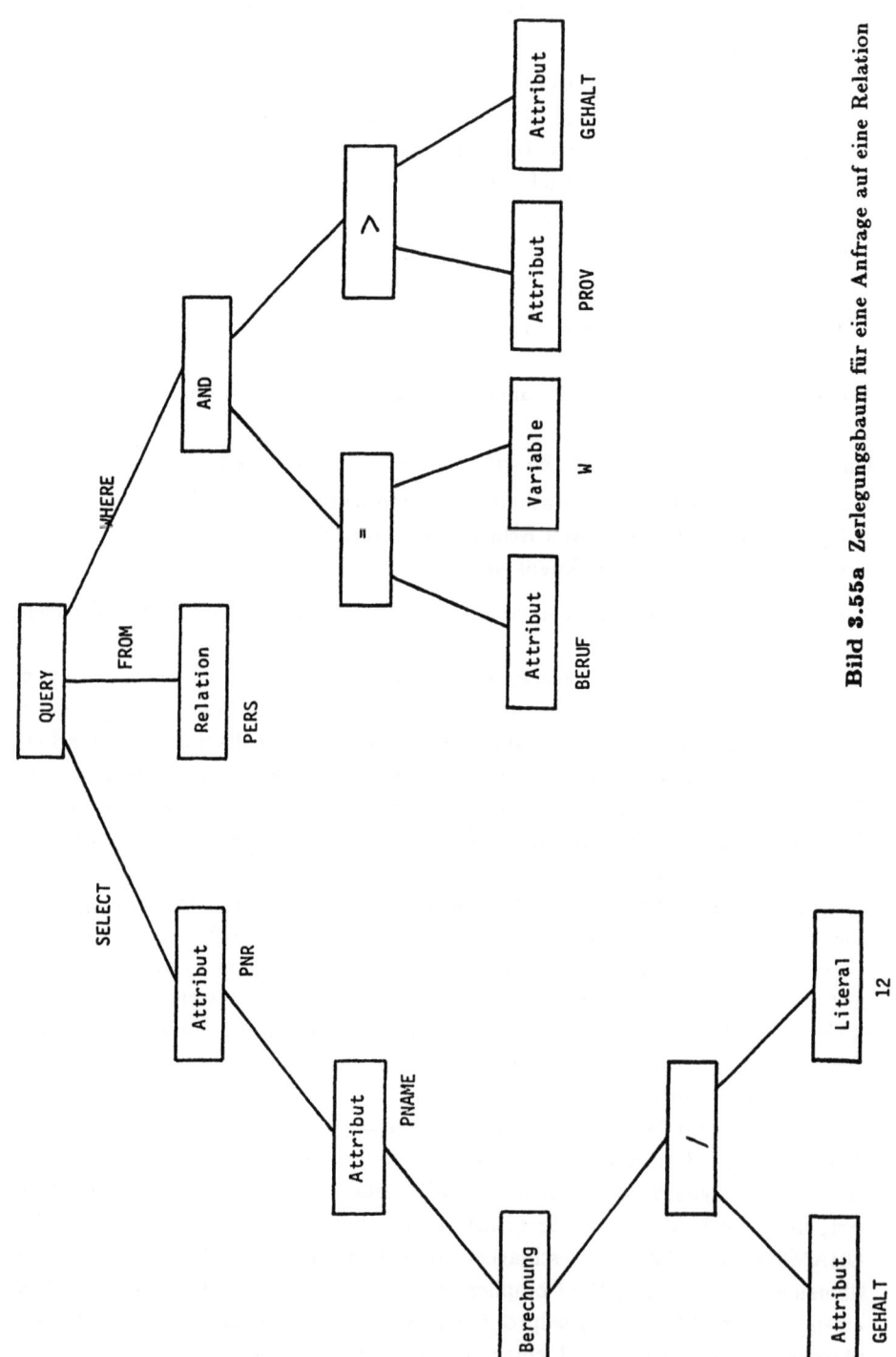

Bild 3.55a Zerlegungsbaum für eine Anfrage auf eine Relation

Implementierung einer mengenorientierten DB-Schnittstelle 309

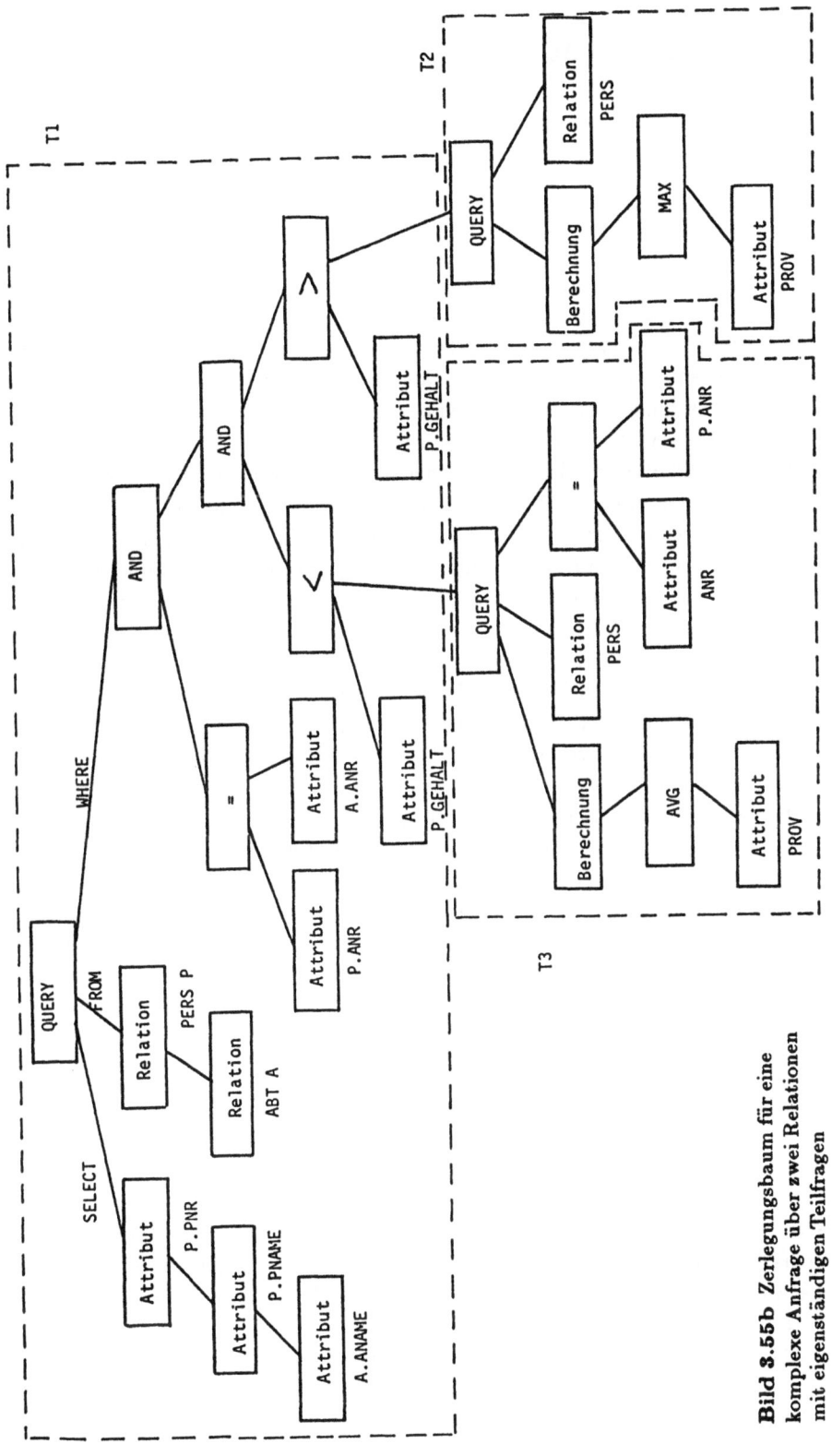

Bild 3.55b Zerlegungsbaum für eine komplexe Anfrage über zwei Relationen mit eigenständigen Teilfragen

(XRDI) in den Hauptspeicher geladen. DB-Aufrufe (CALL XRDI) werden dann an den entsprechenden Abschnitt des Zugriffsmoduls weitergegeben, der über RSS-Aufrufe (Zugriffssystem) die angeforderten Daten zur Verfügung stellt.

3.6.5 Analyse von Anweisungen

In der ersten Phase der Übersetzung wird die DB-Anweisung auf korrekte Syntax hin überprüft. Bei dieser Analyse wird durch einen Parser für die Anweisung ein Zerlegungsbaum aufgebaut. Durch Zugriff auf Systemkataloge werden alle symbolischen Namen in interne Namen überführt. Dabei können bereits einfache semantische Prüfungen – beispielsweise das Vorhandensein von Attributen in referenzierten Relationen betreffend – ablaufen. Parsing und Namensauflösung sind klassische Techniken, die bei der Übersetzung herangezogen werden, so daß sie hier nicht weiter vertieft zu werden brauchen.

Die Sprache SQL läßt beliebig geschachtelte Anfragen zu, da ein Operand eines Prädikats wiederum eine SQL-Frage sein kann. Es können deshalb in einer Anfrage wiederum eigenständige Teilfragen (subqueries) auftreten (T2 und T3 in Beispiel B2). Die einzelnen Teilfragen werden bei der Zerlegung zu Frageblöcken zusammengefaßt. Im Zerlegungsbaum ist dann jeder Frageblock durch eine SELECT-Liste mit den Ausgabeattributen, eine FROM-Liste mit den referenzierten Relationen und einem WHERE-Baum, der Boolesche Verknüpfungen von einfachen Prädikaten enthält, repräsentiert. Im einfachsten Fall ergibt sich nur ein Frageblock. Als graphisches Beispiel dafür ist in Bild 3.55a der Zerlegungsbaum für die SQL-Anweisung B1 dargestellt. Der Lesbarkeit halber wurden die symbolischen Namen beibehalten. Wesentlich komplexer ist der Zerlegungsbaum für unser erweitertes Fragebeispiel B2. In diesem Fall sind 3 Frageblöcke miteinander verknüpft. Eine seiner Darstellungsmöglichkeiten ist in Bild 3.55b skizziert.

In diesem Stadium der Zerlegung sind alle Objekte im Baum noch solche, auf die sich der Benutzer direkt bezieht, also beispielsweise Relationen und Sichten. Da die im Übersetzungsvorgang nachfolgenden Überprüfungen – Zugriff- und Integritätskontrolle – an die Objekte des Benutzers gebunden sind, müssen sie ausgeführt sein (siehe Kapitel 4), bevor am Zerlegungsbaum weitere Transformationen vorgenommen werden. Der nachfolgende Übersetzungsschritt ist so zentral und DBS-spezifisch, daß ein Exkurs über die grundsätzliche Vorgehensweise angebracht erscheint.

3.6.6 Optimierung von mengenorientierten Anforderungen

Wie bereits beim allgemeinen Vergleich der Komplexität der einzelnen Übersetzungsschritte in Abschnitt 3.6.4 betont, ist die Optimierung des Zugriffs die wichtigste Aufgabe. Sie bestimmt ganz entscheidend die Wirksamkeit eines DBS mit deskriptiver Programmierschnittstelle, da der Benutzer ausschließlich Anfragen aufgrund seiner eigenen abstrakten Sicht der Daten formuliert; er kann sich dabei weder auf bestimmte Zugriffspfade beziehen, noch kann er vorteilhafte Auswertestrategien vorgeben. Zur Optimierung von Anfragen gibt es in der Literatur verschiedenartige Ansätze, die im folgenden kurz diskutiert werden sollen [JARK84b].

3.6.6.1 Algebraische Optimierung

Die algebraische Optimierung geht davon aus, daß die DB-Anforderungen in Form von Ausdrücken der Relationenalgebra vorliegen oder zunächst in solche überführt werden. Sie bezieht sich ausschließlich auf die Ebene der logischen Datenstrukturen und die darauf definierten abstrakten Operationen – also auf normalisierte Relationen und die Operationen der Mengen- und Relationenalgebra. Diese Operationen transformieren jeweils ganze Relationen. Man unterscheidet unäre und binäre Operationen; sie erwarten eine bzw. zwei Relationen als Eingabe und erzeugen jeweils eine Relation als Ausgabe, die als Zwischenergebnis zur Eingabe für eine weitere Operation dienen oder das Endergebnis der Benutzerfrage enthalten kann. Die Auswertungsfolge läßt sich als abstrakter Operatorbaum, dessen Knoten Operationen und dessen Kanten Relationen verkörpern, darstellen [SMIT75]. Die Aufgabe der algebraischen Optimierung ist es nun, die Ausgangslösung unter Wahrung ihrer semantischen Korrektheit so zu transformieren, daß die Auswertung der Anfrage im Hinblick auf ein vorgegebenes Kriterium möglichst kostengünstig wird.

Da auf der Ebene der logischen Datenstrukturen keine physischen Zugriffspfade und Datensätze sowie ihre Seitenzuordnung sichtbar sind, können sich Strategieentscheidungen zur Auswertung nur auf die Menge der Tupel und Attribute beziehen. Als Optimierungskriterium dient deshalb die Minimierung der zu verarbeitenden Tupel und Attribute. Dabei wird angenommen, daß die Kardinalität der einzelnen (Basis-) Relationen bekannt ist. Für die Werte der einzelnen Attribute wird Gleichverteilung und stochastische Unabhängigkeit von Werten zu verknüpfender Attribute unterstellt. Es ist klar, daß sich wegen dieses geringen Wissens bei der Optimierung nur einfache Überlegungen und heuristische Maßnahmen heranziehen lassen.

Gewöhnlich kommen bei der Frageauswertung die Relationenoperationen Projektion, Restriktion bzw. Selektion, Verbund und Division und die Mengenoperationen Vereinigung, Durchschnitt und Differenz zum Einsatz. Zur Darstellung der Anfragemächtigkeit von Sprachen wie SQL sind einige zusätzliche Operationen wie Projektion ohne Duplikateliminierung, Partition mit Auswertung von Built-in-Funktionen und Ausgabesortierung bereitzustellen.

In der Literatur [SMIT75, HALL75, HÄRD78a] wurden die heuristischen Überlegungen zur Reihenfolge der Ausführung und zur Verknüpfung von Operationen gründlich diskutiert. Deshalb seien hier nur noch einmal die wichtigsten Prinzipien der algebraischen Optimierung aufgelistet:

- Einfache Prädikate sind so zusammenzufassen, daß eine Selektionsoperation nur einmal auf einem Objekt durchzuführen ist. Selektionsoperationen sollen so früh wie möglich ausgeführt werden, da in Abhängigkeit vom Selektionsprädikat eine erhebliche Reduzierung der weiterzuverarbeitenden Tupel zu erwarten ist, d.h., sie sind möglichst weit zu den Blattknoten des Operatorbaumes zu verschieben.
- Projektionen, die keine Eliminierung von Duplikaten erzwingen, sollen so früh wie möglich, jedoch nicht vor einer Selektion, ablaufen. Sie verringern

oft die Anzahl der Attribute pro Tupel entscheidend. Im Gegensatz dazu sind Projektionen, die eine Eliminierung von Duplikaten erfordern, sehr teure Operationen (auf ungeordneten Mengen). Deshalb ist es vorteilhaft, sie auf möglichst kleinen Mengen auszuführen, d.h., sie sind soweit wie möglich zur Wurzel des Operatorbaumes zu verschieben.

- Die Eingaberelationen für Verbund- oder Mengenoperationen sollten bereits möglichst klein sein, wenn keine spezielle Sortierordnung über die Verbundattribute oder Vergleichsattribute bei Mengenoperationen (Primärschlüssel) vorliegt. Diese Forderung bedeutet ebenfalls ein möglichst weites Verschieben zur Wurzel des Operatorbaumes.
- Bei Folgen von Verbund- und Mengenoperationen ist die Zielfunktion „Minimierung der Zwischenobjekte" anzustreben. Dazu hat eine heuristische Vorgehensweise die Reihenfolge der beteiligten Relationen nach aufsteigender Kardinalität festzulegen.
- Gemeinsame Teilbäume sind im Operatorbaum zu identifizieren, um sie nur einmal auszuwerten und entsprechend zu ersetzen.
- Eine Sortieroperation zur Festlegung der Ausgabereihenfolge ist wegen der Minimierung der beteiligten Tupel immer zum Wurzelknoten zu verschieben, wenn nicht Verbund- oder Mengenoperationen diese Sortierung vorteilhaft ausnutzen können.

Die Überlegungen zur algebraischen Optimierung können nicht direkt bei der Systemimplementierung eingesetzt werden, da ihr Optimierungskriterium „Minimierung der Tupelzugriffe" die physischen Abbildungsebenen zu wenig berücksichtigt und somit für genaue Zugriffszeitbetrachtungen ungeeignet ist, wie in verschiedenen Untersuchungen festgestellt wurde [ASTR75, CHAM81a]. Sie sollen lediglich die Prinzipien der Optimierung aufzeigen, so daß ihr Wert mehr im Didaktischen begründet liegt.

Für die Verarbeitung von Anfragen in der Sprache QUEL ist in [WONG76] ein Zerlegungsansatz beschrieben. Er basiert zwar auf anderen Sprachkonstrukten, führt aber im Ergebnis auf ähnliche Heuristiken wie die algebraische Optimierung und berücksichtigt auch nur die erwarteten Tupelzugriffe bei der Strategieauswahl. Aus diesen Gründen ist anzunehmen, daß seine praktische Tauglichkeit und Leistungsfähigkeit ebenfalls beschränkt sind.

3.6.6.2 Nicht-algebraische Optimierung

Zur Verfeinerung der Optimierung müssen die Strukturen und Zugriffsverfahren auf tieferen Systemebenen in die Betrachtung einbezogen werden. Ein folgerichtiger Schritt ist es deshalb, die Objekte auf der Ebene der logischen Zugriffspfade und der Speicherungsstrukturen zu berücksichtigen und die resultierenden Zugriffskosten bei der Strategieentscheidung auszuwerten. Die wichtigsten Maßnahmen dieser Art, die als nicht algebraische Optimierung bezeichnet werden, sollen kurz diskutiert werden [HÄRD78a].

Die einzelnen Relationen- und Mengenoperationen können sehr unterschiedlichen Zeitaufwand verursachen, je nachdem, wie gut sie durch bestimmte Zugriffspfade wie Indexstrukturen etc. unterstützt werden. Über eine Indexstruktur – als B*-Baum implementiert – kann beispielsweise für ein Frageattribut (mit Primärschlüssel- oder Sekundärschlüsseleigenschaft) eine Verweis-Liste (TID-Liste) erstellt werden, die genau die Sätze referenziert, die den betreffenden Schlüssel als Inhalt haben. Falls mehrere Attribute zur Qualifikation herangezogen werden, lassen sich ggf. verschiedene TID-Listen ableiten und über Boolesche Operatoren verknüpfen. In diesem Fall kann bei einer Selektion direkt auf die qualifizierten Tupel einer Relation zugegriffen werden, was in den meisten Anwendungen die Anzahl der benötigten Tupelzugriffe drastisch senkt. Auch für die Projektion, Partitionsbildung und Auswertung von Built-in-Funktionen lassen sich Indexstrukturen in vielen Fällen vorteilhaft ausnutzen. Eine zentrale Rolle spielt die Eigenschaft von Indexstrukturen, eine Relation nach dem invertierten Attribut zu sortieren. Dadurch läßt sich ggf. eine Ausgabesortierung kostenlos erzielen. Weiterhin können sehr effiziente Verbund- und Mengenoperationen entworfen werden, wenn eine geeignete Sortierordnung vorliegt.

Während bei der algebraischen Optimierung bei der Auswertung der Objektmodus (Relation) unterstellt wurde, lassen sich auf tieferen Systemebenen durch Einbeziehen der internen Verarbeitungsweise Auswertungsfolgen im Satzmodus unterscheiden. Auf dieser Ebene kann deshalb der Ablauf von Folgen von Relationenoperationen im Satzmodus verzahnt geplant werden, so daß die Zugriffskosten zu einem Satz jeweils nur einmal anfallen. Es ist außerdem auf dieser Betrachtungsebene möglich, die entsprechenden schichtspezifischen Funktionen einzusetzen. In Abschnitt 3.5.5 wurde ein Sortieroperator beschrieben, der sich vorteilhaft bei der Auswertung komplexer Anfragen anwenden läßt. Beispielsweise kann damit die Erstellung einer bestimmten Sortierordnung für einen nachfolgenden Verbund ohne zusätzliche Kosten mit einer Selektion und Projektion – auch mit Duplikateliminierung – auf der betreffenden Relation verknüpft werden.

Auf dieser Entwurfsebene kann die Zielfunktion der Optimierung die Minimierung der Anzahl der Tupel sein, die unter Ausnutzung von Zugriffspfaden und Zusammenfassung von höheren Operationen zur Auswertung im Satzmodus zu referenzieren sind. Dieser Ansatz aus [ASTR75] erwies sich als zu ungenau, da zwar beispielsweise das Aufsuchen von Tupeln über TID-Listen, nicht aber die Kosten der Manipulation von (potentiell großen) TID-Listen, die ggf. mehrfach auf Externspeicher ausgelagert werden müssen, Berücksichtigung fanden. Die CPU-Zeit als Entscheidungskriterium wurde überhaupt nicht in die Betrachtung einbezogen.

3.6.6.3 Entwurf eines Optimizers

Um zu einer zuverlässigen Optimierungsentscheidung zu kommen, reichen die Überlegungen zur algebraischen und nicht-algebraischen Optimierung nicht aus. Es sind vielmehr detaillierte Kenntnisse der physischen Abbildungsebenen – etwa die Seitenzuordnung von physischen Objekten, vorhandene Clustereigenschaften von Datensätzen und Indexstrukturen etc. – bei der Konzeption eines Optimizer-Programms explizit zu berücksichtigen. In einem Erfahrungsbericht [CHAM81a] wird unterstrichen, daß ein Optimizer

- neben den Zugriffen zu den Tupeln auch die „verborgenen" E/A- und CPU-Kosten für die Manipulation von TID-Listen berücksichtigen muß
- sich als zuverlässigeres Kostenmaß auf die Anzahl der physischen Seitenzugriffe anstelle der Anzahl der Tupelzugriffe beziehen sollte, da dann die Auswirkungen von Clustereigenschaften und Systempufferersetzung besser einbezogen werden können
- die Strategieentscheidung aufgrund einer gewichteten Funktion aus CPU-Zeit und E/A-Anzahl treffen sollte, deren Gewichte an Verarbeitungssituation und Rechnerkonfiguration anpaßbar sind
- ein besonderes Augenmerk auf relativ einfache Anfragen richten sollte, um deren Pfadlänge sorgfältig zu minimieren [CHAM81a].

Diese Erfahrungen bestätigen zunächst noch einmal unsere Forderung bei der Diskussion konkreter Architekturvorschläge (Abschnitt 3.1.3), die mengenorientierten DB-Anforderungen möglichst direkt auf die physischen Objekte des DBS abzubilden. Weiterhin zeigen sie deutlich, daß unser allgemeines Schichtenmodell zur Beschreibung eines DBS nur ein Erklärungsmodell ist, das viele Abhängigkeiten und Annahmen zwischen Systemkomponenten verschiedener Abbildungsschichten, die zur Gewährleistung einer hinreichenden Laufzeiteffizienz bei der Implementierung eingeführt werden müssen, nicht explizit darzustellen erlaubt.

Der Optimizer erhält eine DB-Anweisung in der Form eines Zerlegungsbaums (Bild 3.55), wenn ihre Syntax korrekt ist und die Zugriffs- und Integritätskontrollen keine Widersprüche aufzeigten. Soweit möglich sind bereits die Zugriffsrechte des Benutzers überprüft; ebenso wurden eine Reihe von Integritätsprüfungen auf Typverträglichkeit und semantischen Fehlern in Ausdrücken und Prädikaten durchgeführt. Der Optimizer ergänzt zunächst die im Zerlegungsbaum enthaltenen Informationen und erzwingt eine Art Normalisierung. Durch Zugriff auf Systemkataloge werden für alle referenzierten Objekte alle physisch vorhandenen Relationen und Zugriffspfade ermittelt. Zunächst werden Sichten durch Relationen ersetzt, auf denen sie beruhen (view composition); der Zerlegungsbaum enthält dann nur noch Referenzen auf physische Objekte. Bevor die eigentliche Zugriffspfadauswahl beginnt, müssen mögliche Präzedenzen bei der Frageauswertung erkannt und festgelegt werden. Der Optimizer muß ggf. eine oder mehrere Teilfragen ausgewertet haben, bevor er mit der Verarbeitung weiterer (Teil-) Fragen beginnt. Im Beispiel B2 ergibt sich folgende Präzedenz: T2 vor T1 und T3, T1 korreliert mit T3. Für jeden Frageblock erfolgt dann eine separate Optimierung. Entscheidend für die Komplexität dieses Vorganges ist es, ob sich ein Frageblock auf eine Relation (T2 und T3) oder auf mehrere Relationen (T1) bezieht, was aus der jeweiligen FROM-Klausel erkannt wird. Bei (Teil-) Fragen über mehrere Relationen, sind neben den günstigsten Zugriffspfaden für die einzelnen Relationen, die wiederum vom Algorithmus der nachfolgenden Verknüpfungsoperation abhängen, auch Reihenfolge (Permutation) der erforderlichen Verbund- oder Mengenoperation zu entscheiden. Für jeden Frageblock werden die Zugriffspfade, die die geringsten Kosten versprechen, ausgewählt. Daraufhin wird der Zerlegungsbaum entsprechend modifiziert und ein Ausführungsplan für die nachfolgende Code-Generierung in einer speziellen Sprache ASL (Access Specification Language [LORI79b]) erzeugt.

Nach dieser groben Übersicht über die globale Vorgehensweise sollen einige wichtige Fragen etwas genauer diskutiert werden.

Berechnung der Zugriffskosten

Durch Überprüfung der Prädikate und der vorhandenen Zugriffspfade kann der Optimizer für jeden Frageblock alle gangbaren Lösungswege ermitteln. Er erstellt für jeden dieser Wege einen Zugriffsplan und berechnet einen Kostenvoranschlag dafür nach folgender Kostenformel:

$$C = \text{\# der physischen Seitenzugriffe} + W * (\text{\# der Aufrufe des Zugriffssystems})$$

Durch diese Formel wird ein gewichtetes Kostenmaß von physischer E/A und CPU-Auslastung eingeführt. Die Anzahl der Aufrufe des Zugriffssystems ergibt sich im System R aus der Anzahl der Tupel, die zur Auswertung einer Frage an das Datensystem (siehe Abschnitt 3.1.3) übergeben werden. Da in diesem System oder dem Zugriffsmodul, der es zur Laufzeit repräsentiert, Tupeln verglichen, ausgeschieden oder verknüpft werden, entspricht diese Anzahl im allgemeinen nicht der Treffermenge der Frage; sie drückt vielmehr implizit die Angemessenheit eines Zugriffsplanes aus, was die CPU-Belastung angeht. Da der weitaus größte Anteil der vom System R verbrauchten CPU-Zeit auf das Zugriffssystem und das Speichersystem entfällt, sind die vom Optimizer einzuplanenden Aufrufe des Zugriffssystems ein guter Indikator. Über die Zuordnung einer mittleren Pfadlänge (auszuführende Instruktionen) pro Aufruf läßt sich die CPU-Auslastung in geeigneter Weise annähern.

Der Faktor W dient zur groben Anpassung der Optimierungsentscheidung an die Rechnerkonfiguration. Falls das System „CPU-bound" ist, sollten Zugriffspläne mit höherem E/A- und geringerem CPU-Aufwand bevorzugt werden; also ist in diesem Fall ein relativ großes W zu wählen, das rechenintensive Lösungen benachteiligt. Ist ein System „I/O-bound", lassen sich durch Wahl eines kleinen W die Kostenvoranschläge so beeinflussen, daß E/A-intensive Lösungen nach Möglichkeit vermieden werden. W läßt sich nach folgenden Überlegungen bestimmen:

Ist die CPU der Engpaß, werden für eine Ein-/Ausgabe nur die dafür auszuführenden Instruktionen angesetzt, wobei angenommen wird, daß die Zugriffszeit voll überlappt intern zur weiteren Verarbeitung ausgenutzt werden kann. Im zweiten Fall wird zusätzlich die volle Zugriffszeit für eine Ein-/Ausgabe angerechnet, wobei sich über die MIPS-Rate des Rechensystems für eine durchschnittliche Zugriffszeit ein Äquivalent an Instruktionen bestimmen läßt. W ergibt sich dann als Verhältnis der Anzahl der Instruktionen eines Aufrufs des Zugriffssystems (ZS) zu denen einer Ein/Ausgabe.

$$W_{CPU} = \text{\#Instr. pro ZS-Aufruf} / \text{\#Instr. pro E/A-Aufruf}$$
$$W_{I/O} = \text{\#Instr. pro ZS-Aufruf} / (\text{\#Instr. pro E/A-Aufruf} + \text{Zugriffszeit} * \text{MIPS-Rate})$$

Mit 1000 Instruktionen pro ZS-Aufruf, 2500 Instruktionen pro E/A-Aufruf, einer durchschnittlichen Zugriffszeit von 30ms und einer MIPS-Rate von 10^6

Instruktionen/sec ergeben sich folgende Zahlenwerte:

$$W_{CPU} = 1000/2500 = 0.4$$
$$W_{I/O} = 1000/(2500 + 30 * 10^{-3} * 10^6) = 1000/32500 \approx 0.03$$

Ermittlung der physischen Seitenzugriffe

Die Anzahl der physischen Seitenzugriffe ist für jeden Zugriffspfad durch detaillierte Formeln zu berechnen, in die eine Vielzahl von systemspezifischen Größen und Annahmen eingehen. Solche Formeln an dieser Stelle abzuleiten, würde den vorgegebenen Rahmen bei weitem sprengen. Deshalb wird hier nur auf die spezielle Literatur [BLAS77a, HÄRD78a] verwiesen. Es sollen lediglich in diesem Zusammenhang einige Schwierigkeiten skizziert werden. Um überhaupt Aussagen über die erwartete Anzahl von Seitenzugriffen machen zu können, müssen statistische Angaben über die Objekte der Datenbank in den Systemkatalogen geführt werden. Zu den wichtigsten Parametern gehören:

- für jedes Segment S_k
  - $M(S_k)$ = Anzahl der Datenseiten des Segmentes S_k
  - $L(S_k)$ = Anzahl der leeren Datenseiten von S_k
- für jede Relation R_i in Segment S_k
  - $N(R_i)$ = Anzahl der Tupeln der Relation R_i (Kardinalität)
  - $T(R_i)$ = Anzahl der Seiten von S_k mit Tupeln von R_i
  - $P(R_i)$ = Anteil der nicht-leeren Datenseiten von S_k mit Tupeln von R_i :
    $P(R_i) = T(R_i) / (M(S_k) - L(S_k))$
- für jede Index I_l auf Relation R_i
  - $j(I_l)$ = Anzahl der Schlüsselwerte im Index I_l (Anzahl der Attributwerte pro Attribut, falls einfacher Index; bei zusammengesetzten/generischen Index ist ggf. eine weitere Unterscheidung erforderlich)
  - $B(I_l)$ = Anzahl der Blattseiten der Indexstruktur (B*-Baum)
  - $H(I_l)$ = Höhe des entsprechenden B*-Baumes.

Diese statistischen Kenngrößen müssen in Systemkatalogen gewartet werden. Da sich einige von ihnen recht schnell ändern, wirft das die Frage nach ihrer Aktualisierung auf. Ihr sofortiges Ändern bei jedem Modifikationsaufruf garantiert zwar ihre höchste Genauigkeit, ist aber de facto unmöglich. Neben den zusätzlichen Schreib- und Log-Operationen, die als verborgene Kosten jede Änderungsoperation zusätzlich belasten würden, ergäbe sich eine Serialisierung der Änderungstransaktionen, da die Systemkataloge durch die strikten Zwei-Phasen-Sperrprotokolle (bis EOT) zum Flaschenhals werden würden. Aus diesen Gründen ist eine periodische Aktualisierung der statistischen Kenngrößen der dynamischen vorzuziehen. Für ihre Genauigkeit erscheint es ausreichend, diese statistischen Werte zum Lade- oder Generierungszeitpunkt von Relationen und Indexstrukturen zu initialisieren und bei Reorganisationen oder in vom Benutzer zu bestimmenden Zeitpunkten zu aktualisieren. In System R steht für diesen Zweck eine UPDATE STATISTICS-Anweisung zur Verfügung.

Mit Hilfe dieser statistischen Kenngrößen muß der Optimizer nun für die Prädikatenliste jedes Frageblocks den zugehörigen Selektivitätsfaktor F (oder näherungsweise eine Trefferwahrscheinlichkeit) ermitteln. Wir übernehmen hier beispielhaft die wichtigsten in System R realisierten Entscheidungskriterien für die verschiedenen Arten von Prädikaten [SELI79]:

$$A_l = a_i : F = \begin{cases} 1/j(I_l) & \text{wenn Index auf Attribut } A_l \\ 1/10 & \text{sonst} \end{cases}$$

$$A_l = A_k : F = \begin{cases} 1/MAX(j(I_l), j(I_k)) & \text{wenn Index auf beiden Attributen} \\ 1/j(I_l) & \text{wenn Index nur auf } A_l \\ 1/j(I_k) & \text{wenn Index nur auf } A_k \\ 1/10 & \text{sonst} \end{cases}$$

$$A_l > a_i : F = \begin{cases} a_{max} - a_i/(a_{max} - a_{min}) & \text{wenn Index auf } A_l \text{ und der Wertetyp eine Interpolation zuläßt} \\ 1/3 & \text{sonst} \end{cases}$$

$$A_l \text{ BETWEEN } a_i \text{ AND } a_j : F = \begin{cases} (a_j - a_i)/(a_{max} - a_{min}) & \text{wenn Index auf } A_l \text{ und der Wertetyp eine Interpolation zuläßt} \\ 1/4 & \text{sonst} \end{cases}$$

$$A_l \text{ IN } (a_1, a_2, \ldots, a_r) : F = \begin{cases} r/j(I_l) & \text{wenn Index auf } A_l \text{ und } F < 0.5 \\ 1/2 & \text{sonst} \end{cases}$$

Die konstanten Selektivitätsfaktoren sind Defaultwerte, für deren Wahl schwerlich eine Begründung außer dem Erfahrungsargument angeführt werden kann. Bei den anderen Berechnungen ist als Standardannahme stets eine Gleichverteilung der Werte unterstellt. Bei der Verknüpfung der einzelnen Prädikate mit Booleschen Operatoren wird stochastische Unabhängigkeit der qualifizierten Mengen angenommen:

(Prädikat1) OR (Prädikat2)
   F = F(Prädikat1) + F(Prädikat2) - F(Prädikat1) * F(Prädikat2)

(Prädikat1) AND (Prädikat2)
   F = F(Prädikat1) * F(Prädikat2)

NOT (Prädikat)
   F = 1 - F(Prädikat)

Mit Hilfe derartig aufgebauter Formeln lassen sich nun für jeden möglichen Zugriffsplan eines Frageblocks Anzahl der Seitenzugriffe und der ZS-Aufrufe prinzipiell berechnen. Zur Erhöhung der Genauigkeit sind noch weitere Einflußfaktoren wie

- Clusterbildung bei den Datensätzen, die über eine Indexstruktur erreicht werden,
- Sortier- und Mischkosten für TID-Listen, falls über einen TID-Algorithmus zugegriffen wird,
- Sortier- und Mischkosten für Datensätze, falls zur Durchführung einer Operation oder zur Ausgabe eine bestimmte Sortierreihenfolge verlangt wird,

zu berücksichtigen. Manche Zugriffspfade wie Indexstrukturen liefern eine bestimmte Sortierordnung gratis. Wird diese nun in einem nachfolgenden Auswerteschritt (GROUP BY- oder ORDER BY-Klausel) benötigt, so hat der Optimizer die Kosten des billigsten „sortierten" Zugriffspfades mit denen des billigsten „unsortierten" Zugriffspfades und der erforderlichen Sortierung der Ergebnismenge zu vergleichen, um die beste Auswertungsfolge zu bestimmen. In ähnlicher Weise sind auch die Änderungskosten von Sätzen und Zugriffspfaden abzuschätzen [SCHK85].

Anfragen auf eine Relation

Bezieht sich ein Frageblock nur auf eine Relation, so ist die Auswahlentscheidung noch relativ übersichtlich. In Abhängigkeit von den im DBS verfügbaren Zugriffspfadstrukturen sind für die in Frage kommenden Aufsuchvorgänge Kostenformeln zu entwickeln, beispielsweise für

- die sequentielle Suche im Segment (Relationen-Scan)
- die Suche über ein Hash-Verfahren
- die Suche über eine Indexstruktur mit und ohne Clusterbildung
- die Suche über mehrere Indexstrukturen mit Hilfe eines TID-Algorithmus.

Zum Übersetzungszeitpunkt hat der Optimizer aufgrund der vorliegenden Zugriffspfade zu bestimmen, welche Aufsuchverfahren möglich sind. Aus den für diese Aufsuchverfahren erstellten Kostenvoranschlägen wird der billigste ausgewählt.

Anfragen auf mehrere Relationen

Falls im Frageblock mehrere Relationen aufgelistet sind, müssen Verbund- oder Mengenoperationen durchgeführt werden. Von besonderer Wichtigkeit ist die Verbundoperation, deren Realisierung eine erhebliche Komplexität aufweist. Ihre Effizienz ist in starkem Maße von geeigneten Zugriffspfaden und Sortierreihenfolgen geprägt, so daß für jede einzelne Verbundoperation eine sorgfältige Abstimmung von Zugriffspfadauswahl und Verbundmethode zu erfolgen hat. Bei Folgen von Verbundoperationen ist eine genaue Planung ihrer Reihenfolge unerläßlich, um vorhandene Sortierordnungen möglichst gut auszunutzen und nach Möglichkeit explizite Sortierläufe zu vermeiden.

In [BLAS76b] wurde die Frage nach geeigneten Verbundmethoden von zwei Relationen ausführlich untersucht. Der Verbund wurde dabei um Projektionen und Selektionen auf die beiden Ausgangsrelationen R und S angereichert, so daß eine komplexe Auswerteoperation

- Selektionen mit den Prädikaten P_R und P_S auf R und S
- Projektionen von Attributen von R und S sowie
- Verbund der resultierenden Relationen über vereinigungsverträgliche Verbundattribute R.VA und S.VA

umfaßt. Es wurden zehn verschiedene Methoden vorgeschlagen und durch analytische Modelle für verschiedene Einsatzscenarien bewertet. Manche dieser Methoden wären nur in einem sehr speziellen Einsatzspektrum (kleine Relationen, hauptspeicher-residente Verbundoperation) anwendbar, die geringe Tauglichkeit anderer konnte durch analytische Überlegungen erhärtet werden. Deshalb wird in einem konkreten DBS eine geringere Anzahl von Methoden ausreichen.

In [HÄRD78a] wurden folgende vier Verfahren als aussichtsreiche Kandidaten vorgeschlagen:

- *Sortierung beider Eingaberelationen*
  Die sich durch die Prädikate P_R und P_S qualifizierenden Tupeln von R und S werden nach Projektion der nicht benötigten Attribute nach den Verbundattributen R.VA und S.VA sortiert und in temporären Dateien T1 und T2 zwischengespeichert. Anschließend wird der Verbund durch sequentielle Scans auf T1 und T2 ausgeführt.

- *Ausnutzung von Indexstrukturen auf den Verbundattributen*
  Es werden Indexstrukturen für R.VA und S.VA vorausgesetzt. Die in den Indexstrukturen enthaltene Sortierreihenfolge wird ausgenutzt, um über Scan-Operationen die Tupeln von R und S zu verknüpfen.

- *TID-Algorithmus*
  Dieser Algorithmus setzt Indexstrukturen auf den Verbundattributen und den Selektionsattributen (P_R, P_S) von R und S voraus und versucht, die Zugriffe zu den Datenseiten zu minimieren. Es werden zunächst die TIDs der Tupeln, die die gegebenen Prädikate erfüllen, aufgesucht und sortiert in temporären Dateien T1 und T2 gespeichert. Über die Indexstrukturen für R.VA und S.VA werden die TID-Paare (TID1, TID2), die zum unbeschränkten Verbund gehören, aufgefunden. Nur wenn sich TID1 in T1 und TID2 in T2 befinden, wird auf die Tupeln zur Durchführung der Verbundoperation zugegriffen.

- *Ausnutzung von hierarchischen Zugriffspfaden*
  Über irgendeinen Zugriffspfad werden die Tupeln der Owner-Relation R aufgefunden. Falls sie das Prädikat P_R erfüllen, werden über den hierarchischen Zugriffspfad (set) oder über eine passende Indexstruktur die zugehörigen Member-Tupeln gesucht. Solche, die sich durch P_S qualifizieren, werden mit dem Owner-Tupel verbunden.

Natürlich sind auch bestimmte Kombinationen dieser Verfahren möglich - beispielsweise die Kombinationen explizite Sortierung/Ausnutzung der Sortierordnung einer Indexstruktur oder sequentielles (ungeordnetes) Aufsuchen/direkter Zugriff über einen geeigneten Zugriffspfad. Sequentielle Scans über ungeordnete Tupelmengen in beiden Relationen scheiden im allgemeinen wegen ihrer äußerst geringen Effizienz ($0(N * M)$) aus.

Die Abbildung dieser Verfahren auf die Scan-Operatoren im System R führt auf die Implementierung von zwei Vorgehensweisen, mit denen durch die Wahl der entsprechenden Zugriffspfade oder einer vorausgehenden Sortierung die wichtigsten dieser Verbundmethoden zur Verfügung gestellt werden konnten.

- *Nested Loops.* Auf der einen Relation wird ein Scan eröffnet (sequentiell oder über irgendeinen Zugriffspfad), über den die Tupel, die das Selektionsprädikat erfüllen, tupelweise gefunden werden. Für jedes qualifizierte Tupel t wird auf der zweiten Relation ein Scan durchgeführt, der jeweils alle zugehörigen, d.h. das Verbundprädikat erfüllenden Tupel liefert. Diese werden mit t verbunden, falls sie das vorgegebene Selektionsprädikat als Filter passieren.

- *Merging Scans.* Diese Technik setzt Sortierordnungen über die Verbundattribute in beiden Relationen voraus. Auf den entsprechenden Zugriffspfaden werden Scans eröffnet, die bei einem 1:n-Verbund durch geeignetes Fortschalten für jeden Wert des Verbundattributs die zugehörigen Tupeln liefern. Bei einem m:n-Verbund müssen für jeden Wert des Verbundattributs die (n) Tupel der zweiten Relation mehrfach (m) aufgesucht werden. Durch einen geeigneten Platzhalter ist es möglich, den Scan so zurückzupositionieren, daß die letzten n Tupel erneut gelesen werden können. Nach Überprüfung der Selektionsprädikate werden die qualifizierten Tupeln verknüpft.

Ein n-Wege-Verbund läßt sich aus n-1 2-Wege-Verbundoperationen aufbauen, wobei für jede Verbundoperation die beste Methode aus der Menge der vorhandenen ausgewählt werden kann. Dabei ist es im allgemeinen nicht nötig, die einzelnen Verbunde hintereinander im Objektmodus ablaufen zu lassen. Sie lassen sich vielmehr im Tupelmodus verzahnt wesentlich effizienter durchführen, d.h., sobald ein Tupel als Ergebnis der ersten Verbundoperation verknüpft ist, kann es sofort zur Eingabe in die nächste herangezogen werden; ihre temporäre Zwischenspeicherung ist lediglich dann erforderlich, wenn der Auswertungsplan eine Sortierung des Zwischenergebnisses vorsieht.

Dem Optimizer müssen für die einzelnen Verbundmethoden detaillierte Kostenformeln vorliegen. Die Komplexität der Auswahlentscheidung ist deshalb so groß, da er neben der Überprüfung der Zulässigkeit einer Methode und der Planung geeigneter Sortierfolgen über mehrere Verbundoperationen hinweg bei einem n-Wege-Verbund n-1-Verbundmethoden festlegen und unter den n! möglichen Verbundfolgen diejenige mit den minimalen Kosten auswählen muß. In [SELI79] ist der Aufbau eines Lösungsbaumes beschrieben, der die Ermittlung des kostengünstigsten Auswertungsweges durch erschöpfende Suche gestattet. Durch eine geeignete Heuristik versucht der Optimizer, offensichtlich schlechte Lösungen frühzeitig auszuscheiden, um die Suchzeit im Lösungsbaum zu beschränken. Ein ausführliches Beispiel dazu ist in [SELI79] zu finden. Für die Diskussion weiterer spezieller Probleme bei der Optimierung von Anfragen und der Zugriffspfadauswahl verweisen wir auf [CHAM81a, JARK84b, LORI79b].

3.6.7 Codegenerierung für mengenorientierte Anforderungen

Der Optimizer übergibt als Eingabe für den nächsten Übersetzungsschritt einen transformierten Zerlegungsbaum, in dem für jeden Frageblock die optimale Zugriffsstrategie spezifiziert ist. Im System R wird dazu, wie bereits erwähnt, eine interne Sprache ASL eingesetzt, die eine explizite und vollständige Beschreibung der zu benutzenden Zugriffspfade erlaubt. Das Navigieren längs eines Zugriffspfades oder einer Relation wird in diesem System mit Hilfe verschiedener Scan-Typen durchgeführt [ASTR76]. Scans auf Relationen, Index-, Link- und Listenstrukturen können durch einfache Suchargumente (Boolesche Ausdrücke mit einfachen Prädikaten auf einer Relation) angereichert werden, so daß sie nur bezüglich der Suchargumente qualifizierte Sätze zurückliefern. Diese Scan-Operationen lassen sich direkt an der Schnittstelle des Zugriffssystems (RSS) spezifizieren; sie sind also primitive Operationen, durch die eine mengenorientierte DB-Anweisung im Rahmen der Codegenerierung ersetzt wird. Man unterscheidet OPEN-, NEXT- und CLOSE-Aufrufe zur Aktivierung, zum Fortschalten und zur Schließung eines Scans.

Aufrufbeispiele sind

CALL RSS (OPEN, SCAN_STRUCTURE, RETURN_CODE) oder
CALL RSS (NEXT, SCAN_STRUCTURE, RETURN_CODE),

wobei SCAN_STRUCTURE eine recht komplexe Datenstruktur (siehe [LORI79a], HÄRD78a]) zur Übergabe von Ein-/Ausgabewerten, Suchargumenten etc. darstellt.

Die Art der zu benutzenden Scans wurde durch den Optimizer festgelegt und im transformierten Zerlegungsbaum für die Codegenerierung übergeben. Wir nehmen an, daß der Optimizer für unsere beiden Fragebeispiele aufgrund der vorhandenen Zugriffspfade die in Bild 3.56 skizzierten Zerlegungsbäume generiert hat. Sie entsprechen einer graphischen Darstellung der ASL-Spezifikation. Um nicht die Sprachkonstrukte von ASL explizit einführen zu müssen, sind in Bild 3.56b nur die wesentlichen Elemente wiedergegeben (siehe auch [LORI79a]). Die verwendeten Bezeichnungen sollen auf die internen Namen der referenzierten Objekte verweisen.

Um die Probleme der Codeerzeugung besser zu verstehen, diskutieren wir die notwendigen Schritte im Detail für die einfache Anfrage B1 anhand der in System R gewählten Vorgehensweise. Das Suchargument (BERUF = W) wurde in Bild 3.56a im WHERE-Baum weggelassen, weil es über den angenommenen Index-Scan direkt vom Zugriffssystem übernommen werden kann, so daß kein Programmcode zum entsprechenden Vergleich generiert werden muß. Für eine Zugriffsroutine verbleiben die in Bild 3.57 als Flußdiagramm für die Operation OPEN und FETCH dargestellten Verarbeitungsschritte.

Der Prolog stellt die normale Eingangsbehandlung beim Sprung ins Unterprogramm dar. Der nächste Verarbeitungsschritt ermittelt den Aufruftyp. Bei OPEN werden in den Schritten <2> und <3> die Eingabevariablen, deren Adresse an der SQL-Schnittstelle übergeben wird (siehe Abschnitt 3.6.3), gebunden, die Datenstruktur SCAN_STRUCTURE vorbereitet und der zugehörige OPEN-Aufruf ans

322 Realisierung von operationalen Schnittstellen

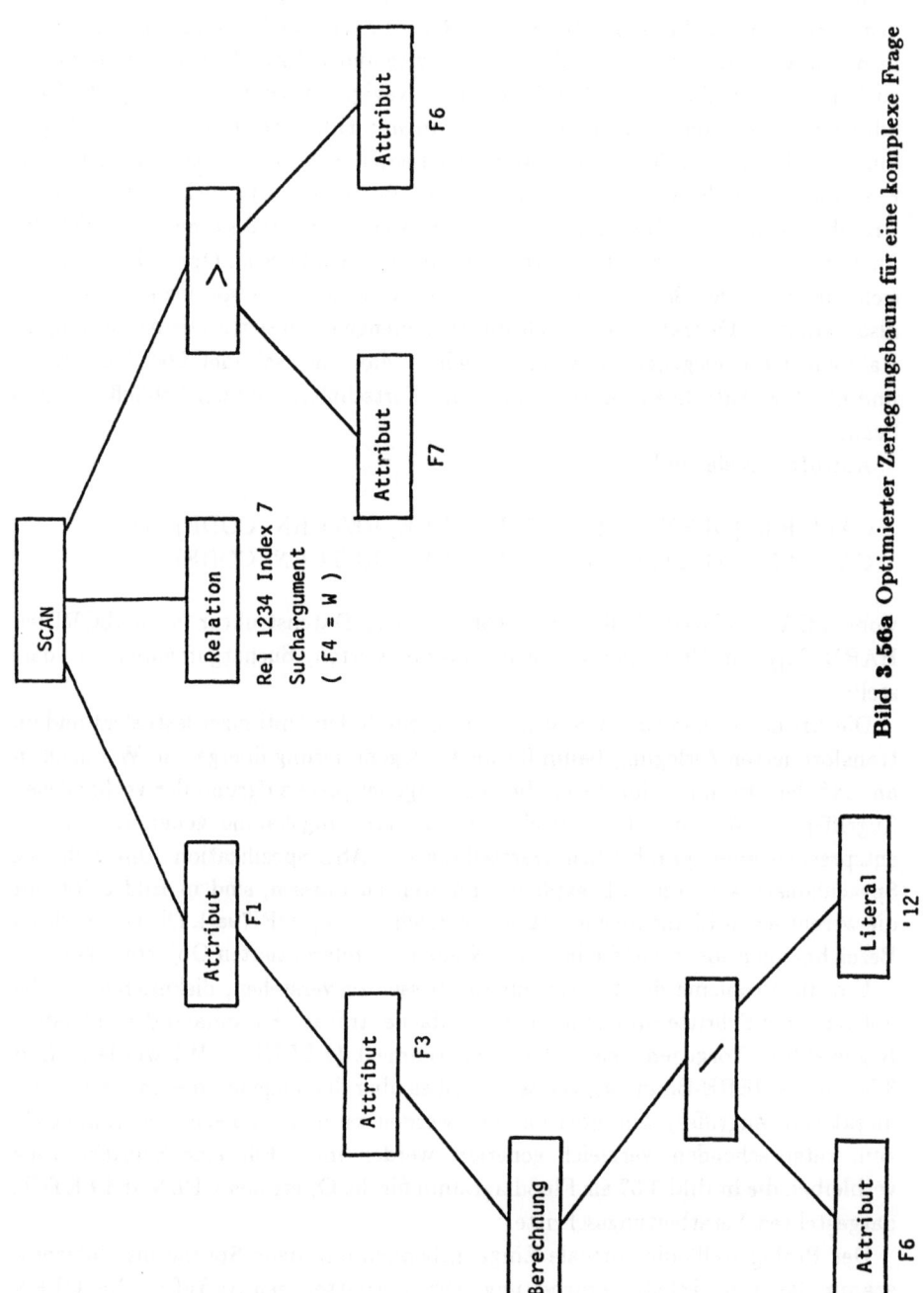

Bild 3.58a Optimierter Zerlegungsbaum für eine komplexe Frage

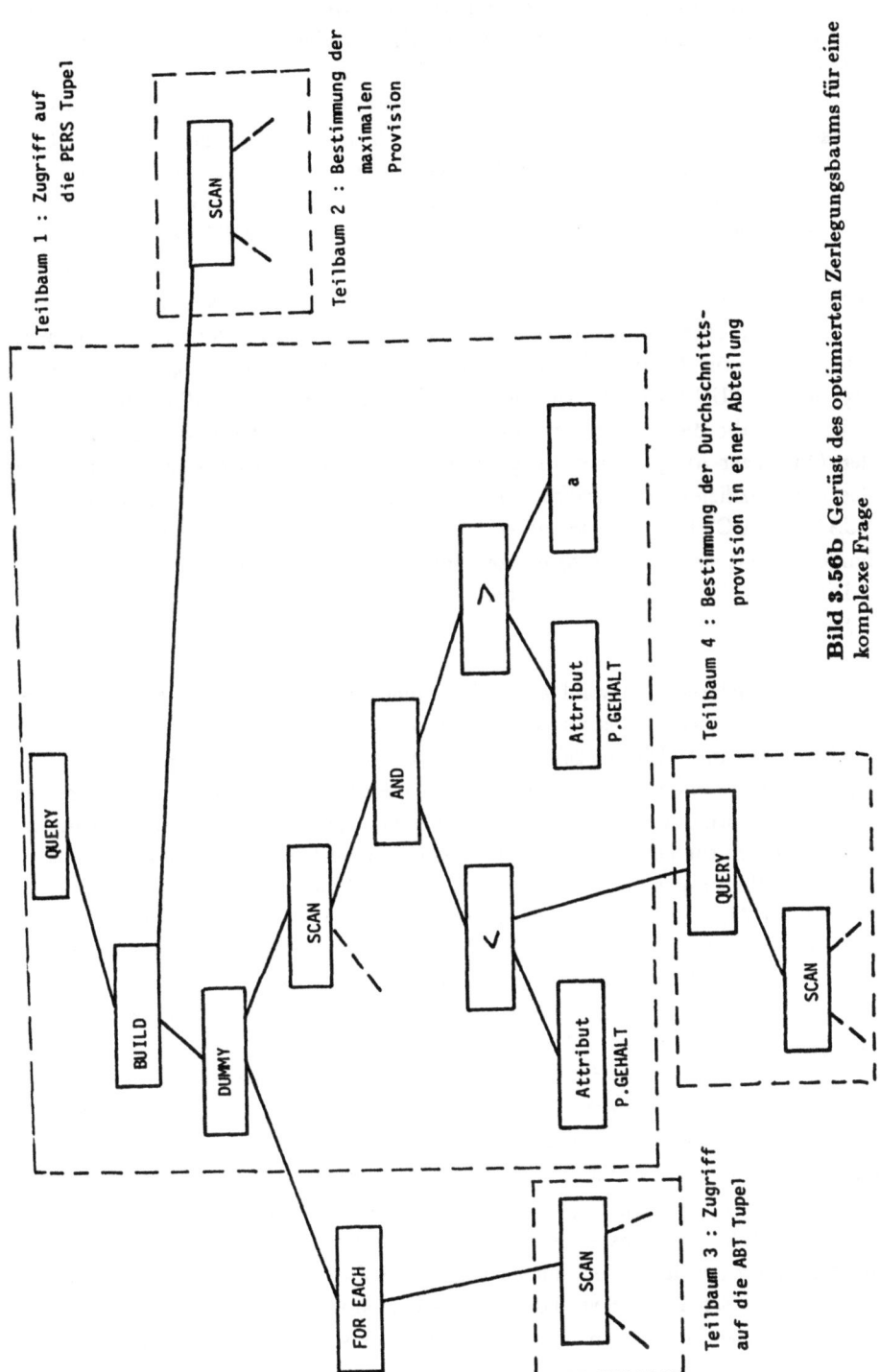

Bild 3.56b Gerüst des optimierten Zerlegungsbaums für eine komplexe Frage

RSS abgesetzt. Im speziellen Beispiel wird der Wert der Variablen W gebunden und ein Index-Scan für das Attribut BERUF aktiviert. Wird ein FETCH-Aufruf erkannt, wird das RSS durch eine NEXT-Anweisung, die sich auf den aktivierten Scan bezieht, aufgerufen (<4>). Das zurückgelieferte Tupel erfüllt bereits das einfache Suchargument (BERUF = W), durch das der Scan angereichert ist (W bekam beim OPEN seinen aktuellen Wert). Tritt ein Fehler auf oder existiert kein entsprechendes Tupel mehr, wird zur Rücksprungbehandlung verzweigt. Im Verarbeitungsschritt <6> wird der verbleibende Teil des WHERE-Prädikats (der nicht einfach ist) überprüft (PROV > GEHALT). Ist dieses Prädikat nicht erfüllt, wird das RSS erneut aufgerufen. Im Erfolgsfalle wird das Ausgabetupel aufbereitet (<7>, <8>). Dazu gehört im vorliegenden Fall die Durchführung einer arithmetischen Operation (GEHALT/12). Der Schritt <9> enthält alle Programmausgänge, legt den RETURN_CODE fest und führt die Rücksprungbehandlung durch.

Die Aufgabe des Codegenerators ist es nun, für jede DB-Anweisung mit Hilfe der Optimizer-Ausgabe ein Programm in der Maschinensprache zu erzeugen, das die spezifizierten Zugriffsaktionen ausführt. Dabei sind Kontrollblöcke wie SCAN_STRUCTURE in geeigneter Weise zu initialisieren und als Daten einzubinden, damit sie zur Ausführungszeit referenziert werden können.

Die allgemeine Vorgehensweise des Codegenerators ist folgende: Die möglichen SQL-Anweisungen sind nach der Art ihrer Zugriffsaktionen klassifiziert, so daß jede Klasse von einem Basisprozeß bearbeitet werden kann. Unser Beispiel fällt in die Klasse „Auswahl einer Tupelmenge mit Hilfe eines Cursors". Das Skelett eines solchen Basisprozesses, wie es in Bild 3.57 gezeigt ist, wird als Modell bezeichnet. Den einzelnen Verarbeitungsschritten im Modell entsprechen sogenannte Fragmente (Codefolgen), die als Assemblerroutinen geschrieben und in einer Bibliothek gespeichert sind. Bei der Codegenerierung für ein bestimmtes Modell werden die entsprechenden Fragmente kopiert, übersetzt und gebunden.

Zur Bearbeitung eines optimierten Zerlegungsbaumes benutzt der Codegenerator einen Algorithmus zur allgemeinen Baumsuche. Stößt er auf einen SCAN-Knoten, wird er in einem Stack abgelegt und mit der Codegenerierung für das zugehörige Modell begonnen. Entsprechend Bild 3.56 werden beispielsweise Fragmente für die Verarbeitungsschritte <0> und <1> geholt, Instruktionen zur Übergabe der Programmvariablen in statisch zugeordneten Datenbereichen erzeugt (<2>) und die Fragmente für die Aktionen <3>, <4> und <5> hinzugefügt. Die Baumsuche wird mit dem WHERE-Zweig fortgesetzt. Dabei könnte wiederum ein SCAN-Knoten gefunden werden, so daß mit Hilfe des Stack eine geschachtelte Programmkonstruktion erreicht werden würde. Im vorliegenden Beispiel läßt sich der WHERE-Zweig durch ein Fragment (<6>) nachbilden. Anschließend wird der linke Zweig des SCAN-Knotens abgearbeitet. Entsprechend der SELECT-Liste werden die Ausgabewerte berechnet und aufbereitet (<7>, <8>). Nach Hinzufügen des Fragments für Schritt <9> wird der SCAN-Knoten vom Stack entfernt. Wie in Bild 3.57 zu sehen ist, verzweigen einige Fragmente auf Marken in anderen Fragmenten. Diese externen Referenzen lassen sich mit Hilfe von Symboltabellen auflösen.

Wie in [LORI79a] näher ausgeführt ist, stehen für Frageblöcke (einfache Fragen), die mit einer Scan-Operation auskommen, 4 verschiedene Modelle zur Verfügung.

Implementierung einer mengenorientierten DB-Schnittstelle 325

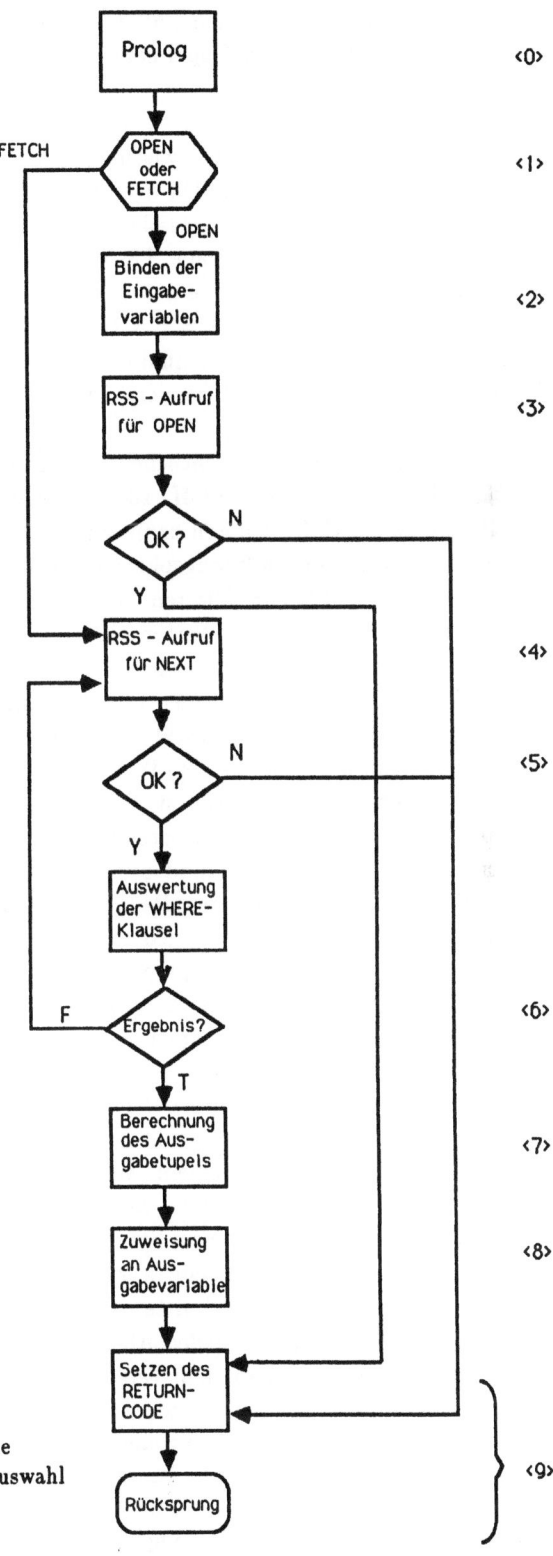

Bild 3.57 Flußdiagramm für eine Zugriffsroutine (Modell für die Auswahl einer Tupelmenge mit Hilfe eines Cursors)

Neben dem diskutierten Modell sind das solche, die keinen Cursor benötigen, eine Built-in-Funktion auf einer Tupelmenge ausführen können und die GROUP BY-Klausel von SQL unterstützen.

Im Prinzip ähnlich ist die Codegenerierung für komplexe Fragen mit Präzedenzen und Korrelationen zwischen Teilfragen. Ihre genaue Diskussion würde an dieser Stelle zu weit führen. Die grundsätzlichen Probleme sollen jedoch anhand des optimierten Zerlegungsbaumes in Bild 3.56b kurz skizziert werden. Der Optimizer hat erkannt, daß Teilfrage T2 nur einmal ausgewertet werden muß. Das Ergebnis läßt sich als Konstante a in den Frageblock für T1 einarbeiten. Teilfrage T3 ist korreliert mit T1 (ANR = P.ANR), muß also für jedes Tupel, das sich aufgrund des Filterprädikats in T1 qualifiziert, erneut ausgewertet werden. Für jedes Tupel, das beide Filter in T1 passiert, ist der Verbund über einen Scan auf ABT durchzuführen (FOR EACH).

In Bild 3.56b sind die wesentlichen ASL-Konstrukte SCAN, DO AT OPEN, SUBQUERY und FOR EACH zusammengefaßt [LORI79b]. Zwischen den QUERY- und DUMMY-Knoten kann eine Liste von Knoten auftreten (BUILD), deren Aktionen in der Eröffnungsphase (DO AT OPEN) ausgeführt werden. Ihre Ergebnisse können bei der weiteren Verarbeitung berücksichtigt werden (a). Für Teilfragen, die von aktuellen Werten eines Tupels abhängen und wiederholt auszuwerten sind, steht das SUBQUERY-Konstrukt zu Verfügung; es erlaubt, daß in einem Prädikat ein Zeiger auf einen QUERY-Knoten verweist. Mit Hilfe des FOR EACH-Konstruktes wird die Ausführung eines Verbundes spezifiziert, bei dem im vorliegenden Fall die Nested Loop-Technik angewendet wird.

Die zentrale Idee von ASL ist die Zerlegung von komplexen in mehrere einfachere, auf einem Scan basierenden Zugriffsstrategien, die weitestgehend unabhängig voneinander sind und durch Modelle repräsentiert werden können, deren Komplexität die unseres Beispiels in Bild 3.57 nicht übersteigt. Der Codegenerator erzeugt dann für jeden Scan eine Zugriffsroutine und verknüpft diese durch Schachtelung, Unterprogramm-Aufruf, etc. Insgesamt wurden knapp 30 Modelle aufgestellt, von denen sich die meisten aus 6 bis 10 Fragmenten zusammensetzen. Da gleiche Fragmente in verschiedenen Modellen benutzt werden, liegt die Gesamtzahl der Fragmente unter 100.

Der Programm-Code für eine DB-Anweisung, der auf diese Weise ggf. unter Benutzung mehrerer Modelle erzeugt wurde, ist in einem sogenannten Abschnitt (Section) organisiert. Die zu einem Anwendungsprogramm AP gehörenden Abschnitte bilden einen Zugriffsmodul ZM (siehe Bild 3.54), dessen Aufbau in Bild 3.58 veranschaulicht ist. Aus einem Systemkatalog wird auf den Zugriffsmodul von AP verwiesen. Er setzt sich aus einem Inhaltsverzeichnis (Section Location Table), in dem die verschiedenen Abschnitte mit Typ und Adresse aufgelistet sind, und den Abschnitten zusammen. Jeder Abschnitt besteht aus drei Teilen: dem Maschinencode/Zerlegungsbaum, dem Verzeichnis für Verschiebeadressen und der ursprünglichen SQL-Anweisung. Bisher wurde unterstellt, daß zur Übersetzungszeit der vollständige Maschinencode für eine DB-Anweisung erzeugt werden kann; der Code für eine solche Anweisung ist in einem Abschnitt vom Typ COMPILE-SECT abgelegt. Bestimmte Anweisungen werden aus Effizienzgründen anders behandelt oder können erst zu einem späteren Zeitpunkt vollständig übersetzt wer-

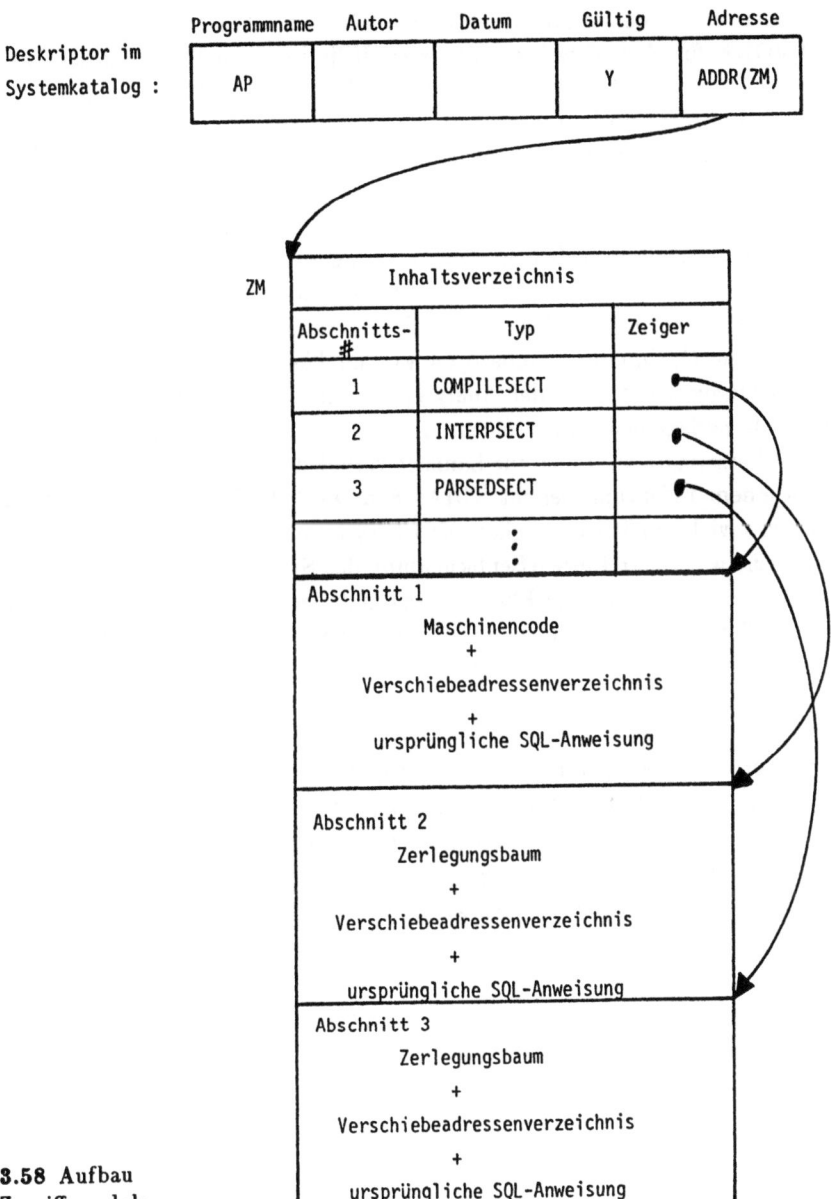

Bild 3.58 Aufbau eines Zugriffsmoduls

den; in diesem Fall wird der Zerlegungsbaum gespeichert. Das Verzeichnis der Verschiebeadressen wird beim Laden benötigt, um den Code durch Anpassung von Zeigern, Adreßkonstanten etc. ablauffähig zu machen. Die Übernahme der ursprünglichen Form der SQL-Anweisung erlaubt schließlich die Wiederholung der Übersetzung im Falle einer DB-Schemaänderung, ohne auf das Anwendungsprogramm zurückgreifen zu müssen.

Einige Anweisungstypen beziehen sich nicht auf Zugriffspfade und laufen bei jedem Aufruf in gleicher Weise ab. Beispiele dafür sind CREATE/DROP für Relationen und Indexstrukturen, BEGIN/END von Transaktionen und GRANT/ REVOKE für Zugriffsrechte, mit deren Hilfe im wesentlichen Beschreibungsdaten in Systemkatalogen manipuliert und Kontrollstrukturen aufgebaut werden. Für diese „nicht-optimierbaren" Anweisungen hat man zentral verwaltete Standardroutinen vorbereitet. Im betreffenden Abschnitt des Zugriffsmoduls, der als INTERPSECT-Typ markiert ist, sind im Zerlegungsbaum lediglich die aktuellen Namen und Parameter vermerkt, die beim Aufruf an die entsprechende Standardroutine übergeben werden. Eine weitere Ausnahme bilden Operationen auf temporären Objekten (Relationen), die während einer Transaktion erzeugt und wieder entfernt werden. Da zur Übersetzungszeit noch keine Zugriffspfade, die in eine Optimierung einbezogen werden könnten, vorhanden sind, wird der Übersetzungsprozeß nach der Analysephase abgebrochen. Eine solche Anweisung wird als Zerlegungsbaum in einem Abschnitt vom Typ PARSEDSECT abgelegt; ihre Übersetzung wird erst zur Laufzeit vervollständigt.

In einem Erfahrungsbericht [CHAM81a] wird die Wahl des Compilierungsansatzes, soviel Arbeit wie möglich zur Übersetzungszeit erledigen zu lassen, als die vielleicht wichtigste Entwurfsentscheidung des System R-Projektes bezeichnet.

Speicherplatzbedarf und Effizienz des durch den Codegenerator erzeugten Codes übertreffen nach Angaben in [LORI79a, CHAM81a] die gesetzten Erwartungen. Eine Zugriffsroutine für das Modell nach Bild 3.57 besitzt danach folgende charakteristischen Zahlenwerte:

Speicherplatz: 250 System/370 Instruktionen

Ausführung: 138 Instruktionen in der Zugriffsroutine + 240 Instruktionen in zwei residenten Bibliotheken, wenn die WHERE-Klausel erfüllt ist.
36 Instruktionen, wenn die WHERE-Klausel nicht erfüllt ist.

Experimente zeigten, daß sich der Gesamtaufwand für typische, kurze Transaktionen von weniger als 50 000 Instruktionen folgendermaßen verteilte [CHAM81a]:

- 80% der Instruktion wurden im Zugriffssystem (RSS) ausgeführt
- 20% der Instruktionen fielen auf den Zugriffsmodul und das Anwendungsprogramm

Zusammenfassend kann gesagt werden, daß die System R-Implementierung die generellen Vorteile der Übersetzungstechnik gegenüber der Interpretationstechnik bestätigt hat:

- Die einzelnen Schritte der Analyse, Optimierung und Code-Generierung brauchen nur einmal vom Pre-Compiler ausgeführt zu werden und belasten nicht die Ausführung einer DB-Anweisung in einem Anwendungsprogramm.
- Ein Zugriffsmodul ist weniger speicherplatzaufwendig und läuft wesentlich effizienter ab als ein allgemeiner Interpreter (kleinerer Working Set und kürzere Pfadlänge), da er auf die Anforderungen eines bestimmten Anwendungsprogramms zugeschnitten ist.

- Besonders bei der Transaktionsverarbeitung vorbereiteter Anwendungsprogramme („canned transactions") konnten trotz einer hohen DB-Schnittstelle beträchtliche Leistungsgewinne erzielt werden.
- Die Vorteile einer mengenorientierten DB-Sprache (SQL) wie Auswahlmächtigkeit, Flexibilität und Datenunabhängigkeit machen sich bei der Ausführung nur durch einen geringfügigen Kostenanteil bemerkbar (siehe obiges Beispiel). Allerdings ist dabei noch nichts über die Güte der erzielten Zugriffspfadoptimierung im Vergleich zu einer navigierenden oder zugriffsmethodenorientierten Programmschnittstelle ausgesagt.

3.6.8 Ausführung von DB-Anforderungen

Wie die gründliche Diskussion des Übersetzungsvorgangs gezeigt hat, können die meisten Aufgaben der obersten oder gar der obersten beiden Abbildungsschichten unseres allgemeinen Beschreibungsmodells (Bild 3.1) in einen Compiler ausgelagert und zur Übersetzungszeit durchgeführt werden. Es wird dann nur noch ein Laufzeitsystem benötigt, das die Ausführung der vorübersetzten Zugriffsroutinen überwacht und zusätzlich ad hoc-Anfragen von Terminalbenutzern unterstützt.

3.6.8.1 Ausführung von vorübersetzten Zugriffsroutinen

Wie in Bild 3.54 skizziert, sind zur Ausführung eines Anwendungsprogramms, das sich auf eine System R-Datenbank bezieht, folgende Aktionen erforderlich. Über die normalen Betriebssystem-Mechanismen wird es geladen und gestartet. Beim ersten DBS-Aufruf überprüft das Laufzeitsystem XRDI, ob der Benutzer den betreffenden Zugriffsmodul aufrufen darf und ob der Zugriffmodul noch gültig ist. Im Erfolgsfall lädt XRDI ihn in den Hauptspeicher, paßt die Verschiebeadressen an und gibt die Kontrolle an den angeforderten Abschnitt weiter (COMPILESECT). Bei allen folgenden Aufrufen kann nun eine direkte Kontrollübergabe erfolgen.

Falls die Überprüfung nicht erfolgreich verläuft, sind komplexere Aktionen vorgesehen. Die Bindung der Zugriffsroutinen an die Objekte der Datenbank und die Kontrolle der Zugriffsrechte zur Übersetzungszeit implizieren ihre Abhängigkeit von der Existenz dieser Objekte und Rechte. Ein Zugriff auf eine aus der DB entfernten Relation oder Sicht, die Referenz eines nicht mehr existierenden Zugriffspfades führen auf Laufzeitfehler; Entzug oder Gewährung eines Zugriffsrechtes würden nicht mehr berücksichtigt und unerwünschte Auswirkungen zeigen. Deshalb wird für jeden Zugriffsmodul eine Liste seiner Abhängigkeiten von den DB-Objekten in Form einer regulären Relation im Data Dictionary aufgezeichnet, die Ausgangspunkt für korrektive Maßnahmen ist. Bei einer Änderung des DB-Schemas werden sofort alle betroffenen Zugriffsmodule über diese Abhängigkeitsliste aufgefunden. Zwei Fälle sind zu unterscheiden:

- Die Änderung betrifft das Entfernen einer Relation oder Sicht. In diesem Fall werden die betroffenen Zugriffsmodule und ihre Deskriptoren gelöscht. Bei späterer Referenz bekommt das Anwendungsprogramm eine entsprechende Fehlermeldung.

- Die Änderung bezieht sich lediglich auf Zugriffspfade, d.h., betroffene DB-Anweisungen können weiterhin unter Benutzung eines alternativen Zugriffspfades ausgeführt werden. In diesem Fall wird der Zugriffsmodul als ungültig markiert.

Beim nächsten Aufruf des Zugriffsmoduls sorgt das Laufzeitsystem für seine Aktualisierung. Da die ursprünglichen SQL-Anweisungen in den Abschnitten des Zugriffsmoduls dokumentiert sind, kann eine erneute Übersetzung stattfinden, ohne daß das Anwendungsprogramm etwas davon merkt. Durch Anpassung an die momentan vorhandenen Zugriffspfade ändert sich lediglich die Effizienz der Ausführung.

Wird in einem Zugriffsmodul ein Abschnitt vom Typ INTERPSECT referenziert, ist bei der Kontrollübergabe eine Indirektion erforderlich. XRDI ruft die zugehörige Standardroutine auf, die ihre aktuellen Parameter aus dem Zerlegungsbaum des Abschnitts bezieht. Bei Aufruf eines Abschnitts vom Typ PARSEDSECT wird versucht, mit Hilfe des Optimizers und Code-Generators eine ausführbare Zugriffsroutine zu erzeugen. Im Erfolgsfall wird (nur) die sich im Hauptspeicher befindende Version des Abschnitts in eine COMPILESECT umgewandelt und sofort ausgeführt. Bei Mißerfolg wird dem Anwendungsprogramm durch eine geeignete Meldung das Fehlen des referenzierten Objektes angezeigt.

Es ist offensichtlich, daß eine DB-Schema-Änderung nicht vorgenommen werden darf, wenn ein betroffener Zugriffsmodul gerade benutzt wird. Durch Sperren seines Deskriptors im Systemkatalog läßt sich das immer verhindern.

3.6.8.2 Behandlung von ad hoc-Anfragen

Die Vorteile der Vorübersetzung sind bei der Transaktionsverarbeitung offensichtlich. Weniger klar ist die Vorgehensweise für die Behandlung von ad hoc-Anfragen. Typischerweise wird dafür ein Interpretationsansatz gewählt. Bei der Entscheidung für einen der beiden Ansätze sind die Kosten zur Erzeugung einer Zugriffsroutine gegen die Einsparungen durch ihre im Vergleich zur Interpretation erheblich gesteigerte Laufzeiteffizienz abzuwägen. Die Vorübersetzung – in [CHAM81a] als eines der erfolgreichsten Teile des System R-Projektes bezeichnet – erbrachte so überzeugende Leistungen, daß sie auch bei ad hoc-Anfragen eingesetzt wurde. Um diese Entscheidung zu belegen, übernehmen wir aus [CHAM81b] Meßergebnisse für zwei typische SQL-Anweisungen, die in Tabelle 3.6 zusammengefaßt sind. Diese Ergebnisse erlauben folgende Schlußfolgerungen:

- Die Code-Generierung macht nur einen geringen Anteil der gesamten CPU-Kosten aus und benötigt keine Ein-/Ausgabe, da der erzeugte Zugriffsmodul nicht zwischengespeichert wird. Der Aufwand für die Analyse- und Optimierungsphase fällt auch bei einer Interpretation an.
- Der im Vergleich zur Interpretation leistungsfähigere Code einer Zugriffsroutine hat schon nach wenigen Satzzugriffen die Kosten für die Codegenerierung eingespart. Dieser prinzipielle Zusammenhang ist in Bild 3.59 veranschaulicht. Zur Unterstützung dieser Aussage sei auch auf die in Bild 3.53 dargestellten Meßergebnisse für interpretative Ausführungszeiten verwiesen.

Tabelle 3.6 Aufteilung der CPU- und E/A-Kosten für zwei ad hoc-Fragebeispiele [CHAM81a]

Fragetyp	einfache Frage auf einer Relation		Komplexe Frage mit einem Verbund von zwei Relationen	
SQL-Form	SELECT SUPPNO,PRICE FROM QUOTES WHERE PARTNO='010002' AND MINQ≤ 1000 AND MAXQ≥ 1000		SELECT ORDERNO,O.PARTNO,DESCRIP,DATE,QTY FROM ORDERS O, PARTS P WHERE O. PARTNO = P.PARTNO AND DATE BETWEEN '750000' AND '751231' AND SUPPNO ='797'	
Zugriffspfadauswahl durch Optimizer	PARTNO - Index auf Relation QUOTES		Zugriff über SUPPNO-Index auf Relation ORDERS, Zugriff über PARTNO-Index auf Relations PARTS, NESTED LOOP-Verbund	
Kardinalität der Antwortmenge	3		7	
Operation	CPU-Zeit (ms auf/370-168)	Anzahl der E/A	CPU-Zeit ms auf/370-168	Anzahl der E/A
Analyse(Parsing)	13.3	0	20.7	0
Optimierung	40.0	9	73.3	9
Code-Generierung	10.1	0	19.3	0
OPEN Cursor	3.7	5	4.0	6
Fetch (Antwortmenge/ pro qual. Satz)	4.6 1.5	2	61.1 8.7	75
CLOSE Cursor	1.2		5.3	
Gesamt (incl.UFI-Behandlung)	83.4	16	213.9	90

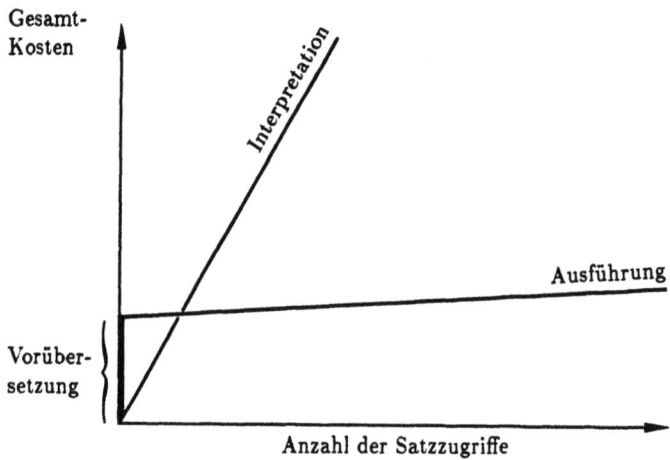

Bild 3.59 Kostenverlauf bei der Ausführung von DB-Anweisungen

Nicht zu vernachlässigen ist die Reduktion der Systemkomplexität, die sich durch die Wahl eines einheitlichen Konzeptes für die Behandlung von ad hoc-Anfragen und Transaktionsprogrammen ergibt. Auch im weitergeführten INGRES-Projekt wurde die „dynamische" Übersetzung als ein Optimierungsvorschlag untersucht; sie wurde in [STON83b] als generelle Optimierungsmaßnahme empfohlen.

In System R wird der Terminalbbenutzer durch ein spezielles Programm – das sogenannte User-Friendly Interface (UFI) – untersützt, das die Aufgaben der Dialogführung und der Bildschirmformatierung übernimmt. Die Vorgehensweise bei der Vorbereitung, Übersetzung und Ausführung von ad hoc-Anfragen ist in Bild 3.60 skizziert. UFI besitzt als „Anwendungsprogramm" einen eigenen Zugriffsmodul, dessen Abschnitte nur rudimentär vorhanden sind, da die ad hoc-Anforderungen ja erst zur Laufzeit bekannt werden. Sie sind durch einen speziellen Typ INDEFSECT gekennzeichnet. Durch zwei spezielle Aufrufe – PREPARE und EXECUTE – kann UFI SQL-Anweisungen an XRDI weiterreichen. Wie in Bild 3.60 gezeigt, stößt XRDI einen vollständigen Übersetzungsvorgang an, durch den ein spezieller Abschnitt des Zugriffsmoduls dynamisch erzeugt und anschließend sofort ausgeführt wird. Diese Technik, die eine Definition von DB-Anweisungen zur Laufzeit erlaubt, kann natürlich auch in normalen Anwendungsprogrammen oder speziellen Dienstprogrammen (allgemeines Ladeprogramm für eine Relation [CHAM80]) eingesetzt werden. Die dazu benötigten Anweisungen haben folgende Syntax:

PREPARE < statement-name > AS < variable >
EXECUTE < statement-name > [USING < variable-list >]

Beispielsweise erzeugt PREPARE S1 AS QSTRING bei der Vorübersetzung einen Abschnitt vom TYP INDEFSECT. XRDI weiß, daß zur Laufzeit in der Variablen QSTRING eine SQL-Anweisung steht, die unter dem Namen S1 angesprochen wird. Für die Formulierung dieser Anweisung ist die volle Ausdrucksmächtigkeit von

Implementierung einer mengenorientierten DB-Schnittstelle 333

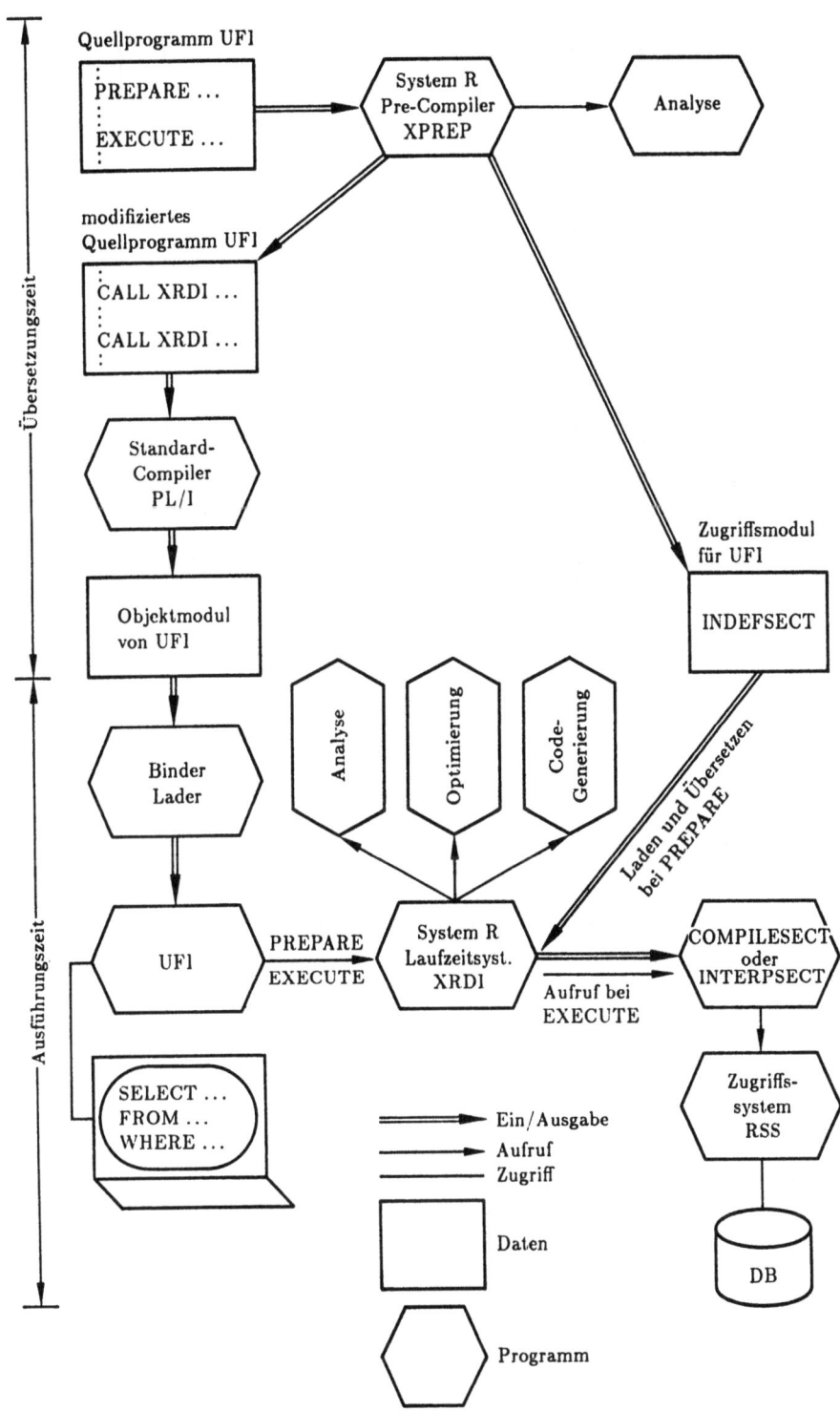

Bild 3.60 Vorbereitung, Übersetzung und Ausführung von ad hoc-Anfragen

Tabelle 3.7 Spektrum der Bindezeiten in System R

Anweisungstyp	Abschnittstyp	Analyse	Optimierung	Code-Generierung	Ausführung
Normale Operationen (Query, Insert, Delete, Update)	COMPILESECT	Übersetzungszeit	Übersetzungszeit	Übersetzungszeit	Laufzeit
Nicht-optimierbare Operationen (Create/Drop Table, etc.)	INTERPSECT	Übersetzungszeit			Laufzeit
Operationen auf temporären Objekten	PARSEDSECT	Übersetzungszeit	Laufzeit	Laufzeit	Laufzeit
Dynamisch definierte Anweisungen (Prepare, Execute)	INDEFSECT	Laufzeit	Laufzeit	Laufzeit	Laufzeit

SQL erlaubt, d.h., auch die Spezifikation von Variablen als Parameter. Zur Laufzeit löst die PREPARE-Anweisung (sie wurde im Anwendungsprogramm durch einen sogenannten SETUPCALL ersetzt) die vollständige Übersetzung der in QSTRING enthaltenen SQL-Anweisung aus. Je nach Typ der Frage wird ein COMPILESECT oder INTERPSECT als Abschnitt erzeugt, der den INDEFSECT-Abschnitt (nur) im Hauptspeicher ersetzt. Durch ein nachfolgendes

EXECUTE S1 USING $A, $B

wird die übersetzte SQL-Anweisung ausgeführt, wobei im Beispiel die Werte in den beiden $A und $B übergeben und gebunden werden. Ein erneuter Aufruf der EXECUTE-Anweisung erlaubt die Ausführung von S1, ohne den Übersetzungsvorgang durchlaufen zu müssen. Die Einzelheiten dieser Technik sind in [CHAM80, CHAM81b] nachzulesen.

Abschließend sollen die Bindezeitpunkte der einzelnen Anweisungstypen in System R noch einmal tabellarisch zusammengefaßt werden. Sie verdeutlichen die Philosophie, alle Übersetzungsschritte so früh wie möglich durchzuführen, um den Aufwand zur Laufzeit zu minimieren (Tabelle 3.7).

Literatur

[ADAB], [AGHI82], [ALLE82], [ASTR75], [ASTR76], [BABA77], [BACH74], [BAER75], [BAER77], [BAHL74], [BATO79], [BATO85], [BAYE72a], [BAYE72b], [BAYE77], [BAYE80], [BELA66], [BENT75], [BLAS76b], [BLAS77a], [BLAS80], [BLOO70], [BRIC77], [BURK76], [CARD79], [CHAM76b], [CHAM80], [CHAM81a], [CHAM81b], [CHU76], [CODA78b], [CODD74a], [COME79], [COME81], [CULI81], [DADA86], [DENN68a], [DENN68b], [DENN80b], [DEPP85], [EAST75], [EFFE80a], [EFFE80b], [EFFE84a], [EFFE84b], [ENGE76], [ESWA75], [FAGI79b], [FERN78], [FERR76], [FINK74], [FRED61], [GHOS75], [GHOS77], [GRAY78], [GRAY81a], [HALL75], [HELD78], [HOWA78], [HSIA77], [HÄRD77], [HÄRD78a], [HÄRD78b], [HÄRD79a], [HÄRD79b], [HÄRD80], [HÄRD83a], [HÄRD83b], [HÄRD85a], [IBM], [IBMa], [IBMb], [JAKO78a], [JAKO78b], [JAKO79], [JARK84b], [KARL76], [KATZ85], [KNUT71], [KNUT73], [KRIE84], [KROP79], [KÜSP83], [LAMP79], [LANG77b], [LARS78], [LARS85], [LEE80], [LIOU77], [LITW78], [LITW80], [LOCK78], [LOOM83], [LORI77], [LORI79a], [LORI79b], [LUM70], [LUM71], [MARC77], [MARC81], [MARC84], [MARU77], [MAUR75], [MCCR77], [MEHL75], [MORR68], [MULL71], [NAKA78], [NAVA85], [NEFF79], [NEVA79], [NIEV73], [NIEV74], [NIEV84], [OTTM76], [OTTM79], [PARN75], [PAUL84], [RAMA84], [REUT80a], [REUT80b], [RIVE76], [RODR73], [RODR76], [ROTH74], [ROWE81], [RYSK80], [SCHE74], [SCHE78], [SCHE80b], [SCHK78], [SCHK85], [SCHL83], [SCHO81], [SELI79], [SESA], [SEVE76a], [SEVE76b], [SEVE77], [SHER76], [SHNE77], [SHNE78a], [SIEM], [SMIT75], [SMIT78], [SPIR72], [STAP80], [STON76], [STON83b], [STRO77], [SUSS63], [TAFV74], [TAND], [TEUH78], [TUEL76], [UDS], [UHRO73], [UNIV], [VALL76], [VEKL85], [WAGN73], [WATE75], [WEDE74a], [WEDE76], [WONG76], [YU85], [ZLOO77].

Kapitel 4

Maßnahmen zur Wahrung von Sicherheits- und Integritätsbedingungen

Andreas Reuter

4.1	Zugriffskontrolle in Datenbanksystemen	343
4.1.1	Anforderungen an Zugriffsschutz-Mechanismen in DBS	345
4.1.2	Schutz-Konzepte und Schutz-Mechanismen	348
4.1.2.1	Übersicht über die gängigsten Schutz-Konzepte	348
4.1.2.2	Übersicht über die gängigsten Mechanismen für wertunabhängige Zugriffskontrolle	350
4.1.2.3	Übersicht über die gängigsten Mechanismen für wertabhängige Zugriffskontrolle	359
4.1.3	Autorisierungsverfahren	364
4.1.3.1	Das statische Autorisierungsmodell	364
4.1.3.2	Dynamische Autorisierungsverfahren	366
4.1.4	Schutzmaßnahmen in der Ablaufumgebung eines DBMS	369
4.1.4.1	Anforderungen an das Betriebssystem	369
4.1.4.2	Kryptographische Methoden	371
4.1.5	Schutzprobleme bei statistischen Datenbanken	372
4.1.6	Leistungsaspekte verschiedener Schutz-Konzepte und -Mechanismen	374
4.2	Sicherung der semantischen Integrität in Datenbanken	379
4.2.1	Klassifizierung semantischer Integritätsbedingungen	379
4.2.1.1	Unterscheidung der Integritätsbedingungen nach den Ebenen der Abbildungshierarchie eines DBMS	380
4.2.1.2	Unterscheidung der Integritätsbedingungen nach ihrer Reichweite	381
4.2.1.3	Unterscheidung der Integritätsbedingungen nach dem Zeitpunkt ihrer Überprüfbarkeit	381
4.2.1.4	Unterscheidung der Integritätsbedingungen nach der Art ihrer Überprüfbarkeit	382
4.2.1.5	Unterscheidung der Integritätsbedingungen nach dem Anlaß für ihre Überprüfung	382
4.2.1.6	Beispiele zur Diskussion der Probleme bei der automatischen Sicherung semantischer Integritätsbedingungen	383
4.2.2	Methoden zur Formulierung und automatischen Überwachung von semantischen Integritätsbedingungen	384
4.2.2.1	Die explizite Beschreibung semantischer Integritätsbedingungen	384
4.2.2.2	Techniken zur Implementierung automatischer Konsistenz- überwachungs-Maßnahmen	390

4.2.3	Die Leistungsaspekte der Integritätsüberwachung durch das DBMS zur Ausführungszeit	396
4.3	Das Transaktionskonzept	397
4.3.1	Definition der Transaktion	398
4.3.2	Konsequenzen des Transaktionskonzeptes	405
4.3.3	Aufgaben der Transaktionsverwaltung	407
4.4	Aufgaben der Synchronisierungs-Komponente	410
4.4.1	Klassifizierung der Fehler im Mehrbenutzerbetrieb	411
4.4.1.1	Die inkonsistente Analyse	411
4.4.1.2	Abhängigkeit von nicht freigegebenen Änderungen	412
4.4.1.3	Das Phantom-Problem	413
4.4.1.4	Der Auswahlfehler	414
4.4.1.5	Nebenwirkungen beim Cursor-Konzept	415
4.4.1.6	Verlorengegangene Änderungen	416
4.4.1.7	Mehrbenutzer-Anomalien bei der Verwaltung des linearen Adreßraumes	417
4.4.1.8	Konzepte zur Isolierung parallel laufender Transaktionen	418
4.4.2	Sperrorientierte Verfahren	419
4.4.2.1	Synchronisierung mit Hilfe von Lese- und Schreibsperren	419
4.4.2.2	Physische Sperren vs. logische Sperren	422
4.4.2.3	Hierarchische Sperren	422
4.4.2.4	Der Fundamentalsatz des Sperrens in DBMS	426
4.4.3	Weitere Synchronisierungsverfahren	429
4.4.3.1	Synchronisation über Objektversionen	429
4.4.3.2	Optimistische Synchronisierungsverfahren	431
4.4.3.3	Synchronisierung mit Hilfe von Zeitmarken	434
4.4.4	Implementierungsaspekte von Sperrprotokollen	435
4.4.4.1	Entstehung und Behandlung von Deadlock-Situationen	435
4.4.4.2	Die Verwaltung von Sperrtabellen	437
4.4.5	Der Einfluß von Synchronisierungsverfahren auf die Systemleistung	439
4.5	Methoden zur Implementierung von Datensicherungs- und Recovery-Maßnahmen	441
4.5.1	Grundlegende Annahmen zur Fehlerbehandlung in DBMS	442
4.5.1.1	Transaktionsorientierte Recovery-Maßnahmen	442
4.5.1.2	Weitere Recovery-Maßnahmen	443
4.5.1.3	Voraussetzungen über die behandelbaren Fehler	444
4.5.2	Protokollierungsverfahren als Grundlage von Sicherungsmaßnahmen	445
4.5.2.1	Physische Protokollierungsverfahren	448
4.5.2.2	Logische Protokollierungsverfahren	451
4.5.3	Sicherungsmaßnahmen auf der Basis indirekter Einbringstrategien	453
4.5.3.1	Transaktionsorientierte Recovery beim segmentorientierten Schattenspeicher-Konzept	456
4.5.3.2	Transaktionsorientierte Schattenspeicher-Algorithmen	459

Maßnahmen zur Wahrung von Sicherheits- und Integritätsbedingungen   339

4.5.4	Sicherungspunkte zur Optimierung der Recovery-Maßnahmen	460
4.5.5	Die Verwaltung von Protokolldateien	463
4.5.5.1	Die Verwaltung der temporären Protokolldatei	463
4.5.5.2	Die Verwaltung der Archiv-Kopien und der Archivprotokoll-Datei	465
4.5.6	Das Zweiphasen-Freigabeprotokoll	468
4.5.7	Einflußgrößen für die Leistungsfähigkeit von Sicherungs- und Recovery-Verfahren	473
4.5.7.1	Auswirkungen der Art der Seitenzuordnung	473
4.5.7.2	Auswirkungen der Art der Sicherungspunkt-Erzeugung	474
4.5.7.3	Auswirkungen der EOT-Behandlung	474
4.5.7.4	Leistungsbewertung von Sicherungs- und Recovery-Algorithmen	477

Datenbanksysteme haben den Zweck, die Daten aus verschiedenen Teilbereichen einer Anwendung in einheitlicher Weise unter zentraler Kontrolle zu verwalten und sie den einzelnen Benutzergruppen entsprechend ihren Erfordernissen zugänglich zu machen. Eine zentrale Kontrolle in diesem Sinne liegt auch dann vor, wenn die Datenbestände nicht auf einem Rechner zentral geführt werden, sondern über die Knotenrechner eines verteilten Datenbanksystems verstreut sind, solange die Tatsache und die Art der räumlichen Verteilung für das Anwendungsprogramm transparent bleiben, dieses also eine logisch zentralisierte, auf seinem lokalen Rechner verfügbare Datenbank sieht. Aus dieser zentralen Führung aller Daten eines Unternehmens, einer Verwaltung o.ä. durch ein DBMS ergeben sich eine Vielzahl von Forderungen an ein derartiges System, wie z.B. die nach Abfragesprachen, die den Kenntnissen und Ansprüchen verschiedener Benutzerklassen angemessen sind, nach Möglichkeiten zur Anpassung der Speicherstrukturen an die jeweiligen Lastcharakteristiken, usw. Diese Aspekte werden in den anderen Kapiteln dieses Buches ausführlich behandelt. Die wichtigste Forderung ist jedoch, daß die gemeinsam verwalteten Daten umfassend geschützt und gesichert werden, daß jeder Benutzer nur die für ihn zugelassenen Operationen mit den ihm zustehenden Daten ausführen darf (Datenschutz), und daß die gespeicherten Informationen gegen Verfälschungen aller Art, sei es durch fehlerhafte Eingaben, durch Programmfehler oder durch Ausfall der Maschine oder eines Datenträgers, wirksam gesichert werden (Datensicherung). Es ist klar, daß die Notwendigkeit für solche Maßnahmen bei Datenbanksystemen wesentlich größer ist, als bei den früheren Datenhaltungssystemen auf der Grundlage benutzereigener, privater Dateien. Die Gründe hierfür können folgendermaßen kurz zusammengefaßt werden:

- In derselben Datenbank werden immer häufiger Daten aus verschiedenen Teilbereichen einer Anwendung gespeichert (Personal-Stammdaten, Kundendaten, Lagerbestandsdaten usw.); es ist daher zu gewährleisten, daß jede Art von Information nur von dem jeweils berechtigten Sachbearbeiter eingesehen bzw. verändert werden kann. Das wird umso wichtiger, je mehr personenbezogene, sensitive Daten explizit geführt werden bzw. durch Kombination erschlossen werden können, deren Speicherung und Verarbeitung den einschlägigen Datenschutzbestimmungen unterliegen.
- Da auf großen Datenbanken typischerweise viele Anwender (Terminalbenutzer im interaktiven Betrieb und Batch-Programme) gleichzeitig zugreifen und der ordnungsgemäße Ablauf vieler Produktions- und Dienstleistungsvorgänge z.T. unmittelbar von der Verfügbarkeit der gespeicherten Information abhängt (Auftragsbearbeitung, Reisebuchungen usw.) muß ein möglichst unterbrechungsfreier Betrieb des DBMS gewährleistet sein. Das bedeutet insbesondere, daß der Wiederanlauf nach einem Rechnerausfall, nach dem Verlust eines Datenträgers (z.B. durch head crash) usw. mit minimaler Verzögerung erfolgen muß.
- Die Tatsache des Mehrbenutzerbetriebes muß vor den einzelnen Benutzern verborgen bleiben; jeder Anwender am Terminal (und jedes Batchprogramm) muß so arbeiten können, als habe er allein Zugang zur DB. Das bedeutet insbesondere, daß Daten, die ein Benutzer liest, nicht gleichzeitig von einem anderen verändert werden dürfen, daß dasselbe Datum nicht gleichzeitig von mehre-

ren Benutzern modifiziert werden darf, da dies zu unvorhersehbaren Resultaten führen kann. Das DBMS hat also für jeden Benutzer den *logischen Einbenutzerbetrieb* zu realisieren und alle Anomalien, die sich aus den Wechselwirkungen paralleler Aktivitäten ergeben können, zu verhindern.

– In vielen großen DB-Anwendungen existieren die für das Unternehmen vielfach lebenswichtigen Daten nur noch auf elektronischen Speichermedien unter der Verwaltung des DBMS und nirgends sonst. Neben den oben erwähnten Vorkehrungen gegen Zerstörung und Verlust ist daher vor allem auch die Qualität der Daten wirksam sicherzustellen. Mit „Qualität" bezeichnen wir hier das Maß an Übereinstimmung zwischen den tatsächlichen Gegebenheiten der jeweiligen Miniwelt und der in der Datenbank repräsentierten Abbildung dieser Gegebenheiten. Eine ganz elementare Forderung dieser Art lautet z.B., daß die durch das DBMS selbst implizierten Abbildungsregeln des Datenmodelles stets erfüllt sein müssen, daß also keine Zeiger „ins Leere" gehen, daß es keine unerreichbaren Sätze gibt und dergleichen.

Die Forderung nach inhaltlicher Übereinstimmung zwischen Datenbankinhalt und Miniwelt bedeutet z.B., daß im Namens-Feld eines Angestellten keine Ziffern stehen dürfen, daß ein Verheirateter nicht Steuerklasse I haben kann, daß ein Angestellter nicht mehr verdienen kann als sein Abteilungsleiter usw. Hier sind beliebig komplexe, beliebig viele Satztypen einschließende Konsistenzbedingungen (wir werden synonym auch den Begriff „Integritätsbedingungen" verwenden) möglich, deren Notwendigkeit und Zweckmäßigkeit ausschließlich durch die jeweilige Anwendungssituation bestimmt wird. Auf jeden Fall ist zu fordern, daß in den Fällen, wo die relevanten Daten nur noch in der Datenbank geführt werden, alle jene Konsistenzbedingungen, deren Verletzung hohe Kosten bzw. die Gefährdung von Menschen oder Sachen verursachen würde (man denke etwa an die verschiedenen Rückrufaktionen in der Automobilindustrie), durch das DBMS ständig überwacht werden, um so eine (evtl. nur sehr langsam sich vollziehende) Qualitätsminderung der Daten zu verhindern.

Eine Übersicht über die verschiedenen Maßnahmen zum Schutz der Datenbank vor unberechtigtem Zugriff sowie vor einem Verlust der Qualität der darin gespeicherten Daten gibt das aus [REUT81] entnommene Bild 4.1. Es wird darin einmal unterschieden zwischen einer beabsichtigten Verletzung von Sicherheits- bzw. Integritätsbedingungen und einer unbeabsichtigten. Der erste Fall liegt vor, wenn ein Benutzer versucht, auf Daten zuzugreifen, die zu lesen er keine Berechtigung hat, bzw. wenn er versucht, Daten einzuspeichern oder zu modifizieren, die irgenwelchen semantischen Integritätsbedingungen widersprechen; natürlich können beide Versuche auch subjektiv unbeabsichtigt „unterlaufen", und allein schon deswegen wären Sicherungsvorkehrungen zu treffen, doch der kritische, nach Möglichkeit zu verhindernde Fall ist der absichtliche Angriff auf die Integrität des Systems. Eine Verletzung der Systemrestriktionen kann aber auch aus einer Vielzahl von anderen Gründen erfolgen, die allesamt nicht vom DB-Benutzer zu verantworten sind, und daher als „unbeabsichtigt" klassifiziert wurden.

Beispiele hierfür sind: Fehler in der Software des DBMS, Fehler auf den Speichermedien, unkontrollierter Abbruch des Systems durch einen Maschinenausfall, Feh-

Verletzung der Sicherheits- bzw. Integritätsbedingungen	Wahrung der Sicherheitsbedingungen	Wahrung der semantischen Integritätsbedingungen
Beabsichtigt	*Zugriffskontrolle* - Identifikation - Authentifikation - Zugriffsmatrix - Kryptographie - Organisatorische Maßnahmen	*Logische Konsistenz* - Überprüfung der Bedingungen der Miniwelt - Erzwingung der Modellbedingungen - Transaktionsorientierte Wiederherstellung
Unbeabsichtigt	*Speicherkonsistenz* - Integrität der Zugriffspfade - Integrität der Speicherungsstrukturen - Integrität der Speicher - Fehlertoleranz (Robustheit)	*Ablaufintegrität* - Vermeidung von Nebenwirkungen im Mehrbenutzerbetrieb (parallele Änderungen)
	Erhaltung der Vollständigkeit	Erhaltung der Qualität

Bild 4.1 Maßnahmen zur Wahrung von Sicherheits- und Integritätsbedingungen in Datenbanken

ler im Betriebssystem. Das Auftreten eines solchen Fehlers wird i.a. dazu führen, daß die Speicherungsstrukturen (im Sinne des Schichtenmodelles nach Bild 3.1) und damit alle darauf beruhenden Abstraktionen inkonsistent werden. Davon wird in diesem Kapitel noch ausführlich die Rede sein. Ein spezieller Fall der unbeabsichtigten Integritätsverletzung sind die Nebenwirkungen beim Mehrbenutzerbetrieb. Deren Zustandekommen und Auswirkungen sind gut zu analysieren und zu klassifizieren; auch können sie durch geeignete Maßnahmen im DBMS (sog. Sperrprotokolle, s. Abschnitt 4.4) sicher verhindert werden. Sie unterscheiden sich somit grundsätzlich von den u.a. durch fehlerhafte DBMS-Software verursachten Integritätsverletzungen, deren Art und Umfang i.a. nicht eingegrenzt werden können.

Sichtet man die vorliegende Literatur über die Grundlagen, den Aufbau und den Betrieb von DBS [DATE81a, HÄRD78a, LOCK79b, SCHL83, WIED83], so stellt man fest, daß es einen beträchtlichen Vorrat an gesicherten Erkenntnissen zum Thema der Vermeidung bzw. Behebung unbeabsichtigter Konsistenzverletzungen gibt; die Erkenntnisse, wie beabsichtigte Verletzungen verhindert werden können, sind dagegen vergleichsweise spärlich, und dies sowohl wegen der in diesem Fall wesentlich größeren Komplexität der einzuhaltenden Bedingungen, als auch wegen der praktisch nicht vorhersehbaren Vielfalt der „Angriffe". Entsprechend fällt auch die Aufteilung des Kapitels aus:

In Abschnitt 4.1 wird das Problem der Zugriffskontrolle in DBS behandelt, die Datenschutz-Problematik also. Dabei werden hauptsächlich die in existierenden Systemen implementierten Ansätze vorgestellt; weitergehende, bisher nur theoretisch diskutierte oder in experimentellen Systemen realisierte Konzepte werden nur soweit beschrieben, wie es erforderlich ist, um deren Vor- und Nachteile gegenüber den exisitierenden Ansätzen plausibel zu machen.

In Abschnitt 4.2 wird das nach dem gegenwärtigen Stand der DB-Forschung wohl noch am wenigsten gelöste Problem, die automatische Sicherung der semantischen Integrität, behandelt. Es wird versucht, die besondere Schwierigkeit dieser Aufgabe deutlich zu machen, und die verschiedenen in der Literatur diskutierten Ansätze zu klassifizieren und zu bewerten. Wegen des noch sehr vorläufigen Charakters dieser Erkenntnisse kann allerdings mehr ein aktueller Diskussionsstand denn gesichertes Standard-Wissen vermittelt werden.

Abschnitt 4.3 führt das zentrale Konzept an der Benutzerschnittstelle aller modernen DB-Systeme ein: die Transaktion. Diese Einheit der Verarbeitung, der konsistenten Übergänge, der Betriebsmittelzuteilung und der Wiederherstellungsmaßnahmen nach einem fehlerbedingten Systemausfall wird sich als probate Lösung einer Reihe von Schwierigkeiten erweisen: der Komplexität bei der Beschreibung semantischer Integritätsbedingungen, der Unvorhersehbarkeit der Auswirkungen spontaner Maschinenausfälle und der Vielfalt der Wechselwirkungen im Mehrbenutzerbetrieb.

In Abschnitt 4.4. werden, wie schon erwähnt, die Maßnahmen zur Kontrolle der Wechselwirkungen im Mehrbenutzerbetrieb ausführlich dargestellt, da es sich hierbei um ein für die Programmierung von DB-Anwendungen äußerst bedeutsames Problem handelt. Es wird sich zeigen, daß die Transaktion das grundlegende Mittel zur Strukturierung des Mehrbenutzerbetriebes ist.

Abschnitt 4.5 gibt eine kurze Übersicht über die wesentlichen Methoden zur Wiederherstellung eines konsistenten DB-Zustandes für den Fall, daß alle Verhinderungsmaßnahmen wirkungslos geblieben sind (z.B. nach einem Systemausfall, nach der Zerstörung eines Sekundärspeichers), oder daß eine (versuchte) Konsistenzverletzung erkannt wurde, deren Auswirkungen wieder aus der DB entfernt werden müssen. Solche Aktionen werden i.a. als Recovery-Maßnahmen bezeichnet, die Bereitstellung und Verwaltung der zu ihrer Durchführung benötigten redundanten Informationen als Datensicherungs-Maßnahmen.

4.1 Zugriffskontrolle in Datenbanksystemen

Unter dem Begriff der Zugriffskontrolle werden, wie aus Bild 4.1 hervorgeht, jene Maßnahmen zusammengefaßt, die sicherstellen sollen, daß alle Informationen in der Datenbank
- nur von den berechtigten Benutzern
- in der jeweils für sie zulässigen Form gelesen bzw. geändert
- und nur auf den vorgesehenen Wegen transportiert und weiterverarbeitet

werden. Durch Zugriffskontrolle im weitesten Sinne sollen also sowohl die Einhaltung der gesetzlichen Datenschutzbestimmungen [BAYE79] als auch die Erfüllung anwendungsspezifischer Geheimhaltungsvorschriften erreicht werden. Da hier nicht die gesamte Datenschutzproblematik zur Diskussion steht, soll auf die Beschreibung der – für einen wirksamen Schutz jedes Rechensystems sehr wichtigen – organisatorischen Vorkehrungen wie Zu- und Abgangskontrolle, Transportkontrolle usw. verzichtet werden.

Eine ausführliche Darstellung diese Themengebietes findet sich in [DITT83]. Auch wenn wir uns hier auf die Beschreibung der Methoden zur Zugriffskontrolle in einem DBMS und in einem gewissen Umfang auch in Betriebssystemen beschränken, so soll doch betont werden, daß diese Maßnahmen nur dann wirksamen Schutz bieten können, wenn auch die gesamte – hier ausgeklammerte – Betriebsumgebung in gleichem Maße geschützt ist. Ausgefeilte Kontrollen in einem DBMS zur Vermeidung unberechtigter Zugriffe sind u.U. vergeblich, wenn es einem „Angreifer" leicht gemacht wird, den Datenbestand zu kopieren und die Kopie auf einen eigenen Rechner zu bringen. Diese Art der Attacke ist allerdings nicht typisch für DBS; auf gleiche Weise können auch Programmtexte, Verträge usw. Unberechtigten zugänglich werden, weshalb wir diesen Aspekt nicht weiterverfolgen. Grundsätzlich gilt aber auch beim Schutz der Informationen in einer DB die triviale Erkenntnis, daß jede Kette so stark ist wie ihr schwächstes Glied.

Nachdem in der Einleitung zu diesem Kapitel bereits festgelegt wurde, in welcher Weise fortan die Begriffe „Zugriffskontrolle" und „Datensicherung" gebraucht werden, sollen nun noch drei Termini für die Benutzung in diesem Abschnitt vereinbart werden:

- Identifikation: Darunter versteht man die Anmeldung eines Benutzers beim System unter Angabe einer Benutzererkennung.
- Authentisierung: Dies bezeichnet den Prüfvorgang durch das System, mit dem sichergestellt werden soll, daß ein Benutzer, der sich mit einer bestimmten Kennung anmeldet, auch tatsächlich der zur Führung dieser Kennung Berechtigte ist.
- Autorisierung: Damit bezeichnet man den Akt der Vergabe von Zugriffsrechten (oder allgemeiner: Nutzungsrechten) an einen Benutzer. Der autorisierende Benutzer muß selbstverständlich die Rechte, die er weitergibt, ebenso besitzen wie das Recht zu ihrer Weitergabe.

Um die verschiedenen Ansätze zur Formulierung und Realisierung von Maßnahmen der Zugriffskontrolle am Beispiel anschaulich darstellen zu können, werden wir in diesem und den folgenden Abschnitten ein Mini-Schema benutzen, das aus zwei Satz-Typen bzw. Relationen besteht:

ABTEILUNG (ABT-NR, ABT-LEITER, ABT-NAME,
    GEHALTS-SUMME, JAHRES-ETAT)

ANGESTELLTER (PERS-NR, NAME, GEHALT, ABT-ZUGEH,
    EINST-DATUM, TAETIGKEIT, FAM-STAND)

Die beiden Satz-Typen werden in den folgenden Beispielen wahlweise als Relationen mit den durch Unterstreichung kenntlich gemachten Primärschlüsseln aufgefaßt, oder als Record-Typen im Sinne des Netzwerkmodelles nach CODASYL [CODA78a], wobei in diesem Fall noch die Existenz des folgenden Set-Typs angenommen wird:

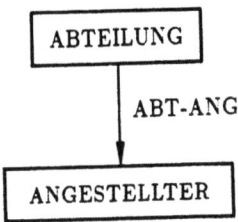

ANGESTELLTER sei OPTIONAL MANUAL Member im Set ABT-ANG; es handelt sich offenbar um einen „non-information bearing" Set. Über die Implementierung der Satz-Typen bzw. des Set auf der Ebene der Speicherungsstrukturen werden von Fall zu Fall besondere Annahmen getroffen.

4.1.1 Anforderungen an Zugriffsschutz-Mechanismen in DBS

Bevor die Methoden zur Implementierung von Zugriffsschutz-Maßnahmen näher betrachtet werden können, ist es erforderlich, sich Rechenschaft darüber zu geben, welche Leistungen von einem derartigen Schutz-System gefordert werden müssen. Anhand dieses Anforderungskataloges kann entschieden werden, welche Schutzfunktionen auf Komponenten des Betriebssystems, des Kommunikationssystems usw. verlagert werden können, und welche Aspekte spezifisch für Datenbanksysteme sind, so daß dafür angemessene Lösungen gefunden werden müssen. Im folgenden werden eine Reihe von Anforderungen genannt - zunächst mehr in unsystematischer Folge -, deren Analyse die Grundlage für die weitere Diskussion und die Klassifikation der Implementierungsmethoden liefert. Die Liste der Anforderungen stammt weitgehend aus [DITT83, HART81].

1. *Abgestufte Schutzeinheiten:* Darunter wird üblicherweise zweierlei verstanden; es muß einerseits möglich sein, verschiedene Grade der Schutzbedürftigkeit zu definieren (z.B. in militärischen Anwendungen ‚vertraulich', ‚geheim', ‚streng geheim' usw.), andererseits müssen auch Objekte verschiedener Granularität geschützt werden können (Dateien, Satzarten, Ausprägungen, Attribute).
2. *Eindeutige Schnittstellen:* Der Zugang zur DB darf nur über die vom System vorgesehenen Schnittstellen zum Anwendungsprogramm möglich sein; Hintertüren und Umgehungsmöglichkeiten darf es nicht geben.
3. *Dezentrale Autorisierung:* Es ist wünschenswert, daß Zugriffsrechte auf bestimmte Datengruppen innerhalb einer großen DB von den Vertretern der hauptsächlich mit ihrer Wartung befaßten Instanzen (z.B. Fachabteilungen) vergeben bzw. widerrufen werden können. Ansonsten muß jede Autorisierungs-Maßnahme über eine zentrale Instanz, den Datenbankverwalter, laufen. Diese Forderung ist in einigen der neueren, relationalen Datenbankverwaltungssysteme realisiert [CHAM81a, CHAM75, DB2, GRIF76, ORAC84].
4. *Dynamische Autorisierung:* Diese Forderung hängt eng mit der vorigen zusammen. Bei großen DBS, die im Prinzip „rund um die Uhr" betrieben werden, ist es wichtig, daß die Vergabe und der Entzug von Rechten im laufenden Betrieb

erfolgen kann. Bei vielen kommerziellen DBMS ist dies nur am ruhenden System mit speziellen Dienstprogrammen möglich [UDS].

5. *Kooperative Autorisierung:* Für Zugriffe auf besonders geheime oder sonstwie kritische Daten kann eine einfache Autorisierung als nicht mehr ausreichend empfunden werden. Dann muß es die Möglichkeit geben, das Zugriffsrecht an die gemeinsame Zustimmung mehrerer Instanzen zu knüpfen, so wie manche Tresore auch nur durch gleichzeitiges Einschieben mehrerer Schlüssel geöffnet werden können.

6. *Verschiedenartige Entscheidungskriterien:* Um Zugriffsberechtigungen den sachlichen, gesetzlichen und sonstigen Gegebenheiten der Anwendung präzise anpassen zu können, muß die Entscheidung über den Zugriff auf ein Objekt von mehreren Kriterien abhängig gemacht werden. Beispiele hierfür sind: Name des Objektes, auf das zugegriffen werden soll; Inhalt des Objektes, auf das zugegriffen werden soll; Inhalt anderer Objekte in der DB; systemspezifische Zustandsanzeiger; benutzerspezifische Zustandsanzeiger; Art und Ergebnisse vorangegangener DB-Zugriffe.

7. *Datenfluß- und Inferenz-Kontrolle:* Um zu verhindern, daß berechtigte Benutzer Daten von einem bestimmten Geheimhaltungsgrad („geheim') in irgendwelche Dateien zwischenspeichern, die auch Benutzern zugänglich sind, welche keine geheimen Informationen lesen dürfen, muß das System neben dem Zugang zu den Daten auch den weiteren Verbleib und die Verwendung der zugänglich gemachten Informationen kontrollieren. Ein wichtiger Spezialfall ist hierbei die Verhinderung der Rekonstruktion von Daten einzelner Personen aus statistischen Datenbanken durch Inferenz der Ergebnismengen aufeinanderfolgender Anfragen oder mit zusätzlichem Wissen. Dies wird in Abschnitt 4.1.5 näher behandelt.

8. *Geringer Einfluß auf die Systemleistung:* Es ist klar, daß Schutzvorkehrungen in einem DBS nur in dem Ausmaß und mit solchen Algorithmen implementiert werden sollten, daß die daraus resultierende Leistungsminderung des Systems (die notwendigerweise eintreten wird) nicht das DBMS selbst vor jeglicher Benutzung sichert. Wieviel Leistung für den Zugewinn an Sicherheit „geopfert" werden kann, hängt natürlich wesentlich von der Art der in der DB zu verwaltenden Informationen ab.

9. *Integrale Zugriffskontrolle im DBMS:* Die Vorkehrungen zur Zugriffskontrolle müssen bei der Implementierung eines DBMS von vornherein mit berücksichtigt werden, da viele Implementierungsentscheidungen für andere Komponenten (Sperrverwaltung, s. Abschnitt 4.4; Transaktionsverwaltung, s. Abschnitt 4.3) von dem Vorhandensein und der Art der Schutzmechanismen beeinflußt werden. Ließe man dies außer acht, so fielen manche Entscheidungen – vor allem unter Leistungsaspekten – anders aus, und eine später „aufgesetzte" Zugriffskontrolle könnte nicht mehr so effizient und flexibel sein, wie sie es bei Berücksichtigung der obigen Forderungen sein sollte.

10. *Kernel-Architektur für die Schutzkomponente:* Für viele Datenbankanwendungen mit hochsensitiven Daten, zumal im militärischen Bereich, ist die spezifikationsgemäße Funktion der Zugriffskontroll-Mechanismen von größter Wichtig-

keit, denn ein Fehler in diesem Bereich macht sich u.U. erst dadurch bemerkbar, daß während eines längeren Zeitraumes Informationen an nicht berechtigte Benutzer gelangt sind oder von solchen in verhängnisvoller Weise verändert wurden. Da andererseits ein DBMS ein so großes Stück Software ist, daß für dessen einwandfreies Funktionieren unter allen Bedingungen niemand guten Gewissens garantieren kann, liegt es nahe, zumindest die wichtigsten Schutz- (und einige andere) Funktionen in einem relativ kleinen Systemkern, dem sog. Kernel, zu vereinigen, der so entworfen und implementiert werden kann, daß mit Verifikationsmethoden und erschöpfendem, systematischem Testen wenn schon kein vollständiger Beweis für dessen Korrektheit, so doch ein begründetes Vertrauen darin erreicht werden kann. Bei der Implementierung von Schutz-Mechanismen in BS ist dieses Prinzip bereits erfolgreich angewendet worden [WULF75], und auch für DBMS gibt es mittlerweile Kernel-Implementierungen eines (gemessen an den genannten Forderungen allerdings eingeschränkten) Satzes von Schutzvorkehrungen; näheres dazu findet sich z.B. in [DOWN79]. In [HART81] wird am Beispiel einiger laufender Projekte zur Implementierung „nachweisbar" sicherer Betriebssysteme die Ansicht vertreten, daß eine Implementierung ausreichend vieler Schutzfunktionen eine abgestufte Qualität der an der Schutzkomponente beteiligten Moduln verlangt: zunächst den kleinen verifizierbaren Kernel; darauf aufsetzend sog. vertrauenswürdige Software (d.i. solche, die ebenfalls mit der Zugriffskontrolle zu tun hat, nicht verifizierbar ist, von der aber angenommen werden kann, daß sie keine „unerlaubten" Dinge tut); und schließlich gibt es noch Moduln der Sicherungskomponente, die keine der beiden Eigenschaften aufzuweisen brauchen. Diese Aufteilung erfolgt vorwiegend aus Effizienzgründen [MCCA79, DITT83].

In [HART81] werden noch eine Reihe weiterer Forderungen genannt, doch sind die wichtigsten Aspekte mit den oben aufgeführten erfaßt. Versucht man nun eine grobe Klassifikation der Einträge dieses Katalogs, so findet man folgende übergreifende Gesichtspunkte:
- Die Schutz-*Konzepte* (im englischen meist als „security policies" bezeichnet [FERN77]); hierunter verstehen wir die Kriterien, nach denen Zugriffsrechte vergeben werden, die Einheiten, in denen sie vergeben werden, die Zeitpunkte der Vergabe und des Widerrufs usw. Die Forderungen 1., 3., 4., 6., 7. beziehen sich darauf (s. Abschnitt 4.1.2).
- Die Schutz-*Mechanismen*; hierunter fassen wir alle Verfahren zur Implementierung der verschiedenen Schutz-Konzepte zusammen. Dieser Aspekt wird in den Forderungen 2., 6., 7., 8., 10. angesprochen (s. Abschnitt 4.1.2).
- Die Beziehungen zum BS und der übrigen Betriebsumgebung; dies umfaßt alle Konsequenzen aus der schon erwähnten Tatsache, daß die Zugriffskontroll-Maßnahmen eines DBMS der Unterstützung durch die anderen Komponenten eines Rechensystems bedürfen. Dieser Gesichtspunkt betrifft vor allem die Erfüllung der Forderungen 2., 6., 8., 10.

In den folgenden Absätzen soll nun untersucht werden, welche Auswirkungen die genannten Forderungen auf Struktur und Betrieb eines DBMS haben, welche davon in den heute verfügbaren Systemen realisiert sind, und welche Lösungsansätze es für die (bislang) noch offenen Punkte gibt.

4.1.2 Schutz-Konzepte und Schutz-Mechanismen

Zum Schutz vertraulicher Informationen vor unberechtigtem Zugriff sind, seitdem es ein solches Schutzbedürfnis gibt, eine Vielzahl von Strategien entwickelt worden, man denke etwa an die Klassifikation von Dokumenten nach steigendem Geheimhaltungsgrad, an die Zellenbildung in Geheimorganisationen, oder auch an die physische Isolierung der venezianischen Spiegelmacher gegenüber der Umwelt. Eine Aufteilung der gängigsten Konzepte nach den für die Gewährung von Zugriffsrechten benutzten Kriterien findet sich z.B. in [FERN77], woraus auch die folgende Auswahl stammt.

4.1.2.1 Übersicht über die gängigsten Schutz-Konzepte

Die folgende Aufzählung untergliedert die Konzepte zweistufig; auf der obersten Stufe werden die wesentlichen Privilegierungsaspekte unterschieden, auf der zweiten die möglichen Varianten des jeweiligen Ansatzes.

1. *Isolation (keine gemeinsame Nutzung von Daten):*
   Alle Daten und die Programme zu ihrer Verarbeitung stehen nur den Eigentümern der Daten zur Verfügung; ein Zugriff durch eine andere Benutzergruppe ist nicht möglich. Diese strikte Isolierung widerspricht offensichtlich dem Hauptziel großer DBS, nämlich eine aufgabenbezogene, gemeinsame Nutzung von Informationen durch verschiedene Benutzer zu ermöglichen.
2. *Unbeschränkte Zugriffskontrolle:*
   Hier wird davon ausgegangen, daß beliebig viele Benutzer im Prinzip alle Daten gemeinsam nutzen können und daher zur Wahrung der Schutzbedürfnisse den Benutzern bestimmte Rechte bezüglich der Objekte des Systems gegeben werden müssen. Objekte sind Daten, Programme zu ihrer Verarbeitung, es können aber auch Terminals o.ä. sein. Wie diese Rechte formuliert sind, welche Kriterien sie berücksichtigen, wird durch die im folgenden zu diskutierenden speziellen Schutz-Konzepte bestimmt.
   - Objekt-bezogene Kontrolle: Hier sind die Zugriffsrechte – unabhängig vom Benutzer – nur durch das Objekt bestimmt, d.h. jede in Bezug auf das Objekt sinnvolle Operation kann ausgeführt werden.
   - Subjekt- und Objekt-bezogene Kontrolle: Hier sind die Zugriffsrechte an das Objekt und den Benutzer gebunden. Die berechtigte Benutzergruppe darf alle bezüglich des Objektes sinnvollen Operationen ausführen.
   - Objekt- und Operations-bezogene Kontrolle: Auf das Objekt dürfen – unabhängig vom Benutzer – nur bestimmte Arten von Zugriffen ausgeführt werden. So sind z.B. manche Dateien im Katalog als „read only" eingetragen, auf Lademoduln ist nur die Operation „execute" möglich usw.

- Subjekt-, Objekt- und Operations-bezogene Kontrolle: Das ist die differenzierteste Variante dieses Konzeptes; jedem Subjekt (Benutzer) wird für jedes Objekt (bzw. eine Objekt-Klasse) eine Menge von Zugriffsrechten (Operationen) zugeteilt. Dieses Konzept, das sowohl für Schutz-Maßnahmen in Betriebssystemen als auch in DBMS eine große Bedeutung hat, wird in Abschnitt 4.1.2.2 noch näher behandelt.

Bei den unter 2. aufgezählten Konzepten wird üblicherweise davon ausgegangen, daß die Auswahl und Einteilung von Objekten über den *Namen* erfolgt (daß dies nicht notwendigerweise so sein muß, wird später klar); in vielen praktischen Fällen sind Schutzbedingungen jedoch auch an den *Wert* bestimmter Objekt-Ausprägungen geknüpft (Bsp.: Der Abteilungsleiter darf nur die Personal-Stammsätze seiner Abteilung lesen.) Das wird bei den folgenden Schutz-Konzepten berücksichtigt.

3. *Prinzip des kleinstmöglichen Privilegs:*
   Um bestimmten Benutzern nur eben die Informationen zugänglich zu machen, die sie unbedingt benötigen, kann die Zuteilung nach bestimmten organisatorischen Einheiten wie Datenträgern, Dateien, Satzarten usw. nicht mehr ausreichend sein. Man möchte vielmehr erreichen, daß man einem Benutzer Untermengen von Sätzen zugänglich machen kann, die sich durch gewisse inhaltliche Merkmale wie Zugriffsschlüssel, Attributwerte usw. auszeichnen. Hierzu gibt es verschiedene Methoden.

   - Abgestufte Schutzgranulate: Man kann versuchen, Mengen von Satzausprägungen, die unter Schutzaspekten in dieselbe Nutzungsklasse gehören, mit festen, abstrakten Objektnamen zu versehen und diese so zu behandeln wie unter 2. beschrieben.

   - Allgemeine wertabhängige Zugriffskontrolle: Die allgemeinste Vergabemöglichkeit ist die, ein Zugriffsrecht an das Erfülltsein eines Prädikates (i.a. eingeschränkter Komplexität) im Moment der Zugriffsanforderung zu binden. Die Zugehörigkeit der Objekte zu einzelnen Nutzungsklassen kann sich somit dynamisch jederzeit ändern.

   Man muß sich darüber klar sein, daß diese Methoden durchaus zur Beschreibung der unter 2. erwähnten Zugriffsrechte in Frage kommen, die einzelnen Konzepte also keine einander ausschließenden Lösungsmöglichkeiten darstellen.

4. *Teilordnung der Nutzungsprivilegien:*
   Man kann die Benutzer-(Gruppen) in irgendeiner Art hierarchisch bezüglich ihrer Zugriffsrechte anordnen, ein Verfahren, das besonders im militärischen Bereich anzutreffen ist, wo ja auch die zur Bearbeitung von Dokumenten einer Geheimhaltungsstufe x berechtigten Benutzer Zugriff zu allen niedriger eingestufen Dokumenten haben.

5. *(Teil-) Ordnung der Zugriffsoperationen:*
   Häufig werden Zugriffsoperationen hierarchisch bezüglich der mit ihnen verbundenen Rechte angeordnet, so daß ein Benutzer, der die Operation 3. ausführen darf, auch für alle niedriger eingestuften zugelassen ist. In den Dateiverwal-

tungssystemen vieler BS ist z.B. mit dem Recht, eine Datei zu ändern, stets auch das Recht verbunden, sie zu lesen. Ein spezieller Aspekt, der auch unter 2. und 3. hätte aufgeführt werden können, betrifft das Zugriffsrecht auf Datenaggregate (Summen, Mittelwerte usw.) anstatt auf einzelne Datensätze, und zwar zum Zwecke statistischer Analysen (s. Abschnitt 4.1.5). Diese Operation ist im Rahmen einer Privileg-Ordnung sicherlich die am niedrigsten eingestufte.

6. *Ordnung der Schutzbedürftigkeit der Objekte:*

Damit ist im Prinzip die Klassifikation von Informationen in ‚uneingeschränkt', ‚vertraulich', usw. gemeint, wobei noch zu unterscheiden ist, ob die Einteilung nur nach einem oder nach mehreren Kriterien erfolgt (abhängig vom Granulat des Objektes). Solcherart klassifizierte Daten werden meist in Systemen verwaltet, die Zugriffsrechte gemäß Punkt 4 vergeben. Da es in einer solchen Umgebung von größter Wichtigkeit ist, daß sich nicht auf irgendwelchen Wegen der Geheimhaltungsgrad einer Information verringert, gelten für deren Betrieb zwei Grundsätze:

- Kein Benutzer darf Informationen lesen, die einen höheren Geheimhaltungsgrad haben, als seine Berechtigung ausweist.

- Kein Benutzer darf Informationen mit einer niedrigeren Geheimhaltungsstufe schreiben, als seine Berechtigung ausweist.

So einsichtig die letzte Bedingung ist, so hat sie doch nach [HART81] den Effekt, daß die Anwender solcher Systeme zur „Überklassifikation" neigen, d.h. Dokumente geheimer einstufen, als es eigentlich erforderlich wäre.

4.1.2.2 Übersicht über die gängigsten Mechanismen für wertunabhängige Zugriffskontrolle

Die bislang diskutierten Schutz-Konzepte können auf sehr unterschiedliche Art und Weise realisiert werden, wobei sowohl die Flexibilität bei der Autorisierung als auch die Zahl und Komplexität der Entscheidungskriterien für eine Zugriffsanforderung wesentlich von dem Aufwand bestimmt werden, den man zur Laufzeit für die Überprüfung von Zugriffsberechtigungen zu „opfern" bereit ist. Alle folgenden Implementierungstechniken sind daher als Kompromisse zwischen Funktionsumfang und Zusatzkosten zu verstehen. Die Vorschläge, soweit sie sich nicht auf konkrete DBMS beziehen, stammen im wesentlichen aus den oben zitierten Quellen.

Die wohl größte Bedeutung in DBMS hat zur Implementierung von Zugriffskontrollen die Subjekt-, Objekt- und Operations-bezogene Kontrolle (s. Punkt 2 in Abschnitt 4.1.2.1) mit statisch festgelegten Objektnamen. Man geht dabei aus von einer sog. Sicherheitsmatrix, wie sie (entnommen aus [HÄRD78a]) in Bild 4.2 dargestellt ist. Die Objekte der DB können in verschieden feinen Abstufungen (Granulaten) aufgeführt werden; in den meisten DBS können Objekte der Art, Datei, Satzart, Set-Typ, usw. geschützt werden. Die Verfügungsrechte sind üblicherweise: Lesen, Verändern, Einfügen, Löschen und – je nach Datenmodell – noch einige Set-spezifische Operationen. Objekte können jedoch auch Programme sein, die auf die DB zugreifen, und für die vom Benutzer Verfügungsrechte wie: Ändern, Ausführen

Benutzer	Objekte						
	O_1	O_2	O_3		O_n	P_1	P_2
B_1	R_1, R_2		R_3		R_i	R_m	R_u
B_2		R_1	R_2, R_3		R_1	R_s, R_G	...
B_3		R_2, R_3	R_2				
⋮							
B_m	R_1, R_2	R_i	R_1		R_i, R_k	R_u	R_s

B_i $1 \leq i \leq m$ Menge der Benutzer
O_i $1 \leq i \leq n$ Menge der Objekte in der DB
R_i $1 \leq i \leq s$ Menge der Verfügungsrechte
P_i $1 \leq i \leq l$ Menge der Zugriffsprogramme

Bild 4.2 Einfache Form einer Sicherheitsmatrix zur Darstellung von Zugriffsrechten

usw. zugeteilt werden. Im allgemeinen Fall können auch die Programme, da sie ja Objekte aus der Datenbank benutzen, in der Liste der Benutzer auftreten, man spricht dann meist von der Klasse der Subjekte.

So plausibel diese Darstellungsmethode erscheint, so hat sie den – zumindest theoretisch bedeutsamen – Nachteil, daß für einen darauf gegründeten Vergabealgorithmus für Zugriffsrechte i.a. unentscheidbar ist, ob Konstellationen möglich sind, in denen ein Unbefugter Rechte erlangt, die nicht für ihn eingetragen sind [HARR76]. Ein Beispiel für eine solche unbeabsichtigte Weitergabe von Nutzungsrechten ist das auch aus dem Bereich der Betriebssysteme bekannte „trojan horse problem"; siehe hierzu [MCLE77].

Diese methaphorische Bezeichnung ist auf den Fall gemünzt, wo ein Programm sich durch Eindringen in den Kontrollbereich eines anderen Befugnisse erschleichen kann, die ihm nicht zustehen. Ein in unserem Zusammenhang relevantes Beispiel ist folgendes:

Ein Datenbank-Anwendungsprogramm soll nur ganz bestimmte, eingeschränkte Zugriffsrechte auf der Datenbank haben; das Datenbank-Management-System selbst muß natürlich alle zugehörigen Dateien lesen und schreiben dürfen. Wir setzen ja voraus, daß es die Informationen an die Anwendungsprogramme nur nach Maßgabe der Schutz-Bedingungen weiterreicht. In einer normalen Betriebssystem-Umgebung, wie sie auf allen Großrechnern anzutreffen ist, sind – das ist eine wichtige Voraussetzung – die Einheiten der Vergabe von Betriebsmitteln wie CPU-Zeit, Dateien usw. *ganze Prozesse*, keine Routinen innerhalb von Prozessen. Nun ist es durchaus üblich, für bestimmte Einbenutzer-Anwendungen mit der DB das betreffende Anwendungsprogramm mit dem DBMS selbst zusammenzubinden; dies geschieht vor allem zur Durchsatzerhöhung. Das so entstandene ausführbare Programm läuft als ein Prozeß unter der Kontrolle des Betriebssystems, und da das DBMS zu diesem Prozeß gehört, muß er mit allen Zugriffsrechten auf den DB-Dateien ausgestattet sein. Diese Nutzungsprivilegien kommen freilich auch dem Anwendungsprogramm zugute, das, wenn es böswillig ist, nun das trojanische Pferd verlassen und nach eigenem Gutdünken mit den DB-Dateien verfahren kann.

Andere Beispiele sind Dienstprogramme wie Editoren. Die holt jeder Benutzer arglos in seinen Adreßraum und erlaubt ihnen damit Zugriffe auf seine Dateien und seinen Datei-Katalog. Nun sind Editoren in der Regel nicht böswillig (höchstens fehlerhaft); was aber, wenn ein arglistiger Benutzer einen vertrauten Namen (EDIT) mißbraucht und dahinter ein Programm versteckt, das dem Aufrufenden allen möglichen Schaden zufügt?

Doch zurück zur Sicherheitsmatrix. Deren Implementierung hängt von mehreren Aspekten ab, deren wichtigste die folgenden sind:

- Der Bindezeitpunkt zwischen DB-Anwendungsprogrammen und den Objekten der Datenbank: Dieser Begriff und sein Zusammenhang mit Schutzmaßnahmen wird in Abschnitt 4.1.6 näher erläutert.
- Die Art der schützbaren Objekte: Werden nur solche Objekte in der Sicherheitsmatrix aufgeführt, die in der Schemabeschreibung explizit benannt worden sind, dann kann für diese – eine Bindung zur Übersetzungszeit vorausgesetzt – eine Prüfung der Zugriffsberechtigung schon bei der Compilierung des DML-Programmes erfolgen. Werden dagegen – auch bei statisch festgelegten Objektnamen – Rechte auch auf der Basis von Ausprägungen z.B. eines Satztyps vergeben, so können diese erst zur Laufzeit überprüft werden. Die Konsequenzen für die Zugriffshäufigkeit auf die Sicherheitsmatrix sind dieselben wie oben.
- Die Zahl der schützbaren Objekte: Dieser Punkt hängt eng mit dem vorigen zusammen. Werden in der Sicherheitsmatrix keine feineren Granulate benutzt als die im Schema definierten Objekte, so wird diese relativ klein und überschaubar bleiben, und auch zur Ausführungszeit im Hauptspeicher gehalten werden können. Sollen dagegen einzelne Ausprägungen von Satztypen individuell schützbar sein, so hat die Zugriffsmatrix potentiell so viele Zeilen wie es Satzausprägungen in der DB gibt, was offenbar gänzlich andere Implementierungsmethoden erfordert als im Falle einer kleinen Matrix. Für die auf Grund dieser Kriterien sich ergebenden Zugriffsanforderungen auf die Zugriffsmatrix sind drei Implementierungstechniken von praktischer Bedeutung, die in Bild 4.3 veranschaulicht werden.

Bei Variante a wird die Sicherheitsmatrix zeilenweise abgespeichert. Einstiegsparameter ist der Name B eines Subjektes, für das eine Liste von Paaren $(0_i, R(B,0_i))$, d.h. die Liste aller Zugriffsrechte des Subjektes, verwaltet wird. Man bezeichnet eine solche Darstellung auch als „capability list" [JONE75], und beim Entwurf sicherer Betriebssysteme, wo sich derartige „Berechtigungsschlüssel" wegen der relativ geringen Zahl von Objekten und Rechten gut von der Hardware unterstützen lassen, hat sich das Konzept der capabilities bereits gut bewährt [WULF75].

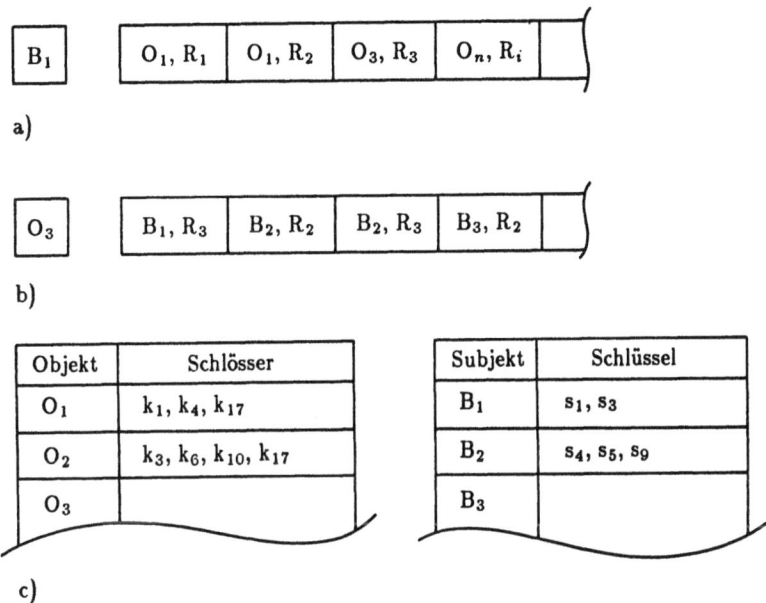

Bild 4.3 Darstellungsmöglichkeiten für die Sicherheitsmatrix

Bei Variante b werden, umgekehrt, die Zeilen der transponierten Sicherheitsmatrix jeweils zusammen abgespeichert. Einstiegsparameter ist hier der Name 0 eines Objektes, für das eine Liste mit allen den verschiedenen Benutzern darauf gewährten Rechten in der Form (B_i, $R(B_i,0)$) verwaltet wird. Beide Varianten können zur Verwendung in Datenbanksystemen sehr effizient mit Hilfe komprimierter Bitlisten abgespeichert werden [HÄRD78a].

Variante c schließlich ist eine Möglichkeit zur Implementierung der Sicherheitsmatrix für den Fall großer Zahlen von Objekten, wie er z.B. vorliegt, wenn Zugriffsrechte an einzelne Satzausprägungen gebunden werden sollen. Die Information der Sicherheitsmatrix wird aufgeteilt in:

- die Zugriffsbedingungen für die Objekte in Form einer Liste (k_i, k_j, ...), die angibt, welche Operationen auf dem Objekt ausgeführt werden können, sofern ein Benutzer sich durch Angabe des entsprechenden k_i als dazu berechtigt ausweist;
- die Zugriffsrechte der Benutzer in Form einer Liste (s_i, s_j ,...). Diese Liste muß im Prinzip nicht vom DBS verwaltet werden; man kann sie auch jedem Benutzer direkt aushändigen, der dann natürlich für deren angemessene Geheimhaltung sorgen muß.

Ein einfaches Beispiel für Variante c zeigt Bild 4.4. Es wird eine zweistufige Zugriffskontrolle auf den Satztyp und dessen einzelne Ausprägungen implementiert. Mit L, S und Z werden die Operationen Lesen, Schreiben und Ändern der Zugriffsbedingung bezeichnet. Um also überhaupt lesend auf irgendeine Ausprägung des Satztyps A zugreifen zu können, muß ein Benutzer den Schlüssel kt_1 vorweisen können. Damit kann er aber nur die Ausprägungen lesen, die nicht explizit einen

Satz-Typ A			L:kt$_1$	S:kt$_2$	Z:kt$_3$
Satz	L	S	Z	Satz-Ausprägungen	
1	ka1	ka2	ka3		
2	-	ka4	ka5		
3	-	-	ka6		
4	ka7	ka8	ka9		

Bild 4.4 Zugriffsschutz-Schlüssel für Satz-Typ und -Ausprägungen

eigenen Schlüssel zum Lesen verlangen (Satz 2 und 3 im Beispiel). Um dagegen Satz 4 lesen zu können, muß der Benutzer zusätzlich den Schlüssel ka$_7$ vorweisen. Die Rechte für Operationen auf den Ausprägungen sind also i.a. restriktiver als die für Operationen auf dem Satztyp – was ja auch der Sinn hierarchisch abgestufter Schutzeinheiten ist (s. Abschnitt 4.1.1). Entsprechendes gilt für die Operationen S und Z. Zur Veranschaulichung des Funktionsprinzips wird diese Art der Implementierung oft auch als „Schlüssel-Schloß-Mechanismus" bezeichnet. Bei jedem Objekt wird jede darauf mögliche Operation mit einem Schloß versehen (dies sind die k$_i$), und ein Benutzer kann diese nur dann ausführen, wenn er an seinem Schlüsselbund (das ist die Liste der s$_i$) den passenden Schlüssel hat. Zur Verdeutlichung der verschiedenen Nutzungsmöglichkeiten einer Sicherheitsmatrix sollen nun je ein Beispiel für die Variante a und c aus realen Datenbanksystemen vorgestellt werden.

Beim ersten Beispiel (Bild 4.5) handelt es sich um eine Sicherheitsmatrix für das am CODASYL-Vorschlag orientierte DBMS UDS.

Aus dem gesamten DB-Schema, der konzeptionellen Sicht, werden zunächst eine Reihe anwendungsbezogener, externer Teilschemata abgeleitet (die sog. Subschemata), über die vom Anwendungsprogramm aus auf die DB zugegriffen werden kann. Damit werden in einem ersten Schritt für jede Anwendergruppe die Teile des Gesamt-Schemas (d.h. die AREAs und RECORD-Typen) „ausgeblendet", die sie mit Sicherheit nicht benutzen dürfen. Am Rande sei bemerkt, daß wegen der besonderen Eigenschaften des Netzwerkmodelles nach CODASYL – insbesondere wegen des Set-Konstruktes – die Freiheit bei der Auswahl von Satz-Typen für ein Subschema etwas eingeschränkt ist, doch kann das hier nicht näher behandelt werden. Diese Subschemata, identifiziert durch einen systemweit eindeutigen Namen, sind also die Benutzer im Sinne der Sicherheitsmatrix. Für jedes Subschema werden dann feiner abgestufte Zugriffsrechte spezifiziert und zwar in folgender Weise:

- Für jede Area (realm) wird angegeben, inwieweit Retrieval und/oder Update zugelassen ist (s. Abschnitt 4.4).
- Für jeden Satz-Typ (Record) werden die einzelnen DML-Befehle zugelassen bzw. verboten.
- Für jeden Set-Typ, der Bestandteil des Subschemas ist, werden die Set-spezifischen DML-Befehle zugelassen bzw. verboten.
- Außerdem kann, was in Bild 4.5 nicht gezeigt ist, auch die Benutzung bestimmter Programme, identifiziert durch ihren Entry-Namen, verboten werden.

Jedes Anwendungsprogramm muß, wie schon erwähnt, ein bestimmtes Subschema benutzen, um sich auf Objekte der DB beziehen zu können. Dabei kann zunächst einmal das Kopieren der Subschema-Deklaration in den Quelltext des Programmes durch ein Schlüsselwort geschützt werden; wichtiger aber ist, daß das Anwendungsprogramm jedesmal zu Beginn einer Transaktion die für das jeweilige Subschema festgelegten Kennwörter USERNAME, USERGROUP und PASSWORD (s. Bild 4.5) im Verständigungsbereich mit dem DBMS hinterlegen muß; andernfalls wird die Transaktion abgewiesen. Dies ist also ein vor die eigentlichen Zugriffsanforderungen geschalteter Identifikations- und Authentisierungsprozeß, der die Möglichkeit bietet, durch Änderung in den zentralen Sicherheitsmatrizen Subschemata, mit denen Mißbrauch getrieben wurde, für die weitere Benutzung zu sperren.

Das Beispiel für Variante c, den Schlüssel-Schloß-Mechanismus, stammt von dem Datenbanksystem ADABAS [ADAB]. Dort ist allerdings nicht genau das in Bild 4.4 dargestellte Prinzip realisiert, und zwar aus folgendem Grund:

Wollte man in der beschriebenen Weise die Zugriffsrechte bis hinunter zu den Satzausprägungen durch explizit vergebene, eindeutige Schlösser schützen, dann müßten von einer zentralen Instanz (dem DB-Verwalter) i.a. sehr viele solcher Schlösser/Schlüssel in konsistenter Weise vergeben und u.U. auch wieder entzogen werden, was sowohl für diese Stelle als auch für den Anwendungsprogrammierer sehr schnell unübersichtlich würde. Eine wesentliche Vereinfachung erreicht man, wenn man sowohl die Schutzgrade als auch die Zugriffsberechtigungen hierarchisch abstuft (s. Abschnitt 4.1.1). In ADABAS wurde das Problem auch dadurch noch weiter vereinfacht, daß das nächst kleinere Schutzgranulat unterhalb des Satztyps nicht die Ausprägung ist, sondern das Attribut, d.h. die Zugriffsrechte können für jedes Attribut eines Satztyps *über alle Ausprägungen hinweg* einzeln festgelegt werden. Insgesamt ergibt das die in Bild 4.6 skizzierte Lösung. Zunächst gibt es an zentraler Stelle eine vom DB-Verwalter gewartete Tabelle, in der die sog. Zugriffs-Paßwörter (das sind im Prinzip Subjektidentifikatoren) max. 2 Sicherheitsstufen („security levels"), d.h. Schlüsseln für die abgestuften Zugriffsrechte, zugeordnet werden. Es kann je eine Sicherheitsstufe für das Lesen (L) und das Schreiben (S) eines Objektes vergeben werden. Da es sich um ein statisches Autorisierungsmodell handelt (s. Abschnitt 4.1.3), gibt es keine den Benutzern zugängliche Operation zur Änderung von Zugriffsrechten (Operation Z in Bild 4.4); diese Aufgabe obliegt allein dem DB-Verwalter.

Geschützt werden können in ADABAS, wie schon erwähnt, Satztypen und Attribute. Dies geschieht dadurch, daß in den zentralen Tabellen zur Schema-

356 Maßnahmen zur Wahrung von Sicherheits- und Integritätsbedingungen

```
* BPRIVACY               VERSION = 0000 - UDS V2.33 - BS2000 V5.0    DATE: 03-30-81  TIME: 11-05-51  PAGE: 4

  DISPLAY OF ACCESS-RIGHTS    I = ACCESS IS ALLOWED    0 = ACCESS IS REFUSED

  USERGROUP       TYPE-LEVEL    PROGRAM-LEVEL
  DVPRAKR         I             O

  USERNAMES       USERGROUP     PASSWORD
  ALLE GRUPPEN DES DVPRAK   DVPRAKR    RETRIEVAL

  ACCESS - RIGHTS ON REALMS
    A = SHARED-RETRIEVAL     B = SHARED-UPDATE    C = PROT-RETRIEVAL     D = PROT-UPDATE
    E = EXCL-RETRIEVAL       F = EXCL-UPDATE

  NAME                A   B   C   D   E   F
  CASSETTE-AREA       I   O   I   O   O   O
  TEMPORARY-AREA      I   O   I   O   O   O

  ACCESS - RIGHTS ON RECORDS
    A = STORE             B = ERASE-UNQUALIFIED   C = ERASE-SELECTIVE    D = ERASE-PERMANENT
    F = MODIFY-RECORD     G = MODIFY-ITEM         H = MODIFY-CALC
    I = FETCH-RECORD      K = GET-ITEM            L = FIND-DBKEY         M = FIND-ANY
    N = FIND-4-IMP        O = FIND-7-IMP

  NAME                        A   B   C   D   E   F   G   H   I   K   L   M   N   O
  TONTRAEGER-RECORD           I   I   I   D   I   I   I   I   I   I   I   I   I   O
  INTERPRETEN-RECORD          I   I   I   D   I   I   I   I   I   I   I   I   I   O
  TITEL-RECORD                I   I   I   D   I   I   I   I   I   I   I   I   I   O
  VERWEIS-RERCORD             I   I   I   D   I   I   I   I   I   I   I   I   I   O
  INFORMATIONS-RERCORD        I   I   I   D   I   I   I   I   I   I   I   I   I   O

  ACCESS - RIGHTS ON SETS
    A = INSERT            B = REMOVE              C = KEY-MODIFICATION   D = IF-EMPTY
    E = FIND-SET          F = FIND-OWNER          G = FIND-7-A

  NAME                              A   B   C   D   E   F   G
  TONTRAEGER-SET                    I   O   O   D   I   O   O
  INTERPRETEN-SET                   O   O   O   O   O   O   O
  TITEL-SET                         O   O   O   O   O   O   O
  VERWEIS-SET                       O   O   O   O   O   O   O
  TONTRAEGER-INTERPRETEN-SET        I   O   O   H   I   O   H
  INTERPRETEN-INFO-SET              O   O   O   O   O   O   O
  TITEL-INFO-SET                    I   O   O   H   I   O   H
  VERWEIS-INFO-SET                  O   O   O   O   O   O   O
  IQL-DYN1                          I   I   I   H   I   H   H
  IQL-DYN2                          I   I   I   H   I   H   H
  IQL-DYN3                          I   I   I   H   I   H   H
  IQL-DYN4                          I   I   I   H   I   H   H
  IQL-DYN5                          I   I   I   H   I   H   H
  IQL-DYN6                          I   I   I   H   I   H   H
  IQL-DYN7                          I   I   I   H   I   H   H
  IQL-DYN8                          I   I   I   H   I   H   H
```

Bild 4.5 Sicherheitsmatrix im DBS UDS

Zugriffskontrolle in Datenbanksystemen   357

```
DISPLAY OF ACCESS-RIGHTS          I = ACCESS IS ALLOWED    O = ACCESS IS REFUSED

USERGROUP                         TYPE-LEVEL    PROGRAM-LEVEL
AUSWERTER                         I             O

USERNAMES                         USERGROUP     PASSWORD
MICHAEL BRUNNER                   AUSWERTER     AUSWERTUNGEN IN DER MUSIC-DATABASE

ACCESS - RIGHTS ON REALMS
    A = SHARED-RETRIEVAL          B = SHARED-UPDATE       C = PROT-RETRIEVAL        D = PROT-UPDATE
    E = EXCL-RETRIEVAL            F = EXCL-UPDATE
NAME                              A    B    C    D    E    F
CASSETTE-AREA                     I    O    I    O    O    O
TEMPORARY-AREA                    I    O    I    O    O    O

ACCESS - RIGHTS ON RECORDS
    A = STORE                     B = ERASE-UNQUALIFIED   C = ERASE-SELECTIVE       D = ERASE-PERMANENT
    E = ERASE-ALL                 F = MODIFY-RECORD       G = MODIFY-ITEM           H = MODIFY-CALC
    I = FETCH-RECORD              K = GET-ITEM            L = FIND-DBKEY            M = FIND-ANY
    N = FIND-4-IMP                O = FIND-7-IMP

NAME                              A    B    C    D    E    F    G    H    I    K    L    M    N    O
TONTRAEGER-RECORD                 I    I    I    I    I    I    I    I    I    I    I    I    I    I
INTERPRETEN-RECORD                I    I    I    I    I    I    I    I    I    I    I    I    I    I
TITEL-RECORD                      I    I    I    I    I    I    I    I    I    I    I    I    I    I
VERWEIS-RERCORD                   I    I    I    I    I    I    I    I    I    I    I    I    I    I
INFORMATIONS-RERCORD              I    I    I    I    I    I    I    I    I    I    I    I    I    O

ACCESS - RIGHTS ON SETS
    A = INSERT                    B = REMOVE              C = KEY-MODIFICATION      D = IF-EMPTY
    E = FIND-SET                  F = FIND-OWNER          G = FIND-7-A

NAME                              A    B    C    D    E    F    G
TONTRAEGER-SET                    I    I    I    I    I    I    I
INTERPRETEN-SET                   I    I    I    I    I    I    I
TITEL-SET                         I    I    I    I    I    I    I
VERWEIS-SET                       I    I    I    I    I    I    I
TONTRAEGER-INTERPRETEN-SET        I    I    I    I    I    I    I
TONTRAEGER-INFO-SET               I    I    I    I    I    I    I
INTERPRETEN-INFO-SET              I    I    I    I    I    I    I
TITEL-INFO-SET                    I    I    I    I    I    I    I
VERWEIS-INFO-SET                  I    I    I    I    I    I    I
IQL-DYN1
IQL-DYN2
IQL-DYN3
IQL-DYN4
IQL-DYN5
IQL-DYN6
IQL-DYN7
IQL-DYN8
```

Bild 4.5 (Fortsetzung)

	Sicherheitsstufe	
Paßwort	L	S
DBA	15	15
BPW1	3	1
BPW2	5	5
BPW3	5	7

Paßwort-Tabelle

Satz-Typ 1:	L:4	S:7
Attribut	L	S
A_1	-	-
A_2	-	-
A_3	6	8
A_4	-	10

Feldbeschreibungs-Tabelle

Bild 4.6 Paßwort-Schutz auf Satz-Typ und Attribut-Ebene in ADABAS

beschreibung für jeden Satztyp (in ADABAS-Terminologie: logische Datei) je eine Schutzstufe (die hier Schloß-Funktion hat) eingetragen wird. Im Sinne der hierarchisch abgestuften Zugriffsrechte kann nun jeder Benutzer auf den Satztyp lesend zugreifen, für den in der Paßwort-Tabelle ein security level eingetragen ist, der *mindestens* so groß ist wie die dem Satztyp zugeordnete Schutzstufe. Im Beispiel dürfen also alle Benutzer außer dem mit Paßwort BPW1 den Satztyp 1 lesen. Sollen nun einzelne Attribute verschärften Schutzanforderungen unterliegen, so wird in der Feldbeschreibungstabelle eine höhere Schutzstufe eingetragen. Im Beispiel nach Bild 4.6 gelten nun folgende Lese-Rechte:

- Mit Paßwort BPW1 kann keine Ausprägung von Satztyp 1 gelesen werden.
- Mit den Paßwörtern BPW2 und BPW3 können die Attribute A1, A2 und A4 aller Ausprägungen gelesen werden.
- Mit Paßwort DBA, das hier für den DB-Verwalter steht, können alle Attribute aller Ausprägungen gelesen werden.

Für Schreibzugriffe gilt sinngemäß das gleiche. In der z.Zt. verfügbaren Version von ADABAS können security levels zwischen 0 und 15 vergeben werden; ihre Wartung erfolgt mit speziellen Dienstprogrammen, ähnlich wie dies bei dem im vorigen Beispiel benutzten DBS UDS der Fall ist.

Dadurch, daß die security levels nicht direkt einem Anwender, einer Abteilung o.ä. identifizierenden Benutzer-Kennung zugeordnet werden, sondern über eine Stufe der Indirektion den diesen bekanntgemachten Schlüsseln (Paßwörtern), können Rechte selektiv entzogen werden (durch Sperren eines Paßwortes), ohne gleich alle Aktivitäten eines Anwenders auf der DB zu unterbinden. Davon wird in Abschnitt 4.1.3 noch ausführlich die Rede sein.

Die bisher vorgestellten Implementierungen der Sicherheitsmatrix gingen alle von einer statischen Festlegung der zu schützenden Objekte aus, d.h. entweder von Konstituenten des logischen Schemas (Satztypen, Set-Typen, Attributen usw.) oder aber von deren – während ihrer Existenz in der DB ebenfalls statisch festgelegten – Ausprägungen. Nun sind aber Zugriffsrechte häufig von den aktuellen Werten in einzelnen Feldern der Satzausprägungen abhängig (s. Abschnitt 4.1.1), wenn etwa einem Abteilungsleiter erlaubt werden soll, die Sätze der Personalstammdatei (Satztyp ANGESTELLTER in unserem Beispiel-Schema) zu lesen – aber nur die von Angestellten seiner Abteilung. Man überlegt sich leicht, daß es nicht sinnvoll ist, ein solches Zugriffsrecht an die einzelnen Ausprägungen der Personaldatei zu binden, da dann mit jedem Abteilungswechsel eines Angestellten auch das betreffende Zugriffs-Schloß ausgewechselt werden müßte. Diese Kompetenz einem normalen Anwendungsprogramm zuzugestehen ist aber aus Schutzgründen nicht möglich, und eine zentrale Autorisierungsinstanz bei jedem solchen Vorgang zu aktivieren, bedeutet zuviel Aufwand.

Da dieses Problem, Zugriffsrechte wertabhängig zu gewähren, von großer praktischer Bedeutung ist, jedoch ebenso große Schwierigkeiten bei der Implementierung bietet, sollen die Ansätze hierzu im nächsten Absatz gesondert behandelt werden.

4.1.2.3 Übersicht über die gängigsten Mechanismen für wertabhängige Zugriffskontrolle

Die grundsätzliche Schwierigkeit bei wertabhängigen Zugriffsrechten liegt, wie auch im vorigen Absatz bereits angedeutet wurde, darin, daß die zu schützenden Objekte jetzt nicht mehr durch statisch zu vergebende Objektnamen identifiziert und die Rechte daran gebunden werden können, sondern daß die Objekte in der Datenbank (z.B. Satzausprägungen) durch Wertänderungen eines einzelnen Attributes (im allgemeinen Fall sogar durch Wertänderungen in anderen Satzausprägungen; s. die folgenden Beispiele) die Zugehörigkeit zu den verschiedenen Schutzklassen wechseln können. Es stellen sich also die folgenden Fragen:

- Wie können wertabhängige Zugriffsbedingungen übersichtlich und in einer den praktischen Erfordernissen angemessenen Allgemeinheit formuliert werden?
- Wie können wertabhängige Zugriffsbedingungen, die ja naturgemäß nur noch zur Ausführungszeit prüfbar sind, effektiv überwacht werden?

Eine einfache und für viele Anwendungen hinreichende Möglichkeit bietet das DBS ADABAS, dessen grundsätzlicher Schutzmechanismus im vorigen Absatz dargestellt wurde. Außer den bisher erwähnten security levels zum Lesen bzw. Schreiben können die Zugriffsrechte der einzelnen Paßworte durch Eintragung von Attributwert-Grenzen weiter präzisiert werden. Ein durch ein bestimmtes Paßwort identifiziertes Subjekt darf dann nur solche Satzausprägungen verarbeiten, bei denen der Wert eines ausgewählten Attributes innerhalb festgelegter Grenzen liegt – sofern der zugehörige security level dies überhaupt zuläßt. Damit ist das früher bereits erwähnte Problem des Abteilungsleiters und seiner Zugriffsrechte auf die Personalsätze leicht zu lösen: Für das dem Abteilungsleiter zugewiesene Paßwort wird vermerkt, daß ihm von den Ausprägungen des Satztyps ANGESTELLTER nur diejenigen zugänglich sein sollen, die im Attribut ABT-ZUGEH den Wert A43 (d.i. seine Abteilung) haben.

An diesem Beispiel werden aber auch die Grenzen dieser Implementierung deutlich:

Es ist ein expliziter Eintrag in der Paßwort-Tabelle für jeden Abteilungsleiter unter Angabe seiner Abteilungsnummer erforderlich; die Zugriffsbedingung, daß jeder Angestellte den Personalsatz mit seiner Personalnummer lesen darf, aber keine sonst, ist auf diese Weise mit vernünftigem Aufwand offenbar nicht darzustellen. Wir werden später darauf zurückkommen.

Der Vorteil dieser Lösung ist, daß sie durch eine relativ einfache Erweiterung der Paßwort-Tabelle zu realisieren ist. Durch Eintragung von Wertrestriktionen für mehrere Attribute bei demselben Paßwort lassen sich wertabhängige Zugriffsbedingungen mit ‚und'-Verknüpfungen darstellen. Die Überpüfung zur Ausführungszeit ist sehr einfach: Sofern der mit einem bestimmten Paßwort arbeitende Benutzer den zum Lesen der von ihm gewünschten Attribute nötigen security level aufweist (s. Abschnitt 4.1.2.2), wird vom DBMS die ausgewählte Satzausprägung bereitgestellt (das bedeutet u.U. ein explizites Lesen von der DB) und vor der Weitergabe an das Anwenderprogramm auf Einhaltung der Attributwert-Grenzen überprüft. Ist eine der wertabhängigen Bedingungen nicht erfüllt, wird die Satzausprägung dem rufenden Programm nicht übergeben. Wenn man davon ausgeht, daß die Abfrage der Attributwerte mit relativ wenigen Maschineninstruktionen erfolgen kann, der Aufwand hierfür also vernachlässigbar ist, bleibt nur ein möglicher Zusatzaufwand in Form einer überflüssigen physischen Leseoperation, wenn ein Satz von der DB eingelesen wird, der wegen seiner Attributwerte dann nicht an das Anwendungsprogramm weitergegeben wird. Da die Seite, in der der vergeblich bereitgestellte Satz steht, jedoch möglicherweise danach von demselben oder einem anderen Anwendungsprogramm wiederum benötigt wird, dürfte auch dieser Zusatzaufwand insgesamt nicht sehr ins Gewicht fallen. Wir werden in Abschnitt 4.1.6 noch näher auf den Leistungsaspekt eingehen.

Ausgehend von dieser speziellen Lösung liegt es nahe, eine Verallgemeinerung der Zugriffsmatrix (Bild 4.2) vorzunehmen, derart, daß die Zugriffsrechte der Subjekte auf die einzelnen Objekte (weiterhin identifiziert durch statische Objektnamen) an das Erfülltsein bestimmter Prädikate, eben der Zugriffsbedingungen, geknüpft werden. Die Bedeutung eines Eintrages in der so modifizierten Zugriffsmatrix ist dann nicht mehr, daß Subjekt B_i auf Objekt O_j insgesamt die angegebenen Operationen ausführen darf, sondern daß die Operationen nur für jene *Ausprägungen* von O_j zulässig sind, die durch die Zugriffsbedingung spezifiziert werden. Da, wie bereits früher erwähnt, die O_j meist sehr umfangreiche Objekt-Klassen bezeichnen, ist die Einschränkung der zugreifbaren Mitglieder der jeweiligen Klasse (Ausprägungen eines Satztyps oder eines Set-Typs) durch Prädikate eine naheliegende Darstellungsform.

Eine interessante Implementierung dieses Schutzmechanismus findet sich im relationalen Datenbanksystem INGRES [STON76, STON80]. Für eine genaue Beschreibung der zur Datendefinition und -manipulation sowie zur Formulierung der Schutz- und Integritätsbedingungen verwendeten Sprache QUEL sei auf die zitierte Literatur verwiesen. Zur Darstellung der Zugriffsrechte und -bedingungen dient die RESTRICT-Klausel, deren Verwendung an dem folgenden Beispiel vorgeführt werden soll (es geht wieder um die Rechte des Abteilungsleiters auf dem Satztyp ANGESTELLTER):

```
RANGE OF X IS ANGESTELLTER
RESTRICT ACCESS FOR 'MUELLER' TO ANGESTELLTER
WHERE X.ABT-ZUGEH = 'A43'
```

Durch die RANGE-Klausel wird die Objekt-Klasse festgelegt, auf die sich die Zugriffsbedingung bezieht; in unserem Fall also der Satztyp ANGESTELLTER. Mit der RESTRICT-Klausel werden zwei Dinge festgelegt:

- das Subjekt, dem gewisse Rechte auf dem vorher definierten Objekt eingeräumt werden sollen (hier steht 'MUELLER' für die Benutzerkennung des Abteilungsleiters),
- die Operation, die das Subjekt unter den noch zu formulierenden Bedingungen ausführen darf (ACCESS erlaubt Lesezugriffe aller Art).

Durch die WHERE-Klausel schließlich wird das Prädikat eingeleitet, das die wertabhängige Einschränkung der Ausprägungsmenge des Objektes ANGESTELLTER auf jene Sätze definiert, für die der Benutzer MUELLER das Zugriffsrecht ACCESS ausüben darf. Gemäß der QUEL-Syntax können hier beliebige Terme aus '=', '>', '<' durch logisches *und* und *oder* verbunden werden. Nach der im vorigen Absatz eingeführten Klassifikation der Schutzmechanismen handelt es sich also um eine eintragsweise Formulierung der Einträge einer Zugriffsmatrix, deren Spalten die jeweils im Schema vorhandenen Relationen bilden, deren Zeilen die dem System bekannten Benutzer sind, und die Standardannahmen für all jene Subjekt/Objekt-Paare enthält, für die keine explizite RESTRICT-Angabe gemacht wurde (normalerweise alle Rechte auf allen Ausprägungen der Objekt-Klasse). Über die tatsächliche Implementierung der Datenstruktur zur Verwaltung der Schutzinformationen ist damit natürlich noch nichts ausgesagt, und wir wollen diesen Aspekt auch nicht weiter betrachten.

Ein besonderer Vorteil des INGRES-Ansatzes liegt nun in der eleganten Methode der Überprüfung von Zugriffsrechten des Benutzers im Moment der Ausführung einer von ihm abgesetzten DML-Anweisung. Nehmen wir an, der Abteilungsleiter möchte die Namen aller Angestellten, die mehr als 50.000 DM verdienen, erfahren; er formuliert diese Anfrage in QUEL folgendermaßen:

```
RANGE OF X IS ANGESTELLTER
RETRIEVE INTO LISTE (X.NAME)
WHERE X.GEHALT > 50000
```

Mit der ersten Zeile wird wieder eine Tupelvariable auf der gewünschten Relation (dem Satztyp) eingeführt; die RETRIEVE-Anweisung benennt die Ergebnismenge (hier: LISTE) für evtl. spätere Bezugnahmen und gibt an, welche Attribute der qualifizierten Sätze darin enthalten sein sollen (NAME in unserem Beispiel); und schließlich wird in der WHERE-Klausel die Auswahlbedingung für die interessierenden Sätze formuliert.

Man sieht, daß die Anweisungen zur Darstellung von Zugriffsbedingungen und diejenigen zur Formulierung von Zugriffen auf die DB von gleicher Struktur sind, und daß insbesondere in beiden dieselbe WHERE-Klausel zur Auswahl von Satz-Untermengen verwendet wird.

Damit kann nun das DBMS bei der Abarbeitung der obigen Anfrage anhand der Benutzerkennung feststellen, ob es in der Zugriffsmatrix für diesen Benutzer eine Zugriffsbedingung gibt, die dieselbe Objekt-Klasse betrifft. Dies ist in unserem Beispiel der Fall, und das System gewährleistet die Einhaltung der Schutzanforderung einfach dadurch, daß es das Prädikat der *Zugriffsbedingung* mit logischem Prädikat und dem der *Auswahlbedingung* in der Anfrage verknüpft. Damit wird de facto folgende Anweisung ausgeführt:

```
RANGE OF X IS ANGESTELLTER
RETRIEVE INTO LISTE (X.NAME)
WHERE X.GEHALT > 50000
    AND
    X.ABT-ZUGEH = 'A43'
```

In gleicher Weise lassen sich auch Zugriffsbedingungen für Änderungsoperationen darstellen und realisieren, was hier nicht weiter ausgeführt werden soll. Das hier beschriebene Prinzip ist unter dem Namen „query modification" bekanntgeworden, und wir werden in Abschnitt 4.2 darauf nochmals eingehen. Die Leistungsaspekte dieser Implementierungsvariante wertabhängiger Zugriffsbedingungen werden in Abschnitt 4.1.6 kurz diskutiert.

Ein über das Konzept der verallgemeinerten Sicherheitsmatrix hinausgehender Ansatz zur Formulierung wertabhängiger Zugriffsbedingungen ist in SYSTEM R [CHAM81a] mit Hilfe des sog. VIEW-Konstruktes (zu deutsch: Sicht) realisiert worden [CHAM76a]. Während bei der Sicherheitsmatrix Namen für Objekt-Klassen aufgeführt sind (meist die Konstituenten des logischen Schemas), deren Ausprägungsmenge für einzelne Benutzer durch Zugriffsbedingungen eingeschränkt werden können, erlaubt das VIEW-Konzept die Definition neuer, virtueller Objekte auf der Basis der im Schema vorhandenen Objekte (im Falle relationaler Systeme also auf der Grundlage der Basisrelationen), welche durch Auswahlprädikate so bestimmt werden können, daß sie genau die für einen bestimmten Benutzer zugelassenen Satzausprägungen, Attribute usw. enthalten. Wir wollen dies an einigen Beispielen verdeutlichen. Zunächst geht es wieder um die Festlegung der Zugriffsrechte des Abteilungsleiters Mueller auf die Relation ANGESTELLTER. Hierfür wird eine VIEW in folgender Weise definiert:

```
DEFINE VIEW ABT-A43 AS:
    SELECT *
    FROM ANGESTELLTER
    WHERE ABT-ZUGEH = 'A43'
```

Man sieht, daß die Syntax zur Auswahl einer VIEW vollständig mit der zur Formulierung von Datenbankzugriffen übereinstimmt.

Beim nächsten Beispiel geht es darum, daß ein bestimmter Benutzer (z.B. für den Versand innerbetrieblicher Informationen) nur die Familiennamen und die Abteilungsnamen aller Schreibkräfte sehen darf. Das wird durch eine zugeschnittene Sicht der folgenden Art realisiert:

DEFINE VIEW SCHREIBKRAEFTE AS:
SELECT NAME, ABT-NAME
FROM ANGESTELLTER, ABTEILUNG
WHERE ANGESTELLTER.TAETIGKEIT = 'SCHREIBKRAFT' AND
ANGESTELLTER.ABT-ZUGEH = ABTEILUNG.ABT-NR.

Eine View (Sicht) ist also eine aus den physisch abgespeicherten Basisrelationen abgeleitete virtuelle Relation. ‚Virtuell' meint hierbei, daß diese Relationen nicht explizit in der Datenbank repräsentiert sind, sondern genau wie eine normale Suchanfrage zur Ablaufzeit dynamisch erzeugt werden.

Damit läßt sich auch das eingangs erwähnte Problem, jedem Angestellten nur den eigenen Personalsatz sichtbar zu machen, leicht lösen. Man muß dazu nur eine einzige Sicht für alle Angestellten definieren, und zwar in folgender Weise:

DEFINE VIEW MEIN-SATZ AS:
SELECT *
FROM ANGESTELLTER
WHERE ANGESTELLTER. PERS-NR = USERID

Wir nehmen hierbei an, daß USERID ein reservierter Name ist, der die Benutzerkennung des jeweiligen Benutzers enthält. Diese Kennung sei der Einfachheit halber gleich der Personalnummer des Angestellten. Daran wird besonders deutlich, daß die verschiedenen Ausprägungen eines solchen virtuellen Objektes durchaus nicht denselben Subjekten zugänglich sein müssen, sondern – wertabhängig – in verschiedene Schutzklassen gehören können (s. Abschnitt 4.1.3).

Wesentlich für dieses Schutzkonzept ist weiterhin, wie im nächsten Abschnitt noch ausführlich erläutert wird, daß Zugriffsrechte nur für ganze Relationen verliehen werden. Dabei kann es sich um Basisrelationen oder um gemäß den Datenschutzerfordernissen abgeleitete Sichten handeln.

Es ist leicht einzusehen, daß mit Hilfe des VIEW-Konzeptes im Prinzip beliebig komplexe wertabhängige Zugriffsbedingungen realisiert werden können, und daß derartige virtuelle Relationen in derselben Weise gelesen werden können wie die Basisrelationen. Es sei allerdings darauf hingewiesen (siehe auch Abschnitt 4.2), daß VIEWs bzgl. der ändernden DB-Operationen (Speichern, Löschen, Einfügen) i.a. nicht wie Basisrelationen behandelt werden können; eine Diskussion dieses Problems würde hier freilich zu weit führen. Der VIEW-Mechanismus als Grundlage der Zugriffskontrolle ist in einigen kommerziell verfügbaren relationalen Systemen realisiert, so z.B. in DB2 [DB2], Oracle [ORAC84]. Er wurde auch in den Standard der Sprache SQL übernommen.

Eine letzte Möglichkeit der Realisierung wertabhängiger Zugriffsbedingungen sind die im CODASYL-Vorschlag [CODA73] eingeführten PRIVACY LOCKS. Derartige Schlösser vor den Objekten des DB-Schemas (Areas, Satztypen oder Set-Typen) werden in der folgenden Form deklariert [OLLE78]:

RECORD NAME IS ANGESTELLTER
<Beschreibung des Satztyps>
PRIVACY LOCK FOR <DML-Anweisung(en)>
IS $\left\{\begin{array}{l}\text{Literal}\\ \text{LOCK - Name}\\ \text{PROCEDURE Prozedur - Name}\end{array}\right\}$

Im Falle, daß nur ein Literal zulässig ist (wie bei vielen existierenden CODASYL-Systemen), reduzieren sich die Schutzmöglichkeiten auf den im vorigen Absatz geschilderten Schlüssel-Schloß-Mechanismus. Kann jedoch eine vom Benutzer zu erstellende DB-Prozedur angegeben werden, und entsprechend eine Überprüfungsprozedur für die PRIVACY KEY-Klausel im Anwendungsprogramm, die dann etwa folgendes Aussehen hätte:

PRIVACY KEY FOR MODIFY OF ANGESTELLTER
    IS PROCEDURE Prozedur-Name

so wären damit beliebig komplexe, auch wertabhängige Zugriffsbedingungen zu realisieren.

Der Unterschied dieses Ansatzes zu den vorher vorgestellten ist jedoch derselbe wie zwischen der navigierenden CODASYL-DML und den auf relationalen Systemen definierten Abfragesprachen: In QUEL und SQL müssen die Zugriffsbedingungen in einer recht einfachen, kompakten Syntax lediglich als Prädikate beschrieben werden, während die LOCK- und KEY-Prozeduren explizit ausprogrammiert werden müssen. Daß die im zweiten Fall wesentlich höhere Fehlerwahrscheinlichkeit gerade an einer so delikaten Stelle wie der DB-Schutzfunktion besonders bedeutsam wird, bedarf wohl keiner weiteren Erläuterung. Da diese verallgemeinerte Form des PRIVACY LOCKS in den wenigsten CODASYL-Systemen realisiert ist, soll hier auch nicht weiter darauf eingegangen werden.

4.1.3 Autorisierungsverfahren

Bisher haben wir ausschließlich diskutiert, wie sich Zugriffsrechte und die Bedingungen zu ihrer Ausübung klassifizieren, formulieren und zur Ausführungszeit überwachen lassen. In diesem Abschnitt sollen nun die Methoden zur Handhabung dieser Beschreibungsmittel zum Zwecke der Vergabe, Modifizierung und Rücknahme von Zugriffsrechten betrachtet werden. Wir beziehen uns dabei insbesondere auf die in Abschnitt 4.1.1 erläuterten Anforderungen bezüglich dezentraler Autorisierung (3), dynamischer Autorisierung (4) und kooperativer Autorisierung (5). Im folgenden Absatz wird sich zeigen, daß damit fast durchweg Möglichkeiten bezeichnet werden, die die gängigen kommerziellen DBS z.Zt. noch nicht bieten.

4.1.3.1 Das statische Autorisierungsmodell

Das statische Autorisierungsmodell ist stark von der durch die Sicherheitsmatrix vorgegebenen Sichtweise geprägt. Zur Verdeutlichung dieses Gedankenganges sei nochmals auf die Darstellung in Bild 4.2 verwiesen. Die Benutzer (bzw. Subjekte) erhalten Rechte auf den (statisch benannten) Objekten bzw. - im Falle der verallgemeinerten Sicherheitsmatrix - auf einer Untermenge von deren Ausprägungen. Vergabe und Entzug dieser Zugriffsrechte wie etwa Lesen, Ändern usw. obliegen, das ist die implizite Annahme dieser Darstellungsform, einer oder mehreren externen Instanzen, und die Befugnisse dazu zählen ebensowenig zu den in der Sicherheitsmatrix verwalteten Rechten, wie die Autorisierungsinstanzen zu den darin aufgeführten Subjekten gehören müssen. Warum dies aus der Notation der Sicherheitsmatrix unmittelbar folgt, zeigt die folgende Überlegung:

Wollte man beispielsweise den Subjekten außer Rechten zum Lesen, Ändern u.ä. auch noch Rechte zur Weitergabe dieser Rechte an andere Subjekte einräumen, wie dies die Forderung nach dezentraler, dynamischer Autorisierung impliziert, so müßte im Prinzip jede durch Zugriffsbedingungen eingeschränkte Untermenge der vorhandenen Objektklassen als eigenes Objekt aufgeführt werden - was zu einer i.a. unvertretbaren Ausweitung der Sicherheitsmatrix führen würde. Deshalb ist auch die Schlüssel-Schloß-Implementierung nach Bild 4.4 mit einem Operator Z zum Ändern der Zugriffsschlösser wegen der zu großen Zahl von Schlüsseln nicht praktikabel. Andererseits ist im Falle abgestufter Schlösser wie ADABAS der Operator Z nicht sehr sinnvoll. Schutzmechanismen, die auf dem Konzept der Sicherheitsmatrix beruhen, sind also, dies ist das Fazit der Überlegungen, nicht geeignet, die Forderungen nach dezentraler, dynamischer Autorisierung in natürlicher Weise zu erfüllen. Wir werden im nächsten Absatz auf angemessene Verfahren und ihre Probleme eingehen.

In vielen existierenden kommerziellen Datenbanksystemen wie ADABAS, SYSTEM2000, TOTAL, UDS usw. ist der Datenbankverwalter die zentrale Instanz zur Vergabe und zum Entzug von Zugriffsrechten. Bei einem zentralisierten DBS mit Daten aus mehreren Anwendungsbereichen (Fachabteilungen) erhält in diesem Fall auch der Eigentümer der Daten (im Sinne des Datenschutz-Rechts) erst dann Zugriff auf diese, wenn der Datenbankverwalter ihn dazu autorisiert hat - eine unbefriedigende Lösung, die die Notwendigkeit einer dezentralisierten Autorisierung deutlich macht.

Eine weitere Konsequenz der heute üblichen Praxis ist die Tatsache, daß der Datenbankverwalter grundsätzlich alle Rechte hat (er vergibt sie ja), und das System nur durch das kraft Amtes in ihn gesetzte Vertrauen als sicher erklärt werden kann. Auch unter diesem Aspekt wären Schutzmechanismen auf der Basis eingeschränkter aber verteilter Rechte, Möglichkeiten der kooperativen Autorisierung usw. wünschenswert. Unbefriedigend sind die existierenden DBMS auch noch in einem weiteren Punkt: Die Wartung der Zugriffsrechte gehört bei diesen Systemen nicht zum Repertoire der „normalen" Datenbank-Operationen, wie sie im Mehrbenutzer-Betrieb ausgeführt werden können. Vielmehr gibt es zur Verwaltung der Sicherheitsmatrix spezielle, dem Systemverwalter vorbehaltene Dienstprogramme, die jeweils exklusiven Zugriff auf die Datenbank verlangen und damit eine Unterbrechung des normalen Produktionsbetriebes erzwingen. Für etliche Anwendungen, bei denen die DB rund um die Uhr verfügbar sein muß, ist das nicht akzeptabel, weshalb die (im Vergleich zu den vorgenannten recht einfach zu realisierende) Forderung nach dynamischer Autorisierung gestellt wird.

366 Maßnahmen zur Wahrung von Sicherheits- und Integritätsbedingungen

Im folgenden Absatz soll nun ein Konzept zur Autorisierung vorgestellt werden, das vielen der genannten Forderungen Rechnung trägt.

4.1.3.2 Dynamische Autorisierungsverfahren

Wir werden die Frage der dynamischen Autorisierung am Beispiel der in SQL gewählten Lösung diskutieren, da sich hieran viele der Möglichkeiten und Probleme, die in diesem Zusammenhang auftreten, anschaulich darstellen lassen. Wie in Abschnitt 4.1.2 bereits erläutert wurde, werden in Systemen, die auf SQL beruhen, Zugriffsrechte stets auf ganze Relationen vergeben, die entweder in Form von Basisrelationen in der DB gespeichert sind, oder aber als virtuelle Relationen (VIEWs) zur Verfügung stehen. Der Autorisierungsvorgang benutzt zwei SQL-Anweisungen, die vom System wie normale DML-Anweisungen verarbeitet werden, d.h. parallel zu den Aktivitäten anderer DB-Benutzer. Diese Anweisungen lauten in der allgemeinen Form [CHAM76a, CHAM77]:

$$\text{GRANT} \begin{Bmatrix} \text{ALL RIGHTS} \\ <\text{Zugriffsrechte}> \\ \text{ALL BUT } <\text{Zugriffsrechte}> \end{Bmatrix}$$
ON <Relationenname> TO <Benutzer-Namen>
[WITH GRANT OPTION]

Damit werden Zugriffsrechte vergeben bzw. weitergegeben; die Bedeutung der einzelnen Parameter wird im folgenden näher erläutert. Zum Entzug eines Rechtes dient die Anweisung:

$$\text{REVOKE} \begin{Bmatrix} \text{ALL RIGHTS} \\ <\text{Zugriffsrechte}> \end{Bmatrix}$$
ON <Relationenname> FROM <Benutzer-Namen>

Die Phrase <Zugriffsrechte> steht für eine Liste der zugelassenen Operationen; möglich sind dabei die Angaben: READ, INSERT, DELETE, UPDATE (evtl. mit einer Liste der Attributnamen, die geändert werden dürfen), EXPAND, IMAGE, LINK, CONTROL, RUN. Für eine Beschreibung der einzelnen Operatoren sei auf [CHAM76a] verwiesen, soweit die Namen nicht selbsterklärend sind. <Relationenname> steht für den Namen der Basisrelation bzw. Sicht, auf der die Operatoren zugelassen werden sollen; <Benutzer-Namen> repräsentiert eine Liste von Benutzer-Kennungen, denen die angegebenen Rechte zukommen sollen. Wird in der GRANT-Anweisung die optionale Klausel WITH GRANT OPTION angegeben, so erhält jeder der Benutzer zusätzlich zu den spezifizierten Zugriffsrechten noch das Recht, diese seinerseits weiterzugeben.

Die Funktion der REVOKE-Anweisung dürfte ohne weitere Erläuterung verständlich sein.

Die Autorisierung geschieht also dadurch, daß eine Liste von Zugriffsrechten auf ein vorher definiertes Objekt, das wertabhängig den jeweiligen Schutzbedürfnissen angepaßt werden kann, für eine bestimmte Gruppe von Benutzern explizit als erlaubt deklariert wird. Durch die Möglichkeit, eine Weitergabe der Zugriffsrechte zuzulassen, kann der so bevollmächtigte Benutzer abgestufte Rechte im Rahmen der Aufgabendelegation verteilen, um die sich die ursprüngliche autorisierende Instanz nicht zu kümmern braucht. Wenn man nun noch die naheliegende Annahme macht, daß derjenige, der eine Basisrelation erzeugt (CREATE TABLE-Anweisung), automatisch alle Zugriffsrechte auf ihr hat und diese auch weitergeben darf, dann kann man hinsichtlich dieses Autorisierungskonzeptes folgende Feststellungen treffen:

- Dadurch, daß sowohl GRANT als auch REVOKE wie normale DML-Befehle behandelt werden und von jedem Benutzer jederzeit ausgeführt werden können, ist die Forderung nach dynamischer Autorisierung vollständig erfüllt.
- Da die Rechtezuteilung von dem Erzeuger (und damit, wie wir annehmen wollen, Eigentümer) einer Relation ausgeht, bedarf es keiner zentralen Instanz zur anfänglichen Vergabe irgendwelcher Basisrechte; dies erfüllt die Forderung nach dezentraler Autorisierung. Natürlich wird es trotzdem eine zentrale Instanz in Form des Datenbankverwalters geben, der privilegierten Zugriff zu bestimmten Systemtabellen u.ä. hat, nur muß dieser nicht mehr bzgl. der Benutzerrelationen generell autorisiert sein.
- Durch die Möglichkeit, den Datenbankverwalter auch für solche Relationen, die er nicht lesen und verändern darf, zur Ausführung der Anweisungen EXPAND, IMAGE, LINK zu ermächtigen, ist trotz dezentraler Autorisierung eine zentrale Kontrolle und Optimierung der Leistungsfähigkeit des Systems durch eine den Transaktionslasten angemessene Auswahl der Hilfsstrukturen auf der Ebene der Speicherungsstrukturen möglich – ein Aspekt, der unter Punkt 8 in Abschnitt 4.1.1 angesprochen wurde.
- Der GRANT-Mechanismus in der vorliegenden Form bietet keine Möglichkeit zur kooperativen Autorisierung. Allerdings muß angemerkt werden, daß nach [HART81] derart weitgehende Schutzanforderungen vornehmlich aus dem militärischen Bereich kommen und daher vielleicht für Systeme, die eher auf kommerzielle Anwendungen zielen, nicht so wichtig sind.

Die Verwaltung der mit den GRANT-Anweisungen formulierten Schutzrechte im DBMS soll hier aus Platzgründen nicht betrachtet werden; Interessierte seien z.B. auf [HÄRD78a] verwiesen. Wir wollen zum Schluß vielmehr ein Problem skizzieren, das bei allen Verfahren der dynamischen, dezentralen Autorisierung in der einen oder anderen Form auftritt und u.U. recht komplizierte Lösungsansätze verlangt. Es geht dabei im wesentlichen um die Frage, was mit einem über mehrere Zwischenstufen weitergegebenen Zugriffsrecht geschehen soll, wenn einem der Benutzer in der Weitergabe-Kette eben dieses Recht entzogen wird. Betrachten wir z.B. die in Bild 4.7 graphisch dargestellte Situation: Der Graph zeigt, in welcher Weise ein bestimmtes Zugriffsrecht auf ein Objekt vom Benutzer A, dem Eigentümer, ausgehend weitergegeben wurde. In dieser Situation möge B dem Benutzer C das Zugriffsrecht entziehen. Es ist nun plausibel zu fordern, daß das System dann einen Zustand der Zugriffsberechtigungen herstellen möge, wie er zustande gekommen wäre, wenn das jetzt entzogene Recht *nie existiert* hätte. Eine erste Überlegung könnte zu dem in Bild 4.7b dargestellten Zustand führen. Da C ja offensichtlich dasselbe Recht, das ihm B entzogen hat, durch die Gewährung von

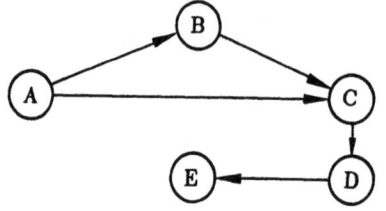

Bild 4.7a Weitergabe-Graph eines Zugriffsrechtes

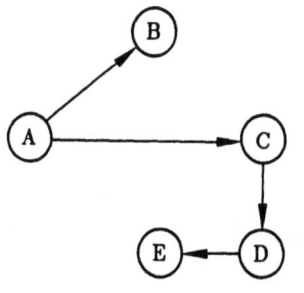

Bild 4.7b Mögliche Konstellation nach Entzug des Zugriffsrechtes durch B

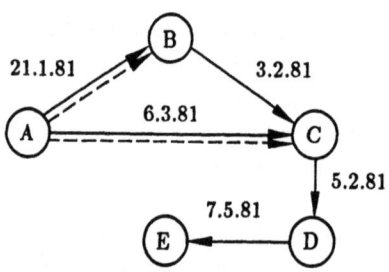

Bild 4.7c Weitergabe-Graph mit Zeitpunkten der Weitergabe

Seiten A's noch ausüben darf (es sei ebenfalls mit der GRANT-Option versehen), braucht der Entzug keine Konsequenzen zu haben, und C kann die Weitergabe an D (und damit E) aufrechterhalten. Das entspricht jedoch i.a. nicht der obigen Forderung nach dem status quo ante, wie Bild 4.7c zeigt. Die Kanten sind nun noch mit dem Datum beschriftet, an dem die Weitergabe des Zugriffsrechtes erfolgte. Man überlegt sich leicht, daß ohne die Vergabe des Rechtes durch B am 3.2. (die ja jetzt „ungeschehen" gemacht werden soll) die Weitergabe von C an D am 5.2. nicht hätte geschehen können, da ja das von A gewährte Recht zu diesem Zeitpunkt noch nicht existierte. Folglich müßte sowohl das an D vergebene und damit auch das an E weitergereichte Zugriffsrecht entzogen werden, und es entstünde die durch die gestrichelten Linien angedeutete Situation.

Es gibt Argumente für beide Arten der Behandlung eines REVOKE in einer Kette weitergereichter Zugriffsrechte. Die strengere Interpretation unter Berücksichtigung der Vergabezeitpunkte führt jedoch zu sehr aufwendigen Algorithmen für den Widerruf von Rechten, während bei der einfacheren Interpretation lediglich bei der Weitergabe das Entstehen von Zyklen verhindert werden muß. Details hierzu finden sich in [FAGI76, GRIF76, HÄRD78a].

4.1.4 Schutzmaßnahmen in der Ablaufumgebung eines DBMS

In den einleitenden Bemerkungen zu Abschnitt 4.1 wurde bereits darauf hingewiesen, daß die Sicherheit eines DBS vor unberechtigten Zugriffen außer von den im System selbst vorgesehenen Schutzmechanismen erheblich von der Unterstützung abhängt, die es durch seine Betriebsumgebung erfährt. Den Begriff der Betriebsumgebung kann man nun natürlich sehr weit ausdehnen, bis hin zur Zu- und Abgangskontrolle, die sicherzustellen hat, daß Mitarbeiter des Datenträger-Archives nicht unberechtigterweise Platten oder Bänder aus dem Haus schaffen; wir wollen uns jedoch hier auf eine engere Umgebung beschränken und kurz aufzählen, welche Forderungen an das Betriebssystem des Rechners und einige Hardware-Komponenten zu stellen sind, um ein Mindestmaß an Schutz für den DB-Betrieb zu gewährleisten.

4.1.4.1 Anforderungen an das Betriebssystem

Da alle Argumente in diesem Kapitel, soweit nicht ausdrücklich etwas anderes gesagt wird, den allgemeinen Fall eines (zentralisierten) *Mehrbenutzer*-DBS betreffen, gehen wir auch von einem Mehrbenutzer-Betriebssystem mit virtueller Adressierung aus.

Ein solches Betriebssystem sollte über ausreichend sichere Mechanismen zur Zulassung von Benutzern (seien es interaktive Benutzer oder Stapelaufträge) verfügen, d.h., es muß eine wirksame Identifikation und Authentisierung der Benutzer durchführen. Damit muß sichergestellt werden, daß nur berechtigte Personen die DB-Anwendungsprogramme aufrufen können. Das ist in allen jenen Fällen besonders wichtig, wo ein Schutz wertunabhängig nach dem Schlüssel-Schloß-Mechanismus erfolgt (s. Abschnitt 4.1.2) und der Zugriffsschlüssel in Form eines Paßwortes o.ä. Teil des Transaktionsprogramm-Codes ist. Natürlich kann jedes Anwendungsprogramm weitere Authentisierungsroutinen enthalten, doch sollte der wesentliche Teil durch das BS geleistet werden.

Ein weiterer wichtiger Punkt ist die Zugriffskontrolle auf Datei-Ebene. Das BS muß sicherstellen, daß nur die autorisierten Programme, d.h. das DBMS und die zugehörigen Dienstprogramme, Zugriff auf die zur physischen Abbildung der DB benutzten Dateien haben (s. aber Abschnitt 4.1.2.2). Das muß, und darin weisen die meisten der existierenden BS/DBMS-Kombinationen erhebliche Schwächen auf, auch die Sicherungskopien, die Logbänder usw. umfassen. Andernfalls könnte ein zur Benutzung der DB nicht autorisierter Benutzer durch einfaches Abdrucken der (oft auf Bändern geführten) Protokolldateien an geschützte Informationen gelangen. Nur wenn das BS gewährleistet, daß alle mit der Verwaltung der DB zusammenhängenden Dateien ausschließlich über das DBMS verarbeitet werden können, ist die Forderung nach eindeutigen Schnittstellen (Punkt 2 in Abschnitt 4.1.1) zu erfüllen. Während die üblichen kommerziellen BS hier noch etliches zu wünschen übriglassen und der erforderliche Zugriffsschutz auf Dateiebene häufig begleitender organisatorischer Maßnahmen bedarf, gibt es schon einige voll funktionsfähige BS für militärische Anwendungen, die speziell auf hohe Schutzbedürfnisse hin entworfen wurden [HART81, DITT83]. Datenbanksysteme, die hinsichtlich ihrer eigenen Funktionen und der Schnittstellen zum BS alle eingangs aufgezählten Forderungen erfüllen, gibt es dagegen noch nicht.

Schließlich, und dieser Punkt betrifft sowohl die Eigenschaften des BS als auch die Art der Einbettung des DBMS in eine BS-Umgebung, muß gewährleistet sein, daß kein Anwenderprogramm versehentlich oder gezielt in den vom DBMS verwalteten Datenstrukturen die Daten anderer Benutzer adressieren (d.h. lesen bzw. verändern) kann. Nun ist in Mehrbenutzer-BS mit virtueller Adressierung meist schon durch hardwaregestützte Adreßumsetz-Mechanismen garantiert, daß aus einem normalen Benutzer-Adreßraum auf keinem Wege Daten in anderen (virtuellen) Adreßräumen angesprochen werden können. Diese Schutzfunktion kann zur Erfüllung der obigen Forderung nach Isolierung aller DBMS-spezifischen Daten vor unberechtigten Benutzerzugriffen z.B. in folgender Weise genutzt werden (s. Bild 4.8): In einem Adreßraum läuft der Code des DBMS, der die Aufträge von den in getrennten Adreßräumen laufenden Anwendungsprogrammen APi auf dem Wege der Interprozeß-Kommunikation (IPK) zugeschickt bekommt und in eine Eingangswarteschlange DA1, DA2,... einreiht. Nach erfolgter Bearbeitung schickt das DBS dem Anwendungsprogramm ebenfalls auf dem Weg der IPK genau seine Ergebnisse zu. Durch die sichere Trennung der Adreßräume hat kein AP Zugriffsmöglichkeit auf die Daten anderer Benutzer in den globalen Datenstrukturen des DBS wie z.B. dem Systempuffer (SP) oder anderen globalen Systemtabellen (GST). Diese Art der Einbettung in eine BS-Umgebung wurde z.B. bei ADABAS gewählt.

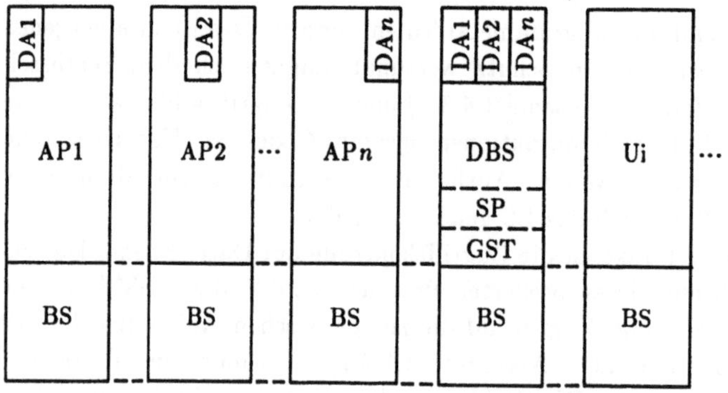

Bild 4.8 Zuordnung von n AP-Prozessen zu einem DB-Prozeß

Es gibt jedoch auch Varianten (für eine ausführliche Diskussion s. [HÄRD79b]), bei denen der Systempuffer und andere GSTn in einem sowohl dem DBMS als auch den Anwendungsprogrammen zugänglichen, gemeinsamen Speicherbereich (shared memory) liegen. Da solche Speicherbereiche Teil aller beteiligten virtuellen Adreßräume sind, kann hier ein geschickter und böswilliger Benutzer durch Zugriff auf den DB-Puffer beliebige Daten anderer Anwender lesen bzw. verfälschen. Derartige Einbettungsmethoden sind also, trotz u.U. beträchtlicher Vorteile in Bezug auf die Leistung, aus Datenschutzgründen abzulehnen.

4.1.4.2 Kryptographische Methoden

Ver- und Entschlüsselungsverfahren der unterschiedlichsten Art werden bislang vorwiegend bei verteilten bzw. Fernverarbeitungs-Systemen eingesetzt, da dort das Problem besteht, Daten über Telefonleitung oder sonstige relativ leicht zugängliche Übertragungswege zu schicken, und zwar so, daß es einem Unbefugten zumindest sehr schwer gemacht wird, die übertragenen Signale zu entschlüsseln. Es gibt, zumal im Hinblick auf Normierungbestrebungen für Verschlüsselungstechniken, eine Vielzahl von Literatur über dieses Thema, wovon hier nur [DAVI81b, DITT83, RYSK8O] genannt seien. Der Aspekt der Übertragungssicherung ist natürlich auch bei Datenbanksystemen relevant, denn die besten DBS-internen Zugriffskontrollen können nicht verhindern, daß die Ergebnisse einer Anfrage auf dem Weg von der CPU zum Terminal des (berechtigten) Benutzers durch Anzapfen der Leitung o.ä. von einem Eindringling aufgezeichnet werden. Allerdings ist diese Gefahr nicht spezifisch für DBS, und deshalb werden wir hier nicht weiter darauf eingehen. Kryptographische Verfahren helfen aber auch, einer anderen, für Datenbanksysteme charakteristischen Gefahr zu begegnen, nämlich der des unbefugten Zugriffs durch Kopieren eines Datenträgers (Platte oder Band) und dessen Weiterverarbeitung auf einem anderen Rechner. Steht der Inhalt der DB im Klartext darauf (nur noch umgeben von den Kontrollinformationen zur Verwaltung der Speicherungsstrukturen), dann ist es eine triviale Aufgabe, aus solch einer illegalen Kopie ihren gesamten Inhalt abzuleiten. Werden die Nutzdaten jedoch nach irgendeinem Verfahren verschlüsselt aufgezeichnet, dann ist der Aufwand zu seiner Rekonstruktion auch bei genauer Kenntnis der Speicherungsstrukturen – einen hinreichend großen Schlüssel vorausgesetzt – schon prohibitiv hoch. Eine einfache Möglichkeit zur verschlüsselten Abspeicherung der Benutzerdaten auf Platte bietet das DBS ADABAS, wo ein maximal 8-stelliger Schlüssel vereinbart werden kann, der beim Abspeichern bzw. Ändern beim Aufruf des Systems in einem Kontrollblock übergeben und für ein sehr effizientes Multiplikations-Verfahren zur Chiffrierung der Feldinhalte benutzt wird. Jedes Leseprogramm muß natürlich denselben Schlüssel angeben, um die Daten in entschlüsselter Form zurückzuerhalten. Diese Vorgehensweise kann beliebig verfeinert werden, etwa durch Algorithmen mit unterschiedlichen Schreib- und Leseschlüsseln nach dem Vorbild der public-key-systems [DAVI81a], oder durch Verfahren mit sog. Teilschlüsseln, wo der Leser durch die ihm zugewiesenen Leseschlüssel nur die für ihn erlaubten Attributwerte entschlüsseln kann [DAVI81b]. Derlei Varianten sollen hier nicht weiter betrachtet werden.

Wichtig für einen wirksamen Schutz ist bei alledem, daß die Verschlüsselung nicht nur auf die online-Kopie der DB auf Platte angewendet wird, sondern, wie eingangs erwähnt, auch die Protokolldateien, Sicherungskopien usw. einschließt. Das hat einige verborgene Konsequenzen, deren wichtigste die folgenden sind:

- Wenn auch die Protokollführung auf der Basis verschlüsselter Daten geschieht, muß je nach Protokollierungsverfahren auch eine evtl. Recovery die verwendeten Schlüssel kennen. Da Recovery eine Angelegenheit der zentralen Überwachungsinstanz, des Datenbankverwalters, ist, bedeutet dies u.U., daß die-

ser alle Schlüssel kennen muß, was dem im vorigen Abschnitt angesprochenen Bestreben nach dezentraler Autorisierung widerspricht.
- Durch eine evtl. nötige Änderung von Schlüsseln (z.B. wegen mißbräuchlicher Benutzung) werden ältere Archiv-Kopien der DB automatisch ungültig.
- Eine Revision der vergangenen DB-Aktivitäten auf der Basis kryptographischer Log-Informationen ist nur möglich, wenn die Revisions-Instanz alle Schlüssel kennt.

4.1.5 Schutzprobleme bei statistischen Datenbanken

Dieses auf den ersten Blick „exotisch" erscheinende Problem, das in den letzten Jahren zunehmend Aufmerksamkeit auf sich gezogen hat, entsteht immer dann, wenn Datenbanken, die schutzwürdige Informationen z.B. über Personen enthalten, von Benutzern gelesen werden dürfen, die zwar keinen Zugang zu den einzelnen Personalsätzen haben, wohl aber die Häufigkeit gewisser Attributwert-Ausprägungen anfordern dürfen, die Mittelwerte von Feldinhalten, Maxima, usw. Typische Beispiele für solche Anwendungsfälle sind:

- statistische Untersuchungen an den Patientendaten eines Krankenhauses zur Ermittlung von Zusammenhängen zwischen bestimmten Krankheitstypen und anderen persönlichen Merkmalen,
- soziologische Untersuchungen verschiedenster Art an den Daten eines Einwohnermeldeamtes, des Arbeitsamtes o.ä.

Die so definierte Benutzergruppe bekommt also grundsätzlich keine Namen, Personalnummern oder sonstige unmittelbar identifizierenden Merkmale zu sehen, kann aber bezüglich der anderen für die jeweilge Untersuchung relevanten Attribute beliebige Anfragen der oben genannten Art stellen. So einsichtig es einerseits ist, daß derartige Untersuchungen sinnvoll und notwendig sind (und durch die dynamischen Verknüpfungsmöglichkeiten eines DBS auch wesentlich fundierter und umfassender durchgeführt werden können als früher), so stellen sie doch unter Datenschutzaspekten eine erhebliche Gefahr dar, da es trotz der Ausblendung aller identifizierenden Attribute prinzipiell möglich (und oft auch leicht) ist, durch Kombination verschiedener statistischer Anfragen auf die Merkmalausprägungen eines Individuums rückzuschließen – was ja eben verboten sein soll. Betrachten wir hierzu ein einfaches Beispiel. Ein Statistiker möge autorisiert sein, auf der eingangs eingeführten Relation ANGESTELLTER Häufigkeitsanfragen über alle Attributwert-Kombinationen zu stellen, außer PERS-NR, NAME, TAETIGKEIT. Er weiß nun von seinen Kollegen, daß der Chef des Unternehmens schon seit 1951 in der Firma ist, und stellt zunächst folgende Anfrage (STATANG sei die zugeschnittene Sicht auf ANGESTELLTER ohne die erwähnten Attribute):

```
SELECT COUNT (*)
FROM STATANG
WHERE EINST-DATUM < 520101
```

Hierauf erhält er das Resultat 2. Wenn er nun außerdem weiß, daß der Chef verheiratet ist, kann er die Auswahlbedingung in einer zweiten Anfrage folgendermaßen verschärfen:

WHERE EINST-DATUM < 520101 AND FAM-STAND = 'VH'

Wenn er darauf 1 als Ergebnis bekommt, kann er daran gehen, die ihn interessierende Information, das Gehalt des Chefs, zu ermitteln. Er formuliert beispielsweise die Anfrage:

SELECT COUNT (*)
FROM STATANG
WHERE EINST-DATUM < 520101 AND
    FAM-STAND = 'VH' AND
    GEHALT > 120000

Darauf sind nur die Ergebnisse 1 oder 0 möglich, je nachdem, ob das Gehalt über oder unter DM 120.000,- liegt; auf jeden Fall kann es auf diese Weise sehr leicht eingegrenzt werden.

Um diese sehr einfache Rückschlußmethode zu unterbinden, sind die meisten statistischen DBS so ausgelegt, daß Anfragen, deren Resultatmengen weniger als k Tupeln enthalten (bzw. mehr als n-k, wobei n die Zahl der Tupeln in der Relation ist), nicht beantwortet werden. Es kann allerdings gezeigt werden [DENN79], daß es in den meisten Fällen mit relativ geringem Vorwissen möglich ist, eine Serie von Anfragen zu finden, einen sog. „tracker", mit dessen Hilfe beliebige individuelle Informationen aus der DB gewonnen werden können. Für Einzelheiten sei auf die Literatur verwiesen. Dagegen gibt es drei Abwehrmaßnahmen:

- Das oben erwähnte k muß sehr groß gemacht werden. Dadurch würde der statistische Zugriff zur DB allerdings weitgehend nutzlos, und außerdem ist mit genügend Vorwissen immer noch ein illegaler Zugriff möglich [DENN80a].
- Das DBMS muß aufeinanderfolgende Anfragen desselben Benutzers daraufhin überwachen, ob sie zusammenhängend im Sinne eines „tracker"-Algorithmus sind. Dagegen ist einzuwenden, daß eine solche Kontrolle i.a. auf prinzipielle Schwierigkeiten stößt [CHIN78], und daß außerdem die von einem autorisierten Benutzer ohne diese bösen Absichten im Rahmen seiner Untersuchung gestellten Anfragen in diesem Sinne „zusammenhängend" sein können – und oftmals notwendigerweise sind –, so daß eine Begrenzung der Zahl solcher aufeinanderfolgender Anfragen wiederum die Brauchbarkeit des Systems mindert.
- Das System bringt in die ausgegebenen Häufigkeiten, Mittelwerte, usw. kleine zufällige Fehler ein. Diese Vorgehensweise scheint die z.Zt. aussichtsreichste zu sein, denn sie verhindert sichere Rückschlüsse auf Individualdaten ohne zu enge Beschränkung der Art und Zahl der Anfragen. Die Brauchbarkeit solcher Systeme hängt allerdings entscheidend davon ab, ob es gelingt, die Resultate so zu „verfälschen", daß die daraus gewonnenen statistischen Aussagen keinen systematischen Fehler enthalten. Dieses Problem wird z.B. in [SCHL81] diskutiert.

4.1.6 Leistungsaspekte verschiedener Schutz-Konzepte und -Mechanismen

Eine der in Abschnitt 4.1.1 aufgeführten Forderungen an ein ideales Schutzsystem für DBMS lautete, daß der Einfluß auf die Systemleistung möglichst gering sein solle. Das ist natürlich eine sehr vage Formulierung, und die Ausführungen in den vorangegangenen Abschnitten haben zumindest anschaulich gemacht, daß sehr flexible, fein abgestufte Zugriffskontroll-Mechanismen erhebliche Zusatzanforderungen an ein Datenbanksystem stellen. Man wird also bei Schutzmaßnahmen, die dem Ziel des kleinstmöglichen Privilegs nahekommen, nicht dieselben Antwortzeiten, denselben Durchsatz erwarten dürfen wie bei einem frei zugänglichen System. Es ist deshalb für jede einzelne Anwendung zu entscheiden, welche Leistungsverluste durch Zugriffskontrolle dem Schutzbedürfnis der Daten angemessen sind. Wir werden darauf zurückkommen.

Zunächst soll festgestellt werden, wie die beschriebenen Schutz-Konzepte und Schutz-Mechanismen sich auf die Leistung des Gesamtsystems auswirken. Dabei kann es natürlich nur um qualitative Aussagen gehen; Faustformeln der Art „Mit Schutzvorkehrungen laufen Transaktionen n-mal länger als ohne" sind nicht einmal für konkrete Systeme sinnvoll, goldene Zahlen für alle Datenbanksysteme schlechthin gibt es daher erst recht nicht.

Bei der Diskussion der Schutz-Konzepte hat sich gezeigt, daß vor allem ein Kriterium Theorie und Praxis bzw. experimentelle und marktgängige DBMS scharf unterscheidet: Die ersten bieten Möglichkeiten des wertabhängigen Schutzes, die zweiten (mit einigen Ausnahmen) nicht. Dies hat, wie schon erwähnt wurde, etwas mit Leistungsgesichtspunkten zu tun, und wir wollen versuchen, diesen Zusammenhang näher zu bestimmen.

Ein zweiter, damit eng zusammenhängender Aspekt betrifft die Bezeichnung der schützbaren Objekte in der DB; hier war unterschieden worden zwischen den Ansätzen, die ausschließlich statische, feste Objektnamen verwenden und jenen, die beliebige, dynamisch erzeugte Objekte zulassen.

Bei den letzteren wird es, wie wir zeigen wollen, sinnvoll sein, zwischen Mechanismen zu unterscheiden, bei denen dynamische Objekte nur Untermengen der statisch definierten sein können und solchen, die eine beliebige Zusammensetzung der statischen Objekte zu neuen Schutzobjekten erlauben.

Schließlich ist zur Abschätzung der Mehrkosten durch Zugriffskontrollmaßnahmen noch zu fragen, ob die Bindung zwischen Transaktionsprogramm und DBMS zur Übersetzungszeit oder zur Ausführungszeit erfolgt. Zur Verdeutlichung des Problems möge folgendes Beispiel dienen.

Bei manchen Datenbanksystemen kann die DML in eine Wirtssprache eingebettet werden, wie dies z.B. bei der CODASYL-DML und COBOL der Fall ist, d.h. ein Datenbank-Befehl sieht aus wie eine Anweisung aus dem Standard-Sprachumfang. Als Beispiel diene die Anweisung

FIND ANGESTELLTER USING GEHALT > 50000.

Andere Systeme, wie z.B. ADABAS, sehen eine eingebettete DML nicht vor. Dort ist ein Aufruf des Datenbanksystems ein normaler Unterprogrammaufruf, und der Benutzer hat dafür zu sorgen, daß die Parameterbereiche richtig besetzt sind. Ein typischer ADABAS-Aufruf sieht also etwa folgendermaßen aus:

CALL ADABAS (STEUERBLOCK, FORMATPUFFER,
    SATZPUFFER, SUCHPUFFER,
    WERTEPUFFER, ISN-PUFFER)

Wir können an dieser Stelle nicht auf den Inhalt sämtlicher Kontrollblöcke eingehen, nur so viel: Im Parameter FORMATPUFFER wird jeweils angegeben, welche Attribute in welchem Format und mit welcher Länge angesprochen werden sollen (Die Art der DML-Anweisung, der Satztyp und einiges mehr steht im STEUERBLOCK.); ein syntaktisch korrektes Beispiel sieht so aus:

FORMATPUFFER := 'ID, SN, 4, JA, 2, GE, ST, GD, 4.'

ID, SN, usw. sind Attributnamen aus der Schemabeschreibung, die Zahlen geben an, mit wievielen Stellen der Attributwert bereitgestellt wird. In ähnlicher Weise kann bei Suchbefehlen in SUCHPUFFER das Auswahl-Prädikat beschrieben werden. Hierzu sei auf die einschlägigen Handbücher verwiesen [ADAB].

Bei dem oben erwähnten Begriff der Bindung zwischen Anwendungsprogramm und DBMS geht es darum, die dem Benutzer bekannten Schema-Namen für Satz-Typen und Attribute (ANGESTELLTER, GEHALT, bzw. ID, SN) in Verweise auf die internen Kontrollstrukturen des DBMS zu übersetzen. Das Datenbanksystem kann ja mit den äußeren Namen nicht unmittelbar etwas anfangen, sondern muß diese auf geeignete Weise in Zeiger, Indices o.ä. zur Adressierung der Schemabeschreibungs-Tabellen umsetzen. Diese Umsetzung meint man mit dem Begriff der Namensbindung. Ein ähnliches Problem tritt auch bei der Übersetzung höherer Programmiersprachen auf; da müssen die Variablennamen usw. in Adressen für Symboltabellen umgesetzt werden.

Bei DBS gibt es hierfür mehrere Möglichkeiten. Die erste wird durch das CODASYL-Beispiel veranschaulicht. Da in diesem Fall der DML-Befehl mit allen Parametern Teil der höheren Programmiersprache ist, kann die Umsetzung der Schema-Namen durch den Compiler, der Zugriff zur DB-Schemabeschreibung hat, erfolgen. Zur Ausführungszeit erhält das DBMS den Auftrag dann schon in einer Form, die unmittelbar seinen eigenen Erfordernissen angepaßt ist. Man bezeichnet diese Variante als *Bindung zur Übersetzungszeit*.

Den Gegensatz hierzu bildet das ADABAS-Beispiel. Hier werden mit jedem Aufruf zur Ausführungszeit Parameterblöcke übergeben, die der Anwendungsprogrammierer nach Belieben füllen und verändern kann – unter Benutzung der ihm bekannten externen Namen wie ID, SN usw. Das DBMS muß also die so übergebenen Aufträge jeweils neu *interpretieren*, d.h. die Bindung im oben definierten Sinne erfolgt bei jedem Aufruf des DBMS zur Ausführungszeit. Dementsprechend heißt diese Variante *Laufzeitbindung*.

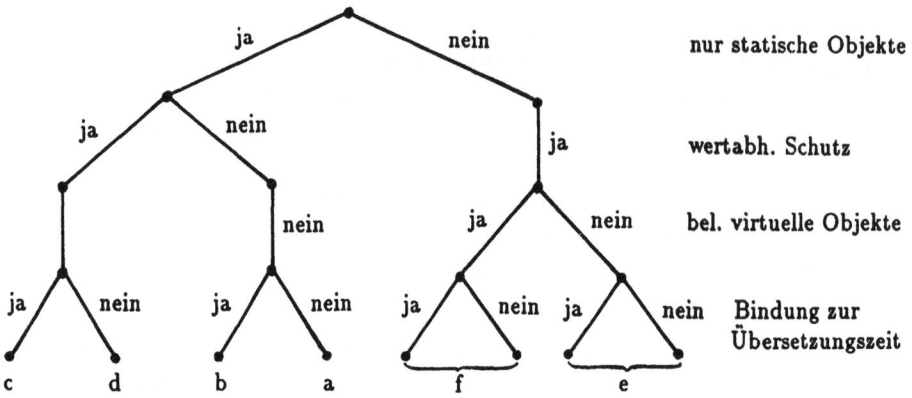

Bild 4.9 Leistungsrelevante Aspekte der DB-Zugriffskontrolle

Es gibt verschiedene Mischformen aus beiden, so z.B. die Übersetzung der in PL/1 eingebetteten Sprache SQL durch einen Precompiler. Auch ADABAS sieht die Möglichkeiten vor, den relativ hohen Aufwand der Laufzeitbindung zu reduzieren.

Dies alles kann hier nicht vertieft werden, ging es doch nur darum, den Bindezeitpunkt als ein Kriterum zur Beurteilung der Kosten für Schutzmaßnahmen in DBS einzuführen. Kehren wir also zu unserem ursprünglichen Problem zurück.

Die vier Gesichtspunkte können unter Berücksichtigung konzeptioneller Unverträglichkeiten miteinander kombiniert werden, was durch Bild 4.9 veranschaulicht wird. Beginnen wir mit der linken Seite des Baumes, d.h. mit allen Schutzmaßnahmen, die nur auf statischen Objektnamen beruhen. Es ist durch die vorausgegangenen Erläuterungen deutlich geworden, daß dieser Ansatz nur dann sinnvoll ist, wenn die Zahl der Schutzobjekte relativ klein ist; in Datenbanksystemen bedeutet dies, daß nur die Konstituenten des Schemas wie Satz-Typen, Relationen, Set-Typen, Attribute usw. hierfür in Betracht kommen. Das sind dieselben Einheiten, die auch durch die DML angesprochen werden; ihre Verwendung zur Überprüfung von Schutzbedingungen sollte also keinen nennenswerten Zusatzaufwand bedeuten. Wird weiterhin wertabhängiger Schutz gänzlich ausgeschlossen, so bleiben die beiden Varianten

a, b : Der Unterschied besteht nur in der Namensbindung; im Falle a erfolgt er erst im Moment der Ausführung des DML-Befehles, im Falle b zur Übersetzungszeit durch den Compiler. Kann nun im Fall b der Compiler auch erkennen, unter welcher Benutzer-Kennung das Programm ablaufen soll [1] (s. Bild 4.5), so können alle Zugriffskontrollen bereits in dieser Phase vorgenommen werden, und die Programmausführung bleibt unbeeinträchtigt. Meist verfährt man indes so, wie

---

[1] Dies ist prinzipiell durch Analyse der Zuweisung zu den reservierten Feldern für DB-interne Identifikation und Authentisierung möglich.

es im Fall a ohnehin erforderlich ist, d.h. man überprüft die Zulässigkeit jedes einzelnen Zugriffes zur Ausführungszeit anhand der Benutzerkennung, unter der die Transaktion (s. Abschnitt 4.3) tatsächlich gestartet wurde. Das hat mehrere Gründe; erstens gibt es (wenn überhaupt) eine Bindung zur Übersetzungszeit meist nur für eine Sprache (üblicherweise COBOL), und bei Benutzung des DBMS aus anderen Sprachen muß gem. Fall a die Zugriffskontrolle zur Laufzeit erfolgen. Weiterhin ist es üblich, Anwendungsprogramme zur Benutzung unter beliebigen Kennungen zu erstellen; die Benutzerkennung ist dann also eine (vom Terminal einzulesende) Variable, so daß aus der Bindung zur Übersetzungszeit kein Gewinn zu ziehen ist. Und schließlich noch ein Aspekt: Würde man die oben skizzierte Zugriffskontrolle durch den Compiler durchführen lassen, dann wäre ein Mißbrauch derart möglich, daß ein Programm mit Zugriffen, die für die zur Übersetzungszeit sichtbare Benutzerkennung zulässig sind, auch unter beliebigen anderen Kennungen ausgeführt werden kann – einfach dadurch, daß im Objektmodul der String für die Zuweisung der User-Id ersetzt wird. Das DBMS würde davon, im Vertrauen auf die Kontrollen des Compilers, nichts merken.

Zusammenfassend kann festgestellt werden, daß diese Art der Zugriffskontrolle (Fall a) sehr billig ist. Bei jedem DML-Befehl ist durch Zugriff auf eine relativ kleine Zugriffsmatrix die Berechtigung des Benutzers zu überprüfen, die explizit benannte Operation auf dem explizit benannten Objekt durchzuführen. Da diese Matrix normalerweise vollständig im Hauptspeicher gehalten werden kann, fallen diese Überprüfungen gegenüber der normalen DB-Verarbeitung nicht ins Gewicht.

c, d : Hier gelten hinsichtlich der Auswirkungen des Bindezeitpunktes dieselben Überlegungen wie im vorigen Fall. Geschützt werden können auch hier zunächst nur die Objekte der Schemabeschreibung wie Satz-Typen, Attribute usw.; es sei hierzu nochmals auf das Implementierungsbeispiel in Bild 4.6 verwiesen. In dem dadurch vorgegebenen Rahmen können aber, wie dieses Beispiel zeigt, einfache wertabhängige Zugriffskontrollen durchgeführt werden, und zwar definiert auf einzelnen Attributen *innerhalb eines Satz-Typs* (s. Abschnitt 4.1.2.3). Komplexere Zugriffsbedingungen etwa derart, daß ein Zugriff auf Ausprägungen des Satz-Typs A nur zulässig sein soll, wenn in der zugehörigen Ausprägung des Satztyps B (definiert durch eine Schlüssel-Fremdschlüsselbeziehung) gewisse Prädikate erfüllt sind, lassen sich auf diese Weise nicht formulieren. Das ist eine Konsequenz der Beschränkung auf statische Objektnamen.

Bei der Frage nach den zusätzlichen Kosten für derartige wertabhängige Zugriffskontrollen ist zu unterscheiden, ob für ein Attribut, auf dem eine Zugriffsbedingung definiert ist, ein Zugriffspfad existiert oder nicht. Gibt es einen, können allein mit Hilfe des Index aus der Ergebnismenge einer Suchfrage diejenigen Treffer ausgesondert werden, die nicht sichtbar sein sollen. Im anderen Fall muß das System alle durch das Suchprädikat qualifizierten Sätze lesen und vor der Übergabe an den Benutzer durch Inspektion des Inhaltes entscheiden, ob die Übergabe zulässig ist oder nicht; das wurde in Abschnitt 4.1.2.3 bereits erläutert.

Im letztgenannten Fall werden also i.a. einige „unnötige" Satzzugriffe erfolgen; deren Anteil an der Gesamt-Treffermenge hängt natürlich von dem in der Schutzbedingung angegebenen Wertebereich, d.h. dessen Selektivität, ab. Bei Benutzung eines Index über dem Schutzattribut ist die Zugriffskontrolle wiederum recht billig – vorausgesetzt, der Index wurde aus anderen Gründen (zur Unterstützung des Retrieval) ohnehin angelegt. Dient er nur zur schnelleren Kontrolle der Zugriffsbedingungen, so müssen natürlich die Kosten für seine Wartung bei Änderungsoperationen dem Preis der Schutzmaßnahme zugerechnet werden.

e : Wir wollen uns hier auf die Betrachtung der Kosten für die *zusätzliche* Flexibilität der wertabhängigen Schutzbedingungen im Vergleich zu den obigen Varianten beschränken. Daher ist auch der Bindezeitpunkt irrelevant, denn man überlegt sich leicht, daß alle Arten wertabhängiger Bedingungen erst zur Ausführungszeit überprüfbar sind. Als Musterbeispiel für diese Variante betrachten wir das Schutzkonzept des relationalen DBMS INGRES, das am Anfang dieses Kapitels vorgestellt wurde. Zugriffsbedingungen können hier im Prinzip wie Anfragen mit beliebigen Auswahlprädikaten formuliert werden, allerdings – auch das ist der Unterschied zum folgenden Punkt – nur auf den statisch definierten Objekten des Schemas, den Relationen. Dies hat den Vorteil, daß bei Änderungsoperationen, die sich im Relationenmodell ja jeweils auf genau eine Relation beziehen, die Komplikationen des weitergehenden VIEW-Konzeptes vermieden werden (s. Punkt f).
Da zur Ausführungszeit die Zugriffsrestriktionen auf Grund von Schutzbestimmungen genauso gehandhabt werden wie normale Suchprädikate, gelten für die Abschätzung der Schutzkosten auch dieselben Überlegungen wie bei der Optimierung von Suchfragen. Fehlende Zugriffspfade für die Attribute, die in Zugriffsbedingungen auftreten, verursachen unnötige Satz- und damit Seitenzugriffe; Zugriffspfade zur effizienten Behandlung von Zugriffskontrollen verteuern die Änderungsoperationen. Hier muß der Datenbankverwalter eine auf Art und Umfang der Schutzanforderungen und die typische Transaktionslast des Systems abgestimmte Auswahl treffen.

f : Diese Variante wird durch das Schutz-Konzept in SQL-Systemen repräsentiert, in dem beliebige, dynamisch erzeugte Objekte, die sog. VIEWs, geschützt werden können. Da solche Sichten, wie bereits erläutert, nicht in der Datenbank direkt repräsentiert sind, sondern zur Laufzeit aus den Basisrelationen abgeleitet werden, ist die Frage, welchen Aufwand die dynamische Erzeugung von Sichten im Vergleich zur Bearbeitung einfacher Anfragen auf Basisrelationen kostet.
Für Sichten, die nur aus einer Basisrelation abgeleitet werden, ergeben sich dieselben Gesichtspunkte wie im Falle der INGRES-Lösung mit denselben Konsequenzen für die Kosten.
Sichten können jedoch beliebig komplex sein und vom Benutzer wiederum in beliebig komplexen SQL-Anweisungen verwendet werden, so daß die Verhältnisse hier längst nicht so einfach zu beurteilen sind wie bei der query modification. Prinzipiell kann auch die dynamische Ableitung einer komplexen Sicht mit Join-Operationen durch Zugriffspfade unterstützt werden. Der DBA kann sog. „links"

zwischen den beteiligten Relationen einrichten, die bei den Änderungsbefehlen genauso gewartet werden wie normale Zugriffspfade und einen direkten Zugriff auf Tupeln beider Relationen über den Wert des Join-Attributes erlauben.

Generell gilt, daß von der Möglichkeit, zugeschnittene Sichten zu definieren, nur nach sorgfältiger Abwägung der Notwendigkeit und der Kosten Gebrauch gemacht werden sollte – auch wenn das syntaktische Gerüst beliebige Freiheiten erlaubt.

Wir haben uns bei der Diskussion der Leistungsaspekte auf die Methoden zur Eingrenzung der schützbaren Objekte in der DB beschränkt. Andere Fragen, wie z.B. das Problem der statischen, dynamischen und verteilten Autorisierung, wurden gänzlich außer acht gelassen. Der Grund hierfür ist, daß zur Ausführungszeit tatsächlich nur die oben betrachteten Aspekte eine Rolle spielen, wer wann für welche Teile der DB Zugriffsrechte verwalten darf, ist ein unter diesem Gesichtspunkt unwesentliches Problem. Auf Grund welcher Politik und durch wen auch immer Zugriffsrechte vergeben werden – die Darstellung in systeminternen Tabellen wird immer mehr oder weniger ähnlich sein, der Zugriff darauf zur Laufzeit also stets gleich teuer. Wichtig ist jedoch die folgende Erkenntnis: Da einfache, grobe Zugriffskontrollen (Fall a,b) sehr billig zu haben sind, die volle Flexibilität (Fall e) dagegen sehr teuer werden kann, sollte ein unter Schutz-Aspekten akzeptables DBMS zwar große Freiheiten zur Formulierung von Zugriffsbedingungen bieten, jedoch einfach formulierte auch nur mit den dafür angemessenen geringen Zusatzkosten verarbeiten. Mit gewissen Einschränkungen kann man feststellen, daß moderne relationale Systeme diesem Ideal recht nahekommen.

4.2 Sicherung der semantischen Integrität in Datenbanken

Ging es bei der Zugriffskontrolle darum, sicherzustellen, daß die Informationen in der DB nur von den dazu berechtigten Benutzern gelesen und verändert werden können, so müssen die Maßnahmen zur Sicherung der semantischen Integrität gewährleisten, daß nur sinnvolle und zulässige Änderungen des Datenbankinhaltes durchgeführt werden. Natürlich sind die Kriterien „sinnvoll und zulässig" noch viel zu unscharf, um daraus unmittelbar entsprechende Sicherungsmethoden ableiten zu können. Wir werden daher zunächst versuchen, verschiedene Typen semantischer Integritätsbedingungen zu identifizieren, um danach die Möglichkeiten zu untersuchen, mit denen eine automatische Kontrolle solcher Bedingungen durch das DBMS erfolgen kann.

Viele der dabei zu diskutierenden Aspekte lassen sich am besten durch Beispiele verdeutlichen; wir werden daher auch in diesem Abschnitt das in Abschnitt 4.1 eingeführte Mini-Schema benutzen.

4.2.1 Klassifizierung semantischer Integritätsbedingungen

In der Datenbank-Literatur finden sich verschiedene Arten der Unterscheidung von Integritätsbedingungen [DATE81a, LIPE85, THUR80, WEDE76], deren wichtigste hier zur Aufstellung eines Klassifikationsschemas verwendet werden sollen, das aus vier Kategorien besteht.

4.2.1.1 Unterscheidung der Integritätsbedingungen nach den Ebenen der Abbildungshierarchie eines DBMS

Hierbei wird unterschieden, welche spezifischen Konsistenzbedingungen die Beziehungen zwischen Objekten der einzelnen Ebenen und die Anwendung der dort verfügbaren Operatoren regeln. So gibt es bei der Aufzeichnung einzelner Blöcke auf die Platte Integritätsbedingungen in Form von Quer- und Längsparitäten, Längenprüfungen usw.; bei den Speicherzuordnungsstrukturen muß die Übereinstimmung zwischen der tatsächlichen Spur- und Zylinderbelegung und den Verweisen in den Verwaltungstabellen (VTOC) überwacht werden. Entsprechende Bedingungen existieren auf der Ebene der Seitenzuordnungsstrukturen im Falle indirekter Seitenadressierung. In der nächsthöheren Schicht sind die Konsistenzbedingungen schon wesentlich zahlreicher und komplexer: Die Übereinstimmung zwischen der aktuellen Seitenbelegung und den Verweisen in Freispeichertabellen und Umsetztabellen für Datenbankschlüssel muß ebenso garantiert werden wie die konsistente Beziehung zwischen den Attributwerten in vorhandenen Satzausprägungen und den Verweisen in B*-Baum-Strukturen. Die Speicherungsstrukturen zur Abbildung von Set-Beziehungen müssen vollständig und widerspruchsfrei sein usw. Die Schicht zur Realisierung der satzorientierten Programmschnittstelle (die logischen Zugriffspfade), wird charakterisiert durch die üblicherweise als Modellbedingungen bezeichneten Restriktionen, wie z.B. die Funktionalität der Owner-Member-Beziehung [CODA73] oder die Eindeutigkeit eines als Primärschlüssel deklarierten Attributes. Im Prinzip fallen hierunter alle Bedingungen, die durch die Abbildungseigenschaften des jeweils verwendeten Datenmodelles impliziert werden. Auf der höchsten Ebene schließlich, bei den logischen Datenstrukturen, sind alle jene Bedingungen anzusiedeln, die die Beziehungen zwischen der Miniwelt des Benutzers und ihrer Abbildung in der Datenbank beschreiben. Hier wird mit Hilfe der Objekte dieser Schicht, den Basisrelationen, abgeleiteten Sichten usw. formuliert, was gültige Zustände in der Miniwelt (und damit gültige Abbildungsformen in der Datenbank) sind, wie zulässige Zustandsübergänge zu vollziehen sind usw.

Wir werden im folgenden noch etliche Beispiele hierzu angeben.

Für die Behandlung der Integritätsbedingungen ist nun folgende Feststellung wichtig: Die Konsistenzregeln von der untersten Ebene bis inklusive der Schicht der logischen Zugriffspfade sind fest vorgegeben und unabhängig von der Anwendung des DBMS. Auch die sog. Modellbedingungen legen ja nur die strukturellen Beziehungen zwischen den Objekten des Datenmodelles in formaler Weise fest. Alle diese Integritätsbedingungen können somit von vornherein bei der Implementierung des DBMS berücksichtigt und ihre Einhaltung durch den Entwurf geeigneter Algorithmen sichergestellt werden – sofern der Code des DBMS vollständig korrekt ist (s. Abschnitt 4.5). Die Integritätsbedingungen auf der obersten Ebene reflektieren dagegen gerade die spezifischen Anforderungen der Miniwelt; sie können daher nicht vorgeplant werden, sondern bedürfen seitens des DBS und des Anwenders zusätzlicher Maßnahmen.

4.2.1.2 Unterscheidung der Integritätsbedingungen nach ihrer Reichweite

Zur Illustration dieses und der folgenden Kriterien wollen wir nur Objekte der beiden obersten Abbildungsebenen betrachten. Das Kriterium „Reichweite" dient zur Unterscheidung der Art und Zahl der von einer Integritätsbedingung (genauer: des die Bedingung ausdrückenden Prädikates) umfaßten Objekte. Dabei sind folgende Fälle möglich (s. das oben eingeführte Beispiel-Schema):

- *Die Bedingung betrifft ein Attribut.* Beispiele hierfür sind: Die Ausprägungen von PERS-NR müssen 4-stellige Zahlen sein, der NAME darf nur aus Buchstaben oder Blanks bestehen, usw.
- *Die Bedingung betrifft mehrere Attribute einer Satzausprägung.* Ein Beispiel hierfür ist: Die GEHALTS-SUMME einer Abteilung muß kleiner sein als ihr JAHRES-ETAT.
- *Die Bedingung betrifft mehrere Ausprägungen derselben Satzart (Relation).* Beispiele hierfür sind: Kein Angestellten-GEHALT darf mehr als 20% über dem Gehaltsdurchschnitt aller Angestellten derselben Abteilung liegen; in PERS-NR dürfen nur eindeutige Werte vorkommen.
- *Die Bedingung betrifft mehrere Ausprägungen aus verschiedenen Relationen.* Ein Beispiel hierfür ist: Der Wert in GEHALTS-SUMME einer Abteilung muß stets gleich der Summe der GEHALT-Felder ihrer Angestellten sein.

Der Grund für eine derartige Unterscheidung ist klar: Je geringer die Reichweite einer Bedingung, desto einfacher kann sie überprüft und ihre Einhaltung vom System erzwungen werden. Davon wird in Abschnitt 4.2.2 noch die Rede sein.

4.2.1.3 Unterscheidung der Integritätsbedingungen nach dem Zeitpunkt ihrer Überprüfbarkeit

Es gibt eine Reihe von Bedingungen, die stets erfüllt sein müssen, unabhängig davon, was in der Datenbank passiert. Die Forderung etwa, daß der NAME eines Angestellten nur Alpha-Zeichen enthalten darf, sollte für jede Ausprägung dieses Satz-Typs wahr sein, solange sie in der DB existiert. Wir werden diese Art von Bedingungen in Anlehnung an [DATE81a] *unverzögerte Bedingungen* nennen, da sie sofort nach Auftauchen des betroffenen Objektes überpüft werden können.

Anders liegt der Fall bei der letzten in Abschnitt 4.2.1.2 genannten Bedingung. Wenn man annimmt, daß die Gehälter einiger Angestellten erhöht werden sollen, dann sind zur korrekten und vollständigen Abbildung dieses Vorgangs in der Miniwelt auf die oben angenommenen Basisrelationen folgende Einzelschritte erforderlich:

- Zunächst wird das GEHALT-Feld jeder betroffenen Ausprägung von ANGE-STELLTER den Eingabedaten entsprechend erhöht.

– Danach werden die GEHALTS-SUMME-Felder aller betroffenen Ausprägungen von ABTEILUNG um den auf die Abteilung entfallenden Gesamt-Erhöhungsbetrag heraufgesetzt.

Überprüfte man nach dem ersten Teilschritt die Konsistenzbedingung über die GEHALTS-SUMME, dann würde offensichtlich eine – zu diesem Zeitpunkt ja tatsächlich auch bestehende – Konsistenzverletzung festgestellt. Das liegt an der grundsätzlichen Eigenschaft aller Integritätsbedingungen, die sich über mehrere Ausprägungen derselben oder verschiedener Satzarten erstrecken, daß Änderungen einzelner Ausprägungen in vielen Fällen Folgeänderungen an anderen nach sich ziehen, die erforderlich werden, um die übergreifenden Integritätsbedingungen zu erhalten. Solche Änderungssequenzen werden *zusammengehörig* in dem Sinne genannt, daß erst nach ihrer vollständigen Abarbeitung gewisse Konsistenzbedingungen, die vorher erfüllt waren, wiederum erfüllt sein können. Derartige Integritätsbedingungen werden im Unterschied zu den oben beschriebenen *verzögerte Bedingungen* genannt.

4.2.1.4 Unterscheidung der Integritätsbedingungen nach der Art ihrer Überprüfbarkeit

In vielen großen DB-Anwendungen ist es üblich, in periodischen Abständen Prüfprogramme über die ganze Datenbank bzw. Teile davon laufen zu lassen, die solche Konsistenzbedingungen kontrollieren, deren Überwachung im laufenden Betrieb nicht sinnvoll oder möglich ist (s. Abschnitt 4.2.2). Auf diese Weise lassen sich auch alle bisher genannten Beispiel-Bedingungen überprüfen, denn sie betreffen ausnahmslos den zu einem bestimmten Zeitpunkt in der DB abgebildeten *Zustand* der Objekte. Bedingungen dieser Art heißen dementsprechend *Zustandsbedingungen*.

Es gibt jedoch auch eine Art von Integritätsbedingungen, die Einschränkungen der Art und Richtung von Werteänderungen einzelner oder mehrerer Attribute festlegen. Beispielsweise könnte für die obige Miniwelt vereinbart sein, daß das GEHALT eines Angestellten niemals sinken darf; außerdem gilt allgemein, daß sich FAM-STAND nicht von ‚ledig' nach ‚geschieden' ändern darf; daß, wer einmal verheiratet war, nicht mehr den Familienstand ‚ledig' annehmen kann usw. Derartige *Übergangsbedingungen* können offenbar allein auf Grund eines aktuellen Zustandes nicht überprüft werden. Dies muß entweder in dem Moment erfolgen, da der Übergang vollzogen werden soll, oder – falls die Überprüfung später durchgeführt werden soll – durch Vergleich der aktuellen Attributwerte mit der nächst älteren Version, d.h. den Werten vor der Änderung. In Abschnitt 4.4 wird im anderen Zusammenhang nochmals auf das sog. Versionen-Konzept eingegangen; wir wollen den Ansatz an dieser Stelle nicht weiter verfolgen.

4.2.1.5 Unterscheidung der Integritätsbedingungen nach dem Anlaß für ihre Überprüfung

Bei allen bisherigen Beispielen ist eine evtl. Konsistenzverletzung in unmittelbarem Zusammenhang mit dem Änderungsvorgang selbst erkennbar, sei es der ändernde

DML-Befehl oder die zusammengehörende Sequenz von DB-Operationen. Auf jeden Fall ist der Änderungsvorgang selbst Anlaß für die Überprüfung aller potentiell betroffenen Integritätsbedingungen, und in Abschnitt 4.3 wird sich zeigen, daß das in allen modernen Datenbanksystemen gültige Transaktionsparadigma genau auf dieser Annahme beruht. Es sind jedoch zeitabhängige Konsistenzbedingungen denkbar, bei denen nicht der Änderungsvorgang auf der DB sondern der Ablauf der äußeren Zeit den Anlaß zur Überprüfung erzeugt[2]. Ein Beispiel hierfür ist aus [LIPE85] entnommen. In einer DB, welche Daten über alle erzeugten und zugelassenen Fahrzeuge enthält, soll gelten, daß ein Fahrzeug spätestens ein Jahr nach seiner Herstellung angemeldet sein muß.

Offensichtlich kann die Bedingung zum Zeitpunkt der Speicherung eines neuen Fahrzeugs nicht sinnvoll geprüft werden – wann aber sonst? Wir wollen dieses Problem hier nicht weiter diskutieren; der Leser sei auf die genannte Literatur verwiesen. Es sei jedoch noch ein interessanter Aspekt im Zusammenhang mit derartigen Konsistenzbedingungen aufgeführt: Wie soll der Fall behandelt werden, daß für ein Fahrzeug tatsächlich die Jahresfrist ohne Zulassung vergeht? Möglicherweise liegt ja hier eine Konsistenzverletzung in der Realität vor, und es ist zu entscheiden, ob das DBS die abstrakten Konsistenzbedingungen erfüllen soll oder eine – von Fall zu Fall – inkonsistente Anwendungsumgebung getreu abbilden soll. Diese Fragen führen in der Konsequenz auf ein noch kaum behandeltes Forschungsthema, welches die kontrollierte Konsistenzverletzung in großen DB-Anwendungen zum Thema hat. Auch darauf werden wir nicht weiter eingehen.

4.2.1.6 Beispiele zur Diskussion der Probleme bei der automatischen Sicherung semantischer Integritätsbedingungen

In Abschnitt 4.2.1.1 wurde schon darauf hingewiesen, daß die Integritätsbedingungen der tieferen Schichten eines DBMS bis hin zu den Modellbedingungen im Prinzip im Code des Systems verankert sind und ihre Einhaltung dadurch erzwungen wird. Wir werden uns daher für den Rest dieses Abschnittes nur mit jenen Bedingungen befassen, die die Abbildungsvorschrift der Miniwelt auf die DB beschreiben. Zur Illustration der Probleme, die auftreten, wenn man eine *automatische* Überwachung und Einhaltung solcher Bedingungen durch das DBMS erreichen will, sollen vier einfache Vorgänge in der am Anfang dieses Abschnittes eingeführten Miniwelt dienen. Als Konsistenzbedingungen mögen alle bisher als Beispiel erwähnten gelten und zusätzlich noch die, daß jeder Angestellte zu genau einer Abteilung gehören muß. Folgende Vorgänge werden im Rest dieses Abschnittes näher untersucht:

- *Vorgang a:* Der Angestellte mit PERS-NR = 1491 heiratet.
- *Vorgang b:* Der Angestellte mit PERS-NR = 1500 wechselt von
  Abteilung 003 nach Abteilung 001

---

[2] Man könnte natürlich auch den Zeitverlauf durch fortlaufende Änderung eines entsprechenden DB-Objektes „nachvollziehen", doch hilft diese Sichtweise nicht weiter, da es sich hierbei um eine nicht umkehrbare Operation handelt.

- *Vorgang c:* Das Gehalt des Angestellten mit PERS-NR = 1499 wird um 2300,- DM erhöht.
- *Vorgang d:* Das Gehalt aller Angestellten wird um 10 % erhöht.

In Abschnitt 4.2.2 wird nun untersucht, wie sich beim Nachvollzug dieser Vorgänge auf der DB (mit Hilfe der von dem jeweiligen DBMS angebotenen DML) die jeweils relevanten Konsistenzbedingungen identifizieren und überprüfen lassen.

4.2.2 Methoden zur Formulierung und automatischen Überwachung von semantischen Integritätsbedingungen

Die methodischen Ansätze zur Sicherung der semantischen Integrität in DBS lassen sich in erster Näherung in zwei Klassen einteilen:

- In die erste Klasse gehören alle die Ansätze, die davon ausgehen, daß es an der Programmier-Schnittstelle eine auf den bekannten Datenmodellen operierende DML gibt, sei es eine prozedurale wie die nach dem CODASYL-Vorschlag oder eine deskriptive wie SQL, QUEL oder QBE [ZLOO77]. Zusätzlich zu den in diesen Sprachen geschriebenen Datenbank-Lese- und Änderungs-Programmen sowie den vom Datenmodell implizierten Struktur-Bedingungen wird eine Beschreibungsmöglichkeit für die aus den Gegebenheiten der Miniwelt folgenden semantischen Integritätsbedingungen angenommen, die vom DBMS dazu benutzt werden, mögliche Konsistenzverletzungen durch die Benutzerprogramme zu erkennen und zu verhindern.
- Zur zweiten Klasse gehören jene Ansätze, die darauf abzielen, die klassischen „anwendungsneutralen" Datenmodelle wie die oben erwähnten wesentlich zu erweitern und Konstrukte ähnlich den abstrakten Datentypen einzuführen, die eine natürlichere Nachbildung der Vorgänge in der Miniwelt erlauben als die Verwendung von abstrakten Objekten wie Satz-Typen und Sets. Die semantischen Integritätsbedingungen werden somit Teil der Systemspezifikation und – einen konsistenten Abbildungsmechanismus auf die tieferen Abbildungsebenen unterstellt – bei der *Erstellung* der auf diesen Objekten operierenden Datenbankprogramme automatisch eingehalten. Diese Vorgehensweise, die sehr tief in die Theorie der Datenmodelle führt, kann hier nicht behandelt werden. Interessierte seien auf die Literatur verwiesen [BREU80, EICK84, HAMM78a, LOCK79b, REBS83, THUR80, ZEHN80]. In [CASA80] wird sogar ein Ansatz diskutiert, die Korrektheit von Datenbankprogrammen mit den üblichen Programm-Verifikationsmethoden zu beweisen.

4.2.2.1 Die explizite Beschreibung semantischer Integritätsbedingungen

Bei der Möglichkeit, Integritätsbedingungen zu beschreiben, die über die strukturelle Beschränkungen des Datenmodelles hinausgehen, unterscheiden sich die „alten" Datenbeschreibungssprachen vom Typ CODASYL-DDL sehr deutlich von den am Relationenmodell orientierten. Die letztgenannten Sprachen zeichnen sich ja insbesondere dadurch aus, daß dieselbe Sprache zur Datendefinition, Datenmanipulation, zum Zugriffsschutz und eben auch zur Beschreibung semantischer Integritätsbedingungen benutzt wird. In SQL dient dazu die sog. ASSERT-Klausel, mit der beliebig viele Prädikate aufgestellt werden können, die insgesamt die semantischen Integritätsbedingungen ausmachen. Am Beispiel der vier in Abschnitt 4.2.1.2 aufgeführten Bedingungs-Typen möge das verdeutlicht werden. Die Formulierungen lauten in SQL-Syntax:

ASSERT IB1 ON ANGESTELLTER:
   PERS-NR BETWEEN 0001 AND 9999
ASSERT IB2 ON ABTEILUNG:
   GEHALTS-SUMME < JAHRES-ETAT
ASSERT IB3 ON ANGESTELLTER X:
   GEHALT $\leq$ 1.2* (SELECT AVG (GEHALT)
      FROM ANGESTELLTER
      WHERE ABT-ZUGEH=X.ABT-ZUGEH)
ASSERT IB4 ON ABTEILUNG X:
   GEHALTS-SUMME = (SELECT SUM (GEHALT)
      FROM ANGESTELLTER
      WHERE ABT-ZUGEH=X.ABT-NR)

Zur Diskussion der Auswirkungen der in Abschnitt 4.2.1.6 eingeführten Beispielvorgänge a-d müssen jedoch noch weitere Integritätsbedingungen formuliert werden; das obige Prädikat IB1 wird durch die Vorgänge offenbar nicht berührt, während IB2, IB3 und IB4 bei den Vorgängen b-d zu überprüfen sind. Die für den Vorgang a relevante Bedingung, eine Übergangsbedingung, lautet folgendermaßen:

ASSERT IB5 ON UPDATE OF ANGESTELLTER (FAM-STAND):
   IF OLD FAM-STAND = 'LD' THEN
      NEW FAM-STAND = 'VH'
ASSERT IB6 ON UPDATE OF ANGESTELLTER (FAM-STAND):
   IF OLD FAM-STAND = 'VH' THEN
      NEW FAM-STAND IN ('VW', 'GS')

Natürlich sind damit die zulässigen Übergänge vom FAM-STAND noch nicht vollständig beschrieben.

Die zusätzliche Forderung, daß jeder Angestellte jederzeit zu genau einer Abteilung gehören muß, lautet in SQL:

ASSERT IB7 ON ANGESTELLTER:
   ABT-ZUGEH IN (SELECT ABT-NR FROM ABTEILUNG)

Damit ist deutlich geworden, daß die von SQL bereitgestellten Sprachmittel ausreichen, semantische Integritätsbedingungen sowohl auf einzelnen Attributen als auch über Ausprägungen mehrerer Satz-Typen hinweg zu formulieren, und zwar sowohl in Form von Zustands- als auch Übergangsbedingungen. Was bleibt, ist die Festlegung des *Zeitpunktes* der Überprüfung jeder einzelnen Bedingung (s. Abschnitt 4.2.1.3). Es wurde bereits festgestellt, daß manche Bedingungen, die ihrer Natur nach verzögert sind, nicht zu jedem Zeitpunkt erfüllt sein können, da die Nachbildung mancher Vorgänge in der Miniwelt eben mehrere Einzelschritte auf der DB (DML-Befehle) erfordert. Betrachten wir zum Beispiel die Vorgänge c und d. Ihre ausführliche Umsetzung in DB-Programme findet sich in Abschnitt 4.3; hier reicht die Feststellung, daß Vorgang c zumindest zwei Einzeländerungen verlangt, nämlich die des Angestellten-Gehaltes und der GEHALTS-SUMME der Abteilung, bevor IB4 sinnvoll überprüft werden kann. Bei Vorgang d sind sogar mehrere Varianten möglich: Man könnte erst alle Gehälter erhöhen und danach die GEHALT-SUMME-Felder in den Ausprägungen von ABTEILUNG entsprechend heraufsetzen; man könnte aber auch eine n-fache Wiederholung des Vorganges c programmieren: GEHALT und zugehörige GEHALTS-SUMME werden jeweils im Wechsel modifiziert. In diesem Fall ist ganz deutlich, daß sich der Überprüfungszeitpunkt weder aus den Integritätsbedingungen noch aus der Art des Vorganges herleiten läßt, sondern von der Struktur des DML-Programmes abhängt. Es muß daher die Möglichkeit geben, dem System mitzuteilen, welche Folgen von DML-Befehlen in der Weise zusammengehören, daß erst nach ihrer vollständigen Abarbeitung die sog. verzögerten Integritätsbedingungen wieder überprüft werden können. Eine solche Klammer um Datenbank-Operationen wird durch zusätzliche DML-Anweisungen gezogen und heißt *Transaktion*; da es sich bei diesem Konzept um ein für die gesamte DB-Entwicklung und -Anwendung fundamentales Paradigma handelt, wird es in einem eigenen Abschnitt (4.3) ausführlich behandelt. In SQL formulierte Integritätsbedingungen gelten sämtlich als verzögert [DATE81], wenn sie nicht durch das Attribut IMMEDIATE als jederzeit überprüfbar deklariert werden.

Neben dem ASSERT gibt es in SQL ein weiteres Konstrukt zur automatischen Sicherung der semantischen Integrität, den TRIGGER. Damit kann festgelegt werden, daß bei Eintreten bestimmter Ereignisse Folgeaktionen durchgeführt werden sollen, die zur Konsistenzerhaltung erforderlich sind. So könnte z.B. die Tatsache, daß bei Vorgang c außer der Erhöhung des GEHALT-Feldes des Angestellten auch eine entsprechende Erhöhung der GEHALTS-SUMME der Abteilung erfolgen muß, durch eine TRIGGER-Klausel ausgedrückt werden:

```
DEFINE TRIGGER T1
ON UPDATE OF ANGESTELLTER X (GEHALT):
  (UPDATE ABTEILUNG
   SET GEHALTS-SUMME =
     GEHALTS-SUMME +
     (NEW X.GEHALT - OLD X.GEHALT)
   WHERE ABT-NR = X.ABT-ZUGEH)
```

In diesem Fall darf natürlich der Programmierer des Anwendungsprogrammes nur die Erhöhung des GEHALT-Feldes durchführen, wogegen wir bisher vorausgesetzt hatten, daß er alle zusammengehörigen Folgeänderungen in seinem Programm zu einer Transaktion zusammenfassen muß. Das bedeutet, daß er bei der Erstellung von DB-Programmen alle definierten TRIGGER kennen muß, und daß durch Einführung neuer TRIGGER existierende Anwendungsprogramme u.U. geändert werden müssen. Ein weiteres Problem ist die Tatsache, daß die Aktionen eines TRIGGER T1 weitere TRIGGER T2, T3, ... Tn auslösen können, und daß durch deren Auswirkungen wiederum T1 aktiviert wird, usw. Derartige Rekursionen sind allgemein vorab nicht erkennbar, stellen aber durchaus eine Gefahr für die Leistungsfähigkeit des Systems – wenn nicht sogar für dessen Konsistenz – dar. Für den Fall, daß ein ändernder DML-Befehl mehrere TRIGGER auslöst, kann es erforderlich sein, eine Reihenfolge für deren Bearbeitung festzulegen; diese Möglichkeit fehlt in SQL. Wegen dieser Probleme und auch wegen der bislang fehlenden Erfahrungen mit der praktischen Anwendung des Konzeptes kann noch nicht entschieden werden, ob die TRIGGER in dieser Form ein brauchbares Mittel zur Integritätssicherung in DBS sind.

Denkbar wäre z.B. eine Erweiterung derart, daß die Aktionen einer TRIGGER-Klausel darin bestehen, gewisse komplexe Integritätsbedingungen, deren jederzeitige Überwachung zu teuer ist, zu überprüfen, sofern bestimmte Ereignisse eingetreten sind (z.B. nach jeweils 10.000 neuen Sätzen in einem Satztyp o.ä.); hierfür müßten allerdings wesentlich flexiblere Auslösebedingungen formuliert werden können.

Man könnte auch daran denken, das in Abschnitt 4.1 vorgestellte VIEW-Konzept als Mittel zur Integritätssicherung zu verwenden. Wenn ein Anwender unmittelbar auf Sichten operieren kann, die auf seine Problemstellung zugeschnitten sind, ist die Gefahr einer inkonsistenten Manipulation vermutlich geringer, als wenn das Problem auf die Menge der die gesamte Miniwelt repräsentierenden Basisrelationen abgebildet werden muß. Solange es nur darum geht, dem Benutzer in möglichst komfortabler Form die ihn interessierenden Informationen korrekt zugänglich zu machen (Retrieval), ist dies auch eine probate Methode; wesentlich schwieriger ist dagegen die Änderung abgeleiteter Sichten. Man überlegt sich leicht, daß eine Sicht, die aggregierte Daten aus Basisrelationen enthält (Summen, Mittelwert usw.), i.a. nicht so modifiziert werden kann, daß eine eindeutige Abbildung der Änderungen auf die Ausprägungen der Basisrelation(en) möglich ist. Eine ausführliche Diskussion dieser Problematik findet sich in [BANC79, DAYA78], wir wollen hierauf nicht weiter eingehen.

Die für das DBS INGRES entworfene Sprache QUEL bietet ebenfalls die Möglichkeit, semantische Integritätsbedingungen in derselben Syntax zu formulieren wie die Datenbeschreibung und die Datenmanipulation. Allerdings ist die Ausdrucksfähigkeit geringer als die von SQL; so kann keine Zuordnung einzelner Bedingungen zu bestimmten DML-Befehlen (z.B. IB5, IB6) formuliert werden. Die Beispielbedingung IB4 sieht in QUEL folgendermaßen aus:

```
RANGE OF X IS ABTEILUNG
INTEGRITY X.GEHALTS-SUMME < X.JAHRES-ETAT
```

Die Syntax ist selbsterklärend; X dient, wie schon bei den SQL-Beispielen, als Tupel-Variable.

Beispiele für die Darstellung von Integritätsbedingungen in QBE finden sich in [DATE81].

Die Datenbanksprachen für nicht-relationale Datenmodelle, als deren typischen Vertreter wir hier stets das Netzwerkmodell nach CODASYL verwenden, bieten, wie schon erwähnt, keine oder nur sehr geringe Möglichkeiten der deskriptiven Formulierung semantischer Integritätsbedingungen. Bei den an diesem Konzept orientierten DBS kann der Benutzer nur versuchen, einige solcher Bedingungen auf sog. Modellbedingungen abzubilden (s. Abschnitt 4.2.1) und so ihre Einhaltung sicherzustellen. Ein Beispiel hierfür ist die Forderung, daß jeder Angestellte zu jedem Zeitpunkt genau einer Abteilung angehören muß. Die Tatsache der Abteilungszugehörigkeit ist in dem am Anfang dieses Abschnittes eingeführten Mini-Schema durch den Set-Typ ABT-ANG dargestellt. Wir hatten nun unterstellt, daß die Mitgliedschaft des Member-Satz-Typs ANGESTELLTER von der Art OPTIONAL MANUAL sei [CODA73], um späterhin auch Ein- und Ausfügungen von Member-Sätzen durchführen zu können. Wenn jedoch statt dessen in der Schemabeschreibung der Set-Typs folgendermaßen deklariert wird:

SET ABT-ANG ORDER IS NEXT
OWNER IS ABTEILUNG
MEMBER IS ANGESTELLTER MANDATORY AUTOMATIC

dann wird damit auf der Ebene der logischen Zugriffspfade erzwungen, daß jede Ausprägung vom Satz-Typ ANGESTELLTER im Moment ihrer Abspeicherung Mitglied im Set ABT-ANG wird und die Set-Ausprägung nur durch eine ununterbrechbare Operation (MODIFY INCLUDING; s. [UDS]) wechseln, sie jedoch während ihrer Existenz in der Datenbank nicht aufgeben kann. Man beachte jedoch, daß dadurch nicht sichergestellt ist, daß ein Satz vom Typ ANGESTELLTER auch die Abteilung als Owner erhält, die im Attribut ABT-ZUGEH angegeben ist. Dies ermöglicht erst die im neuesten CODASYL-Vorschlag [CODA78] eingeführte Klausel des STRUCTURAL CONSTRAINT, die eine Set-Mitgliedschaft von der Wertegleichheit zweier Attribute (in diesem Fall ABT-NR und ABT-ZUGEH) abhängig macht. Eine andere in der DDL darstellbare Bedingung ist die der Eindeutigkeit von Schlüsselattributen. Dazu ist es allerdings erforderlich, daß über das betreffende einfache oder zusammengesetzte Attribut mit der SEARCH KEY-Klausel ein Zugriffspfad auf den Satz-Typ angelegt wird, wobei die Eindeutigkeit durch den Zusatz DUPLICATES ARE NOT ALLOWED gefordert wird. Der neue CODASYL-Vorschlag von 1978 trennt hier durch die Möglichkeit, in der DDL für einen Satz-Typ einen *Schlüssel* zu vereinbaren, ohne schon über *Zugriffspfade* zu entscheiden, sauberer zwischen den verschiedenen Abbildungsebenen.

Schließlich kann auch die Angabe der „set order" als eine (schwache) Möglichkeit zur Deklaration von semantischen Integritätsbedingungen genutzt werden. Wenn z.B. Auftragssätze in den Set mit dem jeweiligen Kunden als Owner in chronologischer Reihenfolge eingefügt werden sollen, so kann dies durch ORDER IS LAST dem DBMS übertragen werden; ORDER IS FIRST garantiert die umgekehrte Reihung. Soll die Ordnung innerhalb einer Set-Ausprägung von einem oder mehreren Attribut-Werten abhängen, kann dies durch ORDER IS SORTED erreicht werden. Bei den Order-Klauseln NEXT und PRIOR liegt die Verantwortung für die effektive Reihenfolge dagegen beim Anwendungsprogrammierer.

Die in Abschnitt 4.2.1.2 eingeführte Bedingungsart a (die auf Attributwerte beschränkte) läßt sich durch die CHECK-Klausel realisieren, die den Wertevorrat, der auf Grund der Typ-Definition möglich ist, auf die semantisch sinnvollen Ausprägungen einschränkt. So könnte z.B. in der Schemadeklaration des Attributes FAM-STAND der Zusatz stehen:

CHECK VALUE "LD", "VH", "GS", "VW".

In gewissem Umfang kann auch die RESULT-Klausel zur Wahrung semantischer Integritätsbedingungen herangezogen werden. Ein gutes Beispiel hierfür sind Attribute, die irgendeine Form des Zeitablaufes beschreiben. So muß z.B. ein Sachbearbeiter häufiger Anfragen nach der Dauer der Betriebszugehörigkeit von Angestellten formulieren, obwohl diese Angabe aus naheliegenden Gründen natürlich nicht explizit in den Personalsätzen gespeichert ist. Andererseits ist es für den Sachbearbeiter lästig, jedesmal mit Hilfe des aktuellen Datums auf das jeweilige Eintrittsdatum rückzurechnen. Für diese Fälle können mit Hilfe der RESULT-Klausel virtuelle, d.h. nur nach außen sichtbare, in der DB aber nicht gespeicherte Attribute deklariert werden, und zwar in folgender Form:

02 BETRIEBS-ZUGEH.... IS VIRTUAL RESULT OF
   <Prozedur-Name>

Die angegebene Prozedur enthält dann die einfache Umrechnung aus dem Tagesdatum und dem Attribut EINST-DATUM.

Eine weitere Möglichkeit der Integritätsüberwachung stellen die sog. ON-Klauseln dar, d.h. die Idee, die in Abschnitt 4.1 bereits als Mechanismus zur Zugriffskontrolle geschildert wurde. Allerdings ist dieser Ansatz mit einigen Einschränkungen zu sehen, deren wichtigste folgende sind:

- Die Integritätssicherung muß wiederum *prozedural* erfolgen, ist also wesentlich fehleranfälliger als eine kompakte, deskriptive Darstellung.
- Es können nur unverzögerte Bedingungen überprüft werden; eine Klausel der Art ON FINISH ... ist nicht vorgesehen. Insofern ist das Konzept eher mit dem TRIGGER-Mechanismus vergleichbar.
- Da keines der marktgängigen CODASYL-DBMS das Konstrukt enthält, sind Erfahrungen über seine praktische Verwendbarkeit nicht vorhanden.

Insgesamt gibt es also nur wenige, nicht sehr mächtige Ausdrucksmittel zur Darstellung semantischer Integritätsbedingungen in der CODASYL-DDL. Es gibt denn auch Ansätze, die DDL um zusätzliche Konstrukte zu erweitern, mit denen zumindest unverzögerte Zustandsbedingungen dargestellt werden können, die sich auf Ausprägungen jeweils eines Satz-Typs bzw. eines Set beschränken. Da solche Vorschläge, deren einer in [MELO79] mit zahlreichen Beispielen vorgestellt wird, aber (bislang) nur außerhalb des CODASYL-Komitees diskutiert wurden, soll auf ihre Syntax, Ausdrucksfähigkeit usw. nicht näher eingegangen werden. Auf jeden Fall bleibt festzuhalten, daß eine explizite Darstellung beliebiger – auch einfacher – semantischer Integritätsbedingungen, die die erste Voraussetzung zur automatischen Überwachung durch das DBMS ist, mit den gegenwärtigen Schemabeschreibungs-Konstrukten des CODASYL-Vorschlages, der DDL der DSDL und der Subschema-DDL, nicht möglich ist; es müßte eine weitere Beschreibungssprache für diesen Zweck entworfen werden.

Bei der Betrachtung dieser mehr oder weniger flexiblen Darstellungsmittel für semantische Integritätsbedingungen fällt auf, daß nur die den konsistenten Zustand bzw. Übergang definierenden Prädikate beschrieben werden, daß jedoch nichts darüber ausgesagt wird, was zu geschehen hat, wenn eine Änderungsoperation bzw. -transaktion eine unzulässige Modifikation vorzunehmen versucht. Es ist klar, daß das DBMS in solch einem Fall die Änderung abwehren und evtl. schon erfolgte Teiländerungen rückgängig machen muß (s. Abschnitt 4.4); die Frage ist nur, wie und zu welchem Zeitpunkt das Anwendungsprogramm von einem derartigen Fehler unterrichtet wird. Siehe hierzu auch Abschnitt 4.2.1.5.

In [SCHL83] wird gefordert, daß die vollständige Beschreibung einer Integritätsbedingung I aus vier Angaben bestehen müsse: I = (O,C,A,R), wobei die Abkürzungen für folgende Informationen stehen:

- O beschreibt die Menge von Objekten, auf die sich die Integritätsbedingung erstreckt;
- C ist das Prädikat, das (im Falle von Zustandsbedingungen) für alle Ausprägungen von O stets erfüllt sein muß;
- A ist das Ergebnis, das die Überprüfung von C nach sich zieht;
- R beschreibt die Aktionen im Falle einer versuchten oder tatsächlichen Verletzung von C.

Es ist deutlich geworden, daß die Konstrukte der Sprache SQL die Angaben O,C und A recht flexibel zu formulieren erlauben, während für R praktisch nur der (in der eingebetteten Version durch das reservierte Wort CODE bezeichnete) Anzeiger für einen Return-Code vorgesehen ist, was für eine effiziente Fehlerbehandlung sicher nicht ausreichend ist. In der COBOL-Einbettung der CODASYL-DML steht mit den ON-Klauseln eine Möglichkeit zur Verfügung, DB-Fehlerzustände ähnlich wie asynchrone Ereignisse zu behandeln, nur ist hier eben keine Neudefinition solcher Zustände im Zusammenhang mit semantischen Integritätsbedingungen möglich. Generell wird der Darstellung der Angaben vom Typ R in der einschlägigen Literatur sehr wenig Aufmerksamkeit zuteil, was umso erstaunlicher ist, als auf dem Gebiet der Programmiersprachen die Notwendigkeit einer flexiblen und konsistenten Behandlung asynchroner Ereignisse schon lange erkannt wurde.

4.2.2.2 Techniken zur Implementierung automatischer Konsistenzüberwachungs-Maßnahmen

Bisher wurde lediglich untersucht, welche Mittel die bekannten Datenbeschreibungssprachen zur Formulierung semantischer Integritätsbedingungen bereitstellen; jetzt soll die für das Problem der automatischen Konsistenzsicherung zentrale Frage der Implementierung derartiger Maßnahmen in einem DBMS näher betrachtet werden. Vorab jedoch eine Einschränkung. Obwohl in der englischsprachigen Literatur in diesem Zusammenhang oft von „system enforced integrity" die Rede ist, wollen wir uns hier auf solche Vorkehrungen beschränken, die es dem DBMS erlauben, die Einhaltung der semantischen Integritätsbedingungen zu überwachen, und Änderungsoperationen, die inkonsistente Übergänge bewirken würden, zurückweisen.

Die aktive Durchführung von Folgeänderungen durch das System, ausgelöst durch Änderungsoperationen im Anwendungsprogramm, wie sie im Zusammenhang mit dem TRIGGER-Konzept erwähnt wurde, soll hier nicht berücksichtigt werden. Bei den in der Literatur vorgeschlagenen Implementierungstechniken lassen sich zwei Ansätze unterscheiden.

- Die Integritäts-Überwachungsroutinen sind Teil des DBMS, und zur Ausführungszeit der DB-Anwendungsprogramme wird bei jeder Änderungsoperation (bzw. am Ende einer Folge von Änderungsoperationen, einer Transaktion, im Falle verzögerter Integritätsbedingungen) die Einhaltung der betreffenden Bedingungen überprüft; unzulässige Änderungen werden mit einem Fehlercode zurückgewiesen.
- Die DB-Anwendungsprogramme werden mit einem speziellen Pre-Compiler vorübersetzt, der jeden Änderungsbefehl daraufhin untersucht, welche Integritätsbedingungen davon berührt werden können. Auf Grund dieser Analyse kann entweder der Programm-Code um Abfrage-Instruktionen zur Überprüfung der Bedingungen ergänzt werden, oder der Compiler generiert Verzweigungen in spezielle Integritäts-Prüfroutinen.

Die Entscheidung darüber, welche Vorgehensweise benutzt wird, ist nicht völlig dem Belieben des DBMS-Implementierers überlassen. Man sieht leicht, daß die zweite Variante in vollem Umfang nur realisiert werden kann, wenn die Namensbindung, d.h. die Zuordnung der im Anwendungsprogramm verwendeten Objekt-Namen zu den auf einer tieferen Abbildungsschicht vom DBMS benutzten Objekt-Bezeichnungen (s. Abschnitt 4.1.6) bereits zur Übersetzungszeit vorgenommen werden kann.

Andernfalls ist ja nicht feststellbar, welche Objekte geändert werden sollen und welche Integritätsbedingungen dadurch möglicherweise benutzt werden. Da aber, wie schon in Abschnitt 4.1 deutlich wurde, in vielen Systemen beide Varianten der Spracheinbettung vorgesehen sind – Vorübersetzung mit Bindung zur Übersetzungszeit für häufig benutzte Routine-Transaktionen („canned transactions", s. [CHAM81b]) und eigenständige Abfragesprachen mit Laufzeit-Bindung für ad-hoc-Anfragen – sollen die Konsequenzen beider Implementierungstechniken diskutiert werden.

Ein Beispiel für den Ansatz, die Überprüfung der semantischen Integritätsbedingungen durch das DBMS zur Ausführungszeit, ist das in [ESWA75] beschriebene „integrity subsystem" von SYSTEM R. Nach [CHAM81a] war dies jedoch nur in dem Prototyp des Systems implementiert, der nur Einbenutzer-Betrieb unterstützte und keinen Join zuließ. In der ab 1976 realisierten Version von SYSTEM R, mit Mehrbenutzerbetrieb, Recovery-Komponente, usw. ist das integrity subsystem dagegen nicht mehr enthalten. Es ist daher auch nicht möglich, Aussagen über die Brauchbarkeit und Effizienz dieses Implementierungsvorschlages zu machen, da der genannte Phase-0-Prototyp nur zum Teil unter Leistungsaspekten entworfen worden war.

Eine andere interessante Möglichkeit der Integritätsüberwachung zur Laufzeit ist in INGRES implementiert. Es handelt sich dabei um die schon in Abschnitt 4.1 als Mittel zur Zugriffskontrolle vorgestellte „query modification", deren Prinzip sich mit Hilfe der in Abschnitt 4.2.2.1 angegebenen Formulierung der Bedingung IB4 in QUEL leicht verdeutlichen läßt. Nehmen wir an, der Jahresetat der Abteilung 003 soll um DM 15.000,- reduziert werden; der entsprechende Änderungsbefehl sieht folgendermaßen aus:

```
RANGE OF X IS ABTEILUNG
REPLACE X (JAHRES-ETAT = X.JAHRES-ETAT - 15000)
WHERE X.ABT-NR = '003'
```

Da in INGRES jede Anweisung zur Laufzeit interpretiert wird, ist es leicht möglich festzustellen, welche Integritätsbedingungen sich auf denselben RANGE (bzw. einen Teil davon) erstrecken wie die Änderungsoperation. Jedes dieser Prädikate wird dann konjunktiv mit dem in der WHERE-Klausel angegebenen verknüpft, so daß in unserem Beispiel de facto folgende Operation ausgeführt würde:

```
RANGE OF X IS ABTEILUNG
REPLACE X (JAHRES-ETAT = X.JAHRES-ETAT - 15000)
WHERE X.ABT-NR = '003'
AND X.GEHALTS-SUMME < (X.JAHRES-ETAT - 15000)
```

Wäre also bei Abteilung 003 durch die beabsichtigte Änderung des Jahresetats die Konsistenzbedingung IB4 verletzt, dann würde sich durch die erweiterte Auswahlbedingung die Ausprägung von Abteilung 003 gar nicht für die Ausführung der Operation qualifizieren, d.h. der Befehl bliebe wirkungslos.

Die „query modification", die im Prinzip eine Verschärfung der Auswahlbedingung für die jeweilige DB-Operation bedeutet, eignet sich also sowohl zur Implementierung von Zugriffsschutz-Maßnahmen, als auch zur Sicherung der semantischen Integrität. Allerdings, und das wurde schon in Abschnitt 4.2.2.1 deutlich, funktioniert dieses Prinzip nur für relativ einfache Arten von Integritätsbedingungen, weshalb auch die Entwickler von INGRES der Meinung sind, das System u.a. in diesem Punkt noch wesentlich verbessern zu müssen [STON80]. Der große Vorteil der „query modification" sollte indes nicht übersehen werden. Sie erlaubt die Implementierung von Schutz- und Integritätssicherungs-Maßnahmen ohne zusätzliche Mechanismen in DBMS, da ja nur die ohnehin erforderlichen Algorithmen zur Zugriffspfadauswahl benötigt werden. Eine Leistungsabschätzung und -optimierung kann demnach auch mit den hierfür schon entwickelten Methoden vorgenommen werden [CHAM81a, HARD78a, SMIT75].

Während der erste Ansatz obligatorisch für alle selbständigen Datenbanksprachen zur Formulierung von ad-hoc-Anfragen ist, kommt für Anwendungsprogramme mit eingebetteter DML auch die zweite Variante, die Berücksichtigung von Integritätsbedingungen zur Übersetzungszeit in Betracht. Vorschläge hierzu finden sich u.a. in [HAMM78b, MELO79]. Die wesentliche Idee dieses Verfahrens soll wiederum an einem Beispiel unter Benutzung der CODASYL-DML deutlich gemacht werden. Wir nehmen an, daß ein neuer Angestellter mit PERS-NR = 1503 eingestellt worden ist, und sein Personalsatz in die Datenbank eingespeichert werden soll. Die hier zu berücksichtigenden Integritätsbedingungen seien IB1, IB2 und die Forderung, daß der Angestellten-Satz in die richtige Ausprägung des Set ABT-ANG eingefügt wird. Das ursprüngliche DB-Anwendungsprogramm für diese Aufgabe laute folgendermaßen:

<Aufbereiten des Satzes für den neuen Angestellten>
FETCH ABTEILUNG USING NEU-ABT-NR.
STORE ANGESTELLTER.
CONNECT ANGESTELLTER TO ABT-ANG.

In einer Vorübersetzungsphase zur Identifizierung der betroffenen Integritätsbedingungen wird festgestellt, daß durch das STORE und CONNECT die drei oben genannten Bedingungen verletzt werden könnten, und es wird daher folgender COBOL-Code hinter den FETCH-Befehl eingefügt:

IF NOT (PERS-NR $\geq$ 0001 AND PERS-NR $\leq$ 9999 AND
       GEHALTS-SUMME + GEHALT < JAHRES-ETAT AND
       ABT-NR = ABT-ZUGEH)
THEN GO TO FEHLER-1

In der hier dargestellten einfachen Form scheint diese Methode der „query modification" recht ähnlich zu sein, doch grundsätzlich ist die Erweiterung des Transaktionsprogrammes in einer Vorübersetzungsphase wesentlich flexibler als die Erweiterung des Auswahlprädikates um die relevanten Konsistenzbedingungen. Über das oben formulierte Beispiel hinaus ist z.B. denkbar, daß nicht nur einfache Abfragen generiert werden, sondern ganze Programmstücke mit DML-Befehlen, die zur Überprüfung komplexerer Integritätsbedingungen erforderlich sind. Die Überwachung der Bedingung IB4 vor dem oben angenommenen STORE würde z.B. eine Leseschleife über alle Member-Sätze der jeweiligen Ausprägung von ABT-ANG erfordern. Das führt jedoch auf das in hinreichender Allgemeinheit noch nicht gelöste Problem, wie aus vorgegebenen Prädikaten die sie überprüfenden Programme generiert werden können. Bei Sprachen wie der CODASYL-DML kommt das Problem hinzu, daß die zur Integritätsüberwachung in die Anwendungsprogramme hineingenerierten Code-Stücke keine Auswirkungen auf die Currency-Anzeiger, die von eigentlichen DML-Befehlen benutzt werden, haben dürfen.

Mit einem hinreichend „intelligenten" Vorübersetzer lassen sich einige Integritätsverletzungen schon in der Übersetzungsphase selbst erkennen; wenn z.B. eine Transaktion das GEHALT-Feld eines Angestellten verändert, jedoch keinen Modifikationsbefehl für die entsprechende Ausprägung des Satz-Typs ABTEILUNG enthält, ist klar, daß nach dieser Transaktion IB4 nicht mehr erfüllt sein kann.

Der grundsätzliche Vorteil der Analyse der Transaktionsprogramme mit Hilfe eines speziellen Vorübersetzers liegt jedoch darin, daß die Prüfung, welche Konsistenzbedingungen durch welche Befehle zur Ausführungszeit möglicherweise berührt werden, nur *einmal* erfolgen muß; zur Ausführungszeit wird dann nur der vorgenerierte, zur Abfrage der aktuellen Werte unbedingt erforderliche Code durchlaufen. Zu bedenken ist weiterhin, daß ein Vorübersetzer im Transaktionsprogramm „nach vorn" schauen und vor der Generierung der erforderlichen Prüfsequenzen *alle* Änderungskommandos einer Transaktion berücksichtigen kann. Auf diese Weise ist sichergestellt, daß die ändernden DML-Befehle nur ausgeführt werden, wenn sie alle Konsistenzbedingungen erhalten. Bei Integritätsprüfungen zur Laufzeit kann das DBMS stets nur vom aktuellen zu verarbeitenden DML-Befehl ausgehen, und wenn der vierte Änderungsbefehl einer Transaktion ungültig ist oder gar eine verzögerte Bedingung am Ende der Transaktion als verletzt erkannt wird, waren alle bisherigen Operationen auf der DB vergebens und müssen rückgängig gemacht werden.

Schließlich kann auch ein Vorübersetzer die Schema-Informationen über die in der DB vorhandenen Zugriffspfade auf der Ebene der Speicherungsstrukturen benutzen, wie dies auch ein Optimierer für komplexe Suchfragen tut, um für die Überprüfung der Konsistenzbedingungen evtl. erforderlichen DB-Zugriffe den jeweils billigsten Weg auszuwählen. In [HAMM78b], wo ein derartiger Ansatz zur Integritätssicherung beschrieben ist, wird denn auch behauptet, daß die damit erzeugten Überprüfungsmechanismen genauso effizient seien, wie die von einem Anwendungsprogrammierer codierten. Da aber über die Leistungsmerkmale von Maßnahmen zur Überprüfung semantischer Integritätsbedingungen weder für die vom Anwender bereitgestellten Methoden noch für irgendeines der hier beschriebenen Modelle repräsentative Messungen vorliegen, ist eine solche Behauptung bis auf weiteres weder zu bestätigen noch zu widerlegen.

Neben diesen und den eingangs erwähnten Methoden zur Entwicklung semantisch korrekter Datenbanken durch bessere Datenmodelle, formalisierte Spezifikationsverfahren usw. werden in der Literatur auch Aufteilungen der Überwachungsmaßnahmen analog zu dem betriebswirtschaftlichen Prinzip der Regel- und Sonderprüfung diskutiert. Kriterien für die Klassifizierung sind hierbei sowohl die Wichtigkeit einer Integritätsbedingung, gemessen z.B. an den mittleren Kosten, die ihre Verletzung verursachen würden, wie auch der Aufwand zu ihrer Überprüfung. Als Beispiel diene wiederum die Bedingung IB4. Nehmen wir an, ABTEILUNG und ANGESTELLTER seien Relationen, und die in dem CODASYL-Schema durch den Set ABT-ANG ausgedrückte Beziehung sei nur durch die Schlüssel-Fremdschlüssel-Beziehung dargestellt, ohne Unterstützung durch einen hierarchischen Zugriffspfad (sog. link) auf der Ebene der Speicherungsstrukturen; auf ANGESTELLTER sei auch kein Index für das Attribut ABT-ZUGEH vorhanden. In diesem Fall erfordert eine Überprüfung der verzögerten Bedingung IB4 am Transaktionsende offenbar ein vollständiges Durchlesen aller Ausprägungen der Relation ANGESTELLTER – ein u.U. unvertretbar hoher Aufwand. Die Konsequenz daraus könnte sein, beim Entwurf der Speicherungsstrukturen nicht nur die „reinen" Transaktionslasten zu berücksichtigen [EFFE81b], sondern auch die zur Überprüfung der semantischen Integritätsbedingungen erforderlichen Zugriffsoperationen. Wenn dagegen die fragliche Bedingung nicht so wichtig ist, daß dafür die Pflege und Wartung zusätzlicher Zugriffspfade in Kauf genommen wird, könnte man sich auch dazu entschließen, sie nur in periodischen Abständen als Sonderprüfung zu überwachen. Damit nimmt man freilich in Kauf, daß die DB bezüglich solcher Bedingungen eine gewisse Zeit lang inkonsistent sein kann. Da in diesem Kapitel jedoch primär der am Transaktionskonzept (s. Abschnitt 4.3) orientierte Konsistenzbegriff benutzt wird, wonach die Überprüfung einer Bedingung höchstens bis zum Transaktionsende verzögert werden kann, soll auf diese Variante nicht weiter eingegangen werden.

Versucht man, auf der Grundlage der vorliegenden Ergebnisse zum Problem der automatischen Sicherung der semantischen Integrität einer DB und anhand der aus der neueren Literatur erkennbaren Tendenzen eine Prognose für die weitere Entwicklung abzuleiten, so kann man folgendes festhalten:

- Neue DBMS bzw. verbesserte Versionen existierender Systeme werden die Möglichkeit zur automatischen Überwachung einfacher, wertabhängiger Konsistenzbedingungen bieten, die sich auf ein Attribut oder eine Ausprägung beschränken.

- Die Überwachung komplexerer Bedingungen, die sich über mehrere Satztypen erstrecken, kann auch durch Techniken wie Programmerweiterung nicht effizienter durchgeführt werden als dies ein geschickter Anwendungsprogrammierer tun könnte; da dies aber in vielen Fällen immer noch zu aufwendig ist (In den meisten DB-Anwendungen unterbleibt die regelmäßige oder auch nur gelegentliche Überprüfung komplexerer Bedingungen im Vertrauen darauf, „daß die Programme ja getestet sind".), wird hier wohl eher Abhilfe durch verbesserte Spezifikations- und Programmentwicklungsmethoden zu erwarten sein.

- Die Überprüfung von Integritätsbedingungen bedeutet stets den Vergleich gewisser Attribute aus der Datenbank mit einer Menge von Referenzwerten auf Einhaltung der die Anwendungsvarianten beschreibenden Prädikate. Die Referenzwerte können als Konstanten vorgegeben sein (z.B.: PERS-NR muß zwischen 1 und 9999 liegen), oder aber aus anderen Feldern der DB stammen (z.B.: GEHALTS-SUMME einer Abteilung gleich der Summe der GEHALT-Felder ihrer Angestellten). Im zweiten Fall sind also in der DB (partiell) redundante Daten vorhanden, derart, daß die eine Datenmenge aus der anderen abgeleitet werden kann. Die Ableitungsvorschrift ist gerade die Konsistenzbedingung, d.h. diese kann auch umgekehrt als *Regel* zur Ableitung von Informationen interpretiert werden. Nun hat in den letzten Jahren das Interesse an regelorientierter Programmierung im Zusammenhang mit Expertensystemen stark zugenommen, und die Kombination solcher Systeme mit Datenbanksystemen ist ein Gebiet hoher Forschungsaktivität. Wegen der formalen Äquivalenz von Regeln und Integritätsbedingungen ist anzunehmen, daß die Einbeziehung der ersteren auch die Entwicklung von Datenbanksystemen mit aktiver Konsistenzüberwachung voranbringt.

4.2.3 Die Leistungsaspekte der Integritätsüberwachung durch das DBMS zur Ausführungszeit

Die am Ende des vorigen Absatzes formulierten Prognosen zur Entwicklung der automatischen Integritätssicherung in DBS gelten in dieser Form natürlich nur für die (im Hinblick auf den Durchsatz des Systems wichtigeren) vorprogrammierten Routinetransaktionen. Angesichts der deutlichen Tendenz, die Informationen in Datenbanken nicht nur den unmittelbar für Pflege und Nutzung zuständigen Sachbearbeitern zugänglich zu machen, sondern – im Rahmen der Datenschutzbestimmungen – in mehr oder weniger aggregierter Form auch einem Personenkreis wie den „anspruchsvollen Laien" bis hin zu den „gelegentlichen Benutzern" zur Verfügung zu stellen (z.B. Mitgliedern der Planungsabteilung, Managern usw.), werden auch die in einer selbständigen Abfragesprache ad hoc formulierten Anfragen an Bedeutung gewinnen. Da die meisten dieser Sprachen auch Änderungsoperationen enthalten, stellt sich hier das Problem der Integritätsüberwachung zur Laufzeit durch das DBMS besonders dringlich, denn gerade der mit solchen Sprachen arbeitende Benutzerkreis dürfte sich der globalen Integritätsbedingungen des gesamtem DBS am wenigsten bewußt sein.

Nachdem die Möglichkeiten zur Formulierung solcher Bedingungen und zur Implementierung geeigneter Überwachungsmaßnahmen ausführlich diskutiert wurden, sollen abschließend einige Leistungsaspekte der Konsistenzprüfung durch das DBMS zusammengestellt werden. Dabei handelt es sich allerdings nur um recht vorläufige Modellüberlegungen, wie sie in [BADA79] mitgeteilt werden; Messungen an echten Systemen, die Integritätsbedingungen nennenswerter Komplexität zu überprüfen in der Lage sind, liegen (zumindest dem Verfasser) nicht vor.

In [BADA79] werden drei Implementierungstechniken betrachtet und mit einfachen analytischen Modellen bewertet:

- Überprüfung zur Übersetzungszeit, d.h. Generierung eines Transaktionsprologes durch einen Vorübersetzer,
- Überprüfung während der Transaktionsausführung,
- Überprüfung am Ende der Transaktion.

Bewertungskriterien sind einmal die Zahl der von der Transaktion ohnehin benötigten Lese- und Schreiboperationen, die Zahl der Leseoperationen, die *auch* zur Überprüfung von Integritätsbedingungen benötigt werden, sowie die Zahl der zur Integritätsüberwachung *zusätzlich* erforderlichen Leseoperationen. Weiterhin werden zwei verschiedene Methoden betrachtet, die Änderungen einer Transaktion im Falle von Konsistenzverletzungen rückgängig machen (s. Abschnitte 4.3, 4.5); schließlich geht als Parameter ein, welcher Teil der für die Überwachung benötigten Daten in einem langsamen Speicher steht (z.B. Magnetplatte), und welcher in einem schnell zugreifbaren (DB-Puffer), d.h. es wird das über die Puffergröße beeinflußbare Maß an Lokalität variiert. Mit Hilfe einer ganzen Reihe vereinfachender Annahmen kommen die Autoren zu folgenden Ergebnissen:

- Die Überwachung von Integritätsbedingungen während der Transaktionsabarbeitung ist immer die günstigste Variante, solange der Anteil der scheiternden Transaktionen nicht sehr hoch ist.

– Der Einbau von Prüfroutinen durch den Vorübersetzer (Transaktionsprolog) ist nur dann konkurrenzfähig, wenn zur Integritätsüberwachung nur wenige DB-Zugriffe erforderlich sind. Das Argument hierbei ist folgendes: Während der Überprüfung vor Beginn der Transaktion müssen u.U. viele Seiten eingelesen werden, die von der Transaktion selbst ebenfalls benötigt werden und daher doppelt zu lesen sind, was bei der begleitenden Prüfung vermieden wird. Das gilt allerdings nicht mehr, wenn der Puffer hinreichend groß ist, um die Seiten bis zur erneuten Referenz durch die Transaktion verfügbar zu halten.
– Die Überprüfung am Transaktionsende ist bei beiden betrachteten Rücksetz-Methoden unterlegen.

Diese Modellüberlegungen, deren Ergebnisse hier nur skizziert werden konnten, enthalten eine ganze Reihe bedeutsamer Aspekte, doch sind im Hinblick auf eine allgemeine Leistungsbewertung von Integritätssicherungsmaßnahmen noch folgende Einwände zu berücksichtigen:

– Wenn die Überprüfung nicht durch einen Transaktionsprolog erfolgen kann (bei ad hoc-Anfragen, bei Laufzeit-Bindungen), müssen sowohl begleitende Prüfungen für unverzögerte als auch solche am Ende der Transaktion für verzögerte Bedingungen vorgesehen werden.
– Es gibt derartigen Problemstellungen besser angemessene Rücksetz-Verfahren als die in der genannten Arbeit betrachteten (s. Abschnitt 4.5).
– Es wurde nicht untersucht, inwieweit ein Prolog durch die Möglichkeit der Vorausschau effizientere Algorithmen enthalten könnte, als das DBMS sie zur Laufzeit jeweils anhand eines DML-Befehles anwenden kann. Dieser Aspekt ist vermutlich wesentlich wichtiger als das, bei großen Puffern ohnehin entfallende, Mehrfachlesen von Seiten aus der DB.

Vielleicht haben die in diesem Abschnitt referierten Ansätze und Überlegungen klar machen können, daß der Stand auf diesem Gebiet der DB-Forschung noch dringend weiterer Entwicklungsarbeit bedarf; dies kommt auch bei der in [LUM78] zusammengestellten Bestandsaufnahme deutlich zum Ausdruck, die in vielen Punkten noch heute gültig ist.

4.3 Das Transaktionskonzept

Die im vorigen Abschnitt dargestellten Überlegungen zur Sicherung der semantischen Integrität haben gezeigt, daß allein auf Grund der in der Miniwelt geltenden Regeln durchaus nicht immer eindeutig zu entscheiden ist, welche Folge von Änderungsoperationen – ausgehend von einer vom Benutzer vorgenommenen Initial-Änderung – zusammengehörig in dem Sinne ist, daß erst danach die Datenbank wieder in einem logisch konsistenten Zustand ist. Es wurde weiter deutlich, daß eine explizite Beschreibung aller zur Kontrolle der DB-Konsistenz erforderlichen Zustands- und Übergangsbedingungen außer bei kleinen, überschaubaren Anwendungen, wie etwa dem für die Beispiele benutzten Trivial-Schema, kaum möglich sein dürfte, da eine Überprüfung der Vollständigkeit und Widerspruchsfreiheit theoretisch i.a. nicht möglich ist. Und drittens schließlich wurden plausible Argumente dafür geliefert, daß eine automatische Überwachung aller Konsistenzbedingungen durch das DBMS einen Zusatzaufwand bedeuten würde, der für ernsthafte DB-Anwendungen prohibitiv hoch wäre. Andererseits ist aber zu fordern, daß zwischen DBMS und Anwendungsprogramm eine feste Absprache darüber existiert, in welchen Einheiten und zu welchen Zeitpunkten die durch Änderungsoperationen ausgelösten Zustandsübergänge der Datenbank erfolgen. Dies ist insbesondere für den Fehlerfall, etwa infolge eines Systemzusammenbruches, wichtig; gibt es nämlich keine definierten Übergangseinheiten (oder, wie in frühen DBS, nur sehr kleine in Form einzelner Änderungsoperationen), dann bleibt es wie bei der herkömmlichen Dateibearbeitung dem Anwendungsprogrammierer überlassen herauszufinden, welche Operationen vor dem Auftreten des Fehlers noch erfolgreich ausgeführt wurden, und an welcher Stelle das Programm danach wieder aufgesetzt werden muß. Damit wären aber praktisch alle Maßnahmen zur Sicherung der semantischen Integrität wieder auf den Anwender verlagert, wogegen der eingangs formulierte Anspruch besagt, daß ein modernes DBMS hier eine wesentliche Unterstützung bieten soll. Die Lösung ermöglicht (wie so oft) ein Kompromiß, der darin besteht, Zusicherungen bezüglich der Datenbank-Konsistenz an die schon erwähnten Einheiten der Zustandsübergänge zu knüpfen, und diese Einheiten vom System überwachen zu lassen. Das wird im folgenden näher erläutert.

4.3.1 Definition der Transaktion

In [DATE81] wird der Begriff der Transaktion folgendermaßen eingeführt: „A transaction is a unit of work that is atomic from the view of the enterprise". *Atomic* bedeutet sowohl *unteilbar* in dem Sinne, daß alle zu einer Transaktion gehörenden Einzelaktionen zusammengehören (s. Abschnitt 4.2), als auch *ununterbrechbar* in dem Sinne, daß aus der Sicht des Benutzers die Transaktion entweder vollständig ausgeführt wird oder gar nicht. Der erste Aspekt betrifft offensichtlich die Einhaltung der semantischen Integritätsbedingungen, aus denen sich (evtl. unterstützt durch pragmatische Festlegungen des Benutzers) ergibt, welche Einzelaktionen jeweils zusammen ausgeführt werden müssen, um einen neuen konsistenten Zustand der Datenbank zu erzeugen; der zweite Aspekt, die de-facto-Ununterbrechbarkeit, ist eine Zusicherung des DBMS an den Benutzer, die zwei Teile umfaßt:

- Nachdem eine Transaktion begonnen wurde, kann das Anwendungsprogramm beliebig viele DML-Operationen auf der Datenbank ausführen, deren Auswirkungen sämtlich rückgängig gemacht werden, wenn die Transaktion durch einen äußeren Fehler ihr normales Ende nicht erreichen kann, selbst (durch eine entsprechende Anweisung) ihre abnormale Beendigung verlangt, oder aber dem System ihre normales Ende anzeigt, obwohl einige verzögerte Integritätsbedingungen (s. Abschnitt 4.2) verletzt sind. Dieses Rückgängigmachen der Änderungen unvollständiger Transaktionen wird meist als „Rücksetzen" oder – in Anlehnung an [GRAY78, GRAY81a] – als UNDO bezeichnet.
- Wenn eine Transaktion regulär beendet wurde, womit die wechselseitige Übereinstimmung zwischen Benutzer und DBMS verbunden ist, daß die DB in

einen konsistenten Zustand überführt wurde, dann werden deren Änderungen ohne Rücksicht auf evtl. danach eintretende Fehler in jedem künftigen DB-Zustand sichtbar sein. Das kann, wenn der Fehler z.B. darin besteht, daß eine Platte mit Teilen der Datenbank nicht mehr lesbar ist, bedeuten, daß das DBMS die Änderungen vollständiger Transaktionen *automatisch* wiederholen muß, was entsprechend als REDO bezeichnet wird.

Diese beiden einfachen Zusicherungen des DBMS an den Benutzer bilden die Grundlage des sog. „Transaktions-Paradigmas", das – wie aus den folgenden Betrachtungen noch deutlicher wird – eine ganz spezifische Kontrollstruktur für DB-Anwendungsprogramme impliziert, und damit gegenüber früheren DBS

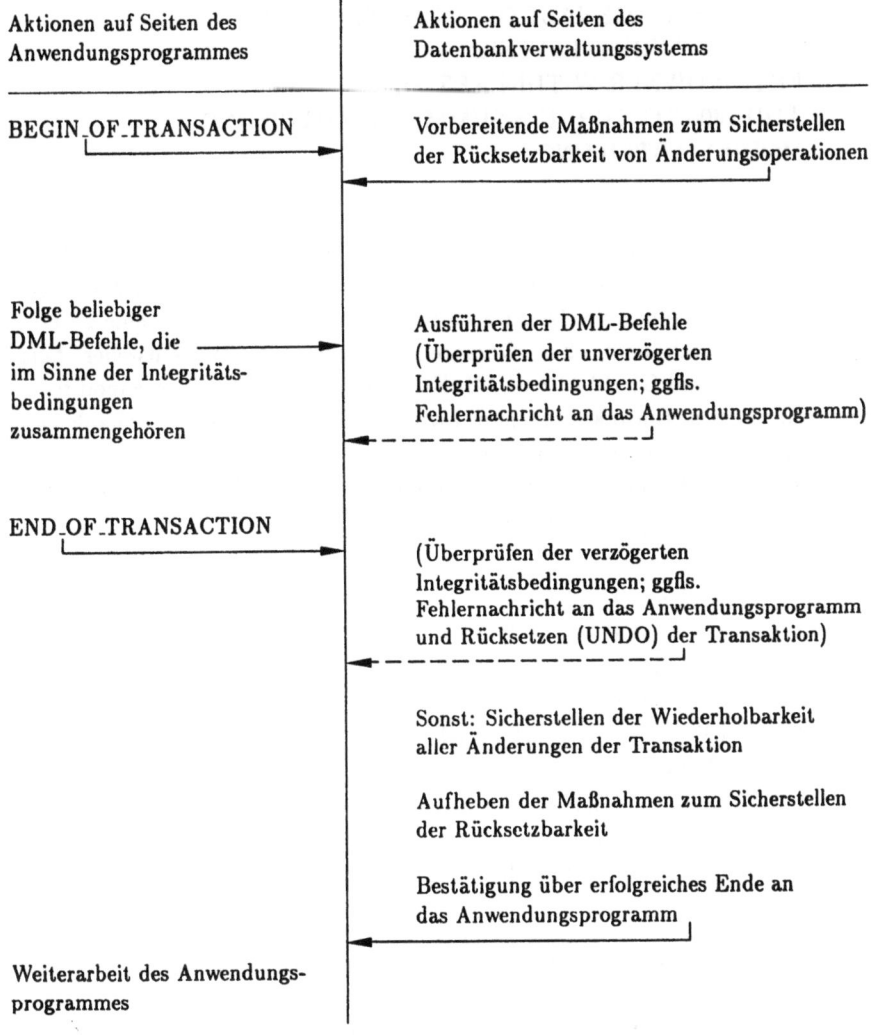

Bild 4.10 Kontrollfluß zwischen DBMS und Anwendungsprogramm bei der Ausführung einer DB-Transaktion

einen neuen Programmierstil erzwingt. Der Kontrollfluß zwischen Anwendungsprogramm und DBMS wird (zumindest in seinen wesentlichen Elementen) in Bild 4.10 dargestellt. Die im rechten Teil von Bild 4.10 in Klammern geschriebenen Aktionen werden nur dann ausgeführt, wenn das DBMS zu einer automatischen Überprüfung von semantischen Integritätsbedingungen in der Lage ist; wir werden auf diesen Punkt und seine Konsequenzen in Abschnitt 4.3.2 zurückkommen.

Betrachten wir nun nochmals die Beispiele c und d aus Abschnitt 4.2.1.6. Beispiel c, die Erhöhung des Gehaltes des Angestellten mit PERS-NR = 1499, kann nun unter Benutzung einer prozeduralen DML folgendermaßen als Transaktion formuliert werden:

```
READY USAGE-MODE IS UPDATE.
    FETCH ANGESTELLTER USING PERS-NR = '1499'.
    ADD 2300 TO GEHALT OF ANGESTELLTER.
    MODIFY ANGESTELLTER.
    FETCH OWNER WITHIN ABT-SET.
    ADD 2300 TO GEHALTS-SUMME OF ABTEILUNG.
    MODIFY ABTEILUNG.
FINISH.
```

Die Kommandos READY und FINISH dienen in dieser speziellen DML zur Kennzeichnung von Transaktionsanfang (künftig mit BOT abgekürzt) bzw. -ende (EOT). Mit der Klammerung der zusammengehörigen Änderungsbefehle zu einer Transaktion ist nach dem oben Gesagten sichergestellt, daß entweder *beide* Felder (GEHALT und GEHALTS-SUMME) in der gewünschten Weise modifiziert werden, oder keines. Ein inkonsistenter Zwischenzustand in der Datenbank kann bei diesen Modifikationen nicht entstehen.

Dasselbe Beispiel könnte im Relationenmodell bei Verwendung der deskriptiven Sprache SQL (in der nicht-eingebetteten Version) folgendermaßen aussehen:

```
BEGIN
  UPDATE ANGESTELLTER
  SET GEHALT = GEHALT + 2300
  WHERE PERS-NR = '1499';
  UPDATE ABTEILUNG
  SET GEHALTS-SUMME = GEHALTS-SUMME + 2300
  WHERE ABT-NR =
    (SELECT ABT-ZUGEH
    FROM ANGESTELLTER
    WHERE PERS-NR = '1499');
COMMIT
```

In dieser Sprache wird BOT bzw. EOT durch die Kommandos BEGIN bzw. COMMIT ausgedrückt.

An dieser Gegenüberstellung läßt sich zweierlei verdeutlichen:

– Wenn logisch zusammengehörige Änderungsfolgen die Modifikation von Attributwerten in Ausprägungen verschiedener Satzarten (Relationen) umfassen,

dann sind auch bei Benutzung sog. deskriptiver Datenbanksprachen entsprechend viele Einzeländerungen innerhalb der Transaktion erforderlich.
- Bei der Version mit der CODASYL-DML bietet das unterstellte DBMS keinerlei Möglichkeiten zur *expliziten* Formulierung der semantischen Integritätsbedingungen, die wir in Abschnitt 4.2 für diese Miniwelt angenommen hatten. [3] Die Transaktionsklammern stehen also in diesem Falle um eine Folge von DML-Befehlen, für deren Korrektheit der Anwendungsprogrammierer die alleinige Verantwortung trägt. Die relationale Lösung unter Benutzung von SQL dagegen läßt zumindest prinzipiell die vollständige Realisierung des in Bild 4.2 dargestellten Ablaufes zu: Die nicht verzögerte Übergangsbedingung bei der Änderung des Angestellten-Gehaltes kann vom System überwacht werden und auch die (notwendigerweise verzögerte) Bedingung, daß die Gehalts-Summe einer Abteilung stets gleich der Summe der Gehälter ihrer Angestellten sein muß, läßt sich jetzt in natürlicher Weise der COMMIT-Bearbeitung zuordnen. Es ist dabei aus der hier relevanten Sicht völlig gleichgültig, ob diese Konsistenzüberprüfungen erst zur Laufzeit im DBMS angestoßen oder schon zur Übersetzungszeit in das Anwendungsprogramm eingebaut werden (s. Abschnitt 4.2).

Betrachten wir nun zum Vergleich das Beispiel d aus Abschnitt 4.2.1.6, wo es um eine 10%-ige Erhöhung aller Angestellten-Gehälter geht. In CODASYL-DML sieht die zugehörige Transaktion folgendermaßen aus:

```
READY USAGE-MODE IS UPDATE.
    MOVE "N" TO END-OF-ABT.
    FIND FIRST ABTEILUNG.
NEU-ABT.
    MOVE "N" TO END-OF-ANG.
    FETCH FIRST ANGESTELLTER WITHIN ABT-ANG.
    PERFORM ERH-GEH UNTIL END-OF-ANG = "J".
    FETCH CURRENT ABTEILUNG.
    COMPUTE GEHALTS-SUMME =
        GEHALTS-SUMME + (GEHALTS-SUMME/10).
    MODIFY ABTEILUNG.
    FIND NEXT ABTEILUNG.
    IF END-OF-ABT <> "N" THEN GO TO NEU-ABT.
    GOTO EOT.
ERH-GEH.
    COMPUTE GEHALT = GEHALT + (GEHALT/10)
    MODIFY ANGESTELLTER
    FETCH NEXT ANGESTELLTER WITHIN ABT-ANG.
EOT.
FINISH.
```

---

[3] Abgesehen von den Klauseln zur Festlegung der Wertebereich der Attribute.

Bei diesem Programmbeispiel wird unterstellt, daß in den zur Behandlung von DB-Sonderzuständen vorgesehenen USAGE-Klauseln (in der DECLARATIVES SECTION der PROCEDURE DIVISION) bei der end-of-set-Bedingung in ABT-ANG der Zustandsanzeiger END-OF-ANG auf "N" und bei der end-of-record-Bedingung für den Satztyp ABTEILUNG der Zustandszeiger END-OF-ABT auf "N" gesetzt werden.

Die gleiche Aufgabe wird mit SQL so formuliert:

```
BEGIN
  UPDATE ANGESTELLTER
  SET GEHALT = GEHALT + (GEHALT/10);
  UPDATE ABTEILUNG
  SET GEHALTS-SUMME =
      GEHALTS-SUMME + (GEHALTS-SUMME/10);
COMMIT
```

Es ist klar, daß die Formulierung dieser Änderungstransaktion mit Hilfe der mengenorientierten Sprache SQL (in der nicht eingebetteten Version) wesentlich kürzer ausfällt als in der navigierenden CODASYL-DML. Bezüglich der Überprüfung von Integritätsbedingungen durch das DBMS gelten ähnliche Argumente wie beim vorigen Beispiel. Da bei CODASYL-Systemen keine deskriptive Darstellung semantischer Integritätsbedingungen möglich ist – und damit keine Überprüfung durch das DBMS – bleibt die einzige Garantie für das Anwendungsprogramm die Ununterbrechbarkeit aller zwischen BOT und EOT durchgeführten Aktionen. Bei der SQL-Transaktion werden, wie schon bei Beispiel c, die nicht verzögerten Übergangsbedingungen ständig während der Transaktionsausführung überprüft, die verzögerte Summenbedingung bei der COMMIT-Bearbeitung. Man beachte jedoch, daß auf Grund der in Abschnitt 4.2.2.1 formulierten Integritätsbedingungen auch eine Erhöhung der Angestellten-Gehälter derart möglich wäre, daß pro Transaktion jeweils ein Angestellten-Satz und der zugehörige Abteilungs-Satz verändert werden; die Forderung, daß alle Angestellten quasi gleichzeitig vom alten auf den neuen Fortschreibungsstand der Gehälter gebracht werden sollen, ist sinnvoll nur mit Hilfe des Transaktions-Konstruktes ausdrückbar.

Nach diesen Beispielen sollen die Eigenschaften des Transaktionskonzeptes, soweit sie bisher sichtbar geworden sind, nochmals zusammengefaßt werden.

- Die Transaktion ist die einzige Strukturierungseinheit der Benutzeraktionen auf der Datenbank, d.h. oberhalb der in Bild 3.1 dargestellten Abbildungshierarchie gibt es nur noch Ausprägungen des Objekt-Typs „Transaktion" mit dem Operator „Ausführen". Das wird in Bild 4.11 veranschaulicht.

Wir nehmen an, daß auf einer Datenbank zeitlich parallel (diese Aspekte werden im nächsten Abschnitt noch ausführlich behandelt) von k Terminals aus interaktive Transaktionen ausgeführt werden, und außerdem im Hintergrund zu jedem Zeitpunkt eine (typischerweise lange) Batch-Transaktion läuft. Da die Transaktion aus Benutzersicht die einzige Einheit des Zustandsübergangs der Datenbank von einem in einen neuen *konsistenten* Zustand ist, bietet die Datenbank zum willkürlich

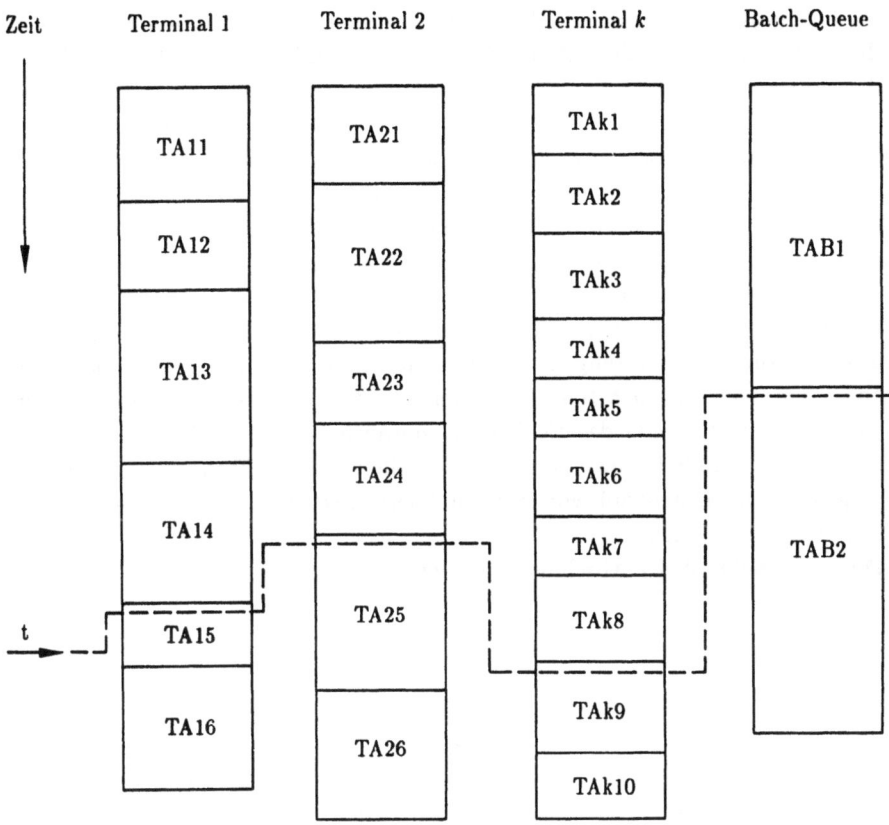

Bild 4.11 Transaktionen als Einheiten der Zustandsübergänge in DBS

gewählten Zeitpunkt t das durch die gestrichelte Linie angedeutete Bild. In diesem Moment ist TA15 in Bearbeitung, ebenso TA25 und TAB2, während TAk8 gerade erfolgreich beendet wurde. Erzwingt man nun eine „Momentaufnahme" der Datenbank – was z.B. durch einen Maschinenausfall geschieht – dann muß nach den Erfordernissen des Transaktions-Paradigmas die Datenbank nach dem Wiederanlauf in einem Zustand sein, der alle Änderungen bis inkl. der Transaktionen TA14, TA24, TAk8 und TAB1 enthält, jedoch keine Auswirkungen der folgenden. Daraus ergeben sich unmittelbar die weiteren Konsequenzen.

- Auch Folgen zusammengehöriger Lese-(Retrieval-) Operationen müssen zu Transaktionen geklammert werden, das heißt, es darf zwischen einem EOT- und dem nachfolgenden BOT-Kommando kein isolierter DML-Befehl ausgeführt werden. In Abschnitt 4.4 werden weitere Gründe hierfür diskutiert.
- Die Transaktion ist im Fehlerfall die Einheit der Recovery; je nachdem, ob sie im Moment des Fehlers noch aktiv war oder schon beendet, sind ihre Auswirkungen vollständig aus der Datenbank zu entfernen, oder sie sind erforderlichenfalls vollständig zu wiederholen: ein Drittes gibt es nicht (s. auch Abschnitt 4.5).

Eine Transaktion kann auch selbst ihr Scheitern erklären (z.B. in der UDS-DML durch den Befehl FINISH WITH CANCEL, in SQL durch ROLL BACK); in diesem Fall werden alle ihre Aktionen rückgängig gemacht.

- Die Transaktion ist im Normalbetrieb die Einheit der Isolierung für die von ihr angesprochenen bzw. veränderten Objekte (Satzausprägungen, Zugriffspfade usw.). Da die Transaktion bei ihrer Beendigung einen konsistenten Zustand hinterlassen muß (wir wollen hier annehmen, daß dies stets gewährleistet ist.), muß sie zu Beginn natürlich auch stets einen konsistenten Zustand vorfinden. Weiterhin dürfen während ihrer Ausführung die von ihr berührten Objekte nicht unkontrolliert geändert werden (dadurch würden sich nachträglich ihre Eingangsvoraussetzungen ändern), und Resultate einer Transaktion nicht an andere Transaktionen (oder auch Terminalbenutzer) weitergegeben werden, da bis zur Bestätigung des EOT nicht gewährleistet ist, daß die Transaktion erfolgreich zu Ende kommt. Somit müssen alle von einer Transaktion benutzten Objekte in der Datenbank vor einem unkontrollierten Zugriff anderer Transaktionen isoliert werden.

Diesem Aspekt ist der Abschnitt 4.4 gewidmet.

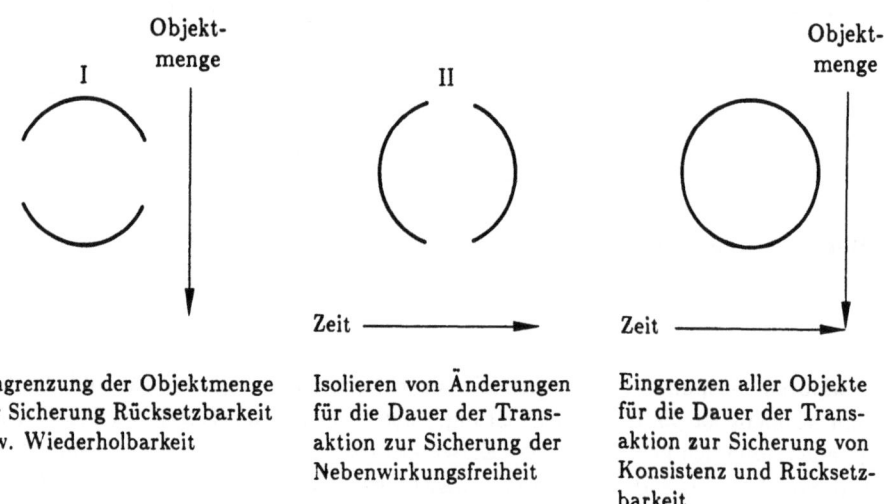

Bild 4.12 Die Transaktion als Einheit des Sperrens und der Recovery

Die letzten beiden Eigenschaften der Strukturierungseinheit „Transaktion" werden in Bild 4.12 graphisch veranschaulicht. Wir können damit die eingangs benutzte Definition des Transaktionsbegriffes in folgender Weise präzisieren:

Die Transaktion ist eine Folge von Operationen, welche die Datenbank in ununterbrechbarer Weise von einem konsistenten Zustand in einen (nicht notwendig verschiedenen) konsistenten Zustand überführt.

"Konsistent" meint hier natürlich die Einhaltung aller semantischen Integritätsbedingungen. In [HÄRD83b] werden die wesentlichen Eigenschaften einer Transaktion als Merkregeln im ACID-Prinzip zusammengefaßt; demnach ist eine Transaktion gekennzeichnet durch

Atomicity   (Ununterbrechbarkeit)
Consistency   (Konsistenzerhaltung)
Isolation   (Isolierter Ablauf)
Durability   (Dauerhaftigkeit der Ergebnisse)

Am Rande sei bemerkt, daß es sich bei einer derartigen Strukturierung der Übergänge auf der obersten Abstraktionsebene nach Bild 3.1 in ununterbrechbare Einheiten durchaus nicht um ein neues, sondern ein beim Entwurf hierarchischer Systeme sehr gängiges Prinzip handelt. So ist z.B. für den Anwendungsprogrammierer jeder DML-Befehl, sei es ein FIND oder ein STORE, eine atomare Operation: Entweder wird sie erfolgreich ausgeführt, oder sie scheitert (unter Hinterlegung eines Return-Codes), aber derart, daß die Datenbank keinerlei Spuren z.B. eines nicht erfolgreichen STORE-Befehles enthält. In gleicher Weise wird jeder DML-Befehl wiederum durch atomare Sub-Operationen implementiert, bis hinunter zu den (durch die Hardware ununterbrechbar gemachten) Maschineninstruktionen. In diesem Sinne ist die Transaktion ein sinnvoller Abschluß der Hierarchie von Operatoren, die jeweils für die nächst höhere, benutzende Schicht ununterbrechbar erscheinen. Wir werden auf die Verallgemeinerung dieser Idee in Form geschachtelter Transaktionen noch zurückkommen.

4.3.2 Konsequenzen des Transaktionskonzeptes

Aus der oben angegebenen Definition der Transaktion ergeben sich für den Anwendungsprogrammierer, der Transaktionsprogramme für ein DBMS schreibt, das dieses Konzept unterstützt (und das sind praktisch alle modernen Datenbanksysteme), einige Schlußfolgerungen, die die Entwicklung solcher Programme – vor allem der für Änderungstransaktionen – wesentlich beeinflussen. So besagt die Definition z.B., daß eine Transaktion die Datenbank stets in einen konsistenten Zustand überführt. Diese Festlegung ist unabhängig davon, ob die semantischen Integritätsbedingungen explizit gemacht wurden und so im Verlaufe der Transaktionen bzw. bei EOT vom System überprüft werden können; da bei den meisten marktgängigen Systemen hierfür keine oder nur rudimentäre Vorkehrungen existieren, ist der Begriff der logischen Konsistenz bei transaktionsorientierten Systemen im Prinzip genau umgekehrt definiert: Jeder Zustand der DB, der nur von abgeschlossenen Transaktionen herrührt, ist konsistent. Dies ist eine einfache Erweiterung der bei früheren DBS ohne Transaktionskonzept gebräuchlichen Festlegung der physischen oder Speicher-Konsistenz als ein Zustand, der nur die Auswirkungen vollständig ausgeführter DML-Befehle enthält. Ohne Überwachung der wichtigsten Integritätsbedingungen durch das DBMS degeneriert also die Transaktion zu einer rein syntaktischen Klammer um eine Folge zusammengehöriger

DML-Befehle, die (von Seiten des Systems) nur die Ununterbrechbarkeit garantiert [GRAY81b].

Aus dieser Eigenschaft ergibt sich eine weitere Folgerung. Da die Änderungen einer Transaktion, deren erfolgreiches Ende (EOT) vom DBMS bestätigt wurde, auf jeden Fall überleben müssen (Dauerhaftigkeit der Ergebnisse), bedeutet dies, daß es keine automatische Rücksetzmöglichkeit für solche Transaktionen geben kann – auch dann nicht, wenn sie im Nachhinein als fehlerhaft anerkannt wurden. Auch dies ist eine Konsequenz aus der den Transaktionen definitorisch zuerkannten Korrektheit im Sinne der semantischen Integritätsbedingung. Auf dieses Problem weist auch Randell in [RAND79] ausdrücklich hin: „This assumption is in fact typical of database systems, which take the signalling by the user of completion of an update transaction as his guarantee that the update information is correct. It is just too bad if he later finds out that this was not the case".

Die Auswirkungen fehlerhafter Transaktionen können also nur durch andere Transaktionen wieder beseitigt werden, ein Vorgehen, das meist als kompensative Recovery bezeichnet wird [HÄRD78a]. Die Frage freilich, wie bei DBMS, die semantische Integritätsbedingungen nicht automatisch überwachen, abgeschlossene Änderungstransaktionen als fehlerhaft erkannt und damit Kompensationsmaßnahmen eingeleitet werden können, ist bisher nicht systematisch untersucht worden, obwohl die Notwendigkeit hierfür ebenso wie für die Erkennung von Fehlern im DBMS-Code bzw. von spontanen Speicherfehlern auf den Platten von einigen Anwendern deutlich artikuliert wird [GILB80].

Für den Bereich der Speicherungsstrukturen gibt es Vorschläge zum Einbau von statischer und dynamischer Redundanz mit dem Ziel, eine von Transaktionsgrenzen unabhängige Fehlererkennung, -behandlung und -eingrenzung zu ermöglichen. Interessierte Leser seien auf [KÜSP85, THOM77] und [VERH78] verwiesen.

Die letzte, am wenigsten offensichtliche Konsequenz ist die für die praktische Programmierung wahrscheinlich wichtigste: Ein transaktionsorientertes DBMS übernimmt über Transaktionsgrenzen hinweg keinerlei Garantie hinsichtlich der Reihenfolge der Bearbeitung gleichzeitig ablaufender Transaktionen. Der Benutzer darf nicht erwarten, daß Transaktionen, auch wenn sie vom selben Typ sind, in derselben Reihenfolge beendet werden, wie sie gestartet wurden. Das Transaktionskonzept garantiert lediglich die Ununterbrechbarkeit von Transaktionen und damit (s. Abschnitt 4.4) ihre Nebenwirkungsfreiheit im Mehrbenutzerbetrieb. Wenn n verschiedene Transaktionen gleichzeitig ablaufen („gleichzeitig" bedeutet hierbei, daß es einen Zeitpunkt t gibt, zu dem alle n Transaktionen noch nicht beendet sind), dann hat der Benutzer die Gewähr, das System danach in einem Zustand vorzufinden, wie er entstanden wäre, wenn die n Transaktionen in irgendeiner der n! möglichen sequentiellen Anordnungen nacheinander (im Einbenutzerbetrieb) abgelaufen wäre [ESWA76]. Daß die n! Endzustände dabei i.a. verschieden ausfallen werden, zeigt das folgende einfache Beispiel für n=2.

In einer Bankanwendung gebe es u.a. eine Relation, die die Kunden-Konten beschreibt, mit den Attributen KONTO-NR, KUNDEN-NR, KONTO-STAND, UEBERZIEHUNGS-GRENZE usw. Für das Konto 123456 mit dem Stand 1000,- DM und der Überziehungsgrenze von 2000,- DM mögen gleichzeitig folgende Transaktionen ausgeführt werden:

- TA1 versucht (unter Einhaltung der Integritätsbedingung, daß der negative Kontostand die Überziehungsgrenze nicht überschreiten darf) 3.500,- DM abzubuchen.
- TA2 bucht 1.500,- DM auf das Konto 123456.

Nun garantiert das Transaktionskonzept, daß das Resultat entweder der Reihenfolge TA1, TA2 oder der Reihenfolge TA2, TA1 entspricht (Wir unterstellen hier, daß keine der Transaktionen aus äußeren Gründen scheitert.). Es sind also folgende DB-Zustände möglich:

- TA1, TA2 : Der Kontostand beträgt 2.500,- DM, und die Abbuchung wurde nicht ausgeführt.
- TA2, TA1 : Der Kontostand beträgt -1.000,- DM, und die Abbuchung wurde ausgeführt.

Wenn beide Transaktionen im obigen Sinne gleichzeitig ablaufen, dann ist das Resultat von Zufällen wie der aktuellen Maschinenbelegung, Laufzeiten von Nachrichten auf Leitungen usw. abhängig – beide Ergebnisse sind allerdings nach Maßgabe der Definition des Transaktionskonzeptes logisch konsistent. Wenn es aus der Sicht der Miniwelt so etwas wie „transaktionsübergreifende" Konsistenzbedingungen gibt, dann müssen die entsprechenden Operationen auf der Datenbank entweder in einer Transaktion zusammengefaßt werden, oder die gewünschte Sequenz (z.B. erst Zu-, dann Abbuchungen) ist durch organisatorische Maßnahmen zu erzwingen. Für eine grundlegende Diskussion der Abhängigkeiten und Wechselwirkungen zwischen zeitlich überlappenden Prozessen (nicht nur solchen auf Computern) sei auf [BJOR73] und [DAVI73] verwiesen, deren Konzept des Kontrollbereiches (engl: „sphere of control") als Ursprung des Transaktions-Paradigmas anzusehen ist. Streng genommen besagt das Transaktions-Paradigma, daß nicht nur gleichzeitig ablaufende Transaktionen beliebig umgeordnet werden können; die formale Konsistenz ist auch gewahrt, wenn Transaktionen, die (in der äußeren Zeit) nacheinander abgelaufen sind, vom System so angeordnet werden, als wären sie in der umgekehrten Reihenfolge erschienen. Dies kann zu Effekten führen, die aus der Sicht des Benutzers wie grobe Inkonsistenzen aussehen. Siehe hierzu [LAUS82, PEIN86].

4.3.3 Aufgaben der Transaktionsverwaltung

Da die Transaktion, wie in Abschnitt 4.3.1 dargelegt wurde, Einheit der Recovery und der Isolierung der benötigten Datenbankobjekte ist, und somit auch Zuteilungseinheit für die DB-spezifischen Betriebsmittel seitens des DBMS, kommt der Transaktionsverwaltung als einer Komponente dieses Systems eine besonders wichtige Rolle zu. Dies soll an dem aus [HÄRD80] entnommenen Bild 4.13 verdeutlicht werden. Diese Abbildung zeigt einige zentrale Komponenten eines DBMS, die erforderlich sind, um die in Bild 3.1 dargestellte Abbildungshierarchie zu realisieren. Die Zugriffspfadverwaltung und die Systempufferverwaltung wurden in Kapitel 3 bereits vorgestellt; die Sperrkomponente und die Protokoll-Komponente werden in den restlichen Abschnitten dieses Kapitels behandelt.

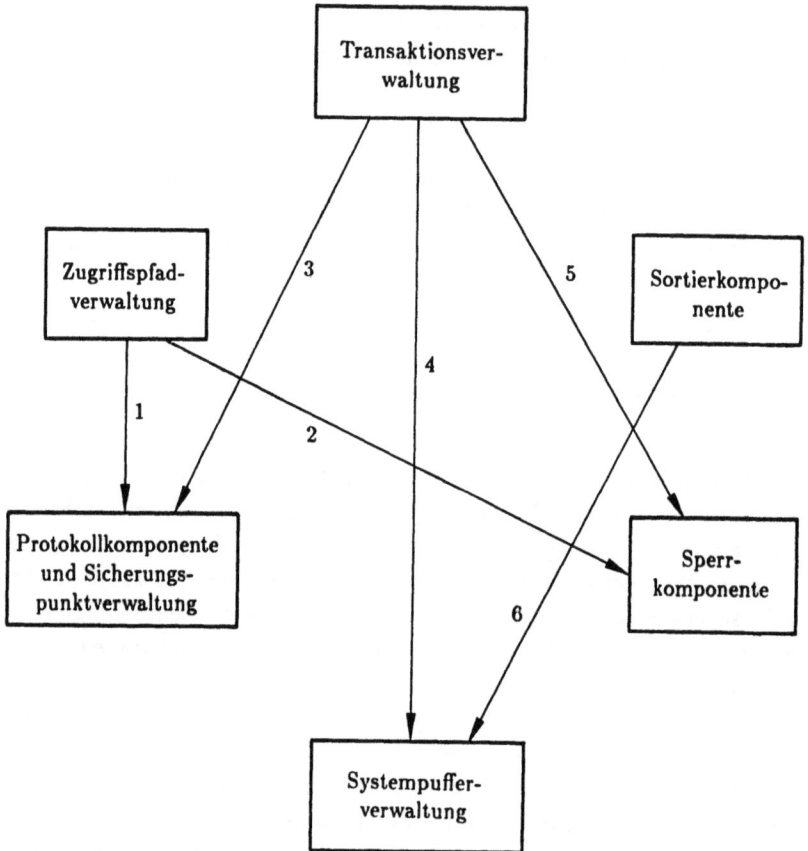

Bild 4.13 Beziehungen zwischen den Komponenten eines DBMS, die die Systemleistung wesentlich beeinflussen

Die Pfeile in Bild 4.13 bezeichnen funktionell bedingte Abhängigkeiten zwischen den jeweiligen Komponenten deren sorgfältige Berücksichtigung bei der Implementierung des DBMS entscheidend für die spätere Leistungsfähigkeit des Systems ist. Deren ausführliche Diskussion findet sich in dem genannten Artikel; hier soll nur auf die Beziehungen zur Transaktionsverwaltung eingegangen werden. Diese Komponente hat, ganz allgemein gesprochen, folgendes zu leisten:

- Aktivierung neuer Transaktionen bei Eintreffen entsprechender Anforderungen von Seiten eines Anwendungsprogrammes,
- Kontrolle des parallelen Ablaufes aller gleichzeitig aktiven Transaktionen, insbesondere Überwachung der Betriebsmittelvergabe,
- Abwicklung der EOT-Behandlung, Einleiten von Rücksetz-Maßnahmen bei einem Scheitern der Transaktion, Freigabe aller Betriebsmittel.

Jede dieser Verwaltungsmaßnahmen erfordert einen Informationsaustausch mit anderen Systemkomponenten, wie er im folgenden kurz skizziert werden soll.

- Beziehung zur Protokoll-Komponente (3): Die Ununterbrechbarkeit einer Transaktion erfordert die Sammlung und Sicherstellung von Informationen zum Zurücksetzen (UNDO) aller Änderungen, solange sie noch nicht beendet wurden, und spätestens im Moment der Beendigung der Transaktion die Sicherstellung von Informationen, die eine Wiederholung der Transaktionen ermöglichen. Solche Informationen werden üblicherweise als Protokoll-Informationen bezeichnet, die Beschreibung der zu ihrer Verwaltung benutzten Techniken findet sich in Abschnitt 4.5. Abhängig davon, welche Implementierungstechnik für die Protokoll-Komponente gewählt wird, kann bei BOT bzw. EOT eine z.T. beträchtliche Zahl von Ausgabeoperationen auf externe Speicher anfallen, die – zumal, wenn sehr viele kurze Änderungstransaktionen verarbeitet werden sollen – zu einer Serialisierung der gesamten DB-Aktivitäten an der Protokoll-Datei führen können. Beispiele hierfür werden in Abschnitt 4.5 diskutiert. Um das zu vermeiden, sind insbesondere während der EOT-Behandlung die Eigenschaften der Protokoll-Komponente bei der Transaktionsverwaltung zu berücksichtigen (z.B. verzögertes EOT bei IMS/Fast Path [IMS]).
- Beziehungen zur Systempufferverwaltung (4): Da der Puffer der zentrale Arbeitsbereich des DBMS ist, und die Minimierung der Zahl der physischen Seitentransporte zwischen diesem und den Externspeichern immer noch ein wichtiges Kriterium der Leistungsoptimierung darstellt [EFFE81b], ist es sinnvoll zu fordern, daß schon die Transaktionsverwaltung die jeweilige Pufferbelegung und Fehlseitenrate bei der Aktivierung neuer Transaktionen berücksichtigt. Wenn z.B. zu einem bestimmten Zeitpunkt die Fehlseitenrate schon sehr hoch ist, d.h. die Lokalität zwischen den parallel ablaufenden Transaktionen ist – zumindest für die aktuelle Größe des DB-Puffers – nicht ausreichend, wird es nicht sinnvoll sein, eine weitere Transaktion zu aktivieren, von der anzunehmen ist, daß sie wiederum andere Seiten benötigt als die schon aktiven. Andernfalls kann das Phänomen des Thrashing im DB-Puffer auftreten [EFFE81a]. Man kann diesen Ansatz noch weiter verfolgen und die auf einer Datenbank ablaufenden Transaktionen in Klassen einteilen, die charakterisiert sind durch die Art und Anzahl der von den Ausprägungen der jeweiligen Klasse benötigten Seiten bzw. Seiten-Typen. Solche Angaben könnten von der Transaktionsverwaltung herangezogen werden, um von mehreren anstehenden Transaktionen genau die zu aktivieren, die hinsichtlich der Pufferausnutzung sowie der zu erwartenden Sperrkonflikte am besten zu den schon laufenden Transaktionen paßt. Derartige Strategien sind allerdings noch in keinem DBMS implementiert; lediglich in SDD-1 [BERN80] wird eine ähnliche Vorab-Klassifizierung von Transaktionstypen vorgenommen, dort allerdings ausschließlich zum Zwecke der Sperrverwaltung.
- Beziehungen zur Sperrkomponente (5): Da der Sperrkomponente die transaktionsbezogene Isolierung der benötigten Datenbankobjekte obliegt, ist die Notwendigkeit einer Abstimmung zwischen beiden offensichtlich. In den meisten existierenden DBMS kann es zu sog. Deadlock-Situationen kommen (s. Abschnitt 4.4.5), bei denen zwei oder mehrere Transaktionen derart gegenseitig auf Betriebsmittel (DB-Objekte) warten, daß ein Warte-Zyklus entsteht, der nur dadurch aufgelöst werden kann, daß einer Transaktion ihre Betriebsmittel entzogen werden – was nach dem Transaktions-Paradigma deren vollständiges

Zurücksetzen bedeutet. Da dies offensichtlich ein Scheitern der Transaktion bedeutet, das nicht auf Grund einer Konsistenzverletzung oder eines Programmfehlers zustande kommt, sondern nur durch die Zufälligkeiten der Aktivierung verursacht ist, sollte natürlich der Schaden möglichst gering gehalten, d.h. die Transaktion zurückgesetzt werden, die am leichtesten (mit den geringsten Kosten) zu wiederholen ist. Es gibt auch Ansätze, die Transaktionsverwaltung mit der Sperrverwaltung so abzustimmen, daß Deadlocks und damit „unberechtigtes" Zurücksetzen von Transaktionen vermieden werden; in Datenbanksystemen kommen hierfür zwei Methoden in Betracht:

- Jede Transaktion muß schon zu Beginn angeben, welche Objekte sie benötigt; die Transaktionsverwaltung kann dann mit Hilfe der Sperrverwaltung feststellen, ob ein Deadlock möglich ist und die Transaktion ggfls. verzögern. In dieser Form wird die sog. Deadlock-Verhütung nur selten angewendet; der SDD-1-Ansatz [BERN80] ist eine Modifikation dieser Idee für etwas andere Zwecke. Weitere Vorschläge in dieser Richtung (vor allem für verteilte DBS, wo ein Zurücksetzen besonders teuer werden kann) finden sich z.B. in [LOME77, LOME79, ROSE78]. In Abschnitt 4.4.5 wird die Brauchbarkeit des Konzeptes der vorherigen Anmeldung aller benötigten Objekte noch etwas ausführlicher diskutiert.
- Transaktionen, bei denen die Gefahr besteht, daß ihre Objektmengen überlappend sind, müssen durch die Transaktionsverwaltung strikt sequentialisiert werden. Nun lassen sich zwar innerhalb einer Anwendung sicherlich Transaktionsklassen unterscheiden, die disjunkte Objektmengen benötigen, doch bei Exemplaren vom gleichen Typ (z.B. Transaktion „Abbuchung" ist von vornherein nicht absehbar, welche Datensätze und welche Objekte auf der Ebene der Zugriffspfadstrukturen sie benötigen werden; somit wäre bei diesem Ansatz eine i.a. unnötig strikte Sequentialisierung des Ablaufes (und damit eine Durchsatzverringerung) die Folge.

Leistungsuntersuchungen aus jüngster Zeit demonstrieren eindrucksvoll, daß eine sorgfältige Abstimmung zwischen der Transaktionsverwaltung und der Sperrverwaltung erhebliche Leistungsverbesserungen bewirken können, u. U. mehr als dies Optimierungen an den „offensichtlichen" Stellen vermögen [PEIN86].

4.4 Aufgaben der Synchronisierungs-Komponente

In Abschnitt 4.3 wurde bereits deutlich gemacht, daß zur Wahrung der Ununterbrechbarkeit einer Transaktion die von ihr benutzten Objekte auf der Datenbank solange von den anderen, gleichzeitig ablaufenden Transaktionen isoliert werden müssen, bis die Transaktion beendet ist, und sichergestellt werden kann, daß sie auch auf jeden Fall überlebt. In diesem Abschnitt soll zunächst die Notwendigkeit solcher Isolierungsmaßnahmen durch Beispiele demonstriert werden, wobei gleichzeitig deutlich wird, welches die zu isolierenden Objekte sein können. Danach werden die Implementierungstechniken für die Synchronisierung (wie die Koordinierung des Ablaufs üblicherweise heißt) in DBMS näher erläutert und einige Konsequenzen für den Aufbau und den Betrieb des Systems diskutiert.

4.4.1 Klassifizierung der Fehler im Mehrbenutzerbetrieb

Im folgenden soll an einigen einfachen Beispielen gezeigt werden, daß Transaktionsprogramme, die für sich genommen völlig fehlerfrei sind und die Datenbank, liefen sie allein ab, in einem konsistenten Zustand hinterlassen würden, zu falschen Ergebnissen führen können, wenn sie parallel zu anderen (ebenso korrekten) Transaktionen ausgeführt werden, sofern das DBMS nicht durch geeignete Synchronisierungsmaßnahmen die in Abschnitt 4.3 geforderte Nebenwirkungsfreiheit aller Änderungstransaktionen garantiert. Die Vielzahl der möglichen Fehlersituationen läßt sich auf sieben Grundtypen reduzieren, die jeweils am parallelen Ablauf von nur zwei Transaktionen, von denen mindestens eine Änderungen in der Datenbank durchführt, dargestellt werden können. Für die Beispiele wird wieder das zu Beginn von Abschnitt 4.1 eingeführte Mini-Schema ABTEILUNG-ANGESTELLTER in der CODASYL-Variante benutzt.

4.4.1.1 Die inkonsistente Analyse

Dieser Fehler tritt auf, wenn eine Transaktion Daten (Attributwerte) liest, die gerade von einer anderen Transaktion verändert werden. Wir nehmen an, daß eine Transaktion TL die Gehälter einiger Angestellten liest und sie in einem Rechenfeld X addiert; gleichzeitig möge eine andere Transaktion TM die GEHALT-Felder in einigen Ausprägungen des Satztyps ANGESTELLTER ändern. Dabei kann sich z.B. der folgende Ablauf ergeben:

TL	TM	Feldinhalte der zuletzt benutzten Satzausprägungen auf der Datenbank	
		PERS-NR	GEHALT
FETCH ANGESTELLTER USING PERS-NR=1492		1492	17000
ADD GEHALT TO X		1492	17000
	FETCH ANGESTELLTER USING PERS-NR=1492	1492	17000
	ADD 1000 TO GEHALT	1492	17000
	MODIFY ANGESTELLTER	1492	18000
	FETCH ANGESTELLTER USING PERS-NR=1500	1500	42000
	ADD 2000 TO GEHALT	1500	42000
	MODIFY ANGESTELLTER	1500	44000
FETCH ANGESTELLTER USING PERS-NR=1500		1500	44000
ADD GEHALT TO X		1500	44000

412 Maßnahmen zur Wahrung von Sicherheits- und Integritätsbedingungen

Man sieht leicht, daß auf diese Weise in X eine Gehaltssumme gebildet wird, die nicht die zu diesem Zeitpunkt aktuell gültige der beiden Angestellten ist; vielmehr enthält X einen Wert, der zu keinem Zeitpunkt einen gültigen Zustand der Datenbank wiedergegeben hat. Der Grund liegt darin, daß für PERS-NR = 1492 der zu dem konsistenten Zustand *vor* Ausführung von TM gehörende Wert benutzt wurde, für PERS-NR = 1500 der zu dem (wie wir hier unterstellen) ebenfalls konsistenten Zustand *danach* gehörende. Damit also eine Transaktion stets korrekte Ergebnisse liefert, ist nicht nur – wie bisher – zu fordern, daß sie von einem konsistenten DB-Zustand ausgeht; das DBMS muß darüber hinaus noch gewährleisten, daß die Transaktion während ihrer gesamten Dauer stets *denselben* Zustand sieht, und zwar für alle von ihr benötigten Objekte.

4.4.1.2 Abhängigkeit von nicht freigegebenen Änderungen

Diese Art der Anomalie im Mehrbenutzerbetrieb ist der inkonsistenten Analyse sehr ähnlich; auch hier ist die Ursache die Verwendung irgendwelcher Attributwerte durch eine Lesetransaktion, die gleichzeitig von einer anderen Transaktion verändert werden. Der Unterschied besteht darin, daß in diesem Fall der von der Lesetransaktion verwendete Zustand kein konsistenter bzgl. der Aktionen der Änderungstransaktion ist. Am folgenden Ablaufprotokoll wird das deutlich, wobei die Voraussetzungen dieselben sind wie beim vorigen Beispiel:

TL	TM	Feldinhalte der zuletzt benutzten Satzausprägungen auf der Datenbank	
		PERS-NR	GEHALT
FETCH ANGESTELLTER USING PERS-NR=1492		1492	17000
ADD GEHALT TO X		1492	17000
	FETCH ANGESTELLTER USING PERS-NR=1500	1500	42000
	ADD 10000 TO GEHALT	1500	42000
	MODIFY ANGESTELLTER	1500	52000
FETCH ANGESTELLTER USING PERS-NR=1500		1500	52000
ADD GEHALT TO X		1500	52000
	FINISH WITH CANCEL		

TM kann man sich hier als eine vom Terminal aus abgewickelte Transaktion vorstellen, die zunächst das Gehalt des Angestellten mit PERS-NR = 1500 um einen zu großen Betrag erhöht, und - nachdem der Fehler durch Plausibilitätsprüfungen im Rahmen der EOT-Behandlung festgestellt wurde - insgesamt zurückgesetzt wird. Das von TL gelesene Gehalt von 52.000,- DM entspricht also keinem konsistenten Zustand der Datenbank, das von ihr berechnete Ergebnis ist daher auf jeden Fall falsch. Die Konsequenz daraus ist, daß alle Änderungen, die von einer noch nicht beendeten Transaktion herrühren, solange vor allen parallel laufenden Transaktionen verborgen werden müssen, bis sicher ist, daß die ändernde Transaktion und damit die von ihr erzeugten neuen Werte überleben werden (erfolgreiches EOT).

4.4.1.3 Das Phantom-Problem

Das sog. Phantom-Problem ist wiederum eine Anomalie beim gleichzeitigen Ablauf einer Lese- und einer Änderungstransaktion; es wurde erstmals in [ESWA76] beschrieben, und zwar an einem der hier verwendeten Miniwelt sehr ähnlichen Beispiel. Wir nehmen eine Transaktion TL an, die in periodischen Abständen die Einhaltung gewisser semantischer Integritätsbedingungen überprüft; dazu liest sie alle Ausprägungen der Satzart ANGESTELLTER abteilungsweise nacheinander ein, und vergleicht die Summe aus deren Gehältern mit dem in GEHALTS-SUMME des jeweiligen ABTEILUNGS-Satzes gespeicherten Wert. Die Transaktion TM speichert den Satz für einen neuen Angestellten ein und modifiziert den zugehörigen Satz von ABTEILUNG gem. den in Abschnitt 4.2 vereinbarten semantischen Integritätsbedingungen. Das führt dann beispielsweise zu folgendem Ablauf:

TL	TM	Feldinhalte der zuletzt benutzten Satzausprägungen auf der Datenbank			
		PERS-NR	GEHALT	ABT-NR	GEHALTS-SUMME
FETCH ABTEILUNG USING ABT-NR=001		-	-	001	179400
FETCH NEXT ANGESTELLTER WITHIN ABT-ANG		*	*	001	179400
ADD GEHALT TO X (Schleife über alle Membersätze der Set-Ausprägung)		1501	55000	001	179400
	MOVE 1502 TO PERS-NR MOVE 001 TO ABT-ZUGEH ...	1501	55000	001	179400
	MOVE 36000 TO GEHALT FETCH ABTEILUNG USING ABT-NR=ABT-ZUGEH	1501	55000	001	179400
	STORE ANGESTELLTER	1502	36000	001	179400
	CONNECT ANGESTELTER TO ABT-ANG	1502	36000	001	179400
	ADD GEHALT TO GEHALTS-SUMME	1502	36000	001	179400
	MODIFY ABTEILUNG	1502	36000	001	215400
FETCH CURRENT ABTEILUNG		1502	36000	001	215400
IF X NOT=GEHALTS-SUMME		1502	36000	001	215400
THEN PERFORM FEHLER		1502	36000	001	215400

414 Maßnahmen zur Wahrung von Sicherheits- und Integritätsbedingungen

TL wird bei dem unterstellten Ablauf eine Abweichung zwischen der berechneten und der gespeicherten Gehalts-Summe feststellen, obwohl de facto alles in Ordnung ist. Der Grund ist, daß sie beim sukzessiven Durchlesen aller Angestellten-Sätze den kurz danach eingefügten (das „Phantom") noch nicht berücksichtigen konnte, wogegen die Ausprägung von ABTEILUNG im Moment, da TL sie liest, bereits mit den Daten des neuen Angestellten modifizert ist.

Ein ähnliches Phänomen ergäbe sich, wenn TM nicht einen neuen Satz speicherte, sondern einen vorhandenen löschte.

4.4.1.4 Der Auswahlfehler

Bei den bisher behandelten Anomalien reichen zur Darstellung die im Anwendungsprogramm an der satzorientierten Schnittstelle vorhandenen Objekte aus, d.h. Ausprägungen von Satz- und Set-Typen. Bei den nächsten beiden Fehlerklassen genügt die Betrachtung dieser Objekte allein nicht mehr, es muß vielmehr in Betracht gezogen werden, daß zu ihrer Abbildung auf die linearen Adreßräume bestimmte Arten von Speicherungsstrukturen benutzt werden, deren Objekte wie Zeiger, Tabellen, B*-Bäume von gleichzeitig ablaufenden Transaktionen ja ebenfalls konkurrierend benutzt und u.U. geändert werden. Daraus ergeben sich weitere Anomalien, die im folgenden kurz vorgeführt werden sollen. Für das nächste Beispiel setzen wir voraus, daß auf dem Satz-Typ ANGESTELLTER für die Attribute GEHALT und EINST-DATUM Indexstrukturen (Sekundärschlüssel-Zugriffspfade) in Form von B*-Bäumen verwaltet werden; bei der von TL gestellten

TL	TM
FETCH ANGESTELLTER USING EINST-DATUM>810101	
ADD 1 TO X FETCH DUPLICATE WITHIN ANGESTELLTER (Schleife über alle qualifizierten Sätze)	
	MOVE 1502 TO PERS-NR ... MOVE 810601 TO EINST-DATUM MOVE 38000 TO GEHALT STORE ANGESTELLTER
FETCH ANGESTELLTER USING GEHALT >36000	
ADD 1 TO Y FETCH DUPLICATE WITHIN ANGESTELLTER (Schleife über alle qualifizierten Sätze)	

Suchfrage, die ein Teilschritt zur Beantwortung der vom Benutzer gestellten Frage: „Welche nach dem 01.01.81 eingestellten Mitarbeiter verdienen mehr als 36.000,– DM?" ist, brauchen deshalb nicht alle Ausprägungen von ANGESTELLTER sequentiell durchsucht zu werden, sie kann stattdessen direkt durch Auswertung der Verweise in den Blattknoten des zugehörigen B*-Baumes beantwortet werden. Mit dem ersten FETCH wird also eine Liste mit Verweisen auf alle qualifizierten Sätze erstellt, die nachfolgenden FETCH DUPLICATE werten nur noch die Verweisliste aus. Betrachten wir nun den vorstehenden Ablauf.

Transaktion TL wird bei ihrer ersten Anfrage ein falsches, bei der zweiten ein richtiges Resultat erhalten; das Bild der DB, das sie gewinnt, hat allerdings zu keinem Zeitpunkt so existiert. Der Grund ist, daß durch das erste FETCH eine für TL lokale Kopie der Verweisliste für die qualifizierten Sätze erzeugt wird, mit deren Hilfe dann die Duplikat-Verarbeitung erfolgt, so daß das Ankommen eines neuen Angestellten-Satzes für TL völlig unbemerkt bleibt. Im Prinzip handelt es sich also um eine Art Phantom-Problem auf der Ebene der Speicherungsstrukturen, doch muß es (aus der Sicht des Anwendungsprogrammierers) als eigenständiges Phänomen behandelt werden, denn man überlegt sich leicht, daß in derselben Konstellation der Fehler u.U. nicht aufgetreten wäre, wenn es auf dem Attribut EINST-DATUM keinen Index gegeben hätte.

4.4.1.5 Nebenwirkungen beim Cursor-Konzept

Die Begriffe Cursor bzw. Currency-Anzeiger, die bei der Darstellung von Datenbank-Sprachen bereits näher erläutert wurden, haben ganz allgemein die Funktion von Positionsanzeigern beim Navigieren mit satzorientierten Sprachen über irgendwelche Satzmengen. Beim folgenden Beispiel beschränken wir uns auf die sog. „set currency" in der CODASYL-DML [CODA73, CODA78]. In der hier benutzten Beispiel-Miniwelt gibt es nur einen Set-Typ, ABT-ANG, und für diesen wird vom DBMS automatisch ein Currency-Anzeiger verwaltet, der zu jedem Zeitpunkt auf die Satzausprägung zeigt, die zuletzt mit irgendeinem DML-Statement

TL	TM
FETCH ANGESTELLTER USING PERS-NR=1495	
MOVE ABT-ZUGEH TO X	

	FETCH ANGESTELLTER
	   USING PERS-NR=1495
	DISCONNECT ANGESTELLTER
	   FROM ABT-ANG
	FIND ABTEILUNG
	   USING ABT-NR=001
	FETCH CURRENT ANGESTELLTER
	MOVE 001 TO ABT-ZUGEH
	MODIFY ANGESTELLTER
	CONNECT ANGESTELLTER TO ABT-ANG

FETCH NEXT WITHIN ABT-ANG	

in ihrer Eigenschaft als Beteiligte einer Ausprägung des Set-Typs angesprochen wurde, sei es ein Owner- oder ein Member-Satz. Diese Positionsanzeiger sind bei allen navigierenden DB-Abfragesprachen insofern besonders wichtig, als alle relativen Suchoperationen wie z.B. FIND NEXT, FIND PRIOR, usw. sich eben darauf beziehen. Betrachten wir nun den vorstehenden einfachen Ablauf.

Transaktion TL will alle Angestellten-Sätze lesen, die zur selben Abteilung gehören wie derjenige mit PERS-NR=1495. Nachdem dieser aber positioniert und damit die Set-Currency für TL festgelegt wurde, bringt Transaktion TM eben diesen Angestellten in eine andere Abteilung. Mit ihrem nächsten DML-Befehl bezieht sich nun TL auf einen Positionsanzeiger, dessen implizite Voraussetzungen unterdessen geändert wurden. Welches Resultat kann das FETCH NEXT haben?

- Es kann vom DBMS ein Fehlercode an das Anwendungsprogramm zurückgemeldet werden. Das ist, sofern die Anomalie überhaupt auftreten kann, die sauberste Lösung.
- Es kann der nächste Satz aus der Set-Ausprägung geliefert werden, zu der der Angestellten-Satz ursprünglich gehörte. Das ist sicherlich ein Verstoß gegen die semantischen Integritätsbedingungen.
- Es kann der nächste Satz aus der Set-Ausprägung geliefert werden, zu der der Angestellten-Satz nach Abschluß von TM gehört. Auch dies liefert falsche Ergebnisse.

Es muß schon an dieser Stelle betont werden, daß eine generelle Vermeidung dieser Anomalie nur mit erheblichem Aufwand und unter starker Beschränkung der Parallelität (d.i. die Zahl der gleichzeitig zur Ausführung zugelassenen Transaktionen) möglich wäre, und daher in den meisten existierenden Systemen mit navigierender DML unterbleibt. Der Anwendungsprogrammierer muß somit grundsätzlich mit Nebenwirkungen dieser Art rechnen und – abhängig von dem konkreten DBMS und den zur Implementierung der Set-Strukturen verwendeten Speicherungsstrukturen – auch mit jeder der drei geschilderten Reaktionen auf das letzte FETCH NEXT des obigen Szenariums. Eine ausführliche Diskussion der Currency-Problematik findet sich in den schon zitierten CODASYL-Reports sowie in [DATE81a, UDS].

4.4.1.6 Verlorengegangene Änderungen

Hierbei handelt es sich um die gegenseitige Beeinflussung zweier Änderungstransaktionen, wie aus dem folgenden Ablauf unmittelbar klar wird.

Offenbar ist die von TM1 beabsichtigte relative Erhöhung des Gehaltes des Angestellten mit PERS-NR = 1499 „untergegangen". Der letztlich in der DB gespeicherte Wert ist so, als wäre TM1 nie gelaufen; er ist nur von TM2 beeinflußt. Unabhängig von der Frage, was denn nun „tatsächlich" das Gehalt des Angestellten hätte sein sollen, bleibt festzuhalten, daß in Mehrbenutzer-DBS Änderungen durch die Anwendungsprogramme natürlich nicht direkt auf der Platte, aber auch nicht unmittelbar im DB-Puffer vorgenommen werden, sondern daß alle Ergebnisse und Änderungsanforderungen zwischen Anwendungsprogramm und DBMS über einen lokalen Arbeitsbereich des Programms ausgetauscht werden,

TM1	TM2	Inhalt des GEHALT-FELDES der jeweiligen Ausprägung auf der DB
FETCH ANGESTELLTER USING PERS-NR=1499		36000
ADD 1000 TO GEHALT		36000
	FETCH ANGESTELLTER USING PERS-NR=1499	36000
MODIFY ANGESTELLTER		37000
	ADD 2000 TO GEHALT	37000
	MODIFY ANGESTELLTER	38000

d.h. jede Transaktion sieht grundsätzlich nur Kopien von Werten, während andere Transaktionen (ebenfalls auf Grund eigener Kopien) schon Änderungen für diese Werte vorbereiten können – wenn das DBMS diese Möglichkeit nicht grundsätzlich verhindert.

4.4.1.7 Mehrbenutzer-Anomalien bei der Verwaltung des linearen Adreßraumes

Hier soll eine Art der gegenseitigen Beeinflussung zweier Änderungstransaktionen diskutiert werden, die auf der Ebene der logischen Zugriffspfade nicht sichtbar ist und durch dort angesiedelte Maßnahmen auch nicht verhindert werden kann; es geht um die physische Abspeicherung von Satzausprägungen. Wir gehen hier von der indirekten Satzadressierung über eine Zuordnungstabelle aus. Die Abspeicherung von Sätzen innerhalb einer Seite ist in Kapitel 3 beschrieben, so daß wir uns hier auf eine verkürzte Darstellung beschränken können. Bild 4.14 zeigt den grundsätzlichen Ablauf. Vor Beginn der beiden Änderungstransaktionen TM1 und TM2 (Zeitpunkt t_1) stehen in der Seite i die Sätze S_1-S_6 mit einer

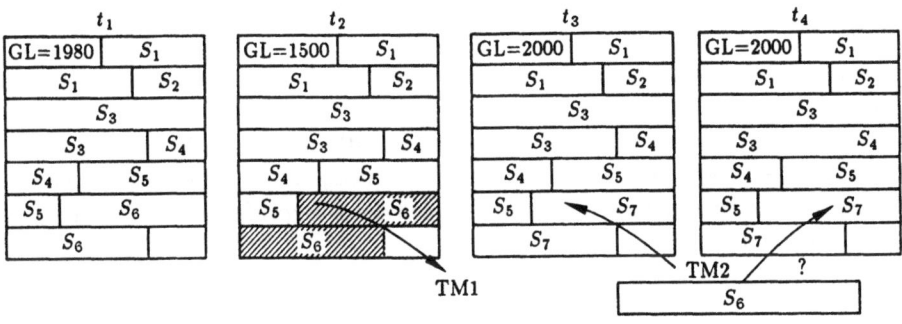

Bild 4.14 Mehrbenutzer-Anomalien bei der Seiten-Verwaltung

Gesamtlänge von 1980 Bytes (die Seitenlänge betrage 2048 Bytes). Zum Zeitpunkt t_2 löscht TM1 den Satz S_6, danach speichert TM2 einen Satz S_7 mit der Länge 500 Bytes, und erhält dafür von der Freispeicherverwaltung die Seite i zugewiesen, in der ja nach dem Löschen von S_6 genügend Platz ist. Wenn danach nun (Zeitpunkt t_4) TM1 scheitert und zurückgesetzt werden muß, ergibt sich das in Bild 4.14 veranschaulichte Problem: Satz S_6 kann nicht mehr in seiner ursprünglichen Seite gespeichert werden. Es muß also neuer Speicherplatz gesucht und der Eintrag in der Zuordnungstabelle Datenbankschlüssel – Adresse geändert werden. Bei der direkten Satzadressierung nach dem TID-Konzept führt dieses Phänomen, wie man sich leicht überlegt, zu noch größeren Komplikationen. Dies ist auch der Grund, weshalb viele DBMS gleichzeitige Änderungen durch verschiedene Transaktionen in derselben Seite nicht zulassen, auch wenn diese Restriktion an der Programmier-Schnittstelle (logische Datenstrukturen) nicht sichtbar wird – was im Sinne der Datenunabhängigkeit auch durchaus erwünscht ist. Es ließen sich noch eine Vielzahl ähnlicher Konflikte im Mehrbenutzerbetrieb aufführen, und zwar sowohl auf den Objekten der verschiedenen Abbildungsebenen, als auch auf den Kontrollstrukturen des DBMS selbst; deren Diskussion würde hier allerdings viel zu weit führen, und so werden wir die folgenden Darlegungen weitgehend auf die Objekte und Operationen der satzorientierten Schnittstelle beschränken.

4.4.1.8 Konzepte zur Isolierung parallel laufender Transaktionen

Um Anomalien der an Beispielen dargestellten Art zu vermeiden, müssen die gleichzeitig ablaufenden Transaktionen so voneinander isoliert werden (s. das ACID-Prinzip), daß sie scheinbar in einer Einbenutzer-Umgebung arbeiten. Diese Forderung wird späterhin noch präziser formuliert. Hierzu gibt es drei wesentlich voneinander verschiedene Realisierungsmöglichkeiten.

Die erste Methode wird oft als *pessimistische* bezeichnet. Sie umfaßt verschiedene Varianten der aus Betriebssystemen bekannten Sperrprotokolle, deren Grundidee darin besteht, die von einer Transaktion benötigten DB-Objekte durch geeignete Markierungen, eben die Sperren, so zu kennzeichnen, daß andere, gleichzeitig ablaufende Transaktionen keine zu Anomalien führenden Operationen darauf ausführen können. Da diese Markierungen vor jedem Zugriff angebracht werden müssen, nur auf die Gefahr hin, daß *vielleicht* ein Konflikt[4] entsteht, hat diese Verfahrensklasse ihr etwas negativ klingendes Attribut erhalten.

Daneben gibt es eine Klasse an Verfahren, die als *optimistisch* bezeichnet werden. Hier arbeiten alle Transaktionen ohne Absprache untereinander auf privaten Kopien der DB-Objekte, und erst im Rahmen der EOT-Behandlung wird überprüft, ob das erzielte Resultat Anomalien enthält oder nicht. Wenn ja, wird das Ergebnis verworfen (die Transaktion also zurückgesetzt) und erneut berechnet. Die optimistische Annahme ist natürlich, daß die Überprüfung bei EOT sehr oft positiv ausgeht.

---

[4] Ein Konflikt ist eine Situation, die ohne Synchronisierungsmaßnahmen zu Anomalien führen kann.

Die dritte Verfahrensklasse verwendet Zeitmarken zur Erzwingung anomalienfreier Abläufe. Die Grundidee besteht darin, schon während der Verarbeitung der Transaktionen durch eine Zeitmarke oder einen Folgezähler festzulegen, welche Transaktion bzgl. des zu realisierenden logischen Einbenutzerbetriebes jünger bzw. älter ist als die anderen. Da auch das „Alter" der Objekte in der DB in gleicher Weise simuliert wird – gemeint ist damit die Zeitmarke der letzten Änderung – ist leicht festzustellen, ob eine Transaktion auf ein Objekt aufgrund ihres eigenen Alters überhaupt zugreifen darf.

In den heute vornehmlich im Einsatz befindlichen zentralisierten DBMS sind ausschließlich Sperrverfahren implementiert, und auch davon wiederum nur eine kleine Untermenge. Die Beschreibung in diesem Kapitel wird sich deshalb darauf konzentrieren. Die anderen Verfahren, die u. U. in verteilten Systemen Bedeutung erlangen könnten, werden nur kurz skizziert, um das Prinzip verständlich zu machen.

4.4.2 Sperrorientierte Verfahren

4.4.2.1 Synchronisierung mit Hilfe von Lese- und Schreibsperren

Die einfachste Methode zum Isolieren der benötigten Datenobjekte besteht darin, daß eine zentrale Tabelle vom DBMS verwaltet wird, in der jedes von einer gerade aktiven Transaktion benutzte Objekt vermerkt ist, zusammen mit der jeweiligen Nutzungsart oder, wie es in Zukunft heißen soll, dem *Sperrmodus*. Hier werden zunächst zwei Ausprägungen unterschieden:

– die X-Sperre (exklusiv) für den Fall, daß das Objekt geändert werden soll;
– die S-Sperre (shared) für den Fall, daß das Objekt gelesen werden soll.

Wenn nun eine Transaktion eine Sperranforderung an ein Objekt hat, muß das DBMS zunächst feststellen, ob das Objekt in der zentralen Sperrtabelle vermerkt ist, oder ob es z.Zt. mit keiner Sperre belegt ist. Hat es schon eine Sperre, ist weiter festzustellen, ob die Anforderung der Transaktion mit dieser verträglich ist. Die Verträglichkeitsregeln sind in dem folgenden Bild 4.15 zusammengefaßt (KS bedeutet dabei, daß das Objekt z.Zt. keine Sperre hat). Kann die Sperranforderung einer Transaktion nicht gewährt werden, so muß diese warten, bis das betreffende Objekt verfügbar wird; dabei kann es zu den in Abschnitt 4.3 bereits erwähnten zyklischen Wartesituationen (Deadlocks) kommen.

Bisher wurde noch nicht weiter präzisiert, welches in den üblichen DBMS die Objekte im obigen Sinne sind. Die weitere Diskussion wird auch zeigen, daß hier je nach Datenmodell und konkreter Implementierung der Sperrstrategie beträchtliche Unterschiede bestehen. Betrachten wir jedoch Netzwerksysteme nach dem CODASYL-Vorschlag, so kann man (mit gewissen Einschränkungen) sagen, daß die obige Beschreibung generell für das Sperren der von einer Transaktion benutzten Ausprägungen eines Satz-Typs gilt. Grundsätzlich operiert ja die navigierende DML bei CODASYL-Systemen stets auf Ausprägungen von Satz-Typen, und jeder Zugriff auf eine Ausprägung ist mit einer Sperranforderung verbunden. Soll der Satz gelesen werden, ist dies eine S-Sperre, wird er in

		KS	S	X	Sperrmodus des Objektes
Sperran-forderung der Transaktion	S	Anforderung wird gewährt	Anforderung wird gewährt	Anforderung wird nicht gewährt	
	X	Anforderung wird gewährt	Anforderung wird nicht gewährt	Anforderung wird nicht gewährt	

Bild 4.15 Verträglichkeitstabelle der einfachen Sperrmodi

irgendeiner Weise verändert (und sei es nur bzgl. seiner Mitgliedschaft in einem Set), so ist das eine X-Sperre. Über das Sperren auf Satzebene hinaus sind in der CODASYL-DML noch Sperranforderungen für die REALMs vorgesehen, die schon zu Beginn jeder Transaktion, d.h. mit der READY-Anweisung angegeben werden müssen. Es sind hierfür 6 Abstufungen (sog. READY-Modes) vorgesehen:

RETRIEVAL (R) : Die Transaktion kann nur S-Sperren auf Objekten dieses Realm erwerben (reine Lesetransaktion).

UPDATE (U) : Die Transaktion kann S- und X-Sperren erwerben.

PROTECTED RETRIEVAL (PR) : Wie RETRIEVAL, nur darf auf demselben Realm keine Änderungstransaktion aktiv sein.

PROTECTED UPDATE (PU) : Wie UPDATE, nur darf auf demselben Realm keine weitere Update-Transaktion aktiv sein.

EXCLUSIVE RETRIEVAL (ER) : Wie RETRIEVAL, nur darf auf dem Realm keine weitere Transaktion aktiv sein.

EXCLUSIVE UPDATE (EU) : Wie UPDATE, nur darf auf demselben Realm keine weitere Transaktion aktiv sein.

Die Verträglichkeit von Anforderungen zweier Transaktionen auf demselben Realm geht aus dem folgenden Bild 4.16 hervor. Damit ist nicht nur festgelegt, daß die Transaktionen keine ihren auf dem jeweiligen REALM erworbenen Rechten widersprechenden Sperranforderungen machen dürfen; es bietet sich außerdem die Möglichkeit, bei Transaktionen, die mit PROTECTED RETRIEVAL, EXCLUSIVE RETRIEVAL oder EXCLUSIVE UPDATE eröffnet haben, für die Objekte dieser Realms völlig auf Sperrtabellen (und damit einen gewissen Overhead) zu verzichten, denn man sieht leicht, daß bei diesen Transaktions-Arten Sperrkonflikte nicht auftreten können (s. Bild 4.15).

Anforderungen von TA1

	R	U	PR	PU	ER	EU
R	+	+	+	+	−	−
U	+	+	−	−	−	−
PR	+	−	+	−	−	−
PU	+	−	−	−	−	−
ER	−	−	−	−	−	−
EU	−	−	−	−	−	−

Anforderungen von TA2

\+ Anforderungen sind verträglich

− Anforderungen sind unverträglich

Bild 4.16 Verträglichkeit der READY-Modes

Ähnliche Möglichkeiten zum Erwerb globaler Nutzungsrechte gibt es auch in anderen Systemen, wie z.B. in ADABAS, wo mit dem OP-(Open) Kommando die möglichen Sperrmodi auf einer logischen Datei (entspricht einem Satz-Typ) für ein ganzes Anwendungsprogramm, das beliebig viele Transaktionen umfassen kann, festgelegt werden. Es gibt vier Arten von Nutzungsrechten:

- ACC Die Ausprägungen der Satzart dürfen nur gelesen werden.
- UPD Die Ausprägungen der Satzart dürfen gelesen und geändert werden.
- EXU Das Programm verlangt exklusive Kontrolle über die gesamte Satzart (entspricht der EXCLUSIVE-Option bei den READY-Modus).
- CLU Hier handelt es sich um einen speziellen Kompatibilitätsmodus mit früheren Versionen des DBMS, der hier nicht weiter behandelt werden soll.

Für die Verträglichkeit der vier Eröffnungsarten gilt sinngemäß dasselbe wie oben. Generell müssen also bei diesem Sperrverfahren, das sich übrigens in allen gängigen DBMS in sehr ähnlicher Form findet, die zu sperrenden Objekte (meist Ausprägungen von Satz-Typen) explizit durch das Anwendungsprogramm lokalisiert und dann, je nach auszuführender Operation, in den Grenzen der am Anfang des Programmes bzw. der Transaktion erworbenen Nutzungsrechte, explizit oder implizit gesperrt werden.

Das heißt mit anderen Worten: Nur solche Sätze, die in der Datenbank gespeichert sind, können auch gesperrt werden, sei es im S- oder im X-Modus. Diese auf den ersten Blick durchaus triviale Tatsache hat allerdings eine unangenehme Konsequenz: Ihretwegen lassen sich Fehler von der Klasse der Phantom-Probleme (s. Abschnitt 4.4.1.3) nicht verhindern. Das ist mit Hilfe des erwähnten Beispieles leicht einzusehen: Die Transaktion möge die zu einer Abteilung gehörenden Angestellten-Sätze nacheinander lesen und mit einer S-Sperre belegen, um etwaige

Änderungen während ihrer Laufzeit zu verhindern. Wenn nun TM den neuen Satz an einer Stelle einfügt, die in der Set-Ordnung *vor* der Position liegt, die TL bereits erreicht hat, so hat diese keine Chance, den neuen Satz zu „bemerken" - andererseits reichen die Sperren auch nicht aus, dessen Einfügung zu verhindern. Das einfache Konzept, die Sperren auf der Basis von Satzausprägungen anzufordern, „wie sie gebraucht werden", ist also nicht geeignet, das Phantom-Problem zu verhindern.

4.4.2.2 Physische Sperren vs. logische Sperren

Zur Behandlung des Phantom-Problems (und aller anderen Nebenwirkungen) wurde schon relativ früh [ESWA76] eine auf den ersten Blick bestechende Lösung vorgeschlagen, die sog. logischen Sperren. Dabei benennt die Transaktion nicht mehr wie beim obigen (meist als „physisches Sperren" bezeichneten Konzept) sukzessive die benötigten Sätze, sondern gibt dem DBMS ein logisches Prädikat an, das die *Eigenschaften* der zu sperrenden Sätze beschreibt. Bei dem Beispiel in Abschnitt 4.4.1.3 hätte TL also (in einer frei gewählten Pseudo-Notation) folgende Sperranforderung formulieren können:

LOCK(S) ANGESTELLTER: ABT-ZUGEH = 001

Der Vorteil solcher logischen Sperren ist nun, daß damit nicht nur alle *vorhandenen* Satzausprägungen mit den spezifizierten Eigenschaften erfaßt werden, sondern alle *potentiellen*, von denen die eine oder andere, wie in dem Beispiel unterstellt, zur Laufzeit der Transaktion auftauchen kann. Das von TM beabsichtigte Einspeichern des neuen Angestellten-Satzes bedeutete nämlich implizit das Erwerben einer exklusiven Sperre auf einer Satzmenge, die gerade durch die Eigenschaften des neuen Angestellten beschrieben wird, d.h. das DBMS müßte folgende Sperranforderung befriedigen können:

LOCK(X) ANGESTELLTER: PERS-NR = 1502 & GEHALT = 36000 &
                     ABT-ZUGEH = 001 .....

Nun sind aber die durch das Prädikat der Transaktion TL bezeichnete Menge und die von TM benannte nicht disjunkt, die Sperranforderungen sind unverträglich; daraus folgt, daß TM seine STORE-Operation erst nach Abschluß von TL durchführen darf. Damit ist das Phantom-Problem vermieden.

Genau diese Frage aber, wann zwei beliebige Prädikate disjunkte Mengen beschreiben und wann nicht, ist, wie schon in [ESWA76] gezeigt wurde, für den allgemeinen Fall unentscheidbar. In derselben Arbeit wurden für sehr einfache Prädikats-Typen Entscheidungsalgorithmen angegeben, doch da bis jetzt für eine hinreichend allgemeine Klasse noch keine effizienten Algorithmen bekannt sind, wird dieses konzeptionell so elegante Verfahren noch in keinem System verwendet.

4.4.2.3 Hierarchische Sperren

Aus dem oben gesagten ist deutlich geworden, daß bei Transaktionen, die nicht von vornherein den gesamten Realm (bzw. die Satzart) für sich reklamieren und damit die Notwendigkeit von Sperren völlig vermeiden, die benötigten Satzausprägungen eine nach der anderen angefordert werden müssen. Das ist akzeptabel, solange die Transaktion nur wenige Sätze berührt und sperrt; sobald es sich aber um Transaktionen handelt, die große Teile der Ausprägungen eines Satz-Typs oder eines Segmentes durchlesen und – um z.B. die inkonsistente Analyse zu vermeiden – auch sperren wollen, wird das Verfahren sehr teuer, da dann entsprechend viele Einträge in der zentralen Sperrtabelle zu machen sind. Dadurch wächst der von der Sperrtabelle belegte Platz wiederum stark an, ihre Verwaltung wird teurer (s. Abschnitt 4.4.4), was insgesamt alles zu Lasten der für die eigentlichen Aufgaben des Benutzers verfügbaren Systemleistung geht. Es gibt daher Vorschläge, das relativ starre Verfahren, das nur exklusive Belegung eines Segmentes *oder* satzweise Anforderung kennt, zu verfeinern und eine Hierarchie abgestufter Sperrobjekte und -modi einzuführen. Die ausführliche Beschreibung des Konzeptes findet sich in [GRAY76]; wir wollen uns hier auf eine Darstellung der wesentlichen Idee beschränken.

Man kann sich die Betriebsmittel einer Datenbank hierarchisch angeordnet vorstellen, so wie dies in Bild 4.17 skizziert ist. Der Oberbegriff für alle gespeicherten Objekte ist die DB selbst; sie ist untergliedert in mehrere Segmente $S_1,...,S_n$ und diese wiederum in mehrere Satz-Typen (Relationen) $R_1...,R_{k1}$. Damit es sich tatsächlich um eine Betriebsmittel-Hierarchie handelt, muß gefordert werden, daß alle Ausprägungen eines Satz-Typs sich genau in einem Segment befinden, was z.B. bei CODASYL-Systemen nicht erforderlich ist, was wir hier jedoch der Einfachheit halber annehmen wollen. Jeder Satz-Typ R_{ij} enthält schließlich eine Anzahl von Satzausprägungen $t_{ij1},...,t_{ijm_{ij}}$. Das hierarchische physische Sperrkonzept verlangt nun, daß für jede Sperranforderung, auch wenn sie nur für einen bestimmten Satz gilt, die Betriebsmittel in der Reihenfolge ihrer hierarchischen Ordnung mit entsprechenden Sperrmodi belegt werden müssen, bis hinunter zu dem gewünschten Objekt. Um also zu t_{115} zu gelangen, muß erst eine Sperranforderung an die DB erfolgen, dann an S_1, danach an R_{11}, bis schließlich die gewünschte Sperranforderung auf t_{115} angemeldet werden kann. Die Frage ist nur: Wie sind die Objekte DB bis R_{11} zu sperren, damit einmal der gewünschte Effekt erreicht wird, und zum anderen die erreichbare Parallelität nicht unnötig vermindert wird? Nehmen wir an, eine Transaktion benötige eine X-Sperre auf t_{115}. Sie könnte nun die DB gleich mit einer X-Sperre belegen, und damit natürlich alle darin befindlichen Objekte inkl. t_{115}. Nur könnte dann keine andere Transaktion mehr auf der Datenbank ablaufen – es fände de facto ein Einbenutzerbetrieb statt. Der Effekt wäre derselbe wie beim READY-Mode EXCLUSIVE UPDATE.

Wenn statt dessen die Transaktion zunächst die DB mit einer S-Sperre belegte (um den oben genannten Effekt zu vermeiden), danach S_1 und R_{11} ebenfalls, und schließlich t_{115} im X-Modus sperrte, dann könnten sicherlich andere Transaktionen parallel ablaufen – allerdings nur Lesetransaktionen. Da sie die DB insgesamt mit einer S-Sperre belegt hat, kann keine andere Transaktion mehr auf irgendeinem darin enthaltenen Objekt eine damit nicht verträgliche Sperre erwerben (s. Bild 4.15), was als Auswirkung für eine einzige X-Sperre auf t_{115} sicherlich auch übertrieben ist. Es werden also zur Handhabung des hierarchischen Sperrkonzeptes zusätzliche Sperrmodi benötigt. In [GRAY76] werden die folgenden fünf Sperrmodi

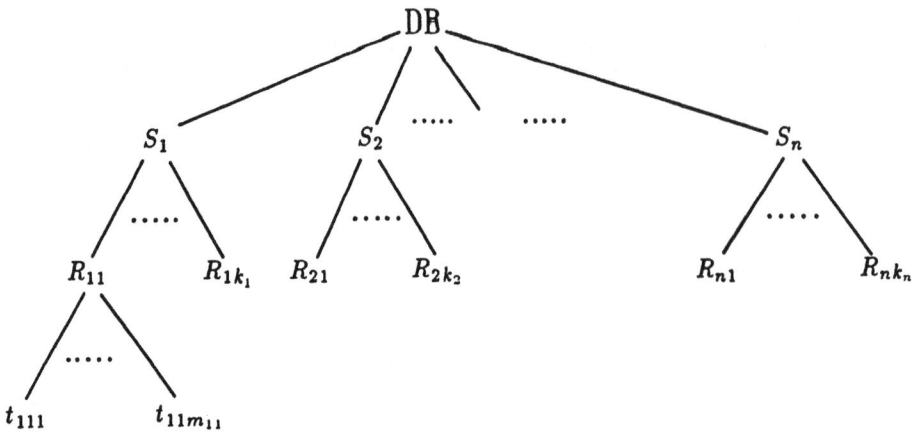

Bild 4.17 Betriebsmittel-Hierarchie einer Datenbank

eingeführt (auf die Argumente zur Begründung jedes einzelnen kann hier nicht eingegangen werden).

- IS: Erklärt die *Absicht* der Transaktion, einige nachfolgende Objekte in der Betriebsmittel-Hierarchie zu lesen; nachfolgende Knoten können mit einer IS- oder einer S-Sperre belegt werden.
- IX: Erklärt die *Absicht* der Transaktion, einige nachfolgende Objekte in der Betriebsmittel-Hierarchie zu ändern; nachfolgende Knoten können mit einer X-, S-, SIX-, IX- oder IS-Sperre belegt werden.
- S: Erlaubt den Lese-Zugriff zu dem betreffenden Objekt und damit zu allen seinen (hierarchischen) Nachfolgern.
- SIX: Erlaubt den Lese-Zugriff zu dem betreffenden Objekt und allen seinen Nachfolgern, und erklärt gleichzeitig die *Absicht* der Transaktion, einige nachfolgende Objekte in der Betriebsmittel-Hierarchie zu ändern. Nachfolgende Knoten können mit einer X-, SIX- oder IX-Sperre belegt werden.
- X: Erlaubt den exklusiven Änderungs-Zugriff zu dem betreffenden Objekt und damit zu allen seinen Nachfolgern.

Die Verträglichkeits-Tabelle für zwei konkurrierende Sperranforderungen auf dasselbe Objekt zeigt Bild 4.18. Betrachten wir nun nochmals das Beispiel der Transaktion, die t_{115} exklusiv sperren will. Da Sperren, wie schon erwähnt, grundsätzlich von der Wurzel zu den Blättern hin angefordert werden müssen, belegt die Transaktion zunächst die DB mit einer IX-Sperre. Damit wird ausgeschlossen, daß eine andere Transaktion die ganze Datenbank mit einer Lese-Sperre (S- bzw. SIX-Sperre) oder gar einer exklusiven Sperre (X) belegt, was ja im Hinblick auf die angestrebte exklusive Sperre von t_{115} auch sinnvoll ist. Danach werden S_1 und R_{11} ebenfalls mit IX gesperrt und schließlich erhält t_{115} die X-Sperre. Eine andere Transaktion kann nun ohne weiteres z.B. das ganze Segment S_3 mit einer S- oder X-Sperre belegen, indem sie bei DB mit einer IS- bzw. IX-Sperre beginnt (s. Bild 4.18) und danach S_3 mit dem gewünschten Sperrmodus belegt. Und eben darin liegt der wesentliche Vorteil des hierarchischen Sperrkonzeptes: Hat

	IS	IX	S	SIX	X
IS	+	+	−	+	−
IX	+	−	−	−	−
S	+	−	+	−	−
SIX	+	−	−	−	−
X	−	−	−	−	−

\+ Anforderungen sind verträglich

− Anforderungen sind unverträglich

Bild 4.18 Verträglichkeit der fünf Sperrmodi bei hierarchischen Sperren

eine Transaktion einmal S_3 mit einer S-Sperre belegt, was 2 Sperranforderungen kostet (IS auf DB, S auf S_3), dann kann sie implizit alle Sätze aller in S_3 vorhandenen Satz-Typen lesen, ohne für jeden einzelnen explizit eine Sperre anfordern zu müssen. Das aus [HÄRD78a] entnommene Bild 4.19 zeigt eine Gegenüberstellung der Zahl der benötigten Sperranforderungen in Abhängigkeit von dem jeweiligen Objekt (dem sog. Sperrgranulat) und dem Sperr-Konzept. Es ist klar, daß das hierarchische Sperrkonzept erhebliche Vorteile beim Sperren größerer Granulate hat, daß aber beim Sperren einzelner Sätze ein Mehraufwand gegenüber den expliziten, satzweisen Sperren entsteht. Der wird allerdings i.a. nicht, wie es Bild 4.19 nahelegt, viermal so hoch sein, denn wenn eine Transaktion nacheinander mehrere, gezielt ausgewählte Sätze desselben Typs sperrt, dann hat sie ja nach dem ersten Mal bereits die erforderlichen Sperren auf DB, Segment und Satztyp erworben und braucht nur noch eine für jeden weiteren Satz nachzureichen.

Ein weiterer Vorteil dieser z.B. in SQL/DS implementierten hierarchischen Sperren ist die Möglichkeit, die meisten Varianten des Phantom-Problems zu vermeiden. Die in Abschnitt 4.4.1.3 beschriebene Anomalie kann nicht auftreten, wenn

Sperr-Konzept \ Zu sperrendes Objekt	Satz-ausprägung	Satz-Typ	Segment	Datenbank
Hierarchische Sperren	4	3	2	1
Explizite, satzweise Sperren	1	M_{ij}	$\sum_{j=1}^{k_i} m_{ij}$	$\sum_{i=1}^{n} \sum_{j=1}^{k_i} m_{ij}$

Bild 4.19 Anzahl der erforderlichen Sperranforderungen zur vollständigen Sperrung aller Ausprägungen eines Objektes

TL folgendermaßen verfährt (die Satztypen ANGESTELLTER und ABTEILUNG mögen beide in Segment S_1 liegen):

- Sperre DB mit IS
- Sperre S_1 mit IS
- Sperre ANGESTELLTER und ABTEILUNG mit S

Wenn diese Sperren gewährt sind, kann TM vor Beendigung von TL nicht ausgeführt werden, da TM auf beiden Satztypen mindestens eine IX-Sperre benötigt. Würde TL dagegen die Satz-Typen nur mit IS-Sperren belegen und jeden Satz explizit mit S sperren, dann könnte das Phantom-Problem wiederum auftreten.

Daraus und aus den Aufwandsformeln in Bild 4.19 wird ein Problem deutlich, das sich insbesondere bei der Umsetzung deskriptiver Datenbanksprachen wie z.B. SQL in Operatoren auf der satzorientierten Schnittstelle ergibt: Wie wird entschieden, welches Granulat im Hinblick auf die Aufwandsminimierung bzw. die Konsistenzerhaltung gesperrt werden muß? Auf diese interessante Implementierungsfrage können wir hier nicht weiter eingehen.

4.4.2.4 Der Fundamentalsatz des Sperrens in DBMS

In diesem Absatz können nun mit Hilfe der oben beschriebenen Sperrkonzepte die bisher sehr allgemein formulierten Anforderungen an die von der Sperrkomponente zu leistende Isolierung der Betriebsmittel präziser gefaßt werden. Wir werden uns dabei wiederum auf die grundlegenden Arbeiten zu diesem Thema stützen, nämlich [ESWA76] und [GRAY76]. Dort wird gezeigt, daß es fünf notwendige und hinreichende Bedingungen dafür gibt, daß die gleichzeitige Ausführung von n Transaktionen dasselbe Ergebnis liefert wie irgendeine sequentielle Abfolge (s. Abschnitt 4.3); diese fünf Bedingungen, oftmals als Fundamentalsatz des Sperrens in DBMS bezeichnet, lauten:

- Jedes Objekt, das von einer Transaktion benutzt werden soll, muß vorher entsprechend gesperrt werden (andernfalls bliebe seine Benutzung durch die Transaktion für andere unbemerkt).
- Eine Transaktion fordert eine Sperre, die sie schon besitzt, nicht erneut an.
- Eine Transaktion muß die Sperren anderer Transaktionen auf den von ihr benötigten Objekten beachten (und zwar nach Maßgabe der Verträglichkeitstabellen).
- Jede Transaktion durchläuft zwei Phasen: Eine Wachstumsphase, in der sie Sperren anfordern, aber keine freigeben darf, und eine Schrumpfungsphase, in der sie ihre bisher erworbenen Sperren freigibt, aber keine weiteren anfordern darf.
- Bei EOT muß eine Transaktion spätestens alle ihre Sperren zurückgeben (Das folgt unmittelbar aus der Tatsache, daß die Transaktion n.V. die Einheit der Betriebsmittelvergabe ist.).

Transaktionen, die diesen Anforderungen genügen, werden im Mehrbenutzerbetrieb stets ein im Sinne des Transaktions-Paradigmas korrektes Ergebnis erzeu-

Aufgaben der Synchronisierungs-Komponente 427

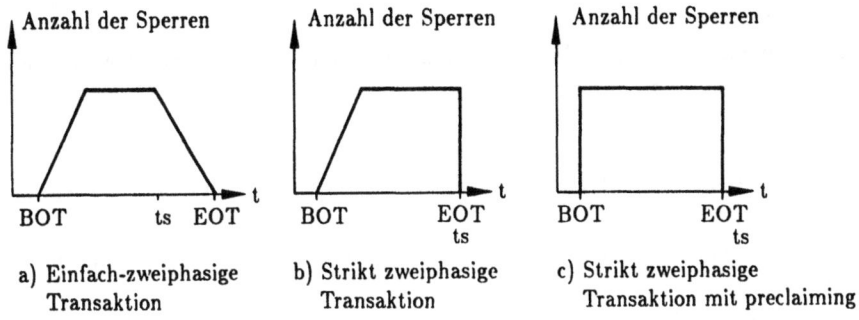

Bild 4.20 Sperrprofile für verschiedene Varianten des Zweiphasen-Sperrprotokolles

gen – sofern die Betriebsumgebung fehlerfrei ist, d.h. sofern Transaktionen nicht scheitern können, keine Systemausfälle vorkommen, usw. Da eine solche ideale Umgebung nicht zu realisieren ist, betrachten wir eine normale zweiphasige Transaktion gem. Bild 4.20a in einer realen, fehlerbehafteten Umgebung. Wenn eine Änderungstransaktion TM in die Schrumpfungsphase eingetreten ist (Zeitpunkt t_s), dann ist sie zwar noch nicht beendet, andere Transaktionen können aber schon von ihr freigegebene Änderungen gesehen haben. Wenn nun ein Ereignis eintritt, das die Beendigung von TM verhindert (z.B. Maschinenausfall), dann muß TM zurückgesetzt werden (s. Abschnitt 4.3). Damit müssen aber auch alle Transaktionen zurückgesetzt werden, die irgendwelche von TM schon freigegebenen Werte gelesen haben; nun können diese aber vor dem Fehler schon normal beendet worden sein, und ihr Zurücksetzen verstieße gegen die Zusicherung, daß abgeschlossene Transaktionen in jedem Fall überleben.

Die Konsequenz daraus ist, daß der Fundamentalsatz des Sperrens für reale Betriebsumgebungen dahingehend verschärft werden muß, daß in der vierten Bedingung gefordert wird, die Schrumpfungsphase müsse erst bei EOT erfolgen, und zwar dann, wenn die Wiederholbarkeit der Transaktion gesichert ist. Diese Variante wird überlicherweise als *striktes* Zweiphasen-Sperrprotokoll bezeichnet. Die Methoden, mit denen im Rahmen der EOT-Behandlung einerseits die Wiederholbarkeit der Transaktion gesichert, andererseits deren Sperren freigegeben werden, und zwar so, daß das ganze wiederum ununterbrechbar ist, werden in Abschnitt 4.5.6 unter dem Stichwort „Zweiphasen-Freigabeprotokoll" behandelt. Dann hat TM ein Sperrprofil gem. Bild 4.20b. In Bild 4.20c ist der Vollständigkeit halber noch das Sperrprofil einer Transaktion angegeben, deren Wachstumsphase bei BOT konzentriert ist, d.h. diese Transaktion fordert alle benötigten Objekte gleich zu Beginn an (sog. „preclaiming"; s. Abschnitt 4.3). In [GRAY76] wird ausführlich untersucht, welche Effekte sich ergeben, wenn bei den einzelnen Sperrmodi auf die Forderung der Zweiphasigkeit verzichtet wird (im Sinne des strikten Zweiphasen-Sperrprotokolles). Es wird dabei zwischen „langen" Sperren unterschieden, das sind solche, die nach Anforderung bis EOT gehalten werden, und „kurzen" Sperren, die nach der Verwendung des Objektes – vor EOT – wieder freigegeben werden. Da nun auf den letztlich manipulierten Objekten, den Satzausprägungen, nur X-

oder S-Sperren gehalten werden (Die übrigen Sperrmodi dienen nur der Verwaltung der Betriebsmittel-Hierarchie!), kann man vier Klassen von Sperrprotokollen definieren, die, da sie unmittelbare Auswirkungen auf die logische Konsistenz der DB haben, auch als Konsistenzebenen bezeichnet werden:

- Konsistenzebene 0: Die Transaktion hält kurze X-Sperren auf den Objekten, die sie verändert.
- Konsistenzebene 1: Die Transaktion hält lange X-Sperren auf den Objekten, die sie verändert.
- Konsistenzebene 2: Die Transaktion hält lange X-Sperren auf den Objekten, die sie verändert, und kurze S-Sperren auf den Objekten, die sie liest.
- Konsistenzebene 3: Die Transaktion hält lange X-Sperren auf den Objekten, die sie verändert, und lange S-Sperren auf den Objekten, die sie liest.

Es ist klar, daß der Fall ohne alle Sperren nicht behandelt zu werden braucht, da das im Mehrbenutzerbetrieb die reine Anarchie bedeutet.

Konsistenzebene 0 ist offenbar ebenfalls unverträglich mit dem Transaktionsparadigma, denn wegen der vorzeitigen Freigabe von X-Sperren können andere Transaktionen abhängig von Änderungen werden, die noch nicht sicher sind; das Überleben abgeschlossener Transaktionen kann also nicht garantiert werden (s.o.).

Die Mindestanforderung der isolierten Rücksetzbarkeit von Transaktionen ist erst ab Konsistenzebene 1 erfüllt, doch können hier noch beliebig inkonsistente (von noch nicht beendeten Transaktionen erzeugte) Daten gelesen und damit unkorrekte Ergebnisse berechnet werden. In Konsistenzebene 2 ist wegen der Verwendung von S-Sperren auch das nicht mehr möglich, da diese jedoch nur kurz gehalten werden, kann noch der Fall der inkonsistenten Analyse auftreten.

Konsistenzebene 3 schließlich ist auch von dieser Anomalie frei, nur das Phantom-Problem kann – abhängig vom Sperr-Konzept – noch auftreten.

Von den in Abschnitt 4.4.1 beschriebenen Anomalien wurden der Auswahlfehler und die Nebenwirkungen beim Cursor-Konzept nicht berücksichtigt, da hier außer der Konsistenzebene noch Annahmen über die Implementierung auf der Ebene der Speicherungsstrukturen gemacht werden müßten. Aus dieser Zusammenstellung wird nochmals deutlich, was auch schon die Formulierung der Anforderungen an die Sperrkomponente bestimmt hat, daß nämlich zur Erfüllung der mit dem Transaktionskonzept verbundenen Zusicherungen das DBMS dafür sorgen muß, daß alle Transaktionen zumindest Konsistenzebene 2 einhalten. In der Tat ist dies auch bei den meisten auf dem Markt befindlichen DBMS – soweit sie überhaupt das Transaktionskonzept unterstützen – der Fall. Lange X- und kurze S-Sperren auf den geänderten bzw. gelesenen Sätzen werden von diesen Systemen automatisch gehalten; der Benutzer hat darüber hinaus die Möglichkeit, auch die gelesenen Sätze bis EOT zu sperren. Wegen der damit zwangsläufig verbundenen Verringerung der Parallelität wird der Benutzer meist darauf verzichten, bei langen Lesetransaktionen Sperren bis EOT zu halten, auch wenn dies aus Gründen der Konsistenzerhaltung wünschenswert wäre.

Die für den Entwurf und die Implementierung von DBMS sehr wichtige Frage, wie die hier beschriebenen transaktionsorientierten Sperrprotokolle auch auf den

Objekten der tieferen Abbildungsschichten realisiert werden, kann hier nicht diskutiert werden, hierzu sei auf die Literatur verwiesen [BEER86].

Es gibt auch Vorschläge für Sperrstrategien auf DBMS, die zwar eine transaktionsorientierte Konsistenzerhaltung gewährleisten, jedoch nicht einem Zweiphasen-Protokoll folgen. Solche Ansätze, wie sie z.B. in [MOHA81] beschrieben sind, haben jedoch in praktischen Implementierungen bislang keine Bedeutung erlangt und werden deshalb nicht berücksichtigt.

4.4.3 Weitere Synchronisierungsverfahren

In allen existierenden, kommerziellen Datenbanksystemen wird, wie schon gesagt, entweder das klassische S,X-Sperrverfahren verwendet oder aber dessen Erweiterung zum hierarchischen Sperrkonzept. Wir wollen in diesem Abschnitt kurz eine Reihe weiterer Synchronisierungsverfahren vorstellen, die in den letzten zehn Jahren in der Literatur vorgeschlagen wurden, um vermeintliche oder tatsächliche Schwächen der Standardmethoden zu beheben. Die Behandlung wird recht oberflächlich bleiben, da bislang keiner dieser neuen Vorschläge sonderliche praktische Bedeutung erlangt hat. Alle Verbesserungsvorschläge setzen an einem der beiden Problempunkte herkömmlicher Sperrverfahren an:

- die Reduktion der Parallelität von Transaktionen bei Sperrkonflikten,
- die Kosten zum Erwerb, zur Verwaltung und Freigabe von Sperren.

Der erste Aspekt ist offensichtlich. Eine Lesesperre auf einem Objekt verhindert, daß dieses geändert werden kann (und umgekehrt). Nun zeigt die Analyse realer Anwendungen, daß es eine Reihe langer Lesetransaktionen gibt (Statistiken, Bestandsübersichten usw.), wogegen Änderungstransaktionen eher kurz sind. Eine lange Lesetransaktion kann somit viele kurze Änderer aufhalten, was u. U. zu erheblichen Leistungseinbußen führt.

Der zweite Punkt erschließt sich eher durch umgekehrte Argumentation: Beim klassischen S,X-Verfahren müssen Sperren stets vor dem Zugriff erworben und am Ende wieder freigegeben werden. Wenn sich am Ende der Transaktion erweist, daß kein Konflikt mit einer anderen vorgelegen hat, dann war das alles „eigentlich" überflüssiger Aufwand und damit eine Leistungsminderung. Wir werden nun, stellvertretend für eine große Zahl weiterer Vorschläge, drei Protokolltypen vorstellen, die den Anspruch erheben, bezüglich des einen oder anderen Punktes Verbesserungen zu erbringen.

4.4.3.1 Synchronisation über Objektversionen

Die Grundidee dieses in [BAYE80] erstmals beschriebenen Verfahrens ist es, ein Objekt, welches geändert werden soll, temporär in zwei Versionen aufzuspalten, und zwar

- die letztgültige, *alte* Version und
- die in Vorbereitung befindliche bzw. schon vollständig erzeugte *neue* Version

Dann können Leser weiter die alte Version benutzen, während parallel dazu eine Änderungstransaktion das Objekt modifiziert. Natürlich muß die Änderung auf einer separaten Kopie erfolgen, um die Konsistenz der alten Version zu gewährleisten. Zu einem geeigneten Zeitpunkt (s. unten) wird die alte Version aufgegeben, und das Objekt ist wieder in nur einer, der durch Änderung zustande gekommenen Version vorhanden. Bei erneuter Änderung erfolgt wiederum eine Aufspaltung; die jetzt gültige Version wird die alte, usw.. Für das Synchronisierungsprotokoll sind nun drei Objektzustände zu unterscheiden, denen entsprechende Sperrmodi zugeordnet werden (den Zustand, daß das Objekt gar nicht benötigt wird, führen wir nicht explizit auf):

S: Das Objekt wird z. Zt. von einer oder mehreren Transaktionen gelesen.
A: Das Objekt wird z. Zt geändert; der neue Wert ist noch nicht verfügbar.
C: Das Objekt wurde geändert und der neue Wert ist sichtbar; die alte Version existiert ebenfalls noch.

		Sperzustand des Objektes		
		S	A	C
Angeforderte Sperre	S	+	+	+
	A	+	−	−
	C	+	−	−

Bild 4.21 Verträglichkeitstabelle für das SAC-Verfahren

Die Kompatibilität dieser Sperrmodi ist aus Bild 4.21 zu entnehmen. Beim Vergleich mit der entsprechenden Matrix der herkömmlichen Sperrverfahren (Bild 4.15) fallen zwei Dinge sofort auf: Erstens kann eine Leseanforderung immer gewährt werden, und zweitens werden andere Anforderungen durch einen schon vorhandenen Leser nicht blockiert. Die Erzeugung einer neuen Objektversion ist natürlich zu einem Zeitpunkt nur für eine Transaktion zulässig.

Der Ablauf einer Transaktion auf der Basis dieses Protokolles kann wie folgt skizziert werden:

- Soll ein Objekt gelesen werden, so wird eine S-Sperre darauf erworben, was lt. Bild 4.21 nie zu Konflikten führt.
- Soll ein Objekt geändert werden, so muß eine A-Sperre erworben werden. Dies führt im Normalfall (kein Konflikt) dazu, daß für den Änderer eine Kopie des gerade gültigen Objektes angelegt wird und der Objektzustand sich zu A verändert. Bereits vorhandene Leser arbeiten auf der bisherigen Objektversion, die nun die *alte* ist, weiter. Trägt das Objekt bereits eine Änderungssperre (A oder C), so muß die anfordernde Änderungstransaktion warten.
- Beendet sich eine Änderungstransaktion, so konvertiert sie im Rahmen der EOT-Behandlung alle A-Sperren in C-Sperren und verläßt nach den übrigen

Maßnahmen (s. Abschnitt 4.4.5) das System – lediglich als Träger der C-Sperren wird sie noch weiter geführt. Ein Objekt im Sperrzustand C hat zwei nach außen sichtbare Versionen, die alte und die von der beendeten Änderungstransaktion erzeugte neue. Eine jetzt eintreffende Leseanforderung (sie wird auf jeden Fall gewährt!) erhält entweder den neuen Objektwert oder – falls dies zu nicht serialisierbaren Abläufen führen würde – den alten.
- Wenn ein Objekt im Zustand C ist und der letzte Leser der alten Version verläßt das System, wird die alte Version entfernt und das Objekt geht in den Grundzustand (keine Sperre) oder S über (falls noch Leser auf der neuen Version – die jetzt die einzige ist – vorhanden sind).

Aus dieser Beschreibung wird deutlich, daß bei dem Verfahren nicht nur die Zulässigkeit von Sperranforderungen geprüft werden muß; es ist auch zu entscheiden, welche Version ein Leser erhalten soll. Zu diesem Zweck muß die logische Reihenfolgebeziehung zwischen sämtlichen Transaktionen mitgeführt werden, d.h. die Anordnung in der (gedachten) seriellen Ausführungsfolge, wie sie durch die Benutzung von Objektversionen unterschiedlichen Alters induziert wird. Wenn z.B. T1 ein Objekt ändert, dessen alter Wert von T2 gelesen wurde, dann kommt T1 logisch *nach* T2, auch wenn T1 vielleicht früher begonnen hat. Wir wollen diesen Aspekt hier nicht vollständig darlegen, nur so viel: Bei jeder Sperranforderung bzw. -konversion (z.B. A nach C), welche die logische Ordnung der Transaktionen bestimmt, muß überprüft werden, ob die Gesamtheit aller Abhängigkeiten zyklenfrei bleibt; andernfalls gibt es keine äquivalente serielle Ausführungsfolge. Die Sperrgewährung erfordert hier also mehr Aufwand als beim herkömmlichen Verfahren, wo das Auftreten zyklischer Wartebedingungen ja nur im Konfliktfall überprüft werden muß. Dagegen steht – wie Bild 4.21 zeigt – eine potentiell höhere Parallelität. Wir werden darauf in Abschnitt 4.4.4.5 zurückkommen.

4.4.3.2 Optimistische Synchronisierungsverfahren

Der Grundgedanke von Verfahren dieses Typs ist die Vermeidung des Aufwands zum Erwerb und zur Verwaltung von Sperren, da – so die *optimistische* Annahme – Konflikte selten, präventive Sperren also unnütze Kosten sind. Demgemäß verhält sich eine Transaktion über weite Strecken hier so, als sei sie tatsächlich allein im System, was allerdings gewisse elementare Isolierungsmaßnahmen durch das DBMS erfordert. Diese gewährleisten, daß der DB-Puffer zu keinem Zeitpunkt „schmutzige" Seiten, d.h. solche mit nicht freigegebenen Änderungen enthält. Man erreicht dies, indem nur reine Lesezugriffe direkt auf den DB-Puffer gehen dürfen, während sämtliche Änderungen nur in privaten Kopien der jeweiligen Transaktionen erfolgen. Erst wenn feststeht, daß eine Änderungstransaktion erfolgreich zu Ende kommen wird, werden die in den privaten Kopien vorbereiteten Änderungen in kontrollierter Weise (s. unten) in den Puffer überführt. Dieses Ausführungsmodell sollte man sich bei allen folgenden Erläuterungen zu dem Verfahren vergegenwärtigen.

Bei optimistischer Synchronisierung (oft auch nach der englischsprachigen Bezeichnung „optimistic concurrency control" als OCC abgekürzt) durchläuft eine Transaktion grundsätzlich drei Phasen, wie dies in Bild 4.22 veranschaulicht ist.

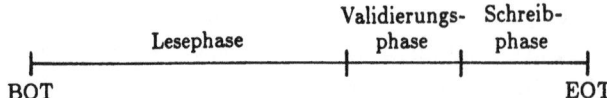

Bild 4.22 Die drei Phasen einer Transaktion beim optimistischen Synchronisierungsverfahren

Mit den durch die verkürzte Darstellung bedingten Vereinfachungen lassen sich diese Phasen wie folgt charakterisieren:

- Lesephase: Hier tritt die Transaktion der Datenbank gegenüber nur lesend in Erscheinung. Alle Änderungen werden ja in „unsichtbaren" transaktionseigenen Arbeitsbereichen vorbereitet. Während dieser Phase führt die Transaktion ihre gesamte normale Verarbeitung (ohne Sperren o. ä.) durch; zu dem Zeitpunkt, da die Transaktion in die EOT-Behandlung eintreten will, ist die Lesephase beendet.
- Validierungsphase: Jetzt muß überprüft werden, ob die Ergebnisse, die die Transaktion in ihrer Isolation erzielt hat, gültig sind, d.h. ob sie sich in eine äquivalente serielle Ablauffolge einordnen lassen. Die Methoden hierzu werden weiter unten beschrieben. Sollte sich ergeben, daß die Transaktion nicht serialisierbar ist, muß sie an dieser Stelle zurückgesetzt werden, was weiter nichts als die Vernichtung ihrer privaten Kopien bedeutet.
- Schreibphase: War die Validierung erfolgreich, so müssen evtl. Änderungen aus den privaten Kopien der Transaktion in die Datenbank eingebracht werden. Wir gehen im folgenden davon aus, daß dies eine *ununterbrechbare* Übertragung der geänderten Seiten in den DB-Puffer ist. Diese Vereinfachung ist für unsere Zwecke hinreichend.

Die erste und die dritte Phase sind unmittelbar einleuchtend; bleibt zu erklären, wie die Validierung einer Transaktion erfolgt.

Ziel dieses Verfahrens wie aller anderen vorgestellten Synchronisierungsmethoden ist die Erzeugung einer seriellen Ablauffolge der Transaktionen. Bei den sperrorientierten Verfahren wird die relative Anordnung der Transaktionen dynamisch durch die Reihenfolge des Zugriffs auf gemeinsame Datenobjekte bestimmt.[5] Bei der optimistischen Vorgehensweise tritt eine Transaktion während der längsten Zeit ihrer Existenz der Datenbank gegenüber nicht bzw. nur lesend in Erscheinung. Erst mit Beginn der Validierungsphase bekundet sie ihre Absicht, einen Platz in der äquivalenten seriellen Ablauffolge zu erhalten und ggfls. Änderungen in die Datenbank einzubringen. Es ist also zu klären, ob die von ihr gelesenen und bei Bedarf in den privaten Arbeitsbereich übertragenen Objektversionen zu diesem Zeitpunkt (dem Beginn der Validierung) überhaupt noch gültig sind. Es

---

[5] Man beachte, daß Transaktionen, die keine gemeinsamen Objekte benutzen oder diese nur lesen, relativ zueinander beliebig angeordnet werden können.

könnte ja sein, daß während der Lesephase andere Transaktionen einige der Objekte ihrerseits verändert haben, so daß die jetzt mit der Validierung beginnende Transaktion von einem veralteten Zustand der DB ausgeht. Um die Diskussion etwas zu vereinfachen, nehmen wir an, daß die Position einer Transaktion T_i in der äquivalenten seriellen Ablauffolge eindeutig durch den Zeitpunkt bestimmt wird, wo sie mit der Validierung beginnt. Dies bedeutet, daß sie Objekte, welche von Transaktionen, die früher validiert haben, verändert wurden, im Zustand nach der Änderung sehen muß, während alle Transaktionen, die nach T_i validieren, von T_i veränderte Objekte in deren neuem Zustand sehen müssen. Wir fordern weiter, daß zu einem Zeitpunkt nur jeweils eine Transaktion validieren darf und daß die Validierungsphase zusammen mit der Schreibphase für die anderen Transaktionen als eine ununterbrechbare Aktion implementiert wird. Dann können wir annehmen, daß eine Transaktion zum Beginn der Validierungsphase vom System eine eindeutige laufende Nummer T_i erhält, welche sie identifiziert und auch ihre Position in der seriellen Ablauffolge bestimmt. Nach dem oben gesagten folgt eine Transaktion T_i auf T_j genau dann, wenn $T_i > T_j$. Um nun zu überprüfen, ob die durch die laufenden Nummern aufgeprägte Reihenfolge der Transaktionen mit dem Änderungszustand der benutzten Objekte übereinstimmt, gibt es zwei verschiedene Vorgehensweisen.

Die erste ist die in [KUNG81] ursprünglich formulierte Version der optimistischen Verfahren und wurde späterhin in [HÄRD85b] als „backward oriented OCC" bezeichnet. Sie ist folgendermaßen definiert: Sei T_i die zu validierende Transaktion. Dann ist klar, daß schon zu ihrem Beginn die neuen Werte all der Objekte sichtbar waren, welche vor dem Beginn von T_i validiert haben (das Einbringen ist ununterbrechbar). Transaktionen dagegen, die während der Lesephase von T_i validiert haben, können – sofern sie von T_i gelesene Objekte verändert haben – die Serialisierbarkeit von T_i zerstören. Es ist also zu überprüfen, ob Transaktionen, die während der Lesephase von T_i validiert haben, irgendein Objekt verändert haben, das T_i gelesen hat. Wir bezeichnen mit $R(T_i)$ die Menge der gelesenen Objekte von T_i, mit $W(T_i)$ die Menge der geänderten Objekte (wobei wir annehmen, daß $W(T_i) \subseteq R(T_i)$) und mit V die Menge der Transaktionen, die während der Lesephase von T_i validiert haben. Dann ist T_i serialisierbar, wenn gilt

$$(\forall T_j \epsilon V) : (R(T_i) \cap W(T_j) = \emptyset).$$

Die zweite Verfahrensvariante wird in [HÄRD85b] als „forward oriented OCC" eingeführt, und zwar deshalb, weil sie vorausschauend versucht zu verhindern, daß die oben formulierte Bedingung überhaupt je falsch werden kann. Konkret heißt das, daß im Rahmen der Validierung von T_i geprüft wird, ob sie irgendwelche Objekte zu verändern im Begriff ist, die von anderen, noch in der Lesephase befindlichen Transaktionen bereits gelesen wurden – diese müßten ja später notwendig scheitern. Sei P die Menge der parallel zu T_i laufenden Transaktionen (alle noch in der Lesephase), dann kann T_i validieren (ist serialisierbar), wenn gilt:

$$(\forall T_j \epsilon P) : (R(T_j) \cap W(T_i) = \emptyset).$$

Die vorausschauende Variante hat gegenüber der rückwärts gerichteten eine Reihe von Vorteilen:

- Die Zahl der Elemente in P ist fest (Parallelitätsgrad), während die in V mit der Verweilzeit von T_i im System u. U. stark anwächst.
- Aufwand für die Validierung entsteht nur für Änderungstransaktionen; bei der rückschauenden Variante muß jede Transaktion explizit validiert werden.
- Im Falle eines Scheiterns der Validierung sind verschiedene Maßnahmen möglich, da ja alle beteiligten Transaktionen noch nicht beendet sind. Beim rückschauenden Verfahren muß bei erfolgloser Validierung stets die zu beendende Transaktion zurückgesetzt werden.

Dieser Vergleich sagt - wohlgemerkt - nur etwas über die relativen Qualitäten der beiden genannten Varianten. Ob der optimistische Ansatz tatsächlich gerechtfertigt ist und in geeigneten Anwendungen bessere Leistung erbringt, ist noch Gegenstand wissenschaftlicher Untersuchungen.

4.4.3.3 Synchronisierung mit Hilfe von Zeitmarken

Die Beschreibung dieser Verfahrensklasse wird in noch stärkerem Maße als die beiden vorangegangenen verkürzt und vereinfacht werden. Ähnlich wie bei den optimistischen Verfahren wird die Position einer Transaktion in der äquivalenten seriellen Ablauffolge durch eine aus der physischen Ausführungssequenz abgeleitete laufende Nummer bestimmt, hier allerdings durch eine schon *zu Beginn* der Transaktion vergebene Zeitmarke. Diese kann freilich auch als logische Zeitmarke in Form von Zählern realisiert werden. Das Ziel der Synchronisierung über Zeitmarken besteht darin, die Serialisierung der Transaktionen sicherzustellen, ohne Kontrollstrukturen benutzen zu müssen, die in dem Sinne zentral sind, daß Informationen über alle Transaktionen darin geführt werden - wie dies bei den Sperrtabellen bzw. den Lese- und Schreibmengen der optimistischen Verfahren der Fall ist.

Bei der Zeitmarken-Methode werden nicht nur Transaktionen mit solchen Ordnungskennzeichen versehen, es wird auch bei jedem Objekt eine Lese- und eine Schreibzeitmarke geführt, welche zu jedem Zeitpunkt die Zeitmarken der Transaktionen enthalten, die das Objekt zuletzt gelesen bzw. verändert haben. Dann kann die Serialisierbarkeit jedes einzelnen Objektzugriffs und damit letztlich der gesamten Transaktion einfach dadurch gewährleistet werden, daß verhindert wird, daß

- eine Transaktion ein Objekt liest, dessen Schreib-Zeitmarke höher ist als die der Transaktion;
- eine Transaktion ein Objekt ändert, dessen Lese-Zeitmarke höher ist als die der Transaktion.

Bei dieser Beschreibung wird die Tatsache ignoriert, daß Änderungstransaktionen i.a. mehr als ein Objekt verändern und daher die Schreib-Zeitmarken sämtlicher Objekte im Rahmen der EOT-Behandlung sämtlich oder gar nicht verändert werden müssen. Aus diesem Grunde müssen auch hier Änderungen zunächst auf privaten Kopien vorbereitet werden.

Grundsätzlich ist festzustellen, daß diese Art der Synchronisierung sehr viele unnötige Rücksetzungen verursacht, da die logische Reihenfolge der Transaktionen ohne Rücksicht auf die tatsächliche Objektbenutzung gleich der Startreihenfolge ist. Für verteilte Datenbanksysteme kann aber die Tatsache, daß keine globalen Kontrollstrukturen benötigt werden, durchaus interessant sein. Weitere Einzelheiten solcher Verfahren finden sich in [BAYE82, BERN82, BERN83].

Alle in diesem Abschnitt skizzierten Verfahren weisen auch eine große Zahl hier nicht diskutierter Varianten auf, die z. Zt. in der Fachwelt intensiv untersucht werden. Über die tatsächliche Eignung einzelner Vorschläge für allgemeine DBMS oder auch für Spezialanwendungen kann noch kein auf quantifizierbare Angaben gegründetes Urteil abgegeben werden. In Abschnitt 4.4.5 findet sich eine kurze Zusammenfassung des gegenwärtigen Standes der Forschung.

Abschließend sei bemerkt, daß es über die hier erwähnten Ansätze hinaus noch weitergehende Vorschläge gibt, etwa die, durch Berücksichtigung der Semantik von Lese- und Änderungsoperationen das parallele Arbeiten von Lesern und Änderern auf *demselben* Objekt zu ermöglichen. Ein derartiges Protokoll ist in [ONEI85] und [REUT82] beschrieben.

4.4.4 Implementierungsaspekte von Sperrprotokollen

Nachdem in den vorangegangenen Abschnitten dargelegt wurde, wie durch Sperren die Einhaltung der mit dem Transaktionskonzept verbundenen Zusicherungen der Ununterbrechbarkeit und der Nebenwirkungsfreiheit erreicht werden kann, sollen nun einige spezielle Aspekte der Sperrverwaltung behandelt werden. Zunächst wird gezeigt, daß eben die zur Vermeidung von Mehrbenutzer-Anomalien eingesetzten Sperrmaßnahmen u.U. eine neue Anomalie provozieren, nämlich die in Abschnitt 4.3.3. schon erwähnte Deadlock-Situation. Außerdem werden wir kurz darlegen, wie in existierenden DBMS die zur Verwaltung der Sperranforderungen benötigten zentralen Sperrtabellen verwaltet werden.

4.4.4.1 Entstehung und Behandlung von Deadlock-Situationen

Wenn eine Transaktion T1 eine exklusive Sperranforderung an ein bestimmtes Objekt richtet, z.B. den Satz t_i, und dieser Satz ist bereits mit einer Sperre belegt, deren Modus mit der Anforderung von T1 nicht verträglich ist (das ist bei einer X-Anforderung der Fall), dann muß T1 üblicherweise so lange warten, bis die Sperre auf t_i freigegeben wird, um danach ihre Verarbeitung fortzusetzen. Nehmen wir nun aber an, t_i sei von T2 mit einer X-Sperre belegt und T2 fordere t_j mit einer X-Sperre an, der aber bereits eine X-Sperre von T1 trägt. In diesem Fall wartet offenbar T1 auf die Beendigung von T2, die ihrerseits auf die Beendigung von T1 wartet – eine Verstrickung, die nur nach dem Prinzip des gordischen Knotens gelöst werden kann; wir werden darauf zurückkommen. Zunächst soll, ausgehend von diesem einfachsten aller möglichen Deadlocks, wie der übliche Ausdruck für solche unbeweglichen Wartesituationen lautet (in der deutschsprachigen Literatur findet sich auch „Verklemmung"), allgemein festgestellt werden, was die Ursachen für dieses Phänomen sind, und wie ihm beizukommen ist. Dies soll am Beispiel von Bild 4.23 geschehen, die

Maßnahmen zur Wahrung von Sicherheits- und Integritätsbedingungen

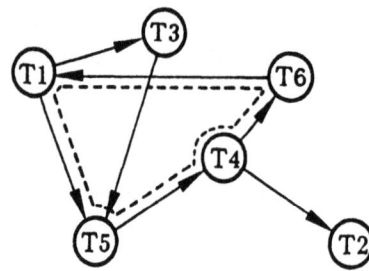

Bild 4.23 Warterelation zwischen Transaktionen mit einem Zyklus

eine graphische Repräsentation der Wartebeziehungen zwischen irgendwelchen Transaktionen zeigt. Die Knoten bezeichnen Transaktionen (die Einheiten der Betriebsmittelvergabe), die Kanten drücken die Tatsache aus, daß die Transaktion, von der die Kante wegführt, auf die Beendigung der Transaktion, zu der sie gerichtet ist, wartet (wir unterstellen grundsätzlich lange Sperren). Auf welches Objekt die Transaktionen warten, ist dabei für unsere Belange uninteressant. In [COFF71] werden nun fünf notwendige und hinreichende Bedingungen für das Entstehen eines (in Bild 4.23 durch die gestrichelte Linie markierten) Deadlocks angegeben:

- Es müssen mehrere Transaktionen um die Benutzung von Betriebsmitteln konkurrieren.
- Die Transaktionen fordern die benötigten Betriebsmittel mit X-Sperren an.
- Die Transaktionen besitzen schon exklusiv gesperrte Betriebsmittel und fordern weitere an.
- Es existiert eine zyklische Wartebeziehung.
- Einer Transaktion dürfen keine Betriebsmittel vorzeitig entzogen werden.

Wenn man durch geeignete Maßnahmen erreichen kann, daß nur eine der Bedingungen nicht eintritt, können Deadlocks nicht entstehen bzw. bestehende aufgelöst werden. Es gibt denn auch, speziell in der Betriebssystemliteratur, eine Vielzahl von Untersuchungen über Methoden, das Entstehen von Deadlocks zu verhindern [COFF73, HABE69, MADN74], allerdings sind die Bedingungen der Sperrverwaltung in DBMS sehr verschieden von denen in Betriebssystemen; so liegt z.B. die Zahl der Objekte in DMBS um einige Größenordnungen über der in BS, und die Anforderung geschieht in DBMS meist wertabhängig im Laufe der Transaktionsverarbeitung und nicht insgesamt zu Anfang eines Prozesses, wie oft in Betriebssystemen. Daher scheiden Maßnahmen, die darauf abzielen, daß eine Transaktion bereits beim BOT alle benötigten Objekte benennen soll (Preclaiming), für allgemeine Datenbanksysteme aus, da am Anfang meist nicht bekannt ist, welche Sätze die Transaktion tatsächlich benötigt. Man könnte höchstens versuchen, die Anforderungseinheit so groß zu wählen, daß die benötigten Objekte mit Sicherheit darin enthalten sind (z.B. Satz-Typen oder Segmente), doch hat dies wiederum sehr nachteilige Auswirkungen auf die Parallelität.

In den meisten existierenden Datenbanksystemen wird dagegen die Entstehung eines Deadlock in Kauf genommen und nach seiner Entdeckung die fünfte Bedingung außer Kraft gesetzt, d.h. es wird eine der an dem Wartezyklus beteiligten Transaktionen zurückgesetzt, womit sie alle Betriebsmittel entzogen bekommt und der Zyklus gebrochen ist. Dieses Vorgehen setzt zweierlei voraus:

- Es muß ein effizienter Algorithmus zur Erkennung von Deadlocks in der Sperrverwaltung vorhanden sein; Verfahren hierzu sind aus der Graphentheorie hinlänglich bekannt.
- Die zurückzusetzende Transaktion muß so ausgewählt werden, daß der entstehende „Schaden" möglichst gering ist. Kriterien zur Auswahl können sein: Art der Transaktion (Batch oder interaktiv), bisher verbrauchte Rechenzeit, Anzahl der bislang durchgeführten Änderungen usw. Verschiedene Strategien, die auch den Fall mehrfacher Zyklen berücksichtigen, werden in [GRAY78] diskutiert.

In einigen Systemen, wie z.B. ADABAS, wird allerdings keine explizite Deadlock-Erkennung durchgeführt. Vielmehr wird beim Laden des DBMS eine obere Grenze für die Laufzeit einer Transaktion festgelegt, deren Überschreiten das Rücksetzen der Transaktion bewirkt. Da nun im Falle eines Deadlock alle beteiligten Transaktionen blockiert sind, wird zwangsläufig eine davon irgendwann die Zeitgrenze überschreiten und damit die Verklemmungssituation auflösen. Freilich wird dies i.a. diejenige sein, die schon am längsten gelaufen ist und die meisten Betriebsmittel verbraucht hat – man setzt also vermutlich oft die teuerste Transaktion zurück. Der Vorteil dieses sehr simplen Verfahrens ist offensichtlich: Es braucht nicht bei jedem Sperrkonflikt eine Deadlock-Analyse durchgeführt zu werden.

Aufgrund der dem Verfasser von verschiedenen Anwendern gängiger DBMS bekannt gewordenen Erfahrungen scheint der Schluß zulässig, daß bei gut entworfenen Datenbanken mit einer hinsichtlich der Werteverteilung und der Speicherungsstrukturen angemessenen Transaktionslast Deadlocks sehr selten auftreten und somit kein gravierendes Leistungsproblem darstellen. Es muß allerdings darauf hingewiesen werden, daß wegen der Notwendigkeit, die Sperrprotokolle auch auf den Elementen der Speicherungsstrukturen und tieferer Schichten einzuhalten, Deadlocks auch durch Objekte verursacht werden können, die an der satzorientierten DML-Schnittstelle gar nicht sichtbar sind. Da es nun etliche DBMS gibt, bei denen der Benutzer keinen Einfluß auf die Speicherungsstrukturen hat, ist in solchen Fällen Abhilfe durch den Entwurf einer günstigeren Speicheraufteilung kaum möglich.

4.4.4.2 Die Verwaltung von Sperrtabellen

Da die Anforderung und Rückgabe von Sperren insbesondere bei expliziter satzweiser Anforderung sehr häufige Aktionen sind, kommt es darauf an, sie so effizient wie möglich zu implementieren. Die wichtigste Aktion der Sperrverwaltung besteht wohl darin, für ein gegebenes Objekt festzustellen, ob darauf schon eine Sperre existiert, und wenn ja, ob diese mit der Anforderung verträglich ist. Natürlich ist es angesichts der Zahl der in einer DB vorhandenen Objekte (z.B. Satzausprägungen) nicht sinnvoll, von vornherein eine Tabelle mit einem Eintrag pro Objekt vorzusehen. Wegen der Häufigkeit des Zugriffs auf die Sperrtabelle ist es vielmehr unabdingbar, sie vollständig im Hauptspeicher zu halten. Es gilt also,

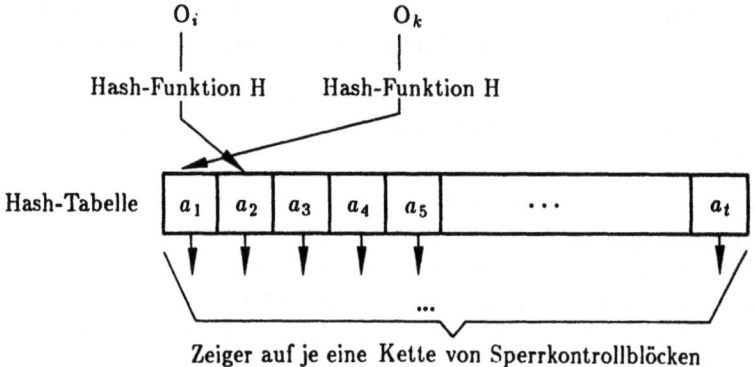

Bild 4.24 Zuordnung von Objekt-Namen zu Sperrkontrollblöcken über eine Hash-Tabelle

eine große Zahl von Namensausprägungen (in diesem Falle z.B. Satznummern) effizient auf eine kleine Zahl von Tabelleneinträgen abzubilden. Da sequentielle Suche zu langsam ist, bleiben nur die beiden üblichen Verfahren, nämlich entweder Abbildung über Hash-Funktionen oder über Indextabellen.

Die prinzipielle Vorgehensweise bei der ersten Variante zeigt das [HÄRD78a] entlehnte Bild 4.24. Für die Sperrverwaltung wird eine Hashfunktion H vorgesehen, die jeden Objekt-Namen auf eine ganze Zahl im Intervall [1, t] abbildet. Jeder dieser Indizes bezeichnet den Anker a_i, der auf eine (u.U. leere) Kette sog. Sperrkontrollblöcke zeigt. Ein Sperrkontrollblock ist eine Datenstruktur, deren grundsätzlichen Aufbau die folgende Deklaration in einer PL/I-ähnlichen Pseudo-Notation veranschaulicht:

```
DCL 1 SPERRKONTROLLBLOCK BASED (SKB_POINTER),
      2 OBJEKT_NAME       FIXED (32),
      2 NAECHSTER_SKB     POINTER,
      2 #_AKTIVE_SPERREN  FIXED (15),
      2 AKTIV_SKB(#_AKTIVE_SPERREN),
        3 TRANSAKTIONS_#  FIXED (32),
        3 MODUS           CHAR (2),
      2 #_ANFORDERUNGEN   FIXED (15),
      2 WARTELISTE (#_ANFORDERUNGEN),
        3 TRANSAKTIONS_#  FIXED (32),
        3 MODUS           CHAR (2);
```

Bei jeder Sperranforderung für ein Objekt O_i muß also zunächst die Hash-Funktion H auf den Objekt-Namen angewendet werden (im obigen Beispiel gilt $H(O_i) = 2$); dadurch wird ein Zeiger auf eine Kette von Sperrkontrollblöcken identifiziert. Enthält der Zeiger den Wert *nil*, gibt es mit Sicherheit keine Sperre auf dem Objekt, und es wird ein Sperrkontrollblock (SKB) dafür eingerichtet. Existiert schon eine Kette, so muß diese sequentiell nach dem Objekt O_i durchsucht werden. Wird nun darin ein SKB für O_i gefunden, so ist die Liste der aktiven, z.Zt. gewährten Sperren darauf zu überprüfen, ob diese mit der neuen Anforderung verträglich sind. Ist dies der Fall, wird die anfordernde Transaktion mit ihrem Sperrmodus in die Liste der aktiven Sperren aufgenommen und kann weiterarbeiten. Ist die Sperranforderung nicht verträglich, wird die Transaktion in die Warteliste des Objektes gesetzt und so lange deaktiviert, bis sie die angeforderte Sperre erhalten kann. In diesem Fall sollte natürlich überprüft werden, ob durch das Warten der Transaktion ein Deadlock entstanden ist; die dafür benötigten Kontrollstrukturen sind hier jedoch nicht aufgeführt.

Es sei abschließend angemerkt, daß die Sperrverwaltung in DBMS nicht so einfach ist, wie es nach den vorangegangenen Ausführungen erscheinen mag. Einige der schwierigeren Probleme können hier nur aufgezählt werden:

- Die Bezeichnung der Objekte ist nicht trivial, da dasselbe Objekt auf verschiedene Weise identifiziert und benannt werden kann [WEDE76]. Das gilt allerdings nur für Sperrkonzepte, die nicht die explizite, satzweise Anforderung verwenden.
- Zur Implementierung von Prädikatsperren, die ja (zur Vermeidung des Phantom-Problems) auch nicht in der DB vorhandene Objekte umschließen, reichen die obigen Vorkehrungen nicht aus [ESWA76].
- Wenn es Objekte gibt, die von sehr vielen Transaktionen sehr häufig hintereinander für jeweils kurze Zeit angefordert werden, kann es zu der als „Konvoi-Phänomen" bezeichneten Anomalie kommen [BLAS79], die im wesentlichen darin besteht, daß ein Großteil der Arbeit des DBMS nur noch der Verwaltung von Warteschlangen, nicht aber „nützlicher" Tätigkeiten aus der Sicht des Benutzers gilt.

Um einen groben Eindruck vom Aufwand zu geben, den die Sperrverwaltung eines DBMS zur Laufzeit verursacht, seien zwei Zahlen zitiert. Gray gibt in [GRAY78] den Aufwand für das Operationspaar „Sperranforderung/Sperrfreigabe" in der verbesserten Version von System R mit ca. 120 Maschinenbefehlen auf einem System IBM/370 an. Messungen an existierenden DBMS haben für vergleichbare Operationspaare Werte von 400-600 Instruktionen auf ähnlicher Hardware ergeben; genaue Zahlen sind allerdings wegen der von den Herstellern meist ängstlich verborgenen Implementierungsdetails nur schwer zu gewinnen.

4.4.5 Der Einfluß von Synchronisierungsverfahren auf die Systemleistung

Wir werden uns in diesem Abschnitt auf zentralisierte DBMS beschränken, und damit auch auf den Vergleich sperrorientierter Verfahren mit optimistischen. Bei aller Unsicherheit in der Beurteilung der Leistungsaspekte von Synchronisierungsverfahren ist doch klar, daß die reinen Zeitmarken-Verfahren – wenn überhaupt – nur unter den besonderen Randbedingungen verteilter DBMS einsatzfähig sind[6].

---

[6] Das heißt nicht, daß Zeitmarken in Kombination mit anderen Methoden nicht auch konkurrenzfähige Protokolle ergeben können.

Der qualitative Einfluß von Sperrverfahren auf die Systemleistung läßt sich wie folgt umreißen: Wenn sehr kleine Einheiten gesperrt werden (Sätze oder gar nur Attribute), dann erhöht sich die Pfadlänge von Transaktionen u.U. beträchtlich, und der Durchsatz sinkt entsprechend. Werden größere Einheiten gesperrt (Seiten, Satztypen o. ä), dann reduziert sich der Aufwand für das Sperren, dafür kommt es wesentlich häufiger zu Konflikten zwischen Transaktionen, was dazu führt, daß viele Transaktionen blockiert werden – und wiederum sinkt der Durchsatz, und die Antwortzeiten steigen. Dieser Zusammenhang ist schon relativ früh auf allerdings sehr abstrakter Ebene untersucht worden [RIES79], mit dem Ergebnis, daß hierarchische Protokolle in den meisten Fällen einen brauchbaren Kompromiß darstellen. Ein exaktes mathematisches Modell der Wechselwirkungen zwischen Transaktionen bei sperrorientierten Verfahren existiert bis heute noch nicht; in [REUT83] wird deutlich, wo die Schwierigkeiten dabei sind.

Wenn nun eine gewisse Anzahl von Transaktionen wegen Sperrkonflikten blockiert sind, dann verlängert sich sicherlich deren Antwortzeit, während die der verbleibenden zurückgeht, weil die Zahl der Konkurrenten um die zentralen Betriebsmittel wie CPU, Platten usw. kleiner ist. Aus demselben Grunde sinkt aber auch der Durchsatz – ein i. a. nicht akzeptabler Effekt. Das kann bereinigt werden, indem mehrere Transaktionen gleichzeitig zugelassen werden (Erhöhung der Parallelität), was den Durchsatz, aber auch die Antwortzeit steigert. Außerdem wird sich bei höherer Parallelität auch die Konfliktrate erhöhen, mehr Transaktionen werden blockiert usw. Dies führt im Extremfalle dazu, daß bei 2n gleichzeitig ablaufenden Transaktionen weniger tatsächlich ausführbereit sind (nicht blockiert) als bei Parallelität n. Dieser Zusammenhang wird in [TAY84] analytisch modelliert, und es werden Schätzformeln für Durchsatz und Antwortzeit angegeben, die für den „normalen" Betriebszustand des Systems gelten. Als normal gilt der Betriebszustand dann, wenn kein Thrashing von Transaktionen wegen zu knapper Betriebsmittel stattfindet. Das Modell erlaubt auch, diesen Punkt zu bestimmen, doch enthält die Formel einen äußerst kritischen Parameter, die Anzahl der für das Entstehen von Systemkonflikten in Betracht kommenden Objekte in der Datenbank. Da bis jetzt noch kein Verfahren absehbar ist, wie dieser Parameter für eine gegebene Datenbank hinreichend genau bestimmt werden kann, sind die Aussagen des Modelles insgesamt von eher theoretischem Wert.

Bei optimistischen Verfahren können keine Blockierungssituationen wie bei Sperrverfahren vorkommen und damit keine negativen Effekte wegen übermäßiger Erhöhung der Parallelität[7]. Dagegen muß hier beim Scheitern der Validierung die ganze Transaktion zurückgesetzt werden, sie muß erneut ausgeführt werden, kann wieder scheitern (oder auch andere zum Scheitern bringen) usw. Das reduziert natürlich ebenfalls den Durchsatz *erfolgreicher* Transaktionen und erhöht deren Antwortzeit. Außerdem besteht das Problem, zu gewährleisten, daß eine Transaktion überhaupt in endlicher Zeit einmal erfolgreich validiert. Die Frage, ob und unter welchen Umständen diese Art der Synchronisierung eine bessere

---

[7] Kurze Wartesituationen können freilich auch auftreten, da wir ja gefordert haben, daß nur jeweils eine Transaktion zu einer Zeit validieren und schreiben darf.

Gesamtleistung des Systems erbringt als Sperrverfahren, ist in der Fachwelt noch durchaus strittig. In [PEIN83] werden die Resultate empirischer Studien mitgeteilt, die anhand eines allerdings recht artifiziellen Leistungsmaßes den optimistischen Verfahren für bestimmte Lasttypen gute bis sehr gute Leistung zuschreiben. In [TAY84] wird für ein den optimistischen Protokollen sehr ähnliches Verfahren ein entsprechendes Ergebnis analytisch abgeleitet.

Die bislang gründlichste empirische Vergleichsstudie findet sich in [PEIN86]. Dort wird anhand einer detaillierten Implementierung etlicher Verfahrensvarianten und durch Verwendung einer Reihe realer Datenbanklasten schlüssig nachgewiesen, daß optimistische Verfahren bei zentralisierten DBMS den sperrorientierten durchweg unterlegen sind. Bei den sperrorientierten Verfahren ist das Bild nicht so eindeutig; der einzige stabile Effekt ist die Überlegenheit der Protokolle mit Konsistenzebene 2 (nur kurze Lesesperren), doch ist die Allgemeingültigkeit dieses Ergebnisses dadurch eingeschränkt, daß die zur Untersuchung verwendeten Datenbanklasten von einem System stammten, das von sich aus nur diese Konsistenzebene anbietet, was sicherlich Rückwirkungen auf die Struktur der Transaktionsprogramme gehabt hat. Die Arbeit enthält aber noch ein sehr wichtiges Ergebnis: Viel größere Unterschiede in der Systemleistung als durch verschiedene Synchronisierungsverfahren ergeben sich durch angemessene bzw. durch unangemessene Methoden zur Lastbalancierung bzw. zum Transaktions-Scheduling. Es ist z.B. äußerst sinnvoll, in Situationen mit hohen Konfliktraten die Parallelität gezielt zu beschränken – notfalls bis auf 1. In konfliktfreien Situationen kann die Parallelität entsprechend erhöht werden. Es ist interessant anzumerken, daß praktisch alle heute im Einsatz befindlichen DBMS mit einer jeweils festen Parallelität fahren und nicht in der Lage sind, in der beschriebenen Weise zu reagieren, obwohl der Nutzeffekt erheblich wäre. Datenbank-Entwickler- und Administratoren mögen diesen Hinweis aufnehmen.

4.5 Methoden zur Implementierung von Datensicherungs- und Recovery-Maßnahmen

Datensicherungsmaßnahmen, d.h. das Sammeln redundanter Informationen zur Wiederherstellung eines konsistenten DB-Zustandes nach einem Fehler (Recovery), können stets nur die Wahrscheinlichkeit für einen irreparablen Verlust der Datenbank reduzieren; eine absolute Sicherheit vor Verlust können Sie – wie ausgefeilt und umfangreich sie auch sein mögen – niemals garantieren. Es ist daher sinnvoll, vor der Beschreibung der wichtigsten Implementierungstechniken für die DB-Recovery sich Rechenschaft darüber zu geben

– gegen welche Arten von Fehlern die Maßnahmen gerichtet sind, und
– unter welchen Voraussetzungen sie funktionieren.

Es ist auf dieser Grundlage leichter, für ein gegebenes System zu beurteilen, ob die vorhandenen Sicherungsmaßnahmen ausreichenden Schutz gegen die erwarteten

Fehler während des Betriebes bieten, oder ob es Konstellationen gibt, die bei der jeweiligen Anwendung durchaus auftreten können, aus denen heraus aber keine automatische Recovery mehr möglich ist, die also aus der Sicht des Systems (und damit auch für den Anwender) „Katastrophen" darstellen [GAAD80]. Bei diesen Fallunterscheidungen, denen der erste Abschnitt gewidmet ist, wird sich zeigen, daß es eine ganze Reihe durchaus nicht seltener Fehler gibt, die bisher von keinem System behandelt werden, ja mehr noch: zu deren systematischer Behandlung bislang die theoretischen Grundlagen fehlen.

4.5.1 Grundlegende Annahmen zur Fehlerbehandlung in DBMS

In diesem Abschnitt sollen zum besseren Verständnis der folgenden Algorithmen zwei Dinge verbindlich festgelegt werden:

- Welche Recovery-Maßnahmen muß ein DBMS bereitstellen, das jederzeit eine im Sinne des Transaktions-Paradigmas konsistente Datenbank erhalten bzw. wiederherstellen kann?
- Welche Fehler, sei es in der Hardware oder in der Software, sollen durch diese Recovery-Maßnahmen behebbar sein, und welche Fehler bzw. Kombinationen daraus sind so unwahrscheinlich, daß eine explizite Vorsorge nicht nötig erscheint?

Es kann in der Praxis oft beobachtet werden, daß gerade dem letzten Punkt von Seiten der DB-Anwender zu wenig Aufmerksamkeit gewidmet wird. Das führt gelegentlich dazu, daß ganz alltägliche Gerätefehler irreparable Konsistenzverletzungen auf der Datenbank herbeiführen (s. Abschnitt 4.5.1.3).

4.5.1.1 Transaktionsorientierte Recovery-Maßnahmen

Bei der Einführung des Transaktionskonzeptes in Abschnitt 4.3 wurden die allgemeinen Anforderungen an die Sicherungs- und Recovery-Komponente bereits beschrieben, die eingehalten werden müssen, damit eine Transaktion die größte ununterbrechbare Einheit in der Hierarchie der Operatoren und damit auch die größte Einheit der Recovery ist. Unter Berücksichtigung der Anforderungen des Mehrbenutzerbetriebes (s. Abschnitt 4.4) müssen zumindest vier verschiedene Recovery-Maßnahmen vorgesehen werden, die zur leichteren Bezugnahme in den folgenden Abschnitten mit den Kurzbezeichnungen R1-R4 [REUT81] belegt werden; dies sind:

- R1-Recovery: Da im normalen Betrieb einzelne Transaktionen scheitern können (z.B. wegen Verletzung semantischer Integritätsbedingungen, wegen eines Fehlers im Anwendungsprogramm oder wegen eines Deadlock), müssen Vorkehrungen getroffen werden, die das isolierte Zurücksetzen einer oder mehrerer unvollständiger Transaktionen erlauben, ohne daß dies irgendwelche Auswirkungen auf die übrigen gleichzeitig ablaufenden Transaktionen hat (*partielles Zurücksetzen*).

Methoden zur Implementierung von Datensicherungs- und Recovery-Maßnahmen

- R2-Recovery: Nach einem Systemausfall ist der durch die Recovery anzustrebende konsistente Zielzustand der DB zunächst dadurch definiert, daß er die Resultate aller bis zum Zeitpunkt des Fehlers abgeschlossenen Transaktionen enthalten muß. Wie in den folgenden Abschnitten deutlich werden wird, kann es erforderlich sein, beim Wiederanlauf nach einem Systemausfall einen Teil der schon beendeten Transaktionen nachzuvollziehen und ihre Ergebnisse in die Datenbank zu schreiben (*partielles Wiederholen*).

- R3-Recovery: Nach einem Systemausfall ist der durch die Recovery anzustrebende konsistente Zielzustand weiterhin dadurch definiert, daß er keine Auswirkungen solcher Transaktionen enthält, die zum Zeitpunkt des Systemausfalles noch aktiv waren. Es müssen also die Spuren sämtlicher nicht beendeten Transaktionen aus der DB entfernt werden (*vollständiges Zurücksetzen*).

- R4-Recovery: Wenn durch einen Defekt auf einem der nichtflüchtigen Externspeicher, auf denen die DB abgelegt ist (z.B. „head crash" auf der Platte), die Datenbank physisch defekt ist, muß trotzdem der jüngste transaktionskonsistente Zustand wiederhergestellt werden (s. Abschnitt 4.3). Das erfordert zweierlei:
Zunächst muß von einer Archiv-Kopie ein älterer (nicht notwendig konsistenter) Zustand des zerstörten Teiles der Datenbank auf einen neuen Datenträger kopiert werden; danach muß dieser Teil um alle ihn betreffenden, seit seiner Erstellung angefallenen Änderungen vollständiger Transaktionen ergänzt werden (*vollständiges Wiederholen*).

Mit diesem Minimalsatz von Recovery-Aktionen kann unter gewissen idealisierten Voraussetzungen die automatische Erhaltung eines transaktionskonsistenten Zustandes der Datenbank gewährleistet werden.

4.5.1.2 Weitere Recovery-Maßnahmen

Der Vollständigkeit halber seien hier noch kurz einige weitere Recovery-Maßnahmen aufgezählt, die im weiteren aus verschiedenen Gründen nicht berücksichtigt werden können.

- *Transaktionsinternes Zurücksetzen*: Hierbei handelt es sich um die Möglichkeit, im Verlaufe einer Transaktion sog. „save points" [GRAY81a] zu erzeugen, und zwar auf Anforderung des Anwendungsprogrammes, mit der Eigenschaft, daß im Falle eines späteren Fehlers (z.B. falsche Dateneingabe bei einer umfangreichen interaktiven Transaktion) der gesamte DB- und Programmzustand auf den Zeitpunkt eines solchen „save point" zurückgesetzt werden kann. Dies ist u.U. günstiger, als wenn wegen des Fehlers die gesamte Transaktion zurückgesetzt und erneut ausgeführt werden müßte.
- *„Salvation Programs"*: Bei diesen nach [VERH78] so genannten Notmaßnahmen handelt es sich um Vorkehrungen für den Fall, daß z.B. nach einem Systemausfall die zur Durchführung der R2- und R3-Recovery benötigten redundanten Informationen als fehlerhaft erkannt werden oder wegen eines Speicherfehlers nicht lesbar sind. Es wird dann darum gehen, auf Grund der in der DB gespeicherten

Informationen einen Zustand zu erzeugen, der wahrscheinlich nicht transaktionskonsistent ist, bei dem aber zumindest die Elemente der Speicherungsstrukturen wieder die für diese Ebene gültigen Konsistenzbedingungen erfüllen. Das ist nämlich die Voraussetzung dafür, daß auf der Datenbank überhaupt wieder DML-Befehle ohne die Gefahr von Folgefehlern auf Grund zerstörter Speicherungsstrukturen ablaufen können. Zu diesem Thema, einem Fall von „forward recovery" nach der Klassifikation in [RAND78], gibt es allerdings bisher nur wenige Untersuchungen [BLAC81, KÜSP85, THOM77].

- *Kompensative Recovery*: Nach den in Abschnitt 4.3 gemachten Definitionen überführt jede erfolgreich abgeschlossene Transaktion die Datenbank in einen konsistenten Zustand, die Transaktionsprogramme werden also als richtig vorausgesetzt. Aller Erfahrung nach ist diese Voraussetzung allerdings durchaus nicht immer erfüllt, und deshalb muß jeder ernsthafte DB-Anwender Vorsorge für den Fall treffen, daß Transaktionsprogramme einige Zeit lang unerkannt fehlerhaft arbeiten. Dabei geht es sowohl um das Problem der *Fehlererkennung*, als auch um die Methoden zur kostengünstigsten Beseitigung der daraus entstandenen Folgewirkungen. Auch hierzu gibt es kaum systematische Ansätze.

Es sei nochmals betont, daß, wenn im folgenden von Recovery-Maßnahmen die Rede ist, stets nur die R1- bis R4-Recovery gemeint sind.

4.5.1.3 Voraussetzungen über die behandelbaren Fehler

Die grundlegenden Annahmen, die im folgenden stets gemacht werden müssen, damit die beschriebenen Algorithmen tatsächlich zur Realisierung der Recovery-Maßnahmen R1-R4 benutzt werden können, sind die bei allen Datenbanksystemen (von einigen Ausnahmen wird noch die Rede sein) üblichen. Da sie allerdings meist nicht explizit gemacht werden, seien die wichtigsten hier kurz zusammengefaßt.

- Die Externspeichermedien zur Aufnahme der DB selbst und der Datensicherungsinformationen zeigen ein quasi-stabiles Verhalten [LAMP79]. Das bedeutet, daß eine Schreiboperation, die vom Kanal als erfolgreich gemeldet wurde, auch tatsächlich die richtigen Daten an die richtige Stelle ohne Nebenwirkungen auf benachbarte Informationen geschrieben hat. Weiterhin wird unterstellt, daß von diesem Moment bis zum nächsten Lesen des Satzes nur soviele Bits durch Alterung der Magnetschicht o.ä. „umkippen", daß bei der Leseoperation die Daten durch Paritätsprüfung als fehlerhaft erkannt werden können. Nach bisher allerdings nicht veröffentlichten Erfahrungen mit den Großraum-Plattenspeichern moderner Technologie sind diese Annahmen hinreichend realistisch. Weitere Details zu dem unterstellten Fehlerverhalten finden sich in [REUT81].
- Der gesamte Code des DBMS wird als fehlerfrei angenommen. So offensichtlich unzutreffend diese Voraussetzung in der Praxis ist, müssen wir sie im folgenden doch machen, denn wenn man unterstellte, daß z.B. die Komponente zum Sammeln von Recovery-Informationen, die Recovery-Komponente selbst, oder z.B. Teile zur Verwaltung der Speicherungs- oder Seitenzuordnungsstrukturen fehlerhaft sind, dann müßte man sich mit beliebig schweren, beliebig weitreichenden Fehlern beschäftigen. Eine Eingrenzung von Fehlern und ihren Auswirkungen,

Methoden zur Implementierung von Datensicherungs- und Recovery-Maßnahmen

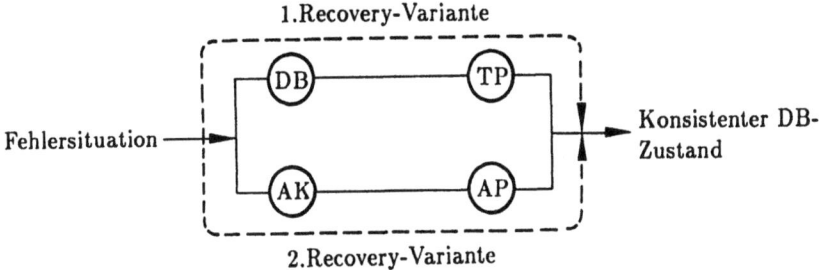

Bild 4.25 Möglichkeiten der DB-Recovery nach einem globalen Systemausfall

wie sie ja gerade durch das Transaktionskonzpet möglich wird, kann dann nicht mehr vorgenommen werden, und damit scheitert jeder Ansatz einer systematischen Fehlerbehandlung. Deshalb wird festgelegt, daß ein Fehler im DBMS als „Katastrophe" im Sinne der Handhabbarkeit durch das System gilt.
- Es wird angenommen, daß die Fehlersituationen, die die verschiedenen Recovery-Maßnahmen nach sich ziehen, unabhängig voneinander auftreten. Das soll an Bild 4.25 näher erläutert werden. Wir gehen von einem Fehler aus, der sich nicht auf einige Transaktionen beschränken läßt, d.h. der nicht mit R1-Recovery behandelt werden kann. Nach einem solchen Fehler hat man es, wie in den folgenden Abschnitten noch deutlich wird, mit vier Komponenten zu tun:

   a) mit den Externspeichern, auf denen die Datenbank abgelegt ist (DB),

   b) mit den Externspeichern, auf denen die redundanten Informationen zur Durchführung der R2- und R3-Recovery abgelegt sind (im folgenden als temporäre Protokolldatei bezeichnet) (TP),

   c) mit der Archiv-Kopie eines älteren Zustandes der Datenbank (AK),

   d) mit den Externspeichern, auf denen die redundanten Informationen zur Durchführung der R4-Recovery abgelegt sind (im folgenden als Archivprotokoll-Datei bezeichnet) (AP).

Wenn also z.B. die DB physisch zerstört ist, dann bleibt nach dem obigen einfachen Z-Netz [DALC79] nur die zweite Recovery-Variante mit den Komponenten AK und AP, nämlich die R4-Recovery. Wir nehmen nun an, daß die Komponenten unabhängig voneinander ausfallen, d.h. daß die Zerstörung von DB nicht automatisch die Zerstörung von AP nach sich zieht – was möglich wäre, wenn beide auch nur teilweise auf demselben Plattenstapel lägen. Die Richtigkeit dieser Annahmen muß sowohl bei der Implementierung des DBMS als auch bei der konkreten Installation gewährleistet werden.

4.5.2 Protokollierungsverfahren als Grundlage von Sicherungsmaßnahmen

Wenn man davon ausgeht, daß in der Datenbank selbst außer den Primärdaten und den Hilfsdaten zur Verwaltung der Speicherungsstrukturen, der Seitenzuord-

Fall	Zustand von TH	Geänderter Inhalt von S_i	Geänderter Inhalt von S_j	Erforderliche Recovery-Maßnahme	Benötigte Information über S_i	Benötigte Information über S_j
1	nicht beendet	im Puffer	im Puffer	R_3	—	—
2	nicht beendet	im Puffer	in der DB	R_3	—	alter Inhalt
3	nicht beendet	in der DB	im Puffer	R_3	alter Inhalt	—
4	nicht beendet	in der DB	in der DB	R_3	alter Inhalt	alter Inhalt
5	beendet	im Puffer	im Puffer	R_2	neuer Inhalt	neuer Inhalt
6	beendet	im Puffer	in der DB	R_2	neuer Inhalt	—
7	beendet	in der DB	im Puffer	R_2	—	neuer Inhalt
8	beendet	in der DB	in der DB	R_2	—	—

Bild 4.26 Von der Recovery-Komponente benötigte Informationen in Abhängigkeit vom Transaktionszustand und der Pufferbelegung.

Methoden zur Implementierung von Datensicherungs- und Recovery-Maßnahmen

nungsstrukturen usw. keine redundanten Informationen geführt werden, dann ist es klar, daß die zur Sicherung der in Abschnitt 4.5.1 geforderten Recovery-Fähigkeit benötigte Redundanz anderswo gespeichert und verwaltet werden muß. Da es im Prinzip darum geht, die von Änderungstransaktionen auf der DB verursachten Änderungen aufzuzeichnen, um sie entweder rückgängig machen oder wiederholen zu können, spricht man in diesem Zusammenhang meist von der Protokollkomponente eines DBMS (im Englischen gibt es die Ausdrücke „log", „journal", „audit trail"). Bevor die Funktion der Protokollkomponente näher beschrieben werden kann, ist es nötig, nochmals kurz die Grundsätze des dynamischen Verhaltens eines DBMS zu rekapitulieren.

Der zentrale Arbeitsbereich des DBMS zur Bereitstellung angeforderter Objekte aus der Datenbank bzw. zur Durchführung von Änderungen im Auftrage eines Transaktionsprogrammes ist der zentrale DB-Puffer, der im *flüchtigen* Hauptspeicher des Verarbeitungsrechners liegt. Der Pufferbereich wurde daher in Abschnitt 4.5.1.3 auch nicht unter den nach einem Systemausfall verfügbaren Komponenten aufgeführt. Die Verwaltung des Systempuffers, die Entscheidung über zu ersetzende Seiten liegt (s. Abschnitt 3.2) idealerweise allein beim Pufferverwalter, der sich höchstens aus Gründen der Leistungsoptimierung mit anderen Komponenten abstimmt [EFFE81b, HÄRD80a]. Wenn wir nun eine Änderungstransaktion TM annehmen, deren Modifikationsoperationen, abgebildet auf den linearen Adreßraum, zur Änderung zweier Seiten S_i und S_j führen, dann kann ein Systemausfall während oder nach der Ausführung von TM jede der acht in Bild 4.26 dargestellten Konstellationen erzeugen. Wegen der unterstellten Autonomie der Pufferverwaltung können, unabhängig davon, ob TM schon erfolgreich beendet wurde oder nicht, beide Seiten noch im Puffer stehen oder nicht. Im zweiten Fall stehen dann schon die von TM veränderten Inhalte von S_i und S_j in der Datenbank. Berücksichtigt man die nach dem jeweiligen Beendigungszustand von TM erforderlichen Recovery-Maßnahmen, dann ist unmittelbar einzusehen, welche Informationen die Recovery-Komponente in jedem Einzelfall benötigt. Aus diesem Beispiel werden einige wichtige Grundsätze klar:

- Da es mit der gegebenen Hardware nicht möglich ist, mehrere Seiten in einer ununterbrechbaren Operation in die DB zu schreiben, wird stets die Situation eintreten, daß einige von einer Transaktion geänderten Seiten im Fehlerfall ausgeschrieben sind, andere noch nicht.
- Da Seiten, die von einer erfolgreich beendeten Transaktion geändert wurden, von gleichzeitig oder unmittelbar danach laufenden Transaktionen ebenfalls benötigt werden können, kann es sehr lange dauern, bis deren neuer Inhalt in die DB geschrieben wird. Das macht R2-Recovery erforderlich – außer man erklärt eine Transaktion solange für nicht beendet, wie noch nicht alle von ihr geänderten Seiten ausgeschrieben worden sind (s. Abschnitt 4.5.4).
- Da nach einem Systemausfall ohne Zusatzvorkehrungen nicht festgestellt werden kann, welche Seiten noch im Puffer standen, und welche schon ausgeschrieben waren, muß die Recovery-Komponente bezüglich der R2- und der R3-Recovery (die Entscheidung hierüber hängt ja nur vom Transaktions-Status ab) vom schlechtesten Fall ausgehen. Für die R2-Recovery ist dies Fall 5, für die R3-Recovery Fall 4.

Die Informationen über die alten und neuen Zustände der geänderten Objekte können in verschiedenen Schichten der Abbildungshierarchie eines DBMS gesammelt werden, und je nach Art der protokollierten Objekte ergeben sich unterschiedliche Anforderungen an die Protokoll-Komponente und an die Algorithmen zur Implementierung der Recovery-Maßnahmen. In [REUT81] wird das sehr ausführlich untersucht; wir werden im folgenden nur die wichtigsten Aspekte zusammenfassen.

4.5.2.1 Physische Protokollierungsverfahren

Physische Protokollierungsverfahren sind dadurch gekennzeichnet, daß die für Datensicherungszwecke protokollierten Informationen die auf der Ebene der Speicherungsstrukturen sichtbaren Objekte sind (Satzausprägungen, Tabelleneinträge, Elemente von B*-Bäumen, usw.), oder die Einheiten der Unterteilung des linearen Adreßraumes selbst (Seiten). Die grundsätzliche Vorgehensweise bei physischer Protokollierung wird in Bild 4.27 veranschaulicht. Wir nehmen der Einfachheit halber an, daß der DB-Puffer nach dem LRU-Algorithmus verwaltet wird, daß also die am längsten nicht mehr referenzierte Seite zum Verdrängen ausgewählt wird. Wenn nun eine Transaktion eine Seite zum Verändern anfordert, dann muß der alte Inhalt der Seite bzw. des Teiles der Seite, den die Transaktion ändern will, irgendwo aufgehoben werden, da er für den Fall einer R1- oder R3-Recovery benötigt werden kann. Der alte Inhalt, den wir im folgenden in Ermangelung eines gängigen deutschen Begriffes mit „Before-Image" bezeichnen wollen, muß zu diesem Zeitpunkt noch nicht unbedingt in die Protokolldatei geschrieben werden, da

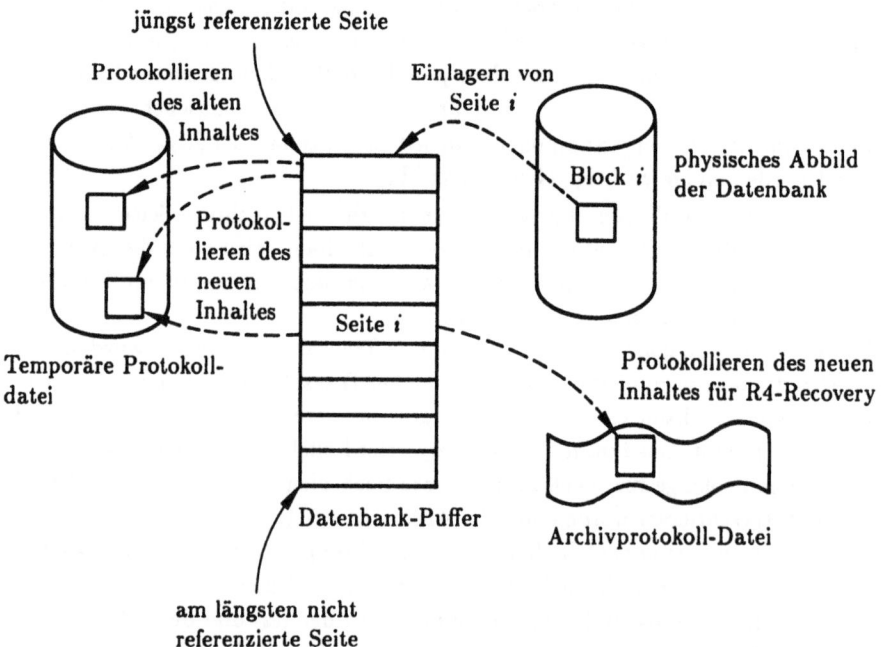

Bild 4.27 Wichtigste Schritte bei der physischen Protokollierung

ja der Block i, welcher das Abbild der Seite i enthält, noch im alten Zustand ist. In diesem Abschnitt wird übrigens stets von der in den meisten DBMS verwendeten direkten Seitenadressierung ausgegangen, d.h. jede Seite wird stets in denselben Block auf der Platte geschrieben.

Wenn nun eine veränderte Seite i aus dem Puffer verdrängt werden muß – was ja bedeutet, daß der alte Zustand von Block i mit dem neuen überschrieben wird – und die ändernde Transaktion ist noch nicht beendet, dann muß *vor dem Verdrängen* spätestens das Before-Image der Seite bzw. des geänderten Eintrages in der Seite auf einen sicheren Platz geschrieben werden, nämlich auf die temporäre Protokolldatei. Damit ist gesichert, daß eine R1- bzw. R3-Recovery bezüglich dieser Seite jederzeit möglich ist. Diese Abhängigkeit wird nach [GRAY78] oft als WAL- („write ahead log") Prinzip bezeichnet. Grundsätzlich muß man also ein Before-Image nicht sofort bei Änderung schreiben, es kann vielmehr solange gepuffert werden bis

– entweder der Puffer für derartige Protokollinformationen ohnehin geschrieben werden muß, oder
– die zugehörige Seite aus dem Puffer verdrängt werden muß, solange die Transaktion noch nicht abgeschlossen ist.

Ist die ändernde Transaktion im Moment des Verdrängens der Seite schon erfolgreich beendet, wird überhaupt kein Before-Image benötigt, da ein Zurücksetzen dann nicht mehr in Frage kommt. Eine naheliegende und in vielen Systemen genutzte Optimierungsmöglichkeit folgt aus der Tatsache, daß (bezogen auf eine Transaktion) für jede geänderte Seite bzw. jeden geänderten Eintrag nur das älteste (erste) Before-Image benötigt wird, um die Effekte der Transaktion rückgängig machen zu können.

Mit Hilfe der Before-Images können, wie gesagt, die Recovery-Maßnahmen R1 und R3 realisiert werden. Für die R2- und R4-Recovery werden dagegen die Inhalte der geänderten Objekte *nach der Änderung* benötigt, die wir entsprechend als After-Images bezeichnen werden. Überlegungen, die analog zu den oben skizzierten verlaufen, zeigen, daß auch ein After-Image nicht sofort nach Durchführung der Änderung auf einen sicheren Platz geschrieben werden muß; auch hier kann die Sicherungsinformation gepuffert werden bis

– entweder der Puffer für derartige Protokollinformationen ohnehin ausgeschrieben werden muß, oder
– die Transaktion beendet werden soll.

Der zweite Punkt folgt aus der Forderung, daß mit Bestätigung des EOT das DBMS die Garantie für ein unbedingtes Überleben der Änderungen der Transaktion übernimmt (s. Abschnitt 4.3); es müssen also alle Informationen auf einem nichtflüchtigen Speicher stehen, die ggfls. zum Wiederholen der Transaktion erforderlich sind. Erreicht eine Transaktion nicht ihr normales Ende, werden im Prinzip keine After-Images benötigt. Es gibt jedoch Implementierungen, bei denen die Durchführung einer R1-Recovery wie eine normale Änderung protokolliert wird, d.h. die temporäre Protokolldatei enthält dann die während des Rücksetzens ausgeschriebenen Before-Images als letzte After-Images der Transaktion. Auf solche Komplikationen kann hier allerdings nicht eingegangen werden.

Aus Bild 4.27 geht auch hervor, daß After-Images sowohl auf der temporären Protokolldatei für die R2-Recovery als auch auf der Archivprotokoll-Datei für die R4-Recovery gehalten werden. Grundsätzlich würden natürlich die Informationen der Archivprotokoll-Datei für beide Recovery-Maßnahmen ausreichen, da hier ja die After-Images aller beendeten Transaktionen stehen müssen. Es zeigt sich jedoch, daß es wesentlich effizienter ist, die sog. Kurzzeit-Recovery (R1-R3) mit Hilfe der temporären Protokolldatei abzuwickeln, und für die R4-Recovery einen separaten, anders organisierten Datenbestand vorzusehen. Dies wird in Abschnitt 4.5.5 noch etwas ausführlicher diskutiert.

Es wurde schon mehrfach erwähnt, daß die Before- und After-Images sowohl in Einheiten ganzer Seiten als auch in Form der jeweils geänderten Objekte der Speicherungsstruktur protokolliert werden können. Die Vor- und Nachteile beider Varianten können folgendermaßen kurz zusammengefaßt werden:

- *Protokollierung ganzer Seiten*: Die Protokoll- und die Recovery-Komponente sind sehr einfach, da jeweils nur ganze physische Transporteinheiten protokolliert bzw. im Falle der Recovery in die Datenbank zurückgeschrieben werden müssen. Die Einfachheit der Algorithmen erhöht die Wahrscheinlichkeit dafür, daß die Komponenten fehlerfrei sind. Der Nachteil dieser Vorgehensweise liegt darin, daß die Protokollinformationen praktisch nicht gepuffert werden können, da die Seiten ja die Transporteinheiten zwischen Haupt- und Externspeicher sind, und demzufolge ein hoher Ein-/Ausgabeaufwand für die Protokollierung anfällt. Allerdings kann diese Schwierigkeit bei bestimmten Organisationsformen des Puffers und der Protokolldatei durch sog. „chained I/O" (Lesen bzw. Schreiben mehrerer physisch aufeinanderfolgender Seiten mit einem Kanalbefehl) teilweise vermieden werden [ELHA82]. Ein weiterer Nachteil ist die Tatsache, daß Seitenprotokollierung stets auch das Sperren ganzer Seiten erzwingt, unabhängig von den an der DML-Schnittstelle sichtbaren Sperreinheiten [HÄRD83b].

- *Protokollierung einzelner Einträge*: Dieses Verfahren hat gegenüber dem vorigen den Nachteil, daß die Protokoll- und die Recovery-Komponente erheblich komplizierter werden, da jetzt die Elemente der Speicherungsstrukturen, die Binnenorganisation der Seiten, usw. berücksichtigt und die auf dieser Ebene geltenden Konsistenzbedingungen eingehalten werden müssen. Von Vorteil sind die im Vergleich zu einer Seite meist sehr kurzen Protokollinformationen, die ein langes Puffern und damit eine erhebliche Verringerung der Ein-/Ausgabeoperationen erlauben; außerdem ist der Platzbedarf für die Protokolldateien entsprechend geringer. Schließlich können durch Ausnutzung der strukturellen Redundanz in den Objekten der Speicherungsstrukturen (z.B. B*-Bäume) etliche Protokollinformationen eingespart werden [GIOR76], wovon z.B. beim Datenbanksystem ADABAS Gebrauch gemacht wird.

Eine quantitative Bewertung des Aufwandes beider Varianten im Normalbetrieb und bei der Recovery zeigt eindeutig, daß die Protokollierung einzelner Einträge in vielen Fällen günstiger ist als die Protokollierung ganzer Seiten. Trotzdem gab bzw.

gibt es etliche Systeme, die Seitenprotokollierung benutzen [FOSS74, UDS], wobei sicherlich die erwähnte Einfachheit der Implementierung ein wichtiges Argument war.

4.5.2.2 Logische Protokollierungsverfahren

Die Grundidee bei der logischen Protokollierung ist die: Im Grunde ist es überflüssig, die Auswirkungen der Änderungsoperationen einer Transaktion auf die Speicherungsstrukturen zu protokollieren; es reicht völlig, die Änderungsoperationen zusammen mit ihren Parametern aufzuzeichnen.

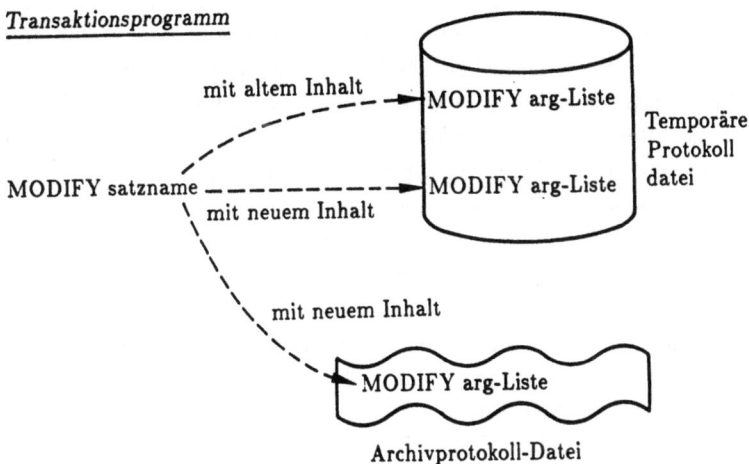

Bild 4.28 Wichtigste Schritte bei der logischen Protokollierung

Das Prinzip dieser Vorgehensweise zeigt Bild 4.28. Wenn also z.B. der Inhalt einer schon vorhandenen Satzausprägung modifiziert wird (MODIFY-Anweisung der CODASYl-DML), dann kann die Protokollinformation zur Durchführung der R1- und R3-Recovery aus folgenden Angaben bestehen:

- Kennzeichen der ausgeführten Operation
- Identifikator der betroffenen Satzausprägung (Satz-Typ + Datenbankschlüssel bzw. TID)
- Alter Inhalt der Satzausprägung.

Der alte Inhalt ist ja vor Ausführung der MODIFY-Operation im DB-Puffer noch verfügbar, da der gewünschte neue Inhalt vom Transaktionsprogramm zunächst nur in seinem lokalen Arbeitsbereich aufbereitet wird. Der Vorteil eines solchen Protokolles gegenüber der physischen Protokollierung ist klar:
Bei dieser müssen außer dem geänderten Satz auch alle betroffenen Einträge in Zugriffspfaden, Tabellen, Ketten usw. protokolliert werden; die logische Protokollierung geht davon aus, daß während der Recovery die DML-Befehle bzw. ihre Inversen (je nachdem, ob wiederholt oder zurückgesetzt werden muß) er-

neut ausgeführt werden, wodurch die Abbildung von den logischen Zugriffspfaden (der Ebene der Protokollierung) auf die Speicherungsstrukturen und alle tieferen Schichten implizit erfolgt.

Zur Unterstützung der R2- und R4-Recovery wird im Prinzip der gleiche Protokollsatz-Typ verwendet, das Argument ist hier der vom Transaktionsprogramm übergebene neue Wert.

So vorteilhaft die logische Protokollierung auf den ersten Blick erscheint – bei näherer Überlegung zeigen sich doch einige Konsequenzen, die ihre generelle Anwendbarkeit zumindest erschweren. Das erste Problem ist folgendes: Zur Durchführung der R1- und R3-Recovery muß ja nicht die vom Transaktionsprogramm aufgerufene DML-Operation protokolliert werden, sondern eine, deren Effekt die ursprüngliche genau kompensiert. Im Falle der auf Netzwerken operierenden DML nach dem CODASYL-Vorschlag gibt dies Anlaß zu einigen Komplikationen. Beim einfachen MODIFY wie in Bild 4.28 liegen die Verhältnisse sehr einfach, da die inverse Operation dazu ebenfalls ein MODIFY ist, das eben auf die alten Werte zurückführt. Auch ein STORE ist leicht durch ein ERASE rückgängig zu machen. Ein ERASE in der Original-Transaktion kann dagegen abhängig von der Membership-Klausel in der DDL dazu führen [CODA73], daß nicht nur der Satz selbst gelöscht wird, sondern alle Sätze der Set-Ausprägung(en), deren Owner er ist, deren Member-Sätze evtl. ebenfalls usw. Um einen solchen Befehl rückgängig zu machen, müßten eine ganze Anzahl inverser DML-Befehle protokolliert werden, und zwar STORE-Befehle, deren Reihenfolge stark von den Set-Order-Klauseln abhängt, damit die implizit (bei einer R1- oder R3-Recovery) ausgelösten CONNECT-Operationen im Endeffekt genau die ursprünglichen Set-Ausprägungen ergeben. Generell kann daraus gefolgert werden, daß logische Protokollierung zumindest für Zwecke der R1- und R3-Recovery nur für solche Datenbanksprachen in Betracht kommt, bei denen die Änderungsbefehle nur Auswirkungen auf jeweils einen Satz-Typ haben, wie z.B. relationale Sprachen, die inversen Operationen also entsprechend einfach zu bestimmen sind. Bei SQL/DS, das eine Form der logischen Protokollierung verwendet [GRAY81a], wird gar nur ein Operationstyp für UNDO und REDO verwendet, und zwar eine verallgemeinerte Modifikationsoperation. Das Speichern einer neuen Satzausprägung gilt als Änderung von der leeren Ausprägung in diejenige mit den angegebenen Werten. Löschen ist eine Änderung in die leere Ausprägung. Ein Protokollsatz hat dort folgenden prinzipiellen Aufbau (es wird wiederum eine PL/I-ähnliche Pseudo-Notation verwendet):

```
DCL 1 PROTOKOLL_SATZ,
      2 SATZ_TYP              CHAR ( ),
      2 SEGMENT_NAME          CHAR ( ),
      2 TRANSAKTIONS_NR       FIXED( ),
      2 DML-BEFEHL            CHAR ( ),
      2 ZEITMARKE             FIXED( ),
      2 SATZLAENGE            FIXED( ),
      2 TA_RUECKW_ZEIGER      FIXED( ),
      2 SATZ_IDENTIFIKATOR    FIXED( ),
      2 ALTER_INHALT          CHAR (*),
      2 NEUER_INHALT          CHAR (*);
```

Dadurch, daß im selben Protokollsatz der Inhalt der Satzausprägung vor und nach der Modifikation aufgezeichnet wird, kann er – je nach Zustand der Transaktion – zum Rücksetzen oder zum Wiederholen benutzt werden. Darauf wird in Abschnitt 4.5.5 nochmals eingegangen.

Das zweite Problem bei der logischen Protokollierung betrifft die R2-, vor allem aber die R4-Recovery. Der Benutzer erwartet ja, daß nach der Recovery nicht nur ein logisch konsistenter Zustand der DB erzeugt wird, er verlangt, daß dies derselbe ist, wie er vor dem Fehler existiert hat. Eingedenk der in Abschnitt 4.3 aufgezählten Zusicherungen, die mit dem Transaktionskonzept verbunden sind, bedeutet dies, daß alle protokollierten Transaktionen im *Einbenutzerbetrieb* in EOT-Reihenfolge erneut ausgeführt werden müssen [HÄRD83b]. Im Mehrbenutzerbetrieb entstünde ja nur das Ergebnis irgendeiner seriellen Abfolge, und das ist i.a. verschieden von dem ursprünglich erreichten. Das kann die R4-Recovery u.U. sehr langwierig machen.

Die dritte Implikation der logischen Protokollierung ist grundsätzlicher Art. Um überhaupt DML-Befehle als Recovery-Aktionen benutzen zu können, müssen die Speicherungsstrukturen, auf denen sie operieren, in einem bezüglich ihrer Integritätsbedingungen gültigen Zustand sein, die Datenbank muß speicherkonsistent sein. Bei der R1-Recovery, die ja Teil des normalen DBMS-Betriebes ist, ist dies sicherlich gewährleistet. Für die R4-Recovery kann es erzwungen werden, wenn die der Recovery zugrunde liegende Archiv-Kopie nur von einer DB erstellt wird, auf der gerade keine Änderungstransaktionen aktiv sind. Das kann allerdings bei sehr großen Datenbanken schon eine zu starke Einschränkung sein (s. Abschnitt 4.5.5). Schwierig wird es indessen nach einem Systemausfall. Wie in Bild 4.26 gezeigt ist, können Seiten, die zusammen geändert wurden (z.B. die Seite mit der Satzausprägung und die B*-Baum-Seite, in der der Verweis auf den Satz steht), in beliebigen Kombinationen in der Datenbank und im Puffer stehen, d.h. die Konsistenz auch nur auf der Ebene der Speicherungsstrukturen ist nach einem Systemausfall i.a. nicht gegeben. Damit können auf einer solchen Datenbank aber auch keine DML-Befehle abgewickelt und keine R2- und R3-Recovery auf der Basis logischer Protokolle durchgeführt werden. Diese Feststellung stimmt so uneingeschränkt allerdings nur für Systeme mit direkter Seitenzuordnung. Im nächsten Abschnitt wird gezeigt, wie die Methoden zum Einbringen von Änderungen über indirekte Seitenadressierung zur Unterstützung der logischen Protokollierung für Zwecke der R2- und R3-Recovery herangezogen werden können.

4.5.3 Sicherungsmaßnahmen auf der Basis indirekter Einbringstrategien

Als Musterbeispiel für eine indirekte Einbringstrategie soll hier das Schattenspeicher-Konzept [LORI77] dienen, das zur Implementierung der Seitenzuordnungsstrukturen und der Recovery-Komponente in SQL/DS verwendet wurde [GRAY81a]. Um die wesentlichen Aspekte bei der Kombination aus logischer Protokollierung und indirekter Seitenzuordnung zu veranschaulichen, werden wir das aus [LORI77] übernommene Bild 4.29 benutzen, unsere Diskussion jedoch auf das

454 Maßnahmen zur Wahrung von Sicherheits- und Integritätsbedingungen

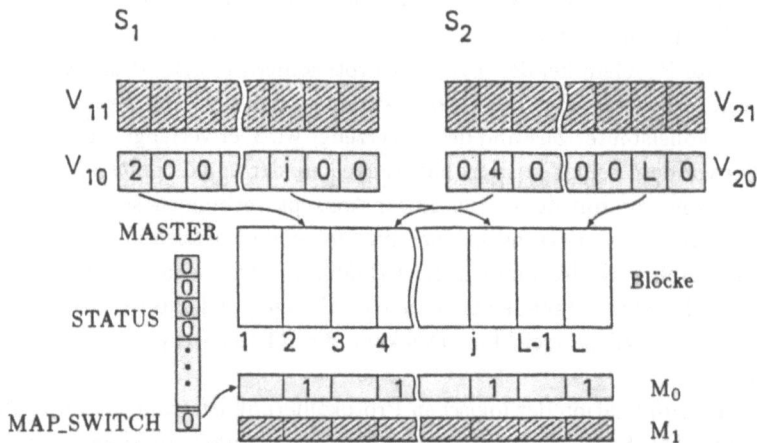

Komponenten des Schattenspeicher-Verfahrens (keine Änderungen in den Segmenten S_1 und S_2)

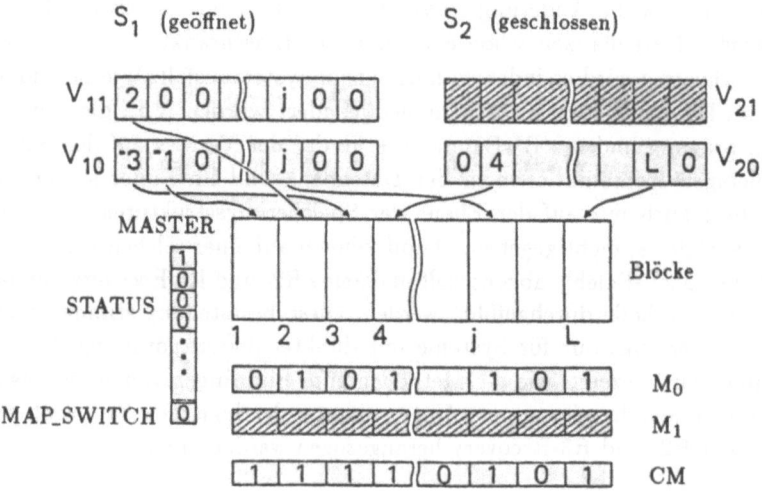

Komponenten des Schattenspeicher-Verfahrens (Segment S_1 für Änderungen eröffnet)

Bild 4.29 Das Prinzip des Schattenspeicherverfahrens

Segment S_1 beschränken. Wesentlich am Schattenspeicher-Konzept ist die Tatsache, daß die *Seiten* eines Segmentes nicht – wie bei direkter Seitenzuordnung – stets in dieselben Blöcke geschrieben werden, sondern daß diese Zuordnung dynamisch wechseln kann. Für das Segment S_1 geschieht das mit Hilfe der Seitentabelle V_1. Warum in der Abbildung zwei Exemplare davon vorhanden sind, wird später klar. Die Seitentabelle enthält einen Eintrag für jede Seite des jew. Segmentes, und der Inhalt des Tabelleneintrages gibt die Nummer des Blockes an, in dem das z.Zt. gültige Bild der Seite steht. Kurzgefaßt heißt dies: Die Seite i aus Segment S_1 steht in Block $b = V_1(i)$. Im Beispiel der Abbildung steht also die erste Seite in Block 2.

Für jede Datei (d.i. die Menge der Blöcke zur Aufnahme von Seiten) gibt es außerdem eine Blockbelegungs-Tabelle (oder: Bittabelle) M – auch in zwei Versionen –, welche für jeden Block ein Bit enthält, das auf 1 steht, wenn der Block z.Zt. ein gültiges Seitenabbild enthält, sonst auf 0.

Der Abbildungsprozeß zwischen Seiten und Blöcken wird kontrolliert mit Hilfe der zentralen, besonders gesicherten Kontrollstruktur MASTER, die folgendermaßen deklariert wird:

DCL 1 MASTER,
    2 STATUS (N)   BIT(1),
    2 MAP_SWITCH BIT(1);

Diese Tabelle gibt in STATUS für jedes Segment S_i an, ob es gerade geöffnet ist (1) oder geschlossen (0); MAP_ SWITCH bezeichnet die aktuell gültige Version der Bitliste M (M_0 oder M_1). MASTER steht jederzeit auf einem sicheren Platz auf der Platte.

Zur Erklärung der Funktion des Schattenspeicher-Konzeptes gehen wir von einem definierten Zustand aus. Am Anfang seien alle Einträge in MASTER auf 0 gesetzt; alle Segmente befinden sich in einem speicherkonsistenten Zustand. Sollen nun auf Segment S_1 Änderungstransaktionen ablaufen können, dann muß es eröffnet werden, was folgende Schritte umfaßt:

- Kopiere V_{10} nach V_{11}
- Setze MASTER.STATUS (1) = '1'B

Mit dem ersten Schritt wird eine Sicherungskopie V_{11} der Seitenzuordnungstabelle V_{10} erzeugt, die auf eine Menge von Blöcken verweist, die insgesamt einen speicherkonsistenten Zustand beschreiben; beide Versionen stehen auf einem sicheren Platz auf der Platte. Das Umschalten des STATUS-Bit muß aus Gründen, die später deutlich werden, absolut sicher, d.h. ununterbrechbar gemacht werden; es reicht deshalb nicht aus, den Satz mit der MASTER-Struktur einfach auf Platte zu schreiben, da dieser Schreibvorgang durch einen Maschinenfehler derart unterbrochen werden kann, daß ein nicht lesbarer Satz auf der Platte zurückbleibt. MASTER wird vielmehr nacheinander an zwei verschiedene Stellen auf der Platte geschrieben, womit nach jedem Fehler, der nicht die Platte physisch zerstört, eine lesbare Version von MASTER verfügbar ist. Dieses sog. „stable storage"-Prinzip wird in [LAMP79] ausführlich beschrieben.

Bei den nun folgenden Änderungstransaktionen auf Segment S_1 werden die Seiten grundsätzlich über V_{10} adressiert, d.h. die Blockadresse der Seite s_{1j} ergibt sich zu:

$$k = V_{10}(s_{1j})$$

Wurde die Seite seit der Eröffnung noch nicht verändert, so ist dies derselbe Wert wie in V_{11}. Wird nun die Seite verändert und erstmals seit der Eröffnung des Segmentes aus dem Puffer verdrängt, so wird sie nicht in denselben Block k geschrieben, sondern es wird in der laufenden Version der Bittabelle M ein z.Zt. freier Block k' gesucht (k bleibt weiter belegt!), die Seite nach k' geschrieben, und es wird gesetzt: $V_{10}(s_{1j}) = k'$. Wird die Seite von da an erneut geändert und verdrängt, wird sie stets nach k' geschrieben; dies wird durch die Markierung des Eintrages $V_{10}(s_{1j})$ mit dem sog. Schattenbit erreicht. Auf die Details der Verwaltung der Bittabelle M soll hier nicht eingegangen werden.

Auf diese Weise kann eine gewisse Zeit lang Änderungsbetrieb auf dem Segment durchgeführt werden, und zwar solange, bis entweder keine Transaktionen mehr anstehen, oder bis die Zahl der noch verfügbaren freien Blöcke in der aktuellen Version der Bittabelle zu gering geworden ist. Dann wird das Segment „umgeschaltet", was folgendes bedeutet:

- Es wird ein Zeitpunkt abgewartet, an dem kein ändernder DML-Befehl auf dem Segment aktiv ist.
- Alle Seiten des Segmentes werden aus dem Puffer in ihre (neuen) Blöcke geschrieben.
- Alle Einträge von V_{10} werden auf die Platte geschrieben.
- MASTER.STATUS(1) wird auf 0 gesetzt (wiederum in der oben beschriebenen ununterbrechbaren Weise).

Die alten Blöcke der geänderten Seiten können nun freigegeben werden. Insgesamt beschreibt nun V_{10} zusammen mit den dadurch referenzierten Seiten wiederum einen speicherkonsistenten Zustand, und das Segment kann erneut für Änderungen eröffnet werden. Dies ist der Normalfall; unter Recovery-Aspekten ist jedoch der Fehlerfall das eigentlich Interessante.

4.5.3.1 Transaktionsorientierte Recovery beim segmentorientierten Schattenspeicher-Konzept

Wir betrachten nun den Fall, daß nach der Eröffnung des Segmentes S_1 eine Reihe von Änderungstransaktionen ausgeführt wurden, und daß vor dem oben beschriebenen Umschalten ein Systemausfall sich ereignet. Dann wird beim Wiederanlauf in der ersten Phase der Recovery folgendermaßen verfahren:

- Anhand der MASTER-Struktur wird festgestellt, welche Segmente eröffnet waren (S_1 in unserem Beispiel).
- Für diese Segmente wird die Sicherungskopie der Seitentabelle in die Arbeitsversion kopiert, d.h. $V_{10} := V_{11}$.
- MASTER.STATUS(1) wird auf 0 gesetzt und in ununterbrechbarer Weise auf die Platte geschrieben.

Damit ist offensichtlich für S_1 genau der Zustand wiederhergestellt, in dem es sich zum Zeitpunkt seiner letzten Eröffnung befand. Da die Blöcke mit den alten Inhalten geänderter Seiten vor dem nächsten Umschalten nicht freigegeben werden, ist der zum Eröffnungszustand gehörende Inhalt aller Seiten des Segmentes noch verfügbar. Diese als „Schattenseiten" bezeichneten alten Versionen fungieren also in gewisser Weise als Before-Images der geänderten Seiten, wenn sie auch völlig anders verwaltet werden und beim Wiederanlauf ohne explizites Rückkopieren durch einfachen Austausch der Seitentabellen wieder verfügbar sind. Nach dieser ersten Phase des Wiederanlaufes sind also die Effekte aller Transaktionen rückgängig gemacht, die seit dem vorigen Eröffnen des Segmentes ausgeführt wurden – gleichgültig, ob sie beendet waren oder nicht. Wir haben also im Prinzip die in Bild 4.30 dargestellte Situation. Die Kästchen in Bild 4.30 bezeichnen einzelne Änderungs-DML-Anweisungen.

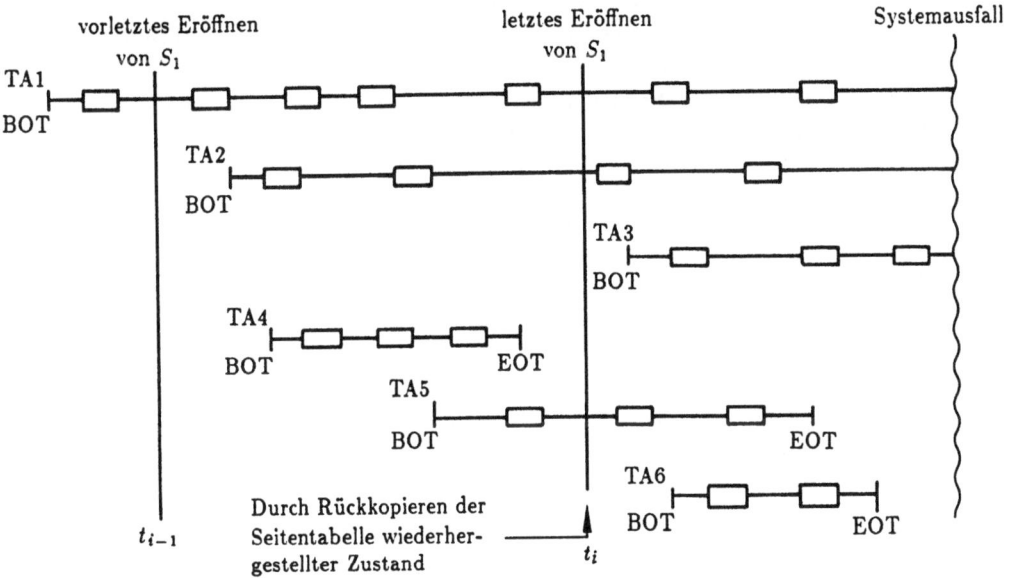

Bild 4.30 Zustandsumschaltung beim segmentorientierten Schattenspeicher-Konzept

Nach dem Systemausfall wird, wie oben beschrieben, der Zustand des Segmentes beim letzten Eröffnen wiederhergestellt; der Zustand beim vorletzten Eröffnen ist nicht mehr verfügbar, da nur jeweils eine Sicherungskopie der Seitentabelle gehalten wird. Da das Rücksetzen des Segmentes in der ersten Phase der Recovery ohne Rücksicht auf Transaktionsgrenzen erfolgt, wird diese Variante des Schattenspeicher-Konzeptes auch als segmentorientiert bezeichnet. Um die in Abschnitt 4.5.1 aufgezählten Recovery-Maßnahmen R2 und R3 durchführen zu können, bedarf es offensichtlich weiterer Vorkehrungen. Definitionsgemäß müssen von den in Bild 4.30 aufgeführten Transaktionen

- TA1, TA2, TA3 zurückgesetzt und
- TA4, TA5, TA6, soweit erforderlich, wiederholt werden.

Durch die Eigenschaften des Schattenspeicherkonzeptes erhält man nach der ersten Recovery-Phase bezüglich der einzelnen Transaktionen folgende Verhältnisse.

- TA1: Die Auswirkungen der letzten beiden DML-Befehle sind beseitigt, die übrigen müssen noch zurückgesetzt werden.
- TA2: Es gilt dasselbe wie bei TA1; da der vorletzte Eröffnungszustand nirgends mehr explizit verfügbar ist, müssen beide Transaktionen von t_i an zurückgesetzt werden.
- TA3: Alle Effekte dieser Transaktion sind mit der Wiederherstellung des Zustandes zum Zeitpunkt t_i implizit aus der DB entfernt; weitere Maßnahmen sind nicht erforderlich.
- TA4: Da das Umschalten eines Segmentes bewirkt, daß alle bis dahin angefallenen Änderungen in die DB übernommen werden, sind sämtliche Effekte von TA4 im Zustand t_i schon enthalten; eine Wiederholung ist nicht erforderlich.
- TA5: In dem nach dem Wiederanlauf verfügbaren Zustand des Segmentes sind nur die Auswirkungen des ersten DML-Befehles sichtbar; die restlichen zwei müssen wiederholt werden.
- TA6: Durch das Wiederherstellen des Zustandes t_i verschwinden zunächst alle Auswirkungen von TA6; sie muß vollständig wiederholt werden.

Zur Durchführung der erforderlichen, transaktionsbezogenen Recovery-Maßnahmen können natürlich auch die in Abschnitt 4.5.2 dargestellten physischen Protokolle benutzt werden; da das Schattenspeicher-Konzept jedoch nach jedem Systemausfall mit der Wiederherstellung des letzten Eröffnungszustandes einen *speicherkonsistenten* DB-Zustand garantiert, sind in diesem Fall die besonders platzsparenden logischen Protokolle anwendbar. Dann müssen für die zurückzusetzenden Transaktionen von t_i an rückwärts die inversen DML-Befehle ausgeführt werden; für die nach t_i abgeschlossenen Transaktionen werden die Original-DML-Befehle von t_i an im Einbenutzer-Modus in EOT-Sequenz der Transaktionen wiederholt. Um dieses Vorgehen effizient zu implementieren, bedarf es im Normalbetrieb folgender zusätzlicher Maßnahmen:

- Jedes Umschalten des Segmentes wird durch einen speziellen Satz auf der temporären Protokolldatei markiert; dieser Satz enthält u.a. eine Liste aller zu diesem Zeitpunkt aktiven Transaktionen.
- In einer speziellen Datei wird die Adresse dieses Satzes vermerkt, um nach einem Systemausfall die dem Umschalte-Zeitpunkt entsprechende Stelle der temporären Protokolldatei schnell auffinden zu können.

Nach der ersten Recovery-Phase (Wiederherstellen des Zustandes t_i) wird nun folgendermaßen verfahren:

- Ausgehend von dem Satz auf der temporären Protokolldatei, der das letzte Umschalten beschreibt, wird diese vorwärts (in zeitlicher Richtung) gelesen, um mit Hilfe der EOT-Sätze festzustellen, welche Transaktionen zum Zeitpunkt des Fehlers aktiv waren.
- Für die unvollständigen Transaktionen werden, wie beschrieben, die *vor dem Umschalten* protokollierten inversen DML-Befehle ausgeführt und zwar jeweils bis zum BOT-Satz.

- Für die vollständigen Transaktionen werden die *nach dem Umschalten* protokollierten Original-DML-Befehle ausgeführt, jeweils bis zum EOT-Satz.

Details zu diesem Verfahren finden sich in [GRAY81a]. Dort sind auch zusätzliche Vorkehrungen zur dynamischen Erstellung von Archiv-Kopien beschrieben.

Aus den Eigenschaften des Schattenspeicher-Konzeptes folgt unmittelbar, daß die spätesten Zeitpunkte, zu denen die logischen Protokolle auf die temporäre Protokolldatei geschrieben werden müssen, zum Teil anders bestimmt sind als im Falle direkter Seitenzuordnungsverfahren (s. Abschnitt 4.5.2):

- Die tatsächlich ausgeführten DML-Befehle einer Transaktion müssen wegen der Zusicherung der Wiederholbarkeit vor Bestätigung des erfolgreichen EOT protokolliert werden.
- Die inversen DML-Befehle für die R1 und R3-Recovery müssen spätestens vor dem Umschalten des Segmentes protokolliert werden; das normale Verdrängen einer Seite zwischen zwei Umschaltungen hat jetzt keine Bedeutung mehr für die Protokollinformationen.

In Abschnitt 4.5.7 werden einige Aspekte des Leistungsverhaltens solcher Recovery-Algorithmen diskutiert und mit denen verglichen, die auf direkter Seitenzuordnung und physischer Protokollierung beruhen.

Am Rande sei bemerkt, daß es neben dem Schattenspeicher-Konzept noch andere Verfahren zur Implementierung indirekter Seitenzuordnung gibt; das bekannteste ist wohl das in [SEVE76] ausführlich dargestellte „differential file" - Verfahren, was im Deutschen meist mit „Zusatzdatei-Verfahren" wiedergegeben wird. Darauf kann hier nicht weiter eingegangen werden.

4.5.3.2 Transaktionsorientierte Schattenspeicher-Algorithmen

Das bisher beschriebene segmentorientierte Schattenspeicher-Konzept bewirkt durch die Wiederherstellung eines definierten Zustandes nach einem Systemausfall schon einige implizite Rücksetz-Aktionen (s. TA3 in Bild 4.30), doch werden zur Erzeugung des jüngsten transaktionskonsistenten Zustandes noch zusätzliche Protokollinformationen und Recovery-Aktionen benötigt. Es liegt daher nahe zu überlegen, ob die Grundidee des Schattenspeicher-Konzeptes nicht so erweitert werden kann, daß nach einem Systemausfall durch einfache Manipulation der Seitentabellen schon ein logisch konsistenter Zustand herbeigeführt werden kann, die Recovery-Maßnahmen R2 und R3 also auf wenige Einzelaktionen reduziert werden.

Algorithmen dieser Art können tatsächlich angegeben werden und sind in der Literatur beschrieben [HÄRD79b, REUT80].

Die Grundidee hinter diesen Verfahren ist es, das durch kontrolliertes Ausschreiben bestimmter Verweisstrukturen de facto ununterbrechbar gemachte Einbringen einer zusammengehörenden Menge von Seiten nicht in längeren Intervallen sondern am Ende jeder Änderungstransaktion, und zwar nur für die von ihr modifizierten Seiten, durchzuführen. Dann ist nach Systemausfällen an beliebigen Stellen die Datenbank stets in einem transaktionskonsistenten Zustand – jedenfalls im Prinzip. Es zeigt sich, daß solche Verfahren, auf die wir hier nicht näher eingehen wollen, in der Tat eine sehr schnelle Recovery ermöglichen, dies allerdings um den Preis zusätzlicher Kosten im Normalbetrieb; wir kommen darauf in Abschnitt 4.5.7 zurück.

4.5.4 Sicherungspunkte zur Optimierung der Recovery-Maßnahmen

In diesem Abschnitt sollen einige Vorkehrungen der Sicherungskomponente zur Verringerung des Recovery-Aufwandes im Fehlerfall grundsätzlich beschrieben werden, die in Abschnitt 4.5.3 implizit schon erwähnt wurden, allerdings ohne Hinweis auf die hier interessierende Klasse von Maßnahmen. Der Begriff des Sicherungspunktes hat auf dem Gebiet der EDV eine Vielzahl von Bedeutungen, und nicht einmal im Zusammenhang mit Datenbanken wird er einheitlich verwendet. Manche verstehen darunter einfach eine Archiv-Kopie der gesamten DB [VERH78], andere einen definierten Zustand der DB, auf den sie nach einem Fehler zurückgesetzt werden kann. Da die erste Interpretation nicht sehr hilfreich ist, und die zweite dem Konzept der transaktionsbezogenen Recovery widerspricht, soll hier versucht werden, den Begriff mit einer eigenständigen, plausiblen Bedeutung zu versehen, die seiner traditionellen Interpretation im Zusammenhang mit Programmsicherungspunkten in Betriebssystemen nahekommt. Wir werden unser Augenmerk dabei besonders auf die R2-Recovery richten. Bei der Beschreibung der Recovery-Maßnahmen in Abschnitt 4.5.2 wurde schon darauf hingewiesen, daß normalerweise kein Zusammenhang zwischen der Verdrängung von Seiten aus dem DB-Puffer und dem Anfang bzw. Ende irgendwelcher Transaktionen besteht. Es kann also vorkommen, daß einzelne Seiten, sog. „hot spot pages" [REUT82] nacheinander von vielen Transaktionen referenziert und auch verändert werden (Man denke etwa an Seiten, in denen ableitungsspezifische Umsatz-Summen gespeichert sind, die bei jedem Auftragseingang erhöht werden.), ohne daß sie je aus dem Puffer verdrängt werden.

Bild 4.31 versucht, das graphisch zu veranschaulichen. Häufig referenzierte Seiten (z.B. S_3 in Bild 4.31) können Modifikationen schon lange beendeter Transaktionen enthalten, die noch nicht in der DB stehen, d.h. der jeweilige Block auf der Platte enthält u.U. eine sehr alte Kopie der Seite. Nun ist nach einem Systemausfall ohne weitere Maßnahmen nicht zu entscheiden, wie weit zurück die älteste noch nicht in die DB eingebrachte Änderung liegt; es muß daher in diesem Fall die R2-Recovery die Änderungen aller seit dem Start des DBMS abgeschlossenen Änderungstransaktionen verarbeiten – was bei hinreichend großen Abständen zwischen Start des Systems und Ausfall (und jeder Anwender wird bestrebt sein, diesen Abstand so groß wie möglich zu halten) die Kosten für den Wiederanlauf unerträglich erhöhen kann. Daher sind Maßnahmen erforderlich, die den Aufwand für die R2-Recovery zu begrenzen erlauben, und zwar möglichst auf ein von der Länge der Betriebszeit des DBMS unabhängiges Maß. Alle Vorkehrungen, die das leisten, werden fortan als Sicherungspunkte bezeichnet.

Methoden zur Implementierung von Datensicherungs- und Recovery-Maßnahmen   461

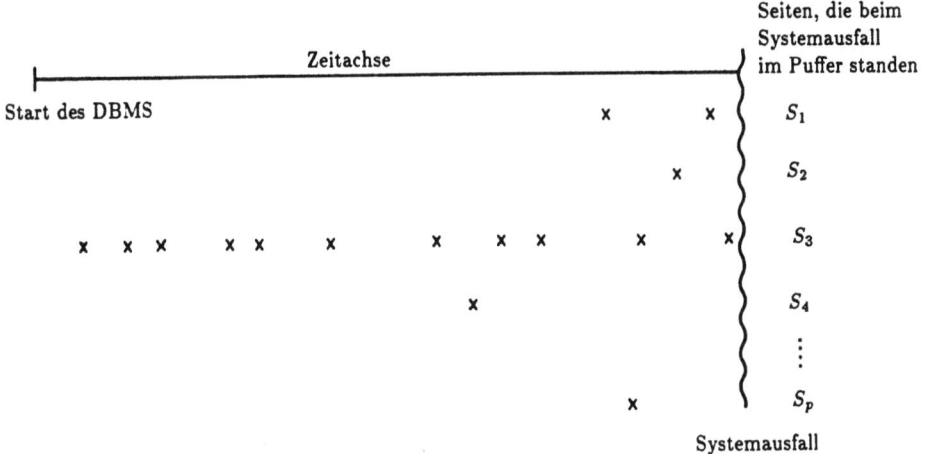

Zeitpunkte, zu denen Änderungen in den Seiten angebracht wurden,
die noch nicht auf die DB zurückgeschrieben wurden

Bild 4.31 Alter von Seitenänderungen im DB-Puffer

Zu ihrer Realisierung gibt es mehrere Möglichkeiten, deren jede kurz beschrieben werden soll:

- *Speicherkonsistente Sicherungspunkte (SKS)*: In einem Moment, wo kein ändernder DML-Befehl aktiv ist, werden Informationen über den Zustand des Puffers auf einen sicheren Platz geschrieben. Im einfachsten Fall bedeutet dies das Ausschreiben aller geänderten Seiten im Puffer. Damit ist offenbar sichergestellt, daß eine spätere R2-Recovery keine Änderungen vor diesem Sicherungspunkt mehr berücksichtigen muß. Wenn nun der DB-Puffer sehr groß ist (>6MB) und sehr viele Seiten darin geändert werden, dann kann deren Ausschreiben etliche 10 sec. dauern, während denen keine Änderungsoperation zugelassen wird; das kann für große Online-Anwendungen nicht akzeptabel sein. Einzelheiten hierzu finden sich in [LIND79]. Das Umschalten eines Segmentes beim Schattenspeicher-Konzept (s. Abschnitt 4.5.3) ist ein Beispiel für einen speicherkonsistenten Sicherungspunkt bei indirekter Seitenzuordnung; dieselbe Art von Sicherungspunkt bei direkter Seitenzuordnung ist in ADABAS implementiert [ADAB].

- *Logisch konsistente Sicherungspunkte (LKS)*: Hierbei handelt es sich im Prinzip um dasselbe wie bei den speicherkonsistenten Sicherungspunkten, mit dem einzigen Unterschied, daß sie nur erzeugt werden, wenn keine Änderungstransaktion aktiv ist. Das kann im üblichen Mehrbenutzerbetrieb freilich eine starke Einschränkung sein, denn von dem Moment an, da die Erzeugung des Sicherungspunktes angemeldet wurde, darf so lange keine neue Änderungstransaktion zugelassen werden, bis er tatsächlich geschrieben wurde – was sehr lange dauern kann, wenn im Moment der Anmeldung gerade eine lange Batch-Transaktion aktiv ist. Für kleine Einbenutzer-DBMS auf Minicomputern können logisch konsistente Sicherungspunkte allerdings durchaus sinnvoll sein.

- *Transaktionsorientierte Sicherungspunkte (TOS)*: Während bei den beiden bisher genannten Typen jeweils der ganze Puffer (bzw. alle im Puffer stehenden Seiten eines Segmentes) berücksichtigt werden, betrifft diese Art von Sicherungspunkt nur Seiten einer Transaktion. Er wird dadurch erzeugt, daß im Rahmen der EOT-Behandlung alle von der Transaktion veränderten Seiten, soweit sie noch im Puffer stehen, in die DB eingebracht werden. Damit wird die R2-Recovery im Prinzip völlig vermieden: Entweder ist die Transaktion erfolgreich beendet, dann sind alle ihre Änderungen mit Sicherheit eingebracht, und es muß nichts wiederholt werden; oder aber es sind nicht alle Seiten in der DB, dann kann die Transaktion noch nicht abgeschlossen sein und muß durch R3-Recovery zurückgesetzt werden.

  Dieser Sicherungspunkt-Typ läßt sich – wie auch die anderen beiden – sowohl mit direkter als auch indirekter Seitenzuordnung kombinieren. Ein Beispiel für die erste Kombination ist IMS [IMS].

- *Unscharfe Sicherungspunkte (USS)*: Hierunter werden alle jene Verfahren zusammengefaßt, bei denen die zur Begrenzung der Reichweite der R2-Recovery nötigen Informationen nicht anhand von Konzepten wie DML-Befehl, Transaktion o.ä. sichergestellt werden. Die Ausschreibezeitpunkte von Sicherungspunktdaten werden in dieser Gruppe von den speziellen Eigenschaften der jeweiligen Recovery-Algorithmen bestimmt, auf die wir nicht näher eingehen können.

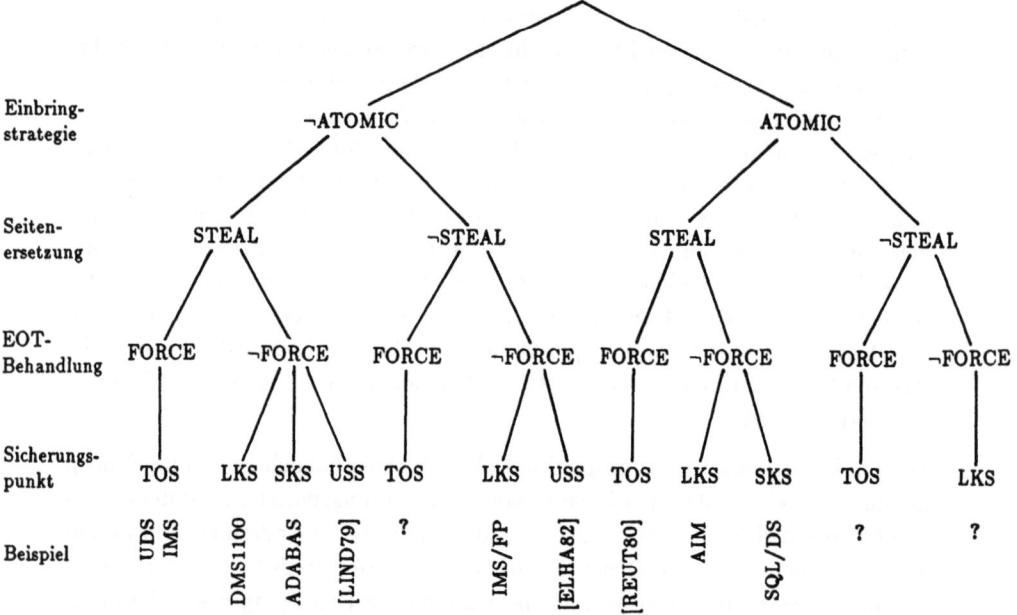

Bild 4.32 Klassifikation von Sicherungspunkten

Zum Schluß dieses Abschnitts soll noch eine Klassifikation der transaktionsorientierten Recovery-Verfahren nach [HÄRD83b] vorgestellt werden (Bild 4.32). Sie beruht auf vier Kriterien:

- *Einbringstrategie*: Hier wird unterschieden, ob ein Verfahren verwendet wird, das ein ununterbrechbares Einbringen mehrerer Seiten erlaubt oder nicht.
- *Seitenersetzung*: STEAL bezeichnet den Fall, wo geänderte, aber noch nicht freigegebene Seiten aus dem Puffer ausgeschrieben werden dürfen, ¬STEAL den Fall, wo dies nicht erlaubt ist.[8]
- *EOT-Behandlung*: Bei FORCE werden im Rahmen der EOT-Behandlung alle geänderten Seiten der Transaktion in die Datenbank eingebracht; bei ¬FORCE werden nur die erforderlichen After-Images geschrieben.
- *Sicherungspunkt*: Hier werden die oben definierten Typen unterschieden.

Das Klassifikationsschema erlaubt eine übersichtliche Darstellung und Einordnung aller möglichen Implementierungen und die Ableitung einiger wichtiger Eigenschaften der einzelnen Verfahren.

4.5.5 Die Verwaltung von Protokolldateien

In diesem Abschnitt sollen die wichtigsten Anforderungen an die Sicherungskomponente eines DBMS hinsichtlich der verschiedenen für die R1- bis R4-Recovery benötigten Protokoll- und Sicherungsdateien aufgezählt werden, denn bei der Analyse der auf dem Markt befindlichen Systeme können noch erhebliche Unterschiede bei den Implementierungs-Konzepten und dementsprechend bei dem für die Datensicherung erforderlichen Aufwand festgestellt werden.

4.5.5.1 Die Verwaltung der temporären Protokolldatei

Nach den bisherigen Ausführungen über die Rolle der temporären Protokolldatei bei der Datensicherung und Recovery lassen sich die folgenden funktionellen Anforderungen an diese Datei unschwer nachvollziehen [REUT81]:

- Neue Protokolleinträge müssen sequentiell an das jeweilige logische Ende der Datei angefügt werden.
- Im Falle physischer Eintrags- und logischer Protokollierung müssen variabel lange Protokollsätze unterstützt werden.
- Die Datei muß wahlfrei zugreifbar sein, um bei R1-Recovery mehrere unabhängige Lesefolgen parallel zum Fortschreiben zu ermöglichen.
- Die Protokollsätze müssen (transaktionsweise oder global) in zeitlicher Richtung vorwärts und rückwärts logisch sequentiell zugreifbar sein.
- Nicht mehr benötigter Platz in der Protokolldatei (z.B mit UNDO-Informationen beendeter Transaktionen) muß wiederbenutzbar sein.
- Der Aufwand zur Verwaltung der Protokolldatei muß möglichst klein sein.

---

[8] Es ist klar, daß im zweiten Fall die R1- und R3-Recovery trivial werden.

Aus der dritten Forderung folgt, daß die temporäre Protokolldatei auf Platte gehalten werden muß, da sonst ein isoliertes Rücksetzen einzelner Transaktionen im laufenden Betrieb unerträglich teuer wird – es sei denn, man kann den DB-Puffer so groß machen, daß für alle aktiven Änderungstransaktionen garantiert keine Seiten verdrängt werden müssen (¬STEAL). Das ist aber – von Spezialfällen wie der „main storage data base" – Variante von IMS/Fast Path [IMS] abgesehen – nirgends realisiert.

Die temporäre Protokolldatei auf Platte zu halten, ist bei entsprechender Organisation ohne Schwierigkeiten möglich, da der effektiv benötigte Platz stets eng begrenzt ist. Die Gründe hierfür sind klar:

- Für beendete Transaktionen werden keine Protokollsätze für die R1- und R3-Recovery mehr gebraucht.
- Der Bereich, für den R2-Recovery gemacht werden muß, wird durch Sicherungspunkte dynamisch begrenzt.
- Die Protokollsätze für die R4-Recovery stehen auf der Archivprotokoll-Datei.

Es genügt also ein im Vergleich zur DB selbst sehr kleiner Bereich auf der Platte zur Aufnahme der temporären Protokolldatei. Für deren Verwaltung hat sich ein Algorithmus als optimal herausgestellt, der in der Literatur meist als „Ringpuffer" bezeichnet wird, und dessen Prinzip das [GRAY81a] entlehnte Bild 4.33 zeigt. Die Datei besteht aus n direkt adressierbaren, gleich langen Blöcken, die aus einem Systempuffer für die temporäre Protokolldatei von Anfang an nacheinander beschrieben werden. Das jeweilige logische Ende wird durch den

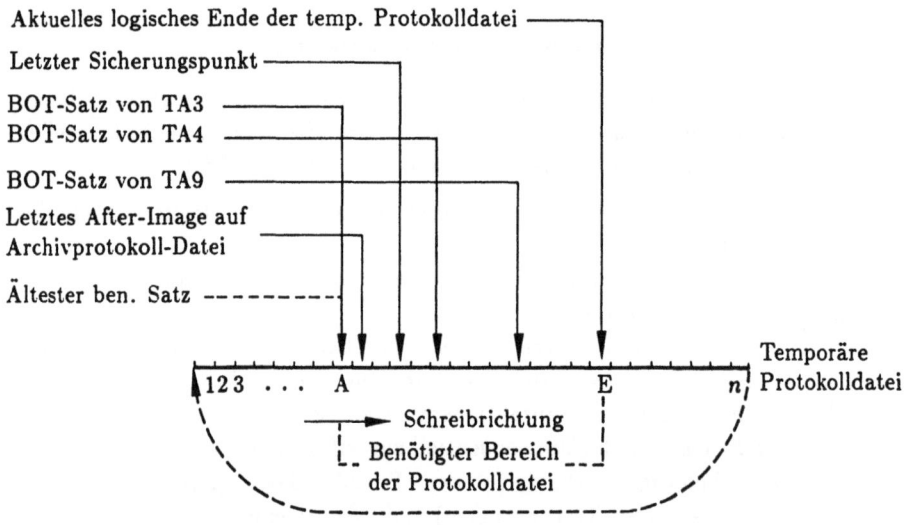

Bei Erreichen des physischen Endes der Datei wird die logische Schreibrichtung am physischen Dateianfang fortgesetzt.

Bild 4.33 Die Verwaltung der temporären Protokolldatei als Ringpuffer

zuletzt beschriebenen Satz bezeichnet (E); die älteste noch benötigte Information hängt von drei Kriterien ab:

- dem Satz zur Beschreibung des letzten Sicherungspunktes,
- dem BOT-Satz der ältesten aktiven Änderungstransaktion,
- dem ältesten After-Image, das noch nicht auf der Archivprotokoll-Datei steht.

Die ersten beiden Kriterien sind klar; das dritte bezieht sich auf eine spezielle Variante der Führung der Archivprotokoll-Datei, die hier nicht diskutiert werden kann. Interessierte seien auf [REUT81] verwiesen. Der jeweils älteste der drei genannten Protokollsatz-Typen bezeichnet das untere Ende (A) des aktuell benötigten Teiles der temporären Protokolldatei. Beispiele für eine praktische Implementierung dieses Konzeptes sind SQL/DS und ADABAS.

4.5.5.2 Die Verwaltung der Archiv-Kopien und der Archivprotokoll-Datei

Die Archiv-Kopie der Datenbank bildet zusammen mit der Archivprotokoll-Datei die Grundlage für die R4-Recovery, d.h. für die vollständige oder teilweise Wiederherstellung der Datenbank nach einer physischen Zerstörung der nicht flüchtigen Speichermedien, auf denen die DB abgelegt ist. Die grundsätzliche Vorgehensweise wurde bereits in Abschnitt 4.5.1 beschrieben: Zunächst wird von einer (möglichst jungen) Kopie der betroffene Teil der DB auf einen neuen Datenträger geschrieben, danach müssen alle diesen Teil betreffenden Änderungen der seit der Erstellung der Kopie abgeschlossenen Änderungstransaktionen nachvollzogen werden. Daraus ergeben sich folgende Anforderungen an die Archivprotokoll-Datei und die Archiv-Kopie:

- Die Archivprotokoll-Datei muß im Normalbetrieb sequentiell beschrieben werden. Im Falle physischer Eintrags- oder logischer Protokollierung müssen Protokollsätze variabler Länge unterstützt werden.
- Während der R4-Recovery muß die Archivprotokoll-Datei sequentiell von Anfang bis zum Ende gelesen werden.
- Da R4-Recovery üblicherweise selten erforderlich ist, müssen sowohl die Archiv-Kopie als auch die Archivprotokoll-Datei über lange Zeiträume verfügbar gehalten werden.
- Um den Zeitaufwand für die R4-Recovery zu begrenzen, sollte der Abstand zwischen dem aktuellen DB-Zustand und der jüngsten Archiv-Kopie nicht zu groß werden.
- Da die Erstellung einer Archiv-Kopie von der DB im Ruhezustand (ohne Änderungsbetrieb) bei sehr großen Datenbanken die Verfügbarkeit u.U. zu sehr verringert, muß die Archiv-Kopie im laufenden Betrieb erstellbar bzw. ergänzbar sein.

Insbesondere aus der dritten Forderung ergibt sich, daß Archiv-Kopie und Archivprotokoll-Datei besonders zuverlässig sein müssen, denn wenn die R4-Recovery scheitert, gibt es keine Möglichkeit zur vollständigen Wiederherstellung der Datenbank mehr. Diesen Aspekt veranschaulicht Bild 4.34. Die Archiv-Kopie kann grundsätzlich mit Hilfe des klassischen Generationen-Prinzips hinreichend zuverlässig gemacht werden; wenn die jüngste Generation n nicht mehr lesbar ist, wird die nächst ältere Generation n-1 genommen usw. Das bedeutet aber, daß die Archivprotokoll-Datei stets den gesamten Bereich vom aktuellen Zustand bis zurück zur ältesten Archiv-Kopie abdecken muß. Das ist üblicherweise ein Zeitraum von mehreren Wochen oder Monaten, d.h. die Archivprotokoll-Datei wird sehr umfangreich werden, weshalb es (eingedenk der oben formulierten Anforderungen) sinnvoll ist, sie auf Bändern zu verwalten. Nun sind Bänder andererseits unzuverlässiger als Platten und insbesondere anfällig gegen Alterungsfehler; es ist daher sinnvoll, die Archivprotokoll-Datei mindestens doppelt zu führen, um sie bis zurück zur ältesten Archiv-Kopie verfügbar zu halten.

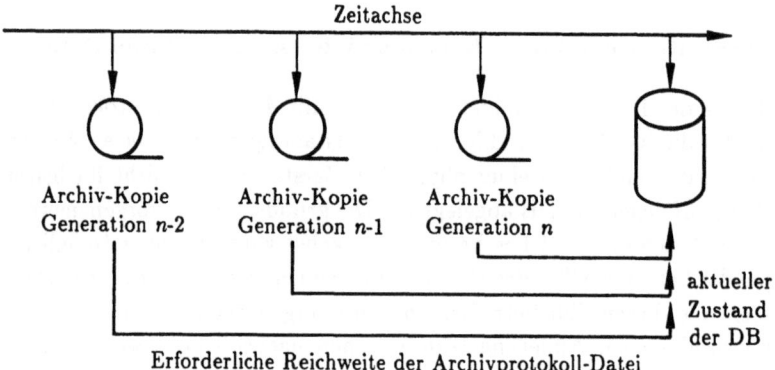

Bild 4.34 Verfügbarkeitsanforderungen an die Sicherungsdateien für die R4-Recovery

Was nun die Verwaltung der Archiv-Kopie betrifft, so wollen wir annehmen, daß es am Anfang eine vollständige „Urkopie" des Ladezustandes der DB gegeben hat; zu deren Fortschreibung und zur Erzeugung neuer Kopie-Generationen gibt es grundsätzlich drei Möglichkeiten:

- In regelmäßigen Abständen wird der Änderungsbetrieb auf der DB angehalten und eine neue vollständige Kopie erzeugt. Zur Bestimmung der Kopie-Intervalle gibt es verschiedene Ansätze, die in [CHAN75, GELE78] untersucht werden. Der Nachteil dieses Verfahrens ist die lange „Totzeit" des Systems bei großen Datenbeständen und die Tatsache, daß hierbei auch Seiten mitkopiert werden, sie seit der letzten Archiv-Kopie gar nicht verändert wurden.
- Während des laufenden Betriebes wird eine vollständige Kopie der DB erzeugt, wobei jede zu kopierende Seite mit einer kurzen exklusiven Sperre belegt wird. Dies verhindert, daß eine Seite kopiert wird, deren Binnen-Speicherungsstruktur wegen einer gerade ablaufenden Änderung inkonsistent ist. Die so entstehende Kopie ist natürlich i.a. nicht einmal speicherkonsistent, was jedoch bei der Verwendung physischer Protokolle für die Archivprotokoll-Datei auch nicht erforderlich ist. Näheres zu diesem „fuzzy dump"-Verfahren findet sich in [LIND79].

Methoden zur Implementierung von Datensicherungs- und Recovery-Maßnahmen

- Während des laufenden Betriebes werden die Seiten bzw. Einträge gesammelt, die seit der letzten Archiv-Kopie verändert wurden. Mit deren Hilfe kann unabhängig vom DBMS-Betrieb eine neue aktuellere Archiv-Kopie erzeugt werden. Für dieses Verfahren des „incremental dumping", das in [VERH78] beschrieben wird, eignen sich besonders das segmentorientierte Schattenspeicher- und das Zusatzdatei-Verfahren.

Bild 4.35 zeigt eine zusammenfassende Darstellung der an der R4-Recovery beteiligten Komponenten.

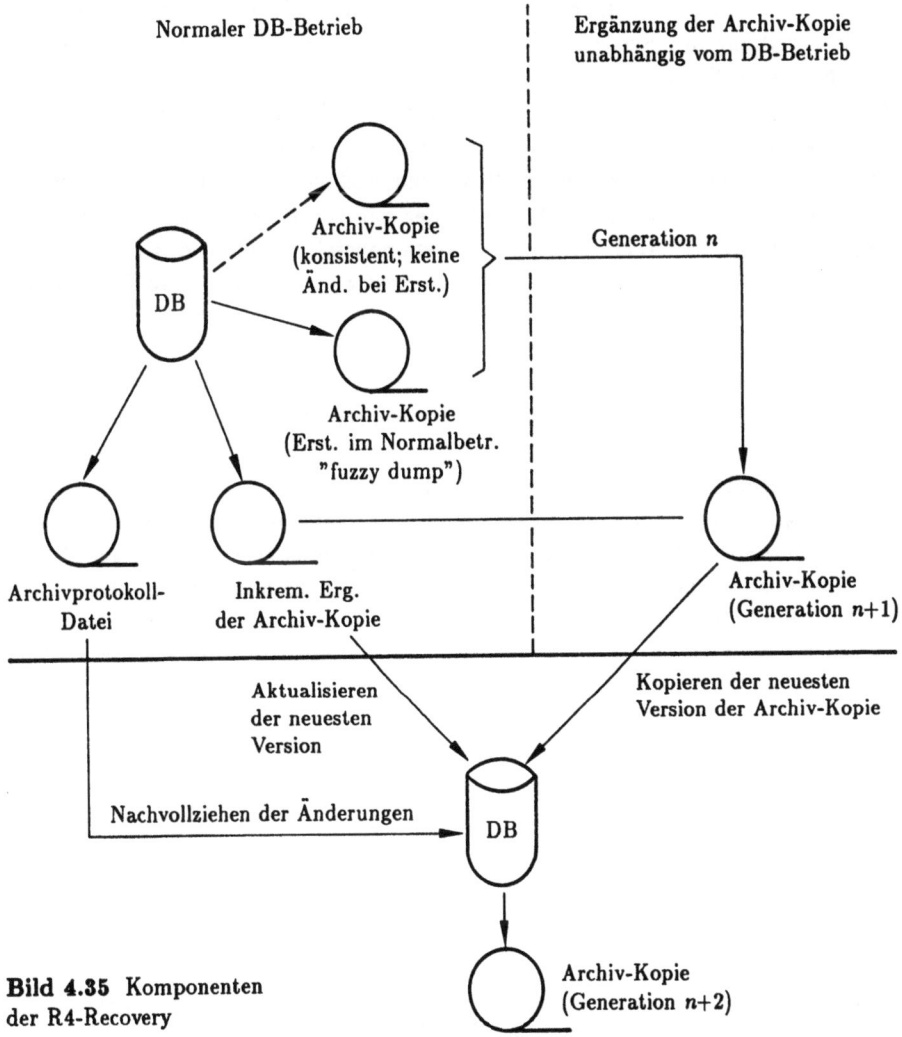

Bild 4.35 Komponenten der R4-Recovery

Am Rande sei noch erwähnt, daß es im Falle physischer Protokollierung die Möglichkeit einer periodischen Komprimierung der Archivprotokoll-Datei gibt, indem von jedem geänderten Eintrag nur die jüngste Version ausgesucht wird („change accumulation" in IMS).

468 Maßnahmen zur Wahrung von Sicherheits- und Integritätsbedingungen

Bei physischer Protokollierung ist es weiterhin möglich, eine R4-Recovery für (fast) beliebig kleine Teile der Datenbank durchzuführen, z.B. für einzelne Seiten, Spuren, usw. Das kann für den Fall nützlich sein, daß auf einer Platte isoliert ein irreparabler Lesefehler auftritt, während die Platte insgesamt unbeschädigt ist. Dann ist die gezielte Reparatur der defekten Spur wesentlich schneller als eine R4-Recovery für die ganze Platte oder DB.

4.5.6 Das Zweiphasen-Freigabeprotokoll

Dieser Punkt gehört eigentlich zum Thema Sperrverwaltung. Da jedoch erst mit der Beschreibung der Recovery-Techniken klar ist, was es bedeutet, die Wiederholbarkeit einer Transaktion sicherzustellen, wurde die Diskussion der gesamten EOT-Behandlung in dieses Kapitel verschoben. Solange eine Transaktion noch nicht beendet ist und das System läuft, kann durch geeignetes Verbergen der benötigten Betriebsmittel sichergestellt werden, daß die Transaktion zurückgesetzt werden kann, sei es auf eigenen Wunsch oder auf Veranlassung des Systembedieners, des DBMS o.ä. Auch nach einem Systemausfall ist durch das Fehlen eines EOT-Eintrages auf den Protokolldateien eindeutig zu erkennen, daß die Auswirkungen einer solchen Transaktion durch R3-Recovery aus der DB entfernt werden müssen. Unvollständige Transaktionen sind also, solange ihre Beendigung noch nicht eingeleitet wurde, unproblematisch, da sowohl bei laufendem System als auch nach einem Fehler gewährleistet ist, daß keine ihrer Modifikationen sichtbar werden.

Ununterbrechbarkeit heißt jedoch wesentlich mehr:
Eine Transaktion muß entweder gar nicht oder vollständig ausgeführt werden. Während der erste Teil der Forderung, wie die obigen Überlegungen zeigen, leicht zu erfüllen ist, bedeutet der zweite, daß nach dem Sichtbarwerden der ersten Änderung die normale Beendigung der Transaktion nicht mehr scheitern darf, und zwar auch dann nicht, wenn währenddessen ein Systemausfall oder ein Plattenfeh-

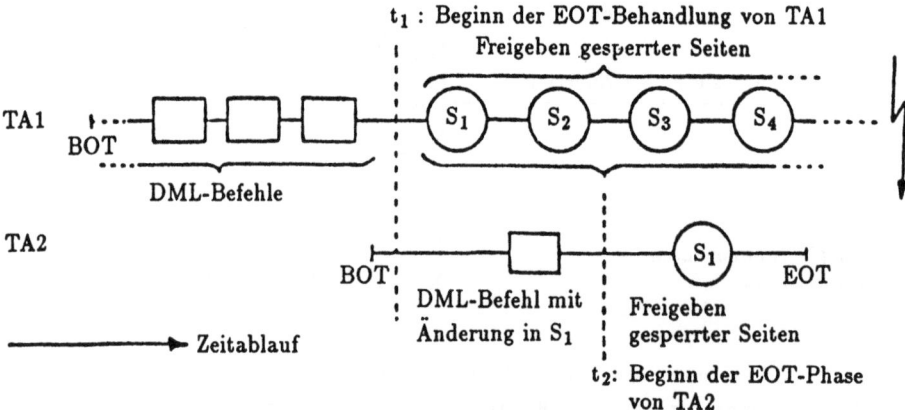

Bild 4.36 Abhängigkeiten von Transaktionen während der Sperrfreigabe

Methoden zur Implementierung von Datensicherungs- und Recovery-Maßnahmen

ler auftreten. Der Grund für diese scheinbar überzogene Forderung ist dem Szenarium in Bild 4.36 zu entnehmen. TA1 ist eine lange Änderungstransaktion, die eine große Zahl von Betriebsmitteln (Seiten) gesperrt hat (wir betrachten hier nur die X-Sperren), TA2 ändert nur einen Satz. Da dieser Satz aber in einer von TA1 schon freigegebenen Seite liegt, und TA2 seine EOT-Behandlung eher abgeschlossen hat als TA1, würde ein Scheitern der EOT-Phase von TA1 und das dadurch ausgelöste Rücksetzen der Transaktion auch TA2 (und somit i.a. beliebig viele Transaktionen) betreffen. Deshalb muß TA1, sobald sie ihre Änderungen sichtbar zu machen beginnt, in der Lage sein, auf jeden Fall ihr normales Ende zu erreichen. Auf den ersten Blick scheint dies ein Abweichen vom strikten Zweiphasen-Sperrprotokoll zu sein, das ja die Gefahr eines rekursiven Zurücksetzens abhängig gewordener Transaktionen vermeiden soll. Tatsächlich aber handelt es sich doch um etwas anderes als das einfache Zweiphasen-Sperrprotokoll: Während bei diesem nach der ersten Freigabe im Laufe der Transaktion ein sicheres Ende über alle noch folgenden DML-Befehle hinweg garantiert werden müßte,[9] sofern ein rekursives Zurücksetzen vermieden werden soll, genügt es in unserem Fall, die Freigabe aller Änderungen während der Ausführung des EOT-Kommandos ununterbrechbar zu machen, zu einem Zeitpunkt also, da das Transaktionsprogramm explizit erklärt hat, daß ein neuer, konsistenter Zustand der DB erreicht ist. Da aber, wie schon das Szenarium zeigt, die EOT-Behandlung aus einer ganzen Reihe von Schritten besteht, deren jeder durch einen Systemausfall unterbrochen werden kann, stellt sich die Frage, wie die für die postulierten Eigenschaften unseres Recovery-Konzeptes offensichtlich unabdingbare Eindeutigkeit und Ununterbrechbarkeit der Freigabe aller Änderungen erreicht werden kann. Dazu stellen wir zunächst die benötigten Einzelaktionen zusammen:

a) Einleiten der EOT-Behandlung (COMMIT-Kommando des Transaktionsprogrammes).

b) Ausschreiben aller noch nicht sichergestellten After-Images bzw. logischen Protokolle auf die temporäre und Archivprotokoll-Datei zur Gewährleistung der R2- bzw. R4-Recovery.

c) Schreiben eines EOT-Satzes auf die Protokolldateien zur Kennzeichnung der Transaktion als erfolgreich.

d) Freigeben aller Sperren.

e) Beenden der EOT-Behandlung und damit der Transaktion.

Untersucht man diese Schritte und ihre Auswirkungen mit Hilfe einfacher Fallunterscheidungen (die hier nicht dargestellt werden sollen), so ist leicht zu zeigen, daß die ersten drei genau in der aufgeführten Sequenz erfolgen müssen: Der Anstoß zur normalen Beendigung kann nur von Seiten des Transaktionsprogrammes kommen,

---

[9] Das ist offensichtlich eine unerfüllbare Forderung, da dann keine R1-Recovery, auf wessen Veranlassung auch immer, und keine R3-Recovery mehr möglich wären. Andererseits verstößt auch rekursives Zurücksetzen gegen das Paradigma der transaktionsorientierten Recovery (erfolgreiche TA's müssen überleben), so daß das einfache Zweiphasen-Sperrprotokoll auf jeden Fall ausscheidet. *Sperren* dürfen erst dann freigegeben werden, wenn kein DML Befehl der Transaktion mehr zu bearbeiten ist.

die Informationen für die R2- und R4-Recovery müssen auf einem sicheren Platz stehen, bevor der EOT-Satz die Wiederholbarkeit der Transaktion festschreibt. Die Reihenfolge, in der dieser Satz auf die temporäre bzw. die Archivprotokoll-Datei geschrieben wird, ergibt noch zusätzliche Komplikationen während der Recovery, falls zwischen beiden Schreiboperationen ein Fehler aufgetreten ist, doch wollen wir hier der Einfachheit halber nur das Schreiben auf die temporäre Protokolldatei betrachten – für die R4-Recovery gelten dieselben Argumente. Dieses Ausschreiben des EOT-Satzes ist nämlich die kritische Operation für die gesamte Beendigungsphase einer Transaktion: Ist es erfolgreich, wird die Transaktion jeden folgenden Systemausfall (bzw. Plattenfehler) überleben; wird es durch einen Fehler unterbrochen, sind noch keine Änderungen sichtbar geworden, und die Transaktion kann nebenwirkungsfrei zurückgesetzt werden. Das Freigeben der Sperren darf also erst erfolgen, nachdem der EOT-Satz sicher ausgeschrieben wurde, und ist nun keine kritische Aktion mehr.

Nach der Diskussion der Sperrprotokolle in Abschnitt 4.4 ist klar, daß auf Grund der Tatsache, daß jede Transaktion, die eine von TA1 freigegebene Seite benutzen kann, ihren EOT-Satz später schreiben wird als TA1, unabhängig von der Protokollierungsmethode und etwaigen Systemausfällen oder Plattenfehlern die Wiederherstellung den korrekten logisch konsistenten Zustand erzeugen wird. Sperren verschwinden ohnehin im Fehlerfalle, da Informationen hierüber nur im Hauptspeicher gehalten werden.

Im Prinzip kann unmittelbar nach dem Ausschreiben des EOT-Satzes das erfolgreiche Ende der Transaktion an das Anwendungsprogramm gemeldet werden. Im Interesse einer möglichst einfachen Verwaltung der Zuordnung zwischen Transaktionsprogrammen und Datenbankprozessen geschieht dies üblicherweise erst nach Abschluß der Sperrenfreigabe. Das DBMS kann von diesem Moment an die Transaktion „vergessen" und aus allen Verwaltungstabellen austragen. Bei der Benachrichtigung des Transaktionsprogrammes ergibt sich übrigens noch ein interessantes Randproblem, das von einigen der existierenden DBS ignoriert wird: Wenn ein Systemausfall nach Absetzen der Nachricht durch das DBMS (was üblicherweise über die Kommunikationspfade des Betriebssystems erfolgt) eintritt, bleibt das Transaktionsprogramm im unklaren darüber, ob die Transaktion vor dem Fehler noch erfolgreich beendet wurde oder nicht. Es ist daher wünschenswert, daß das DBMS beim Wiederanlauf dem Datenbankverwalter bzw. auch jedem über einen Benutzer-Code identifizierbaren Anwenderprogramm mitteilt, welche der zum Zeitpunkt des Systemausfalles aktiven bzw. gerade beendeten Transaktionen zurückgesetzt wurden und welche überlebt haben.

Die oben beschriebene Vorgehensweise bei der Beendigung einer Transaktion ist die einfachste Ausprägung des von Gray in [GRAY78] erstmals beschriebenen *Zweiphasen-Freigabeprotokolles.* Seinen Namen verdankt es der Tatsache, daß jede EOT-Behandlung aus zwei Abschnitten bestehen muß, und der zweite von der erfolgreichen Beendigung des ersten abhängig ist, nämlich:

- Sichern der Wiederholbarkeit, abgeschlossen durch Schreiben
  des EOT-Satzes (Phase 1)
- Freigabe aller Sperren und beenden der Aktivität (Phase 2)

Bei zentralisierten Datenbanken, wo die Transaktionsverwaltung, die Sperrverwaltung und alle Routinen zur Ausführung der DML-Befehle in demselben DBMS vereinigt sind und auf demselben Rechner ablaufen, mag diese Aufteilung etwas spitzfindig erscheinen; bei verteilten DBS jedoch, wo eine Transaktion durch mehrere Teiltransaktionen in verschiedenen Netzknoten ausgeführt werden kann, von denen jeder zunächst nur seine eigenen lokalen Sicherungsmaßnahmen betreibt, ergibt sich das zusätzliche Problem, wie die einzelnen Knoten sich so abstimmen können, daß gem. der Forderung nach Ununterbrechbarkeit von einem definierten Zeitpunkt an alle Knoten die Effekte der jew. Teiltransaktion entweder übernehmen oder zurücksetzen. Auch wenn ein oder mehrere Knotenrechner während der EOT-Behandlung ausfallen, darf nicht der Fall eintreten, daß in einigen die Teiltransaktion überlebt, in anderen dagegen zurückgesetzt wird. Das ist offensichtlich wesentlich schwieriger zu erreichen als bei einem zentralisierten DBS. Wenn mehrere Knoten synchronisiert werden müssen, von denen jeder unabhängig von den anderen jederzeit ausfallen kann, ist die Unsicherheit der Nachrichtenwege zwischen diesen Partnern zu berücksichtigen: Angenommen, Knoten A schickt an Knoten B eine Nachricht; diese Nachricht kann unterwegs verlorengehen oder aber B in einem Moment erreichen, da dieser nicht betriebsbereit ist. A weiß also nur sicher, daß B die Nachricht erhalten hat, wenn dieser sie bestätigt. Trifft nun die Bestätigung nicht ein, dann kann das mehrere Gründe haben:

- die Nachricht ist verlorengegangen,
- die Nachricht hat B erreicht; vor Absenden der Bestätigung hatte B jedoch einen Systemausfall,
- die Bestätigung ist verlorengegangen,
- die Bestätigung hat A nicht erreicht, da dieser zwischenzeitlich einen Systemausfall hatte.

Somit kann B nur sicher sein, daß seine Bestätigung angekommen ist, wenn A diese wiederum bestätigt usw. In [GRAY78] wird gezeigt, daß kein allgemeines Protokoll endlicher Länge zur Lösung dieses Problems existiert [10]. Gibt man aber die Voraussetzung auf, daß alle Knoten gleichberechtigt an der Abstimmung teilnehmen, kann auf folgende Weise ein Protokoll mit fester Länge erreicht werden:

Zur Verwaltung des Abstimmungsprozesses wird ein sog. Koordinator eingeführt (in verteilten DBS ist dies in der Regel der Knoten, an dem die Transaktion gestartet wurde, und der die anderen Knoten mit der Ausführung der Teiltransaktionen beauftragt hat), der folgende Aufgaben hat:

- Wenn die EOT-Behandlung initiiert wird, fordert der Koordinator alle beteiligten Knoten auf, sämtliche Protokollinformationen auf einen sicheren Platz zu schreiben.
- Wenn alle Knoten dem zustimmen, schreibt der Koordinator einen Protokollsatz, der das Ende der 1. Phase der Freigabe anzeigt; lehnt ein Knoten ab, oder

---

[10] Gray veranschaulicht die Situation durch das Beispiel zweier Generäle, die einen gemeinsamen Angriffszeitpunkt verabreden möchten, dazu aber auf die unsichere Kommunikation über Boten angewiesen sind, und belegt sie mit dem Namen „generals paradox".

antwortet er innerhalb einer vorgegebenen Frist nicht auf die Aufforderung, muß die ganze Transaktion in allen Knoten zurückgesetzt werden.
- Abhängig vom Ausgang der Phase 1 fordert nun der Koordinator alle Knoten auf, die Teiltransaktion entweder zu übernehmen oder zurückzusetzen und alle Sperren freizugeben. Es ist nun gesichert, daß alle Knoten der Aufforderung des Koordinators unabhängig von Systemausfällen o.ä. folgen können.
- Nachdem alle Knoten die Aktion bestätigt haben, schreibt der Koordinator einen Protokollsatz, der das Ende der 2. Phase der Freigabe anzeigt.

Systemausfälle auf Seiten eines Knotens führen also während der Phase 1 zum Scheitern der Transaktion, während der Phase 2 lediglich zur Verzögerung des Abschlusses. Ein Systemausfall beim Koordinator wird beim Wiederanlauf abhängig vom Inhalt der Protokolldatei behandelt:

- Wurde der Satz, der das Ende der Phase 1 bestätigt (entspricht dem EOT-Satz im zentralisierten Fall), noch nicht geschrieben, werden beim Wiederanlauf alle Knoten aufgefordert, die Transaktion zurückzusetzen.
- War die Phase 1 schon abgeschlossen, wird beim Wiederanlauf die gesamte Phase 2 wiederholt (Übernehmen der Transaktion in alle Knoten).
- Wurde auch das Ende der Phase 2 protokolliert, ist für diese Transaktion keine *übergreifende* Recovery erforderlich.

Verschiedene Varianten dieses allgemeinen Protokolles mit unterschiedlichem Kommunikationsaufwand werden in der Literatur diskutiert. Dort finden sich auch ausführliche Fallunterscheidungen zum Beweis der Fehlerfreiheit des Mechanismus in allen möglichen Konstellationen.

Abschließend sei darauf hingewiesen, daß die hier angeschnittene Problematik auch schon bei zentralisiertem DBS bedeutsam wird, dann nämlich, wenn der Freigabeprozeß nicht nur beschränkt auf das DBMS, sondern in Zusammenhang mit einem abgeschlossenen Datenkommunikationssystem (DKS) betrachtet wird. So wie das DBMS abhängig vom Status der Transaktion nach einem Systemausfall eine Recovery des DB-Zustandes durchführt, muß z.B. ein TP-Monitor in der Lage sein, Nachrichten, deren Empfang er dem Sender bestätigt hat, sicher an den Bestimmungsort zu übermitteln, auch wenn der Rechner, auf dem das System läuft oder das Zielterminal zwischenzeitlich ausfallen sollte. Wenn nun das DBMS eine Transaktion – so wie oben beschrieben – beendet und über das DKS eine entsprechende Nachricht an das Benutzerterminal schickt, dann muß offenbar gewährleistet sein, daß:

- entweder das Beenden der Transaktion scheitert und keine Beendigungsmeldung am Terminal ankommt, oder
- das Beenden der Transaktion erfolgreich ist, und die Meldung auf jeden Fall ankommt.

Auch hier müssen sich also zwei separate Prozesse (DBMS und DKS) über einen fehleranfälligen Kommunikationskanal (Inter-Prozeß-Kommunikation des BS) abstimmen, und da in vielen Fällen das DKS auf einem anderen Rechner läuft als das DBMS, findet sich hier das Zweiphasen-Freigabeprotokoll zur

Synchronisierung zwischen beiden Anwendungen in seiner allgemeinen Form – wenn auch mit der minimalen Knotenzahl.

4.5.7 Einflußgrößen für die Leistungsfähigkeit von Sicherungs- und Recovery-Verfahren

Die exakte Aufwandsabschätzung für Sicherungsmaßnahmen und Recovery-Algorithmen ist ein recht umfangreiches und kompliziertes Gebiet, das hier auch nicht annähernd behandelt werden kann. Eine ausführliche Behandlung dieser Probleme findet sich in [REUT84]. Hier sollen lediglich die Auswirkungen dreier in den vorangegangenen Kapiteln und Abschnitten beschriebenen Entwurfsvarianten für einzelne Komponenten des DBMS auf die Leistungsfähigkeit des Systems dargestellt werden. Dabei wird jeweils berücksichtigt, welcher Aufwand für die Aufzeichnung von Protokoll- und sonstigen Sicherungsinformationen im Normalbetrieb anfällt, und wie aufwendig die jeweiligen Recovery-Maßnahmen im Fehlerfall sind (R4-Recovery wird allerdings außer acht gelassen). Man muß sich dabei stets vor Augen halten, daß Recovery ein *seltenes* Ereignis ist, daß es also gilt, Algorithmen zu finden, die die Recovery zwar nicht unzumutbar teuer machen, die aber vor allem den Normalbetrieb möglichst gering belasten.

4.5.7.1 Auswirkungen der Art der Seitenzuordnung

Es wurde gezeigt, daß Verfahren der indirekten Seitenadressierung den Vorteil haben, daß die DB nach einem Systemausfall mit relativ geringem Aufwand in einen speicherkonsistenten Zustand (Schattenspeicher-Konzept) oder sogar logisch konsistenten Zustand gebracht werden kann. Dadurch kann im ersten Fall die sehr kompakte und effiziente logische Protokollierung verwendet werden, im zweiten kann für die Recovery-Maßnahmen R1-R3 sogar völlig auf Protokollführung verzichtet werden. Der Preis hierfür ist freilich eine Stufe der Indirektion bei der Seitenadressierung in Form der Seitentabelle V. Diese Tabelle muß ja ebenfalls auf Platte gehalten werden. Solange die Tabelle während des Betriebes des DBMS noch vollständig in den Hauptspeicher paßt, ist dies kein sonderlicher Zusatzaufwand; wird sie jedoch so groß, daß ihre Teile wie die Seiten der Datenbank über einen Pufferbereich ein- und ausgelagert werden müssen, dann entsteht ein erheblicher zusätzlicher Ein-/Ausgabeaufwand, der die Vorteile der indirekten Seitenadressierung wieder aufhebt. Ein weiterer Punkt ist, daß alle auf indirekter Seitenadressierung beruhenden Verfahren in gewissen Abständen direkte Sicherungspunkte erzeugen müssen, was, wie schon erwähnt, bei großen DB-Puffern die Datenbank eine geraume Zeit blockieren kann. Dies sind die wesentlichen Gründe für die Aussage in [GRAY81a] zur Leistungsfähigkeit der Recovery-Komponente von System R, daß das dort gewählte Schattenspeicher-Konzept für kleine Datenbanken in der Größenordnung von 10 MB hervorragend geeignet sei, wogegen für große Datenbanken (>100 MB) die auf direkter Seitenzuordnung beruhenden Verfahren besser seien. Die analytischen Modelle für das Leistungsverhalten verschiedener Sicherungs- und Recovery-Techniken in [REUT84] liefern eine genaue Begründung für diese Einschätzung.

4.5.7.2 Auswirkungen der Art der Sicherungspunkt-Erzeugung

Bei der Sicherungspunkt-Erzeugung ist die Abwägung zwischen der Belastung des Normalbetriebes und dem Aufwand während der Recovery besonders offensichtlich. Wird das DBMS in der Regel morgens gestartet und abends heruntergefahren und passiert dazwischen nur äußerst selten einmal ein Systemausfall, dann sind Sicherungspunkte offenbar überflüssiger Zusatzaufwand; ein- oder zweimal im Jahr das zu wiederholen, was seit dem Morgen des betreffenden Tages an Änderungen angefallen ist, wird bei derartigen Anwendungen in der Regel tolerierbar sein. Muß dagegen das System rund um die Uhr verfügbar sein, dann ist es offensichtlich, daß der Zeitraum, der nach einem Ausfall für die Wiederholung in Frage kommt, durch zusätzliche Maßnahmen begrenzt werden muß.

4.5.7.3 Auswirkungen der EOT-Behandlung

In Abschnitt 4.5.4 wurde gezeigt, daß die transaktionsorientierten Sicherungspunkte geeignet sind, die Notwendigkeit einer expliziten R2-Recovery nach einem Systemausfall weitgehend zu reduzieren oder gar völlig zu vermeiden. Sie verlangen aber andererseits, daß am Ende einer Transaktion alle von dieser geänderten Seiten aus dem Puffer zurück auf die Datenbank geschrieben werden. Nun könnte man zunächst annehmen, es sei gleichgültig, wann eine geänderte Seite zurückgeschrieben wird, ob bei EOT oder bevor sie verdrängt wird, denn geschrieben werden muß sie ja ohnehin. Das ist jedoch ein Trugschluß, wie folgende Überlegung zeigt: Nehmen wir an, eine Seite S_i werde relativ häufig referenziert. Sie bleibt dadurch sehr lange im Puffer und kann während dieser Zeit von n Änderungstransaktionen modifiziert werden. Benutzt das DBMS nun transaktionsorientierte Sicherungspunkte, so muß die Seite n-mal ausgeschrieben werden – einmal pro EOT. Zusätzlich fällt noch Aufwand für die Protokollierung an.

Werden keine transaktionsorientierten Sicherungspunkte benutzt, dann fällt während der Verweilzeit der Seite im Puffer nur der Protokollierungsaufwand an, der bei physischer Eintragsprotokollierung sehr gering gehalten werden kann, und erst wenn die Seite nach den n Änderungstransaktionen erstmals verdrängt wird, kostet dies eine Schreiboperation. Die segmentorientierten Sicherungspunkte, die in diesem Fall sinnvollerweise erzeugt werden sollten, fallen in so großen Abständen an, daß die anteiligen Kosten pro Änderungstransaktion üblicherweise ≪ 1 Ein-/Ausgabeoperation sind. Dieser Sachverhalt wird durch Bild 4.37 illustriert; sie zeigt für verschiedene Transaktions-Mixes auf einer realen Datenbank von ca. 70 MB die Zahl der Schreiboperationen aus dem Puffer durch Verdrängen und bei EOT in Abhängigkeit von der Puffergröße. Man sieht deutlich, daß bei Anwendungen mit kleinem DB-Puffer, bei denen die Wahrscheinlichkeit, daß eine Seite lange im Puffer bleibt und dort mehrfach geändert wird, gering ist, der Zusatzaufwand durch Ausschreiben bei EOT nicht ins Gewicht fällt; man muß ja berücksichtigen, daß Seiten, die bei EOT schon geschrieben wurden, bei ihrer Veränderung nicht nochmals geschrieben werden brauchen – es sei denn, sie wären inzwischen erneut modifiziert worden. Bei großen Puffern jedoch fällt fast der gesamte Schreibaufwand bei EOT an, und dies ist ein sehr wichtiges Argument

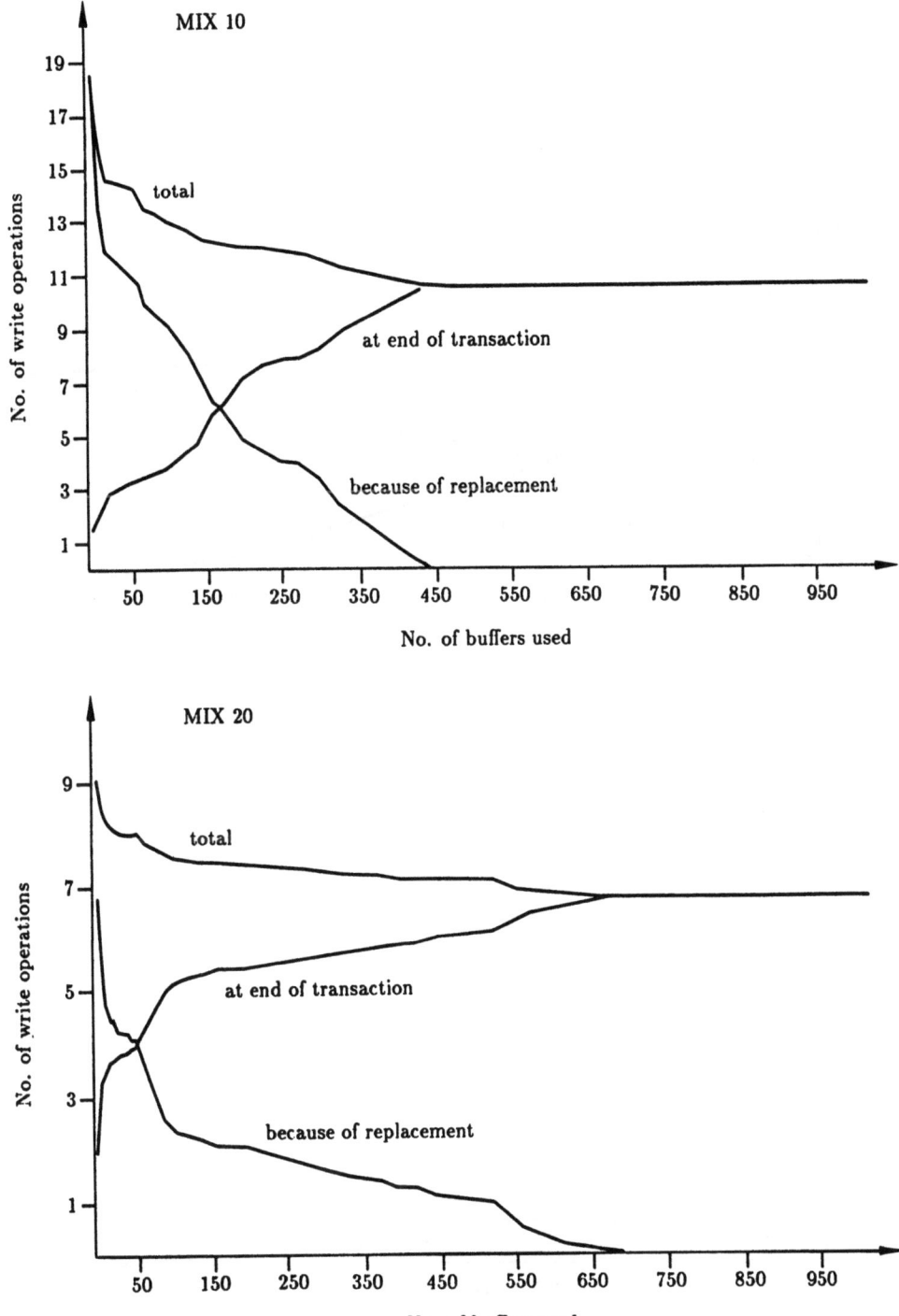

Bild 4.37 Schreibaufwand bei EOT in Abhängigkeit von der Puffergröße

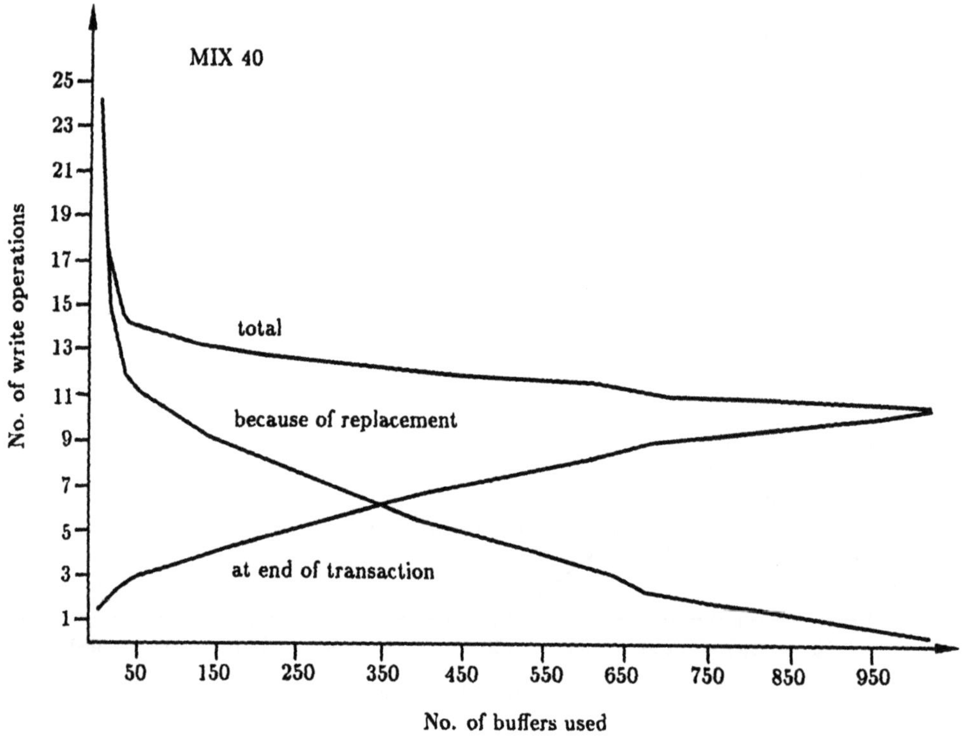

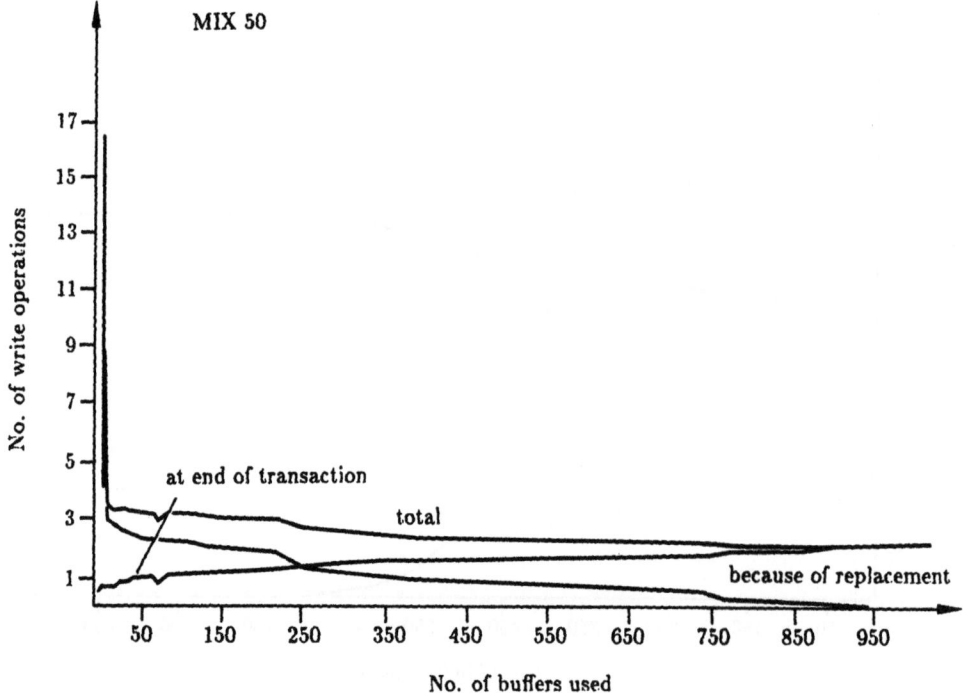

Bild 4.37 (Fortsetzung)

Methoden zur Implementierung von Datensicherungs- und Recovery-Maßnahmen

für zukünftige DBMS, die wegen der rapiden Verbilligung der Hauptspeicher mit wesentlich größeren Puffern laufen werden als dies heute üblich ist.

4.5.7.4 Leistungsbewertung von Sicherungs- und Recovery-Algorithmen

Durch analytische Modellierung der oben beschriebenen und einer Reihe weiterer Effekte wird in [REUT84] versucht, die Brauchbarkeit einer Anzahl verschiedener Algorithmen zur Implementierung der Recovery-Maßnahmen R1-R3 zu bewerten, wobei als Maß der erzielbare Durchsatz von Transaktionen pro Zeiteinheit dient. Die wichtigsten Parameter der Modelle sind: Die Häufigkeit von Systemausfällen, der relative Anteil von Änderungstransaktionen an der Gesamtlast des Systems, der Parallelitätsgrad und die Kommunalität im DB-Puffer. Dieser letzte Parameter ist definiert als die Wahrscheinlichkeit dafür, daß eine von einer Transaktion benötigte Seite bereits im Puffer vorgefunden wird, damit wird also genau der in Abschnitt 4.5.7.3 beschriebene Effekt nachgebildet. Bild 4.38 zeigt eine Auswertung dieser Modelle für den Fall physischer Eintrag-Protokollierung bei hohem Änderungsanteil und seltenen Systemausfällen. R_T ist die erreichbare Transaktionsrate, C das erwähnte Kommunalitätsmaß. Kurve 4 beschreibt den Fall ohne jeden Sicherungspunkt, Kurve 5 den mit speicherkonsistenten Sicherungspunkten und Kurve 6 den mit transaktionsorientierten. Die Schlußfolgerungen liegen klar auf der Hand. Bei der Auswertung der Modelle konnte gezeigt werden, daß

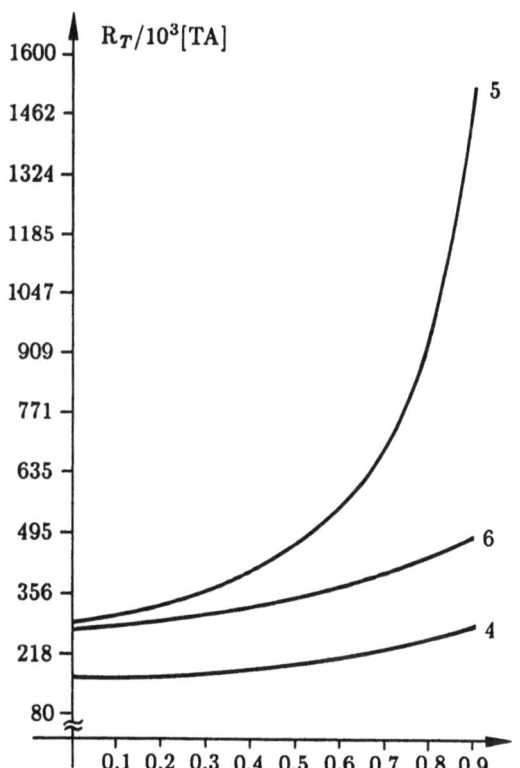

Bild 4.38 Analytische Bewertung von Sicherungs- und Recovery-Verfahren auf der Basis physischer Eintragsprotokollierung

die folgenden Aussagen unabhängig von der Transaktionslast und der Häufigkeit der Systemausfälle gelten:

- Physische Protokollierung auf Seiten-Basis ist ineffizient, es sei denn man verwendet spezielle Schreibtechniken wie chained I/O [ELHA82].
- Verfahren mit indirekter Seitenadressierung sind nur konkurrenzfähig, wenn alle zur Verwaltung der Abbildungsfunktion Seite – Block benötigten Tabellen vollständig im Hauptspeicher gehalten werden können.
- Transaktionsorientierte Sicherungspunkte verursachen bei wachsendem DB-Puffer einen schnell ansteigenden Zusatzaufwand.

Zum Abschluß seien noch einige Spezialimplementierungen erwähnt, die im Hinblick auf besondere Leistungsanforderungen entwickelt wurden, und auf die an dieser Stelle nicht näher eingegangen werden kann:

- Für extrem hohe Raten von Änderungstransaktionen ist eine Betriebsart von IMS/Fast Path entwickelt worden, die „main storage data base" heißt. Wie der Name sagt, steht die gesamte DB im Puffer, wodurch der gesamte Aufwand für Ein-/Auslagerung von Seiten entfällt. Durch spezielle Vorkehrungen werden die Kosten für die Protokollierung pro Transaktion auf < 0.4 Ein-/Ausgabeoperationen gedrückt, wodurch Transaktionsraten von über 180 Transaktionen/sec erreicht werden.
- Für Anwendungen mit extrem hohen Verfügbarkeitsanforderungen, bei denen eine „konventionelle" R4-Recovery schon zu lange dauern würde, gibt es die Möglichkeit, die Datenbank auf einem Primärrechner wie üblich zu betreiben und auf einem Reserverechner permanent eine Kopie, die sehr dicht am aktuellen Zustand ist, nachführen zu lassen („hot standby"). Dieses Prinizip kann auch zu besonders fehlertoleranten Rechnerarchitekturen erweitert werden, mit – „standby"-Prozessoren und Platten, die logisch als ein Laufwerk erscheinen, physisch aber auf zwei Stapeln verwaltet werden; diese Variante wird meist als „mirrored volume" bezeichnet; Details finden sich in [BART77, KATZ79, TAND].

Literatur

[ADAB], [BADA79], [BANC79], [BART77], [BAYE79], [BAYE80], [BAYE82], [BEER86], [BERN80], [BERN82], [BERN83], [BJOR73], [BLAC81], [BLAS79], [BREU80], [CASA80], [CHAM75], [CHAM76a], [CHAM77], [CHAM81a], [CHAM81b], [CHAN75], [CHIN78], [CODA73], [CODA78a], [COFF71], [COFF73], [DALC79], [DATE81], [DATE81a], [DAVI73], [DAVI81a], [DAVI81b], [DAYA78], [DB2], [DENN79], [DENN80a], [DITT83], [DOWN79], [EFFE81a], [EFFE81b], [EICK84], [ELHA82], [ESWA75], [ESWA76], [FAGI76], [FERN77], [FOSS74], [GAAD80], [GELE78], [GILB80], [GIOR76], [GRAY76], [GRAY78], [GRAY81a], [GRAY81b], [GRIF76], [HABE69], [HAMM78a], [HAMM78b], [HARR76], [HART81], [HÄRD78a], [HÄRD79b], [HÄRD80], [HÄRD80a], [HÄRD83b], [HÄRD85b], [IMS], [JONE75], [KATZ79], [KUNG81], [KÜSP85], [LAMP79], [LAUS82], [LIND79], [LIPE85], [LOCK79b], [LOME77], [LOME79], [LORI77],

[LUM78], [MADN74], [MCCA79], [MCLE77], [MELO79], [MOHA81], [OLLE78], [ONEI85], [ORAC84], [PEIN83], [PEIN86], [RAND78], [RAND79], [REBS83], [REUT80], [REUT81], [REUT82], [REUT83], [REUT84], [RIES79], [ROSE78], [RYSK8O], [SCHL81], [SCHL83], [SEVE76], [SMIT75], [STON76], [STON80], [TAND], [TAY84], [THOM77], [THUR80], [UDS], [VERH78], [WEDE76], [WIED83], [WULF75], [ZEHN80], [ZLOO77].

Kapitel 5

Datenbankentwurf

Heinrich C. Mayr, Klaus R. Dittrich und Peter C. Lockemann

5.1	Ein begleitendes Beispiel	486
5.2	Informationsbedarfsanalyse	489
5.3	Konzeptueller Entwurf	498
5.3.1	Semantische Datenmodellierung	498
5.3.2	Das ER-Modell von Wong/Katz	499
5.3.3	Weitere semantische Konzepte und Modellierungsansätze	507
5.3.4	Techniken des konzeptuellen Entwurfs	511
5.3.5	Werkzeuge für den konzeptuellen Entwurf	514
5.4	Logischer Entwurf	516
5.4.1	Logische Datenmodelle	516
5.4.2	Abbildung auf relationale Schemata	517
5.4.3	Abbildung auf Netzwerk-Schemata	520
5.4.4	Abwendung von Anomalien	523
5.4.5	Normalisierung	527
5.4.5.1	Zerlegung von Relationen	527
5.4.5.2	Funktionale und mehrwertige Abhängigkeiten	528
5.4.5.3	Normalformen	530
5.5	Definition externer Sichten	533
5.5.1	Notwendigkeit und Vorgehensweise	533
5.5.2	Konzeptueller Entwurf und Sichtenintegration	535
5.5.3	Logischer Entwurf externer Sichten	535
5.5.3.1	Externe Sichten im Relationenmodell	536
5.5.3.2	Externe Sichten im Netzwerkmodell	538
5.5.4	Probleme bei der Verwendung externer Sichten	539
5.6	Physischer Entwurf	541
5.6.1	Aufgabenstellung	541
5.6.2	Einflußfaktoren	543
5.6.3	Einige Verfahrensgrundsätze	546
5.6.4	Sprachen	549
5.6.5	Bewertung der Maßnahmen	551
5.7	Datenbankreorganisation	552

Datenbanksysteme sind rechnergestützte Hilfsmittel, um Daten eines Informationssystems aufzubewahren, fortzuschreiben und sie den verschiedenen Anwendern in geeigneter Weise zugänglich zu machen. Aufgrund der Vielfalt unterschiedlich ausgeprägter Informationssysteme in Wirtschaft, Verwaltung, Technik usw. einerseits und des Herstellungsaufwandes für ein Datenbanksystem andererseits wäre es unsinnig, für jeden Anwendungsfall ein spezielles, maßgeschneidertes Datenbanksystem zu produzieren. Obendrein muß selbst für ein konkretes Informationssystem davon ausgegangen werden, daß es sich von Zeit zu Zeit ändert, indem neuartige Informationen von Bedeutung werden und alte sich ändern oder künftig wegfallen können.

Aus diesen Gründen müssen universell einsetzbare Datenbanksysteme für Informationen beliebiger Art und Struktur geeignet sein. Man erreicht dies, indem man sie nicht nur – wie bei vielen anderen Softwareprodukten üblich – bezüglich ihrer Operatoren („mit welchen Daten sollen sie ausgeführt werden"?) *parametrisierbar* gestaltet. Vielmehr erlaubt man Parametrisierbarkeit auch bezüglich Aufbau und Zusammenhang der aufzunehmenden Daten. Diese Vorgehensweise ist, wenn auch nur in groben Zügen, den Fähigkeiten neuerer Programmiersprachen vergleichbar: der Programmierer kann nicht nur Variablen vereinbaren, er kann auch auf der Basis eines vorgegebenen Grundvorrats neue Typen für diese Variablen und ihre Werte definieren.

In diesem Zusammenhang ist der Begriff *Datenbankentwurf* zu sehen: Wir verstehen darunter alle Aufgaben und Tätigkeiten zur Ermittlung und Festlegung der für einen Anwendungsfall „aktuellen Parameter" für Art und Struktur der durch ein gegebenes Datenbanksystem zu verwaltenden Informationen.

Vorgegeben sind also eine geplante Anwendung und ein konkretes Datenbanksystem (kann letzteres noch ausgewählt werden, ändert sich die Vorgehensweise nur unwesentlich). Eine erste grobe Aufzählung der beim Datenbankentwurf zu leistenden Arbeiten lautet dann wie folgt:

1. *Ermittlung und Analyse des Informationsbedarfs der geplanten Anwendung*

   Es ist festzustellen, welche Informationen der Umwelt für die geplante Anwendung von Interesse sind (die „Miniwelt" des Anwendungsfalls ist festzulegen), damit die beabsichtigten Arbeiten durchgeführt werden können. Der geplante „Inhalt" des Informationssystems ist also zu ermitteln. Dieser Schritt unterscheidet sich auf den ersten Blick wenig von anderen Arten der Systemanalyse und wurde bislang meist mit den dort verwendeten Techniken und Hilfsmitteln durchgeführt. In neuerer Zeit wurden jedoch speziell auf den Datenbankentwurf ausgerichtete Vorgehensweisen vorgestellt, die insbesondere die Vielfalt (Varietät) der zu verwaltenden Objektklassen und deren Abhängigkeiten (Konnektivität) berücksichtigen. Eine dieser Methoden besprechen wir überblicksartig in Kap. 5.2.

2. *Beschreibung der ermittelten Information*

   Die Ergebnisse des vorhergehenden Schrittes liegen in der Regel und auch beabsichtigt nur in recht informaler Form vor. Dies kann nicht nur zu Inkonsistenzen und Unvollständigkeiten führen. Auch die weitere Verwendung der Ergebnisse zur Festlegung der Strukturparameter des verwendeten Datenbanksystems sowie zu später meist erforderlichen Änderungen derselben wird dadurch erschwert, wenn nicht unmöglich.

Man benötigt daher ein Beschreibungsmittel, mit dem die Ergebnisse von Schritt 1 zumindest in den wichtigsten Teilen einheitlich und von den speziellen Eigenheiten des einzusetzenden Datenbanksystems unabhängig dargestellt werden können. Eine derart formalisierte Beschreibung zwingt auch zu einem gründlicheren, vollständigeren Analysieren des Informationsbedarfs und hilft, Lücken aufzudecken.

Dieser Schritt wurde in der Vergangenheit vernachlässigt mit der Folge eines häufig wenig sachgerechten Einsatz von Datenbanksystemen. Heute ist gerade diese „semantische" Informationsbeschreibung unter der Bezeichnung *konzeptueller Entwurf* Gegenstand vieler Arbeiten in Forschung und Entwicklung. In Abschnitt 5.3 (speziell 5.3.2) stellen wir eine Version des bekanntesten dieser Beschreibungsmittel vor und zeigen ihre Anwendung.

3. *Festlegung der aktuellen Strukturparameter für ein konkretes Datenbanksystem*

Ein konkretes Datenbanksystem erlaubt nicht den Umgang mit beliebigen Informationsstrukturen. Vielmehr bietet es stets ein bestimmtes *Datenmodell* an, repräsentiert durch die zur Verfügung stehenden Mittel zur Datendefinition und zur Datenmanipulation. Insbesondere legt die jeweilige Datendefinitionssprache fest, welche Klasse von Informationsstrukturen überhaupt verwendet werden kann (welches also der Grundvorrat zur Definition von Datentypen ist).

Die Aufgabenstellung dieses Schrittes besteht somit darin, aus der formalisierten Informationsbeschreibung des vorhergehenden Schrittes die aktuellen Strukturparameter für das einzusetzende Datenbanksystem zu gewinnen. Da hierbei Einzelheiten der physischen Darstellung der Daten noch keine Rolle spielen, spricht man von *logischem Entwurf*. Wir besprechen im Abschnitt 5.4, wie man für gängige Datenmodelle in systematischer Weise den Schritt von der Informationsbeschreibung zur modellabhängigen Datendefinition gehen kann. Ein systematisches Vorgehen ist hierbei von besonderer Bedeutung, sollen sich nicht schon im vorigen Schritt beseitigte Entwurfsfehler erneut einschleichen.

4. *Festlegung von Einzelheiten der physischen Repräsentation der Information*

Mit dem logischen Entwurf allein sind noch nicht alle Parameter des gegebenen Datenbanksystems festgelegt. Vielmehr ist auch anzugeben, wie die einzelnen Informationseinheiten physisch repräsentiert, welche Zugriffspfade eingerichtet werden sollen usw. Beispielsweise ist also zu entscheiden, wieviele Speichereinheiten für die Unterbringung einer Produktbezeichnung oder eines Einkaufspreises vorzusehen sind oder welche Informationen vorwiegend als Suchkriterium für andere Informationen auftreten werden. Man spricht daher vom *physischen Entwurf*.

Die zur sachgerechten Festlegung dieser Parameter erforderlichen Kenntnisse müssen bereits im Schritt 1 ermittelt werden. Aus diesem Grund sollte dort nicht nur eine qualitative, sondern auch eine quantitative Informationsbedarfsanalyse durchgeführt werden, die ein *Mengengerüst* für die geplante Anwendung liefert. Der physische Entwurf wird in Abschnitt 5.6 dieses Kapitels behandelt.

Zwischen den Schritten 3 und 4 wurde in der Vergangenheit häufig nicht unterschieden. Ein wichtiger Grund dafür war, daß auch die Schnittstellen von Datenbanksystemen (etwa der frühere CODASYL-Vorschlag) Aspekte des logischen und des physischen Datenentwurfs miteinander vermischten. Im Zuge der sich durchsetzenden Forderung nach Datenunabhängigkeit (besser: Datenrepräsentationsunabhängigkeit) müssen beide Teilaufgaben jedoch streng voneinander getrennt betrachtet werden. Auch neuere Datenbanksystemschnittstellen tragen dem Rechnung.

Mit der physischen Datendefinition ist der Datenbankentwurfsprozeß zunächst abgeschlossen. Aufgrund sich verändernder Umweltgegebenheiten und neuer Forderungen der Anwender ist jedoch fast immer mit einem weiteren Schritt zu rechnen:

5. *Entwurfsänderungen*

Hierunter wollen wir alle Aktivitäten zusammenfassen, die Änderungen einmal getroffener Entwurfsentscheidungen zur Folge haben. Die wichtigsten Ursachen hierfür sind:

(a) Veränderte Umweltgegebenheiten sollen im Datenbanksystem widergespiegelt werden. Dies können Hinzunahme weiterer Anwendungen oder modifizierte Aufgabenstellung bei existierenden Anwendungen sein. In jedem Fall ist wieder mit Schritt 1 zu beginnen. Erschwerend kommt jedoch hinzu, daß die bisher verwendete Datenbank weiter zu verwenden ist, neue Entwurfsüberlegungen also die bisher gültigen berücksichtigen müssen.

(b) Frühere Entwurfsentscheidungen haben sich als falsch oder (z.B. unter dem Leistungsgesichtspunkt) als ungünstig erwiesen. Während der letzte Fall meist eine erneute Durchführung von Schritt 4 bedeutet (es wird eine Optimierung angestrebt, man spricht auch von Neuformatierung), muß beim ersten Fall zumindest bei Schritt 3 (Neustrukturierung), wenn nicht früher wieder aufgesetzt werden.

Im Abschnitt 5.7 wird ein Ansatz zur Neustrukturierung vorgestellt.

Insgesamt läßt sich der Datenbankentwurfsprozeß somit als ein iterativer Vorgang gemäß Bild 5.1 beschreiben, wobei hier von Änderungen auch schon vor der Verwendung der entworfenen Datenbank ausgegangen wird.

Unsere Aufzählung der einzelnen Entwurfsschritte erweckt den Eindruck, als stellten sich die Daten einer Miniwelt aller betroffenen Anwender in gleicher Weise und in gleichem Umfang dar. In Wirklichkeit trifft dies allerdings höchstens bei sehr kleinen Anwendungen zu. In der Regel haben nämlich zumindest einzelne Anwendergruppen (z.B. Abteilungen eines Unternehmens) sehr unterschiedliche „Sichten" auf ihre gemeinsame Informationswelt und insbesondere sind ihnen meist nur Ausschnitte davon zugänglich bzw. von Interesse. Infolgedessen sind bei konzeptuellem und logischem Entwurf noch verschiedene Betrachtungsebenen zu unterscheiden: die Ebene der einzelnen Anwendungsicht und die Ebene der Gesamtansicht, die alle Einzelsichten umfassen und integrieren muß.

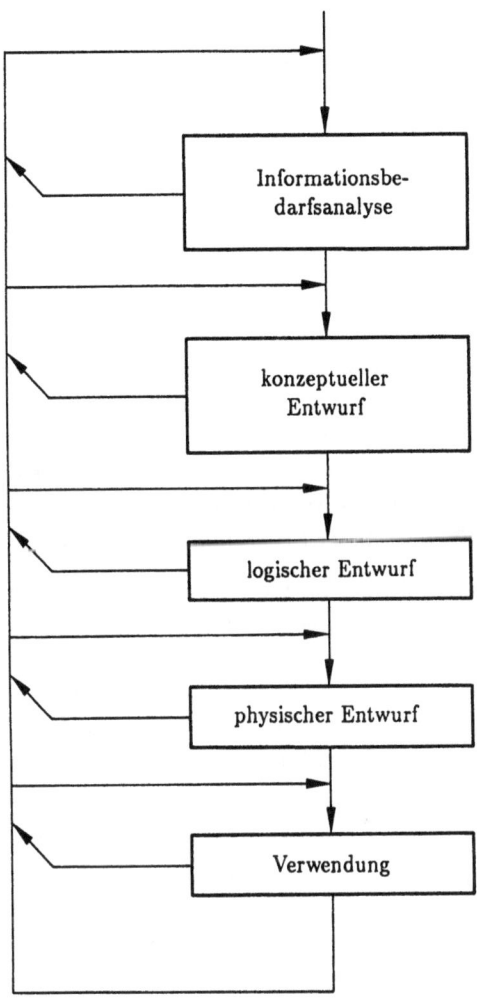

Bild 5.1 Schritte des Datenbankentwurfs

In den einzelnen Entwurfsschritten sind als Ergebnis die Informationsbeschreibungen in der Form sogenannter *Schemata* anzugeben. Unter Einbezug der genannten Ebenen verwenden wir hierfür folgende Einzelbegriffe:

- konzeptueller Entwurf: konzeptuelles Schema
  (konzeptuelles Einzelschema, konzeptuelles Gesamtschema)
- logischer Entwurf: logisches Schema
  (logisches Einzelschema oder externes Schema oder Subschema, logisches Gesamtschema oder Datenbankschema)
- physischer Entwurf: physisches Schema
  (internes Schema, Speicherschema)

Wird nur von „Schema" gesprochen, ergibt sich die genaue Bedeutung aus dem Kontext.

Man beachte, daß wir uns damit aus Gründen eines abgerundeten Begriffsvorrats nicht voll der doch teilweise unklaren und weniger umfassenden ANSI-SPARC-Terminologie ([TSIC78]) angeschlossen haben.

Ein externes Schema spiegelt wider, wie die einzelne Anwendung die (logische) Datenbank sieht. Es bildet während des Betriebs auch die Schnittstelle des Datenbanksystems für diese Anwendung. Das Datenbankschema stellt dagegen die Gesamtsicht der im System gehaltenen Datenbasis dar. Eine wichtige Aufgabe des Datenbankentwurfs besteht gerade darin, den Informationsbedarf aller Einzelanwendungen abzustimmen und zusammenzufassen. Wir werden jedoch zunächst die Existenz unterschiedlicher Sichten außer acht lassen und erst in Abschnitt 5.5 auf die Sichtenintegration und die Definition von Einzelschemata eingehen.

Betrachten wir noch einmal den Entwurf einer einzelnen Anwendung. Dieser ist mit dem Entwurf eines sachgerechten externen Schemas nicht abgeschlossen. Vielmehr müssen auch die dazugehörigen Programme zur Benutzung der Datenbank für den vorgesehenen Zweck entworfen und implementiert werden. Für den Entwurf dieser Programme gelten folgende Aussagen:

a) Welche Art und Weise der Benutzung für eine Datenbank vorgesehen ist, beeinflußt bereits in hohem Maße die Ermittlung des Informationsbedarfs. Datenbankentwurf ohne Kenntnis der beabsichtigten Auswertemöglichkeiten wird zwangsläufig zu einem unbefriedigenden Gesamtergebnis führen. Damit liegen aber bereits nach Schritt 1 – wenn auch informal – Grundkenntnisse über die später zu entwickelnden Programme vor.

b) Der Programmentwurf selbst unterscheidet sich in seinen wesentlichen Gesichtspunkten kaum vom Programmentwurf für Anwendungen ohne Datenbanksystem. Alle Kenntnisse und Regeln, die die Informatik unter den Überschriften „Programmkonstruktion", „Software Engineering" usw. vermittelt, behalten hier also voll ihre Gültigkeit. Wir gehen daher hier nicht näher darauf ein, sondern verweisen auf die Literatur dieses Gebietes.

Bleibt noch zu erwähnen, daß sich die Aufgabe des Entwerfers einer Datenbank in realistischen, d.h. über den Umfang eines Lehrbuchbeispiels hinausgehenden Anwendungsfällen durch eine Vielzahl voneinander abhängiger Einzelheiten außerordentlich kompliziert und damit fehleranfällig gestaltet. Damit stellt sich automatisch die Frage nach der Automatisierbarkeit des Entwurfsprozesses. Wenngleich heute noch keine marktfähigen Produkte existieren, die dies durchgängig für die wesentlichsten Entwurfsschritte bewerkstelligen, werden wir doch an einigen Stellen darauf zurückkommen. Ein Hilfsmittel dabei ist insbesondere das sogenannte *Datenwörterbuch*, auf das in Kapitel 2 näher eingegangen wird.

5.1 Ein begleitendes Beispiel

Zur Besprechung der einzelnen Entwurfsschritte verwenden wir ein durchgehendes Beispiel, an dem die vorzustellenden Techniken sukzessive demonstriert werden.

Damit Probleme, wie sie üblicherweise bei einem Datenbankentwurf für die Praxis auftreten, nicht durch die Einfachheit eines Beispiels verdeckt werden, haben wir einen recht umfangreichen Anwendungsbereich gewählt: Bei der zu modellierenden Miniwelt handelt es sich um eine Malzfabrik. Dabei interessieren wir uns für den Teilbereich Auftragsabwicklung, andere Bereiche wie Rechnungswesen, Personalwesen, Produktionsplanung usw. bleiben unberücksichtigt (ebenso – dies sei für Kenner der Branche erwähnt – Besonderheiten wie EG-Lizenzen usw.).

Damit der Leser vor Besprechung des eigentlichen Entwurfsprozesses die gewählte Miniwelt zumindest soweit notwendig überblicken kann, stellen wir hier eine verbale Erläuterung der Auftragsabwicklung einer Malzfabrik voran.

Eine Malzfabrik kauft Gerste bei Bauern, landwirtschaftlichen Genossenschaften, Lagerhäusern, Mühlen und Großhändlern, um daraus Malz herzustellen. Der Verkauf erfolgt größtenteils an Brauereien, aber auch an Süßwarenfabriken (Malzbonbons), Spirituosenhersteller (Whisky) und andere. Bei der Produktion anfallende Abfallprodukte wie Futtergerste oder Malzkeime werden an Viehzüchter und Futtermittelhersteller veräußert.

Neben diesen anderen Wirtschaftszweigen durchaus ähnlichen Gegebenheiten sind eine Reihe von Besonderheiten der Malzbranche zu beachten:

- Der Rohstoff Gerste ist nicht jederzeit erhältlich. Da Wintergerste bei soliden Malzherstellern verpönt ist, kann der Einkauf sogar nur einmal pro Jahr erfolgen, nämlich während der „Kampagne" (4-5 Wochen) zur Erntezeit.
- Fällt die Ernte nicht überdurchschnittlich aus, ist das Angebot an qualitativ hochwertiger Gerste recht knapp. Der Malzhersteller muß also seinen gesamten (voraussichtlichen) Jahresbedarf während einer kurzen Zeitspanne möglichst optimal einkaufen.
- Die für ein Jahr benötigte Menge kann in der Regel nicht beim Malzhersteller selbst zwischengelagert werden (z.B. 30 000 Tonnen Jahresbedarf bei einem Produzenten mittlerer Größe). Daher ist es üblich, daß der Lieferant die Lagerung übernimmt und der Malzhersteller je nach Bedarf über das ganze Jahr verteilt Einzelpartien abruft. Einkauf von Gerste bedeutet also das Abschließen eines Vertrages über eine bestimmte Menge mit vereinbarten Eigenschaften (chemische Analysewerte, Provenienz usw.), der vom Lieferanten durch die Lieferung von Einzelpartien erfüllt wird. Die Lieferzeitpunkte können ebenfalls vertraglich vereinbart werden.
- Was für die Malzhersteller hinsichtlich der Beschaffung von Gerste gilt, trifft ganz analog für die Malzabnehmer bezüglich des Malzeinkaufs zu (von Kleinstabnehmern einmal abgesehen). So muß etwa eine Brauerei, die ja (hoffentlich) über das ganze Jahr hinweg kontinuierlich Bier braut, auf eine stetige Zulieferung guten Malzes bauen können.
- Umgekehrt wäre auch für die Malzfabrik das Risiko zu groß, „auf Verdacht" nennenswerte Malzmengen zu produzieren und auf Käufer dafür zu hoffen (bei einem Preis von etwa DM 600 für eine Tonne Gerste). Analog zu den Verträgen über Gerste werden daher Malzverträge abgeschlossen, die über eine bestimmte Zeitdauer hinweg die Lieferung bestimmter Einzelpartien von Malz durch die Malzfabrik an einen bestimmten Kunden vorsehen.

488 Datenbankentwurf

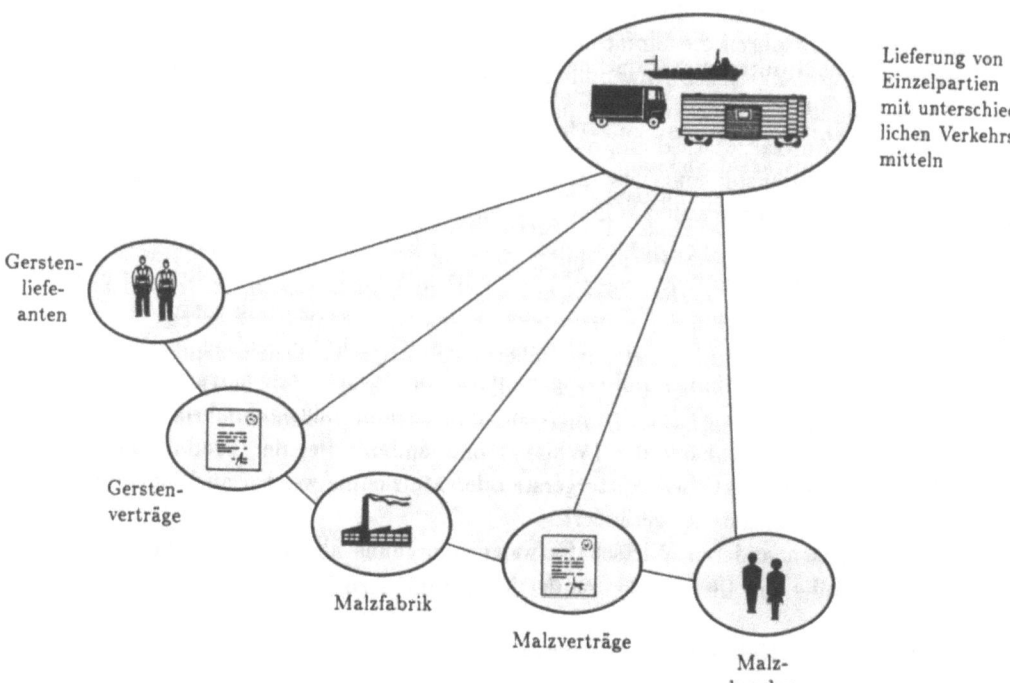

Bild 5.2 Miniwelt Malzfabrik

– Eine wichtige Rolle spielt die Berechnung der sogenannten Deckungslage. Die typische Fragestellung lautet dabei: „Reicht die unter Vertrag genommene Gerstenmenge aus und sind die Liefertermine so vereinbart, daß bei den voraussichtlichen Reduktionsraten (Verhältnis von gewonnener Menge Malz zu eingesetzter Menge Gerste) und den bereits eingegangenen Malzverträgen ein zusätzlicher Malzvertrag mit vorgesehenen Lieferungen in den Monaten x, y, z bedient werden kann?"

Die bisher beschriebenen Sachverhalte lassen sich grob wie in Bild 5.2 veranschaulichen.

Was kann man aus diesem Beispiel lernen?

– In der betrachteten Miniwelt lassen sich eine Reihe von *Gegenständen* identifizieren, z.B. Brauereien, Whiskyhersteller, Genossenschaften, Bauern, Verträge usw.

– Gegenstände weisen bestimmte *Eigenschaften* auf: Brauereien, Whiskyhersteller usw. haben eine Lieferanschrift. Genossenschaften usw. haben eine Lieferantennummer. Verträge haben ein Abschlußdatum usw.

– Unterschiedliche Gegenstände sind einander häufig in der Weise ähnlich, daß sie gewisse Eigenschaften gemeinsam haben. Man kann daher eine *Klassenbildung* nach diesen Eigenschaften durchführen. So ergeben etwa alle Gegenstände mit der Eigenschaft „Käufer von Malz" die Klasse „Malzkunden", alle Gegenstände

mit der Eigenschaft „Verkäufer von Gerste" die Klasse „Gerstelieferanten". Man bezeichnet diesen Vorgang der Klassenbildung als *Generalisation*.
- Gegenstände (Eigenschaften) können Bestandteil von Gegenständen (Eigenschaften) sein. So setzt sich beispielsweise ein Malzkontrakt zusammen aus dem sog. Schlußschein, den Qualitätsvereinbarungen und den allgemeinen Geschäftsbedingungen. Genauso kann man sich die Anschrift eines Malzkunden zusammengesetzt denken aus Name, Straße, Hausnummer, Postleitzahl und Ort. Den Vorgang der Zusammensetzung bezeichnet man als *Aggregation*.
- Für die Aufgabenstellung belanglose Details der betrachteten Miniwelt können vernachlässigt werden. So ist im Beispiel etwa der Sachverhalt, ob das Personal der Malzkunden überwiegend evangelisch oder katholisch ist, uninteressant für die Aufgabe. Das Weglassen nicht benötigter Details nennt man *Abstraktion*.
- Zwischen verschiedenen Gegenständen existieren in der Regel *Beziehungen* (falls nicht von ihnen abstrahiert wird). Beispielsweise besteht eine solche Beziehung zwischen einer Malzeinzelpartie und einem Malzvertrag („erfüllt den Vertrag").
- Die Miniwelt ist nicht statisch, sondern dynamisch: Gegenstände, Beziehungen und Eigenschaften können sich im Lauf der Zeit durch *Operationen* verändern bzw. verändert werden (z.B. Stornieren eines Lieferscheins, Neuaufnahme eines Malzkontrakts).

Damit haben wir bereits anhand unseres Beispiels die wesentlichen „Zutaten" des Datenbankentwurfs für eine bestimmte Miniwelt zusammengetragen die wir in den nächsten Abschnitten für die allgemeine Vorgehensweise verwenden werden:

- *Gegenstände, Eigenschaften, Beziehungen* und *Operationen*
  ergeben zusammen ein Modell der Miniwelt,

- *Abstraktion* und *Generalisation*
  sind Verfahrenstechniken bei der Erarbeitung dieses Modells.

5.2 Informationsbedarfsanalyse

Es gibt mehrere Wege, die für eine Miniwelt bedeutsamen Gegenstände, Eigenschaften, Beziehungen und Operationen zusammenzutragen. Man könnte z.B. diese Begriffe, mit etwas mehr sog. a priori Semantik unterlegt, unmittelbar dazu heranziehen, die betrachtete Miniwelt zu gliedern, klassifizieren und zu beschreiben. Diese Vorgehensweise wird seit der Entwicklung semantischer Datenmodelle praktiziert. Bei kleineren Anwendungen mag dies auch durchaus funktionieren, bei größeren Anwendungen ist dieser Weg jedoch zu direkt: es ist schwierig, die Vielfalt und Konnektivität der Miniwelt in einem Schritt in den Griff zu bekommen. Die Sammlung und Gliederung der relevanten Aspekte muß also selbst wiederum in mehreren, leichter zu überblickenden Phasen durchgeführt werden.

Es bietet sich zunächst an, für diese Aufgabe allgemeine, aus der Systemanalyse bekannte Methoden und Techniken heranzuziehen (siehe z.B. [LOCK83]). Allerdings stehen bei diesen Ansätzen naturgemäß die zu realisierenden Operationen im Vordergrund, während beim Datenbankentwurf mindestens gleiche Bedeutung auch der Modellierung der möglichen Zustände der Miniwelt und ihrer Zusammensetzung zukommt. Dies wird von einer Reihe neuerer Verfahrenstechniken berücksichtigt [MEYE84, OLLE82, OLLE83]. Eine davon wollen wir stellvertretend und überblicksartig darstellen. Es handelt sich um die erste Phase des in einem Gemeinschaftsprojekt italienischer Forschungseinrichtungen entwickelten DATA-ID-Verfahren [CERI83].

Grundidee dabei ist ein rezeptartiges Vorgehen zur Erstellung von Formularen festgelegten Aufbaus. In mehreren Schritten entsteht aus einem „Chaos" ungeordneter Informationen eine strukturierte Dokumentation der betrachteten Miniwelt, die unmittelbar in die Sprache eines semantischen Datenmodells übersetzt werden kann. Die Schritte im einzelnen:

1. *Identifikation von Organisationseinheiten*

    Die Miniwelt wird auf logische und ggf. auch reale Organisationseinheiten untersucht, die homogen sind bzgl. ihrer Aufgaben und ihrer Sprache, d.h. der in ihr üblichen Terminologie. In der Regel wird es sich dabei um die einzelnen Abteilungen des betrachteten Unternehmens handeln, im Fall der Malzfabrik also z.B. die Bereiche Verkauf, techn. Betrieb und Einkauf, Labor und Geschäftsführung.

2. *Identifikation der ggf. zu unterstützenden Aufgaben und der damit befaßten Organisationseinheiten*

    Grundlage dieses Schrittes sind vertragliche Festlegungen, Branchenkenntnisse des Analytikers, Wunschvorstellungen des Anwenders: Es werden die zu unterstützenden Aufgaben – in sehr allgemeiner Form – festgelegt und die damit befaßten Organisationseinheiten identifiziert. Es entsteht also eine Querreferenz wie in Bild 5.3.

	Verkauf	Betrieb und Einkauf	Labor	Geschäftsführung
Auftragsabwicklung	X	X		X
Materialwirtschaft		X		
Produktionsplanung		X		X
Analyseverwaltung	X	X	X	
⋮				

Bild 5.3 Querreferenz Organisationseinheit

3. *Erstellung eines Anforderungs-Sammelplanes*

    Auf der Basis der zuvor ermittelten Querreferenz werden pro Organisationseinheit und Aufgabe diejenigen Personen identifiziert, die für die Präzisierung und

Realisierung der betr. Aufgabenlösung relevante Informationen liefern könnten. Für die Auswahl infrage kommen z.B.

- an der Aufgabendurchführung beteiligte, zukünftige Benutzer, also z.B. Sachbearbeiter
- am Ergebnis einer Aufgabe interessierte Personen, z.B. Firmenchef
- Sachverständige, z.B. Unternehmensberater.

Analog zur Querreferenz „Organisationseinheit/Aufgabe" entsteht somit eine Querreferenz „Aufgabe/Informationslieferant", auf deren Grundlage die Informationsammlung durchgeführt werden kann.

4. *Anforderungs-Sammlung bei den Informationslieferanten*

Zu jeder Aufgabe werden von den betroffenen Informationslieferanten Auskünfte über

- die Aufgabenziele
- die von der Aufgabendurchführung betroffenen Objekte, ihre Erzeugung, Modifikation, Prüfung und Löschung
- die zur Aufgabendurchführung erforderlichen Arbeitsgänge (Operationen), deren Vor- und Nachbedingungen und ihre Reihenfolge
- reguläre Ausnahmesituationen und deren Vorbedingungen

eingeholt. Dies kann z.B. geschehen durch

- Interviews
- Fragebogenakionen
- Beobachtung
- Studium vorhandenen Dokumentationsmaterials von Arbeitsplatz- oder Arbeitsablaufbeschreibungen u.ä.

Die Niederlegung der gesammelten Auskünfte erfolgt informell und natürlichsprachig in sog. Anforderungs-Sammelblättern. Als Beispiel siehe Bild 5.4.

5. *„Filterung" der Anforderungs-Sammel-Blätter*

Die zuvor ermittelten Anforderungs-Sammel-Blätter werden in Richtung Verständlichkeit und Eindeutigkeit bereinigt („gefiltert") durch

- Beseitigung von Synonymen (z.B. Lieferschein und Lieferpapier)
- Beseitigung von Homonymen (z.B. „Partie" i.S. von Lieferpartie und Schachpartie)
- Explizierung impliziter Informationen (z.B. „Der Empfang von Lieferscheinen wird bestätigt")
- Beseitigung von Wiederholungen und Redundanzen
- Verkürzung der Sätze; Einschränkung der Verwendung von Artikeln; Beseitigung unnötiger Pluralformen.

Bild 5.5 zeigt eine derart gefilterte Version des Inhalts von Bild 5.4.

Anforderungs-Sammel-Blatt		
Abteilung: Aufgabe: Benutzer:	Auftragsbearbeitung Lieferungsbearbeitung Sachbearbeiter X	Seite 1 Version 1 10.1.85 Ersteller: HCM
	Jede die Malzfabrik verlassende Partie muß von einem Lieferschein begleitet sein. Damit keine Lieferverzögerungen eintreten, müssen die Lieferpapiere für Malz am Vorabend des Liefertages geschrieben und dem Malzmeister bekannt gemacht werden, damit dieser die betr. Menge rechtzeitig zusammenstellen kann. Ein Lieferschein ist ein Dokument, auf dem neben der Spezifikation dessen, was geliefert wird, und der Lieferanschrift auch die Art der Verpackung, die Lieferart u.ä. vermerkt sind. Letztere sind übrigens Gegenstand des Kontraktes. Empfangsbestätigte Lieferscheine werden sofort nach Rücklauf fakturiert unter Angabe der Lieferscheinnummer.	

Bild 5.4 Anforderungs-Sammel-Blatt

Anforderungs-Sammel-Blatt		
Abteilung: Aufgabe: Benutzer:	Auftragsbearbeitung Lieferungsbearbeitung Sachbearbeiter X	Seite 1 Version 2 gefiltert 12.1.85 Ersteller: HCM
	Eine Partie wird mit Lieferschein ausgeliefert. Für eine Malzpartie ist der Lieferschein spätestens am Vortag der Lieferung zu drucken. Ein Lieferschein muß dem Malzmeister bekannt gemacht werden. Ein Lieferschein beinhaltet — Lieferscheinnummer — Lieferanschrift — Spezifikation der Partie — betr. Kontrakt — Verpackungsart — Lieferart. Verpackungsart und Lieferart sind Gegenstand des Kontrakts. Der Lieferungsempfänger muß den Empfang der Lieferung bestätigen. Ist der Empfang bestätigt, wird eine Rechnung geschrieben. Die Rechnung enthält die Lieferscheinnummer.	

Bild 5.5 Anforderungs-Sammel-Blatt, gefiltert

6. *Satzklassifikationen*

Die einzelnen Sätze der gefilterten Anforderungs-Sammel-Blätter werden danach klassifiziert, ob sie Objekte (Daten), Operationen oder Ereignisse betreffen und entsprechend auf sog. Daten-, Operations- bzw. Ereignis-Anforderungs-Blätter übertragen.

Objekt-Anforderungen erkennt man an Verben wie „ist", „hat", „betrifft", „beinhaltet", „besteht aus", ...

Operations-Anforderungen erkennt man an Aktivitätsverben wie „machen", „erledigen", „beschaffen", „schreiben", „drucken", „vermerken", ...

Ereignis-Anforderungen sind meist mit „wenn", „falls"... bedingte Sätze.

Beispiele für entsprechende Dokumentations-Blätter finden sich in den Bildern 5.6 bis 5.8.

Datenanforderungen	Ersteller: HCM
Abteilung: Geschäftsführung	Seite 1, Version 1, 2.3.85

D1	Ein Malzkontrakt ist eine Vereinbarung zwischen Kunde und Malzfabrik.
D2	Ein Malzkontrakt hat eine Laufzeit von max. 14 Monaten.
D3	Für Malzkontrakte mit Kunden außerhalb der EG zahlt die EG Preisniveau-Ausgleich.
	•
	•
	•

Bild 5.6 Objekt-(Daten-)Anforderungen; Sätze aus gefilterten Anforderungssammelblättern

7. *Übertragung in Verzeichnisse*

In diesem Schritt wird von dem sprachlich zusammenhängenden Anforderungs-Formulierungen der vorhergehenden Phasen auf formalisierte Verzeichnisse für Objekte, Operationen und Ereignisse übergegangen.

Jedes Objekt wird im *Objektverzeichnis* mit folgenden Attributen geführt

- Identifikator
- Bezeichnung
- kurze Beschreibung (optional)
- Spezifikation des Wertebereichs

Operationsanforderungen	Ersteller: KRD
Abteilung: Geschäftsführung	Seite 1, Version 1, 4.3.85

01	beschaffe Kundenkenndaten für die Besuchsvorbereitung.
02	informiere Vorzugskunden über Einkaufsentwicklung/Angebot.
03	schließe Malzkontrakt und sende Malzschlußschein.
	• • •

Bild 5.7 Operationsanforderungen

Ereignisanforderungen		Ersteller: KRD
Abteilung: Aufgabe: Benutzer:	Geschäftsführung Kontraktabschluß Betriebsleiter	Seite 1, Version 1, 3.3.85

E1	... : spreche Altkunden und potentielle Neukunden an.
E2	Kunde will Kontrakt: beschaffe Kundendaten.
E3	Kundendaten liegen vor: beschaffe Menge, Qualität usw.
E4	Daten bereit: prüfe Deckung.
E5	Deckung positiv: erfasse Kontrakt und drucke Schlußschein.
E6	Schlußschein unterzeichnet: trinke einen drauf !
	• • •

Bild 5.8 Ereignisanforderungsblatt

- Beispielexemplar (optional)
- Referenzen auf darauf bezugnehmende Anforderungssätze (Objekt, Operation, Ereignis).

Datenverzeichnis			21.3.85				
Abt.: Geschäftsführung		Ersteller: HCM			Seite 1		Version 1
Ident.	Bezeichnung	Beschreibung	Wertebereich	Exemplar	Referenz auf Satz	Synonym	Untermenge von
D001	Malzkontrakt	Vereinbarung zwischen MF und Kunde			D1		D002
D002	Kontrakt	Vereinbarung			D7		
D003	Laufzeit	Anzahl Monate über die ein Kontrakt läuft	1 .. 14	12	D2		
D004	Kursabsicherung	der vertraglich festgelegte Wechselkurs	F4.2		D4		
• • •							

Bild 5.9 Objekt-(Daten-)Verzeichnis

Als Beispiel siehe Bild 5.9.
Das *Operationsverzeichnis* (siehe Bild 5.10) weist die geforderten Operationen mit folgenden Attributen aus:

- Identifikator
- Bezeichnung
- kurze Beschreibung (optional)
- Referenz (Operationssätze)
- Auswirkungstyp (Datenbank-Einfügung, Modifikation, Löschung)
- Ausführungsart (Online, Stapelbetrieb)
- beteiligte Objekte (Referenzen auf Objektverzeichnis) und Verwendungsart (Eingabe, Ausgabe)
- Häufigkeit der Durchführung

Operationsverzeichnis			22.3.85		
Abt.: Geschäftsführung		Ersteller: HCM		Seite 1	Version 2
Ident.	Bezeichnung	Typ	Beschreibung	Referenz auf Satz	Ausführ. art	Häufigkeit	Bezugsdatum

Ident.	Bezeichnung	Typ	Beschreibung	Referenz auf Satz	Ausführ. art	Häufigkeit	Bezugsdatum
Op001	beschaffe verdichtete FiBu Information	R	akt. Kontosaldo + Bonitätsinfo, Kreditlimit, Mahnstand	01	online	Bedarf	D017 D018
Op002	beschaffe Deckungslageinfo	R	Hochrechnung auf Basis Gersteeinkauf Malzverkauf Produktion	01	online	Bedarf	D078 • •
	• • •						

Bild 5.10 Operationsverzeichnis

Ereignisse werden im *Ereignisverzeichnis* (siehe Bild 5.11) folgendermaßen spezifiziert:

- Identifikator

- Zuordnung: Organisationseinheit und Aufgabe

- Referenz auf Ereignissatz

- Angaben über Abfolge

- semantischer Typ der Vorbedingung
    - zeitlich (z.B. in „wenn"-Sätzen)
    - kausal (z.B. in „falls"-Sätzen)

- pragmatischer Typ der Vorbedingung
    - extern (EXT) hervorgerufen von anderer Organisationseinheit
    - Transaktionsschritt (TRANS): Beendigung des vorhergehenden Schrittes einer Transaktion
    - Zeitbezug (CAL): Kalender-/Uhrzeitpunkt-bezogen

- syntaktischer Typ der Vorbedingung
    - elementar (EL)
    - Konjunktion (AND)
    - Disjunktion (OR)

- Antivalenz (EXOR)
- mehrstufig (KOMPL)
- Typ der durch das Ereignis eintretenden Operation
  - zugreifend (OBS)
  - verändernd (MOD)

Ereignisverzeichnis/Spezifikation					23.3.85		
Abt.: Geschäftsführung					Ersteller: HCM		Seite 1
Ereignis-Nr.: E001	Referenz E7						
Bedingungen					Operationen		
Ident.	synt. Typ	Beschreibung	Semantik	Pragmatik	Operationsident.	Bezeichnung	Pragmatik
C01	EL	Kunde will Kontrakt	when	EXT	Op001	beschaffe Fibu-Info	OBS
⋮							
Ergebnis-Nr.:E002	Referenz E11						
Bedingungen					Operationen		
Ident.	synt. Typ	Beschreibung	Semantik	Pragmatik	Operationsident.	Bezeichnung	Pragmatik
⋮							

Bild 5.11 Ereignisverzeichnis

Am Ende des Verfahrens steht also ein in tabellarischer Darstellung formalisiertes Verzeichnis-Werk, das alle ermittelten Informationen klassifiziert. Eine rein manuelle Durchführung würde natürlich sehr schnell in einen ausufernden Papierkrieg ausarten – ohne Rechnerunterstützung ist sie nahezu unmöglich. Entsprechende Werkzeuge sind jedoch in Entwicklung.

Selbstverständlich läßt sich das Verfahren in der Praxis nicht so streng sequentiell wie hier geschildert abwickeln. Vielmehr wird es immer wieder zu Iterationen einzelner Schritte in Teilbereichen kommen, wenn Konsistenz- und Vollständigkeitstests zu unbefriedigenden Ergebnissen führen.

5.3 Konzeptueller Entwurf

5.3.1 Semantische Datenmodellierung

Die Konzepte eines semantischen Datenmodells (SDM) sollen uns helfen, im Rahmen der Informationsbedarfsanalyse eine gegebene Miniwelt besser zu durchdringen und präzise zu beschreiben. Um diese Phase des Entwurfsprozesses von technischen Realisierungsdetails möglichst frei zu halten, muß das SDM weitgehend unabhängig von einem konkreten Datenverwaltungssystem, dessen Datenmodell und dessen spezieller Datendefinitionssprache (DDL) sein. Das SDM hat eine ‚Begriffswelt' anzubieten, mit der man alle als relevant empfundenen Erkenntnisse über die beobachtete Miniwelt ausdrücken kann. Offensichtlich spielt sich hier einiges im informellen Bereich ab – die ‚Güte' von Begriffen, die Relevanz von Erkanntem und die Einordnung des Erkannten lassen sich nicht streng logisch herleiten. Insofern ist es nicht verwunderlich, daß – wie immer, wenn es um Modellierungskonzepte geht – eine ganze Reihe unterschiedlicher Ansätze für SDM's existieren und von ihren Erfindern bzw. Anwendern mehr oder weniger enthusiastisch vertreten werden (siehe dazu Abschnitt 5.3.3).

Es wäre müßig, alle diese Vorschläge einzeln aufzuzählen oder gar behandeln zu wollen. Denn sie sind sich inhaltlich zumindest in ihrer Grundkonzeption alle ähnlich, wenn sie auch durch möglichst individuelle Begriffswahl Unterschiedlichkeit zu betonen versuchen. Generell wird nämlich (implizit) der Systembegriff der allgemeinen Systemtheorie als Gerüst zugrunde gelegt: jede Miniwelt wird beschrieben als eine Menge von Gegenständen (unserer Anschauung und unseres Denkens), den Systemelementen, zwischen denen wohldefinierte (System-) Beziehungen bestehen.

Semantische Datenmodellierung heißt also offensichtlich, eine beobachtete Umwelt mit Begriffen zu beschreiben, deren Bedeutung als bekannt (und akzeptiert) vorausgesetzt bzw. erklärt wird (z.B. re-konstruktiv [WEDE80]).

Die bekannteste Klasse semantischer Datenmodelle trägt ihre Hauptbegriffe bereits im Namen: „Gegenstands-Beziehungsmodelle" (engl.: „Entity-Relationship Model", ERM) [CHEN76].

Sie unterscheiden sich untereinander im wesentlichen

- hinsichtlich der Art der unterstützten Beziehungen; z.B. Beziehung jeweils nur zwischen zwei Gegenständen (Binäres Gegenstands-Beziehungsmodell, Binary ERM, BERM); oder einzelne Beziehung zwischen beliebig vielen Gegenständen (Allgemeines Gegenstands-Beziehungsmodell, Generalized ERM, GERM).
- hinsichtlich des Einbezugs der „Umwelterscheinung" Zeit; z.B. Timed ERM, TERM [BUBE80, KLOP81, KLOP83].
- hinsichtlich der Varietät (und damit Detaillierung) des angebotenen Begriffssystems bzw. der Konzepte; z.B. unterschiedliche Arten von Beziehungen zwischen Gegenständen; Differenzierung zwischen selbständig „existenzfähigen" Gegenständen (strong entities) und von solchen „abhängigen" Gegenständen (weak entities); Möglichkeit zur Einschränkung der Beziehungen auf totale, sur-

jektive oder bijektive Funktionen; Möglichkeit der Angabe von Mindest- und Maximalgrenzen für Gegenstands- und Beziehungsmengen.

Chen [CHEN81b] zeigt, daß diese Ansätze im Prinzip alle in etwa gleichwertig sind. Der Systemanalytiker kann also sein Lieblingsmodell für die Umwelterfassung verwenden und die Ergebnisse dann – nach festen Regeln – in das vom Auftraggeber usw. gewünschte Modell übertragen. Für uns bedeutet dies, daß wir uns darauf beschränken können, einen Ansatz stellvertretend für alle übrigen vorzuführen.

Unsere Wahl fällt dabei auf eine leicht modifizierte Version des in [CHEN80] vorgestellten ER-Modells von Wong und Katz [WONG79]. Der Grund dafür ist hauptsächlich der, daß Wong und Katz Algorithmen zur Transformation des gewonnenen semantischen Schemas auf ein herkömmliches Datenbankschema (nach dem Relationen- und Netzwerkmodell) anbieten. Insbesondere sind mit diesen Algorithmen erzeugte relationale Schemata a priori in 4. Normalform [ULLM83].

Wir führen diesen Ansatz im nachfolgenden Abschnitt anhand des Beispiels „Malzfabrik" vor und diskutieren anschließend einige Spezialkonzepte, die, aus anderen semantischen Datenmodellen entlehnt, die Modellierungsaufgaben in bestimmten Situationen vereinfachen helfen.

5.3.2 Das ER-Modell von Wong/Katz

Die beiden Hauptbegriffe jedes semantischen Gegenstands-/Beziehungsmodells kennen wir bereits. Es sind dies

- *Gegenstand*
  Dient der Bezeichnung von Objekten unserer Anschauung und unseres Denkens. Bei einer ersten, natürlich-sprachlichen Beschreibung einer Miniwelt treten deren Gegenstände gewöhnlich als Subjekte und Objekte von Aussagesätzen auf (siehe auch Kapitel 6).
  Typische Gegenstände: Ein Kunde, ein Kontrakt, eine Gerstepartie, ein Malzsilo, ein Liefertermin, ein Lieferschein, usw.

- *Beziehung*
  Zusammenhang zwischen zwei (BERM) oder mehr Gegenständen (GERM). In natürlichsprachlichen Aussagesätzen über eine Miniwelt treten sie meist als Prädikate auf.
  Typische Beziehungen: eine Kundenanschrift (Beziehung zwischen einem Kunden und einer Ortsbezeichnung), ein Kontraktabschluß (Beziehung zwischen einem Kunden, einem Abschlußdatum und einem Kontrakt) usw.

Allein unter Verwendung dieser beiden Begriffe läßt sich jede Miniwelt beliebig detailliert (wenn auch u.U. umständlich) beschreiben und als Graph darstellen dergestalt, daß man Gegenstände durch Knoten und Beziehungen durch Rauten (mit Verbindungslinien zu den beteiligten Knoten) repräsentiert.
Einen derart erfaßten Ausschnitt unseres Malzfabrik-Beispiels zeigt Bild 5.12.

500 Datenbankentwurf

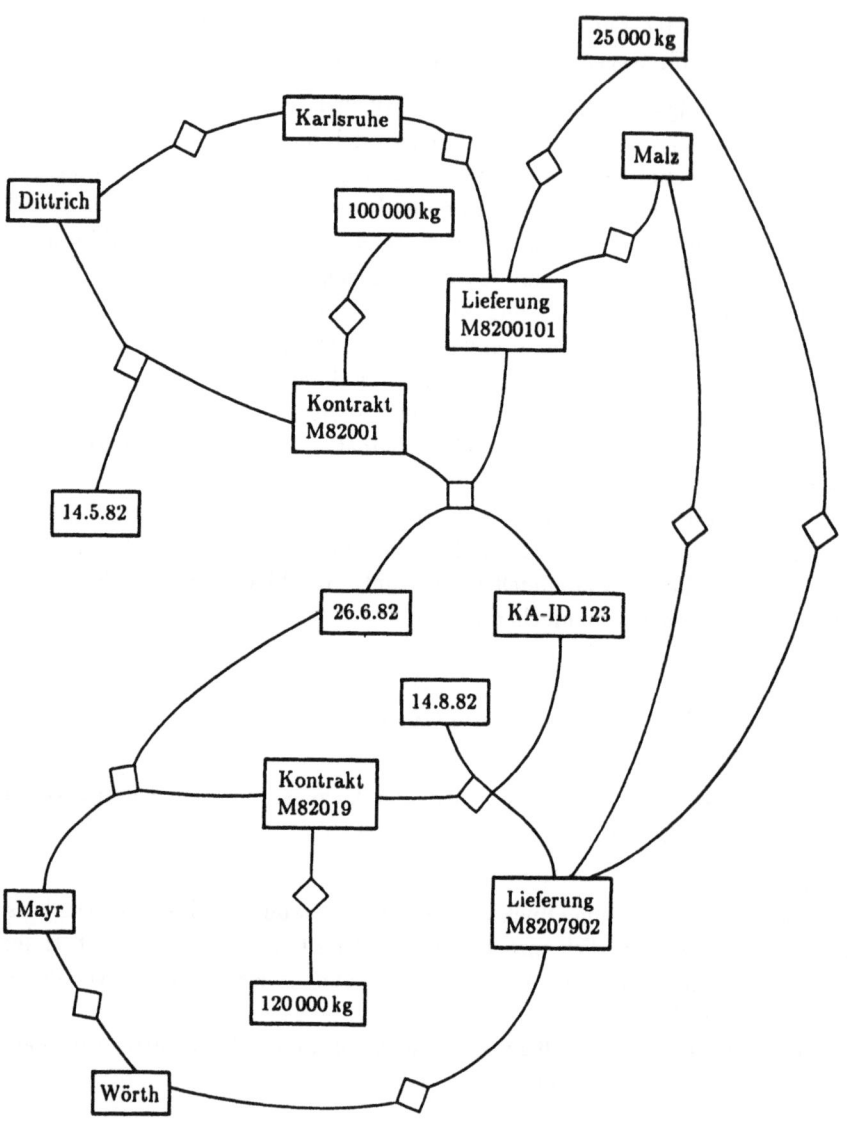

Bild 5.12 Gegenstände und Beziehungen der Malzfabrik: Semantische Databasis

Man beachte, daß die Verwendung der Begriffe „Gegenstand" und „Beziehung" frei ist, also im Ermessen des Modellierers liegt. Verschiedene Modellierer können demzufolge zu durchaus unterschiedlichen Beschreibungen derselben Umwelt kommen – je nachdem, was sie als Gegenstand und was als Beziehung auffassen (d.h. welche Semantik sie den beobachteten Umwelterscheinungen unterstellen). Bild 5.13 zeigt z.B. den Fall, daß ein Modellierer von der in Bild 5.12 gezeigten Umweltsicht abrückt und Lieferungen nicht als Gegenstände auffaßt: Er sieht eine Lieferung lediglich als Beziehung zwischen beliefertem Kontrakt, Lieferdatum, Lieferant, Liefermenge usw.

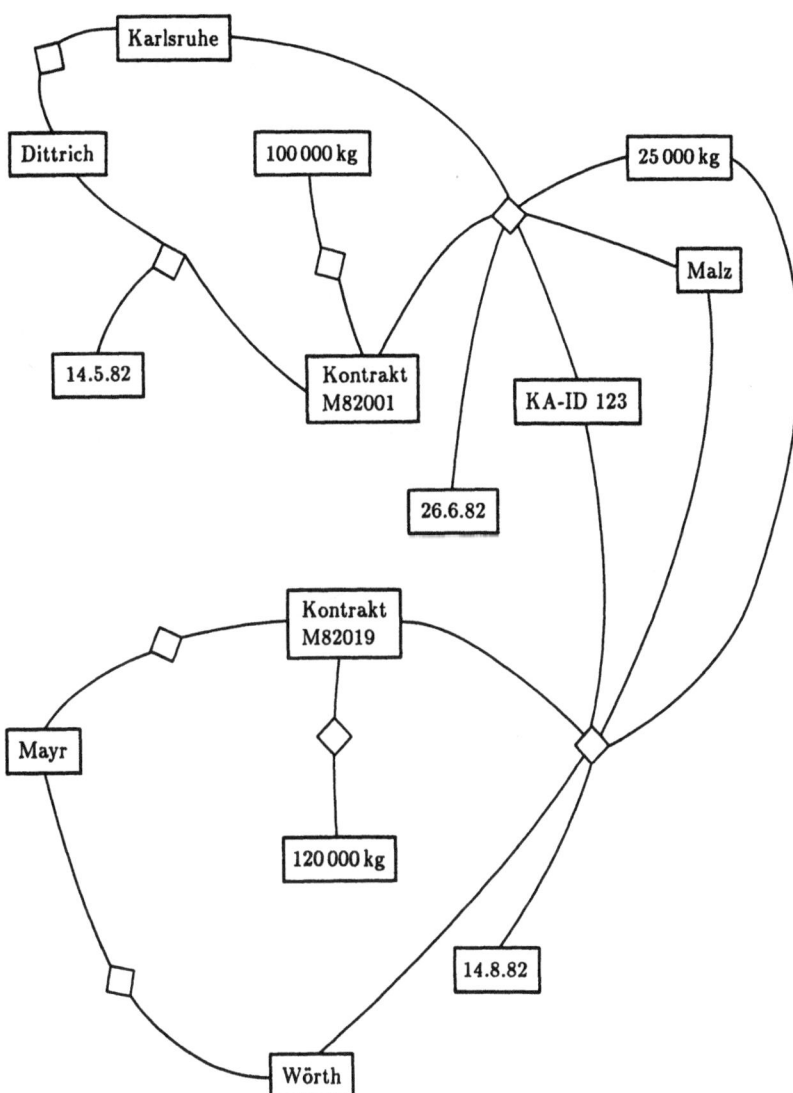

Bild 5.13 Eine von Bild 5.12 abweichende Umweltschicht

Der in Bild 5.12 festgehaltene Malzfabriksausschnitt entspricht offensichtlich einem ganz bestimmten Zustand, d.h. er zeigt die Miniwelt wie sie zu einem bestimmten Zeitpunkt ausgesehen hat bzw. aussehen kann.

In diesem Beispiel treten Gegenstände und Beziehungen auf, die wir intuitiv als gleichartig auffassen, z.B. die mit 'Mayr' und 'Dittrich' bezeichneten Objekte. Da wir auch in einem Datenbankschema nicht jeden irgendwann einmal auftretenden Kundenstammsatz einfach aufführen würden, liegt es nahe, bereits auf der Ebene des semantischen Modells eine Zusammenfassung gleichartiger Objekte zu unterstützen, d.h. einen Oberbegriff einzuführen.

Wie alle ER-Ansätze schlagen auch Wong und Katz zu diesem Zweck die Generalisation [SMIT77] mittels Mengen (*Typen*) vor. So werden etwa Gegenstände wie Dittrich und Mayr in einem Typ zusammengefaßt, dessen Bezeichnung (Indikation) 'Kunden' fortan als Oberbegriff für die jeweils aktuelle Menge der *Typexemplare* (den einzelnen Kunden) steht.

Dieselbe Vorgehensweise kann man natürlich auch bei Beziehungen einschlagen. Üblicherweise schränkt man den Begriff der Gleichartigkeit von Beziehungen zumindest in der Weise ein, daß in die Einzelbeziehungen eines Beziehungstyps (pro Typ) nur eine feste Zahl von Gegenständen, jeweils aus denselben Gegenstandstypen, eingehen kann. Mit andern Worten, als Beziehungstypen kommen nur mathematische Relationen der Bauart $B \subseteq G_1 \times \ldots \times G_n$ in Frage, wobei die G_i $(1 \leq i \leq n)$ Gegenstandstypen sind. Eine einzelne Beziehung läßt sich somit als geordnetes n-Tupel $(g_1,\ldots, g_n)$ darstellen mit $(1 \leq i \leq n)$: $g_i \in G_i$.

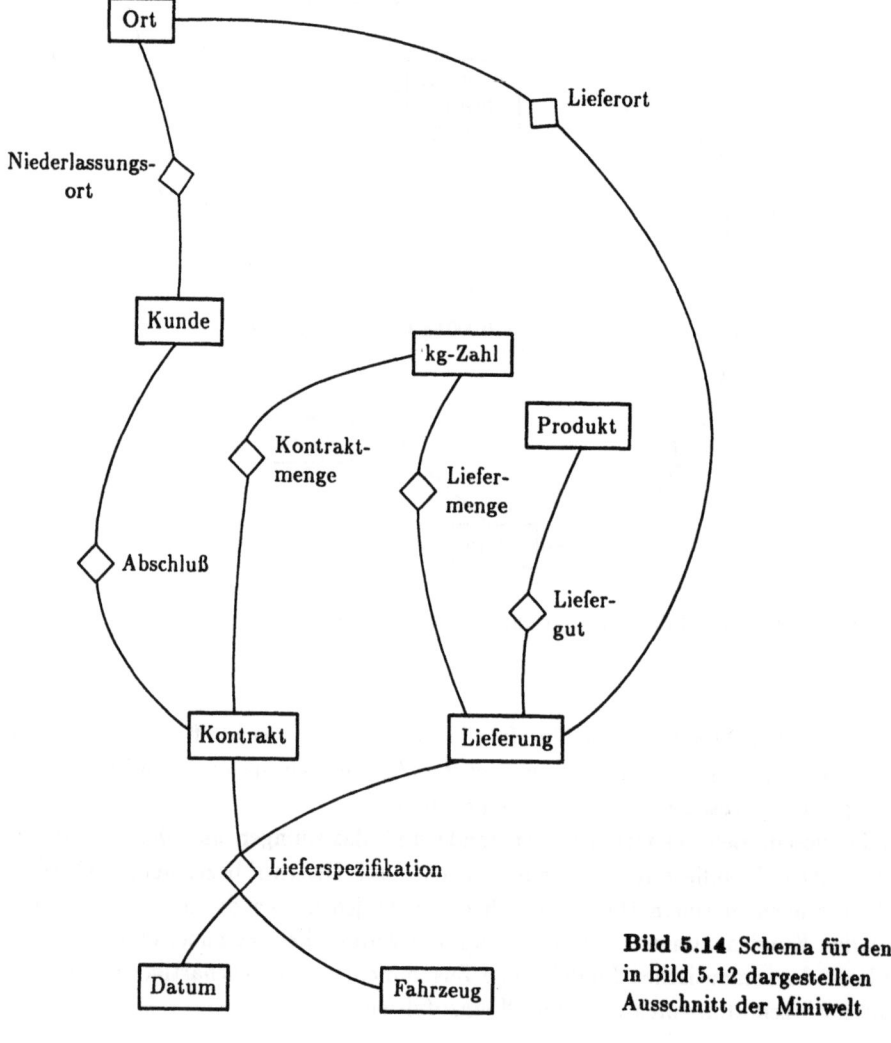

Bild 5.14 Schema für den in Bild 5.12 dargestellten Ausschnitt der Miniwelt

Die G_i heißen in diesem Zusammenhang übrigens auch Definitionsbereiche (domains) der Beziehung B.

Durch die Verwendung von (Bezeichnungen für) Gegenstands- und Beziehungstypen können wir nun mit den Darstellungsmitteln von Bild 5.12 anstelle eines konkreten Umweltzustandes ein (konzeptuelles) Schema für alle infrage kommenden Datenbasiszustände angeben (Bild 5.14).

Umgekehrt besteht ein einzelner Datenbasiszustand zu diesem Schema, etwa der zum Zeitpunkt t, aus einer Familie von Gegenstandsmengen $G_i(t)$ mit $G_i(t) \subseteq G_i$ für alle i, aus einer Familie von Beziehungsmengen $B_j(t)$ mit $B_j(t) \subseteq G_{j1}(t) \times \ldots \times G_{jk_j}(t)$, wenn $B_j = G_{j1} \times \ldots \times G_{jk_j}$ (in Beziehung können also nun nur Datenbasiselemente treten).

Problematisch an obiger Art von Schema ist zweierlei:

Zum einen sind Gegenstands- und Beziehungstyp sprachliche Begriffe mit einer informell erklärten Semantik. Im Gegensatz zu den Konzepten konkreter (Datenbanksystem-) Datenmodelle sind mit diesen Begriffen keinerlei Operationsdefinitionen verbunden. Insofern können beim konzeptuellen Entwurf auch noch keine dynamischen Aspekte im Sinne von Transaktionsdefinitionen, Trigger usw. berücksichtigt werden. Ein Versuch der Operationalisierung semantischer Datenmodelle wurde z.B. in [LOCK79a] unternommen und in [BECK81] zum Versuch des Nachweises korrekter Realisierungen herangezogen. Breitgestreute Erfahrungen liegen in diesem Bereich jedoch noch nicht vor. Wir werden operationale Aspekte daher auf der Ebene des Datenbankschemas selbst behandeln, was der heutigen Vorgehensweise entspricht (Abschnitt 5.4.4 und 5.4.5).

Das zweite Problem unseres Schemas nach Bild 5.14 ist darin begründet, daß der oben zur Typisierung verwendete Begriff der Gleichartigkeit noch zu schwach und unscharf ist, als daß er für die praktische Entwurfsarbeit hilfreich wäre. Die Generalisation (d.h. der Abstraktionsprozeß vom Einzelobjekt zum Objekttyp – Objekt gleich Gegenstand oder Beziehung) bedarf mächtigerer Konzepte.

Die Frage ist also: Wann sind zwei Gegenstände (oder Beziehungen) gleichartig? Besinnen wir uns dazu auf eine ganz alltägliche Form der Differenzierung von Beobachtungen: Prinzipiell ist ja jede Umweltbetrachtung – ob zum Zwecke des Datenbankentwurfs vorgenommen oder nicht – bereits ein Modellierungsprozeß. Es werden Begriffe, z.B. der natürlichen Sprache, angewendet auf Wahrnehmungen. Dabei sind wir es gewohnt, zwischen zwei Kategorien von Objekten zu unterscheiden:

- Objekte, denen wir eine eigenständige, für uns interessante, Existenz unabhängig von anderen Objekten unterstellen,
- Objekte, denen wir keine unabhängige Existenz zubilligen (z.B. weil wir sie uns nicht vorstellen können bzw. weil sie uns nicht interessieren).

Objekte der zweiten Art nutzen wir dazu, eigenständige Objekte zu charakterisieren, indem wir entsprechende Beziehungen identifizieren. So könnten wir zum Beispiel unsere Malzkunden als eigenständig existent, die Länge des Transportweges zu ihnen dagegen nur im Zusammenhang mit ihnen als existent auffassen (da sie uns sonst vielleicht nicht interessiert). Der entsprechende Beziehungstyp wäre in diesem Fall etwa

Transportweglänge $\subseteq$ Kunde $\times$ Kilometer.

Genau diese Unterscheidung übernehmen wir in unser semantisches Datenmodell:

- *unabhängiger* bzw. *starker* Gegenstand mit eigenständig
  Gegenstand (strong entity) interessierender Existenz
- *abhängiger* bzw. *schwacher* Gegenstand, dessen Existenz nur im
  Gegenstand (weak entity) Zusammenhang mit anderen
  oder auch *Wert* Gegenständen existiert

Zur Vereinfachung sprechen wir in Zukunft nur von Gegenständen und Werten. Durch diese Unterscheidung haben wir nunmehr einen natürlichen Ansatzpunkt zur Beantwortung unserer Frage nach der Gleichartigkeit:

- Werte werden durch explizite Zusammenfassung zu Wertemengen (Werttypen) klassifiziert.
- Die Gleichartigkeit von Gegenständen wird aus derjenigen von Werten abgeleitet: Sie gilt für zwei Gegenstände, wenn diese in Beziehung mit Exemplaren derselben Wertmengen (aber nicht notwendig denselben Werten) stehen. Gleichartige Gegenstände bilden einen Gegenstandstyp (entity type).

Damit liegt auch eine Unterscheidung der Beziehungen nahe: Durch *Attribute* werden Gegenständen Werte zugeordnet, *Assoziationen* sind Beziehungen zwischen Gegenständen. Gleichartige Beziehungen bilden einen Beziehungstyp (Attributstyp bzw. Assoziationstyp; wenn dadurch kein Mißverständnis entsteht, wird bei diesen Begriffen das Suffix '-typ' häufig weggelassen).

Die einen Typ charakterisierenden, zur Gleichartigkeit führenden Aspekte bilden zusammengenommen dessen *Intension*, die Menge der Exemplare eines Typs dessen *Extension* [CARN58, ULLM83, YEH78].

Von der Unterscheidung zwischen Assoziationen und Attributen ist es nur noch ein kleiner Schritt, auch die Zuordnung von Werten zu Assoziationen zuzulassen – wie dies bei allen ER-Modellen der Fall ist. Assoziationen werden also selbst wieder als gewissermaßen eigenständige und damit attributierbare Objekte aufgefaßt, d.h. von einem anderen Blickwinkel aus gesehen verhalten sie sich wie Gegenstände.

Bild 5.15 zeigt eine (unter mehreren möglichen) Anwendung der Begriffe Gegenstand, Wert, Attribut und Assoziation auf unsere Malzfabriks-Miniwelt.

Bei näherer Betrachtung der in Bild 5.14 aufgezählten Typen fällt auf, daß wir Exemplare von Werttypen leicht angeben können (z.B.: "Bauer" als Kundenname, "1000 kg" als Gewichtswert, "14.05.1982" als Datum). Dagegen stehen uns aber Bezeichner für Exemplare von Gegenstandstypen nicht unmittelbar zur Verfügung. Mehr noch, die solchen Exemplaren durch Attribute zugeordneten Werte geben genau diejenigen Eigenschaften wieder, die uns an dem betreffenden Umweltobjekt interessieren. Wir werden später sehen, daß man deshalb bei der Abbildung eines konzeptuellen auf ein logisches Schema (z.B. relationales, Netzwerk-orientiertes) auf die eigenständige Nennung der Gegenstände verzichten kann. Auf der semantischen Ebene trägt diese Unterscheidung dagegen zu einer genaueren Durchdringung der betrachteten Umwelt bei und wird daher aufrechterhalten. Infolgedessen müssen wir für die Gegenstände künstliche Bezeichner (*surrogates*, siehe z.B. [CODD79]) einführen, z.B. <Kunde Dittrich>, <Lieferant Schmitt> usw.

Gegenstände	Assoziationen								
Kunde Lieferant Kontrakt Lieferpartie Silo Anschrift	] m:n Kd- Anschrift	] m:n Lief.- Anschr.	] 1:n Verk. Abschl.] n:1 Lager- Ort	] 1:n Eink. Abschl.	] 1:n Fremd- lager	Lieferung			

Gegenstand/ Assoziation	Attribut	Wert
Kunde	Kd-Nummer	Nummer
Kunde	Kd-Name	Name
Lieferant	Lf-Nummer	Nummer
Lieferant	Lf-Name	Name
Anschrift	Straße-HsNr	Text
Anschrift	Postleitzahl	ganze Zahl
Anschrift	Ortsbezeichnung	Text
Kontrakt	Kontraktnr.	Nummer
Kontrakt	Abschlußdatum	Datum
Kontrakt	K-Gegenstand	Produkt
Kontrakt	Vertragsmenge	Tonnage
Kontrakt	Preis-Tonne	DM-Betrag
Kontrakt	Anfang-Lief.	Datum
Kontrakt	End-Lief.	Datum
Lieferpartie	Liefergut	Produkt
Lieferpartie	Liefermenge	Tonnage
Silo	Silonummer	Nummer
Silo	Kapazität	Tonnage
Einkaufsabschluß	Vermittler	Tonnage
Lieferung	Lieferdatum	Datum
Lieferung	Speditionsart	Text

Bild 5.15 Malzfabrikausschnitt beschrieben durch Gegenstände, Assoziationen, Attribute und Werte

Wir haben bereits darauf hingewiesen, daß stets mehrere Möglichkeiten bestehen, zu einem semantischen DB-Schema derselben Umwelt zu gelangen. Um Entwurfsfehler einzuschränken und Übersichtlichkeit zu wahren, kann man vom Entwerfer allerdings verlangen, daß er sich an einige pragmatische Regeln hält, z.B. nur voneinander unabhängige und nicht zerlegbare Assoziationen vorzusehen:

Unabhängigkeit liegt vor, wenn sich keine der vorgesehenen Assoziationen durch relationenalgebraische Verbindung und Projektion (siehe Kapitel 1) aus den übrigen herleiten läßt.

Eine Assoziation ist *nicht zerlegbar*, wenn sie unabhängig von allen ihren Projektionen ist.

Eine weitere Präzisierung erreicht man bei näherer Betrachtung der mathematischen Eigenschaften von Assoziationen und durch Annahmen über deren Zeitinvarianz. Dabei stehen insbesondere die binären, also zweistelligen Assoziationen im Vordergrund: $A \subseteq G_1 \times G_2$. Sie können insbesondere Funktionen sein.

Gilt, daß die Elemente eines solchen A zu jedem Zeitpunkt t eine totale Abbildung $f_{A,t} : G_1(t) \to G_2(t)$ bilden, d.h. jedem g_1 aus $G_1(t)$ zu jeder Zeit genau ein g_2 aus $G_2(t)$ zugeordnet wird ("A ist m:1"), so bezeichnen wir A als *Bindung* (von G_1 an G_2). $G_i(t)$ bezeichnet dabei die zum Zeitpunkt t in der Datenbasis gespeicherten Exemplare von G_i. Ein Beispiel ist die weitere Differenzierung unseres Malzfabrik-Beispiels in Bild 5.16.

Funktionale zweistellige Assoziationen:

Einkaufsabschluß:	Kontrakt	→ Kunde
Verkaufsabschluß:	Kontrakt	→ Lieferant
Fremdlager:	Silo	→ Lieferant

Bindung:

Lagerort:	Silo	→ Anschrift

Bem:

a) Kunden- und Lieferantenanschrift sind nicht als Bindungen modelliert um der Tatsache Rechnung zu tragen, daß z.B. mehrere Lieferanschriften bestehen können.

b) Einkaufsabschluß als fkt. zweistellige Assoziation kann kein Attribut haben; deshalb wird der Vermittler nachträglich als Kontrakt-Attribut aufgefaßt.

Bild 5.16 Binäre Assoziationen

Eine auf den ersten Blick willkürlich erscheinende Einschränkung verbietet Attribute für Bindungen und funktionale zweistellige Assoziationen. [WONG79] begründen dies damit, daß das Attribut der Beziehung immer ein Attribut des gebundenen Gegenstands sei. Formal gesehen ist dies natürlich richtig, aus sachlogischer Sicht kann man hier dagegen geteilter Meinung sein. Man denke etwa an das Datum, an dem ein Malzkontrakt mit einem Kunden zustandekommt.

Die Assoziation Abschluß ⊆ Kontrakt × Kunde ist eine Bindung mit Kontrakten als gebundenen Gegenständen. Sachlogisch läge es nun nahe, das Abschlußdatum dem betreffenden Abschluß zuzuordnen, das Datenmodell zwingt uns aber, es als Attribut des Kontrakts selbst aufzufassen.

Während diese Einschränkung – zumindest formal – die Mächtigkeit („expressive power") des Modells nicht verringert, führt die folgende zu einer echten Beeinträchtigung: Die Extension eines Attributs ist zu jedem Zeitpunkt eine auf der betreffenden Gegenstandsmenge bzw. Assoziationenmenge totale, einwertige Abbildung (jedem existierenden Gegenstand bzw. jeder existierenden Assoziation wird also durch ein Attribut genau ein Wert zugeordnet). In Bild 5.15 ist dies bereits berücksichtigt. Wie auch die vorangehenden dient diese Einschränkung – neben der Formulierung einfacher Konsistenzbedingungen – hauptsächlich dazu, die Abbildung eines konzeptuellen auf ein logisches Schema formal ableiten zu können. Dabei wird in Kauf genommen, daß der Entwerfer u.U. mehrere Attribute einführen muß (bei mehrwertigen Gegenstandseigenschaften) und ggf. mit Nullwerten zu arbeiten hat.

Zusammenfassend bietet unser semantisches Datenmodell (Entwurfsmodell) somit folgende Begriffe (Konzepte) zur Beschreibung einer Miniwelt:

Gegenstand   Gegenstandstyp
Wert   Wertetyp
Bindung   Bindungstyp
Assoziation Assoziationstyp
Attribut   Attributstyp (zu Gegenständen und Assoziationen)

Die Semantik dieser Begriffe wird als a priori existent unterstellt, sie ist nicht operational definiert. Ein konzeptuelles Schema besteht in der Festlegung konkreter Gegenstands-, Werte-, Bindungs-, Assoziations- und Attributtypen für die gegebene Anwendung.

Die konzeptuelle Datenbasis bzw. der Datenbasiszustand zum Zeitpunkt t besteht aus den zum Zeitpunkt t (logisch) gespeicherten Gegenständen, Bindungen, Assoziationen und Attributen, jeweils zusammengefaßt zu Exemplarmengen der betroffenen Typen.

5.3.3 Weitere semantische Konzepte und Modellierungsansätze

Ohne Anspruch auf Vollständigkeit sollen in diesem Abschnitt noch einige Ansätze und Begriffe genannnt werden, die in der umfangreichen Literatur zur semantischen Datenmodellierung zu finden sind. Eine grobe Klassifizierung dieser Ansätze liefert die Einteilung in eigenständige Datenmodelle und in Konzepte aus dem Umfeld des Gegenstands-Beziehungsmodells.

Wir behandeln zunächst die letzteren. Hier geht es im wesentlichen darum, die semantische Mächtigkeit des Datenmodells durch Einführung weiterer Begriffe (Modellierungskonzepte) zu erhöhen. Bereits das klassische Gegenstands-Beziehungsmodell [CHEN76] etwa kennt den Begriff der *Rolle*, die ein Gegenstand in einer Assoziation oder Bindung einnimmt. Beispielsweise könnten wir in der Assoziation Einkaufsabschluß die Kunden mit der Rolle „Kontraktnehmer" und die Lieferanten mit der Rolle „Kontraktgeber" belegen und damit weitere Umweltsemantik in das konzeptuelle Modell einbeziehen. Über die Behandlung von Rollen in hierarchischen und Netzwerkstrukturen kann man z.B. in [HUBB81] nachlesen.

Ein anderer Aspekt ist der Einbezug sog. „*abgeleiteter*" *Objekte* (hier und im folgenden wird „Objekt" als Oberbegriff für Gegenstand, Beziehung und Wert verwendet). Ihnen wird unterstellt, daß sie nicht explizit in der Umwelt existieren – es handelt sich also um mentale Objekte – sondern daß sie durch eine vorzugebende, eindeutige Berechnungsvorschrift aus anderen Objekten herleitbar sind. Man denke etwa an ein Attribut ‚Kontrakterfüllung', dessen Wert ‚Belieferungsstand' die Summe der Liefermengen aller Lieferungen zum jeweiligen Kontrakt ist.

Eine Erweiterung anderer Art besteht darin, die Abstraktionskonzepte Generalisation und Aggregation [SMIT77] explizit in das Gegenstands-Beziehungsmodell aufzunehmen (siehe z.B. [SCHE79, ATZE82]). Bei der *Generalisation* wird eine Menge als ähnlich betrachteter Objekte zu einem neuen ‚generischen' Objekt zusammengefaßt. Ein Beispiel hierfür haben wir schon kennengelernt im Zusammenhang mit der Zusammenfassung einzelner Objekte zu Objekttypen (Abschnitt 5.3.2). Nun können aber auch verschiedene Gegenstandstypen semantisch verwandt sein, d.h. zu einem übergreifendem Typ generalisiert werden. Dadurch entstehen generische Typ-Hierarchien wie in den Bildern 5.17 und 5.18.

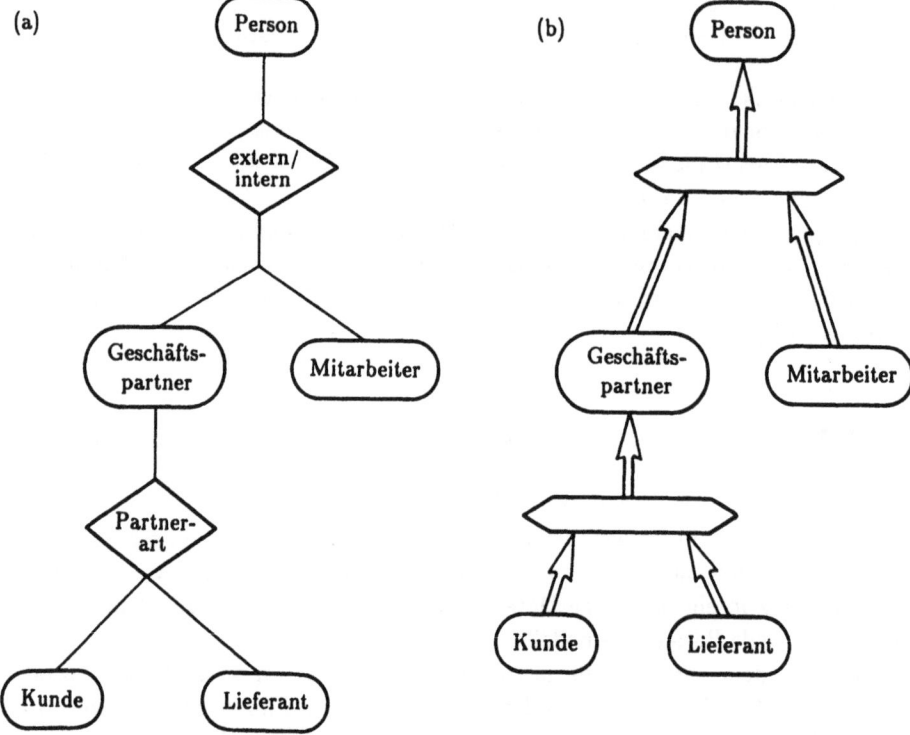

Bild 5.17 Gegenstandstyp-Hierarchie durch Generalisation

Konzeptueller Entwurf 509

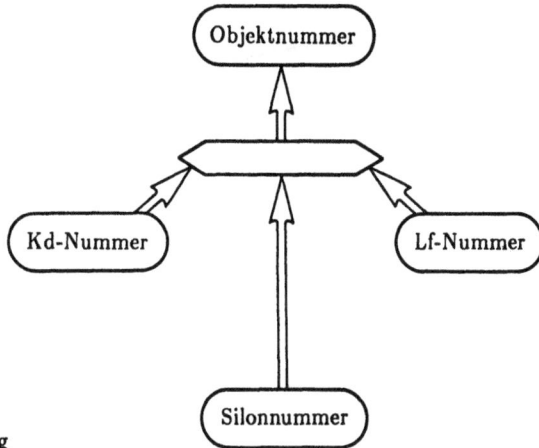

Bild 5.18 Werttyp-Generalisierung

Die *Aggregation* dient der Beschreibung von Objektstrukturen durch Zusammenfassung verschiedener Objekte (Gegenstände, Werte, Beziehungen) unterschiedlicher Typen zu einem zusammengesetzten, neuen Objekt. Beispiele dazu zeigt Bild 5.19.

[DOSS79] behandeln Aggregation und Generalisation als zwei Aspekte eines allgemeinen ‚Datentyp-Ansatzes', bei dem aus Objekttypen durch sog. Typkonstruktoren neue Typen abgeleitet werden können.

Noch einen Schritt weiter gehen [DESE81] mit ihrem *Konzept-Beziehungsmodell* (CRM). Mit ‚Konzepten' als Elementen einer Umweltbeschreibung können hier Situationen abgedeckt werden, in denen unterschiedliche Sichten auf denselben Objekttyp existieren. Beziehungen zwischen Konzepten dienen der Festlegung logischer und kausaler Integritätsbedingungen.

Eine weitere Gruppe von Arbeiten beschäftigt sich damit, die Umwelterscheinung Zeit im Gegenstands-Beziehungsmodell zu berücksichtigen. Insbesondere will man dabei das Wissen über Objektveränderungen in der Zeit in den Griff bekommen. Derartige Veränderungen können mit dem herkömmlichen Ansatz nur unbefriedigend erfaßt werden, da dieser auf ‚Schnappschüsse' [HAMM81], d.h. jeweils auf die Abbildung des momentan gültigen Umweltzustandes, ausgerichtet ist. Beispielsweise beinhalten Datenbankzustände nach unserem Schema in Bild 5.15 zu jedem Kontrakt jeweils nur den aktuell gültigen Preis. Man weiß also nicht, ob, wann und wie oft dieser Preis seit seiner ursprünglichen Festsetzung bereits geändert wurde. [KLOP81, KLOP83, BUBE80] versuchen z.B., diesem Informationsverlust durch das Konzept der Objektgeschichte beizukommen. Grob kann man sich darunter eine Folge mit Zeitstempeln versehener Einzelobjekte vorstellen. Was dabei die Modellierung der Zeit selbst betrifft, so geht man entweder von einer halbgeordneten Menge von Zeitstempeln (z.B. aufbauend auf einer Arbeit von Bruce [BRUC72]) aus oder von einem eindimensionalen kohärenten metrischen Raum, der in Einheiten segmentiert werden kann ([BREU79]). In beiden Fällen lassen sich aufbauend auf den Einheiten Zeitstrukturen (z.B. Uhr/Kalendereinteilung) und Funktionen wie Zukunft und Vergangenheit definieren.

510   Datenbankentwurf

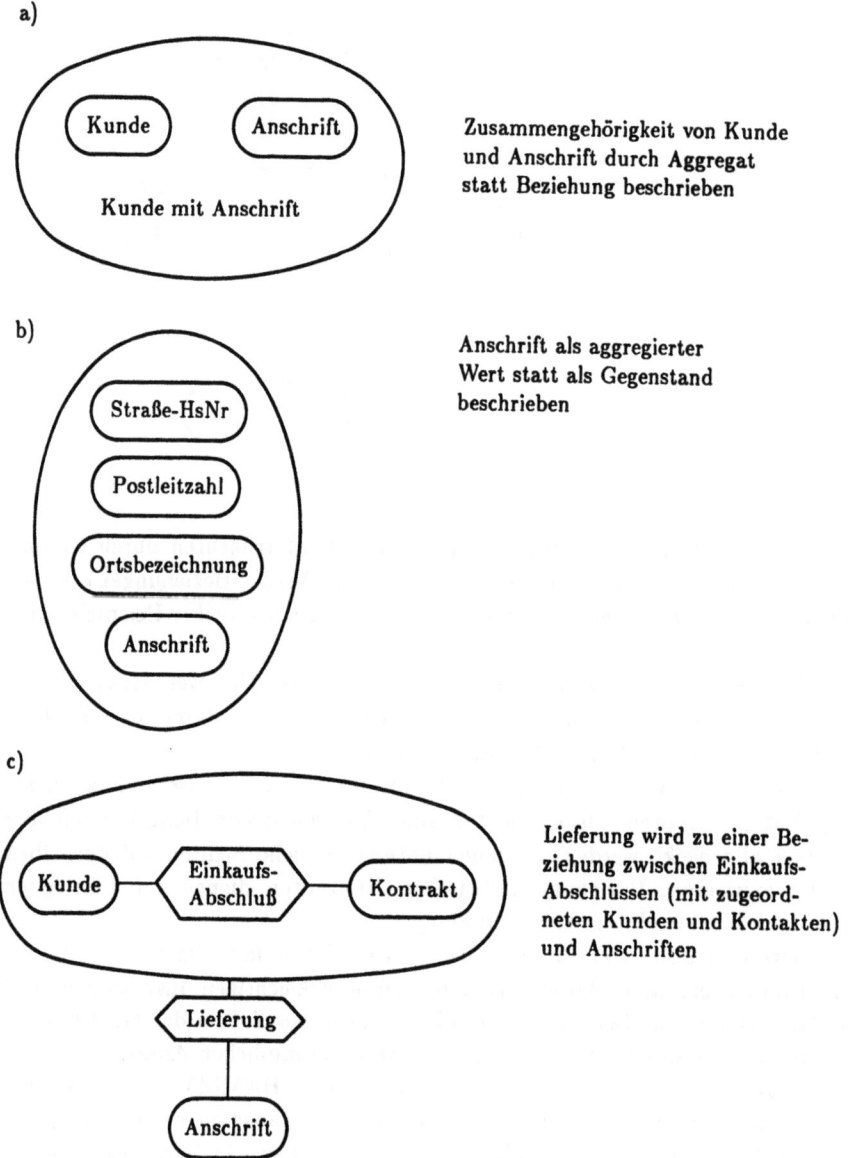

Bild 5.19a–c Gegenstandsaggregation – Wertaggregation – Beziehungsaggregation

Zu nennen ist schließlich noch die Vielzahl derjenigen Arbeiten, die sich mit der Beschreibung spezifischer, durch allgemeine Konzepte wie Gegenstand, Attribut, Bindung usw. nicht erfaßbarer Umweltgesetzmäßigkeiten auseinandersetzen. Dazu gehören u.a. Konzepte zur Festlegung von

- *invarianten Eigenschaften*; z.B.: „Die Nummer eines Kontraktes kann nicht verändert werden", „die Anschrift eines Silos ist konstant".

- *Existenzabhängigkeiten*; z.B.: „Ein Kontrakt kann nur existieren, wenn es mindestens einen Kunden gibt", „wenn es einen Kunden gibt, dann ist ihm eine Anschrift zugeordnet".
- *Kardinalitätsabhängigkeiten*; z.B.: „pro 10 Kunden muß mindestens ein Lieferant existieren","bestehen mit einem Kunden mehr als 5 Kontrakte, so liegt ihr Durchschnittspreis 10% unter dem von Kunden mit weniger als 5 Kontrakten".
- *erlaubten* bzw. *unerlaubten Datenbasis-Änderungen* (Zustandsübergängen). Dies setzt natürlich eine gewisse Operationalisierung des Datenmodells voraus, oder zumindest die Einführung eines Ereignisbegriffs, der es ermöglicht, Datenbanktransaktionen zu definieren und daran entsprechende Bedingungen (z.B. Vor/Nachbedingungen) zu knüpfen. Beispiele hierfür liefern u.a. [BERG81, HSU79, LUSK79, LOCK79a, LOCK80].

Von der Intention her vergleichbare Konzepte finden sich naturgemäß auch in den eigenständigen, also unabhängig vom Gegenstands-Beziehungsmodell entwickelten Ansätzen. [BORG82] beispielsweise arbeiten mit einer auf dem Begriff „Klasse" aufbauenden Methodologie. Es wird unterschieden zwischen Datenklassen (zur Modellierung von Objekten) und Transaktionsklasssen (zur Beschreibung von Umweltprozessen). Durch Generalisation bzw. umgekehrt Verfeinerung können beliebige Klassenhierarchien entstehen. An Transaktionsklassen können Vor- und Nachbedingungen geknüpft werden, „scripts" regeln die Konsistenz aus ggf. nebenläufigen Einzelereignissen zusammengesetzter (aggregierten) Transaktionen.

Wie schon der vorausgehende stammt eine ganze Reihe von Ansätzen aus dem Bereich der künstlichen Intelligenz und baut auf deren Techniken auf. Als Beispiele seien genannt die Verwendung semantischer Netzwerke [ROUS76, MCSK79], das Frame-Konzept, ISA-Hierarchien, Aggregathierarchien [YEH78, BRAC79].

Abschließend sei noch der von den bisher besprochenen relativ stark abweichende Ansatz von Methlie [METH78] erwähnt. Hier werden zunächst „Mitteilungen" über die zu beschreibende Umwelt gesammelt, analysiert und in einem matrixförmigen ‚Informationsstrukturschema' verarbeitet. Der Ansatz ist vor allem deshalb recht interessant, weil er es ermöglicht, mittels eines ‚Reduktionsalgorithmus' aus dem ursprünglichen konzeptuellen Schema (halbautomatisch) zu einem geeigneten Netzwerkschema zu gelangen.

Für weitergehende Informationen sei der Leser auf die Literatur verwiesen, insbesondere auf die Sammelwerke [CHEN80, CHEN81a, YAO82, YAO85] und auf den Bericht der internationalen Standardisierungsorganisation [GRIE82].

5.3.4 Techniken des konzeptuellen Entwurfs

Über Verfahrenstechniken für den konzeptuellen Entwurf ist bereits viel geschrieben worden, z.B. [CHEN80, CHEN81a, HUBB81, ÖSTE81, BORG82, TEOR82, YAO82]. Bei näherer Prüfung der diesbezüglichen Literatur muß man jedoch feststellen, daß hier vielleicht mit Ausnahme von [VETT81, VETT86, ZEHN85] meist nur sehr generalistische, wenig konkrete Verfahrensrichtlinien behandelt werden. So findet man z.B. die in Abschnitt 5.1 genannten Schritte des Gesamtentwurfs in beliebigen Variationen, jedoch kaum Anhaltspunkte dafür, wie diese Schritte im einzelnen auszuführen sind. Deshalb wollen auch wir hier nur relativ überschlägige Angaben machen.

Ansatzpunkt einer Methodologie für den konzeptuellen Entwurf ist offensichtlich die Frage [TEOR80]:

„Wie kommt man unter wirtschaftlichem Aufwand zu einem sachgerechten konzeptuellen Schema?"

wobei „sachgerecht" bedeuten soll, daß die jeweiligen Benutzerbedürfnisse bzgl. Praktikabilität, Vollständigkeit, Integrität, Leistung usw erfüllt werden. Hier zeigt sich dann auch schon die ganze Problematik: Zielgrößen wie „Zweckmäßigkeit" und „Wirtschaftlichkeit" sind nicht exakt definierbar und meßbar, sondern mehr oder weniger subjektiv und überschlägig bewertbar. Infolgedessen kann es für sie weder eindeutige Optimierungsstrategien geben, noch sie hundertprozentig garantierende Entwurfstechniken. Darüberhinaus ist Umwelterfassungs- und Entwurfsarbeit eine kreativ-intellektuelle Tätigkeit, die sich zwar durch Regeln disziplinieren, nicht aber beherrschen läßt – und natürlich auch gar nicht zu sehr eingeengt werden soll. Insofern kann eine Entwurfsmethodologie höchstens in Verfahrensrichtlinien, ggf. unterstützt durch Werkzeuge, bestehen.

Die Erarbeitung eines konzeptuellen Schemas ist ein evolutionärer Prozeß, bei dem der Entwerfer von einer initialen Vorstellung über die betrachtete Miniwelt schrittweise zu detaillierteren Erkenntnissen gelangt und diese in die Modellspezifikation – das Schema – überträgt. Die in Abschnitt 5.1 genannten Schritte 1 und 2, Informationsbedarfsanalyse und Beschreibung der ermittelten Informationen, sind daher als integrierte Phase zu sehen, in der Informationsgewinnungs-, Einordnungs- und Darstellungsprozesse iterativ ablaufen. Es ist klar, daß diese Phase sehr viel gemein hat mit der Anforderungsanalyse und -dokumentation im Bereich des Software Engineering und der Systemanalyse (siehe, z.B. [LOCK83, WASS80]), und daß die dort bekannten Verfahrenstechniken auch hier Anwendung finden können

a) angefangen bei Interviewtechniken (Fragenkataloge, Checklisten usw.) zur Informationsgewinnung,

b) über Präsentationsmethoden (z.B. graphische Ansätze) zur Unterstützung der Kommunikation aller Beteiligten,

c) zum Einsatz geeigneter Werkzeugumgebungen (siehe dazu auch Abschnitt 5.3.5), die insbesondere auch zur Generierung von Reports aller Art nutzbar sind.

Mit Bezug auf (c) hebt [HUBB81] besonders auf die Notwendigkeit rechnergestützter Hilfsmittel für die Vielfalt der anfallenden Editier- und Analyseaufgaben ab. Als Beispiele sind dabei u.a. die folgenden ‚Editier- und Diagnoseberichte' genannt:

– *Keyword-In-Context (KWIC Liste)*: Auflösung zusammengesetzter Gegenstands-, Attributs- und Beziehungs-Typbezeichnungen in ihre Morpheme und Gruppierung nach diesen (Beispiel: Bild 5.20). Anhand dieser Liste können

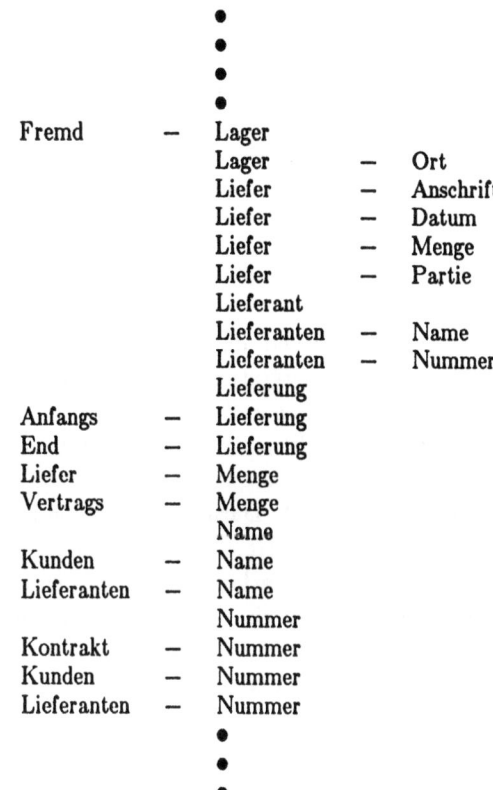

Bild 5.20 KWIC-Liste für einen Ausschnitt des Malzfabrikschemas (Abb. 5.15)

Unschärfen wie z.B. Homonyme (gleiche Bezeichnung für Verschiedenes) und Synonyme (verschiedene Bezeichnungen für Gleiches) entdeckt und ausgeräumt werden.

- *Transitive (und damit potentiell redundante* Beziehungen): deren Existenz kann natürlich algorithmisch erkannt werden. Die Entscheidung über ihre Belassung bzw. Entfernung bleibt dagegen beim Entwerfer, da ja u.U. Redundanz erwünscht sein kann.

- *Identitäten*: Zusammenstellung von Gruppen jeweils in 1:1-Beziehung stehender Gegenstände. Innerhalb solcher Gruppen sind offensichtlich keine Hierarchien definierbar, was u.U. Rückschlüsse auf Entwurfsfehler zuläßt.

- *Zyklen*: Auch hier liegt die endgültige Entscheidung über Belassung bzw. Entfernung wieder beim Entwerfer.

- *Inkonsistente Beziehungen*: Dazu zählen beispielsweise die Existenz von Bindungen und Assoziationen zwischen denselben Gegenstandstypen, wobei die Inkonsistenz auch indirekt über mehrere Stufen entstehen kann:

- *Verwendungsliste*: Nennung jeder Benutzersicht (Subschema; siehe Abschnitt 5.5), in der ein Objekt referenziert ist. Daraus ergeben sich u.U. unzulässige Überschneidungen bzw. Hinweise auf unvollständige Benutzersichten.

Nutzbringend schließlich ist auch für den Schemaentwurf ein striktes Revisionskonzept [YOUR79], dessen Durchsetzung zur Qualitätssicherung beiträgt. Hier sind die im Software Engineering diskutierten Ansätze voll übertragbar (z.B. Einsetzen von Revisions-Teams, Prüfungs-Kolloquien).

Für mehr Details sei der Leser auf die Literatur verwiesen, insbesondere auf [HUBB81, TEOR82].

5.3.5 Werkzeuge für den konzeptuellen Entwurf

Es liegt auf der Hand, daß man sich die Arbeit des konzeptuellen Entwurfs durch Einsatz von rechnergestützten Hilfsmitteln erheblich erleichtern kann. Man denke etwa an das Zeichnen und übersichtliche Arrangieren von Gegenstands-Beziehungs-Diagrammen, an die interaktive Integration verschiedener Benutzersichten, bei der automatisch auf Fehlerquellen hingewiesen werden kann, sowie an Validierungsmechanismen aller Art. Darüber hinaus sind manche semantische Datenmodelle so geartet, daß sie eine algorithmische und damit automatisierbare Abbildung auf logische Datenmodelle erlauben. D.h. aus einem konzeptuellen Schema kann z.B. ein DBTG-Schema oder ein Netzwerk-Schema hergeleitet werden, wie dies in den Abschnitten 5.4.2 und 5.4.3 gezeigt werden wird. Damit empfiehlt sich von vornherein eine rechnergestützte Verwaltung des konzeptuellen Schemas.

Die wichtigste und zugleich interessanteste Tätigkeit des konzeptuellen Entwurfs, nämlich die Modellbildung selbst, kann natürlich dem Systemplaner nicht abgenommen werden. Werkzeuge können ihm höchstens von mehr oder weniger lästigen Nebenarbeiten befreien.

Die meisten Hersteller von Datenbanksystemen bieten zu ihren Produkten unterstützende Entwurfshilfen („Database Design Aids") an, allerdings nicht für den konzeptuellen, sondern meist nur für den logischen und physischen Entwurf. Werkzeuge für den konzeptuellen Entwurf sind daher eher Entwicklungen von Forschungsinstitutionen und werden nur selten auch kommerziell vertrieben. Auch hier ergibt sich wieder eine Klassifizierung in eine Gruppe von Ansätzen aus dem Umfeld des Gegenstands-Beziehungs-Modells und in einzelne, auf eigenständigen Modellen basierende Werkzeuge. Beiden Richtungen gemeinsam ist jedoch, daß die Definition und Implementation einer Sprache zur Formulierung konzeptueller Schemata stets im Vordergrund steht.

Wiederum ohne Anspruch auf Vollständigkeit nennen wir zunächst einige Werkzeuge zum Gegenstands-Beziehungs-Modell.

IRSDL („Information Resource Specification and Design Language") [KOSY79] beispielsweise erlaubt die Definition verschiedener Datensichten und deren rechnergestützte Unifikation zu einem konzeptuellen Schema. Geplant sind außerdem Hilfsmittel zur Validierung des produzierten Schemas (Verträglichkeit von Konsistenzbedingungen usw.) und umfangreiche Dokumentationsmechanismen.

Einen ganzen ‚Werkzeugkasten' zur Unterstützung des Entwurfsprozesses von der Umweltanalyse bis zum physischen Schema beschreiben Tardieu et al. in [TARD79]. Insbesondere stehen hier auch Mechanismen zur Verfügung, mit denen aus einem konzeptuellen (Gegenstands-Beziehungs-) Schema automatisch

Schemadefinitionen (DDL-Statements) für folgende Datenbanksysteme abgeleitet werden können: CODASYL/IDMS, DL1/IMS, SOCRATE, MIISFIIT.

Die in Abschnitt 5.4.3 besprochenen Erweiterungen von [DOSS79] sind in der „Conceptual Schema Design Language" CSDL der Entwurfshilfe CSDA [SAKA81] berücksichtigt. Auch hier wird wiederum die Integration verschiedener Benutzersichten mit entsprechenden Konsistenzprüfungen unterstützt. Darüberhinaus erleichtert eine graphische Schnittstelle den Überblick und den Umgang mit Schemadefinitionen. Ähnliche graphische Hilfsmittel sind übrigens auch in [CHAN80] behandelt. Relativ anspruchsvoll ist das von Atzeni et al. verfolgte Projekt INCOD-DTE (Interactive Conceptual Design of Data, Transactions and Events [ATZE81, ATZE82]). Hier wird für die Beschreibung statischer Umweltaspekte ein angereichertes Gegenstands-Beziehungsmodell eingesetzt und dessen Operationalisierung zur Definition (konzeptueller) Datenbanktransaktionen durch eine spezifische Sprache unterstützt. Kausale Abhängigkeiten zwischen Transaktionen, Nebenläufigkeit und gegenseitiger Ausschluß sowie dynamische Integritätsbedingungen werden durch Bedingungs-Ereignisnetze beschrieben (siehe auch [CERI83]).

Die Definition und Abstimmung von Transaktionen wird auch von PSL/PSA („Problem Statement Language/ Problem Statement Analyzer") [TEIC77] unterstützt. Hier handelt es sich im Prinzip um ein Werkzeug für den allgemeinen Software-Entwicklungsprozeß, da aber auch hier „Probleme" (bzw. deren Umwelt) statisch mit Begriffen wie Gegenstand, Attribut und Beziehung beschrieben werden, ist die Verwendbarkeit für den konzeptuellen Entwurf naheliegend. Dies haben übrigens die Entwickler von PSL/PSA selbst nachgewiesen [TEIC79, TEIC81].

Das Akronym CSDL (hier: „Conceptual Schema Definition Language") steht noch für eine weitere Sprachentwicklung, diesmal im Zusammenhang mit einem aus dem Bereich der künstlichen Intelligenz hervorgegangenen Ansatz [YEH78]. Die wesentlichen Elemente von CSDL sind „concepts" (zur Beschreibung von Gegenständen) und „frames" (zur Beschreibung von Sachverhalten) sowie Operatoren zu deren Manipulation (Erzeugung, Benamung, Verbindung, Gruppierung usw.). Durch die Verbindung entsteht ein semantisches Netzwerk: das konzeptuelle Schema. Daraus kann mit Hilfe eines in [YEH78] vorgestellten Algorithmus ein relationales Schema abgeleitet werden. Über den Entwicklungszustand eines rechnergestützten Systems für CSDL ist den Autoren nichts näheres bekannt.

TAXIS [BORG82] ist ein Mittelding zwischen einer nichtprozeduralen Sprache zur Spezifikation konzeptueller Anforderungen und einer normalen Anwendersprache mit Elementen zur Datenbankverwaltung (Datendefinitions-/ Datenmanipulationssprache). Die Semantik von TAXIS ist formal definiert; damit bestehen die erforderlichen Grundlagen für exakte Beweise der Vollständigkeit und Korrektheit konzeptuelller Schemata.

Ein gesamtheitliches Werkzeug für den DB-Entwurf ist die Database Design Aid [IBM75, RAVE77, HUBB79] für das Datenbanksystem IMS/DL1. Auf der konzeptuellen Ebene arbeitet es u.a. ebenfalls mit den Begriffen Gegenstand, Attribut und Assoziation. Reports verschiedener Art (z.B. KWIC-Index,

Cross-Referenz) können produziert und ein DL1-Schema in Abhängigkeit von Häufigkeits-Informationen über zu erwartende Datenanforderungen erstellt werden. Hervorzuheben ist außerdem, daß die Integration und Abstimmung verschiedener Benutzersichten rechnergestützt abgewickelt werden kann.

Gambit ist ein Entwurfssystem [REBS83, ZEHN85] vor allem für Prototypdatenbanken. Es unterstützt einen interaktiven Schemaentwurf auf konzeptueller Ebene (Gegenstand-Beziehungsmodell) und dessen direkte Umsetzung in produktive Datenbankprogramme. Darüberhinaus stellt es vor allem auch für die Konsistenzsicherung leistungsfähige Werkzeuge (Datenmodule) zur Verfügung.

Für den Entwurf netzwerkorientierter Datenbankschemata geeignet sind die aufeinander abgestimmten Werkzeuge DESIGNER und DBD-DSS (Database Design-Decision Support System, [GERR79]). Designer dient dabei dem logischen Entwurf (Konstruktion von Bachmann-Diagrammen aus HI-IQ-Sätzen; HI-IQ ist eine spezielle Sprache zur Formulierung von Informations-Anforderungen), DBD-DSS dem physischen Entwurf.

Entwurfsunterstützend sind schließlich noch die seit einiger Zeit auftretenden sog. DD/D-Systeme (Data Dictionary/ Directory), die sämtliche Schemainformationen und zusätzlichen Angaben über die jeweilige Anwendung integrieren und geeigneten Manipulationen zugänglich machen (z.B. Konsistenzprüfungen, Generierung von Qualitätsprozeduren wie Eingabeüberprüfungen usw.). Einen Überblick liefern z.B. [HOTA79] und Kapitel 2 dieses Buches.

5.4 Logischer Entwurf

5.4.1 Logische Datenmodelle

Das konzeptuelle Schema dokumentiert die Ergebnisse der Informationsbedarfsanalyse in formalisierter Form. Mit seiner Fertigstellung ist der erste Schritt des Entwurfsprozesses vorläufig abgeschlossen. Der nächste Schritt besteht nun darin, aus dem konzeptuellen Schema ein „logisches", d.h. rechnergestützt interpretierbares abzuleiten. U.a. gehört dazu natürlich auch die Auswahl des konkreten Softwaresystems, welches die entworfene Datenbasis verwalten soll, und damit insbesondere auch des logischen Datenmodells. Für diese Auswahl sind aus technischer Sicht im wesentlichen zwei Faktoren maßgeblich:

- Eignung der Strukturkonzepte des jeweiligen logischen Datenmodells für die gegebene, im konzeptuellen Schema dokumentierte Anwendung,
- Leistungsprofil des jeweiligen Soft/Hardwaresystems vs. Leistungsanforderungen der Anwendung.

In der Regel wird der Anwender jedoch seine Auswahl nicht nur unter Berücksichtigung dieser Faktoren treffen können, vielmehr wird er zwischen einer a priori eng begrenzten Zahl von Alternativen entscheiden müssen, z.B. aufgrund von

- bereits vorhandenen und zu nutzenden spezifischen Hardwareumgebungen, für die jeweils nur bestimmte Produkte infrage kommen,
- Sachzwängen und Prioritäten unternehmenspolitischer Natur.

Oft ergibt sich allein schon daraus auch eine Einschränkung hinsichtlich des zur Verfügung stehenden logischen Datenmodells, da selbst die führenden Hersteller jeweils nur zu bestimmten Datenmodellen Systeme anbieten.

Aus diesen Gründen gehen wir im folgenden nicht näher auf Verfahren zur Unterstützung der Auswahl ein, sondern verweisen den interessierten Leser auf die einschlägige Literatur, z.B. [CLAR80].

Damit können wir uns der Frage der Realisierung des konzeptuellen Schemas mit den Mitteln eines gegebenen logischen Datenmodells zuwenden. Im wesentlichen unterscheidet man heute drei Klassen von Datenmodellen (siehe auch Kapitel 1):

- hierarchische Modelle,
- netzwerkorientierte Modelle,
- relationale, tabellenorientierte Modelle.

Da die hierarchischen Modelle zunehmend an Bedeutung verlieren, beschränken wir unsere Betrachtungen auf die beiden letzteren Modellklassen und behandeln in den nachfolgenden Abschnitten Verfahren zur - zumindest partiell - automatisierbaren Herleitung netzwerkartiger bzw. relationaler Schemata. Beim netzwerkorientierten Ansatz setzen wir die Konzepte des DBTG [CODD71] voraus, beim relationalen orientieren wir uns am klassischen Codd'schen Relationenmodell [CODD70].

5.4.2 Abbildung auf relationale Schemata

Ein relationales Datenbankschema besteht im wesentlichen in der Aufzählung einer Reihe von Relationsschemata der Form

$R_i (A_{i1}, \ldots, A_{in})$ mit $i, ij < \infty$

wobei die A_{ij} Benennungen von Werttypen im Sinne von 5.3.2 sind. Die Werttypen heißen hier Domänen, ihre Benennungen Attribute.

Ein Relationsschema definiert einen Relationstyp, für den zu jedem Zeitpunkt in der Datenbasis genau ein Exemplar existiert. Dieses Exemplar kann also stets mit den Relationsnamen identifiziert werden und es gilt:

$R_i \subseteq D_{i1} \times \ldots \times D_{in}$,

wobei die D_{ij} die Domänen der A_{ij} sind.

Es folgt, daß wir im Rahmen eines relationalen Datenbankschemas zunächst festzulegen haben

- die Domänen und ihre Attribute,
- die Relationsschemata.

Was die ersteren betrifft, so liegt es nahe, die Werttypen und ihre Benennungen aus dem konzeptuellen Schema direkt zu übernehmen, d.h. jedem Werttyp der konzeptuellen Ebene ein Attribut/Domänen-Paar der relationalen Ebene zuzuordnen. Während jedoch der Ausgestaltung der Werttypen auf der konzeptuellen Ebene zumindest theoretisch keine Grenzen gesetzt sind, bieten alle kommerziell verfügbaren relationalen Datenbanksysteme lediglich eingeschränkte Möglichkeiten für die Spezifikation der Domänen: Meist sind nur elementare Typen zugelassen (Fest/Gleitpunktzahlen, Zeichenketten mit fester Maximallänge, ggf. auch Aufzählungstypen) wie sie etwa von höheren Programmiersprachen angeboten werden. Teilweise können diese Typen durch Bereichsangaben bei der Domänendefinition eingeengt werden.

Spezifische Anforderungen muß der Anwender durch Eigenprogrammierung sog. Datenbankprozeduren selbst verwalten, deren automatischer Aufruf bei manchem System im Schema vermerkt werden kann („Trigger"). Da dies jedoch von System zu System sehr unterschiedlich gehandhabt bzw. teilweise überhaupt nicht angeboten wird, gehen wir darauf nicht näher ein. Es bleibt nur anzumerken, daß durch die Beschränkung auf elementare Domänen in der Regel a priori nur Relationen in 1. Normalform unterstützt werden. Halten wir also fest

Regel 1: Werttypen des konzeptuellen Schemas werden 1:1 auf Domänen des logischen abgebildet.

Dem aufmerksamen Leser wird der Zusammenhang zwischen der Semantik der Werte auf beiden Ebenen nicht entgangen sein: Auf keiner der Ebenen können Werte für sich allein existieren, sondern sie existieren nur im Zusammenhang mit

- Gegenständen und Assoziationen (konzeptuelle Ebene)
- anderen Werten in Tupeln (logische Ebene).

Das legt es nahe, Werttypen jeweils so zu Relationen zusammenzufassen, daß durch ein Tupel einer Relation gerade ein Gegenstand oder eine Assoziation charakterisiert wird. (Hieraus erklärt sich übrigens auch die analoge Verwendung des Attributsbegriffs im Relationenmodell.) Wong und Katz schlagen deshalb eine Reihe von Regeln vor, die den Abbildungsprozess kanalisieren und darüberhinaus sicherstellen, daß sich die Ergebnis-Relationen in 4. Normalform [ULLM83] befinden. Letzteres bedeutet insbesondere, daß die Funktionalität (Bindungen, Attribute) der konzeptuell erfaßten Umweltsemantik auf der relationalen Ebene erhalten bleibt. Außerdem werden dadurch auch mögliche Einfügungs-, Änderungs- und Entfernungsanomalien (s.u.) transparent gemacht.

Regel 2: Ein Gegenstandstyp wird mit allen seinen Attributen und Bindungen zu jeweils genau einer Relation zusammengefaßt (Gegenstandsrelation).

Für den Gegenstandstyp ‚Kunde' ergibt sich demnach beispielsweise folgendes Relationsschema:

Kunde(Kd-Nummer, Kd-Name)

An diesem Beispiel fällt auf, daß zwar die Benennung des Gegenstandstyps „Kunde" in die relationale Ebene übernommen wurde, die konzeptuellen Kundenbezeichner (Surrogate) jedoch nicht. Ein Kundentupel besteht nur aus Werten, die Kundensurrogate kommen darin nicht vor. Zwei konzeptuell verschiedene Kunden wären also auf der relationalen Ebene nicht unterscheidbar, wenn sie in allen ihren (erfaßten) Eigenschaften übereinstimmen. Um dies auszuschließen, also eine isomorphe Abbildung zu erreichen, die jedem Gegenstand eineindeutig ein Tupel der betreffenden Relation zuordnet, formulieren wir

Regel 3: Jeder im konzeptuellen Schema definierte Gegenstandstyp erhält (falls noch nicht vorhanden) ein bijektives (1:1) Attribut, genannt Identifikations-Attribut.

D.h.: Jedes Exemplar eines Gegenstandstyps ist durch einen ihm zugeordneten Wert (seine Identifikation) eindeutig identifizierbar.

In unserem Fall könnte dies z.B. der jeweilige Kundenname oder, falls dieser – wie in der Realität üblich – mehrfach auftritt, eine zusätzlich eingeführte und eindeutig vergebene „künstliche" Kundennummer. Surrogate werden also auf Identifikationen abgebildet (siehe dazu auch [CODD79]).

Aus dieser Vorgehensweise folgt zwangsläufig, daß in einer Gegenstandsrelation alle Attribute vom Identifikations-Attribut funktional abhängig sind.

Da jeder Bindungstyp und jeder Attributstyp einem Gegenstandstyp zugeordnet ist, haben wir nur noch die Abbildung der Assoziationen zu klären.

Regel 4: Ein Assoziationstyp wird jeweils auf eine Relation abgebildet derart, daß in deren Schema das Identifikations-Attribut jedes an der Assoziation beteiligten Gegenstandes und die der Assoziation selbst zugeordneten Attribute aufgenommen werden.

Es ist klar, daß anhand der Regeln 1–4 aus einem geeignet dargestellten konzeptuellen Schema das zugehörige relationale rechnergestützt hergeleitet werden kann. Durch die Einschränkungen bei Bindungen und Attributen, und durch die regelbedingte Partitionierung des konzeptuellen Schemas zu Objekten des relationalen

Kunde	(*Kd-Nummer*, Kd-Name)
Lieferant	(*Lf-Nummer*, Lf-Name)
Anschrift	(*A-Kennung*[*]), Straße-HsNr, Postleitzahl, Ortsbezeichnung)
Kontrakt	(*Kontraktnr*, Vermittler, Abschlußdatum, K-Gegenstand, Vertragsmenge, Preis/Tonne, Anf.-Lieferung, End-Lieferung)
Lieferpartie	(*Partie-Nr.*[*]), Liefergut, Liefermenge)
Silo	(*Silonummer*, Kapazität, A-Kennung)
Kd-Anschrift	(*Kd-Nummer, A-Kennung*)
Lf-Anschrift	(*Lf-Nummer, A-Kennung*)
Einkaufsabschluß	(*Kontraktnr, Kd-Nummer*)
Verkaufsabschluß	(*Kontraktnr, Lf-Nummer*)
Fremdlager	(*Silonummer, Lf-Nummer*)
Lieferung	(*Partie-Nr., Kontraktnr., A-Kennung*, Lieferdatum, Speditionsart)
[*]) neu eingeführt	

Bild 5.21 Relationales Schema (Identifikations-Attribut kursiv)

gibt es innerhalb der abgeleiteten Relationen keine semantisch bedingten funktionalen Abhängigkeiten unabhängig vom jeweiligen Identifikations-Attribut (bzw. von der Identifikator-Attributsmenge bei Assoziations-Relationen). Dasselbe gilt für transitive Abhängigkeiten. Infolgedessen sind alle abgeleiteten Relationen in 4. Normalform (detaillierter Beweis siehe [WONG79]).

Bild 5.21 zeigt das relationale Schema für unser Malzfabrik-Beispiel.

5.4.3 Abbildung auf Netzwerk-Schemata

Das Netzwerkmodell ist durch folgende Konzepte gekennzeichnet:

- Wert
- Satz (record)
- Sammlung (set)
- Gebiet (area, realm).

Als Wert- und Satztypen kommen die in der jeweiligen Wirtssprache (z.B. COBOL im Falle des DBTG) definierbaren infrage. Gebiete dienen hauptsächlich der physischen Zusammenfassung von Satzmengen auf Hintergrundspeichereinheiten und sind somit auf der logischen Ebene eigentlich deplaziert. Ihre Einrichtung gehört zum physischen Entwurf – auch wenn sie im Netzwerk-Schema auf einer Stufe mit der der logischen Strukturen steht.

Eine einzelne Sammlung kann man sich vorstellen als eine Menge von Sätzen, von denen einer als sog. *Ankersatz* (owner) ausgezeichnet ist. Die übrigen Sätze sind logisch dem Ankersatz zugeordnet und heißen *Gliedsätze* (members) der Sammlung. Beispiele für Sammlungen: Ein Kunde (Anker) mit seinen Kontrakten (Glieder), ein Kontrakt mit den einzelnen Lieferungen.

Ein Sammlungstyp ist durch genau einen Ankersatztyp und durch einen oder mehrere Gliedsatztypen gekennzeichnet; d.h. alle Ankersätze der Exemplare eines Sammlungstyps sind vom selben Satztyp. Darüberhinaus gilt:

- Der Ankersatz eines Sammlungsexemplars ist der einzige Vertreter seines Typs in dieser Sammlung.
- Zu jedem Zeitpunkt sind die von einem Sammlungstyp in der Datenbasis vorhandenen Exemplare disjunkt.

Folglich realisieren die Exemplare eines Sammlungstyps gemeinsam eine Funktion von der Gesamtheit ihrer Gliedsätze in die Gesamtheit ihrer Ankersätze, d.h.: der Sammlungstyp entspricht einer 1:m-Beziehung zwischen Ankersatztyp und Gliedsatztypen. In manchen Entwicklungen, z.B. MDBS [MDBS81], ist diese Beschränkung aufgegeben zugunsten von allgemeinen m:n-Beziehungen, wir bleiben hier jedoch auf der überwiegend vertretenen Ebene des DBTG-Vorschlags.

Der zum Zeitpunkt t zutreffende Zustand einer Netzwerkdatenbasis ist gekennzeichnet durch

a) eine nach Satztypen gegliederte Menge von Sätzen,

b) eine nach Sammlungstypen gegliederte Menge von Sammlungen aus Sätzen nach a), wobei nicht jeder Satz tatsächlich einer Sammlung angehören muß.

Dabei ist jeder Satz entweder über seinen Typ oder über die Sammlungen, denen er angehört, zugänglich.

Satztypen, ihre Attribute und die zugehörigen Werttypen, sowie Sammlungstypen werden im Netzwerk-Schema mittels einer stets eigenständigen Datendefinitionssprache spezifiziert, wobei neben der eigentlichen Strukturdefinition meist noch eine Vielzahl anderer Parameter festgelegt werden können (z.B. für Datenschutz, Konsistenzprüfungen über Trigger und Datenbankprozeduren, Angaben

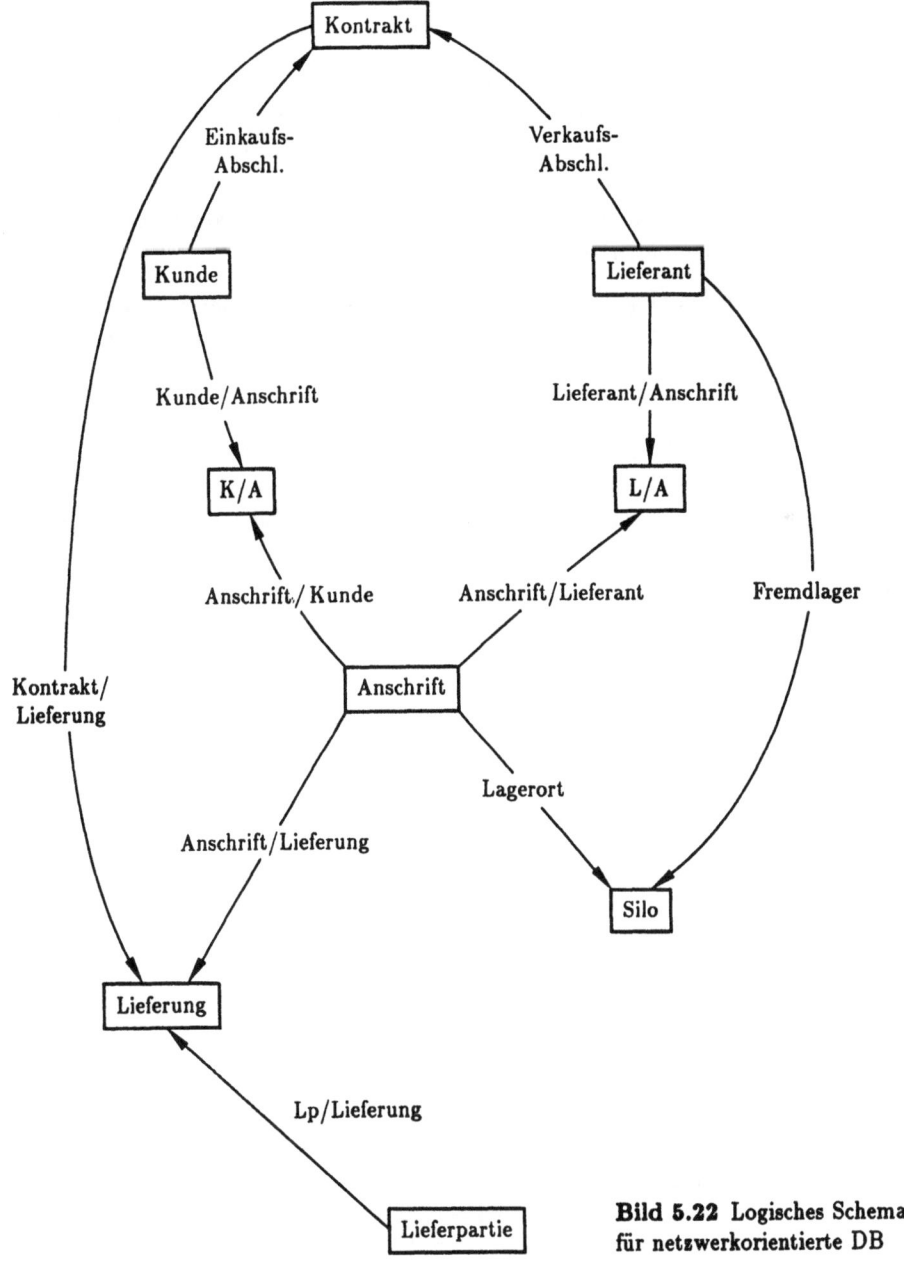

Bild 5.22 Logisches Schema für netzwerkorientierte DB

über optionale oder zwangsweise Sammlungsmitgliedschaft von Sätzen usw. Zur Veranschaulichung der Grundstruktur eines solchen Netzwerkschemas dienen in der Regel sog. Bachmann-Diagramme. Bild 5.22 liefert ein Beispiel hierfür.

Wir betrachten zunächst wieder die strukturelle Abbildung unseres konzeptuellen Schemas und formulieren nach [WONG79]

Regel 1: Werttypen des konzeptuellen Schemas werden 1:1 auf Domänen des logischen abgebildet.

Regel 2: Jeder im konzeptuellen Schema definierte Gegenstand erhält (falls noch nicht vorhanden) ein bijektives Identifikationsattribut.

Im Gegensatz zur Vorgehensweise beim Relationenmodell werden Bindungen und Attribute eines Gegenstandes nicht in einem dem Gegenstandstyp zugeordneten Satztyp zusammengefaßt. Vielmehr nutzt man die Tatsache aus, daß das Konzept der Sammlung ja gerade binäre Beziehungen unterstützt und verwaltet deshalb Bindungen wie binäre funktionale Assoziationen über eigene Sammlungstypen und damit getrennt manipulierbar:

Regel 3: Für jeden Gegenstand G des konzeptuellen Schemas wird ein Satztyp S[G] definiert, der das Identifikations-Attribut von G und alle anderen auf G definierten Attribute (genauer: deren Zielbereiche) aufnimmt.

Die Werte des Identifikations-Attributes eines Satztyps nehmen hier offensichtlich die Rolle von Satz-Schlüsseln ein. Das Identifikations-Attribut kann in der entsprechenden Satztypvereinbarung also als Schlüssel-Attribut (key) spezifiziert werden – eine Möglichkeit, die wir beim relationalen Schema übergangen haben, da sie von der Mehrzahl relationaler Systeme nicht unterstützt wird.

Regel 4: Für jeden Bindungstyp $B:G_1 \rightarrow G_2$ oder binären, funktionalen Assoziationstyp $A:G_1 \rightarrow G_2$ mit $G_1 \neq G_2$ wird ein Sammlungstyp $\sum (S[G_2], S[G_1])$ mit $S[G_2]$ als Ankersatztyp und $S[G_1]$ als Gliedsatztyp eingerichtet.

Da Bindungen und binäre funktionale Abhängigkeiten gemäß Abschnitt 5.3.2 keine Attribute haben dürfen, ist diese Regel für die Strukturabbildung offensichtlich hinreichend. Berücksichtigt werden muß allerdings noch die Tatsache, daß wir ja Bindungen als totale Funktionen vereinbart hatten, d.h. jedes in der Datenbasis existierende Gliedsatztyp-Exemplar muß einem entsprechenden Sammlungsexemplar angehören (bei Assoziationen gilt das natürlich nicht). Diese Bedingung wird erreicht durch

Regel 5: Der Gliedsatztyp $S[G_1]$ des eine Bindung $B:G_1 \rightarrow G_2$ realisierenden Sammlungstyps $\sum (S[G_2], S[G_1])$ wird mit Einspeicherungsklasse *automatic* und Entfernungsklasse *mandatory* versehen.

Das bedeutet, daß ein Exemplar von $S[G_1]$ automatisch in ein Exemplar von $\sum (S[G_2], S[G_1])$ eingefügt wird, sobald es in die Datenbasis eingebracht wird, und daß mit Entfernung des betreffenden Satzes aus seiner Sammlung er auch aus der Datenbasis verschwindet.

Da Implementierungen zum Netzwerkmodell in der Regel Sammlungstypen mit gleichem Anker- und Gliedsatztyp verbieten, benötigen wir für die Abbildung von

Bindungen und binären Assoziationen zwischen den gleichen Gegenständen eine eigene

Regel 6: Für jeden Bindungstyp B:G→G oder binären funktionalen Assoziationstyp A:G→G wird ein Satztyp S_G ohne Komponenten (Attribute), sowie zwei Sammlungstypen $\sum_1(S_G, S[G])$, $\sum_2(S[G], S_G)$ spezifiziert. Im Falle der Bindung B wird S[G] in $\sum_1$ mit manual/mandatory festgelegt, S_G in $\sum_2$ mit automatic/mandatory.

Der Tatsache, daß auch S[G] in $\sum_1$ theoretisch „automatic" sein müßte, ist durch Einbringen einer geeigneten Datenbankprozedur – manuell beim Schemaentwurf – Rechnung zu tragen.

Es bleibt noch die Realisierung von Assoziationen:

Regel 7: Für jede Assoziation $A(G_1, \ldots, G_n)$ wird ein Satztyp S_A vereinbart, der die Attribute von A aufnimmt. Darüberhinaus werden n Sammlungstypen $\sum(S[G_i], S_A)$ spezifiziert, die also alle den gleichen Gliedsatztyp haben. S_A wird mit automatic/mandatory in $\sum$ deklariert.

S_A und S_G (in Regel 6) heißen *Verbindungssätze* (link records). Durch die Festlegung automatic/mandatory für den S_A-Satz wird sichergestellt, daß die betreffende Assoziation stets nur als Ganzes eingefügt bzw. entfernt werden kann.

Für Gliedsatztypen, für die durch keine der bisherigen Mengen näheres festgelegt ist, gelten generell die Einspeicherungsklasse *manual* und die Entfernungsklasse *optional*.

Eine verkürzte Darstellung des Netzwerk-Schemas unserer Malzfabrik-Anwendung findet sich in Bild 5.23.

5.4.4 Abwendung von Anomalien

Abgesehen von ihren Anfrageoperatoren verfügen Datenbanksysteme in der Regel nur über sehr einfache Operationen zur Manipulation der von ihnen verwalteten Objekte. Einfügen, Ändern und Entfernen ist meist nur für einzelne Objekte oder höchstens für eine Teilmenge von Objekten derselben Aggregation möglich. Also z.B. das Einfügen eines einzelnen Satzes in eine DBTG-Sammlung, die Änderung einer oder mehrerer Komponenten eines Tupels, das Entfernen einer (etwa prädikativ) bestimmten Menge von Tupeln aus einer Relation. Man denke an die Beseitigung aller Lieferungen zu einem gewissen Malzkontrakt, wenn dieser vollständig beliefert und damit beendet ist.

Aus dieser Beschränkung erwächst eine Gefährdung der Datenbasiskonsistenz, die, weil vorhersehbar, bereits zum Zeitpunkt des Datenbankentwurfs analysiert und entsprechend abgewendet werden sollte. Durch die genannten elementaren Operationen können nämlich nicht alle zum jeweils bearbeiteten Objekt bekannten (und im konzeptuellen Schema festgehaltenen) semantischen Zusammenhänge in einem unteilbaren Arbeitsschritt berücksichtigt werden. D.h., es können Datenbasiszustände entstehen, für die es in der Umwelt und auf der konzeptuellen Ebene kein Äquivalent gibt, die also inkonsistent sind.

```
 1  SCHEMA NAME IS      Malzfabrik.
 2
 3  RECORD NAME IS      Kontrakt;
 4        DUPLICATES ARE NOT ALLOWED
 5        FOR Kontraktnr IN Kontrakt.
 6    Kontraktnr;              TYPE IS CHARACTER  5.
 7    Vermittler;              TYPE IS CHARACTER 30.
 8    Abschlußdatum;           TYPE IS CHARACTER  8.
 9    Kontrakt-Gegenstand;     TYPE IS CHARACTER  1.
10    Vertragsmenge;           TYPE IS FIXED DECIMAL 10.
11    Preis/Tonne;             TYPE IS FIXED DECIMAL 7,2.
12    Anfangs-Lieferung;       TYPE IS CHARACTER  6.
13    End-Lieferung;           TYPE IS CHARACTER  6.
14
15  RECORD NAME IS      Kunde;
16        DUPLICATES ARE NOT ALLOWED
17        FOR Kd-Nummer IN Kunde.
18    Kd-Nummer;               TYPE IS CHARACTER  6.
19    Kd-Name;                 TYPE IS CHARACTER 40.
20
21  RECORD NAME IS      Lieferant;
22        DUPLICATES ARE NOT ALLOWED
23        FOR Lf-Nummer IN Lieferant.
24    Lf-Nummer;               TYPE IS CHARACTER  6.
25    Lf-Name;                 TYPE IS CHARACTER 40.
26
27  RECORD NAME IS      K/A.
28
29  RECORD NAME IS      L/A.
30
31  RECORD NAME IS      Anschrift;
32        DUPLICATES ARE NOT ALLOWED
33        FOR A-Kennung IN Anschrift.
34    A-Kennung;               TYPE IS CHARACTER  6.
35    Straße-HsNr;             TYPE IS CHARACTER 50.
36    Postleitzahl;            TYPE IS FIXED DECIMAL 4.
37    Ortsbezeichnung;         TYPE IS CHARACTER 30.
38
39  RECORD NAME IS      Lieferpartie;
40        DUPLICATES ARE NOT ALLOWED
41        FOR Partie-Nr IN Lieferpartie.
42    Partie-Nr;               TYPE IS CHARACTER  8.
43    Liefergut;               TYPE IS CHARACTER  1.
44    Liefermenge;             TYPE IS FIXED DECIMAL 9.
45
46  RECORD NAME IS      Silo;
47        DUPLICATES ARE NOT ALLOWED
48        FOR Silonummer IN Silo.
49    Silonummer;              TYPE IS CHARACTER  3.
50    Kapazitaet;              TYPE IS FIXED DECIMAL 7.
51
52  RECORD NAME IS      Lieferung;
53        DUPLICATES ARE NOT ALLOWED
54        FOR Lf-Nr     IN Lieferung.
55    Lf-Nr;                   TYPE IS CHARACTER  8.
56    Lieferdatum;             TYPE IS CHARACTER  6.
```

Bild 5.23 DBTG-Schema in CODASYL-DDL gemäß [DATE82, OLLE78]

```
 57        Speditionsart;     TYPE IS CHARACTER 3.
 58
 59  SET   NAME   IS    Kontrakt/Lieferung;
 60        OWNER  IS    Kontrakt;
 61        MEMBER IS    Lieferung;
 62               INSERTION IS AUTOMATIC;
 63               RETENTION IS MANDATORY;
 64               SET SELECTION IS BY VALUE OF Kontraktnr
 65               IN Kontrakt.
 66
 67  SET   NAME   IS    Anschrift/Lieferung;
 68        OWNER  IS    Anschrift;
 69        MEMBER IS    Lieferung;
 70               INSERTION IS AUTOMATIC;
 71               RETENTION IS MANDATORY;
 72               SET SELECTION IS BY VALUE OF A-Kennung IN
 73               Anschrift.
 74
 75  SET   NAME   IS    LP/Lieferung;
 76        OWNER  IS    Lieferpartie;
 77        MEMBER IS    Lieferung;
 78               INSERTION IS AUTOMATIC;
 79               RETENTION IS MANDATORY;
 80               SET SELECTION IS BY VALUE OF Partie-Nr IN
 81               Lieferpartie.
 82
 83  SET   NAME   IS    Einkaufsabschluß;
 84        OWNER  IS    Lieferant;
 85        MEMBER IS    Kontrakt;
 86               INSERTION IS MANUAL;
 87               RETENTION IS OPTIONAL;
 88
 89  SET   NAME   IS    Verkaufsabschluß;
 90        OWNER  IS    Kunde;
 91        MEMBER IS    Kontrakt;
 92               INSERTION IS MANUAL;
 93               RETENTION IS OPTIONAL;
 94
 95  SET   NAME   IS    Fremdlager;
 96        OWNER  IS    Lieferant;
 97        MEMBER IS    Silo;
 98               INSERTION IS MANUAL;
 99               RETENTION IS OPTIONAL;
100
101  SET   NAME   IS    Lagerort;
102        OWNER  IS    Anschrift;
103        MEMBER IS    Silo;
104               INSERTION IS AUTOMATIC;
105               RETENTION IS MANDATORY;
106               SET SELECTION IS BY VALUE OF A-Kennung IN
107               Anschrift.
108               .....
```

Bemerkung: Die SET-SELECTION Klauseln in den Zeilen 64, 72, 80, 106 sind manuell hinzugefügt und steuern die Auswahl der Sammlungsexemplare, in die ein Assoziationsanteil bzw. eine Bindung automatisch eingetragen wird.

Bild 5.23 (Fortsetzung)

Auf diese Weise entstehende Inkonsistenzen werden in der Literatur als *Anomalien* bezeichnet und - entsprechend den sie bewirkenden Operatoren - in drei Klassen eingeteilt. Wir besprechen diese o.B.d.A. anhand des relationalen Schemas von Abschnitt 5.4.2.

Einfügeanomalien können in folgenden Situationen entstehen:

- Einfügen eines Gegenstandes (genauer: des entsprechenden Tupels) in eine Gegenstandsrelation; Anomalie tritt auf, falls eine Bindung der Relation (der Wert unter dem betreffenden Attribut) mit einem Gegenstand (Identifikation) bedient wird, der selbst noch nicht Element der Datenbasis ist.

  Beispiel:
  - Einfügen eines Malzkontraktes mit einer dem System noch nicht bekannten Kundennummer, d.h. der betreffende Kunde ist noch nicht erfaßt.

- Einfügen einer Assoziation (bzw. des entsprechenden Tupels) in eine Assoziations-Relation; Anomalie entsteht, wenn wie zuvor eine oder mehrere der vorgegebenen (Gegenstands-) Identifikationen noch nicht in den betreffenden Gegenstandsrelationen vorkommen.

  Beispiel:
  - Einfügen einer Lieferung für einen Kunden zu einem noch unbekannten Malzkontrakt.

Entfernungsanomalien treten natürlich nur im Zusammenhang mit Gegenständen auf und zwar in dem zur Einfügeanomalie inversen Fall. Nämlich dann, wenn der zu entfernende Gegenstand (bzw. seine Identifikation) noch in Assoziationen vorkommt, oder wenn an ihn noch andere Gegenstände gebunden sind.

  Beispiele:
  - Löschung eines Kunden, obwohl ein Kontrakt mit ihm besteht.
  - Löschung eines Kontraktes, obwohl bereits Lieferungen zu ihm existieren.

Änderungsanomalien entstehen bei

- Änderung einer Identifikation in einem Gegenstands- oder Assoziationstupel, so daß sich eine Situation wie bei den Einfügeanomalien ergibt.
- partielle Änderung von Werten redundanter (z.B. an mehrere Gegenstände verteilter) Attribute.

  Beispiel:
  - Hätten wir die Kundenanschrift sowohl zum Attribut von Kunden als auch von Kontrakten gemacht, entstünde eine Anomalie, wenn die Anschrift eines Kunden nur in seinem Kontrakt nicht aber im Kundentupel selbst geändert würde.

Es ist klar, daß bei Anwendersystemen alle diese Anomalien durch entsprechende individuelle Programmierung a priori vermieden werden können. Bei Datenbanksystemen kann dies dagegen frühestens zum Zeitpunkt des Datenbankentwurfs geschehen, indem – falls überhaupt möglich – im Schema die entsprechenden Festlegungen getroffen werden. Zur Abwendung von Einfügungs- und Änderungsanomalien muß man etwa für jede Relation (z.B. durch ‚Markierung' der betreffenden Attribute, die übrigens wieder algorithmisch aus dem konzeptuellen Schema herleitbar wäre) vermerken, welche Identifikationen vor Durchführung der gewünschten Operation auf Existenz zu prüfen sind. Hier geht es also um Vorbedingungen, die in existierenden Systemen allerdings nur selten durch einfaches ‚Markieren' formuliert werden können. Wenn überhaupt gibt es meist nur die Möglichkeit, den Aufruf einer selbstdefinierten Datenbankprozedur an den Aufruf einer Datenbankoperation zu binden, z.B. in der Form:

BEFORE INSERT INTO <Kontrakte>
   CALL DB-PROZEDUR <Kundenprüfung>.

Sieht die Datendefinitionssprache des verwendeten Systems auch Möglichkeiten dieser Art nicht vor, so bleiben dem Anwender nur organisatorische Maßnahmen und Regelungen, da jeder DB-Benutzer dann selbst für die Aufrechterhaltung der Datenbasiskonsistenz verantwortlich ist.

Entfernungsanomalien können durch Einhaltung folgender Regeln verhindert werden:

- *Vorbedingung*: Entfernung eines Gegenstandes nur, falls kein anderer mehr an ihn gebunden ist.
- *Nachbedingung*: Entfernung aller Assoziationen, an denen der entfernte Gegenstand beteiligt ist.

Hinsichtlich der automatischen Überprüfung und Realisierung dieser Bedingungen gilt wieder das zuvor gesagte. Immerhin bieten aber sowohl z.B. SQL/DS als auch die meisten an DBTG orientierten Datenbanksysteme mit dem Konzept des Triggers eine Möglichkeit zur Formulierung von Nachbedingungen an.

5.4.5 Normalisierung

5.4.5.1 Zerlegung von Relationen

Hält man sich beim logischen Entwurf an die Abbildungsregeln 2 und 4 für relationale Schemata, so betreffen die Anomalien Tupel aus verschiedenen Relationen und können deshalb nur durch eine Folge von Änderungsoperationen – etwa in der in Abschnitt 5.4.4 geschilderten Weise – umgangen werden. Ähnliches gilt für Netzwerk-Schemata unter Beachtung der Abbildungsregeln; allerdings läßt sich dort durch Angabe der Einspeicherungs- und Entfernungsklassen in Sammlungen eine beschränkte Kontrolle der Anomalien erreichen.

Anomalien können allerdings auch innerhalb von Tupeln bzw. Sätzen auftreten. Wir illustrieren dies am Beispiel der Relation Anschrift aus Bild 5.21 für den Fall, daß wir undefinierte (NULL-) Werte in einer Relation verbieten. Wir nehmen dazu an, daß wir gelegentlich zu einem Ort seine Postleitzahl oder zu einer Postleitzahl den zugehörigen Ort feststellen wollen. Wie man sofort sieht, ist dieser Zusammenhang nur im Rahmen der Relation Anschrift definiert. Für einen Ort, der in keiner Anschrift vorkommt, ist die Postleitzahl nicht feststellbar. An Anomalien treten dann auf

- *Einfügeanomalie:* Ein Ort kann nur in die Relation eingebracht werden, wenn gleichzeitig seine Postleitzahl bekannt ist.

- *Entfernungsanomalie:* Wird ein Tupel aus Anschrift gelöscht, so geht die Information über die Postleitzahl des zugehörigen Ortes verloren, sofern der Ort nicht Bestandteil einer weiteren Anschrift ist.

- *Änderungsanomalie:* Wird die Postleitzahl eines Ortes geändert (ein im Zuge der Gebietsreformen gar nicht so seltener Vorgang), so sind ggf. mehrere Tupel in Anschrift zu ändern.

Die offensichtliche Lösung des Problems besteht darin, die Relation Anschrift in zwei Relationen mit den Attributen (A-Kennung, Straße-Haus-Nr, Ortsbezeichnung) und (Ortsbezeichnung, Postleitzahl) zu zerlegen. Durch natürliche Verbindung kann aus diesen beiden Relationen jederzeit die ursprüngliche rekonstruiert werden.

Die systematische, theoretisch begründete Beseitigung derartiger Anomalien in einem System von Relationen oder Satztypen ist Gegenstand der Normalformenlehre. Auf sie soll im folgenden eingegangen werden. Dabei wird unterstellt, daß die Relationen „flach", d. h. ihre Attributwerte unstrukturiert, atomar sind (siehe Kapitel 1).

Man mag einwenden, daß die gerade beschriebenen Anomalien auftreten, weil im konzeptuellen Entwurf der Fehler gemacht wurde, Orte nicht als eigenen Gegenstandstyp einzuführen. So richtig dieser Einwand ist, so sollte man doch bedenken, daß der konzeptuelle Entwurf nicht alle Konsequenzen auf der logischen Ebene voraussehen kann. Die *Normalisierung* (Zerlegung der Relationen oder Satztypen derart, daß die Zahl der Anomalien verringert wird) ist deshalb ein bequemes Hilfsmittel, am Ende des logischen Entwurfs die Entscheidungen des konzeptuellen Entwurfs zu überprüfen und ggf. zu korrigieren. Allerdings spielt die Normalisierung bei der in Kapitel 5 beschriebenen Vorgehensweise bei weitem nicht die Rolle wie bei Entwurfstechniken, die auf der sog. universellen Relation basieren [ULLM83]. Wir werden uns deshalb kurz fassen und uns außerdem auf die Anwendung im Relationenmodell beschränken (obwohl – entgegen einer weitverbreiteten Meinung – Normalisierung genauso auf das Netzwerkmodell zutrifft).

5.4.5.2 Funktionale und mehrwertige Abhängigkeiten

Die Normalisierung beginnt mit dem Studium von Abhängigkeiten zwischen Attributen einer gegebenen, auf beliebige Weise entstandenen Relation. Diese Abhängigkeiten spiegeln Gesetzmäßigkeiten der Miniwelt wider und müssen deshalb im Laufe des konzeptuellen Entwurfs aufgedeckt worden sein. Von

Bedeutung sind im wesentlichen zwei Arten von Abhängigkeiten, *funktionale* und *mehrwertige* Abhängigkeiten.

Im folgenden bezeichne $R(A_1, A_2, ..., A_n)$ ein Relationsschema mit Attributen $A_1 ...., A_n$. X, Y, Z seien Teilmengen aus $\{A_1, A_2, ..., A_n\}$.

Definition

Y heißt *funktional abhängig* von X in R (X bestimmt Y funktional), geschrieben $X \to Y$, wenn es in jeder Relation zu R keine zwei Tupel gibt, die in ihrem Wert unter X, aber nicht in ihrem Wert unter Y übereinstimmen. Y heißt *voll funktional abhängig* von X in R, geschrieben $X \xrightarrow{\bullet} Y$, wenn X minimal ist, d. h. wenn es keine Attributteilmenge aus X gibt, die bereits Y funktional bestimmt.

Mit anderen Worten, zu einem bestimmten Wert unter X findet man in jedem Tupel, in dem dieser Wert vorkommt, denselben Wert unter Y. Beispiele für funktionale Abhängigkeiten in dem relationalen Schema Bild 5.21 sind:

In Kunde: Kd-Nummer $\xrightarrow{\bullet}$ Kd-Name

In Anschrift: A-Kennung $\xrightarrow{\bullet}$ Straße-HsNr
A-Kennung $\xrightarrow{\bullet}$ Postleitzahl
A-Kennung $\xrightarrow{\bullet}$ Ortsbezeichnung
Ortsbezeichnung $\xrightarrow{\bullet}$ Postleitzahl

In Lieferung: Kontraktnr $\xrightarrow{\bullet}$ A-Kennung
Kontraktnr $\xrightarrow{\bullet}$ Speditionsart
(Partie-Nr, Kontraktnr) $\xrightarrow{\bullet}$ Lieferdatum
(Partie-Nr, Kontraktnr) $\to$ Speditionsart
(Partie-Nr, Kontraktnr) $\to$ A-Kennung

Man beachte, daß bis auf die letzten beiden die Abhängigkeiten voll funktional sind. Zu Illustrationszwecken wollen wir außerdem zu *Lieferung* noch die (etwas ungewöhnliche) Bedingung hinzufügen, daß zu einem bestimmten Liefertermin nur ein Kontrakt bedient werden kann: Lieferdatum $\xrightarrow{\bullet}$ Kontraktnr.

Von Bedeutung sind folgende Grundgesetze (Axiome) für funktionale Abhängigkeiten (nicht für *volle* funktionale Abhängigkeiten!):

1. Falls $X \to Y$ und $X \to Z$ dann $X \to YZ$. Beispiel: Falls $A_1 \to A_2$ und $A_1 \to A_3$ dann auch $A_1 \to A_2 A_3$,
   also etwa in *Anschrift*: A-Kennung$\to$ (Straße-HsNr, Ortsbezeichnung).

2. Falls $X \to Y$ und Z Teilmenge von Y dann auch $X \to Z$. Beispiel: Falls $A_1 \to A_2 A_3$ dann auch $A_1 \to A_2$ und $A_1 \to A_3$.

3. $X \to X$.

Der Begriff des Schlüssels einer Relation läßt sich auf funktionale Abhängigkeiten zurückführen.

Definition

X heißt *Schlüsselkandidat* von R falls $X \xrightarrow{\bullet} A_1 A_2 \ldots A_n$.

Falls in einer Relation mehrere Schlüsselkandidaten existieren, muß einer als Primärschlüssel ausgezeichnet werden. Man beachte, daß aufgrund der zuvor genannten Axiome gilt $X \to A_i$ für alle i (aber nicht unbedingt $X \xrightarrow{\bullet} A_i$). Dies zeigt anschaulich die Relation *Lieferung*, die nach dem Gesagten den Schlüssel (Partie-Nr, Kontrakt-Nr) besitzt.

Seien nunmehr X, Y, Z derart, daß jedes Attribut A_i in genau einer der drei Teilmengen vorkommt. Eine recht informelle Definition mehrwertiger Abhängigkeiten lautet dann:

Definition

Y heißt *mehrwertig abhängig* von X in R, geschrieben $X \twoheadrightarrow Y$, wenn in jeder Relation zu R der Zusammenhang zwischen X und Y ohne Kenntnis der Werte unter Z beschrieben werden kann.

Keine der Relationen in Bild 5.21 weist eine mehrwertige Abhängigkeit auf – ein Ergebnis des vorangegangenen konzeptuellen Entwurfs. Wir wollen uns daher zur Illustration eine neue Relation *Auftragslage* vorstellen, in der für jeden Lieferanten seine Kontrakte und seine verschiedenen Anschriften geführt werden:

Auftragslage (Lf-Nummer, Kontraktnr, A-Kennung)

Offensichtlich gilt Lf-Nummer $\twoheadrightarrow$ Kontraktnr und Lf-Nummer $\twoheadrightarrow$ A-Kennung, da die Verträge nichts mit den Anschriften des Lieferanten zu tun haben und umgekehrt auch die Anschriften eines Lieferanten unabhängig davon gelten, welche und wieviele Verträge er abschließt. Die Abhängigkeit Lf-Nummer $\twoheadrightarrow$ Kontraktnr wäre übrigens auch dann mehrwertig, wenn Lf-Nummer$\to$ A-Kennung gälte.

Man erkennt deutlich zwei Grundsätze für mehrwertige Abhängigkeiten:

1. Falls $X \twoheadrightarrow Y$, dann auch $X \twoheadrightarrow Z$
2. Falls $X \to Y$ dann auch $X \twoheadrightarrow Y$, d. h. die funktionale Abhängigkeit ist ein Spezialfall der mehrwertigen Abhängigkeit.

Ausführlichere Diskussionen der eben geschilderten Abhängigkeiten zusammen mit zahlreichen Beispielen findet man in [DATE83, ULLM83, SCHL83].

5.4.5.3 Normalformen

Anomalien werden nun dadurch vermieden, daß man die in einer Relation auftretenden funktionalen und mehrwertigen Abhängigkeiten beschränkt. Man sagt, daß sich Relationen mit diesen Beschränkungen in bestimmten *Normalformen* befinden. Befindet sich eine Relation nicht in einer gewünschten Normalform, so kann man versuchen, sie in zwei oder mehr Relationen mit weniger Attributen zu zerlegen, die dieser Normalform genügen *(Normalisierung)*. Solche Zerlegungen sind keinesfalls immer möglich, da man an sie die Forderung der Verlustfreiheit stellen muß. Mögliche verlustfreie Zerlegungen muß man daraufhin überprüfen, ob auch nach ihrer Durchführung noch alle Gesetzmäßigkeiten der Miniwelt aufrechterhalten werden können. Der interessierte Leser sei hierzu auf die Theorie der Normalformen [ULLM83, SCHL83] sowie zahlreiche Beispiele in [DATE83] verwiesen. Wir geben an dieser Stelle lediglich eine formlose Einführung in die Normalformen in Anlehnung an [KENT83, SCHL83].

Definition

Eine Relation R ist in *erster Normalform* (1NF), wenn jeder Attributwert elementar (aus der Sicht des Datenbanksystems) ist.

In einer 1NF-Relation kann es also z. B. keine vektor-, matrix-, listen-, mengenwertige Attribute geben. Beispiel: Alle Relationen aus Bild 5.21 sind in 1NF.

Für das Weitere benötigen wir den folgenden Begriff. Ein Attribut A_i von R heißt *Schlüsselattribut*, falls es in irgendeinem Schlüsselkandidaten von R vorkommt, andernfalls *Nichtschlüsselattribut*. Die zunächst zu besprechenden Normalformen setzen sich nun zum Ziel, daß Nichtschlüsselattribute ausschließlich Aussagen über den durch den *gesamten* Schlüsselkandidaten identifizierten Sachverhalt machen, nicht bereits über Teile hiervon. Dies führt zunächst zur

Definition

Eine Relation R ist in *zweiter Normalform* (2NF), wenn sie in 1NF ist und jedes Nichtschlüsselattribut von jedem Schlüsselkandidaten voll funktional abhängig ist.

Relationen mit einelementigem Schlüsselkandidaten sind trivialerweise in 2NF. Von den zuvor genannten Relationen sind in 2NF: *Kunde* (Schlüsselkandidat: Kd-Nummer), *Anschrift* (Schlüsselkandidat: A-Kennung), *Auftragslage* (Schlüsselkandidat: (Lf-Nummer, Kontraktnr, A-Kennung)). Hingegen ist nicht in 2NF: *Lieferung* (Schlüsselkandidat: (Partie-Nr, Kontrakt-Nr)). Diese Relation wäre deshalb zu zerlegen entsprechend der vorgegebenen funktionalen Abhängigkeiten in

Lieferart (Kontraktnr, A-Kennung, Speditionsart)
Partie (Partie-Nr, Kontraktnr, Lieferdatum)

Nun haben wir eingangs schon dargelegt, daß mit der Relation *Anschrift* Anomalien verbunden sind. 2NF-Relationen sind also keineswegs schon völlig anomalienfrei. Wir benötigen die (etwas vereinfachte)

Definition

Eine Relation R ist in *dritter Normalform* (3NF), wenn sie in 2NF ist und kein Nichtschlüsselattribut transitiv von einem Schlüsselkandidaten abhängt, d.h. für Nichtschlüsselattribut A und Schlüsselkandidat X darf es keine zwischengeschaltete Attributmenge Y geben sodaß $X \to A$ und $X \to Y$ und $Y \to A$.

Anschaulich gesprochen darf es in der Menge der Nichtschlüsselattribute nicht selbst nochmals funktionale Abhängigkeiten geben. Von den gerade genannten Relationen sind *Kunde*, *Auftragslage*, *Lieferart* und *Partieart* in 3NF, nicht aber *Anschrift*. Letztere müßten wir zerlegen in

Anschrift-oPLZ (A-Kennung, Straße-HsNr, Ortsbezeichnung)
Ort (Ortsbezeichnung, Postleitzahl).

2NF und 3NF beziehen sich strikt auf die Abhängigkeit der Nichtschlüsselattribute von den Schlüsselkandidaten. Gelegentlich kann zusätzlich eine Abhängigkeit einzelner Schlüsselattribute von Nichtschlüsselattributen vorkommen. Ein Beispiel hierfür ist unsere Relation *Lieferung* mit der (künstl.) Abhängigkeit Lieferdatum $\overset{\bullet}{\to}$ Kontraktnummer. Auch in solchen Fällen können Anomalien auftreten, etwa derart, daß bei Eintragen einer neuen Partie samt Lieferdatum das Lieferdatum eines anderen Kontraktes abgeändert werden muß. Um diesem Umstand Rechnung zu tragen, benötigen wir als weitere

Definition

Eine Relation R ist in *Boyce-Codd-Normalform* (BCNF), wenn für jede volle funktionale Abhängigkeit $X \overset{\bullet}{\to} Y$ in R gilt: X ist Schlüsselkandidat.

Eine Zerlegung von *Lieferung* ist nicht mehr offensichtlich, da hierdurch die Zusammenhänge auseinandergerissen werden. Tatsächlich kann man die verlustfreie Zerlegbarkeit in BCNF-Relationen auch nicht allgemein garantieren. Im übrigen folgt aus dem Gesagten, daß jede BCNF-Relation auch 3NF ist.

In BCNF ist allerdings die Relation *Auftragslage*. Sie ist jedoch keineswegs frei von Anomalien. Dies wird etwa beim Einfügen deutlich: Bei jedem Hinzufügen eines neuen Auftrags müssen ebenso viele Tupel eingefügt werden wie dieser Lieferant Adressen besitzt. Mehrwertige Abhängigkeiten sollten deshalb unbedingt vermieden werden. Dies führt zur

Definition

Eine Relation R ist in *vierter Normalform* (4NF), wenn sie 3NF ist und außer funktionalen Abhängigkeiten keine mehrwertigen Abhängigkeiten enthält.

Für die Zerlegung einer Relation, die nicht 4NF ist, gilt: Ist wie zuvor $X \twoheadrightarrow Y$ und $X \twoheadrightarrow Z$ in R, dann bilde zwei neue Relationen $R1\ (X, Y)$ und $R2\ (X, Z)$. Dementsprechend wird *Auftragslage* zerlegt in

Aufträge (Lf-Nummer, Kontraktnr)
Lieferantadr (Lf-Nummer, A-Kennung).

Da sich auch in einem System von 4NF-Relationen Anomalien noch nicht völlig vermeiden lassen, ist die Normalformenlehre noch weiter ausgedehnt worden. Darauf soll hier nicht mehr eingegangen werden. Der Grund liegt darin, daß die Normalisierung einseitig auf die Optimierung der Änderungsoperationen in einer Datenbasis ausgerichtet ist. Durch die Zerlegung in kleine Relationen werden dafür die Lesevorgänge benachteiligt, da diese die Zerlegung mittels der Verbindungsoperation wieder rückgängig machen müssen. Beim Entwurf normalisierter Relationen oder Satztypen sollte man deshalb stets einen vernünftigen Ausgleich zwischen Änderungs- und Leseaufwand im Auge behalten.

5.5 Definition externer Sichten

5.5.1 Notwendigkeit und Vorgehensweise

Bei der Darstellung der einzelnen Schritte des Datenbankentwurfs wurde bisher nicht unterschieden, ob ein (konzeptuell/logisches) Einzel- oder ein (konzeptuell/logisches) Gesamtschema zu erstellen ist. Wir werden nunmehr darauf eingehen, wie beide Schemaarten zusammenhängen und welche Konzequenzen sich daraus für ihren Entwurf ergeben.

Datenbanksysteme sollen die Datenbestände verschiedener Teilbereiche eines Unternehmens, einer Verwaltung usw. integriert verwalten. Die Sichtweise jeder dieser Anwendungen auf die Datenbasis wird durch ein externes Schema beschrieben, während der Aufbau der Gesamtdatenbasis (die Gesamtsicht) durch das Datenbankschema dokumentiert wird. Selbstverständlich kann keine externe Sicht Informationen enthalten, die nicht in der Datenbasis repräsentiert sind oder zumindest aus den dort vorhandenen Informationen per Algorithmus gewonnen werden können (beispielsweise der Nettolohn aus Bruttolohn und Abzügen). Jedes externe Schema muß daher mit dem Datenbankschema der jeweiligen Datenbank verträglich, d.h. mit bestimmten Regeln daraus herleitbar sein. Wie dies im einzelnen erfolgt, ist Thema von Abschnitt 5.5.3.

Für die Schritte 2 und 3 des Entwurfsprozesses gemäß der Einführung zu diesem Kapitel liegen somit folgende Randbedingungen vor:

a) Für jeden zu berücksichtigenden Teilbereich ist dessen Informationsbedarf (unabhängig von dem anderer Teilbereiche) bekannt.

a) Als Endergebnis sind ein Datenbankschema sowie für jeden Teilbereich ein damit verträgliches externes Schema in der vom verwendeten Datenbanksystem verlangten Form zu erstellen.

Die bisher vorgestellten Entwurfsphasen müssen also um die letztlich zu den externen Schemata führende *Sichtenintegration* erweitert werden. Prinzipiell sind hierzu zwei verschiedene Vorgehensweisen denkbar:

1. *Sichtenintegration während des logischen Entwurfs* (siehe Bild 5.24)

   Konzeptueller und logischer Entwurf werden zunächst für jede Sicht separat mit den Techniken aus Abschnitt 5.3 und 5.4 durchgeführt. Als Ergebnis liegt für jede Schicht ein externes Schema vor. Hieraus ist das Datenbankschema zu erstellen.

2. *Sichtenintegration während des konzeptuellen Entwurfs* (siehe Bild 5.25)

   Für jede Sicht wird ein konzeptuelles Einzelschema gemäß Abschnitt 5.3 angefertigt. Anschließend werden diese Schemata – immer noch als Bestandteil des konzeptuellen Entwurfs – zu einem konzeptuellen Gesamtschema integriert. Beim logischen Entwurf wird hier gemäß Abschnitt 5.4 das Datenbankschema entworfen, aus dem wiederum die einzelnen externen Schemata zu definieren sind.

534 Datenbankentwurf

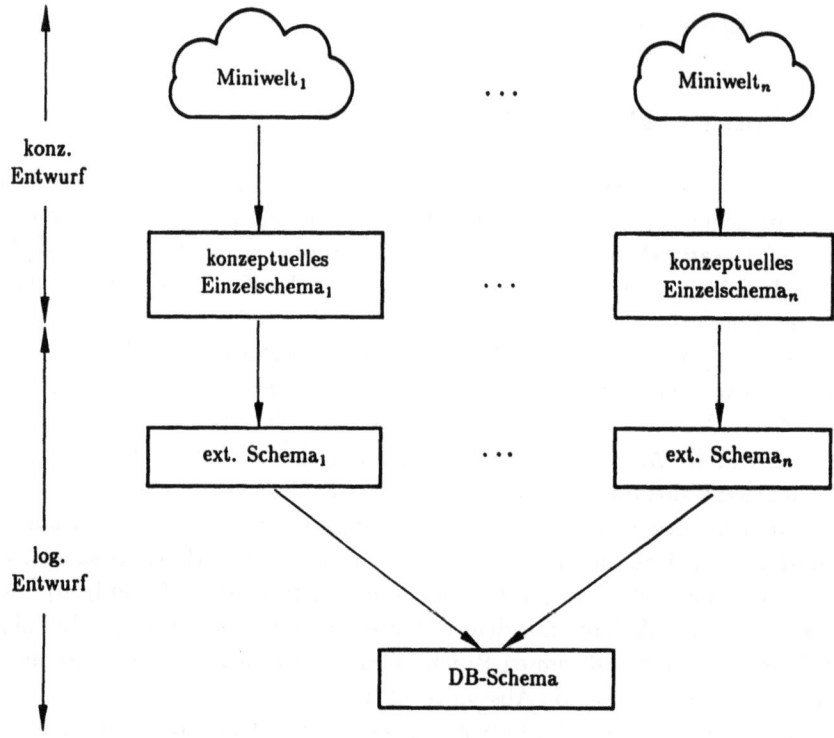

Bild 5.24 Sichtenintegration beim logischen Entwurf

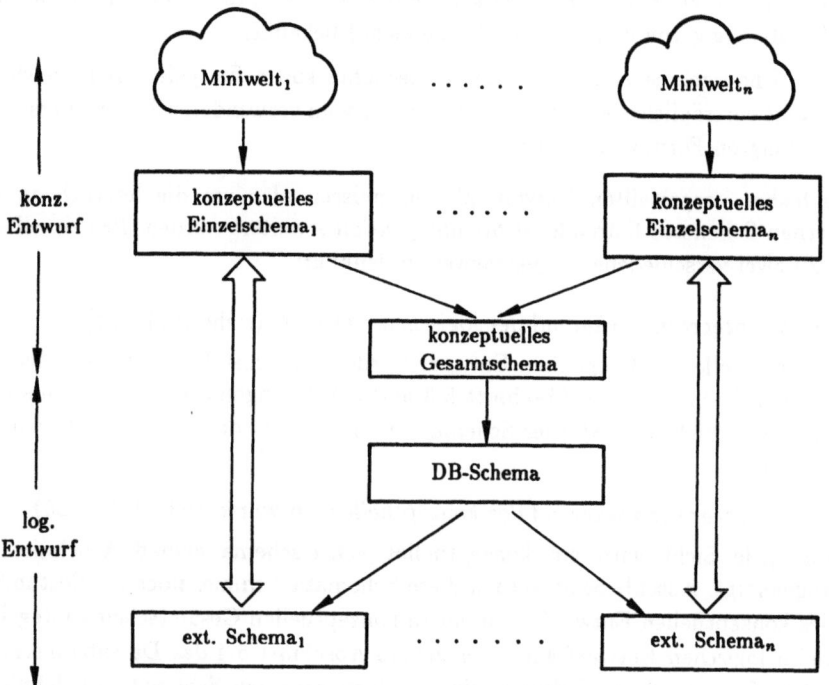

Bild 5.25 Sichtenintegration beim konzeptuellen Entwurf

Weg 1 erweist sich als wenig praktikabel, da die Sichtenintegration sehr spät erfolgt. Aus den Texten der einzelnen, unabhängig voneinander erstellten externen Schemata geht nicht hervor, wo es sich um gleiche oder zumindest zusammenfaßbare Gegenstandstypen, Beziehungstypen usw. handelt. Eine Datenbank ohne unerwünschte (da im Entwurf unerkannte) Redundanz ist daher nur zu erhalten, wenn nochmals zum konzeptuellen Entwurf zurückgekehrt wird. Dies legt es aber nahe, von vornherein Weg 2 zu wählen. Wir besprechen für diese Vorgehensweise nachfolgend die von der bisherigen Darstellung abweichenden Gesichtspunkte für konzeptuellen und logischen Entwurf. Während zunächst die Datenbankmanipulation außer acht bleibt, gehen wir anschließend auf einige Probleme bei der Verwendung externer Sichten ein.

5.5.2 Konzeptueller Entwurf und Sichtenintegration

Nach dem konzeptuellen Entwurf der Einzelsichten muß aus den resultierenden konzeptuellen Einzelschemata ein Gesamtschema gewonnen werden. Dies ist in der Regel ein iterativer Prozeß, der in enger Abstimmung mit den Vertretern der einzelnen Sichten durchzuführen ist. Unabhängig von der Wahl von Bezeichnern in den Einzelentwurfsbeschreibungen muß aufgespürt werden, wo in verschiedenen Anwendungen die gleichen Gegenstände, Eigenschaften und Beziehungen auftreten. Wenn der Informationsbedarf verschiedener Sichten nur leicht voneinander abweicht, ist eine Anpassung häufig akzeptabel. Änderungen von konzeptuellen Einzelschemata während der Sichtenintegration sind also durchaus möglich. Im konzeptuellen Gesamtschema dürfen alle Gegenstandsklassen usw. nur noch einmal auftreten, andererseits müssen alle benötigten Teilsichten wieder daraus gewonnen werden können.

Sichtenintegration ist ein weitgehend manueller Prozeß, der großes Geschick seitens des Datenbankadministrators erfordert. Hilfestellung kann ein entsprechend ausgebautes Datenwörterbuch leisten, mit dem bei sukzessiver Integration der Einzelsichten zumindest auf Bezeichner-/ Beschreibungsebene Anhaltspunkte gewonnen werden können, welche Bestandteile der augenblicklich zu integrierenden Sicht mit welchen Bestandteilen der bereits vorliegenden Gesamtsicht zusammenpassen. Namens- und Typkonflikte müssen gelöst, ggf. entstehende Redundanzen analysiert und beseitigt werden. Neuerdings werden hierzu heuristische Verfahren vorgeschlagen ([CERI83, EICK84, EICK85]).

5.5.3 Logischer Entwurf externer Sichten

Der logische Entwurf beginnt damit, unter Anwendung der Techniken aus Abschnitt 5.4 ein Datenbankschema gemäß dem jeweiligen Datenmodell und in der Form, wie es von dem verwendeten Datenbanksystem verlangt wird, zu definieren. Dieses Schema bildet die Grundlage, um anschließend die benötigten externen Schemata zu formulieren. Je nach Datenmodell stehen dabei unterschiedliche Möglichkeiten zur Verfügung. Wir werden die Definition externer Schemata wieder für das Relationenmodell (basierend auf sog. Views) und das Netzwerkmodell (Subschemata) besprechen.

5.5.3.1 Externe Sichten im Relationenmodell

Ein Datenbankschema besteht im Relationenmodell aus der Definition einer Anzahl von Relationen samt der Typfestlegungen für alle vorkommenden Attribute und soweit möglich der Angabe von Konsistenzbedingungen. Externe Schemata können daraus entstehen durch

a) die Übernahme vollständiger Relationen,
b) die Definition abgeleiteter Relationen,
c) (eventuell) Hinzunahme weiterer Konsistenzbedingungen.

Konsistenzbedingungen sollen hier nicht weiter betrachtet werden, da realisierte Systeme wenig Möglichkeiten zu ihrer Definition und Überwachung anbieten. Die Übernahme vollständiger Relationen besteht einfach darin, eine im Datenbankschema beschriebene Relation unverändert in einer externen Sicht zugänglich zu machen.

Hauptkonzept für externe Sichten ist somit die Möglichkeit zur Definition abgeleiteter Relationen. Sie werden im Relationenmodell Views (Benutzersichten) genannt. Man beachte, daß „Benutzersicht" eine speziellere Bedeutung als „externe Sicht" hat, weshalb beide Begriffe sauber unterschieden werden müssen; wir werden daher für Benutzersichten im Relationenmodell die Bezeichnung View beibehalten.

Abgeleitete Relationen beruhen wesentlich auf der Tatsache, daß bei der Anwendung eines Operators der Relationenalgebra als Ergebnis wieder eine Relation erhalten wird. Entsprechend kann man jeden beliebigen *select*-Ausdruck auf Relationen des Datenbankschemas (sog. Basisrelationen) benutzen, um eine daraus abgeleitete Relation zu definieren. Im Gegensatz zu einer Anfrage wird dieser Ausdruck jedoch nicht sofort ausgewertet. Er dient vielmehr als Deklaration, eine Auswertung findet erst statt, wenn die so festgelegte View ihrerseits in einer Anfrage benutzt wird. Views sind also keine Kopien von (Teilen von) Relationen, sondern eine Art dynamische Fenster: Die Extension einer View hängt zu jedem Zeitpunkt von den jeweiligen Extensionen ihrer Basisrelationen ab. Der genaue Zusammenhang ergibt sich aus dem definierenden *select*-Ausdruck.

Die Mächtigkeit der Relationenalgebra gestattet u.a. abgeleitete Relationen durch

i) Weglassen von Attributen der Basisrelation,
ii) Weglassen bestimmter Tupel der Basisrelation,
iii) Kombination verschiedener Basisrelationen nach bestimmten Kriterien, falls erforderlich kombiniert mit Weglassen von Attributen und/oder Tupeln.

(i) und (ii) können natürlich auch benutzt werden, um eine Basisrelation nach bestimmten Kriterien für die externe Sicht in mehrere Relationen zu zerlegen, für (ii) und (iii) können Attributwerte zur Entscheidung herangezogen werden. Weitere Möglichkeiten liegen darin, Attribute für eine View aus den Attributen von Basisrelationen zu synthetisieren. So kann man etwa aus Attributwerten für Bruttolohn und Abzüge einer Basisrelation die Werte eines Attributs „Nettolohn" einer View berechnen. Ein weiteres Beispiel für berechnete Attributwerte findet man, wenn bei zahlartigen Attributen in der View andere Maßeinheiten als in der Basisrelation verwendet werden sollen.

Schließlich ist es im Zuge der Definition von Views auch möglich, andere Attributbezeichner als in der Basisrelation zu wählen und/oder den Typ einzelner Attribute zu ändern. Letzteres setzt allerdings voraus, daß alter (für die Basisrelation festgelegter) und neuer (für die View festgelegter) Typ miteinander verträglich sind, weshalb es sich hier vorwiegend um Fragen des gewünschten Darstellungsformats (z.B. dezimale oder Exponentendarstellung für reelle Zahlen) handelt.

generelle Form: **define view** <Name der View>
                  as <select-Ausdruck>

oder: **define view** <Name der View>
                     (<Liste von Attributnamen>)
                as <select-Ausdruck>
                (falls Umbenennung von Attributen der View im Vergleich zu den Basisrelationen gewünscht wird oder notwendig ist)

a) Der Sachbearbeiter für die Berechnung der Vermittlerprovisionen benötigt für seine Aufgabe lediglich die Angaben über Kontraktnummer, Vermittler, Abschlußdatum, K-Gegenstand und Vertragsmenge der Relation Kontrakt, soll aber beispielsweise nicht über den Preis/Tonne informiert werden:
  define view Provisionsdaten
      as select Kontraktnummer, Vermittler, Abschlußdatum, K-Gegenstand, Vertragsmenge
      from Kontrakt

b) Die gesamte Anschriftenverwaltung wird von zwei Sachbearbeitern durchgeführt, die jeweils für bestimmte Postleitzahlenbereiche zuständig sind:
  define view Nordanschriften
      as select *
      from Anschrift
      where Postleitzahl < 6000
  define view Südanschriften
      as select *
      from Anschrift
      where Postleitzahl ≥ 6000

c) Für den Versand von Rundschreiben sollen alle Adressen druckfertig bereitstehen (mit Attributumbenennung):
  define view Adressen (Name, Str, PLZ, Ort)
      as select Kd-Name, Straße-HsNr, Postleitzahl, Ortsbezeichnung
      from Kunde, Anschrift, Kd-Anschrift
      where Kunde.Kd-Nummer = Kd-Anschrift.Kd-Nummer
      and Anschrift.A-Kennung = Kd-Anschrift.A-Kennung

d) Für die Verkaufsstatistik sollen die Umsätze der einzelnen Verträge zur Verfügung stehen (berechenbar aus Vertragsmenge * Preis/Tonne aus der Relation Kontrakt):
  define view Kontraktumsätze (Kontraktnummer, Umsatz)
      as Kontraktnummer, Vertragsmenge * Preis/Tonne
      from Kontrakt

Bild 5.26 Definition relationaler Schichten

Damit geht man bei der Erzeugung einer externen Sicht bei einem relationalen Datenbanksystem wie folgt vor:

1. Definition der benötigten Views,
2. Freigabe der vorgesehenen Basisrelationen und Views für die entsprechende Benutzergruppe.

Die Beschreibungen der für einen Benutzer freigegebenen Basisrelationen und Sichten machen zusammen sein externes Schema aus. Mit dem in Abschnitt 5.4 entwickelten Datenbankschema werden in Bild 5.26 einige Beispiele der Viewdefinition demonstriert. (SQL-Syntax nach [DATE82]; dort findet man auch weitere Details.)

5.5.3.2 Externe Sichten im Netzwerkmodell

Im Netzwerkmodell werden externe Sichten zu einem Datenbankschema (in der DBTG-Terminologie einfach Schema genannt) mit Hilfe sogenannter Subschemata definiert. Grob betrachtet beschreibt ein Subschema wieder eine Teilmenge der im Schema beschriebenen Objekte. Insbesondere können

- ein oder mehrere Sammlungstypen weggelassen werden,
- ein oder mehrere Satztypen weggelassen werden,
- ein oder mehrere Felder in einem Satztyp weggelassen werden,

so daß ein Teilnetzwerk des durch das Schema beschriebenen Netzwerk entsteht. Selbstverständlich kann ein Satztyp in einem Subschema nicht weggelassen werden, wenn er in diesem Subschema in einem Sammlungstyp verwendet wird.

Ein wesentlicher Unterschied zur Festlegung der externen Sichten im Relationenmodell besteht darin, daß hier wegen der rein strukturmäßigen Beschreibung keine wertabhängigen Entscheidungen über die Aufnahme eines Objekts in ein Subschema möglich sind. Es müssen also beispielsweise durch Aufnahmen oder Nichtaufnahme eines Satztyps „Kontrakt" entweder alle oder gar keines der dazu vorhandenen Satzexemplare zugänglich gemacht werden. Es ist keine Restriktion derart möglich, daß nur Satzexemplare mit einer bestimmten Feldausprägung (beispielsweise Vertragsmenge ≤ 5000) in der externen Sicht verfügbar sind. Wird dies (beispielsweise aus Schutzgründen) gewünscht, müßte eine Aufspaltung in zwei strukturell gleiche Satztypen im Schema vorgenommen werden.

Hingegen können wiederum Abweichungen vom Schema wie

- Wahl anderer Bezeichner
- Änderung von Feldtypen
- Änderung der Reihenfolge von Feldern in Satztypen

usw. vorgenommen werden. Zudem sind Variationen bei einigen durch den navigierenden Charakter des Netzwerkmodells bedingten Schemainformation (z.B. bei der SET SELECTION-Klausel) möglich.

Wir verwenden wieder das Schema aus Bild 5.14 für ein Beispiel zur Subschemadefinition (Bild 5.27; COBOL-Subschema-DDL nach [DATE82]). Dieses Subschema beschreibt alle Daten für die Aufgaben a) und c) aus Bild 5.26. Man beachte

Definition externer Sichten 539

jedoch, daß hier ein Anwendungsprogramm selbst die vollständigen Adressen (aus den Kunden- und Anschriftsdaten unter Verwendung der Sammlungen K1 und K2) ermitteln muß. Im Gegensatz zum Relationenmodell kann ein Subschema hier keine Satztypen aufweisen, die aus Teilen mehrerer Sätze des Schemas zusammengesetzt sind.

Weitere Details für die Subschemaerstellung enthält [OLLE78].

```
TITLE DIVISION
SS Prov-Adr-Subschema WITHIN Malzfabrik.
MAPPING DIVISION.
ALIAS SECTION.
AD SET K1 IS Kunde/Anschrift.
AD SET K2 IS Anschrift/Kunde.


STRUCTURE DIVISION.
SET SECTION.
SD K1.
SD K2.


RECORD SECTION.

  01  Kontrakt
      02 Kontraktnr:           PICTURE IS X(5).
      02 Vermittler:           PICTURE IS X(30).
      02 Abschlußdatum:        PICTURE IS X(8).
      02 Kontrakt-Gegenstand:  PICTURE IS X(2).
      02 Vertragsmenge:        PICTURE IS 9(10).
  01  Kunde.
      02 Kd-Nummer:            PICTURE IS X(8).
      02 Kd-Name:              PICTURE IS X(40).
  01  Anschrift.
      02 A-Kennung:            PICTURE IS X(6).
      02 Straße-HsNr:          PICTURE IS X(50).
      02 Postleitzahl:         PICTURE IS 9999.
      02 Ortsbezeichnung:      PICTURE IS X(30).
  01  K/A
```

Bild 5.27 Netzwerkorientiertes Subschema

5.5.4 Probleme bei der Verwendung externer Sichten

Der einzelne Endbenutzer eines Datenbanksystems führt seine Operationen mit der Datenbank auf der Grundlage des für ihn vorgesehenen externen Schemas aus. Die Daten der Datenbank selbst sind aber wie im Datenbankschema niedergelegt organisiert. Im Zuge des Ablaufs von Operationen müssen somit nach externem

Schema strukturierte Daten gemäß logischem Gesamtschema interpretiert werden und umgekehrt.

Solange es um lesende Operatoren geht, sind damit keine Schwierigkeiten verbunden. Wegen der Vorschriften zur Definition externer aus konzeptuellen Sichten nach Abschnitt 5.5.3 ist die hier erforderliche Interpretationsrichtung Datenbankschema → externes Schema in allen Fällen (auch für Werte synthetisierter Attribute) möglich.

Anders liegt der Fall jedoch bei ändernden Operationen (zu denen auch Speicherungs- und Löschoperationen zu zählen sind). Wir diskutieren die Probleme anhand des Relationenmodells, sie treten jedoch in ähnlicher Weise auch beim Netzwerkmodell auf ([OLLE78]). Betroffen sind hier Views, während die in eine externe Sicht übernommenen Basisrelationen außer acht bleiben können. Je nach Definition einer View können bei einer Änderungsoperation u.a. folgende Fälle auftreten:

- Die View enthält nur einen Teil der Attribute der Basisrelation. Was geschieht etwa beim Einfügen/Löschen eines View-Tupels mit den fehlenden Attributen der Basisrelation, insbesondere, wenn Schlüsselattribute betroffen sind? Beispielsweise würde (mit den Angaben aus Bild 5.21 und Bild 5.26) das Einfügen eines Tupels in die View „Provisionsdaten" in der zugrunde liegenden Relation die Attribute Preis/Tonne, Anf.-Lieferung und End-Lieferung ohne Werte für das neue Tupel lassen. Auffüllen mit Nullwerten widerspricht vermutlich den Miniweltgegebenheiten, Nachforderung der fehlenden Werte widerspricht dem Konzept externer Sichten. Umgekehrt verbleiben beim Löschen eines Provisionsdaten-Tupels in der Basisrelation Werte für die o.a. Attribute; das „Rumpftupel" verfügt über keinen Schlüssel mehr.
- Die View enthält synthetisierte Attribute (Beispiel d) in Bild 5.26). Wie soll ein solcher Attributwert beim Einfügen/Ändern in Werte für die ihm zugrundeliegenden Attribute zerlegt werden?

Probleme dieser Art werden unter der Überschrift „view update" seit einiger Zeit theoretisch untersucht. Ziel ist eine möglichst genaue Charakterisierung der Fälle, in denen Änderungsoperationen an Views sinnvoll durchführbar sind ([BANC79, DAYA78, URSP84]).

Wegen der schwierigen Überschaubarkeit der Auswirkungen werden in praktisch eingesetzten Datenbanksystemen Änderungsoperationen an Views häufig ganz verboten oder auf ganz spezielle Fälle beschränkt. In jedem Fall ist beim Datenbankentwurf die geplante Benutzung externer Sichten zu berücksichtigen. Dabei kann es durchaus zu Konflikten kommen, etwa zwischen Schutzbedürfnissen (möglichst „enge" Sicht) und benötigten Änderungsmöglichkeiten.

Abschließend noch zwei weitere Gesichtspunkte zur Definition externer Sichten:

- Durch den systembedingt notwendigen „Umweg" vom konzeptuellen Teilschema über das konzeptuelle und logische Gesamtschema zum eigentlich gewünschten externen Schema ist nicht mehr automatisch gewährleistet, daß ein externes Schema eine gegebene Miniwelt auch exakt beschreibt („↔" in Bild 5.25). Dies gilt umso mehr, als je nach Datenmodell aus einem gegebenen logischen Schema

nur auf eingeschränkte Weise externe Schemata definiert werden können. Alle externen Schemata sind daher auf Konformität mit den entsprechenden Informationsbeschreibungen zu überprüfen. Notwendigenfalls sind iterativ logisches und externes Schema zu verbessern und/oder – alles in Absprache zwischen Anwendungsspezialisten und Datenbankadministrator – Kompromisse hinsichtlich Anforderungen der Miniwelt einerseits und ihre Modellierbarkeit in einem externen Schema des zu verwendenden Datenbanksystems andererseits zu schließen.
- In der Literatur findet man vereinzelt Ansätze, die für logische Teil- und Gesamtschemata unterschiedliche Datenmodelle erlauben. Damit wäre es auch denkbar, für verschiedene externe Sichten verschiedene Datenmodelle heranzuziehen ([FALK77, URSP84])).

5.6 Physischer Entwurf

5.6.1 Aufgabenstellung

Unter *physischem Datenbankentwurf* versteht man nach [TEOR82] den Prozeß, für ein vorgegebenes logisches Datenbankschema eine implementierbare und effiziente physische Datenbasisstruktur anzugeben. Unter Effizienz ist hierbei zu verstehen, daß das Datenbanksystem für *sämtliche* Benutzer ein gutes Leistungsverhalten aufweist, auch wenn deren Anforderungen auf der Ebene des konzeptuellen und logischen Entwurfs über einen weiten Bereich streuen. Der Begriff Implementierbarkeit soll ausdrücken, daß dieses Leistungsverhalten mit bekannten, erprobten und wirtschaftlichen Techniken zu erzielen ist.

Diese Definition macht das Primat des logischen Datenbankentwurfs vor dem physischen Datenbankentwurf deutlich: Erst wenn die logische Datenbasisstruktur festliegt, treten Leistungsgesichtspunkte bei vorgegebenen Betriebsmitteln wie Gerätekonfiguration oder Betriebssystem als weitere Entwurfskriterien hinzu, oder andersherum ausgedrückt, der logische Entwurf sollte unabhängig von Hardwareüberlegungen erfolgen und Leistungsgesichtspunkte nur in soweit berücksichtigen, als sie sich auf Strukturen der logischen Ebene beziehen (z.B. Berücksichtigung von zu erwartenden Anfragehäufigkeiten durch entsprechende Organisation von Sammlungen im Netzwerkmodell, ‚Denormalisierungen' im Relationenmodell).

Bild 5.28 (nach [TEOR80]) illustriert welche sieben Faktoren den physischen Datenbankentwurf wesentlich beeinflussen. Demgegenüber beschränken sich Steuerungsmaßnahmen, zumindest im Falle heute kommerziell erhältlicher Datenbanksysteme, meist auf folgende drei Verfahrensbereiche [TEOR80]:

1. *Festlegen der Formate für die gespeicherten Sätze*

   Zu entscheiden ist über den Satzaufbau, Feldtypen und -formate, Führen redundanter Daten oder virtueller Felder, Datenkompression sowie das Auftrennen („Segmentierung") oder Zusammenfassen („Aggregierung") logischer Sätze.

2. Bilden von Satzbündeln
Unterbringung von Sätzen in physischer Nachbarschaft, dabei ist auch die Art der Speicherplatzzuweisung und die Blockgröße festzulegen.

3. Zuordnung von Zugriffsmethoden
Anzugeben ist, nach welcher Methode auf Sätze gemäß welches Schlüssels zuzugreifen ist und welche Zugriffspfade einzurichten sind.

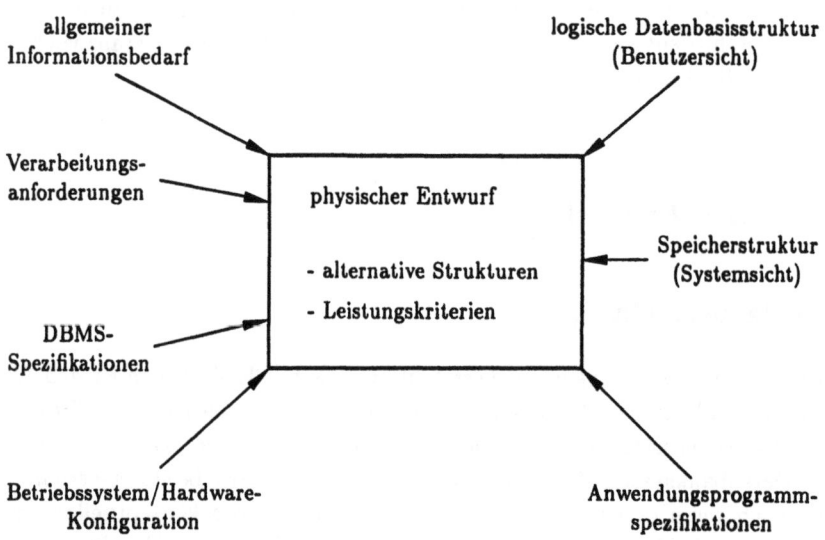

Bild 5.28 Faktoren des physischen DB-Entwurfs

Datenbankentwurf ist kein einmaliger Prozeß mit einem unveränderlichen Endergebnis. Vielmehr bedarf die entwickelte Datenbasisstruktur der ständigen Anpassung an neue Gegebenheiten und Bedürfnisse. Dies gilt für den logischen Entwurf, in noch stärkerem Maße jedoch für den physischen Entwurf, der nicht nur den Änderungen auf der logischen Ebene zu folgen hat, sondern auch bei unveränderten logischen Strukturen veränderte Leistungsüberlegungen, neue Geräte oder Betriebssoftware berücksichtigen muß. Die genannten Steuerungsmaßnahmen müssen also nicht nur bei der erstmaligen Einrichtung einer Datenbank einsetzen, sondern auch während des späteren Betriebs wiederholt angewandt werden (siehe hierzu auch Abschnitt 5.7). Welche Techniken für die verschiedenen Bereiche grundsätzlich infrage kommen, kann Kapitel 3 entnommen werden. Ein konkret vorgegebenes Datenbanksystem wird natürlich nur einen kleinen Teil hieraus anbieten. Es muß jedoch sprachliche Hilfsmittel vorgeben (im folgenden als *Datenspeicherbeschreibungssprache*, Data Storage Description Language, DSDL bezeichnet), die auf diese und nur diese Techniken bezugnimmt. Eine sinnvolle Entscheidung setzt natürlich voraus, daß der Entwerfer Informationen über das geforderte Leistungsverhalten besitzt. Im folgenden wird deshalb nicht nur auf die DSDL einzugehen sein, sondern auch auf Fragen, um welche Art von Informationen es sich hierbei handelt und wie der Entwerfer zu ihnen kommt. Schließlich ist es dem Entwerfer angesichts der gegenseitigen Abhängigkeiten zwischen verschiedenen Techniken häufig nicht möglich, alle Auswirkungen seiner Entscheidungen zu überblicken. Wir werden deshalb auch Hilfsmittel zur Vorhersage oder Analyse der Auswirkung von Entwurfsentscheidungen kurz vorstellen.

5.6.2 Einflußfaktoren

Das Leistungsverhalten eines Datenbanksystems ist eine dynamische, von der Systembenutzung abhängige Eigenschaft. Es läßt sich demzufolge nur gezielt steuern, wenn sich Vorhersagen über die zu erwartende Benutzung treffen lassen; man kann es später korrigieren, wenn durch laufende Überwachung während des Betriebs Abweichungen von den ursprünglichen Erwartungen festgestellt werden. Die Benutzung selbst läßt sich durch eine Reihe von Faktoren beschreiben:

1. Speicherbedarf
   - Volumen der zu jedem Zeitpunkt gespeicherten Daten
   - Flüchtigkeit der Daten
2. Verarbeitungseigenschaften
   - Charakterisierung der Anwendungen nach Aktionen zum Wiederauffinden oder Fortschreiben der Datenbasis
   - Datenelemente, die jeweils von den einzelnen Anwendungen benötigt werden
   - Selektionskriterien für diese Datenelemente
   - Häufigkeit, mit der die einzelnen Anwendungen betrieben werden
   - Datenvolumen, das mit jeder Anwendung zwischen Datenbasis und Anwenderprogramm transportiert wird
   - Prioritäten der einzelnen Anwendungen
3. Umgebungseigenschaften
   - Reaktionszeiten für jede Anwendung (Unterscheidung Dialog-/Stapelbetrieb, Antwortzeiten bei Dialogverarbeitung)
   - Technische Eigenschaften der Speichergeräte.

Aufgabe des physischen Datenbankentwurfs ist es, diese Faktoren so weit zu quantifizieren, daß man zu Kriterien für die Verfahrensauswahl gelangt. Ausgangspunkt ist dabei das logische Datenbasisschema, denn dieses ist es ja, das die Anwendungsbedürfnisse beschreibt. Der Einfluß der genannten Faktoren sollte sich also in einer Ergänzung dieses Schemas um quantitative Angaben niederschlagen.

Lösungsansätze hierfür existieren bisher im wesentlichen nur für netzwerkorientierte und hierarchische Datenbanksysteme [TEOR80, TEOR82, HUBB81, ATRE80]. Die grundsätzliche Vorgehensweise soll kurz an einem Beispiel (nach [TEOR80]) illustriert werden, das von den oben genannten Einflußfaktoren allerdings lediglich das Speichervolumen, die Datenelemente und ihre Selektionskriterien sowie die Häufigkeit der einzelnen Anwendungen berücksichtigt.

Sei j, $1 \leq j \leq N$ ein Satztyp im logischen Schema („logischer Satztyp") und i, $1 \leq i \leq M$ ein Anwendungstyp (z.B. ein Anwendungsprogramm oder ein Transaktionstyp). Sei weiterhin LRA_{ij} („logical record access") die Zahl der Sätze vom Typ j, auf die während einer Anwendung vom Typ i zugegriffen wird; $FREQ_i$ die Häufigkeit, mit der Anwendungen vom Typ i in der Zeiteinheit ausgeführt werden; $RSIZE_j$ („record size") die mittlere Größe der Sätze vom Typ j; sowie $NREC_j$ die Zahl der Sätze vom Typ j in der Datenbasis. Damit erhält man

Gesamtzahl der Zugriffe
pro Anwendung vom Typ i: $\qquad \sum_{j=1}^{N} LRA_{ij}$

Zahl der Zugriffe auf die
Datenbasis in der Zeiteinheit: $\qquad \sum_{i=1}^{M} \sum_{j=1}^{N} LRA_{ij} \cdot FREQ_i$

Transportvolumen pro Anwendung vom Typ i (log. Sicht): $\qquad \sum_{j=1}^{N} LRA_{ij} \cdot RSIZE_j$

Transportvolumen
in der Zeiteinheit: $\qquad \sum_{i=1}^{M} \sum_{j=1}^{N} LRA_{ij} \cdot RSIZE_j \cdot FREQ_i$

Speicherbedarf (log. Sicht): $\qquad \sum_{j=1}^{N} RSIZE_j \cdot NREC_j$

Die Werte für $FREQ_i$ und $NREC_j$ sind Vorgaben aus der Systemanalyse, $RSIZE_j$ kann unmittelbar den Satztypbeschreibungen im logischen Schema entnommen werden. Schwierigkeiten bereitet hingegen die Bestimmung der LRA_{ij}, da hierzu die Anwendungsprogramme oder -transaktionen hinsichtlich ihrer Zugriffe auf die Datenbasis verfolgt werden müssen. Für überschlägige Schätzungen teilen wir nachfolgend die Zugriffe in drei Klassen ein. Sei dazu jk eine Teilmenge der Sätze vom Typ j in der Datenbasis, $NREC_{jk} \leq NREC_j$. Dann schwanken in jeder der drei Klassen die Mittelwerte für LRA wie folgt (Untergrenze angenähert bei Hash-Technik, Obergrenze bei systematischer Suche).

a) Zugriff auf einen einzelnen, eindeutig identifizierten Satz in der Teilmenge (Direktzugriff): $1 \leq LRA \leq NREC_{jk}/2$.

b) Zugriff auf sämtliche Sätze der Teilmenge: $LRA = NREC_{jk}$.

c) Zugriff auf sämtliche Sätze vom Typ j einer durch Boolesche Kriterien bestimmten Teilmenge jb aus jk: $NREC_{jb} \leq LRA \leq NREC_{jk}$

Als Beispiel betrachte man die zwei Schemata in Bild 5.29 und die folgenden sieben Anwendungen:

1. Direktzugriff auf Satz vom Typ Anschrift.
2. Direktzugriff auf Satz vom Typ Silo.
3. Direktzugriff auf Satz vom Typ Lieferung.
4. Zugriff auf sämtliche Sätze vom Typ Anschrift.
5. Zugriff auf sämtliche Sätze vom Typ Silo zu einem bereits gefundenen Satz vom Typ Anschrift.

Physischer Entwurf 545

6. Zugriff auf sämtliche Sätze vom Typ Lieferung zu einem bereits gefundenen Satz vom Typ Silo.
7. Zugriff auf sämtliche Sätze vom Typ Anschrift, die mit einem bereits gefundenen Satz vom Typ Lieferung in Verbindung stehen.

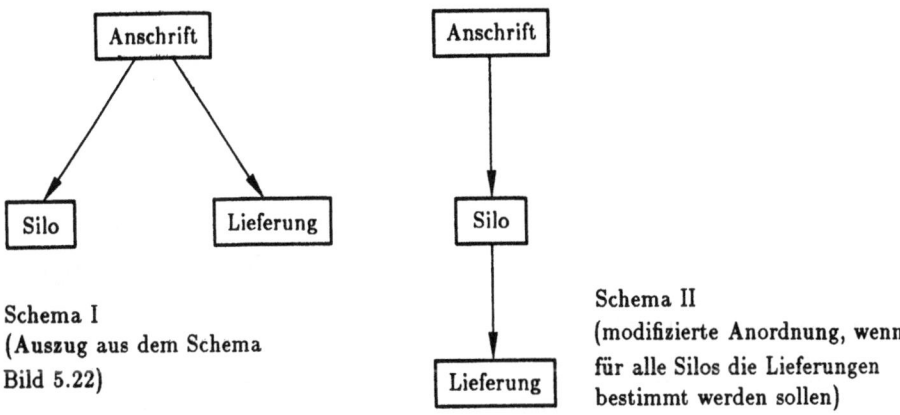

Schema I
(Auszug aus dem Schema Bild 5.22)

Schema II
(modifizierte Anordnung, wenn für alle Silos die Lieferungen bestimmt werden sollen)

Bild 5.29 Alternative Schemata für Bild 5.22

Stehe A für Anschrift, S für Silo, L für Lieferung. Unter den Annahmen $NREC_A = 100$, $NREC_S = 200$ für jeden Satz vom Typ A, $NREC_L = 1000$ für jeden Satz vom Typ A (Schema I) bzw. $NREC_L = 5$ für jeden Satz vom Typ S (Schema II), $RSIZE_A = 100$ Byte, $RSIZE_S = 200$ Byte, $RSIZE_L = 50$ Byte, $FREQ_i = 1$ für alle Anwendungen i, sowie Beginn der Navigation bei Sätzen vom Typ A, geben die Bilder 5.30 bis 5.32 die LRA's, Transportvolumina und Speicheranforderungen an.

Anwendung	Schema I		Schema II	
	Untergrenze	Obergrenze	Untergrenze	Obergrenze
(1)	1A	50A	1A	50A
(2)	1A + 1S	50A + 100S	1A + 1S	50A + 100S
(3)	1A + 1L	50A + 100L	1A + 1S + 1L	50A + 100S + 3L
(4)	100A	100A	100A	100A
(5)	200S	200S	200S	200S
(6)	1000L	1000L	5L	5L
(7)	1A	1A	1S + 1A	1S + 1A
gesamt	104A + 201S + 1001L = 1206	251A + 300S + 1500L = 2051	104A + 203S + 6L = 313	251A + 401S + 8L = 660

Bild 5.30 LRA-Werte (Anzahl Zugriffe auf logische Sätze).
Verwendete Abkürzungen: A = Anschrift, S = Silo, L = Lieferung

546 Datenbankentwurf

Anwendung	Schema I		Schema II	
	Untergrenze	Obergrenze	Untergrenze	Obergrenze
(1)	0,1	5	0,1	5
(2)	0,3	25	0,3	25
(3)	0,15	30	0,35	25,15
(4)	10	10	10	10
(5)	40	40	40	40
(6)	50	50	0,25	0,25
(7)	0,1	0,1	0,3	0,3
gesamt	100,65	160,1	51,3	105,7

Bild 5.31 Transportvolumen (in KB)

	Schema I	Schema II
$NREC_A$	100	100
$NREC_B$	100*200 = 20.000	100*200 = 20.000
$NREC_C$	100*1.000 = 100.000	100*200*5 = 100.000
Gesamt	10KB + 4000KB + 5000KB = 9,01 MB	10KB + 4000KB + 5000KB = 9,01 MB

Bild 5.32 Speicherbedarf

Die Tabellen liefern allerdings nur einen groben Anhaltspunkt. Beispielsweise erfordert der Direktzugriff im allgemeinen den Einsatz von Zugriffspfaden und damit LRA's für Satztypen, die diese Zugriffspfade beschreiben. Die Satzgrößen wären ähnlich noch um den Platzbedarf für Kettfelder zu erweitern. Bei einer genaueren Untersuchung wäre deshalb zunächst das logische Schema um gewisse Strukturen der physischen Ebene zu ergänzen [TEOR80, TEOR82]. Ein ausführliches Fallbeispiel findet der Leser in [TEOR80].

5.6.3 Einige Verfahrensgrundsätze

Berechnungen wie die im vorhergehenden Abschnitt skizzierten – unter Einschluß der Zugriffspfadstrukturen der physischen Ebene [HÄRD83a] – sollen klären, ob und inwieweit sich die Transportvolumina senken lassen, ohne daß gleichzeitig der Speicherplatzbedarf drastisch ansteigt. Der Entwerfer kann aus diesen Berechnungen in zweierlei Hinsicht Konsequenzen ziehen: Er kann das logische Schema verändern, beispielsweise Schema I in Schema II überführen, oder er kann durch

Vorgabe bestimmter Zugriffspfade, Satzformate usw. (Abschnitt 5.6.1) versuchen, den Aufwand zur Untergrenze hin zu verschieben. Um hier gezielt vorgehen zu können, muß die Überschlagsrechnung aus Abschnitt 5.6.2 um weitere Untersuchungen ergänzt werden. Die folgende Liste von Erfahrungsregeln [TEOR80, TEOR82, MARC77, SCHL77, CHEN77, HUBB81] gibt einige Hinweise auf die notwendigen Fragestellungen und Konsequenzen aus ihrer Beantwortung.

- Wird auf mehrere Sätze verschiedenen Typs häufig gemeinsam zugegriffen, so ist zu untersuchen, ob die entsprechenden Satztypen im logischen Schema zu einem einzigen neuen Satztyp aggregiert werden sollen. Beispielsweise könnte man im Schema Bild 5.23 völlig auf den Satztyp ANSCHRIFT verzichten und die in ihm enthaltene Information jeweils den Satztypen KUNDE, LIEFERANT, LIEFERUNG und SILO zuschlagen (dabei entfielen dann auch die Satztypen K/A und L/A).
- Wird auf die Felder eines einzigen Satztyps unterschiedlich häufig zugegriffen, so ist umgekehrt eine Zerlegung (Segmentierung) des Satztyps in zwei oder mehr neue Satztypen ins Auge zu fassen (hierzu ist die Betrachtung der logischen Zugriffe auf die Feldebene auszudehnen). Im Schema Bild 5.23 wäre beispielsweise der Satztyp KONTRAKT ein Kandidat dafür. Man beachte, daß Aggregierung und Segmentierung auf der logischen Ebene wirksam werden, d.h. physische Erwägungen beeinflussen hier zusätzlich zu den in Abschnitt 5.4 diskutierten Abbildungsregeln die Form des logischen Schemas.
- Wird bei navigierenden Datenbanksystemen häufig von einem Satz P zu einem Satz Q fortgeschritten, so sollte in P ein Verweis auf Q angelegt werden.
- Sätze, die gemeinsam eine häufig angeforderte Teilmenge der Datenbasis bilden (dies spiegelt sich u.a. in einem hohen Beitrag dieser Teilmenge zum Transportvolumen wider), sollten gebündelt werden. Werden etwa im Schema Bild 5.23 überwiegend die Kontrakte kundenspezifisch bearbeitet, so empfiehlt sich die LIST-Option des DBTG und zusätzlich eine Speicherung dieser Sätze nahe ihrem KUNDE-Anker (NEAR OWNER).
- Falls ein Satz in mehrere Bündel fallen würde, ist entweder festzustellen, welchem Bündel Priorität einzuräumen ist, oder die gemeinsamen Daten sind redundant zu führen. Im letzteren Fall ist dann das höhere Transportvolumen bei Fortschreiben der Datenbank zu bedenken. Ein solcher Konfliktfall wäre im obengenannten Schema gegeben, wenn Kontrakte sowohl kunden- wie lieferantenspezifisch zu bearbeiten wären.
- Große Satzbündel werden durch große Block- und Seitengrößen unterstützt. Da große Blockgröße den Speicherbedarf reduziert, empfiehlt sie sich auch außerhalb von Bündeln bei geringer Zugriffshäufigkeit.
- Hoher Anteil einzelner Sätze am Transportvolumen (z.B. durch häufigen Direktzugriff) legt umgekehrt kleine Block- und Seitengrößen nahe.
- Streuen für die während einer Anwendung benötigten Sätze diese Anteile über einen sehr weiten Bereich (hohe Selektivität der Anwendung), so verbessert im allg. die Einrichtung eigener Zugriffspfade das Leistungsverhalten.
- Bei hohem Speicherbedarf sind schlecht ausgenutzte Felder, die wenig zum Transportvolumen beitragen, Kandidaten für eine Kompression. Im Schema

Bild 5.23 könnte man sich etwa für das Feld Vermittler in KONTRAKT eine Kompression vorstellen.
- Eine Navigation, die ein hohes Transportvolumen verursacht, sollte daraufhin untersucht werden, ob der durchlaufene Pfad durch Direktzugriff mittels zusätzlicher Zugriffspfade verkürzt werden kann.
- Zugriffe der Klasse (a) (einzelner eindeutig identifizierter Satz) lassen sich vorzugsweise durch Hashverfahren, Indexe, indexsequentielle Organisation, B-Bäume und Radixbäume unterstützen.
- Zugriffe der Klasse (b) (Zugriff auf sämtliche Sätze einer Menge) verlangen nach einer physikalisch sequentiellen (phys. Nachbarschaft) oder logisch sequentiellen (Verkettung) Organisation.
- Zugriffe der Klasse (c) (Zugriff auf durch Booleschen Ausdruck bestimmte Teilmenge) werden durch Multilist-Strukturen, invertierte Listen, Bäume mit Zusatzverkettung und Indexe für zusammengesetzte Schlüssel verbessert.

Welche Verfahren im einzelnen zur Anwendung kommen können, welche Einflußgrößen jeweils zu ermitteln sind und wie sie in die Verfahrensauswahl eingehen, kann der Leser zusammen mit einer Reihe von Beispielen in [TEOR82] studieren. Fallen unterschiedliche Anwendungsanforderungen zusammen, so muß man mehrere miteinander verträgliche Verfahren kombinieren. [SEVE77] gibt einen anschaulichen Überblick, unter welchen Voraussetzungen sich welche Kombinationen empfehlen. Pragmatische Hinweise für Datenbankschnittstellen, die auf dem hierarchischen Modell, Netzwerkmodell oder invertierten Listen basieren, finden sich in [ATRE80]. Daneben hat es zahlreiche Versuche gegeben, den physischen Entwurf mit formalen Techniken zu unterstützen. So gibt [MARC83] eine Reihe algorithmischer Lösungen für die Segmentierung und Aggregierung von Sätzen des logischen Schemas an. [CHEN77] liefert einen dem damaligen Stand entsprechenden Überblick über verwendbare analytische Modelle, die allerdings fast immer von vereinfachenden Voraussetzungen ausgehen.

Unterschieden werden

a) Modelle zur Parametereinstellung für eine möglichst hohe Leistung eines vorhandenen Systems.

b) Modelle zur Auswahl einer geeigneten Speicherstruktur aus einer Reihe vorgegebener Möglichkeiten.

c) Modelle für den Entwurf einer geeigneten Speicherstruktur (diese Modelle spielen für die in diesem Kapitel betrachtete Aufgabenstellung eine untergeordnete Rolle).

d) Modelle zur Bestimmung einer optimalen Menge von Indexen.

e) Modelle für Pufferersetzungsstrategien (ebenfalls hier von geringem Interesse, da von außen kaum eine Einflußnahme möglich ist).

f) Modelle für die Zuordnung von Datenträgern.

Bei alledem ist stets noch zu klären, inwieweit die Maßnahmen zur Leistungsverbesserung mit Anforderungen der Datensicherung und des Datenschutzes in Konflikt stehen.

5.6.4 Sprachen

Zu den ehernen Gesetzen der Datenbankgemeinde zählt, daß Anwendungen ausschließlich auf dem logischen Datenbasisschema aufbauen sollten (Prinzip der Datenunabhängigkeit [TSIC78]). Dementsprechend sollte die Datendefinitionssprache (DDL) keinerlei Aspekte des physischen Datenbankentwurfs widerspiegeln. Diese sollten vielmehr einer getrennten Sprache (Data Storage Description Language, DSDL) vorbehalten bleiben. In einer Schichtenarchitektur (Kapitel 2) schlägt sich die Trennung beispielsweise darin nieder, daß die DDL einer höheren Sprachebene zugeordnet wird als die DSDL. Ein ausgezeichnetes Beispiel hierfür liefert das relationale Datenbanksystem System R, bzw. heute SQL/DS ([ASTR76], siehe auch [DATE82]).

Für das Netzwerkmodell, für das im Rahmen von CODASYL mehrfach Normungsvorschläge für Schema DDL, COBOL Subschema DDL und COBOL DML erarbeitet worden sind, existiert auch ein Vorschlag für eine DSDL [CODA78]. Dieser soll im folgenden kurz skizziert werden.

Einem Datenbanksystem wird als Datenspeicher eine mehr oder weniger große Zahl von Datenträgern (storage media) oder Teile hiervon zugewiesen. Der Speicher wird unterteilt in eine Anzahl von *Speicherbereichen* (storage areas), deren Zuordnung zu den Datenträgern nicht Gegenstand der DSDL ist. Speicherbereiche bestehen ihrerseits aus durchnumerierten *Seiten* (pages) identischer Größe. Bereiche und Seiten stellen Behälter dar, die *Speichersätze* (storage records) aufzunehmen vermögen. Hierbei können in eine Seite mehrere Sätze zu liegen kommen, ein Satz muß aber vollständig in eine Seite fallen. Zugriffe auf Sätze innerhalb einer Seite sind schneller als über Seitengrenzen hinweg, und Zugriffe zwischen Seiten mit geringer Differenz ihrer Nummern sind schneller als bei hoher Differenz. Satzbündel werden also vorzugsweise innerhalb einer Seite oder mit (den Nummern nach) benachbarten Seiten gebildet. Speichersätze können ihrerseits als adressierbare Behälter variabler Größe angesehen werden, die einen einzelnen logischen Satz (einschließlich für die Speicherung erforderlicher Zusatzdaten wie Kettfelder) oder Teile eines logischen Satzes aufnehmen. Neben Speichersätzen können noch tabellarische Zugriffspfade (*Index*) angelegt werden, die ebenfalls auf Seiten unterzubringen sind.

Bei der Abbildung des logischen Schemas auf das Speicherschema sind die folgenden Transformationen möglich:

a) Feldebene

- Veränderung der Reihenfolge der Felder
- Vereinbarung von Feldern als virtuell, falls sich ihr Inhalt aus anderen Feldern berechnen läßt
- Bündigkeit der Felder an bestimmten Wortgrenzen
- Vorgabe von Trennzeichen für die Abgrenzung von Feldern.
- Änderung von Feldformaten
- Fortfall von Feldern
- Duplizieren von Feldern

b) Satzebene

Zuordnung eines logischen Satztyps zu einem oder mehreren Speichersatztypen:

- geschlossene Unterbringung in Speichersätzen desselben oder unterschiedlichen Typs
- Aufteilung auf mehrere Speichersätze unterschiedlichen Typs

c) Sammlungen finden sich im Speicherschema nicht als solche wieder, sondern werden durch eigens vereinbarte Zugriffspfade repräsentiert.

Mit Hilfe der DSDL werden im wesentlichen folgende Festlegungen getroffen.

1. Speicherbereiche;

Zu vereinbaren ist der Name, die Mindest- und Maximalzahl an Seiten sowie das Inkrement für dynamische Erweiterungen, und die (für den Bereich konstante) Seitengröße.

2. Speichersatztypen;

Hier werden eine große Zahl von Eigenschaften festgehalten:

- Name des Satztyps.
- Grobplazierung der Sätze: Speicherbereich, Seitenbereich innerhalb des Speicherbereichs (falls Bündelung gewünscht wird), Verteilung über die Seiten (Dichte).
- Feinplazierung: Adreßrechnung nach Feldinhalt (CALC) mit dem Ziel einer gleichmäßigen Dichte, Bündelung (CLUSTERED) auf der Basis der Speicherung von Owner-Sätzen des logischen Schemas, oder Sortierung nach Feldinhalt (SEQUENTIAL).
- Zeigerfelder: Einen Zeiger auf einen weiteren Speichersatz, falls eine Unterteilung logischer Sätze erfolgen soll; weitere Zeigerfelder für den Fall dynamischer Zuordnung zu Sammlungen.

    Zeiger können grundsätzlich als direkt oder indirekt vereinbart werden. Direkte Zeiger verweisen unmittelbar auf die Seite, in der der referenzierte Satz liegt. Indirekte Zeiger verwenden einen lageunabhängigen Satzschlüssel, die Seite, auf der sich der Satz augenblicklich befindet, muß über einen Index ermittelt werden. Falls Speichersätze indirekt referenziert werden, muß für den entsprechenden Typ explizit die Erzeugung eines Satzschlüssels gefordert werden.

- Satzaufbau aus Feldern: Format, Bündigkeit und Berechenbarkeit jedes Feldes.

3. Indizes;

Für jeden Index muß vorgegeben werden:

- Name des Index.
- Verwendungszweck: Indirekte Verweise, Direktzugriff nach Schlüssel im logischen Satz, oder Darstellung einer Sammlung (anstelle Satzkettung).
- Plazierung: Speicher- und Seitenbereich, bei Verwendung zur Sammlungsdarstellung auch Bündelung durch Plazierung nahe dem Owner-Satz.
- Zeigermodus: Direkt oder indirekt.

Das Speicherschema besteht insgesamt aus folgenden Bestandteilen:

- Name des Schemas.
- Angaben zur Zugriffskontrolle.
- Angaben zur Abbildung des logischen Schemas auf das Speicherschema.
- Speicherbereiche.
- Speichersatztypen.
- Indizes.

5.6.5 Bewertung der Maßnahmen

Die Faustregeln aus Abschnitt 5.6.3 sind für den Entwerfer nicht viel mehr als ein erster Anhaltspunkt dafür, wie er die Parameter, die ihm eine DSDL bietet, einzustellen hat. Was ihm angesichts der Vielzahl der Parameter und deren gegenseitigen Abhängigkeiten fehlt, ist ein wirkungsvolles Instrumentarium, das ihn zur optimalen Parametereinstellung führt oder ihm Aussagen zur Qualität der Einstellung erlaubt. Strategien zur zielstrebigen Entwicklung des Optimums oder zumindest einer „brauchbaren" Lösung existieren heute nur in Einzelfällen (siehe hierzu Abschnitt 5.6.3.) Was bleibt, ist entweder eine nachträgliche Überschlagsberechnung der erreichbaren Leistung oder – angesichts der Komplexität des Problems realistischer – eine Simulation des Systemverhaltens zu Zwecken der Leistungsvorhersage.

Ausgehend von den Berechnungen aus Abschnitt 5.6.2 kann man sehr (!) überschlägig wie folgt vorgehen [TEOR80]. Sei TRBA die mittlere Dauer für Zugriff und Übertragung eines wahlfrei bestimmten Blockes, TSBA die mittlere Dauer für Zugriff und Übertragung sequentiell angewählter Blöcke, BF Blockungsfaktor für die logischen Sätze und IMAX die Zahl der Indexstufen zum Direktzugriff (IMAX = 0 bei Adreßrechnung). Dann erhält man ungünstigstenfalls (insbesondere auch wegen Nichtberücksichtigung der Pufferung) bei physisch sequentiellem Zugriff auf einen logischen Satz:

- Zahl der Blockzugriffe: SBA = aufgerundet(LRA/BF)
- gesamte E/A-Zeit: TIO = SBA · TSBA

bei logisch (verkettet) sequentiellem Zugriff auf einem logischen Satz:

- Zahl der Blockzugriffe: SBA = LRA
- gesamte E/A-Zeit: TIO = SBA · TRBA

bei Direktzugriff auf einen logischen Satz:

- Zahl der Blockzugriffe: RBA = 1 + IMAX
- gesamte E/A-Zeit: TIO = RBA · TRBA

Sei für einen Plattenspeicher ROT die Drehwartezeit, SEEK(NCYL) die mittl. Positionierungszeit über NCYL benachbarte Zylinder (Bündelung), BKS die Blockgröße und TR die Übertragungsrate. Dann ist

bei Einbenutzerbetrieb: TSBA = ROT/2 + BKS/TR
                         TRBA = SEEK(NCYL) + ROT/2 + BKS/TR
bei Mehrbenutzerbetrieb: TSBA = TRBA =
                         SEEK(NCYL) + ROT/2 + BKS/TR

Genauere Untersuchungen bedürfen detaillierterer analytischer oder Simulationsmodelle, die Aussagen zum Entwurfsergebnis, also über die mit einer vorgegebenen Parametereinstellung erzielbare Leistung machen. [CHEN77] geben einen Überblick über beide Arten von Modellen. Analytische Modelle, die auf der Warteschlangentheorie oder statistischen Verfahren beruhen, versuchen die Anwortzeiten vorherzusagen und sind darüberhinaus bisher fast ausschließlich für das Datenbanksystem IMS entwickelt worden. Simulationsmodelle haben sich bisher vorwiegend auf die Dateiverwaltung beschränkt; [CHEN77] berichten lediglich über drei Modelle für Datenbanksysteme (davon je eines spezialisiert auf netzwerkorientierte und relationale Systeme). In [HÄRD83b] wird ein System zur Verwaltung und Auswertung verschiedener Modelle vorgestellt, mit denen Netzwerkschemata durch Zerlegung in sogenannte Strukturprimitive (z.B. singuläre Sammlung, Stücklistenstruktur) analysiert werden können.

5.7 Datenbankreorganisation

Das Marktgeschehen, inner- und außerbetriebliche Strategie- und Verhaltensänderungen, Aufgabenumverteilungen, Innovationen usw. verleihen jedem Anwendungsbereich eine mehr oder weniger stark ausgeprägte Eigendynamik. Jede noch so perfekt entworfene Datenbank kann daher an Nützlichkeit verlieren, wenn sie in ihrer Konzeption hinter der Entwicklung ihrer Miniwelt zurückbleibt.

Aus diesem Grund ist eine ständige Überwachung der Zweckmäßigkeit und des Leistungsverhaltens erforderlich und, wo nötig, sind entsprechende Anpassungen vorzunehmen. *Datenbankreoganisation* ist der Oberbegriff für derartige Anpassungen.

Die Anlässe zur Durchführung von Reorganisationsmaßnahmen lassen sich in zwei Klassen einteilen: zwingende Gründe und solche, die Anpassungen empfehlenswert erscheinen lassen.

Zwingende Gründe sind z.B. Gesetzesänderungen (Änderungen von Benutzersichten bzw. Ausgliedern von Gegenstands- oder Attributstypen infolge neuer Datenschutzbestimmungen), das Erreichen von Kapazitätsgrenzen oder der Austausch von Betriebsmitteln, betrieblich bedingte Erweiterungen des erfaßten Umweltausschnittes – sowohl hinsichtlich der Gegenstands- und Beziehungstypen als auch hinsichtlich des Transaktionsspektrums.

Empfehlenswert sind Reorganisationsmaßnahmen beispielsweise bei Durchsatzverringerungen infolge ungünstiger logischer oder physischer Strukturen (unzureichende Beziehungen, fehlende Zugriffspfade, auf veralteten Annahmen basierende Bündelungen), bei unwirtschaftlicher Speicherausnutzung (z.B. Redundanz, Streuung, Verschnitt) u.v.a.m.

Wie aus diesen Beispielen hervorgeht, sind alle Aspekte des Datenbankentwurfs, konzeptuelle, logische und physische, Gegenstand von Reorganisationsmaßnahmen. Änderungen am konzeptuellen und am logischen Schema faßt man unter dem Begriff *Restrukturierung* zusammen. *Reformatierung* bedeutet demgegenüber Reorganisation auf der Ebene des physischen Schemas. Während Restrukturierungsmaßnahmen unmittelbar auf der Benutzerschnittstelle sichtbare Auswirkungen haben (neue bzw. veränderte Datenstrukturen), machen sich Reformatierungen nur mittelbar über Änderungen des Laufzeitverhaltens oder des Speicherplatzbedarfs bemerkbar. Insbesondere sind Anwenderprogramme nach Reformatierungen unverändert ablauffähig (wenn auch ggf. nicht mehr optimal), während sie nach Restrukturierungen u.U. überarbeitet werden müssen.

Betrachten wir zur Veranschaulichung wieder unsere Malzfabrik: Es könnte sich im Lauf der Zeit herausstellen, daß sich die (ohnehin etwas artifizielle) n:m-Annahme über die Assoziation Kundenanschrift und Lieferantenanschrift als nicht zutreffend erweist. Eine Einschränkung auf 1:n, d.h. ein Kunde (Lieferant) kann mehrere Anschriften haben aber nicht umgekehrt, würde insbesondere im Fall des netzwerkorientierten logischen Schemas (Bild 5.22) zu erheblichen Vereinfachungen führen: Wegfall der Satztypen K/A und L/A sowie der Sammlungstypen Anschrift/Kunde, Anschrift/Lieferant. Es ist klar, daß sich dadurch auch die Anschrift von Kunden und Lieferanten betreffende Datenbankabfragen erheblich vereinfachen würden.

Für eine mögliche Reformatierungsmaßnahme sei die Situation des relationalen Schemas betrachtet (Bild 5.21): Es könnte sein, daß die Bündelung der Lieferung mit den Lieferadressen nicht den tatsächlichen Anfragegegebenheiten entspricht, sondern auf Lieferungen in 90% der Fälle im Zusammenhang mit dem betroffenen Kontrakt zugegriffen wird. Dann empfiehlt sich eine Änderung der Bündelungsvereinbarungen.

Wie und wann sollen nun derartige Reorganisationsmaßnahmen durchgeführt werden? Was das ‚Wie' betrifft, so hängt dieses natürlich stark von den mit den jeweiligen Datenbanksystem ausgelieferten Hilfsprogrammen und Reorganisationsmechanismen ab. Während Datenbanksysteme für kleinere Anwendungen (auf Mini- bzw. Mikrorechner) in dieser Hinsicht heute noch ziemlich dürftig ausgestattet sind (Auslagern der Datenbasis auf normale Betriebssystemdateien, Transformation per Anwenderprogramm, Rückladen in die Datenbasis), bieten ihre großen Brüder wesentlich mehr Unterstützung, siehe z.B. [IBM77, CINC78, CULL 78]. Reorganisation ist aber auch in einer völlig anlagen- und systemunabhängigen Umgebung denkbar. So verfolgen beispielsweise [NAVA76, SHU77] und andere das Konzept eines ‚Datenbank-Reorganisators' der es ermöglichen soll, eine gegebene Datenbasis zusammen mit ihrem Schema ggf. sogar auf ein anderes Datenmodell umzustellen (Veranschaulichung siehe Bild 5.33). Der Reorganisationskern arbeitet dabei mit einem eigenständigen Datenmodell, in das und von dem durch jeweils zu erstellende front- bzw. back-end Prozessoren (LESER, SCHREIBER) konvertiert wird. Dieser Ansatz basiert auf der Feststellung, daß Reorganisationsmaßnahmen in ihrem Wesen verallgemeinerbar und über eine systemunabhängige Reorganisationssprache programmierbar sind. Diese Sprache bildet dann die Benutzerschnittstelle des Reorganisationskerns. Für den Datenbankadministrator wird ein derartiges Reorganisationssystem auch deshalb zum wertvollen Werkzeug, weil es ohne großen Mehraufwand zur Produktion vielfältiger Statistiken, zur Durchführung von Konsistenzprüfungen, zur Erstellung eines Daten-Wörterbuches u.v.a.m. genutzt werden kann.

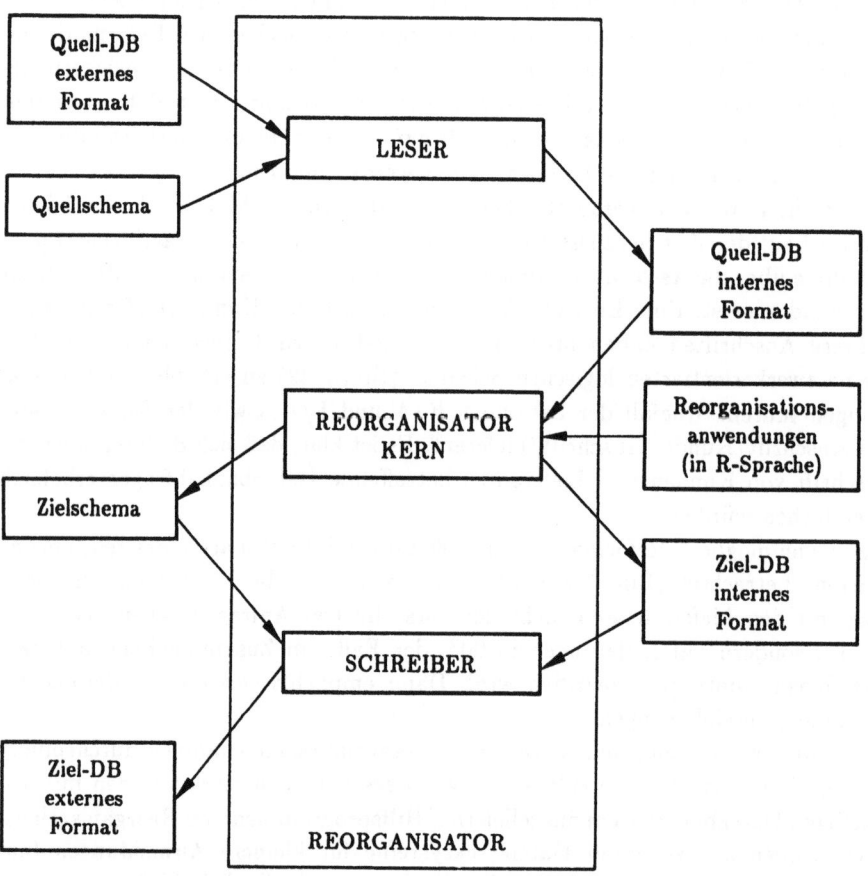

Bild 5.33 Funktionsschema des Datenbankreorganisators nach [NAVA76]

Damit sind natürlich noch nicht die Probleme beseitigt, die sich durch die Auswirkungen von Restrukturierungsmaßnahmen auf existierende Anwenderprogramme ergeben. Offensichtlich kann man Änderungen in diesen Programmen nur vermeiden, wenn die ‚Sicht' der Programme unverändert bleibt, d.h. die neue Datenbasis sich gegenüber den Programmen so verhält, als unterläge sie dem alten Schema. [GERR76] schlagen zu diesem Zweck vor, statt eines einzelnen Schemas jeweils alle Schemagenerationen zu führen und die erforderlichen Transformationen zur Laufzeit bei Bedarf auszuführen. Natürlich verschlechtert sich dadurch das Zugriffszeitverhalten beträchtlich, so daß der Ansatz nicht generell Verwendung finden kann.

Überhaupt gilt natürlich, daß vor Durchführung zumindest jeder nicht zwingenden Reorganisationsmaßnahme deren voraussichtliche Kosten den durch sie zu erwartenden Einsparungen gegenüberzustellen sind. Kostenfaktoren sind z.B.:

- vorbereitende Planungs-, Entwurfs- und Entwicklungesarbeiten
- die Durchführung der Maßnahme (Personalkosten, Betriebsmittel)
- ggf. Nichtverfügbarkeit von Daten während der Reorganisation, Betriebsbeeinträchtigungen
- Nachfolgearbeiten (Anpassung von Anwenderprogrammen usw.)

Es ist gut denkbar, daß diese Kosten dem Einsparungseffekt einer ins Auge gefaßten Reorganisationsmaßnahme übersteigen und zumindest eine Verschiebung erforderlich machen. Während man bei der Entscheidung für oder gegen Restrukturierungsmaßnahmen noch auf eine recht überschlägige Kostengegenüberstellung angewiesen ist, findet man für Reformatierungen eine ganze Reihe von Anhaltspunkten in der Literatur (z.B. [SHNE73, TUEL78, BATO82]). Im wesentlichen geht es dabei um die Definition analytischer Modelle für das physische Datenbankgeschehen, aus denen Betriebskostenfunktionen (Suchkosten, Änderungskosten usw.) abgeleitet werden. Parameter solcher Funktionen sind u.a. Datenbasis-Wachstum (linear, nichtlinear), Grad der Unordnung, verwendete Zugriffspfade und -Techniken usw. Darauf aufbauend werden Formeln angeboten, anhand derer kostenoptimale Reorganisationszeitpunkte vorausberechnet werden können.

Was die Art der Durchführung von Reorganisationsmaßnahmen betrifft, so unterscheidet man im wesentlichen die folgenden drei Klassen:

1. *Reorganisation des Datenbasis-Originals unter völliger Abschaltung des Benutzerbetriebs* (siehe Bild 5.34)

Während des Reorganisationsprozesses darf also kein Benutzer mit der Datenbank arbeiten. Das ist natürlich nur bei kleineren Datenbasen, bei Maßnahmen mit geringem Zeitbedarf oder in Fällen möglich, in denen die Datenbank längere Zeiten nicht benötigt wird (z.B. kein Nacht-/Wochenendbetrieb).

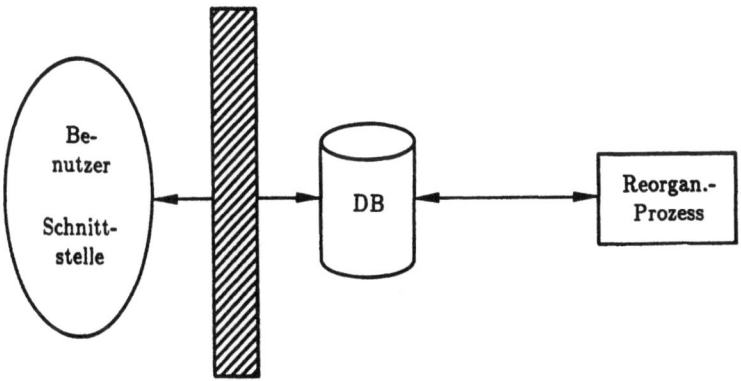

Bild 5.34 Reorganisation unter Abschaltung des Benutzerbetriebs

556   Datenbankentwurf

2. *Reorganisation einer Datenbasis-Kopie und Nachvollzug zwischenzeitlich erfolgter Änderungen* (siehe Bild 5.35)

In diesem Falle ist der Benutzerbetrieb nur während des Zurückschreibens und Anpassens der reorganisierten Datenbank völlig abgeschaltet. ‚Zurückschreiben' ist dabei natürlich als logische Operation aufzufassen, die u.U. nur aus einigen Umbenennungen besteht. Während des Kopiervorganges und der eigentlichen Reorganisation haben die Benutzer dagegen vollen Lese/Schreibzugriff, nur daß Änderungen nicht im Datenbasis-Original ausgeführt, sondern in einer inkrementellen Änderungsdatei mitprotokolliert werden. Das bedeutet natürlich, daß nun Datenbankabfragen vom System unter Einbezug der Änderungsdatei bearbeitet werden müssen, jedoch kann man durch Verwendung von ‚Filtern' die Zahl unnötiger Zugriffe auf diese Datei verringern. Für die Änderungsprotokollierung und den Nachvollzug können evtl. vorhandene Recovery-Mechanismen ausgenutzt werde

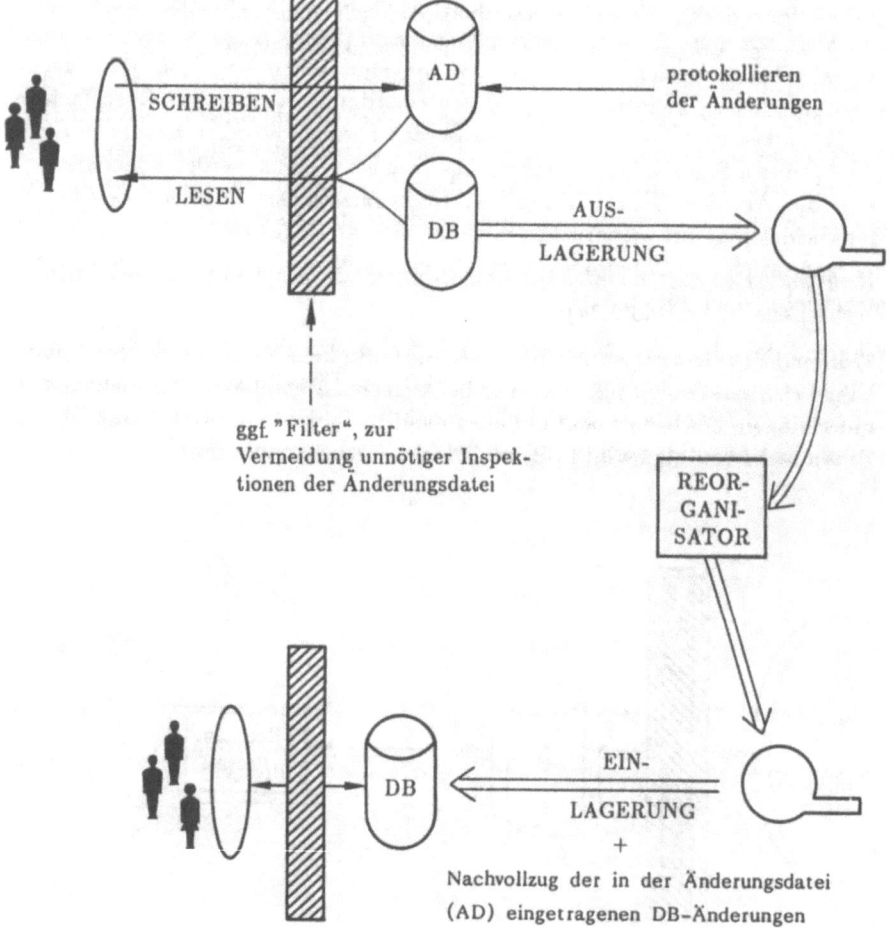

Bild 5.35 Reorganisation unter eingeschränktem Benutzerbetrieb

3. Inkrementelle oder nebenläufige Reorganisation

Hier gibt es überhaupt keine außergewöhnliche Einschränkung des Benutzerbetriebs. D.h. Reorganisationsmaßnahmen werden entweder direkt von den Benutzerprozessen selbst durchgeführt (inkrementelle R.) oder von speziellen, aber wie Benutzerprozesse verwalteten Reorganisationsprozessen (nebenläufige R.). Mehr Freiheitsgrade erreicht man im zweiten Fall, da hier die unterschiedlichen Reorganisationsaufgaben und damit Prozesse nach ihrer zu erwartenden Systembelastung (preemption lag: Zeit zwischen exklusiver Belegung der benötigten Betriebsmittel und deren Freigabe) klassifiziert und aktiviert werden können. Reorganisationsprozesse mit geringem preemption lag werden aktiviert zu Zeiten „kurzer schwacher Auslastung" (z.B. Sekundenbereich). Zeiten „langer schwacher Auslastung" geben Gelegenheit zur Abwicklung von Reorganisationsprozessen mit hohem preemption lag. Für die Aktivierung dieser Prozesse ist ein Buchhalter- und Steuerungsprozeß erforderlich, der Änderungen notiert und die Systemauslastung überwacht. Einen guten Überblick über die Literatur zum Thema Datenbankreorganisation findet man z.B. in [SOCK79].)

Literatur

[ASTR76], [ATRE80], [ATZE81], [ATZE82], [BANC79], [BATO82], [BECK81], [BERG81], [BORG82], [BRAC79], [BREU79], [BRUC72], [BUBE80], [CARN58], [CERI83], [CERT83], [CHAN80], [CHEN76], [CHEN77], [CHEN80], [CHEN81a], [CHEN81b], [CINC78], [CLAR80], [CODA78], [CODD70], [CODD71], [CODD79], [CULL78], [DATE82], [DATE83], [DAYA78], [DESE81], [DOSS79], [EICK84], [EICK85], [FALK77], [GERR76], [GERR79], [GRIE82], [HAMM81], [HOTA79], [HSU79], [HUBB79], [HUBB81], [HÄRD83a], [HÄRD83b], [IBM75], [IBM77], [KENT83], [KLOP81], [KLOP83], [KOSY79], [LOCK79a], [LOCK80], [LOCK83], [LUSK79], [MARC77], [MARC83], [MCSK79], [MDBS81], [METH78], [MEYE84], [NAVA76], [OLLE78], [OLLE82], [OLLE83], [ÖSTE81], [RAVE77], [REBS83], [ROUS76], [SAKA81], [SCHE79], [SCHL77], [SCHL83], [SEVE77], [SHNE73], [SHU77], [SMIT77], [SOCK79] [TARD79], [TEIC77], [TEIC79], [TEIC81], [TEOR80], [TEOR82], [TSIC78], [TUEL78], [ULLM83], [URSP84], [VETT81], [VETT86], [WASS80], [WEDE80], [WONG79], [YAO82], [YAO85], [YEH78], [YOUR79], [ZEHN85].

Kapitel 6

Datenbanksprachen und Datenbankbenutzung

Albrecht Blaser, Matthias Jarke, Hein Lehmann und Günter Müller

6.1	Datenbankbenutzer und ihre Hilfsmittel	563
6.1.1	Benutzergruppen	563
6.1.1.1	Datenbankadministrator (DBA)	563
6.1.1.2	Anwendungsprogrammierer	565
6.1.1.3	Endbenutzer	565
6.1.1.4	Benutzeranforderungen	566
6.1.2	Benutzerschnittstellen	567
6.2	Datenbankbeschreibungssprachen	570
6.2.1	Einführung und Beispiel	570
6.2.2	Schemaaufbau in Datenbankbeschreibungssprachen	572
6.2.2.1	Aufbau des DBTG Schemas	573
6.2.2.2	Aufbau des IMS Schemas	574
6.2.2.3	Schemaaufbau in System R	575
6.2.3	Beschreibung der Datenstrukturen	577
6.2.3.1	Zusammengesetzte Objekte (Datensätze)	577
6.2.3.2	Beziehungen zwischen zusammengesetzten Objekten	579
6.2.4	Beschreibung der Integritätsbedingungen	586
6.2.4.1	Konsistenzbedingungen für Attributausprägungen	588
6.2.4.2	Konsistenzbedingungen für Satzausprägungen	588
6.2.4.3	Konsistenzbedingungen für Beziehungen	590
6.2.5	Vielfachverwendung von Daten	595
6.2.5.1	Beschreibung von Subschemata	595
6.2.5.2	Beschränkung des Datenzugriffes	597
6.3	Datenmanipulationssprachen	600
6.3.1	Sprachkonzepte	601
6.3.1.1	Stapel- oder interaktive Verarbeitung	601
6.3.1.2	Eigenständigkeit oder Einbettung der Datenmanipulationssprache	602
6.3.1.3	Sprachen für das Relationenmodell	603
6.3.1.4	Prozedurale oder deskriptive Sprache	607
6.3.1.5	Lineare Spracheingabe oder direkte Manipulation	610
6.3.1.6	Formale oder natürliche Sprachen	612

560   Datenbanksprachen und Datenbankbenutzung

6.3.2	Funktionale Fähigkeiten	614
6.3.2.1	Auswahl von Daten aus der Datenbank	614
6.3.2.2	Verändern des Datenbankinhaltes	623
6.3.2.3	Steuerfunktionen	627
6.3.2.4	Weiterverarbeiten ausgewählter Daten	629
6.3.2.5	Funktionale Vollständigkeit	632

Datenbanken unterscheiden sich von anderen Formen der Datenhaltung durch eine zentrale, von individuellen Anwendungen losgelöste Datenspeicherung und -kontrolle. Diese „Entprivatisierung" von Datenbeständen schafft neue Verantwortlichkeiten im Bereich der Datenbankadministration, ermöglicht aber gleichzeitig neuen Benutzergruppen den Zugang zur rechnergestützten Informationsverarbeitung. Diese Benutzergruppen haben oft ein ganz andersartiges Hintergrundwissen und stehen vor Aufgaben, die nur am Rande mit dem Rechner zu tun haben. Es sind daher neuartige Schnittstellen zwischen Benutzer und Datenbanksystem zu entwickeln, die den unterschiedlichen Fähigkeiten und Aufgabenstellungen der Benutzer Rechnung tragen. Eine Vielzahl von Datenbanksprachen wurden als Grundlage solcher Schnittstellen vorgeschlagen. Jedoch ist nach den bisherigen Erfahrungen zu vermuten, daß keine dieser Sprachen für alle Benutzer und alle Aufgaben gleichermaßen ideal ist, sondern daß man zweckmäßig eine Kombination von Sprachen entsprechend der Zusammensetzung der Benutzergemeinde anbieten sollte.

Um eine solche Kombination von Sprachen im Einzelfall auswählen zu können, sind zunächst eine Reihe von Fragen zu beantworten: Welche Arten von Datenbankbenutzern gibt es überhaupt, welches Wissen und welche Haltung gegenüber der Rechnerbenutzung kann man bei ihnen voraussetzen? Wie kann man ihre Aufgabenstellungen klassifizieren? Nach welchen Kriterien kann man Benutzerschnittstellen einteilen, einerseits mit Bezug auf ihren Funktionsumfang, andererseits hinsichtlich der Art, wie der Benutzer eine solche Sprache verwenden kann?

Der ständige Zuwachs an technischen Möglichkeiten zur Realisierung von Datenbankschnittstellen in den letzten Jahren hat dieses Problem nicht verringert, sondern eher noch komplizierter gemacht. Wo früher nur die Eingabe über Schreibmaschinentastatur möglich war, stehen jetzt Lichtgriffel, Maus und experimentell auch schon rudimentäre Spracheingabe zur Verfügung. Wo früher exakte Einhaltung einer formalen Syntax erforderlich war, können jetzt z.T. Informationen in natürlicher Sprache abgefragt oder durch direktes „Blättern" in der Datenbank gefunden werden. Aber keines dieser neuen Verfahren löst alle Probleme. Manche sind noch recht teuer oder nicht hinreichend ausgereift und daher in der routinemäßigen Benutzung den alten Verfahren unterlegen.

Das vorliegende Kapitel versucht, ein Mindestmaß an Ordnung in diese Vielfalt zu bringen und einige der obigen Fragen zu beantworten. Es geht dabei in drei Abschnitten vor: Übersicht über die Benutzeranforderungen (Abschnitt 6.1), Darstellung von Datenbeschreibungssprachen (Abschnitt 6.2) und Vergleich von Datenmanipulationssprachen (Abschnitt 6.3).

Zuerst werden in Abschnitt 6.1 die drei wesentlichsten Benutzertypen und ihre Anforderungen an Datenbanksprachen vorgestellt. Es handelt sich dabei um:

a) *Datenbankadministratoren*, Mitglieder eines neugeschaffenen Berufs, der als Folge der anfangs erwähnten Zentralisierung von Datenbeständen in Datenbanken entstand;

b) *Anwendungsprogrammierer*, deren Aufgabenstellung durch die Zentralisierung der Datenbestände verändert wurde und denen gewisse Aufgaben der lokalen Datenverwaltung nunmehr abgenommen werden; und

c) *Endbenutzer*, denen die Schaffung von Datenbanken und „freundlichen" Schnittstellen die Rechnernutzung überhaupt erst ermöglicht; hierzu zählen alle Datenbankbenutzer, die als Manager, Anwendungsspezialisten oder zufällige gelegentliche Benutzer mit einer Datenbank interagieren, um Ziele in ihrem Arbeitsbereich (der normalerweise nichts mit dem Rechner zu tun hat) zu erreichen.

Die Frage nach den Anforderungen, die jede Benutzerklasse stellt, kann nur zum Teil normativ anhand der jeweiligen Aufgabenstellung beantwortet werden. Weitere Hinweise kann man aus ergonomischen Experimenten ableiten, die allerdings wegen ihres hohen Zeit- und Kostenaufwandes bisher nur in unzureichendem Maße durchgeführt worden sind. Eine weitere Schwierigkeit, der sich solche Experimente gegenübersehen, ist die rasche technologische Entwicklung, die experimentelle Ergebnisse manchmal veralten läßt, bevor sie veröffentlicht sind.

Die Analyse der Benutzeranforderungen ergibt zwei grundsätzliche Klassen von Aufgabenstellungen, die regelmäßig auch in unterschiedlichen Sprachklassen ihren Niederschlag finden: die Definition und Verwaltung des Datenbankschemas mittels Datenbeschreibungssprachen (DDL = Data Definition Languages), dargestellt in Abschnitt 6.2; und die Abfrage und Manipulation der gespeicherten Daten durch Datenmanipulationssprachen (DML = Data Manipulation Languages), beschrieben in Abschnitt 6.3. Für beide Aufgabenstellungen gibt das vorliegende Kapitel konkrete Beispiele auf der Basis der praktisch wichtigsten Datenmodelle, des hierarchischen, des Relationen- und des Netzwerkmodells. Angesprochen werden sowohl die bekanntesten klassischen formalen Datenbanksprachen als auch einige, die auf der Nutzung deduktiver Verfahren (z.B. Prolog), natürlicher Sprache oder der Manipulation graphischer Objekte beruhen. Wo empirische oder theoretische Ergebnisse zur Anwendbarkeit vorliegen, werden sie gemeinsam mit ihren praktischen Implikationen erwähnt. Auf die Diskussion rein experimenteller oder lediglich in der Theorie vorgeschlagener Sprachen (etwa für semantische Datenmodelle) wird weitgehend verzichtet.

Im Abschnitt 6.2 (Datenbeschreibungssprachen) wird anhand eines einheitlichen Beispiels zunächst der grundsätzliche Aufbau des Datenbankschemas für je ein Sprachbeispiel des Netzwerkmodells, des hierarchischen Modells und des relationalen Modells verglichen. Dann gehen weitere Unterabschnitte auf die Beschreibung der jeweiligen modelltypischen Datenstrukturen, der Konsistenzbedingungen und der lokalen Datenbanksichten einzelner Benutzergruppen ein.

Abschnitt 6.3 (Datenmanipulationssprachen) diskutiert zunächst die Konsequenzen einer Reihe grundsätzlicher Entwurfsentscheidungen beim Aufbau von Datenmanipulationssprachen: Soll im Stapelbetrieb oder interaktiv auf die Datenbank zugegriffen werden? Soll die Datenbanksprache allein oder in Kombination mit einer allgemeinen Programmiersprache verwendet werden? Sollte die Sprache prozedural oder rein deklarativ sein? Welche Medien sollen bei der Ein-/Ausgabe eingesetzt werden? Sind natürliche Sprachen besser geeignet als formale Sprachen? Anschließend werden die funktionalen Fähigkeiten zusammengefaßt, die solche Sprachen besitzen oder besitzen sollten, sowohl von der Art (z.B. Datenauswahl, Weiterverarbeitung, Steuerfunktionen) als auch vom Umfang der Funktionen und der damit verbundenen Auswertungskomplexität her gesehen. Wegen der besseren Eignung für theoretische Analysen werden diese Betrachtungen vor allem am Beispiel von relationalen Sprachen vorgenommen.

Insbesondere die Ausführungen über Datenbeschreibungssprachen (Abschnitt 6.2) lehnen sich eng an die Darstellung der drei klassischen Datenbankmodelle in Kapitel 1 dieses Handbuchs an. Die grundlegenden Charakteristika dieser Modelle werden im vorliegenden Kapitel nicht wiederholt. Da sich dieses Kapitel vorwiegend an Leser richtet, die an Fragen der Funktionalität und Benutzerfreundlichkeit von Datenbanksprachen interessiert sind, wird auch auf eine Diskussion der Implementation und Optimierung von Datenbanksprachen weitgehend verzichtet. Weitere Informationen zu diesem Themenbereich sind dem Kapitel 3 zu entnehmen.

6.1 Datenbankbenutzer und ihre Hilfsmittel

6.1.1 Benutzergruppen

Bild 6.1 zeigt symbolisch die möglichen Benutzergruppen einer Datenbank, klassifiziert entsprechend ihrer Aufgabenstellung und unterschiedlichen Wahrnehmung der Datenbank.

6.1.1.1 Datenbankadministrator (DBA)

Datenbanksysteme dürfen sich nicht nur an den Erfordernissen einzelner Benutzer orientieren, sondern müssen vielen Anwendern gleichermaßen zur Verfügung stehen. Der DBA nimmt eine Mittlerfunktion zwischen den verschiedenen Benutzeranforderungen und den Anforderungen an die optimale Ausnutzung der Rechnerressourcen ein.

Sind nach einer Systemanalyse die Informationsstrukturen aus der Sicht der Anwendung bestimmt, ist der DBA für deren Koordinierung und Implementierung verantwortlich. Er formalisiert die Informationsstrukturen unter Zuhilfenahme einer Datenbeschreibungssprache. Das Ergebnis seiner Arbeit ist das Schema der Datenbank. Auch die Beschreibung der Speicherstrukturen und Zugriffspfade liegt im Verantwortungsbereich des DBA. Meist ändern sich reales Benutzerverhalten und Anwendungsprioritäten im Zeitablauf. Der DBA muß daher das Verhalten der Datenbank beobachten und sie nötigenfalls restrukturieren. Die Sprachschnittstelle des DBA muß es gestatten, zumindest die nachfolgenden Aufgaben zu erfüllen (vgl. Kapitel 2):

a) *Datenstrukturbeschreibung* Neben dem formalen Entwurf und dem Laden der Datenbank muß Vorsorge zur Garantie der Korrektheit der Daten und zum Schutz der Daten getroffen werden.

b) *Beobachtung.* Kontrolle der Effizienz einer gegebenen Implementierung und der Benutzung durch die Anwender.

c) *Reorganisation und Restrukturierung.* Während Reorganisation sich mehr auf die Änderung der physischen Speicherform bezieht und eine Verbesserung der

564   Datenbanksprachen und Datenbankbenutzung

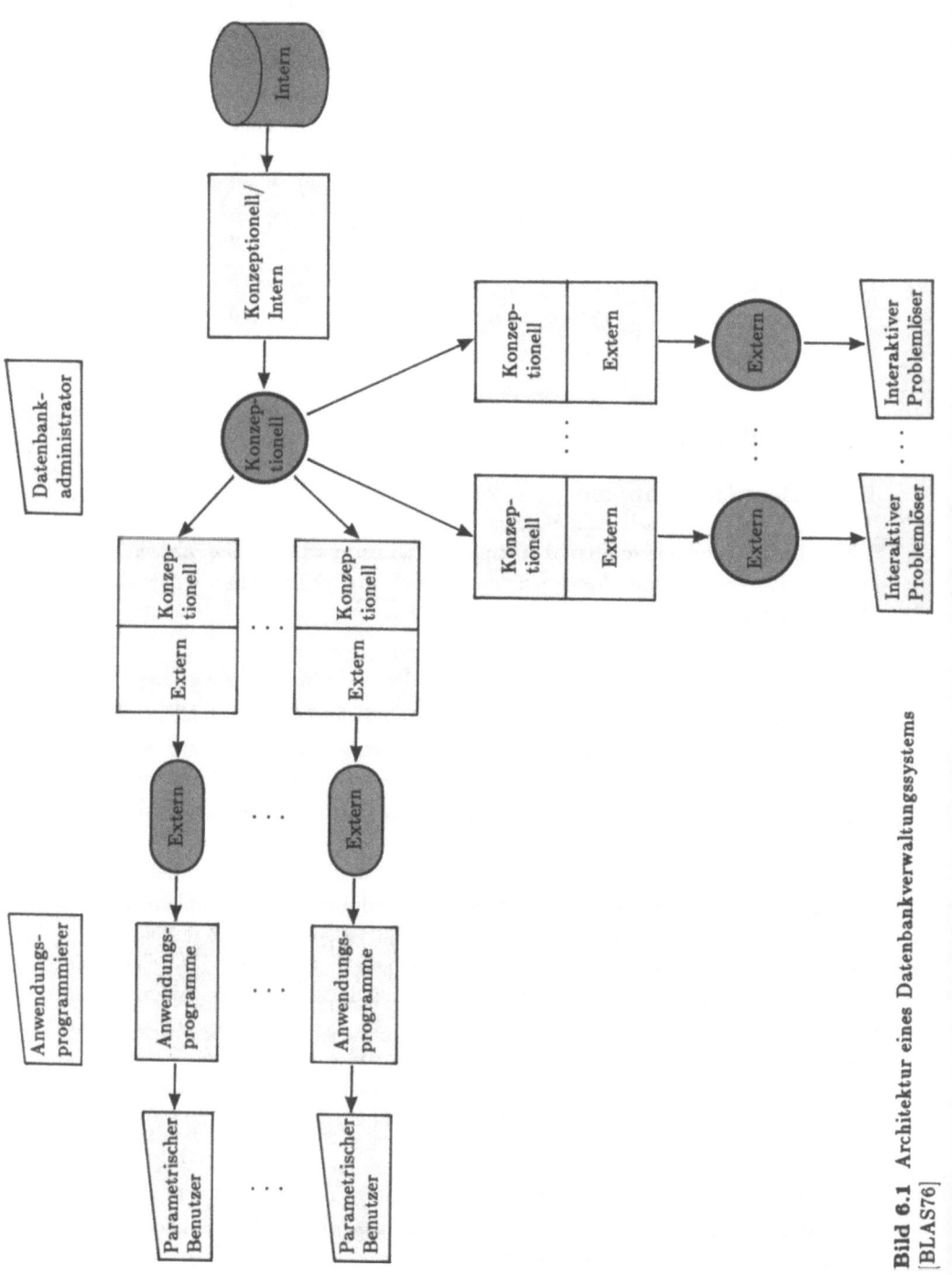

Bild 6.1 Architektur eines Datenbankverwaltungssystems [BLAS76]

Maschineneffizienz zum Gegenstand hat, befaßt sich Restrukturierung mit der Änderung der Datenstrukturen im Schema.

d) *Recovery.* Nach einem Fehlverhalten des Systems muß die Datenbank wieder auf einen genau bekannten Zustand gebracht werden.

6.1.1.2 Anwendungsprogrammierer

Anwendungsprogrammierer interagieren mit Datenbanken aus verschiedenen Gründen. Aus Sicht eines Anwendungsprogramms sind Datenbanken Hilfsmittel, persistente Daten sicher und effizient zu verwalten. Aus Sicht des Datenbanksystems sind Anwendungsprogramme notwendig, um die Standardschnittstellen um spezielle Schnittstellen auf höherer Ebene zu ergänzen. Solche Anwendungsprogramme werden meist über längere Zeiträume wiederholt benutzt.

Anwendungsprogramme werden meist in konventionellen Programmiersprachen (z.B. COBOL, PL/1, PASCAL, FORTRAN) erstellt, die mit der Datenmanipulationssprache des Datenbanksystems gekoppelt sind. Der Anwendungsprogrammierer verlangt daher (a) erhebliche funktionale Mächtigkeit der Datenmanipulationssprache, (b) eine natürliche und effiziente Kommunikation zwischen Programmiersprache und DML und (c) umfangreiche Möglichkeiten zur Programmierung interaktiver Endbenutzerschnittstellen. Sogenannte Datenbankprogrammiersprachen (vgl. Abschnitt 6.3.2) sind speziell für diese Anforderungen entwickelt worden, aber in der Praxis noch nicht allzu weit verbreitet.

Eine spezielle Klasse von datenintensiven Anwendungsprogrammen ist die Implementation von Datenbanksystemen selbst. Es ist daher kein Zufall, daß Datenbankprogrammiersprachen auch als Datenbankimplementationssprachen eingesetzt worden sind.

6.1.1.3 Endbenutzer

Endbenutzer sind dadurch gekennzeichnet, daß sie nicht - wie beispielsweise Anwendungsprogrammierer - für Andere Informationen aus der Datenbank beschaffen. Vielmehr verwenden sie Datenbankdaten direkt für ihre Arbeit oder tragen Ergebnisse ihrer Arbeit in die Datenbank ein. In der Vergangenheit mußte diese Benutzerklasse auf computererfahrene „Zwischenträger" zurückgreifen. Ein wesentliches Ziel des Datenbankkonzepts ist es, sogenannte Endbenutzerschnittstellen immer größeren Gruppen von Interessenten zur Verfügung zu stellen.

Je nach Vorwissen und Aufgabenstruktur stellen Endbenutzer unterschiedliche Anforderungen an Datenbanksprachen. Das syntaktische Vorwissen [SHNE80] charakterisiert die Interaktionsfähigkeit des Endbenutzers mit dem Datenbanksystem; es basiert auf allgemeiner Vertrautheit mit Rechnern, aber auch auf der Häufigkeit der Systembenutzung. Man unterscheidet Novizen, geübte und professionelle Benutzer. Die Aufgabenstruktur (das semantische Wissen) ist durch Anwendungswissen sowie durch Umfang und Komplexität der Operationen auf der Datenbank näher gekennzeichnet. Hier kann man unterscheiden zwischen (a) zufälligen gelegentlichen Benutzern („casual users" [CODD74]), (b) parametrischen Benutzern mit Standardaufgaben („clerical"), sowie (c) Anwendungsspezialisten und Managern, für welche die Datenbank ein flexibles Werkzeug zur Lösung ständig wechselnder Probleme darstellt. Detaillierte Darstellungen derartiger Benutzerklassifizierungen und darauf aufbauende Auswahlmethoden für Datenbanksprachen finden sich in [LEHM79, SHNE80, JARK85b].

6.1.1.4 Benutzeranforderungen

Benutzer verlangen von Datenbanksprachen einerseits einen ausreichenden funktionalen Umfang (hoher „Nutzen" der Sprache für den Anwender); dies bezieht sich auf die Fähigkeit zur Definition von Daten, Operationen, und Integritätsbedingungen ebenso wie zur Selektion, Präsentation und Manipulation von Daten. Andererseits wird aber auch Benutzerfreundlichkeit (geringe „Kosten" der Interaktion mit dem System) verlangt. Benutzerfreundlichkeit ist schwer genau zu definieren. Gewöhnlich werden schnelle Erlernbarkeit und effiziente Benutzbarkeit im Normalfalle, vor allem aber auch im Fehlerfalle, verlangt.

Die Abwägung zwischen den genannten Zielen kann im konkreten Entscheidungsfall anhand einer Kosten-Wirksamkeits-Analyse erfolgen [JARK85b]. So werden DBA und Anwendungsprogrammierer meist mehr Wert auf funktionale Eigenschaften legen, während beim Endbenutzer die Freundlichkeit entscheidend ist. Dabei sind Novizen und gelegentliche Systembenutzer auf leichte (Wieder-)-Erlernbarkeit angewiesen; häufige Benutzer nehmen dagegen mehr Lernaufwand in Kauf, wenn die routinemäßige Benutzung einfach und effizient ist.

Allerdings ist schon die Bewertung einer Sprache nach nur einem der genannten Kriterien eine nichttriviale Aufgabe. Die Benutzerforschung greift diese Aufgabe mit Hilfe von Human-Factors-Methoden an [REIS81, SHNE80]. Mittlerweile existiert eine recht große Anzahl von Feldstudien und Laborexperimenten zur benutzerorientierten Bewertung von Datenbanksprachen (siehe z.B. [LEHM79, SHNE80, REIS81, JARK85b]). Man weiß beispielsweise, daß bei häufigen Benutzern die Freundlichkeit nur eine relativ geringe Rolle spielt, und daß sich Datenbanksprachen in ihrer Erlernbarkeit für Benutzer mit Programmierkenntnissen nur wenig unterscheiden.

Daher und wegen ihrer zunehmenden Bedeutung als Benutzergruppe konzentriert sich das Interesse auf Benutzer mit geringem syntaktischen Wissen, die aber gute semantische Kenntnisse haben. Diese Benutzer brauchen eine leicht erlernbare Sprache, die trotzdem flexibel und relativ mächtig ist, vor allem aber im Fehlerfall gute Unterstützung bietet. Die folgenden Forschungsergebnisse im Bereich der Bewertung von Datenbanksprachen sind von spezieller Bedeutung für diese Gruppe:

1. Novizen haben Schwierigkeiten mit expliziter Quantifizierung in prädikatenlogisch orientierten Sprachen [THOM75]. Anfragesprachen wie SQL wurden deshalb speziell mit dem Ziel entworfen, Quantoren zu vermeiden. Dies kann allerdings bei geübten Benutzern zu Problemen führen, wenn die Formulierung komplexer Anfragen zu mühsamen Umwegen führt.
2. Relationale Schnittstellen sind von Novizen leichter zu erlernen als hierarchische oder Netzwerkschnittstellen [LOCH76] und graphisch orientierte leichter als

solche mit rein linearer Spracheingabe [GREE78]. Wiederum sagt dies nichts über Regeln für Fortgeschrittene aus.
3. Für komplexe Anfragesituationen erscheint eine Sprache mit einer prozeduralen Interaktionsmetapher (s.u.) besser geeignet als eine rein deskriptive Sprache, die keine Spezifikation einer Folge von Problemlösungsschritten zuläßt.

Studien existieren vor allem für die Sprache SQL [REIS81] und für natürliche Sprache als Anfragesprache (z.B. [SHNE80, KRAU82, VASS83, ZOEP83, JARK85a]). Dabei werden Laborexperimente vorwiegend zum Test der Erlernbarkeit verwendet, während Feldstudien die funktionale Mächtigkeit und Benutzerfreundlichkeit im Routineeinsatz erproben. Einige sprachspezifische Ergebnisse werden in Abschnitt 6.3.1 diskutiert. Allgemein werden die folgenden Richtlinien betont:

1. Der Schnittstellenentwurf muß auf das *begrenzte Kurzzeitgedächtnis* der Benutzer Rücksicht nehmen. Beispielsweise hilft es wenig, wenn auf dem Bildschirm eine Erklärung gegeben wird, wie ein System zu benutzen ist, dann aber vor Anwendung dieser Regeln andere Bildschirme (z.B. Prüfung der Zugangsberechtigung) zwischengeschaltet werden – der Benutzer hat die Erklärung vergessen, wenn er sie anwenden soll.
2. Schnittstellen sollen *konsistent* sein. Konsistenz ist wichtiger als „Natürlichkeit" jedes Einzelkommandos. In einer Menüschnittstelle sollen beispielsweise Überschriften, Fehlermeldungen, Eingabefelder, usw. immer an der gleichen Stelle auftauchen [OTTE84]. Auch in der Antwortzeit des Systems sind Gleichmäßigkeit und Vorhersagbarkeit wichtiger als maximale Geschwindigkeit in jedem Einzelfalle, da große Variationen den Arbeitsfluß der Benutzer stören [BARB83].
3. Am günstigsten ist es, eine *einheitliche Metapher* für die Interaktion mit dem System zu wählen und diese dann konsequent aufrechtzuerhalten. Ein Beispiel für eine solche Metapher ist der „by Example" Tabellenansatz von QBE ([ZLOO75], s.a. Abschnitt 6.3.1.3). Die Metapher sollte sich möglichst an der Anwendung und nicht an der internen Implementation der Datenbank orientieren. Beispielsweise sollten Menüauswahlmöglichkeiten nicht durch Nummern, sondern durch Anfangsbuchstaben oder durch Bewegen eines Bildschirmzeigers ausgedrückt werden. Ebenso sollten Fehlermeldungen auf die Metapher und nicht auf interne Vorgänge im Rechner Bezug nehmen.
4. Schnittstellen sollen einen fließenden *Übergang vom Anfängerstatus zum Expertenstatus* ermöglichen. Beispielsweise ist der systemgeführte Menüdialog für den Anfänger sehr hilfreich; derselbe Benutzer wird aber sehr schnell ungeduldig, wenn ihm immer wieder die gleichen Fragen gestellt werden, obwohl er längst die Folge der Antworten als „chunks" verinnerlicht hat. Das System sollte dann eine mit der Menüfolge möglichst konsistente Kommandosprache als Alternative anbieten.

6.1.2 Benutzerschnittstellen

Die Benutzerschnittstellen eines Datenbankverwaltungssystems (DBVS) stellen Medien und Methoden bereit, welche einem Benutzer, der eine bestimmte Aufgabenstellung vor Augen hat, die Kommunikation mit einer Datenbank gestatten, die auf einem bestimmten Datenmodell basiert. Die drei Aspekte Datenbankmodell, Aufgabenstellung und Interaktionsmodus charakterisieren also eine Benutzerschnittstelle.

In Kapitel 1 dieses Handbuchs wurden Datenbankmodelle als formaler Rahmen eingeführt, mittels dessen Informationen über einen Ausschnitt der Realität als Daten abgespeichert, abgefragt und verändert werden können. Die einzelnen Modelle unterscheiden sich strukturell vor allem darin, wie Objekte in der Datenbank identifiziert werden. Im Relationenmodell ist der Objektbezeichner Teil der Daten selbst (assoziative Selektion). Im Netzwerk- und hierarchischen Modell verwendet man dagegen Objektreferenzen (referentielle Selektion). Obwohl es grundsätzlich denkbar ist, die Unterschiede zwischen den Modellen für den Benutzer transparent zu gestalten, haben die unterschiedlichen Datenbankmodelle in der Praxis zu verschiedenen Sprachformen geführt: Sprachen für das Relationenmodell basieren meist assoziativ auf der Beschreibung von Dateninhalten, während Sprachen für die beiden anderen Modelle eher Navigationspfade beschreiben.

In der Literatur sind eine Vielzahl alternativer Sprachtypen vorgeschlagen worden [BILL76, BREU79, DATE81, THUR79]. Obwohl sich die Forschung in den letzten Jahren schwerpunktmäßig auf semantische Datenmodelle verlagert hat, in deren Datenbeschreibung erhebliches Anwendungswissen integriert ist [BROD84], folgen die meisten Datenbanksprachen und praktisch alle kommerziell verfügbaren Systeme den drei genannten Datenmodellen. Für das vorliegende Kapitel wurde daher je ein Sprachbeispiel dieser drei Datenmodelle ausgewählt. Das Information Management System (IMS) der IBM (s. hierzu [IBM80, IBM81a]) ist weit verbreitet und kann als typischer Vertreter der hierarchischen Datenbanken gesehen werden. Im Jahre 1971 hat die Data Base Task Group (DBTG) einen Vorschlag für eine DDL und DML gemacht, der unter dem Namen Netzwerkmodell einer Vielzahl von Herstellern als Grundlage zur Entwicklung kommerziell verfügbarer Datenbanksysteme gedient hat.

IMS und DBTG ist gemeinsam, daß sie als potentiellen Benutzer vor allem den Anwendungsprogrammierer sehen, der die Datenbank im Sinne der Maschinenwirksamkeit effizient nutzen möchte. Basierend auf dem Vorschlag Codd's [CODD70] wurde im IBM Forschungslabor San Jose das relationale Datenbanksystem System R [BLAS79, CHAM76b] entwickelt, welches dem Benutzer erlaubt, die gewünschten Informationen durch eine Beschreibung von Eigenschaften der Daten abzufragen. Dieses System ist jetzt unter dem Namen SQL/DS [IBM81b] einem breiten Anwenderkreis verfügbar.

Zu jedem Zeitpunkt soll die Datenbank in ihrem jeweiligen Inhalt (oder Zustand) einen Ausschnitt der Realität widerspiegeln. Veränderungen in der Realität müssen daher in Zustandsänderungen der Datenbank abbildbar sein. Umgekehrt entspricht aber nicht jedem denkbaren Datenbankzustand auch ein Zustand des gewählten Realitätsausschnitts. Aus diesem Zwiespalt ergeben sich zwei grundlegende Aufgabenstellungen für Datenbanksprachen, die in der Regel ihre Entsprechung in der Existenz zweier unterschiedlicher Sprachen finden.

Die Datenmanipulationssprache (DML) stellt Operationen zur Abfrage (Anfragesprache) oder Veränderung des Datenbankzustands bereit. Die Korrektheit solcher Operationen (d.h. ihre Konsistenz mit der abgebildeten Realität) kann das DBVS immer nur zum Teil überprüfen. Dazu konstruiert der DBA eine „Theorie" des abgebildeten Realitätsausschnitts und erzwingt, daß alle Veränderungen des Datenbankzustandes wieder zu (nach dieser Theorie) zulässigen Zuständen führen. Da die zulässigen Operationen durch das Datenbankmodell und die DML bereits festgelegt sind, enthält die Datenbeschreibungssprache vor allem Konstrukte zur Definition von Datenstrukturen und Integritätsbedingungen, welche zulässige Datenbankzustände (statische Bedingungen) und Operationen (dynamische Bedingungen) bestimmen.

Abgesehen von Aufgabenstellung und Datenbankmodell unterscheiden sich Benutzerschnittstellen auch im Interaktionsmodus, d.h. in Medium und Methode der Kommunikation. Zusätzlich zur konventionellen Schreibmaschinentastatur verwenden neuere Datenbankschnittstellen auch Techniken zur „direkten Manipulation" von Datenbankobjekten, wie z.B. Lichtgriffel oder „Maus". Bei den Methoden kann man weiter unterscheiden zwischen Benutzerführung (Kommandosprachen) und Systemführung (Menüauswahl), zwischen linearen und bildschirmorientierten Sprachen, zwischen prozeduralen und deklarativen Sprachen. Diese Differenzierungen werden anhand der Datenmanipulationssprachen noch näher erläutert (siehe auch [LACR80, LEHM79, SAME81, VASS84]).

Abschließend sollen noch weitergehende funktionale Anforderungen erwähnt werden, die Endbenutzer an die Datenbank stellen. Diese Benutzer der Datenbank sind oft mit Datenanalysen beschäftigt und fordern neben Datenspeicherung und -wiedergewinnung komplexe Möglichkeiten zur weiteren Bearbeitung der aus der Datenbank erhaltenen Informationen:

a) *Auswahlmöglichkeiten.* Der Anwender soll erfragen können, welche Software er auf die Daten anwenden kann und welche Daten überhaupt zur Verfügung stehen [ERBE80]. Daten- und Programmnamen werden nicht ausreichen. Man wird vielmehr erwarten können, daß dem Benutzer umfangreiche Unterstützung bei der Interpretation von Daten und Programminhalten zuteil wird. Ferner werden Hilfestellung bei Problemen und Unterweisung über Schnittstellen, Inhalte von Fehlermeldungen und Gebrauch von Lerntexten angeboten werden.

b) *Methodenbank.* Unter Methoden werden alle für eine Miniwelt relevanten Analyse- und Auswertungsverfahren verstanden. Wie Daten, so sind auch Verfahren zu verknüpfen, zu löschen oder neu einzufügen.

c) *Kommunikation.* Meist sind Entscheidungen im betrieblichen Kontext keine Einzelentscheidungen, sondern kommen durch das Zusammenspiel vieler Personen zustande. Kommunikationsmöglichkeiten müssen geschaffen werden, die den Austausch von Ergebnissen gestatten.

d) *Berichtsgestaltung.* Die Ergebnisse sollen in einem Format präsentiert werden, das weitere Analysen erleichtert. Dies kann auch graphische Darstellungen umfassen.

e) *Frühwarnung.* Hierunter wird verstanden, daß das Datenbanksystem von sich aus auf das Eintreten spezieller Bedingungen aufmerksam macht. Datenbanksysteme können nur ein Teil eines umfassenderen entscheidungsunterstützenden

Systems sein, an das weit höhere Anforderungen als die heutig übliche Datenbeschreibung im Schema gestellt werden. Die Notationen von DDL und DML werden um diese zusätzlichen Aufgaben erweitert werden müssen.

6.2 Datenbankbeschreibungssprachen

6.2.1 Einführung und Beispiel

DDL helfen dem DBA, die Struktur einer Datenbank, ihre zulässigen Zustände, die notwendigen Sichten und die Zugriffsberechtigungen zu beschreiben. Die Menge aller DDL-Sätze für eine spezielle Datenbank nennt man das Schema dieser Datenbank. Im Schema beschreibt man die Objekte des abstrakten Datenmodells. Zusätzlich werden Regeln angegeben, die von jedem Zustand des abstrakten Datenmodelles erfüllt sein müssen. Zu diesem Zweck enthalten alle DDL neben deklarativen auch prozedurale und direktive Anweisungen. Die meisten Anweisungen zur Beschreibung der Datenstrukturen gehören zur Klasse der deklarativen Anweisungen. Die Definitionen von Konsistenzbedingungen und Zugriffskontrollen können dagegen auch prozedurale und direktive Befehle enthalten. Wenn z.B. Mitarbeiterdaten gelöscht werden sollen, kann durch prozedurale Anweisungen die Zugriffsberechtigung des Benutzers überprüft werden und durch direktive Anweisungen festgelegt sein, daß der Vorgang auf einer Archivdatei dokumentiert wird.

DDL können demnach nur in Zusammenhang mit dem entsprechenden Datenbankmodell gesehen werden. Folglich kann eine DDL durch die Menge aller abstrakten Objekte und Konsistenzbedingungen bewertet werden, die sie zu beschreiben erlaubt.

Die nachfolgenden Abhandlungen sind nicht als Ersatz für ein Programmierhandbuch für die DDL des jeweiligen DBVS gedacht, da syntaktische Details von zweitrangiger Bedeutung sind. Vielmehr sollen die Datenbankkonzepte gezeigt werden, die zur Gestaltung der jeweiligen DDL geführt haben. Ferner sollen die Konsequenzen des funktionalen Umfanges der DDL für die Benutzbarkeit des Datenbanksystems herausgearbeitet werden. Wenn z.B. eine DDL die Definition von Zugriffsrechten nur unvollständig ermöglicht, dann muß dieser Mangel durch organisatorische Maßnahmen kompensiert werden. Dasselbe gilt für die Festlegung von Integritätsbedingungen. Sie sind entweder vom Programmierer bei der Formulierung des Programmes zu beachten oder können bereits bei der Definition des Schemas allgemeingültig bestimmt werden. Schließlich sollen die Auswirkungen von DDL-Konzepten auf die Vielfachnutzung der Daten, die Datenunabhängigkeit, die Garantie der Korrektheit der Daten und die Datensicherheit untersucht werden.

Das nachfolgende Beispiel soll zum einen die weitere Diskussion veranschaulichen und zum anderen eine gemeinsame konzeptionelle Sicht schaffen, welche Objekte zu einem Zeitpunkt existieren, welche Eigenschaften diese Objekte besitzen und welche Beziehungen zwischen den Objekten bestehen (vgl. Bild 6.2).

EIGENSCHAFT	LEGENDE	BEISPIELOBJEKTE
ANR	Abteilungsnummer	<4711;4712;6480>
ANAME	Abteilungsname	<Rechenzentrum; Programmierung; Verwaltung>
PNR	Personalnummer	<09;17;24;36;38;99>
NAME	Familienname	<Mayer;Müller;Schulz>
ACODENR	Aufgabencode	<49AD3; 59CD4; 83F17>
KUNDE	Auftraggeber	<Meyer KG; Lehmann AG>
FHKTCODE	Fähigkeitencode	<FZG403;GHD3;HJK308>
BEZ	Bezeichnung	<Programmieren; Testen; Datenbankdesign>

Bild 6.2 Objekte und Eigenschaften

Beispiel: Gegeben sei eine Unternehmung, die hierarchisch in verschiedene Abteilungen untergliedert ist. In diesen Abteilungen sind Mitarbeiter beschäftigt, die zum einen bestimmte Fähigkeiten haben und zum anderen an bestimmten Aufgaben arbeiten. Zur Erledigung der Aufgaben sind Fähigkeiten notwendig, wobei ein Mitarbeiter auch solche Fähigkeiten besitzen kann, die nicht unmittelbar für seine aktuelle Aufgabe benötigt werden. Ein abstraktes Modell dieser Firma kann nun mit Hilfe der folgenden Strukturkonzepte (vgl. auch Kapitel 1) erstellt werden:

Als *Objekt* soll alles das bezeichnet werden, über das Aussagen hinsichtlich einer speziellen Anwendung gemacht werden sollen. In einem Aussagesatz einer natürlichen Sprache können Objekte sowohl Subjekt als auch Objekt sein.

Eine *Eigenschaft* charakterisiert ein Objekt. In einem Aussagesatz wird die Eigenschaft durch dessen Prädikat ausgedrückt. Beispiele wären „hat Namen", „arbeitet in Abteilung", „bezieht Gehalt", etc. Eine Eigenschaft kann durch logische Operatoren aus elementaren Eigenschaften abgeleitet werden. Die Eigenschaft „Ehemann" ist z.B. eine Konjunktion der Eigenschaften „verheiratet sein" und „männlich".

Die Zuordnung von Eigenschaften zu einem Objekt ist – wie schon die Identifikation der Objekte – nicht formalisierbar und dem Zweck der Anwendung unterworfen. Für unser Beispiel seien nachfolgend einige relevante Eigenschaften und Objekte aufgeführt.

Eine *Beziehung* wird ebenso wie die Eigenschaften durch das Prädikat eines Aussagesatzes dargestellt. Eine Beziehung verbindet mehrere Objekte. Je nach Anzahl der Objekte spricht man von zwei- oder mehrstelligen Beziehungen. In unserem Beispiel ist z.B „Mayer hat die Fähigkeit zu programmieren" eine zweistellige Beziehung zwischen den Objekten „Mayer" und „programmieren". Die beiden Objekte können zusammen mit anderen Objekten, die dieselben Eigenschaften haben, zu Klassen zusammengefaßt werden. Zum Beispiel wird dem Objekt „programmieren" hier die Eigenschaft „Fähigkeit" zugeordnet; als formalisierter Klassenname dient die Bezeichnung FHKTCODE.

6.2.2 Schemaaufbau in Datenbankbeschreibungssprachen

Das Schema der Datenbank soll eine dauerhafte Grundlage für die Entwicklung und den Betrieb von Anwendungen sein. Es sollte so gestaltet sein, daß es weder von den Methoden zur Datenspeicherung noch der Datenwiedergewinnung abhängig ist. Die Dauerhaftigkeit kann soweit gehen, daß das Schema nur wenig verändert werden muß, wenn ein DBVS durch ein anderes ersetzt wird. Der Entwurf des Schemas, d.h. die Formalisierung der Informationsstrukturen, ist der wichtigste Einzelschritt beim Datenbankentwurf und sollte unabhängig von den Erfordernissen spezieller Anwendungen, d.h. der externen und internen Schemata, sein [DATE81a].

Derzeitige DBVS verkörpern dieses Ideal nur sehr unvollkommen. Oft existiert das konzeptuelle Schema nur als Vereinigung der externen Sichten und besteht ansonsten aus Anweisungen, die mehr den internen Speicherstrukturen zuzurechnen sind. Die Anpassung der Datenbank an neue oder veränderte Anforderungen wird dadurch sehr erschwert oder sogar unmöglich gemacht. Im Idealfall sollte das Schema nur Angaben über die Datenstrukturen, Zugriffskontrollen und Konsistenzbedingungen enthalten. Außerdem sollte die DDL, mit der das Schema formuliert wird, folgende Forderungen erfüllen:

Erstens sollten die Konzepte des Datenmodelles vollständig und unmittelbar in der Sprache enthalten sein. Umgekehrt sollen in der DDL nur Anweisungen existieren, die auch im abstrakten Datenmodell zu finden sind.

Zweitens sollte die Zahl der Konzepte so gering wie möglich gehalten werden. Für ein Konzept im abstrakten Datenmodell sollte nur ein sprachlicher Ausdruck existieren.

Drittens sollten die Sätze einer DDL sprachlich so gestaltet sein, daß sie eine der Anwendung angepaßte Ausdrucksweise zulassen. Im Gegensatz zu diesen Forderungen stellen IMS- und DBTG-Datenbanken innerhalb der Datenstrukturen Objekte, deren Beziehungen untereinander, Konsistenzregeln und Zugriffsformen implizit dar. Dieser Verstoß gegen die erste Forderung ist ein Kompromiß zwischen einer benutzer- und änderungsfreundlichen Formulierung und der Erreichung einer hohen Maschineneffizienz.

Nachfolgende Klassifikation der DDL-Anweisungen zur Deklaration eines Schemas sollen dem Vergleich der verschiedenen DBVS dienen (vgl. auch [CODA78a]):

a) *Befehle zur Schemaidentifikation* (SCHEMA)
   Die meisten DBVS besitzen keine Einrichtung, die im Sinne von ANSI/SPARC (vgl. Kapitel 2) als Schema bezeichnet werden kann, sondern definieren die Daten durch eine Menge unabhängiger oder verbundener Datenstrukturen. Wegen des Fehlens einer Schemabezeichnung müssen diese Objekte individuell benannt werden.

b) *Definition der Datenstrukturen* (STRUKTUR)
   Die Beschreibung der Datenstrukturen nimmt den größten Teil des Schemas ein, wobei meist eine Sektion im Schema für die Definition der Objekte und eine andere für die Festlegung der Beziehungen existiert.

c) *Datenkorrektheit* (VALIDIERUNG)
   Viele DBVS benutzen die Strukturbeschreibung, um implizit auch die Konsistenzregeln zu definieren. Diese Vermengung der Konzepte führt häufig zu wenig überschaubaren und änderungsfreundlichen Schemata. Bei modernen DBVS sind für die Konsistenzregeln eigene Teile des Schemas reserviert.

d) *Datenverwendung* (ORGANISATION)
   Alle bestehenden DDL enthalten in unterschiedlichem Ausmaße Angaben über die physische Organisation der Daten auf externen Speichermedien, die Allokation von Teilen der Datenbank und Hinweise auf besonders effiziente Zugriffsformen. Dieser Verstoß gegen die erste Forderung führt dazu, daß bei Veränderungen Anpassungen in vielen Teile des DBVS vorgenommen werden müssen. Wenn z.B. ein Teil der Datenbank von einer Speichereinheit auf eine andere übertragen wird, so sollte dies nur im internen Schema reflektiert sein. Bei einer Vermengung der Konzepte kann es jedoch vorkommen, daß sowohl das konzeptionelle als auch das interne Schema und sogar das Anwendungsprogramm modifiziert werden müssen.

e) *Sicherung vor unbefugtem Zugriff* (AUTORISIERUNG)
   Meist wird der Schutz vor unbefugter Nutzung ausschließlich durch das externe Schema gewährleistet. DBTG-Datenbanken und System R erlauben eine zentrale Regelung der Zugriffsprivilegien im Schema. Wenn Autorisierungsregeln nur durch die Beschreibung von externen Schemata zu definieren sind, kann der DBA einmal gewährte Privilegien nur schwer zurücknehmen.

f) *Einbau von Datenbankprozeduren* (ADMINISTRATION)
   Es ist unmöglich, eine DDL zu entwickeln, die alle Spezialwünsche eines Anwenders erfaßt. Viele DDL erlauben daher, Datenbankprozeduren in das Schema aufzunehmen. Dadurch wird erreicht, daß das Schema speziellen Erfordernissen angepaßt werden kann. Datenbankprozeduren sind – in einer beliebigen Programmiersprache und für beliebige Zwecke geschriebene – Programme. Gewöhnlich werden sie für Konversionen, Zugriffskontrollen und Plausibilitätsprüfungen eingesetzt.

Der Begriff Schema ist in jedem der hier zu besprechenden DBVS unterschiedlich realisiert. Als Einrichtung des DBVS existiert er nur bei DBTG Datenbanken.

6.2.2.1 Aufbau des DBTG Schemas

DBTG-orientierte DBVS besitzen eine Einrichtung, die unmittelbar mit der konzeptionellen Sicht von ANSI/SPARC übereinstimmt. Der erste Teil eines Schemas ordnet dem Schema einen Namen zu und bestimmt die logischen Speicherbereiche. Bild 6.3 stellt ein DBTG Schema mit dem Namen ORGDB (1) verkürzt dar.

(1)   SCHEMA NAME IS ORGDB;
(2)   CALL SCHEMA-SCHUTZ BEFORE ALTER;
(3)   CALL SCHEMA-DOKUMENT ON COPY BEFORE WRITE;
(4)   ACCESS CONTROL LOCK FOR DISPLAY IS DBA-RECHT;
      ......
(5)   AREA NAME MITARB-BEREICH;
      ......
(6)   RECORD NAME IS ABTEILUNG;
      ......
(7)   RECORD NAME IS MITARBEITER;
      ......
(8)   CHECK GEHALT GREATER THAN 10.000;
      ......
(9)   SET NAME IS BESCHÄFTIGT;
(10) OWNER IS ABTEILUNG;
(11) MEMBER IS MITARBEITER;
      ......

Bild 6.3 DBTG-Schemaaufbau

Zwei Datenbankprozeduren, SCHEMA-SCHUTZ (2) und SCHEMA-DOKUMENT (3), sollen das Schema vor fehlerhaften Eintragungen bewahren und alle Veränderungen registrieren. Die Prozedur SCHEMA-DOKUMENT sorgt dafür, daß alle Änderungen des Schemas dokumentiert werden, während SCHEMA-SCHUTZ zusammen mit der Anweisung (4) garantiert, daß das Schema z.B. für den Aufbau externer Sichten nur den Personen zugänglich ist, die DBA-RECHT haben. Diese Anweisungen gehören eigentlich schon zur Zugriffskontrolle und werden nur deswegen schon verwendet, weil sie zeigen, welchen Platz Datenbankprozeduren, Zugriffskontrollen und Konsistenzbedingungen in einem DBTG Schema haben. Sie werden durch spezielle Sätze, z.B. ACCESS CONTROL(4) oder CHECK (8) oder implizit (10, 11) durch die jeweilige Datenstruktur definiert. Ein eindeutiger Verstoß gegen die eingangs aufgestellte erste Forderung ist die Deklaration (5), die einen logischen Speicherbereich festlegt und mit dem Namen MITARB-BEREICH versieht. Die beiden restlichen Sektionen des Schemas beschreiben die Objekte (6, 7) und die Beziehungen der Objekte miteinander (9, 10, 11).

6.2.2.2 Aufbau des IMS Schemas

IMS besitzt keine Einrichtung, die direkt mit einem Schema nach DBTG vergleichbar wäre. Funktional wird diese Aufgabe von vielen teilweise unabhängigen Datenbankbeschreibungen (Data Base Description = DBD) übernommen [IBM81a]. Man unterscheidet jedoch zwischen physischen und logischen DBD. Die Ursache für diese Differenzierung ist in den unterschiedlichen Anforderungen bei der Darstellung der Daten für die Benutzer und auf den Speichermedien zu sehen. Während

(1)	DBD	NAME = AUFGABENDB, ACCESS = HDAM, RMNAME = SUCHE
(2)	DATASET	DD = AUFGDD, DEVICE = 3370
(3)	SEGM	NAME = AUFGABE, ...
	......	
(4)	END	AUFGABENDB
(5)	DBD	NAME = ABTEILUNGDB, ACCESS = HDAM, ...
(6)	SEGM	NAME = ABTEILUNG, ...
	......	
(7)	END	ABTEILUNGDB
(8)	DBD	NAME = ORGDB, ACCESS = LOGICAL
(9)	SEGM	NAME = ABTEILUNG, SOURCE=((ABTEILUNG,,ABTEILUNGDB)
	......	

Bild 6.4 IMS-Schemaaufbau

auf der Benutzerseite immer dann Redundanzen auftreten, wenn dieselben Objekte in verschiedenen Hierarchien verwendet werden, vermeiden physische DBD diese Redundanz auf der Speicherebene. Physische DBD übernehmen also wesentliche Aufgaben des internen Schemas. Sie bestimmen auch die Speicherorganisation und die Zugriffspfade.

Aus den physischen DBD werden logische DBD abgeleitet, die zwar scheinbar den eingangs aufgestellten Forderungen für ein konzeptionelles Schema entsprechen, jedoch in ihrem Bestand vollständig durch die physischen DBD bestimmt sind. Ein IMS Schema ist die Vereinigung aller physischen und logischen Datenbankbeschreibungen. In Bild 6.4 sind drei IMS DBD verkürzt dargestellt. In den Anweisungen (1, 5, 8) werden die Datenbeschreibungen gekennzeichnet. Für die ABTEILUNGDB und die AUFGABENDB sind durch die Option ACCESS = HDAM die Speicherform und die Zugriffsmethode festgelegt. Die DATASET Anweisung (2) ist das Gegenstück zur AREA Anweisung bei DBTG Datenbanken. Man erkennt aus der expliziten Benennung der DEVICE Option, daß der Bestand des Schemas bereits durch den Wechsel von Speichermedien beeinträchtigt wird. ABTEILUNGDB und AUFGABENDB sind physische Datenbanken, während es sich bei ORGDB (8) um eine logische Datenbank handelt, da zum einen die Zugriffsform als logisch (ACCESS = LOGICAL) beschrieben ist und zum anderen in der SOURCE Anweisung (9) festgelegt wird, aus welchen physischen Datenbanken die Objekte (SEGMENTE) der ORGDB zu entnehmen sind.

6.2.2.3 Schemaaufbau in System R

In System R (vgl. Bild 6.5) kann das Schema als die Menge aller Objekte und Regeln gesehen werden, über die im Systemkatalog Informationen gehalten werden. Im einzelnen sind dies Tabellen (1), externe Sichten (2), nicht strukturimmanente

Integritätsregeln (3) und Anweisungen für die Zugriffskontrolle (4). Ein expliziter Schemaname kann - wie auch bei IMS - nicht vergeben werden. Aus Bild 6.5 wird der Vorteil dieses Ansatzes für die Erweiterbarkeit des Schemas ersichtlich. Veränderungen können nicht nur hinsichtlich ihrer Ebene lokalisiert werden, sondern sind sogar auf das Objekt beschränkt, bei dem sie auftreten. Wenn sich z.B. die Zusammensetzung der Mitarbeitertabelle ändert, werden davon andere Tabellen nicht beeinflußt. Das Schema braucht nicht, wie z.B. bei IMS und DBTG, neu übersetzt zu werden. Datenbankprozeduren sind einfache Anwendungsprogramme, die vom DBVS automatisch dann aufgerufen werden, wenn sie Regeln enthalten, die für die Verarbeitung eines gerade angesprochenen Objektes von Bedeutung sind.

---

(1) CREATE TABLE MITARBEITER (PNR,NAME, ... ,GEHALT,...);
   ....

(2) DEFINE VIEW BESCHÄFTIGT (MITARBEITER, ABTEILUNG);
   ....

(3) ASSERT A1 ON MITARBEITER : GEHALT < 10000;
   ....

(4) GRANT INSERT ON MITARBEITER TO MUELLER;
   ....

Bild 6.5 Objekte eines Schemas in System R

Klassifikation(DDL)	DBTG	IMS	System R
SCHEMA	SCHEMA	DBD (physisch, logisch)	TABLE, VIEW, ASSERTION, TRIGGER
STRUKTUR	RECORD, SET	SEGMENT, Hierarchie	Tabelle
VALIDIERUNG	CHECK, etc.	Datenstrukturen Datenbankprozeduren Anwendungsprogramm	ASSERTION, TRIGGER
ORGANISATION	AREA, SET-SELECT	DATASET, ACCESS=HSAM, HISAM,HDAM, HIDAM,VSAM	SEGMENT
AUTORISIERUNG	ACCESS LOCK	nein	GRANT, REVOKE
ADMINISTRATION		Erstellen von Datenbankprozeduren	

Bild 6.6 Funktionaler Umfang der DDL

Ausgehend von der eingangs eingeführten Klassifikation der DDL faßt Bild 6.6 nochmals zusammen, welche Anweisungstypen in den DDL für DBTG, IMS und System R enthalten sind. Wenn zu einer Kategorie keine Anweisungen in der jeweiligen DDL vorhanden sind, ist dies durch den Eintrag „nein" gekennzeichnet, ansonsten ist zumindest ein DDL-Ausdruck in Großbuchstaben aufgeführt.

6.2.3 Beschreibung der Datenstrukturen

Alle drei Datenmodelle stellen einen Teil der Beziehungen strukturell dadurch dar, daß sie Eigenschaftsnamen innerhalb einer eigenen Datenstruktur (Datensatz) nebeneinander angeordnet führen. Solche Objekte existieren nicht im abstrakten Modell und sind nichts anderes als eine effiziente Implementierung eines Teiles der Beziehungen. In der Literatur wird folglich auch oft bestritten, daß zusammengesetzte Objekte eine geeignete Datenstruktur für den Schemaaufbau darstellen [BILL76, KENT77]. Gegenwärtige DBVS können jedoch nicht auf den durch das physische Nebeneinander von Objekten entstehenden Effizienzvorteil verzichten.

Um zu bestimmen, welche Beziehungen in zusammengesetzten Objekten und welche explizit definiert werden sollen, ist es notwendig, Beziehungen danach zu klassifizieren, wieviele Ausprägungen eines Objektes mit wievielen Ausprägungen des anderen Objektes verbunden sein können. Man bezeichnet dies als die Kardinalität der Beziehungen. Meist wird zwischen folgenden Beziehungstypen unterschieden [ULLM82, THUR79]:

1. *eins-zu-eins Beziehungen:* Dies ist die einfachste und zugleich seltenste Form von Beziehungen; einer Ausprägung eines Objektes ist genau eine Ausprägung eines anderen Objektes zugeordnet.

2. *eins-zu-viele Beziehungen:* Einer Ausprägung eines Objektes werden eine oder mehrere Ausprägungen eines anderen Objektes zugeordnet.

3. *viele-zu-viele Beziehungen:* Während für die anderen Formen von Beziehungen sprachliche Äquivalente in allen DDL existieren, können viele-zu-viele Beziehungen bei DBTG und IMS nur indirekt durch die Verwendung eines Verbindungssegmentes dargestellt werden.

6.2.3.1 Zusammengesetzte Objekte (Datensätze)

Die genannten Eigenschaften von Beziehungen werden von allen gängigen Datenbanksystemen benutzt, um Objekte zusammenzufassen. Man bezeichnet diese zusammengesetzten Objekte in IMS als Segmentausprägungen und die Klasse aller zusammengesetzten Objekte mit denselben Eigenschaften als SEGMENT. Bei DBTG werden die Begriffe Recordausprägung und RECORD, im relationalen System R die Bezeichnungen Tupel und TABLE verwendet. Auch in der traditionellen Datenverarbeitung existieren zusammengesetzte Objekte. Man bezeichnet sie dort als Sätze (Record) und die Klassen als Dateien. Für das Beispiel könnten Zusammenfassungen entsprechend Bild 6.7 vorgenommen werden.

OBJEKTTYP	ATTRIBUTE	LEGENDE	BEISPIELDATEN
ABTEILUNG	(ANR; ANAME; CODE)	(Abteilungsnr. Bezeichnung Adresscode)	<4711; Rechenzentrum; 6900-51>
MITARBEITER	(PNR; NAME; GEBURT; GESCHL; AUSBILD; FAM; KINDER; TITEL; GEHALT; BONUS)	(Personalnummer Familienname Geburtsdatum Geschlecht Ausbildung Familienstand Kinderzahl Position Gehalt/Monat Sonderzahlung)	<99999; Mayer; 25.11.1948; m; Dipl.-Inf.; ledig; 0; Berater; 4140; 10 % von GEHALT>
AUFGABE	(CODENR; BESCHR)	(Aufgabencode Beschreibung)	<4AD600; Schemaerstellen>
FÄHIGKEIT	(FHKTCODE; BEZ; SPEZIELL)	(Code Bezeichnung Detailbez.)	<FZG403; Programmieren; FORTRAN>

Bild 6.7 Beziehungsrepräsentation durch Sätze

Im Schema für eine IMS-Datenbank werden Felder (Attribute) zu SEGMENTEN zusammengefaßt. Da für die Felddeklarationen keine weiteren Strukturen zugelassen sind, können innerhalb eines Segmentes nur eins-zu-eins Beziehungen dargestellt werden. Ferner können keine für die externe Sicht und die Datenrepräsentation geeigneten Darstellungsweisen beschrieben werden. So kann z.B. nicht angegeben werden, an welcher Stelle das Dezimalkomma stehen sollte. In der TYPE Anweisung kann man nur angeben, ob es sich um Zeichendaten (TYPE=C), um numerische Werte (TYPE=P) oder um binäre Halb- oder Vollwortdaten (TYPE=H oder TYPE=F) handelt. Durch die Auszeichnung eines Feldes mit dem Wort SEQ bestimmt man eine Sortierfolge, während der Buchstabe M oder S anzeigt, ob der Feldinhalt mehrfach (M) in den Segmentausprägungen vorkommen darf. Die Datentypen der Objekte sind spezielle Formen von Integritätsbedingungen. So können z.B. auf Zeichendaten keine Rechenoperationen ausgeführt werden. Weitergehende Anforderungen werden in IMS in die Verantwortung des Anwendungsprogrammierers übertragen.

Wesentlich umfangreichere Möglichkeiten zur Definition von Datentypen bietet das DBTG-Schema. Bild 6.9 zeigt die Deklarationen von RECORDs. Bei der Beschreibung von Attributen (DATA ITEM) werden Konventionen verfolgt, wie sie von COBOL und PL/1 bekannt sind. Von besonderem Interesse ist die Anweisung (5), die zeigt, wie Bereiche innerhalb eines RECORDs beschrieben werden. DBTG-Schemata sehen eine Anzahl nützlicher Abbildungsmöglichkeiten vor. So wird z.B. in Anweisung (3) festgelegt, daß für die PNR keine Konversion in eine

(1) SEGM   NAME=MITARBEITER, BYTES = 100
(2) FIELD NAME=(PNR,SEQ), BYTES = 4, START = 1, TYPE = P
(3) FIELD NAME=NAME, BYTES = 20, START = 5, TYPE = C
(4) FIELD NAME=GEBURT, BYTES = 6, START = 26, TYPE = C
(5) FIELD NAME=GESCHL, BYTES = 1, START = 33, TYPE = C
......

Bild 6.8 Zusammengesetzte Objekte in IMS

(1) RECORD NAME IS MITARBEITER;
(2) 1 PNR PICTURE IS 9999;
(3)   CONVERSION NOT ALLOWED;
   ....
(4) 1 AUSBILDUNG TYPE IS CHARACTER;
(5)   OCCURS 5 TIMES;
   ....

Bild 6.9 Zusammengesetzte Objekte bei DBTG-Datenbanken

(1) CREATE TABLE MITARBEITER
(2)   (PNR (INTEGER, NONULL),
(3)   NAME (CHAR (20) VAR),
(4)   GEBURT (CHAR (6)),
(5)   GESCHL (CHAR (1)));
   ....

Bild 6.10 Zusammengesetzte Objekte in System R

andere Darstellungsform erlaubt ist. Solche Konversionsroutinen erlauben z.B. eine benutzerspezifische Präsentation der Informationen in den externen Schemata, entlasten den Programmierer und bewahren den Endbenutzer vor falschen Eintragungen in die Datenbank.

In System R werden Klassen zusammengesetzter Objekte durch TABLEs dargestellt (Bild 6.10). Neben dem Datentyp CHAR existieren noch die Datentypen INTEGER, FLOAT und CHAR(LONG) VAR, der Zeichenketten bis zu 32K enthalten kann. Die Deklaration (1) bewirkt den Eintrag des Tabellennamens MITARBEITER in den Katalog der Datenbank. In der Anweisung (2) wird NONULL spezifiziert, d.h., daß für die Personalnummer immer ein Wert vorhanden sein muß.

6.2.3.2 Beziehungen zwischen zusammengesetzten Objekten

Da zusammengesetzte Objekte bereits einen Teil der Beziehungen zwischen Objekten erfassen, verbleibt für die Datenstrukturbeschreibung nur noch die Darstellung der Beziehungen zwischen den zusammengesetzten Objekten. Für das vorliegende Beispiel seien folgende Beziehungen angenommen (Tabelle 6.1):

Tabelle 6.1 Funktionale Abhängigkeiten im Beispiel

BEZIEHUNG			PRÄDIKAT	FUNKTIONALITÄT
ABTEILUNG	↦	ABTEILUNG	übergeordnet	1 : 1
			untergeordnet	1 : m
ABTEILUNG	→	MITARBEITER	beschäftigt	1 : m
MITARBEITER	↦	FÄHIGKEIT	besitzt	n : m
			ausgeübt	
AUFGABE	↦	FÄHIGKEIT	verlangt	n : m
			wird gebraucht	
AUFGABE	→	MITARBEITER	erledigt durch	1 : m

Die Beispieldatenbank soll nun sowohl in graphischer Form als auch in der jeweiligen DDL beschrieben werden.

Ehe wir zur Darstellung des Netzwerkmodells kommen, muß noch erläutert werden, wie durch das Zusammenfügen von SETs komplexe Strukturen entwickelt werden können.

1. Jedes MEMBER kann OWNER in weiteren SETs sein. Diese Strukturform erlaubt den Aufbau beliebig komplexer Hierarchien.
2. Jeder RECORD kann OWNER und MEMBER in mehreren SETs sein. Dadurch ist gewährleistet, daß nichthierarchische Netze aufgebaut werden können.
3. Ein RECORD kann im gleichen SET OWNER und MEMBER zugleich sein. Diese Anwendung ist wichtig, wenn z.B. Berichtswege, Stücklisten, Auftragsfolgen usw. dargestellt werden sollen. Man bezeichnet diese Struktur auch als rekursiven SET.

Wenn wir nun versuchen, viele-zu-viele Beziehungen im Netzwerkmodell abzubilden, treten Schwierigkeiten auf, da dafür keine Datenstruktur existiert. Die Tatsache, daß Mitarbeiter mehrere Fähigkeiten besitzen, daß aber andererseits dieselbe Fähigkeit auch mehreren Mitarbeitern zugeordnet werden kann, ist nicht direkt im Netzwerkmodell abbildbar. Man behilft sich damit, daß man einen sogenannten Verbindungssatz einführt, der gewissermaßen aus einer viele-zu-viele Beziehung viele eins-zu-viele Beziehungen macht.

Während der SET die Beziehungen zwischen RECORDs ausdrückt, können auch innerhalb der RECORDs verschiedene Beziehungstypen auftreten. Von Interesse sind dabei die eins-zu-viele Beziehungen. Wenn z.B. ein Mitarbeiter mehrere Fähigkeiten besitzt, kann dies in DBTG-Datenbanken auf zwei Weisen dargestellt werden. Entweder definiert man einen SET oder man stellt die Beziehung innerhalb eines RECORDs durch eine Wiederholungsgruppe (REPEATING GROUP) dar. Diese Reichhaltigkeit ist ein Verstoß gegen die Forderung nach eindeutiger Abbildung des abstrakten Datenmodelles und verlangt vom Benutzer eine exakte Kenntnis der verwendeten Repräsentationsmethode, da er sein Programm auf die definierte Datenstruktur ausrichten muß.

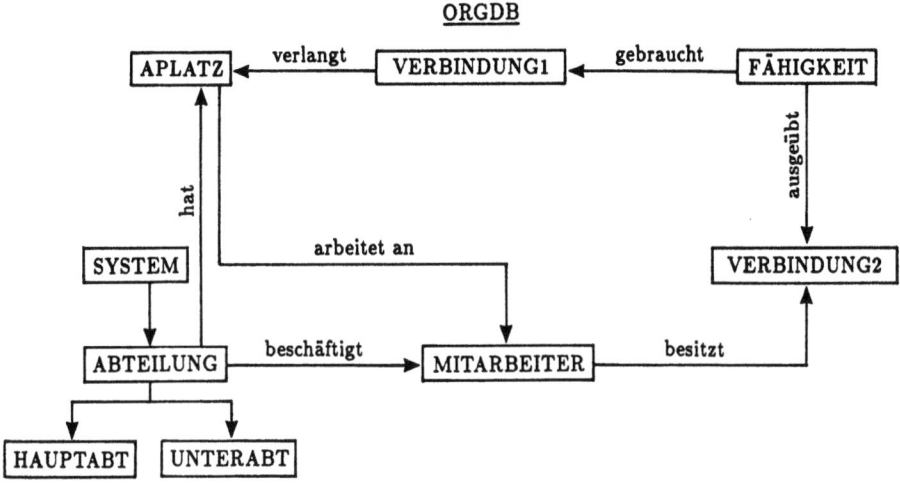

Bild 6.11 Netzwerk-Strukturdiagramm

Nachfolgend soll Bild 6.11 in die für DBTG-Datenbanken standardisierte DDL umgesetzt werden. Das Schema wird nur insoweit vorgestellt, als es notwendig ist, um die konzeptionelle Sicht zu formalisieren. Die Erweiterungen, die zur Bestimmung der Zugriffskontrolle, der Datenbankkonsistenz und der Implementierungsgesichtspunkte notwendig sind, werden in den folgenden Abschnitten ergänzt. Diese Vorgehensweise wird gleichermaßen für alle weiteren Beispiele gewählt.

Die Rechtecke des Bildes 6.11 entsprechen RECORDs im Schema von Bild 6.12, wobei die Inhalte der Rechtecke die DATA ITEMS und die Beschriftungen den RECORD-Namen darstellen. Die Kanten des Diagrammes bezeichnen die SETs, während die Kantenbeschriftungen sich im SET-Namen wiederfinden.

Insgesamt kann man vier Erscheinungsformen von SETs unterscheiden. Die weitaus häufigste Art ist durch den SET ERLEDIGT (22, 23, 24) repräsentiert, wobei MEMBER- und OWNER-RECORD verschiedenen Recordtypen angehören. Viele Anwendungen sind jedoch dadurch gekennzeichnet, daß Strukturen innerhalb desselben Recordtyps definiert werden müssen. Zum Beispiel basieren Stücklisten und Teilverwendungsnachweise auf der Fähigkeit solche Strukturen abzubilden. DBTG bezeichnet diese Beziehung als rekursiven SET (19, 20, 21).

Häufig möchte man die Ausprägungen eines RECORDs in einer speziellen Sortierfolge abarbeiten, z.B. für die Inventur von Lagerbeständen. Man benutzt dazu einen singulären SET: Innerhalb eines SET darf nur ein RECORD auftreten, was zur Folge hat, daß in Bild 6.12 durch die Anweisungen (16, 17, 18) alle Abteilungen wie eine sequentielle Datei betrachtet und bearbeitet werden können. Die letzte Beziehungsform wird immer dann benötigt, wenn viele-zu-viele Beziehungen beschrieben werden müssen. Da dies in der DBTG DDL nicht direkt möglich ist, müssen diese Beziehungen über Verbindungssätze erst in eins-zu-viele Beziehungen umgewandelt werden und können danach als normale SETs definiert werden. In den Anweisungen (14, 15) werden die Verbindungssätze deklariert und

(1)   SCHEMA NAME IS ORGDB;
       ......
(2)   RECORD NAME IS ABTEILUNG;
(3)   1 ANR PICTURE IS 4(9);
(4)   1 ANAME TYPE IS CHARACTER;
(5)   1 CODE PICTURE IS 4(9)V99;
(6)   RECORD NAME IS MITARBEITER;
(7)   1 PNR PICTURE IS 9999;
(8)   1 AUSBILDUNG TYPE IS CHARACTER;
(9)   OCCURS 5 TIMES;
       ......
(10)   1 GEHALT TYPE IS FIXED 5,2;
(11)   RECORD NAME IS AUFGABE;
(12)   1 CODENR PICTURE IS 4(9);
(13)   1 BESCHR TYPE IS CHARACTER;
       ......
(14)   RECORD NAME IS VERBINDUNG1;
(15)   RECORD NAME IS VERBINDUNG2;

(16)   SET NAME IS SYSTEM;
(17)   OWNER IS SYSTEM;
(18)   MEMBER IS ABTEILUNG;
(19)   SET NAME IS UNTERGEORDNET;
(20)   OWNER IS ABTEILUNG;
(21)   MEMBER IS ABTEILUNG;

(22)   SET NAME IS ERLEDIGT;
(23)   OWNER IS AUFGABE;
(24)   MEMBER IS MITARBEITER;
(25)   SET NAME IS BESITZT;
(26)   OWNER IS MITARBEITER;
(27)   MEMBER IS VERBINDUNG2;
       ......

Bild 6.12 Datenstrukturteil eines DBTG-Schemas

innerhalb des SET BESITZT (25, 26, 27) verwendet. Sie enthalten in diesem Falle keine Daten und dienen lediglich der Zuordnung von Mitarbeitern zu Fähigkeiten bzw. Aufgaben.

In Bild 6.13 wird dieselbe Datenbank als hierarchisches Modell dargestellt. Man erkennt zwei Besonderheiten: Zum einen ist es nicht möglich, die gesamte Datenbank in einer Struktur zu beschreiben. Dies hat seinen Grund in der hierarchischen Darstellungsweise, die Ausprägungen einer Beziehung immer einem hierarchischen Pfad zuordnet und mehrfache Verwendung innerhalb eines Baumes nicht zuläßt.

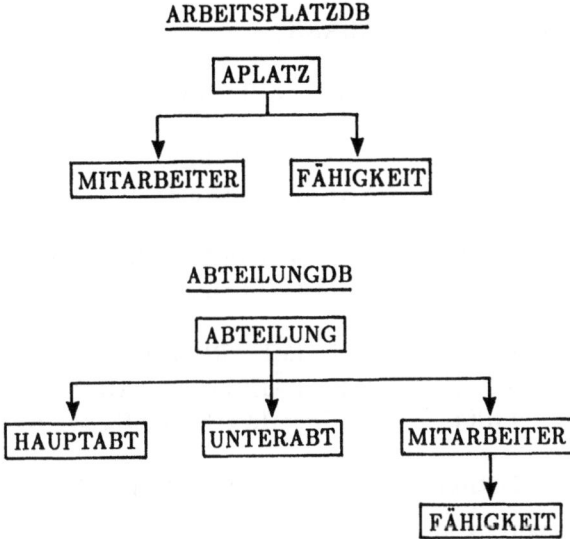

Bild 6.13 Strukturdiagramm einer hierarchischen Datenbank

Zum anderen kommen Segmente desselben Typs mehrfach vor, da im hierarchischen Modell viele-zu-viele Beziehungen durch Objektsubstitution in eins-zu-viele Beziehungen verwandelt werden (vgl. Kapitel 1). Dies heißt keineswegs, daß diese Segmente auch physisch mehrfach zu speichern sind, sondern nur, daß zur Darstellung der Struktur auf der Benutzerebene Wiederholungen notwendig sind.

In Bild 6.14 wird das obige Strukturdiagramm in der DDL von IMS beschrieben. Die Deklarationen (1, 11) identifizieren die Bestandteile der Datenbank. Die Segmente werden durch SEGM-Deklarationen beschrieben, die neben dem Segmentnamen die Länge des Segmentes und dessen hierarchische Einordnung enthalten. Die PARENT Anweisung (5, 8) verweist auf das jeweilige Elternsegment. Außer dem Wurzelsegment besitzen alle Segmente diese Anweisung.

Zusammen beschreiben die beiden Bäume in Bild 6.13 das Schema der Datenbank. Sie können über logische DBD miteinander verbunden werden. Allerdings müssen die gewünschten Beziehungen bereits im physischen DBD festgelegt sein. Dies geschieht über einen Hinweis im DBD, daß für das betreffende SEGMent in einem anderen DBD noch ein logisches Kind (LCHILD) existiert. Die Beziehungen zwischen den verschiedenen DBD basiert also auf logisch identischen Segmentausprägungen in verschiedenen Hierarchien, wobei als logisches Kind immer das Segment in einem DBD bezeichnet wird, dessen Dateninhalt innerhalb einer fremden Datenbank gespeichert wird. In Bild 6.14 sind in verkürzter Form beide Hierarchien der ORGDB beschrieben. Die Segmente MITARBEITER und FÄHIGKEIT kommen in beiden Strukturen vor. Die physische Speicherung vermeidet diese Redundanz. Das DBVS wird über die LCHILD-Anweisungen (7, 10) und über korrespondierende PARENT-Anweisungen (18, 19) angewiesen, die Ausprägungen der Segmente „MITARBEITER und FÄHIGKEIT" nur in der AUFGABENDB zu speichern. In der ABTEILUNGDB werden nur Zeiger zu den

AUFGABENDATENBANK

```
(1)   DBD     NAME = AUFGABENDB, ....
      ......
(2)   SEGM    NAME=AUFGABE, ....
(3)   FIELD   NAME=(CODENR,SEQ), ....
      ......
(5)   SEGM    NAME=MITARBEITER, PARENT = AUFGABE, ....
(6)   FIELD   NAME=(PNR,SEQ), ....
      ......
(7)   LCHILD  NAME=(MITARBEITER,ABTEILUNGDB),PTR=SNGL, ....
(8)   SEGM    NAME=FÄHIGKEIT, PARENT = AUFGABE
(9)   FIELD   NAME=(FHKTCODE,SEQ,M), BYTES = ,START= ,TYPE=C
      ......
(10)  LCHILD  NAME=(FÄHIGKEIT,ABTEILUNGDB),PTR=SNGL, ....
```

ABTEILUNGSDATENBANK

```
(11)  DBD     NAME = ABTEILUNGDB, ....
      ......
(12)  SEGM    NAME=ABTEILUNG, ....
(13)  FIELD   NAME=(ANR,SEQ), ....
      ......
(14)  LCHILD  NAME=ÜBERGEORDNET, PTR=NONE
(15)  SEGM    NAME=ÜBER,
              PARENT=((ABTEILUNG),ABTEILUNG,P,ABTEILUNGDB)
              PTR=(SNGL,LOGICAL PARENT)
(16)  LCHILD  NAME=UNTERGEORDNET, ....
      ......
(17)  SEGM    NAME=UNTER, ....
      ......
(18)  SEGM    NAME=MITARBEITER, PARENT = AUFGABE,
              PARENT=((AUFGABE),MITARBEITER,P,AUFGABENDB),....
      ......
(19)  SEGM    NAME=FÄHIGKEIT,
              PARENT=((MITARBEITER),FÄHIGKEIT,P,AUFGABENDB),....
```

Bild 6.14 Datenbankbeschreibung in IMS

jeweiligen Ausprägungen der SEGMENTE gehalten. Der Benutzer der Datenbank bemerkt keinen Unterschied zwischen einem virtuellen und einem realen Segment.

Virtuelle Segmente können auch innerhalb eines DBD definiert werden, z.B. im Falle der Darstellung des Berichtsweges in einer Unternehmung. Hierbei handelt es sich um dasselbe Problem wie bei rekursiven SET. Die Anweisungen (14, 15) zeigen, wie rekursive SETS in IMS beschrieben werden.

Aus der Sicht des Benutzers besitzt die Datenstruktur in Bild 6.14 einen wesentlichen Nachteil. Wenn der Benutzer wissen möchte, welche Fähigkeiten ein Mitarbeiter besitzt und welche er davon für seine Aufgabenstellung benötigt, so erfordert dies umständliches Programmieren, da er nur das Segment FÄHIGKEIT – sortiert einmal entsprechend der ABTEILUNG und einmal entsprechend der AUFGABE – vorfindet. Diese Probleme treten immer dann auf, wenn man mehrstellige Beziehungen darstellen möchte. Als Lösung böte sich an, in der ABTEILUNGDB ein Segment zu definieren, das auf die jeweiligen AUFGABEN einer ABTEILUNG verweist. Man könnte für die AUFGABEN auch die Sortierfolge der ABTEILUNGDB wählen und hätte direkten Zugriff zu den zu einer ABTEILUNG gehörenden Aufgaben.

In IMS ist diese Vorgehensweise durch das PAIRING verwirklicht. Dabei wird in den jeweiligen physischen DBD ein weiteres Zeigersegment aufgenommen; so in unserem Fall z.B. in die ABTEILUNGDB ein Zeigersegment für AUFGABEN und in die AUFGABENDB ein Zeigersegment für ABTEILUNG. In beiden DBD wird dann über eine LCIIILD-Anweisung auf das korrespondierende Segment verwiesen.

Für die Darstellung der Datenbank nach dem Relationenmodell ist die graphische Repräsentation wenig geeignet. In Bild 6.15 werden alle Datenstrukturen (Tabellen) aufgeführt, die die Objekttypen und Beziehungstypen der Beispieldatenbank enthalten. Die Schlüsselattribute sind in Kleinbuchstaben geschrieben. Man erkennt aus der Abbildung unter Verwendung von Bild 6.13 sehr leicht, wie Beziehungen innerhalb von Tabellen dargestellt werden. Durch die Verwendung des Schlüsselattributes in beiden Tabellen können die Beziehungen über gemeinsame Ausprägungen desselben Attributes dargestellt werden (z.B. das Attribut CODENR in Tabellen 3, 4, 7).

(1) ABTEILUNG (anr, ANAME, CODE, ÜBERANR)
(2) ORGSTRUKTUR (überanr, unteranr)
(3) MITARBEITER (pnr, NAME, GEBURT, GESCHL,
       AUSBILD, FAM, KINDER, TITEL,
       ANR, GEHALT, BONUS, CODENR)
(4) AUFGABE (codenr, BESCHR)
(5) FÄHIGKEIT (fhktcode, BEZ, SPEZIELL)
(6) BESITZT (anr, pnr, fhktcode)
(7) VERLANGT (codenr, fhktcode)

Bild 6.15 Relationale Darstellung der ORGDB

Aus Bild 6.15 wird deutlich, daß in System R kein Schemaaufbau wie bei DBTG und IMS notwendig ist. Beziehungsreferenzen müssen nicht explizit definiert werden, sondern werden durch die Wiederholung von Attributnamen dargestellt. Die in der Datenbank enthaltenen Beziehungen werden vom Anwender mittels Operatoren der DML hergestellt.

Bild 6.15 weist gleichzeitig auf ein Problem des Datenbankentwurfes hin. Wie in den anderen Datenmodellen sind auch hier Beziehungen unterschiedlich realisiert. So werden z.B. die Beziehungen „übergeordnet", „untergeordnet", „besitzt" und „verlangt" durch eigene Tabellen (ORGSTRUKTUR, BESITZT, VERLANGT) dargestellt, während die Beziehung „erledigt durch", d.h. daß ein Mitarbeiter an einer bestimmten Aufgabe arbeitet, innerhalb der MITARBEITER-Tabelle realisiert wird. Diese Möglichkeit, einen Tatbestand, hier z.B. die eins-zu-viele Beziehungen AUFGABE → MITARBEITER, in unterschiedlicher Weise zu repräsentieren, verlangt vom Anwender, daß er sich mit der Organisation der Daten vertraut machen und nicht nur die Dateninhalte kennen muß. Sogenannte Universalrelationenmodelle [ULLM82] versuchen, diesen Nachteil zu vermeiden, indem sie eine virtuelle Sicht der gesamten Datenbank als eine einzige Relation anbieten. Der Anwender braucht dann nur noch Attributnamen zu kennen.

6.2.4 Beschreibung der Integritätsbedingungen

Integritätsregeln sollen gewährleisten helfen, daß die Datenbank stets ein korrektes Abbild der Wirklichkeit darstellt. Integritätsregeln sind Anwendungsprogrammierern auch als Plausibilitätskontrollen bekannt. Die Übernahme dieser Aufgaben durch ein DBVS befreit das Programm von unnötiger Komplexität, garantiert die zentrale Überprüfung der Daten auf Korrektheit und erhöht dadurch die Produktivität der Programmierung. Allerdings sind der Definition von Integritätsregeln Grenzen gesetzt. So wird man zwar festlegen können, daß ein Geburtsdatum vor dem Tag der Heirat liegen muß, dies verhindert aber nicht vollständig die Eingabe falscher Daten. Konsistenzregeln stellen Wissen über die Anwendung dar und können daher weder formal abgeleitet noch unabhängig von der Anwendung vollständig beschrieben werden.

Jede Veränderung der Datenbank muß, ehe sie durchgeführt wird, mit den Integritätsbedingungen verglichen werden. Danach kann die Veränderung entweder zugelassen oder abgelehnt werden, oder es müssen weitere Informationen angefordert werden. Während die gedankliche Trennung von Datenstrukturen und Integritätsregeln durchaus hilfreich ist, kommen bei der praktischen Realisierung prinzipiell zwei Möglichkeiten in Betracht, Integritätsbedingungen zu beschreiben und deren Einhaltung zu garantieren:

Zum einen kann das Schema zur Datenstrukturbeschreibung ganz generelle Konzepte verwenden. Das Verhalten der Datenbank bei Veränderungen wird durch separat zu bestimmende Integritätsbedingungen reguliert. Das Relationenmodell verwendet diesen Ansatz, indem es als einzige Datenstruktur die Relation zuläßt und die Integritätsbedingungen durch die DML ausdrückt. Auf welche Art und Weise diese Bedingungen abgeprüft werden, ist dem Implementierer des DBVS überlassen. So definiert System R ASSERTIONS oder TRIGGER, welche die vom Benutzer gestellte Anfrage unverändert lassen [CHAM76b], während INGRES [STON75] die Integritätsbedingungen in die Anfrage einbaut und so das Benutzerprogramm modifiziert.

Zum anderen kann man die wichtigsten Integritätsbedingungen bereits in die Datenstrukturen einbetten. Bei diesem Ansatz – wie er in IMS und DBTG gewählt wurde – sind oft zusätzliche Konsistenzdefinitionen unnötig.

Nachfolgendes Beispiel soll diesen wesentlichen Unterschied weiter verdeutlichen. Im Relationenmodell wird die Beziehung, daß ein Mitarbeiter bestimmte Fähigkeiten besitzt, durch die Relation BESITZT ausgedrückt. Um zu garantieren, daß für diese Tabelle keine Daten zugelassen werden, die nicht auch in FÄHIGKEITEN enthalten sind, muß eine zusätzliche Ausdrucksmöglichkeit geschaffen werden. Sowohl in IMS als auch bei DBTG-Datenbanken ist diese Integritätsbedingung bereits in den Datenstrukturen enthalten. Die Korrektheit der Datenbank wird entweder durch die hierarchische Unterordnung oder durch den SET garantiert.

Je reicher der Vorrat an Datenstrukturen ist, desto weniger Konsistenzregeln müssen zusätzlich beschrieben und zum Verarbeitungszeitpunkt abgeprüft werden. Die zusätzliche Komplexität bei den Datenstrukturen führt im Regelfall zu einer verbesserten Effizienz des Datenbanksystems, bedeutet aber gleichzeitig erhebliche Nachteile, wenn solche Regeln geändert werden sollen. Die Vermengung der Konzepte zur Beschreibung der Datenstrukturen, der Zugriffspfade und der Konsistenzregeln behindert eine Modifikation eines Teiles ohne Auswirkungen auf die anderen Teile.

Integritätsregeln bestehen im allgemeinen aus vier Teilen:

a) der Beschreibung der Integritätsbedingung. Sie erfolgt explizit durch die DML, durch Statements in der DDL oder implizit durch die Datenstrukturen.

b) den Operationen, die die Bedingung zur Anwendung bringen (INSERT, DELETE, UPDATE, etc. (s.u. Aufstellung in Bild 6.21)). Für das Leistungsverhalten von Datenbanksystemen ist es oft sinnvoll, Integritätsregeln nicht sofort beim Eintreten einer Bedingung zu überprüfen, sondern zu warten, bis eine Transaktion beendet ist. Es gibt somit Integritätsregeln, die jederzeit überprüft werden müssen und solche, deren Einhaltung für eine gewisse Zeit suspendiert werden kann oder sogar muß.

c) den Datenstrukturen oder Datenausprägungen, deren Modifikation die Anwendung der Integritätsbedingung notwendig macht.

d) den Reaktionsregeln, die angeben, welche Aktionen bei einer Verletzung der Integritätsregel in Kraft treten. Hierbei muß zwischen existierenden und neu zu definierenden Integritätsregeln unterschieden werden. Falls eine neue Konsistenzbedingung dem aktuellen Zustand der Datenbank widerspricht, muß sie zurückgewiesen werden. Im Falle der Verletzung existierender Regeln durch eine Operation muß entweder die Operation abgelehnt oder auf die Inkonsistenz hingewiesen werden. Stattdessen können auch automatisch Nachfolgeoperationen ausgelöst werden, welche die Inkonsistenz beseitigen.

Integritätsbedingungen müssen auf allen Ebenen eines DBVS definiert werden können. Im folgenden werden Bedingungen auf der Attributebene, auf der Ebene zusammengesetzter Objekte und auf der Ebene der Beziehungen präsentiert.

6.2.4.1 Konsistenzbedingungen für Attributausprägungen

Es ist oft notwendig zu beschreiben, innerhalb welcher Ober- und Untergrenzen ein Wert einer Attributmenge liegen soll oder welche Werte überhaupt zulässig sind.

Das Relationenmodell bezeichnet diese Konsistenzbedingungen als die Beschreibung der Domänen. Sie bestimmen die Menge der Werte, die ein Attribut annehmen kann. Diese Angaben umfassen zumindest den Datentyp und seine Länge. Daneben kann noch beschrieben werden, ob ein noch nicht definierter Wert (NO-NULL) zugelassen ist und ob Duplikate erlaubt sind (DUPLICATES ARE ALLOWED).

IMS läßt diese Prüfung im Verantwortungsbereich des Anwendungsprogramms, während relationale DDL solche Konsistenzbedingungen allgemeingültig spezifizieren können. Beispielsweise formuliert System R die Bedingung, daß das Attribut GESCHL in MITARBEITER nur die Ausprägungen ‚männlich' und ‚weiblich' annehmen kann, folgendermaßen:

ASSERT A1 ON MITARBEITER : GESCHL IN ('M', 'W');

Das Schlüsselwort ASSERT steht dabei für Konsistenzbedingung. A1 ist die Bezeichnung der Bedingung, und die ON-Bedingung bestimmt die relevante Datenstruktur. DBTG-Datenbanken können diese Konsistenzbedingung auf zwei Arten garantieren: Datenbankprozeduren oder explizite Definition. Für obiges Beispiel wird folgende Syntax innerhalb der RECORD-Beschreibung vorgeschlagen.

RESULT OF PROCEDURE EINFÜGEN
   ON CHANGE TO GESCHL OF THIS RECORD

Neben dieser direktiven Definition ist eine zweite direktere Spezifikation möglich.

CHECK VALUE IS 'M' OR 'W'

Beide Formen der Integritätsregel sind mit der Datenstruktur definiert, für die sie gültig sind. In unserem Beispiel müßten sie innerhalb des RECORDs MITARBEITER bei dem DATA ITEM GESCHL beschrieben werden.

6.2.4.2 Konsistenzbedingungen für Satzausprägungen

Es wurde bereits gezeigt, daß Satzausprägungen in allen drei Datenmodellen eine Datenstruktur zur Darstellung einfacher Beziehungen sind. Demnach ist diese Datenstruktur gleichzeitig auch Träger von Integritätsregeln. Welche Konsistenzregeln zusätzlich beschrieben werden müssen, hängt wesentlich vom Aufbau des Satzes ab. Für das Relationenmodell ist dafür die Normalisierungslehre vom Satzaufbau entwickelt worden (siehe z.B. [MAIE83, ULLM82]). Eine wesentliche Erkenntnis dieser Forschung war, daß bei Implementierung aller funktionalen Abhängigkeiten durch Schlüssel (dritte Normalform) bereits ein wesentlicher Teil der Regeln definiert ist [FAGI81]. Die Normalisierung zusammengesetzter Objekte ist nicht auf das Relationenmodell beschränkt, sondern gilt gleichermaßen für alle DBVS, die als Datenstruktur Sätze besitzen. Neben der Gewährleistung der funktionalen Abhängigkeiten wird nachfolgend die Art und Weise behandelt, wie bedingte und unbedingte Konsistenzbeziehungen definiert werden und welche Rolle der Zeitpunkt der Abprüfung der Integritätsregel spielt.

a) *Funktionale Abhängigkeiten.* Funktionale Abhängigkeiten werden direkt durch die Satzstruktur erfaßt, wenn die Tupel normalisiert sind, da das Datenbanksystem die Definition von Schlüsseln zuläßt und garantiert, daß doppelte Ausprägungen für einen Schlüssel nicht möglich sind. Festzulegen, welche Attribute zu einem Satz zusammengefügt werden, ist die Aufgabe des Datenbankentwurfs. Die verschiedenen Formen zur Beschreibung funktionaler Abhängigkeiten können aus Bild 6.16 ersehen werden. Während IMS und DBTG in ihren DDL eine Notation besitzen, einen Schlüssel zu definieren (SEQ Option bei der Feldbeschreibung und KEY Spezifikation bei DBTG), ist in System R die Formulierung und Garantie der Eindeutigkeit eines Schlüssels nur indirekt über die zusätzliche Definition eines Index möglich. In anderen relationalen Datenbanksystemen – wie z.B. QBE (Query by Example [ZLOO75]) oder Pascal/R [SCHM77] – können dagegen Schlüssel direkt in der Tabellenbeschreibung definiert werden.

DBTG:
RECORD NAME IS ABTEILUNG;

WITHIN AREA ORG-STRUKTUR;
KEY IS ASCENDING ANR;
DUPLICATES ARE NOT ALLOWED;
1 ANR PICTURE IS 4(9);

......
IMS:

SEGM NAME=ABTEILUNG, ...

FIELD NAME=(ANR,SEQ,U), ...

......
SYSTEM R:

CREATE TABLE ABTEILUNG

  (ANR (INTEGER, NONULL),

......
CREATE UNIQUE INDEX SCHLÜSSEL
ON ABTEILUNG (ANR ASCENDING)

Bild 6.16 Definition funktionaler Abhängigkeiten

b) *Bedingte Konsistenzregeln.* Integritätsregeln können entweder – wie bisher beschrieben – generell für alle zusammengesetzten Objekte eines Typs angewendet werden oder aber nur dann überprüft werden, wenn spezielle Bedingungen auftreten. So sollen z.B. Programmierer immer mehr als DM 10000 verdienen.

ASSERT A2 ON INSERT OF MITARBEITER (PNR)
IF TITEL = 'PROGRAMMIERER'
THEN GEHALT > 10000

DBTG Datenbanken erlauben die Formulierung bedingter Regeln nur über Datenbankprozeduren.

c) *Zeitpunkt der Konsistenzprüfung.* Alle bisher behandelten Integritätsregeln können anhand eines einzelnen Datenbankzustands überprüft werden. Es gibt jedoch Regeln, die so nicht formuliert werden können. Wenn z.B. das Gehalt eines Mitarbeiters erhöht wird, sollte garantiert sein, daß das neue Gehalt höher als das alte Gehalt ist. Das DBMS muß also einen Zeitraum zulassen, während dessen beide Werte verfügbar sind. In System R geschieht dies durch die Schlüsselworte OLD und NEW.

ASSERT A3 ON UPDATE OF MITARBEITER (GEHALT)
NEW GEHALT > OLD GEHALT

Es kann darüberhinaus vorkommen, daß zum Erreichen eines neuen konsistenten Datenbankzustands mehrere Datenbankoperationen notwendig sind. Obwohl z.B. ein Mitarbeiter immer einer Abteilung zugeordnet sein muß, kann beim Einfügen des Mitarbeitersatzes die Zuordnung zu einer Abteilung in der Datenbank noch nicht realisiert sein. Die Überprüfung der Integritätsbedingung muß dann bis zum Transaktionsende suspendiert werden.

Wenn Konsistenzbedingungen separat in einem Integritätsteil des Schemas definiert werden können, ist es möglich, den jeweiligen Zeitpunkt der Überprüfung festzulegen. Für IMS muß dies durch das Anwendungsprogramm und unter der Verantwortung des Programmierers geschehen, da die DDL keine Sprachelemente besitzt, um solche Bedingungen automatisch durch das DBVS zu garantieren. Hingegen erlaubt der DBTG-Vorschlag, ON-Bedingungen zu schreiben und sie an jeder Stelle des Schemas zu plazieren. Die ON-Bedingung hat folgende allgemeine Form:

ON <Speicheroperation> CALL <Prozedur>

6.2.4.3 Konsistenzbedingungen für Beziehungen

Am aufwendigsten ist die Garantie von Konsistenzbedingungen für Beziehungen zwischen zusammengesetzten Objekten. Häufig kennen die Benutzer die Auswirkungen ihrer Anwendungen auf andere Bereiche der Datenbank nicht, da sie außerhalb ihres Arbeitsbereiches liegen. Man bezeichnet diese Integritätsregeln als referentielle Bedingungen.

Beziehungen werden im DBTG-Modell durch SETs, im IMS durch Hierarchien und im Relationenmodell durch Tabellen ausgedrückt. Sowohl bei DBTG als auch bei IMS Datenbanken kann ein RECORD oder SEGMENT in verschiedenen Beziehungen vorkommen. Beim IMS werden alle erlaubten Verbindungen in physischen DBDs, bei der DBTG in verschiedenen SETs beschrieben. Im Relationenmodell können diese Beziehungsklassen nicht mehr in der Datenstruktur definiert werden, sondern müssen durch eine explizite Auflistung von Regeln ersetzt werden, die das Löschen, Einfügen und Fortschreiben von Tupeln kontrollieren. Dieser allgemeinste Fall soll zuerst diskutiert werden.

a) *Garantie durch identifizierende Mengen.* Häufig kommt es vor, daß die Werte eines Attributes eine echte oder unechte Teilmenge der Wertemenge eines Schlüsselattributes einer anderen Tabelle sein müssen. So sollte z.B. die Personalnummer (PNR) in BESITZT auch in der Relation MITARBEITER enthalten sein. Im System R wird dies durch ASSERTIONs beschrieben, in IMS und DBTG dagegen implizit innerhalb von Datenstrukturen.

```
ASSERT A4: (SELECT PNR FROM BESITZT)
           IS IN
           (SELECT PNR FROM MITARBEITER)
```

Eine ähnliche Konsistenzbedingung wie A4 ist immer dann zu definieren, wenn sich eine Tabelle in einer relationalen Datenbank nicht in der dritten Normalform befindet. Explizite Regeln ähnlich A4 sind somit neben der Definition des Schlüssels eine weitere Form der Beschreibung von funktionalen Abhängigkeiten. Der Vollständigkeit halber seien noch die Beschreibungen in den DDL von IMS und DBTG wiederholt. Man kann leicht erkennen, daß in der SET Definition, bzw. durch den hierarchischen Pfad die obige Integritätsbedingung in der Beschreibung der Beziehung enthalten ist und daher eine explizite Definition unnötig ist.

```
DBTG SET
SET NAME IS BESITZT;
OWNER IS MITARBEITER;
DUPLICATES ARE NOT ALLOWED;
MEMBER IS FÄHIGKEIT;
```

```
IMS:
......
SEGM NAME=MITARBEITER, ....
FIELD NAME=(PNR,SEQ,U), ....

......
SEGM NAME=FÄHIGKEIT, PARENT=MITARBEITER, ....
FIELD NAME=FHKTCODE, ....

......
```

Die Datenstrukturen von IMS und DBTG ermöglichen das Löschen von Fähigkeiten, ohne daß MITARBEITER beinträchtigt wird. Bei Löschungen von Mitarbeitern gehen auch Information über deren Fähigkeiten verloren.

b) *Konsistenzgarantie durch Trigger.* In Beziehungen zwischen zusammengesetzten Objekten wird manchmal gefordert, daß beim Eintritt eines Ereignisses nicht allein dessen Überprüfung auf Konsistenz genügt, sondern zusätzliche Aktionen ausgeführt werden.

In System R benutzt man dazu sogenannte TRIGGER. Sie treten bei Veränderungen der Datenbank in Aktion und erhalten semantische Beziehungen aufrecht, die dem Benutzer eventuell verborgen bleiben. TRIGGER sind vor allem dann notwendig, wenn Veränderungsoperationen andere Datenstrukturen beeinflussen oder wenn für unterschiedliche Datenstrukturausprägungen alternative Reaktionen erfolgen sollen. Zum Beispiel sollte die PNR in den beiden Tabellen MITARBEITER und BESITZT unterschiedlich behandelt werden. Wenn nämlich ein Mitarbeiter ausscheidet und demnach ein Tupel aus MITARBEITER gelöscht wird, hat dies Konsequenzen für BESITZT. Alle Tupel, die Informationen über diese PNR enthalten, sollten ebenfalls gelöscht werden. Umgekehrt ist dies jedoch nicht der Fall. Stellt es sich z.B. heraus, daß eine spezielle Fähigkeit nicht mehr von besonderem Interesse ist und folglich aus der BESITZT-Tabelle gelöscht wird, so heißt dies nicht, daß auch ein Tupel aus MITARBEITER gelöscht werden soll.

Diese Beobachtung könnte zu der Erkenntnis führen, daß man Tabellen nach diesem Verhalten klassifiziert. Man bezeichnet z.B. MITARBEITER als unabhängige und BESITZT als abhängige Tabelle [CHEN76, MUEL78]. Äußerlich sichtbar ist dies daran, daß der Schlüssel abhängiger Tabellen aus mehreren Attributen besteht. System R nutzt diese Tatsache nicht direkt aus, sondern verlangt zur Gewährleistung der Konsistenz die Definition von TRIGGER. Ein Grund für diese Entscheidung mag darin gesehen werden, daß diese Differenzierung die Einführung einer weiteren Datenstruktur – nämlich abhängige und unabhängige Tabellen – bedeutet hätte. Zur Definition der Bedingung wird wieder die Datenmanipulationssprache SQL verwendet.

```
DEFINE TRIGGER T1
    ON DELETE OF MITARBEITER(PNR):
    DELETE BESITZT
    WHERE BESITZT.PNR = MITARBEITER.PNR
```

Es ist nun denkbar, daß eine einzige Veränderungsoperation verschiedene TRIGGER aufruft. Diese werden dann in einer durch das System vorgegebenen Ordnung abgearbeitet. Da TRIGGER für jedes angesprochene Tupel ausgeführt werden und eine Operation viele Trigger nach sich ziehen kann, besteht die Gefahr, daß es zu einer unendlichen Schleife kommt. Dies zu verhindern ist die Aufgabe des DBA. Nach der Abarbeitung der TRIGGER werden die ASSERTIONs überprüft. Wenn dabei Konflikte festgestellt werden, werden die Transaktion und sämtliche durch die TRIGGER initiierten Veränderungen zurückgesetzt.

c) *Konsistenzgarantie bei expliziten Beziehungen.* Alle Datenbanksysteme, die Beziehungen explizit definieren, müssen bei Veränderungsoperationen feststellen, ob die jeweils zu verändernde Satzausprägung in einer weiteren – dem Benutzer nicht unbedingt bekannten – Beziehung verwendet wird. Falls dies der Fall ist, muß entschieden werden, ob die Satzausprägung global, d.h. für alle Beziehungen gültig, oder nur lokal, d.h. für die spezielle Beziehung gültig, verändert werden darf. Weder bei IMS noch bei DBTG werden Daten redundant gespeichert. Es müssen daher Sprachmittel in den jeweiligen DDL existieren, die es erlauben, die Mitgliedschaft von zusammengesetzten Objekten in verschiedenen Beziehungen zu dokumentieren und deren gewünschtes Verhalten bei Veränderungen vorherzubestimmen. Bei der DBTG werden dabei MEMBERSHIP-Klassen angegeben. In IMS werden auf der physischen Ebene RULES definiert.

Jeder MEMBER Satztyp innerhalb eines SETs muß Angaben besitzen, was geschehen soll, wenn Ausprägungen des Satzes eingefügt (INSERTION class) oder entfernt (RETENTION class) werden. Bei Einfügungen stehen die beiden Optionen AUTOMATIC und MANUAL zur Verfügung, während bei Löschungen die Optionen FIXED, MANDATORY und OPTIONAL verwendet werden können.

Die MEMBERSHIP-Klasse eines Satzes regelt, wie die DML-Befehle INSERT, REMOVE, MODIFY, STORE und DELETE interpretiert werden. Wenn die RETENTION-Klasse als FIXED definiert wurde, dann kann eine Satzausprägung des MEMBERs nur in dieser SET-Ausprägung auftreten. Die DML Anweisung DELETE würde also unmittelbar zur Entfernung des Satzes aus der Datenbank führen. Eine gewisse Modifikation dieser Regel bedeutet die Option MANDATORY, bei der eine Satzausprägung nur innerhalb eines SETs auftreten kann, während durch die Spezifikation von OPTIONAL angedeutet ist, daß der Satz auch außerhalb des betreffenden SETs existieren kann. Ein DELETE bei einer MEMBERSHIP-Klasse OPTIONAL wird demnach nicht zum Entfernen des Satzes aus der Datenbank führen, wenn andere SETs auf diese Satzausprägung noch Bezug nehmen.

Beim Einfügen eines neuen Satzes in einen SET kommt es vor allem darauf an, ob man die Satzausprägung an einer bestimmten Stelle in die gewünschten Beziehungen einfügen will. Wenn man diesen Vorgang dem DBMS überlassen möchte, beschreibt man die INSERTION-Klasse mit AUTOMATIC. Falls der Benutzer die Einordnung durch das Anwendungsprogramm festlegen soll, verwendet man im Schema die Option MANUAL.

SET NAME IS BESITZT;
OWNER IS MITARBEITER;
MEMBER IS FÄHIGKEIT;
INSERTION IS MANUAL;
RETENTION IS OPTIONAL;
STRUCTURAL CONSTRAINT IS ANR EQUAL TO FHKTCODE;

In diesem Beispiel ist es offensichtlich, daß die Fähigkeiten der Mitarbeiter erst dann aus der Datenbank gelöscht werden dürfen, wenn der letzte Mitarbeiter mit dieser Fähigkeit die Unternehmung verlassen hat. Das Einfügen einer neuen Fähigkeit kann nicht dem System überlassen bleiben, da es keine Informationen darüber besitzt, welchen Mitarbeitern sie zugeordnet werden soll.

Eine interessante Validierungsoption von DBTG-Datenbanken ist die STRUCTURAL CONSTRAINT Anweisung. In unserem Beispiel wird angenommen, daß ANR Werte enthält, welche die benötigten Fähigkeiten bestimmen. Dies bedeutet jedoch nicht, – wie bei relationalen DBVS – daß auf Grund von Wertinhalten auf eine Mitgliedschaft in Beziehungen geschlossen werden kann, sondern es stellt eine zusätzliche Plausibilitätskontrolle dar, die garantiert, daß die Fähigkeiten der Mitarbeiter in einer Abteilung mit deren Aufgaben übereinstimmen.

Ähnlich regelt IMS die Verwaltung von Mitgliedschaften in verschiedenen Beziehungen. Für logische Datenbankbeschreibungen ist dies jedoch nicht notwendig, da in Hierarchien die Entfernungsklasse immer FIXED und die Einfügungsklasse immer AUTOMATIC ist. Da IMS Segmente jedoch nicht doppelt speichert, müssen für alle diejenigen Segmenttypen, die in logischen Verbindungen involviert sind, RULES definiert werden, die regeln, welche Aktionen beim Einfügen, Löschen und Verändern zu veranlassen sind. Die Parameter sind durch ihre Stellung und durch ihre Art definiert. In der Anweisung RULES=(LVP) regelt der erste Parameter die Aktion beim Einfügen, der zweite das Löschen und die dritte Angabe beschreibt das Verhalten bei Änderungen. Jeder Parameter kann die Werte L für LOGICAL, P für PHYSICAL und V für VIRTUAL annehmen, dabei sind alle Kombinationen zulässig. PHYSICAL ist die restriktivste Angabe. Sie erlaubt die Veränderung eines Segmentes nur dann, wenn als Ausgangspunkt der physische Pfad gewählt wurde. Bei der Spezifikation von VIRTUAL kann das SEGMENT sowohl von der physischen als auch von der logischen Seite aus verändert werden. Allerdings bedeutet z.B. ein DELETE von einem logischen Pfad ausgehend nur, daß das SEGMENT innerhalb dieses Pfades nicht mehr zur Verfügung steht. Wird dagegen als Ausgangspunkt der physische Pfad gewählt, so wird das Segment aus den Datenbank entfernt und ist nicht mehr verfügbar. LOGICAL ist in vielen Fällen eine überflüssige Angabe, da immer vom physischen Pfad ausgehend eine Veränderung vorgenommen werden kann. Falls jedoch mehrere logische Pfade dieses SEGMENT enthalten, gelten die Operationen nur für den jeweils gewählten Pfad.

Für die Integritätsbedingungen gilt im Prinzip, was für die Beschreibung von Beziehungen gesagt wurde. Hersteller und Verwender von Datenbanksystemen müssen einen für die Anwendung tragbaren Kompromiß zwischen der Effizienz des DBVS und der Reduzierung der Komplexität für den Datenbankbenutzer finden. Die explizite Überprüfung von Konsistenzregeln ist außerordentlich teuer und erhöht die Antwortzeiten des DBVS. Auf der anderen Seite erschließt diese Form der Integritätsgarantie erst den weniger geschulten Verwendern den Zugang zur Datenbank und trägt zur Erhöhung der Produktivität der Programmierer bei.

6.2.5 Vielfachverwendung von Daten

Der Wunsch, dieselben Daten in einer Datenbank vielen unabhängigen Benutzern gleichzeitig zur Verfügung zu stellen, basiert auf der Notwendigkeit, Datenredundanzen zu vermeiden und einen ausreichenden Grad an Datenkonsistenz unter den Anwendungsprogrammen zu erhalten.

Der gemeinsame Besitz von Daten kann am einfachsten dadurch erreicht werden, daß allen Benutzern eine einheitliche Datendefinition zur Verfügung steht. Diese Lösung hat allerdings den Nachteil, daß nur die gesamte Datenbank und nicht Teile davon individuellen Verwendern verfügbar gemacht werden können. Ferner ist die an globalen Kriterien orientierte Datendarstellung eventuell nicht mit den Benutzeranforderungen in Einklang zu bringen. Nahezu alle DBVS sehen aus diesen Gründen die Definition von Benutzersichten oder Subschemata vor.

Neben der anwendungsorientierten Aufbereitung der Daten ist in den meisten Fällen erwünscht, daß die gemeinsamen Daten vor mißbräuchlicher Verwendung durch unautorisierte Benutzer geschützt werden. Subschemata sind ein wesentlicher Baustein, um eine effektive Zugriffskontrolle durchzuführen.

Ferner entstehen Konflikte beim Betrieb der Datenbank immer dann, wenn verschiedene Benutzer gleichzeitig auf das dasselbe Objekt zugreifen wollen. Während man die Definition der zulässigen Operatoren auf der jeweiligen Datensicht als Teil der Zugriffskontrolle ansehen und im Schema oder Subschema beschreiben muß, wird die Synchronisation von Prozessen in diesem Kapitel nicht weiter behandelt (vgl. Kapitel 4).

6.2.5.1 Beschreibung von Subschemata

Prinzipiell kann die Beschreibung des Subschemas auf einem anderen Datenmodell als die des Schemas basieren. Es müssen nur Regeln im DBVS existieren, die eine eindeutige Abbildung aller Subschemata in das Schema erlauben. Kommerziell verfügbare Datenbanksysteme verwenden jedoch zur Beschreibung von Subschemata meist dieselbe DDL wie zur Schemadefinition. Die externen Sichten basieren demnach auf demselben Datenmodell wie das Schema.

Subschemata erleichtern die Gestaltung des Schemas, da es möglich wird, eine globale Sicht der Datenbank zu definieren und nach übergeordneten Gesichtspunkten zu optimieren, ohne dabei die individuellen Benutzer in der Gestaltung ihrer Anwendersicht wesentlich zu beeinflussen. Gleichzeitig ist der individuelle Anwender nicht durch die Anforderungen der übrigen Verwender behindert. Diese Erweiterung der Datenunabhängigkeit setzt allerdings reichhaltige definitorische Mittel voraus, um jede beliebige Datensicht aus dem konzeptionellen Schema ableiten zu können. Im praktischen Fall sind folgende Abbildungsregeln zwischen externer und konzeptioneller Sicht nützlich und im Sinne einer veränderungsfreundlichen Datenbankarchitektur notwendig (vgl. auch [DATE81a, WAGH75]):

1. *Die Auswahl von Komponenten des Schemas.* Durch die Benennung der gewünschten Objekte und Beziehungen, die im Schema enthalten sind, werden die Subschemata gebildet.

2. *Neuordnung der Attribute in Sätzen.* Durch Auslassen und Umordnen der im Schema definierten Attribute kann der Benutzer eigene Datenstrukturen für die Objekte bilden.

3. *Änderung von Namen und Repräsentationen von Attributen.* Um dem Benutzer die Verwendung von Bezeichnungen und Datenformaten zu ermöglichen, die in seinem Aufgabenbereich gebräuchlich sind, werden Synomyme und individuelle Formen zur Datenpräsentation verwendet.

4. *Beschreibung abgeleiteter Objekte und Beziehungen.* Meist beschränken sich die Abbildungsregeln zwischen den Subschemata und dem Schema auf Konversionsroutinen, die einen Basisdatentyp in einen anderen umwandeln. Oft ist es jedoch notwendig, daß die Benutzer darüber hinaus auch Objekte und Beziehungen definieren, die aus den in der Datenbank enthaltenen Strukturen zwar ableitbar sind, aber nicht in der gewünschten Form verfügbar sind. Dies ist oft der Fall, wenn man das Ergebnis von Datenanalysen aufbewahren möchte.

Die genannten Abbildungsregeln sind in den besprochenen DBVS in unterschiedlichem Umfang realisiert. In Bild 6.17 ist ein sogenannter „Program Communication Block" (PCB) für eine IMS Anwendung beschrieben. Er regelt die Sicht eines bestimmten Benutzers auf die Datenbank, indem er ausgewählte Segmente des Schemas zu sensitiven – also verfügbaren – Segmenten macht.

```
PCB     TYPE=DB, DBDNAME=AUFGABENDB
SENSEG  AUFGABE, PROCOPT=G
SENSEG  MITARBEITER, PROCOPT=R
```

Bild 6.17 IMS-Subschema

In IMS ist nur die Abbildungsregel „Komponentenauswahl" verwirklicht, was sicher für viele Anwendungen ausreicht. Eine wirklich individuelle Definition externer Sichten kann so allerdings nur über den Umweg eines zusätzlichen Anwendungsprogramms erreicht werden.

Vielfältiger sind die Beschreibungsvarianten externer Sichten bei DBTG Datenbanken. So läßt die Abbildung von Objekten des Schemas auf Objekte des Subschemas die Veränderung der Bezeichnungen, der Datenpräsentation und der Objektstrukturen zu. Allerdings kann der Benutzer keine eigenen abgeleiteten Objekte und Beziehungen definieren. Dagegen brauchen in System R Beziehungen erst zum Verarbeitungszeitpunkt aufgebaut zu werden. Die externe Sicht des System R wird VIEW genannt und besteht – wie aus Bild 6.18 zu ersehen ist – aus einem Definitionsteil (1) und einer in der DML formulierten Anfrage an die Datenbank (3). Es können demnach alle durch SQL beschreibbaren Objekte und Beziehungen direkt im Subschema ausgedrückt werden.

Die externe Sicht der Datenbank wird erst zum Verwendungszeitpunkt realisiert und enthält daher immer die aktuellen Daten. Subschemata dieser Art verschleiern allerdings ein wesentliches Problem. Der Benutzer muß wissen, ob ein Attribut

(1) DEFINE VIEW ERLEDIGT
    (MITARBEITER, AUFGABE, BESCHREIBUNG)
(2) AS
(3) SELECT NAME, CODENR, BESCHR
(4) FROM AUFGABE, MITARBEITER
(5) WHERE AUFGABE.CODENR = MITARBEITER.CODENR

Bild 6.18 Externe Sicht in System R (VIEW)

ein exaktes Gegenstück in der Datenbank besitzt oder nicht. Der Unterschied zwischen einem Synonym und einem abgeleiteten Attribut tritt immer dann in Erscheinung, wenn eine Ausprägung dieses Attributes verändert werden soll, da abgeleitete Objekte meist nur indirekt modifiziert werden können, was oft die Veränderung vieler „Originalobjekte" nach sich zieht. Für solche Fälle sind Datenbankprozeduren unumgänglich (vgl. dazu [CHAM75]).

6.2.5.2 Beschränkung des Datenzugriffes

Das Konzept der Bildung externer Sichten ist untrennbar mit dem Gedanken der Zugriffskontrolle auf die Datenbank gekoppelt. Subschemata sind eine wichtige Methode, um Datensicherheit zu gewährleisten. Die Beschreibung des relevanten Datenausschnitts schließt zum einen aus, daß auf den Rest der Datenbank zugegriffen werden kann. Zum anderen kann durch die Angabe von Verarbeitungsregeln die Art und Weise des Zugriffs geregelt werden.

Datensicherheit bei Datenbanksystemen umfaßt die korrekte Identifikation von Benutzern, die Zuordnung von zulässigen Operationen, die Identifikation der zu schützenden Datenstrukturen und den Schutz vor physischem Verlust der Daten.

Das häufigste System zur Identifikation der Benutzer ist die Nennung eines Paßwortes, das nur dem Datenbanksystem und dem Benutzer bekannt ist. Daneben existiert z.B. für IMS noch die Möglichkeit, Datenstationen zu bestimmen, für die nur spezielle Aufgaben zugelassen sind. So wäre es z.B. möglich, persönliche Daten nur von einer Station in einem besonders gesicherten Raum abzufragen.

Prinzipiell müssen alle Datenstrukturen, die mit der DDL beschreibbar sind, auch geschützt werden können. Dies geschieht bei allen Systemen dadurch, daß die Nichtbenennung im Subschema sie von der Verwendung ausschließt.

Wenn aber erwünscht ist, daß alle Benutzer im Prinzip Zugang zur gesamten Datenbank besitzen und trotzdem Datenmißbrauch bzw. unwissentliche Datenmodifikation verhindert werden soll, müssen den im Subschema beschriebenen Datenstrukturen Anweisungen beigeordnet werden, die regeln, welche Operationen im Rahmen der externen Sicht erlaubt sind. Manchmal erlauben Zugriffsrechte das Lesen von Teilen der Datenbank, manchmal auch das Recht zur Modifikation, zum Löschen oder Einfügen neuer Daten. Um die mißbräuchliche Verwendung des Schemas zur Definition externer Schemata zu verhindern, sollten diese Autorisierungsregeln auch für den Schutz von konzeptionellen und externen Sichten anwendbar sein. Ein besonderes Recht ist die Fähigkeit, diese Rechte auf andere Benutzer zu übertragen. Solche Privilegien sollte nur der DBA besitzen.

IMS besitzt das einfachste Autorisierungssystem und soll hier als Basis für die Vorstellung alternativer Zugriffskontrollkonzepte dienen. In Bild 6.17 ist als Grundelement der Beschränkung des Datenbankzugriffes ein PCB definiert, der die Objekte der externen Sicht beschreibt. Eine Anweisung, die ‚Processing Option' (PROCOPT) genannt wird, beschreibt Operationen, die der Benutzer bei Verwendung dieses PCB ausführen darf. Zur Auswahl stehen dabei Rechte zum Lesen (G), Verändern (R), Löschen (D) oder Einfügen (I).

IMS Subschemata garantieren damit die geforderte zweistufige Zugriffskontrolle. Zum einen kann nur auf sensitive Elemente zugegriffen werden; zum anderen kann das Programm nur die Operationen ausführen, die in PROCOPT spezifiziert sind. Eine zusätzliche Stufe der Datensicherheit kann durch die TYPE-Anweisung gewährleistet werden. In Bild 6.17 handelt es sich um einen PCB, der den Zugriff auf Datenbanken (TYPE=DB) regelt.

Auch das Subschema von DBTG-Datenbanken verbirgt alle Datenstrukturen vor dem Benutzer, die nicht in der externen Sicht definiert sind. Ein wesentlicher Unterschied zu IMS besteht darin, daß die zulässigen Operationen nicht im Subschema, sondern nur im Schema beschrieben werden. Dies hat zur Folge, daß Verstöße erst zum Ausführungszeitpunkt entdeckt werden. Das Mittel zur Verhinderung unzulässiger Operationen auf der Datenbank sind ACCESS CONTROL KEY und ACCESS CONTROL LOCKS. Erst wenn ein Anwendungsprogramm bei der Ausführung den passenden ‚Schlüssel' zum im Schema definierten ‚Schloß' bereitstellt, ist es berechtigt, die für die jeweilige Datenstruktur definierte Operation vorzunehmen. In Bild 6.19 sind die Beschreibungsformen für ein DBTG-Schema gezeigt. Man erkennt, daß man eine beliebige Anzahl von ACCESS CONTROL Anweisungen aufführen und sie jeder Datenstruktur zuordnen kann.

Ein ACCESS CONTROL LOCK kann als Literal („ALLES O.K"), als Variable (MITARBEITER.PNR) oder als Prozedur definiert werden. Wenn also im obigen Falle ein Anwendungsprogramm in einer Anweisung ACCESS CONTROL KEY

```
RECORD NAME IS MITARBEITER;
WITHIN AREA MITARB-BEREICH;
KEY IS ASCENDING PNR;
DUPLICATES ARE NOT ALLOWED;
FREQUENCY OF SEQUENTIAL RETRIEVAL IS HIGH;
ACCESS-CONTROL LOCK FOR DELETE IS "ALLES O.K";
ACCESS-CONTROL LOCK FOR FIND IS MITARBEITER.PNR;
ACCESS-CONTROL LOCK FOR INSERT IS PROCEDURE KONZERN;
ACCESS-CONTROL LOCK FOR MODIFY IS PROCEDURE DIREKTOR;
1 PNR PICTURE IS 9999;
   CONVERSION NOT ALLOWED;
.......
```

Bild 6.19 Zugriffskontrolle für DBTG-Datenstrukturen

die Konstante „ALLES O.K" bereitstellt, ist es berechtigt, Informationen über Mitarbeiter aus der Datenbank zu löschen. Dieses Prinzip der Zugriffskontrolle ist identisch für alle DBTG-Datenstrukturen. Eine gegenüber IMS wesentliche Verbesserung ist die Anwendung dieses Mechanismus zum Schutz der Schema- und Subschemaspezifikation.

Schema	Subschema	Area	Record	Set
ALTER	ALTER	RETRIEVAL	DELETE	FIND
DISPLAY	DISPLAY	-PROTECTED	FIND	INSERT
LOCKS	LOCKS	-EXCLUSIVE	GET	ORDER
COPY	COMPILE	UPDATE	INSERT	REMOVE
		-PROTECTED	MODIFY	
		-EXCLUSIVE	REMOVE	
			STORE	

Bild 6.20 Operationen zur Zugriffsbeschränkung bei DBTG Datenbanken

In Bild 6.20 sind alle Operationen nach Datenstrukturen geordnet aufgeführt, die im Schema beschrieben werden können und dadurch die Verwendung der Datenbank einschränken.

Neben der expliziten Bestimmung der Zugriffsrechte im Schema durch eine spezielle DDL kann auch die DML dazu benutzt werden, Zugriffsrechte auf die Datenbank zu beschreiben. System R verbindet das Konzept der externen Sicht (VIEW) und der DML zum Datenschutz. Das Prinzip der Abgeschlossenheit relationaler DML – also auch von SQL – hat zur Folge, daß das Ergebnis einer Anfrage vom System wieder als Tabelle behandelt werden kann [CHAM75]. Ein VIEW ist demnach das Ergebnis einer SQL Anfrage. In Bild 6.18 ist ein VIEW beschrieben, der eine Tabelle erzeugt, die alle Aufgaben beschreibt, die von den Mitarbeitern des Unternehmens aktuell erledigt werden.

Für einen Benutzer existieren zwischen einem VIEW und einer Basistabelle keine Unterschiede. Für beide Objekte können ihm vom DBA die in Bild 6.21 aufgeführten Zugriffsrechte erteilt (GRANT) oder entzogen (REVOKE) werden.

Anweisung	Tabellen	Sichten	Programme	Datenbankverwaltung
		ZUGRIFFSPRIVILEGIEN		
GRANT	SELECT	SELECT	RUN	DBA-AUTHORITY
REVOKE	INSERT	INSERT		RESOURCE-AUTHORITY
	DELETE	DELETE		
	UPDATE	UPDATE		
	EXPAND	EXPAND		
	INDEX			

Bild 6.21 Zugriffssubsystem in System R

So gewährt z.B. die nachfolgende Autorisierungsanweisung GRANT den Benutzern A, B, C das Recht den VIEW „ERLEDIGT" zu lesen und neue Tupel einzufügen.

GRANT SELECT, INSERT ON ERLEDIGT TO A, B, C;

Datenbankanfragen werden jedoch auch dadurch gestellt, daß z.B. ein parametrischer Benutzer ein Programm betreibt, das Zugriffe auf die Datenbank vornimmt. Es ist dann nicht nötig, dem Benutzer alle im Programm notwendigen Rechte zu erteilen, sondern man kann sich darauf beschränken, das RUN-Privileg für dieses Programm zu erteilen. Unter RESOURCE-AUTHORITY sind alle Rechte zusammengefaßt, die mit der Definition, dem Löschen, Erweitern von Tabellen und dem Aufbau von Zugriffspfaden zu Daten verbunden sind. Zusammen mit dem DBA-Privileg bildet die RESOURCE-AUTHORITY ein wichtiges Mittel, um den Umfang des konzeptionellen Schemas zu kontrollieren und eine Gewähr dafür zu bieten, daß Standards eingehalten werden.

Ein vollständiges Autorisierungssubsystem einer Datenbank muß neben der Einschränkung des Zugriffes zu Daten auch gewährleisten, daß die physischen Speichermedien soweit wie möglich vor Mißbrauch gesichert werden. Dies reicht von der Sicherung der Passwörter bis zum Schutz vor Diebstahl ganzer Speichereinheiten. Eine für Datenbanken typische und häufig angewendete Methode ist dabei das Verschlüsseln der Daten auf den Speichern [ULLM82].

6.3 Datenmanipulationssprachen

Der Begriff „Datenmanipulationssprache" (im folgenden abgekürzt „DML" = Data Manipulation Language) wird hier im weitesten Sinne verwendet für jedes allgemeine, nicht anwendungsspezifische Mittel der Kommunikation zwischen Datenbanksystem und Benutzer, das selektives Lesen und Verändern des Inhalts der Datenbank erlaubt.

Der Entwurf einer DML sollte von der geplanten Benutzung einer Datenbank, also von den Anwendungen und von den Benutzern, geprägt sein. Bei der Beurteilung spielen dementsprechend Aspekte der Benutzerfreundlichkeit sowie einer ausreichenden Sprachmächtigkeit eine größere Rolle als das zugrundeliegende Datenbankmodell. Obwohl es Sprachvorschläge gibt, die vom Modell unabhängig sind (z.B. UDL = Unified Database Language [DATE81a]), spiegeln die meisten Sprachen Modelleigenschaften wider: z.B. Data Manipulation Language (DML) für das DBTG Modell [CODA78], Data Language/One (DL/I) für das hierarchische IMS [IBM80a], SQL für das relationale Modell (früher SEQUEL [CHAM76a]). Zweck dieses Abschnittes ist es, die dem Sprachentwurf zugrunde liegenden Prinzipien herauszuarbeiten und an Beispielen zu verdeutlichen.

Zunächst werden allgemeine Sprachkonzepte unter dem Aspekt der Benutzerfreundlichkeit für bestimmte Gruppen (s.a. Abschnitt 6.1) vorgestellt. Es folgt eine Analyse der Funktionen, die von einer DML unterstützt werden sollten.

Um das Verständnis der Beispiele zu erleichtern, wurde folgendes Numerierungsschema gewählt. Es wird von einer Reihe von Beispielfragen (F1, F2, ...) ausgegangen, die dann jeweils in unterschiedlichen Sprachen formuliert werden; z.B. hat die sechste Antwort auf die Frage (F1) die Nummer (A1.6), die zweite Antwort auf Frage (F3) die Nummer (A3.2).

6.3.1 Sprachkonzepte

Im folgenden werden Lösungsansätze für verschiedene Teilaspekte einer DML vorgestellt. Sie bestimmen wesentlich die Funktionen, die die Sprachen zur Lösung der Datenbankaufgaben zur Verfügung stellen müssen, ihre Syntax und Implementierung, aber auch den Prozeß der Lösungsfindung durch den Benutzer.

6.3.1.1 Stapel- oder interaktive Verarbeitung

Interaktive Datenbankbenutzung bietet gegenüber der Stapelverarbeitung von Datenbankmanipulationen einige Vorteile:

1. Beantwortung von spontanen Fragen,
2. schrittweises Herantasten an eine Lösung durch „zooming" (Fokussierung) oder „browsing" (Blättern),
3. Zerlegung einer komplexen Aufgabe in eine Folge von Einzelschritten,
4. bessere Führung des Benutzers, der mit dem System nicht vertraut ist,
5. bessere Fehlerbehandlung mit unmittelbarer Korrekturmöglichkeit.

Ihr Nachteil liegt in häufig langen Antwortzeiten, bedingt durch die Übersetzung oder Interpretation der spontan gestellten Aufgabe und durch eventuell ungeschickte Formulierung. Dieser Nachteil kann allerdings durch Bereitstellung geeigneter Zugriffspfade und durch Anfragetransformation weitgehend vermieden werden, insbesondere dann, wenn bestimmte Anfrageformen immer wiederkehren [CHAM81b].

Stapelverarbeitung ist vorzuziehen für häufig wiederkehrende Datenbankmanipulationen, die nur von wenigen Parametern abhängen und keiner sofortigen Ergebnisausgabe bedürfen. Sie verlangen eine sorgfältige Programmierung, die auch auf Speicherbedarf und Verarbeitungsgeschwindigkeit Rücksicht nehmen kann, sind dann aber ohne DV-Kenntnisse ausführbar.

Solche Datenbankprogramme werden traditionell von Programmierern in den üblichen Programmiersprachen (COBOL, PL/I), die um Datenmanipulations-Teilsprachen (Data Base Sublanguages) erweitert sind, implementiert (DBTG, IMS). Mit der Verbesserung der Optimierungstechniken der Übersetzer geht man auch bei der Anwendungsentwicklung immer mehr zu interaktiven, hochsprachlichen (d.h., deskriptiven, Aggregate verarbeitenden) DML über, um die Produktivität der Programmierer zu steigern.

Hier sind insbesondere die sogenannte „Sprachen der vierten Generation" (4GL) zu nennen. Für das bekannteste Beispiel solcher Sprachen, FOCUS, werden Produktivitätsvorteile von mehr als einem Faktor 10 gegenüber herkömmlichen Programmiersprachen genannt [GREE84]. Ein anderes, frühes Beispiel solcher

Sprachen ist APL, welches sich vor allem für die schnelle Prototypentwicklung eignet, aber über seine Matrixoperationen auch leicht an Datenbanksysteme anschließbar ist [MUEL81, PALE72]. 4GL gewinnen diese Effizienzvorteile durch folgende Eigenschaften:

- volle Integration mit einem oder gar mehreren Datenbankmodellen und -systemen;
- Integration von interaktiver DDL und DML in Verbindung mit sehr mächtigen DDL-Operationen;
- mächtige Operatoren mit vielen Defaulteinstellungen für häufig auftretende Operationen mit traditionell hohem Programmieraufwand, z.B. Matrixoperationen, Eingabeverarbeitung oder Berichtsgenerierung.
- evtl. deduktive Fähigkeiten, die es dem Benutzer ersparen, alle logischen Verknüpfungen explizit anzugeben. Diese Fähigkeit, vertreten z.Zt. vor allem durch die Logikprogrammiersprache PROLOG ([CLOC82], s.a. die nächsten Abschnitte), wird allerdings häufig schon zur 5. Generation von Programmiersprachen gerechnet, während die 4. Generation eher durch die Mächtigkeit der Operationen und Datenstrukturen gekennzeichnet ist.

6.3.1.2 Eigenständigkeit oder Einbettung der Datenmanipulationssprache

Eine DML wird als eigenständig bezeichnet, wenn sie ausreicht, um Datenbankmanipulationen ohne Zuhilfenahme einer allgemeinen Programmiersprache zu formulieren; im anderen Falle sagt man, sie sei in die allgemeine Programmiersprache („Gastgeber-" oder „Wirtssprache") eingebettet.

Eigenständigkeit der Sprache und Einbettung müssen sich nicht ausschließen. SQL enthält alle zur Datenbankmanipulation erforderlichen Funktionen, ist also eigenständig. Es ist aber auch möglich, SQL-Anweisungen in PL/I oder COBOL Programme einzubetten, etwa um die Ergebnisse weiter zu verarbeiten.

Man unterscheidet mehrere Formen der Einbettung [PIRO78]. Im ersten Falle wird der Sprachumfang der Gastgebersprache nicht erweitert. Die Datenbankmanipulationen werden von Unterprogrammen ausgeführt, die wie jedes andere Unterprogramm aufgerufen werden („CALL - Schnittstelle"). Das Programmiersystem muß nur um Zugriffsroutinen zur Datenbank ergänzt werden.

Im zweiten Falle wird die Gastgebersprache durch neue sprachliche Konstruktionen ergänzt. Diese können entweder ausschließlich für Datenbankaufrufe verwendbar sein (z.B. eingebettete SQL-Aufrufe) oder voll in die Gastgebersprache integriert sein. Eingebettete DML werden gewöhnlich von Vorübersetzern in Zugriffsmoduln übersetzt und haben daher nur sehr einfache, satzorientierte Schnittstellen, mittels derer die Programmiersprache Anfrageergebnisse übernimmt.

Integrierte Datenbankprogrammiersprachen (z.B. Pascal/R [SCHM77]) gestatten dagegen auch die Definition von lokalen Datenstrukturen (z.B. Relationen, die nur im Benutzerprogramm definiert sind) zur Übernahme und Manipulation kompletter Datenbankstrukturen. Ferner können Datenbankprädikate auch als logische Ausdrücke in der Programmiersprache verwendet werden, z.B. in IF...THEN oder WHILE...DO Konstruktionen. Diese verbesserte Interaktion zwischen Datenbankmanipulation und Anwenderprogramm wird allerdings dadurch erkauft, daß der Sprachübersetzer verändert werden muß.

Eingebettete und integrierte Sprachen bieten den Vorteil größerer Flexibilität. Der Programmierer kann Kenntnisse über die physische Speicherung der Daten oder über die statistische Verteilung von Feldinhalten zur Erstellung effektiverer Programme einsetzen. Dieser Vorteil wird erkauft mit größerer Datenabhängigkeit, die sich dann negativ auswirken kann, wenn sich die ursprünglichen Annahmen des Programmierers nicht mehr aufrechterhalten lassen.

Eingebettete DML erfordern DV-Kenntnisse und sind deshalb für ungeschulte Benutzer weniger geeignet. Ihnen müssen eigens entwickelte eigenständige DML zur Verfügung gestellt werden, die andere Formen der Kommunikation ermöglichen. Auch der Wunsch nach interaktiver Benutzung der Datenbank führt zu eigenständigen Sprachen, da die am weitesten verbreiteten allgemeinen Programmiersprachen nicht interaktiv verwendet werden können. Eine Ausnahme bilden wiederum die bereits genannten 4GL, welche sowohl interaktiv als auch im Stapelbetrieb einsetzbar sind.

6.3.1.3 Sprachen für das Relationenmodell

Standard-DML für das Netzwerk- und das hierarchische Modell sind Ergänzungen verbreiteter Programmiersprachen um Funktionen zur Manipulation von Dateien. Sie werden schon einige Jahre im Handel angeboten (für Netzwerke z.B. DMS1100 von Sperry Univac und TOTAL von Cincom, zumindest teilweise netzwerkorientiert ADABAS der Software AG und IDMS der Cullinane Corp., für hierarchische Modelle z.B. IMS2/VS von IBM und SYSTEM 2000 von Intel). Für das Relationenmodell sind nur wenige vollständige Implementierungen im Handel (z.B. SQL/DS von IBM, ORACLE, INGRES von Relational Technology Inc. und NOMAD von National CSS). Allerdings bieten eine Vielzahl von Softwarehäusern Teilimplementationen insbesondere auf dem Microcomputer-Markt an (z.B., CONDOR, DBASE, MDBS, ...). Einige dieser Systeme sind auch mit Auswertungsprogrammen integriert (z.B. Lotus 1-2-3).

Die Entwicklung der Sprachen für das relationale Modell ging einen anderen Weg als die der beiden anderen Datenmodelle. Ausgehend von der dem Modell zugrunde liegenden Theorie wurden Sprachen vorgeschlagen, die sehr stark durch die mathematische Terminologie bestimmt sind, wobei zwei Richtungen zu unterscheiden sind, je nachdem ob die Ausdrucksweise des Prädikatenkalküls oder die der Mengenlehre verwendet wird. Man untergliedert die DML für das Relationenmodell deshalb in:

- *Prädikatenkalkülsprachen*, in denen die Ergebnisrelation beschrieben wird durch Angabe der Eigenschaften (Prädikate), die die Elemente der Relation haben müssen, und in

- *algebraische Sprachen*, in denen die Ergebnisrelation beschrieben wird als Resultat von Mengenoperationen auf den Relationen der Datenbank.

Bei den Prädikatenkalkülsprachen unterscheidet man weiter zwischen tupelorientierten und domänenorientierten Sprachen je nachdem ob die Variablen, die in den

Formeln des Kalküls vorkommen, für Tupel oder für Komponenten der Tupel stehen, also für Werte aus dem Wertebereich (Menge der zulässigen Werte = Domäne) eines Attributs. Ein einfaches Beispiel soll die Unterschiede verdeutlichen. Es basiert auf der in Abschnitt 6.2 beschriebenen Datenbank. Die Aufgabenstellung lautet:

(F1) Welche seiner Fähigkeiten braucht der Mitarbeiter 99999 bei seiner derzeitigen Aufgabe?

QUEL, die Abfragesprache des Datenbanksystems INGRES [HELD75] gehört zu den tupelorientierten Prädikatenkalkülsprachen. In QUEL würde die Abfrage F1 wie folgt formuliert werden:

(A1.1)

    range of m is MITARBEITER
    range of b is BESITZT
    range of v is VERLANGT
    retrieve (b.FHKTCODE)
      where b.PNR=99999
      and b.FHKTCODE=v.FHKTCODE
      and v.CODENR=m.CODENR
      and m.PNR=99999

m, b und v sind Tupelvariable. Durch die ersten drei Zeilen sind die Tupel m eingeschränkt auf Tupel der Relation MITARBEITER, die Tupel b auf solche der Relation BESITZT und die Tupel v auf solche der Relation VERLANGT. Die vierte Zeile sagt, daß von den selektierten Tupeln b die Komponente FHKTCODE gesucht ist. Die folgenden Zeilen schließlich geben noch Bedingungen an, nämlich daß die PNR-Komponente eines gesuchten Tupels b den Wert 99999 haben soll und daß es dazu ein Tupel v geben soll mit derselben FHKTCODE-Komponente, usw.

QBE (Query-By-Example), entwickelt im Forschungslaboratorium der IBM in Yorktown Heights, ist dagegen domänenorientiert [ZLOO75]. Auf die syntaktische Form von QBE wird in Abschnitt 6.3.1.5 näher eingegangen. Die Abfrage F1 hat in QBE formuliert folgendes Aussehen:

(A1.2)

MITARBEITER	PNR	NAME	...	CODENR
	99999		...	_777

BESITZT	PNR	FHKTCODE
	99999	P._YYYY

VERLANGT	CODENR	FHKTCODE
	_777	_YYY

Die betroffenen Relationen erscheinen in Form von Tabellen mit Spaltenüberschriften auf dem Bildschirm. In die Spalten werden Variable (in QBE „example element" genannt), Konstante und Symbole eingetragen. Hier sind _777 und _YYY Domänenvariable. "P." (für Print) drückt aus, daß Werte aus der Spalte, in der das Symbol steht, ausgegeben werden sollen. 99999, nicht mit "_" beginnend, ist eine Konstante.

Tupelorientierte Prädikatenkalkülsprachen setzen etwas mehr mathematisches Verständnis voraus als domänenorientierte. Die Beschreibung der realen Welt durch natürliche Sprachen bevorzugt i.a. die Angabe von Prädikaten über Attribute, ist also mehr domänenorientiert.

Ein Beispiel für eine algebraische Sprache ist ISBL [TODD76]. ISBL wurde vom Wissenschaftlichen Zentrum der IBM United Kingdom in Peterlee, England, im Rahmen des relationalen Datenbanksystems PRTV entwickelt. In ISBL lautet Abfrage F1:

(A1.3) LIST ((BESITZT: PNR=99999) % FHKTCODE)
. (((MITARBEITER: PNR=99999) % CODENR) * VERLANGT)

Die LIST-Anweisung zeigt das Ergebnis des nachfolgenden Ausdrucks in einer Standardform. Der Ausdruck wird von links nach rechts abgearbeitet, wobei Klammerausdrücke Priorität haben. Die Ergebnisrelation wird gebildet als mengentheoretischer Durchschnitt (".") zweier Zwischenergebnisse, die beide nur eine Spalte (FHKTCODE) haben. Die erste Relation enthält die Fähigkeiten des Mitarbeiters, die zweite die Fähigkeiten, die die Aufgabe verlangt, an der der Mitarbeiter arbeitet. Die erste Relation wird gebildet, indem aus der Relation BESITZT die Tupel ausgewählt werden (":"), die PNR=99999 enthalten, und daraus werden durch Projektion ("%") alle Spalten entfernt außer FHKTCODE. Das zweite Zwischergebnis wird ähnlich gebildet.

SQL ist im wesentlichen eine tupelorientierte Prädikatenkalkülsprache, enthält aber auch algebraische Elemente. Die Hauptidee ist die einer Abbildung („mapping" [CHAM76a]) zwischen bestimmten Spalten. Wir wollen zuerst eine SQL-Formulierung der Aufgabe F1 geben, die ohne algebraische Operationen auskommt und die den QUEL- und QBE-Formen ähnlich ist. Die zweite Version verwendet dann wie ISBL die Durchschnittsbildung zweier Relationen.

(A1.4) SELECT FHKTCODE
       FROM   BESITZT
       WHERE PNR=99999
       AND   FHKTCODE IN
               (SELECT FHKTCODE
                FROM MITARBEITER,VERLANGT
                WHERE PNR=99999
                AND MITARBEITER.CODENR=VERLANGT.CODENR)

Die erste (äußere) SELECT-Anweisung gibt aus einem Tupel der Relation BESITZT, dessen PNR-Komponente 99999 enthält und dessen FHKTCODE in einer in der zweiten (inneren) SELECT-Anweisung erzeugten Relation enthalten ist, die Komponente FHKTCODE aus. Die von der inneren SELECT-Anweisung gebildete Relation enthält die Fähigkeiten, welche die Aufgabe verlangt, an der der Mitarbeiter arbeitet.

Die folgende SQL-Formulierung verwendet statt des IN-Operators und der Schachtelung einer SELECT-Anweisung zwei SELECT-Anweisungen auf gleicher Stufe, aus deren Resultaten durch mengentheoretische Durchschnittsbildung das Endergebnis erzeugt wird.

```
(A1.5) SELECT    FHKTCODE
       FROM      BESITZT
       WHERE     PNR = 99999
       INTERSECT
       SELECT    FHKTCODE
       FROM      MITARBEITER, VERLANGT
       WHERE     PNR=99999
       AND       MITARBEITER.CODENR = VERLANGT.CODENR
```

Als eine Erweiterung des Domänenkalküls sind in den letzten Jahren Logikprogrammiersprachen in den Vordergrund des Interesses gerückt. Die bekannteste dieser Sprachen, PROLOG [CLOC82], ist vielfach auch als Datenbankprogrammiersprache empfohlen worden [KOWA81, JARK84a]. PROLOG stellt sowohl Daten als auch Sichtendefinitionen und Anfragen als logische (Horn-)Klauseln dar, besitzt aber keinen eigentlichen DDL-Mechanismus mit den entsprechenden Typprüfungen. Relationendaten werden als einfache Prädikate dargestellt, z.B.

mitarbeiter(88888, ...).
mitarbeiter(99999, ...).

Anfragen werden über die Definition von Datenbanksichten ausgedrückt, welche durch Regeln der Form

S :- P, Q, R, ...

definiert werden. S ist der Name des Ergebnisprädikats, P, Q, R usw. sind entweder selbst Namen von Datenbanksichten oder Prädikate, die als Relationendaten auftauchen. Variable in den Parametern von S, P, Q und R ermöglichen mengenorientierte Verarbeitung. Die Anfrage F1 würde in PROLOG durch die Definition einer Sicht „derzeit_ gebraucht" und einer anschließenden Anfrage über diese Sicht formuliert:

```
(A1.6)
       /* Sichtendefinition */
       derzeit_gebraucht(PNR,FHKTCODE) :-
         besitzt(ANR,PNR,FHKTCODE) &
         verlangt(CODENR,FHKTCODE) &
         mitarbeiter(PNR,_,_,_,_,_,_,ANR,_,_,CODENR).
       /* Anfrage, welche PNR mit dem Wert 99999 instantiiert */
       ?- derzeit_gebraucht(99999, FHKTCODE).
```

PNR, ANR, FHKTCODE und CODENR sind Domänenvariable, die im Prinzip beliebige Werte annehmen können. Allerdings muß beispielsweise die ANR in „besitzt" und in „mitarbeiter" den gleichen Wert annehmen. Die Variable FHKTCODE nimmt nacheinander die gewünschten Ergebniswerte an, wenn die Konstante 99999 in der Anfrage zu einer Einschränkung der Mitarbeiternummer (PNR) führt. "_" bezeichnet Attributvariable, die beliebige Werte annehmen können und daher für die Berechnung ohne Bedeutung sind.

Die Aufgabe (F1) kann auch in den übrigen relationalen Sprachen leicht formuliert werden. Die Formulierung über Sichtendefinitionen gestattet jedoch auch rekursiv definierte Anfragen, für die es in den anderen Sprachen keine Entsprechung gibt [AHO79b]. Zum Beispiel kann die Berechnung der transitiven Hülle, wie im folgenden Beispiel, in anderen Datenbankprogrammiersprachen nur über spezielle Operatoren (etwa in QBE) oder über ein Ausweichen auf rekursive Prozeduren oder Schleifen in der Programmiersprachenumgebung gelöst werden. In PROLOG genügt dafür die folgende Sichtendefinition:

teil_von(Unter,Ober) :- orgstruktur(Unter,Ober).
teil-von(Unter,Ober) :- orgstruktur(Unter,Mittel) &
         teil_von(Mittel,Unter).

Die Datenbanksicht teil-von gestattet es, beispielsweise danach zu fragen, ob eine bestimmte Unterabteilung (Unter) zur Hauptverwaltung (Ober) gehört, wobei eine oder mehrere Leitungsebenen (Mittel) zwischengeschaltet sein können. Alternativ kann man auch nach allen Abteilungen fragen, die zur Hauptabteilung gehören; dies wäre etwa wie folgt aus obiger Sichtendefinition abzuleiten:

?- teil-von(X,1)

wobei 1 die Abteilungsnummer (ANR) der Hauptverwaltung ist. Die Variable X gibt dann die gewünschten Daten zurück.

6.3.1.4 Prozedurale oder deskriptive Sprache

Deskriptive Sprachen (auch „Spezifikationssprachen") beschreiben das gewünschte Ergebnis eines Programms, ohne den Algorithmus zum Erreichen dieses Zieles festzulegen. Dagegen wird mit prozeduralen Sprachen der Prozeß, der zum gewünschten Ziel führt, formuliert. Kurz gesagt: die deskriptiven Sprachen formulieren, „was" gesucht wird, während die prozeduralen Sprachen beschreiben, „wie" man es findet.

Der Übersetzer einer deskriptiven Sprache muß die Spezifikation eines Resultats in eine Prozedur zum Bilden dieses Resultats transformieren. Wegen dieser zusätzlichen Abstraktionsstufe bezeichnet man die deskriptiven Sprachen als höhersprachlich als die prozeduralen. Die Benutzerforschung hat jedoch gezeigt [WELT81], daß bei komplexen Aufgabenstellungen Nichtprozeduralität manchmal verwirren kann, nämlich dann, wenn der Benutzer selbst einem prozeduralen Problemlösungsansatz folgt. Zwischen den rein deskriptiven und den rein prozeduralen Sprachen gibt es daher viele Zwischenformen.

Die DML für das relationale Modell, sowohl die Prädikatenkalkülsprachen als auch die algebraischen Sprachen, sind prinzipiell deskriptive Sprachen. Man betrachtet aber die algebraischen Sprachen als prozeduraler, da sich das Ergebnis aus einer Folge von Operationen auf den Relationen ergibt.

Noch prozeduraler ist die Formulierung von F1 durch ein Programm, in das SQL-Anweisungen eingebettet sind. Hier muß der Benutzer selbst eine Programmschleife aufbauen, in der die Tupel nacheinander verarbeitet werden. Ein SQL-Benutzer müßte zu dieser Möglichkeit greifen, wenn er das Ergebnis der Abfrage in Form eines Berichts mit Überschriften etc. gedruckt haben möchte. Als Wirtssprache wählen wir PL/I. Wir zeigen nur die relevanten Anweisungen.

(A1.7)
```
%LET C1 BE
    SELECT FHKTCODE
    INTO %FCODE
    FROM BESITZT
    WHERE PNR=99999
      AND FHKTCODE IN
        (SELECT FHKTCODE
         FROM MITARBEITER,VERLANGT
         WHERE PNR=99999
           AND MITARBEITER.CODENR=VERLANGT.CODENR)
%OPEN C1;
IF SYR-CODE NE 'O.K.' THEN GOTO EOF;
DO WHILE('1'B);
    %FETCH C1;
    IF SYR-CODE NE 'O.K.' THEN GOTO EOF;
    /* */
    /* Weiterverarbeiten von FCODE */
    /* */
END;
EOF: ...
```

Die %LET-Anweisung beschreibt die Auswahl, die aus der Datenbank getroffen werden soll (vgl. A1.4). Da das Ergebnis aus mehreren Tupeln (FCODE) besteht, muß ein Zeiger C1 definiert werden, der später erlaubt, die Tupel nacheinander abzurufen. INTO %FCODE gibt an, daß die Tupelkomponente FHKTCODE der Programmvariablen FCODE zugewiesen werden soll. %OPEN C1 setzt den Zeiger vor das erste Ergebnistupel, überträgt aber noch keine Werte. Danach muß SYR-CODE, ein von System R verwalteter Code für außergewöhnliche Bedingungen, getestet werden, z.B., um festzustellen, ob das Ergebnis leer ist. Schließlich wird in einer Schleife mit %FETCH ein Tupel nach dem anderen in FCODE übertragen und immer geprüft, ob schon alle Tupel empfangen wurden.

Die Auswahl aus der Datenbank ist immer noch deskriptiv und mengenorientiert, aber die Weiterverarbeitung erfolgt tupelweise prozedural. Die Nachteile die-

Datenmanipulationssprachen

ses „Stilbruchs" – Beschränkung der Kommunikation zwischen Systemkomponenten – wurden bereits in Abschnitt 6.3.1.2 diskutiert.

Am prozeduralen Ende der Skala findet man schließlich Sprachen wie die DML des DBTG-Vorschlags, in denen auch die Zugriffspfade zu den Daten vom Benutzer programmiert werden müssen. Man bezeichnet sie auch als „navigierende Sprachen". Um das Wesentliche im folgenden Beispiel stärker hervorzuheben, verzichten wir auf Vollständigkeit und syntaktische Richtigkeit. Ein Programm zur Beantwortung der Frage F1 würde in der DML des DBTG-Vorschlags etwa folgendermaßen aussehen:

```
(A1.8)
     MITARBEITER.PNR = 99999;
     FIND MITARBEITER RECORD;
     IF DBSTATUS NE 0 THEN GOTO KEINMANN;
     FIND OWNER OF CURRENT ERLEDIGT SET;
     IF DBSTATUS NE 0 THEN GOTO KEINJOB;
     DO WHILE ('1'B);
          FIND NEXT VERBINDUNG1 RECORD IN
               CURRENT VERLANGT SET;
          IF DBSTATUS NE 0 THEN GOTO EOF;
          FIND OWNER OF CURRENT GEBRAUCHT SET;
          DO WHILE ('1'B);
               FIND NEXT VERBINDUNG2 RECORD IN
                    CURRENT AUSGEÜBT SET;
               IF DBSTATUS NE 0 THEN GOTO END1;
               FIND OWNER OF CURRENT BESITZT SET;
               GET PNR;
               IF MITARBEITER.PNR = 99999 THEN GOTO GEFUNDEN;
          END;
          GEFUNDEN: FIND CURRENT OF FÄHIGKEIT SET;
          GET FHKTCODE;
          /* */
          /* Weiterverarbeiten FÄHIGKEIT.FHKTCODE */
          /* */
     END1: END;
     EOF: ...
     KEINMANN: ...
     KEINJOB: ...
```

Da PNR KEY im RECORD-Typ MITARBEITER ist, kann der RECORD für den Mitarbeiter 99999 mit der ersten FIND-Anweisung direkt gefunden werden. Durch Prüfen des DBSTATUS stellt man fest, ob einer gefunden wurde. Von hier aus beginnt das Navigieren. Zunächst wird die vom Mitarbeiter erledigte Aufgabe gesucht. Dann werden über den Verbindungssatz VERBINDUNG1 die verlangten Fähigkeiten in einer Schleife gefunden. Für jede gefundene Fähigkeit muß schließlich in einer inneren Schleife geprüft werden, ob einer der Mitarbeiter, der diese Fähigkeit besitzt (die über den Verbindungssatz VERBINDUNG2 erreicht werden), die Personalnummer 99999 hat. Ist dies der Fall, so muß der letzte RECORD vom Typ FÄHIGKEIT nochmals durch ein FIND lokalisiert werden. Erst dann wird eine GET-Anweisung das Feld FHKTCODE in den Arbeitsbereich des Programms übertragen, wo es weiterverarbeitet werden kann.

Diese Beispiele machen deutlich, daß die deskriptiven Sprachen einige Vorteile haben, die man sich lediglich durch größeren Aufwand bei der Übersetzung erkaufen muß:

- kleineres Quellenprogramm,
- Auswahl eines optimalen Zugriffspfads durch den Übersetzer,
- größere Datenunabhängigkeit, und
- automatische Behandlung von Ausnahmesituationen.

Gelingt es allerdings, die navigierenden Sprachen auf ein Niveau anzuheben, auf dem Objekte anstelle von Pointern manipuliert werden [TSUR84], so kann dies natürlicher sein als eine abstrakte nichtprozedurale Spezifikation. Ein erstes Beispiel eines solchen Ansatzes bietet wiederum PROLOG, in dem die Inferenzmaschinerie durch ein Netz von Regeln navigiert. Shneiderman [SHNE84] führt den Begriff der ‚direkten Manipulation' für das navigierende Arbeiten mit Objekten anstelle abstrakter Repräsentationen ein.

6.3.1.5 Lineare Spracheingabe oder direkte Manipulation

In den bisherigen Beispielen wurden die Datenbankmanipulationen in einer linearen Sprache formuliert. Die programmierten Abfragen werden als eine Zeichenkette sequentiell eingegeben. Bildschirmgeräte mit angeschlossenen Hilfsgeräten zur Manipulation von Objekten auf dem Bildschirm gestatten auch andere Formen der Kommunikation.

In Abschnitt 6.3.1.3 wurde Query-by-Example (QBE) als domänenorientierte Prädikatenkalkülsprache vorgestellt. Die Formulierung der Abfrage F1 in QBE wurde aber nicht als eine Zeichenkette eingegeben, sondern ist das Ergebnis eines vorbereitenden Dialogs zwischen Benutzer und System und des anschließenden Ausfüllens eines Formulars am Bildschirm. Nach der Initialisierung des Systems erscheint auf dem Bildschirm ein leeres Raster

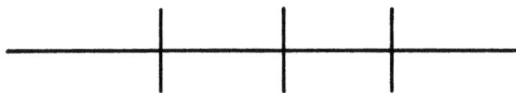

Durch direktes Eintragen eines Tabellennamens, z.B. MITARBEITER, am Bildschirm, gefolgt von dem Ausgabesymbol P., in das linke obere Feld teilt der Benutzer QBE mit, daß er das Raster für diese Tabelle auf dem Bildschirm sehen will. QBE füllt daraufhin die Kopfzeile des Rasters mit dem Tabellennamen und den Spaltennamen. Durch Drücken einer besonderen Taste kann man ein weiteres leeres Raster anfordern und wie oben die Kopfzeile mit den Spaltennamen der

Tabelle BESITZT, bzw. VERLANGT füllen lassen. Der Bildschirm hat danach folgendes Aussehen:

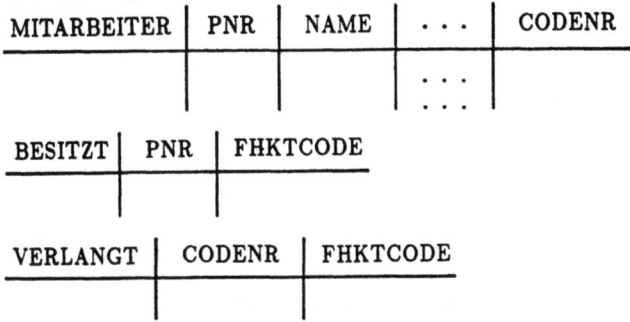

Der Benutzer formuliert nun seine Abfrage durch Eintragen von Symbolen, Schlüsselwörtern, Konstanten und „Beispielelementen" direkt in diese Raster und erhält schließlich den in A1.2 gezeigten Bildschirm. Der Inhalt des Bildschirms wird vom System in eine lineare Sprache übertragen, die dann von einem Übersetzer weiterverarbeitet wird.

Ein anderer Vorschlag zum besseren Ausnutzen der Möglichkeiten der Bildschirmgeräte stammt von Senko [SENK80]. Die Sprache FORAL LP (LP = Lightpen) basiert auf der DIAM II Datenbankstruktur. Die Netzwerkstruktur der Datenbank des Benutzers wird am Bildschirm als Graph dargestellt. Außerdem enthält der Bildschirm eine Liste der verfügbaren Operationen (unten) und eine Liste der Zeichen, die in Konstanten auftreten können (rechts). Oben links ist ein Feld freigelassen für Mitteilungen des Systems und für die Anzeige der FORAL-Anweisung, soweit sie schon formuliert ist.

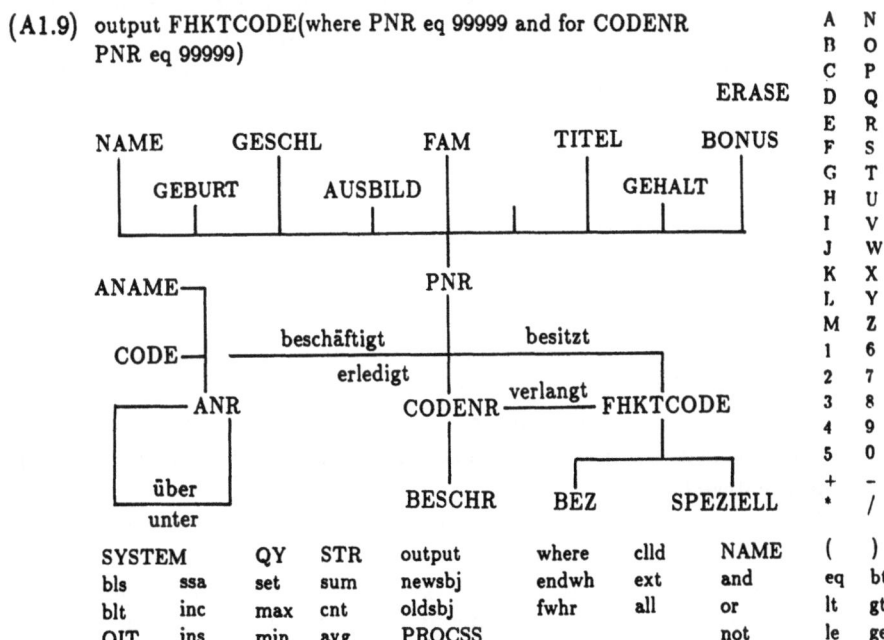

Die Sitzung beginnt mit diesem Bildschirm, abgesehen von dem Text in den ersten beiden Zeilen. Der Benutzer formuliert eine Abfrage durch Antippen der Felder auf dem Bildschirm mit dem Lichtstift. Die ausgewählten Elemente werden zu einer FORAL-Anweisung zusammengefügt, eventuell ergänzt durch zusätzliche Trennsymbole, die die Lesbarkeit des Ausdrucks erhöhen sollen. Die Anweisung, soweit schon formuliert, erscheint im oberen linken Feld.

Mit den Xerox-Star Studien am Xerox Palo Alto Research Center und mit der Einführung des Apple Macintosh wurden diese frühen Ansätze zu einer allgemeinen objektorientierten Sichtweise von Datenbanken und ihren Schnittstellen verallgemeinert. Anstelle der verbalen Beschreibung von Objekten werden graphische Repräsentationen der Objekte direkt am Bildschirm manipuliert. Soll z.B. ein Datenbankobjekt gelöscht werden, so wird mit Hilfe der „Maus" dessen Ikone in einen „Mülleimer" befördert. Ziel dieses von Shneiderman [SHNE84] theoretisch untersuchten Konzepts der „direkten Manipulation" ist es, den Benutzer soweit möglich im Anwendungskontext und nicht im Rechnerkontext mit dem System interagieren zu lassen. Dies gilt für die Kommandos ebenso wie für Fehlermeldungen und Ergebnispräsentation.

Laborstudien an der Universität von Maryland [SHNE84] deuten auf die Produktivitätsvorteile dieses Ansatzes hin. Zusätzlich zu den für nichtprozedurale Datenbankoperationen typischen assoziativen Auswahloperationen werden bewußt auch prozedurale Konzepte angeboten, wie etwa das Blättern („browsing") in der Datenbank oder das „zooming" von einer allgemeinen Umgebung auf spezielle Daten. Als Beispiel sei das Spatial Database Management System (SDMS) der Firma CCA in Boston angeführt [HERO84], das für die amerikanische Navy entwickelt wurde. Die Interaktion mit SDMS beginnt mit der Darstellung einer Weltkarte. Der Benutzer zeigt dann auf ein spezielles Gebiet, z.B., den Pazifik, das dann im Detail gezeigt wird, etwa mit Punkten entsprechend der Position der wesentlichen Flotten. Zeigen auf diese Punkte ergibt dann eine graphische Darstellung der Schiffsklasse mit ihren wesentlichen Eigenschaften, bis hinab zu einem Photo des Kapitäns! Auf jeder Stufe können auch relationale Tabellendaten in angemessenem Verdichtungsgrad abgefragt werden, wiederum durch Berühren entsprechender Ikonen.

6.3.1.6 Formale oder natürliche Sprachen

„Natürlichkeit" einer Abfragesprache kann (nach Vandijck [VAND77]) unterschiedlich interpretiert werden, entweder als möglichst ähnlich der (deutschen, englischen, etc.) Umgangssprache oder als möglichst ähnlich der Weise, wie der jeweilige Benutzer seine Probleme zu formulieren gewohnt ist. Hier soll kurz dargestellt werden, wie weit es möglich und wünschenswert ist, natürliche Sprachen zur Kommunikation mit dem Datenbanksystem zu verwenden. Man kann zwei Forschungsrichtungen unterscheiden:

Artificial-Intelligence (AI) Gruppen untersuchen Frage-Antwort-Systeme zur Abfrage des über einen bestimmtem Sachverhalt gespeicherten Wissens (Miniwelt). Die Datenmengen sind i.a. nicht groß. Das Interesse gilt einer Vielzahl unterschiedlicher Sprachphänomene, die detailliert untersucht werden. Versuche, die Ergebnisse dieser Forschung vollständig in einem System zu implementieren, führen selbst bei kleinen Miniweltmodellen schnell zu sehr umfangreichen und komplexen Systemen. Deshalb sind einige Forscher heute der Meinung, daß reale Anwendungen auf dieser Basis noch nicht zu verwirklichen sind. Vertreter des AI-Ansatzes führen dagegen an, daß alle benötigten Informationen beim Datenbankentwurf in jedem Falle zu erheben sind, und schlagen daher die Integration von Datenbankentwurf und natürlichsprachlichem Schnittstellenentwurf in einer gemeinsamen Wissensbank vor.

Datenbankforscher untersuchen die Möglichkeit der Abfrage umfangreicher, realer Datenbestände mit Hilfe einer eingeschränkten natürlichen Sprache. Einige dieser Projekte haben zu Implentierungen geführt, die mit Erfolg getestet worden sind (LADDER [SACE77, HEND78], PLANES [WALT77], TQA (REQUEST) [PLAT73, PLAT76], USL [KOGO76, LEHM78, OTT79]).

Die Frage, ob es überhaupt wünschenswert ist, Datenbankabfragen in natürlicher Sprache formulieren zu können, ist sehr umstritten. Wir führen die wichtigsten Argumente dafür und dagegen an; eine ausführliche Liste mit Quellenangaben findet man in [ZOEP83]. Für natürliche Sprachen zur Datenbankabfrage werden angeführt:

1. Die natürliche Sprache ist dem Benutzer schon bekannt. Gelegentliche Datenbankbenutzer haben nicht die Zeit oder die Motivation, eine formale Sprache zu lernen und im Gedächtnis zu behalten.
2. Gelegentliche Benutzer überwinden ihre Furcht vor dem Computer, wenn sie in ihrer natürlichen Sprache mit ihm kommunizieren können.
3. Natürliche Sprache ist wünschenswert, weil der Benutzer seine Ideen in der Weise ausdrücken kann, wie sie bei ihm entstehen.
4. Komplexe Fakten können durch den unerfahrenen Benutzer ausgedrückt werden, da die natürliche Sprache sehr ausdrucksstark ist.

Als Gegenargumente werden genannt:

1. Beim Benutzer entstehen unrealistische Erwartungen über die Fähigkeiten eines Computers. Er versucht Informationen abzufragen, die in der Datenbank nicht enthalten sind.
2. Der Abfragevorgang wird erschwert durch die Mehrdeutigkeiten in den natürlichen Sprachen. Die Mehrdeutigkeiten auszuräumen ist schwierig und aufwendig.
3. Da Kommunikation in uneingeschränkter natürlicher Sprache technisch noch nicht machbar ist, müssen Teilmengen verwendet werden. Solche Teilmengen sind unvermeidlich schlecht definiert und schwerer zu lernen als formale Sprachen.
4. Direkte graphikorientierte Manipulation ist der natürlichsprachlichen Eingabe über Schreibmaschinentastatur vorzuziehen, da sie noch knapper und „natürlicher" ist als natürliche Sprache.

Die Debatte, ob es zweckmäßig ist, natürliche Sprachen für die Datenbankabfrage zu verwenden, wird zum Teil sehr emotional geführt und wird sicher noch einige Zeit weitergehen. In den letzten Jahren haben Feld- und Laborstudien jedoch eine Reihe von Vorurteilen in beiden Richtungen klar widerlegt und Hinweise auf weitere Entwicklungen gegeben. Die umfangreichsten Experimente wurden mit dem USL-Prototyp [LEHM79, KRAU80, KRAU82, ZOEP83] durchgeführt und sind in [JARK86] zusammengefaßt. Danach sind folgende Ergebnisse als gesichert anzusehen:

1. Natürliche Sprache gestattet knapperen Ausdruck als formale Anfragesprachen.
2. Man kann in einer (allerdings oft recht langen) Vorphase ein relativ kleines, im Zeitablauf stabiles Vokabular so definieren, daß eine gegebene Benutzergruppe damit sinnvoll arbeiten kann. Nach den bisherigen Erfahrungen hat sich die Befürchtung nicht bestätigt, daß Benutzer im Zeitablauf immer kompliziertere Anfragen stellen.
3. Natürlichsprachliche Systeme müssen von neuen Benutzern „gelernt" werden, werden also nicht unmittelbar verstanden, wenngleich die Lernphase vermutlich etwas kürzer ist als für formale Anfragesprachen.
4. Benutzer kommunizieren mit natürlichsprachlichen Schnittstellen anders als mit menschlichen Gesprächspartnern; insbesondere sind sie vorsichtiger und präziser in ihrer Ausdrucksweise. Dieses Ergebnis könnte allerdings auch eine Folge bestimmter Benutzervorstellungen über die Funktionsweise der Schnittstelle sein und sich daher in Zukunft ändern.

Es ist zu erwarten, daß sich die Vorteile natürlicher Sprache verstärken werden, wenn effiziente Spracherkennungsverfahren verfügbar werden und wenn natürliche Sprache mit anderen Elementen (z.B., Menüauswahl) kombiniert wird, die dem Anfänger effiziente Benutzerführung bieten.

6.3.2 Funktionale Fähigkeiten

Es gibt verschiedene Ansätze zur formalen Definition der Vollständigkeit von DML, auf die später noch eingegangen wird. Für die Praxis scheint jedoch eine Auflistung der geforderten funktionalen Fähigkeiten angemessener. Zunächst werden die direkten Datenbankoperationen (Auswahl, Hinzufügen, Ändern, Löschen) beschrieben. Es folgen jene Datenmanipulationsfähigkeiten, die nicht unmittelbar mit der Datenbank zu tun haben, aber zum Weiterverarbeiten selektierter Daten wünschenswert sind. Schließlich werden noch einige Hilfsfunktionen behandelt. Die theoretischen Überlegungen zur Vollständigkeit der Sprache runden diesen Abschnitt ab.

6.3.2.1 Auswahl von Daten aus der Datenbank

Die zentrale Funktion aller DML ist die Auswahl von Information aus der Datenbank. Die gesuchte Information kann unmittelbar in der Datenbank gespeichert sein oder aus gespeicherten Daten ableitbar sein. Hier beschäftigen wir uns mit dem Auffinden direkt gespeicherter Daten. Das Spektrum möglicher Fragen soll an Beispielen deutlich werden:

- Existenz: Gibt es einen Angestellten namens MEIER?
- ein Attribut: Welches Gehalt bekommt der Angestellte MEIER?

- Teilmenge: Welche Angestellten arbeiten in Abteilung VERKAUF?
- Liste: Liste alle Angestellten mit ihren Fähigkeiten geordnet nach Abteilungen.
- etc.

In jedem Fall müssen gewisse Datensätze, welche die gesuchte Information oder Teile davon enthalten, in der Datenbank lokalisiert werden. Dazu muß der Benutzer zunächst wissen, welcher Satztyp (RECORD-Typ, Relation) die gesuchte Information enthält. Dann müssen unter allen Ausprägungen dieses Typs die richtigen Sätze ausgewählt werden, durch einen eindeutigen Bezeichner oder gar eine Speicheradresse, durch Beziehung des Datensatzes zu anderen Datensätzen oder durch Bedingungen für die Inhalte der Felder des Datensatzes. Welche Merkmale verwendet werden können, hängt sowohl vom Datenmodell als auch von der Implementierung ab. Da die Auswahl nach dem Inhalt von Feldern allen Systemen gemeinsam ist, sollen die entsprechenden Sprachelemente zuerst behandelt werden.

Die Auswahl wird formuliert durch Angabe einer Bedingung (eines Prädikats) für die entsprechenden Felder. Welche Bedingungen formuliert werden können, hängt vom Typ der Felder ab. Es können Feldinhalte miteinander verglichen werden oder Feldinhalte mit Konstanten. In manchen Systemen ist es auch möglich, Bedingungen über abgeleitete Daten zu formulieren, beispielsweise in SQL oder PROLOG. Für numerische Werte werden i.a. die arithmetischen Vergleichsoperationen EQ, NE, LT, LE, GT, GE und BETWEEN angeboten, für Zeichenketten meist nur EQ und NE, es sei denn, für die Zeichenketten ist eine Ordnung definiert.

In manchen Systemen werden für spezielle Datentypen besondere Vergleichsoperationen und Konstante unterstützt, wie etwa:

- für Zeitdaten: vor, nach, zwischen, heute, dieses Jahr, ...
- für Textdaten: Vergleich der Länge, Vergleich von Teilstücken, Ähnlichkeit, Stammwortvergleich,...
- für strukturierte Werte (z.B. Vektoren): Vergleich von Komponenten
- besondere Behandlung von nicht definierten Feldinhalten.

Ein Sonderfall ist die nichtdeterministische Auswahl. Hier wird zu Testzwecken oder für statistische Auswertungen aus der Datenbank eine Stichprobe nach statistischen Gesichtspunkten ausgewählt.

Wie oben schon gesagt, ist die Auswahl von Datensätzen nach dem Inhalt einzelner Felder nur eine von mehreren Möglichkeiten, zu selektieren. Die anderen Selektionsfunktionen sind von Datenmodellen und den Sprachkonzepten abhängig. Wir präsentieren zunächst die Verfahren der Datenauswahl in einer navigierenden Sprache (DBTG-DML), dann die in einem relationalen System (Relationenkalkül und -algebra).

An der DML des CODASYL DBTG Vorschlags soll erläutert werden, welche Mittel navigierende Sprachen im Netzwerkmodell anbieten. Um diese Funktionen besser zu verstehen, muß man einiges über die Schnittstelle zwischen der DML-Teilsprache und der Wirtssprache wissen. Vier Konzepte sind für das Verständnis des Folgenden wichtig: der Arbeitsbereich, die Zeiger, die KEEP-Listen und der Datenbankstatus.

Im *Arbeitsbereich* des Anwendungsprogramms muß für jeden RECORD-Typ, der im verwendeten Subschema vorkommt, eine Struktur definiert sein, die denselben Aufbau wie der RECORD hat. In dieser Struktur muß ein RECORD aufgebaut werden, bevor er mit einer STORE-Anweisung in der Datenbank gespeichert wird; in sie überträgt das System auch einen gefundenen RECORD durch eine GET-Anweisung. Schließlich werden die Felder dieser Struktur zur Übergabe von Parametern für Suchbedingungen an eine FIND-Anweisung verwendet.

Das DBMS verwaltet einige *Zeiger*. Sie weisen auf jene Stellen im Netzwerk, die durch Navigieren erreicht worden sind. Die wichtigsten Zeiger sind:

- der Programm-Zeiger: Er weist auf jene Stelle im gesamten Netzwerk, die zuletzt erreicht wurde.
- der SET-Zeiger: Für jeden SET-Typ gibt es einen SET-Zeiger. Er zeigt auf jenen RECORD im SET, der zuletzt erreicht wurde.
- der RECORD-Zeiger: Für jeden RECORD-Typ weist ein RECORD-Zeiger auf den RECORD, der zuletzt erreicht wurde.

Der Benutzer kann beliebig viele *KEEP-Listen* definieren, die zu Beginn einer Programmausführung leer sind. Mit einer KEEP-Anweisung kann er den DATA-BASE-KEY (eine innerhalb des Programms eindeutige, vom System erzeugte Identifizierung für einen RECORD) des letzten lokalisierten RECORD in eine KEEP-Liste eintragen. Mit einer FREE-Anweisung kann er einen Eintrag wieder löschen. In erster Linie ist die KEEP-Liste ein Mittel zur Steuerung des gleichzeitigen Zugriffs mehrerer Benutzer auf dieselben Daten. Sie kann aber auch dazu dienen, einen im Programm früher lokalisierten RECORD über den DATA-BASE-KEY in der KEEP-Liste direkt wieder zu finden.

Der *Datenbankstatus* ist eine Art Register, das vom DBMS verwaltet wird. Nach jeder Datenmanipulationsanweisung enthält er einen Code, der über den Erfolg der Ausführung der Anweisung Auskunft gibt. Er ist 0, wenn die Aktion erfolgreich war; anderenfalls enthält er einen Code, der die Ausnahmebedingung, die eingetreten ist, näher spezifiziert. Der Datenbankstatus kann – und sollte – vom Programm abgefragt werden. Neben Fehlerbedingungen zeigt er z.B. auch an, daß ein gesuchter RECORD nicht gefunden wurde oder daß ein RECORD wegen Verletzung einer Integritätsbedingung nicht gespeichert oder gelöscht werden konnte.

Nach diesen allgemeinen Bemerkungen zur Schnittstelle zwischen DML und Wirtssprache wenden wir uns wieder dem Auswahlvorgang in navigierenden Sprachen zu. Er läßt sich zerlegen in:

(1) Einstieg in das Netzwerk,
(2) Navigieren im Netzwerk zum gesuchten Record,
(3) Kopieren des Records in den Arbeitsbereich und
(4) Überprüfen weiterer Bedingungen für die Feldinhalte.

(1) und (2) werden mit der FIND-Anweisung unterstützt. Die GET-Anweisung ermöglicht (3), und (4) wird mit den üblichen Mitteln der Wirtssprache formuliert. Nach Ullman [ULLM82], unter Berücksichtigung der Änderungen des DTBG-

Vorschlags im Jahre 1978 [MANO78], unterscheiden wir sechs verschiedene Formen der FIND-Anweisung:

1. Direktes Finden eines RECORD mit Hilfe des DATA-BASE-KEY: Der DATA-BASE-KEY muß erstes oder letztes Element in einer *KEEP*-Liste sein. Dann kann man mit der Anweisung

    FIND [FIRST / LAST] WITHIN keep-list-name

    den Programm-Zeiger auf den gesuchten RECORD setzen. Diese Form des FIND kann also nur verwendet werden, wenn der RECORD zuvor im Programm schon einmal lokalisiert war, erlaubt dann aber direkten Zugriff.

2. Direktes Finden eines RECORD mit Hilfe des RECORD-KEY: Im Datenbankschema kann man ein oder mehrere Felder eines RECORDs als RECORD-KEY definieren. Auf solche RECORDs kann man direkt zugreifen, indem man zunächst die KEY-Felder in der zum RECORD gehörenden Struktur im Arbeitsbereich auf die gewünschten Werte setzt und dann die entsprechende FIND-Anweisung ausführt:

    FIND record-name RECORD

3. Finden weiterer RECORDs mit Hilfe des RECORD-KEY: Wenn ein RECORD-KEY einen RECORD nicht eindeutig identifiziert, so liefert (2) nur eine Ausprägung. Mit

    FIND DUPLICATE

    kann man einen weiteren RECORD mit demselben RECORD-KEY lokalisieren. Der DBSTATUS zeigt an, wenn es keinen weiteren gibt. Ist der RECORD-KEY als geordnet definiert, so kann man mit FIND NEXT den nächsten RECORD in der RECORD-KEY-Ordnung finden.

4. Finden eines RECORDs innerhalb einer SET-Ausprägung: Man kann sich die Mitglieder einer SET-Ausprägung (ein OWNER plus kein, ein oder mehrere MEMBER) als in einem Ring aneinander gekettet vorstellen. Mit

    FIND NEXT record-typ RECORD IN CURRENT set-name SET

    findet man das nächste Mitglied (OWNER oder MEMBER) in diesem Ring ausgehend von dem derzeitigen Stand des SET-Zeigers für diesen SET. DBSTATUS zeigt an, ob dieses Mitglied vom richtigen RECORD-Typ ist. Die FIND-Anweisung kann noch ergänzt werden durch eine Feldnamenliste. Dann wird nur nach jenen RECORDs gesucht, bei denen die angegebenen Felder mit den Werten übereinstimmen, die im Arbeitsbereich in den entsprechenden Feldern stehen.

5. Finden des OWNERs einer SET-Ausprägung: Zeigt der SET-Zeiger eines SETs auf ein Mitglied einer SET-Ausprägung, deren OWNER wir suchen, so finden

wir ihn durch die Anweisung:

FIND OWNER OF CURRENT set-name SET.

6. Finden eines RECORDs über den SET- oder RECORD-Zeiger: Ein RECORD kann nur in den Arbeitsbereich übertragen werden, wenn der Programm-Zeiger auf ihn weist. Ist der gewünschte RECORD schon durch einen SET- oder RECORD-Zeiger lokalisiert, so muß dieser Zeiger nur noch in den Programm-Zeiger kopiert werden durch

FIND CURRENT OF set-name SET

oder

FIND CURRENT OF record-name RECORD.

Alle FIND-Anweisungen setzen nur den Programm-Zeiger auf den gesuchten RECORD, übertragen die Daten aber nicht in den Arbeitsbereich. Dies geschieht schließlich durch die Anweisung:

GET feld-namen-liste

wobei nur die spezifizierten Felder übertragen werden, falls eine feld-namen-liste angegeben ist.

Beispiele für die Verwendung der FIND- und GET-Anweisung sind im Beispiel A1.8 enthalten. Da hierarchische Strukturen spezielle Netzwerke sind, findet man in DML wie denen von IMS im wesentlichen dieselben Elemente. Wir wollen hier nicht auf die Einzelheiten eingehen, sondern nur anhand der Formulierung der Aufgabe F1 mit DL/I einen Eindruck vom Navigieren in einer Hierarchie vermitteln. DL/I-Operationen werden im Programm mit Unterprogrammaufrufen aktiviert mit einer Liste von Parametern, die u.a. den Namen eines Program Communication Blocks (PCB), einen Operationscode, die Adresse eines Ein-/Ausgabebereichs und Suchbedingungen enthält. Wir ziehen hier eine besser lesbare Syntax vor, wie sie auch in [DATE81a] verwendet wird. Zur Vereinfachung nehmen wir noch an, daß folgende logische Datenbank über der früher beschriebenen definiert worden ist:

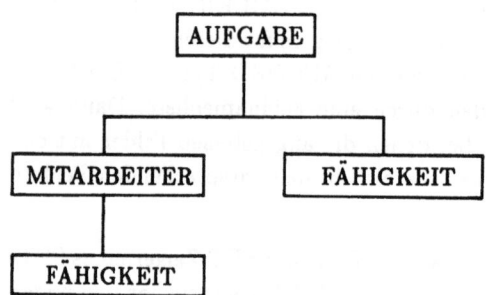

Bild 6.22 Logische Datenbank für hierarchisches Datenbankbeispiel

Eine Formulierung der Aufgabe F1 könnte für diese hierarchisch aufgebaute Datenbank wie folgt aussehen:

(A1.10)
```
    GU AUFGABE,
        MITARBEITER (PNR=99999),
        FÄHIGKEIT;
        IF NOT FOUND GOTO EOF;
    CNR = SUBSTR(FCK,1,6);
    FCODE = SUBSTR(FCK,7,6);
    LOOP1: DO WHILE ('1'B);
            GU AUFGABE (CODENR=CNR);
            LOOP2: DO WHILE ('1'B);
                GNP FÄHIGKEIT;
                IF NOT FOUND GOTO NEXT1;
                IF FCODE EQ SUBSTR(FCK,7,6) THEN GOTO NEXT
            END2: END;
            NEXT:
            /* */
            /* Weiterverarbeiten von FCODE */
            /* */
            NEXT1:
            GU AUFGABE (CODENR=CNR),
                MITARBEITER (PNR=99999),
                FÄHIGKEIT (FHKTCODE=FCODE);
            GN MITARBEITER (PNR=99999),
                FÄHIGKEIT
                IF NOT FOUND GOTO EOF;
            FCODE = SUBSTR(FCK,7,6);
    END1: END;
    EOF: ...
```

Die erste GU-Anweisung (GET UNIQUE) findet über den Pfad AUFGABE - MITARBEITER - FÄHIGKEIT die erste Fähigkeit des Mitarbeiters 99999 und stellt gleichzeitig in FCK (Fully Concatenated Key) die KEY-Werte aller auf dem Wege liegenden RECORDs bereit. Den KEY der Aufgabe speichern wir in CNR, den der Fähigkeit in FCODE. In der Schleife LOOP1 wird für die schon gefundene Fähigkeit zuerst geprüft, ob sie unter den für die Aufgabe verlangten Fähigkeiten ist. Dazu wird mit GU die Aufgabe lokalisiert und dann werden in einer Schleife (LOOP2) mit GNP (GET NEXT within PARENT) alle dazugehörenden Fähigkeiten gesucht und mit der Fähigkeit des Mitarbeiters verglichen. Wird eine Übereinstimmung gefunden oder sind alle an der Aufgabe hängenden FÄHIGKEIT-Segmente abgearbeitet, so endet die Schleife LOOP2 und die nächste Mitarbeiterfähigkeit muß gesucht werden. Dazu wird die alte Fähigkeit nochmals lokalisiert und dann mit GN (GET NEXT) unter der

Bedingung MITARBEITER (PNR=99999) die nächste Fähigkeit gefunden, bis alle Fähigkeiten des Mitarbeiters 99999 behandelt sind.

Wir wenden uns nun den Sprachen für das relationale Modell zu. *Algebraische Sprachen* benötigen Operationen, die, auf Relationen angewendet, neue Relationen erzeugen. Die Operanden dieser Operationen sind konstante Relationen oder Variable. Die folgenden fünf grundlegenden Operationen müssen in einer algebraischen DML für das relationale Datenbankmodell direkt oder indirekt ausdrückbar sein:

1. *Vereinigung*: Die dyadische Operation „+" ist die mengentheoretische Vereinigung zweier Relationen. R+S ist nur gültig, wenn beide Relationen R und S die gleichen Attribute haben. Das Resultat ist die Relation, die alle Tupel enthält, die in R oder in S enthalten sind.

2. *Differenz*: Die Differenz R-S zweier Relationen R und S mit gleichen Attributen ist die Menge aller Tupel von R, die nicht in S enthalten sind.

3. *Projektion*: Die Projektion R % A1, A2, ..., An, wobei die Ai Attributnamen von R sind, ist eine Relation mit den Attributen A1, A2, ..., An. D.h. die Projektion entsteht, indem nicht genannte Attribute weggelassen und das Ergebnis von eventuell mehrfach auftretenden Tupeln gereinigt wird.

4. *Kartesisches Produkt*: Seien R eine Relation mit den Attributen R1, R2,...,Rn und S eine Relation mit den Attributen S1, S2, ..., Sm. Dann ist das kartesische Produkt R*S eine Relation mit den Attributen R1, R2, ..., Rn, S1, S2, ..., Sm, in der an jedes Tupel r aus R jedes Tupel s aus S angehängt wird.

5. *Selektion*: Die Selektion R : p wählt aus der Relation R alle Tupel aus, die ein Prädikat p erfüllen. Für diese Prädikate gilt, was zu Beginn dieses Abschnitts allgemein über Auswahlbedingungen für Felder gesagt wurde. Meist ist es möglich, aus den einfachen Bedingungen über ein Feld durch logische Verknüpfungen (ODER, UND, NICHT) komplexere Prädikate zu bilden. Diese logischen Verknüpfungen sind jedoch nicht notwendig, da sie durch eine Folge von mengentheoretischen Operationen ersetzt werden können.

Die folgenden Operationen lassen sich mittels der gerade beschriebenen ausdrücken, werden aber in einigen Systemen zusätzlich angeboten, da sie häufig gebraucht werden und einfacher anzuwenden sind:

1. *Schnittmenge*: Die Schnittmenge zweier Relationen R und S gleichen Typs ist die Menge aller Tupel, die sowohl in R als auch in S enthalten sind. Sie läßt sich mit Hilfe der Basisoperationen ausdrücken als R - (R - S).

2. *Quotient*: Es sei R eine Relation mit den Attributen Ri und S eine nichtleere Relation mit den Attributen Sj. Die Menge der Sj sei eine Teilmenge der Ri. Dann ist der Quotient „R durch S" eine Relation T mit allen Attributen von R, die nicht in S vorkommen. Sie enthält alle Tupel t mit der Eigenschaft, daß alle Tupel t,s (entsprechend den Attributen umgeordnet) für jedes s aus S in R enthalten sind. Etwas ungenau, aber anschaulicher ausgedrückt: T ist die größte

Relation mit der Eigenschaft, daß das kartesische Produkt T*S eine Teilmenge von R ist.
3. *Verbund(Join)*: Ein Verbund ist bestimmt durch zwei Relationen R und S, ein Attribut Ri von R, ein Attribut Sj von S und eine Vergleichsoperation op. Er ist die Teilmenge des kartesischen Produkts T = R*S, deren Tupel die Bedingung T.Ri op T.Sj erfüllen. In Basisoperationen dargestellt: (R*S):(R*S).Ri op (R*S).Sj.
4. *Natürlicher Verbund*: Der natürliche Verbund zweier Relationen R und S wird wie folgt gebildet:
    1. Bilde das kartesische Produkt R*S.
    2. Für jedes Attribut A, das sowohl in R als auch in S vorkommt: wähle nur jene Tupel t aus R*S, für die die Komponenten R.A und S.A übereinstimmen.
    3. Für jedes solche A: streiche die Spalte S.A.

Der natürliche Verbund spielt eine besondere Rolle im Zusammenhang mit der Normalisierung von Relationen, da er unter gewissen Voraussetzungen erlaubt, Relationen aus ihren Zerlegungen wieder zu gewinnen.

Beispiel A1.3 in Abschnitt 6.3.1.3 zeigt für ISBL, wie die Operationen zu einem Ausdruck zusammengesetzt werden können. Dabei ist "." das Zeichen für den Durchschnitt, ":" für die Selektion, "%" für die Projektion und "*" für den natürlichen Verbund.

In *Prädikatenkalkülsprachen* wird die Ergebnisrelation durch Angabe der Eigenschaften der Tupel in Form eines Anfrageprädikats beschrieben. Die Bausteine (Atome), aus denen sich die Prädikate zusammensetzen, sind von folgender Form (wir verwenden die tupelorientierte Schreibweise; kleine Buchstaben t,s,... stehen für Tupelvariable):

1. R(s), wobei R eine Relation ist, drückt aus, daß das Tupel s in der Relation R enthalten ist;
2. ein Vergleich, wie er oben unter den allgemeinen Auswahlbedingungen beschrieben wurde, wobei die Operanden Konstanten oder Tupelkomponenten sind.

Solche Atome werden mit Hilfe logischer Operationen zu komplexeren Formeln zusammengesetzt. Damit eine Formel gültig ist, muß sie einige Bedingungen erfüllen. Dazu benötigen wir den Begriff der „freien" und „gebundenen" Variablen aus der mathematischen Logik. Grob gesprochen ist eine Variable frei, wenn sie nicht durch einen Quantor („für alle", „es existiert") gebunden ist. Genauer werden wir diese Begriffe zusammen mit dem Begriff „Formel" im folgenden definieren.

1. Jedes Atom ist eine Formel. Jedes Auftreten einer Tupelvariablen in einer solchen Formel ist frei in dieser Formel.
2. Wenn f1 und f2 Formeln sind, dann sind es auch: f1 ODER f2, f1 UND f2 und NICHT f2. Das Auftreten einer Tupelvariablen ist frei oder gebunden, je nachdem wie ihr Auftreten in der entsprechenden Teilformel ist. D.h., daß eine Variable in einem Teil einer Formel frei, in einem anderen gebunden vorkommen kann.

3. Wenn f eine Formel ist, dann ist (ex s) (f) eine Formel. ex ist der Existenzquantor: „es existiert ein Tupel s, so daß..." Freies Auftreten von s in f wird durch (ex s) gebunden. Jedes gebundene Auftreten von s in f und jedes Auftreten einer anderen Variablen in f bleibt unberührt. Der Ausdruck (ex s) (f) hat folgende Bedeutung: es gibt einen Wert für s, so daß, wenn dieser Wert für jedes freie Auftreten von s in f eingesetzt wird, die Formel f wahr ist. Z.B. sagt (ex s) (R(s)), daß die Relation R nicht leer ist.
4. Wenn f eine Formel ist, dann ist (für alle s) (f) eine Formel. (für alle) ist der Allquantor. Er bindet Variable genau wie der Existenzquantor. Die Formel (für alle s) (f) sagt aus: welches Tupel (mit der richtigen Anzahl an Komponenten) auch für jedes freie Auftreten der Variablen s in f eingesetzt wird, die Formel f ist immer wahr.
5. Man kann Formeln in Klammern einschließen, um die Reihenfolge der Abarbeitung festzulegen.
6. Nichts sonst ist eine Formel.

Ein Ausdruck einer tupelorientierten Prädikatenkalkülsprache ist ein Ausdruck der Form $\{t|f(t)\}$, wo t die einzige freie Variable in f ist. Aber nicht jeder Ausdruck dieser Art führt zu einer endlichen Relation. $\{t|\text{-}R(t)\}$ definiert z.B. eine Relation mit nicht beschränkter Anzahl von Tupel, nämlich die Menge aller Tupel, die nicht in R enthalten sind. Um zu vermeiden, daß das Ergebnis einer Datenbankabfrage nicht endlich ist, kann man einen endlichen universalen Wertebereich einführen, und nur Tupel zulassen, deren Komponenten Werte aus diesem Wertebereich haben. Darauf, wie man diesen Wertebereich bildet, wollen wir hier nicht eingehen.

Ausdrücke in domänenorientierter Schreibweise unterscheiden sich nur unwesentlich von den oben beschriebenen für die tupelorientierten Prädikatenkalkülsprachen. Statt Tupelvariablen werden Domänenvariablen verwendet; genauer: Tupelvariablen sind zu ersetzen durch Tupel von Domänenvariablen und Komponenten eines Tupel durch die entsprechende Domänenvariable. Quantifizierung erfolgt über die Domänenvariablen. Die Definition von Formeln und von freien und gebundenen Variablen kann analog übertragen werden. Sie führt zu Ausdrücken, wie sie im Abschnitt 6.3.1.3 am Beispiel PROLOGs beschrieben wurden.

Zwar ist die Syntax der Prädikatenkalkülsprachen QUEL (A1.1), QBE (A1.2) und SQL (A1.4, A1.5) zum Teil wesentlich unterschiedlich, man erkennt aber die atomaren Bausteine und die Rolle der Tupel- bzw. Domänenvariablen. In der Praxis wird nicht immer einfach festzustellen sein, ob eine DML alle Funktionen zur Datenauswahl enthält, da viele Sprachen auf einer Mischung unterschiedlicher Konzepte aufbauen. Man bezeichnet eine relationale Abfragesprache als abgeschlossen, wenn das Ergebnis einer Abfrage wieder eine Relation ist. Das bedeutet, daß Abfragen miteinander verknüpft werden können, da das Resultat einer Abfrage wieder Eingabe für eine weitere Abfrage sein kann. Nach dieser Definition ist z.B. SQL eine abgeschlossene DML. Die Definition könnte sinngemäß auch auf algebraische Sprachen für Netzwerke oder Bäume angewendet werden.

6.3.2.2 Verändern des Datenbankinhaltes

Manche Datenbanken speichern Informationen über eine reale Welt, die sich nicht ändert. Wenn die Datenbank einmal geladen ist, wird sie nicht mehr verändert. In solchen Fällen müssen die DML keine Funktionen zum Schreiben in die Datenbank enthalten. Das einmalige Laden der Datenbank kann über ein speziell entwickeltes Programm erfolgen. Meist beschreibt eine Datenbank jedoch eine sich wandelnde reale Welt, und es ist wichtig, die Konsistenz zwischen realer Welt und Datenbank zu erhalten. Manche Änderungen sind so weitreichend, daß das Schema der Datenbank betroffen ist; dafür ist dann die Datenbeschreibungssprache zuständig. Änderungen des Inhalts der Datenbank müssen mit Hilfe der DML formuliert werden.

Wegen der besonderen Probleme und Gefahren, die Änderungen der Datenbank mit sich bringen (vgl. Abschnitt 6.2.4), werden die Funktionen zum Ändern in manchen Systemen nur einer eingeschränkten Benutzergruppe zur Verfügung gestellt.

Relativ geringfügige Änderungen der realen Welt können zu umfangreichen Änderungen in der Datenbank führen. Nehmen wir an, in unserem oben beschriebenen Unternehmen werde eine Aufgabe A umdefiniert, sodaß eine zusätzliche Fähigkeit F benötigt wird. Dies kann folgende Aktionen zur Folge haben:

1. In jedem Fall muß die Beziehung VERLANGT ergänzt werden um das Paar (A, F).
2. Möglicherweise wurde bisher die Fähigkeit A im Unternehmen noch nicht gebraucht und ist in FÄHIGKEIT nicht gespeichert; dann muß sie definiert und ihre Beschreibung gespeichert werden.
3. Vielleicht möchte man gleichzeitig prüfen, ob die Aufgabe noch von den zugeordneten Mitarbeitern erledigt werden kann.

Ist die DDL mächtig genug, alle Konsistenzbedingungen zu beschreiben, und wurde dies getan, dann könnte (3) automatisch vom System durchgeführt werden, sobald (1) verlangt wird. (2) dagegen benötigt zusätzliche Informationen (Beschreibung der Fähigkeit), die vom Benutzer zur Verfügung gestellt werden müssen. In diesem Fall wird unter Umständen das System die Ausführung von (1) verweigern.

Auf solche komplexen Zusammenhänge wollen wir im folgenden nicht weiter eingehen. Ihre Erledigung ist entweder Sache des Integritätssubsystems, oder der Benutzer muß die Änderung in eine Folge von Einzelschritten zerlegen, die zu einer der folgenden Typen gehören:

– Hinzufügen von Datensätzen,
– Löschen von Datensätzen,
– Verändern schon gespeicherter Datenfelder,
– Hinzufügen von Beziehungen,
– Löschen von Beziehungen.

Ändern und Löschen eines Satzes setzt voraus, daß der betroffene Satz in der Datenbank lokalisiert worden ist. Dazu können die gleichen Funktionen dienen wie für die Datenauswahl. Auch dem Hinzufügen von Sätzen kann ein Suchvorgang vorausgehen, wenn keine Duplikate zugelassen sind, oder wenn die Datensätze geordnet sind und die Stelle, an der der neue Satz einzufügen ist, durch Angabe des Satzes davor oder dahinter festgelegt wird.

An zwei Beispielen (für eine prozedurale und eine deskriptive Sprache) sollen die verschiedenen Möglichkeiten dargestellt werden. Wir beginnen mit der DML des DBTG-Modells. Die Anweisung zum Einfügen eines Satzes hat die einfache Form

 STORE record-name.

Zuvor muß der Programmierer der zum RECORD-Typ gehörenden Struktur im Arbeitsbereich die neuen Werte zugewiesen haben. Die STORE-Anweisung speichert dann den neuen RECORD in der Datenbank. Dabei laufen je nach Schemadefinition – für den Benutzer nicht sichtbar – unter Umständen eine Anzahl zusätzlicher Aktionen ab, z.B. Ergänzen des Index, Prüfung auf Duplikate, etc.

Die Zuordnung des neuen RECORD zu einer bestimmten SET-Ausprägung kann „automatisch" oder „manuell" erfolgen. Darüber, wie sie erfolgen soll, muß schon bei der Schemadefinition entschieden werden, ebenso wie über den Algorithmus, der bei automatischer Zuordnung die entsprechende SET-Ausprägung auswählt. Es gibt hierfür verschiedene Möglichkeiten, auf die in Abschnitt 6.2.3.2 bereits eingegangen wurde.

Bei manueller Zuordnung wird der RECORD zunächst ohne Zuordnung zu einer SET-Ausprägung gespeichert und die Zuordnung anschließend mit einer CONNECT-Anweisung hergestellt. Diese hat die Form:

 CONNECT record-name TO set-name

Dabei muß der SET-Zeiger für set-name auf ein Mitglied der SET-Ausprägung zeigen, die auch den neuen RECORD aufnehmen soll, und der Programm-Zeiger auf den neuen RECORD. Die CONNECT-Anweisung wird nur ausgeführt, wenn der Programm-Zeiger auf einen RECORD vom Typ record-name weist, dieser Typ MEMBER-Typ des SETs set-name ist und keine Integritätsbedingungen verletzt werden.

Die Anweisung zum Löschen eines Satzes hat die Form

 ERASE [ALL] record-name MEMBERS

Zuvor muß der Programm-Zeiger auf den zu löschenden Satz gestellt werden. Ob eine ERASE-Anweisung überhaupt ausgeführt wird und welche Wirkung sie hat, hängt von der RETENTION-Option in der Schemadefinition und von der Angabe von ALL ab. Kurz gesagt gilt: Wenn ALL nicht angegeben ist, kann ein RECORD, der OWNER einer SET-Ausprägung ist, nur gelöscht werden, wenn die MEMBER als OPTIONAL oder als FIXED erklärt sind; die FIXED MEMBER werden mit gelöscht. Ist ALL spezifiziert, dann kann der RECORD immer gelöscht werden und alle an ihm hängenden MEMBER werden auch gelöscht, und falls diese wieder OWNER sind, deren MEMBER usw.

In unserer Beispiel-Datenbank bedeutet dies, daß ein ABTEILUNG-RECORD mit einem ERASE ohne ALL nur gelöscht werden kann, wenn die SET-Ausprägung des SETs BESCHÄFTIGT, deren OWNER er ist, keine MEMBER mehr besitzt (z.B., eine Abteilung hat keine Mitarbeiter mehr), da die MEMBER MANDATORY erklärt sind. Ein ERASE ALL würde gleichzeitig alle Mitarbeiter-RECORDS dieser Abteilung löschen.

Die Zugehörigkeit eines RECORDs zu einer SET-Ausprägung kann gelöscht werden (wenn die RETENTION nicht dagegen spricht), ohne den RECORD selbst zu löschen, mit der Anweisung

DISCONNECT record-name FROM set-name

DISCONNECT kann nicht angewendet werden auf ein FIXED definiertes MEMBER. Mit einer DISCONNECT- und einer CONNECT-Anweisung könnte in unserem Beispiel die Zuordnung eines Mitarbeiters zu einer Abteilung geändert werden. Um den Inhalt eines RECORD zu ändern, muß man in drei Schritten vorgehen:

1. die geänderten Werte den entsprechenden Feldern der zum RECORD gehörenden Struktur im Arbeitsbereich zuweisen,
2. den Programm-Zeiger auf den zu ändernden RECORD stellen, und
3. die Felder in den Datensatz kopieren mit der Anweisung:

MODIFY record-name [feld-namen-liste]

Die Anweisungen in der DML des DBTG-Vorschlags zum Ändern einer Datenbank wurden nicht in allen Einzelheiten mit allen Optionen beschrieben. Das Gesagte sollte aber reichen, um einen Überblick über die Funktionen zu geben, die von einer prozeduralen DML angeboten werden müssen.

Im relationalen Modell liegen die Verhältnisse etwas einfacher, weil sowohl die Objekte als auch die Beziehungen zwischen ihnen in Relationen gespeichert sind. Außerdem entfällt bei deskriptiven Sprachen die Notwendigkeit, zuerst die betroffenen Sätze in einem besonderen Schritt zu lokalisieren.

Zum Einfügen neuer Tupel in eine Relation bietet SQL zwei Formen der INSERT-Anweisung an:

(1) INSERT INTO r [(attr1, attr2, ...)] : <konst1, konst2, ... >
(2) INSERT INTO r [(attr1, attr2, ...)] : select-anweisung

Mit der ersten Form der INSERT-Anweisung wird ein Tupel in die Relation r eingefügt. Die genannten Attribute attr1,... erhalten die Werte konst1,...; nicht genannte Komponenten werden auf „UNDEFINED" gesetzt. Ist keine Attributliste angegeben, erhalten alle Attribute einen Wert. Da Relationen nicht geordnet sind, spielt die Stelle des Einfügens keine Rolle.

Mit der zweiten Form der INSERT-Anweisung können mit einer Anweisung gleichzeitig mehrere Tupel eingefügt werden. Alle Tupel, die Ergebnis der SELECT-Anweisung in der INSERT-Anweisung sind, werden der Relation r hinzugefügt.

Mit der ASSIGN-Anweisung kann man gleichzeitig eine Relation definieren und mit Inhalt füllen. Sie vereint also DDL- und DML-Funktionen in einer Anweisung. Ihre Form ist

ASSIGN TO r [(attr1, attr2, ...)] : select-anweisung

Sie unterscheidet sich von der zweiten Form der INSERT-Anweisung nur dadurch, daß die Relation r durch die ASSIGN-Anweisung erst definiert wird. Wir stellen uns die Aufgabe:

(F2) Bilde eine Relation MA4000, die dieselben Attribute hat wie MITARBEITER aber nur jene Mitarbeiter enthält, die zur Hauptabteilung 4000 gehören!

Dies kann man in SQL wie folgt formulieren:

(A2.1) ASSIGN TO MA4000 : SELECT *
       FROM MITARBEITER
       WHERE ANR IN
       (SELECT ANR
       FROM ABTEILUNG
       WHERE HANR=4000)

Die äußere SELECT-Anweisung erzeugt eine Relation mit denselben Attributen wie MITARBEITER ("*" steht für: alle Attribute), die durch die ASSIGN-Anweisung den Namen MA4000 bekommt und gespeichert wird. Diese Relation besteht aus allen MITARBEITER-Tupeln, für die ANR in der einspaltigen Relation enthalten ist, die von der inneren SELECT-Anweisung gebildet wird. Die innere Anweisung wählt alle Nummern der Abteilungen aus, deren Hauptabteilung die Nummer 4000 hat.

Es werden alle Tupel aus einer Relation r gelöscht, die der Suchbedingung in der Anweisung

DELETE r WHERE suchbedingung

genügen. Dabei hat die Suchbedingung dieselbe Form wie in einer SELECT-Anweisung außer, wenn sie selbst eine SELECT-Anweisung enthält wie in (A2.1). Dann darf sich diese nicht auf die Relation r beziehen. Nehmen wir folgendes Beispiel:

(F3) Es stellt sich heraus, daß bei der Aufgabe 2RT555 die Fähigkeit FZG403 nicht benötigt wird. Das entsprechende Tupel muß aus VERLANGT gelöscht werden.

Die DELETE-Anweisung

(A3.1) DELETE VERLANGT
       WHERE CODENR=2RT555 AND FHKTCODE=FZG403

leistet dies. Ein oder mehrere Tupel in einer Relation können geändert werden mit der UPDATE-Anweisung:

UPDATE r SET attr1=expr1, attr2=expr2, ... WHERE suchbedingung

Mit der Suchbedingung werden die zu ändernden Tupel ausgewählt. Für die Suchbedingung gilt dasselbe wie bei der DELETE-Anweisung. Die angegebenen Komponenten dieser Tupel werden durch die Ergebnisse der Ausdrücke expr1,... ersetzt. Die Ausdrücke dürfen Attributnamen, Konstanten und arithmetische Operatoren enthalten. Attributnamen in den Ausdrücken beziehen sich auf die Werte der Attribute vor der Änderung. Folgendes Beispiel soll dies erläutern:

(F4) Jede Mitarbeiterin der Abteilung 4711 bekommt eine fünfprozentige Gehaltserhöhung.

Die SQL-Formulierung hierfür lautet:

(A4.1) UPDATE MITARBEITER
       SET GEHALT=1.05xGEHALT
       WHERE ANR=4711
       AND GESCHL='w'

6.3.2.3 Steuerfunktionen

Die eigentlichen Datenmanipulationsfunktionen müssen noch durch einige spezielle Steuerfunktionen ergänzt werden. Ist die DML eine Erweiterung einer allgemeinen Programmiersprache, dann sind diese Funktionen häufig schon in der Wirtssprache vorhanden. Ihre Wirkung muß aber auf Datenbanken ausgedehnt werden.

Aus Programmiersprachen kennt man die OPEN und CLOSE Anweisungen zur Identifizierung der Dateien, mit denen gearbeitet werden soll, und zur Freigabe dieser Dateien. Entsprechende Anweisungen zum Bereitstellen und zur Freigabe einer Datenbank oder von Teilen einer Datenbank sind in einigen DML enthalten.

In Systemen, die mehreren Benutzern gleichzeitig Zugriff zu denselben Daten geben, treten die bekannten Probleme der Parallelitätskontrolle auf (vgl. Kapitel 4). Ein DBVS kann zwar i.a. garantieren, daß ein Benutzer immer nur auf einem konsistenten Zustand der Datenbank Zugriff hat. Es kann aber auch in der DML Funktionen zur Verfügung stellen, die dem Benutzer explizit die Kontrolle geben.

SQL unterstützt folgende Funktionen. Es erlaubt dem Benutzer, mehrere Anweisungen durch „BEGIN TRANSACTION" und „END TRANSACTION" zu einer Transaktion zusammenzufassen mit der Wirkung, daß Daten, die in der Transaktion gebraucht werden, von einem anderen Benutzer während der gesamten Dauer der Transaktion nicht verändert werden können. Transaktionen können auch verwendet werden, um die Prüfung von Integritätsbedingungen bis zur Vollendung der Transaktion hinauszuschieben mit zwei Ausnahmen:

1. Übergangsbedingungen, also Bedingungen für Änderungen der Datenbank, bei denen der neue Zustand mit dem alten verglichen wird, werden immer sofort geprüft;

2. Integritätsbedingungen, die ausdrücklich als „IMMEDIATE" spezifiziert sind, werden immer sofort geprüft.

Die Datenbank ist unter Umständen während der Transaktion in einem inkonsistenten Zustand. Ist sie es auch noch nach Vollendung der Transaktion, so wird die gesamte Transaktion rückgängig gemacht [GRAY81]. Der Benutzer von SQL kann an beliebigen Stellen in einer Transaktion durch eine COMMIT-Anweisung Prüfpunkte (Checkpoints) einbauen. Mit einer RESTORE-Anweisung kann die Datenbank wieder auf den Zustand zurückgesetzt werden, den sie während eines beliebigen Prüfpunkts innerhalb der Transaktion oder zu deren Beginn hatte. Auf Prüfpunkte einer schon abgelaufenen Transaktion kann nicht zurückgegriffen werden. Die RESTORE-Anweisung hat keine Auswirkungen auf Änderungen, die von anderen Benutzern ausgeführt wurden.

Ähnliche Möglichkeiten bietet auch die DML des DBTG-Vorschlags. Die Wirkung einer Transaktion wird dort erzielt durch Eintragen des DATA-BASE-KEY eines RECORD in eine *KEEP*-Liste. Die Funktionen von COMMIT und RESTORE haben hier die Anweisungen COMMIT und ROLLBACK.

Prozedurale Sprachen enthalten Anweisungen zur Steuerung des Programmflusses (IF-Anweisungen, usw). In einer DML müssen sie ergänzt werden, um zusätzliche Bedingungen ausdrücken zu können. Im DBTG-Vorschlag wurde dazu die IF-Anweisung um drei Optionen erweitert:

1. Es kann getestet werden, ob ein Satz MEMBER oder OWNER einer SET-Ausprägung eines bestimmten SETs oder irgendeines SETs ist.
2. Es kann geprüft werden, ob eine SET-Ausprägung ein MEMBER besitzt.
3. Es kann getestet werden, ob ein Feld einen NULL-Wert enthält.

Ähnliche Erweiterungen bieten auch relationale Datenbankprogrammiersprachen [SCHM77]. Schließlich soll noch auf eine Funktion eingegangen werden, die für nicht DV-geübte Endbenutzer an interaktiven Systemen wichtig ist: die Abfrage von Informationen über die Funktionen des Systems und über das Datenbanksubschema, einschließlich Integritätsbedingungen. Die verbreiteten Systeme bieten in diesen Punkten keine große Unterstützung. Der Benutzer von QBE kann über eine HELP-Taste Informationen über die Benutzung anfordern. Durch Eintragen von „P." in ein leeres Raster erhält er die Namen aller verfügbaren Relationen. Hat er eine Relation ausgewählt, so kann er wieder durch „P." die Namen aller Attribute anfordern. System R speichert das Datenbankschema und die Subschemata in besonderen Relationen, die der Benutzer wie jede andere Relation abfragen kann, wenn er dazu berechtigt ist.

Vollständiger in dieser Hinsicht ist das am Wissenschaftlichen Zentrum der IBM in Heidelberg entwickelte IDAMS (Integrated Data Analysis and Management System [ERBE80]), das zu jedem Datenbankobjekt beschreibende Information verwalten kann. Ein besonderes Abfragesystem erlaubt, die gesuchten Objekte über ihre Beschreibungen aufzufinden.

Aus der Arbeit mit natürlichsprachlichen und Experten-Systemen der künstlichen Intelligenz ist auch die Wichtigkeit der Erklärung von unerwarteten Antworten des Systems bekannt. Im Datenbankbereich entstehen Probleme immer dann, wenn die Deduktionskette des Systems relativ lang wird (z.B. bei geschachtelten Sichtdefinitionen) oder wenn eine Anfrage unerwartet eine leere Antwort bekommt (z.B. falsches Buchstabieren eines Datenwerts, Verletzung einer Integritätsbedingung). Kommerzielle Datenbanksysteme haben hier noch erheblichen Nachholbedarf.

6.3.2.4 Weiterverarbeiten ausgewählter Daten

Bisher wurden jene Funktionen einer DML besprochen, die unmittelbar mit der Datenbank arbeiten. Ist die DML in eine allgemeine Programmiersprache eingebettet, so wird sie i.a. nur diese Funktionen enthalten mit der Begründung, daß alle im folgenden genannten Funktionen unmittelbar oder mittelbar von der Wirtssprache unterstützt werden. Das hat zur Folge, daß zwar alle Sprachprimitive vorhanden sind, selten aber Operationen an komplexen Objekten unterstützt werden. Strukturen, Vektoren und Matrizen können zwar mit einigen Sprachen noch zufriedenstellend manipuliert werden, spezielle Objekte wie Berichte, Bilder, graphische Darstellungen, etc., aber nur noch mit eigens dafür entwickelten DML.

Zur Weiterverarbeitung der aus der Datenbank ausgewählten Daten benötigt man zumindest die primitiven Operationen für die verschiedenen Datentypen, die in einem Feld gespeichert sein können, also die arithmetischen Grundoperationen Addition, Subtraktion, Multiplikation, und Division für numerische Werte, Verketten und Ausschnitt für Zeichenketten und die früher schon genannten Vergleichsoperationen. Können Felder auch strukturierte Daten enthalten (Strukturen, Vektoren, Matrizen), so sollten auch für diese Datentypen geeignete Primitive unterstützt werden.

Ist das Ergebnis eines Auswahlvorgangs eine Menge oder eine Relation, dann sind folgende zusätzliche Operationen wünschenswert:

1. Prüfen, ob ein Element in einer Menge enthalten ist, oder ob eine Menge Untermenge einer anderen ist,
2. Durchschnitt, Vereinigung und Differenz zweier Mengen,
3. Anzahl der Elemente einer Menge,
4. Ordnen der Tupel einer Relation nach einem oder mehreren Feldern, Finden des Tupels mit dem größten (kleinsten) Wert für ein Attribut, etc.
5. Gruppieren der Tupel einer Relation nach den Werten in einer oder mehreren Spalten,
6. Aggregatfunktionen auf die Spalten einer Relation: Summe der Werte, Maximum, Minimum, Durchschnitt der Werte,
7. Kombination solcher Operationen, z.B. Gruppieren mit anschließender Berechnung der Teilsummen für die Gruppen und der Gesamtsumme, und vieles mehr.

Die Theorie derartiger Erweiterungen wird im Bereich der statistischen Datenbanken erforscht; eine Übersicht geben [SHOS82, KLUG82]. Man nennt eine DML erweiterbar, wenn in Abfragen – in der Suchbedingung oder zur Weiterbehandlung des Resultats – vom Benutzer definierte Funktionen eingebettet werden können. So könnten etwa die in Abschnitt 6.3.2.1 genannten besonderen Vergleichsoperationen für Zeit- oder Textdaten durch den Benutzer implementiert werden, oder es könnte eine DML um Funktionen zur graphischen Präsentation der Ergebnisse erweitert werden. Erweiterbarkeit ist auch ein Mittel, um in eine deskriptive Sprache prozedurale Fähigkeiten einzubetten.

Die Ergebnisse einer Datenbankabfrage wird man häufig in einem Bericht in übersichtlicher, verständlicher Form darstellen wollen. Neben einer Wiedergabe in Tabellenform mit Überschriften, Summenzeilen, Legenden, etc. ist oft eine graphische Aufbereitung statistischer Daten in Kurven, Histogrammen, usw. besonders aussagekräftig. Einige DML, vor allem im Mikrorechnerbereich, bieten dazu eigene Sprachmittel an. Während sich diese in das hierarchische Datenmodell harmonisch einfügen, sind im Relationenmodell Erweiterungen zur Darstellung sogenannter rekursiver Datenstrukturen erforderlich, um nicht-flache Strukturen wie Berichte formal zu beschreiben [SCHE82, LAME84].

Für den nicht DV-geübten Endbenutzer sind deskriptive DML zum Formulieren einer Datenbankabfrage sehr geeignet. Bei der Weiterverarbeitung möchte der Benutzer aber manchmal in der Lage sein, die Reihenfolge der Manipulationen selbst festzulegen. In solchen Fällen ist es wünschenswert, prozedurale Elemente in der Sprache zu haben. Diese Prozeduralität läßt sich auf verschiedene Weisen erreichen:

1. durch Schachtelung von Abfragen: Beispiel (A2.1) zeigt eine solche Konstruktion für SQL.

2. durch Weitergabe von Daten von einer Datenbankmanipulation zur nächsten: In SQL kann man das Ergebnis einer Datenbankabfrage mit Hilfe der ASSIGN-Anweisung in einer Hilfsrelation speichern und auf diese Ergebnisrelation in einer weiterer SQL-Anweisung zugreifen.

3. durch Einbetten der deskriptiven DML in eine allgemeine prozedurale Sprache: Auch hierfür ist SQL ein Beispiel. SQL-Anweisungen können in COBOL und PL/I Programme eingebettet werden. Dazu sind die SQL-Anweisungen erweitert um die Möglichkeit, sich in der Instruktion auf Programmvariable zu beziehen. Da diese Programmiersprachen aber Relationen nicht manipulieren können, führt diese Konstruktion nur zum Ziel, wenn das Ergebnis der SQL-Anweisung entweder nur ein Code ist (z.B. Code für erfolgreiches INSERT) oder wenn die Abfrage nur ein Tupel liefert. Besteht das Ergebnis aus mehreren Tupel, dann ist es die Verantwortung des Benutzers, im Programm eine Schleife vorzusehen und mit besonderen SQL-Anweisungen (SET, OPEN, FETCH, CLOSE) die Ergebnisrelation dem Programm tupelweise zu liefern (s.A1.6). IDAMS, das in einer APL-Umgebung arbeitet, kann die Ergebnisrelation spaltenweise an APL übergeben, wo die Spalten interaktiv mit Matrixmanipulationen weiterbehandelt werden können.

EQBE (Extended Query By Example), die DML dieses Systems, stellt ähnlich wie QBE dem Benutzer am Bildschirm Raster zur Verfügung, in die er Eintragungen macht. Stellen wir uns die Aufgabe:

(F5) Finde die Namen und Gehälter aller Mitarbeiter des Rechenzentrums und speichere das Ergebnis in den Variablen NAME und GEHALT.

Die EQBE-Formulierung hierfür hat folgendes Aussehen:

(A5.1)

1	APL	EXPRESSIONS
		—1—
1	*	NAME ← N
2	*	GEHALT ← G
*	*	*

2	ABTEILUNG	ANR	ANAME	CODE	HANR
	—0—	—1—	—2—	—3—	—4—
1	*	NR	'Rechenzentrum'	*	*
*	*	*	*	*	*

3	MITARBEITER	PNR	NAME	····	ANR	GEHALT	BONUS
	—0—	—1—	—2—	····	—9—	—10—	—11—
1	*	*	oN	····	NR	oG	*
*	*	*	*	····	*	*	*

Das Zeichen "o" vor den Variablennamen N und G fordert die Aggregierung der resultierenden Domänenwerte in diesen beiden Variablen, d.h. N ist eine Textmatrix, die die Namen enthält, und G ist eine einspaltige Matrix mit den Gehältern. Die "←"-Anweisungen im ersten Raster definieren die Variablen NAME und GEHALT als globale Variable im APL-Arbeitsbereich, die nach Ausführung der Abfrage die Werte von N und G enthalten sollen.

4. durch Aufrufen von Prozeduren in der DML: EQBE erlaubt es, beliebige APL-Programme in einer Datenbankmanipulation aufzurufen. Da das System auch eine APL-Schnittstelle zu FORTRAN-, PL/I- und ASSEMBLER-Programmen besitzt, sind auch diese Programme in einer IDAMS-Abfrage aufrufbar. Die Aufgabe

(F6) Zeichne für die Abteilungen 4711, 4712 und 4713 die Gehälter aller Mitarbeiter als Funktion ihres Alters!

würde in EQBE wie in (A6.1) formuliert.
Für jede der drei Abteilungen werden die Spalten GEBURT und GEHALT der Relation MITARBEITER jeweils in J und G aggregiert. GEBURT ist als dreielementiger VEKTOR definiert, sodaß die dritte Spalte des Aggregats J die Geburtsjahre enthält. In den Ausdrücken im ersten Raster werden die Aggregate J und G mit APL-Mitteln umgeformt und sortiert, sodaß SALTER schließlich die Alter der Mitarbeiter aufsteigend sortiert und GEHALT die Gehälter entsprechend umsortiert enthalten. Im dritten Raster wird die Anwendung einer Funktion HPLOT formuliert, die den Vektor GEHALT gegen den Vektor SALTER aufzeichnet und als Überschrift die Abteilungsnummer druckt.

(A6.1)

```
  1 | APL        | EXPRESSIONS
----|-0----------|-1---------------------
  1 | *          | ALTER = .1981-J [ ;3]
  2 | *          | SA = A ALTER
  3 | *          | SALTER = ALTER[SA]
  4 | *          | GEHALT = (,G)[SA]
  5 | *          | ANR IN 4711 4712 4713
  * | *          | *

  2 | MITARBEITER| PNR | NAME | GEBURT | · · · · | ANR | GEHALT | BONUS
----|-0----------|-1---|-2----|-3------|---------|-9---|-10-----|-11----
  1 | *          | *   | *    | oJ     | · · · · | ANR | oG     | *
  * | *          | *   | *    | *      | · · · · | *   | *      | *

  3 | HPLOT      | TYPE | GRAPH          | HEADING | · · ·
----|-0----------|-1----|-2--------------|---------|------
  1 | *          | 1    | GEHALT VS ALTER| ANR     | · · ·
  * | *          | 1    | *              | *       | · · ·
```

6.3.2.5 Funktionale Vollständigkeit

E.F.Codd hat in seiner Arbeit „Relational Completeness of Data Base Sublanguages" einen ersten Definitionsvorschlag für die Vollständigkeit einer DML gemacht [CODD72]. Diese Arbeit, sowie die meisten anderen Beiträge, die in der Folge dazu Stellung nahmen, beschäftigen sich nur mit den Datenbankabfragefunktionen einer DML und meist auch nur im Zusammenhang mit dem relationalen Modell. Codd definiert:

> „Eine Algebra oder ein Kalkül ist relational vollständig, wenn, gegeben eine endliche Anzahl von Relationen R1,R2,...,Rn in einfacher Normalform, die Ausdrücke der Algebra oder des Kalküls die Definition jeder Relation erlauben, die aus R1,R2,...,Rn durch alpha-Ausdrücke ableitbar ist ..."

Dabei bedeutet „einfache Normalform", daß als Werte für die Attribute nur unstrukturierte Elemente (z.B. Zahlen, Zeichenketten) erlaubt sind. Alpha-Ausdrücke sind im wesentlichen die Formeln des Prädikatenkalküls, wie oben beschrieben (vgl. Abschnitt 6.3.2.1).

Diese Definition hat den Vorteil, daß sie mathematisch fundiert ist; es ist möglich, die relationale Vollständigkeit einer DML formal nachzuprüfen. So hat schon Codd im gleichen Artikel nachgewiesen, daß relationale Algebra und relationaler Kalkül gleich mächtig sind. Andererseits wurde von einigen Autoren auch Kritik an dieser Definition geäußert. Z.B. stellt Shneiderman [SHNE78] fest, (1) daß viele Abfragen in einer relational vollständigen DML sehr schwer auszudrücken sind, und daß nur wenige Benutzer den Prädikatenkalkül erster Ordnung beherrschen, und (2) daß viele in natürlicher Sprache leicht zu formulierende Datenbankabfragen nicht mit einem alpha-Ausdruck wiedergegeben werden können. So ist z.B. in einer Datenbank mit den Abständen benachbarter Städte die Frage nach der kürzesten Verbindung zwischen zwei Städten ebenso wenig durch

Ausdrücke des Prädikatenkalküls formulierbar wie in einer Datenbank mit Angestellten und ihren Vorgesetzten die Frage nach allen Angestellten, die direkt oder indirekt an einen Manager berichten.

E.Vandijck stellt der Codd'schen Definition eine sehr allgemeine gegenüber [VAND77]. Er nennt eine DML vollständig, wenn sie Zugriff erlaubt „zu jeder expliziten oder impliziten Information, die in der Datenbank enthalten ist". Weitere Vorschläge für die Definition der Vollständigkeit einer DML findet man bei Lehmann und Blaser [LEHM79] und bei Codd [CODD79].

Aho und Ullman [AHO79b] zeigen formal, daß bestimmte einfach erscheinende Anfragen (z.B., die transitive Hülle einer Relation) in relational vollständigen Anfragesprachen nicht durch eine einzige Anfrage auszudrücken sind. Sie schlagen eine erweiterte Sprache vor, in welcher sogenannte Fixpunktanfragen zulässig sind, d.h., die Anfrage wird durch ein logisches Gleichungssystem ausgedrückt, dessen Lösung die Antwort ist. Ein typisches Beispiel einer solchen Anfrage ist das rekursive PROLOG-Beispiel in Abschnitt 6.3.1.3.

Chandra und Harel [CHAN82] haben diesen Ansatz weiter zu einer allgemeinen Theorie der Mächtigkeit von Anfragesprachen ausgebaut. Die Tabelle 6.2 gibt eine grobe Übersicht und zeigt auf, wo aus dieser Sicht die relational vollständigen Anfragen zu finden sind. Von besonderem Interesse ist die Beobachtung, daß mit jedem Zuwachs an Sprachmächtigkeit ein entsprechender Zuwachs an Auswertungskomplexität einhergeht.

Tabelle 6.2 Klassen von Anfragesprachen nach Mächtigkeit und Komplexität der Auswertung

---

Aussagenkalkül (Selektion aus einer Relation)
Tableauanfragen [AHO79a]
konjunktive Anfragen [CHAN77]
existentiell quantifizierte Prädikate
ANFRAGEN ERSTER ORDNUNG (RELATIONAL VOLLSTÄNDIG)
Fixpunktanfragen (Hornklauselanfragen, PROLOG)
Prädikatenkalkül erster Ordnung (Disjunktion/Negation)
Prädikatenkalkül zweiter Ordnung
berechenbare Anfragen (volle Programmierfähigkeiten)

Anfragen des Aussagenkalküls wurden bereits in Abschnitt 6.3.2.1 als besonders einfache Klasse vorgestellt, die von allen Datenbanksystemen angeboten wird. Die Auswertungszeit solcher Ausdrücke wächst höchstens linear mit der Datenbankgröße; noch langsamer, wenn Indexe oder Hashfunktionen zur Verfügung stehen. Tableauanfragen sind eine spezielle Klasse konjunktiver Anfragen (d.h. solcher, in denen alle Bedingungen mit UND verknüpft sind), die in der Datenbanktheorie besonderes Interesse gefunden haben. Eine wichtige Teilklasse von Tableauanfragen („einfache Tableaux") ist effizient optimierbar, d.h. die Zeit, in welcher eine optimale äquivalente Anfrage ermittelt werden kann, ist eine polynomiale

Funktion der Anfragelänge. Für komplexere Anfragetypen existieren dagegen nur Heuristiken zur Optimierung [JARK84b, MAIE83, ULLM82].

Existentiell quantifizierte Prädikate sind diejenigen Anfragen, die in Sprachen wie QUEL oder SQL ohne Einsatz von Quantoren und Mengenoperationen definierbar sind. Sie zeichnen sich dadurch aus, daß sie in eine Folge konjunktiver Anfragen zerlegbar sind; von dieser Eigenschaft machen die meisten Anfrageoptimierer intensiven Gebrauch, so z.B. das verteilte Datenbanksystem SDD-1 [ROTH80] oder erweiterte Tableautechniken [SAGI81].

Die Ebenen jenseits der relational vollständigen Anfragen sind bisher seltener untersucht worden. Interessanterweise ist die Klasse der Fixpunktanfragen (z.B., PROLOG ohne den „cut"-Operator und ohne ordnungsabhängige Klauselauswertung [CLOC82]) wahrscheinlich die größte Klasse von Anfragen, bei welcher die Auswertungszeit eine polynomiale Funktion der Menge der Daten ist, also eine gewisse Garantie für effiziente Auswertbarkeit gegeben ist [IMME82]. Bei komplexeren Anfragesprachen muß man mit exponentiell wachsenden Anfragezeiten bei großen Datenbanken, oder gar mit Unentscheidbarkeit der Anfrage rechnen. Dies gilt bereits dann, wenn man in Logikprogrammiersprachen wie PROLOG negative Aussagen („99999 ist kein Mitarbeiter") oder disjunktive Aussagen („99999 arbeitet in Abteilung 4711 oder in Abteilung 4713, aber man weiß nicht in welcher") zuläßt, um unvollständiges Wissen in der Datenbank ausdrücken zu können.

Komplexere als Fixpunktsprachen sind daher nur in Systemen der künstlichen Intelligenz und nicht in Datenbanksystemen verwirklicht worden. Eine Ausnahme bilden lediglich ausgewählte statistische Funktionen, welche dergestalt zerlegbar sind, daß sie inkrementell mit jedem gelesenen Datensatz fortgeschrieben werden können; dazu zählen vor allem die mehrfach erwähnten Systemfunktionen wie Summe, Minimum, Maximum oder Durchschnitt, welche von den meisten kommerziellen Datenbanksystemen angeboten werden.

Zusammenfassend kann gesagt werden, daß die Erweiterung von Anfragesprachen ihren Preis in Form erhöhter Auswertungskosten hat. Ihre Notwendigkeit sollte daher sorgfältig an den Anforderungen der Benutzer gemessen werden, welche sonst überhöhte Kosten für einfache Anfragen in Kauf nehmen müssen. Funktionen, die aufgrund solcher Überlegungen außerhalb der Anfragesprache belassen werden, können dennoch – unter voller Verantwortung des Programmierers für die Effizienz – in der Programmiersprachenumgebung implementiert werden.

Literatur

[AHOS79a], [AHO79b], [BARB83], [BILL76], [BLAS76], [BLAS79], [BREU79], [BROD84], [CHAM75], [CHAM76a], [CHAM76b], [CHAM81b], [CHAN77], [CHAN82], [CHEN76], [CLOC82], [CODA78a], [CODD70], [CODD72], [CODD74], [CODD79], [DATE81a], [ERBE80], [FAGI81], [GRAY81], [GREE78], [GREE84], [HELD75], [HEND78], [HERO84], [IBM80], [IBM81a], [IBM81b], [IMME82], [JARK84a], [JARK84b], [JARK85a], [JARK85b], [JARK86], [KENT77], [KLUG82], [KOGO76], [KOWA81], [KRAU80], [KRAU82], [LACR80], [LAME84], [LEHM78], [LEHM79], [LOCH76], [MAIE83], [MANO78], [MUEL78], [MUEL81],

[OTT79], [OTTE84], [PALE72], [PIRO78], [PLAT73], [PLAT76], [REIS81], [ROTH80], [SACE77], [SAGI81], [SAME81], [SCHE82], [SCHM77], [SENK80], [SHNE78], [SHNE80], [SHNE84], [SHOS82], [STON75], [THOM75], [THUR79], [TODD76], [TSUR84], [ULLM82], [VAND77], [VASS83], [VASS84], [WAGH75], [WALT77], [WELT81], [ZLOO75], [ZOEP83].

Literatur

[ABEL79] Abele, R.: Sicherung großer Datenbestände vor Informationsverlust bei dem BfA-Dateiverwaltungs- und Organisationssystem DAVOS. Berlin. 1979

[ABRI74] Abrial, J.R.: Data semantics. In: Klimbie, J.W., Koffeman, K.L. (eds.): Data Base Management. North-Holland. 1974. 1–59

[ADAB] ADABAS-Benutzer-Handbuch. Software AG. Darmstadt

[AGHI82] Aghili, H., Severance, D.G.: A practical guide to the design of differential files for recovery of on-line databases. ACM Trans. Database Syst. 7:4. 1982. 540–565

[AHO79a] Aho, A.V., Sagiv, Y., Ullman, J.D.: Efficient optimization of a class of relational expressions. ACM Trans. Database Syst. 4:4. 1979. 435–454

[AHO79b] Aho, A.V., Ullman, J.D.: Universality of data retrieval languages. Proc. 6th ACM Symposium on Principles of Programming Languages. San Antonio, Tx. 1979. 110–120

[ALBA83] Albano, A.: Type hierarchies and semantic data models. Proc. ACM SIGPLAN Symposium on Programming Language Issues in Software Systems. ACM SIGPLAN Notices. 18:6. 1983. 178–186

[ALLE82] Allen, F.W., Loomis, E.S., Mannino, M.V.: The integrated Dictionary/Directory System. ACM Computing Surv. 14. 1982. 245–286

[ANDE82] Anderson, T.L.: Modelling time at the conceptual level. Proc. 2nd Int. Conf. on Databases. Jerusalem. 1982

[ANON85] Anon, et al.: A measure of transaction processing power. Tech. Rep. TR 85.1 TANDEM Computers. 1985

[ARMS74] Armstrong, W.W.: Dependency structures of data base relationships. Information Processing 74. North-Holland. 1974. 580–583

[ASTR75] Astrahan, M.M., Chamberlin, D.D.: Implementation of a structured English query language. Comm. ACM 18. 1975. 580–588

[ASTR76] Astrahan, M.M., et al.: System R: Relational approach to database management. ACM Trans. Database Syst. 1:1. 1976. 97–137

[ASTR79] Astrahan, M.M., et al.: System R: A relational data base management system. IEEE Computer. 12:5. 1979. 42–48

[ATRE80] Atre, S.: Data Base: Structured techniques for design, performance and management. John Wiley & Sons. Inc. 1980

[ATZE81]   Atzeni, P., et al.: INCOD: A system for conceptual design of data and transactions in the entity-relationship model. In:[CHEN81a]. 1981. 379–414

[ATZE82]   Atzeni, P., et al.: A computer aided tool for conceptual database design. In: Automated Tools for Information Systems Design. North-Holland. 1982. 86–106

[BABA77]   Babad, J.M.: A record and file partitioning model. Comm. ACM. 20:1. 1977. 22–31

[BACH73]   Bachman, C.W.: The programmer as a navigator. Comm. ACM. 15:7. 1973. 653–658

[BACH74]   Bachman, C.W.: Implementation techniques for data structure sets. In: Jardine, D.A. (ed.): Data Base Management Systems. North-Holland. 1974. 147–157

[BADA79]   Badal, D.Z., Popek, G.J.: Cost and performance analysis of semantic integrity validation methods. In: Proc. SIGMOD Conf. 1979. 109–115

[BAER75]   Baer, J.L.: Weight-balanced trees. In: Proc. AFIPS National Computer Conf. 40. 1975. 467–472

[BAER77]   Baer, J.L., Schwab, B.: A comparison of tree-balancing algorithms. Comm. ACM. 20:5. 1977. 322–330

[BAHL74]   Bahl, L.R., Kobayashi, H.: Image data compression by predictive coding II. IBM Journal of Research and Development. 18:3. 1974. 172–179

[BALZ82]   Balzert, H.: Die Entwicklung von Softwaresystemen. BI-Wissenschaftsverlag. 1982

[BANC79]   Bancilhon, F.: Supporting view updates in relational data bases. In: Bracchi, G., Nijssen, G.M. (eds.): Data Base Architecture. North-Holland. 1979. 213–234

[BANC81]   Bancilhon, F., Spyratos, N.: Update semantics of relational views. ACM Trans. Database Syst. 6:4. 1981. 557–575

[BARB83]   Barber, R.E., Lucas, H.C.: System response time, operator productivity and satisfaction. Comm. ACM. 26:11. 1983. 972–986

[BARO81]   Baroody, A.J., DeWitt, D.J.: An object-oriented approach to database system implementation. ACM Trans. Database Syst. 6:4. 1981. 576–601

[BARR81]   Barr, A., Davidson, J.: Representation of knowledge. In: Barr, A., Feigenbaum, E. (eds.): Handbook of Artificial Intelligence. William Kaufmann Inc. 1981

[BART77]   Bartlett, F.J.: A "non stop" operating system. Tandem Computers Inc, Cupertino. 1977

[BATO79]   Batory, D.S.: On searching transposed files. ACM Trans. Database Syst. 4:4. 1979. 531–544

[BATO82]   Batory, D.S.: Optimal file designs and reorganization points. ACM Trans. Database Syst. 7:1. 1982. 60–81

[BATO85]	Batory, D.S.: Modeling the storage architectures of commercial database systems. ACM Trans. Database Syst. 10:4. 1985. 463–528
[BAYE72a]	Bayer, R., McCreight, E.M.: Organization and maintenance of large ordered indexes. Acta Informatica. 1:3. 1972. 173–189
[BAYE72b]	Bayer, R.: Symmetric binary B-Trees. Acta Informatica. 1:4. 1972. 290–306
[BAYE76]	Bayer, R., Metzger, J.G.: On the encipherment of search trees and random access files. ACM Trans. Database Syst. 1:1. 1976. 37–52
[BAYE77]	Bayer, R., Unterauer, K.: Prefix-B-Trees. ACM Trans. Database Syst. 2:1. 1977. 11–26
[BAYE79]	Bayer, R., Dierstein, R.: Rahmenkonzept für die Systematik der Datensicherung. Dok. 19. Datenkontext-Verlag, Köln. 1979
[BAYE80]	Bayer, R., Heller, H., Reiser, A.: Parallelism and recovery in database systems. ACM Trans. Database Syst. 5:2. 1980. 139–156
[BAYE82]	Bayer, R., et al.: Dynamic timestamp allocation for transactions in database systems. Proc. 2nd Internat. Symp. on Distributed Data Bases. North-Holland. 1982. 9–20
[BCS77]	The British Computer Society Data Dictionary Systems Working Party Report. ACM Data Base 9:2. ACM SIGMOD RECORD 4 (gemeinsames Heft). 1977
[BECK81]	Becker, M.: Abbildung einer relationalen Schnittstelle auf eine Schnittstelle nach dem "entity-relationship"-Modell. Universität Karlsruhe (Diss.). 1981
[BEER77]	Beeri, C., Fagin, R., Howard, J.H.: A complete axiomatization for functional and multivalued dependencies in database relations. Proc. ACM SIGMOD Conf. 1977. 47–61
[BEER78]	Beeri, C., Bernstein, P.A., Goodman, N.: A sophisticate's introduction to database normalization theory. Proc. 4th Int. Conf. VLDB. 1978. 113–124
[BEER86]	Beeri, C., Bernstein, P.A., Goodman, N.: A model for concurrency in nested transaction systems. Technical Report No. TR-86-03. School of Information Technology. Wang Institute of Graduate Studies. 1986
[BELA66]	Belady, L.A.: A study of replacement algorithms for virtual storage computers. IBM Systems Journal. 5:2. 1966. 78–101
[BENT75]	Bentley, J.L.: Multi-dimensional search trees used for associative searching. Comm. ACM. 18:9. 1975. 509–517
[BERG81]	Berg, J.L., Graham, M., Whitney, K. (eds.): Database architectures – a feasibility workshop report. NBS Special Public Publication 500-76. U.S. Dept. of Commerce. 1981
[BERN76]	Bernstein, P.A.: Synthesizing third normal form relations from functional dependencies. ACM Trans. Database Syst. 1:4. 1976. 277–298

[BERN80] Bernstein, P.A., et al.: The correctness of concurrency control mechanisms in a system for distributed databases (SDD-1). ACM Trans. Database Syst. 5:1. 1980. 52–68

[BERN82] Bernstein, P.A., Goodman, N.: A sophisticate's introduction to distributed database concurrency control. In: Proc. 8th Conf. VLDB. 1982. 62–76

[BERN83] Bernstein, P.A., Goodman, N.: Multiversion concurrency control – theory and algorithms. ACM Trans. Database Syst. 8:4. 1983. 465–483

[BILL76] Biller, H.: Die Semantik von Datenbanken. Universität Stuttgart. (Diss.). 1976

[BILL78] Biller, H., Neuhold, E.J.: Semantics of data bases: the semantics of data models. Information Systems. 3:1. 1978. 11–30

[BJOR72] Bjork, L.A.: Generalized audit trail (ledger) technology definition, justification and contents. IBM Technical Report. San Jose. 1972

[BJOR73] Bjork, L.A.: Recovery scenario for a DB/DC System. In: Proc. ACM 73 Nat. Conf. Atlanta. 1973. 136–141

[BLAC81] Black, J.P., Taylor, D.J., Morgan, D.E.: A case study in fault tolerant software. Software Practice and Experience. 11. 1981. 145–157

[BLAS76a] Blaser, A., Schmutz, H.: Datenbankforschung heute – Versuch einer Bestandsaufnahme. IBM Nachrichten 231. 1976. 229–235

[BLAS76b] Blasgen, M.W., Eswaran, K.P.: On the evaluation of queries in a relational data base system. IBM Research Report RJ 1745. San Jose, California. 1976

[BLAS77a] Blasgen, M.W., Eswaran, K.P.: Storage and access in relational data bases. IBM Systems Journal. 16:4. 1977. 363–377

[BLAS77b] Blasgen, M.W., Casey, R.G., Eswaran, K.P.: An encoding method for multifield sorting and indexing. Comm. ACM. 20:11. 1977. 874–876

[BLAS79] Blasgen, M.W., et al.: The convoy phenomenon. ACM OSR. 13:2. 1979. 20–25

[BLAS80] Blasgen, M.W., et al.: System R: architectural update. IBM Research Report RJ 2581. San Jose, California. 1980

[BLAS81] Blasgen, M.W., et al.: System R: an architectural overview. IBM Systems Journal. 20:1. 1981. 41–61

[BLAS85] Blaser, A., Pistor, P. (Hrsg.): Datenbank-Systeme für Büro, Technik und Wissenschaft. In: Informatik-Fachberichte. 94. Springer. 1985

[BLOO70] Bloom, B.H.: Space/time trade-offs in hash coding with allowable errors. Comm. ACM. 13:7. 1970. 422–426

[BOMH80] von Bomhard, T., Ramsperger, N., Wachter, M.: Zur Datenhaltung in Führungsinformationssystemen. IABG-Bericht Nr. B-SZ 1024/10 (80). 1980

[BOLO82] Bolour, A., et al.: The role of time in information processing: a survey. ACM SIGMOD Record. 12:3. 1982. 27–50

[BORG82a]	Borgida, A.T.: Conceptual modelling of information system development. Proc. 1st AUC Conf. on Databases. Medellin, Columbia. 1982
[BORG82b]	Borgida, A.T., Mylopoulos, J., Wong, H.K.T.: Methodological and computer aids for interactive information system development. In: Automated tools for information systems design. North-Holland. 1982. 109–123
[BORG85a]	Borgida, A.T., Greenspan, S., Mylopoulos, J.: Knowledge representation as the basis for requirement specifications. In: Brauer, W., Radig, B. (Hrsg.): Wissensbasierte Systeme. Informatik-Fachberichte. 112. Springer. 1985. 152–169
[BORG85b]	Borgida, A.T., et al.: Steps towards a knowledge description language. Proc. Islamorada Workshop on Large Scale Knowledge and Reasoning Systems. Islamorada, Florida. 1985
[BORK78]	Borkin, S.A.: Data model equivalence. Proc. 4th Int. Conf. VLDB. 1978. 526–534
[BORK80]	Borkin, S.A.: Data models: a semantic approach for database systems. MIT Press. Cambridge. 1980
[BOYC75]	Boyce, R.F., et al.: Specifying queries as relational expressions: the SQUARE data sublanguage. Comm. ACM. 18:11. 1975. 621–628
[BRAC79]	Brachman, R.: On the epistemological status of semantic networks. In: [FIND79]. 1979
[BREU79a]	Breutmann, B.: The temporal dimension of conceptual schemas. Arbeitspapier IFIP WG 2.6
[BREU79b]	Breutmann, B., Falkenberg, E., Mauer, R.: CSL: A language for defining conceptual schemas. In: Data Base Architecture. North-Holland. 1979. 237–256
[BREU80]	Breutmann, B., Mauer, R.: Konstrukte zur Darstellung und Prüfung semantischer Regeln. In: Informatik-Fachberichte. 33. Springer. 1980. 166–180
[BRIC77]	Brice, R.S., Sherman, S.W.: An extension of the performance of a database manager in a virtual memory system using partially locked virtual buffers. ACM Trans. Database Syst. 2:2. 1977. 196–207
[BROD82]	Brodie, M.L., Schmidt, J.W. (eds.): Final report of the Relational Database Task Group ANSI/X3/SPARC/DBSSG. ACM SIGMOD Record. 12:4. 1982. 1–45
[BROD84a]	Brodie, M.L., Mylopoulos, J., Schmidt, J.W.: On Conceptual Modelling. Springer. 1984
[BROD84b]	Brodie, M.L.: On the development of data models. In: [BROD84a]. 1984. 19–47
[BROS78]	Brosey, M., Shneiderman, B.: Two experimental comparisons of relational and hierarchical database models. Intern. Journal of Man-Machine Studies 10. 1978. 625–637
[BRUC72]	Bruce, B.: A model for temporal reference and its application in a question answering program. Artificial Intelligence. 3:1. 1972. 1–25

[BRUN80] Brunner, M.: Untersuchung der Sperrstrategie von UDS in B*-Baumorientierten Zugriffspfadstrukturen. Fachbereich Informatik (Studienarbeit). TH Darmstadt. 1980

[BUBE76] Bubenko, J.A. jr., et al.: From information structures to DBTG data structures. In: Proc. Conf. on Data: Abstraction, Definition and Structure. ACM SIGPLAN Notices. 1976

[BUBE77a] Bubenko, J.A. jr.: Validity and verification aspects of information modelling. Proc. 3rd Int. Conf. VLDB. 1977. 556-565

[BUBE77b] Bubenko, J.A. jr.: The temporal dimension in information modelling. Proc. IFIP TC-2 Working Conf., Modelling in Data Base Management Systems. IRIA. 1977

[BUBE80] Bubenko, J.A. jr.: Information modeling in the context of system development. Information Processing 80. 1980. 395-411

[BURK76] Burkhard, W.A.: Hashing and trie algorithms for partial-match retrieval. ACM Trans. Database Syst. 1:2. 1976. 175-187

[CARD79] Cardenas, A.F.: Data base management systems. Allyn and Bacon. 1979

[CARE84] Carey, M.J., Stonebraker, M.: The performance of concurrency control algorithms for DBMS. In: Proc. 10th Int. Conf. VLDB. 1984. 107-118

[CARN58] Carnap, R.: Meaning and necessity. The University of Chicago Press. 2nd edition. 1958

[CASA80] Casanova, M.A., Bernstein, P.A.: A formal system for reasoning about programs accessing a relational database. ACM Trans. Programming Languages and Systems. 2:3. 1980. 386-414

[CASA81] Casanova, M.A.: The concurrency control problem in database systems. Lecture Notes in Computer Science. 116. Springer. 1981

[CCA82] Computer Corp. of America: An architecture for database management standards. NBS Spec. Pub. 500-86. 1982

[CERI83] Ceri, S.: Methodology and tools for database design. North-Holland. 1983

[CHAM74] Chamberlin, D.D., Boyce, R.F.: SEQUEL: A structured English query language. Proc. ACM SIGFIDET Workshop. 1974. 249-264

[CHAM75] Chamberlin, D.D., Gray, J.N., Traiger, I.L.: Views, authorization and locking in a relational data base system. In: Proc. of the ACM Nat. Comp. Conf. 1975. 425-430

[CHAM76a] Chamberlin, D.D.: Relational data base management systems. ACM Computing Surv. 8. 1976. 43-66

[CHAM76b] Chamberlin, D.D., et al.: SEQUEL 2: A unified approach to data definition, manipulation and control. IBM Journal. Res. Dev. 20. 1976. 560-575

[CHAM77] Chamberlin, D.D., et al.: Data base system authorization. IBM Res. Rep. No. RJ 2041. San Jose. 1977

[CHAM80]   Chamberlin, D.D.: A summary of user experience with the SQL data sublanguage. In: Deen, S.M., Hammersley, P. (eds.): Int. Conf. on Data Bases. Heydon, London. 1980. 181-203
[CHAM81a]   Chamberlin, D.D., et al.: A history and evaluation of System R. Comm. ACM 24:10. 1981. 632-646
[CHAM81b]   Chamberlin, D.D., et al.: Support for repetitive transactions and ad hoc queries in System R. ACM Trans. Database Syst. 6:1. 1981. 70-94
[CHAN75]   Chandy, K.M., et al.: Analytic models for rollback and recovery strategies in data base systems. IEEE Trans. Software Engng. SE-1:1. 1975. 100-110
[CHAN77]   Chandra, A.K., Merlin, P.M.: Optimal implementation of conjunctive queries in relational databases. Proc. ACM Symp. on Theory of Computing. Boulder, Col. 1977. 77-90
[CHAN80]   Chan, E.P.F., Lochovsky, F.H.: A graphical database design aid using the entity-relationship model. In: [CHEN80]. 1980. 295-310
[CHAN82]   Chandra, A.K., Harel, D.: Structure and complexity of relational queries. Journal of Computer Syst. Sci. 25:2. 1982. 99-128
[CHEN76]   Chen, P.P.: The entity-relationship model: toward a unified view of data. ACM Trans. Database Syst. 1:1. 1976. 9-36
[CHEN77]   Chen, P.P., Yao, S.B.: Design and performance tools for data base systems. Proc. 3rd Internat. Conf. VLDB. 1977. 3-15
[CHEN78]   Chen, T.C.: Computer technology and the database user. In: Proc. 4th Internat. Conf. VLDB. 1978. 72-86
[CHEN80]   Chen, P.P. (ed.): Entity-relationship approach to systems analysis and design. North-Holland. 1980
[CHEN81a]   Chen, P.P. (ed.): Entity-relationship approach to information modelling and analysis. ER Institute. 1981
[CHEN81b]   Chen, P.P.: A preliminary framework for entity-relationship models. In: [CHEN81a]. 1981. 19-23
[CHIN78]   Ching, F.Y.: Security in statistical databases for queries with small counts. ACM Trans. Database Syst. 3:1. 1978. 92-104
[CHU76]   Chu, W.W., Opderbeck, W.M.: Program behavior and the page fault frequency replacement algorithm. Computer. 9:11. 1976. 29-38
[CINC78]   Cincom Systems Inc.: TOTAL/8 database administration reference manual. 1978
[CLAR80]   Clarc, J.D.: Database selection, design and administration. Praeger Publ. 1980
[CLOC81]   Clocksin, R., Mellish, S.: Programming in PROLOG. Springer. 1981
[CODA71]   CODASYL Data Base Task Group Report. Proc. ACM Conf. on Data Syst. Languages. New York. 1971
[CODA73]   CODASYL Data Description Language Journal of Development. National Bureau of Standards Handbook 113. U.S. Government Printing Office (SD Catalog No. C 13.6/2:113). Washington D.C. 1973

[CODA77] CODASYL stored-data description and data translation: a model and language. The stored-data definition and translation task group of the CODASYL Systems Committee Report. Information Systems 2. 1977. 95-148

[CODA78a] CODASYL Data Description Language Journal of Development. Material Data Management Branch. Dept. of Supply and Services. Ottawa. 1978

[CODA78b] CODASYL Data Description Language Committee Report. Information Systems. 3:4. 1978. 247-320

[CODD70] Codd, E.F.: A relational model of data for large shared data banks. Comm. ACM. 13:6. 1970. 377-387

[CODD71a] Codd, E.F.: A data base sublanguage founded on the relational calculus. Proc. ACM SIGFIDET Workshop. 1971. 35-68

[CODD71b] Codd, E.F.: Normalized data base structure: A brief tutorial. Proc. ACM SIGFIDET Workshop. 1971. 1-17

[CODD72a] Codd, E.F.: Further normalization of the data base relational model. In: Rustin, R. (ed.): Data base systems. Courant Computer Science Symposia Series. Vol. 6. Prentice-Hall. 1972. 33-64

[CODD72b] Codd, E.F.: Relational completeness of data base sublanguages. In: Rustin, R. (ed.): Data base systems. Courant Computer Science Symposia Series. Vol. 6. 1972. 67-101

[CODD74a] Codd, E.F., Date, C.J.: The relational and network approaches: comparison of the application programming interfaces. IBM Research Report. RJ 1401. 1974

[CODD74b] Codd, E.F.: Seven steps to rendezvous with the casual user. In: Klimbie, J.W., Koffeman, K.L. (eds.): Data base management. North-Holland. 1974. 179-199

[CODD79] Codd, E.F.: Extending the database relational model to capture more meaning. ACM Trans. Database Syst. 4:4. 1979. 397-434

[CODD83] Codd, E.F.: Foreword to [SCHM83a]

[COFF71] Coffman, E.G., Elphik, M., Shoshani, A.: System deadlocks. ACM Computing Surv. 3:1. 1971. 67-78

[COFF73] Coffman, E.G., Denning, P.J.: Operating systems theory. Prentice-Hall. 1973

[COME79] Comer, D.: The ubiquitous B-Tree. ACM Computer Surv. 11:2. 1979. 121-137

[COME81] Comer, D.: Analysis of a heuristic for full trie minimization. ACM Trans. Database Syst. 6:3. 1981. 513-537

[CULI81] Culik, K., Ottmann, T., Wood, D.: Dense multiway trees. ACM Trans. Database Syst. 6:3. 1981. 486-512

[CULL78] Cullinane Corporation: IDMS Utilities. Release 5.0. 1978

[DADA81a] Dadam, P.: Einführung in die Synchronisation in Datenbanksystemen. Elektr. Rechenanlagen. 23:1. 1981. 4-12

[DADA81b]	Dadam, P.: Synchronisation in Datenbanksystemen: Ein Überblick. Informatik-Spektrum. 4:3. 1981. 175–184. (Teil 1). 4:4. 1981. 261–270. (Teil 2)
[DADA84]	Dadam, P., Lum, V., Werner, H.-D.: Integration of time versions into a relational database system. Proc. 10th Int. Conf. VLDB. 1984. 509–522
[DADA86]	Dadam, P., et al.: A DBMS prototype to support extended NF^2 relations: an integrated view on flat tables and hierarchies. Proc. SIGMOD Conf. 1986. 356–367
[DALC79]	Dal Cin, M.: Fehlertolerante Systeme. Teubner Studienbücher Informatik. Band 50. 1979
[DATE74]	Date, C.J., Codd, E.F.: The relational and network approaches: comparison of the application programming interfaces. Proc. ACM SIGMOD Workshop: Data Models: Data Structure-Set versus Relational. 1974. 83–113
[DATE81a]	Date, C.J.: An introduction to database systems. 3rd ed. Addison-Wesley. 1981
[DATE81b]	Date, C.J.: Referential integrity. Proc. 7th Int. Conf. VLDB. 1981. 2–12
[DAVI73]	Davies, C.T.: Recovery semantics for DB/DC systems. In: Proc. ACM 73 Nat. Comp. Conf. 1973. 136–141
[DAVI81a]	Davida, G.I., Wells, D.L., Kam, J.B.: A database encryption system with subkeys. ACM Trans. Database Syst. 6:2. 1981. 312–328
[DAVI81b]	Davies, D.W., et al.: Distributed systems architecture and implementation. Lecture Notes in Computer Science. 105. Springer. 1981
[DAYA78]	Dayal, U., Bernstein, P.A.: On the updatability of relational views. Proc. 4th Int. Conf. VLDB. 1978. 368–377
[DB2]	Special Issues on Data Base 2. IBM Systems Journal. 23:2. 1984
[DE81]	De, P., Sen, A., Gudes, E.: An extended entity-relationship model with multilevel external views. In: [CHEN81a]. 1981. 459–476
[DELO78]	Delobel, C.: Normalization and hierarchical dependencies in the relational data model. ACM Trans. Database Syst. 3:3. 1978. 201–222
[DENN68a]	Denning, P.J.: Thrashing: its causes and prevention. In: AFIPS Conf. Proc. 1968. Fall Joint Comp. Conf. 33. 915–922
[DENN68b]	Denning, P.J.: The working set model for program behavior. Comm. ACM. 11:5. 1968. 323–333
[DENN77]	Denny, G.H.: An introduction to SQL, a structured query language. Tech. Rep. RA93 (28099). IBM Research Lab. San Jose. 1977
[DENN79]	Denning, D.E., et al.: The tracker: a threat to statistical database security. ACM Trans. Database Syst. 4:1. 1979. 76–96
[DENN80a]	Denning, D.E., Schlörer, J.: A fast procedure for finding a tracker in a statistical database. ACM Trans. Database Syst. 5:1. 1980. 88–102

[DENN80b] Denning, P.J.: Working sets past and present. IEEE Trans. Software Engng. SE-6:1. 1980. 64–84

[DEPP85] Deppisch, G., et al.: Ein Subsystem zur stabilen Speicherung versionenbehafteter, hierarchisch strukturierter Tupel. In: Informatik-Fachberichte. 94. Springer. 1985. 421–440

[DITT79] Dittrich, K.R., Lockemann, P.C. (Hrsg.): Datenschutz: Möglichkeiten technischer Unterstützung durch die Informatik. Interner Bericht Nr. 17/79. Univ. Karlsruhe. 1979

[DITT80] Dittrich, K.R., et al.: Schutzmechanismen im Betriebssystem OSKAR. Interner Bericht Nr. 34/1980. Univ. Karlsruhe. 1980

[DITT83] Dittrich, K.R.: Ein universelles Konzept zum flexiblen Informationsschutz in und mit Rechensystemen. In: Informatik-Fachberichte. 75. Springer. 1983

[DOSS80] DosSantos, C.S., Neuhold, E.J., Furtado, A.L.: A data type approach to the entity-relationship model. In: [CHEN80]. 1980. 103–119

[DOWN79] Downs, D., Popek, G.J.: Data base management systems security and INGRES. In: Proc. 5th Int. Conf. VLDB. 1979. 280–290

[DURC75] Durchholz, R.: An analysis of the currency concept. Angewandte Informatik. Nr. 6/75. 1975. 244–246

[EAST75] Easton, M.C.: Model for interactive data base reference string. IBM Journal of Research and Development. 19:6. 1975. 550–556

[EFFE80a] Effelsberg, W., Härder, T., Reuter, A.: An experiment in learning DBTG database administration. Information Systems. 5:2. 1980. 137–147

[EFFE80b] Effelsberg, W., Härder, T., Reuter, A.: Measurement and evaluation of techniques for implementing COSETS. A case study. In: Deen, S.M., Hammersley, P. (eds.): Proc. Int. Conf. on Data Bases. Heydon, London. 1980. 135–159

[EFFE81a] Effelsberg, W.: Systempufferverwaltung von Datenbanksystemen. TH Darmstadt. (Diss.). Juni 1981

[EFFE81b] Effelsberg, W., et al.: Leistungsmessung von Datenbanksystemen – Meßmethoden und Meßumgebung. In: Informatik-Fachberichte. 41. Springer. 1981. 87–102

[EFFE84a] Effelsberg, W., Härder, T.: Principles of database buffer management. ACM Trans. Database Syst. 9:4. 1984. 560–595

[EFFE84b] Effelsberg, W., Loomis, M.E.S.: Logical, internal and physical reference behavior in CODASYL database systems. ACM Trans. Database Syst. 9:2. 1984. 187–213

[EICK84] Eick, C.: Methoden und rechnergestützte Werkzeuge für den logischen Datenbankentwurf. Univ. Karlsruhe. Fak. für Informatik. (Diss.). 1984

[EICK85] Eick, C., Lockemann, P.C.: Acquisition of terminological knowledge using database design techniques. Proc. ACM SIGMOD 1985. 84–94

[ELHA82]	Elhardt, K.: Das Datenbank-Cache: Entwurfsprinzipien, Algorithmen, Eigenschaften. Technischer Bericht und Dissertation. Institut für Mathematik und Informatik. TU München. 1982
[ENGE71]	Engels, R.W.: An analysis of the April 1971 DBTG-Report. In: Proc. 1971 ACM SIGFIDET Workshop on Data Description, Access and Control. 1971. 69–91
[ENGE76]	Engels, R.W.: Currency and concurrency in the COBOL data base facility. In: Nijssen, G.M. (ed): Modelling in data base management systems. North-Holland. 1976. 339–363
[ERBE80]	Erbe, R., et al.: Integrated data analysis and management for the problem solving environment. Information Systems. 5:4. 1980. 273–285
[ESWA75]	Eswaran, K.P., Chamberlin, D.D.: Functional specification of a subsystem for database integrity. In: Proc. 1st Int. Conf. VLDB 1975. 48–68
[ESWA76]	Eswaran, K.P., et al.: The notions of consistency and predicate locks in a data base system. Comm. ACM. 19:11. 1976. 624–633
[FAGI77a]	Fagin, R.: Multivalued dependencies and a new normal form for relational databases. ACM Trans. Database Syst. 2:3. 1977. 262–278
[FAGI77b]	Fagin, R.: On an authorization mechanism. IBM Res. Rep. No. RS 2001. San Jose. 1977
[FAGI79a]	Fagin, R.: Normal forms and relational database operators. Proc. ACM SIGMOD Conf. 1979. 153–160
[FAGI79b]	Fagin, R., et al.: Extendible hashing – a fast access method for dynamic files. ACM Trans. Database Syst. 4:3. 1979. 315–344
[FAGI81]	Fagin, R.: A normal form for relational databases that is based on domains and keys. ACM Trans. Database Syst. 6:3. 1981. 387–415
[FALK76]	Falkenberg, E.: Concepts for modelling information. In: Nijssen, G.M. (ed): Modelling in data base management systems. North-Holland. 1976. 95–110
[FALK77]	Falkenberg, E.: Concepts for the coexistence approach to database management. In: Proc. ACM Int. Computing Symp. 1977. 39–50
[FEHD74]	Fehder, P.: HQL: a set oriented transaction language for hierarchically-structured data bases. In: Proc. ACM Ann. Comp. Conf. 1974
[FERN77]	Fernandez, E.B., Wood, C.: The relationship between operating system and database system security: a survey. In: Proc. 1st Int. Computing Software and Application Conf. 1977. 453–462
[FERN78]	Fernandez, E.B., Lang, T., Wood, C.: Effect of replacement algorithms on a paged buffer database system. In: IBM Journ. Research and Development. 22:2. 1978. 185–196
[FERR76]	Ferrari, D.: The improvement of program behavior. Computer. 9:11. 1976. 39–47
[FIND79]	Findler, N. (ed.): Associate networks: representation and use of knowledge by computers. Academic Press. New York. 1979

[FINK74]   Finkel, R.A., Bentley, J.L.: Quad trees: a data structure for retrieval on composite keys. Acta Informatica. 4:1. 1974. 1–9
[FOSS74]   Fossum, B.M.: Data base integrity as provided for by a particular data base management system. In: Klimbie, J.W., Koffeman, K.L. (ed): Data base management. North-Holland. 1974. 271–288
[FRED61]   Fredkin, E.: Trie memory. Comm. ACM. 3:9. 1961. 490–500
[FRY76]   Fry, J.P, Sibley, E.H.: The evolution of database management systems. ACM Computing Surv. 8:1. 1976. 7–42
[GAAD80]   Gaade, R.P.R.: Picking up the pieces. Datamation. 26:1. 1980. 113–118
[GALL78]   Gallaire, H., Minker, J.: Logic and data bases. Plenum Press. New York. 1978
[GARC83]   Garcia-Molina, H.: Using semantic knowledge for transaction processing in a distributed database. ACM Trans. Database Syst. 8:2. 1983. 186–213
[GELE78]   Gelenbe, E., Derochette, D.: Performance of rollback recovery systems under intermittent failures. Comm. ACM. 21:6. 1978. 493–499
[GERR76]   Gerritsen, R., Morgan, H.C.: Dynamic restructuring of databases with generation data structures. In: Proc. ACM Ann. Comp. Conf. 1976. 281–286
[GERR79]   Gerritsen, R.: Tools for the automation of database design. In: [YAO82]. 1979. 72–86
[GHOS75]   Ghosh, S.P., Lum, V.Y.: Analysis of collision when hashing by division. Information Systems. 1:1. 1975. 15–22
[GHOS77]   Ghosh, S.P.: Data base organization for data management. Academic Press. New York. 1977
[GILB80]   Gilb, T.: The "design by objects" method for controlling maintainability. In: Tagungsband der 6. Fachtagung „Programmiersprachen und Programmentwicklung". Darmstadt. Springer. 1980. 19–28
[GIOR76]   Giordano, N.J., Schwartz, M.S.: Data base recovery at CMIC. In: Proc. ACM SIGMOD Conf. 1976. 33–42
[GOOS75]   Goos, G.: Hierarchies. In: Bauer, F.L. (ed): Software engineering. Lecture Notes in Computer Science. 30. Springer. 1975. 29–46
[GOOS78]   Goos, G., Kastens, U.: Programming languages and the design of modular programs. In: Hibbard, P.G., Schuman, S.A. (ed): Constructing Quality Software. North-Holland. 1978. 153–186
[GRAY76]   Gray, J.N., et al.: Granularity of locks and degrees of consistency in a large shared data base. In: Modelling in data base management systems. North-Holland. 1976. 365–394
[GRAY78]   Gray, J.N.: Notes on data base operating systems. In: Lecture Notes Computer Science. 60. Operating systems: An advanced course. Springer. 1979. 393–481
[GRAY81a]   Gray, J.N., et al.: The recovery manager of the System R database manager. ACM Computing Surv. 13:2. 1981. 223–242

[GRAY81b]   Gray, J.N.: The transaction concept: virtues and limitations. In: Proc. 7th Int. Conf. VLDB. 1981. 144–154
[GREE78]   Greenblatt, D., Waxman, J.: A study of three database query languages. In: Shneiderman, B. (ed.): Databases: improving usability and responsiveness. Springer. 1978. 77–97
[GREE84]   Green, J.: Productivity in the fourth generation: six case studies. Journal of MIS. 1:3. 1984
[GRIE77]   Gries, D., Gehani, N.: Some ideas on data types in high-level languages. Comm. ACM 20:6. 1977. 414–420
[GRIE82]   Griethuysen, J.J. (ed.): Concepts and terminology for the conceptual schema and the information base. ISO/TC97/SC5-Report N695. ANSI Secretariat. 1982
[GRIF76]   Griffiths, P.P., Wade, B.W.: An authorization mechanism for a relational database system. ACM Trans. Database Syst. 1:3. 1976. 242–255
[GUTT80]   Guttag, J.: Notes on types abstraction (Version 2). IEEE Trans. Software Engng. SE-6. 1980. 13–23
[HABE69]   Habermann, A.N.: Prevention of system deadlocks. Comm. ACM. 12:7. 1969. 373–377
[HÄRD77]   Härder, T.: A scan-driven sort facility for a relational database system. In: 3rd Int. Conf. VLDB. 1977. 236–243
[HÄRD78a]   Härder, T.: Implementierung von Datenbanksystemen. Carl Hanser. München. 1978
[HÄRD78b]   Härder, T.: Implementing a generalized access path structure for a relational data base system. ACM Trans. Database Syst. 3:3. 1978. 285–298
[HÄRD79a]   Härder, T., Reuter, A.: Optimization of logging and recovery in a database system. In: Bracchi, G., Nijssen, G.M. (eds.): Data base architecture. North-Holland. 1979. 151–168
[HÄRD79b]   Härder, T.: Die Einbettung eines Datenbanksystems in eine Betriebssystem-Umgebung. In: Niedereichholz, J. (Hrsg.): Datenbanktechnologie. Teubner. 1979. 9–24
[HÄRD79c]   Härder, T., Reuter, A.: A systematic framework for the description of transaction-oriented logging and recovery schemes. Forschungsbericht DVI 79-4. TH Darmstadt. 1979
[HÄRD80]   Härder, T., Reuter, A.: Abhängigkeiten von Systemkomponenten in Datenbanksystemen. In: Informatik-Fachberichte. 33. Springer. 1980. 243–257
[HÄRD81]   Härder, T.: Transaktionskonzept in Datenbanksystemen. Informatik-Spektrum. 4:3. 1981. 186–188
[HÄRD83a]   Härder, T., Reuter, A.: Concepts for implementing a centralized database management system. In: Proc. Int. Comp. Symp. 83. Teubner. 1983. 28–59
[HÄRD83b]   Härder, T., Reuter, A.: Principles of transaction-oriented database recovery. ACM Computing Surv. 15:4. 1983. 287–317

[HÄRD83c] Härder, T., Küspert, K., Meyer-Wegener, K.: CASSANDRA – Ein System zur Leistungsvorhersage bei Datenbanksystemen mit Hilfe analytischer Modelle. In: Informatik-Fachberichte. 61. Springer. 1983. 238–252

[HÄRD84a] Härder, T.: Observations on optimistic concurrency control schemes. Information Systems. 9:2. 1984. 111–120

[HÄRD84b] Härder, T.: Überlegungen zur Modellierung und Integration der Zeit in temporalen Datenbanksystemen. Interner Bericht 19/84. SFB 124. Kaiserslautern. 1984

[HÄRD85a] Härder, T., Reuter, A.: Architektur von Datenbanksystemen für Non-Standard-Anwendungen. In: Informatik-Fachberichte. 94. Springer. 1985. 253–286

[HÄRD85b] Härder, T., Peinl, P., Reuter, A.: Performance analysis of synchronisation and recovery schemes. IEEE Database Engng. 1985

[HALL75] Hall, P.A.V.: Optimisation of a Single Relational Expression in a Relational Data Base System. IBM UK Scientific Centre Report, UKSC 0076, June 1975

[HAMM75] Hammer, M.M., McLeod, D.J.: Semantic integrity in a relational data base system. Proc. 1st Int. Conf. VLDB. 1975. 25–47

[HAMM78a] Hammer, M., McLeod, D.: The semantic data model: a modelling mechanism for data base applications. In: Proc. SIGMOD Conf. 1978. 26–36

[HAMM78b] Hammer, M., Sarin, S.K.: Efficient monitoring of database assertions. In: Proc. SIGMOD Conf. 1978

[HAMM81] Hammer, M., McLeod, D.: Database description with SDM: a semantic database model. ACM Trans. Database Syst. 6:3. 1981. 351–386

[HARR76] Harrison, M.A., Ruzzo, W.L., Ullman, J.D.: Protection in operating systems. Comm. ACM. 19:8. 1976. 461–471

[HART81] Hartson, H.R.: Database security – system architectures. Information Systems. 6. 1981. 1–22

[HELD75] Held, G.D., Stonebraker, M.R., Wong, E.: INGRES – a relational data base system. Proc. AFIPS Nat. Comp. Conf. 44. 1975. 409–416

[HELD78] Held, G.D., Stonebraker, M.: B-trees re-examined. Comm. ACM. 21:2. 1978. 139–143

[HEND78] Hendrix, G.G., et al.: Developing a natural language interface to complex data. ACM Trans. Database Syst. 3:2. 1978. 105–147

[HERO84] Herot, C.: Graphical user interfaces. In: Vassiliou, Y. (ed.): Human factors and interactive computer systems. Ablex. 1984. 83–103

[HOTA81] Hotaka, R.: The design of an integrated data dictionary directory system. In: [YAO82]. 1979. 56–71

[HOWA78] Howard, P.H., Borgendale, K.W.: System/38 Machine indexing support. In: IBM System/38 Technical Developments. 1978. 67–69

Literatur 651

[HSIA77] Hsiao, D.K., Madnick, S.E.: Database machine architecture in the context of information technology evolution. In: Proc. 3rd Int. Conf. VLDB. 1977. 63-84

[HSU80] Hsu, J., Roussopoulos, N.: Database conceptual modeling. In: [CHEN80]. 1980. 259-276

[HUBB79] Hubbard, G.: A technique for automated logical database design. In: [YAO82]. 1979. 219-227

[HUBB81] Hubbard, G.: Computer-assisted data base design. Van Nostrand-Reinhold Co. 1981

[IBM75a] IBM Information Management System/VS (IMS/VS). Publ.: Gen. Inf. Manual. GH20-1260-3; System/Application Design Data Guide. SH20-9025-2; Appli. Programming Ref. Manual. SH20-9026-2; Syst. Programming Ref. Manual. SH20-9027-2; Operator's Reference Manual. SH20-9028-1; Utilities Ref. Manual. SH20-9030-2. IBM Corp. White Plains. New York. 1975

[IBM75b] IBM: Database design aid - general information manual and designer's guide. Publ. Nr. GH20-1626-0, GH20-1627-0. 1975

[IBM77] IBM Corporation: IMS/VS Utilities Reference Manual. Form SH 20-9029-4. 1977

[IBM80] IMS/VS Version 1: Utilities reference manual. Form No. SH20-9029-8. 1980

[IBM81a] IMS/VS Version 1: Data base administration guide. Form No. SH20-9025-8. 1981

[IBM81b] SQL/DS: Structured query language/data system. Allgemeine Übersicht. Form No. GH12-1415-1. 1981

[IBMa] IBM System/360 operating system. Supervisor and data management services. White Plains. New York. C28-6646-2

[IBMb] Information management system. General information manual. IBM Publ. No. GH 20-1260. IBM Corp. White Plains. New York

[IMME82] Immermann, N.: Relational queries computable in polynomial time. Proc. 14th ACM Symp. on Theory of Computing. 1982. 147-152

[JAKO78a] Jakobssen, M.: Huffman coding in bit-vector compression. Information Processing Letters. 7:6. 1978. 304-307

[JAKO78b] Jakobssen, M., Nevalainen, O.: On the compression of inverted files. Angewandte Informatik. 20:12. 1978. 552-553

[JAKO79] Jakobssen, M.: Implementation of compressed bit-vector indexes. In: Samet, P.A. (ed.): Proc. EURO IFIP79. North-Holland. 1979. 561-566

[JARK84a] Jarke, M., Clifford, J., Vassiliou, J.: An optimizing Prolog front-end to a relational query system. Proc. ACM SIGMOD Conf. 1984. 296-306

[JARK84b] Jarke, M., Koch, J.: Query optimization in database systems. ACM Computing Surv. 16:2. 1984. 111-152

[JARK85a] Jarke, M., et al.: A field evaluation of natural language for data retrieval. IEEE Trans. Software Engng. SE-11. 1985. 97-114

[JARK85b]   Jarke, M., Vassiliou, Y.: Choosing a database query language. ACM Computing Surv. 17:3. 1985. 313-340
[JARK85c]   Jarke, M., Linnemann, V., Schmidt, J.W.: On the integration of rules and relations. Proc. 11th Int. Conf. VLDB. 1985. 227-240
[JARK85d]   Jarke, M., et al.: Knowledge base management systems for software development environments. Proc. of the Workshop on Knowledge Base Management Systems. Chania, Kreta. 1985
[JARK86]   Jarke, M., Krause, J., Vassiliou, Y.: Studies in the evaluation of a domain-independendent natural language query system. In: Bolc, L., Jarke, M. (eds.): Cooperative interfaces to information systems. Springer. 1986
[JONE75]   Jones, A.K., Wulf, W.: Toward the design of secure systems. Software Practice and Experience. 5. 1975. 321-336
[KARL76]   Karlton, P.L., et al.: Performance of height balanced trees. Comm. ACM. 19:1. 1976. 23-28
[KATZ79]   Katzman, J.A.: A fault tolerant computing system. Tandem Computers. Cupertino. 1979
[KATZ85]   Katz, R.H.: Information management for engineering design. Springer. 1985
[KENT76]   Kent, W.: Describing information (Not data, reality?). Tech. Rep. 03.012. IBM General Products Div. Palo Alto, CA. 1976
[KENT78]   Kent, W.: Data and reality. North-Holland. 1978
[KENT79]   Kent, W.: Limitations of record-oriented information models. ACM Trans. Database Syst. 4:1. 1979. 107-131
[KENT83]   Kent, W.: A simple guide to five normal forms in relational database theory. Comm. ACM 26. 1983. 120-125
[KERS76]   Kerschberg, L., Klug, A., Tsichritzis, D.C.: A taxonomy of data models. Proc. 2nd Int. Conf. VLDB. 1976. 43-64
[KINZ83]   Kinzinger, H.: Kontrolle und Revision von Informationssystemen durch ein erweitertes Data Dictionary. Bericht der FB Informatik. Univ. Kaiserslautern. 1983
[KLOP81]   Klopprogge, M.R.: An approach to include the time dimension in the entity-relationship model. In: [CHEN81a]. 1981. 477-512
[KLOP83]   Klopprogge, M.R.: Gegenstands-und Beziehungsgeschichten: ein Konzept zur Beschreibung und Verwaltung zeitveränderlicher Informationen in Datenbanken. Univ. Karlsruhe. (Diss.). 1983
[KNUT71]   Knuth, D.E.: Optimum binary search trees. Acta Informatica. 1:1. 1971. 14-25
[KNUT73]   Knuth, D.E.: The art of computer programming. Bd. 3: Sorting and searching. Addison-Wesley. 1973
[KOGO76]   Kogon, R., et al.: The user specialty languages system. In: Informatik-Fachberichte. 5. Springer. 1976. 221-236
[KOSY80]   Konsynski, B.R., Mannino, M.: Information resource specification and design language. In: [CHEN80]. 1980. 339-351

[KOWA84] Kowalski, R.: Logic as a database language. Proc. 3rd British National Conf. on Databases. 1984. 103-132

[KRAU80] Krause, J.: Natural language access to information systems - an evaluation study of its acceptance by end users. Information Systems. 5:4. 1980. 297-319

[KRAU82] Krause, J.: Mensch-Maschine-Interaktion in natürlicher Sprache. Niemeyer. Tübingen. 1982

[KRIE84] Kriegel, H.-P.: Performance comparison of index structures for multi-key retrieval. In: Proc. ACM SIGMOD 1984 Conf. 186-196

[KROP79] Kropp, D., Schek, H.-J., Walch, G.: Text field indexing. In: Niedereichholz, J. (Hrsg.): Datenbanktechnologie. Teubner. 1979. 101-115

[KUNG81] Kung, H.T., Robinson, J.T.: On optimistic method for concurrency control. ACM Trans. Database Syst. 6:2. 1981. 213-226

[KÜSP83] Küspert, K.: Storage utilization in B*-trees with a generalized overflow technique. Acta Informatica. 19:1. April 1983. 35-55

[KÜSP85] Küspert, K.: Fehlererkennung und Fehlerbehandlung in Speicherungsstrukturen von Datenbanksystemen. In: Informatik-Fachberichte. 99. Springer. 1985

[LACR80] Lacroix, M., Pirotte, A.: User interfaces for database application programming. MBLE Research Laboratory Bruxelles. 1980

[LAM79] Lam, C., Madnick, S.E.: Properties of storage hierarchy systems with multiple page sizes and redundant data. ACM Trans. Database Syst. 4:3. 1979. 345-367

[LAMP79] Lampson, B.W., Sturgis, H.E.: Crash recovery in a distributed data storage system. XEROX Research Report. Palo Alto. April 1979

[LANG77a] Langefors, B.: Information systems theory. Information Systems. 2. 1977. 207-219

[LANG77b] Lang, T., Wood, C., Fernandez, E.B.: Database buffer paging in virtual storage systems. ACM Trans. Database Syst. 2:4. 1977. 339-351

[LANG80] Langefors, B.: Infological models and information user views. Information Systems 5. 1980. 17-32

[LARS78] Larson, P.: Dynamic hashing. BIT. 18. 1978. 184-201

[LARS85] Larson, P.: Linear hashing with overflow-handling by linear probing. ACM Trans. Database Syst. 10:1. 1985. 75-89

[LAUS82] Lausen, G.: Concurrency-Control in Versionen-Datenbanksystemen. In: Informatik-Fachberichte. 57. Springer. 1982. 670-683

[LEE80] Lee, D.T., Wong, C.K.: Quintary trees: a file structure for multidimensional database systems. ACM Trans. Database Syst. 5:3. 1980. 339-353

[LEHM78a] Lehmann, H.: Interpretation of natural language in an information system. IBM Journ. Research and Development. 22:5. 1978. 560-571

[LEHM78b] Lehmann, H., Ott, N., Zoeppritz, M.: User experiments with natural language for data base systems. Proc. 7th Internat. Conf. on Computational Linguistics. Bergen. 1978

[LEHM79] Lehmann, H., Blaser, A.: Query languages in data base systems. IBM Technical Report TR79.07.004. Heidelberg. 1979

[LEON82] Leong-Hong, B.W., Plagman, B.K.: Data Dictionary/Directory Systems: administration, implementation and usage. John Wiley & Sons. 1982

[LIND79] Lindsay, B.G., et al.: Notes on distributed databases. IBM Research Report RJ 2571. San Jose. 1979

[LIOU77] Liou, J.H., Yao, S.B.: Multidimensional clustering for data base organization. Information Systems. 2:4. 1977. 187–198

[LIPE85] Lipek, U.W.: Schrittweise Spezifikation des dynamischen Verhaltens von Datenbanken. In: GI-Fachgespräch „Entwurf von Informationssystemen – Methoden und Modelle". Tutzing. 1985

[LISK75] Liskov, B.H., Zilles, S.N.: Specification techniques for data abstractions. IEEE Trans. Software Engng. SE-1. 1975. 7–19

[LISK80] Liskov, B.H.: Modular program construction using abstraction. Lecture Notes in Computer Science 86. Springer. 1980. 354–485

[LITW78] Litwin, W.: Virtual hashing: a dynamically changing hashing. In: Proc. 4. Int. Conf. VLDB. 1979. 517–523

[LITW80] Litwin, W.: Linear hashing: a new algorithm for files and tables adressing. In: Deen, S.M., Hammersley, P. (eds.): Int. Conf. on Data Bases. Heydon, London. 1980. 260–276

[LOCH77] Lochovsky, F.H., Tsichritzis, D.C.: User performances considerations in DBMS selection. Proc. ACM-SIGMOD Conf. 1977. 128–134

[LOCK78] Lockemann, P.C., Mayr, H.C.: Rechnergestützte Informationssysteme. Springer. 1978

[LOCK79a] Lockemann, P.C., Wohlleber, W.H.: Semantics of a binary relational model and its data definition for the conceptual level. Int. Bericht 11/79. Univ. Karlsruhe. Fak. für Informatik. 1979

[LOCK79b] Lockemann, P.C., et al.: Data abstractions for database systems. ACM Trans. Database Syst. 4:1. 1979. 60–75

[LOCK80] Lockemann, P.C., Mayr, H.C.: Database systems – are they special pieces of software? Int. Bericht 28/80. Univ. Karlsruhe. Fak. für Informatik. 1980

[LOCK83] Lockemann, P.C., et al.: Systemanalyse. Springer. 1983

[LOME77] Lomet, D.: Subsystem of processes for the prevention of indefinite delay with deadlock avoidance. IBM Res. Rep. No. RC 6897. Yorktown Heights. 1977

[LOME79] Lomet, D.: Coping with deadlock in distributed systems. In: Data base architecture. North-Holland. 1979. 95–105

[LOOM83] Loomis, M.E.S.: Data management and file processing. Prentice-Hall. 1983

[LORI77]	Lorie, R.A.: Physical integrity in a large segmented database. ACM Trans. Database Syst. 2:1. 1977. 91-104
[LORI79a]	Lorie, R.A., Wade, B.W.: The compilation of a high level data language. IBM Research Report RJ 2589. San Jose, Calif. 1979
[LORI79b]	Lorie, R.A., Nilsson, J.F.: An access specification language for a relational data base system. IBM Journ. Research and Development. 23:3. 1979. 286-298
[LUM70]	Lum, V.Y.: Multi-attribute retrieval with combined indices. Comm. ACM. 13:11. 1970. 660-665
[LUM71]	Lum, V.Y., Yuen, P.S.T., Dodd, M.: Key-to-address transform techniques: a fundamental performance study of large existing formatted files. Comm. ACM. 14:4. 1971. 228-239
[LUM78]	Lum, V.Y., et al.: 1978 New Orleans Data Base Design Workshop Report. IBM Res. Rep. No. RJ 2554. San Jose. 1978
[LUSK80]	Lusk, E.L., Overbeek, R.A.: A DML for entity-relationship models. In: [CHEN80]. 1980. 445-462
[MACR76]	Macri, P.P.: Deadlock detection and resolution in a CODASYL based data management system. In: Proc. ACM SIGMOD Conf. 1976. 45-49
[MADN74]	Madnick, S.E., Donovan, J.J.: Operating systems. McGraw-Hill. 1974
[MAIE83]	Maier, D.: The theory of relational databases. Computer Science Press. 1983
[MALL84]	Mall, M., Schmidt, J.W., Reimer, M.: Data selection sharing and access control in a relational scenario. In: [BROD84a]. 1984. 411-440
[MANO76]	Manola, F.: The CODASYL data description language: status and activities 1976. In: Jardine, D.A. (ed.): The ANSI/SPARC DBMS model. North-Holland. 1976
[MANO78]	Manola, F.: A review of the 1978 CODASYL database specification. Proc. 4th Int. Conf. VLDB. 1978. 232-242
[MANO82]	Manola, F., Pirotte, A.: CQLF - a query language for CODASYL-type databases. Proc. ACM SIGMOD Conf. 1982. 94-103
[MARC77]	March, S.T., Severance, D.G.: The determination of efficient record segmentations and blocking factors for shared data files. ACM Trans. Database Syst. 2:3. 1977. 279-296
[MARC81]	March, S.T., Severance, D.G., Wilens, M.: Frame memory: a storage architecture to support rapid design and implementation of efficient databases. ACM Trans. Database Syst. 6:3. 1981. 441-463
[MARC83]	March, S.T.: Techniques for structuring database records. ACM Computing Surv. 15:1. 1983. 45-79
[MARC84]	March, S.T., Scudder, G.D.: On the selection of efficient record segmentations and backup strategies for large shared databases. ACM Trans Database Syst. 9:3. 1984. 409-438

[MART84] Marti, R.: Beschreibung von Datenbanken und Anwendungsprogrammen in einem erweiterten Datenkatalog. ETH Zürich. (Diss.). 1984

[MARU77] Maruyama, K., Smith, S.E.: Analysis of design alternatives for virtual memory indexes. Comm. ACM. 20:4. 1977. 245-254

[MAUR75] Maurer, W.D., Lewis, T.G.: Hash table methods. ACM Computing Surv. 7:1. 1975. 5-19

[MCCA79] McCanley, E.J., Dongowski, P.J.: KSOS: the design of a secure operating system. In: Proc. AFIPS Nat. Comp. Conf. 1973. 345-353

[MCCR77] McCreight, E.: Pagination of B*-trees with variable length records. Comm. ACM. 20:9. 1977. 670-674

[MCGE77] McGee, W.C.: The information management system IMS/VS. IBM Systems Journal. 16:2. 1977. 84-168

[MCLE77] McLeod, D.: A framework for data base protection and its application to the INGRES and System R data base management systems. In: Proc. 1st Int. Computing Software and Application Conf. 1977. 342-348

[MCSK79] McSkimin, J., Minker, J.: A predicate calculus based semantic network for deductive searching. In: [FIND79]. 1979

[MDBS81] MICRO DATABASE SYSTEMS, INC.: MDBS Users Manual. Version 3.0. Nov. 1981

[MEHL75] Mehlhorn, K.: Nearly optimal binary search trees. Acta Informatica. 5:4. 1975. 287-295

[MELO79] Melo, R.: Monitoring of integrity contraints in a CODASYL-like DBMS. In: Proc. 5th Int. Conf. VLDB. 1979. 209-218

[MERC79] Mercz, L.I: Issues in building a relational interface on a CODASYL DBMS. In: Bracchi, G., Nijssen, G.M. (eds.): Data Base Architecture. North-Holland. 1979. 191-211

[METH78] Methlie, L.B.: Schema design using a data structure matrix. Information Systems. 3:2. 1978. 81-91

[MEYE84] Meyer, B.E., Mayr, H.C. (Hrsg.): Modellierung und Konstruktion bei der Entwicklung von Informationssystemen. Proc. ACM/GI-Fachtagung. Tutzing. Mai 1984

[MOHA81] Mohan, C., Fussel, D., Silberschatz, A.: Concurrency, compatibility and commutativity in non-two-phase locking protocols. Res. Report. Dept. of Comp. Science. Univ. of Texas at Austin. 1981

[MORR68] Morrison, D.R.: PATRICIA - practical algorithm to retrieve information coded in alphanumeric. Journ. ACM. 15:4. 1968. 514-534

[MÜLL78] Müller, G.: Informationsstrukturierung in Datenbanksystemen. München. 1978

[MÜLL81] Müller, G.: Entscheidungsunterstützende Endbenutzersysteme. Teubner. 1981

[MULL71] Mullin, J.K.: Retrieval-update speed tradeoffs using combined indices. Comm. ACM. 14:12. 1971. 775-776

[MYER78]   Myers, G.J.: Composite/structured design. Van Nostrand-Reinhold. 1978
[MYLO80a] Mylopoulos, J., Wong, H.K.T.: Some features of the TAXIS data model. Proc. 6th Int. Conf. VLDB. 1980. 399–410
[MYLO80b] Mylopoulos, J., Bernstein, P.A., Wong, H.K.T.: A language facility for designing database-intensive applications. ACM Trans. Database Syst. 5:2. 1980. 185–207
[MYLO84]   Mylopoulos, J. Levesque, H.J.: An overview of knowledge representation. In: [BROD84a]. 1984. 3–17
[NAKA78]   Nakamura, T., Mizzogushi, T.: An analysis of storage utilization factor in block split data structuring scheme. Proc. 4. Int. Conf. VLDB. 1978. 489–495
[NAUM82]   Nauman, J.: ENCOMPASS: evolution of a distributed database/transaction system. IEEE Trans. Software Engng. SE-5:2. 1982
[NAVA76]   Navathe, S.B., Fry, J.P.: Restructuring for large databases: three levels of abstraction. ACM Trans. Database Syst. 1:2. 1976. 136–158
[NAVA82]   Navathe, S.B., Gadgil, S.G.: A methodology for view integration in logical database design. In: Proc. 8th Int. Conf. VLDB. 1982. 142–164
[NAVA85]   Navathe, S.B., et al.: Vertical partitioning algorithms for database design. ACM Trans. Database Syst. 9:4. 1984. 680–710
[NEFF79]   Neff, W.: Untersuchungen verschiedener Einfüge- und Reorganisationstechniken in B*-Bäumen. Studienarbeit. Fachbereich Informatik. TH Darmstadt. 1979
[NEVA79]   Nevalainen, O., Muurinen, K., Rantala, S.: A note on character compression. Angewandte Informatik. 21:7. 1979. 313–318
[NIEV73]   Nievergelt, J., Reingold, E.M.: Binary search trees of bounded balance. SIAM Journal of Computing. 2:1. 1973. 33–43
[NIEV74]   Nievergelt, J.: Binary search trees and file organization. ACM Computing Surv. 6:3. 1974. 195–207
[NIEV84]   Nievergelt, J., Hinterberger, H., Sevcik, K.C.: The grid file: an adaptable, symmetric multikey file structure. ACM Trans. Database Syst. 9:1. 1984. 38–71
[NIJS75]   Nijssen, G.M.: Two major flaws in the CODASYL DDL 1973 and proposed corrections. Information Systems. 1:4. 1975. 115–132
[ÖSTE81]   Österle, H.: Entwurf betrieblicher Informationssysteme. Carl Hanser. 1981
[OLLE78]   Olle, T.W.: The CODASYL approach to data base management. John Wiley & Sons. 1978
[OLLE82]   Olle, T.W., Sol, H.G., Verijn-Stuart, A.A. (eds.): Information systems design methodologies: a comparative review. North-Holland. 1982
[OLLE83]   Olle, T.W., Sol, H.G., Tully, C.J.: Information Systems design methodologies: a feature analysis. Elsevier. 1983

[ONEI85]   O'Neill, P.E.: Escrow transactions permitting concurrent record updates. Comp. Corp. America. Preprint. 1985
[ORAC84]   Oracle: SQL/UFI Reference Manual. Oracle Corporation. 1984
[OTT79]   Ott, N.: Das experimentelle, auf natürlicher Sprache basierende Informationssystem USL. Nachrichten für Dokumentation. 30:3. 1979
[OTTE84]   Otte, F.H.: Consistent user interfaces. In: Vassiliou, Y. (ed.): Human factors and interactive computer systems. Ablex. 1984
[OTTM76]   Ottmann, T., Six, H.W.: Eine neue Klasse von ausgeglichenen Binärbäumen. Angewandte Informatik. Heft 4. 1976. 143–149
[OTTM79]   Ottmann, T., Six, H.W., Wood, D.: On the correspondence between AVL-trees and brother trees. Computing. 23. 1979. 43–54
[PALE72]   Palermo, F.P.: A data base search problem. Proc. 4th Symp. on Computer and Information Science. Miami Beach. 1972. 67–101
[PARN72a] Parnas, D.L.: A technique for software module specification with examples. Comm. ACM 15. 1972. 330–336
[PARN72b] Parnas, D.L.: On the criteria to be used in decomposing systems into modules. Comm. ACM 15. 1972. 1035–1058
[PARN74]   Parnas, D.L.: On a "buzzword", hierarchical structure. Information Processing 74. North-Holland. 1974. 336–339
[PARN75]   Parnas, D.L., Siewiorek, D.P.: Use of the concept of transparency in the design of hierarchically structured systems. Comm. ACM. 18:7. 1975. 401–408
[PAUL84]   Paul, H.-B., et al.: Überlegungen zur Architektur eines „Non-Standard"-Datenbanksystems. Arbeitsbericht Nr. DVSI-1984-A2. TH Darmstadt. 1984
[PEIN78]   Peinl, P.: Analyse von Speicherungs-Strukturen im UDS. TH Darmstadt. FB Informatik. (Diplomarbeit). Nov. 1978
[PEIN86]   Peinl, P.: Synchronisation in zentralisierten Datenbanksystemen. Uni. Kaiserslautern. FB Informatik. (Diss.). 1986
[PIRO78]   Pirotte, A.: High-level database query languages. In: Gallaire, H., Minker, J. (eds.): Logic and databases. Plenum Press. 1978. 409–436
[PLAT73]   Plath, W.J.: Transformational grammar and transformational parsing in the REQUEST system. Proc. Internat. Conf. on Computational Linguistics. Pisa. 1973
[PLAT76]   Plath, W.J.: REQUEST: a natural language question-answering system. IBM Journ. Research and Development. 20. 1976. 326–335
[PRIS80]   Datensicherungsfunktionen beim DBVS PRISMA. Kurzvortrag von H. Glorius im Rahmen des Industrieprogrammes der GI-Jahrestagung. Saarbrücken. 1980. 22
[RAMA84]   Ramamohanarao, K., Sacks-Davis, R.: Recursive linear hashing. ACM Trans. Database Syst. 9:3. 1984. 369–391
[RAND78]   Randell, B., Lee, P.A., Treleaven, P.C.: Reliability issues in computing system design. ACM Computing Surv. 10:2. 1978. 123–165

[RAND79]   Randell, B.: Software fault tolerance. Samet, P.A. (ed.): Proc. EURO IFIP Conf. North-Holland. 1979. 721-724

[RAVE77]   Raver, N., Hubbard, G.U.: Automated logical database design: concept and applications. IBM Systems Journal. 16:3. 1977. 287-312

[REBS83]   Rebsamen, J.: Datenbankentwurf im Dialog - Integrierte Beschreibung von Strukturen, Transaktionen und Konsistenz. ETH Zürich. (Diss.). 1983

[REIM84]   Reimer, M.: Transaktionen in Datenbankprogrammiersprachen. ETH Zürich. (Diss.). 1984

[REIS81]   Reisner, P.: Human factor studies of database query languages: a survey and assessment. ACM Computing Surv. 13:1. 1981. 13-32

[REIT84]   Reiter, R.: Towards a logical reconstruction of relational database theory. In: [BROD84a]. 1984. 191-233

[REUT80a]   Reuter, A.: A fast transaction-oriented logging scheme for UNDO-recovery. IEEE Trans. Software Engng. SE-6:4. 1980. 348-356

[REUT80b]   Reuter, A.: Schnelle Datenbankrecovery mit Hilfe eines hardwaregestützten Schattenspeicheralgorithmus. In: Hauer, K.-H., Seeger, C. (Hrsg.): Hardware für Software. Teubner. 1980. 258-272

[REUT81]   Reuter, A.: Fehlerbehandlung in Datenbanksystemen. Carl Hanser. München. 1981

[REUT82]   Reuter, A.: Concurrency on high-traffic data elements. In: Proc. 1982 Conf. on Principles of Database Systems. Los Angeles. 1982. 83-93

[REUT83]   Reuter, A.: An analytic model of transaction interference in database systems. Technischer Bericht 68/83. Univ. Kaiserslautern. 1983

[REUT84]   Reuter, A.: Performance analysis of recovery techniques. ACM Trans. Database Syst. 9:4. 1984. 526-559

[RIES77]   Ries, D.R., Stonebraker, M.R.: Effects of locking granularity in a database management system. ACM Trans. Database Syst. 2:3. 1977. 233-246

[RIES79]   Ries, D.R., Stonebraker, M.R.: Locking granularity revisited. ACM Trans. Database Syst. 4:2. 1979. 210-227

[RIES83]   Rieskamp, M., Schlageter, G.: Anfragesprachen für Netzwerk-Datenbanken: Übersicht und Vergleich. In: Informatik-Fachberichte. 72. Springer. 1983. 199-218

[RIVE76]   Rivest, R.L.: Partial-match retrieval algorithms. SIAM Journal of Computing. 5:1. 1976. 19-50

[RODR73]   Rodriguez-Rosell, J., Dupuy, J.-P.: The design, implementation and evaluation of a working set dispatcher. Comm. ACM. 16:4. 1973. 247-253

[RODR76]   Rodriguez-Rosell, J.: Empirical data reference behavior in data base systems. Computer. 9:11. 1976. 9-13

[ROSE78] Rosenkranz, D.J., Stearns, R.E., Lewis, P.M.: System level concurrency control for distributed database systems. ACM Trans. Database Syst. 3:2. 1978. 178-198

[ROSS75] Ross, D.T., Goodenough, J.B., Irvin, C.A.: Software engineering: process, principles and goals. Computer. 8:5. 1975. 17-27

[ROTH74] Rothnie, J.B., Lozano, T.: Attribute based file organization in a paged environment. Comm. ACM. 17:2. 1974. 63-69

[ROTH80] Rothnie, J.B., et al.: Introduction to a system for distributed databases (SDD-1). ACM Trans. Database Syst. 5:1. 1980. 1-17

[ROUS76] Roussopoulos, N.: A semantic network model of databases. PhD Thesis. Univ. of Toronto. 1976

[ROWE81] Rowe, L.A., Stonebraker, M.R.: Architectures for future data base systems. ACM SIGMOD. 11:1. 1981. 30-44

[RYSK80] Ryska, N., Herda, S.: Kryptographische Verfahren in der Datenverarbeitung. In: Informatik-Fachberichte. 24. Springer. 1980

[SACE77] Sacerdoti, E.D.: Language access to distributed data with error recovery. Proc. 5th IJCAI. 1977. 196-202

[SAGI81] Sagiv, Y., Yannakakis, M.: Equivalences among relational expressions with the union and difference operators. Journal ACM. 27:4. 1980. 633-655

[SAKA81] Sakai, H., Kondo, H., Kawasaki, Z.: A development of a conceptual schema design aid in the entity-relationship model. In: [CHEN81a]. 1981. 415-432

[SAME81] Samet, J. (ed.): Query languages - a unified approach. Report of the British Computer Society Query Languages Group. Heyden Publ. 1981

[SCHE74] Schenk, H.: Implementional aspects of the CODASYL DBTG proposal. In: Klimbie, J.W., Koffeman, K.L. (eds.): Data base management. North-Holland. 1974. 399-411

[SCHE78] Schek, H.-J.: The reference string indexing method. In: Lecture Notes Computer Science. 65. Springer. 1978. 432-459

[SCHE80a] Scheuermann, P., Schiffner, G., Weber, H.: Abstraction capabilities and invariant properties modelling within the entity-relationship approach. In: [CHEN80]. 1980. 121-140

[SCHE80b] Schek, H.-J.: Optimal index intervals. In: Information Processing. 80. North-Holland. 1980. 493-498

[SCHE82] Schek, H.-J., Pistor, P.: Data structures for an integrated database management and information retrieval system. Proc. 8th Int. Conf. VLDB. 1982. 197-207

[SCHE83] Schek, H.-J., Scholl, M.: Die NF2-Relationenalgebra zur einheitlichen Manipulation externer, konzeptueller und interner Datenstrukturen. In: Informatik-Fachberichte. 72. Springer. 1983. 113-133

[SCHK77]	Schkolnik, M.: A clustering algorithm for hierarchical structures. ACM Trans. Database Syst. 2:1. 1977. 27–44
[SCHK78]	Schkolnik, M.: A survey of physical database design methodology and techniques. In: Proc. 4. Int. Conf. VLDB. 1978. 479–487
[SCHK85]	Schkolnik, M., Tiberio, P.: Estimating the cost of updates in a relational database. ACM Trans. Database Syst. 10:2. 1985. 163–179
[SCHL81]	Schlörer, J.: Sicherung statistischer Datenbanken: Output von Intervallen. In: Informatik-Fachberichte. 50. Springer. 1981. 327–336
[SCHL83]	Schlageter, G., Stucky, W.: Datenbanksysteme: Konzepte und Modelle. Teubner Studienbuch Informatik. 1983
[SCHM75]	Schmid, H.A., Swenson, J.R.: On the semantics of the relational data model. Proc. ACM SIGMOD Conf. 1975. 211–223
[SCHM77]	Schmidt, J.W.: Some high level language constructs for data of type relation. ACM Trans. Database Syst. 2:3. 1977. 247–261
[SCHM80]	Schmidt, J.W., Mall, M.: Pascal/R Report. Uni Hamburg. Fachbereich Informatik. Bericht Nr. 66. 1980
[SCHM83a]	Schmidt, J.W., Brodie, M.L. (eds.): Relational database systems: analysis and comparison. Springer. 1983
[SCHM83b]	Schmidt, J.W., Mall, M.: Abstraction mechanisms for database programming. Proc. ACM SIGPLAN Symposium on Programming Language Issues in Software Systems. ACM SIGPLAN Notices. 18:6. 1983. 83–93
[SCHO81]	Scholl, M.: New file organization based on dynamic hashing. ACM Trans. Database Syst. 6:1. 1981. 194–211
[SCHU77]	Schueler, B.M.: Update reconsidered. In: Nijssen, G.M. (ed.): Architecture and models in data base management systems. North-Holland. 1977. 149–169
[SELI79]	Selinger, P.G., et al.: Access path selection in a relational database management system. IBM Research Report RJ 2429. San Jose, Calif. 1979
[SENK73]	Senko, M.E., et al.: Data structures and access in data base systems. IBM Syst. Journal 12. 1973. 30–93
[SENK75]	Senko, M.E.: Information systems: records, relations, sets, entities and things. Information Systems 1. 1975. 3–13
[SENK80]	Senko, M.E.: A query-maintenance language for the data independent accessing model II. Information Systems. 5:4. 1980. 257–272
[SESA]	Softwareprodukt SESAM. Datenbanksystem. Handbuch. Teil 1. Siemens AG. München
[SEVE76a]	Severance, D.G., Lohman, G.M.: Differential files: their application to the maintenance of large databases. ACM Trans. Database Syst. 1:3. 1976. 256–267
[SEVE76b]	Severance, D.G., Duhne, R.: A practicioner's guide to addressing algorithms. Comm. ACM. 19:6. 1976. 314–326

[SEVE77]   Severance, D.G., Carlis, J.V.: A practical approach to selecting record access paths. ACM Computing Surv. 9:4. 1977. 259–272

[SHER76]   Sherman, S.W., Brice, R.S.: Performance of a database manager in a virtual memory system. ACM Trans. Database Syst. 1:4. 1976. 317–343

[SHNE73]   Shneiderman, B.: Optimum database reorganization points. Comm. ACM. 16:6. 1973. 362–365

[SHNE77]   Shneiderman, B.: Reduced combined indexes for efficient multiple attribute retrieval. Information Systems. 2:4. 1977. 149–154

[SHNE78a] Shneiderman, B.: Jump searching: a fast sequential search technique. Comm. ACM. 21:10. 1978. 831–834

[SHNE78b] Shneiderman, B.: Improving the human factors aspects of database interactions. ACM Trans. Database Syst. 3:4. 1978. 417–439

[SHNE80]   Shneiderman, B.: Software psychology. Winthrop. 1980

[SHNE84]   Shneiderman, B.: The future of interactive systems and the emergence of direct manipulation. In: Vassiliou, Y. (ed.): Human factors and interactive computer systems. Ablex. 1–27

[SHOS82]   Shoshani, A.: Statistical databases: characteristics, problems and some solutions. Proc. 8th Int. Conf. VLDB. 1982. 208–222

[SHU77]   Shu, N.C., et al.: EXPRESS: a data extraction, processing and restructuring system. ACM Trans. Database Syst. 2:2. 1977. 134–174

[SIEM]   Betriebssystem BS2000. Datenverwaltungssystem, Plattenverarbeitung. Siemens AG. München

[SMIT75]   Smith, J.M., Chang, P.: Optimizing the performance of a relational algebra database interface. Comm. ACM. 18:10. 1975. 568–579

[SMIT77]   Smith, J.M., Smith, D.C.P.: Database abstractions: aggregation and generalization. ACM Trans. Database Syst. 2:2. 1977. 105–133

[SMIT78]   Smith, J.A.: Sequentiality and prefetching in data base systems. ACM Trans. Database Syst. 3:3. 1978. 223–247

[SMIT81]   Smith, D., et al.: A computer architecture for database management systems. Rep. No. NBS-GCR-81-340. National Bureau of Standards. Washington D.C. 20234. 1982

[SMIT83]   Smith, J.M., Fox, S.A., Landers, T.: ADAPLEX relational and reference manual. Tech. Rep. CCA-83-08. Computer Corporation of America. Cambridge, Mass. 1983

[SNOD85]   Snodgrass, R., Ahn, J.: A taxonomy of time in databases. Proc. ACM SIGMOD Conf. 1985. 236–246

[SOCK79]   Sockut, G.H., Goldberg, R.P.: Database reorganisation - principles and practice. ACM Computing Surv. 11:4. 1979. 371–395

[SPIR72]   Spirn, J.R., Denning, P.J.: Experiments with program locality. In: Proc. AFIPS Fall Joint Comp. Conf. 1972. 611–621

[SST82]   Softwaretechnik-Trends. Mitteilungen der GI Fachgruppe Software Engineering. 1982

[STAIRS]   Datenbanksysteme-Erfahrungsberichte. Stairs. Heft 1. GMD. Schloß Birlinghoven. 1974

[STAP80]	Stapp, W.: Untersuchungen der Kosten von komplexen Suchfragen im Datenbanksystem ADABAS. Fachbereich Informatik. TH Darmstadt. Diplomarbeit. 1980
[STEV74]	Stevens, W.P., Myers, G.J., Constantine, L.L.: Structured design. IBM Syst. Journal 13. 1974. 115–139
[STON75]	Stonebraker, M.: Implementation of integrity constraints and views by query modification. Proc. ACM-SIGMOD Conf. 1975. 65–78
[STON76]	Stonebraker, M., et al.: The design and implementation of INGRES. ACM Trans. Database Syst. 1:3. 1976. 189–222
[STON80]	Stonebraker, M.: Retrospection on a database system. ACM Trans. Database Syst. 5:2. 1980. 225–240
[STON81]	Stonebraker, M.: Operating system support for database management. Comm. ACM. 24:7. 1981. 412–418
[STON83a]	Stonebraker, M., Woodfill, J., Andersen, E.: Implementation of rules in relational data base systems. Mem. No. UCB/ERL 83/10. Electronics Research Laboratory. Univ. of Calif. 1983
[STON83b]	Stonebraker, M., et al.: Performance enhancements to a relational database system. ACM Trans. Database Syst. 8:2. 1983. 167–185
[STRO77]	Strong, H.R., Markowsky, G., Chandra, A.K.: Search within a page. IBM Research Report. RJ 2080. San Jose, Calif. 1977
[STUR80]	Sturgis, H., Mitchel, I., Israel, I.: Issues in the design and use of a distributed file system. ACM Operating System Review. 14:3. 1980
[SUSS63]	Sussenguth, E.H.: Use of tree structures for processing files. Comm. ACM. 6:5. 1963. 272–279
[TAFV74]	Tafvelin, S.: Sequential files on cycling storage. In: Information Processing. 74. North-Holland. 1974. 983–987
[TAND]	Tandem 16. ENSCRIBE Data Base Record Manager. Programming Manual. TANDEM COMPUTER INC. Cupertino, Calif. T16-8017-A01
[TARD80]	Tardieu, H., et al.: A method, a formalism and tools for database design. In: [CHEN80]. 1980. 353–377
[TAY84]	Tay, Y.C.: A mean value performance model for locking in databases. Ph. D. Thesis. Harvard Univ. 1984
[TAYL76]	Taylor, R.W., Frank, R.L.: CODASYL database management systems. ACM Computing Surv. 8:1. 1976. 67–103
[TEIC77]	Teichroew, D., Hershey, E.A.: PSL/PSA: a computer-aided technique for structured documentation and analysis of information processing systems. IEEE Trans. Software Engng. SE-3:1. 1977. 41–48
[TEIC80]	Teichroew, D., et al.: Applications of the entity-relationship approach to information processing systems modeling. In: [CHEN80]. 1980. 15–38
[TEIC81]	Teichroew, D., Gemano, F., Silva, L.: Applications of the entity-relationship approach. 1981

[TEOR78] Teorey, T.J., Fry, J.P.: Logical data base design: a pragmatic approach. In: Data base - the next five years. Infotech State of Art Conf. Maidenhead. Berkshire. 1978. 357-384

[TEOR80] Teorey, T.J., Fry, J.P.: The logical record access approach to database design. ACM Computing Surv. 12:2. 1980. 179-211

[TEOR82] Teorey, T.J., Fry, J.P.: Design of database structures. Prentice-Hall Inc. 1982

[TEUH78] Teuhola, J.: A compression method for clustered bit-vectors. Information Processing Letters. 7:6. 1978. 308-311

[THOM75] Thomas, J.C., Gould, J.D.: A psychological study of query by example. Proc. AFIPS Nat. Comp. Conf. 44. 1975. 439-445

[THOM77] Thomas, D.A., Pagurek, B., Buhr, R.J.: Validation algorithms for pointer values in DBTG databases. ACM Trans. Database Syst. 2:4. 1977. 352-369

[THUR79] Thurnherr, B., Zehnder, C.A.: Global data base aspects. Consequences for the relational model and a conceptional schema language. Fachbericht Nr. 10. ETH Zürich. 1979

[THUR80] Thurnherr, B.: Konzepte und Sprachen für den Entwurf konsistenter Datenbanken. ETH Zürich. (Diss.) 1980

[TODD76] Todd, S.J.P.: Peterlee relational test vehicle PRTV. A technical overview. IBM Systems Journal. 15:4. 1976. 285-308

[TRAU84] Traub, J.F., Yemini, Y., Wozniakowski, H: The statistical security of a statistical database. ACM Trans. Database Syst. 9:4. 1984. 672-679

[TSIC76] Tsichritzis, D.C., Lochovsky, F.H.: Hierarchical database management: a survey. ACM Computing Surv. 8:1. 1976. 67-103

[TSIC77] Tsichritzis, D.C., Lochovsky, F.H.: Data base management systems. Academic Press. N.Y. 1977

[TSIC78] Tsichritzis, D.C., Klug, A.: The ANSI/X3/SPARC DBMS framework report of the study group on database management systems. Information Systems. 3:3. 1978. 173-191

[TSIC82] Tsichritzis, D.C., Lochovsky, F.H.: Data models. Prentice-Hall. 1982

[TSUR84] Tsur, S., Zaniolo, C.: The implementation of GEM - supporting a semantic data model on a relational back-end. Proc. ACM-SIGMOD Conf. 1984. 286-295

[TUEL76] Tuel, W.G.: An analysis of buffer paging in virtual storage systems. IBM Journal Res. and Dev. 20:5. 1976. 518-520

[TUEL78] Tuel, W.G. jr.: Optimum reorganization points for linearly growing files. ACM Trans. Database Syst. 3:1. 1978. 32-40

[UDS] Softwareprodukt UDS. Systembeschreibung und Bedienungsanleitung. Handbuch. Siemens AG. München. 1980

[UHRO73] Uhrowczik, P.P.: Data dictionary/directories. IBM Systems Journal. 12:4. 1973. 332-350

[ULLM82] Ullman, J.D.: Principles of database systems. 2nd ed. Computer Science Press. 1982

[UNIV] DMS1100. Data Management System. UNIVAC 1100 Series. Sperry Rand Corp. UP-7907

[URSP84] Ursprung, P.: Benutzernahe Sicht von Datenbanken-Entwurf und Manipulation von Datenhierarchien. ETH Zürich. (Diss.). 1984

[VALL76] Vallerino, O.: On the use of bit maps for multiple key retrieval. In: SIGMOD FDT. 8:2. 1976

[VAND77] Vandijck, E.: An overview of current relational data base query languages. In: Data base - the next five years. Infotech State of Art Conf. Maidenhead, Berkshire. 1977. 141-159

[VASS83] Vassiliou, Y., et al.: Natural language for database queries: a laboratory study. MIS Quarterly. 7:4. 1983. 47-61

[VASS84] Vassiliou, Y. (ed.): Human factors and interactive computer systems. Ablex. 1984

[VDN] Anwendungsprogrammier-Schnittstelle des verteilten Datenbanksystems VDN. VDN-Report 11/78. FB Informatik. TU Berlin. 1978

[VEKL85] Veklerov, E.: Analysis of dynamic hashing with deferred splitting. ACM Trans. Database Syst. 10:1. 1985. 90-96

[VERH78] Verhofstad, J.S.M.: Recovery techniques for database systems. ACM Computing Surv. 10:2. 1978. 167-195

[VERH79] Verhofstad, J.S.M.: Recovery based on types. In: Bracchi, G., Nijssen, G.M. (ed.): Data base architecture. North-Holland. 1979. 125-139

[VETT81] Vetter, M.: Database design methodology. Prentice-Hall Inc. 1981

[VETT86] Vetter, M.: Aufbau betrieblicher Informationssysteme, 3. Aufl. Teubner. 1986

[VSAM] OS/VS Virtual Storage Access Method (VSAM). Options for advanced applications. IBM DPD. White Plains, N.Y. GC26-3819-2

[WAGH75] Waghorn, W.J.: The DDL as industry standard? In: Data Base Description. North-Holland. 1975. 121-167

[WAGN73] Wagner, R.E.: Indexing design considerations. IBM Systems Journal. 12:4. 1973. 351-367

[WALT77] Waltz, D.L., Goodman, B.A.: Writing a natural-language data base system. Proc. 5th IJCAI. 1977. 144-157

[WALT84] Walter, B.: Nested transactions with multiple commit points: an approach to the structuring of advanced database applications. In: Proc. 10th Int. Conf. VLDB. 1984. 161-171

[WASS80] Wasserman, A.I.: Information system design methodology. Journ. Am. Soc. Inf. Sci. 31

[WASS82] Wasserman, A.I., Gutz, S.: The future of programming. Comm. ACM. 25:3. 1982. 196-206

[WATE75] Waters, S.J.: Analysis of self-indexing disk files. The Computer Journal. 18:3. 1975. 200-205

[WEDE74a] Wedekind, H.: On the selection of access paths in a data base system. In: Klimbie, J.W., Koffeman, K.L. (eds.): Data base management. North-Holland. 1974. 385-397

[WEDE74b] Wedekind, H.: Datenbanksysteme I. Reihe Informatik/16. BI-Verlag. 1974

[WEDE76] Wedekind, H., Härder, T.: Datenbanksysteme II. Reihe Informatik/18. BI-Verlag. 1976

[WEDE78] Wedekind, H.: Zur Durchführung des 6,1 DBGS. In: Datenschutz und Datensicherung. Nr. 4/78. 1978. 181-185

[WEDE80] Wedekind, H., Ortner, E.: Systematisches Konstruieren von Datenbankanwendungen – zur Methodologie der angewandten Informatik. Carl Hanser. 1980

[WELT81] Welty, C., Stemple, D.W.: Human factors comparison of a procedural and a nonprocedural query language. ACM Trans. Database Syst. 6:4. 1981. 626-649

[WIED83] Wiederhold, G.: Database design. 2nd ed. McGraw-Hill. 1983

[WIRT71] Wirth, N.: The programming language PASCAL. Acta Informatica 1:1. 1971. 35-63

[WONG76] Wong, E., Youssefi, K.: Decomposition – a strategy for query processing. ACM Trans. Database Syst. 1:3. 1976. 223-241

[WONG77] Wong, H.K.T., Mylopoulos, J.: Two views of data semantics: a survey of data models in artificial intelligence and database management. INFOR 15. 1977. 344-383

[WONG80] Wong, E., Katz, R.H.: Logical design and schema conversion for relational and DBTG databases. In: [CHEN80]. 1980. 311-321

[WOOD77] Woods, W.A.: Lunar rocks in natural English: explorations in natural language question answering. In: Zampoli (ed.): Linguistic structures processing. North-Holland. 1977. 521ff.

[WULF75] Wulf, W., et al.: Overview of the HYDRA operating system development. In: Proc. of the 5th Symp. on Operating System Principles. 1975

[YAO82] Yao, S.B., et al.: Database design techniques I+II. Proc. Lecture Notes in Computer Science 132+133. Springer. 1982

[YEH77] Yeh, R.T., Baker, J.W.: Toward a design methodology for DBMS: a software engineering approach. Proc. 3rd Int. Conf. VLDB. 1977. 16-27

[YEH78] Yeh, R.T., Roussopoulos, N., Chang, P.: Database design – an approach and some issues. In: INFOTECH State of Report on Database Technology. INFOTECH Int. England. 1978. 443-477

[YOUR79] Yourdon, E., Constantine, L.L.: Structured Design. Prentice-Hall. 1979

[YU85] Yu, C.T., et al.: Adaptive record clustering. ACM Trans. Database Syst. 10:2. 1985. 180-204

[ZANI79a] Zaniolo, C.: Design of relational views over network schemas. Proc. ACM SIGMOD Conf. 1979. 179-190

[ZANI79b]	Zaniolo, C.: Multimodel external schemas for CODASYL database management systems. In: Bracchi, G., Nijssen, G.M. (ed): Data Base Architecture. North-Holland. 1979. 171-190
[ZANI84]	Zaniolo, C.: PROLOG: A database language for all seasons. Proc. 1st Int. Workshop on Expert Database Systems. Kiawah Island. 1984. 63-73
[ZEHN80]	Zehnder, C.A., Thurnherr, B.: Dynamic consistency constraints in the conceptual schema and their connection with the external schema. In: Informatik-Fachberichte. 33. Springer. 1980. 181-195
[ZEHN85]	Zehnder, C.A.: Informationssysteme und Datenbanken. Teubner. 1985
[ZLOO75]	Zloof, M.M.: Query by Example. Proc. AFIPS Natl. Comp. Conf. 44. 1975. 431-438
[ZLOO77]	Zloof, M.M.: Query-by-Example: a data base language. IBM Systems Journal. 16:4. 324-343
[ZOEP83]	Zoepppritz, M.: Human factors of a "natural language" enduser system. In: Blaser, A., Zoeppritz, M. (eds.): End user systems and their human factors. Springer. 1983. 62-93

Index

Kursive Unterbegriffe sind unter dem gleichlautenden Hauptbegriff weiter aufgefächert.

Abfragesprache
  s. *Anfragesprache*
Abgeschlossene Anfragesprache   548
Abhängiger Gegenstand (weak entity)   504
Abhängigkeit
  Existenzabhängigkeit   511
  funktionale   35, 38, 529, 589
  Kardinalsabhängigkeit   511
  mehrwertige   530
Ablauffolge, serielle   433
Abstrakte Maschine   105
Abstrakter Datentyp   101
Abstraktion   82, 98, 489
Abteilung   344
ACID-Prinzip   405, 418
Ad hoc-Anfrage   330
Ada   82
ADABAS   603
Adresse   23
Adressierung
  Blockadressierung   179, 181
  Seitenadressierung   186
  Satzadressierung   218
Adressierungstechnik   179, 218
After-Image   449
Aggregation   489, 508
Aktualisieren   62
Aktualitätsanzeiger
  im HDM   74ff.
    aktuelle Ausprägung   75f.
    Seiteneffekt   76
  im NDM   60f.
    aktuelle Ausprägung   60f.
    currency indicator   60

    current of run unit   60
    Seiteneffekt   59f.
Aktuelle Ausprägung
  im HDM   75f.
  im NDM   60f.
Algebraische
  Sprache   620
  Optimierung   311
  DML   620
Allquantor   48
Ändern (RDM)   41
Änderungsoperation
  im HDM   79–82
    delete   80
    get   80, 785
    get_and_hold   80
    insert   79
    modify   8
  im NDM   58, 65–68
    connect   66
    disconnect   65
    find   60, 62f.
    get   75f., 80
    insertion_is   67
    modify   65
    retention_is   67
    set_selection_by   67
    store   66
  im RDM   41–42
    ändern   41
    entfernen   41
    erzeugen   41
Anforderungs-Sammelplan   490
Anfrage   42
  Ad hoc-Anfrage   330

Anfrage (Fortsetzung)
    Fixpunktanfrage 634
    rekursiv definierte 607, 633
    Tableauanfrage 633
Anfrageoperation
    im HDM s. *Leseoperation* 75–79
    im NDM s. *Leseoperation* 62–65
    im RDM 42–48
        Datenkombination 43
        Datenprojektion 42
        Datenselektion 42
Anfragesprache / Abfragesprache
    42, 44, 48, 634
    abgeschlossene 548
    natürlichsprachliche 613
    Prädikatenkalkülsprache 603, 621
    relational abgeschlossene 622
    relational vollständige 48, 632
    Relationenalgebra 31, 46
    Relationenkalkül 31, 46
    relationale 46
Angestellter 344
Ankersatz 520
Anomalie 523
ANSI/SPARC-Architektur 141
ANSI/X3/SPARC 82
Antwortzeit 601
Anwendungsprogramm 565
APL 602
Apple Macintosh 612
Arbeitsbereich des Anwendungs-
    programms 616
Arbeitsumgebung
    im HDM 74ff.
        Aktualitätsanzeiger 74ff.
        aktuelle Ausprägung 75f.
        Kommunikationsrekord 74f.
        Operation 74ff.
        Statusinformation 57
    im NDM 58, 60ff.
        Aktualitätsanzeiger 60f.
        aktuelle Ausprägung 60f.
        Kommunikationsrekord 62f.
        Operation 59ff.
        Statusinformation 61

Architektur 174
    ANSI/SPARC-Architektur 141
    DBS-Architektur 165
    Fünf-Schichten-Architektur 135
    Kernel-Architektur 346
    Strawman-Architektur 117
    Systemarchitektur 87
Archiv
    -kopie 372, 445
    -protokolldatei 467
Array, Pointer-Array 281
Art 7f.
    Ausprägung 7, 8
    Basisart 8, 30, 32, 36
    -bezeichner 7
    definierte 12
    -definition 12f.
    -eigenschaft 7
    Metaart 8
    Objektart 7, 19, 31f.
Assoziation 504, 507, 518
Assoziationstyp 507, 522f.
Assoziativ 35
Assoziativer Selektor 21f., 30, 33, 37, 81
Atomar 6, 9, 36
Atomarität 91
Attribut 7, 13, 43, 45, 504, 507,
    518, 522f.
    -begriff 518
    -bezeichner 7
    -name 13
    Objektattribut 7, 137
    Schlüsselattribut 36, 585
    -typ 507
    -wert 7, 21f., 32f., 41, 43, 63, 73,
        75, 81
Aufgabenstruktur 565
Ausprägung 7f., 16, 19, 21, 37f.
    aktuelle 31, 60f., 75f.
    Knotenausprägung 79
    Mengenausprägung 52f.
    Rekordausprägung 51, 58, 62,
        76f., 80
Aussagenkalkül 633
Aussagenlogik 44

Auswertungskomplexität von
    Anfragesprachen 634
Authentisierung 344
Authentisierungsprozeß 355
Autorisierung 344f., 364
    dezentrale 367
    dynamische 366f.
    statische 364
Autorisierungs
    -system 598
    -verfahren 364

B-Baum 229
    Präfix-B-Baum 235
B*-Baum 232, 242, 252, 280, 284, 313
Bachmann-Diagramm 522
Basis
    -art 8, 30, 32, 36
        atomar 6, 9, 34
        komplett 6, 9, 36
    -objekt 6, 9, 32, 36f.
    -relation 536
    -typ 32
Baum 68, 74
    B-Baum 229
    B*-Baum 232, 242, 252,
        280, 284, 313
    Binärbaum 228, 234
    Binärer Radix-Baum 242
    HDM-Baum 68, 74, 76
    Mehrwegbaum 229, 252, 260
    PATRICIA-Baum 240
    Präfix-B-Baum 235
    Teilbaum 75, 76
    Zerlegungsbaum 310, 314, 321, 324
Bedarfszeit 96
Bedingung
    Fehlseitenbedingung 214
    Integritätsbedingung 12, 22, 35, 42,
        341, 348, 380, 382, 405
    Konsistenzbedingung 90, 341
    referentielle 590
    Übergangsbedingung 382, 401
    unverzögerte 381

    verzögerte 382
    Zugriffsbedingung 360, 362f., 377
Before-Image 449
Benutzer
    Endbenutzer 88
    -forschung 566, 607
    -freundlichkeit 566
    -sicht 91
    -typ 561
        casual user 565
        Interaktionsfähigkeit 565
        Novize 566
        semantisches Wissen 565
        syntaktisches Vorwissen 565
Bereichssuche 261
Bericht 630
Berichtsgestaltung 569, 630
BERM 498
Betriebsmittel 436
Betriebssystem 369
    -literatur 436
Beweistheorie 82
Bezeichner 5, 6, 13, 15, 16, 21f.
    Objektbezeichner 5, 12, 16,
        21f., 30, 43
Beziehung 17, 24f., 52, 499
    Eins-zu-eins-Beziehung 577
    Eins-zu-viele-Beziehung 577
    1:n-Beziehung 27, 28, 38, 52, 68f.
    n:m-Beziehung 25, 30, 38,
        52, 68f., 80
    0/1:n-Beziehung 25
    Objektbeziehung 24, 37, 52
    Viele-zu-viele-Beziehung 577
Beziehungs
    -modell 499
        Gegenstands-Beziehungsmodell
        498f.
    -typ 502, 504, 577
    in Datenmodellen 577
Binärbaum 228, 234
Binäre Suche 238
Binärer Radix-Baum 242
Binäres Suchverfahren 197
Bindezeitpunkt 298, 335

Bindung 374f., 506f., 518, 522
Bindungstyp 507, 522
Bitliste 263
Bitlistenkomprimierung 263
Blatt 76
  Blattknoten 69
Blockadressierung 179
  indirekte 181
Blockchiffrierung 182
Boyce-Codd-Normalform 532
Browsing (Blättern) 601
BS 369

CALL-Schnittstelle 299
capability 352
Cartesisches Produkt 45
casual user 565
Chiffrierung 222, 371
Clusterbildung 226, 234, 318
  mehrdimensionale 270
clustering 547
COBOL 49, 51
CODASYL 49, 51
Codd 37
Codegenerierung 298, 314, 321, 326
connect (NDM) 66
constraint, structural 388
CSDL 515, 515
currency indicator 60
Currency-Konzept 290
current of run unit 60
cursor 303

Data Base Description (*DBD*) 574
Data Base Sublanguage 601
Data Base Task Group (*DBTG*)
  49, 594
Database Design Aids 514
Data Dictionary 266, 287, 296, 329
DATA-ID-Verfahren 490
Data Definition Language (DDL)
  39, 90, 498, 562
Data Manipulation Language (*DML*)
  600 (Datenmanipulationssprache)

Datei
  Archivprotokolldatei 467
  -Konzept 178
  Protokolldatei 369, 371
  transponierte 266
Dateischnittstelle 139
Daten 3, 5
  -auswahl 615
  -*bank* 3, 88
  -*basis* 88
  -beschreibungssprache (DDL)
    562
  -definitionssprache (DDL) 39, 90,
    498
  -identifikation 30f.
  -kombination 43
  -manipulation 89
  -manipulationssprache 89, 562, 600
  -menge 5
  -modell 6, 11, 82, 90, 483
    logisches 516
    hierarchisches (HDM) 68–82
    Netzwerkdatenmodell (NDM)
      49–68, 81
    relationales (RDM) 30–48, 81
    semantisches 82, 498, 507, 568
    zugriffspfadbezogenes 172
  -modellierung 4, 5, 9, 31, 68
  -objekt 3, 11f., 32, 36, 42f., 49f., 69f.
  -partitionierung 50
  -projektion 42
  -raum 5, 10
  -satz 577
  -schutz 91, 340
  -selektion 42
  -sicherung 340
  -sicherungsmaßnahme 441
  -speicherbeschreibungssprache 542
  -struktur 12
    logische 171
  -substitution 30f.
  -typ 12
    abstrakter 101
  -unabhängigkeit 49, 142, 165, 298,
    328, 549, 571

-weiterverarbeitung 569
-wörterbuch 145, 149, 287, 486, 516, 535
Datenbank 3, 88
  -administrator 89
  -beschreibung 574
    Data Base Description (DBD) 516
  -entwurf 33, 78, 153, 482
  hierarchische 68–82
  logische 79
  -modell 3, 11, 17, 24, 30, 49, 82, 568
  -modelldefinition 30
  Netzwerkdatenbank 42–53, 77
  -operator 31
  physische 79
  -programmiersprache 82, 565, 628
  -programmierung 82
  -prozedur 573, 576
  relationale 30–48
  -reorganisation 552
  -schema 17, 90, 517
  -schlüssel 219
  -sicht 607
  statistische 346, 372, 629
  -system 88
  -verwaltungssystem 30, 68, 88
  -zugriff 78
Datenbasis 88
  -konsistenz 523, 527
  konzeptuelle 507
  Meta-Datenbasis 145
  -schema 543
    logisches 543
  -sicherung 91
  -zustand 502, 507
DBD (Data Base Description) 574
  logisches 574f.
  physisches 574f.
DB/DC-System 92, 94
DBD-DSS 516
DB-Puffer 409
DBS-Architektur 165
DBTG (Data Base Task Group) 49, 520, 538, 568

-Datenbank 594
-Modell 624
Vorschlag 615
DDL (Data Definition Language) 39, 90, 498, 562
Deadlock
  -Erkennung 437
  -Situation 435
Defaulteinstellung 602
Definierende Eigenschaft 7, 12, 26
Definierte Art 12
Definition
  Artdefinition 12f.
  HDM-Definition 68
  Mengendefinition (NDM) 52
  Modelldefinition 30, 42
  NDM-Definition 49
  Objektdefinition 21, 36
  RDM-Definition 31
  Sichtendefinition 607
  Strukturdefinition 90
  Typdefinition 12f., 17
delete 80
Demand-Paging-Verfahren 205
DESIGNER 516
Dezentrale Autorisierung 367
Dienstleistungskomponente 97
Differenz 45
Digitalbaum 238, 249
Direkte Seitenadressierung 186
disconnect (NDM) 65
Disjunktion 44
DML (Data Manipulation Language) 600
  algebraische 620
  eingebettete 603
  Vollständigkeit von DML 614
domains 14
Domäne 32, 34, 588
Domänen
  -kalkül 606
  -konzept 33
  -orientierte Prädikaten- kalkülsprache 603
Dritte Normalform 531

DSDL (Data Storage Description
  Language) s. Datenspeicher-
  beschreibungssprache 542, 549
Dynamische Autorisierung 366f.
Dynamisches Hash-Verfahren 248

Ebene 108, 136, 142
  Knotenebene 69
Eigenschaft 6
  Arteigenschaft 7
  definierende 7, 12, 26
  Objekteigenschaft 7, 17
  partielle 11, 13, 21f., 25, 26
  tatsächliche 7, 12, 26
  zusammengesetzte 11
Eigner 52f.
Einbenutzerbetrieb, logischer 314
Einbettung 602
  Formen der 602
Einbringstrategie, indirekte 188, 453
Eindeutig 35
Eindeutigkeit 13, 35, 58, 73
Eingebettete DML (Data Manipulation
  Language) 603
Eingeschränkte natürliche
  Sprache 613
Einsetzoperation 47, 79
Elternknoten 76
Endbenutzer 88
Entfernen (RDM) 41
Entity-Relationship Model (ERM) 498
Entprivatisierung von Daten-
  beständen 561
Entwurf
  Datenbankentwurf 33, 78, 153, 482
  konzeptueller 483, 498
  logischer 483, 516
  physischer 541
  Systementwurf 82
Entwurfs
  -methode 38
  -hilfe 514
EQBE (Extended Query By Example)
  630

equi-join 45
ERM (Entity-Relationship Model) 498
Ersetzungsstrategie 202, 205, 214, 293
Erste Normalform 531
Erweiterbares Hashing 240, 248, 270
Erzeugen (RDM) 41
Erzeugung, Sicherungspunkt-
  Erzeugung 474
Existenz
  -abhängigkeit 511
  -quantor 47
Extension 19, 31, 504
  Objektextension 21
Externe Sicht 533
Externes Schema 145, 533, 538
Externspeicher 445
  -verwaltung 177

Fehlerbehandlung 42
Fehlseiten
  -bedingung 214
  -rate 206
Feld
  -beschreibung 222
  -experiment 613
find im NDM 60, 62f.
Fixpunktanfrage 634
Flacher Rekord 32
FOCUS 601
FORAL LP (LP = Lightpen) 611
foreign key (Fremdschlüssel) 37
Frage-Antwort-System 612
Frame-Konzept 511
Freispeicherverwaltung 217, 234
Fremdschlüssel 37
Frühwarnung 569
Fünf-Schichten-Architektur 135
Funktional abhängig 35
Funktionale Abhängigkeit 35, 38, 529,
  589

Gambit 516
Gegenstand 498f., 507, 518, 522
  abhängiger 504

unabhängiger 504
Gegenstands-/Beziehungsmodell 498, 499
Gegenstands
  -modell 498f.
  -typ 502, 507
Geheimnisprinzip 167
Generalisation 489, 508
Generische
  Operatoren 90
  Suche 261
Generischer Index 260
Geräteschnittstelle 140
Gesamtindex 260
Gestreute Speicherungsstruktur 242, 252
get
  im HDM 75f., 80
  im NDM 62, 64
get-and-hold (HDM) 80
Gliedsatz 520
Grid File-Konzept 268
Grid-Directory 272
Gültigkeitsdauer 13

HDM 68f.
  -Baum 68, 74, 76
    Blatt 69, 76
    Knoten 69, 76
    Teilbaum 75f.
    Wald 68
    Wurzel 69, 76
  -Definition 68
Hash-Verfahren 197, 242, 247, 318
  dynamisches 248
Hashing
  erweiterbares 240, 248, 270
  Mehrschlüssel-Hashing 267
Hierarchie 73
  ISA-Hierarchie 511
  -modell 3, 11, 24, 68-82
    (Hierarchisches Modell)
  Speicherhierarchie 178, 181
Hierarchische
  Datenbank 68-82

Zerlegung 102
Hierarchischer Zugriffspfad 255, 277, 282
Hierarchisches Datenmodell (HDM) 68-82
Hintergrundwissen 561
hot-spot-page 460
Human-Factor-Methode 566

IDAMS (Integrated Data Analysis and Management System) 628
Identifikation 17, 344, 355, 369
  Objektidentifikation 17, 21f., 52
Identität 13
IDMS 603
IMS (Information Management System) 594
IMS-Schema 575
INCOD-DTE (Interactiv Conceptual Design of Data, Transactions and Events) 515
Index
  generischer 260
  Gesamtindex 260
  Intervall-Index 265
  Mehrattribut-Index 260
Indextabelle 262
Indirekte
  Blockadressierung 181
  Einbringstrategie 188, 453
  Seitenadressierung 186
Information 3, 31
  kryptographische Log-Information 372
Information Management System (IMS) 568, 585, 594
Informations
  -bedarfsanalyse 489
  -prozeß 3
  -system 3
INGRES 603
insert (HDM) 79
insertion_is (NDM) 67
insertion class 593
Integrierte Sprache 603

Integrität
  Eindeutigkeit 13, 35, 58, 73
  Ordnung 58, 73
  referentielle 14, 36f., 58, 73
  system enforced integrity 391
Integritäts
  -bedingung 12, 22, 35, 42, 341, 380, 382, 405
    im HDM 73
    im NDM 58-59
    im RDM 25, 35-41, 42
      Fremdschlüssel 37
      funktional abhängig 35, 38
      normalisierte Relation 38
      Schlüsselattribut 35f.
  -definiton 56
  -regel 586, 587
    Konsistenzregel 573
  -verletzung, Reaktionsregel 587
Intelligenz, künstliche 82, 511
Intension 504
Interaktions
  -fähigkeit 565
  -modus 569
Interne Satzschnittstelle 139
Internes Schema 144
Interpretations 299
  -aufwand 302
  -prozess 3
Intervall-Index 265
Invertierte Liste 262
Invertierungstechnik 258, 280
IRSDL (Information Resourse Specification and Design Language) 514
ISA-Hierarchie 511
ISBL 605
Isolierung 404
Iterator 82

join 31, 45
  equi-join 45
  natural-join 46
  theta-join 46

Kalkül
  Aussagenkalkül 633
  Domänenkalkül 606
  Prädikatenkalkül 632
  Relationenkalkül 31, 46
Kardinalität 32
Kardinalsabhängigkeit 511
Kerndatenbanksystem 98
Kernel-Architektur 346
Kette
  Überlaufkette 218
  Zeigerkette 53, 58
Kettenstruktur 228, 281
Kettungstechnik 257, 277
Kind, logisches (lchild) 583
Knoten 69, 76
  -ausprägung 79
  Blattknoten 69
  -ebene 69
  Elternknoten 76
  -typ 69, 77
Kombination 43
Kommunalität 477
Kommunikationsrekord
  im HDM 74f.
  im NDM 62f.
Kompensative Recovery 406
Kompression 242, 547
Komprimierung
  Bitlistenkomprimierung 263
  Präfix-Komprimierung 235
Komprimierungs
  -methode 290
  -technik 263, 269
Konjunktion 44
Konsistenz 35, 42, 91, 567
  -bedingung 90, 341
  -ebene 428
  -probleme 28
  -regel 573
  wertabhängige 395
Kontrolle
  Lastkontrolle 193, 202
  Zugriffskontrolle 342f., 348f., 597
Kontrollstruktur 31

Konzept 347
  -Beziehungsmodell (CRM) 509
  Currency-Konzept 290
  Dateikonzept 178
  Domänenkonzept 33
  Frame-Konzept 511
  Grid File-Konzept 268
  Recovery-Konzept 189
  Schattenspeicherkonzept 189
  Schutzkonzept 347f.
  Segmentkonzept 183
  TID-Konzept 218
  Zusatzdatei-Konzept 192
Konzeptuelle
  Datenbasis 507
    konzeptueller Entwurf 483, 498
  Modellierung 82
Konzeptueller Entwurf 483, 498
Konzeptuelles Schema 144, 485,
  507, 572
Koordinator 471
Kopiersemantik 51
Kosten-Wirksamkeits-Analyse
  566
Kryptographische
  Log-Information 372
  Methode 371
Künstliche Intelligenz 82, 511
Kurzzeitgedächtnis 567
KWIC List (Keyword-in-Context)
  512

Laborstudie 612
Lastkontrolle 193, 202
lchild (logisches Kind) 583
Leistungssteuerung 92
Lese-Operation
  im HDM 75-79
    get 75f.
    Seiteneffekt 76
  im NDM 62-65
    find 62f.
    get 80
    Seiteneffekt 59f.
Liste, invertierte 262

Listen
  -struktur 226, 234
  -technik 277
Logik
  Aussagenlogik 44
  mathematische 47
  Prädikatenkalkül 632
  -programmiersprache 606
Log-Information, kryptographische 372
Logische
  Datenbank 79
  Datenstruktur 171
  Variable 45
Logischer
  Entwurf 483, 516
  Einbenutzerbetrieb 341
  Operator 44
    Disjunktion 44
    Konjunktion 44
    Quantor 47f.
  Zugriffspfad 170, 285
Logisches
  Prädikat 22
  Datenbasisschema 543
  Datenmodell 516
  DBD 575
  Kind (lchild) 583
  Schema 485, 544
Lokalität 198

Maschine, abstrakte 105
Maskensuche 261
Mathematische Logik 47
Matrix
  Sicherheitsmatrix 350, 352,
    354, 358, 362, 364f.
  Zugriffsmatrix 360f., 377
Mechanismus, Schutz-Mechanismus 347f.
Mehrattribut
  -Index 260
  -Retrieval 267, 276
Mehrbenutzerbetrieb 92, 340
Mehrdimensionale Clusterbildung
  270

Mehrschlüssel-Hashing 267
Mehrwegbaum 229, 252, 260
Mehrwertige Abhängigkeit 530
member (Mitglied) 52, 581
Membership-Klasse 593
Mengen
   -ausprägung (NDM) 52f.
   -definition (NDM) 52
   NDM-Menge 52ff.
   Objektmenge 17f.
   -operator 45
      Cartesisches Produkt 45
      Differenz 45
      Vereinigung 45
   -orientierte DB-Schnittstelle
     171, 294, 303
   -orientierte Schnittstelle 136
   -struktur (NDM) 32, 34, 52f.
   -typ 52, 62
      Zeigertyp 53
Merging Scans 320
Meta
   -Datenbasis 145
   -art 8
   -datum 150
Methode
   Entwurfsmethode 38
   Human-Factor-Methode 566
   Komprimierungsmethode 290
   kryptographische 371
   Referenz-String 265
   Verbundmethode 318
Methodenbank 569
Minimal relational 31
Miniwelt 482, 489
Mitglied 52f.
Modell
   Beziehungsmodell 498f.
   Datenmodell 6, 11, 82, 90, 483
   Datenbankmodell 3, 11, 17, 24,
     30, 49, 82, 568
   DBTG-Modell 624
   -definition 30, 42, 68
   Gegenstandsmodell 498f.
   Hierarchiemodell 3, 11, 24, 68–82

   Konzept-Beziehungsmodell (CRM)
     509
   Netzwerkmodell 3, 11, 24,
     49–68, 78, 81, 520, 538, 549
   relationales 620, 625
   Relationenmodell 3, 11, 22,
     30–48, 68, 78, 81, 518, 536
   Schichtenmodell 166f.
   -theorie 82
   Universalrelationenmodell 586
Modellieren 3, 64
Modellierung
   konzeptuelle 82
modify
   im HDM 80
   im NDM 65
Modul 82, 98
   Zugriffsmodul 304, 326, 332
Modula-2 82
Modularität 99

Natürlichsprachliche Abfrage-
   sprache 613
natural-join 46
Navigation 74, 171, 290
Navigieren
   im NDM 58, 62–65
   im HDM 75–79
Navigierende Sprache 609, 615
NDM (Netzwerkdatenmodell) 49–68
   -Definition 49
   -Menge 52ff.
     Eigner 52f.
     Mitglied 52f.
     Mengenausprägung 52f.
     Mengendefinition 52
   -Mengentyp 51f.
   -Netz 74
   -Schema 56
   -Struktur 58
     NDM-Menge 52f.
     Rekord 51
nested loops 320, 326
Netz 59, 74

Netzwerk
   -datenbank 42-53,77
   -datenbankmodell (NDM) 49-68
   -modell 3,11,24,49-68,
      78,81,520,590
      semantisches 511,515
Nicht-algebraische Optimierung 312
n:m-Beziehung 25,28,30,38,52,
   68f.,80
node (*Knoten*) 69
NOMAD 603
Normalform 499,530
   Boyce-Codd-Normalform 532
   erste 531
   dritte 531
   vierte 532
   zweite 531
Normalformenlehre 528
Normalisierte Relation 38
   funktionale Abhängigkeit 35,38
Normalisierung 43,527,528,530,589
Novize 566
n-Tupel 32

Objekt 6
   -art 7,19,31f.
   -attribut 7,137
   -beschreibung 7,17
   -bezeichner 5,12,16,21f.,30,42
   -beziehung 24,37,52
   -definition 21,36
   -deklaration 12
   -eigenschaft 7,17
   -extension 21
   -identifikation 17,21f.,52
   -interpretation 21
   -menge 17f.
   -typ 12
      Basisobjekt 6,9
Operation 587
   Änderungsoperation
      im HDM 79-82
      im NDM 59,65-68
      im RDM 41-42
   Anfrageoperation im RDM 42-43

Arbeitsumgebung
   im HDM 74ff.
   im NDM 59ff.
Leseoperation/navigieren
   im HDM 75-79
   im NDM 62-65
Operator 12,41ff.,51ff.,61ff.,75ff.
Seiteneffekt
   im HDM 76
   im NDM 59f.
Operator 12
   Änderungsoperator 15,41f.,
      65ff.,79ff.
   Anfrageoperator 42f.
   Datenbankoperator 31
   find-Operator 60,62f.
   generischer 90
   get-Operator 64,75f.
   Leseoperator 15,62f.,75f.
   logischer 45
   Mengenoperator 45
   modify-Operator 65,80
   Operation 41ff.,59ff.,74ff.
   Scan-Operator 320
   Suchoperator 15
   Verbindungsoperator 45
   Vergleichsoperator 44,46
   Zuweisungsoperator 14
Optimizer 313,320
Optimierung
   algebraische 311
   nichtalgebraische 312
ORACLE 603
Ordnung 58,73
Organisation
   physische 496
   Reorganisation 553
Organisationseinheit 490
owner 52,581

Partielle Eigenschaft 11,13,21f.,25f.
Partielles Zurücksetzen 442
Pascal 82
Pascal/R 34,602

Paßwort 358f., 597
PATRICIA-Baum 240
Performanz 73, 79
Persistenz 91
Phantom-Problem 413
Phase, Recovery-Phase 458
Phonetische Suche 261
Physische
  Datenbank 79
  Organisation 496
Physischer Entwurf 483, 541
Physisches
  DBD (Data Base Description) 575
  Schema 485
  Sperren 422
Plazierung 550
Pointer-Array 281
Positionsangabe (HDM) 75
Prädikat 31, 47, 58, 76, 81
  erster Ordnung 47
  logisches 22
  Quantor 47f.
  Selektionsprädikat 47
Prädikatenkalkül 632
  erster Ordnung 632f.
  -sprache 603, 621
    domänenorientierte 603
    tupelorientierte 603, 604
Präfix-
  B-Baum 235
  Komprimierung 235
Pre-Compiler 299, 307, 328
Prepaging-Verfahren 205
Prinzip
  ACID-Prinzip 405, 418
  Geheimnisprinzip 167
  Vererbungsprinzip 7
privacy locks 364
Programm Communication Block (PCB) 596
Programmieren 3
Programmierschnittstelle 171, 310
Programmiersprache 12, 15
  Datenbankprogrammiersprache 82, 565, 628

Logikprogrammiersprache 606
Projektion 31, 43, 45
PROLOG 602, 606
Protokoll
  -datei 369, 371
  -komponente 409
  temporäres 459, 463, 470
  Zweiphasen-Freigabeprotokoll 468
  Zweiphasen-Sperrprotokoll 463
PRTV 605
Prüfpunkt (Checkpoint) 628
PSL/PSA (Problem Statement Language/Problem Statement Analyzer) 515
public-key-system 371

QBE (Query-by-example) 604, 610
Quantifizierung in Anfragen 566
Quantor 47f.
  Allquantor 48
  Existenzquantor 47
  universeller Quantor 48
QUEL 604
Query Modification 362, 378, 392

Radix-Baum, binärer 242
RDM 30–48, 81
  -Definition 31
  -Schema 56
Reaktionsregel bei Integritätsverletzung 587
record s. Rekord 578
Recovery 343, 473
  -funktion 167
  kompensative 406
  -Komponente 221
  -Konzept 189
  -Phase 458
REDO 399
Redundanz 26, 69
Referentielle
  Bedingung 590
  Integrität 14, 36f., 58, 73

Referentieller Selektor 21,23,27f.,30, 53,81
Referenz 23
  -schlüssel 235
  -semantik 51
  -String-Methode 265
  -verhalten 198,206
Reformatierung 553,555
Regelbank 82
Regelprüfung 394
Rekord 12,39,51,578
  -ausprägung 51,58,60,76f.,80
  flacher 32
  Kommunikationsrekord 62f.,74f.
  -struktur 51
  -typ 60
Rekursiv definierte Anfrage 607,633
Relation 30,34
  normalisiert 38
Relational
  abgeschlossene Abfragesprache 622
  vollständig 632
  vollständige Anfragesprache
  48,539,556
Relationale Anfragesprache 46
Relationales
  Datenbankschema 517
  Modell 620,625
Relationen
  -algebra 31,46
  -kalkül 31,46
    Logik 44,47,64
  -modell 3,11,22,30-48,68,78,81,
  518,536
    Prädikat 31,47,58,76,81
    Quantor 47f.
Relationsschema 517
Reorganisation 553
  Datenbankreorganisation 552
Restrukturierung 553
retention class 593
retention_is (NDM) 67
Retrieval, Mehrattributretrieval 267, 276
Rücksetzen 398

Satzadressierung 218
Satzbündel 547
Satzorientierte DB-Schnittstelle 285
Satzorientierte Schnittstelle 138
Satzschnittstelle, interne 139
Scan
  -Operator 320
  -Technik 291
Schattenspeicher-Konzept 189
  transaktionsorientiertes 191
Schema 39,485
  -abbildung 517
  Datenbankschema 17,90,517
  Datenbasisschema 543
  externes 145,533,538
  -generation 554
  IMS-Schema 575
  internes 144
  konzeptuelles 144,485,507,572
  logisches 485,544
  NDM-Schema 56
  physisches 485
  RDM-Schema 56
  Relationsschema 517
  Speicherschema 92
  Subschema 91,535,538f.,595
Schicht 108
Schichtenmodell 166f.
Schleife 81
Schlüssel 22,35f.,44
  -attribut 35,585
  Datenbankschüssel 219
  Fremdschlüssel 37
  funktionale Abhängigkeit 35, 38,529,589
  -kandidat 530
  Referenzschlüssel 235
  -transformation 242
  -transformationsverfahren 234
  -wert 43
Schnittstelle 109,136,167
  CALL-Schnittstelle 298
  Dateischnittstelle 139
  Geräteschnittstelle 140
  mengenorientierte 136

Schnittstelle (Fortsetzung)
   mengenorientierte DB-Schnitt-
      stelle 171, 294, 303
   methodenorientierte 173
   Programmierschnittstelle 171,
      310
   Satzschnittstelle 139
   Segmentschnittstelle 139
Schnittstellenspezifikation 109
Schutz
   -Konzept 347f.
   -mechanismus 347f.
script 511
Segment 578
   -Konzept 183
   -schnittstelle 139
Segmentierung 547
Seitenadressierung
   direkte 186
   indirekte 186
Seiteneffekt
   im HDM 76
   im NDM 59f.
Seitenersetzungsalgorithmus des
   Betriebssystems 214
Seitenersetzungsstrategie 195
Seitenreferenzstring 195
Seitenzuordnungsstruktur 170, 185
Sekundärer Zugriffspfad 255
Selektion 31, 43, 45, 319
   Datenselektion 42
Selektionsprädikat 47
Selektivitätsfaktor 317
Selektor
   assoziativer 21f., 30, 33, 37, 81
   referentieller 21, 23, 27f., 53, 68, 81
Semantik 3, 31
   -beschreibung 111
   Kopiersemantik 51
   Referenzsemantik 51
Semantisches
   Datenmodell (SDM) 82, 498, 507,
      568
   Netzwerk 511, 515
   Wissen 565

Sequentielle Speicherungsstruktur
   252
Serielle Ablauffolge 433
set (Menge) 580f.
set_selection_by (NDM) 67
Sicherheitsmatrix 350, 352, 354, 358,
   362, 364f.
Sicherungspunkt 465
   -Erzeugung 474
Sicht 485, 535
   Datenbanksicht 607
   externe 533
Sichten
   -definition 607
   -integration 486, 533, 535
Softwareentwicklung 82
Sonderprüfung 394
Sortier-Operator 292
Spatial Database Management System
   (SDMS) 612
Speicher
   -bereich 550
   Datenspeicherbeschreibungssprache
      542
   Externspeicher 445
   Freispeicherverwaltung 217, 234
   -hierarchie 178, 181
   Schattenspeicherkonzept 189
   -schema 92
   -zuordnungsstruktur 170
   -zuteilung 198
   -zuteilungsstrategie 201
Speicherungs
   -form 223
   -struktur 170, 216, 264, 289
      gestreute 242, 252
      sequentielle 252
Sperre 419
   physisches Sperren 422
Sperr
   -modus 419
   -tabelle 437
Spezifikation 82
   Schnittstellenspezifikation 109

Spezifikationssprache 607
Split-Technik 234, 249, 268, 281
Sprache
　algebraische 603, 620
　Anfragesprache / *Abfragesprache*
　　42, 44, 48, 634
　Datenbankprogrammiersprache
　　82, 565, 628
　Datenbeschreibungssprache 562
　Datendefinitionssprache 39, 90, 498
　Datenmanipulationssprache
　　89, 562, 600
　Datenspeicherbeschreibungssprache
　　542
　der vierten Generation (4GL)
　　528, 601
　eingeschränkte natürliche 613
　Gerätesprache 140
　integrierte 603
　Logikprogrammiersprache 606
　navigierende 609, 615
　Prädikatenkalkülsprache 603, 621
　Programmiersprache 12, 15
　Spezifikationssprache 607
Sprachschnittstelle des DBA 563
Sprungsuche 237
SQL 566, 605
SQL/DS 527, 549, 568
Standardkomponente 97
Statische Autorisierung 364
Statistische
　Datenbank 346, 372, 629
　DBS (Data Base System) 373
Statusinformation
　im HDM 74
　im NDM 61
Stichprobe 615
store 66
Strategie
　Einbringstrategie 188, 453
　Ersetzungsstrategie 202, 205,
　　214, 293
　Seitenersetzungsstrategie 195
　Speicherzuteilungsstrategie 201
　Suchstrategie 196

Strawman-Architektur 117
structural constraint 388
Struktur
　Aufgabenstruktur 565
　Datenstruktur 12, 171
　-definition 90
　im HDM 68-73
　HDM-Baum 68
　im NDM 49-59
　NDM-Menge 52
　im RDM 31-34
　Relation 34
　Kettenstruktur
　Kontrollstruktur 31
　Listenstruktur 226, 234
　Mengenstruktur 32, 34
　Rekordstruktur 51
　Speicherungsstruktur 170, 216,
　　264, 289
　Speicherzuordnungsstruktur 170
　Seitenzuordnungsstruktur 170,
　　185
　Verknüpfungsstruktur 257
　Verweisstruktur 31
　Zugriffspfadstruktur 224, 252, 546
　Zugriffsstruktur 31
Subschema 91, 535, 538f., 595
Substitution 26, 30, 38, 50, 69, 77
Such
　-operator 15
　-strategie 196
Suche
　Bereichssuche 261
　binäre 238
　generische 261
　Maskensuche 261
　phonetische 261
　Sprungsuche 237
Suchverfahren
　binäres 197
Surrogat 505, 518
Synchronisationskomponenten 221
Syntaktisches Vorwissen 565
Syntax 3, 31
SYSTEM 2000 603

System 1
  -architektur 87
  Autorisierungssystem 598
  Betriebsystem 369
  Datenbanksystem 88
  Datenbankverwaltungssystem 30, 68, 88
  -ebene 142
  -entwurf 82
  Frage-Antwort-System 612
  Information-Management-System 568, 585, 594
  Informationssystem 3
  -katalog 222, 296, 310, 326
  Kerndatenbanksystem 98
  publik key system 371
  -puffer 183, 193
  -pufferverwaltung 183
  -schichtung 105
  Spatial Database Management System (SDMS) 612
system enforced integrity 391
System R 549, 568, 575

Tabelle 31, 32
table (Tabelle) 579
Tableauanfrage 633
Tatsächliche Eigenschaft 7, 12, 26
TAXIS 515
Technik
  Adressierungstechnik 179, 218
  Invertierungstechnik 258, 280
  Kettungstechnik 257, 277
  Komprimierungstechnik 277
  Scan-Technik 291
  Split-Technik 234, 249, 268, 281
Teilbaum 75, 76
Temporäre Protokolldatei 459, 463, 470
TERM (Timed Entity-Relationship Model) 498
theta-join 46
Thrashing (Seitenflattern) 215
  -Gefahr 215
TID-Konzept (Tuple Identifier) 218
TOTAL 603

Transaktion 42, 64, 343, 377, 386, 393, 398, 402, 627
Transaktions
  -konzept 397
  -orientiertes
    Schattenspeicher-Konzept 191
    Zusatzdatei-Konzept 193
  -prolog 397
  -verwaltung 91, 93, 407
Transformationsschlüssel 242
Transitive Hülle 607, 633
Transponierte Datei 266
Transportvolumen 547
tree (Baum) 69
TRIE (reTRIEval) 240, 249
Trigger 386, 389, 518, 527, 592
Trojan-Horse-Problem 351
Tupelorientierte Prädikatenkalkülsprache 603f.
Twin Slot-Verfahren 188
Typ 12
  Assoziationstyp 507, 522f.
  Attributtyp 507
  Basistyp 32
  benutzerdefinierter 14
  Benutzertyp 561
  Beziehungstyp 502, 504, 577
  Bindungstyp 507, 522
  Datentyp 12
  -definition 12f., 17
  Gegenstandstyp 502, 507
  Mengentyp 52, 62
  Objekttyp 12
  Rekordtyp 60
  Wertetyp 507
  Zugriffspfadtyp 224

Übergangsbedingung 382, 401
Überlauf
  -bereich 246
  -kette 218
Übersetzung 172, 295, 299, 330
Übersetzungs
  -vorgang 307
  -zeit 328

Unabhängiger Gegenstand
   (strong entity) 504
Unabhängigkeit 506
   Datenunabhängigkeit 49, 142
   165, 298, 328, 549, 571
UNDO 398
Universalrelationenmodell 586
Universeller Quantor 41
Ununterbrechbarkeit 398, 406
Unverzögerte Bedingung 381
USL 614

Validierung 432
Validierungsphase 432
Variable 14
   logische 45
Verallgemeinerte Zugriffspfad-
   struktur 282
Verbindung 31
Verbindungsoperator 45
   join 31
Verbund 12, 319
   Rekord 12
Verbundmethode 318
Vereinigung 45
Vererbungsprinzip 7
Verfahren
   Autorisierungsverfahren 364
   DATA-ID-Verfahren 490
   Demand-Paging-Verfahren 205
   Hash-Verfahren 197, 242, 247, 318
   Prepaging-Verfahren 205
   Suchverfahren 197
   Schlüsseltransformationsverfahren
     234
   Twin Slot-Verfahren 188
Verfügbarkeitszeit 96
Vergleichsoperator 44, 46
Verknüpfungsstruktur 257
Version 17
Verwaltung
   Datenbankverwaltung 30, 68, 88
   Externspeicherverwaltung 177
   Freispeicherverwaltung 217, 234
   Systempufferverwaltung 183

Transaktionsverwaltung 91, 93, 407
Zugriffspfadverwaltung 216
Verweisstruktur 31
Verzögerte Bedingung 382
Vierte Normalform 532
view (Sicht) 91, 362f., 378, 387, 535f.,
   540
view update 540
Virtuelles Segment 584
Voll relational 31, 37
Vollständige Anfragesprache 42
Vollständiges
   Wiederholen 443
   Zurücksetzen 443
Vollständigkeit von DML 614
Vorübersetzung 330

Wald 68
weak entity (abhängiger Gegenstand)
   504
Wert 504, 507
Wertabhängige
   Konsistenz 395
   Zugriffskontrolle 359, 377
Wertetyp 507
Wertunabhängige Zugriffskon-
   trolle 350
Wiederholungsgruppe 580
Wissensrepräsentation 82
Working-Set 203
Wurzel 69, 76

Zeiger
   -darstellung 24
   -kette 53, 58
   -menge 53
Zeile 32
Zeit 14
   -punkt 7, 13f., 17
   -stempel 509
Zerlegung, hierarchische 102
Zerlegungsbaum 310, 314, 321, 324
Zooming (Fokussierung) 601
Zugriff, Datenbankzugriff 78

Zugriffs
 -bedingung 360, 362ff., 377
 -kontrolle 342f., 348f., 377f., 597
  wertabhängige 359, 377
  wertunabhängige 350
 -kosten 315
 -lücke 182, 194
 -methodenorientierte
  Schnittstelle 173
 -matrix 360f., 377
 -modul 304, 326, 332
 -optimierung 305
 -pfad 312, 546
 -plan 315
 -recht 348ff., 364, 366ff., 379
 -struktur 31
Zugriffspfad 312, 546
 -auswahl 314, 318
 -bezogenes Datenmodell 172
 hierarchischer 255, 277, 282
 logischer 170, 285
 -optimierung 296

sekundärer 255
 -struktur 224, 252, 546
 -typ 224
 -verwaltung 216
 verallgemeinerter 282
Zuordnungstabelle 196, 219
Zurücksetzen 409
 partielles 442
 vollständiges 443
Zusammengesetzte Eigenschaft 11
Zusatzdatei-Konzept 192
 transaktionsorientiertes 193
Zustand 15
 Datenbasiszustand 502, 507
Zustandsübergang 15, 511
Zuweisung 14
Zuweisungsoperation 14
Zweiphasen
 -Freigabeprotokoll 468
 -Sperrprotokoll 469
Zweite Normalform 531
Zyklen 69

Die Autoren

Dr.-Ing. Albrecht Blaser ist Leiter des Wissenschaftlichen Zentrums Heidelberg der IBM Deutschland. Vor Übernahme dieser Funktion im Jahre 1973 befaßte er sich bei der IBM mit der Entwicklung mathematischer Software und war Dozent am European Systems Research Institute der IBM Europa in Genf. Zuvor nahm er Assistententätigkeiten an den Universitäten Hannover und Stuttgart wahr.

Dr. Blaser studierte Mathematik, Physik und Theoretische Mechanik an der Universität Stuttgart und promovierte 1960 an der Universität Hannover. Sein fachliches Hauptaugenmerk gilt Endbenutzersystemen und Datenbanktechniken für Anwendungen in Büro, Technik und Wissenschaft.

Anschrift: Dr. Albrecht Blaser
   IBM Deutschland GmbH
   Wissenschaftliches Zentrum Heidelberg
   Tiergartenstr. 15, 6900 Heidelberg 1

Dr. rer. nat. Klaus Dittrich ist derzeit Gruppenleiter für Datenbanksysteme am Forschungszentrum Informatik an der Universität Karlsruhe (FZI). Zuvor war er wissenschaftlicher Mitarbeiter, dann Hochschulassistent am Institut für Informatik II der Universität Karlsruhe. 1984/85 verbrachte er einen einjährigen Forschungsaufenthalt am Research Laboratory der IBM in San Jose, Kalifornien.

Dr. Dittrich studierte Informatik an der Universität Karlsruhe und promovierte dort 1982 mit einem Thema aus dem Bereich der technischen Datenschutzmaßnahmen. Seine derzeitigen Interessengebiete liegen bei Datenbanksystemen für technische Anwendungen (speziell Datenmodellen und Datenbankarchitekturen), Software Engineering und technischen Schutzmaßnahmen in Rechensystemen.

Anschrift: Dr. Klaus Dittrich
   Forschungszentrum Informatik an der Universität Karlsruhe
   Haid- und Neu-Straße 10-14, 7500 Karlsruhe 1

Dr.-Ing. Theo Härder ist Professor für Praktische Informatik an der Universität Kaiserslautern und Mitglied des Vorstands des DFG-Sonderforschungsbereichs 124 „VLSI-Entwurfsmethoden und Parallelität". Von 1977 bis 1980 war er Dozent, später Professor für Informatik an der TH Darmstadt. Davor verbrachte er ein Jahr als Gastforscher am Research Laboratory der IBM in San Jose, Kalifornien. Seine berufliche Laufbahn begann er als wissenschaftlicher Mitarbeiter des Fachbereichs Informatik der TH Darmstadt.

Dr. Härder absolvierte ein Studium der Elektrotechnik an der TH Darmstadt und promovierte dort 1975 mit einem Thema aus dem Gebiet der Datenbanksysteme. Dieses Gebiet vertritt er auch in Lehre und Forschung an der Universität Kaiserslautern. Derzeitige Hauptarbeitsgebiete sind die Leistungsanalyse und Verfahren für Fehlertoleranz in Datenbank- und Transaktionssystemen, Mehrrechner-Datenbank-Systeme und Datenbanksysteme für neuartige Anwendungen wie 3D-CAD, VLSI-Entwurf, geographische Anwendungen und Expertensysteme.

Anschrift: Prof. Dr. Theo Härder
            Universität Kaiserslautern – Fachbereich Informatik
            Postfach 3049, 6750 Kaiserslautern

Dr. rer. pol. Matthias Jarke ist Professor für Informatik an der Universität Passau. Bis 1985 gehörte er dem Lehrkörper der Graduate School of Business Administration der New York University, zuletzt als Associate Professor, und anschließend dem der Johann Wolfgang Goethe-Universität, Frankfurt, an. Davor war er wissenschaftlicher Mitarbeiter am Institut für Unternehmensforschung der Universität Hamburg. Während seines Studiums war er als freier Mitarbeiter in einer Unternehmensberatung tätig.

Dr. Jarke absolvierte an der Universität Hamburg ein Doppelstudium in Wirtschaftswissenschaften und in Informatik. Dort promovierte er auch 1980 mit einem wirtschaftswissenschaftlichen Thema über die Überwachung und Steuerung von Container-Transportsystemen. In Passau vertritt er das Gebiet der Dialogorientierten Systeme. Seine wissenschaftlichen Interessen liegen vor allem bei datenbankorientierten Ansätzen zur Integration und Optimierung von Mensch-Maschine-Systemen sowie bei der Systemoptimierung und -evaluierung von Daten- und Wissensbanken.

Anschrift: Prof. Dr. Matthias Jarke
            Fakultät für Mathematik und Informatik
            Universität Passau
            Postfach 2540, 8390 Passau

Dr. rer. nat. Hein Lehmann leitet die Expertensystemforschung am Wissenschaftlichen Zentrum Heidelberg der IBM. Zuvor arbeitete er dort an einem Datenbankforschungsprojekt. Vor seinem Wechsel nach Heidelberg war er bei der IBM mit der Entwicklung von Testmethoden und -hilfsmitteln beschäftigt. Seine berufliche Laufbahn begann er als Assistent am Mathematischen Institut der Universität Freiburg.

Dr. Lehmann studierte Mathematik an der Universität Karlsruhe und promovierte 1967 in Mathematik an der Universität Freiburg.

Anschrift: Dr. Hein Lehmann
            IBM Deutschland GmbH
            Wissenschaftliches Zentrum Heidelberg
            Tiergartenstr. 15, 6900 Heidelberg 1

Dr.-Ing. Peter C. Lockemann ist Professor für Informatik an der Universität Karlsruhe und Mitglied des Vorstands des Forschungszentrums Informatik an der Universität Karlsruhe (FZI). Vor seinem Ruf 1972 nach Karlsruhe war er bei der Gesellschaft für Mathematik und Datenverarbeitung tätig, nachdem er mehrere Jahre dem Lehrkörper des California Institute of Technology angehört hatte. Seine berufliche Laufbahn begann er als wissenschaftlicher Assistent am Institut für Nachrichtentechnik der TU München.

Dr. Lockemann studierte Nachrichtentechnik an der TU München und promovierte dort 1963 mit einem Thema aus dem Bereich der Transistorverstärkertechnik. Er vertritt in Karlsruhe das Gebiet der Informations- und Datenbanksysteme in Lehre und Forschung. Die Schwerpunkte seiner wissenschaftlichen Tätigkeit liegen derzeit bei Datenmodellen, Datenbankentwurf, Hochleistungsdatenbanken und Datenbanksystemen für Anwendungen im Ingenieurbereich.

Anschrift: Prof. Dr. Peter C. Lockemann
 Universität Karlsruhe - Institut für Informatik II
 Postfach 6980, 7500 Karlsruhe 1

Dr. Heinrich C. Mayr ist Geschäftsführer der KMK Kreutz & Mayr Gesellschaft für Datentechnik mbH in Karlsruhe und Lehrbeauftragter an der Universität Karlsruhe. Vor Übernahme seiner derzeitigen Stellung im Jahre 1984 nahm er eine Gastprofessur für Informatik an der TU München wahr. Zuvor war er wissenschaftlicher Assistent, später Hochschulassistent am Institut für Informatik II der Universität Karlsruhe.

Dr. Mayr studierte Mathematik und Informatik an den Universitäten Karlsruhe und Grenoble. An der letztgenannten Universität promovierte er 1975. Seine derzeitigen Arbeitsgebiete sind Datenbanksysteme, Entwurf und Aufbau betrieblicher Informationssysteme, Entwurfs- und Spezifikationstechniken.

Anschrift: Dr. Heinrich C. Mayr
 KMK Kreutz & Mayr Ges. für Datentechnik mbH
 Karlstr. 97-99, 7500 Karlsruhe 1

Dr. Günter Müller ist Leiter des Europäischen Zentrums für Netzwerkforschung der IBM und Privatdozent an der Wirtschaftsuniversität Wien. Vor Übernahme seiner jetzigen Position war er Mitarbeiter am Wissenschaftlichen Zentrum Heidelberg der IBM und dort u.a. verantwortlich für die Forschungsgebiete Endbenutzersysteme sowie Verteilte Anwendungen und Rechnernetze. Davor war er Assistent an den Universitäten Mannheim und Duisburg sowie Gastwissenschaftler am Research Laboratory der IBM in San Jose, Kalifornien.

Dr. Müller studierte Betriebswirtschaftslehre und Mathematik an den Universitäten Stuttgart und Mannheim. 1976 promovierte er an der Universität Duisburg mit einem Thema zur Informationsstrukturierung in Datenbanksystemen, 1983 habilitierte er sich für Angewandte Informatik und Wirtschaftsinformatik an der

Wirtschaftsuniversität Wien. Der Schwerpunkt seiner wissenschaftlichen Tätigkeit liegt derzeit bei Rechnernetzen.

Anschrift: Priv.-Doz. Dr. Günter Müller
             IBM Europäisches Zentrum für Netzwerkforschung
             Tiergartenstr. 15, 6900 Heidelberg 1

Dr.-Ing. Andreas Reuter ist Professor für Praktische Informatik an der Universität Stuttgart. Bis zu seinem Wechsel 1985 dorthin war er Hochschulassistent im Fachbereich Informatik der Universität Kaiserslautern mit einem einjährigen Zwischenspiel als Gastforscher am IBM Research Laboratory in San Jose, Kalifornien. Davor war er als wissenschaftlicher Mitarbeiter an der TH Darmstadt und während des Studiums freiberuflich als Berater bei der Entwicklung von Informationssystemen tätig.

Dr. Reuter studierte Informatik an der Technischen Hochschule Darmstadt und promovierte dort auch 1981 mit einem Thema zur Fehlerbehandlung in Datenbanksystemen. Seine gegenwärtigen Arbeitsgebiete liegen bei Hochleistungsdatenbanksystemen, parallelen Architekturen für Transaktionssysteme, Hilfsmitteln für den systematischen Datenbankanwendungsentwurf und Datenbankunterstützung für regelverarbeitende Systeme.

Anschrift: Prof. Dr. Andreas Reuter
             Universität Stuttgart – Institut für Informatik
             Azenbergstr. 12, 7000 Stuttgart 1

Dr. rer. nat. Joachim Schmidt ist Professor für Angewandte Informatik an der Johann Wolfgang Goethe-Universität, Frankfurt am Main. Vor 1983 war er Mitglied des Fachbereichs Informatik an der Universität Hamburg. Als Gastwissenschaftler besuchte er unter anderem die University of Toronto, Canada, die Computer Corporation of America, Cambridge, USA, die University of Maryland, Washington, USA, INRIA in Frankreich sowie Forschungsinstitute in der UdSSR.

Dr. Schmidt studierte Physik und Mathematik an der Universität Hamburg und promovierte 1970 mit einer Arbeit über Mathematische Modellierungs- und Analyseverfahren in der Kernphysik. Der Schwerpunkt seines fachlichen Interesses liegt in den Bereichen Datenbanksysteme und Programmiersprachen. Seine wissenschaftlichen Arbeiten reichen von Fragen des Sprachentwurfs und der Übersetzung bis zu Problemen der Anfrageoptimierung und Parallelitätskontrolle. Seine neueren Forschungsprojekte beschäftigen sich mit der Datenbankprogrammierung in lokalen Netzen sowie mit der Entwicklung von Programmierumgebungen und Kommunikationsverfahren für daten- und regelintensive Anwendungen.

Anschrift: Prof. Dr. Joachim W. Schmidt
             Johann Wolfgang Goethe-Universität
             Fachbereich Informatik (20)
             Datenbanken und Informationssysteme
             Postfach 111932, 6000 Frankfurt/Main 11

CAD-Handbuch

Auswahl und Einsatz von CAD-Systemen

**Herausgeber: J. Encarnação,
H.-E. Hellwig, E. Hettesheimer,
W. F. Klos, S. Lewandowski, L. A. Messina,
W. Poths, K. Rohmer, H. Wenz**

1984. 102 zum Teil farbige Abbildungen. XXIII, 230 Seiten. (Informatik-Handbücher). Gebunden DM 106,–
ISBN 3-540-13797-1

Inhaltsübersicht: Zur Einführung. – Einfluß organisationsbezogener Randbedingungen. – Integration von CAD-Systemen in die DV-Umgebung. – Klassifizierung von CAD-Systemen. – Ermittlung der Wirtschaftlichkeit von CAD-Systemen. – Beispiele für die Nutzen- und Kostenermittlung. – Literatur. – Adressen. – Index.

„... Zusammenfassend läßt sich sagen, daß das Handbuch dem CAD-Beauftragten eines Unternehmens in jeder Phase seiner Tätigkeit, also auch in der Phase des Routinebetriebs, wertvolle Hinweise für seine Arbeit geben kann."

*Konstruktion im Maschinen-,
Apparate- und Gerätebau*

Springer-Verlag
Berlin Heidelberg
New York London
Paris Tokyo

MIX
Papier aus verantwortungsvollen Quellen
Paper from responsible sources
FSC® C105338

If you have any concerns about our products,
you can contact us on
ProductSafety@springernature.com

In case Publisher is established outside the EU,
the EU authorized representative is:
**Springer Nature Customer Service Center GmbH
Europaplatz 3, 69115 Heidelberg, Germany**

Printed by Libri Plureos GmbH
in Hamburg, Germany